LEXIKON DER FILMKOMPONISTEN

Jürgen Wölfer & Roland Löper

DAS GROSSE LEXIKON DER FILMKOMPONISTEN

Die Magier der cineastischen Akustik – von Ennio Morricone bis Hans Zimmer

Schwarzkopf & Schwarzkopf

VORWORT

Film- und TV-Musik gehört den weitest verbreiteten musikalischen Gattungen des 20. Jahrhunderts. Dies ist daher ein beträchtlicher Faktor in den Programmplanungen der Schallplattenfirmen. Die meisten der Großen haben spezielle Abteilungen dafür eingerichtet, denn CDs mit Soundtracks verkaufen sich blendend. Schon bei der Vorbereitung eines Films wird daher heute die Vermarktung als CD bereits mit der Plattenfirma abgesprochen. Die nach 1945 zunehmende Verflechtung von Film- und Musikindustrie, das Marketing von Songs in und mit Hilfe von Filmen, ein in den 70er Jahren einsetzender Boom von Soundtrack-Aufnahmen und die Revolution der Compact Disc in den 80er Jahren haben die Filmmusik als eigenständige Unterhaltungsform etabliert. Einige kleine Labels wie Varèse haben sich daher ganz darauf spezialisiert und leben gut davon. Es ist keine Frage, dass dies nicht ohne ungünstige Auswirkungen auf die Standards der Filmmusik bleiben konnte. Die Musik wird nicht mehr gemessen an ihrer funktionalen Aufgabe, sondern an ihrem Absatzwert in Form von Tonträgern. Daher werden gern Popmusiker mit Filmmusik betraut; diesen fehlt allerdings meist das Handwerkszeug um mit komplexen Themen umzugehen, es wird also schamlos drauflosgewerkelt. Viele Filmmusiken bestehen heute ausschließlich aus Songs und verzichten auf eine orchestrale Untermalung, dies ist eine andere Norm als die der klassischen Filmmusik. Damit ist Filmmusik nicht mehr nur die untermalende Hintergrundmusik. Avantgarde-Komponisten wiederum haben das Publikum hinter sich gelassen, werden zum Kultphänomen, sind aber nicht »kommerziell« genug. Wer das Kino nur unter dem Blickwinkel des Geldmachens betrachtet, treibt Schindluder mit einem großartigen Medium. Die erfolgreiche CD zum Film »Forrest Gump« (1994) etwa enthält kaum neun Minuten von Alan Silvestris Score (arrangiert zu einer Suite), dafür aber etliche Schlager der 60er und 70er Jahre, die im Film zu hören sind, aber auch solche, die gar nicht im Film vorkommen. Ähnlich verhält es sich mit dem Soundtrack zu »Heartbreakers«: die CD enthält 10 Popsongs und eine viertelstündige *Heartbreaker Suite*.

In der Ära des Stummfilms fungierte die Musik, die *live* war, als Kitt zwischen den Bildern auf der Leinwand, die nicht *live* waren. Musik sorgte für eine Lebendigkeit der Seherfahrung trotz der aus der »Konserve« stammenden visuellen Erfahrung (vgl. dazu Adorno/Eisler, »Komposition für den Film«). Die Dirigenten der Orchester von Großstadtkinos waren wichtige Persönlichkeiten, die vom Publikum durchaus beachtet wurden. Eine frühe typische Form von Filmbegleitung waren Kompilationen, zusammengestellt aus Volksliedern, Opernarien, »schönen Stellen« aus klassischen und (pseudo-)klassischen Kompositionen. Nicht zufällig waren die ersten Filmkomponisten Operetten-Komponisten. »Ernsthafte« Komponisten haben zunächst die Arbeit für den Film verschmäht, noch 1936 nannte Stravinsky sie »papier peint« (Tapete); Maurice Jaubert dagegen akzeptierte die Zwänge der neuen Gattung; er meinte, wir gingen nicht ins Kino um Musik zu hören, die Musik sei dazu da den inneren Rhythmus der Bilder zur Geltung zu bringen.

Umso erstaunlicher ist es, dass den Schöpfern dieser Musik, den Filmkomponisten, bisher kaum eigene Nachschlagewerke gewidmet wurden. Mit einigen Ausnahmen sind den Kinogängern und sogar den Plattenkäufern die Namen der Komponisten selbst bei Film-Klassikern nicht einmal bekannt. Vielleicht liegt es daran, dass die beste Filmmusik, jedenfalls nach Meinung von etlichen Komponisten, die ist, die der Zuschauer gar nicht bewusst wahrnimmt. Dies ist allerdings eine unsinnige These, wer Musik nicht wahrnimmt, kauft sie auch nicht. Und wer sich die Schallplatte kauft, erhält in der Regel mehr, als er im Film hören konnte, denn dort werden viele Themen oft nur angerissen, geschnitten, ausgeblendet und gekürzt, während hier das vollständige Werk zu hören ist.

Die Filmwissenschaft und die Musikwissenschaft haben sich erstaunlich wenig mit Filmmusik beschäftigt. Das vorliegende Buch versucht eine Bestandsaufnahme. Es listet alle wichtigen und viele der anderen auf, wenn möglich mit biographischen Daten und einer Auflistung der Filme, wobei Vollständigkeit und deutsche Filmtitel nicht angestrebt wurden. Filmlexika sind sehr ausführlich, was die Biographien betrifft, aber wenn es um die Filme geht, heißt es oft nur lapidar, er habe soundso viel Filmmusiken geschrieben – nicht aber für welche Filme. Dazu kommen die vielen Musiker aus Klassik, Pop und Jazz, die quasi »nebenbei« sich als Filmkomponisten versuchten, von Schostakowitsch über Ry Cooder bis J. J. Johnson. Übersehen wird oft auch, dass etliche Songschreiber Lieder für Filme geschrieben haben. Viele dieser Songs haben später ein Eigenleben entwickelt, haben sich gewissermaßen emanzipiert, sind zu Standards geworden und kaum noch jemand kennt ihren Ursprung. Ein Problem ergibt sich auch daraus, dass viele Komponisten der »klassischen Ära« oft nur Angestellte der Studios waren und ihre Arbeiten im Vorspann des Films meist nicht genannt wurden. Genannt wurde dann nur der Leiter der Musikabteilung. Ein zusätzliches Problem ergibt sich daraus, dass viele der prominenten Namen ihre »Ghostwriter« hatten und haben: die Orchestrierung (das Arrangement, die Instrumentierung) machen andere, gelegentlich geben sie ein nur Thema vor und überlassen den Rest ihren Assistenten.

Dieses Lexikon listet zahlreiche kaum bekannte Komponisten auf, von denen bisher wenig biografische Daten vorliegen; die vorhandenen sind manchmal notwendigerweise fragmentarisch, deshalb sind Ergänzungen und Korrekturen hochwillkommen. Dabei ist zu berücksichtigen, dass nur die Filmarbeit der Komponisten berücksichtigt wurde; wer ausführlichere Biografien von z.B. James Last, Bert Kaempfert oder auch Igor Stravinsky sucht, möge in den entsprechenden Standardwerken nachschlagen. Ein besonderer Schwerpunkt sind deutsche Filmkomponisten, besonders jene aus der Frühzeit des Tonfilms, beginnend in den späten 20er Jahren bis in die 40er Jahre, hier hat sich Konrad Vogelsang in der Forschung verdient gemacht, aber die Wissenschaft hat auf diesem Gebiet noch ein weites Feld vor sich.

Berücksichtigt werden folgende Typen von Filmmusik-Komponisten:

1. Die traditionellen Filmkomponisten: sie liefern Originalkompositionen, zusammengesetzt aus allen Stilarten der Musikgeschichte.
2. Die europäischen Komponisten der Filmoperette: a) eine verfilmte Operette, b) eine Original-Filmoperette, d.h. speziell für den Film komponiert.
3. Die amerikanischen Musical-Komponisten: a) ein Bühnen-Musical wird für den Film bearbeitet und oft mit zusätzlichen Songs versehen; b) das Original-Filmmusical, speziell für den Film geschrieben.
4. Zeitgenössische Filmkomponisten: Ihre Werke weichen ab von den konventionellen Filmmusiken: das klassische Filmorchester (meist ein modifiziertes Sinfonieorchester) weicht ausgefallenen Besetzungen bis zum Solo-Instrument, unter Einbeziehung von Folklore, Jazz, elektronischer Musik etc.

Dieses Buch erhebt nicht den Anspruch, in irgendeiner Weise »vollständig« zu sein. Die Forschung über Filmkomponisten steht noch am Anfang. Dies gilt besonders für die frühen Komponisten, d.h. die der ersten Hälfte des 20. Jahrhunderts. Dennoch können wir sagen, dass dieses Buch zahlreiche bisher unpublizierte Fakten und Daten enthält. Der Benutzer wird aufgefordert, Lücken zu füllen und Vorschläge für zusätzliche Einträge zu machen. Zu danken haben wir Hans Georg Rodek (Berlin), der etliche Lücken bei den Lebensdaten zu füllen half.

Jürgen Wölfer und Roland Löper,
Frühjahr 2003

A

Aaltoila, Heikki

(H. Johannes A.), * *11.12.1905 Hausjärvi, Finnland, † 11.1.1992 Helsinki.* Der Sohn eines Amateurmusikers und -Schauspielers studierte am Konservatorium in Helsinki, spielte Kontrabass im Studentenorchester und dann Piano in Stummfilmkinos. Von 1939–44 war er beim Finnischen Rundfunk und von 1934–75 musikal. Leiter des Finnischen Nationaltheaters, komponierte in dieser Eigenschaft Musik zu rd. 150 Theaterstücken. Daneben schrieb er die Musik für rd. 75 Filme und arbeitete auch als Musikkritiker.

Filme: Nainen on valtttia (1944) – Ristikon varjossa – Tähtireportterit tulevat – Kohtalo johtaa meitä – Nokeo ja kulta – Kylärāraittien kuningas (1945) – Kirkastuva sävel (1946) – Kuudes käsky – Kultamitaliavaimo – Pikku-Matti maailmalla – Särke itte – Suopurso kukki (1947) – Laitakaupungin laulu – Sydämeni Laulu – Toukokuun taika – Onnen-Pekka – Irmeli, seitsentoisavuotias – Neljästoista vieras (1948) – Pontevat pommaripojat – Prinsessa Ruusunen – Aaltoska orkanseeraa – Katupeilin takana (1949) – Isäpappa ja keltanokka – Tapahtui kaukana – Kataiina kaunis leski – Rakkaus on nopeampi Piiroisen päsiäkin (1950) – Kvinnan bakom allt – Pitkäjerveläiset – Vihaan sinnua: rakas (1951) – Kuollut mies kummittelee – Niskavuoren Heta (1952) – Tyttö kuunsillta (1953) – Kunniotittaen – Niskavuoren Aarne – Hilmanpäivät (1954) – Veteraanin voitto (1955) – Viisi vekkulia (1956) – Syntipukki – Miriam – Niskavuori taistellee (1957) – Autuas eversti – Sven Tuuuva (1958) – Skandal tyttökoulussa (1960) – Miljoonavaillinki (1961) – Pinsiön parooni – Ihana seikkailu (1962) – Täällä pohjantähden alla (1968) – Akseli ja Elina (1970)

Abady, Temple

* *16.06.1903, † 1970 Worthing, West-Sussex (Harrod T.A.).* Engl. Komponist der 40er und 50er Jahre.

Filme: Miranda – The Woman in the Hall – Body Builders (1948) – Dear Mr. Prohack (1949) – Never Look Back (1952) – Folly to Be Wise – Street Corner (An der Straßenecke, 1953) – Love in Pawn – Wheel of Fate (1953) – Kill Me Tomorrow (1958)

Abraham, Paul

(Pal), * *2.11.1892 Apatin, Wojwodina/Ungarn (heute Serbien), † 6.5.1960 Hamburg.* Der Operettenkomponist studierte an der Musikhochschule in Budapest und war dann zunächst Operettenkapellmeister. Er begann als Komponist mit Bühnenmusiken und Orchesterwerken. Ging nach Berlin und komponierte die erfolgreichen Operetten »Die Blume von Hawaii« und »Ball im Savoy«. Begann 1929 auch für den Film zu arbeiten. 1933 verließ er Deutschland und ging in die USA. Dort war er längere Zeit in einer Nervenheilanstalt und kehrte erst 1956 nach Deutschland zurück.

Filme: Melodie des Herzens (1929) – Die singende Stadt (1930, + Philipp Brahm, E. Tagliaferri) – Die Privatsekretärin (1931) – Viktoria und ihr Husar (1931, + Rolf Jakobi) – Ein bißchen Liebe für dich (1932) – Zigeuner der Nacht (1932, + Helmut Wolfes) – Das Blaue vom Himmel (1932) – Glück über Nacht (1932, + H.Wolfes) – Die Blume von Hawaii (1933, + A.Strasser) – Rakoczy-Marsch (1933)

Abramovitch, Barron

Filme: Suspicious Agenda (1994) – Beyond Suspicion (1994, TV) – Deceptions II: Edge of Deception (1995) – Tracks of a Killer (Tracks of a Killer, 1995) – Someone to Die For – Midnight Heat – Hard Evidence – Deadly Sins (1995) – Seeds of Doubt (1996) – Hostile Force (1996, TV) – Profile for Murder (1997) – The New Adams Family (1998, TV-Serie)

Ackerman, Jack

* *20.9.1931 New Jersey, USA, † 27.4.1991 L.A.* Schauspieler, arbeitete für den Film als Komponist und musikal. Leiter.

Filme: Shadows (1959, Song: *Beautiful*) – Wild Harvest (1961, Song) – Faces (1968)

Adam, Franz

* *28.12.1885 München, † 29.9.1954 ebd.*

Film: Er weiß, was er will (1935, + Hans Sachse)

Adams, Hans

Ps. für → Hanns Eisler

Adamic, Bojan

* *9.8.1942 Ribnica, Slowenien, † 3.11.1995 Ljubljana.* Jugoslawischer Komponist. War während des Krieges Mitglied von Titos Partisanen, arbeitete ab 1946 als Filmkomponist für jugoslawische und ausländische Filme, als Schauspieler in »Jara gospoda« (1953) und »Koledniki« (1967).

Filme: Mladina gradi (1946) – Sportovi na vodi (1951) – Slike is Slovenije – Na obalama kvarnera – Vracar: Trgovinsko preduzece ne veliko – Svi na more (1952) – Biser Jadana: Dubrovnik – Jara gospoda (1953) – Irene in Nöten/Wirbel um Irene (A 1953) – Vesna – Das Haus an der Küste – Einmal kehr ich wieder (Dalmatinische Hochzeit, D/JUG 1953) – Vratio se u zavicaj – Srerna znacka (1954) – Am Anfang war es Sünde (1954) – Tri zgodbe (1955) – Versuchung (1955) – Trenutki odlocitve – Njih dvojica (1955) – Zle pare – Veliki i mali u mrezi – Putnici sa splendida – Potraga – Poslednij kolosek – Ne okreci se sine – Cipelice na asfaltu (1956) – Koliko je sati – Gvozdena vrata – Zenica – Tudja zemlja – Subotom uvece – Samo ljudi – Mali covek – Male stvari – Krvava kosulja – Kanjon Tare – Djura Jaksic (1957) – Petica u snegu – Happy End – Tramvaj dvojka –Te noci – Rafal u nebo – Partizanske kolone – Kroz granje nebo – Dobro morje – Deca sa granice – Crni biseri – Cetiri kilometra na sat (1958) – Zarobljeni kamenon – Tri setrine sonca – Viza zla – Tri ane – Sam – Pukotina raja – Pet minuta raja – Mali voz – Campo Mamula (1959) – Bice to novia grad – Nevidljiva pomoc – Grad na nIsavi – Veselica – X-25 javlija – Signali nad gradom – Partizanske price – Ljubav i moda – Drug predsjednik centarfor – Bolje je umeti (1960) – Na rijeci smrti – Ples v dezju – Stepnice hrabosti – Rukovet – Prvi gradjanini male varosi – Pesma – Parce plavog neba – Karloina Rikecka – L'enclos – Abeceda straha (1961) – Pescani grad – Sjenka slave – Prozor u svet – Oklopni voz (1962) – Das Rätsel der roten Quaste (D 1963) – Samorastniki – Radopolje – Povecere – Pet pilota – Operacija Ticijan (1963) – Sluzbeni polozaj – Kratovske zlato – Dobrakob (1964) – Mrtvma ulaz zabranjen – Laznivka – Glasam za ljubav – Dan mira: dogodilo se u Skoplju – The Crooked Road (1965) – Sticenik – Sretnik – Sretni umiru dvaput – Kup sena – Glieni golob (1966) – Mali vojnici – Koledniki – Diverzanti – Bokseri idu u raj (1967) – Kekceve ukane – Brat doktora Homera – Bekstva (1967) – Most (1969) – Ovcar – Moja luda glava – Maskarada (1971) – Vuk samotnik – Valter brani Sarajevo – Slike iz zivota udarnika – Si te vdiset – Deveto cudo na istoku (1972) – Kapelski kresovi (1974, TV-Serie) – Doktor Mladen – Idealist – Devojacki most (1976) – Razmena (1978, TV-Serie) – Partizanska eskadrila (1979) – Nasvidenje v. naslednji vojni – Dovidjenja u sledecem ratu (1980) – Nisani (1981) – Boj na poziralniku (1982) – Pismo-Glava (1983) – Nas clovek – Christophoros – Butnskala (1985) – Neke nedelje (1987) – Kavarna Astoria (1989)

Adamson, Harold

* *10.12.1906 Greenville, N.J., USA, † 17.8. 1980 Beverly Hills, Calif.* Songtexter mit einer Karriere bis in die 60er Jahre. Studierte an den Univ. von Kansas und Harvard, ging nach New York und begann dort 1930 für Broadway-Musicals zu arbeiten, ab 1933 dann in Hollywood für den Film. Er schrieb viele Texte zu Songs von Jimmy McHugh, aber auch für H.Carmichael, Louis Alter, Peter DeRose, Walter Donaldson, Vernon Duke, Duke Ellington, Burton Lane, Vincent Youmans u. Victor Young.

Filme/Shows (Songs): Film: Dancing Lady (Everything I Have Is Yours) (1933) – Film: Bottoms Up (Little Did I Dream, Turn on the Moon) (1934) – Film: Reckless (Everything's Been Done Before), Tender is the Night (1935) – Filme: Suzy (Did I Remember?) – The Great Ziegfeld (You, You Never Looked So Beautiful), Banjo on My Knee (There's Something in the Air, Where the Lazy River Goes By), It's Been So Long (1936) – Filme: Top of the Town (Top of the Town, Where Are You?, That Foolish Feeling, Jamboree, Blame it on the Rhumba); Hitting a New Night (This Never Happened Before); You're A Sweetheart (You're A Sweetheart, My Fine Feathered Friend, Broadway Jamboree); Merry-Go-Round of 1938 (More Power To You, You're My Dish); When Love Is Young (When Love is Young, Did Anyone Ever Tell You?) (1937) – Filme: Mad About Music (A Serenade to The Stars, Chapel Bells); That Certain Age (You're As Pretty As A Picture, My Own) (1938) – Film: Hold That Ghost (Aurora) (1941) – Show: Banjo Eyes; Songs:

Daybreak – Manhattan Serenade – Moonlight Mood – Sentimental Rhapsody (»Street Scene« von A.Newman, 1942) – Film: Hit Parade of 1943 (Change of Heart); Come In On A Wing And A Prayer (1943) – Filme: Four Jills in A Jeep (How Blue the Night, How Many Times Do I Have to Tell You); Higher And Higher (The Music Stopped, A Lovely Way to Spend an Evening, I Couldn't Sleep A Wink Last Night, Minuet in Boogie); »Something for the Boys« (In the Middle of Nowhere); Around the World (Candlelight and Wine, Don't Believe Everything You Dream), Hollywood Canteen, The Princess And the Pirate (1944) – Filme: Nob Hill (I Walked In, I Don't Care Who Knows It); Bring On the Girls (1945) – Filme: Doll Face (Here Comes Heaven Again, Dig You Late, Chico-Chico); Smash Up (Life Can Be Beautiful, I Miss That Feeling), Do You Love Me (I Didn't Mean A Word I Said) (1946) – Film: Calender Girl (I'm Telling You Now) – Filme: A Date with Judy (It's A Most Unusual Day), If You Knew Susie (My, How The Time Goes By, My Brooklyn Love Song, 1950) – Film: His Kind of Women (You'll Know) (1951) – Film: Gentlemen Prefer Blondes (1953) – Film: Around the World in 80 Days (Around the World, 1955) – Filme: Separate Tables, The Seven Hills of Rome (1958) – Film: Satan Never Sleeps (1962)

Addinsell, Richard Stewart

** 13.1.1904 Oxford, England, † 14.11.1977 Chelsea, London.* Engl. Komponist von Bühnen-, Film- und Unterhaltungsmusik. Studierte am Royal College of Music, in Berlin und Wien. Ende der 20er Jahre begann er Musik für Revuen und Shows zu schreiben (»Little Miss Danger«). 1931 schrieb er die Musik zu »The Good Companions« nach dem Roman von von J.B.Priestley, in den nächsten 30er Jahren schrieb er dann regelmäßig fürs Theater, oft in Zusammenarbeit mit der Schauspielerin und Sängerin Joyce Greenfell, der er auch Material für ihre Shows lieferte. Ab 1936 arbeitete er auch für den Film und hier hat er sich die größten Verdienste erworben. Seine bekannteste Komposition ist das *Warschauer Konzert* (aus dem Film »Dangerous Moonlight«, 1940) welches ein Hit für Freddie Martin und die Four Aces (u.d.T. *The World Outside*, Text Carl Sigman) wurde und längst als Klassiker der »Light Music« gilt.

Filme: The Amateur Gentleman (1935) – Fire Over England (Feuer über England, 1936) – Farewell Again (1936) – Dark Journey – South Riding – Vessel of Wrath (1937) – Goodbye Mr. Chips (Auf Wiedersehen Mr. Chips, UK/USA 1938) – The Lion Has Wings – Gaslight (Gaslicht, 1939) – This England – Dangerous Moonlight/Suicide Squadron – Love on the Dole (1940) – The Big Blockade – The Day Will Dawn (1941) – The Siege of Tobruk (Dok., 1942) – We Sail at Midnight (Dok., 1943) – Blithe Spirit (Geisterkomödie, 1944) – A Diary for Timothy (Dok., 1945) – The Passionate Friends (Die große Leidenschaft, 1948) – Under Capricorn (Sklavin des Herzens, 1948) – The Black Rose (Die schwarze Rose, UK/USA 1949) – Highly Dangerous (Lebenslänglich, 1950) – Tom Browns's Schooldays (Tom Browns Schulzeit, 1950) – A Christmas Carol/ Scrooge (Eine Weihnachtsgeschichte, 1951) – Sea Devils (Im Schatten des Korsen, 1952) – Encore (Dacapo, 1952) – Out of the Clouds – Beau Brummell (UK/USA, 1954) – Private's Progress (1956) – The

Musik: Richard Stewart Addinsell
(deutsches Filmplakat zu »The Prince and the Showgirl«)

Admirable Chrichton (Zustände wie im Paradies, 1956) – The Price and the Showgirl (Der Prinz und die Tänzerin, 1957) – A Tale of Two Cities (Zwei Städte, 1957) – The Greengage Summer (Es geschah in diesem Sommer, 1960) – Macbeth (1960) – The Roman Spring of Mrs. Stone (Der römische Frühling der Mrs. Stone, 1961) – The War Lover (Wir alle sind verdammt, 1961) – The Waltz of the Toreadors (Der Walzer der Toreros, 1962) – Life at the Top (Ein Platz ganz oben, 1965)

Addison, John Mervyn

** 16.3.1920 West Chobham, Surrey, England, † 7.12.1998 Bennington, Vermont, USA.* Der bedeutende engl. Komponist studierte am Wellington Royal College of Music. Er begann 1948 Filmmusik zu schreiben, komponierte auch Ballettmusiken und Musik für Bühne und TV (»Mord ist ihr Hobby«, »Nero Wolfe«). Er erhielt einen Oscar für seine Musik zum Tony Richardson-Film »Tom Jones«. Zu seinen Werken gehören auch »klassische« Kompositionen wie ein Sextett für Holzbläser, ein Trompetenkonzert und eine Serenade für Harfe und Holzbläser-Quintett. A. war Professor für Komposition am Royal College of Music in London.

Filme: The Guinea Pig (D 1948) – Seven Days to Noon (Eine Stadt hält den Atem an, 1950) – The Light Touch (Begegnung in Tunis, 1951, Dir. M.Rozsa) – Pool of London (Unterwelt, 1951) – Brandy for the Parson (Brandy für die Obrigkeit, 1951) – High Treason (Die Stunde X, 1951) – Time Bomb (Die Bombe tickt, 1952) – The Hour of 13 (1952) – The Red Beret – The Maggie (Die Maggie/Oller Kahn und Größenwahn, 1953) – The Man Between (Gefährlicher Urlaub, 1953) – The Black Knight (Unter schwarzem Visier, 1953) – One Good Turn (Verliebt, verrückt und nicht verheiratet, 1954) – End of the Road (1954) – That Lady (Die Dame des Königs, 1954) – Make Me an Offer (1954) – Private's Progress (Der beste Mann beim Militär, 1955) – Touch and Go (Meine bessere Hälfte, 1955) – Josephine and the Men (Josephine und die Männer, 1955) – Cockleshell Heroes (Himmelfahrtskommando, 1955) – Three Men in a Boat (Drei Mann in einem Boot, 1956) – Reach for the Sky (Allen Gewalten zum Trotz, 1956) – It's Great to Be Young (Wie herrlich, jung zu sein, 1956) – The Shiralee (Kostbare Bürde, (1956) – Lucky Jim (Volltreffer ins Glück, 1957) – Barnacle Bill (Kapitän Seekrank, 1957) – I Was Monty's Double (Ich war Montys Double, 1958) – Carlton-Browne of the F.O. (Ausgerechnet Charlie Brown, 1958) – Look Back in Anger (Blick zurück im Zorn, 1958) – The Entertainer (Der Komödiant, 1959) – School for Scoundrels (1959) – The French Mistress (Das französische Fräulein, 1969) – Look Back in Anger (Blick zurück im Zorn, 1959) – His and Hers (1960) – A Taste of Honey (Bitterer Honig, 1961) – Sambo and the Snow Mountain (1961, TV) – Got to Blazes (Diebe haben Vorfahrt, 1961) – The Loneliness of the Long Distance Runner (Die Einsamkeit des Langstreckenläufers, 1962) – Tom Jones (Tom Jones: Zwischen Bett und Galgen, 1963, Oscar!) – The Girl in the Headlines (Alibi des Todes, 1963) – The Girl with Green Eyes (Die erste Nacht, 1963) – Guns at Batasi (Schüsse in Batasi, 1963) – The Amorous Adventures of Moll Flanders (Die amourösen Abenteuer der Moll Flanders, 1964) – The Loved One (Tod in Hollywood, 1964) – A Fine Madness (Simson ist nicht zu schlagen, 1965) – I Was Happy Here (Hier war ich glücklich, 1966) – Torn Curtain (Der zerissene Vorhang, 1966) – The Honey Pot (Venedig sehen ... und erben, 1966) – Smashing Time (Tolle Zeiten, 1967) – The Charge of the Light Brigade (Der Angriff der leichten Brigade, 1968) – Start the French Revolution Without Me (Die französische Revolution findet nicht statt, 1968) – Country Dance/Brotherly Love (1970) – Joseph Andrews (1970) – Mr. Forbush and the Penguins (1971) – Sleuth (Mord mit kleinen Fehlern, 1972) – Luther (USA/UK/KAN, 1973) – Death Cert (Eine todsichere Sache, 1974) – Swashbuckler (Der scharlachrote Pirat, USA 1975) – Ride a Wild Pony (1975) – The Seven Per-Cent-Solution (Kein Koks for Sherlock Holmes, 1976) – Joseph Andrews (Die Abenteuer des Joseph Andrews, 1976) – A Bridge Too Far (Die Brücke von Arnheim, 1977) – The Pilot (Der Pilot, 1979) – Highpoint (Am Highpoint flippt die Meute aus, 1979) – Mistress of Paradise (Das letzte Paradies, 1981) – Strange Invaders (Das Geheimnis von Centreville, 1982) – The Ultimate Solution of Grace Quigley (Grace Quigleys letzte Chance, 1984) – Thirteen at Dinner (1985, TV) – Code Name: Emerald (Codename Emerald, 1985) –

Bride of Boogedy (Die Monsterbraut, 1987) – Beryl Markham: A Shadow in the Sun (1988) – To Die For (1989)
TV: Phantom of the Opera – Murder, She Wrote – *TV-Serien:* The Orchestra – The Detektive – The Search for Ulysses (USA)

Adler, Brian

** Chicago, Ill. USA.*
Filme: Death Benefit (1996, TV) – The Secret – Detention: The Siege at Johnson High (1997, TV) – To Love, Honor, and Deceive (1997) – Circle of Deceit (1998, TV) – Twice Upon a Time (1998, TV) – The 60s (1999, TV-Serie)

Adler, Larry

(Lawrence Cecil), ** 10.2.1914 Baltimore, Md., USA, † 6.8.2001 London, England.* Der bedeutendste Mundharmonika-Virtuose der populären Musik trat in Music-Halls und im Vaudeville auf, lebte lange in England und kehrte erst 1959 in die USA zurück. Erste Schallplatten 1934 in England, trat mit den Bands von Ambrose und Henry Hall auf. Für ihn komponierten Cyril Scott, Arthur Benjamin, Ralph Vaughn Williams, Darius Milhaud und Malcolm Arnold. Er schrieb auch Filmmusik und nahm Schallplatten auf mit Django Reinhardt (HCF-Quintett), dem John Kirby-Sextet, Georgie Stoll u.a.
Lit.: L.A., It Ain't Necessarily So, 1984. – L.A. with Philip Judge, Me and My Big Mouth, London 1994
CD: Best of, EMI CDMFP 6259 – Maestro of the Mouth Organ, Living Era AJA 5153 – The Great L.A., Flapper PAST CD7081 – The Man I Love, Mercury 856045-2 – Rhapsody in Blue, Empress
Filme: Genevieve (Die feurige Isabella, 1953) – Jumping for Joy (1955) – A Cry from the Streets (1958) – The Hellions (Platz nehmen zum Sterben, 1961) – High Wind in Jamaica (Sturm über Jamaica, UK 1964) – King & Country (Für König und Vaterland, 1964) – The Great Chase (Kompilation von Film-Comedys)

Adler, Mark

Filme: Las madres de la plaza de Mayo (1985) – Where the Heart Roams (1987) – The Unbearable Lightness of Being (1988) – Eat a Bowl of Tea (1989) – Life is Cheap ... But Toilet Paper is Expensive (1989) – Break of Dawn (1990, TV) – Henry & June (1990) – The de Medici kitchen (1992, TV-Serie) – Green Means (1993, TV-Serie) – El diablo nunca duerme – Coming Out Under Fire (1994) – Picture Bride – Slam Dunk Ernest – Decoy (1995) – Neighborhoods: The Hidden Cities of San Francisco: Chinatown (1996, TV) – Asteroids: Deadly Impact (1997, TV) – America's Endangered Species: Don't Say Good-bye (1998, TV) – Ernest in the Army (1998) – Thicker Than Blood – The Rat Pack (1998, TV) – The Sterling Case (1999) – The Apartment Complex (1999, TV) – Flowers for Algernon (2000, TV) – Cupid & Cate (2000, TV) – Above Suspicion (2000) – Follow the Stars Home (2001, TV) – Focus (2001) – Family Fundamentals (2002) – Leo (2002)

Adomian, Lan

** 29.4.1904 in/b. Mogilov-Podolsk (heute: Podolski, Ukraine), Russland, † 9.5.1979 Mexico City.*
Filme: Tale of the Navajos (1949) – Dream No More (1950) – Birthright (Dok., 1952) – Pictura (1952) – Canasta de cuentos Mexicanos (Canasta, MEX 1956) – Cry of the Bewitched – Swiss Family Robinson: Lost in the Jungle (1957, TV) – Talpa (1957) – Ten Days to Tulara (1958)

Agostini, Lucio

** 30.12.1913 Fano (Pesaro I Urbino), Italien, † 15.2.1996 Markham, Ontario, Kanada.*
Filme: Churchill's Island (1941) – Voice of Action (1942) – Quebec, Path of Conquest (1942) – Our Northern Neighbor (1944) – Guilty Men (1945) – Spotlight No. 2 (1951) – The Newcomers (1953) – Spotlight No. 5 (1954) – Circus on Ice (1959) – Age of Innocence (1977)

Ahlin, Ernfrid

** 24.12.1904 Oslo, Norwegen, † 21.4.1970 Stockholm.*
Filme: Två hjärtan och en skua – Et skepp kommer lastatt (1932) – Smålännigar (1935) – Alla tiders Karlsson – Jannsons frestele (1936) – Vingar kring fyren (1938) – Vi två (1939) – Hemtrevnad i kasern (1940) – Uppåt igen (1941) – T hand om Ulla – Halta Lottas krog (1942) – I brist på bevis – Ungt blod – Fångad av en röst (1943) – Skåningar – Rännstensungar – Se opp för spioner! (1944) – Trav, hopp

och kärlek – Moderskapets kval och lcka (1945) – Kvinnor i väntrum (1946) – Ebberöds bank – Här kommer vi ... (1947)

Aigmüller, Andreas

** 9.11.1952 Magdeburg.*
Filme: Die Naumburger Meister (1978) – Junge Leute in der Stadt (1985) – Der Eisenhans (1987) – Rückwärtslaufen kann ich auch (1989) – Die Mauerbrockenbande – Trillertrine (1991) – Unsere bösen Kinder (1992)

Ailbout, Hans

** 2.7.1878 Krefeld, † 1. 9.1957 Berlin.* Pianist, Bandleader und Komponist für Film- und Unterhaltungsmusik.
Musiken für Stummfilme: Das Kußverbot – Miss Venus – Die blonde Geisha – Das Mädchen von Pontecuculi – Im Teufelsmoor – Heidehochzeit – Beim Otttenbur in der Heide – Sonntags im Heidedorf – Ikarus von heute – Gesundes Brot, gesunde Menschen – Ernte im Wald – Eisen und Strahl – Dat leckere Dröppche – Ein glücklicher Vormittag – Ich wird' ein Pferd – Das geistige Wort von Hand zu Hand – Sterbendes Handwerk, gläserne Wände – Das Land der 1000 Wunder – Zwischen Binnen und Buten – Schiffe klettern – Bouboule, der Ritter vom Steuer – Unter der schwarzen Sturmfahne (Dir., Score: Bergau) – *Tonfilme*: Betragen ungenügend (1933) – Die Bande von Hoheneck (1934)

Akst, Harry

** 15.8.1894 N.Y., USA, † 31.3.1964 Hollywood.* Song- und Filmkomponist der 20er bis 40er Jahre. Arbeitete als Pianist und Arrangeur, u.a. für die Sangerin Nora Bayes. Während des 1. Weltkrieges war er in Camp Upton, N.Y. stationiert, traf dort Irving Berlin, für den er nach dem Krieg arbeitete. In den 20er Jahren leitete er ein Tanzorchester und arbeitete ab 1927 für den Broadway (»Artists and Models«) und den Film. Songtexte schrieben fur ihn Grant Clarke, Benny Davis, Sam M.Lewis, Joe Young, Bert Kalmar, Al Jolson, Gus Kahn.
Filme: Is Everybody Happy? (1929, Song: *Wouldn't it be Wonderful*) – On With the Show (1929, *Birmingham Bertha*) – Bulldog Drummond (1929, *There's the One For Me*) – No No, Nanette (1930) – The Kid from Spain (Der falsche Torero, 1932; *In the Moonlight*) – Stand Up and Cheer (1934, Titelsong) – Forsaking All Others (1934) – Paddy O'Day (1935) – The Music Goes Round (1936, *There'll Be No South* – Sing and Be Happy (1937, Titelsong, *What a Beautiful Beginning*) – Rascals (1938) – Chatterbox (1943) – The Egg and I (Das Ei und Ich, + F. Skinner)

Albam, Manny

(Emmanuel), ** 24.6.1922, † 2.10.2001 Croton, N.Y.* Geboren an Bord eines Schiffes, welches sich zum diesem Zeitpunk in der Nähe von Samana in der Dominik. Republik befand. Spielte in den 40er Jahren Tenor- bzw. Bariton-Saxophon in den Big Bands von Bob Chester und Georgie Auld, arbeitete als Arrangeur für Charlie Spivak, Charlie Barnet, Charlie Ventura, Jerry Wald und dann in den 50er Jahren für Count Basie, Woody Herman, Stan Kenton, Larry Sonn, Urbie Green, Ralph Marterie u.a. und Vokalisten wie Eydie Gorme, Steve Lawrence, Freda Payne, Jackie Paris etc. In den 60er Jahren wurde er Kompositionslehrer an der Manhattan School of Music. Schallplatten mit Studio-Bands für Coral/Decca, Dot, RCA, Top Rank, Solid State, Impulse.
Filme: Around the World of Mike Todd (1968) – Four Clowns (1970)

Alcivar, Bob

(Robert), ** 8.7.1938 Chicago, Ill., USA.* A. war Pianist, Arrangeur und Sänger der 1953 in Seattle gegründeten Gesangsgruppe »The Signatures«, die in den 50er und 60er Jahren recht erfolgreich war. Er arbeitete später als Freelance-Arrangeur und Film- und TV-Komponist.
Filme: Butterflies Are Free (Schmetterlinge sind frei, 1972) – The Crazy World of Julius Vrooder (1974) – Oily Oily Oxen Free (1978) – One From the Heart (Einer mit Herz, 1982) – Hysterical (1983) – That Secret Sunday (1986, TV) – Rosanne: The Prize Pulitzer – Blind Witness – Naked Lie (1989, TV) – Sparks: The Price of Passion (1990) – Deadly Medicine (1991, TV)

Aldobólyi-Nagy, György

** 1.3.1939 Szeged (dt. Szegedin), Ungarn.*

Filme: Hét tonna dollar (1973) – Keménykalap és krumpliorr (1974, TV) – A pogány madonna (1980) – Ennyböl ennyi (2001)

Alessandrini, Raymond

** 20.1.1948 in Koblenz.* Frz. Komponist, für den Film tätig seit 1982.

Filme: L'hirondelle et la mesange (1982) – Deux heures moins le quart avant Jesus Christ (1982) – Les louves (1984, TV) – Escalie C (1985) – Travelling Agent (1987) – Dames galantes (1990) – Triplex (1991) – L'homme de ma vie (1992) – Priez pour nous – Touse les jours dimanche (1994) – Les gens qui s'aiment (999)

Alex, Joe

(eigentl. Joseph August Alexander), ** 23.2. 1895 Recht, Krs. Malmedy, Belgien (damals zu Preußen gehörig, heute Provinz Lüttich), † 14.6.1972 Berlin.*

Film: Die große Sehnsucht (1930, + P. Strip, F. Hollaender)

Alexander, Jeff

(Meyer), ** 2.7.1910 Seattle, Wash., USA, † 23.12.1989 Whidbey Island (Washington).* A. arbeitete in den 30er Jahren als Chorleiter und Arrangeur am Rundfunk (Meyer Alexander Chorus, u.a. mit Benny Goodman), leitete in den 40er Jahren ein Orch. für die »Lite Up Time Show« (begleitete damit u.a. Frank Sinatra) und begann in den 40er Jahren für den Film zu arbeiten.

Filme: Westward the Women (Karawane der Frauen, 1951) – The Affairs of Dobie Gillis (1953) – Remains to be Seen (1953) – Escape from Fort Bravo (Verrat in Fort Bravo, 1953) – Rogue Cop (Heißes Pflaster, 1954) – Prisoner of War (1954) – Ransom (Menschenraub, 1955) – Slander (1956) – The Great American Pastime (1956) – The Wildest Year (1956) – The Tender Trap (Die zarte Falle, 1956) – Gun Glory (1957) – Jailhouse Rock (Rhythmus hinter Gittern, 1957) – The Wings of Eagles (Dem Adler gleich, 1957) – The High Cost of Living (1958) – Party Girl (Das Mädchen aus der Unterwelt, 1958) – The Sheepman (In Colorado ist der Teufel los, 1958) – Saddle the Wind (Vom Teufel geritten, 1958) – Ask Any Girl (Immer die verflixten Frauen, 1959) – The Mating Games (Ein Engel unter Sündern, 1959) – The Gazebo (Die Nervensäge, 1959) – All the Fine Young Cannibals (Früchte einer Leidenschaft, 1960) – The George Raft Story (1961) – Kid Galahead (1962) – Blues for a Junk Man/The Murder Men (1962) – The Rounders (Nebraska, 1965) – Jailhouse Rock (1957) – Clambake (1967) – The Day of the Evil Gun (Totem, 1968) – Support Your Local Sheriff (Auch ein Sheriff braucht mal Hilfe, 1969) – Dirty Dingus Magee (Der schärfste aller Banditen, 1970)

Alexander, Van

(eigentl. Alexander Van Vliet Feldman), ** 2.5.1915 N.Y., USA.* Nach Studium an der Columbia Universität begann er Stock-Arrangements zu schreiben (gedruckte Arrangements, die man in Musikläden kaufen konnte), arbeitete ab 1936 für die Big Band von Chick Webb und schrieb u.a. dessen Hit *A Tisket-A Tasket* (mit Ella Fitzgerald). 1938–1944 leitete er eine eigene Swingband. Er arbeitete dann als Freelance-Arrangeur, u.a. für Abe Lyman, Tommy Tucker, Kay Kyser, Bob Crosby, Doris Day, schrieb auch Musik für Film und TV, u.a. Dean Martin-Show, Gordon McRae-Show. 2002 erhielt er den »Lifetime Achievement Award« der → ASCAP.

LP: TV-Themes, BBP-Rec.1001 – »Baby Face Nelson«, Jubilee 2021

Filme: The Affairs of Dobie Gillis (1953) – The Atomic Kid (1954) – Jaguar (Laya, das Mädchen im Dschungel, 1955) – The Twinkle in God's Eye (1955) – Baby Face Nelson (So enden sie alle, 1957) – Andy Hardy Comes Home (1958) – Girls Town (Blonde Locken, scharfe Krallen, 1959) – Platinum High School (Insel der Sadisten, 1959) – The Last Mile (Eine Meile Angst, 1959) – The Big Operator (Der große Schwindler, 1959) – The Candy Web (Kennwort Kätzchen, 1962) – Straight Jacket (Die Zwangsjacke, 1963) – I Saw What You Did (Es geschah um 8 Uhr 30, 1965) – Tarzan and the Valley of Gold (1966) – The Long Ride Home (Der gnadenlose Ritt, 1966)

TV-Serien: Hazel (1961–65) – I Dream of Jeannie – Bewitched – Dennis the Menace – The Donna Reed Show

Alfieri, Eduardo
* *9.10.1930 Neapel.* Ital. Komponist, Arrangeur und Bandleader.
Filme: Napoli serenata calobro 9 (1978) – Napoli la camorra sfida…la città risponde – Mammasantissima – Cintrabbandieri si Santa Lucia (1979) – Zappatore – La tua vita per mio figlio (1980) – Lacrime napulitane – Carverato (1981) – I figli…so' pezzi 'e core (1982) – Torna – Guapparia (1984)

Algueró, Augusto Sr.
* *1906 Spanien, † 1992.* Komponist und Dirigent im span. Film.
Filme: Piruetas juveniles (1944) – El angel gris (1947) – La casa de las sonrisas (1948) – Si te hubieses casado conmigo (1948)

Algueró, Augusto Jr. (Desca = A.)
* *23.2.1934 Barcelona.* Spanischer Komponist, Dirigent und gelegentl. Schauspieler, für den Film tätig seit 1950. Er ist der Sohn des Komponisten → Augusto Algueró, Enkel des Komp./Dirigenten Manuel Algueró Algueró sowie Vater des Komp. Augusto Algueró (= A. José Algueró Garcia, * 3.7.1964 Madrid).
Filme: Brigada criminal (1950) – Los sueños de Pay-Pi (1951) – Dulce nombre – El sistema Pelegrin – Almas en peligro – Persecución en Madrid – Mercado prohibido – La danza del corazon – Bella, la salvaje (1952) – Bronce y luna – Fuego en la sangre – La hija del mar – Pasaporte para un angel (1953) – Sor Angélica – La canción del penal – Good Bye, Sevilla (1954) – Tres eran tres (1955) – Camino cortado (Gesperrte Wege, 1955) – Los agentes del quinto groupo – Cruz de Mayo – La fierecilla domada – Una aventura de Gil Blas (1955) – Dos novias para un torero – Malagueña (1956, Songs) – El genio alegre – Mañana cuando amanezca (1957, Songs) – B'squeme e es chica (1965, auch Songs) – Historias de la television (1965) – Cabriola (1965, auch Songs) – Nuevo en esta plaza – Hoy como ayer (1966) – Operación plus ultra (1966, auch Songs) – El padre Manolo (1966) – Lo que cuesta vivir – Tuset Street (1967) – Ralciones casi públicas (1968, Songs) – El taxi de los conflictos (1969, Songs) – Grazie zio, ci provo anch'uio (1971, Songs) – ¡Que cosas tiene el amor! (1973) – Una mujer de cabaret (1974) – Réquiem por un empleado (1977) – El túnel (1987) – Big Wendy (1995)

Alisch, Heinz
* *14.5.1917 Berlin-Spandau, † 20.6.1993 ebd.* Dt. Bandleader und Komponist. Studierte in Berlin an der Orchesterschule und Musikhochschule. Spielte 1946–47 Saxophon bei Kurt Widmann und arbeitete dann als Arrangeur und Komponist und begleitete Vokalisten mit Studiobands. Er schrieb Schlager (*Eine Rose aus Santa Monica*; *La Belle Rose*) und arbeitete auch für den Film.
Film: Was ist denn bloß mit Willie los? (1970)

Allan, Cameron
* *1955 Melbourne, Australien.*
Filme: Stir (1980) – Hoodwink (1981) – Heatwave – The Dark Room (1982) – Midnite Spares (1983) – I Can't Get Started – Emo Ruo (1985) – Going Sane – Call Me Mr. Brown (1986) – The Good Wife (1987) – Pandemonium (1988) – The Clean Machine (1988, TV) – Kojak: Ariana (1989, TV) – The Nutt House (1992) – J.F.K.: Reckless Youth (1993, TV) – Jericho Fever (1993, TV) – Close to Danger (1997, TV)

Allegra, Salvatore
* *13.7.1898 Palermo, Sizilien, Italien, † 9.12. 1993 Florenz.*
Filme: Amo te sola (1935) – Abbandono (1940) – Addio giovinezza! (1940) – Amori e veleni (1949) – I figli di nessuno (1951)

Allen, David Allen
* *26.8.1936 San Francisco, Calif., USA.*
Filme: The Clones – The Spectre of Edgar Allan Poe (1974)

Allen, Lewis
(Ps. für Abel Meeropol), * *10.2.1903 N.Y., USA, † 31.10.1986 Long Meadow, N.Y.*
Filme: Sensation Hunters (1949) – The Romance of Ray Ridge (1947, Songs) – Sweet Beat (1959, Songs)

Allen, Woody
(eigentl. Allen Stewart Konigsberg), * *1.12. 1935 N.Y., USA.* US-amerikan. Schriftsteller, Filmregisseur und Schauspieler, auch Amateur-Musiker (cl). Begann als »Stand-up-comedian«, Gag-Schreiber und TV-Komiker, schrieb Drehbücher und Theaterstücke. Seine

Filme zeichnen sich durch einen subtilen Humor, guten Filmmusiken (oft von → Marvin Hamlisch und → Dick Hyman) und eine exzellente Kenntnis des »Great American Songbook« aus.

Lit.: Marion Meade, The Unruly Life of Woody Allen, N.Y. 2000. – Berndt Schulze, W.A.-Lexikon, Berlin 2000

Film: Sleeper (1973)

Almeida, Laurindo

(Laurindo José Araujo Almeida Nobrega Neto), * *2.9.1917 São Paulo, Brasilien, † 27.7.1995 L.A.* Der versierte Allround-Gitarrist kam 1947 in die USA, spielte in der Big Band von Stan Kenton, danach mit eigenem Trio in L.A. 1954 nahm er mit dem Altsaxophonisten und Flötisten Bud Shank zwei LPs auf, die kaum Beachtung fanden, aber in den 60er Jahren durch die Popularität des Bossa Nova als dessen Vorwegnahme gefeiert wurden. Er arbeitete als Studiomusiker, ist z.B. zu hören in mehreren Elvis Presley-Filmen, spielte Mandoline in »Der Pate«, Laute in »Die 10 Gebote« und Gitarre in »Gefährten des Todes« (The Deadly Companions) und trat seit den 70er Jahren mit seiner L.A. Four auf, mit Shank, Ray Brown (b) und Shelly Manne bzw. Jeff Hamilton (d). A. war einer der großen Virtuosen der unverstärkten spanischen Konzertgitarre.

Filme: Viva Zapata, 1952, Arr.) – A Star is Born (1954, Gitarre!) – Naked Sea (1955) – Goodbye My Lady (1956, + George Field) – Escape from San Quentin (1957) – The Old Man and the Sea (Der alte Mann und das Meer, 1958, Arr) – Maracaibo (Flammen über Maracaibo, 1958; *LP:* Decca DL 8756) – Flight (1960) – Twilight Zone: The Gift (1962, TV) – The Magic Pear Tree (Oscar!) – A Star is Born – Goya – Death Takes a Holiday (1970, Arr) – On a Clear Day You Can See Forever (Einst kommt der Tag ...; Arr, 1970) – The Godfather (Der Pate, 1972, Arr) – Lost Horizon (Der verlorene Horizont, Arr, Score: B. Bacharach)

Alperson, Edward L. Jr.

(Junior Edward Lee A.), * *3.4.1925 Omaha, Neb., USA.* Komponist, Songschreiber, Autor und Produzent. Studierte an der Coll. Business School, arbeitete dann als Songschreiber mit Paul Herrick, Dick Hughes und Jerry Winn. Schrieb u.a. *One Finger Symphony, Dreamer, Angelita, Black Sunday, Passing By, The Ring* und *Love Plays the Strings of My Banjo.*

Filme: Rose of Cimarron (1952) – The Magnificent Matador (1955) – Mohawk (1956) – The Restless Breed (1957) – Courage of Black Beauty (1957, auch Songs) – I Mobster ... The Life of a Gangster (1958) – September Storm (1960) – Rider on a Dead Horse (1962, nur Thema)

Alter, Louis

* *18.6.1902 Haverhill, Mass., USA, † 3.11.1980 N.Y.* Komponist der 30er u. 40er Jahre. Studierte am New England Conservatory of Music, arbeitete in Kinos und begleitete Nora Bayes 1924–28, auch Helen Morgan, Irene Bordoni, Beatrice Lillie. Arbeitete auch für Musikverlage und hatte seinen ersten Erfolg mit »Hugs and Kisses« (1926). 1928 folgte sein größter Hit *Manhattan Serenade* (1942 neu belebt mit einem Text von Harold Adamson). Er schrieb die Musik für diverse Broadway-Shows und Filme. Mitarbeiter waren Raymond Klages, Jo Trent, Oscar Hammerstein II, Charlotte Kent u. Sidney D. Mitchell. Bekannt wurden noch seine Songs *Dolores, The Sky Fell Down* und *A Melody* from *the Sky*.

Songs (Filme): 1927: Give Trouble the Air (A la Carte) – 1929: Gotta Feelin' For You (Hollywood Revue of 1919) – Love Ain't Nothin' but the Blues – 1930: Overnight (Sweet and Low) – 1933: Come Up and See me Sometime (Film: Take a Chance) – Morning, Noon and Night – 1936: A Melody from the Sky, Twilight on the Trail (Film: Trail of the Lonesome Pine) – Rainbow on the Fiver – A Thousand Dreams of You – You Only Live Once (Film: Rainbow on the River) – You Turned the Tables on Me (Film: Sing, Baby, Sing) – 1937: Make a Wish – Music in My Heart (Film: Make a Wish) – 1941: Dolores, I Gotta Ride – Moments Like This (Film: Las Vegas Nights) – Love Me As I Am (Film: Caught in the Draft) – 1946: If I Had a Wishing Ring (Film: Breakfast in Hollywood) – 1947: Do You Know What It Means To Miss New Orleans? – Endie – Blues Are Brewin' (Film: New Orleans)

Altman, John

(John Neville Rufus A.), * *5.12.1949 London.*

Filme: Beautiful Joe (1996) – Little Voice – RKO 281: The Making of Citizen Kane (2001) – The Monkey Town – Fidel: The Life of Fidel Castro (2001)

Alwyn, William

** 7.11.1905 Northampton, Northamptonshire, England, † 11.9.1985 Southwold, Suffolk.* Engl. Komponist, für den Film tätig in den 40er und 50er Jahren. Studierte an der Royal Academy of Music und lehrte dann dort ab 1926 für rd. 30 Jahre. Er komponierte »ernste« Musik und ab 1936 Filmmusik, zunächst für Dokumentarfilme, ab 1941 für Spielfilme, er arbeitete u.a. für die Regisseure Ronald Neame, Sidney Gilliat und Carol Reed. In den 60er Jahren wandte er sich wieder der E-Musik zu; er schrieb u.a. fünf Sinfonien und 1977 die Oper »Miss Julie«. Er war verheiratet mit der Komponistin Doreen Carwithen, die auch für den Film arbeitete.

Filme: The Future's in the Air (Dok., 1936) – The Outpost (1937) – Roads Across Britain, Dok. 1937) – Zoo Babies (Dok., 1938) – The Birth of the Year (Dok., 1938) – These Children Are Safe (Dok., 1939) – S.O.S. (Dok., 1940) – The New Britain (Dok., 1940) – Queen Cotton (Dok., 1941) – Night Watch, (Dok., 1941) – Penn of Pennsylvania (Der Gouverneur von Pennsylvanien, 1941) – They Flew Alone (1941) – Rat Destruction (Dok., 1942) – Squadron Leader X (1942) – Desert Victory (Dok., 1943) – Fires Were Started (Dok., 1943) – Escape to Danger (1943) – World of Plenty (Dok., 1943) – The Way Ahead – On Approval (1943) – Medal for the General (1944) – The Curse for Love – The Rake's Progress (Der letzte Sündenfall, 1945) – The True Glory (Dok., 1945) – I See a Dark Stranger (1946) – Odd Man Out (Ausgestoßen, 1946) – Green for Danger (1946) – The October Man (Zwielicht, 1947) – A City Speaks (Dok., 1947) – The Beginning and the End (1947) – Take My Life (Das rettende Lied, 1947) – So Evil My Love (USA 1948, + Victor Young) – Captain Boycott – Escape (1948) – House of Strangers (Blutfeindschaft, 1948) – The Fallen Idol (Kleines Herz in Not, 1948) – Green for Danger – The Winslow Boy (Der Fall Winslow, 1948) – The History of Mr. Polly (1948) – Madeleine (1949) – State Secret (Staatsgeheimnis, 1949) – The Curse of Love (1949) – The Rocking Horse Winner (1949) – The Golden Salamander (Der goldene Salamander, 1949) – The Magnet (1950) – The Mudlark (Der Schmutzfink, USA/UK, 1950) – Devil's Doorway (Der Fluch des Blutes, 1950) – State Secret (Staatsgeheimnis, 1950) – No Resting Place (1951) – The House in the Square (1951) – The Magic Box (Der wunderbare Flimmerkasten, 1951) – The Card (Der Unwiderstehliche, 1951) – Saturday Island (Insel der Verheißung, 1951) – The Long Memory (Meineid, 1952) – The Crimson Pirate (Der rote Korsar, UK/USA, 1951) – The House in the Square (1951) – Lady Godiva Rides Again (Maxie macht Karriere, 1951) – Mandy (1952) – The Master of Ballantrae (Der Freibeuter, 1953) – Personal Affair (Ihre erste Enttäuschung, 1953) – The Malta Story (1953) – The Rainbow Jacket (Kleiner Jockey ganz groß, 1953) – The Million Pound Note (Sein größter Bluff, 1953) – The Seekers (Dämonen der Südsee, 1953) – Svengali (1954) – Bedevilled (Nachts auf den Boulevards, 1954) – Geordie (1955) – Safari (1955) – The Black Tent (Das schwarze Zelt, 1955) – The Ship That Died on Shame (1955) – Smiley (1956) – Fortune is a Woman (Am seidenen Faden, 1956) – Zarak (Zarak Khan, 1956) – Manuela (1957) – I Accuse (1957) – The Smallest Show on Earth (Die kleinste Schau der Welt, 1957) – A Night to Remember (Die letzte Fahrt der Titanic, 1958) – Shake Hands with the Devil (Der Händedruck des Teufels, 1958) – The Silent Enemy (Froschmann Crabb, 1958) – Carry Her Name with Pride (1958) – Killers of Kilimajaro (Rivalen unter heißer Sonne, 1959) – Third Man on the Mountain (Der dritte Mann am Berg, 1959) – The Swiss Family Robinson (Dschungel der 1000 Gefahren, 1960) – The Naked Edge (Ein Mann geht seinen Weg, 1960) – In Search of the Castaways (Die Kinder des Kapitän Grant, 1961) – Night of the Eagle (Hypno, 1961) – Life for Ruth (Brennende Schuld, 1962) – The Running Man (Der zweite Mann (1962)

Alzner, Claudius

** 16.1.1930 Wien, Österreich.*

Filme: Die Liebesquelle (1965) – Gern hab' ich die Frauen geküßt (1965) – Mittsommernacht (1967) – Heißes Pflaster Köln (1967) – Paradies der flotten Sünder 81967) – Die tolldreisten Geschichten (1968) – Immer Ärger mit den Paukern (1968)

Amatek, Mil
Ps. für → Smatek, Milos

Amdahl, Bjarne
(B. Fredrik Berg A.), * *17.8.1903 Trondheim, † 24.4.1968 Baerum.*
Filme: Ung flugt (1959) – Petter fra Ruskøy (1960) – Ale tiders kupp (1964)

Amenábar, Alejandro
* *31.3.1972 Santiago de Chile.* Wuchs in Spanien auf (seine Eltern waren 1973 vor dem faschistischen Putsch geflohen) und studierte an der Universität in Madrid. Von Anfang an war es sein Wunsch Filmemacher zu werden, seine ersten Versuche waren Low-budget-Produktionen; sein erster größerer Film, den er als Autor, Regisseur und Komponist realisierte, war 1996 »Tesis«, der auf dem Film-Fest Berlin gezeigt wurde und mehrere Preise in Spanien erhielt. Nach einigen weiteren Erfolgen blieb es nicht aus, dass Hollywood auf ihn aufmerksam wurde, sein Debüt-Film dort war der Spuk-Thriller »The Others«.
Filme: Tesis (1996, auch Regie, Songs v. Mariano Marin) – Abre los Ojos/Open Your Eyes (E/I/F 1997, auch Regie, + Mariano Marin) – Nadie conoce a nadie (Bruderschaft des Todes, E/F 1999) – Le lengua de las mariposas (1999) – The Others/Los otros (Die anderen, USA 2001, auch Regie und Drehbuch)

Amfitheatrof, Daniele
(Daniil Alexandrowitsch Amfiteatrow), * *29.10.1901 St.Petersburg, Russland, † 7.6. 1983 Rom.* Der Sohn des russ. Schriftstellers Aleksander V. Amfiteatrow und Bruder des Cellisten Massimo A. (17.2.1907–9.12.1900) arbeitete seit 1943 für den Film. Er hatte in Rom studiert und als Gastdirigent sinfonischer Orchester in Prag, Rom, Wien, Budapest u.a. gearbeitet, ab 1937 auch als Operndirigent in Boston, Minneapolis u.a. Erste Filmmusik 1934 für den Ophüls-Film »Eine Diva für alle«, er begann aber erst 1943 regelmäßig für den Film zu arbeiten.
Filme: La signora di tutti (Eine Diva für alle, 1934) – Lassie Comes Home (Heimweh, 1943) – Cry Havoc (1943) – Lost Angel (1943) – Days of Glory (1944) – I'll Be Seing You (Ich werde dich wiedersehen, 1944) – Guest Wife (Seine Frau ist meine Frau, 1945) – The Virginian (1946) – Suspense (Der Todesreifen, 1946) – Ivy (1946) – The Beginning or the End? (1946) – Miss Susie Slagles (1946) – Song of the South (Onkel Remus' Wunderland, mit Paul Smith, 1946, Song: *Zip a Dee Doo Dah* von Allie Wrubel u. Ray Gilbert) – Temptation (1946) – The Senator was Indescreet (Der Senator war indiskret, 1947) – Smash Up, The Story of a Woman (1947) – The Lost Moment (Briefe aus dem Jenseits, 1947) – Letter from an Unknown Women (Briefe einer Unbekannten, 1947) – Another Part of the Forest (Aus dem Dunkel des Waldes, 1947) – An Act of Murder (1948) – O.S.S. (1948, + H.Roemheld) – Rogues Resignment (Der Mann ohne Gesicht, 1948) – House of Strangers (Blutsfeindschaft, 1948) – The Fan (1949) – You Gotta Stay Happy (1949) – The Damned Don't Cry (Im Solde das Satans, 1949) – Under My Skin (1949) – Storm Warning (Der Gefangene des Ku-Klux-Klans, 1950) – The Desert Fox (Rommel, der Wüstenfuchs, 1950) – Goodbye Mr. Fancy (1950) – Devil's Doorway (Der Fluch des Blutes, 1950) – Bird of Paradise (Die Insel der zornigen Götter, 1951) – Angels in the Outfield (1951) – Goodbye Mr. Fancy (1951) – Scandal at Scourie (Skandal um Patsy, 1952) – Devil's Canyon (Hölle der Gefangenen, 1953) – Salome (1953, Dir., Score: G. Duning) – The Naked Jungle (Wenn die Marabunta droht, 1954) – Human Desire (Lebensgier, 1954) – Trial (Das Komplott, 1955) – The Last Hunt (Die letzte Jagd, 1955) – The Mountain (Berg der Versuchung), 1956) – The Unholy Wife (Weib ohne Gewissen, 1957) – From Hell to Texas (Schieß zurück, Cowboy, 1957) – Spanish Affair (Flamenca: Ein Amerikaner in Spanien, USA/E 1958) – Fräulein (1958) – Edge of Eternity (Der Mann aus Arizona, 1959) – That Kind of Woman (So etwas von Frau, 1959) – Heller in Pink Tights (Die Dame und der Killer, 1960) – Major Dundee (Sierra Chariba, 1965)

Amoruso, Joe
(Giuseppe?), * *12.1.1960 Boscotrecase/Neapel, Italien.*
Filme: Senza scrupoli (1985) – Blues metropolitano (1985)

Amper, Quirin
(auch Quinn A.), * *22.2.1935 München, † 23.12.1998 ebd.* Komponist von Film- und

TV-Musiken, Sohn des Komponisten Quirin Amper sen. (1908–1989). Er schrieb u.a. Titelmusiken für TV-Serien und neue Musiken für Stummfilmkompilationen (»Väter der Klamotte«, »Dick und Doof«) und Cartoons (»Trickfilmzeit mit Adelheid«).
Filme: Der himmlische Überfall – Tarzan – Kimba der weiße Löwe – Layana, das Mädchen aus dem Urwald – Paradies der Tiere – Abenteuer Wildnis – Mein Onkel vom Mars

Amram, David Werner III

** 17.11.1930 Philadelphia, Pa.* Lernte Klavier und Trompete, studierte am Curtis Institute, spielte 1951–52 Waldhorn im National Symphony Orch. in Washington und 1953–54 im Army Symphony Orch. Ging dann nach Paris, spielte hier mit Bobby Jaspar und Henri Renaud, Schallplattendebüt mit Lionel Hampton. In New York in den Jazzgruppen von Sonny Rollins, Charles Mingus u. Oscar Pettiford. 1957 eigene Jazz-Combo. Konzentrierte sich dann auf seine Arbeit als Komponist, schrieb für Bühne und Film. 1963–65 war er musical director des Lincoln Center Repertory Theatre, 1967 Assistent von Leonard Bernstein. In seinen Kompositionen verwendet er Elemente verschiedenster Musikkulturen.
Filme: Splendor in the Grass (Fieber im Blut, 1960) – The Young Savages (Die jungen Wilden, 1960) – The Manchurian Candidate (Botschafter der Angst, 1962) – Th Final Ingredient (1965, TV) – Letters of Jefferson – The Arrangement (1969) – Pull My Daisy

Amy, Gilbert (Claude Adolphe)

** 29.8.1936 Paris, Frankreich.*
Filme: La prisonnière (1968) – L'alliance (1970)

Andersen, Kai Norman

** 11.4.1900 Kopenhagen, Dänemark, 26.6. 1967 ebd.*
Filme: Komtessen paa Steenholt (1930) – Hotel Paradiseta hemlighet (1931) – Odde 777 (1932) – De blå drenge (1933) – Äventiyr i pyjamas (1935) – Millie Marie og mig (1937) – Rosor varje kväll (1939) – Wienerbarnet (1941) – Alle gaar rundtog foresker sig (1941) – Man elsker kon een gang (1944) – Trötte Teordor (1945) – Bröder mot sin vilja (1948) – Lejlighed til leje (1949) – Kvinnan bakom allt (1951) – Mod mig paa Cassiopeja (1951) – Den käre familjen (1962)

Anderson, Michael

** 26.1.1938 L.A., USA.*
Film: Tower of London (Der Massenmörder von London, UK 1962)

Andrasovan, Tibor

** 2.4.1917 Slovenská Lupcá, Slowakei.*
Filme: Drevená dedina (1954) – Stvorylka (1955) – Shetskvetili simgera (1960) – Balada o vojtovej marine (1964, TV) – Traja svedkovia (1968)

Andrews, Michael

Amerikanischer Schauspieler und Komponist. Als Schauspieler u.a. in »Malibu Express« (1985), »Talking Walls«, »Surrender« (1987) u.a. zu sehen.
Filme: Freaks and Geeks (TV-Serie, 1999) – Out Cold (Eiskalt, 2001) – Undeclared (2001, TV) – Donnie Darko (2001) – Orange County (2000)

Andriessen, Jurriaan Hendrik

** 15.11.1925 Haarlem, Niederlande, † 23.8. 1996 Den Haag.* Bruder des Komponisten Louis A., Sohn des Organisten und Komponisten Hendrik Franciscus A. (1892–1982).
Filme: Dopr aan de rivier (1958) – De dans van de reiger (1966) – Flanagan (1975) – De Aanslag (1986)

Andriessen, Luis Joseph

** 6.6.1939 Utrecht, Niederlande.* Bruder von Jurriaan A.
Filme: The Family (1984) – The Alien (1980) – The Death of a Composer: Rosa, a Horse Drama (1999) – The New Math(s) (2000)

Anfosso, Gérard

** 14.3.1950 Marseille, Frankreich.*
Filme: Voyage en Grande Tartarie (1974) – Cousin, cousine (1975) – Le pays bleu – Bartleby (1976) – Il ya longtemps que je t'aime (1979) – Le sytème du docteur Goudon et du professeur Plume (1981) – Ligeia (1981, TV) – Croque le avie (1981) – Radio Corbeau (1989)

Angelo, Gioacchino

** 1899, † 1971.*

Filme: La fuggitiva (1941) – Colorado Charlie (1965) – Tres dólares de plomo (1965) – Las Malditas pistolas de Dallas (1965)

Angyal, Laszlo

(Ladislaus), ** 5.3.1900 in Budepest, Ungarn, † 10.10.1979 ebd.*

Film: A kek bálvany (1931) – Csókolj meg, édes! – Piri mindent tud (1932) – Egy éj velencében (1934) – Eine Nacht in Venedig (1934, nach d. Operette v. J.Strauss Sohn) – Sárga csikó – Piros bugyelláris (1938) – Aranyóra (1945)

Aniol, Edward

** 7.2.1947 Krakau, Polen.* Jazzmusiker (sax) und Komponist. Studierte in Warschau bei Mikoly Gorecki, dann in München bei Dieter Acker. Arbeitete 1968–71 als Komponist am Düsseldorfer Schaupielhaus, am Theater in Damstadt 1971–73, seitdem in München. Seine Musik ist vom Free-Jazz geprägt, er arbeitete aber auch mit der Rock-Gruppe »Kraftwerk«.

Filme u.a.: Die erste Polka (1971) – TV: Ein zauberhaftes Biest

Annecchino, Arturo

** 9.1.1954 Caracas, Venezuela.*

Filme: Con...fusione (1980) – Le cinque rose di Jennifer (1989)

Antheil, George Johann Carl

** 8.7.1900 Trenton, N.J., † 12. 2.1959 N.Y.* Der Amerikaner in Paris (seit 1920) galt in den 20er Jahren mit seinen Vorstellungen einer »Mechanischen Musik« als »enfant terrible«. Er begeisterte dort u.a. James Joyce, Djuna Barnes und Ezra Pound; letzterer schrieb eine Biographie über ihn. 1922 hatte A. in Berlin Igor Stravinsky getroffen, der ihn sehr beeinflusste. Es komponierte Klavierstücke wie *Airplane Sonata, Mechanisms* und *die Jazz Sonata*. 1923/ 24 entstand das »Ballet mécanique« als Musik zu einem Film von Fernand Léger. Nach 1925 wandelte sich A.'s Stil. Er versuchte in Werken wie der *Jazz Symphony*, dem *Capriccio* und *Morceau for Orchestra* und der Oper *Transatlantik* (ursprünglich *The People's Choice*, 1930 in Frankfurt uraufgeführt) einen »amerikanischen Stil« zu entwickeln. 1933 ging er in die USA zurück und engagierte sich in der »Neuen Theater-Bewegung«. In seinen späteren Werken (4.Sinfonie,1942; 5.Sinf.,*Joyous*,1948) verließ er seinen revolutionären Impetus zugunsten einer spätromantischen Auffassung, wie sie auch schon in seinen Filmmusiken zutage trat. Ein großer Teil seines Werkes harrt noch seiner Entdeckung, neben den kaum gespielten Sinfonien auch die späten Opern *Volpone*, *The Brothers* und *The Wish*. A. betrieb auch Hormonforschung, erstellte Militärexpertisen und und arbeitete mit der Schauspielerin Hedy Lamarr an der Erfindung eines funkgesteuerten Torpedos.

Lit.: G.A., Bad Boy of Music (Autobiogr.), Hollywood 1945/1990 (dt. Enfant terrible der Musik, Hamburg 2000)

CD: Ballet mécanique/Jazz Symphony etc, Musicmasters – Symphony No.4, London SO, Goossens, Milan 873123

Filme: Once in a Blue Moon (1935) – The Scoundrel (Ein scharmanter Schurke, 1936) – The Plainsman Verrat/Der Held der Prairie, 1936) – Make Way for Tomorrow (Kein Platz für Eltern, 1937) – The Buccaneer (Fräulein Pirat, 1938; Dir. J.Moross) – Union Pacific (1939) – Angels Over Broadway (1940) – The Specter of the Rose (USA 1946) – The Plainsman and the Lady (Karten, Kugeln und Banditen, 1946) – That Brennan Girl (1946) – Repeat Performance (1948) – Knock on Any Door (Vor verschlossenen Türen, 1948) – We're Strangers (1949) – Tokyo Joe (1949) – The Fighting Kentuckyan (In letzter Sekunde, 1949) – In a Lonely Place (Ein einsamer Ort, 1950) – House by the River (Das Todeshaus am Fluß, 1950) – Sirocco (Zwischen Kairo und Damaskus, 1950) – The Sniper (Der unsichtbare Schütze, 1951) – Actors and Sins (1952) – The Sniper (1952) – The Juggler (Der Gehetzte, 1952) – Dementia (1953) – Hunters of the Deep (Dok., 1953) – Not as a Stranger (Und nicht als ein Fremder, 1954) – The Pride and the Passion (Stolz und Leidenschaft, 1956, Dir. E.Gold; OST: Capitol) – The Young Don't Cry (1957) – The Mind Benders (1963)

Applebaum, Louis

** 3.4.1918 Toronto, Ontario, Kanada, † 20.4. 2000 Toronto.* Der Komponist arbeitete ab 1941 für den Film, gelegentlich auch als Schauspieler.

Filme: Call for Volunteers (1941) – Dollar Dance (1943) – Tomorrow the World – Target: Berlin – The Plot Thickens – Grim Pastures (1944) – Tomorrow the World (1944) – Guest of Honor (1945) – The Story of G. I. Joe (Schlachtgewitter am Monte Casino, 1945; + Ann Ronell, L.Forbes) – New Faces Come Back – A Little Phantasy on a 19th Century Painting – Métropole – Dreams That Money Can Buy (1947) – NewLost Boundaries (Wenn Eltern schweigen, 1949) – Ballet Festival (1949) – Teresa – Royal Journey – Pen point Percussion – Around is Around – The Whistle at Eaton Falls (1951) – Walk East on Beacon – Operation A-Bomb – Opera School (1952) – Varley – Highlight from Royal Journey (1953) – A Thousand Million Years – Riches of the Earth (1954) – Man Against a Fungus – The Jolifou Inn (1955) – Canadian Profile (1957) – Wheat Rust (1958) – Wheat Country (1959) – The Mask (1961) – Paddle to the Sea – The Forest (1966) – The Discoverers (1972) – Homage to Chagall: The Colors of Love (1977) – Arthur Miller on Home Ground (1979, TV) – Karsh: The Searching Eye (1986) – The Taming of the Shrew (1988, TV)

Arcany

(eigentl. Harry Hilm), ** 18.1.1901 Würzburg, † 27.4.1964 München.* Songtexter.

Filme: Opernring (1936) – Blumen aus Nizza (1936)

Arcaraz, Luis (A. Torras)

** 5.12.1910 Mexico City, † 1.6.1963 Saltillo (San Luis Potosi).* Bandleader und Komponist. Leitete seine erste Band 1932 im Teatro Iris in Mexico City und wurde bald zu einem der populärsten Bandleader seines Landes. Er nahm Schallplatten auf für RCA, Musart, Orfeon und Capitol und komponierte zahlreiche Songs, u.a. *Bonita, Viajera, Superstición*. Er trat in einigen Filmen auf, so 1956 mit seiner Band in »Cha Cha Cha Boom«. Er schrieb auch die Musik oder Songs für ca. 20 mexikanische Filme.

Songs in den Filmen: Las cinco noches de Adán (1942) – Virgen de medianoches (1942) – El misteriosos señor Marquinha (1942) – Cantoa las Américas (1943) – Hotel de verano (1944) – Músico, poeta y loco (1947) – Tù, solo tú (1949) – Quinto patio – El amor no es ciego – El ciclón del caribe (1950) – Ouerto de tentacion – Viajera (1951) – Acapulco – La noche en nuestra – Aquellos ojos verdes – Nadie muere dos veces – Doña Mariquita de mi corazon (1952) – Música en la noche (1955) – Préstame el cuerpo aguante (1958) – Quinto patio (1969) – Nobleza ranchera – El compadre más padre (1975) – El valiente vive (1977) – Esta y l'otra con um solo bolero (1981) – Las fabulosa del reventón (1982) – Rumbera, caliente (1988) – La tarea (1990)

Arel, Jack

(Jacques/Jacky Azzopardi), ** 28.8.1933 Algier, Algerien.* Der Komponist lebt und arbeitet in Frankreich.

Filme: Le voleur de crimes – Le grand cérémonial (1968) – Erotique (1969) – Le seuil du vide – Mont-Dragon (1971) – Firmafesten (1972) – Docteur Caraïbes (1973, TV-Serie) – Die Diamanten des Präsidenten (1976) – Le temps des as (1980, TV-Serie) – La Baraka (1982) – Jeans Tonic (1984) – One, two, flic (1987, TV) – Château Magot (1995, TV) – Le bourgeois se rebiffe (1996, TV)

Arevalo, Tito

** 29.3.1911 Manila.* Philippinischer Komponist, schrieb in den 60er und 70er Jahren Musik für Filme in seiner Heimat und den USA.

Filme: Cavalleria Commandos – The Raiders of Leyte Gulf (1963) – Intramuros (1964) – The Ravagers (1965) – The Vampire People (1966) – The Mad Doctor of Blood Island (1969) – Igorota, the Legend of the Tree of Life – Curse of the Vampires (1970) – Beast of Blood (Drakapa, das Monster mit der Krallenhand, USA 1970) – The Constabulary – Mother and Daughter (1975) – A Time for Dying (1983)

Argov, Sascha

(Alexander Abramowitsch A.), ** 26.10.1914 Moskau, Russland, † 27.9.1996 Tel Alviv, Israel.*

Filme: Havura shekezot (1963) – Pas question le samedi (F/I/ISR, 1965) – Sayarim (1967) – Ha-Ben Ha'Oved (1968)

Arkenstone, David

* *Chicago, Ill., USA.* Wuchs ab 10. Lebensjahr in Kalifornien auf, lernte Gitarre und Klavier, spielte Popmusik und wandelte sich zu einem New Age-Interpreten, nachdem er Kitaro gehört hatte. Er schrieb einige Film- und TV-Musiken.

Filme: Robot Wars – Mandroid (1993) – Invisible : The Chronicles of Benjamin Knight (1994) – The Making of »Guardians of Destiny« (1997, TV) – The Making of »Blade Runner« (1997, TV) – Legend of the Spirit Dog (1997) – Murdercycle (1999) – Beyond the Glory (2001, TV-Serie)

Arlen, Harold

(eigentl. Hyman Arluck), * *15.2.1905 Buffalo, N.Y., USA, † 23.4.1986 N.Y.* Bedeutender Songkomponist der 30er bis 50er Jahre, Bruder des Sängers und Dirigenten Jerry Arlen (Jerrold Arluck, 1911–1988). Arbeitete schon mit 15 Jahren als Pianist in Clubs von Buffalo, ging Mitte der 20er Jahren nach N.Y., spielte in Arnold Johnsons Orchester für die Broadway-Show »George White's Scandals« (1928) und war Probenpianist für »Great Day«. Er begann 1929 zu komponieren und hatte einen ersten Erfolg mit *Get Happy*. Schrieb für Revuen im Cotton Club (1933 *Stormy Weather*), für Musicals und Filme (»The Wizard of Oz« mit dem Hit *Over the Rainbow*). Texter war zunächst Ted Koehler, spätere Mitarbeiter waren E. Y. Harburg, Ira Gershwin, Johnny Mercer, Lew Brown, Dorothy Fields, Leo Robin, Jack Yellen.

Lit.: Edward Jablonski, H.A., Happy with the Blues, N.Y. 1986 (1961) – ders., Rhythm, Rainbow & Blues, 1996

Shows/Filme (Songs): 1930 – Earl Carroll's Vanities of 1930 (Hittin' the Bottle) – Get Happy

1931 – You Said It (Sweet & Hot; Learn to Croon) – Between the Devil and the Deep Blue Sea – Kickin' the Gong Around; Linda)

1932 – George White's Music Hall Varieties (I Love a Parade) – Earl Carroll's Vanities of 1932 (I Gotta Right to Sing the Blues) – Americana (Satan's Little Lamb) – Minnie the Moocher's Wedding Day – Music, Music, Everywhere

1933 – Film: Take a Chance (It's Only a Paper Moon) – Stormy Weather – Happy as the Day is Long – I've Got the World on a String

1934 – Life Begins at 8:40 (You're a Builder Upper; Let's Take a Walk Around the Block; Fun to Be Fooled) – Film: Let's Fall in Love (Let's Fall in Love – Love is Love Anywhere) – Ill Wind – As Long As I Live – Here Goes

1936 – Filme: The Singing Kid (You're the Cure for What Ails Me; I Love to Sing-a) – Stage Struck (Fancy Meeting You) – Strike Me Pink

1937 – Hooray for What? (Moanin' in the Mornin'; Down with Love; In the Shade of the New Apple Tree) – The Show Is On (Song of the Woodman) – Filme: Artists and Models (Public Melody No.1) – Gold Diggers of 1937 (Let's Put Our Heads Together)

1939 – Film: The Wizard of Oz (Over the Rainbow; Ding Dong the Witch is Dead; We're Off to See the Wizard u.a.) – The Marx Brothers at the Circus (Two Blind Loves; Lydia, the Tatooed Lady) – Love Affair (Sing, My Heart)

1940 – Film: Andy Hardy Meets Debutante (Buds Won't Bud)

1942 – Film: Blues in the Night (Titelsong; This Time the Dream's On Me) – When the Sun Comes Out – Film: Star Spangled Rhythm (That Old Black Magic; Get the Road to Dreamland) – Captains of the Clouds

1943 – Film: The Sky's the Limit (My Shining Hour; One For My Baby) – Ridin' High (He Loved Me Till the All-Clear Came) – Cabin in the Sky (Happiness is Just a Thing Called Joe)

1944 – Bloomer Girl (I Got a Song; Evelina; Right as the Rain; Pretty as a Picture; When the Boys Come Home) – Filme: Here Come the Waves (Ac-cent-tchu-ate the Positive; I Promise You; Let's Take the Long Way Home) – Kismet (Willow in the Wind; Tell Me, Tell Me, Evening Star) – Up in Arms (Now I Know; Tess's Torch Song)

1945 – Film: Out of this World (Out of this World; June Comes Around Ev'ry Year)

1946 – St. Louis Woman (Come Rain Or Come Shone; Any Place I Hang My Hat Is Home)

1948 – Film: Casbah (What's Good About Goodbye?, For Every Man Theres a Woman)

1950 – Film: My Blue Heaven (The Friendly Islands; Don't Rock the Boat; I Love a New Yorker)

1951 – Film: Mr. Imperium (Andiamo; Let Me Look at You)

1953 – Film: The Farmer Takes a Wife (Today I Love Everybody)

1954 – Filme: A Star Is Born (The Man That Got Away; Here's What I Am For; Gotta Have Me Go With You; Born in a Trunk – The Country Girl (Live and Learn; The Search Is Through; The Pitchman)
1955 – House of Flowers (Two Ladies in de Shade of de Banana Tree; A Sleepin' Bee; House of Flowers; One Man Ain't Enough, I Never Has Seen Snow; Gladiola – Truman Capote, lyr)
1957 – Jamaica (Cocoanut Sweet; Take It Slow, Joe; Ain't it the Truth; Push the Button; Leave the Atom Alone; Napoleon; Savannah; Incompatibility)
1959 – Saratoga (Dog Eat Dog; A Game of Poker; Goose Never Be a Peacock; Petticoat High; Saratoga u.a.)
1962 – Cartoon: Gay Purr-ee (Little Drops of Rain; Paris is a Lonely Town; Red Roses – Violets Blue)
1999 – Over the Rainbow (Dok.)

Armbruster, Robert

* *9.10.1896 Philadelphia, Pa., USA, † 20.6. 1994.* Pianist, Komponist, Songschreiber und Dirigent. Arbeitete als Dirigent zusammen mit Nelson Eddy, Jeanette McDonald, u.a., für den Film arbeitete er als musikal. Leiter, Komponist und Dirigent, u.a. dirigierte er die Musik zu »The Sandpiper«, »How the West Was Won« und »The Unsinkable Molly Brown«.
Filme: Northwest Outpost (1947, Dir.) – Flame of Youth (1949) – The Invisible Monster – The Covered Wagon Raid (1950) – I Dream of Jeannie (1952, Dir.) – Zombies of the Stratosphere (1952) – Jungle Drums of Africa (1953) – Sweethearts on Parade (1953, Dir.) – City of Shadows (1955) – Satan's Satellites (1958) – Mutiny on the Bounty (1962) – Sweet Bird of Youth (Süßer Vogel Jugend, 1962) – The Americanization of Emily – The Unsinkable Molly Brown (1964)

Armiger, Martin

Australischer Komponist/Produzent und Rockmusiker der Gruppe »Sports«, für den Film tätig seit 1976.
Filme: Pure S (1976) – Displaced Persons (1984, TV) – Sweet and Sour (1984, TV) – The Empty Beach (1985) – Dancing Daze (1986, TV) – The Challenge (1986, TV) – I Own the Racecourse (1986) – Two Friends (1986, TV) – Perhaps Love (1987, TV) – Relative Merits (1987, TV-Serie) – Young Einstein (1988) – Stringer (1988, TV) – The Last Resort (1988, TV) – Sweetie (1989) – The Rainbow Warrior Conspiracy (1989, TV) – Body Surfer (1989, TV) – The Crossing (1990) – Ring of Scorpio (1990, TV) – Come in Spinner (1990, TV) – Waiting (1990) – Children of the Dragon (1991, TV) – The Other Side of Paradise (1992, TV) – Cody: The Tipoff (1994, TV) – Thank God He Met Lizzie (1997) – Fetch (1998) – Powderburn (1999) – The Secret Life of Us (2001, TV) – Hildegarde (2001) – The Secret Life of Us (2001, TV-Serie)

Arnaud, Leo

(Noel Leon Marius A., Ps. Leo Vauchant), * *24.7.1904 Couzon-au-Mont d'Or (b. Lyon), Frankreich, † 25.4.1991 Hamptonville, NC. USA.* Frz. Komponist, arbeitete seit 1941 als Komponist, Songschreiber und Arrangeur für Filme in den USA.
Filme: Two-Faced Woman (1941, Dir.) – Ship Ahoy (1942) – The Thrill of Brazil (1946) – Calender Girl (1947) – One Touch of Venus (Venus macht Seitensprünge, 1948) – The Strip (Tödliches Pflaster Sunset Strip, 1951, Arr.) – Sombrero (1953) – Day of Fear (1957) – The Unsinkable Molly Brown (1964)

Arnfred, Ole

* *28.6.1956 ?Kopenhagen, Dänemark.*
Filme: Der er et yndight land (1983) – Himmel og helvede (1988) – Den russiske sangerinde (1993) – Drengen i himlen (1997) – Antenneforingen (1999) – Hotellet (2000, TV-Serie)

Arnold, David Michael

23.1.1962 Bedfordshire, England. Der Komponist studierte Musik und arbeitete als klassischer Klarinettist, als er 1976 von der Punk Rock-Welle überrollt wurde, Gitarre lernte und in div. Gruppen spielte. Er schrieb Songs und kam durch den Regisseur Danny Cannon zum Film, schrieb Musik für dessen Kurzfilme. Sein erstes Big-Budget-Projekt war »The Young Americans«; eine Single-Auskoppelung von der Sängerin Björk wurde ein Hit. Die Musik zu R. Emmerichs »Stargate« etablierte ihn dann als Filmkomponist in den USA. Er arbeitet auch als Schallplattenproduzent.
Filme: The Young Americans (Todesspiele, UK 1993)

– Stargate (1994) – Last of the Men (1995) – Cuthroat Island – Independence Day (1996) – A Life Less Ordinary (1997) – Tomorrow Never Dies (Der Morgen stirbt nie, 1997) – Return to Paradise – Godzilla (1998) – The World is Not Enough (1999) – Shaft (2000) – UC: Undercover (2001, TV) – The Wicksboro Incident – Zoolander – The Dark Side of Daren – Baby Boy – D'Artagnan/The Musketeer (2001)

Arnold, Hans

** 7.5.1886 Magdeburg, † 1961.*
Film: Stürmisch die Nacht (1931, + Ph.de la Cerda, Bruno Uher, Ch.Gaudriot)

Arnold, Harry (H. A. Persson)

** 7.8.1920 Hälsingborg, Schweden, † 11.2. 1971 Stockholm.* Schwedischer Jazzmusiker (cl, ts), Komponist und Arrangeur. Leitete 1942–49 Big Band, ging dann zur Band von Thore Ehrling und stellte 1956 das »Swedish Radio Studio Orchestra« zuammen, welches in kurzer Zeit in die Spitzengruppe der europ. Big Bands aufstieg. Für ihn arbeiteten auch Gastsolisten und -Arrangeure wie Benny Bailey, Lucky Thompson, Nat Adderley, Coleman Hawkins und → Quincy Jones. Nach Auflösung des Orch. 1965 arbeitete A. als Arrangeur und Komponist.
Filme: Drömsemester (1952) – Fartfeber – Flickan fran Backafall – Janne Vängman och den stora kometen – Kungen av Dalarna – Marianne (1953) – Aldrig med min kofot – Flicka med melodie – Hjälpsamma herrn – Häasthabnlarens flickor – Sju svarta b-schä (1954) – Blä himmel – Far och flyg – Paradiset (1955) – Syndare i filmparadiset – Rätten att älska – Där möllorna gar – Expeditions röda havet – Flamman – Het är min längtan (1956) – Aldrig i livet – Med glorian pa sned – Värmlänningarna (1957) – Het är min längtan (Britta, das Malermodell, 1957) – Fröken april – Kvinna i leopard (1958) – The Man in the Middle/48 Hours to Live – Esnlingen in blasväder – Med fara för livet – Ryminvasin i Lappland – Raggare – Affäre in blond – Sängkammeretjuven (1959) – Av hjärtens lust (1960) – Av görandet in Floyd-Ingo (1961) – Hällebäcks gärd – Ljuvlig är Sommarnatten (1961) – Biljett til paradisnet (1962) – Barnvagnen (1963) – Jakten – Är du intre riktight klok? (1965) – Prinzessan (1966) – Eriksson (1969) – 47 Anlöken (1971)

Arnold, Malcolm Henry

** 21.10.1921 Northampton, England.* Der namhafte engl. Komponist studierte ab 1938 am Royal College of Music in London Komposition, Trompete und Klavier. 1940 wurde er Trompeter beim »Royal Philharmonic Orchestra«, wurde dann aber zur Armee eingezogen. Nach dem Krieg begann er zu komponieren, ab 1948 auch Filmmusiken, zunächst für Komödien, ab Mitte der 50er Jahre folgten auch dramatische Partituren. Sein größter Erfolg wurde die mit einem Oscar ausgezeichnete Musik für »Die Brücke am Kwai«. Ende der 60er Jahre zog sich A. von der Filmarbeit zurück, Gründe waren Alkoholprobleme und mehrere Selbstmordversuche. 1993 wurde er in Anerkennung seines Werkes zum Ritter geschlagen. Er komponierte auch neun Sinfonien, eine »Grand, Grand Overture«, Cornish und Scottish Dances u.a.
Lit.: Piers Burton-Page, M. A.
CD: Film Music of Malcolm Arnold, Chandos 9100
Filme: Britannia Mews (1948) – Your Witness (1949) – Curtain Up (Die Premiere findet doch statt, 1951) – On the Fiddle (1951) – The Sound Barrier (Der unbekannte Feind, 1952) – The Ringer (Der Würger kommt um Mitternacht, 1952) – Four Sided Triangle (1952) – The Holly and the Ivy (1952) – It Started in Paradise (1952) – Home at Seven (An einem Morgen wie jeder andere, 1952) – The Sound Barrier (Der unbekannte Feind, 1952) – The Captain's Paradise (Der Schlüssel zum Paradies, 1953) – The Sea Shall Not Have Them (1953) – Hobson's Choice (Der Herr im Haus bin ich, 1953) – Albert RN (1953) – Devil on a Horseback (1954) – The Sleeping Tiger (1954) – The Belles of St.Trinians's (Die Schönen von St. Trinians, 1954) – The Beautiful Stranger (Geld macht nicht glücklich, 1954) – The Prize of Gold (Kennwort: Berlin Tempelhof, 1954) – The Constant Husband (So etwas lieben die Frauen, 1954) – The Night My Number Came Up (Sie waren 13, 1954) – »1984« (1955) – I am a Camera (1955) – Value for Money (Lieber reich aber glücklich, 1955) – Port Afrique (Poer Afrika, 1955) – The Deep Blue Sea (Lockende Tiefe, 1955) – Trapeze (Trapez, USA 1955) – Tiger in the Smoke (Tiger im Nebel, 1956) – A Hill in Korea (An vorders-

ter Front, 1956) – Island in the Sun (Heiße Erde, 1956) – The Bridge on the River Kwai (Die Brücke am Kwai, 1957) – Blue Murder at St. Trinian's (1957) – Dunkirk (Dünkirchen, 1957) – The Key (Der Schlüssel, 1957) – The Inn of Sixth Happiness (Die Herberge zur 6. Glückseligkeit, 1958) – Roots of Heaven (Die Wurzeln des Himmels, 1958) – The Angry Silence (Das zornige Schweigen, 1959) – The Boy and the Bridge (1959) – Suddenly Last Summer (Plötzlich im letzten Sommer, 1959; + Buxton Orr) – Tunes of Glory (Einst ein Held, 1960) – No Love for Johnnie (Und morgen alles, 1960) – On the Fiddle (1961) – Whistle Down the Wind (Woher der Wind weht, 1961) – The Inspector (Der Inspektor, 1961) – The Lion (Patricia und der Löwe, 1961) – Nine Hours to Roma (Neun Stunden zur Ewigkeit, 1962) – Tamahine (Picknick um Mitternacht, 1962) The Chalk Garden (Der Kreidegarten, 1962) – The Thin Red Line (Sieben Tage ohne Gnade, 1963) – The Heroes of Telemark (Kennwort Schweres Wasser, 1964) – Sky West and Crooked (1965) – The Great St. Trinian's Train Robbery (1965) – Africa Texas Style (Gefährliches Abenteuer, 1966) – North Sea Strike (1967) – Divertimento (1968) – David Copperfield (1969) – The Reckoning (Die Abrechnung, 1969)

Arriagada, Jorge

(auch Georges oder Sergio A.), * 20.8.1943 Santiago de Chile. Der Komponist arbeitet meist für französische Filme, z. T. in US-amerik., portugiesischen und chilenischen Produktionen.

Filme: La vocation suspendue – Colloque de chiens (1977) – L'hypothèse du tablau volé (1978) – The Territory (USA/Portugal 1981) – Conversa acabada – Les trois couronnes du matelot (1982) – Het dak van de walvis (NL 1982) – Le ville des pirates (1983) – point de fuite (1983) – Bèrenice (1983, + M.Ravel) – Paris vu par...vingt ans après (1984) – Ave Maria – Les amnats terribles (1984) – Notre mariage – L' éveille du pont de l'Alma – Treasure Island – Les destins de Manoel (1985) – Richard III (1986) – Le miracule – Dans un miroir – 15 août (1986) – Buisson ardent – Brise-glace (1987) – Les mendiants – Terre sacrée (1988) – L'enfant de l'hiver – Blancs cassés – Deux fragonard (1989) – O processo do rei – Un jeu d'enfant – La disenchantée – Amelia Lòpez O'Neil (1990) – Le ciel de Paris (1991) – Langlois monumental (1991, TV) – Blanval (1991) – Terra fria – L'œil qui ment – O fim do mundo – Das tripa coração (1992) – It's All True (1993) – Los naufragos (1994) – Rhésus Roméo (1995, TV) – Le fabuleux destin de madame Petlet (1995) – Os alhos da Asia – Mi ultimo hombre – Trois vies & une sule mort (1996) – Genéalogies d'un crime (1997) – Le monde d'Angelo (1997, TV) – L' inconnue de Strasbourgh – Shattered Romance (1998) – El entusiasmo (1998) – Le temps retrouvé – 30 ans (1999) – Combat d'amour en songe (F/Chile/Portugal 2000) – La virgen de los sicarios – Comédie de l'innocence (2000) – Les âmes fortes (B/F 2001)

Arrieta, Germán

(G. A. Padilla, auch Maestro Arrieta Arrieta), * *18.8.1956 Santa Fé de Bogotá, Kolumbien.*

Filme: Padre por accidente (1981) – La mansión de Araucaima (1986) – Espérame en el cielo (1987, Songs) – Rodrigo D: No futuro (1990) – La estrategia del caracol (1993) – Aguilas no cazan moscas (1994) – Las aguas mansas (1994, TV-Serie) – Golpe de estadio (1998) – Fuego verde (1998, TV-Serie) – Soplo de vida (1999) – Wicca: jóvenes brujos (2002, TV)

Arrieu, Claude

(eigentl. Louise Marie Simon), * *30.11.1903 Paris, Frankreich, † 7.3.1990 ebd.*

Filme : Les gueux au paradis (1945) – Crèvecœur (1956) – Niok l'éléphant (1957) – Le tombeur (1958)

Arteaga, Ángel

(Angel de la Guia Arteaga), * *28.1.1928 Campo de Criptana (Ciudad Real), Spanien, † 7.1. 1984 Madrid.*

Filme: Viaje fantástico en globo (1964) – Die Hölle von Manitoba (D/E 1965) – Maria Rosa – El Zorro cabalga otra vez – Quijote ayer a hoy – Cartas de un peregrino (1965) – Cotolay – Sauto de Tarso – San Pablo en el arte – Los diablos rojos – Cervantes – Boris (1966) – Tour espangne – El rally de los coches magnificos – Pasaporte para la paz – Mónica Stop (1967) – Los flamencos – La marca del hombre-lobo – Verde doncella – El turismo de Don Pio – Sangre en el ruedo – O.K. Jewtuschenko – No disponisble – Lladro: porcelanas de hoy (1968) – La celestina – Se armo en belén! – Yantares de España – El espadin (1969) – Don Erre que erre – El vampiro de la autopista – Si está muerto, por que bailas! – Laia – Hembra – Burgos (1970) – El dibalo cojuelo – Los dias de Cabirio – El techno de cristal – El rinoceronte – El pájaro indicator – Picos de Europa I – Picos de Europa II – El pelicano – La nutria – Memorias de un pájaro – El lobo – El Léon – El Jerbo – Homo hominis – Fernán Gonzáles – Covarrubias – El chimpancé (1971) – Los crimenes de petiot – Ella – Objetivo: seguridad – El muestrario – Perversión – The Banana Boat (1974) – La cruz del diablo – No matarás – El ultimo tango en Madrid – Todos los gritos del silencio – Strip-tease a la inglesa – Docteur justice (1975) – El alijo – Las últimas postales de Stephen – Uno del milión de muertos – Tierras de vino – Airiños (1976) – Guia de Santiago de Compostela – La mujer en Goya – Violaciòn fatal – Doña Perfecta (1977) – Atlántida (El mundo de maneul de Falla II, 1978) – Arte actual U.S.A. – Andaduras de Don Quijote /La mancha IV) – Marinas – Rebeldia – La medalla hoy – Geografia de la mancha – Cales y cantos (La Manchas III) (1978) – El geupardo – Los fantasmas del taller (Perclanos de hoy) – El curso en que amanos a Kim Novak (1979) – Casa Manchada – El gran secreto (1980)

Artemjev, Eduard Nikolajewitsch

** 30.11.1937 Nowosibirsk, UdSSR.*

Filme: Solaris (1972) – Svoi sredi chuznik, chuzoi srredi svoik (1973) – Zerkalo (1974) – Raba Ljubvi (1976) – Neokonchenaja piese dlja mekchanicheskogo painino (1977) – Stalker (D/USSR 1979) – Neskolko dney is shisni I.I.Oblomova (Oblomow, 1980) – Okhohota na lis (1980) – Rodnja (1981) – Alexander der Kleine (DDR 1983) – Bez svidetelei (1983) – Junost genija (1983) – Sharkoye v Kabule (1983) – Lunnays raduga (1983) – Proschai, zelen Leta (1985) – Strannaja is istoria doktora Dzekila I mistery Hayda (Dr. Jekyll und Mr. Hyde, 1985) – Kurjer (1987) – Gorod zero (1989) – Homer and Eddie (1989) – Autostop (1990) – The Inner Circles (1991) – Urga (1991) – Double Jeopardy (1992, TV) – Utomlonnye solntsem (1994) – Anna 6–18 (Dok., 1994) – Limita (1994) – Une journée d'Andrej Arsenevitch (1999) – Sibirsky tsirjulnik (Der Barbier von Sibirien, 1999) – So weit die Füße tragen (D 2001)

Arthuys, Philippe

** 28.11.1928 Paris.* Frz. Komponist, Drehbuchautor, Regisseur und Special Effects-Mann, im Film seit 1960 tätig, u.a. mit den Regisseuren René Allio und Mohammed Lakhdar-Hamina.

Filme: Paris nous appartient (Paris gehört uns, 1960) – Le trou (Das Loch, 1960, Special effects) – Les carabiniers (Die Karabinieri, 1963) – La cage de verre (1965, Regie) – Dieu a choisi Paris (Dok., 1969) – Des christs par milliers (1969, Regie u. Drehbuch) – Les camisards (Aufruhr in den Cevennen, 1971) – Rude journée pour la reine (Ein schwerer Tag für die Königin, 1973) – Mai '68 (Dok., 1974) – Chronique des années de braise (1975) – Vent de sable (1982) – Last Image (1986)

ASCAP

Abk. für American Society of Composers, Authors and Publishers, eine 1914 von einer Gruppe von Komponisten um → Victor Herbert und John Philip Sousa gegr. Urheberrechtsorganisation.

Ascher, Leo

** 17.2.1880 Wien, Österreich, † 25.2.1942 N.Y., USA.*

Filme: Purpur und Waschblau (A 1931, + Frank Fux) – Mein Leopold (1931)

Aserud, Bent

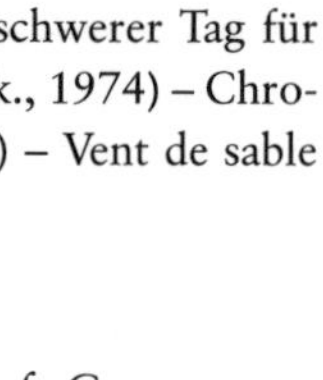

** 5.4.1950 Oslo, Norwegen.*

Filme: Eishockey-Fieber (1983) – Hoevdingen (1984) – Orions belte (1985) – Nattseilere – Plastikposen (1986) – Etter Rubicon (1987, + Geir Bohren) – Is-Slottet (1988, + G. Bohren) – Brun Bitter (1989, + G. Bohren) – Viva Villaveien! (1990, + G. Bohren) – For dagene er onde (1991) – Kvitebjorn kong Valemon (1991, + G. Bohren) – Frida: med hjertet i handen (1992, + G. Bohren) – Hoyere enn himmelen (1994, + G. Bohren) – Pakten (1995, + G. Bohren) – Søndagssengler (1996, + G. Bohren) – Mendel (1997, + G. Bohren) – Etterfolgeren (1998, + G. Bohren) – Sista Kontraktet (1998, + G. Bohren) – Waiting For Sunset (1998) – Tomtem ar far till alla barnen (1999, + G. Bohren) – Evas Oye (2000, + G. Bohren) – Bryllupet (2001, + G.Bohren)

Asins Arbó, Miguel

** 21.1.1916 Barcelona, Spanien, † ?.*
Filme: Rebeldia (Duell der Herzen, 1952) – La ciudad perdida (1954) – Los peces rojos (1955) – La gata – La espera – Todos somos necesaros (1956) – El inquilino (1957) – Un hecho violente (1958) – 15 bajo la lona – Concierto en El Prado – Los chicos (1959) – Nada menos que un arkángel – El cochecito – Un paso al frente – Los corsario del Caribe (Unter der Flagge der Freibeuter, 1960) – Plácido – Júrame (1961) – A hierro muere (1962) – La alternantiva – Una buen amor – Llegar a más – El verdugo (1963) – Un techno para la paz (1964) – Morir en España – Escala de la muerte (1965) – Hoy comer ayo – Huida en la frontera (1966) – Rumbo e Belén – Aventuira en el palacio viejo – Aventura en el laboratorio (1967) – Cruzada en la mar – Selente veces siete – Uno scacco tutto matto (1968) – Aventura en las islas Cies (1972) – La vaquilla – El elegidio (1985) – Biba la banda! (1987) – Terca vida (2000)

Asriel, André

** 22.2.1922 Wien.* Komponist und Pianist in der DDR. Studierte in Wien 1936–38, 1939/40 in London und nach dem Krieg an der Musikhochschule in Berlin (West) und 1951/52 bei Hanns Eisler. Arbeitete am Rundfunk, komponierte z. T. jazzbeeinflusste Orchesterwerke (»Präludium und Fuge im Jazzstil«), Filmmusiken und schrieb ein Buch über den Jazz.
Filme (alle DDR): Der Lotterie-Schwede (1958) – Wo der Zug nicht lange hält (1960) – Auf der Sonnenseite (1961, auch Titel-Song) – Der Schwur des Soldaten Pooley (1961) – Geheimarchiv an der Elbe (1962) – Der Kinnhaken (1962) – Der Dieb von San Marengo (1963) – Mir nach, Kanaillen! (1964) – Der verlorene Engel (1965/70) – Frau Venus und ihr Teufel (1967) – Netzwerk (1969) – Die Elixiere des Teufels (1972) – Unterm Birnbaum (1973) – Eine Pyramide für mich (1975)

Astley, Edwin Thomas

** 12.4.1922 Warrington, Lancastershire, England, † 19.5.1998 Moulsford, Oxfordshire.*
Filme: To Paris with Love (1954) – The Mouse That Roared (Die Maus die brüllte, 1959) – The Day They Robbed the Bank of England (Bankraub des Jahrhunderts, 1959) – A Matter of Who (Verpfiffen, 1961) – Phantom of the Opera (Das Rätsel der unheimlichen Maske, 1962) – The World Ten Times Over (1963)

Auberson, Antoine

** 2.6.1957 in Lausanne (frz. Schweiz).*
Filme: Alexandre (1983) – Si le soleil ne revenait pas (1987) – La méridienne (1988) – L'ombre (1991) – Capitaine au long cours (1997) – Blind date (1998) – Eine Synagoge zwischen Tal und Hügel (2000) – Stille Liebe (2001)

Auberson, Pascal

** 21.4.1952 in Lausanne (frz. Schweiz).* Bruder von Antoine A.
Film: La barricade du Point du Jour (1978)

Aurandt, Richard D.

* 1.1.1905 in ?, Colo., USA, † 16.7.1984 L.A.
Filme: Gang Busters (1955) – Walk Tall (1960) – The Silent Car (1961)

Auric, Georges

** 15.2.1899 Lodève (Hérault), Frankreich, † 23.7.1983 Paris.* Frz. Komponist. Studierte bei G.Caussade und V. d'Indy, war Mitbegründer der Gruppe der »Six«, Musikkritiker der Nouvelles Litteraires u. wurde 1945 Präsident der Societé des Auteurs, Compositeurs et Editeurs de Musique (SACEM), der frz. Urheberrechtsgesellschaft. Er komponierte Instrumental- und Vokalwerke (nach Texten von Cocteau, Nerval, Ronsard, Aragon), Ballette und Opern (»Phèdre«,1950). Bekannt wurde er aber durch zahlreiche Filmmusiken und den *Song From Moulin Rouge.*
Lit.: Autobiographie, 1974
CD: Suite aus Filmmusiken, Chandos 9774 – Orphée u.a., Naxos 8225066
Filme: Le sang d'un poète (Das Blut eines Dichters, 1930) – A nous la Liberté (Es lebe die Freiheit, 1931) – Lac aux dames (Hell in Frauensee, 1934) – Les mystères de Paris (1934) – Sous les yeux d'occident (1934) – Gribouille (Der Dickschädel, 1937)

– Alibi (1937) – Orage (1937) – Le messager (1938) – Entrée des artistes (Theaterliebe, 1938) – La rue sans joie (1938) – Macao, l'enfer du jeu (Die Spielhölle von Macao, 1939) – Les petit riens (1941) – Monsieur la souris (1942) – Opéra-musette (1942) – La belle ouverture (1942) – L'éternel retour (Der ewige Bann, 1943) – Le bossu (Ritter der Nacht, 1944) – Dead of Night (Traum ohne Ende, UK 1945) – Caesar and Cleopatra (Cäsar und Cleopatra, UK 1945) – Le part de l'ombre (Schatten über ein Frauenherz, 1945) – La belle et la bête (Es war einmal, 1946) – La symphonie pastorale (Und es ward Licht, 1946) – Torrents (1946) – Hue and cry (Die kleinen Detektive, 1946) – Frieda (UK 1946) – Les jeux sont faix (Das Spiel ist aus, 1947) – L'aigle à deux têtes (Der Doppeladler, 1947) – Ruy Blas (Ruy Blas, Der Geliebte der Königin, 1947) – Silent Dust (Das schweigende Dunkel, UK 1947) – Whitechapel (It Always Rains on Sunday, UK 1947) – Corridor of Mirrors (UK 1948) – Another Shore (UK 1948) – Silent Dust (Das schweigende Dunkel, UK 1948) – Queen of Spades (Pique Dame, UK 1948) – Aux yeux du souvenir (Treffpunkt Rio, 1948) – Les parents terrible (Die schrecklichen Eltern, 1948) – Passport to Pimlico (Blockade in London, 1948) – Maya (So endet eine Dirne, 1949) – The Spider and the Fly (Der Meisterdieb von Paris, UK 1949) – Orphée (Orpheus, 1950) – Caroline chérie (Am Anfang war nur Liebe, 1950) – Cage of Gold (Frau im Netz, UK 1950) – The Lavender Hill Mob (Einmal Millionär sein, 1951) – The Galloping Major (Der galoppierende Major, UK 1950) – Nez de cuir (1951) – Les sept pèches capitaux (Die sieben Sünden, 1951) – La fête à Henriette (Auf den Straßen von Paris, 1951) – Le salaire de la peur (Lohn der Angst, 1952) – Les belles de la nuit (Die Schönen der Nacht, 1952) – Lap ... respecteuse (Die ehrbare Dirne, 1952) – The Titfield Thunderbolt (Der Titfield Express, 1952) – Moulin Rouge (1952) – Roman Holiday (Ein Herz und eine Krone, 1952) – La chair et le diable (Das Fleisch und der Teufel, 1953) – L'èsclave (Liebe ohne Gnade, 1953) – The Good Die Young (Vier bleiben auf der Strecke, 1953) – Father Brown (Die seltsamen Abenteuer des Pater Brown, UK 1953) – Abdulla the Great (Ein Königreich für eine Frau, USA/Ägypten 1953) – Chérie-Bibi (Das Schiff der gefährlichen Männer, 1954) – The Divided Heart (Das geteilte Herz, UK 1954) – Du rififi chez les hommes (Rififi, 1954) – Nágama (1954) – L'odyssée du capitaine Steve (Die Abenteuer des Captain Steve, 1955) – The Bespoke Overcoat (Mantel nach Maß, 1956) – Lola Montez (F/D 1955) – Gervaise (1955) – Le mystère de Picasso (Picasso, Dok. 1956) – Notre Dame de Paris (Der Glöckner von Notre Dame, 1956) – Les aventures de Till l'espiègle (Till Eulenspiegel, der lachende Rebell/Die Abenteuer des Till Eulenspiegel, F/DDR 1956) – Les sorcières de Salem/Hexenjagd/Die Hexen von Salem, F/DDR 1956) – Celui qui doit mourir (Der Mann der sterben muß, 1956) – Heaven Knows, Mr. Allison (Der Seemann und die Nonne, UK 1956) – The Story of Esther Costello (Esther Costello, UK 1956) – Les espions (Spione am Werk, 1957) – Bonjour Tristesse (UK 1957) – Dangerous Exile (Im Dienste des Königs, 1957) – Les bijoutiers de clair de lune (In ihren Augen ist immer Nacht, 1957) – Next to no Time (UK 1957) – Christine (1958) – The Journey (Die Reise, USA 1958) – S.O.S. Pacific (Dicke Luft und heiße Liebe, UK 1959) – Sergent X (1959) – Le testament d'Orphée (Das Testament des Orpheus, 1959) – La princesse de Clèves (Die Prinzessin von Cleve, 1960) – Schlußakkord (1960) – Aimez-vous Brahms/Goodbye Again (Lieben Sie Brahms?, F/USA 1960) – Le pont vers le soleil (Die Brücke zur Sonne (F/USA 1960) – Le rendez-vous de minuit (Das fremde Gesicht, 1961) – The Innocents (Schloß des Schreckens, UK 1961) – La chambre ardente (Das brennende Gericht, 1961) – The Mind Benders (Fesseln der Seele, UK 1962) – Thomas l'imposteur (Thomas der Betrüger, 1964) – La communale (Der Dorfschullehrer und sein Automobil, 1965) – The Poppy is also a Flower (Mohn ist auch eine Blume, 1965) – La grande vradouille (Die große Sause/Drei Bruchpiloten in Paris, 1966) – Thérèse and Isabelle (Therese und Isabelle, (USA/D 1968) – Ce pays dont des frontières ne sont que des fleurs (1968) – L'arbre de Noel (1969) – Der Weihnachtsbaum (F/I 1969)

Aute, Luis Eduardo

** 13.9.1943 Manila, Philippinen.* Der Komponist, Drehbuchautor, Regisseur und gelegentliche Schaupieler arbeitet meist für spanische Filme.

Filme: Prata palomares (1972) – Los viajes escolares (1974, Songs) – Emilia ... parada y fonda (1976, auch Songs) – La viuda andaluza (1976, auch Songs)

– In memoriam (1977) – Arriba hazaña (1978) – El hombre de moda (1980) – Power Game (1982) – Amores querer con alevosia (2001, TV-Serie, Song *Alevosia*)

Auzepy, Michèle

(auch Michelle A.), * *2.4.1931 Paris, Frankreich.*

Filme: Tierra de fuego (Vergeltung in Catrana, 1965) – La grande Nouba (1973) – Les yeux bleus (1989, TV-Serie) – Les dames de cœur (1980, TV-Serie) – Les ferrailleurs des lilas (1984, TV)

Avelino, Ariston

(auch Avelino), * *7.9.1911 in Manila, Philippinen, † 18.2.1980 ebd.*

Filme: Terror is a Man (1959) – Cavalry Command (1963) – Man on the Run (1963) – Moro Witch Doctor (1964) – The Twilight People (1972)

Axelrod, David A.

* *13.1.1937 Buffalo, N.Y.* Musiker, Komponist und Produzent.

Filme: Cannonball (USA/Hongkong 1976) – Visions Play: Blackart (TV)

Axelsson, Sten

(auch Axelson), * *8.3.1903 Tidan, Vads Församling, Schweden, † 16.7.1976 Stockholm.*

Filme: Fridolf i lejonkulan – Den farliga leken (1933) – Flickorna från Gamla sta'n (1934) – Tjocka släkten – Flickor pån fabrik (1935) – Min svärmor: dansösen (1936) – Klart till drabbning (1937) – Rena rama sanningen – Landstormens lilla lotta (1939) – Swing it magistern (1940) – Livet på en pinne (1942)

Axt, William L.

* *19.4.1882 N.Y., USA, † 13.2.1959 Ukiah, Calif.*

Filme: The Big Parade (Die große Parade, 1925; + David Mendoza) – Ben-Hur (1926) – Don Juan (1926) – Alias Jimmy Valentine (1928) – Modern Maidens (Moderne Mädchen, 1929, + A.Lange) – Listen Darling (1930, Dir. G.Stoll) – A Free Soul (1931) – Dinner at Eight (Dinner um Acht, 1933) – Gabriel and the White House (1933) – The Girl from Missouri (1934) – The Thin Man (Der dünne Mann, 1934) – Rendezvous (1935) – Whipsaw (1935) – The Murder Man (1935) – Suzy (1936) – Petticoat Fever (1936) – Piccadilly Jim (1936) – Everybody Sing (1937) – Parnell (1937) – The Big City (1937) – The Last of Mrs. Cheyney (1937) – Sergeant Madden (1938) – Tell No Tales (1939) – Stand Up and Fight (1938) – Yellow Jack (1938)

Aznar, Pedro

* *23.7.1959 Buenos Aires, Argentinien.*

Filme: Ultimas imágenes del naufragio (1985) – Hombre mirando al sueste (1986) – No te mueras sin decirme adónde vas (1995) – El mundo contra mi

B

Bacalov, Luis Enrique

** 30.8.1933 San Martin (Provinz Buenos Aires), Argentinien.* Jazzpianist und Komponist, Vater des Schauspielers Daniel B. (* 25.1.1958 Paris). Lebt und arbeitet in Italien für ital. und frz. Filme.

Filme: La Noia (Die Nackte, I/F 1964) – Il vangelo secondo Matteo (The Gospel According to St.Matthew, F/I 1964) – Extraconiugale (Seitensprünge, 1964) – Le congiuntura (Auf eine ganz krumme Tour, 1963) – Oggi, domani e dopodomani (1965) – Questa volta parliamo di uomini (1965) – One Million Dollars (1965) – Django (1966) – Per amore ... per magia (1967) – A ciascuno il suo (1967) – Tutto per tutto (1967) – Strega in amore (1967) – Questi fantasmi (Übersinnliche, 1967) – Una rosa per tutti – A Maiden for a Prince – Quien sabe? (1967) – I protaginisti – L scatenato (1968) – Le pecora nera – La bombolona – Cuori solitari – La morte sull'alta collina – I quattro del pater noster – L'amica – Rebus (1969) – L'oro dei bravados – Il prezzo del potere (Blutiges Spiel, 1970) – The Statue – En el oeste se puede hacer...amigo – La supertestimone – Roma Bene – La vittima designata (Der Todesengel, 1971) – Mister Scarface – Lo chiamavano mezzogiorno – The Summertime Killer – Beati i richhi – Monta in sella, figlio di...! (1972) – La seduzione (1972, OST: Fonit Cetra) – Donnez-nous notre amour quotidien – La rosa rossa – Il Boss – Il grande duello – Lo chiamavano King (1973) – Il poliziotto e Marcio – Sistemo L'america e torno (1974) – The Man Called Noon (Der Mann aus El Paso, UK/F/I 1974) – Colpita da improvviso benessere – L'uomo che sfido l'organizzazione – L'ultima chance – Colpo in canna (19785) – Un anno di scuola – Gli esecutori (1976) – Diamanti sporchi di sangue (1977) – Le rose di Danzica (Die Rosen von Danzig, 1979) – La giacca verde – Vacanze per un massacro (1979) – La ragazza di vial millelire – La citta delle donne (1980) – La citta sconvolta (Auge um Auge, 1982) – Le jeune marie – Coup de foudre (1983) – Ars amandi (Die Kunst der Liebe, 1983) – Le juge – Un amour interdit (1984) – Le transfugue – Inganni (1985) – Esmeralda Bay (1988) – Le maschera (Die Maske, 1988) – Caro Gorbaciov (1989) – Una storia semplice (1991) – Notte di stelle (1992) – Anni Ribelli – Il postino (1994) – Dopo la tempesta/Mein Sohn ist kein Mörder (D/I 1995) – Ilona llega con la lluvia – La frontiera (1996) – La tregua (1997) – Frontera sur – Polish Wedding (1998) – Il postino – Panni sporchi – The love Letter – Noces de lune – Commedia – Les enfants du siécle (1999) – Woman on Top (2000) – Regina degli Scacchi (2001)

Bacharach, Burt

(Burton Francis), ** 12.5.1928 Kansas City, Mo., USA.* Songschreiber der 60er und 70er Jahre. Arbeitete nach Musikstudium (u.a bei Milhaud) als Arrangeur, begleitete Polly Bergen, Steve Lawrence, Ames Bros., Vic Damone, ab 1956 für sieben Jahre Marlene Dietrich und hatte Erfolg als Komponist, als er sich mit → Hal David zusammentat. Die beiden schrieben reihenweise Hits für Gene Pitney, Dusty Springfield, The Walker Brothers, The Carpenters, Sandie Shaw und vor allem Dionne Warwick. Daneben komponierte B. Filmmusik und das Musical »Promises, Promises«. Seine große Zeit war in den 70er Jahren vorbei, er versuchte in den 90ern ein Comeback im Zuge der »Easy Listening«-Renaissance. Zu seinen Hits gehören die Film-Titelsongs von »What's New Pussycat?«, »Casino Royale« sowie *What the World Needs Now* (»Film: »Bob & Carol & Ted & Alice«) und vor allem *Raindrops Keep Falling on My Head* (Film: »Butch Cassidy & the Sundance Kid«). 1980 wurde er Präsident der → ASCAP. 1994 hatte in N.Y. die Revue »Back to Bacharach and David« Premiere. Er war verheiratet mit der Schauspielerin Angie Dickinson (* 1931).

CD: Div., The Classic Songs, RCA 74321366682 – Div., Easy Listening Bacharach, Sony 485125

Filme: Lizzie (D 1956) – The Sad Sack (Der Regimentstrottel, 1957) – Love in a Goldfish Bowl (1961) – Send Me No Flowers (Schick mir keine

Blumen, 1964) – What's New Pussycat? (Was gibt's Neues, Pussy (1964) – Alfie (Der Verführer läßt schön grüßen (UK 1964) – Caccia alla volpe (After the Fox/Jagt den Fuchs, I 1965; OST: MGM) – Made in Paris, Paris ist voller Liebe, 1965) – Promise her Anything (Versprich ihr alles, UK 1965) – Casino Royale (1965, OST: MCA) – The April Fools (Ein Frosch in Manhattan, 1968) – Bob & Caroline & Ted & Alice (1968) – Butch Cassidy and the Sundance Kid (Zwei Banditen, 1969) – The Boys in the Band (Die Harten und die Zarten, 1969) – Something Big (El Capitano, 1971) – Lost Horizon (Der verlorene Horizont, 1972) – Black Joy (UK 1977) – Quadrophenia (UK 1978) – The Wanderers (1978) – Middle Age Crazy (1979) – Arthur (Arthur, kein Kind von Traurigkeit, 1980) – Making Love (1981) – Night Shift (Das Leichenhaus flippt völlig aus, 1981) – Airplane II: The Sequel (Die unglaubliche Reise in einem verrückten Raumschiff, 1982) – Romantic Comedy (Jason, die Flasche, 1983) – Police Academy (Policy Academy ... dümmer als die Polizei erlaubt, 1983) – Best Defense (Angriff ist die beste Verteidigung, 1983) – Letter to Breshnev (Brief an Breschnew, UK 1985) – Off Beat (Laßt die Bullen tanzen, 1985) – Baby Boom (Baby Boom, eine schöne Bescherung, 1986) – Arthur 2 on the Rock (1978) – My Best Friend's Wedding (Die Hochzeit meines besten Freundes, 1997, Songs) – Austin Powers: The Spy Who Shagged Me (Austin Powers – Spion in geheimer Mission, 1999)

Songs u.a.: I Say A Little Prayer – Tower of Strenght – Walk On By – Wives and Lovers – Raindrops Keep Falling on My Head – Anyone Who Had A Heart – Twenty-Four Hours from Tulsa – There's Always Something to Remind Me – A House Is Not A Home – On My Own – Trains And Boats and Planes – I'll Never Fall in Love Again – That's What Friends Are For – Make It Easy On Yourself – I Just Don't Know What To Do With Myself – Don't Make Me Over – Anyone Who Had A Heart – Alfie – Do You Know the Way to San José – This Girl's In Love With You

Bachelet, Pierre

** 25.5.1944 Calais, Frankreich.* Komponist, Chanson-Autor und Sänger.

Filme: Quelques messieurs trop tranquilles (1972) – Emmanuelle (Emanuela, 1974) – Maître Pygmalion – Emmanuelle 2 – L'histoire d'O (1975) – Noirs et blancs en couleur (1976) – La victoire en chantant (F/CH/Elfenbeinküste, 1976; + Mat Camison) – Si un jour (1977) – Le dernier amant romantique (1978) – Les bronzés font du ski (1978) – Coup de tête (Damit ist die Sache für mich erledigt, 1978) – Collections priveés (1979) – Sex with the Stars (1980) – Ça vas pas être triste (1982) – Un homme á ma taille (1983) – Gwendoline (1984) – Emannuelle V (1987) – Constance et Vicky (1990, TV) – Port-Breac'h (1992, TV) – Noces de carton – Un soleil d'hiver (1993, TV) – Emmanuelle's Love (1993) – Les enfants du marais (Ein Sommer auf dem Lande, 2000) – Un crime au paradis (2000) – Mauvais présage (2001, TV)

Bäck, Sven-Erik

** 16.9.1919 Stockholm, Schweden, † 10.1. 1994 Schweden.*

Filme: Solkatten – Target (1948) – Men oc stal (1949) – Stanna en stund (1950) – Konkret svit (1952) – Fenton sångar – När staden vaknar (1954) – Brevit 1955) – Antigone (1960, TV) – Tranfjädrarna (1982, TV) – Ett drömspell (1963, TV) – Amedée (1982, TV) – Fallgropen (1989)

Badalamenti, Angelo Daniele

(Ps. Andy Badale), ** 22.3.1937 Brooklyn, N.Y., USA.* US-Filmkomponist und Arrangeur ital. Abstammung. Begann mit acht Jahren Klavier zu spielen, studierte an der Juilliard School, an der Eastman School in Rochester und der New Yorker Manhattan School of Music. Er mach-

Musik: Angelo Badalamenti (Soundtrack-CD zum Film)

te sich dann einen Namen als Arrangeur für Pop-Größen wie Shirley Bassey, Roberta Flack und die Pet Shop Boys. Filmdebüt 1973 unter dem Ps. Andy Badale, seinen Durchbruch als Filmkomponist verdankt er einem Zusammentreffen mit dem Regie-Exzentriker David Lynch. Mit ihm arbeitete er u.a. bei »Blue Velvet«, »Wild at Heart« und der TV-Serie »Twin Peaks« zusammen; die auf CD veröffentlichte Musik zu »Twin Peaks« verkaufte sich mehr als drei Millionen mal.

Filme: Law and Disorder (Herzlich Willkommen im Kittchen, 1973) – Blue Velvet (1985, OST: Varèse) – Nightmare on Elm Street III (Mörderische Träume III, 1986) – Tough Guys Don't Dance (Harte Männer tanzen nicht, 1986) – Weeds (Der stählerne Vorhang, 1987) – Parents (Pfui Teufel, Daddy ist ein Kannibale, 1988) – Cousins (Seitensprünge (1988) – National Lampoon's Christmas Vacation (Schöne Bescherung, 1989) – Wild at Heart (Die Geschichte von Sailor und Lula, 1989) – Wait Until Spring, Bandini (Warte bis zum Frühling, Bandini/Le ragioni del cuore, USA/I/B/F, 1989) – Comfort of Strangers (Der Trost von Fremden, USA/I 1989) – Twin Peaks–Fire Walk and Me (Twin Peaks: Der Film, 1991; OST: Warner Bros.) – Naked in New York (1992) – Die Stadt der verlorenen Kinder (La citè des enfants perdus, F/E/D 1994) – Lost Highway (1996) – Arlington Road (1998, OST: Milan) – The Straight Story (USA/F 1998) – Holy Smoke (1998) – Forever Mine (1999) – Mulholland Drive (Straße der Finsternis, 2000, + David Lynch; OST: Milan) – Cet amour-lá (Diese Liebe, 2001) – Suspended Animation (2002) – Secretary – L'adversaire (2002) – Lathe of Heaven (2002, TV) – Auto Focus – Cabin Fever (2002) – Les liaisons dangereuses (2002, TV) – Résistance – Mysteries of Love –Darkened Room (2002)

Badarou, Wally (Waliou)

* *22.3.1955 Paris, Frankreich.* Sänger und Chansonkomponist.

Filme: Countryman – They Call it an Accident (1982) – Kini and Adams (1997) – Third World Cop (1999) – Boesman and Lena (2000)

Baden Powell

(Roberto Baden Powell de Aquino), * *6.8.1937 Varre-e-Sai, Brasilien, † 26.9.2000 Rio de Janeiro.* Der Gitarrist und Bossa Nova-Pionier erhielt seine Vornamen B. P. nach dem Gründer der Pfadfinderbewegung. Erste Komposition *Samba Triste* (1959). Sein Leben war geprägt von musikalischen Höhepunkten, aber auch von Alkoholexzessen und amourösen Abenteuern. Die größte Anerkennung fand er nicht in seiner Heimat, sondern in Europa. Bekannte Songs: *Berimbau, Canto de Ossanha, Deixa, Samba da Bençao* und *Apelo*. Schallplatten für Barclay, CBS, MP, Trama.

Filme: Um morte ao telefono (1964) – Un homme et une femme (1966, Song: *Samba da Bençao*) – Valmy (1967, TV) – Mar corrente (1967) – Der Leone have sept cabecas (1969) – A vingança dos doze (1970)

Baer, Abel

* *16.3.1893 Baltimore, Maryland, USA, † 5.10.1976 N.Y.* Songschreiber der 20er Jahre. Arbeitete nach dem 1.Weltkrieg als Bandleader, ging 1920 nach N.Y. zu einem Musikverlag und begann 1921 Songs zu schreiben. Begleitete die Sängerin Nora Bayes, ging 1929 nach Hollywood und schrieb Musik für erste Tonfilme.

Filme: Nix on Dames (1929) – South Sea Rose (1930) – True to the Navy (1930) – The Texan (1930) – This Day and Age (1933) – Happy Days – Paramount on Parade – The Love Moon – Love, Live and Laugh

Bagley, Don

(Donald Neff B.), * *18.7.1927 Salt Lake City, Utah, USA.* Studierte Kontrabass bei Arthur Pabst und Komposition bei Wesley La Violette, begann Mitte der 40er Jahre prof. zu arbeiten, u.a. in den Bands von Shorty Sherock und Wingy Manone, wurde bekannt in der Big Band von Stan Kenton 1950–54 (*Study for Bass*), arbeitete dann bei Les Brown, spielte und arrangierte 1959–60 für die Band der Steve Allen-Show und arbeitete dann als Studiomusiker und Komponist/Arrangeur in den Hollywood-Studios, leitete Bands für Schallplattenaufnahmen für Julie London u.a. Eigene LPs für Regent und Dot.

Filme: Visit to a Small Planet (1959, Musiker) – Ole Rex (1961, + William Hinshaw) – Mama's Dirty

Girl (1974, + Steve Michaels) – The Student Body (1975) – The Swinging Barmaids (1976) – Young Lady Chatterley (1977, nach Debussy; Songs: *Lonely Rider* v. Ray Martin; *My Reverie* v. Debussy u. Steve Michaels) – The Happy Hooker Goes Hollywood (1980, Arr./Cond.; Score: Tom Perry) – Sacred Ground (1983)

Bähler, Tom

(Thomas Lee B., auch Bahler), * *1.6.1943 Los Angeles, USA.* Komponist und Musikproduzent.
Filme: Mary, Mary, Bloody Mary (1976) – Fast Forward (1985) – Ground Zero (1987) – Cold Feet (1989) – The Object of Beauty (1991) – In the Eyes of a Stranger (1992, TV) – Gordy (1995) – Wag the Dog (1997, Song)

Baillargeon, Paul

* *1944 Montreal, Kanada.*
Filme: Keep it in the Family (1973) – Tout feu, tou femme (1975) – Letters (1975) – Les chiens chauds (1980) – Somewhere Tomorrow – Anna to the Infinite Power (1983) – Night Train to Kathmandu (1988, TV) – Star Trek: Deep Space Nine (1993, TV-Serie) – Star Trek: Voyager (1995, TV-Serie) – Lost Worlds: Life an the Balance (2001) – Enterprise (2001, TV-Serie)

Baird, Tadeusz

* *26.7.1928 Grodzisk Mazowiecki, Polen, † 2.9.1981 Warschau.* Studierte ab 1943 in Łódź und Warschau (Musikhochschule und Universität). Er gehörte in seiner Zeit zu den führenden Komponisten seines Landes und war einer der ersten, die serielle Techniken anwendeten. Er lehrte an den Univ. in Krakau, Warschau und Western Ontario. Er schrieb Sinfonien, Werke für Kammerorchester, Streichquartette, die Oper »Morgen« u.a.
Filme: Petta (1958) – Lotna (1959) – Samson (1961) – Ludzie z pociągu (1961) – Kwiecień (1961) – Zerwany most (1962) – Pasażerka (1963) – Agnieszka 46 (1964) – Drewniany różanie (1965) – The Poison Tasters (1995)

Bak, Frans

* *7.2.1958 Kopenhagen, Dänemark.*
Filme: Huller i suppen (1988) – Dagens helt (1989) – Lad isbjørnene danse – Casanova – Piger er en plage! (1990) – Kalsvognen (1992) – Så hatten passer (1992, TV-Serie) – Længe leve friheden (1993, TV) – Flemming og Berit (1994, TV-Serie) – Frihetens skugga (1994, TV) – Aberne og det hemmelige våben – Sidste time – Operation Cobra (1995) – Ernst & Lsyet – Davids bog (1996) – Skal vi være kærester? – Ogginnoggen (1997) – Hatten rundt (1997, TV-Serie) – Forbudt for børn –Albert – Kys, kærlighed og kroner – Afmagt (1998) – Under overfladen – Zircus Nemo (1999) – Den 5:e kvinnan (2002, TV) – Hatten i skyggen – Zirkus Nemo 2000 (2002, TV-Serien)

Bakaleinikoff, Constantin Romanowitsch

* *26.4.1898 Moskau, Russland, † 3.9.1966 Hollywood, USA.* Wie sein Bruder → Mischa studierte B. am Moskauer Konservatorium, verließ aber dann die Sowjetunion und ging in die USA. Er wurde Dirigent des L.A. Sinfonie-Orchesters, arbeitete zunächst als Freelancer für den Film, wurde dann aber Musikchef bei Paramount und MGM, war auch kurz bei der Columbia, wo sein Bruder arbeitete und erlangte schließlich den Posten des Chefs der Musikabteilung bei RKO bis zur Schließung des Studios 1956. Während seiner RKO-Zeit erhielt er drei Oscar-Nominierungen*.
Filme: Father and Son – Welcome Danger (1929) – Ten Cents a Dance (1931) – A Man's Castle (1933) – Diamond Jim (1935) – Swing it Professor – The Emperor's Candlesticks (1937) – The Ash Can Fleet (1939) – The Gentleman from Arizona – Escape – Dr. Christian Meets the Woman (1940) – Melody for Three – Obliging Young Lady – Scattergood Polls the Strings – Scattergood Baines (1941) – Sing Your Worries Away – Here We Go Again! – Army Surgeon (1942) – Gildersleeves Bad Day – Around the World – The Fallen Sparrow* – Higher and Higher* (1943) – None But the Lonely Heart* (1944) – Sing Your Way Home (1945) – Genius at Work – Riverboat Rhythm (1946) – Sinbad the Sailor (1947) – The Rustlers (1949) – Hot Lead – The Racket – The Whip Hand (1951) – Underwater (1955)

Bakaleinikoff, Mischa

(Michail Romanowitsch B.), * *10.10.1890 Moskau, Russland, † 10.8.1960 L.A.* Studierte in Moskau, ging 1926 in die USA und fand einen Job als Geiger im Orchester der Columbia. In den 40er Jahren erhielt er den Posten des Musikchefs, zuständig für die B-Produktionen.

Er war zuständig für die Musikaufnahmen, dirigierte seine eigene Musik oder die anderer Vertragskomponisten. Als Komponist gehört er nicht zu den ganz Großen seiner Zunft wie etwa Tiomkin oder Steiner, dennoch haben bes. seine späten Werke wie die Musik für einige Science Fiction-Filme (»Earth vs. the Flying Saucers«) oder »Screaming Mimi« ihre Momente. Sein Bruder → Constantin war ebenfalls Filmkomponist und Dirigent, sein Bruder Vladimir war Dirigent und Komponist, der dritte Bruder Nikolai (in Russland verblieben) war auch Komponist.

Filme: Bottoms Up (1934) – Something to Sing About (1937, Dir., Songs: V.Schertzinger) – Journey Into Fear (Von Agenten gejagt, 1942) – Higher and Higher (1943) – The Seventh Victim (1943) – Tall in the Saddle (Dir., Score: Roy Webb, 1945) – My Name is Julia Ross (Mein Name ist Julia Ross, 1945) – I Love a Bandleader – Prison Ship – Adventures of Rusty – Spanish Main (1945, Dir., Score: Hans Eisler) – Shadowed – The Secret of the Whsitler – Blondie Knows Best – Life with Blondie – Out of the Depths – Night Editor – Blondie's Lucky Day – Blondie's Anniversary – Blondie's Big Moment – Blondie in the Dough – For the Love of Rusty – The Judge Steps Out (1947) – A Likely Story (1947) – The Senator Was Indiscreet (1947) – Mr. Blanding Builds His Dreamhouse (Nur meiner Frau zuliebe, 1948) – Rachel and the Stranger (1948, Dir., Score: Roy Webb) – Smart Women (1948, Dir., Score: Louis Gruenberg) – Blondie's Secret – Blondie's Reward – Return of the Bad Man (1948, Dir., Score: Roy Webb) – Thunderhoof – Rusty Leads the Way – Racing Luck (1948) – Rusty's Birthday – Riders of the Whitsling Pines – Ladies of the Chorus – The Crime Dorctor's Diary – Chinatown of Midnight – Blondie Hits the Jackpot – Blondie's Big Deal – Prison Warden – The Mutineers – Rusty Saves a Life – The Set Up (Ring frei für Stoker Thompson, 1949) – Pygmy Island (Dschungel Jim: Buschteufel im Dschungel, 1950) – Jungle Jim in the Forbidden Land (Schrei aus dem Dschungel, 1950) – Captive Girl (Die Dschungelgöttin, 1950) – Armored Car Robbery (1950) – Outrage (1950, Dir., Score: P. Sawtell) – Lightning Guns – Rookie Fireman – Raiders of Tomahawk Creek – Atom Man vs. Superman (1950) – Beauty on Parade – Blondie's Hero – Indian Territory – Bodyhold – Revenue Agent – Tyrant of the Sea – He's a Cockyed Wonder – On the Isle of Samoa – Never a Dull Moment (1950) – Vendetta (1950) – The Secret Fury (Die schwarze Lawine, 1950, Dir.; Score: Roy Webb) – Fury of the Congo (Hölle am Kongo, 1951) – Gene Autrey and the Mounties – Smuggler's Gold – His Kind of Women (Ein Satansweib, 1951) – One Minute to Zero (Korea, 1952) – The Las Vegas Story (1952) – Night Stage to Galveston – California Conquest – The Old West – Cripple Creek – Barbed Wire – The Thief of Damascus (Abu Andar, Held von Damaskus, 1952) – Montana Territory – Harem Girl – Last Train from Bombay (1952) – The Big Heat (Heißes Eisen, 1953) – Valley of the Headhunters (Gefangene der Kopfjäger, 1953) – Gun Fury (Mit der Waffe in der Hand, 1953) – The Golden Hawk – On Top of Old Smokey – Conquest of Cochise – Flame of Calcutta – Prince of Pirates – Savage Mutiny – Serpent of the Nile (1953) – Bad for Each Other (1954) – Cannibal Attack – The Iron Glove – Jesse James vs. the Daltons – The Bamboo Prison – Bad for Each Other – The Miami Story – Wyoming Renegades – Women's Prison – Jungle Maneaters (Urwald in Aufruhr, 1954) – Jungle Moon Men (Herrscher des Dschungels, 1955) – It Came From Beneath the Sea (1955) – The Crooked Web – Teenage Crime Wave – Apache Ambush (1955) – Earth vs. the Flying Saucers – Uranium Boom – Over-Exposed – The Secret of Treasure Mountain – The Houston Story – Reprisal! – The Werewolf – Miami Exposé – Battle Stations – Fury at Gunsight Pass (1956) – Hellcats of the Navy – Seventh Cavalry (Die siebte Kavallerie, 1957) – The Giant Claw – 20 Million Miles to Earth – No Time to Be Young – The Domino Kid – The Hard Man – Zombies of Mora-Tau – Rumble on the Docks (Der Dschungel von Manhattan, 1957) – Screaming Mimi (Die blonde Venus, 1957) – Cell 2455, Death Row (1957) – The World Was His Jury – Going Steady – Return to Warbow – Cash Landing – The Case Against Brooklyn – The True Story of Lynn Stuart – The Line-Up (Der Henker ist unterwegs, 1958) – The Flying Fontaines – Have Rocket, Will Travel (1959) – The Enemy General – Comanche Station (1960)

Baker, Buddy

(Norman Dale B.), * *4.1.1918 Springfield, Mo., USA, † 26.7.2002.* Begann in den 40er Jahren als Big Band-Arrangeur (u.a. für Stan Kenton, z.B. *And Her Tears Flowed Like Wine*) und Songschreiber, ehe er sich dem Film und TV zuwandte.

Filme: Toby Tyler (1959) – Six Gun Law (1959, + F. Marks, B. Kaper) – Donald in Mathmagic Land (Cartoon, 1959) – Escapade in Florence (1962) – Summer Magic (1963) – The Tiger Walks (1963) – The Guome-Mobile (1967) – Million Dollar Duck (Die Millionen-Dollar Ente, 1971) – Napoleon and Samatha (1972) – Charly and the Angel (1974) – The Beau And I (1975) – The Apple Dumpling Gang (Die Semmelknödelbande, 1975) – Treasure of Matacumbe (1976) – No Deposit, No Return (1976) – The Shaggy DA (Zottie, das Urviech, 1976) – The Fox and the Hound (Cap und Capper, zwei Freunde auf acht Pfoten, 1981, + Walter Sheets) – The Devil and Max Devlin (1981)

Baker, Chet

(Chesney Henry), * *23.12.1929 Yale, Okla., USA, † 13.5.1988 Amsterdam.* Der legendäre Trompeter des Cool-Jazz wurde bekannt im Gerry Mulligan-Quartett 1952–53, leitete danach meist eigene Gruppen, mit denen er oft in Europa auftrat, in seinen letzten Jahren fast ausschließlich. Wegen seiner Drogensucht war er häufig inaktiv, sie war auch die Ursache seines Todes: Er wurde wahrscheinlich von Drogendealern ermordet. Seine Musik wurde in div. Filmen eingesetzt; er selbst ist die zentrale Figur im Film »Let's Get Lost« (1988). Zahlreiche Schallplatten.

Chet Baker

Lit.: As Though I had Wings (dt. Als hätte ich Flügel, 1997. – L.Lewien, Blue Notes, Engel mit gebrochenen Flügeln, Wien 1991. – J.de Valk, C.B., Amsterdam 1999

Filme: The Fast and the Furious (1954, Dir.) – Flic ou voyou (1979, als Musiker) – Le jumeau (1984, Trompeten-Soli) – Concerto de la peur (F 1992) – Nuit la plus longue (F 1964) – Man Outside (USA 1965) – Lapsus (F 1991)

Baker, Michael Conway

* *13.3.1937 West Palm Beach, FL, USA.*

Filme: Flashpoint (1977) – Nails (1979) – The Grey Fox (1982) – Deserters (1983) – One Magic Christmas (1985) – Overnight – Loyalties – The Last Season (1986) – John and the Missus (1987) – Anything to Survive (1990, TV) – Road to Avalonlea (1990, TV-Serie) – Showdown at Williams Creek (1991) – Lighthouse – Savage Land (1991) – This Way Up – Starlight (1996) – Silence (1997) – Touched (1999)

Balanescu, Alexandre

* *11.6.1954 Bukarest, Rumänien.* Der Violinvirtuose und Komponist gab sein Debüt mit neun Jahren, studierte in Bukarest und schließlich an der Juilliard School in N.Y. und war von 1983–87 Mitglied des renommierten Arditty Quartetts. 1987 gründete der das Balanescu-Quartett, mit dem er sich der Neuen Musik widmete. Er arbeitete mit John Lurie, Gavin Bryars, Michael Nyman, Andy Sheppard und Carla Bley zusammen, hat sich aber auch der Popmusik angenähert durch Aufnahmen von Musik von David Byrne, Kraftwerk und dem Yellow Magic Orchestra. Er ließ sich auch von Folkgruppen inspirieren und war auf Tournee mit Phillip Glass und Foday Musa Suso. Als Violinist ist er in einigen Filmen zu hören, u.a. von M.Nyman »The Draughtman's Contract« (1982), »The Cook. The Thief, His Wife and

Her Lover« (1989), »Prospero's Books« (1991), auch »Monsieur Hire« (1989), »End of the Affair« (1999) und »The Claim« (2000).
Filme: Trying to Kiss the Moon (1994) – Angels & Insects (1995) – The Wind of Canges (1996) – Le poulpe (1998) – Il partigiano Johnny (2000) – Eisenstein (2000)

Band, Richard H.

* *28.12.1958 L.A., USA.* Sohn des Regisseurs, Autors und Produzenten Albert (Alfredo Antonini) B. und Bruder des Regisseurs und Produzenten Charles B.
Filme: Laserblast (1978) – Dr. Heckyl and Mr. Hype (1980) – The Day Time Ended (1980) – Lynch Wagon (1981) – Time Walker (1982) – The House of Sorority Row (1983) – Mutant (1983) – Metalstorm: The Destruction of Jared-Syn (1983) – Swordkill (1984) – Ghoulies (1985) – Re-Animator (1985) – Zone Troupers (1985) – Troll (1985) – The Dungeonmaster (1985) – Terrorvision (1986, TV) – Ghost Warrior Swordkill (1986) – From Beyond (1986) – The Eliminators (1986) – Ghost Warrior (1986) – Dolls (1987) – The Caller (1987) – Arena – Prison – The Puppet Master (1989) Shadow Zone (1990) – Crash and Burn (1990, TV) – The Bride of the Re-Animator (1990) – The Resurrected – The Arrival – The Pit and the Pendulum (Die Grube und das Pendel, 1991) – Puppet Master 2 (1991) – Puppet Master 3: Toulon's Revenge (1991) – Doctor Mordrid (1992) – Tramcers 3 (1992) – Puppet Master 4 (1992) – Prehysteria (1993) – Remote (1993) – Dollmann vs. Demonie Toys (1993) – Shrunken Heads (1994) – Castle Freak (1995) – Dragonworld

Banks, Brian

* *21.10.1955 L.A., USA.* Rockmusiker (keyb, synth), Komponist und Produzent. Arbeitete mit James Brown, Michael Jackson, Kenny Loggins, Quincy Jones, Giorgio Moroder u.a. zusammen, seit 1985 auch für den Film.
Filme: Rigged (1985) – Pinocchio and the Emperor of the Night (Cartoon, 1987) – Nice Girls don't Explode (1987) – Young Guns (1988, mit Anthony Marinelli) – Spooner (1989, TV) – Innocent Victim – Graveyard Shift (1990) – Internal Affairs (1990, mit A. Marinelli u. Mike Figgis) – War Games – Stand by Me

Banks, Don

(Donald Oscar), * *25.10.1923 Melbourne, Australien, † 5.9.1980 Sydney.*
Filme: Nightmare (Der Satan mit den langen Wimpern, UK 1954) – Torture Garden (Der Foltergarten des Dr. Diablo, 1957, + James Bernard) – Jackpot (Der Boß war schneller als Scotland Yard, 1960) – The Punch & Judy Man (1962, + Derek Scott) – Captain Clegg (Die Bande des Captain Clegg, UK 1962) – Hysteria (1964) – The Mummie's Shroud (Der Fluch der Mumie, 1966) – The Reptile (Das schwarze Reptil, 1966)

Baños, Roque

Spanischer Komponist, im Film tätig seit 1997.
Filme: Carreteras secondarias (1997) – Una pareja perfecta (1997) – Torrente, el brazo tonto de la ley – No se lo digas a nadie (1998) – Muertos de risa (1999) – Goya en Budeos (Goya in Bordeaux, 1999)) – Segunda piel – El arbol del penitente – El corazon del guerrero – Obra Maestra – La comunidad – Sexy Beast – Lazaro de Tormes – Arbol de penitente (2000) – La voz de su amo – Chica de Rio – Torente 2: Misión en Marbella – Bunuel y la mesa del rey Salomón (2001) – (2001) – No somos nadie – El robo más grande jam's contado – El otre ado malo de la cama (2002)

Banter, Harald

(eigentl. Gerd von Wysocki), * *16.3.1930 Berlin.* Nach Musikstudium und Ausbildung zum Toningenieur gründete B. in Köln ein Orchester, welches sich am Cool-Jazz orientierte. Diese »Media-Band«, angesiedelt zwischen Combo und Big Band, arbeitete für den WDR, wo er Leiter der Programmgruppe »Unterhaltende Musik« war, nahm am Deutschen Jazz Festival 1955 teil und spielte bei der »Woche der Leichten Musik« in Stuttgart. B. war auch Vorstandsmitglied der GEMA, schrieb zahlreiche Musiken für Hörspiele, TV-Filme, Werbe- und Industriefilme und leitete 1964–69 die TV-Reihe »Tanzparty mit dem Ehepaar Fern«. Er komponierte u.a. das Ballett »Diana sorpresa« (1959) und die Oper »Der blaue Vogel« (1999).
Filme: Jugend ohne Rat (1961, Dok.) – Jugendprobleme (1965, Dok.) – Obstbaum Spinnmilben (1971, Dok.) – Opas heitere Spiele (1975) – *TV-Filme*: Täter gesucht (1958) – Rotterdam: Hafen für

die Welt (1958) – Wir lernen diskutieren (1961) – Singapur: Hafen ohne Heimat (1962) – Das Wunder von Malaysia (1962) – Kafka und Prag (1963) – Bilder ohne Grenzen (1964) – Kanada: Volk ohne Raum (1964) – Denk' ich an Deutschland (1965) – Die sog. DDR (1965) – Erbe Europas: Australien (1966) – Halbzeit einer Idee (1972) – Kölsch Panorama (1972) – Glashaus (1975) – Bauern und Soldaten (1977)

Bantzer, Claus

** 10.10.1942 Marburg/Lahn.* Studierte an den Musikhochschulen in Frankfurt/M. und Hamburg Klavier und Kirchenmusik bis 1972, war dann als Kirchenmusiker in Hamburg-Harvestehude tätig. Kam über seinen Bruder, den Schauspieler Christoph B., in Kontakt zum Hamburger Schauspielhaus, schrieb Bühnenmusiken und kam von dort zur Filmmusik. Er komponierte u.a. Orgel- und Chorwerke sowie eine Jazzmesse »Missa popularis«.
Filme: Geburt der Hexe (1980) – Der Aufstand (1980) – Dear Mr. Wonderful (1982) – Das Autogramm (1984) – Im Inneren des Wals (1985) – Männer (1985) – Das Schweigen des Dichters (1986) – Adrian und die Römer – Drachenfutter – Der Radfahrer von San Cristobal – Wann, wenn nicht jetzt (1987) – Abschied vom falschen Paradies (1989)

Barbaud, Pierre

** 10.11.1911 St. Eugène, Algerien, † 10.9.1990 Nizza, Frankreich.* Komponist und Schauspieler, als letzterer in den Filmen »Hiroshima mon amour« (1959), »L'année dernière à Marienbad« (1961) und »La guerre est fini« (1966).
Filme: Le chant du styrènes (1958) – Les Abysses (1963) – Les créatures (1966) – I voski (Les pâtres du désordres, 1966)

Barber, Chris

(Donald Christopher), ** 17.4.1930 Welwyn Garden City, Hertfordshire, England.* Studierte Posaune und Kontrabass an der Guildhall School of Music. Gründete 1949 seine erste Band im New Orleans-Stil, 1953 zusammen mit Ken Colyer. B. ist seitdem der erfolgreichste Vertreter des New Orleans-Revivals. Obwohl ein guter Posaunist, ist sein Beitrag zum Jazz eher peripher. Zahlreiche Schallplatten.
Filme: Holiday (Kurzfilm, 1957) – Look Back in Anger (Blick zurück im Zorn, 1959) – Brands Hatch Beat (Kurzfilm, 1964)

Barber, Frank

** London, England, † 21.2.1988 ? London.*
Filme: Avalanche (1969) – From a Bird's Eye View (1971, TV-Serie) – For the Love of Ada (1972) – What's Up Superdoc! (1978) – Cannon Movie Tales: Hansel and Gretel (1978, Bearbeitung) – Appointment with Death (1988)

Barber, John

** 12.1.1932 Columbus, Ohio, USA.*
Filme: The Incredible Two-Headed Transplant (UK 1970) – The Erotic Adventures of Pinocchio (1971) – Night of Bloody Horror (1974) – Mandingo (1975) – Avenging Force (1986)

Barber, Leslie

US-Komponist, arbeitet seit 1995 für amerik. und kanadische Filme.
Filme: When Night is Falling (1995) – Little Bear (1996, TV-Serie) – Turning April (1996, Songs) – Los Locos (1997) – Yo-Yo Ma Inspired by Bach: Six Gestures (1997, TV) – Los Locos: Posse Rides Again (1997) – A Price Above Rubies (1998) – The History of Luminous Motion (1998) – Mansfield Park (1999) – You Can Count On Me (2000) – Seven little Monsters (2000, TV-Serie) – This might Be Good (200) – The Little Bear Movie (2001) – Hysterical Blindness (2002)

Barberis, Alberto

** 20.6.1920 Rom, Italien, † 18.7.1957 Mexico City.*
Filme: Fugitive Lady (1951) – Othello (1952, + A.F.Lavagnino)

Barbieri, Gato

(Leandro J.), ** 28.11.1934 Rosario, Argentinien.* Der Jazzmusiker (ts, Bruder des Musikers und Komponisten Ruben B., * 12.7.1928 Rosario) spielte in seiner Heimat mit Lalo Schifrin, in Europa mit Ted Curson, Don Cherry u.a., ab 1968 mit eigenen Gruppen. B. gehört zu den kraftvollsten Musikern der 70/80er Jahre; mit Don Cherry nahm er einige wichtige LPs des Free Jazz auf (»Complete Communion«) und war einige Zeit einer der bedeutendsten Avantgarde-Musiker.

Später rutschte er in die kommerzielle Musik ab. Er schrieb einige Filmmusiken, wovon »Der letzte Tango in Paris« heute zu den Klassikern zählt.

Filme: Pickup (Kurzfilm, F 1968) – Appunzi per un orestiade Africana/Notes for an African Oresteia (I 1970) – Ultima tango a Parigi (Der letzte Tango in Paris, I/F 1972, Arr. Oliver Nelson) – La guerra del cerdo/The Pig's War (Argentinien 1975) – Several Africas (TV, I 1975, nur Titelmusik) – Firepower (1978, auch ts-Soli, Arr. Jay Chattaway)

Barcelata, Lorenzo

(L. B. y Petrona Castro), * *30.7.1898 Tlalixcoyán (Veracruz), Mexiko, † 13.7.1943 Mexico City*. Sänger, Musiker und Komponist, ein Hit wurde sein Lied *Maria Elena* durch Aufnahmen von Jimmy Dorsey und Los Indios Tabajaras.

Filme: Una vida por otra (1933, Song) – Mano a mano (Hand in Hand, 1933) – Almas encontras (1934) – Maria Elena (1936) – Cielito lindo (1936, Songs) – Alla en el Rancho Grande (1936) – Bajo el cielo de Mexico (1937) – La zandunga – La adelita (1938) – Down Mexico Way (1941) – Amanecer ranchero (1942, auch Songs) – Rosa del Caribe (1944, Songs) – Recuerdos de mi valle (1944, Songs) – Los amores de un torero (1945, Songs) – La hermana impura (1947, Songs) – El gallo giro (1948, Song) – Alla en el Rancho Grande (1949, Song) – Un grito en la noche (1950, Song) – Especialista en señoras (1951, Song) – Un rito en la noche (1950, Song) – Especialistas en señoras (1951, Song) – La perversa (1953, Songs) – Con el diablo en el cuuerpo (1954, Song) – Lo que le paso a Sansón (1955, Song) – Oies de gato (1957, Song) – Fiesta en el corazón (1958, Song) – Nacida para amar (1958, Song) – Las cuatro milpas (1958, Song) – Mexico nunca duerme (1959, Song) – Calibre 44 (1959, Song) – Por ti aprendi a querer – Reveolver en guardia (1960, Songs) – Voy de gallo – Los fenómenos del futbal – La divina garza (1962, Songs) – Zona roja (1976, Song *Maria Elena*) – Los reyes del palenque (1979, Song)

Barcellini, Franck

(François), * *11.5.1920 Lyon, Frankreich*

Filme: Liebe ist ja nur ein Märchen (1955, Lieder: *Immer verliebt, Le berger mexicain*) – Amour Tango Mandoline (1955) – Mon oncle (1958) – Auguste (18961) – Couche-moi dans le sable et fais jaillir ton pétrole (1974) – Les bidasses au pensionat (1978)

Barclay, Eddie

(eigentl. Eduard Ruault), * *26.1.1921 Paris, Frankreich*. Ursprünglich Jazzpianist, gründete B. 1954 das Schallplattenlabel Disques Barclay mit seiner Frau Nicole und erwies sich bald als brillianter Talent-Scout: er entdeckte und/oder förderte etliche der großen Namen des frz. Showbusiness, so Charles Aznavour, Goerges Brassens, Balavoine, Jacques Brel, Johnny Halliday u.a. Er beschäftigte 1957–58 → Quincy Jones und 1959 Jimmy Mundy, veröffentlichte unter seinem Namen LPs mit Easy Listening und Swing-Musik und schrieb einige Filmmusiken. 1979 verkaufte er das Label an PolyGram, damit ist es heute im Besitz von Universal.

Filme: Bob le flambeur (1955) – Chaque jour des mœurs (1959) – L'île du bout du monde (1959) – Coplan, agent secret FX 18 (1964) – L'arme à gauche (1964)

Barker, Warren

* *16.4.1923 Oakland, Calif., USA*. Komponist und Arrangeur der 50er bis 70er Jahre. Studierte an der University of California und bei → Mario Castelnuovo-Tedesco. Spielte 1943–47 Trompete in US-Army Band, arbeitete dann am Rundfunk und schließlich in Hollywood für Schallplatte, Film und TV. Bekannt wurde seine Musik für die TV-Serie »77 Sunset Strip«. Er arbeitete als Arrangeur u.a. für die Filme »The Detective« (1968) und »Hello Dolly« (1969).

Filme: Strange Lovers (1963) – Bewitched (1964, TV-Serie) – Zebra in the Kitchen (1963) – Batman (1966, TV-Serie) – Love on a Rooftop (1966, TV-Serie) – The Ghost & Mrs. Muir (1968, TV-Serie) – Here Come the Brides (1968, TV-Serie) – Bracken's World (1969, TV-Serie)

Barnum, H.B.

** 1936 Houston, Tx., USA.* B. ist vor allem als Musikproduzent und Arrangeur bekannt. Er arbeitete für zahlreiche Pop-Interpreten, von Soulgruppen bis Ann-Margret, Sammy Davis Jr. und Frank Sinatra. Er nahm auch einige LPs mit soulinspirierter Popmusik auf, für RCA und Capitol. 1961 hatte er einen Hit *Lost Love.*

Filme: Hit Man (1972) – Five on the Black Hand Side (1973) – Emma Mae (1976) – A Hard Death (1996)

Barrie, George

** 9.2.1912 Brookyln, N.Y., USA.* Amerik. Schauspieler, Produzent und Komponist, arbeitete für amerik. und engl. Filme der 70er Jahre, u.a. mit den Komponisten Sammy Cahn, John Cameron, Tony Camillo und den Regisseuren Norman Panama und James Toback zusammen.

Filme: Night Watch (1972) – A Touch of Class (1973) – Welcome to Arrow Beach (1974) – Hang-up (1975, Songs) – Whiffs (1975) – Fingers (1978)

Barron, Louis

** 23.3.1920 L.A., † 1.11.1989 und Barron, Bebe (geb. Charlotte Wind, * 16.7.1927 Minneapolis, Minn.).*

Filme: Ai-ye (1950) – Bells of Atlantic (1952) – Miramagic (1953) – Jazz of Lights (1954) – Forbidden Planet (1955) – The Very Edge of the Night (1959) – Crystal Growing (1959) – Bridges (1959) – The Computer Age (1968) – Spaceboy (1972) – More Than Human (1974) – Canabia (1975)

Barroso, Ary

(Ary Evangelista de Resende Barroso), ** 7.11.1903 Uba (Minas Gerais), Brasilien, † 9.2.1964 Rio de Janeiro.* Komponist und Songschreiber, zum Standard wurde sein Song *Brazil.*

Filme: Saludos Amigos (Cartoon, USA 1942) – The Gang's All Here (1943, Songs) – Brazil (USA 1944, Score u. Songs) – Road to Rio (1947, Songs)

Barry, John

(Jonathan Barry Prendergast), ** 3.11.1933 York, Yorkshire, England.* Erste Jobs als Arrangeur und Dirigent in der populären Musik, leitete seine »John Barry Seven« und hatte 1960–62 Hits mit *Walk Don't Run* und *Hit and Miss.* Er arrangierte den Adam Faith-Hit *What Do You Want* und schrieb

auch die Musik für dessen ersten Film: »Beat Girl«. B. arbeitete dann fürs TV, war A&R bei Ember Records und schrieb ab 1962 regelmäßig Filmmusiken. Berühmt wurde er mit seinen Musiken für diverse »James Bond«-Filme. 1965 gewann er seinen ersten Oscar für »Born Free«, es folgten noch drei, zuletzt 1990 für »Dances with Wolves«. Er war verheiratet mit Jane Birkin. B. gehört zu den letzten großen »Sinfonikern« des Kinos, d. h. er verwendet große Orchester für seine Musiken in einer Zeit, wo Elektronik schon die Regel ist. 1999 wurde er von der Queen in den Adelstand erhoben.

Lit.: Bond & Beyond, 1998

CD: Film Music, Silva – Moviola, Sony – The Music of, Sony – Playing by Heart, Decca 4662752 – The Beyondness of Things, London 460009-2

Filme: Wild for Kicks (1958) – Beat Girl (Heiß auf nackten Steinen, 1959) – Never Let You Go (Der Mörder von London, 1960) – The Amorous Prawn (1961) – The L-Shaped Room (Das indiskrete Zimmer, 1962) – Dr. No (1962) – From Russian with Love (Liebesgrüße aus Moskau, 1963) – Zulu (1963) – The Man in the Middle (Plädoyer für einen Mörder, 1963) – A Jolly Bad Fellow (Kollege stirbt gleich, 1963) – Seance on a Wet Afternoon (An einem trüben Nachmittag, 1963) – Goldfinger (1964) – Mister Moses (Südlich vom Pangani-Fluß, 1964) – The Ipcress File (Ipcress – streng geheim, 1964) – The Knack ... and How to Get it (Der gewisse Kniff, 1964; OST: MGM) – Four in the Morning (Tod am Morgen, 1964) – King Rat (Sie nannten ihn King, 1965) – Mr. Morse (1965) – Thunderball (Feuerball, 1965) – Born Free (Frei geboren – die Königin der Wildnis, 1965) – The Chase (Ein Mann wird gejagt, USA 1965) – The Wrong Box (Letzte Grüße von Onkel Tom, 1965) – The Quiller Memorandum (Das Quiller Memorandum: Gefahr aus dem Dunkel, 1966) – You Only Live Twice (Man lebt nur zweimal, 1966) – The Whisperers (Flüsternde Wände, 1966) – Dutchman (1966) – Boom (Die Brandung, 1967) – Deadfall (Die Todesfalle, 1967) – Petulia (UK/USA 1967) – The Lion in Winter (Der Löwe im Winter, 1968) – Midnight Cowboy (Asphalt-Cowboy, USA 1968) – The Appointment (Ein Hauch von Sinnlichkeit, USA 1968) – On Her Majesty's Secret Service (Im Geheimdienst ihrer Majestät, 1969) – Monte Walsh (USA 1969) – The Last Valley (Das vergessene Tal, USA 1970) – They Might Be Giants (Der verkehrte Sherlock Holmes, 1970) – Walkabout (AUS 1970) – Murphy's War (Das Wiegenlied der Verdammten, 1970) – Mary, Queen of Scots (Maria Stuart, Königin von Schottland, 1971) – Diamonds Are Forever (Diamantenfieber, 1971) – Follow Me (Ein liebenswerter Schatten, 1971) – Alice in Wonderland (Alice im Wunderland, 1972) – A Doll's House (1972) – The Adventurer (TV, 1972) – The Tamarind Seed (Die Frucht des Tropenbaums, 1973) – Game of Death (Mein letzter Kampf, 1973) – The Dove (Die Weltumseglung, 1973) – The Man with the Golden Colt (Der Mann mit dem goldenen Colt, 1974) – Day of the Locust (Der Tag der Heuschrecke, USA 1974) – Robin and Marian (USA 1975) – King Kong (USA 1976) – The Deep (Die Tiefe, USA 1976) – The White Buffalo (Der weiße Büffel, USA 1976) – First Love (Junge Liebe, USA 1977) – The Betsy (Der Clan, USA 1977) – Hanover Street (Das tödliche Dreieck, 1978) – Star Crash (Star Crash – Sterne im Duell (I/USA 1978) – Moonraker (Moonraker – Streng geheim, UK/F 1978) – The Black Hole (Das schwarze Loch, USA 1979) – Raise the Titanic (Hebt die Titanic, USA/UK 1978) – Somewhere in Time (Tödlicher Traum, 1979; OST: MCA) – Inside Moves (Max's Bar, 1980) – The Legend of the Lone Ranger (Die Legende vom einsamen Ranger, USA 1980) – Body Heat (Heißblütig-Kaltblütig, USA 1981) – Hammet (USA 1981) – Murder by Phone (Starkstrom, KAN 1981) – Mikes's Murder, 1981) – High Road to China (Höllenjagd bis ans Ende der Welt, USA 1982) – Frances (USA 1982) – The Golden Seal (Die goldene Robbe, USA 1982) – Octopussy (1982) – Until September (Liebe ohne Ausweg, USA 1983) – The Cotton Club (Cotton Club, USA 1984) – Jagged Edge (Das Messer, USA 1984) – Out of Africa (Jenseits von Afrika, USA 1984) – Howard the Duck (Howard, ein tierischer Held, USA 1985) – A View to a Kill (James Bond 007: Im Angesicht des Todes, UK 1985) – Peggy Sue Got Married (Peggy Sue hat geheiratet, USA 1986) – Hearts of Fire (USA 1986) – The Living Daylights (Der Hauch des Todes, USA 1986) – Masquerade (Masquerade – ein tödliches Spiel, USA 1987) – A Killing Affair (USA 1987) – Dances with Wolves (Der mit dem Wolf tanzt, USA 1989) – Ruby Cairo (USA/JAP 1991) – Charlie Chaplin (1992) – Indecent Proposal (Ein unmoralisches Angebot, USA 1992; OST: MCA) – My Life (USA 1993) – The Specialist (USA 1994) – The Scarlet Letter (Der scharlachrote Buchstabe, USA 1994) – Across the Sea of Time (USA 1995) – Swept From the Sea (Amy Foster – im Meer der Gefühle, USA 1992; OST: London) – Mercury Rising (Das Mercury Puzzle, USA 1997) – Playing By Heart (USA 1998) – Enigma (UK 2001, OST: Decca)

Barrymore, Lionel

(eigentl. L. Blythe), * *28.4.1878 Philadelphia, Pa., USA, † 15.11.1954 Chatsworth, Calif.* Der Bruder der Schauspieler Ethel (1879–1959) und John (1882–1942) B. trat zwischen 1911 und 1953 in zahlreichen Filmen auf, darunter in einigen frühen des legendären D.W.Griffith, für den er auch einige Drehbücher schrieb. Bis 1925 trat er auch am Broadway auf, danach nur noch in MGM-Filmen. Er arbeitete auch als Filmregisseur, komponierte Orchesterwerke, Filmmusiken, schrieb einen Roman und Memoiren und hatte auch einigen Erfolg als Maler.

Film: Olympia (D/USA 1930)

Musik: Marcel Barsotti (CD-Cover)

Barsotti, Marcel

* *3.5.1963 Luzern, Schweiz.* Studierte ab 1982 Komposition und Klavier am Konservatorium in München, arbeitete in dieser Zeit mit Harald Faltermeyer bei diversen Projekten zusammen. Seit 1995 arbeitete er als Komponist für Film, TV und schreibt auch symphonische Werke.

Filme: Brüder auf Leben und Tod (1995, TV) – Das Tor des Feuers (1996, TV) – Für immer und immer (1997) – Insel der Furcht (1997, TV) – Eine Sünde zuviel (1998, TV) – Ein Bär für alle Fälle (1998, TV) – Grüne Wüste (D 1999, OST: BMG) – Dolphins (1999) – Der Club der grünen Witwen (2001, TV) – Hässliche Vaterliebe ... und ihre Lippen schweigen (2001, TV) – Ein Yeti zum verlieben (2001, TV) – Die Novizin (2002, TV) – Liebling, bring die Kinder ins Bett (2002, TV)

Weitere TV-Filme: Tor des Feuers – One Step Too Far – China Connection – Mayday – Verfolgt

Bart, Lionel

(eigentl. L. Begleiter), * *1.8.1930 London, England, † 3.4.1999 ebd.* Der »Vater des brit. Musicals« schrieb Songs für Pop-Stars wie Shirley Bassey und Cliff Richards; sein größter Erfolg aber war das Musical »Oliver!« (1960). Seine Villa in London, der »Fun Palace«, war zeitweise ein Treffpunkt der brit. Musik-Szene. Nach mehreren Flops aber verfiel B. dem Alkohol und Drogen. Er verkaufte die Rechte an »Oliver!«, wodurch ihm nach Schätzungen 300 Mio Pfund entgingen; 1972 war er bankrott. In den 80er Jahren aber bekam er seine Probleme in den Griff und begann wieder zu komponieren.

Filme: Oliver! (UK 1958, Dir. Johnny Green) – Black Beauty (UK/D/F 1971; + John Cameron)

Bartek, Steve

* *30.1.1952 Garfield Heights, Ohio, USA.* US-Musiker (g), Komponist, Arrangeur und Produzent, arbeitete u.a. mit den Komponisten Bill Broughton und Danny Elfman.

Filme: Guilty as Charged – Past Midnight (1992) – Cildblodded – National Lampoon's Senior Trip (1995) – Romy and Michele's High School Reunion (1997) – Meet the Deedles (1998) – The Crew – Snowy Day (2000) – Novocaine – Get Over It (2001)

Barthel, Karl

(K. Barthel-Zapf), * *12.9.1919 Oberwiesenthal (Erzgebirge), † 24.8.1995 Eglharting (Bayern).*

Filme: Ein Sarg aus Hong Kong (1964) – Onkel Toms Hütte (1965) – Helga (1967) – Helga und Michael (1967) – Spur des Falken (1968) – Helga und die Männer (1969)

Bartholomae, Hubert

* *16.6.1957 Stuttgart.* Der Komponist arbeitete für etliche Filme auch als »Sound Designer«, z. B. »Aimée und Jaguar«.

Filme: Das Arche Noah Prinzip (1984) – Joey (1985) – Pizza Express (1988, TV) – Meine Tochter gehört mir (1992)

Barton, Dee

* *18.9.1937 Houston, Tx., USA, † 3.12.2001 Brandon, Miss.* B. spielte in den 60er Jahren Posaune und Schlagzeug in der Big Band von Stan Kenton und begann Anfang der 70er Jahre zu arrangieren und komponieren, leitete zeitweise auch eigene Jazzgruppen, konzentrierte sich dann aber auf seine Arbeit für TV und Film, u.a. für einige Filme von Clint Eastwood* .

LP: Stan Kenton Conducts the Jazz Compositions of Dee Barton, Capitol/Creative World

Filme: Play Misty for Me* (Sadistico, 1971) – Bound to be Heard/Crusade for Jazz (Dok. über das Stan Kenton Orch., 1972) – High Plains Drifter* (1972) – Thunderbolt and Lightfoot (Den letzten beißen die Hunde, 1974) – Death Streams (1983) – Tales of the Third Dimension (1985) – Chain Gang (1985) – Order of the Black Eagle (1985) – The Rutherford County Line (1987)

Baskin, Richard

* *1.12.1948,* US-Komponist, Arrangeur, Pianist, Schauspieler, Drehbuchautor und Produzent, arbeitete u.a. für Barbra Streisand und die Regisseure Robert Altman und Alan Rudolph; als Pianist im Film »Nashville« (1975).

Filme: Congratulation, It's a Boy (1971, TV) – Buffalo Bill and the Indians, or Sitting Bull's History (1976) – Welcome to L.A. (1976) – James at 15 (1977, TV) – Interview (1979) – Honeysuckle Rose (1980) – UFOria (1981) – Sing (1989, Regie)

Basner, Wenjamin Efimowitsch

* *1.1.1925 Jaroslawl, Russland, † 3.3.1996 Repino (St. Petersburg).* Russisch-sowjetischer Komponist, für den Film aktiv in den 50er und 60er Jahren.

Filme: Bessmertny garnizon (1956) – Tugoy Uzet (1957) – Sudba Cheloveka (1959) – Solntse svetit vsem (1959) – U twojewo poroga (An deiner Schwelle, 1964) – Zvonyat, otkroyte dver (1966)

Bassenge, Ulrich

* *29.1.1956 München.*

Filme: Echt tu matsch (1984) – Spalt-Prozesse (1987) – Die Macht der Bilder: Leni Riefenstahl (Dok., 1993) – Schneeweissrosenrot (Dok., 1993) – Living Buddha (1994)

Bassman, George

* *7.2.1914 N.Y., USA.* Studierte am Konservatorium in Boston und mit Toch und Strelitzer. Arrangierte 1931–43 für Tanzorchester, 1934–36 für A. Kostelanetz und für die Broadway-Musicals »Alive and Kicking« und »Guys and Dolls«. Berühmt wurde sein Arr. des Theme-Songs von Benny Goodman, *Let's Dance*, eine Bearbeitung von C. M. von Webers »Aufforderung zum Tanz«; er schrieb auch den Tommy Dorsey-Theme Song *I'm Getting Sentimental Over You*. B. ließ sich dann in Hollywood nieder und arbeitete als Arrangeur und Komponist für den Film.

Filme: Go West (Arr., Musik: G.Stoll, 1940) – The Big Store (Arr., 1941) – Cabin in the Sky (Ein Häuschen im Himmel, Arr., 1943) – The Canterville Ghost (Das Gespenst von Canterville, 1943) – Whistling in Brooklyn (1944) – Abbott and Costello in Hollywood (1945, Songs von Martin & Blane) – The Clock (1945) – The Postman Always Rings Twice (Die Rechnung ohne den Wirt, 1946; Arr. Ted Duncan) – Two Smart People (1946) – The Romance of Rosy Ridge (1947) – The Joe Louis Story (Der braune Bomber, 1953) – Middle of the Night (Mitten in der Nacht, 1959) – Ride the High Country (Sacramento, 1962) – Mail Order Bride (1963) – TV-Shows: Martha Raye – Ben Casey (1961–66)

Bates, Tyler

Filme: The Last Time I Commited Suicide (1997) – Suicide, The Comedy (1999) – Rated X (2000) – Get Carter (2000) – What's The Worst Thing That Could Happen? (Schlimmer geht's nicht, 2001) – Kingdom Come (2001)

Bath, Hubert Charles

* *6.11.1883 Barnstaple, Devonshire, England, † 24.4.1945 Harefield, Middlesex.* Studierte am Royal College of Music Klavier und Komposition, arbeitete als Komponist von Liedern, Opern und Orchesterwerken, darunter die sinfonische Dichtung »The Visions of Hannele« (nach Gerhart Hauptmann). Er schrieb auch Musik für einige der ersten engl. Tonfilme, darunter Hitchcocks »Blackmail«, z. T. für Louis Levy in den Lime Grove Studios. Er ist der Vater des Komponisten John Hubert Bath.

Filme: Kitty – Blackmail (1929) – Waltzes from Vienna (1934) – The Thirty-Nine Steps (Die neununddreißig Stufen, 1935, + Jack Beaver) – Under the Greenwood Tree – Wings Over Everest – Chi Chin Chow – Tudor Rose – Rhodes of Africa – The Passing of the Third Floor – His Lordship – Doctor Syn – Nine Days of a Queen (1937) – Silent Barriers (1937) – A Yank at Oxford (1938) – Dear Octopus – Millions Like Us (1943) – The Adventures of Tartu (1943, Dir. Louis Levy) – A Place of One's Own (1945) – Love Story (mit der *Cornish Rhapsody*) – The Air Plan – Operational Height – They Were Sisters (1946)

Bath, John Hubert

* *2.7.1916 London-Westkensington, England.* Sohn von Hubert Charles Bath, schrieb Musiken für englische, kanadische und US-amerikan. Filme.

Filme: Wolf Dog – Now That April's Here – The Strange Case of Dr. Manning – Flaming Frontier (1958) – One Plus One (1961) – Paradiso (1962) – The Right Hand of the Devil – The Skydivers (1963) – Adulterous Affair (1966) – Take Her by Surprise (1967) – Night Train to Mundo Fine (1969) – The Politicians (1970)

Batt, Mike

(Michael), * *2.2.1950 Southampton, Hampshire, England.*

Filme: Wombling Free (UK 1977) – Caravan (USA/Iran 1978) – Watership Down (Cartoon,

1978) – Digital Dreams (Dok., 1983) – Keep the Aspidastras Flying (1997)

Bauer, Rolf

** 3.8.1938 Neunkirchen/Saar.*
Filme: Kommando Sinai: The Story of the Sixth Day War (Der Sechstage-Krieg, D 1968) – Mehrmals täglich (1968) – Josefine, das liebestolle Kätzchen – Liebesmarkt in Dänemark (1969) – Der lüsterne Türke – Die goldene Banane von Bad Porno – Jungfrauenreport (1971) – Und mehrmals täglich quietschen die Matrazen – Verführerinnenreport – Bettkarriere (1972) – Liebe zwischen Tür und Angel – Das sündige Bett – Tanzstundenreport – Bademeister-Report (1973) – Bettkanonen (1973) – Das Amulett des Todes – Ob Dirndl oder Lederhos' gejodelt wird ganz wild drauflos (1974) – Tagebuch einer Liebenden (1977) – Kreuzberger Liebesnächte (1979) – Ordnung (1980) – Utopia – Der Zappler (1982) – Funny Boys and Funny Girls (1983) – Beule, oder wie man einen Tresor knackt (1987)

Baum, Bernie

** 13.10.1929 N.Y., USA, † 28.8.1993 Yonkers, N.Y.* Ein Wunderkind auf der Violine, heimste B. schon in jungen Jahren zahlreiche Preise ein. Er wandte sich aber dem Komponieren zu und schrieb Songs und/oder Texte für Tony Bennett, Ray Charles, Bobby Darin, Eartha Kitt und Peggy Lee, u.a. *Music, Music, Music* (für Teresa Brewer, 1950), *That's Old Fashioned Way* (für die Everly Brothers, 1962) und *(You're the) Devil in Disguise* (für Elvis Presley, 1963), für letzteren auch Songs für die Filme »Roustabout« und »Kissin' Cousins«.

Baumann, Erik Eugen

** 30.10.1889 Vimmerby (Kalmar län), Schweden, † 25.1.1955 Stockholm.*
Filme: Raggen – Varan pojke – Sonderkakar (1936) – Soder om landsvagen (1937) – Sun over Sweden (1938) – Skeppar Jannson – Johansson Gets Scolded (1945) – En fluga ger ingen sommar (1947) – Varsin väg – Fär gal lov, magistern! (1948)

Baumgartner, Roland

** 18.2.1955 St. Pölten, Niederösterreich.* Komponist von Ballett- und Bühnenmusiken, Film- und TV-Musiken.

Filme: Mädchen, die sich selbst bedienen (1974) – Mädchen, die am Wege liegen (1975) – Deadly Game (1980) – Mir reicht's, ich steig' aus (1982) – Die Jäger (1982) – Die Nacht der vier Monde (1983) – Euer Weg führt durch die Hölle (1983) – Josephs Tochter (1983) – Jungle Warriors – Herzklopfen (1984) – Bomarzo – Der Showmaster – Spur eines Zweifels (1995) – Der andere Wolanski (1995) – *TV-Serien*: Tatort – Eurocops – Der Ochsenkrieg – Mit Leib und Seele u.a.

Baumgartner, Walter Ernst

** 16.11.1904 Sevelen, St. Gallen, Schweiz, † 3.10.1997 Wildhaus, St. Gallen.* Der Komponist studierte in Zürich, Bern und Paris, war Kapellmeister am Corso-Theater in Zürich bis 1942 und arbeitete für Schallplattenfirmen. Er schrieb etliche Musiken für Dokumentar- und Spielfilme, darunter auch eine Reihe von »Soft-Pornos«. Er war in zweiter Ehe verheiratet mit der Diseuse und Schauspielerin Helen Vita.
Filme u.a.: Der Geist von Allenwil (1950) – Palast Hotel – Die Venus vom Tivoli (1952) – Zwiespalt des Herzens (1953) – Landarzt Dr. Hilfiker heiratet (1954) – Leben und leben lassen (1955) – Oberstadt Gass (1956) – Späleberg 77 A – Bäckerei Zürrer – Glück muß me ha – In allen Gassen wohnt das Glück (1957) – Kaminfeger Wyss – Café Odeon (1959) – Hinter den 7 Gleisen – Das Lied der Blume (1959) – Der Teufel hat gut lachen (1960) – Eine Nacht in Campione (1960) – Der Sittlichkeitsverbrecher (1962) – Die Nylonschlinge – Parterre links – The Sex Criminal (1963) – Der Würger vom Tower (1965) – Polizist Wäckerli in Gefahr (1966) – ... und noch nicht sechzehn – Unruhige Töcher (1967) – Weiße Haut auf schwarzem Markt – Die Nichten der Frau Oberst (1968) – The Ribald Tales of Robin Hood (Robin Hood und seine lüsternen Mädchen, USA 1969) – Schwarzer Nerz auf zarter Haut (1969) – Champagner für Zimmer 17 (D/CH 1969) – Ich, ein Groupie (1970) – La salamandra del deserto (1971) – Der Fall (1972) – Die Blonde mit dem süßen Busen (CH 1972/75) – Heißer Mund auf feuchten Lippen (1975) – Jack the Ripper (1976) – Der Ruf der blonden Göttin (1977) – Ilsa, the Wicked Warden (1978) – Gefangene Frauen – Sechs Schwedinnen im Pensionat (1979) – Sechs Schwedinnen von der Tankstelle (1980) – Ibiza al desnudo (1982) – Sechs Schwedinnen auf der

Alm (1983) – Kommando Leopard (1985) – Ein Schweizer namens Nötzli (1989) – Der doppelte Nötzli (1990)

Bax, Sir Arnold

(Arnold Edward Trever B.), * *8.11.1883 London, England, † 3.10.1953 Cork, Irland.* Studierte kurz an der Royal Academy of Music, wurde durch das Werk von Yeats auf die irische Kultur aufmerksam, die sein Œuvre maßgeblich inspirieren sollte.

Einflüsse finden sich auch von Debussy, Strauss und Ravel. Der »romantische« Komponist schrieb u.a. sieben Sinfonien. 1937 wurde er geadelt.

Filme: Malta G.C. – Oliver Twist (1948)

Baxter, Les

(Leslie), * *14.3.1922 Mexia, Texas, USA, † 15.1. 1996 Newport Beach, Calif.* Der bes. in den 50er Jahren beliebte Bandleader und Arrangeur begann als Konzertpianist, spielte Saxophon in der Band von Freddie Slack, wurde 1945 Mitglied der Mel-Tones von Mel Tormé, fungierte ab 1946 als musikalischer Leiter von Radio-Shows, u.a. Bob Hope, arrangierte für Vokalisten wie Bob Eberly, Nat King Cole (*Too Young, Mona Lisa*), Ella Mae Morse und Yma Sumac und arbeitete als Produzent und Bandleader für Capitol. Er hatte Hits mit *Jet* (1949), *Because of You* (1951), *April in Portugal, Ruby* (1953). *The High and the Mighty*, *Unchained Melody* No.1, *Wake the Town and Tell the People* (1955), The *Poor People of Paris* (1956). Komponierte »exotische« Titel wie *Exotica Suite*, *Le sacre du sauvage*, *Sunshine of Kowloon*, *Balinese Bongos* und gilt deshalb heute als »Godfather of Exotica«. Er schrieb auch Musik für zahlreiche Filme.

CD: The Lost Episode, Dionysus BAD07-2 (TV-Soundtrack)

Filme: Sommaren med Monika (S 1951) – Tenga-Tika (1953) – Key Man – The Yellow Tomahawk (1954) – Hor Cars – Hot Blood (Feuer im Blut, 1956) – The Back Sleep (Die Schreckenskammer des Dr. Tosti, 1956) – A Woman's Davotion – Quincannon, Frontier Scout – Rebel in Town (Der Rebell von Arizona, 1956) – Wetbacks (1956) – Tomahawk Trail – Untamed Youth – Voodoo Island – Outlaws's Son – Revolt at Fort Laramie – Pharaoh's Curse – The Storm Rider – The Invisible Boy (SOS Raumschiff, 1957) – Bop Girl – The Girl in Black Stockings – War Drums – The Dalton Girls (1957) – The Bride and the Beast – Fort Bowie – Macabre – The Lone Ranger and the Lost City of Gold – Escape from Red Rock – The Vicious Breed (1958) – House of Usher (Die Verfluchten, 1960) – La vendetta di Ercole (I 1960) – La maschera del demonio (I 1960) – Lisette – La terreur des mers (F 1961) – Pit and the Pendulum (Das Pendel des Todes, 1961) – Master of the World (Robur, der Herr der sieben Kontinente, 1961) – Alazakam the Great (Cartoon, 1961) – Lost Battalion (1961) – Tales of Terror (Schwarze Geschichten, 1962) – La ragazza che sapeva troppo (1962) – White Slave Ship – Warriors Five – Daughter of the Sun God – Panic in the Year Zero – Marco Polo – Reptilicus – Samson and the 7 Miracles of the World (1962) – A Boy Ten Feet Tall – The Young Racers – Battle Beyond the Sun – The Raven (Der Rabe: Duell der Zauberer) – Beach Party – X: The Man with the X-Ray Eyes (Der Mann mit den Röntgenaugen, 1963) –The Comedy of Terrors (»Ruhe sanft«-GmbH, 1963) – Operation Bikini – Zorro contro Maciste (I 1963) – Bikini Beach – The Midnight Jungle – Pajama Party – Muscle Beach Party (1964) – Dr. Goldfoot and the Biki Machine – Sergeant Deadhead – How to Stuff a Wild Bikini – Beach Blanket Bingo (1965) – Fireball 500 (1966) – Spie vengono dal semifreddo (I 1966) – The Ghost in the Invisible Bikini (1966) – Sadismo (Dok., 1967) – Born Wild – Wild in the Streets (Wild in den Straßen, 1968) – La sfinge d'oro (I 1968) – The Young Animals – The Mini-Skirt Mob – Terror in the Jungle (1968) – Flareup – Target: Harry (1969, TV) – Hell's Belles (Die wilden Schläger von Rockers Town, 1969) – Flare Up (Tote Bienen singen nicht, 1969) – Cervantes (1969) – The Dunwich Horror – Cry of the Banshees (Der Todesschrei der Hexen, 1970) – The Big Doll House (1971) – Grogs – Gli orroro del castello di Norimberga (I 1973) – The Devil and Leroy Bassett (1973) – Savage Sisters (1974) – The Switchblood Sisters (1975) – Born Again (Die Colson-Affäre, 1978) – The Beast Within (Engelsgesicht: Drei Nächte des Grauens, 1982) – Lightning in a Bottle (1992) – Yma Sumac: Hollywood's Inca Princess (Dok., 1992)

Bazant, Carl von

(Carl Gallus), * *16.10.1907 Seletin (Bukowina, heute: Moldawien), † 5.3.1996 Kufstein (Tirol).*

Filme: Herz ist Trumpf (1934) – Steputant & Co. (1938) – Im Namen des Volkes (1939) – Autobanditen (1939)

Beal, Jeff

* *20.6.1963 Hayward, Calif., USA.* Begann als Pop- und Jazzmusiker, arbeitete als Trompeter, Arrangeur, Keyboard-Programmer u.a. für Dave Weckl, John Patitucci, Vinnie Coaliuta u.a., seit 1990 auch als Film- und TV-Komponist. Das Variety-Magazin nannte ihn 2001 »One of 20 Creatives to Watch By«.

CD: J. B. & Metropole Orch., Concerto for Orchestra, Koch 3-6904-2

Filme: Cheap Shots (1992) – Straßen zur Höller (1993) – Jonathan Stone: Threat of Innocence (1994, TV) – Ring of Steel – Loking Italian – The Fence (1994) – Love is All There Is (1996) – Undue Influence (1996, TV) – Guy (1996) – Lies He Told (1997, TV) – From the Earth to the Moon (1998, TV-Serie) – L.A. Doctors (1998, TV-Serie) – The Passion of Ayn Rand – Harlem Aria – Mambo Café (1999) – Pollock (2000) – A Gentleman's Name – Door to Door – Crazy Jones (2001) – Impostor – Joe and Max – Monk – No Good Deed – Conviction (2002)

Beal, John

(John-Everett B.), * *20.1.1947 Santa Monica, Calif., USA.* Der Komponist hatte schon mit zehn Jahren seinen ersten Profi-Job als Schlagzeuger, arbeitete später mit Olivia Newton-John, Johnny Mathis, Gladys Knight u.a., seit 1970 ist er für Film und TV tätig, auch als Dirigent und Arrangeur. 1999 veröffentlichte er das Album »Watch the Skies« mit eigenen Kompositionen, aber auch solchen von Danny Elfman, Mark Snow und Alan Silvestri.

Filme: Happy Days (1974, TV-Serie) – Laverne & Shirley (1976, TV-Serie) – Vega$ (1978, TV-Serie) – Zero to Sixty (1978) – Circus Challence (1978) – The Captain & Tennille Songbook (1979, TV) – Whodunit? (1979, TV-Serie) – Getting in Shape for the Main Evenr (1979, TV) – Goodtime Girls (1980, TV-Serie) – The Funhouse (1981) – Chicago Story (1982, TV-Serie) – Lights, Camera, Annie! (1982, TV) – Littleshots (1983, TV) – Legmen (1984, TV-Serie) – Terror in the Aisles (1984) – More Than Brothers (1985, TV) – Killer Party (1986) – The Secret World of Spying (1992, TV) – Through the Eyes of Forrest Gump (1994, TV) – Journey in Faith (1999) – Return to Haight (2000) – Alien Fury: Countdown to Invasion (2000) – Junkies at the Gate (2001) – Bay Boyz (2002) – Cultivision (2002)

Béart, Guy

(G. Behart-Hasson), * *16.7.1930 Kairo, Ägypten.* Vater der Schauspielerin Emmanuelle B.

Filme: L'eau vive (1957) – Charmants garçons (1957, Songs) – Une souris chez les hommes (1964) – Week End (1967)

Beatles, The

John Lennon (* *9.10.1940, † 8.12.1980 N.Y.*), Paul McCartney (* *18.6.1942*), George Harrison (* *25.2.1943, † 22.11.2001 L.A.*), Ringo Starr (*Richard Starkey, * 7.7.1940*), alle geb. in Liverpool, England. Die legendäre engl. Rockgruppe hat für ihre Filme die Songs* gespielt und unter Mithilfe von → George Martin auch geschrieben (bes. Lennon-McCartney). Einzelne Mitglieder traten auch in einigen Filmen als Schauspieler auf.

Filme: A Hard Day's Night* (1964) – Yeah Yeah Yeah* (1965) – Help!* (1965) – The Family Way (1966, nur McCartney) – Magical Mystery Tour* (1967) – How I Won the War (1967, nur Lennon) – Candy (1968, nur Starr) – Wonderwall (1968, nur Harrison, + Eric Clapton, Ravi Shankar) – Yellow Submarine* (1968) – Let It Be* (1970) – Corinna (D 1977)

Beaver, Jack

* *März 1900 Clapham, London, England, † 10.9.1963 London.* Studierte am Royal College of Music Komposition und Klavier. Schon in den 20er Jahren arbeitete er für den (Stumm-)Film, erster Tonfilm 1932. Er bearbeitete Hörspiel-Fassungen von Filmen für den Rundfunk, arbeitete mit Louis Levy zusammen und wurde 1934 Komponist für Gaumont-Bri-

tish, er schrieb nicht nur Musik, sondern spielte sie auch ein. Er arbeitete später auch für Warner Bros. u.a.

Filme: Baroud (1932) – Channel Crossing – Lady in Danger – Dr. Syn (alle drei mit Louis Levy) – The Thirty-Nine Steps (mit Hubert Bath) – Everything is Thunder – Foreign Affairs – Secrets of Life / Secrets of Nature (Serien) – The Chinese Bungalow (1939, Dir.) – The Case of the Frightened Lady (1940, Dir.) – Ball at the Savoy – The Wife of General Ling – Wings Over Africa – This Prime Minister (1940) – Atlantic Ferry – This Was Paris (1941) – Flying Fortress – The Peterville Diamond – The Night Invader – The Dark Tower (1942) – Candlelight for Algeria (1945) – Gaiety George (1946)

Bécaud, Gilbert

(eigentl. François Leopold Silly), ** 24.10. 1927 Toulon, Frankreich, † 18.12.2001 Paris.* Populärer frz. Pianist, Chansonsänger und -komponist. Studierte in Nizza, begann 1946 Chansons zu schreiben, zunächst mit dem Texter Pierre Delanoe, erster Erfolg war 1950 *Je t'ain dans la peau* für Edith Piaf. Er begleitete die Piaf und Jacques Pills, erster Auftritt als Solist 1951. Ein sensationeller Auftritt im Pariser Olympia verschaffte ihm den Beinamen »Monsieur 100000 Volts« und nationalen Ruhm. In den folgenden Jahren hatte er Erfolge mit *Les croix, Quand tu danses, Mes mains, Le jour ou la pluie viendra (The Day the Rains Came), Et maintenant (What Now My Love), Seul sur son étoile (It Must be Him,* mit Mack David) u.a. Texter waren Marcel Stellmann, Louis Amade, Maurice Vidalin und der engl. Librettist Julian Moore, mit dem er das Broadway-Musical »Roza« (1987) schrieb, nach dem Roman »La vie devant soi« von Romain Gary. Er schrieb die Oper »L'opéra d'Aran« (1962), trat auch in einigen Filmen auf (»Les femmes des autres«, 1958) und schrieb auch Filmmusiken.

Filme: Babette s'en va-t-en guerre (Babette zieht in den Krieg, 1959) – Mädchen für die Mambo-Bar/$100 a Night (D 1959) – Le Diable et les dix commandements (Der Teufel und die zehn Gebote, 1962) – La maison sous les arbres (Das Haus unter den Bäumen, 1971) – Buster (1988, Lieder) – The Jazz Singer (+ Neil Diamond) – Léolo (1993)

Becce, Giuseppe

** 3.2.1877 Longino/Vicenza, Italien, † 5.10. 1973 Berlin.* Ital. Film-Komponist beim dt. Film. Studierte Violoncello und Flöte in Padua, arbeitete als Dirigent und studierte noch nebenher Philologie und Geographie. Ließ sich 1900 in Deutschland nieder, studierte weiter und begann Opern und Operetten zu komponierten. 1930 schrieb B. das erste Buch über Filmmusik (»Kinothek«), die damals noch wesentlich aus Bearbeitungen klassischer Kompositionen bestand. 1913 schrieb er seine erste Filmmusik für die Biographie »Richard Wagner«, spielte die Titelrolle. In dieser Zeit war er vor allem Dirigent in (Stumm-Film-) Kinos, bearbeitete allerdings meist die vom ihm dirigierten Musiken. Er war Herausgeber des »Kinomusikblatts« und schrieb auch mehrere Romane. Er schrieb aber auch Musik für Murnaus »Der letzte Mann« und »Tartüff«. Aber erst in der Tonfilm-Ära konzentrierte er sich auf Filmmusik, meist Melodramen und Leinwand-Operetten bzw. -Opern. 1941 kehrte er nach Italien zurück, arbeitete aber noch 1942 für dt. Filme. 1949 ließ er sich wieder in Deutschland (BRD) nieder und arbeitete für zahlreiche Heimat-, aber auch Dokumentarfilme. Er schrieb auch das »Allgemeine Handbuch der Film-Musik«.

Filme: Richard Wagner – Schuldig – Komtess Ursel (1913) – Der steinerne Reiter (1922) – Der letzte Mann (1924) – Tartüff (1925) – Der Günstling von Schönbrunn (1929) u.a.

Tonfilme: Skandal um Eva – Das alte Lied – Zweierlei Moral – Fra Diavolo (D/I/F, 1930) – Zwischen Nacht und Morgen – Nacht in Flammen (D/F, 1931) – Das blaue Licht (1932 – Der Rebell – Der Läufer von Marathon (1932) – Ekstase/Symphonie der Liebe (ČSR/A 1932) – Gipfelstürmer (1932) – Spione am Werk (1932/33) – Das Lied der Sonne – Hans Westmar (1933) – Der verlorene Sohn – Der weiße Traum (1933/34) – Peer Gynt – Hundert Tage (1933/34) – Wunder des Fliegens (1934/35) – Künstlerliebe (1935) – Der Kaiser von Kalifornien – Ein seltsamer Gast – Maria Valewska (AU) – Du bist mein Glück (1936) – Condottieri (D/I 1937) – Madame Bovary – Die gelbe Flagge – Der Berg ruft (1937) –

Der Spieler – Liebesbriefe aus dem Engadin (1938) – Salonwagen E 417 (1938/39) – Frau im Strom – Der Feuerteufel (1939) – Clarissa (1941) – Amore imperiale (Gekrönte Liebe, I 1941) – Viel Lärm um nichts (1941) – La cena delle beffe (I 1941) – Orrizonte di sange (I 1942) – Mit den Augen einer Frau – Fahrt ins Abenteuer (1942) – L'angelo bianco (I 1942) – Im Banne des Monte Miracolo (A/I 1943–45) – Tiefland (1945, UA 1954) – Il corriere del re (I 1948) – Bergkristall (D/AU 1948/49) – Bildschnitzer im Grödnertal (Dok., 1949) – Skiurlaub in den Dolomiten (Dok., 1950) – Schönes Venedig (Dok., 1950) – Gesetz ohne Gnade (1950) – Sonniges Spanien (Dok., 1950) – Veronika, die Magd/Was das Herz befiehlt (1951) – Weiße Hölle am Montblanc (D/A 1951) – Hinter Klostermauern – Karneval in Weiß – Der Herrgottschnitzer von Oberammergau (1952) – Der Ehestreik – Junges Herz voll Liebe (1953) – Hänsel und Gretel – Rotkäppchen (1954) – Ruf der Berge (A/CH 1954) – Das Schweigen im Walde – Der Jäger von Fall (1955) – Der Edelweißkönig (1957) – Der Schäfer vom Trutzberg (1958) – Unser Freund, der Haflinger (Dok., 1958) – Phänomen Klettern (Dok., 1959) – Der Tageslauf eines Bergpfarrers (Dok., 1968) – Erlebnisse am Matterhorn (Dok., 1971)

Bechert, Ernst

** 10.3.1958 Hamburg.*
Filme: Eine Deutsche Revolution – Propaganda als Waffe (1982) – Forea (1983) – Der Fall Oppenhoff (1985) – Mein Herz schlägt blau (1989) – Deutschland, aber wo liegt es? (1990)

Beck, Jean Christophe

** 1.6.1969 Montreal.* Kanadischer Komponist, für Film und TV tätig seit 1997.
Filme: The Alarmist (1997) – Starf* cker/Dust and Stardust (1998) – Thick as Thieves – Guinevere (1999) – Angel (Serie, 1999) – Bring It On (2000) – Lightmaker (2001) – Big Fat Liar (2002)

Becker, Gerhard Siegfried

** 30.3.1921 Königsberg, Ostpreußen (heute: Kaliningrad).*
Filme: Der Graf von Luxemburg (1957) – Tom Dooley: Der Held der grünen Hölle (1957/58) – Das indische Grabmahl (1958) – Aus dem Tagebuch eines Frauenarztes (1959) – Ein Engel auf Erden (1959) – Lebensborn (1960) – Sabine und die hundert Männer (1960) – Die tausend Augen des Dr. Mabuse (1960) – Immer Ärger mit dem Bett (1961)

Beckerath, Alfred Wilhelm von

** 4.10.1901 Hagenau (Elsass, heute: Haguenau), Frankreich, † 7.1.1978 München.*
Film: Mit dir durch dick und dünn (1934)

Beckmann, Hans Fritz

** 6.1.1909 Berlin, † 5.6.1974 München.* Songtexter und Drehbuchautor im dt.Film ab 1935. Er schrieb Liedtexte für so bekannte Filme wie »Hallo, Janine«, »Wasser für Canitoga« (1939), »Der Weg ins Freie« (1941) , »Der Vogelhändler« (1953) und »Charleys Tante« (1955) sowie zahlreiche Schlagertexte.
Filme als Songtexter: Patrioten (1937, Lied: *Paris*) – Tango Notturno (1937) – Menschen vom Varieté (1938, Lied: *Komm und tanz*) – Wir tanzen auf dem Regenbogen (1952)

Bell, David

** 17.4.1954 Middletown, Ohio, USA.*
Filme: The Lounge People (1992) – There Goes the Neighborhood (1992) – TV: Dead Man's Walk – Star Trek: Deep Space Nine – Sins of Silence North and South III – The Sandy Bottom Orchestra – Star Trek: Voyager

Bellis, Richard R.

** 3.4.1946 Pasadena, Calif., USA.* Der Komponist arbeitet seit 1977 für den Film.
Filme: Black Market Baby (1977, TV) – A Shining Season (1979, TV) – The Other Victim (1981, TV) – Fallen Angel (1981, TV) – Money on the Side (1982) – Sno-Line (1985) – Addicted to His Love/Sisterhood (1988, TV) – Shattered Innocence (1988, TV) – Breaking up is Hard to Do (1989, TV) – It (1990, TV) – Double-Crossed – Blind Man's Bluff – Nightmare in Columbia County – The Haunted – A Mother's Justice (1991, TV) – To Grandmother's House We Go (1992, TV) – How the West Was Fun – The Disapperarance of Vonnie (1994, TV) – The Patty Duke Show: Still Rockin' in Brooklyn Heights (1999)

Bellon, Roger

* *22.3.1953 USA.* US-Komponist, arbeitet seit 1987 für den Film. Er arbeitet meist fürs TV, schrieb aber auch eine neue Musik für dem Stummfilm »The Sheik« (1921).

Filme: The Princess Academy (1987) – Frankenstein (1978, TV) – The Unholy – Waxwork – Options (1988) – Yellowthread Street (1990, TV) – Ho Honey, I'm Dead (1991, TV) – Social Suicide (1991) – The Plant (1991) – Dark Horse (1992) – Highlander (1992, TV-Serie) – Café Americain (1993, TV-Serie) – Vents contraires (1995, TV) – Unforgivable (1996, TV) – The Assasination File – Hors limites (1996, TV) – The New Adventures of Robin Hood (1997, TV-Serie) – The Last Don (1997, TV-Serie) – The Last Don II, 1998, TV-Serie) – My Husband's Secret Life (1998, TV) – Hitman's Run (1999) – Final Jeopardy (2001, TV) – Darkness at High Noon: The Carl Foreman Documents (2001)

Beltrami, Marco

* *1966 USA.* Der Komponist studierte an der Brown University und der Yale School of Music, ehe er für den Film zu arbeiten begann.

Filme: Scream (1996) – Mimic (Angriff der Killerinsekten, 1997) – Scream II (1997, OST: Varèse) – 54 (1998) – David and Lisa (1998, TV) – The Florentine – The Minus Man – Walking Across Egypt (1999) – Tuesday With Morrie (1999, TV) – Highway 395 – Wes Craven Presents: Dracula 2000 – The Watcher – Scream 3 (2000) – Dangerous Lives of Altar Boys – The Crow: Salvation (2001) – Angel Eyes (2001) – Joy Ride (Spritztour, 2001) – Glory Days (2002, TV-Serie) – I Am Dina (2002) – Blade II (2002, OST: Varèse) – Resident Evil (D/USA 2002) – The First 20 Million $ Is Always the Hardest (2002) – Alice (2003) – Hellboy – Alice (2003)

Beltran, Lola

* *7.3.1932 El Rosario, Sinaloa, Mexiko, † 25.3.1996.* Die »Königin der Ranchera-Musik« war 40 Jahre lang ein Star in ihrer Heimat und weit darüber hinaus. In ihrer Karriere nahm sie über 100 LPs auf (darunter etliche »Goldene«) und trat in rd. 50 Filmen auf, von denen sie viele ko-produzierte durch ihre eigene Firma Conacine. 1994 enstand ein Dok.-Film »El diablo nunca duerme« mit ihrer Musik.

Benatzky, Ralph

(Rudolph Josef František), * *5.6.1884 Mährisch-Budweis (heute Moravské Budějovice, Tschechien), † 17.10.1957 Zürich.* Österr. Operettenkomponist. Studierte in München bei Felix Mottl, ging 1926 nach Berlin, wo er große Erfolge mit musikalischen Lustpielen hatte, z.B. »Meine Schwester und ich« (1930) »Bezauberndes Fräulein« (1933) und »Axel an der Himmeltür« (1936). Sein größter Erfolg war die Operette »Im Weißen Rößl« (1933). Er hatte zuvor an Kabaretts gearbeitet, in Wien das »Rideamus« geleitet und Musik für Revuen geschrieben. Er komponierte auch Filmmusiken und Chansons, u.a. für Zarah Leander (*Ich steh' im Regen*). 1940 emigrierte B. nach Hollywood, 1948 ließ er sich in Zürich nieder.

Lit.: Fritz Hennenberg, Es muß was Wunderbares sein, R.B. zwischen »Weißen Rößl« und Hollywood, Wien 1998

Filme: Der unsterbliche Lump (1930) – Die letzte Kompagnie (1930, + F. Grothe) – Arm wie eine Kirchenmaus (1931, + Rolf Jacobi, Grete Walter) – Chauffeur Antoinette (1932) – Ihre Durchlaucht, die Verkäuferin (1933, + Schmidt-Gentner) – Wer wagt, gewinnt (1935, nach dem Lustspiel »Bezauberndes Fräulein«) – Im Weißen Rößl (1935) – Mädchenpensionat (1936) – Die Puppenfee (1936, nach dem Ballett von Joseph Meyer) – Zu neuen Ufern (1937) – Die ganz großen Torheiten (1937) – Damals (1943, + L.Brühne) – Bezauberndes Fräulein (1953, + G. Haentzschel)

Benés, Jara

(auch Benesch, Ps. Peter Brandt*), * *5.6.1897 Prag, ČSR, † 10.4.1949 Wien.*

Filme: Die vom Rummelplatz (1930) – Der falsche Feldmarschall (D/ČSR 1930) – Eine Freundin so goldig wie du (1930, + Will Meisel) – Er und seine Schwester (1931) – Wehe wenn sie losgelassen (1932, + Fritz Kerten, Fery Gyulay, Jan Stark) – Der Hexer (1932, + A. Guttmann) – Polenblut (1934, bearb. der Operette von O. Nedbal) – Der Scheidungsgrund (1937) – Kein Wort von Liebe (1937) – Adresse unbekannt (1938) – Heiraten, aber wen?

(1938, + F.Fox) – Das schwarze Schaf* (1943) – Sieben Briefe* (1944)

Benjamin, Arthur Leslie

** 18.9.1893 Sydney, Australien, † 9.4.1960 London, England.* Studium am Royal College of Music, ging dann nach Australien zurück und wurde Professor am Konservatorium in Sydney. Ging dann wieder nach England, ließ sich aber 1937 in Vancouver (Kanada) nieder. Er komponierte auch Opern, Klavier- und Kammermusiken.

Filme: The Man Who Knew Too Much (Der Mann der zuviel wußte, 1934) – The Private Life of Don Juan (1934) – Wharves and Strays – The Clairvoyant (1935) – The Guv'nor – The Scarlet Pimpernel – The Turn of the Tide (1935) – Lobsters – Under the Red Robe (Unter der roten Robe, 1936) – Wings of the Morning (1937) – The Return of the Scarlet Pimpernel (1937) – Wings of the Morning (Die Zigeunerprinzessin, 1937) – An Ideal Husband (Ein idealer Gatte, UK 1947) – The Crowthers of Bankdam (Der Weber von Bankdam, 1947; Lied *The Fire of Your Love*) – Above us the Waves (1955) – Fire Down Below (Spiel mit dem Feuer, 1957) – The Naked Earth (Die nackte Erde, 1958)

Bennett, Richard Rodney

** 29.3.1936 Broadstairs, Kent, England.* Der engl. Komponist schrieb schon mit 20 Jahren seine erste Filmmusik und gehört heute zu den profiliertesten seiner Zunft. Er nahm Schallplatten auf als Pianist mit jazzbeeinflusster Unterhaltungsmusik, widmete sich dabei besonders den großen Songkomponisten. Er arbeitete fürs TV, komponierte Opern (»The Mines of Sulphur«, »A Penny for a Song«, »All the King's Men«) und half auch Paul McCartney bei der Komposition seiner Sinfonie »Standing Stone«.

CD: The Filmmusic of R.R.B., Chandos

Filme: The Wrong Arms of the Law (Gentlemenkillers, 1952) – Interpol/Pickup Alley (Der Mann den keiner kannte, 1956) – Safecracker (Safeknacker Nr. 1, 1957) – Indiscreet (Indiskret, 1958, + Ken Jones) – The Man Inside (Der Mann ohne Nerven, 1958) – The Devil's Disciple (Der Teufelsschüler, 1958) – The Angry Hills (Hügel des Schreckens, 1958) – The Man Who Could Cheat Death (Der Mann der den

Tod überlistete, 1959) – Blind Date (Die tödliche Falle, 1959) – The Mark (Gebrandmarkt, 1960) – Only Two Can Play (Lieben kann man nur zu zweit, 1961) – Satan Never Sleeps/The Devil Never Sleeps (China-Story, USA 1962) – The Wrong Arm of the Law (Gentlemenkillers, 1962) – Billy Liar (Geliebter Lügner, 1963) – Heaven's Above (1963) – One Way Pendulum (1964) – The Nanny (War es wirklich Mord?, 1965) – The Witches (Der Teufel tanzt um Mitternacht, 1966) – Far from the Maddening Crowd (Die Herrin von Thornhill, 1967) – The Billion Dollar Brain (Das Milliarden Dollar Gehirn, 1967) – Secret Ceremony (Die Frau aus dem Nichts, 1968) – Figures in a Landscape (Im Visier des Falken, 1970) – The Buttercup Chain (1970) – Nicholas and Alexandra (Nikolaus und Alexandra, 1971) – Lady Caroline Lamb (Die große Liebe der Lady Caroline (UK/I 1972) – Voices (1973) – Murder on the Orient Express (Mord im Orient-Expreß, 1974) – Permission to Kill (Vollmacht zum Mord, AU 1975) – Equus (Equus – blinde Pferde, USA 1976) – L'imprécateur (Der Ankläger, F/CH 1977) – The Brink's Job (Das große Ding bei Brinks, 1978) – Yanks (Gestern waren sie noch Fremde, 1978) – The Jazz Singer (Der Jazz-Sänger, USA 1980 – Return of the Soldier (Die Rückkehr des Soldaten, 1981) – The Return of the Soldier (1982) – Murder with Mirrors (1985, TV) – Enchanted April (Verzauberter April, 1991) – Four Weddings and a Funeral (Vier Hochzeiten und ein Todesfall (1993) – Swann – TV: Gormenghast

Bennett, Robert Russell

** 15.6.1894 Kansas City, USA, † 18.8.1981 Manhattan, N.Y.* Trat schon mit 10 Jahren als Pianist auf, arbeitete später in Tanzhallen und Kinos. Arbeitete im 1.Weltkrieg für Orchester, trat Ende des Krieges in den Musikverlag T.B.Harms ein. Er orchestrierte dann in den nächsten 30 Jahren für die führenden Broadway-Komponisten wie Kern, Gershwin und Rodgers, darunter Werke wie »Show Boat«, »Roberta«, »The Band Wagon«, »Porgy & Bess«, »Kiss Me Kate«, »Oklahoma« u.a. Er arbeitete auch für den Film als Komponist und

Arrangeur; er erhielt einen Oscar für seine Bearbeitung von »Oklahoma«. B. komponierte auch Kammermusik, Sinfonien und Opern.
Filme: Fugitives for a Night – Annabel Takes a Tour – Pacific Liner (1938) – Victory at Sea (Arr.) – Career (1939) – Fifth Avenue (1939)

Benoit, David Bryan

* *18.8.1953 Bakersfield, Calif., USA.* Jazzmusiker (p, synth) im Fusionstil und Komponist. Studierte Klavier und Komposition am El Camino College, hatte erste Berührung mit dem Film, als er 1975 am Soundtrack von »Nashville« mitwirkte. Erste Schallplatten für das AVI-Label, ab 1986 für GRP. Er arbeitete u.a. auch mit Diane Schuur, Patti Austin, GRP-All Stars, The Rippingtons und spielt mit eigenen Gruppen.
Filme: Captive Hearts (1987) – Don't Pave Main Street: Carmel Heritage (Dok., 1994) – The Stars Fell on Henrietta (1995) – A Christmas Tree – Sisters

Bergman, Alan

* *11.9.1925 Brooklyn, N.Y., USA und Marilyn (geb. Keith, * 10.11.1929 N.Y.).* Komponisten-, Songschreiber- und Texter-Team. A. B. begann Anfang der 50er Jahre Musik für TV-Kindersendungen zu schreiben. Einige Jahre später begann er mit Marilyn Keith zusammenzuarbeiten; sie heirateten 1958. Das Team schrieb zahlreiche Filmsongs sowie Film- und TV-Musiken. Zweimal erhielt es einen Oscar für den besten Song, einen für die beste Musik (»Yentl«) und wurde etliche Male nominiert. Dazu kommen zwei Emmys. Sie arbeiteten mit den Komponisten Michel Legrand, Henry Mancini, Marvin Hamlisch und John Williams sowie den Regisseuren Sydney Pollack und Norman Jewison zusammen.
Filme: (Songs und Score* *)*: The Right Approach* (1961) – The Stolen Hours* (Das Glück in seinen Armen, 1963) – Stop the World, I Want to Get Off (1966, Drehbuch) – In the Heat of the Night* (1967) – Fitzwilly* (1967) – Star Trek 63: The Empathy* /* * (1968, TV, A.B. auch Schauspieler) – The Thomas Crown Affair* /* * (Thomas Crown ist nicht zu fassen, 1968) – Stiletto* (1969) – Charro!* (1969) – The Happy Ending * /* * (1969) – John and Mary* (M.B., 1969) – Gaily, Gaily* /* * (1969) – Doctor's Wives* (Die Frauen der Ärzte, M.B., 1970) – Pieces of Dreams* /* * (1970) – Sometimes a Great Notion* (Sie möchten Giganten sein, 1970) – The African Elephant* (Dok., 1971) – Le Mans* (1971) – The Life and Times of Judge Roy Bean* (Das war Roy Bean, 1972) – Molly and Lawless John* (Molly und der Gesetzlose, A.B., 1973) – Breezy* (Begegnung am Vormittag, 1973) – The Way We Were* (Chérie Bitter, 1973, Titelsong) – 40 Carats* (1973) – 88 and 44/100 Percent Dead* (1974) – A Star is Born* * (Ein Stern geht auf, 1976) – Harry and Walter Go to New York* (Und morgen wird ein Ding gedreht, 1976) – From Noon Till Three* (Zwischen Zwölf und Drei, 1976, A.B. auch Schauspieler) – Ode to Billie Joe* /* * (1976) – The Promise* (1978) – Same Time, Next Year* (Nächstes Jahr, selbe Zeit, 1978) – A Change of Seasons* (Jahreszeiten einer Ehe, 1980) – Yes, Giorgio* (1982) – Yentl* /* * (1983) – Never Say Never Again* (Sag niemals nie, 1983) – Micki + Maude* (1984) – Shy People* (1987) – Big* (1988) – The Hitch-Hikers* (1989) – Sabrina* /* * (1995)

Berglund, Anders

* *21.5.1948 Stockholm, Schweden.*
Filme: Tvaa killar och en tje (1983) – 1939 (1989) – Pippi Langstocking (1997, Cartoon)

Berkeley, Lennox

(L. Randal Francis B.), * *15.5.1903 Boar's Hill (b. Oxford), England, † 26.12.1989 London.* Engl. Komponist frz. Abstammung. Studierte in Oxford und in Paris bei Nadia Boulanger. Komponierte das Oratorium »Joseph«, Ballettmusiken, Klavier- und Kammermusik. Ab 1944 arbeitete er auch für den Film. Er ist der Vater des Komponisten Michael Fitzhardinge B. (* 29.5.1948 London).
Filme: Hotel Reserve – Out of Chaos (1944)

Berlin, Ben

(eigent. Hermann Bick), * *23.9.1896 Reval (heute Tallinn, Estland), † 10.8.1944 London.* Studierte in Petrograd (St. Petersburg), arbeitete ab 1920 als Konzertpianist und ließ sich 1925 in Berlin nieder, wo er für die Deutsche Vox und ab 1928 für die Deutsche Grammophon als Pianist, Bandleader und musikal. Lei-

ter arbeitete. Er spielte zahlreiche Schallplatten ein und trat mit einem Orchester in Berliner Lokalen auf. 1933 emigrierte er nach Holland und 1937 nach England.
Film: Der Korvettenkapitän (1930, + B. Kaper)

Berlin, Irving

(eigentl. Israel Baline), * *11.5. 1888 Tjemun (Sibirien), Russland, † 22.9.1989 N.Y.* Songkomponist, einer der bedeutendsten des 20. Jh. Arbeitete zunächst für Tin Pan Alley, später für Bühne und Film. Kam als Kind in die USA, begann mit 14 Jahren – nach dem Tod des Vaters – in Saloons zu arbeiten, als singender Kellner und Songplugger. 1909 wurde er von dem Musikverleger Ted Snyder als Text-Dichter angeheuert, einige Jahre später wurden sie Partner. Beide traten 1911 im Broadway-Musical »Up And Down Broadway« auf. Sein erster großer Hit war 1911 *Alexander's Ragtime Band*. Während des 1.Weltkrieges trat er in Army-Camps auf, gründete 1918 seinen eigenen Musikverlag. 1921 eigenes Musiktheater (»Music Box Theatre«), schrieb dafür musikalische Revuen, außerdem für den Broadway, u.a. mehrere »Ziegfeld«-Shows und so bedeutende Musicals wie »As Thousands Cheer«, »Annie Get Your Gun« und »Call Me Madam«. Unter den Filmen mit seinen Songs sind hervorzuheben: »Top Hat«, »Carefree«, »On the Avenue«, »Alexander's Ragtime Band«, »Holiday Inn« (mit seinem populärsten Song: *White Christmas*). B. gehört zu den bedeutendsten Komponisten der »leichten Muse« des 20. Jh.; Dutzende seiner Songs sind in das internationale Standard-Repertoire eingegangen. Seine Songs sind eine Chronik der sozialen, politischen u. ökonomischen Geschichte der westlichen Hemisphäre bis zum Ende des 2. Weltkrieges, er kommentierte so u.a. die Ragtime-Welle der Jahrhundertwende, das Flugzeug (*I Was Aviating Around*,1912), den Film (*At the Picture Show*,1913), den 1. Weltkrieg (*For Your Country and My Country*,1917), die Prohibition (*You Can't Make Your Shimmy Shake on Tea*,1920), das Telefon (*All Alone*,1924), die Depression (Show »Face the Music«,1930), den Rassismus (*Supper Time*,1933), den 2. Weltkrieg (Show »This is the Army«).
Lit.: L.Berggreen, As Thousands Cheer, N.Y. 1990. – Ellin Berlin, Land I Have Chosen, N.Y. 1944. – dies.: Lace Curtain, N.Y. 1948. – dies.: Silver Platter, N.Y. 1957. – Ellin Barrett (Berlin), I. B., A Daughter's Memoir, 1996. – M.Freedland, I. B., N.Y. 1974. – ders., A Salute to I. B., N.Y. 1986. – A.Woolcott, The Story of I. B., N.Y. 1925. – Charles Hamm, I. B., The Formative Years, N.Y. 1996
CD: Div., Great American Songwriters, Rhino R2 71506 – A 100 Years, Col. CGK 40035
*Filme (*Songs*):* The Jazzsinger (1927) – The Cocoanuts (When My Dreams Come True) – Hallelujah (Waiting at the End of the Road) (1929) – Mammy (Let Me Sing and I'm Happy, Looking at You, 1930) Puttin' On the Ritz (Titel-Song) – Reaching for the Moon (Titel-Song) (1931) – Brewster's Millions (Die Millionenerbschaft, 1934) – Top Hat (Cheek to Cheek, Isn't This a Lovely Day, Top Hat, The Piccolino, No Strings) (1935) – Follow the Fleet (I'm Putting All My Eggs in One Basket, Let's Face the Music and Dance, Let Yourself Go, I'd Rather Lead a Band) (1936) – On the Avenue (Küsse am Broadway; This Year's Kisses, He Ain't Got Rhythm, I've Got My Love to Keep Me Warm, Slumming on Park Avenue) (1937) – Carefree (Change Partners, I Used to Be Color Blind, The Yam) – Alexander's Ragtime Band (alte Berlin-Songs + Now It Can Be Told, My Walking Stick, 1938) – Second Fiddle (I Poured My Heart Into A Song, Back to Back, I'm Sorry For Myself, When Winter Comes, 1939) – Louisiana Purchase (1941) – Holiday Inn (White Christmas, Happy Holiday, Abraham, Let's Start The New Year Right, Be Careful, It's My Heart, You're Easy To Dance With, 1942) – This Is the Army (1943) – Blue Skies (Blau ist der Himmel; You Keep Coming Back Like A Songs, A Couple Of Song And Dance Men, Getting Nowhere, 1946) Easter Parade (Osterspaziergang; Steppin' Out With My Baby, A Fella with an Umbrella, Better Luck Next Time, It Only Happens When I Dance with You, Drum Crazy, Happy Easter, A Couple of Swells, 1948) – Annie Get Your Gun (Duell in der Manege, 1949) – Call Me Madam (Madam macht Geschichten, 1953) – White Christmas (Weiße Weihnachten; Count Your Blessings, The Best Thing Happens While You're Dancing, Love, You Didn't Do Right By Me, Snow,

What Can You Do With a General?, 1954) – There's No Business Like Show Business (Rhythmus im Blut, 1954) – Sayonara (1957)

Bernard, Guy Charles

(Guy Bernard Delapierre), * *19.5.1907 Chauny (Aisne), Frankreich, † 28.7.1979 Golfe Juan (Alps-Maritime).*

Filme: Les dernières vacances (1947) – The Naked Heart (1950) – Pardon My French (1951) – Pictura (1952) – Les statues meurent aussi (Dok., 1953)

Bernard, James Michael

* *20.9.1925 Nathia Gali, Pakistan, † 12.7. 2001 London, England.*

Filme: The Door in the Wall (1956) – Quarterman II (1956) – X the Unknown (1956) – Window's Way (Der Mann im Feuer, 1957) – Torture Garden (1957, + Don Banks) – Across the Bridge (Die Brücke der Vergeltung, 1957) – Nor the Moon by Night (Velaba ruft, 1958) – Dracula (1958) – The Hound of the Baskervilles (Der Hund von Baskerville, 1959) – The Strangler of Bombay (Der Würger von Bombay, 1959) – The Terror of the Tongs (Terror der Tongs, 1960) – The Damned (Sie sind verdammt, UK 1961) – Kiss of the Vampire (Der Kuss des Vampirs, 1962) – The Gorgon (Die brennenden Augen von Schloß Barltimore (UK 1963) – The Secret of Blood Island (Das Geheimnis der Blutinsel, 1964) – The Plague of the Zombies (1965) – She (Die Herrscherin der Wüste, 1965) – Dracula Prince of Darkness (Blut für Dracula, 1965) – The Devil Rides Out (1967) – Dracula Has Risen From the Grave (Draculas Rückkehr, 1968) – Taste the Blood of Dracula (Wie schmeckt das Blut von Dracula?, 1969) – Scars of Dracula (Dracula: Nächte des Entsetzens, 1970) – Dracula AD 1972 (Dracula jagt Minimädchen, 1972) – The Legend of the Seven Golden Vampires (Die 7 Goldenen Vampire, UK/Hongkong 1974)

Bernauer, Luigi

(eigentl. Ludwig Bernhuber), * *1.10.1899 Wien, † 22.1.1945 Oslo, Norwegen.*

Film: Die Nacht gehört uns (1929, + H. Milde-Meißner, F. Grothe)

Berners, Lord

(eigentl. Gerald Hugh Tyrwhitt-Wilson), * *18.9.1883 Arley Park, Bridgenorth / Shropshire, England, † 19.4.1950 London.* Ausbildung am Eaton College, studierte Sprachen auf dem Kontinent für den diplomatischen Dienst, daneben aber Musik, meist als Autodidakt. War beschäftigt im diplomatischen Dienst in Konstantinopel und Rom. Arbeitete dann als Komponist, bis 1918 unter dem Namen Gerald Tyrwhitt. Er machte sich auch einen Namen als Maler und schrieb eine Autobiographie »First Childhood«.

Filme: Halfway House (1944) – Champagne Charlie (1945, Songs) – Nicholas Nickleby (1946)

Bernstein, Charles Harry (Harald)

* *28.2.1943 Minneapolis, Minn., USA.*

Filme: Checoslovaquia (1969) – Man from O.R.G.Y. – Czechoslovakia 1969 (1970) – Sweet Kill – Daddy's Darling (1972) – Invasion of the Bee Girls (1973) – White Lightning (Der Tiger hetzt die Meute, 1973) – That Man Bolt (Jefferson Bolt: Reisender in Dynamit, 1973) – Hex (1973) – Chato's Land (Das Gesetz bin ich, 1974) – Mr. Majestyk (1974) – A Shadow in the Streets (1975, TV) – Gator (1976) – Trackdown (Keine Gnade Mr. Dee!, 1976) – Look What's Happened to Rosemary's Baby (1976, TV) – Nightmare in Badham County (1977, TV) – Outlaw Blues (1977) – Fast Lane Blues (1977, TV) – Wild and Wooly – Thaddeus Rose and Eddie – Cops and Robin – Are You in the House Alone? (1978, TV) – Who's Watching the kids (1978, TV-Serie) – Katie: Portrait of a Centerfold – Steel Cowboy – The Winds of Kitty Hawk (1978, TV) – Women of West Point (1979, TV) – Love at First Bite (1979) – The House on Garibaldi Street (1979, TV) – Bogie – The Hunter – Coast to Coast – Foolin' Around (1980) – Love at First Bite (Liebe auf den ersten Biß, 1979) – Jeder Kuß hat seinen Preis (1980) – The Entity (1981) – Cujo (1983) – Independence Day (1983) – Sadat (1983, TV) – A Nightmare on Elm Street (1984) – Malice in Wonderland – Chase – Convenant – Secret Weapons – The Long Hot Summer – Generation (1985, TV) – Rockabye (1986, TV) – April Fool's Day – Deadly Friend – Little Miss Perfect (1986, TV) – The Last Fling (1987, TV) – The Allnighter (1987) – Ghost of a Chance (1987, TV) – Dudes (1978) – The Man Who Broke the Chaions – A Whisper Kills (1988, TV) – Desparate for Love – Lobe and Betrayal (1989, TV) – Drug Wars:

The Camarena Story (1990, TV) – Too Young to Die – Fall from Grace – Caroline? – Ivory Hunters – She Said No – The Love She Sought (1990, TV) – Love, Lies and Murder – Payoff – Guilty Until Oroven Innocent – Yes Virginia, There is a Santa Claus – A Life to Remember: Rose Kennedy (1991, TV) – Drug Wars:The Cocaine Cartel – Trial: The Price of Passion – Somebody's Daughter (1992, TV) – Excessive Force (1992) – Between Love and Hate (1993) – The Sea Wolf (Der Seewolf, 1993, TV) – Final Appeal (1993, TV) – My Name is Kate (1994, TV) – Maya Lin: A Strong Clear Vision (1994) – Sophie and the Moonhanger (1996, TV) – Rumpelstiskin (1996) – Dead Ahead (1996, TV) – Bloodhounds II (1996) – Miss Ever Boys (1997, TV) – The Ticket (1997, TV) – When Danger Follows You Home (1997) – The Hunted (Die Gejagte, 1998, TV) – The Long Island Incident (1998, TV) – Return with Honor (1998) – Enslavement: The True Story of Fanny Kemble (2000, TV) – Picnic (2000, TV) – The Day the World Ended (2001, TV)

Bernstein, Elmer

* *4.4.1922 N.Y., USA.* Der legendäre Filmkomponist erhielt seine Ausbildung an der Walden School und in Juilliard. Eine Karriere als Konzertpianist wurde durch den Krieg unterbrochen, er arbeitete wahrenddessen für den American Forces Radio Service. Er gab Klavierkonzerte und arrangierte Folk Songs u. ä. 1950 begann er in Hollywood für den Film zu arbeiten und entwickelte sich zu einem der brilliantesten Schreiber dieses Genres. B. war neben → Henry Mancini und → Leith Stevens der erste Filmkomponist, der Jazzelemente in seine Arbeit einbezog, z. B. »The Man with the Golden Arm« und »Sweet Smell of Success«. Einige seiner Filmthemen wurden Standards, so *Walk on the Wild Side, Man With the Golden Arm, The Magnificent Seven, Baby, the Rain Must Fall.*

Er schrieb auch »ernste« Werke wie die *Serenade für Solo-Violine, Streichorchester, Harfe und Perkussion.* Sein Sohn → Peter ist ebenfalls Filmkomponist.

Lit.: Christopher Palmer, The Composer in Hollywood, London 1990

CD: A Man & His Movies, Mainstream 601 (Ava) – To Kill a Mockingbird, Mainstr. 602 – Baby the Rain Must Fall, Mainstr. 603 – Walk on the Wild Side, Mainstr. 604 – OST, Mad Dog & Glory, Varèse 5415 – OST, The Field, Varése VSD 5292 – OST, Hawaii, Tsunami 0105 – OST, Magificent Seven/Return of the Seven, Tsunami 0102 – OST, Ten Commandments, Tsunami 0123 – OST, Zulu Dawn, CST 0201 – The Magnificent Seven, Ryko 10741 – Return of the Magnificent Seven, Ryko 10714

Filme: Saturday's Hero (1950) – The Story on Page 1 (Sensation auf Seite 1, 1950) – Boots Malone (Tommy macht das Rennen, 1951) – Sudden Fear (Maskierte Herzen, 1952) – Robot Monster (1952) – Battles of Chief Pontiac (1952) – Never Wave at a WAC (1952) – Miss Robin Crusoe (1953) – Make Haste to Live (Beeil dich zu leben, 1953) – Cat Women on the Moon (1953) – Silent Raiders (1954) – The Eternal Sea (Unternahmen Pelikan, 1954) – The Ten Commandments (Die zehn Gebote, 1953–55) – It's a Dog's Life (Ein Hundeleben, 1953) – Never Wave at a Wae (1953) – Women of the Moon (1953) – The View from Pompey's Hand (Unvollendete Liebe, 1955) – Storm Fear (Sturm-Angst, 1955) – The Man with the Golden Arm (Der Mann mit dem goldenen Arm, 1955; *LP:* Decca DL 8257) – Men in War (Tag ohne Ende, 1955) – The Bar Sinister (1955) – Drango (1956) – A Girl Named Tamiko (Das Mädchen Tamiko, 1956) – The Naked Eye (Dok., 1956) – Fear Strikes Out (Die Nacht kennt keine Schatten, 1956) – Sweet Smell of Success (Dein Schicksal in meiner Hand, 1956; Jazz-Originals von Chico Hamilton u. Fred Katz; *LP:* Decca 8610) – The Tin Star (Stern des Gesetzes, 1957) – Drango (1957) – Men in War (Tag ohne Ende, 1957) – Desire Under the Elms (Begierde unter Ulmen, 1957) – Kings Go Forth (Rivalen, 1957) – God's Little Acre (Gottes kleiner Acker, 1957; *LP:* Liberty 3036) – Some Came Running (Verdammt sind sie alle, 1958) – The Buccaneer (König der Freibeuter, 1958) – Anna Lucasta (1958) – The Miracle (Madonna mit den zwei Gesichtern, 1958) – The Race for Space (Dok., 1959) – The Story of Page One (Sensation auf Seite 1, 1959) – From the Terrace (Von der Terrasse, 1959) – The Rat Race (Zwei in einem Zimmer, 1959) – Staccato (1959) – The Magnificent Seven (Die glorreichen Sieben, 1960) – Israel (Dok., 1960) – By Love Possessed (Und die Nacht wird schweigen, 1960) –

The Young Doctors (Chefarzt Dr. Pearson, 1960) – The Comancheros (Die Comancheros, 1960) – Walk on the Wild Side (Auf glühendem Pflaster, 1961; *CD:* Mainstream 604) – Summer and Smoke (Sommer und Rauch, 1961; *LP:* Capitol SW-1109) – The Birdman of Alcatraz (Der Gefangene von Alcatraz, 1961) – Hud (Der Wildeste unter Tausend, 1962) – A Girl Named Tamiko (Das Mädchen Tamiko, 1962) – To Kill a Mockingbird (Wer die Nachtigall stört, 1962; *CD:* Mainstream 602) – The Caretakers (Frauen die nicht lieben dürfen, 1962) – The Great Escape (Gesprengte Ketten, 1962) – Rampage (Bringt sie lebend heim, 1962) – Kings of Sun (Könige der Sonne, 1962) – Love with a Proper Stranger (Verliebt in einem Fremden, 1963) – The Carpetbaggers (Die Unersättlichen, 1963) – The World of Henry Orient (Henrys Liebensleben, 1963) – Four Days in November (Dok., 1964) – Baby the Rain Must Fall (Die Lady und der Tramp, 1964; *CD:* Mainstream 603) – The Reward (Sieben reiten in die Hölle, 1964) – The Sons of Katie Elder (Die vier Söhne der Katie Elder, 1964; *LP:* RCA LOC-1120) – The Hallelujah Trail (Vierzig Wagen westwärts, 1964; *LP:* United Artists 5127) – Hawaii (1964; *LP:* Ava 53) – Cast a Giant Shadow (Der Schatten des Giganten, 1965; *LP:* UA 5127) – The Silencers (Leise flüstern die Pistolen, 1965) – Seven Women (Sieben Frauen, 1965) – Return of the Seven (Die Rückkehr der glorreichen Sieben, 1965) – Thoroughly Modern Millie (Modern Millie, 1966; Oscar!) – The Scalphunters (Mit eisernen Fäusten, 1967) – I Love You Alice B. Toklas (Laß mich küssen deinen Schmetterling, 1967; *LP:* Cinema 8010) – Guns of the Magnificent Seven (Die Rache der glorreichen Sieben, 1968) – True Grit (Der Marshal, 1968) – The Gypsy Moths (Die den Hals riskieren, 1958; *LP:* Cinema 8011) – The Bridge of Remagen (Die Brücke von Remagen, 1968) – The Midas Run (Gestatten, das sind meine Kohlen, 1968) – A Walk in the Spring Rain (Die Frau des anderen, 1969) – Cannons for Cordoba (Kanonen für Cordoba, 1969) – Where's Jack? (1969) – The Liberation of L.B.Jones (Glut der Gewalt, 1969) – Doctor's Wives (Frauen der Ärzte, 1970) – A Walk in the Spring Rain (Die Frau des anderen, 1970) – Big Jake (1970) – See No Evil (1970) – Blind Terror (Stiefel die den Tod bedeuten, UK 1970) – The Magnificent Seven Ride (Der Todesritt der glorreichen Sieben, 1971) – Deadly Honeymoon (Nachtmahr, 1972) – The Amazing Dr. Blunde (UK 1972) – Cahill-US Marshall (Geier kennen kein Erbarmen, 1972) – Gold (UK 1973) – McQ (McQ schlägt zu, 1973) – The Trial of Billy Jack (1974) – Report to the Commissioner (Der einsame Job, 1974) – From Noon Till Three (Zwischen zwölf und drei, 1975, auch Schausp.) – The Incredible Sarah (UK 1975) – Mr. Quilp (UK 1975) – The Shootist (Der Shootist, 1976) – Slapshot (Schlappschuß, 1976) – Bloodbrothers (Heißes Blut, 1977) – Casey's Shadow (Der Champion, 1977) – The 3000 Mile Chase (Die 3000-Meilen Jagd, 1977) – National Lampoon's Animal House (Ich glaub' mich tritt ein Pferd, 1977) – Meatballs (Babyspeck und Fettklößchen, 1978) – Zulu Dawn (Die letzte Offensive, UK 1978) – Billy Jack Goes to Washington (1978) – Saturn Three (Saturn City, UK 1979) – Airplane! (Die unglaubliche Reise in einem verrückten Flugzeug, 1979) – Heavy Metal (1979) – The Great Santini (Der große Santini, 1979) – Going Ape (1979) – The Chosen (Die Erwählten, 1980) – Honky Tonk Freeway (Da steht der ganze Freeway kopf, 1980) – American Werewolf in London (American Werewolf, 1981) – Stripes (Ich glaub' mich knutscht ein Elch, 1981) – Five Days One Summer (Am Rande des Abgrunds, UK 1981) – Airplane II (Die unglaubliche Reise in einem verrückten Raumschiff, 1982) – Trading Places (Die Glücksritter, 1982) – Spacehunter: Adventures in the Forbidden Zone (Spacehunter im All, 1983) – Class (1983) – Bolero (Ekstase, 1983) – Ghostbusters (Die Geisterjäger, 1983) – The Black Cauldron (Taran und der Zauberkessel, 1984) – Marie Ward (Zwischen Galgen und Glorie, D 1984) – Prince Jack (1984) – Spies Like Us (Spione wir wir, 1985) – Legal Eagles (Staatsanwälte küßt man nicht, 1985) – Three Amigos (Drei Amigos, 1986) – Amazing Grace and Chuck (Schweigende Stimmen, 1986) – Da (1987) – Funny Farm (1987) – Leonard Pt. 6 (Leonard 6, 1987) – The Good Mother (Preis der Gefühle, 1988) – My Left Foot (Mein linker Fuß, IRL 1988) – The Field (Das Feld, USA/IRL 1989) – Slipstream (1989) – The Grifters (Grifters, 1989) – Oscar (Oscar – vom Regen in die Traufe, 1989) – A Rage in Harlem (Harlem Action, 1989) – Rambling Rose (Die Lust der schönen Rose, 1990) – The Babe (The Babe – ein amerikanischer Traum, 1990; *CD:* MCA 10576) – Mad Dog and Glory (Sein Name ist Mad Dog, 1991) – Cape

Fear (Kap der Angst; Bearbeitung von B. Herrmanns Musik, 1991) – The Cemetery Club (Die sieben besten Jahre, 1992; *CD:* Varèse 54123) – Lost in Yonkers (Trouble in Yonkers, 1992) – The Age of Innocence (Zeit der Unschuld, 1992) – The Good Son (Das zweite Gesicht, 1993) – Canadian Bacon (1993) – Search and Destroy (The Moviemaker, 1993) – Devil in a Blue Dress (Teufel in Blau, 1994) – Frankie Starlight (IRL 1994) – Roommates (1994) – Devil in a Blue Dress (Teufel in Blau, 1995) – Bulletproof (1996) – Hoods/Hoodlum (Hoodlum, 1996) – Frankie Starlight (1996) – The Rainmaker (Der Regenmacher, 1996/97) – The Wild Wild West (1998) – Introducing Dorothy Dandridge (1998) – The Deep End of the Ocean (Tief wie der Ozean, 1999) – Bringing Out the Dead (2000) – Keeping the Faith (Glauben ist alles, 2000) – TV: Johnny Staccato (1959–69, 27 Folgen)

Bernstein, Leonard

(Louis), ** 25.8. 1918 Lawrence, Mass., USA, † 14.10.1990 N.Y.* Bedeutender Dirigent und Komponist klassischer Werke und Musicals. Wuchs in Boston auf, studierte in Harvard und am Curtis Institute in Philadelphia. Wurde Assistent von Serge Koussevitzky am Berkshire Music Centre. 1943–44 Assistent Director der New Yorker Sinfoniker, 1945–48 deren Dirigent. 1945 erste Broadway-Show »On the Town«, 1949 komponierte er *Prelude, Fuge and Riffs* für das Woody Herman Orch., aufgenommen wurde das Werk allerdings von Benny Goodman. Trat als Pianist und Gast-Dirigent mit versch. Sinf.Orch. in aller Welt auf. In den 50er und 60er Jahren Dirigent der New Yorker Philharmoniker. Er unterrichtete am Berkshire Music Centre und an der Brandeis Universität. B. schrieb mehrere Bücher und hatte eine TV-Sendung »Young People's Concerts«, in denen er der Jugend klassische Musik nahezubringen suchte. Mehrere seiner Musicals wurden verfilmt; B. schrieb selbst nur Musik für einen einzigen Film (»On the Waterfront«), diese wird aber von Kennern hoch geschätzt.

Lit.: L.B., The Joy of Music, 1959 (dt. Freude an der Musik, 1961). – Konzert für junge Leute, 1962, (dt.1969). – Von der unendlichen Vielfalt der Musik, 1966 (dt. 1979). – A.Holde, L.B., Berlin 1961. – D.Ewen, L.B., A Biography, Phil. 1967. – H.Burton, L.B., N.Y. 1994 (dt. 1994). – Joan Payser, L.B., Die Biographie eines Musikgenies, München 1993

CD: On the Town (OST), Blue Moon BMCD-7007 – Wonderful Town (TV), Sony 48021 – Wonderful Town (1953 Orig.Cast), MCA MCAD-10050 – Candide, Sony 48017 – West Side Story (OC), Col. 32603; OST: Sony SK-48211 – Peter Pan, Col. CK-3212 – On the Town, Col. CK-2038 – On the Town, DG 312371

Shows/Musicals/Filme (Songs): On the Town (Songs: New York, N.Y., Lonely Town, Lucky to be Me, Come Up To My Place, 1945) – On the Town (Film; Oscar!, 1949) – Peter Pan (Who Am I?, My Home, Never Land, Peter Pan, 1959) – Wonderful Town (Ohio, It's Love, A Quiet Girl, A Little Bit in Love, Wrong Note Rag, 1953) – On the Waterfront (Film, 1954) – Candide (What's the Use?, The Best of All Possible Worlds, It Must Be So, Eldorado, 1955) – West Side Story (Tonight, I Feel Pretty, Something's Coming, Somewhere, America, 1957) – West Side Story (Film, 1961)

Klassische Werke: Jeremiah Symphony – Age of Anxiety (2. Sinf.) – Serenade for Violin, String Orch. with Percussion – Fancy Free (Ballett) – Kaddish (3. Sinf.) – A Quiet Place (Oper) – Chichester Palms – Seven Anniversaries – Facsimile (Ballett) – Dybbuk (Ballett) – Five Pieces for Brass – Mass

Bernstein, Peter Matthew

** 10.4.1951 N.Y., USA.* Sohn von → Elmer Bernstein, Bruder des Schriftstellers Gregory B. und der Arrangeurin Emilie A. B.

Filme: Jack Reed: Death and Vengeance – Odyssey: Cyberscape (Cartoon, 1973) – The House That Cried Murder (1973) – The Bride (1976) – National Lampoon's Animal House (1978) – National Lampoon's Class Reunion (1982) – Silent Rage (1982) – Hot Dog … The Movie (1983) – The Ewok Advanture – Surf 2 – The Bride (1976) – She Stood Alone: The Tailhook Scandal – Bolero (1984) – The Broken Badge (1985, TV) – My Science Project (1985) – Ewoks: The Battle for Endor (1985, TV) – Alfred Hitchcock Presents (Pilotfilm, 1985) – Kicks (1985, TV) – Miracles (1986) – Ham-

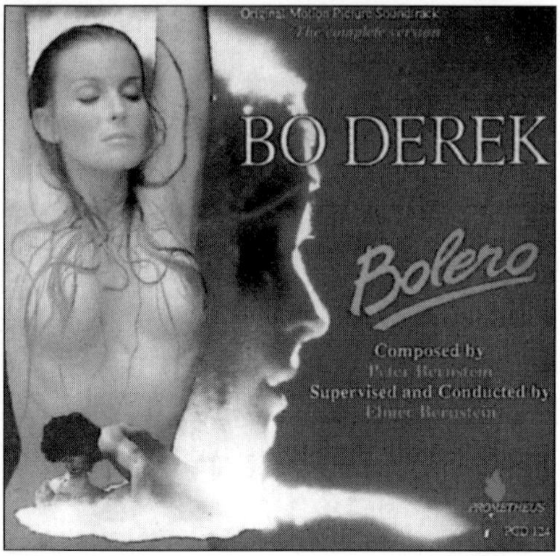

Musik: Peter Matthew Bernstein (Soundtrack-CD Bolero)

burger...The Motion Picture (1986) – The Club Med (1986, TV) – Little Spies (1986, TV) – The Richest Cat in the World (1986, TV) – Morgan Stewart's Coming Home (1987) – 21 Jump Street (1987, TV) – Heartbeat (1988, TV) – Remote Control (1988) – Nightbreaker (1989, TV) – Exile (1990, TV) – N.Y.P.D. Mounted (1991, TV) – Dream Date (1993, TV) – Trouble Shooters: Trapped Beneath the Earth (1993, TV) – Fifty-Fifty (1993) – Female Misbehaviour (Dok., 1993) – Canadian Bacon (1994) – Susan's Plan – Island City (1994, TV) – Weird Science – Fallen Angels – Lautlose Invasion (1998) – Happy Face Murders – Mail to the Chief (2001, TV) – Megiddo: Omega Code 2 (2001)

Berté, Emil

** 16.12.1898 Wien, † 17.1.1968 ebd.*
Film: Kaiserliebchen (1931, + F. Günther)

Best, Peter

** 18.10.1943 Adelaide, South Australia.* Australischer Komponist. Arbeitete für den Film mit dem Komponisten Ray Cook und den Regisseuren Bruce Beresford und John Power zusammen.
Filme: The Adventures of Barry McKenzie (1972) – Carry on Abroad (1972, Sound Designer, Score: Eric Rogers) – Jock Peterson – Barry McKenzie Holds His Own (1974) – The Picture Show Man (1977) – Goodbye Paradise – We of the Never Never (1982) – Rebel – Bliss (1985) – Crocodile Dundee (Ein Krokodil zum Küssen, 1986) – More Things Change (1986) – High Tide – Custody (1987) – Crocodile Dundee II (1988) – Heroes (1998, TV) – Kokoda Crescent (1989) – Father (1990) – Heroes II: The Return (1990, TV) – Sky Trackers (1991, TV) – October 32nd (1992) – County Life – Muriel's Wedding – Ebbtide (1994) – Dad and Dave on Our Selection (1995) – Doing Time for Patsy Cline (Letzter Stop Nashville, 1997) – The Sugar Factory (1998) – My Mother Frank (2000)

Bethmann, Siegfried

** 20.7.1915 Bornum (Anhalt), † 6.11.1993 Dessau (Sachsen-Anhalt).*
Filme: Das Feuerzeug (1958) – Hatifa (1960) – Die goldene Gans (1964)

Bette, Karl

** 29.11.1916 Köln.* Komponist von Unterhaltungsmusik, Filmmusiken und Schlagern (*Song of Hawaii, Wo der Wildbach rauscht, Zum Abschied reich' ich die die Hände, Im Hamburg sind die Nächte lang, Bitte bitte lieber Geiger*).
Filme: Night People (1953) – Der Schmied von St. Bartholomä (1955) – Zwei Herzen und ein Thron (1955) – In Hamburg sind die Nächte lang (1955) – Der Glockengießer von Tirol (1956) – Wo der Wildbach rauscht (1956) – Die Zwillinge vom Zillertal (957) – Gruß und Kuß vom Tegernsee (1957) – Der Elefant im Porzellanladen (1958) – Sehnsucht hat mich verführt (1958) – Serenade einer großen Liebe (1958) – Der Frosch mit der Maske (1959, + Willy Mattes) – Ein Toter hing im Netz (1959) – Das Mädchen mit den schmalen Hüften (1960) – Insel der Amazonen (1960) – Paradies ohne Sünde (1963) – Erzähl' mir nichts (1964) – Der Mann mit dem goldenen Pinsel (1965) – Oktoberfest da kann man fest (1973) – Liebesjagd durch sieben Betten (1973)

Betts, Harry (Harald R.)

US-Musiker und Komponist, wurde bekannt als Posaunist in der Big Band von Stan Kenton in den 50er Jahren. Er arbeitete dann als Studiomusiker, Arrangeur und Komponist, u.a. für die Bands von Dave Pell, Buddy Rich und Doc Severinsen, meist aber für Schallplatte, TV und Film.
Filme: Winter à Go-Go (1965) – A Swinging Summer (1965) – Big Mouth (Ein Froschmann an der

Angel, 1967) – The Fantastic Plastic Machine (1969) – A Time for Dying (1969) – Goodnight My Love (1972, TV) – Black Mama, White Man/Hot, Hard and Mean (1973) – Little Cigars (1973) – At Long Last Love (Arr., mit Gus Levene, 1975) – Thank God it's Friday – The End (1978) – California Fever (1979) – Nighthawks – Cheech and Chong's Nice Dreams (1981) – Richard Pryor: Live on the Sunset Strip (1982)
CD: The Jazz Soul of Dr. Kildare, Mobile Fidelity MFCD 839

Beul, Arthur

** 9.12.1915 Einsiedeln (Kanton Schwyz), Schweiz.* Arbeitete als Mittelschullehrer, begann 1943 als Arrangeur und Begleiter des Gesangstrios »Die Unzertrennlichen« und schlug dann eine Komponistenkarriere ein. Er war verheiratet mit der Sängerin Lale Andersen.
Filme: Nach Regen scheint Sonne (1949) – Angela (1950) – S' Waisechind von Engelberg (1955)

Beydts, Louis

(Antoine Pierre Hector), ** 26.6.1895 Bordeaux, Frankreich, † 15.9.1953 Cauderan.*
Filme: La kermesse héroique/Die klugen Frauen (D/F 1936) – Andere Welt (D/F 1937) – Courier of Lyons (1938) – Colonel Chabert (1947) – Les miracles n'ont lieu qu'une fois (Einmal nur leuchtet die Liebe, F/I 1950)

Beytelman, Gustavo

** 1945.* Argeninischer Komponist, seit 1972 für den Film tätig.
Filme: La maffia (1972) – Los gauchos judios (1974) – El profesor erótico (1976) – Coprs perdues (1990) – Sin querer (1997)

Bicat, Nick

Engl. Musiker (p, org), Komponist und Songschreiber, im Film seit 1984.
Filme: Oliver Twist (1982, TV) – The Scarlet Pimpernel (1982, TV) – The Disappearance of Harry (1983) – To Catch a King (1984, TV) – A Christmas Carol (1984, TV) – Lace (1984) – Wetherby (1985) – Lace 2 (1985, TV) – Christmas Present (1985, TV) – If Tomorrow Comes (1986) – Stealing Heaven (1988) – Strapless (1989) – Schrei in der Stille (KAN/USA 1990) – The Reflecting Skin (1991) – The Hawk (1992, TV) – Framed! (1993, Dok.) – The Passion of Darkly Noon (1995) – Stella Does Tricks (1996) – Fremde Verwandte (IRL 1999, TV)

Bidgood, Harry

(Ps. Primo Scala), ** 1898 London, England, † 16.11.1959 ebd.* Der Bandleader und Akkordeonvirtuose war unter seinem Ps. in England ein Fixtum der populären Musik in den 30er und 40er Jahren, schrieb aber auch eine Reihe von Filmmusiken, darunter einige mit den populären Stars George Formy und Vera Lynn* in den Hauprollen. Er ist der Sohn des Komponisten Thomas B. (1858–1925) und Halbbruder des Komp. Albert B. (1884–1972). Nicht bekannt, ob eine Verwandtschaft besteht mit dem Komp. Norman Frederick B. (* 1901).
Filme: Bell Bottom George – He Snoops to Conquer – I Didn't Do It – Let George Do It – George in Civy Street – One Exciting Night* – I'll Turn to You

Bienert, Olaf

** 13.9.1910 Gleiwitz (heute: Gliwice, Polen), † 23.3.1967 Berlin.* Pianist und Komponist/Arrangeur für Unterhaltungsmusik und Film.
Filme: Eva im Frack – Wenn Männer schwindeln – Taxi Gattin (1950) – Lachen ohne Ende (1951) – Das Spukschloss im Spessart (1960)

Binge, Ronald

** 15.7.1910 Derby, Derbyshire, England, † 6.9.1979 Ringwood, Hampshire.* Spielte ab 1935 Violine für Mantovani und arrangierte auch, es war sein »Cascading string«-Sound, der das Orchester berühmt machte (beispielhaft der Hit *Charmaine*). Während des 2. Weltkrieges und danach arbeitete er für Sidney Torch, schrieb auch die Musik für Noel Cowards Stück »Pacific 1860« (1946). Anfang der 50er Jahre konzentrierte er sich aufs Komponieren, 1951 hatte Ron Goodwin einen Hit mit seiner *Elizabethan Serenade*. Er schrieb eine Reihe von »Mood Music«-Stücken für Londoner Musikverlage, u.a. *Dance of the Snowflakes, The Red Sombrero, Madrugo, Venetian Carnival* u.a.
Filme: Desparate Moment (Sekunden der Verzweiflung, 1953) – The Runaway Bus (1954) – Dance

Little Lady (Zum Tanzen geboren, 1954) – The Adventures of Sadie/Our Girl Friday (1955)

Bixio, Cesare Andrea

(auch C. A. Bixio), * *11.10. 1898 Neapel, Italien, † 3.3. 1978 Rom.* Ital. Komponist von Unterhaltungs- und Filmmusik.

Filme: La canzone dell'amore (1930) – Liebesleid (D 1931) – Gl uomini, che mascalzoni! (1932) – Eve cheche un père – La signorina dell'autobus (1933) – Teresa confaloneri – L'eredita dello zio buonanima (1934) – Il serpente a sonagli – Il delitto di Mastrovanni (1935) – L'uomo che sorride (1936) – La gondole aux chimères (F 1936) – Solo per te – Lasciate ogni speranza (1937) – L'ultimo scugnizzo – Chi è più felice di me? (1938) – Dir gehört mein Herz (D 1938, + A.Melichar) – Eravamo sette sorelle (1938) – Unsere Kleine Frau (D 1938) – Assenza ingiustificata (1939) – San Giovanni decollato (1940, Songs) – Mamma (Mutter, I/D 1940) – Torna a Sorrento (1945) – Il ratto delle Sabine (1945) – Abbasso la richiezza! (1946) – Addio Mimi! (1947, Songs) – One Night with You (1948, Songs) – Yvonne la nuit (1949, Songs) – Sambo (1950) – Licenza premio (1951) – Cäera una volta Angelo Mosco (1953, Songs) – Vento di primavera (1959, Songs) – Escucha mi canciòn (1959) – Divina creatura (1976)

Bixio, Franco

* *29.1.1950 Rom, Italien.*

Filme: Ed ora ... raccomanda l'anima a dio! (1968) – Nokaut – Miopadre Monsignore (1971) – Varia dentro e ruori – Diario segreto da un carcere femminile (1972) – Il tuo piacere è il mio – I racconti di Viterbury: Le più akkegre strorie del '3000 – Carambola (1973) – La preda – Carambola filotto ... tutti in buca (1974) – Fantozzi – I quattro dell'apocalisse – Giro giro mondo...con il sesso è bello ilmondo – La fine dell'innocenza – L'avventure e gli amori di Scaramouche (1975) – Vai Gorilla – L'ultima volta – Get Man – Febbre da cavallo (1976) – Roma L'altra faccia della violenza – Operazine Kappa: sparata a vista – Delirio d'amore – 7 note in nero (1977) – Sella d'argento – Manaos (1978) – Meglio baciare un cobra (1986)

Björlin, Ulf

(Mats Ulf Stefan B.), * *21.3.1933 Stockholm, Schweden, † 23.10.1993 ebd.?.*

Filme: Kurra gömma (1963) – Tjorven, Bätsman och Moses (1964) – Tillsammans med gunilla Mändeg – Kväll och Tisdag – Tjorven och Skrållan (1965) – Syskonbädd 1782 (1966) – Tjorven och Mysak (1966) – Elvira Madigan (Das Ende einer großen Liebe, 1967) – Vi pa saltkrakan – Lejensommar (1968) – Bokhand laren som slutade bada – Ni Ljuger (1969) – Ministern (1970)

Björnstad, Ketil

* *25.4.1952 Oslo, Norwegen.* Jazz- und Klassikpianist und Komponist. Erster Auftritt als Pianist 1969 mit den Osloer Philharmonikern, 1973 Debüt-Album »Abnet«. Gründete 1994 ein Quartett mit Terje Rypdal. Er komponierte 1999 das offizielle Oratorium des norwegischen Königshauses für das Millenium. Er schrieb auch Songs für Filme von Jean-Luc Godard (»Forever Mozart«, 1996).

Björnstad hat sich auch als Schriftsteller einen Namen gemacht.

Black, Stanley

* *14.6.1913 London, England, † 26.11.2002 ebd.* Studierte Klavier und Komposition, spielte mit 16 Jahren in Dixielandbands und dann in den 30er Jahren mit Ambrose und Lew Stone, begleitete auch gastierende Musiker wie Louis Armstrong, Benny Carter und Coleman Hawkins. 1939–44 in der Royal Air Force. Ab 1944 war er Dirigent des BBC-Tanzorchesters, 1958 wurde er musikalischer Leiter der Elstree Film-Studios. B. nahm zahlreiche LPs für Decca auf und schrieb Musik für Filme. Er gehört neben Frank Chacksfield und → Robert Farnon zu den prominentesten englischen Vertretern der Mood- bzw. Easy Listening-Music und leitete das Mantovani-Orchester nach dessen Tod.

CD: A Touch of Latin – Film Spectacular, Deram 844

Filme: Rhythm Racketeer (1936) – Mrs. Fitzherbert – It Always Rains on Sunday (Whitechapel, 1947) – The Monkey's Paw (1948) – The Fatal Night (1948) – The Small Voice (Stimme des Gewissens (1948) – Lili Marlene (1950) – Laughter in

Paradise (Wer zuletzt lacht, 1950) – Top Secret (Treffpunkt Moskau, 1952) – Recoil (Zu Tode gehetzt, 1953) – Three Steps to the Gallow (In den Fängen der Unterwelt, 1953) – The Gilded Cage (Treffpunkt Palette, 1953) – Happy Ever After (Das Schloßgespenst, 1953) – Escape by Night (1953) – A Yank in Ermine (Seine Lordschaft aus Brooklyn, 1954) – As Long As They're Happy (Hahn im Korb, 1954) – Orders Are Orders (1954) – Tiger by the Tail (Auf der schwarzen Liste, 1954) – An Alligator Named Daisy (Ein Alligator namens Daisy, 1955) – Now and Forever (Jetzt und für alle Zeiten, 1955) – Passport to Treason (Jaguar packt aus, 1956) – That Women Opposite (Die Dame gegenüber, 1956) – The Vicious Circle (Interpol ruft, 1957) – These Dangerous Years (Es begann als sie nein sagte, 1957) – The Naked Truth (Die nackte Wahrheit, 1957) – The Trollenberg Terror (1957) – Time Lock (Zwölf Sekunden bis zur Ewigkeit, 1957) – Blood of the Vampire (Der Dämon mit den blutigen Händen, 1957) – Jack the Ripper (Eine Stadt sucht einen Mörder, 1958) – The Man Who Wouldn't Take (Tatort Appartement 310, 1958) – Brother of a Boy (UK/IRL 1958) – Too Many Crooks (1958) – The Flesh and the Fiends (Der Arzt und der Teufel, 1959) – Hell is a City (Hetzjagd, 1959) – The Battle of the Sexes (Mister Miller ist kein Killer, 1959) – The Full Treatment (Der unsichtbare Schatten, 1960) – Five Golden Hours (Schöne Witwen sind gefährlich, UK/I 1960) – The Long and the Short and The Tail (Sieben gegen die Hölle, 1960) – Hand in Hand (1960) – The Siege of Sidney Street (Verbrecherzone Sidney Street, 1960) – Double Bunk (1961) – The Man in the Back Seat (1961) – The Day the Earth Caught Fire (Der Tag, an dem die Erde Feuer fing, 1961) – The Young Ones (Hallo Mr. Twen, 1961) – Summer Holiday (Holiday für dich und mich, 1962) – Eighty Thousand Suspects (1962) – Maniac (Die Ausgekochten, 1962) – The Pot Carriers (Die Küchenbullen, 1962) – West Eleven (1962, + Acker Bilk) – The System (1963) – What a Crazy World (1963) – The Wonderful Life (Küß mich mit Musik, 1963) – Seven Ages of Psychatry (1964) – Rattle of a simple Man (Verführen will gelernt sein, 1964) – Ballad in Blue (Halt die Tasten heiß, 1964; + Ray Charles) – City Under the Sea (Stadt im Meer, UK/USA 1964) – Crossplot (Tödlicher Salut, 1968) – Valentino (1976, + F.Grofé) – Wonderful to Be Young (1977)

Blackburn, Maurice Joseph Albert

* *22.5.1914 Quebec, Kanada, † 29.3.1988 Montréal.* Der Komponist war Mitglied des National Film Board of Canada seit seiner Gründung 1941. Schrieb zahlreiche Filmmusiken für Cartoons von Norman McLaren, aber auch für Spielfilme.

Filme: Le gros Bill (1949) – Paul-Emile Borduas (1962) – A tout prendre (1963) – Christmas Cracker (1964) – Le temps de l'avant (1975) – J. A. Martin, photographe (1976) – Mourir á tue-tête

Blackford, Richard

* *1954.* Engl. Komponist, für den Film seit 1989 tätig.

Filme: Prometheus (1998) – CNN Millenium (Dok., 6 Teile, 1999)

Blackstone, Wendy

* *22.9.1955.* US-Komponist und Songschreiber, arbeitet seit 1981 für den Film, u.a. mit → Melvin Van Peebles und den Regisseuren Juan José Campanella, Jeff Kanew und Mark Levin.

Filme: El Salvador: Another Vietnam (Dok., 1981) – Eddie Manson's Run (1983) – The Good Fight (Dok., 1984) – Are We Winning Mommy? America & The Cold War (Dok., 1986) – Lodz Ghetto (Dok., 1988) – King James Version (1988) – Dance of Hope (Dok., 1989) – Blowback – Only You – The Boy Who Cried Bitch – Emma and Elvis (1992) – Someone She Knows (1994, TV) – Erotic Tales (1994) – Stimmen aus dem Grab (1996) – Rescuing Desire (1996, Songs) – Love Walked In (1998, Songs) – 900 Women (2000) – America Undercover: Soldiers in the Army (Dok., 2000) – Maybe It's Me (2001, TV) – The Execution of Wandy Jean (Dok., 2002)

Blackwell, Charles Allen

* *8.7.1929 in ?, † 2.6.1996 Manhattan, N.Y., USA.*

Filme: A Place to Go (UK 1964) – The Sinister Man (UK 1965) – What's New Pussycat? (1965, Dir.) – Candidate for Murder (1966) – Some Girl Do (1969) – A Piece of the Action (1977)

Blades, Rubén

* *16.7.1948 Panama City, Panama.* Salsa-Musiker und Schauspieler. Studierte an der Univ.

von Panama Recht und Politik, arbeitete in der National-Bank und ab 1975 als Jurist in einer Schallplattenfirma. Begann dort bald selbst Schallplatten als Salsa-Sänger aufzunehmen und etablierte sich in kurzer Zeit als Bandleader. In den 80er Jahren arbeitete er für den Film, trat auch als Film-Schauspieler hervor; in »Crossover Dreams« (1985) spielt er einen ambitionierten Salsa-Sänger. Er spielte dann auch dramatischen Rollen und ist selbst Mittelpunkt eines Dokumentarfilms, »The Return of Rubén Blades« (1987). B. komponierte mit Willie Colón den wohl größten Salsa-Hit aller Zeiten: *Siembra*.

Filme: When the Mountains Tremble (Musik, 1983) – The Last Fight (1983) – Beat Street (1984, Musik) – Crossover Dreams (1985) – Critical Condition – Fatal Beauty (1987) – The Milagro Beanfield War – Oliver & Company (1988, Songs) – Disorganized Crime – The Lemon Sisters – True Believer (Songs) – Do the Right Things (Songs) – Chances Are (1989, Songs) – Q & A (Musik) – Mo' Better Blues – The Two Jakes – Predator 2 (1990) – The Super (1991) – Color of Night (1994)

Blanchard, Terence Oliver

* *13.3.1962 New Orleans, La., USA.* Der Jazzmusiker lernte Klavier ab 5. Lebensjahr, begann 1967 unter dem Einfluss von Alvin Alcorn Trompete zu lernen. 1980 bekam er ein Stipendium an der Rutgers Universität und erhielt noch während des Studium einen Job bei Lionel Hampton, bei dem er bis 1982 spielte. Er ging dann als Nachfolger von → Wynton Marsalis zu Art Blakey, blieb bis 1986 und gründete dann eine eigene Gruppe. B. ist einer der originellsten Neo-Bop-Trompeter der 80er Jahre. Er spielte in den Spike Lee-Filmen »Do the Right Thing« und »Mo' Better Blues« und war musikal. Leiter bei dessen Filmen »Jungle Fever« und »Malcolm X«, schrieb auch die Musik für letzteren. – Schallplatten für Sony und Paddle Wheel.

Filme: Mo' Better Blues (1980) – Jungle Fever (1991) – Malcolm X (1992) – The Inkwell (1994) – Trial By Jury (1994) – Crooklyn (1994) – Assault at West Point: The Court-Martial of Johnson Whittaker (1994, TV) – Sugar Hill (1994) – Clockers (1995) – Get on the Bus (1996) – 'Til There Was You (1997) – Eve's Bayou (1994) – 4 Little Girls (Dok., 1997) – The Color of Courage (1998) – Gia (1998, TV) – Summer of Sam (1999) – Having Our Say: The Delany Sister's First 100 Years (1999, TV) – Bamboozled – Love and Basketball – Next Friday (2000) – The Caveman's Valentine (2001, OST: Decca) – Bojangles (2001) – Original Sin (2001) – Glitter (2001)

Blank, Boris

→ Yello

Blake, Howard David

* *28.10.1938 London.* Engl. Filmkomponist und Song-Schreiber der 70er bis 90er Jahre.

Filme: Dolphin: A Magical Musical Journey (Dok., 1070) – Some Will, Some Wont – All the Way Up – An Elephant Called Slowly (1970, Dir.) – Les siens de sang (F 1977) – The Duellist – The Rainbow Gang (1977) – The Odd Job (1978) – The Riddle of the Sands (Bei Nacht und Nebel, 1978) – Agatha (1979) – S.O.S. Titanc (1979, TV) – Flash Gordon – Stronger Than the Blues (1980) – Amityville 3-D – The Lords of Discipline – The Hunger (1983, Dir.) – The Canterville Ghost (Das Gespenst von Canterville, 1986, TV) – A Month in the Country (1987) – A Midsummer Night's Dream (1996) – My Life so Far (1999)

Bliss, Arthur

(A. Edward Drummond B.), * *2.8.1891 London, England, † 27.3.1975 ebd.* Engl. Komponist amerikan. Abstammung. Nach Studium bei Vaughan Williams und Gustav Holst wurde B. 1921 Professor am Royal College, 1940 an der Univ. of California, 1943–44 Assistent Overseas Musical Director bei der BBC. Er wurde 1950 geadelt und 1953 zum Master of the Queen's Music ernannt. Als Komponist stand er unter dem Einfluss von Ravel, Strawinsky und der Groupe des Six, später der Spätromantik und Edward Elgar. Er komponierte Sinfonien, Klavierkonzerte, Kammermusiken, Vokal-Werke, Opern (»The Olypmpians«, »Tobias and the Angel«) und Ballett-Musiken.

Lit.: As I Remember You (Autobiogr.), London 1970

Filme: Things to Come (1935) – Présence au Combat (F 1946) – Men of Two Worlds (Zwei Welten, 1946) – Christopher Columbus (Christoph Columbus, 1949) – The Beggar's Opera (Die Bettleroper, 1952) – Abandon Ship/Seven Waves Away (Die Angst hat tausend Namen, 1956)

Blitzstein, Marc

(Marcus Samuel), * *2.3.1905 Philadelphia, Pa., USA, † 22.1.1964 Fort-de-France, Martinique.* Studierte u.a.1926–27 in Paris bei Nadia Boulanger und bei Arnold Schönberg in Berlin. Er komponierte Musik für die Theatertruppe von Orson Welles, so »The Cradle Will Rock« (1937, mit eigenem Text) und »No For an Answer«, auch eine Kantate *Airborne Symphony* und die Oper »Regina« (nach dem Theaterstück »The Little Foxes« von Lillian Hellman). Sein Musiktheater ist von Paul Dessau und Kurt Weill inspiriert und sozialkritisch orientiert; er bearbeitete und übersetzte die »Dreigroschenoper« von Brecht/Weill (1954). Eine Oper über den Justizskandal Sacco und Vanzetti konnte er nicht beenden; er wurde auf Martinique von zwei Matrosen ermordet.

Musik: Arthur Bliss (deutsches Filmplakat)

Filme: Surf and Seaweed (1931) – Chesapeake Bay Retriever (1936) – The Spanish Earth (12937) – Valley Town (1940) – Native Land (1942) – Night Shift (1942)

Bloom, Louis Frank

* *10.12.1931 L.A., USA.* Studierte 1949–53 an der University of California, nach Militärdienst dann 1955–58 an der Musikhochschule Wien Komposition und 1958–60 in München Musikwissenschaft. 1960–61 Repetitor am Gärtnerplatztheater München, seitdem freiberufliche Tätigkeit als Komponist, Arrangeur, Pianist und Dirigent. Er schrieb Lieder, Kammermusik, Bühnenmusiken, die Oper »Toniatuh« und Filmmusik.

Film: Regentropfen (1980)

Bloomfield, Mike

(Michael Bernard B.), * *28.7.1943 Chicago, Ill., USA, † 15.2.1981 San Francisco.* B. gilt seinen Fans als der beste weiße Bluesgitarrist aller Zeiten. Erste Schallplatten 1964 mit Charlie Musselwhite, spielte dann mit der Butterfield Blues Band, Bob Dylan (»Highway 61 Revisited«), gründete The Electric Flag, spielte mit Stephen Stills, Al Kooper (»Super Session«) und Dr. John (Mac Rebenack, LP »Triumvirate«). Er starb an einer Drogenüberdosis.

Filme: The Trip (1967) – Medium Cool (1969) – Steelyard Blues (1973) – Warhol's (Andy Warhols Band, 1976)

Blum, Robert

(Robert Karl Moritz B.), * *27.11.1900 Zürich, † 10.12.1994 Bellikon (Kanton Aargau).* Schweizer Komponist, dessen Spektrum von der E- bis zur U-Musik reichte. Für den Film tätig in den 40er bis 60er Jahren.

Filme: Jä sooo (1935) – Wachtmeister Studer (1939) – Die mißbrauchten Liebesbriefe (1939) – Das Menschlein Matthias (1940) – Fünfmäderlhaus (1941) – Gilberte de Courgenay (1941) – Landamman Stauffacher (1941) – Der doppelte Matthias und seine Töchter (1941) – Der Weiberfeind (1941) – Das Gespensterhaus (1942) – Der Schuß von der Kanzel (1942) – Marie-Louise (1943) – Wilder Urlaub (1943) – Ein Mann wird vermißt (1944) – Die letzte Chance (1945) – Matto regiert (1946) – Paragraph 51: Seelenarzt Dr. Laduner (1946) – Die Gezeichneten (1947) – Familie M. (1948) – Swiss Tour (1949) – Demokratie in Gefahr (1949) – Ein Seeman ist kein Schneemann (1950) – Die Vier im Jeep (1951) – Heidi (1952) – Das Lied vom Reisen (1952) – Unser Dorf (1952) – Sie fanden eine Heimat (1953) – Familie M. Junior (1953) – Uli der Knecht (1954) – Der Prozeß der Zwanzigtausend (1954) – Heidi und Peter (1955) – Ulli der Pächter (1955) – Und ewig die Berge (1955) – Zwischen uns die Berge (1955) – Lied der Heimat (1956) – Angst vor der Gewalt (1957) – Der 10. Mai (1957) – Taxichauffeur Bänz (1957) – Wildwest im Emmental (1958) – Anneli vom Berghof (1958) – Anna Bäbi Jowäger (2 Teile, 1960–61) – Die Schatten werden länger (1961) – Jakobli und Meyeli (1961) – Wähle das Leben (1963) – Menschen der Berge (1964) – Geld und Geist (1964) – Der Arzt stellt fest (1965) – Die sechs Kummerbuden (1968)

Blume, Karl

** 13.10.1883 Osnabrück, † 5.1.1947 Hubertus (Brandenburg).*
Film: Wenn ein Mädel Hochzeit macht (1934)

BMI

(Abk. für Broadcast Music, Inc.), eine US-amerik. Verwertungsgesellschaft musikalischer Rechte, 1941 als Konkurrenz zur → ASCAP gegründet.

Boardman, Chris

(Christopher), ** 29.4.1954 Glendale, Calif., USA.*
Filme: The Color People (1985) – Raw Deal (1986) – The Hijacking of the Achille Lauro (1989, TV) – Prime Target (1991) – Beyond Suspicion (1993, TV) – Ultimate Betrayal (1994) – Hunt for the Unicorn (TV) – Guilty Hearts (TV) – Bordello of Blood (Der Tod kam als Engel, USA 1996) – Payback (1999) – Bruno (2000)

Bochmann, Werner

** 15.5.1900 Meerane (Sachsen), † 12.6.1993 Schliersee, Bayern.* Der Komponist zahlreicher Tonfilm-Schlager der 30er und 40er Jahre studierte in Leipzig, Dresden und in Berlin bei Franz Schreker und tourte dann mit dem argentinischen Folklore-Orchester José Soler durch Europa. Als deutsche Musikverleger seine erste Komposition ablehnten, schickte er sie an den Verlag von Irving Berlin, der sie annahm. 1933 begann er für die Ufa zu arbeiten, nicht nur Filme wie »Quax der Bruchpilot«, sondern auch für das unsägliche, wenn auch musiktriefende »Wunschkonzert«. Er schrieb auch die von Wilhelm Strienz gesungene Weltkriegsschnulze *Gute Nacht, Mutter.* Nach dem Krieg wandte er sich der Unterhaltungs- u. Schlagermusik zu und hatte noch einen Hit mit *Der Theodor im Fußballtor* (Film 1950, mit Theo Lingen).
CD: Heimat, Deine Sterne, TMK 005836 – Vol.2, TMK 005843 – Es geht alles vorüber, Monopol 35663 – Wilhelm Strienz, TMK 6147
Filme: Die Insel (1934) – Spiel mit dem Feuer (1934) – April, April! (1935) – Ein idealer Gatte (1935) – Einer zuviel an Bord (1935) – Kirschen in Nachbars Garten (1935) – Männer vor der Ehe (1936) – Der Abenteurer von Paris (1936) – Donner, Blitz und Sonnenschein (1936) – Sherlock Holmes (1937) – Alarm in Peking (1937) – Die Warschauer Zitadelle (1937) – Heiratsschwindler (1937) – Zwischen den Eltern (1937) – Ich liebe dich (1938) – Kautschuk (1938) – Spaßvögel (1938) – Umwege zum Glück (1939) – Sensationsprozeß Casilla (1939) – Verdacht auf Ursula (1939) – Ein ganzer Kerl (1939) – Kongo-Expreß (1939) – Meine Tante, Deine Tante (1939) – Lauter Liebe (1939) – Mädchen von gestern Nacht (1939) – Ich verweigere die Aussage (1939) – Herz ohne Heimat (1939) – Umwege zum Glück (1939) – Verdacht auf Ursula (1939) – Wer küsst Madeleine (1939) – Das leichte Mädchen (1940) – Wunschkonzert (1940) – Ein Robinson (1940) – Hochzeitsnacht (1940) – Hauptsache glücklich (1940) – Herz ohne Heimat (1949) – Das andere ich (1941) – Quax der Bruchpilot (1941, Lied: *Heimat deine Sterne*) – Himmelhunde (1941) – Fronttheater (1941, Lied: *Glocken der Heimat*) – Vom Schicksal verweht (1941) – Liebeskomödie (1941) – Sophienlund (1942, Lied: *Mit Musik geht alles besser*) – 5000 Mark Belohnung (1942) – Himmelhunde (1942) – Johann (1942) – Gefährtin meines Sommers (1943) – Großstadtmelodie (1943, + M. Jary, R. Perak) – Ein Mann für meine Frau (1943) – Junge Herzen (1943) – Die Feuerzangenbowle (1943) – Jugendliebe (1943) – Ich vertraue dir meine Frau an (1943, + F.Grothe)

– Die schwarze Robe (1943) – Panik/Gesprengte Ketten (1943, UA 1953!; + F. Wenneis) – Der Engel mit dem Saitenspiel (1944) – Der grüne Salon (1944) – Quax in Fahrt (1944, UA 1953) – Das alte Lied (1944) – Die Kreuzlschreiber (1944, UA 1950) – Das Mädchen Juanita/Frau über Bord/Kabine 27 (1944, UA 1953) – Der Scheiterhaufen (1945, unvoll.) – Heidesommer (1945, unvoll.) – Tierarzt Dr. Vlimmen (1945) – Sag' die Wahrheit (1945, unvoll.) – The Amazing Quest of Arthur Bliss (UK 1946) – Morgen ist alles besser (1948) – Kupferne Hochzeit (1948) – Gesucht wird Majora (1949) – Ich mach dich glücklich (1949) – Alles für die Firma (1950) – Die fidele Tankstelle (1950) – Der Theodor im Fußballtor (1950) – Frau mit Herz (1950) – Aufruhr im Paradies (1950) – Mein Freund der Dieb (1950) – Drei Kavaliere (1951) – Der weißblaue Löwe (1952) – Heimatglocken (1952) – Drei Mühlen im Schwarzwäldertal (1953) – Die kleine Stadt will schlafen gehen (1953) – Das Kreuz im Jägersteig (1954) – Die spanische Fliege (1954) – Der Fischer vom Heiligensee (1955) – Das Forsthaus in Tirol (1955) – Heiße Ernte (1956) – Zwei Bayern in St. Pauli (1956) – Die fidelen Detektive (1957) – Rosen blühen auf der Heide (1958) – Heimweh nach Dir, mein grünes Tal (AU 1960) – Auf Wiedersehen am blauen Meer (1962)

Bock, Jerry

(Jerrold Lewis), * *23.11.1928 New Haven, Conn., USA.* Musical-Komponist. Schrieb schon an der High School Musik für Shows, mit 17 entstand sein erstes Musical: »My Dream«. Studierte an der Univ. von Wisconsin, tat sich 1955 mit Larry Holofcener zusammen für Songs der Show »Catch a Star«; 1956 schrieben sie mit George Weiss »Mr. Wonderful«, eine Paraderolle für Sammy Davis, Jr. 1956 tat sich B. mit Sheldon Harnick zusammen, ihre erste gemeinsame Arbeit (»The Body Beautiful«) war ein Flop, aber »Fiorello« (1959) brachte es auf 795 Vorstellungen. 1960 folgte »Tenderloin«, ihr erfolgreichstes Werk wurde 1964 »Fiddler on the Roof« (dt. »Anatevka«). Weitere Shows: »Baker Street«, »The Apple Tree«, »Her First Romance« und als letzte Arbeit »The Rothschilds« (1970).

Filme: The Wonders of Manhattan (1956) – Fiddler on the Roof (Anatevka, UK 1971; Dir. John Williams)

Böhm, Rainer

* *23.2.1952 Berlin.* Komponist in der DDR.
Filme: Leben in Wittstock (1974/84) – Hostess (1975) – Mama ich lebe (1976) – Mein Vater ist ein Dieb (1982) – Ete und Ali (1985)

Böhmelt, Harald

(August Adolf Otto), * *23.10.1900 Halle/Saale, † 15.10.1982 München.* Studierte Musik und Kunstgeschichte in Halle/S. und begann 1920 als Theaterdirigent in Nordhausen, wirkte in dieser Funktion auch in Halberstadt und Berlin. Er komponierte Orchestersuiten, Singspiele, Operetten, musikal. Komödien. Ab 1933 arbeitete er auch für den Film; seine Spannweite reichte von martialischen Themen (»U-Boote westwärts«, »Kopf hoch, Johannes«) bis zur seichten Komödie. Sein Beitrag zur Filmmusik in Deutschland jedenfalls ist beträchtlich, von Bedeutung sind vor allem seine Musiken zu »Der Tiger von Eschnapur« und »Das indische Grabmahl«. Er schrieb auch eine Reihe von Liedern, so *Vielleicht war's nur ein Traum* und *Warum hat die Adelheid am Abend keine Zeit für mich.*
Filme. Kleiner Mann was nun? (1933) – Kleines Mädel, großes Glück (1933) – Volldampf voraus (1933) – So ein Flegel (1933, Erste Verfilmung der »Feuerzangenbowle«!) – Die Freundin eines großen Mannes (1934) – ... heute Abend bei mir (1934) – Charleys Tante (1934) – Die Liebe siegt (1934) – Ein Kind, ein Hund, ein Vagabund (1934) – Die Liebe und die erste Eisenbahn (1934) – Die Freundin eines großen Mannes (1934, Lied: *Die Tage vergeh'n*) – Heute Abend bei mir (1934) – Die Liebe siegt (1934) – Ein Kind, ein Hund, ein Vagabund (1934) – Charleys Tante 1934) – Lärm um Weidemann (1935) – Der mutige Seefahrer (1935) – Ich war Jack Mortimer (1935) – Der Raub der Sabinerinnen (1936) – Es geht um mein Leben (1936) – Susanne im Bade (1936) – Es geht um mein Leben (1936) – Heiratsinstitut Ida & Co. (1937) – Konflikt/Gauner im Frack (1937) – Der Tiger von Eschnapur (1937) – Das indische Grabmahl (1937) – Preußische Liebesgeschichte (1938) – Frau am Steuer (1939) –

Hochzeitsreise zu Dritt (1939) – Casanova heiratet (1939) – Liebesschule (1940) – Die Sache mit Styx (1941) – Kopf hoch, Johannes (1941) – U-Boote Westwärts (1941) – Kohlhiesels Töchter (1942) – Schicksal am Strom (1943) – Floh Im Ohr (1943) – Moselfahrt mit Monika (1944) – Der große Fall (1944/45, UA 1949) – Skandal in der Botschaft (1950) – Unschuld in 1000 Nöten (1951) – Einmal am Rhein (1952) – Liebeserwachen (1953) – Auf Wiedersehen am Bodensee (1956) – Wer die Heimat liebt (Das heilige Erbe, A 1956) – Wetterleuchten um Maria (1957) – Die rote Hand (1960)
CD: Uns gefällt diese Welt, Jube 06796

Bohren, Geir

** 9.7.1951 Oslo, Norwegen.*
Filme (mit Bent Aserud):* Orions Belte* (1985) – Nattseilere* – Plastikkposen* (1986) – Etter Rubicon* (1987) – Is-Slottet* (1988) – Brun bitter* (1989) – Viva villaveien!* (1990) – Kvitebjorn Kong Valemon* – For dagne er onde (1991) – Frida: med hjertet i handen* (1992) – Hoyere enn himmelen* (1994) – Pakten* (1995) – Søndagsengler* (1996) – Mendel* (1997) – Sista kontraktet* – Etterfolgeren* (1998) – Tomten ar far till alla barnen* (1999) – Evas oye* (2000) – Bryllupet* (2001)

Bolcom, William Eldon

** 26.5.1938 Seattle, Wash., USA.* Der Pianist und Komponist studierte in Paris, schrieb Violinsonaten und ein Klavierkonzert zum US-«Bicentennial«. Anfang der 70er Jahre nahm er einige LPs für das Nonesuch-Label auf mit Ragtime-Musik von Scott Joplin, die eine Ragtime-Renaissance auslösten. Er spielte dann auch Klaviermusik von G. Gershwin ein, auch LPs mit Songs von Rodgers & Hart, Irving Berlin, Jerome Kern, P.G.Wodehouse, Leiber & Stoller. Er trat mit seiner Frau, dem Mezzo-Sopran Joan Morris auf und ist Mitglied der Fakulät der Univ. von Ann Arbour. B. ist auch Co-Autor eines Buches über den Komponisten und Ragtime-Pianisten Eubie Blake. *Film*: Hester Street (1974)

Bolling, Claude

** 10.4.1930 Cannes, Frankreich.* Das Allround-Talent begann mit zwölf Jahren Klavier zu lernen, dirigierte mit 16 sein erstes Orchester und nahm mit 18 seine erste Schallplatte mit einer Dixieland-Band auf. 1955 schrieb er seine erste Filmmusik, war aber in den 50er und 60er Jahren vor allem als Jazzmusiker bekannt. Er leitete Gruppen vom Trio bis zur Big Band und komponierte »Third-Stream«-Werke, die den Jazz mit der U-Musik zu vereinen suchen (*Suite for Flute and Jazz Piano Trio, Suite for Violin and Jazz Piano Trio* und »klassische« Werke wie die *Suite for Flute* (für J.P.Rampal). Er nahm Schallplatten auf mit so unterschiedlichen Stilisten wie Stéphane Grappelli, Roy Eldridge, Alexandre Lagoya, Pinchas Zukerman und Jean-Pierre Rampal. Seit seiner Musik für den Kassenknüller »Borsalino« ist er einer der gefragtesten Filmkomponisten in Frankreich.
Filme: Bonjour cinéma (1955, Dok.) – Cette nuit-là (Die Nacht und ihr Preis, 1958) – La ligne de mire (1959) – Les mains d'Orlac (Die unheimlichen Hände des Dr. Orlak (F/UK 1960) – L'hommes à femmes (An einem heißen Nachmittag, 1960) – An einem Freitag um halb zwölf (D/F/I 1960) – Le jour et l'heure (Nacht der Erfüllung, 1962) – La confession de minuit (1963) – Constance aux enfers (Der Mord der zweimal geschah, F/E 1963) – Moi et hommes de 40 ans (Caroline und die Männer über 40, F/I/D, 1964) – Borsalino (1969, OST: Milan) – Le mur de l'Atlantique (Leo der Kriegsheld, 1970) – Qui? (Die Geliebte des anderen, 1970) – Catch me a Spy (UK/F 1971) – La mandarine (1971) – Lucky Luke (F/BEL 1971) – Le solitaire (Im Alleingang, 1972) – Le Magnifique (Ich bin der Größte, 1973) – Deux grandes filles dans un pyjama (Zwei süße Mädchen und ein Pyjama, 1973) – Borsalino & Co. (F/I/D 1974) – Flic Story (1974) – Il faut vivre dangereusement (Gefährlich lebt sich's besser, 1974) – Le gitan (Der Zigeuner, 1975) – L'année sainte (Zwei scheinheilige Brüder, 1975) – L'ordinateur de pompe funèbres (Nur Computer morden leise, 1975) – Les passengers (Der Schatten der uns verfolgte, 1976) – The Silver Bears (Silber, Banken und Ganoven, USA 1976) – Les millepattes fait des claquettes (1977) – La Ballade des Daltons (Lucky Luke: Sein größter Trick, 1977) – California Suite (Das verrück-

te California-Hotel, 1978) – Un papillon sur l'épaule (Mord in Barcelona, F/E 1978) – L'horoscope (Horoskop mit Hindernissen, 1978) – L'homme en colère (Ein Mann in Wut, F/KAN 1978) – La gueule de L'autre (1979) – Willie & Phil (USA 1979) – The Awakening (Das Erwachen der Sphinx, UK/USA 1979) – Trois hommes à abattre (Killer stellen sich nicht vor, 1980) – Lucky Luke – Les Dalton en cavale (Lucky Luke – Das große Abenteuer, F/USA 1982) – Louisiane (Louisana, F/KAN 1983) – Bay Boy (Das nächste Opfer, KAN 1983) – La gitane (Nichts als Ärger mit den Frauen, 1985) – On ne meurt que deux fois (Mörderischer Engel, 1985) – Netchaiev est de retour (Rückkehr eines Toten, 1990) – Hasards ou coincidences (1998)
CD: Cinemadreams, Milan 74321355012 – First Class, Milan 74321122522 – Suite for Violin and Jazz Piano Trio, Milan 74321160802 – Suite for Flute and Jazz Piano Trio, Milano 74321160822

Bondy, Arpad

* *2.4.1947 Goslar.* Studierte 1967–70 an der Münchner Hochschule für Fernsehen und Film. Schreibt seit 1969 Filmmusiken, ab 1971 Produzent und Komponist von TV-Filmen. Er hat seit 1981 eine Musikproduktion in London (»Cine Music«).
Filme: Goodbye, Bruce Lee (Sein letztes Spiel mit dem Tod, Hongkong 1975) – Vom Überstehen der Stürme (1981) – Drei Wochen Nordost (1983) – Den Teufel am Hintern geküsst (1993) – A Tickle in the Heart (Die Epstein-Brothers Dok., 1996, Hg.) – Lola und Bilitikid (1998)

Bonfa, Luis Floriano

(g, voc, comp), * *17.10.1922 Rio de Janeiro, Brasilien, † 12.1.2001 ebd.* Sohn eines Gitarristen, hatte erste Jobs 1946, entwickelte sich zu einem populären Entertainer und ging 1958 in die USA, wo er als Folge der Bossa Nova-Welle zum Star wurde. Er trat u.a. mit Stan Getz und seiner Frau, der Sängerin Maria Toledo, auf. Ein Welterfolg wurde die Musik zum Film »Orfeo Negro«.
Film: Orfeo Negro (Schwarzer Orpheus, F/I/Brasil., 1959; + A. C. Jobim; Hit-Songs: *Manha de Carnaval, Samba de Orfeo*)

Bongusto, Fred

(Alfredo), * *6.4.1935 Campobasso, Italien.*
Filme: Adios, Gringo (1965) – Il tigre (1967) – Venga a prendere il caffe da noi – Detektive Belli (1970) – Bianca, Rosso e... (1971) – L'amico del padrino (1972) – Malizia – Peccato veniale (1983) – Le faro da padre (1974) – Conviene far bene l'amore (1975) – Fantozzi contro tutti (1980) – Fraccia le belva umana (1981 – Fotografando Patrizia (1984) – La ley del sedeo (1986) – Kamikazen: Ultima notte a Milano (1988) – Malizia 2Mila (1992)

Bono

(eigentl. Paul Hewson), * *10.5.1961 Dublin, Irland.* Mitglied der 1976 gegr. irischen Rock-Band »U 2« als Sänger und Songschreiber. Er schrieb Songs für die Wim Wenders-Filme »Bis ans Ende der Welt« (1991), »In weiter Ferne, so nah'« (1993) und die Musik für »Million Dollar Hotel« (2000).

Bootz, Erwin

* *30.6.1907 Stettin, † 28.12.1982 Hamburg.* B. war Pianist und Arrangeur der Gesangsgruppe »Comedian Harmonists«, bis die Gruppe 1935 Auftrittsverbot erhielt. Er arbeitete dann noch drei Jahre mit einer der Nachfolgegruppen, dem »Meistersextett«, und wurde 1938 Hauskomponist, Autor und Orchesterleiter in Willi Schaeffers »Kabarett der Komiker«. Er konnte noch 1939 in die USA emigrieren, arbeitete als Komponist in Hollywood, kehrte nach dem Krieg in die BRD zurück und war ab 1971 Komponist am Schauspielhaus in Bochum, komponierte dort u.a. die Musik zur Revue nach Hans Fallada »Kleiner Mann was nun?«. 1974 begleitete er die Diseuse Blandine Ebinger bei ihrem Auftritt in der Akademie der Künste in Berlin. B. komponierte u.a. *Ich bin so scharf auf Erika, Schöne Isabella aus Kastilien* und *Ich hab' für dich 'nen Blumentopf bestellt.*
Filme: Abschied (1930, auch zu sehen als Pianist, + H.Lichtenstein) – Hans in allen Gassen (1930, + Hansom Milde-Meißner)

Borgmann, Hans Otto

(Paul Freidrich), * *20.1.1901 Hannover, † 26.7.1977 Berlin.* Der dt. Filmkomponist begann 1917 Musik zu studieren (Harmonielehre und Kontrapunkt), ab 1920 an der Akademie für Kirchen- und Schulmusik in Berlin. 1923 bis 1926 arbeitet er als Operetten- und Operndirigent, ab 1928 auch als Kino-Kapellmeister für die UFA. 1931 wurde er deren musikalischer Leiter und begann auch mit eigenen Filmkompositionen. Er schrieb Musik für Komödien, aber auch für den berüchtigten Propagandafilm »Hitlerjunge Quex« mit dem Lied der Hitlerjugend *Unsere Fahne flattert uns voran*. Seine erste Arbeit nach 1945 war die Musik für einen Dokumentarfilm über die Nürnberger Kriegverbrecherprozesse. In den 50er Jahren schrieb er die Musik für eine Reihe von sentimentalen Film-Schnulzen.

Filme: Nie wieder Liebe (1931) – Sein Scheidungsgrund (1931) – Der Frechdachs (1932) – Mensch ohne Namen (1932) – Quick (1932, + G.Jacobson, Heymann) – Das schöne Abenteuer (1932, + R.Erwin) – Strich durch die Rechnung (1932) – FP 1 antwortet nicht (1932, + A.Gray) – Wenn die Liebe Mode macht (1932) – Mensch ohne Namen (1932, + A.Gray) – Der Frechdachs (1932, + Stephan Samek) – Der weiße Dämon (1932) – Lachende Erben (1933) – Ein gewisser Herr Gran (1933) – Die schönen Tage von Aranjuez (1933) – Heideschulmeister Uwe Karsten (1933) – Inge und die Millionen (1933, + Eric Plessow) – Hitlerjunge Quex (1933) – Eine Tür geht auf (1933) – Gold (1934) – Die Czardasfürstin (1934) – Ein Mann will nach Deutschland (1934) – Die Insel (1934) – Fürst Woronzoff (1934) – Barcarole (1935) – Das Mädchen vom Moorhof (1935) – Leichte Kavallerie (1935) – Liebesleid (1935) – Mädchenjahre einer Königin (1935) – Moskau-Shanghai (1936) – Gleisdreieck (1936) – Die Unbekannte (1936) – Königin der Liebe (1936) – Die Nacht mit dem Kaiser (1936) – Tango Notturno (1937) – Jugend (1938) – Verwehte Spuren (1938) – Die Reise nach Tilsit (1939) – Pedro soll hängen (1939) – Ein hoffnungsloser Fall (1939) – Unser Fräulein Doktor (1940) – Jakko (1940) – Der große König (1941) – Die goldene Stadt (1942) – Der große Schatten (1942) – Diesel (1942) – Opfergang (1943) – Familie Buchholz (1943) – Neigungsehe (1943) – Du gehörst zu mir (1943) – Der Majoratsherr (1943) – Junge Adler (1943) – Die Brüder Noltenius (1944) – Eine alltägliche Geschichte (1944, UA 1948) – Wie sagen wir es unseren Kindern (1945, UA 1949) – Die Schenke zur ewigen Liebe (1945, unvoll.) – Nürnberg und seine Lehren (Dok., 1946) – Eins-zwei-drei Corona (DDR 1948) – Der große Mandarin (1948) – Nur eine Nacht (1949) – Die tödlichen Träume (1950) – Das Mädchen aus der Südsee (1950) – Hanna Amon (1951) – Der Kaplan von San Lorenzo (1952) – Tingeltangel (A 1952) – Die Stärkere (1953) – Konsul Strotthoff (1954) – Die Toteninsel (1955) – Vor Gott und den Menschen (1955) – Dany bitte schreiben Sie (1956) – Von der Liebe besiegt (1956) – Man müßte nochmal zwanzig sein (A 1958) – Deutsche Heimat im Osten (Dok., 1961)

Borne, Hal

(Harold), * *15.12.1911 Chicago, Ill., USA.,* † *25.2.2000 L.A.* US-Komponist und Songschreiber. Arbeitete ab 1935 für den Film, u.a. mit den Komponisten Sammy Cahn, Paul F. Webster, Saul Chaplin, Vic Schoen und Georgie Stoll.

Filme: Stage Door (1937, Songs) – Everybody's Doing It (1938) – Argentine Nights (1940) – The Big Store (Die Marx Brothers im Kaufhaus, 1941) – Susie Steps Out – How Do You Do? (1946) – Heading for Heaven (1947) – Carnegie Hall (1947, Songs) – Julia Misbehaves (1948, Songs) – Quincannon, Frontier Scout (1956, Songs) – The Explosive Generation (Die frühreife Generation, 1961) – Flight of the Lost Balloon – Not Tonight Henry (1961) – Promises! Promises! (1963) – Hillbillies in a Haunted House (1967)

Boswell, Simon

* *15.10.1953 London, England.* Arbeitete mehrfach mit dem ital. Regisseur Lamberto Bava zusammen, elf Filme zwischen 1986 und 1989.

Filme: Phenomena (Creepers, 1984) – Demons 2/The Nightmare is Back (1985) – Aquarius (1986) – Karate Warrior (1986) – Dilirium (1986) – Graveyard Disturbance (1987) – Until Death (1987) – Joyous Photographie (1987) – Dinner with the Vampire (1988) – Dangerous Obsessions (1989) – Commander (1989) – Santa Sangre (1989) – Hardware (1990) – Young Soul Revels (1990) – Mortal Sins (19991) – Dust (D)evil: The Final Cut (1992) – The Turn of the Screw (1992) – Piccolo Grand Amore (1993) – Love Matters (1993) – Jack and Sarah

Musik: Simon Boswell (CD-Cover zum Film)

(1994) – Second Best (1994) – The Human Touch (1994) – Shallow Grave (1994) – The Android Affair (1995) – Lord of Illusions (1995) – Deadly Voyage (1996) – Hackers (1996) – American Perfect (1997) – Bad Savage (1997) – Perdita Durango (1997) – Cousin Bette (1997) – The Eighteen Angel (1997) – Photographing Fairies (1997) – The Sleeping Dictionary – The Year's Love (1997) – Alien Love Triangle – The War Zone (1998) – The Debtors – William Shakespeare's A Midsummer Night's Dream (1999) – Jason and the Argonauts (Jason und der Kampf um das Goldene Vlies, 2000) – Circus (2000) – There's Only One Jimmy Grimble (2000) – Born Romantic – Mind Games (2000) – The Sleeping Dictionary – Doctor Sleep – Alien Love Triangle (2002)

Botkin, Perry Jr

** 14.3.1933 N.Y., USA.* Der Sohn des Swing-Gitarristen Perry Botkin (22.7.1907–14.10.1973) arbeitete seit den 60er Jahren als Arrangeur und musikalischer Leiter für diverse Vokalisten wie Gary Crosby und Vic Damone. Er schrieb auch Film- u. TV-Musik, mehrfach in Zusammenarbeit mit → Barry De Vorzon.

Filme: Murder by Contract (Der Tod kommt auf leisen Sohlen, 1958) – R. P. M. (1970) – Bless the Beasts and the Children (Denk bloß nicht, daß wir heulen, 1970; + Barry de Vorzon) – They Only Kill Their Masters (1972) – Skyjacked (Endstation Hölle, 1972) – Lady Ice (Die Diamantenlady, 1973) – Your Three Minutes Are Up (1973) – Adam's Rib (1973, TV) – The Young and the Restless (1977) – Going South (1978, + Van Dyke Parks) – Pleasure Cove (1979, TV) – The Golden Moment: An Olympic Love Story (1980, TV) – Tarzan the Ape Man (Tarzan, Herr des Urwalds, 1981) – Dance of the Dwarfs (Easy Flyer, 1983) – Silent Night, Deadly Night (1984) – Odinary Heroes (1985, TV) – Windmills of the Hods (1988, TV) – The Sands of Time Pt. 1 (1992, TV) – Beverley Hillbillies (TV-Serie, 1962–71)

Böttcher, Martin Hermann

(Ps. Michael Thomas), ** 7.6.1927 Berlin.* Spielte schon mit 18 Jahren Gitarre im Tanz- u. Unterhaltungsorchester des NWDR bzw. NDR unter Günther Fuhlisch bzw. Franz Thon (dabei war auch → James Last), auch mit Benny De Weille und Helmut Zacharias, arbeitete ab 1955 als Filmkomponist, schrieb aber auch Chansons für Françoise Hardy, Romy Schneider, Peggy March, Elisabeth Flickenschildt u.a. Seinen Durchbruch als Filmkomponist hatte er Anfang der 60er Jahre mit seiner Musik zu Karl-May-Filmen; seine *Old Shatterhand Melodie* hielt sich 17 Wochen in den Charts. Er leitete das SFB-Tanzorchester und schrieb die Musik zu rund 60 Spielfilmen und 400 Fernsehspielen und -serien. Daneben spielte er Schallplatten mit Unterhaltungs- und Tanzmusik ein (»Mr. Martin's Band«) für EMI-Col. und Bertelsmann.

CD: Dt. Filmkomponisten 1, Bear Family BCD 16481 – Sound-Kaleidoscope, Motor 539107-2 – Die schönsten Film- und Fernsehmelodien, Polydor – Winnetou-Melodien, Convoy – Air Albatros, Koch – Kriminalfilm-Musik (2 Vols.), BSC – *LP:* Mr. Martin's Band, Die Halbstarken (OST), Bear Family BFX 15329

Filme: Der Hauptmann und sein Held – Das verlorene Paradies (1955) – Die Halbstarken (1956) – Kindermädchen für Papa gesucht (1957) – Lembkes sel. Witwe – Spielbank-Affäre/Parkplatz zur großen Sehnsucht (DDR/S 1957) – Endstation Liebe (1957) – Dreizehn alte Esel – Schmutziger Engel – Ihr 106. Geburtstag – Meine 99 Bräute (1958) – Am Tag als der Regen kam – Marili (1959) – Die Frau am dunk-

len Fenster – Pension Schöller – Willy der Privatdetektiv – Auf Engel schießt man nicht – Das schwarze Schaf – Und sowas nennt sich Leben (1960) – Der Fälscher von London (1961) – Der Hochtourist – Max der Taschendieb – Unser Haus in Kamerun (1961) – Straße der Verheißung – Das Gasthaus an der Themse (1962) – Er kann's nicht lassen (1962) – Der Schatz im Silbersee (D/YU 1962) – Der schwarze Abt (1963) – Das Geheimnis der schwarzen Witwe (Arana negra, D/R 1963, + Antonio Olea) – Winnetou I (D/YU 1963) – Wartezimmer zum Jenseits – Das Ungeheuer von London-City – Winnetou II (D/YU 1964) – Unter Geiern (D/F) – Der Schut (D/F/I 1964) – Der letzte Mohikaner (D/E/I) – Das Phantom von Soho (1964) – Der Ölprinz (D/YU) – Old Surehand (D/YU) – Winnetou III (D/YU, 1965) – Lange Beine, lange Finger – Winnetou und das Halbblut Apanatschi (D/YU, 1966) – Kara Ben Nemsi Effendi – Zärtliche Haie (D/F, 1966) – Die blaue Hand (1967) – Der Mönche mit der Peitsche (1967) – Die Ente klingelt um halb acht (D/I) – Winnetou und Shatterhand im Tal der Toten (D/YU/I 1968) – Bengelchen liebt kreuz und quer (1968) – Klassenkeile – Dr. med. Fabian (1969) – Ich schlafe mit meinem Mörder (D/F 1970) – Verliebte Ferien in Tirol – Willy wird das Kind schon schaukeln (1971) – Das fiel auf uns (1976) – Es muß nicht immer Kaviar sein (TV-Serie, 1977) – Brot und Steine (1978) – Familienfest (1980) – Flohr und die Traumfrau (1987) – Der Staubsauger (1990) – Zur Prostitution gezwungen (1996) – Winnetous Rückkehr (TV, 1998) – Sphinx: Sisi, eine unglückliche Kaiserin (1999, TV) – Gnadenlos, Teil 2 (1999, TV)
TV-Serien: Stahlnetz – Kriminalmuseum – Sonderdezernat K 1 – Der Trotzkopf – Der Alte – Derrick – Forsthaus Falkenau – Der Trotzkopf – Eine geschiedene Frau – Kara Ben Nemsi Effendi – Bahnhofsgeschichten – Schöne Ferien – Siebenbirken – Air Albatros – Cluedo

Bourtayre, Jean-Pierre

* *31.1.1942 Paris.* Frz. Komponist und Songschreiber, Sohn des Komponisten Henri Jean B. (* 21.10.1915 Biarritz), für den Film aktiv seit den 60er Jahren.
Filme: La curée (1966) – Le grand méaulnes (1967) – Bruno, l'enfant du dimanche (1969) – La septième compagnie au clair de lune (Drei Schlappschwänze auf großer Tour, 1977) – Les maîtres du temps (Cartoon, 1982)

Boutelje, Phil

(Philip), * *6.8.1895 Philadelphia, Pa., USA, † 29.7.1979 L.A.* Komponist und Songschreiber; von ihm stammt der Jazz-Standard *China Boy*.
Filme: The Princess Comes Across (1936) – The Great Victor Herbert (Dreivierteltakt am Broadway (1939, + A. Lange) – Hi Diddle Diddle (1974)

Boutella, Safy

Algerischer Komponist und Schauspieler, arbeitete meist für frz. Filme.
Filme: Cheb (1991) – Automne...Octobre à Alger (1992) – Poussières de vie – Le démon au féminin (1994) – Le mounton noir (1995, TV) – Salut cousin! – D'amour et d'eau salée (1996, TV) – C'est homme de ma vie – L'albero dei destini sopessi (1997, TV) – Le gone du chaâba (Der Junge aus der Chaâba, 1998) – Les sœurs Hamlet (1998) – Room to Rent (2000) – Little Senegal (F/D/Algerien 2001)

Bowles, Paul Frederick

* *30.12.1910 Jamaica, N.Y., USA, † 18.11. 1999 Tanger, Marokko.* Der berühmte Schriftsteller arbeitete von 1933 bis 1948 als Filmkomponist, er ließ sich dann aber in Marokko nieder und schrieb »nur« noch Bücher.
Filme: Siva (1933) – Innocent Island (1934) – Venus and Adonis (1935) – 145 West 21 (1936) – Seeing the World: A Visit to New York (1936) – America's Disinherited (1937) – Too Much Johnsdon – How to Become a Citizen of the United States – Chelsea Through the Magnifying Glass – The Sex Life of the Common Film (1938) – Film Made to Music by Paul Bowles (1939) – Roots in the Earth (1940) – The Gongo (1944) – Dreams That Money Can Buy (1948, + Applebaum, Cage, Diamond, Milhaud)

Bradley, Owen William

* *21.10.1915 Westmoreland, Tenn., USA, † 7.1.1998 Nashville, Tenn.* Der Pianist, Organist und Komponist war ein Pionier der Countrymusik. Sein Vater war der Musiker/Produzent Jerry/Jerrold B., sein Bruder war der Gitarrist Harold Raymond B. Owen war von

1944–48 am Sender WCM, von 1947–68 auch Produzent bei Decca Records. Er produzierte und/oder leitete Studio-Bands für Red Foley, Ernest Tubb, Webb Pierce, Buddy Holly, die Mills Brothers, Loretta Lynn, Conway Twitty u.a. und spielte mit der Slew Foot Five von Grady Martin. Mit eigenem Quintett hatte er Hits wie *White Silver Sands* und *Big Guitar*. 1968 wurde er Vize-Präsident von MCA, 1974 wurde er in die Country-Music Hall of Fame gewählt. Er schrieb die Musik zu einem biographischen Film über die Countrysängerin Loretta Lynn.

Film: The Coalminer's Daughter (Nashville Lady, 1980)

Bradley, Scott

** 28.11.1891 in ?, USA, † 22.6.1977 in ?.* B. wurde vor allem bekannt für seine Musiken zu diversen Cartoon-Serien, so für Filme von Tex Avery (1907–80) wie »Droopy the Dog« und »Tom & Jerry«.

Filme: Courage of Lassie (1946) – King-Size Canary (1947) – The Kissing Bandit (1948) – Bad Luck Blackie (1949) – The Yellow Cab Man (1950) – Magical Maestro (1952) – *Cartoon-Serien*: Tom & Jerry, Tex Avery-Cartoons

CD: Tex Avery-Cartoons, Milan

Braham, Philip

** 18.6.1881 London, England, † 2.5.1934 ebd.* Engl. Komponist und Songschreiber. Arbeitete als Musikchef in den Wembley Studios. Vom ihm stammt der Standard *Limehouse Blues*.

Filme: City of Song/Die singende Stadt (UK/D 1930, + Ernesto Tagliaferri) – Wedding Rehearsal (1932) – The First Mrs. Fraser (1932).

Musik: Scott Bradley (für Filme von Tex Avery)

Bramson, Danny

US-Komponist und Produzent. Er schrieb die Musik für »The Nutty Professor« (1996), arbeitet aber hauptsächlich als musikalischer Leiter und produzierte auch die Soundtrack-CDs der von ihm verantworteten sowie für weitere Filme.

Filme als Dir.: Tequila Sunrise (1988) – Say Anything (1989) – Higher Learning – The Fear (1995) – Jerry Maguire (1996) – Prcatical Magic – Without Limits (1998) – Almost Famous (2000)

Bramson, Steve

(Steven). ** 19.8.1956.* US-Komponist, für den Film/TV seit 1987 tätig.

Filme: Jake and the Fatman (1987, TV) – Tiny Toon Adventures (1990, TV-Serie) – Capitol Critters (1992, TV-Serie) – Love Can be Murder (1992, TV) – Tiny Toon Adventures: How I Spent My Vacation (1992, Cartoon) – Young Indiana Jones and the Treasure of the Peacock's Eye (1995, TV) – The Crude Oasis (1995) – JAG (1995, TV-Serie) – Casualties (1997) – Scooby-Do on Zombie Island (1998, TV)

Brandner, Ernst Rudolph

** 4.7.1921 Eibenberg (Bez. Graslitz, Westböhmen; heute: Tisova, Tschechien).* Komponist und Arrangeur, lernte Violine, Saxophon, Xylophon. Übersiedelte 1947 nach München, spielte Saxophon im Tanzorchester Ernst Jäger. Ab 1952 freischaffender Komponist, schrieb Schlager (*Sailor's Boogie, E.B.Mambo*), Unterhaltungsmusik, Musik für Werbefilme und einige Musiken für Spielfilme, darunter fünf Ganghofer-Verfilmungen sowie Märchenfilme.

Filme: Immer wieder Glück (1949) – Kalif Storch (1950, div. Kurzfilme, + Toni Thoms, Hans Hild, A.T.Grunauer) – Spuk mit Max und Moritz (1951) – Der Flaschenteufel (1952) – Kaspers Abenteuer in

der Türkei (1954) – Kaspers Reise mit den drei goldenen Haaren (1955) – Das Schloß in Tirol (1957) – Und keiner schämte sich (1960) – Carlos (1971) – Schloß Hubertus (1973) – Frühling auf Immenhof (1974) – Der Jäger vom Fall (1974) – Der Edelweißkönig (1975) – Das Schweigen im Walde (1976) – Waldrausch (1977) – Götz von Berlichingen mit der eisernen Hand (1978) – Der Millionenbauer (1978–79) – Krelling (1978–79) – Blut und Ehre: Jugend unter Hitler (1980)
TV: Tatort-Krimis, Christoph Columbus, Serien: Blut und Ehre, Waldheimat

Brandt, Carl

** 15.8.1914 in ?, USA.* Arbeitete seit den 50er Jahren als Komponist und musikalischer Leiter im Film, daneben aber noch als Arrangeur für Tanzorchester und Schallplattenaufnahmen (u.a. für Alvino Rey).
Filme: The Cowboy (Das Lied der Prärie, 1954) – Shotgun (Ritt in die Hölle, 1955) – Bobby Ware is Missing (1955) – Seven Angry Man (Die sieben Reiter der Rache, 1955) – Perri (Perris Abenteuer, 1957, + Paul Smith) – Gomer Pyle, U.S.M.C. (1964, TV-Serie) – Mister Magoo (1964, TV-Serie) – Pussy 'n' Boats (1966) – Rock'n'Rodent (1967) – Purr-Chance to Dream (1967) – Mayberry R.F.D. (1968, TV-Serie) – Mr. Magoo's Holiday Festival (Cartoon, 1970) – Cleopatra Jones (Ein Fall für Cleopatra Jones, 1973, + J.J.Johnson) – Little Mo (1978, TV)

Brandt, Peter

Ps. für → Jara Benés

Brassens, George Charles

** 22.10.1921 Sète, Hérault, Südfrankreich, † 30.11.1981 Saint-Gely-du Fesc, Hérault.* Frz. Chansonsänger und -komponist. Hatte diverse Jobs, war während des Krieges Zwangsarbeiter in Deutschland, schrieb danach Gedichte und Lieder. 1952 ließ ihn die Sängerin Patachou in ihrem Club auftreten und verhalf ihm damit zum Durchbruch. B. gilt seitdem als der große Perfektionist des Chansons. Er schrieb die Musik für den René Clair-Film »Die Mausefalle«. Schallplatten für EMI und Philips.
Lit.: Chansons & Gedichte (frz./dt.), Frankfurt/M. 1996
Film: Porte des lilas (Die Mausefalle, F/I 1957)

Brauer, Andi

(Andreas), ** 25.8.1945 Berlin.* Studium an der Hochschule der Künste in Berlin 1966–69; 1969–71 Nachwuchssänger an der Deutschen Oper Berlin. Gründete 1971 die Politrockgruppe »Lokomotive Kreuzberg«. Er gewann 1983 den 1. Preis beim Chansonfestival Sotchi (UdSSR). Trat als Liedermacher auf, schrieb Theater- und Filmmusiken, das Rockmusical »Countdown« u.a.
Filme: Schneeglöckchen blühen im September (1974) – Die Anstalt (1978) – Die Kinder aus Nr. 67 (1980) – Der Perle der Karibik (1981) – Mit starrem Blick aufs Geld (1983) – Borgwards Erben (1986) – Drehort Berlin (1987) – Nachtjäger (1988)

Brauns, Martins

** 14.10.1951 (Lettland).* Lettischer Komponist, arbeitete auch für sowjetische und schwedische Filme.
Filme u.a.: Puika (1980) – Ievas paradizes derze (1990) – Svar med photo (1999)

Brav, Ludwig

** 2.2.1896 Berlin, † 14.12.1951 London.* Dt. Kapellmeister, Komponist und Musikschriftsteller, ging Mitte der 30er Jahre nach England.
Filme: Am Rande der Sahara (D 1930) – Jerusalem – Petra – Wanderers of the Desert – Temples of India – War Front (1941) – The House We Live In

Braxton, Anthony Delano

** 4.6.1945 Chicago, Ill., USA.* Der Free-Jazzmusiker (sax, fl, perc) schloss sich nach Studium und Wehrdienst dem Art Ensemble of Chicago an, ging mit diesem nach Europa und spielte hier auch mit Gunter Hampel, Alan Silva u.a. und in Paris mit Chick Corea. In dieser Zeit Mitwirkung an Filmen. B., der u.a. das ungewöhnliche Kontrabass-Saxophon spielt, gehört zu den führenden Vertretern der dritten Free Jazz-Generation. Zahlreiche

Schallplatten, u.a. für Delmark, Hat Art, Moers Music, Black Saint, Steeplechase, Sound Aspects, Byg, Freedom, Futura, Leo, Ring, Emanem, Arista, Victo, New Albion, No More.

Lit.: G. Lock, Forces in Motion, London 1988. – R. M. Radanao, New Musical Figuration, A. B.s Culture Critique, Chicago 1994. – Mike Heffley, The Music of A. B., NY. 1996.

Filme: Vues d'ici (F 1978) – La coupe a dix francs (F 1979, + Antoine Duhamel)

Bredemeyer, Rainer

** 2.2.1919 Velez (Kolumbien), † 5.12.1995 Berlin.* B. gehört zu den Neutönern unter den Komponisten in der DDR durch Werke wie »Synchronisiert: Asynchron« und »Schlagstück 5«. Er war auch ein profilierteer Filmkomponist, er arbeitete für Dok.-Filme des Studios Heynowski & Scheumann, arbeitete aber auch für Spielfilme.

Filme: Die Feststellung (1958) – Die Dame und der Blinde (1969) – Gerichtet bei Nacht (1960) – Das Kaninchen bin ich (1964) – Die besten Jahre (1965) – Geisterstunde (1966) – Der Präsident im Exil (1968) – Bye Bye Wheelus (Dok., 1971) – Der Krieg der Mumien (1973) – Der weiße Putsch (1975) – Zünd an, es kommt die Feuerwehr (1978) – Kampucheas: Sterben und Auferstehen – Jadup und Bool (1980) – Die Frau und der Fremde (1984) – Wengler und Söhne (1987) – Treffen in Travers (1988) – Die dritte Haut (1989) – Der Magdalenenbaum (1989)

CD: Neue Musik in der DDR Vol.3, Berlin Classics

Bregman, Buddy

** 9.7.1938 Chicago, Ill., USA.* Der Neffe von → Jule Styne studierte am Konservatorium in Chicago und an der Univ. of California, u.a bei Mario Castelnuovo-Tedesco. 1956 wurde er von Norman Granz engagiert, um für dessen Verve-Label einige der (heute legendären) »Songbooks« von Ella Fitzgerald zu arrangieren. Arbeitete dann auch für Bing Crosby, Anita O'Day, Buddy Rich, Gene Krupa, Toni Harper, Jerry Lewis, Fred Astaire, Mae Williams, Jane Powell, Eydie Gormé, Sammy Davis Jr., Gogi Grant, Peter Hanley, die Merry Macs, Count Basie, Conrad Salinger u.a. Er schrieb auch Musik für Filme und TV-Shows (Jack Haley, Gary Crosby).

Filme: The Delicate Delinquent (Der Held von Brooklyn, 1956) – Wild Party (Wilde Nacht, 1956) – Step Down to Terror (1957) – Fighting Trouble (1957) – The Pajama Game (Picknick im Pyjama, 1957, einige Arrs.) – Guns, Girls, And Gangsters (1958) – Born Reckless (1959) – The Secret of the Purple Reef (1960) – Valley of the Redwoods (1960) – The Cat Burglar (1961) – You Must be Joking (UK 1965; Score: Laurie Johnson; Songs: *I'm With You* und *I'll Be True to You, Baby*) – Prez (1995)

Bregovic, Goran

** 22.3.1950 Sarajewo, Jugoslawien.* Der Komponist begann 1966 als Rockmusiker (b) in der Band »Bestie«, spielte dann mit »Kodeks« und dem Underground-Trio »Mica, Goran & Zoran«. Er gründete 1974 die Gruppe »Bijelo Dugme«, die bis 1988 bestand. Erste große Filmarbeit 1978 für Mica Milosevics Film »Nije Negro«; als besonders fruchtbar erwies sich dann seine Arbeit mit dem Regisseur Emir Kusturica*. Er arbeitet auch als Schallplatten-Produzent und -Arrangeur, u.a. für Jane Birkin und nimmt auch weiter eigene Schallplatten auf, so mit dem Duo »Delaras & Bregovic« und Kris Krawczyk.

Filme: Leptirov oblak (1977) – Nije Negro (1978) – Licne stvari (1979, Dok.) – Kuduz – Dom za vesanje* (1989) – Gluvi barut (1990) – Das serbische Mädchen (D 1991) – Mala (1992) – Le nombril du Monde (F 1993) – La nuit sacrée (F 1993) – Arizona Dream* – Toxic Affair (1993) – La reine Margot (Die Bartholomäusnacht, F/D/I 1994; OST: London) – Underground* (1995) – Les mille et une recettes du cuisinier amoureux (1996) – The Serpent's Kiss – XXL (1997) – Train de vie (F 1998) – Crna macka, beli macor* (1998) – Je li jiasno, prijatelju? (1999) – The Lost Sun (1999) – 27 Missing Kisses (2000)

Breil, Joseph Carl

** 29.6.1870 Pittsburgh, Pa., USA, † 23.1.1926 Los Angeles.*

Filme: Queen Elizabeth (1912) – Cabiria – The Prisoner of Zenda (1913) – The Birth of a Nation (1915, für diesen D.W.Griffith-Klassiker wurde zwei Musiken geschrieben, die andere von Carli

D.Elinor) – Double trouble – The Lily and the Rose (1915) – The Lily and the Rose – The Martyrers of the Alamo – Los Penitents (1915) – Intolererance – The Wood Nymph (1916) – The Dramatic Life of Abraham Licoln (1923) – America (1924)

Breit, Bert

(Albert), * *25.7.1927 Innsbruck (Tirol).* Österr. Komponist, Drehbuchautor und Regisseur.

Filme: Kaiser Joseph und die Bahnwärterstochter (1962) – Krock und Co. (1976) – Der stille Ozean (1982) – Raffl (1983) – Donauwalzer (1984) – Heidenlöcher (1985) – Franza – Der Unfried (1986) – Nachsaison (1988) – Die Ministranten (1989)

TV-Filme: Kain – Schöne Tage – Joseph Süss – Septembergewitter – Himmelfahrt – Kleinbürgerhochzeit – Die Rumplhanni – Am Morgen meines Todes – Der Marquis von Keith – Dorf ohne Männer – Dorf an der Grenze – Man kann nie wissen – Die Reventlows – Brot – Zug um Zug – Mali – Lebenslinien

Breuer, Franz Joseph

* *13.1.1914 Wuppertal-Elberfeld, † 7.3.1996 Hamburg.* Komponist von Schlagern, Tanz- und Unterhaltungsmusik, auch Hörspiel-, Bühnen-, TV- und Filmmusiken.

Filme: Herzen im Sturm (1950) – Das Wunder des Films (1955)

Breuker, Willem Marinus

* *4.11.1944 Amsterdam.* Der Free Jazz-Musiker begann als Amateur, spielte seit Mitte der 60er Jahre mit Han Bennink (d) und gründete mit diesem den Instant Composer's Pool. Arbeitete auch mit Misha Mengelberg, Marion Brown, Globe Unity Orch., Peter Brötzmann u.a. Mit seiner Gruppe Kollektif praktiziert er Musik als soziales Ereignis, eine spezifische Variante des Musiktheaters, welches durch Persiflagen Aufklärung versuchen und Lebenserfahrung vermitteln will. Er komponierte auch Filmmusiken (u.a. für Filme von Freek de Jonge*) und nahm Schallplatten auf für Relax/Wergo, ICP, Marge, MPS und sein eigenes Label BVHaast.

Lit.: J. u. F. Buzelin, W. B, Paris 1992

CD: Metropolis, BVHaast 8903 – »Kurt Weill«, BVHaast 1359803

Filme: Velocity (1970) – Beauty (1970) – De Nieuwe Ijstijd (1974) – Blindgangers (Blindgänger, 1977) – De Weg naar het Zuiden (Der Weg in den Süden, 1981; + Arjen Gorter) – De Illusionist* (1984) – Kkkomediant* – Amsterdamned (Dok., F 2000)

Bricusse, Leslie

* *29.1.1931 London, England.* Komponist, Librettist und Drehbuchautor. Studierte in Cambridge, wollte Journalist werden, hatte aber erste Erfahrungen als Autor und Schauspieler in »Footlight Revue«. 1953 schrieb er mit Robin Beaumont das Musical »Lady at the Wheel«. Er arbeitete dann für die Pinewood Film Studios, 1954 schrieb er das Drehbuch und (mit Beaumont) die Songs für »Charley Moon«. Er schrieb auch diverse Songs für Max Bygraves. 1961 ging er nach N.Y. und schrieb dort mit Anthony Newley das Musical »Stop The World, I Want To Get Off«, welches ein Hit am Broadway und in London wurde (Film 1966). 1963 schrieb er mit Cyril Ornadel das Musical »Pickwick«, 1964 – wieder mit Newley – »The Roar of the Greasepaint, The Smell of the Crowd« mit den Hit-Songs *Who Can I Turn to* und *A Wonderful Day Like Today*. B. und Newley schrieben auch den Text für John Barrys Filmtitelsong »Goldfinger« und 1968 ein weiteres James Bond-Thema: *You Only Live Twice*. Weitere Musicals: »The Good Old Bad Old Days«, »The Travelling Music Show« (1978), »Once Upon a Song«, »Kings and Clowns«. Er schrieb auch eine engl. Fassung des Armando Trovajoli-Musicals »Aggiungi una posta alla tavola« u. d. T. »Beyond the Rainbow«. In den 90er Jahren beschäftigte er sich mit Bühnenproduktionen von »Victor/Victoria« und »Jekyll & Hyde«.

Filme: Charley Moon (1954) – Stop the World ... (1966, Songs: *What Kind of Fool Am I, Once in a Lifetime, Gonna Build a Mountain*) – Dr. Doolittle (1967) – Goodbye Mr. Chips (UK 1969, + John Williams) – Scrooge (1970, Song: *Thank You Very Much*; + Ian Fraser, Herbert W.Spencer) – Willy Wonka and the Chocolate Factory (1971, Song: *Candy Man*) – Peter Pan (US-TV, 1971) – Victor/Victoria (1982, + H.Mancini) – That's Life (1986, Song: *Life in a Looking Glass*, + H.Mancini) – Home Alone (1990, *Somewhere in My Memo-*

ry, + John Williams) – Hook (1991, *When You're Alone*, + John Williams)

Britten, Edward Benjamin

* *22.11.1913 Lowestoft (Suffolk), England, † 4.12.1976 Aldeburg (Suffolk).* Einer der bedeutendsten engl. Komponisten des 20. Jh., dessen Musik gekennzeichnet ist von absoluter kompositionstechnischer Perfektion. Seine Musik, oft eklektizistisch genannt, blieb tonal stets gebunden, d.h. selten seriell oder dodekaphonisch. Sein Werk umfasst alle Gattungsformen, der Schwerpunkt liegt aber im Bereich der Vokalmusik, hier bes. auf seinen 17 Bühnenwerken (Opern: »Peter Grimes«, »Paul Bunyan«, »The Rape of Lucretia«, »Billy Budd« u.a.). Er gründete mit dem Tenor Peter Pears das Aldeburgh Festival und nahm zahlreiche Schallplatten als Dirigent oder Pianist auf, die als mustergültig gelten. 1976 wurde er zum Pair of England erhoben (Lord Britten of Aldeburgh). Seit 1936 arbeitete er auch für den Film, u.a. für etliche Dok.-Filme; sein einziger Spielfilm war »Love from a Stranger«. Seine Musik wurde später noch in div. Filmen verwendet.

Filme: Coal Face (1936, Dok.) – Night Mail (1936, Dok.) – Love From a Stranger (1937) – Line to Tschierva Hut (1937, Dok.) – The Calander of the Year (1937, Dok.) – Around the Village Green (1938) – The Way to the Strand (1937) – Sixpenny Telegram (1938, Dok.) – The Tocher (1938, Dok., prod. v. Lotte Reiniger) – Doktor Faustus (D 1982) – Fanny och Alexander (Fanny und Alexander, S/D/F 1982) – War Requiem (1988, TV-Dok.) – Death in Venice (1990) – Les amants du Pont-Neuf (Die Liebenden von Pont-Neuf, D 1991)

Brodszky, Nikolaus

(Miklos), * *20.4.1905 Odessa, Russland, † 24.12.1958 Hollywood.* Studierte in Rom, Wien und Budapest, arbeitete als Film- und Operettenkomponist in versch. europäischen Ländern, ab 1937 in England. Ging 1947 in die USA, wo er sich mit → Sammy Cahn zusammentat. Ihr erster Hit war *Be My Love* (für Mario Lanza, Film: »Toast to New Orleans«), gefolgt von *Wonder Why* (»Rich, Young and Pretty«), *Because You're Mine* und *I'll Never Stop Loving You* (»Love Me Or Leave Me«). Alle vier Songs wurden für einen Oscar nominiert wie auch *My Flaming Heart*. Mit Paul Francis Webster schrieb er Songs für die Filmversion von »The Student Prince« und mit Cahn Songs für die Filme »Meet me in Las Vegas«, »The Opposite Sex« und »Ten Thousand Bedrooms«.

Weitere Filme: Die große Attraktion (1931) – Der brave Sünder (1931, + Arthur Guttmann) – Gitta entdeckt ihr Herz (1932, + Hansom Milde-Meißner) – Früchtchen/Csibi der Fratz (1933, + Anton Perak) – Skandal in Budapest (1933) – Ende schlecht, alles gut (1934) – Peter, das Mädchen von der Tankstelle (1934) – Viereinhalb Musketiere (1935) – Kleine Mutter (1935) – Katharina die Letzte (1936) – Bitte lächeln (1936) – Pubi – Der kleine Kavalier (1936) – Guilty Melody (1936) – The Jester (Der Narr, 1937) – Quiet Wedding (1940) – French Without Tears (1940) – A Voice in the Night (1940) – Unpublished Story (1942) – The Demi – Paradise/Adventure for Two (1943) – The Way to the Stars (1945) – Carnival (1946) – While the Sun Shines (1947) – A Man About the House (Romanze im Süden, 1947) – Her Man Gilbey (1948) – Beloved the World (1949) – Rosen der Liebe (Hoheit darf man küssen, A 1949, + Frank Fox) – The Toast of New Orleans (1950) – Rich, Young and Pretty (1951) – Because You're Mine (1952) – Latin Lovers (1953) – Small Town Girl (1953, + Leo Robin) – The Student Prince (1954) – The Flame of the Flesh (Flammende Sinne, 1954) – Love Me Or Leave me (1955) – Meet Me in Las Vegas (1955) – The Opposite Sex (1956) – Serenade (1956, Songs; Score: Ray Heindorf) – Let's be Happy (1957) – This Could Be the Night (Kein Platz für feine Damen, 1957) – Party Girl (Mädchen aus der Unterwelt, 1958)

Broekman, David (David Hendrikus)

* *13.5.1899 Leiden, Süd-Holland, † 1.4.1958 N.Y., USA.* Studierte in Den Haag bei Van Amrooy, ging 1924 in die USA und arbeitete beim Musikverlag M. Witmark & Sons. Nach Einführung des Tonfilms ging er nach Hollywood und arbeitete für den Film. In den 50er Jahren ließ er sich in New York nieder und widmete sich als Dirigent, Lehrer und Komponist der zeitgenössischen Musik. Er komponierte u.a. zwei Sinfonien.

Filme: Skinner Steps Out (1929) – All Quiet on the Western Front (Im Westen nichts Neues, 1930) – Frankenstein (1931) – The Phantom of the Opera

Bronner, Gerhard

* *23.10.1922 Wien.* Österreichischer Pianist und Komponist, arbeitete für Kabarett und Film. Vater des Komponisten David Bronner.
Filme: Valentins Sündenfall (1951) – Und wer küßt mich? (1956) – Das Liebesleben des schönen Franz (1956)

Brönner, Till

* *6.5.1971 Viersen.* Dt. Jazzmusiker (tp). Das Wunderkind der 90er Jahre gewann mit 15 Jahren den 1. Preis beim Wettbewerb »Jugend jazzt« und wurde mit 20 Mitglied der RIAS-Big Band. Er tritt jetzt mit eigener Gruppe auf, die stilistisch dem modernen Mainstream zuzuordnen ist. B. ist auch ein gefragter Studiomusiker. Eigene CDs für Minor und Verve.
Film: Jazz Seen (2001)

Brooks, Shelton

* *4.5.1886 Amesburg, Ontario, Kanada, † 6.9. 1975 L.A., USA.* Der Komponist und Songschreiber begann als Pianist im Vaudeville; 1923 war er auf Europatournee mit Lew Leslie's Show »Blackbirds«. Er schrieb Songs für Nora Bayes, Al Jolson, Sophie Tucker u.a. Entertainer. Sein bekanntester Song ist *Darktown Strutter's Ball* (er taucht in drei Filmen auf); weitere Songs sind *All Night Long, Jean* und *Honey Gal.*
Filme: Cuperpo y alma (1931) – Scarface* (1932) – Harlem is Heaven (1932) – She Done Him Wrong (1933) – The Life of Vergie Waters* (1934) – Broadway Melody of 1938 (1937, Song) – The Story of Vernon and Irene Castle (1939, Song) – Tin Pan Alley * (1940) – Follow the Boys (1944)

Broughton, Bruce Harold

* *8.3.1945 L.A., USA.* B. schrieb in den 60ern Musik für zahlreiche TV-Shows und -Themen, so für »Gunsmoke«, »Hawaii Five-O« und »Dallas«, ehe er sich einen Namen machte mit Filmen wie »The Blue and the Gray«, »Silverado« und »Young Sherlock Holmes«.
Filme: The Paradise Connection (1979, TV) – Desperate Voyage – The Return of Frank Cannon (1980, TV) – Killing – The Girl, the Gold Watch and Dynamite (1981, TV) – Desparate Loves – One Shoe Makes it Murder (1982, TV) – This Girl for Hire (1983, TV) – Cowboy (1983, TV) – M.A.D.S.: Mothers Against Drunk Drivers (1983, TV) – The Prodigal (1984) – Master of Ballantrae (1984, TV) – Passions (1984) – The Cowboy and the Ballerina – The First Olympics: Athens 1896 (1984, TV) – The Ice Pirates (1984) – Stormin' Home (1985, TV) – Young Sherlock Holmes (1985) – Silverado (1985) – George Washiongton: The Forging Nation (1986, TV) – The Boy Who Could Fly – Sweet Liberty (1986) – The Thanksgiving Promise (1986, TV) – The Monster Squad – Square Dance – Big Shots – Harry and the Hendersons – Cross My Heart (1987) – Last Rites (1988) – Moonwalker (1988, Dok.) – The Presidio (1988) – Jacknife (1989) – Sorry, Wrong Number (1989, TV) – Narrow Margin (1990) – The Rescuers Down Under (1990, TV) – The Old Man and the Sea (1990, TV) – All I Want for Christmas (1991) – O Pioneers (1991, TV) – Stay Tuned – Honey, I Blew Up the Kid (1992) – Homeward Bound: The Incredible Journey – For Love or Money – So I Married the Axe Murder – Tombstone (1993) – Baby's Day Out – Miracle on 34th Street – Holy Matrinomy (1994) – Infinity – House Arrest – Homeward Bound II: Lost in San Francisco – Carried Away (1996) – A Simple Wish – Shadow Conspiracy (1997) – Acts of Love (Entscheidung aus Liebe, 1996) – Lost in Space (+ John Williams, 1998) – Krippendorf's Tribe (1998) – Fantasia 2000 (Cartoon, 1999, Dir.)
TV: The Blue and the Gay (1982) – Cowboy (1983) – The Cowboy and the Ballerina (1984, TV) – Narrow Margin (1989) – Tiny Tunes (Cartoon) – A Simple Wish

Brouwer, Leo

(Leo Brouwer Mezquida), * *1.3.1939 Havanna.* Kubanischer Komponist, für den Film tätig seit den 70er Jahren.
Filme: Lucia (1969) – Los dias del agua (1971) – El otro Francisco (1975) – La ultima cena (176) – Mina, viento de libertad (1977) – El recurso del metedo – La rosa de los vientos (1978) – Los sobrevivientes (1979) – El rey de joropo (1980) – Cecilia (1982) – Los refugiados de la cueva del muerto – Amada (1984) – Hasta cieno punto

Brown, Nacio Herb

(Ignacio Herbert), * *22.2.1896 Deming, New Mexico, USA, † 28.9.1964 San Francisco.* Bedeutender Komponist von Filmschlagern der 30er und 40er Jahre. Wuchs in L.A. auf, lernte Klavier und begleitete Sänger. Versuchte sich als Komponist und hatte ersten Erfolg 1921 mit *When Buddha Smiles*, konnte sich aber erst 1929 durchsetzen als er für den Film zu schreiben begann. Er arbeitete meist mit dem Texter Arthur Freed, aber auch mit Buddy De Sylva, Gus Kahn, Leo Robin und Gordon Clifford. Sein Sohn N. H. B., jr. (1927–2002) war Songschreiber und Musikverleger.

Filme (Songs): Broadway Melody (Broadway Melody; You Were Meant For Me; Wedding of the Painted Doll; Love Boat, 1928) – Hollywood Revue of 1929 (Singing in the Rain); Marianne (Blondy) – Untamed (Chant of the Jungle) – The Pagan (Pagan Love Song, 1929) – Montana Moon (The Moon Is Low; Montana Call) – Lord Byron of Broadway (Should I?; Only Love Is Real) – Whoopee (I'll Still Belong to You, 1930) – A Woman Commands (Paradise) – The Barbarian (Love Songs of the Nile); Going Hollywood (After Sundown; Temptation; Beautiful Girl; We'll Make Hay While the Sun Shines) – Hold Your Man (Die Ganovenbraut, Titel-Song, 1933) – Sadie McKee (All I Do Is Dream Of You) – Hollywood Party (Hot Chocolate Soldiers) – Student Tour (From Now On; American Bolero, 1934) – A Night At the Opera (Die Marx Bros. in der Oper; Alone, 1935) – Broadway Melody of 1936 (You Are My Lucky Star; Broadway Rhythm, I've Got A Feeling You're Fooling) – China Seas (1935) – Broadway Melody of 1936 – San Francisco (Would You?); The Devil Is A Sissy (Say Ah!, 1936) – Broadway Melody of 1938 (1937, Yours And Mine; I'm Feelin' Like a Million, Sun Showers, Everybody Sing); After the Thin Man (Smoke Dreams, 1937) – Babes In Arms (Good Morning) (1938) – Two Girls On Broadway (My Wonderful One; Let's Dance, 1940) – Ziegfeld Girl (You Stepped Out of A Dream, 1941) – Wintertime (Later Tonight; Dancing in the Dawn; We Always Get Our Girl, 1943) – Greenwich Village (1944) – The Kissing Bandit (Love Is Where You Find It; Senorita; If I Steal A Kiss) – On An Island With You (On An Island With You; Charisse; Miss Mary to the Ball, 1948) – The Bribe (Geheimaktion Carlotta; Song: Situation Wanted, 1949) – Singing In The Rain (Make 'Em Laugh; außerdem alte Songs wie den Titel-Song, 1952)

Brown, Ray

(Raymond Matthews), * *13.10.1926 Pittsburgh, Pa., USA, † 2.7.2002 Indianapolis, Ind.* Der Jazzmusiker (b) hatte 1945–47 seinen ersten bedeutenden Job in der Big Band von Dizzy Gillespie und wurde hier als Sensation gefeiert. Er leitete dann ein Trio und begleitete damit seine Frau, die Sängerin Ella Fitzgerald (geschieden 1952). 1952 wurde er Mitglied des → Oscar Peterson-Trios, dem er bis 1966 angehörte. Er arbeitete dann als Studiomusiker, Komponist, Lehrer und Verleger in L.A., war zeitweise auch Manager von Quincy Jones. Er schrieb in dieser Zeit auch Filmmusiken und ist als Bassist auch auf etlichen Filmsoundtracks dabei, so in der Cartoon-Serie »The Ant and the Aardvark«. Seit den 80er Jahren wieder Tourneetätigkeit, mit eigenen Gruppen sowie Monty Alexander, Ernestine Anderson, den L.A. Four, Cedar Walton u.a. B. ist einer der bedeutendsten Bassisten der Jazzgeschichte; er spielte mit allen Größen seiner Zeit und ist auf ca. 2000 Schallplatten vertreten.

Filme: Les tricheurs (F 1958) – Tres veces ana (1961) – Hawks and Doves (1968) – The Tijuana Toads – A Pair of Greenbacks – Go for Croak (1969) – The Froggy, Froggy Duo – Hop and Chop – A Dopey Hacienda (1970) – Flight to the Finish (1972) – All That Glitters (1977, TV-Serie)

Bruhn, Christian

(Hans Christian), * *17.10. 1934 Wentorf (bei Hamburg).* Pianist, Komponist, Arrangeur, Produzent. Autor von Schlagern, Musik für Werbefilme, Film- und TV-Musiken. Er gewann zweimal die Deutschen Schlagerfestspiele (1962 u. 1964), mehrmals auch 2. und 3.Preise.

Filme: Treibjagd auf ein Leben (1961) – Die Post geht ab (1962) – Allotria in Zell am See (1963) – Apartmentzauber (1963) – Und wenn der ganze Schnee verbrennt (1963) – Wenn man Baden geht auf Teneriffa (1964) – Maibritt, das Mädchen von

den Inseln (1964) – Die Banditen vom Rio Grande (1965) – Pippi geht an Bord (1969) – Die neuesten Abenteuer von Pippi Langstrumpf (1969) – Wer stirbt schon gern unter Palmen (1974) – Ich liebe meine Familie, ehrlich (1998)
TV: Timm Tahler – Die rote Zora – Silas – Jack Holborn – Sindbad – Captain Future – Mannie, der Libero – Heid – Nesthäkchen – Die Orgel – Alice im Wunderland – Patrick Pacard – Oliver Maas – Hans im Glück – Die Wicherts von nebenan

Brühne, Lothar

* *19.7.1900 Berlin, † 12.12.1958 München.* B. war Pianist in Stummfilmorchestern und im Orchester von Bernard Etté, begleitete Sänger und arbeitete als Arrangeur für Franz Doelle. Er arbeitete dann als Komponist; seine erste Filmmusik war »Wenn Frauen schweigen«. Er schrieb u.a. die Musik für drei Zarah Leander-Filme*. Er war verheiratet mit Vera B. († 2001), die durch einen spektakulären Mordprozess in die Schlagzeilen geriet.
Filme: Wenn Frauen schweigen (1937, + Peter Fenyes) – La Habanera* (Lieder: *Der Wind hat mir ein Lied erzählt, Du kannst es nicht wissen,* 1937) – Brillianten (1937) – 5 Millionen suchen einen Erben (*Ich brech' die Herzen der stolzesten Frau'n,* 1938) – Der Blaufuchs* (*Kann denn Liebe Sünde sein?, Von der Puszta will ich träumen,* 1938) – Verklungene Melodie (1938) – Die Nacht der Entscheidung (1938) – Fasching (1939) – Eine Frau wie du (1939) – Brand im Ozean (1939) – Befreite Hände (1939) – Der Stammbaum des Dr. Pistorius (1939) – Die keusche Geliebte (1940) – Feinde (1940) – Jenny und der Herr im Frack (*Armer Musikant singt ein Lied von Liebe,* 1941) – Was will Brigitte? (1941) – Komödianten (1941) – Jenny und der Herr im Frack (1941) – Ein Zug fährt ab (1942) – Liebesheirat (1942) – Geliebte Welt (1942) – Damals* (*Jede Nacht ein neues Glück/Eine wie dich könnt ich lieben,* 1943) – Verwitterte Melodie (*Wenn die Woche keinen Sonntag hätt',* Cartoon 1943) – Romanze in Moll (1943, + W. Eisbrenner) – Tonelli (1943) – Gefährlicher Frühling (1943) – Damals (1943, + R.Benatzky) – Seine beste Rolle (1944) – Komm zu mir zurück (1944) – Dir zuliebe (1944) – Orientexpreß (1944) – Regimentsmusik (1945, UA 1950) – Philine (1945, UA 1949) – Dreimal Komödie (1945, UA 1949) – Liebesheirat (1945, UA 1949) – Bis wir uns wiedersehen (1952) – Meines Vaters Pferde (1953) – Ball im Savoy (1955, + P. Abraham, H. Gietz) – Kleiner Mann ganz groß (1957)

Brunner, Armin

* *31.3.1933 Zollikon (Zürich).* Studierte an der Musikhochschule Zürich, war Assistent bei Hans Rosbaud, war 1953–73 Leiter der Neuen Zürcher Kammeroper, gründete 1971 das Musikszenische Studio Zürich, blieb dessen Leiter bis 1983. Arbeitete als Dirigent, seit 1973 beim Fernsehen DRS in der Redaktion Musik und Ballett. Er komponierte u.a. neue Musiken für Stummfilme.
Neuvertonungen von Stummfilmen: Der Rosenkavalier – Carmen – Nosferatu – Wilhelm Tell – Panzerkreuzer Potemkin – Metropolis

Bruns, George E.

* *3.7.1914 Sandy, Ore., USA, † 26.5.1983 Portland, Ore.*
Filme: Westward to the Wagons (Zug der Furchtlosen, 1956) – Johnny Tremaine (1957) – The Sleeping Beauty (Dornröschen und der Prinz, Cartoon 1959, nach Tschaikowski) – The Sword in the Stone (Merlin und Mim, 1963, Cartoon) – The Ugly Dachshund (Geliebter Haustyrann, 1965) – Follow Me, Boys! (40 Draufgänger, UK 1966) – The Fighting Prince of Donegal (Donegal, König der Rebellen, UK 1966) – The Love Bug (Ein toller Käfer, 1968) – Robin Hood (Cartoon, UK 1973)

Bruzdowicz, Joanna

* *17.5.1943 Warschau, Polen.* Die Komponistin arbeitete seit 1962 für den frz. Film.
Filme: Cléo de 5 à 7 (Mittwoch zwischen Fünf und Siebe, 1962) – Sans toit ni loi (Vogelfrei, 1985) – Manuela's Loves (1987) – Kung Fu Master – Le jupon rouge (1987) – Jacquot de Nantes (1991) – Un air si pur (1997) – Les glaneurs et la glaneuse (D 2000)

Buarque, Chico

(Francesco Buarque de Hollanda), * *19.6. 1944 Rio de Janeiro.* Brasilianischer Popmusiker. Lernte früh Gitarre und begann Lieder für den Karneval zu schreiben. Ein anfängliches Architekturstudium gab er zugunsten der

Musik auf. Erste Schallplatte 1965. 1968 ging er nach Italien und war auf Tournee mit Toquinho und Josephine Baker. Seine Lieder und sozialkritischen Texte wurden bald bekannt und erweckten das Interesse anderer Interpreten wie Maria Bathania, Caetano Veloso und Milton Nascimento. B. gehört heute neben diesen sowie Tom Jobim, Vinicius de Moraes, Edu Lobo und Djavan zu den bedeutenden Interpreten der populären brasilianischen Musik. Er hat Schallplatten für RGE, Polygram, Som Livre und BMG Ariola/RCA aufgenommen und veröffentlichte 1995 einen Roman (»Der Gejagte«).

Filme: Dona Flor es sus duos maridos (Dona Flor und ihre zwei Ehemänner, Brasilien 1976) – Bye Bye Brasil (1979, + Roberto Manescal, Dominguinhos)

Buday, Denes von

* *8.10.1890 Budapest, Ungarn, † 19.10.1963 ebd.* Ungar. Komponist, arbeitete in den 30er Jahren in Deutschland, nach 1945 in Österreich.

Filme: Blumen aus Nizza (1936, + Schmidt-Gentner) – Im Sonnenschein (1936) – Premiere (1937, + P. Fenyes, Schmidt-Gentner) – Zwischen Strom und Steppe (1940)

Budd, Roy Frederick

* *14.3.1947 Mitchum, Surrey, England, † 7.6.1993 London.* Der Autodidakt trat mit 12 Jahren erstmals auf, gründete einige Jahre später ein Jazz-Trio und trat damit im »Bull's Head« in Barnes auf. Sein Bassist war lange Dave Holland, heute ein international gefeierter Jazzmusiker. Sein Stil war von Oscar Peterson beeinflusst. Auftritte im Londoner Palladium und im TV. In den 70er Jahren begann B. zu komponieren. Er schrieb die Musik zu rund 50 Filmen, darunter eine neue zum Stummfilmklassiker »Phantom der Oper«. Er war einige Jahre mit Caterina Valente verheiratet und fungierte auch als ihr musikalischer Leiter.

Filme: Soldier Blue (Das Wiegenlied vom Totschlag, USA 1969) – Zeppelin (1970) – Get Carter (Jack rechnet ab, 1970) – Flight of the Doves (1971) – Catlow (Leben ums Verrecken, 1971) – Kidnapped (1971) – The Carey Treatment (Der Mörder im weißen Mantel, USA 1971) – Steptoe and Son (Harold und die Stripperin, 1971) – Pulp (Malta sehen und sterben, 1971) – Something to Hide (1971, + Jack Fishman) – The Magnificent Seven Deadly Sins (1971) – Get Carter (John rechnet ab, 1971) – Steptoe and Son Ride Again (Sie reiten wieder, 1972) – Fear is the Key (Angst ist der Schlüssel, 1972) – The Stone Killer (Ein Mann geht über Leichen, USA/I, 1972) – Intercine Project/Mordprojekt G, UK/D 1973) – The Black Windmill (Die schwarze Windmühle, 1973) – Man at the Top (1973) – The Marseille Contract (Fluchtpunkt Marseille, UK/F, 1974) – Paper Tiger (Papiertiger, 1974) – Diamonds (Der Diamantenclou, 1974) – Sinbad and the Eye of the Tiger (Sindbad und das Auge des Tigers, USA 1975; OST: Sony) – Welcome to Blood City (Willkommen in dieser blutigen Stadt, UK/KAN 1976) – Tomorrow Never Comes (Morgen gibt es kein Erwachen, 1977) – Foxboat (Operation Foxboat, 1977) – The Wild Geese (Die Wildgänse kommen, 1977) – The Sea Wolves (Die Seewölfe kommen, UK/USA/CH 1980) – Who Dares Wins (Das Kommando, 1981; + Jerry u. Marc Donahue) – Wild Geese II (Wildgänse II, 1984) – The Field of Honor (Schlachtfeld der Ehre, NL/USA, 1985) – Le big bang (Der große Knall, B/F, 1986) – The Destructor – Fear is the Key (OST: Cinephile) – The Final Option – Something to Hide – Flight of the Doves (Der Ruf der Freiheit; OST: Novus) – Get Carter – Kidnapped – Mama Dracula

Buder, Ernst Erich

(Emil), * *2.9.1896 Cottbus, † 21.1.1962 Berlin.* Studium an der Musikhochschule Berlin, arbeitete als Kapellmeister in Wien, Bukarest und Berlin. Vielseitiger Komponist, schrieb alles vom Schlager bis zu sinfonischen Dichtungen. Ab 1939 auch für den Film, er vertonte über 40 Kulturfilme und etliche Spielfilme.

Filme: Student sein, wenn die Veilchen blüh'n (1931, + Otto Lob) – Die andere Seite (1931) – Schatten der Manege (1931) – Tannenberg (1932) – Nachtkolonne (1932) – Flüchtlinge (1933, + H. Windt) – Die schönen Tage von Aranjuez (1933, + H.-O. Borgmann) – ... Und es leuchtet die Puzsta (1933) – Rosen aus dem Süden (1934, nach J.

Strauss) – Ehestreik (1935) – Liebesträume (H/D 1935, nach Melodien v. F. Liszt) – Weiberregiment – Wie einst im Mai (1936) – Autobus S – Liebe kann lügen – Urlaub auf Ehrenwort (1937) – Silvesternacht am Alexanderplatz (1939) – In letzter Minute (1939) – Meine Frau Teresa (1942) – Leichtes Blut – Um 9 kommt Harald (1943) – Ich hab' von dir geträumt (1944) – Erzieherin gesucht – Kamerad Hedwig (1945, unvoll.)

Bullerian, Hans

** 28.1.1885 Sondershausen (Harz), † 29.1. 1948 Zeuten (Krs. Teltow).* Sohn des Kapellmeisters Robert B.

Filme: Meluka, die Rose von Marrakesch (D/F 1931) – Sturm auf Marrakesch (1932, + Martin Garcias, Pablo Labor, Jean Liamine) – Blutendes Deutschland (1933)

Buonvino, Paolo

Ital. Komponist, arbeitet für den Film seit 1998, vorwiegend fürs TV.

Filme: La piovra 8: Lo scandalo (1997, TV) – La piovra 9: Il patto (1998, TV) – L'elefenato bianco (1998, TV) – Ecco fatto (1998) – Dancing North (1998) – Caraibi (1998) – L'amante perduto (1999) – So wie du ist keine (1999) – Una farfalla nel cuore (1999) – Come te nessuno mai (1999) – Der Preis der Liebe (1999, TV) – La vespa e la regina (2000) – Padre Pio (2000) – L'ultimo bacio (Ein letzter Kuß, 2001) – Il Giovane Casanova (2002, TV)

Burgon, Geoffrey Alan

** 15.7.1941 Hambleside, Hamshire, England.* Begann nach dem Studium als Jazzmusiker (tp), wandte sich dann aber der Komposition zu. Er verwendet unterschiedliche Techniken; der Einfluss der engl. Kirchenmusik ist zu hören in seinem Werk »Dreadful Domesday« (1969).

Filme: As You Like It – The Life of Brian (1979) – Brideshead Revisited (1981, TV; OST: Silva Classics) – The Dog of War (1981) – Turtle Diary (1985) – Bleak House (1985, TV) – The Happy Valley – Death of the Heart (1986) – Robin Hood (19919 – A Foreign Field (1993) – Sirens (1994) – When rumpets Fade (1998)

Burian, Emil František

** 4.6.1904 Pilsen (Plzeň), ČSR, † 4.8.1959 Prag.*

Film: Das Gäßchen zum Paradies (1936, + R. Ralf)

Burke, Solomon

** 21.3.1936 Philadelphia, Pa., USA.* Der Soul-Sänger hatte Anfang der 60er Jahr Hits wie *Just Out of Reach, Cry to Me* und *If You Need Me*; seine größter Erfolg war 1965 *Got to Get You Off My Mind.* B. stand etwas im Schatten von Otis Redding und Sam and Dave, hat aber immer noch sein Publikum. Schallplatten für Atlantic, Bell, MGM, Dunhill und Chess.

Filme: Hammer – Cool Breeze (1972)

Burke, Sonny

(Joseph Francis), ** 22.3.1914 Scranton, Pa., USA, † 31.5.1980 Santa Monica, Calif.* Der Arrangeur, Bandleader und Produzent besuchte die Duke Universität, leitete dort eine Studentenband, die »Duke Ambassadors«. In den späten 30er Jahren arrangierte er für Buddy Rogers, Joe Venuti und Xavier Cugat, übernahm für ein Jahr die Band von Sam Donahue, als dieser zu Gene Krupa ging. In den 40er u. 50er Jahren Jahren arbeitete er für Jimmy Dorsey, Charlie Spivak, Krupa, Artie Shaw, Les Brown, Lionel Hampton u.a., war Produzent bei Musicraft Records, arbeitete hier u.a. für Mel Tormé und leitete Bands bei Platten-Sessions. 1949 war er Musical director für Decca in Hollywood, leitete eine Big Band und hatte einen Hit mit *Mambo Jambo*, der zeitweise populärer war als das Original von Perez Prado. Einen weiteren Hit hatte er 1954 mit seinem Song *They Were Doin' the Mambo*. In den 50er Jahren Filmarbeit für Warner Brothers, ab 1961 Produzent bei Frank Sinatras Reprise Records. Eine seiner letzten Arbeiten war die Produktion von dessen »Trilogy«-Album.

Lit.: C.Garrod, Sonny Burke/Skinnay Ennis Orch., Zephyrhills 1994

Filme: Oklahoma Annie (1951, Songs) – Ain't Misbehavin' (1955, Songs) – The Lady and the Tramp (1955) – Flame of the Islands (1955) – Rock, Pretty Baby (1956) – Hand of Death (1962) – The Phynx (1970, Dir.) – Rabbitt, Run (1970) – Men

Don't Leave (1989, Songs) – Miller's Crossing (9990, Songs)

Burkhard, Paul

(Werner), * *21.12.1911 Zürich, † 11.9.1977 Zell im Tösstal (Luzern).* Schweizer Komponist. Studium am Züricher Konservatorium; 1932–34 Kapellmeister am Stadttheater in Bern, arbeitete einige Jahre freischaffend, war 1939–44 Dirigent und Bühnenkomponist am Schauspielhaus in Zürich und 1945–57 Kapellmeister des Studio-Orchesters am Sender Beromünster. Er komponierte Bühnenmusiken zu klassischen und zeitgenössischen Dramen, eine Märchenoper (»Die Schneekönigin«), eine komische Oper (»Casanova in der Schweiz« (1942), eine geistliche Oper (»Ein Stern geht auf aus Jakob«), wurde aber bekannt durch seine Operetten. 1935 entstand die Revue-Operette »Hopsa«, der die Werke »3 x Georges« (1936), »Paradies der Frauen« (1938), »Tic-Tac« (1944), »Feuerwerk« (1950, mit dem populären Lied *Oh mein Papa*, Hits für Lyss Assia und Eddie Fisher, verfilmt 1954) und »Tingeltangel-Oper« folgten.

Burland, Sascha

(Granville Alexander), * *25.10.1927 N.Y., USA.* Studierte Klavier bei David Mannes und Gitarre bei Barry Galbraith. Arbeitete ab 1950 als Komponist und Interpret von »Jingles« für TV und Rundfunk, er war der erste, der hier Jazz-Einflüsse einbrachte und auch Jazzmusiker wie Quincy Jones und Billy Taylor für diese meist öde aber einträgliche Arbeit interessierte. Er schrieb die Themamusik für die TV-Serie »What's my Line« und Filmmusiken. Mit → Don Elliott nahm er eine LP für Hanover Records auf als »Nutty Squirrels«, für Liberty »Jingles All the Way«.
Film: Dirty Little Billy (Dreckiger kleiner Billy, 1972)

Burns, Ralph J.

* *29.6.1922 Newton, Mass., USA, † 21.11. 2001 L.A.* Der renommierte Arrangeur und Komponist studierte am New England Konservatorium und spielte Anfang der 40er Jahre bei Nick Jerret, Charlie Barnet und Red Norvo. 1944 ging er zu Woody Herman als Pianist und Arrangeur, war in dieser Position wesentlich am Erfolg der »First Herd« beteiligt. Ab 1947 freelancing, arbeitete weiter für Herman (Europa-Tournee 1954), aber auch für Charlie Ventura, Benny Goodman, Barnet, Bill Harris, Harry James, Nat Pierce, Al Cohn, Urbie Green, Herbie Mann, Nat Pierce, Vokalisten wie Ray Charles (Robinson), Fran Warren, Lee Wiley, Judy Holliday, Sylvia Syms, Beverly Kenney, Tony Bennett, Anita O'Day, Pat Kirby, Chris Connor, Carmen McRae, Mark Murphy, Sunny Gale, Portia Nelson, Dick Haymes, Oscar Brown,Jr., Toots Thielemans u.a. und war kurz Pianist im Sauter-Finegan-Orchester. Seit den 50er Jahren lag das Schwergewicht seiner Arbeit aber bei Film, TV und Bühne, so orchestrierte er u.a. die Broadway-Shows »Funny Girl« (1964), »Sweet Charity« (1966), »No Strings« und »Chicago« (1975/97).
LP: OST, Illya Darling, United Artists UA 6606
Filme: Bananas (Arr., 1971) – Cabaret* (Arr., 1972; OST: MCA) – Piaf (1974) – Lenny (1974) – Lucky Lady (Abenteuer auf der Lucky Lady, 1975) – New York, New York (1977, OST: EMI) – Movie Movie (1978) – All that Jazz* (Arr., 1979) – Make Me An Offer – Urban Cowboy – First Family (1980) – Annie (Arr., 1981) – My Favorite Year – Jinxed (1982) – Kiss Me Goodbye (1982) – National Lampoon's Vacation – Star 80 (1983) – The Muppets Take Manhattan (Die Muppets erobern Manhattan, 1984) – Traffic School – A Chorus Line (Arr., 1985) – In the Mood/The Woo Woo Kid (1987, OST: Atlantic) – Sweet Bird of Youth (Süßer Vogel Jugend) – Bert Rigby, You're a Fool (1989)

Burns, Wilfred

* *1917 Hertfordshire, England.* War für den engl. Film der 50er und 60er Jahre tätig.
Filme: Fools Rush in (1949) – There is Another Sun (1951) – Hundred Hour Hunt (1952) – Operation Diplomat – The Broken Horse-Show – Roadhouse Girl – There Was a Young Lady (1953) – The Black Rider (1954) – Stock Car (1955) – Operation Conspiracy – Thunder over Tangier – The Fighting Wildcats – Million Dollar Manhunt (1957) – Mark of the Phoenix (Handlanger des

Teufels, 1958) – The Hand – The Man Who Couldn't Walk (1960) – Murder in Eden (1962) – The Runaway – The Trouble with Eve (1964) – Alf'n Family – Till Death Do Us Part (Die Todestherapie, 1968) – Love is a Splendid Illusion (1970) – Dad's Army (1971, TV) – Adolf Hitler: My Part in His Downfall (1973)

Burton, Val

(Valentine), * *22.7.1899 London, England, † 9.11.1981 L.A.* Komponist, Songschreiber und Drehbuchautor. Arbeitete im Film zunächst für unabhängige Produktionen, Anfang der 30er Jahre ging er zu RKO, arbeitete in der Musikabteilung mit Phil Harris in »Melody Cruise« und Wheeler and Wolseys »Cockeyed Cavaliers«, ab 1938 konzentrierte er sich ganz auf das Schreiben von Drehbüchern, u.a. für Abbott & Costello und den Ronald Reagan-Film »Bedtime for Bonzo«.

Filme: Puttin' on the Ritz (1930) – Melody Cruise (1932) – Strangers of the Evening (1932) – Those We Love (1932) – Hot Pepper (1933, Songs) – Girl Without a Room (1933, Songs) – State Fair (1933, Songs) – The Deluge (1933) – Down to Their Last Yacht (1934, Songs) – Cockeyed Cavaliers (1938)

Burwell, Carter

* *18.11.1955 N.Y.C., USA.* B. machte sich einen Namen durch seine Arbeit für einige Filme der Brüder Joel und Ethan Coen*, für die er seine ersten Filmmusiken schrieb.

Filme: Blood Simple* (Eine mörderische Nacht, 1984) – Doc Hollywood – Raising Arizona (1987) – Barton Fink* (1991) – Velvet Goldmine – Waterland (1992) – This Boy's Life – Kalifornia – A Dangerous Woman (1993) – Corrouptor (OST: Jive) – Bad Company (1994) – Fear (1996) – Joe's Apartment (1996) – The Chamber (Die Kammer, 1996; OST: Varèse) – Fargo* (1996) – The Celluloid Closet (1996) – Joe's Apartment (1996) – Der Schakal (1997) – The Spanish Prisoner (Die unsichtbare Falle, 1997) – Fletcher's Visions (Fletchers Visionen, 1997) – The Big Lebowski* (1998) – Conspiring Theory – Roy – Millers Crossing – Gods and Monsters (2000; *CD:* RCA) – Being John Malkovic (OST: Virgin) – The General's Daughter – Three Kings – What Planet Are You From? (2000) – Hamlet (2000) – A Knight's Tale (2001; OST: Sony) – O Brother Where Art Thou?* (2000, + T.Bone Burnett) – The Man Who Wasn't There* (2001)

Burzlaff, Manfred

* *15.1.1932 Slawe (Pommern, heute: Slawno, Polen).* Musiker (vib) und Komponist.

Filme: Tobby (1961) – Die Technik der körperlichen Liebe (1968) – Atemlos vor Liebe (1970) – Junge Leute wollen Liebe (1971) – Liebe 80 (1980) – Die amourösen Abenteuer zweier Freunde (1984)

Busby, Bob

(Robert), * *1901 Maidenhead, Berkshire, England, † 1952.* Der Komponist begann schon mit elf Jahren Musik zu studieren, lernte Klavier, Kornett, Klarinette und Cello und spielte diese Instrumente in Militär- und schließlich in Kino-Orchestern. 1922 schrieb er Musik für die UFA in Berlin, arbeitete dann in versch. europ. Ländern als Komponist und Arrangeur. Ab 1932 arbeitete er für engl. Filme; ab 1942 war er in der Musikabteilung der Gainsborough Studios. Sein Sohn Alan Haydn (»Laddy«) B. (1920–1985) war Musiker.

Filme u.a.: King Arthur Was a Gentlemen (1942) – Give Us the Moon – Bees in Paradise – I'll Be Your Sweetheart – Waterloo Road (1944)

Buschkötter, Uwe

* *21.9.1939 Berlin.* Der Komponist begann als Schlagzeuger, hatte mit 25 eine Studioband und arbeitete als Tonmeister beim WDR. Seine Karriere als Komponist begann mit der Komposition der Erkennungsmelodie für die Olympischen Spiele 1972 in München. Er leitet jetzt in Köln die Firma UBM Records, die Musik für Film und TV produziert.

Filme: Zwei Münchener in Hamburg (1998, TV-Serie) – Die widerspenstige Viktoria (1992, TV, + H.G.Wagener) – Verflixte Leidenschaft (1992, TV) – Einer zahlt immer (1992, TV, + H.G.Wagener) – Bella Block: Die Kommissarin (1993, TV, + H.G.Wagener) – Lutz & Hardy (1994, TV-Serie) – Tatort: Zartbitter – Tatort: Verhängnisvolle Begierde (2001, TV) – www.ubm-records.com

Butler, Artie

* *2.12.1942 Brooklyn, N.Y., USA.* B. ist als Pianist, Arrangeur und Komponist einer der viel-

seitigen Musiker in Hollywood. Er arbeitet als Studiomusiker und Arrangeur/Komponist in den dortigen Film- und Schallplattenstudios, arrangierte auch für Peggy Lee u.a. Im Woody Allen-Film »Radio Days« (1987) ist er als Bandleader zu sehen.
Filme: The Love Machine (Die Liebesmaschine, 1971) – What's Up, Doc? (Is' was, Doc?, 1972) – The Harrod Experiment (1973) – For Pete's Sake (Bei mir liegst du richtig, 1974) – At Long Last Love (Arr., 1975) – Rafferty & The Gold Dust Twins (Rafferty und die goldenen Zwillinge, 1975) – Grease 2 (Arr., 1985) – The Rescuers (Bernard und Bianca, die Mäusepolizei, 1976) – Sextette (1978) – TV: The Twilight Zone – Sinatra

Buttolph, David James

** 3.8.1902 N.Y., USA, † 1.1.1983 Toway, Calif.* Der Komponist machte sich einen Namen mit Filmen des Regisseurs Budd Boetticher, oft mit Randolph Scott als Hauptdarsteller und Produzent. B. gehörte zur zweiten Garnitur in Hollywood; er war ab 1935 der zweite Mann als Musical Director des 20th Century Fox Studios unter Louis Silvers und stand nach dessen Tod im Schatten des Giganten Alfred Newman. So bekam er immer die »Low-Budget«-Produktionen anvertraut, die er jedoch zuverlässig und musikalisch routiniert, wenn auch wenig spektakulär, ausführte.
Filme: Show Them No Mercy (1935) – Danger, Love at Work (1937) – Nancy Steele is Missing (1937) – Second Honeymoon (1937) – Made for Each Other (1938, + H. Friedhofer; Thema: Oscar Levant) – Baricade (1939) – Hotel for Women (1939) – The Gorilla (1939) – Four Sons (1940) – Star Dust (1940) – The Man I Married (1940) – I Was an Adventurer (1940) – The Return of Frank James (Rache für Jesse James, 1940) – Swamp Water (1941) – Lady for a Night (1941) – Chad Hanna (Der Tod des alten Zirkuslöwen, 1942) – My Favorite Blonde (Geliebte Spionin, 1942) – Thunderbrick (1942) – This Gun For Hire (Die Narbenhand, 1942) – Moontide (1942) – Wake Island (1942) – Guadalcanal Diary (Guadalkanal: Die Hölle im Pazifik, 1943) – The Immortal Sergeant (1943) – Corvette K 225 (1943) – Crash Drive (1943) – Till We Meet Again (1944) – The Hitler Gang (1944) – Buffalo Bill (Buffalo Bill, der weiße Indianer, 1944) – The House on 92nd Street (Das Haus in der 92. Straße, 1945) – The Bullfighters (Stierkämpfer wider Willen, 1945) – Junior Miss (1945) – The Brasher Doubloon (1946) – Somewhere in the Night (Irgendwo in der Nacht, 1946) – Home Sweet Homicide (1946) – Shock (1946) – Kiss of Death (Der Todeskuß, 1947) – Boomerang (1947) – Moss Rose (1947) – John Loves Mary (1948) – To the Victor (1948) – June Bride (1948) – Story of Seabiscuit (1949) – Roseanne McCoy (1949) – Colorado Territory (Vogelfrei, 1949) – Three Secrets (Frauengeheimnis, 1949) – Chain Lightning (Des Teufels Pilot, 1950) – The Daughter of Rosie O'Grady (1950) – Pretty Baby (1950) – Montana (1950) – Fort Worth (Das letzte Fort, 1951) – The Enforcer (Der Tiger, 1951) – The Sellout (Von allen Hunden gehetzt, 1951) – Submarine Command (1951) – The Tall Men (Drei Rivalen, 1951) – Lone Star (Mann gegen Mann, 1952) – My Man and I (1952) – Talk About a Stranger (1952) – The Winning Team (1952) – Carson City (Sabotage, 1952) – House of Wax (Das Kabinett des Professor Bondi, 1953) – The System (1953) – The Beast from 20.000 Fathoms (Panik in New York, 1953) – South Sea Woman (Flucht aus Shanghai, 1953) – Long John Silver (Der Schatz der Korsaren, AUS 1953; OST: RCA LPM-3279) – The Secret of the Incas (Das Geheimnis der Inkas, 1954) – Phantom of the Rue Morgue (Der Würger von Paris, 1954) – Target Zero (Sperrfeuer auf Quadrat 7, 1955) – Jump Into Hell (Die Hölle von Dien Bien Phu, 1955) – Santiago (1956) – A Cry in the Night (Ein Schrei in der Nacht, 1957) – The Big Land (Herrscher über weites Land, 1957) – Ok DI (1957) – The Deep Six (Durchbruch bei Morgenrot, 1958) – The Horse Soldiers (Der letzte Befehl, 1959) – PT 109 (Patrouillenboot PT 109, 1963) – Guns of the Timberland (Er kam, sah und siegte, 1969)

Butts, R. Dale

(Robert Dale B.), ** 12.3.1910 Lamasco, Ky., USA, † 7.2.1990 Santa Monica, Calif.* B. schrieb vorwiegend Musiken für B-Filme der 40er und 50er Jahre, darunter etliche Western.
Filme: Sing, Neighbor, Sing (1944) – Don't Fence Me In (1945) – Along the Navajo Trail – Flame of Barbary Coast (1945) – Sioux City Sue – Roll on Texas moon – My Pal Trigger – Night Train to Memphis – Gay Blades – Under Nevada Skies –

Home on the Range – The Catman of Paris – Hellorado (1946) – The Invisible Wall – Second Chance – The Denver Kid (1947) – Night Time in Nevada – The Plunderers – Hellfire – Son of God's Country – The Far Frontier – Eyes of Texas (1948) – Down Dakota Way – The Last Bandit – Bells of Coronado (1949) – Too Late for Tears (Der blonde Tiger, 1949) – Sunset in the West – The Savage Horde – Trigger Jr. – North of the Great Divide – Woman from Headquarters – Hit Parade of 1951 – Rock Island Trail (1950) – Heart of the Rockies – In Old Amarillo – The Sea Hornet – Spoilers of the Plains – Oh, Susannah! – South of Caliente (1951) – The Toughest Man in Arizona (1952) – Women of the North Country (Faustrecht in Minnesota, 1952) – Colorado Sundown – The Wac from Walla Walla – Bal Tabarin (1952) – Sea of Lost Ships – Old Overland Trail – City That Never Sleeps – Shadows of Tombstone – Geraldine – Red River Shore – Champ for a Day – San Antone (1953) – The Shanghai Story – Hell's Half Acre – The Outcast – The Phantom Stallion (1954) – The Vanishing American – The Road to Denver (Postraub in Central City, 1955) – The Fighting Chance – Double Jeopardy – Carolina Cannonball – Hell's Outpost – Headline Hunters – I Cover the Underworld – No Man's Woman – Santa Fe Passage – Lay That Rifle Down (1955) – Dakota Incident (Die Todesschlucht von Laramie, 1956) – The Man is Armed – A Strange Adventure – Accused of Murder – Terror at Midnight (1956) – Stranger at My Door (Der schwarze Mustang, 1956) – Thunder Over Arizona (Duell am Apachenpaß, 1956) – Affair in Reno (1957)

Byers, Billy

(William Mitchell), * *1.5.1927 L.A., USA, † 1.5.1996 Malibu, Calif.* Pop-/Jazz-Arrangeur und Filmkomponist. Spielte 1942–43 Posaune mit den Hollywood Canteen Kids, arbeitete in Filmstudios als Arrangeur, war 1949 bei Georgie Auld, Buddy Rich, Benny Goodman und Arr. für Charlie Ventura.

Er war Staff-Arrangeur am Sender WMGM in N.Y., arbeitete als Freelancer, u.a. für Ralph Burns, Kenny Clarke, Duke Ellington, Al Cohn, Hal McKusick und ging 1956 zu Ray Ventura nach Paris, arbeitete dort auch für Yves Montand und Bobby Jaspar. Ab 1957 wieder in N.Y. 1959 Europa-Tournee mit der → Quincy Jones Big Band. Etablierte sich als Arrangeur in N.Y., arbeitete für Broadway-Shows, aber auch für Pop- und Jazz-Größen wie Count Basie, Billy Eckstine, Charlie Barnet, Ralph Marterie, Buddy Greco, Steve Lawrence, Andy Williams, Sammy Davis, Jr., J.J.Johnson, Peggy Lee, Frank Sinatra, war mit letzterem 1974 auf Tournee. Er gewann acht »Emmys« und orchestrierte drei mit dem Tony-Award ausgezeichnete Shows: »A Chorus Line«, »City of Angels« und »Will Rogers Follies«. B. lebte in den 80er Jahren nochmals in Paris und verbrachte seine letzten Jahre in Kalifornien als Filmkomponist und -Arrangeur, wo es erneut zu einer Zusammenarbeit mit Quincy Jones kam.

Filme (Arr*): Et dieu créa la femme* (F 1956, Score: Paul Misraki) – Le grand bluff (F 1957) – Portrait robot, ou échec á l'assasin (F 1961) – The Pawnbroker* (Der Pfandleiher, 1964; Score: Quincy Jones) – Young Americans (1967) – Hawks and Doves (1968) – Hauser's Memory (Ständig in Angst, 1970) – Lisa, Bright and Dark* (1973, Musik: Rod McKuen) – The Sting* (Der Clou, Score: Marvin Hamlish, 1973) – The Way We Were* (Chérie Bitter, Score: M. Hamlish, 1973) – Mame* (1974) – White Line Fever* (Straße der Gewalt, 1975; Score: David Nichtern) – The Borrowers (1973, + Rod McKuen) – Moonchild (1974) – Silent Movie* (Score: John Morris, 1976) – Pirates (Piraten, Dir., Score: Ph. Sarde)
TV: Streets of San Francisco (1972–76) – The Streets of San Francisco (1972) – Barnaby Jones (1973–80) – Hanging On (1979)

Byjacco, Fritz

(eigentl. Fritz Carl Bernhard Jacoby), * *9.8. 1889 Königsberg (heute Kaliningrad), † 31.12. 1943 Berlin.*
Film: Er oder Ich (1930)

Byrd, Bretton

(James Thomas Bird), * *30.11.1904 Ramsgate, Kent, England, † 28.9.1959 London.* Studierte an der St. George's School in Ramsgate, arbeitete schon mit 16 als prof. Musiker für Shows, Revuen und Tanzorchester, auch als Komponist und Dirigent. 1930 wurde er von

Louis Levy für die Musikabteilung der Gainsborough Studios angeheuert. Er arbeitete an rd. 100 Filmen als Komponist, musikal. Leiter, Dirigent, Musiker oder Toningenieur.
Filme u.a.: Love to Wheels (1932) – It's Love Again (1936) – Smiling Along (1938) – Inspector Hornleigh (1939) – The Saint's Vacation (1941) – The Goose Steps out (1942) – Time Flies (1944) – The Magic Bow (1946, + Yehudi Menuhin) – Look Before You Love (1948) – My Sister and I (1948) – Tony Draws a Horse (1951)

Byrd, Donald

(Donaldson Toussaint l'Ouverture II), * *9.12. 1932 Detroit, Mich., USA.* Der Jazztrompeter studierte an der Wayne Univ. und der Manhattan School of Music. Spielte ab 1955 mit den Jazzgruppen von George Wallington, Gigi Gryce, eigenes Quintett mit Pepper Adams. Spielte in Europa auf Festivals, Lehrtätigkeit an der Music & Art High School in N.Y., leitete die Musikabteilung der Howard-Univ. Gründete die Gruppe The Blackbyrds und war damit erfolgreich im Pop-Geschäft. In den 80er Jahren wandte er sich wieder dem Jazz zu. – Schallplatten für Transition, Columbia, Jubilee, Brunswick, Blue Note, Bethlehem, Muse, Verve, Elektra, Landmark.
Filme: Cornbread, Earl and Me (1975) – The Next Step (1996)

Byrne, David

* *14.5.1952 Dumbarton, Schottland.* Der Avantgarde-Rockmusiker (g,voc) wuchs in Baltimore, Ohio, auf, studierte an der Rhode Island School of Design, gründete aber bald mit zwei Mitstudenten die Gruppe Talking Heads. Die LP »My Life in the Bush of Ghosts« mit Brian Eno wurde ein Klassiker durch ihre Klang-Collagen, ethnischen Einflüsse und rhythmischen Freiheiten. Erste Solo-LP »The Catherine Wheel«. Der Film »True Stories« zeigt ihn auch als Drehbuchautor und Schauspieler. Einen Oscar gab es für die Musik zum Bertolucci-Film »Der letzte Kaiser«. Ende der 80er Jahre ging er mit einem Latin-Ensemble auf Tournee und wandte sich dann der Weltmusik zu, er veröffentlichte etliche LPs auf seinem Label Luaka Bop.
Filme: Stop Making Sense (1984) – True Stories (1986, auch Drehbuch u. Schauspieler) – The Last Emperor (Der letzte Kaiser, mit Ryuichi Sakamoto u. Cong Su, 1987)

Byron, Don

(Donald), * *8.11.1958 N.Y., USA.* Der Jazzmusiker (cl) studierte am New England Conservatory of Music und wurde danach bekannt durch ein Klezmer-Projekt mit der CD »D. B. Plays the Music of Mickey Katz«. Mitte der 80er Jahre geriet er in den Sog der New Yorker Jazz-Avantgarde und spielte mit Bill Frisell, David Murray, Marc Ribot u.a. 1996 als Musiker im R.Altman-Film »Kansas City«. Schallplatten für Elektra/Nonesuch, Blue Note und True North.
Filme: The Papp Project (1999) – Walk, Don't Walk (2000)

C

Cacavas, John

** 13.8.1930 Aberdeen, South Dakota, USA.* Musiker, Arrangeur und Komponist, arbeitet vor allem fürs TV, u.a. mit den Regisseuren Jerry Jameson, Lee H. Katzin, Ernie Pintoff, Lawrence Schiller und Eugenio Martin. Als Arrangeur/Dirigent für Bill Broughton, Dee Dee Warwick, Orlando Philharmonic u.a.; er komponierte mit Les Baxter eine »Edgar Allan Poe«-Suite.

Filme: Blade – Panico en el Transiberio – Pancho Villa (1972) – She Cried Murder (1973, TV) – Linda (1973, TV) – The Satanic Rites of Dracula (Dracula braucht frisches Blut, 1973) – Airport 1975 (1974) – The Elevator (1974, TV – Kate McShane – Friendly Persuasion (1975, TV) – Murder at the World Series (1977, TV) – Airport '77 (1977) – Relentless (1977, TV) – Human Feelings – Superdome – The Time Machine – BJ and the Bear (1978, TV) – Hellinger's Law – Hangar 16 – Once Upon a Spy (1980, TV) – Mortuary – The Child Bride of Short Creek – No Place to Hide – Today's FBI – Gangster Wars (Bis zum letzten Schuß, 1981, + Billy Goldenberg) – The Gangster Chronicles (1981, TV) – The Neighborhood (1982, TV) – Separate Ways (1982) – The Executioner's Song – Cry for the Strangers (1982, TV) – Still the Beaver – Women of San Quentin (1983, TV) – A Time to Die (1983) – Jessie (1984, TV) – Jenny's War (1985, TV) – Murder by Reason of Insanity – A Death in California (1985, TV) – A Time to Triumph (1986, TV) – Police Story: The Freeway Killings (L.A.Police: Mord auf dem Freeway, 1987, TV) – The Dirty Dozen: The Fatal Mission (1988, TV) – Body of Evidence (1988, TV) – Double Exposure: The Story of Margaret Bourke-White (1989, TV) – Murder in Paradise – Kojak: None so Blind (1990, TV) – Perfect Murder, Perfect Town (2000) – TV: Columbo: Caution, Murder Can be Dangerous to Your Health – Tödliche Tricks – Tödliche Kriegspiele u.a. – The Return of Ironside

Cadkin, Emil

US-Komponist, für den Film tätig seit 1947, meist B-Filme des Western- und Action-Genres.

Filme: The Big Fix (1947) – Three on a Ticket (1947) – Gunsmoke in Tucson (1958) – The Killer Shrews (1959) – The Devil's Bedroom (1964) – Navajo Run (1966)

Cage, John Milton

** 5.9.1912 Los Angeles, USA, † 12.8.1992 N.Y.* Bedeutender amerik. Komponist des 20 Jh. Studierte ab 1932 u.a. bei Henry Cowell und Arnold Schönberg. Ab 1927 war er Ballettrepetitor in Seattle, 1942 begann eine Zusammenarbeit mit dem Tänzer M.Cunningham. 1950 entwickelte er mit M.Feldman, E.Brown und Chr.Wolff in N.Y. das »Project of Music for Magnetic Tape«. Zahlreiche Reisen nach Europa, wo er bei seinen Auftritten in Donaueschingen und Darmstadt die europ. Avantgarde beeinflusste. Seine frühen Werke schrieb er meist für Schlagzeug und Klavier, er erfand das »präparierte« Klavier (*Bacchanale*, 1938), übernahm zeitweilig die Zwölftontechnik, interessierte sich für östliche Musikkulturen und benutzte Zufallsoperationen, um seine Kompositionen von jeglichen Einflüssen freizuhalten. Sein umfangreiches Werk umfasst Werke für Klavier, Ballette, Kammermusiken, Orchesterwerke, für Tonband und elektronische Geräte u.a.

Lit.: Notations, N.Y. 1969. – Empty Words, Writing 1963–78, 1979. – R.Kostelanetz (Hg), John Cage, 1868, dt. 1973

Filme: Horror Dream – Dream That Money Can't Buy (1944/47, *Music for Marcel Duchamp*; + Louis Applebaum) – Works of Calder (1959)

Cahn, Sammy

(eigentl. Samuel Cohen), ** 18.6.1913 N.Y., USA, † 15.1.1993 L.A.* Songtexter der 30er bis 60er Jahre. Begann als Geiger und Pianist in Tanzorchestern, leitete in den 20er Jahren eine Band mit → Saul Chaplin. Arbeitete dann

mit Eddie DeLange, Johnny Burke u. Saul Chaplin zusammen, in den 40er Jahren mit → Jule Styne und Jimmy Van Heusen, etliche (Film-) Songs für Frank Sinatra. 1955 Songs mit Sylvia Fine für den Danny Kaye-Film »Der Hofnarr« (The Court Jester). Ab 1955 war er auch Musikverleger, trat im TV auf und 1974 am Broadway in »Words and Music«.
Lit.: I Should Care, N.Y. 1974

Caillet, Lucien

** 22.5.1891 Chalons-sur-Marne, Frankreich, † 3.1.1985 Woodland Hills, Calif.*
Filme: The Enchanted Forest (1945) – Fun an a Weekend (1947) – The Winner's Circle – Harpoon – Thunder in the Pines – Trouble Preferred – State Department-File 049 (1948)

Cale, John

** 9.3.1942 Crynant, West Glamorgan (Wales), UK.* Studierte Viola und Piano am Londoner Goldsmith College, wo er mit elektronischer Musik bekannt wurde. Ein Leonard Bernstein-Stipendium ermöglichte ihm 1963 das Studium am Eastman Conservatory in Massachusetts. Ging dann nach New York, wurde Mitglied der Gruppe Dream Syndicate, dem Avantgarde-Ensemble von LaMonte Young. Begann Rockmusik zu spielen, tat sich mit Lou Reed zusammen, gründete mit ihm die heute legendäre Gruppe The Velvet Underground. Ab 1968 Solokarriere, arbeitete mit Terry Riley, Brian Eno u.a. zusammen, war Produzent von Patti Smith u.a. 1993 gab es eine Reunion von Velvet Underground.
Filme: Velvet Underground and Nico (1966) Heat (1972) – Caged Heat (1974) – Who Am I This Time? (1982) – Le femme de mon pôte (F 1983) – Something Wild (1986) – Lou Reed & John Cale : Songs for Drella (Dok., 1989) – Paris s'eveille (1991) – Primary Motive (1992) – La naissance de l'amour (1994) – N'oublie pas que tu vas mourir (1995) – Antartida (1995, als Schauspieler) – Basquiat (1996) – I Shot Andy Warhol (1996) – Rhinoceros Hunting in Budapest (1997) – House of America (1997) – Somewhere in the City (1997) – Le vent de la nuit (1999) – Abschied (D/PL 1999) – Saint-Cyr (2000) – American Psycho (2000) – Love Me (F 2000)

Calker, Darrell W.

** 15.2.1905 Washington, D.C., USA, † 20.2. 1964 Malibu, Calif.* US-Komponist im Film der 40er und 50er, meist Western-, Action- und Science Fiction-Filme der B-Kategorie.
Filme: Renedae Girl (1946) – Backlash – Shoot in Kill – Albuquerque – Jewels of Brandenburg – Adventure Island – Big Town – I Cover the Town (1947) – Sinister Journey – The Big Scandal – Borrowed Trouble – Half Past Midnight – Fighting Back (Back) – Tucson – El Paso – Manhandled (1949) – The Flying Saucer – The Fighting Redhead – Forbidden Jungle – Federal Man (1950) – Joe Palooka in Triple Cross – FBI Girl – The Hoodlum – Cattle Queen – Superman and the Mole Men – Slaughter Trail – Savage Drums (1951) – Outlaw Treasure (1955) – Voodoo Woman – From Hell it Came (1957) – My World Dies Screaming (1958) – Chartroose Caboose (1958) – Beyond the Time Barrier (1960) – The Amazing Transparent Man (1960)

Calvi, Gérard

(eigentl. Grégoir Krettly), ** 27.7.1922 Paris.* Frz. Komponist, arbeitete für den Film in den 60er bis 80er Jahren, u.a. mit dem Regisseur Christian-Jacque und für »Asterix«-Cartoons.
Filme: Le grand chef (1959) – La belle américaine – Peek-a-Boo (1961) – Carambolages (1963) – Allez France ! – La tulip noire (1964) – The Counterfeit Constable (1966) – Le petit baigneur (1967) – Asterix et Cléopatre (Asterix und Kleopatra, Cartoon, 1968) – Trois hommes sur une cheval (Drei Mann auf einem Pferd, 1970) – A la guerre comme à la guerre – Le viager (1972) – La belle affaire (Auch die Engel essen Linsen, 1972) – Vos geules, les mouettes ! – Les gaspards – Bon baiser, à lundi (1974) – Les douze traveaux d'Asterix (Asterix erobert Rom, Cartoon, 1975) – Bonjour, Monsieur Lewis (Dok., 1982) – Bonjour l'angoisse (1989)

Cameron, John

** 20.3.1944 Woodford, Essex, England.* Komponist, Sound Designer und Produzent. Arbeitete für engl. und US-Filme, mehrfach mit den Coen-Brüdern, aber auch mit den Regisseuren Ken Loach, Sam Raimi und David Wickes.

Filme: Poor Cow (1968, Dir.) – All the Right Noises (UK 1969) – Kes (UK 1969) – Every Home Should Have One (Haferbrei macht sexy, UK 1970) – The Rise and Rise of Michael Rimmer (1970) – Think Dirty – The Death Wheelers – Black Beauty (1971) – The Ruling Class Made – The Strange Vengeance of Rosalie – A Touch of Class (Mann, du bist Klasse!, 1973; Song: *All That Love Went to Waste* von George Barrie u. Sammy Cahn) – Charlie One-Eye (1973) – Night Watch (Die Nacht hat tausend Augen, 1973) – Scalawag (1973) – Games Girls Play – Moments – Whiffs (1974) – Who? (Der Mann aus Metall, 1975) – Out of Season (Haß kennt keine Nachsaison, 1975) – I Will ... I Will ... For Now (Ich will ... ich will ... vielleicht?, 1975) – Nasty Habits (1976) – The Great Scout and Cathouse Thursday (Supermann des Wilden Westens, 1976) – Spectre (1976, TV) – The Thief of Bagdad (Der Dieb von Bagdad, 1978, TV) – Sunburn (1979, TV) – Lost and Found (Ein irres Paar, 1979) – The Bermuda Triangle (1979, Dok.) – The Omega Connection (1979) – The Mirror Crack'd (Mord im Spiegel, USA 1981) – Jimmy the Kid (1982) – Witness for the Prosecution (Zeugin der Anklage, 1982, TV) – The Jigsaw Man – The Young Visitors (1984) – The Secret Garden (1987) – Jack the Ripper (1988, TV) – Hawks (1989) – Jekyll and Hyde (1990, TV) – Frankenstein (1993, TV) – Driftwood (1997)

Camillo, Tony

US-Rock-Musiker, Komponist, Songschreiber, Arrangeur und Produzent. Arbeitete mit den Chambers Bros., Bill Amesbury, Bazuka, Eric Carmen, Sandra Feva u.a., für den Film seit 1974, u.a. mit den Komp. Barry Mann, Michael Masser, Ivory Joe Hunter, Cynthia Weil und Clyde Otis.

Filme: Hangup (1974) – Welcome to Arrow Beach (1974) – Pipe Dreams (1976) – Getting Together (1976) – The Survivalist (1978)

Carabella, Ezio

** 3.3.1891 Rom, Italien, † 19.4.1964 ebd.* Der Komponist arbeitete für den Film in den 40er und 50er Jahren, meist für Abenteuer- und Kostümfilme.

Filme: I tre aquilotti (1942) – Il diavolo bianco (Der weiße Teufel, 1948) – L'uomo dal guanto grigio – Monaca Santa (Der heilige Schwur, 1949) – Santo Disonore (1950) – The Island of Procida (1952) – Les mystères de Paris (Der Graf mit der eisernen Faust, F/I 1957)

Carbonara, Gérard

** 8.12.1886 New York City, USA, † 11.1.1959 Sherman Oaks, Calif.*

Filme: Warming Up – Sawdust Paradise (1928) – The Patriot (1928, + D. Savino) – Traffic – Any Way to Get There – On the Farm – Across America (Kf., 1932) – The Promised Land (Dok., 1935) – The Trail of the Lonesome pine – Fatal Lady – Girl of the Ozarks – The Texas Rangers (1936) – Paris Honeymoon (1936, + Shuken) – The Texans – The Arkansas Traveler – Mysterious Rider – Men with Wings (+ Harling) – Tom Sawyer (1938) – The Gracie Allen Murder Case – Our Leading Citizen (1939) – Geronimo (+ Leipold) – Parole Fixer – Women Without Names – Dr. Cyclops (+ Toch, Malotte) – Island of Doomed Men – I Married Adventure (1940) – The Round-Up – The Shepherd of the Hills – The Night of Janaury 16th – Among the Living (1941) – Pacific Blackout – Tombstone – American Empire (1942) – Night Plane from Gungking – The Kansan – Henry Aldrich Haunts a House (1943) – Easy Money (kF.) – By Your Command (Kf.) – The Immortal Blacksmith (Kf.) – The Town Went Wild (1944) – Clean Waters (Kf.) – Welding (Kf.) – Transportation (Kf.) – Transit (Kf., 1945) – Running Water on the Farm (Kf.) – More Power to the American Farmer (Kf.) – More Power to America (Kf., 1946) – Of This We Are Proud (Kf.) – By The Works (Kf.) – Textile Industry (Kf.) – Highway Highlights (Kf., 1948) – The Big Wheel (1949, + Leipold, Finston)

Carlos, Wendy

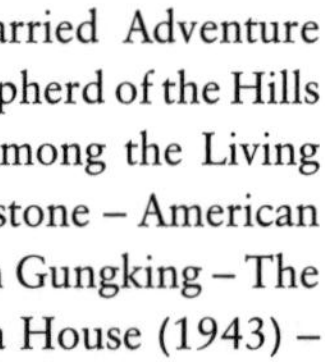

** 14.11.1939 Pawtucket, R.I., USA (als Walter Carlos).* Der gelernte Physiker tat sich in den 60er Jahren mit dem Synthesizer-Erfinder Robert A. Moog zusammen und nahm mit Hilfe von Benjamin Folkman das Album »Switched on Bach« auf, welches 1969–71 ein Bestseller war. Der Hit führte zu weiteren Alben wie »The Well-Tempered Synthesizer« und »Sonic Seasonings«. Nach einer Geschlechtsumwandlung nannte er sich C. Wendy. 1992

nahm sie zum 25-jährigen Jubiläum des Original-Albums »Switched on Bach II« auf.
Filme: Clockwork Orange (Uhrwerk Orange, UK 1971) – The Shining (1980) – Tron (1982) – Stanley Kubrick, A Life in Pictures (Dok., 2001)

Carmichael, Hoagy

(Hoagland Howard), * *22.11.1899 Bloomington, Ind., USA, † 28.10.1981 Palm Springs, Calif.* Bedeutender Songschreiber der 20er bis 50er Jahre. Schrieb Standards wie *Star Dust, Rockin' Chair, Georgia on My Mind* und *Skylark*. Studierte an der Univ. von Indiana, spielte in College Band und mit Jazzmusikern wie Bix Beiderbecke. Trat als Pianist und Sänger auf, arbeitete seit den 30er Jahren vor allem als Komponist, auch für Film und Broadway (»Walking with Music«, 1940). Er trat in einigen Filmen als Schauspieler auf und hatte in den 50er Jahren eine TV-Show.
Lit.: M.Carmichael, The Star Dust Road/Sometimes I Wonder; The Autobiographies of H.C. (1946/1965), N.Y.1999. – Richard M. Sudhalter, Stardust Melody, The Life and Music of H. C., 2002
CD: Hoagy Sings Carmichael, Kings of Jazz KJ 154 – The Song Is ..., Living Era AJA 5074 – The Classic H.C., Smithsonian/BB CD 3007 – Star Dust & Much More, Bluebird ND 88333
Filme (als Song-Schreiber/Schauspieler*): Anything Goes (1936) – Topper* (1937) – Every Day's a Holiday (1938) – Road Show (1940) – True to Life (1943) – To Have And Have Not* (Haben und Nichthaben, 1944) – Johnny Angel* (1945) – The Stork Club – Canyon Passage* – The Best Years of Our Life* (Die besten Jahre unseres Lebens, 1946) – Ivy – Night Song* (1947) – Johnny Holiday* (1949) – Young Man With A Horn* (Der Mann ihrer Träume, 1950) – Here Comes the Groom (Hochzeitsparade, 1951) – The Las Vegas Story* (Die Spielhölle von Las Vegas, 1952) – Belle on Their Toes* (Im Dutzend heiratsfähig, 1952) – Gentlemen Prefer Blondes (Blondinen bevorzugt, + Jule Styne, 1953) – Timberjack (Der Rächer vom Silbersee, 1955) – Three for the Show (Liebe im Quartett, 1955)

Carmichael, Ralph R.

* *27.5.1927 Quincy, Ill., USA.* Komponist und Arrangeur. Arbeitete in den 50er und 60er Jahren für Capitol Records, arrangierte und produzierte hier LPs für Earl Hines, Stan Kenton u.a., begleitete mit Studiobands diverse Vokalisten und arbeitete schließlich auch für Film und TV.
Filme: Wiretappers (1956) – The Persuader (1957) – The Blob (Blob – Schrecken ohne Namen, 1958) – 4D Man (1959) – Three Weeks of Love (1965) – The Restless One (1965) – For Pete's Sake (Bei mir liegst du richtig, 1966) – The Cross and the Switchblade (Das Kreuz und die Messerhelden, 1970) – The Late Liz (1971) – Joni (1979)

Carow, Stefan

* *23.11.1957 Berlin/DDR.* Sohn des Regisseurs Heiner C., lebt seit 1989 in L. A.
Filme: Gritta vom Rattenschloß (1985) – So viele Träume (1986) – Die Schauspielerin (1988) – Coming Out (1989) – Verfehlung (1991) – Vater Mutter Mörderkind (1992) – Childhood (1999)

Carpenter, John Howard

* *16.1.1948 Carthage, N.Y., USA.* Der Sohn eines Musikprofessors drehte schon als Kind Amateurfilme; er studierte später an der California Film School, arbeitete in dieser Zeit an Kurzfilmen und schrieb Drehbücher; er war als Regie-Assistent, Komponist und Kameramann am mit einem Oscar ausgezeichneten Kurzfilm »The Resurrection of Bronco Billy« (1970) be-

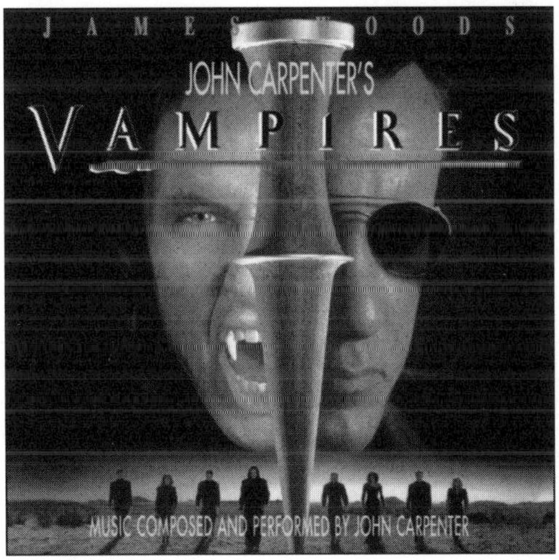

Musik: John Howard Carpenter (Soundtrack zum Film)

teiligt. Er machte sich als Regisseur von Horrorfilmen wie »The Fog« und »Halloween« einen Namen.
Filme (Regie und Musik): Dark Star (1974, OST: Varèse 5327) – Assault on Precint 13 (Assault – Anschlag bei Nacht, 1976) – Dark Star (Dunkler Stern, 1974) – Halloween (1978) – The Fog (Nebel des Grauens, 1980) – Escape from New York (Die Klapperschlange, 1981, OST: Varèse 47224/Milan) – Halloween 2 (1981, + Alan Howarth; OST: Varèse 47152) – Halloween 3 (1983, + Alan Howarth; OST: Varèse 5343) – Christine (1983, auch Regie; OST: Varèse 5240) – Big Trouble in Little China (1986) – Prince of Darkness (1987, OST: Varèse 47310) – The Thing (Das Ding) – Halloween 4 (nur Thema) – They Live (1988) – Village of the Doomed (Das Dorf der Verdammten, 1995, + Dave Davies) – Vampires (1999, OST: Milan) – Ghost of Mars (2001, + Anthrax)

Carpenter, Pete
(Clarence Peter), * *1915 USA, † 18.10.1987 Burbank, Calif.* C. war ein Veteran der Swing-Ära; er spielte Posaune in div. Big Bands (u.a. Tommy Dorsey) und arbeitete in den 50er Jahren als Studio-Musiker in Hollywood. Anfang der 70er Jahre tat er sich mit → Mike Post zusammen, dessen Arbeiten fast alle in Kooperation mit C. entstanden.
Film: The Rousters (1983)

Carr, Michael
(eigentl. Maurice Cohen), * *17.3.1900 Leeds, England, † 16.9.1968 London.* Songschreiber, u.a. *South of the Border* und *Old Faithful.* Schrieb auch Lieder für Filme wie »Follow Your Star« und »Flight From Folly« (1946).

Carras, Nicholas
(Nicholas Samuel Carastathis), * *31.1.1922 Donora, Pa., USA.* Komponist, der in den 50er bis 70er Jahren mit den Regisseuren Ted Mikels, Richard E. Cunha und Jack L. Copeland zusammenarbeitete, häufig primitiv zusammengeschusterte Streifen.
Filme: The Female Jungle – High School Caesar (1956) – She Demons – Frankenstein's Daughter – Dragstrip Riot – Hell's Five Hours (1958) – Missile to the Moon (1959) – Willy (1963) – The Astro-Zombies (Astro-Zombies, Roboter des Grauens) – Girl in Gold Boots (1969) – Do Not Throw Cushions into the Ring (1970) – The Yin and Yang of Dr. Go (1971) – The Doll Squad (1973) – 10 Violent Women (1979) – Omega Syndrome (1987, TV)

Carrion, Gustavo Cesar
→ Cesar Carrion, Gustavo

Carste, Hans

(eigentl. Hans Friedrich August Häring), * *5.9. 1909 Frankenthal/Pfalz, † 11.5.1971 Bad Wiessee.* Dt. Bandleader, Komponist und Arrangeur. Studierte in Wien, arbeitete ab 1930 als Arrangeur und Dirigent für div. Plattenfirmen und Filmstudios in Berlin. 1949 wurde er Dirigent des RIAS-Unterhaltungsorchesters, von 1958–67 war er Aufsichtsratsvorsitzender der → GEMA. Er komponierte Schlager (*Küß mich, bitte bitte küß mich, Sie will nicht Blumen und nicht Schokolade*), die Operette »Lump mit Herz« und Filmmusiken.
Filme: Roman einer Nacht (1933) – Gretl zieht das große Los (1933) – Gretl zieht das große Los (1933, + Gustav Althoff) – Die Flüchtlinge aus Chicgao (1933) – Roman einer Nacht (1933, + Ludwig Rüth (=Lewis Ruth) – In Sachen Timpe (1934, + L.Rüth) – Liebe dumme Mama (1934) – Alte Kameraden (1934) – Das Erbe in Pretoria (1934) – Ein ganzer Kerl (1935) – Varieté (1935) – Der Außenseiter (1935) – Spiel auf der Tenne (1937) – Die gläserne Kugel (1937) – So weit geht die Liebe nicht (1937) – Unter Ausschluß der Öffentlichkeit (1937) – IA in Oberbayern (1937) – Maja zwischen zwei Ehen (1938) – Drei wunderschöne Tage (1939) – Die Frau ohne Vergangenheit (1939) – Die barmherzige Lüge (1939) – Rheinische Brautfahrt (1939) – Die unvollkommene Liebe (1940) – Madonna in Ketten (1949)

Carter, Benny
(Lester Bennett), * *8.8.1907 N.Y., USA.* Der bedeutende Jazzmusiker (as, tp) war weitgehend Autodidakt und spielte in den 20er Jahren mit Horace Henderson, June Clark, Duke Ellington, Charlie Johnson u.a., 1929–31 bei Fletcher Henderson und leitete 1932 McKinney's Cotton Pickers. 1935 bei Willie Bryant,

1935 in Paris bei Willie Lewis, 1936 in London bei Henry Hall. Ab 1939 in den USA eigene Big Band bis 1947. Ließ sich dann in L.A. nieder, arbeitete als Studiomusiker und Komponist, spielte mit eigenen Gruppen oder war auf Tournee mit der Jazz at the Philharmonic-Truppe. Seit den 70er Jahren tritt er wieder verstärkt als Jazzmusiker auf. C. gehört zu den großen Drei des Alt-Saxophons der 30er Jahre (neben Johnny Hodges und Willie Smith), hat aber auch als Trompeter einen ganz persönlichen Stil. Zahlreiche Schallplatten.
Lit.: M. & E.Berger, B. C., A Life in American Music, Metuchen, N.J. 1982.
Filme: Look Out Sister (1948) – Edge of the Doom/Stronger than Fear (Auf des Schicksals Schneide, 1950, + Emil Newman) – M Squad (TV-Serie 1957–69, + Count Basie, Stanley Wilson) – The Sun Also Rises (Zwischen Madrid und Paris, Arr., 1957; Score: H.Friedhofer) – Harlem Wednesday (1958) – Stadt ohne Mitleid (Town Without Pity, Arr., Score: D. Tiomkin, 1961) – State Fair (Texas-Show, Arr., 1962) – Alfred Hitchcock Hour (TV-Serie 1962–65, + L.Schifrin) – The Hanged Man (Einbahnstraße in den Tod, 1964) – Fame is The Name of The Game (1966) – A Man Called Adam (1966) – Urbanissimo (Cartoon, KAN 1966) – The Cruise (1967) – Ironside (TV-Serie 1967–74, + Marty Paich, Quincy Jones, Oliver Nelson, Benny Golson) – Night of the Game (TV-Serie 1968–71, + Oliver Nelson) – The Man Hunter (1969, + Stanley Wilson) – Red Sky at Morning (Arr.) – Banyon (TV 1972) – Buck and the Preacher (Der Weg der Verdammten, 1972) – Upkeep (Cartoon, 1973) – People People People (1975)

Casavola, Franco

** 13.7.1881 Modugno (Bari), Italien, † 7.7. 1955 ebd.*
Film: Der singende Tor (1939)

Cash, Johnny

** 26.2.1932 Kingsland, Ark., USA.* Der legendäre Countrymusiker und Songschreiber hat sich gelegentlich als Filmkomponist versucht, in einer Reihe von (TV-)Filmen trat er auch als Schauspieler auf, u.a. einer TV-Version von »Stagecoach« und »The Last Days of Frank & Jesse James« (1986).
Filme: Five Minutes to Live (1961, Songs, auch Schauspieler) – Little Fauss & Big Halsey – I Walk the Line (1970) – A Gunfight (1971, auch Schausp.) – The Gospel Road (Dok., 1973; Songs, Drehbuch, Prod.) – The Pride of Jesse Hallam (1980, TV) – Blue City (1986, Songs) – The Big Town (1987, Songs) – Johnny Cash: The Man, His World, His Music (Dok., 1997)
CD: I Walk the Line/Little Fauss & Big Halsey, Bear Family BCD 16130

Castelain, Maurice

→ Verdun, Henry

Castelnuovo-Tedesco, Mario

** 3.4.1895 Florenz, Italien, † 16.3.1968 L.A., USA.* Der Komponist machte sich auch als Lehrer einen Namen, bei ihm studierten u.a. die Filmkomponisten Jerry Fielding, Jerry Goldsmith, Henry Mancini, Marty Paich und John Williams.
Filme: And Then There Were None (Das letzte Wochenende, 1945) – The Loves of Carmen (Liebesnacht in Sevilla, 1948) – Mark of the Avenger (1951) – The Brigand (Der Brigant, 1952) – The Long Wait (Das lange Warten, 1954)

Castiñeira de Dios, José Luis

** 9.4.1947 Buenos Aires.* Argentinischer Komponist, seit 1974 für den Film tätig.
Filme: Muerte de Sebastián Arache y su oprobre entierro (1974) – Los tigres de la memoria (1984) – Tangos, l'exil de Gardel (1986) – La noche de los lápices (1986) – La amiga (Die Freundin,1988) – Desembarcos (Es gibt kein Vergessen, 1989) – Guerriers et captives (1989) – La general y la fiebre (1990) – Las tumbas (1991) – El cóndor de oro (1995) – Eva Perón (1996) – Un amor de Borges (1999)

Casucci, Leonello

** 1885 Mailand, Italien, † 3.11.1975 ebd.* Komponist des Evergreens *Schöner Gigolo (Just a Gigolo)*.
Film: Gigolo (1930, + Ferdy Kaufman, Fritz Hemman)

Cayman, Dori

(Caymi Dori = Dorival Tostes Caymmi, Jr.), * *26.8.1943 Rio de Janeiro, Brasilien.* Sohn des Komponisten Dorival Caymmi Sr., Bruder der Musiker und Komponisten Danilo Candido Tostes Caymmi (* 7.3.1948 Rio) und Dinahir (Nana) Tostes Caymmi (* 29.4. 1941 Rio).

Filme: Sandpit Generals (1970, als Schauspieler) – Les naufrages de l'ile de la Tortue (Die Schiffbrüchigen der Schildkröteninsel, F 1976, + Nana Vasconcelos) – Cinema Falado (1986, als Schauspieler) – Bela Donna (BR/F 1993) – Dona Flor – A estrela sobe – Tati a garota

Caymmi, Dorival

→ Cayman, Dori

Cerda (Sanchez), Philipp de la

* *22.6.1895 Wien, Österreich, † 19.3.1893 Innsbruck (Tirol).*

Filme: Stürmisch die Nacht (1931, + H. Arnold, B. Uher, Ch. Gaudriot) – Tänzerinnen für Südamerika gesucht (1931, + W. Meisel) – Das Schicksal einer schönen Frau (1932)

Cesar Carrion, Gustavo

(Gustavo Cesar Carrion Arroyo), * *26.10. 1916 Mexico City, † 9.6.1996 ebd.* Mexikanischer Komponist, im Film tätig seit 1957, u.a. für die Regisseure Alberto Gout, Chano Urueta, Gilberto Gazcon und Emilio Gomez Muriel. (Anm.: Mit Rafael und Ricardo Carrion gibt es zwei weitere Komponisten dieses Namens.)

Filme: El ataud del vampiro – Flor de Mayo – La revolucion Mexicana (Dok., 1957) – Le estrella vacia – The Man and the Monster (1958) – El espero de la bruja (1960) – La maldicion de la llorona – Tres tristes tigres – Yanco – El pandillero – Palma brava – En cada feria un amor (1961) – The Empty Star – El rapt de las sabinas – La risa de la ciudad (1952) – The Fool Killer – The Living Coffin (1965) – Rage (1966) – The Living Head – Las Vampiras (1969) – El derecho de nacer (1971) – La casa del sur (1974) – Hijo albaniles (1976) – Entre ficheras anda el diablo – Forajidos en la mira – Mas vale pajaro en mano (1987)

Chabrol, Matthieu

* *21.12.1956 Paris, Frankreich.* Sohn des Filmregisseurs Claude Chabrol (* 24.6.1930), er schrieb u.a. die Musik für einige Filme seines Vaters.

Filme: Les fantômes du chapellier (Die Fantome des Hutmachers, 1982) – Poulet au vinaigre (Hühnchen in Essig, 1984) – Le sang des autres (1984, TV) – Inspecteur Lavardin (1986) – Masques (Masken, 1986) – Le cri du hibou (Der Schrei der Eule, 1987) – Une affaire des femmes (1988) – Jours tranquils á Clichy (Stille Tage in Clichy, 1989) – Madame Bovary (1991) – Betty (1993) – L'enfer (Die Hölle, 1994) – La cérémoni (1996) – Rien ne va plus (Das Leben ist ein Spiel, 1997) – Au cœur du mensonge (1999) – Merci pour le chocolat (Süßes Gift, 2000)

Chagrin, Francis

(eigentl. Alexander Pauker), * *15.11.1905 Bukarest, Ungarn, † 10.11.1972 London.* Der Komponist arbeitete 1932–36 in Paris, 1938 ließ er sich in England nieder. Er arbeitete für die BBC als Kenner der frz. Musik, während des Krieges war er für die Musik der BBC-Sendungen für die Résistance zuständig. Er schrieb auch Musik für eine Reihe von Dok.- und Propaganda-Filmen.

Filme: Ce colle (F 1934) – La lutte pour le vie (F 1934) – Le grande croisière (F 1935) – David et Goliath (F 1936) – Silent Battle (UK 1939) – Continental Express (1939) – Law and Disorder (UK 1940) – Picture Paper (Kf., 1946) – Last Holiday (Ferien wie noch nie, UK 1950) – Castle in the Air (1952) – The Intruder (1953) – The Beachcomber (1954) – An Inspector Calls (Ein Inspektor kommt, UK 1954) – The Deep Blue Sea – Simba – The Colditz Story (1955) – Charley Moon (1956) – No Time for Tears (1957) – The Snorkel (1958) – Breakout – Strange Affection (1959) – Greyfriars Bobby – The Monster of Highgate Ponds (Cartoon, 1961) – In the Cool of the Day (Begierde an schattigen Tagen, 1963) – Clue of the Twisted Candle (1968) – The Marriage of Convenience (1970)

Chang, Gary Kington

* *22.2.1953 Minneapolis, Minn., USA.*

Filme: The Breakfast Club (Der Frühstücksclub, 1985) – Miami Blues (1986) – Under Siege (1992) – Jagdgründe des Verbrechens (1996) – The Island of Dr. Moreau (Die Insel des Dr. Moreau, 1996) – TV: The Crossing – Storm of the Century

Chaplin, Charlie

(Charles Spencer), * *16.4.1889 Walworth/London, † 25.12.1977 Corsier-sur-Vevey, Kanton Waadt, Schweiz.* Der Sohn eines Music Hall-Entertainers und einer Sängerin hatte schon als Kind erste Bühnenerfahrungen. 1910 besuchte er mit einer Vaudeville-Truppe erstmals die USA, 1913 ließ er sich hier nieder und arbeitete für Mack Sennett (Keystone) wo er die Figur des Tramp mit Bowler-Hut, Spazierstock und Bärtchen entwickelte, die ihn in weltberühmt machen sollte. Er drehte für Sennett 35 (Kurz-) Filme, für etliche schrieb er das Buch und führte Regie. 1915 ging er zu Essanay, hier entstand sein erstes Meistwerk »The Tramp«. 1918 wechselte er zur First National, 1919 gründete er mit Mary Pickford, D.W.Griffith und Douglas Fairbanks die United Artists Corporation. 1925 enstand sein für viele bester Film, »Goldrausch«. Das Aufkommen des Tonfilms bereitete Chaplin ein Problem, war doch seine Kunst wesentlich pantomimisch. So drehte er bis 1936 weiter (erfolgreiche) Stummfilme (»Lichter der Großstadt«, 1931; »Moderne Zeiten«, 1936). Sein erste großer Tonfilm war 1940 die Hitler-Parodie »Der große Diktator«. 1952 ließ er sich in der Schweiz nieder, nachdem ihn das Komitee für unamerikanische Umtriebe (zu Unrecht) kommunistischer Neigungen verdächtigt hatte und man ihn wegen mehrerer Ehen mit sehr jungen Frauen auch noch für »unmoralisch« hielt. Er kehrte nie zurück. – Chaplin schrieb auch die Musik zu seinen Filmen, obwohl er in dieser Beziehung Autodidakt war und er auch keine Noten lesen konnte. In der Praxis summte er seine musikalischen Einfälle einem Assistenten vor, der sie dann aufschrieb und orchestrierte.

Lit: My Autobiography, 1964. – Theodore Hudd, Charles Chaplin, 1951.

Filme mit Musik von Chaplin: City Lights (Lichter der Großstadt, 1931, mit Arthur Johnson) – Modern Times (Moderne Zeiten, 1936; mit David Raksin) – The Great Dictator (Der große Diktator, 1940; mit Meredith Willson) – Monsieur Verdoux (Der Heiratsschwindler von Paris, 1947) – Limelight (Im Rampenlicht, 1952; mit Raymond Rasch, Larry Russell) – A King in New York (Ein König in New York, 1957) – The Countess from Hong Kong (Die Gräfin von Hongkong, 1967)

Chaplin, Saul

(eigentl. Kaplan), * *19.2.1912 Brooklyn, N.Y., USA, † 15.11.1997 L.A.* Songschreiber der 30er Jahre, meist mit dem Texter → Sammy Cahn. Erfolgreichste Songs: *Bei mir bist du schön, Shoe Shine Boy, Until the Real Thing Comes Along, The Anniversary Song*. Studierte an der NYU School of Commerce, spielte in Tanzorchestern und leitete eine Band mit Sammy Cahn. 1935 begannen sie gemeinsam Songs zu schreiben, zunächst fürs Vaudeville und Night Club-Acts, dann auch für Filme. 1937 schrieben sie einen engl. Text für einen yiddischen Song von Sholem Secunda, welcher zu einem Hit für die Andrews Sisters wurde: *Bei mir bist du schön*. Aus dem Walzer *Donauwellen* machten sie den Standard *Anniversary Song*, vorgestellt von Al Jolson im Film »The Jolson Story«. 1941 begann C. eine Karriere in Hollywood als Komponist, Arrangeur und Produzent, er arbeitete schließlich auch als Musicaldirector, führte auch Regie und produzierte den Film »Star!« (1968).

Lit.: The Golden Age of Movie Musicals and Me, 1994

Filme (als Komponist/Arrangeur): I Could Make You Care (Song: *Ladies Must Live,* 1940) – As If You Didn't Know (Song: *Time Out for Rhythm, 1941*) – Cover Girl (Es tanzt die Göttin, 1944) – The Jolson Story (Der Jazzsänger, Song: *Anniversary Song*) (1946) – On the Town (Heut geh'n wir bummeln, 1949) – Summer Stock (1950) – An American in Paris (Ein Amerikaner in Paris, 1951, Oscar mit Johnny Green) – Kiss Me Kate (Küss mich, Kätchen!, 1953) – Seven Brides for Seven Brothers (Eine Braut für sieben Brüder, 1954, Oscar mit Adolph Deutsch) – High Society (Die oberen Zehntausend, 1954) – The Teahouse of the August Moon (Das kleine Teehaus, 1956) – Merry Andrew (König der Spaßmacher, 1958; Texte J.Mercer) – West Side Story (Oscar mit Sid Ramin) – Star (Regie/Prod.; Song: *In My Garden of Star*, 1968)

Charles, John

** 4.11.1940 Weelington, Neuseeland.*

Filme: Goodbye Pork Pie (1981) – UTU (1983) – Constance (1984) – Out of Time (1984, TV) – The Quiet Earth (1985) – Zombie Brigade (1986) – The Perfectionist (1987) – A Soldier's Tale (1988) – The Sound and the Silence (1993, TV) – The Last Tattoo – Bread & Roses (1994)

Chase, Tom

(Thomas Jones), ** 10.1.1949 Los Angeles, Calif., USA.*

Filme: Scared to Death (1980) – Creature – Pray for Death (1985) – Armed Response (1986) – Catch the Heat (1987) – And God Created Women (1987, + Steve Rucker) – The Verne Miller Story (1987) – Catch the Heat (1987) – Bulletproof (1988) – 976-Evil (1988, + Steve Rucker) – Synegor (1990) – A Wish for Wings That Work, Cartoon, 1992) – Pleasure in Paradise (1992) – Little Nemo: Adventure in Slumberland (1992, + Steve Rucker) – Monster in My Pocket: The Big Scream (1992) – The Real Adventures of Johnny Quest (1996, TV-Serie) – Dexter's Laboratory (1996, TV-Serie) – The Powerpuff Girld (1998, TV-Serie) – The Tales of Tillie's Dragon – Only Hope (1998) – Stories From My Childhood (1998, TV-Serie) – Detention (1999, TV-Serie) – TV: Woody Woodpecker

Chatschaturian, Aram Iljitsch

** 6.6.1903 Tiflis, Georgien, † 1.5.1978 Moskau.* Armenischer Komponist. Studierte ab 1922 Violoncello, Klavier und Komposition an der Gnessin-Musikschule und am Moskauer Konservatorium. 1939 wurde er Stellvertretender Vorsitzender des Organisationskomitees des sowj. Komponistenverbandes, 1951 Kompositionslehrer am Moskauer Konservatorium, obwohl er 1948 vom ZK der KPdSU als »formalistisch« kritisiert wurde. Er trat auch als Dirigent hervor und unternahm Reisen ins Ausland. Er schrieb zahlreiche Instrumentalwerke, Vokalwerke, Ballettmusiken, Bühnen- und Filmmusiken. Sein populärstes Werk ist der *Säbeltanz* aus dem Ballett »Gajaneh«. Er schrieb auch zahlreiche Lieder, die den Aufbau des Sozialismus verherrlichen, eine *Ode an Stalin* und die Staatshymne der Armenischen Sowjetrepublik.

Filme: Pepo (1935) – Salavat julajev – Maskarad (1941) – Russki vopros (1947) – The Iron Curtain (1948) – Stalingrdskaja bitva (Die Schlacht um Stalingrad, 2 Teile, 1949–50) – Admiral Uschakow (1953) – Korabli schturmuj ut bastiony (1953) – Saltanat (1955) – Otello (1955) – Nakanune (1959) – Onkel Toms Hütte (1965) – Jowita (1967) – Mayerling (1968) – Nass wal nil (1968) – Spartakus (1977) – Caligula (1979)

Chattaway, Jay

** 8.7.1946 Monongabela, Pa., USA.* C. arbeitete als Big Band-Arrangeur, ehe er sich der Filmmusik zuwandte. Er ist Präsident der 1983 gegründeten Society of Composers and Lyricists.

Filme: Firepower (UK 1979) – Maniac (1980) – Home Free All (1983) – The Last Fight (1983) – Vigilante – The Big Score (1983) – Missing in Action (1984) – Hard Choices (1984) – Walking the Edge (1984) – The Rosebud Beach Hotel (1984) – Invasion USA (1985) – Silver Bullet – Very Close Quarters (1985) – Stephen King's Silver Bullet (Der Werwolf von Tarker Mills, 1986) – Braddock: Missing in Action (1988) – Maniac Cop (1988) – Jakarta (1988) – Relentless – Far Out Man – Red Scorpions (1989) – The Ambulance – Maniac Cop 2 (1990) – Rich Girl (1991)

TV: Star Trek: Voyager/Deep Space Nine/The Next Generation

Cherry, Don

(Donald E.), ** 18.11.1936 Oklahoma City, Okla., USA, † 19.10.1995 Spanien.* Bedeutender Free-Jazz-Musiker der 60er Jahre, bekannt durch seine Zusammenarbeit mit Ornette Coleman (LP »Free Jazz«). Begann um 1968 die Idee einer Weltmusik zu vertreten, arbeitete mit afrikanischen Musikern wie Johnny Dyani zusammen, bezog Elemente von Rock, Punk und Reggae in seine Musik ein. Zahlreiche Schallplatten.

Filme: Zero in the Universe (1965) – On Fighting Witches (1966) – Will Penny (1967, Songs) – Noon in Tunisia (Dok., D 1973) – Don Cherry (Dok.-Kf., F 1973) – The Holy Mountain (1973) – Wild Orchid (1990, Songs)

Cherwin, Richard

US-Komponist, für den Film tätig seit 1944; arbeitete als Komponist und Songschreiber, meist aber als Musikchef vorwiegend für Western, Krimis und Actionfilme mit Regisseuren wie R.G.Springsteen, Thomas Carr und George Blair.

Filme als Komp.: Zorro's Black Whip (1944) – Behind City Lights – Gangs of the Waterfront (1945) – Sun Valley Cyclone (1946) – Days of Buffalo Bill – The Sherriff of Redwood Valley – Passkey to Danger (1946) – Alias the Champ (1949, Songs)

Chevallier, Christian

** 12.7.1930 Angers, Frankreich.* Stammt aus musikalischer Familie, studierte Piano in Nantes, begann als Jazzmusiker in New Orleans-Bands, leitete 1955 moderne Jazzcombo mit Sadi, Bobby Jaspar u.a. und sang mit den Blue Stars. Er leitete ab 1956 eine Big Band, spielte mit ihr seine Musik zum Film »Rendez-vous à Melbourne« ein. Er wandte sich später der kommerziellen Musik zu und schrieb auch Musik für Filme und Musicals.

Filme: Rendez-vous à Melbourne (Dok., 1957) – Deux hommes dans Manhattan (Zwei Männer in Manhattan, 1959, + Martial Solal) – Eglantine (1972) – Le voyage de noces (1976) – Charlie Dingo (1987)

Chieftains, The

Populäre irische Folkgruppe, 1963 in Dublin gegründet von → Paddy Moloney. Die Band trat in einer Reihe von Filmen auf und schrieb und spielte für einige weitere auch die Musik. Mitglieder 2002: Derek Bell (1935–2002) (Harfe), Kevin Conneff (Bodhran), Séan Keane (Violine), Matt Molloy (Flöte).

Filme: The Grey Fox (KAN 1982, + Michael Conway Baker) – The Fourth Green Field (Dok., USA, + Tom Makem) – Under Solen (S 1999)

Chihara, Paul Seiko

** 9.7.1938 Seattle, Wash., USA.* Der Komponist ist Dozent am Musikdepartment der University of California.

Filme: Sweet Revenge (Catch Ferrari, 1976) – The Keegans (1977, TV) – Death Race 2000 (1975) – Dandy, the All American Girl (1976) – Farewell to Manzanar (1976, TV) – I Never Promised You a Rose Garden (Ich hab' dir nie einen Rosengarten versprochen, 1977) – Betrayal (1978, TV) – Dr. Strange (1978, TV) – Deathmoon (1978, TV) – A Fire in the Sky (1978, TV) – The Bad News Bears Go to Japan (19789 – Night Cries (1978, TV) – Ascot of Violence (1979, TV) – Mind over Murder (1979, TV) – The Darker Side of Terror (1979, TV) – The Children of an Lac (1980, TV) – Brave New World (1980, TV) – The Promise of Love (1980, TV) – Prince of the City (1981) – Divorce Wars: A Love Story (1982, TV) – The Legend of Walks Far Woman (1982, TV) – Miss All-American Beauty (1982, TV) – The Rules of Marriage (1982, TV) – Jane Doe (1983, TV) – The Haunting Passion (1983, TV) – Manimal (1983, TV) – The Survivors (1983, TV) – Victims for Victims: The Theresa Saldana Story (1984, TV) – Noon Wine (1984, TV) – The Right to Kill (1984, TV) – Impulse (Impulse, 1984) – Urge to Kill (1984, TV) – Crackers (1984) – MacGruder and Loud (1985, TV) – Picking Up the Pieces (1985, TV) – The Bad Seed (1985, TV) – Crime of Innocence (1985, TV) – A Bunny's Tale (1985, TV) – Toughlove (1985, TV) – Roakoak (1986, TV) – The Morning After (1986) – The Last Days of Frank & Jesse James (1986, TV) – American Justice (1986) – Deadly Business (1986) – A Case of Deadly Force (1986, TV) – Resting Plave (196, TV) – When the Bough Breaks (1986, TV) – The Killing Time (1987) – Baby Girl Scott (1987) – Forever Lulu (1987) – Almost Partners – A Walk of the Moon (1987) – We Are the Children (1987, TV) – Haunted by Her Past (1987, TV) – The King of Love (1987, TV) – Shooter (1988, TV) – China Beach (1988, TV) – Crossing Delancey (1988) – King of the Olypmpics, Pt. 1 (1988, TV) – James Clavell's Noble House (1988) – Just Another Secret (1989) – The Price of the Bride (1989, TV) – A Little Piece of Sunshine (1989) – Bridesmaid (1989, TV) – Rock Hudson (1990, TV) – Pride and Extreme Prejudice (1990, TV) – Penn & Teller Get Killed (1990) – Family of Spies: The Walker Spy Ring, Pt.2 (1990, TV) – A Casualty of War (1990, TV) – Deadline of War (1990) – Quicksand: No Escape (19991, TV) – Death Has a Bad Reputation (1991, TV) – Baby Snatcher (1992, TV) – Kiki's Delivery Service (Cartoon, 1998) – 100 Centre Street (2001, TV-Serie)

Christensen, Bernard

(Ps. Leonard), * *9.3.1906 Kopenhagen, Dänemark.* Begann als Kirchenmusiker (Orgel), arbeitete dann als Jazzmusiker und -Arrangeur und schließlich als Komponist. Er schrieb Jazz-Oratorien u.a.

Filme: Danmarksfilmen (1935) – Tante Cramers testamente (1941) – Brunkul (1941) – Regnen hold op – Et skud før midnat (1942) – Heste (1943) – Folketingsvalg (1945) – La larme (1948) – Legato – Historien om en moder (1949) – Lyn-fotografen (1950) – Kærlighedsdoktoren (1952) – Kampen mod tuberkulosen (1953) – Meninger i tiden (1955)

Chudnow, David

* *15.3.1901, † Dez. 1954.* US-Komponist, arbeitete seit 1938 für den Film, z. T. als musikal. Leiter und/oder Produzent mit den Komponisten Heinz Roemheld und Darrell Calker.

Filme als Komponist: Torture Ship – Hitler: Beast of Berlin (1939) – Inside the Law (1942) – Nabonga (1944) – Sweethearts of the USA – Swing Hostess (1944) – When the Lights Go On Again – In Old New Mexico (1945) – People Are Funny – Devil's Playground (1946) – Marauders (1947) – My Dear Secretary – The Girl from Manhattan – The Dangerous Venture (1948) – Trouble Preferred (1949) – Tripoli – The Eagle and the Hawk – The Fighting Redhead – The Jackie Robinson Story (1950) – Valentino – A Millinonaire for Christy (1951) – Red Planet Mars (1952)

Churchill, Frank E.

* *20.10.1901 Rumford, Maine, USA, † 14.5. 1942 Castaic, Calif.* Songschreiber der 30er Jahre, bekannt durch *Who's Afraid of the Big Bad Wolf?* und seine Songs für den Disney-Cartoon »Schneewittchen und die sieben Zwerge«. Erhielt seine Ausbildung an der Univ. of California, arbeitete in Stummfilmkinos als Pianist und dann bis zu seinem Tod für Walt Disney. Mitarbeiter: Ann Ronell, Larry Morey, Ned Washington.

Filme (Songs): Cartoon: Three Little Pigs (Who's Afraid of the Big Band Wolf?, 1933) – Cartoon: Snow White and the Seven Dwarfs (Whistle While You Work; Heigh-Ho; Someday My Prince Will Come; With a Smile and a Song; I'm Wishing, Isn't This a Silly Tune?) (1938) – Breaking the Ice (Put Your Heart in a Song; The Sunny Side of Things; Happy as a Lark, Telling My Trouble to a Mule; Goodbye, My Dreams, Goodbye, 1938) – Cartoon: Dumbo (Baby Mine; When I See An Elefant Fly; Look Out for Mr. Stork; Song of the Roustabouts, 1941, + Oliver Wallace) – Cartoon: Bambi (Love is a Song; 1942)

Cicognini, Alessandro

* *26.1.1906 Pescara, Italien, † 9.11.1995 Rom.* Studium am Mailänder Konservatorium, gewann 1933 einen Wettbewerb mit der Oper »Donna lombardi«. 1936 begann er für den Film zu arbeiten, er wurde mit seinen sinfonisch beeinflussten Scores bald zum Top-Komponisten der Mussolini-Ära. Nach 1945 fand er schnell Anschluss an den ital. Nachkriegsfilm und konnte sogar für einige der klassischen Werke des Neo-Realismus die Musik schreiben, so De Sicas »Fahrraddiebe« und »Das Wunder von Mailand«. In den 50er Jahren arbeitete er für Unterhaltungsfilme mit Stars wie Sophia Loren und Gina Lollobrigida. Anfang der 60er Jahre wurde er Leiter des Konservatoriums von Turin.

Filme: Il corsaro nero (Der schwarze Korsar, 1936) – Vivere! (Kehre zurück, mein Mädel, 1936) – I due sergenti (1936) – Napoli d'altri tempi (1937) – Ettore Fieramosca (Sturm über Morreale, 1937) – Ins blaue Leben (D/I 1939, + F. Grothe, C. D'Anzi; ital. Version: Castelli in aria) – Il grandi magazzini (Alarm im Warenhaus, 1939) – Cavalleria Rusticana/Santuzza (1939) – Un aventure di Salvatore Rosa (Der geheimnisvolle Rächer, 1939) – La peccatrice (Frauen am Abgrund, 1939) – Un romantica avventura (Walzer einer Nacht, 1940) – Senza cielo (1940) – La corono di ferro (Die eiserne Krone, 1940) – Giuliano de Medici (1941) – L'amante secreta (1941) – La maestria (1942) – Quattro passi fra le nuovole (Die Lüge einer Sommernacht, 1942) – Nessuno torma indietro (1943) – Quarta pagina (1943) – Sciuscia (Schuhputzer, 1946) – Ladri di biciclette (Fahraddiebe, 1948) – Domani & Troppo Tardi (Morgen ist es zu spät, 1949) – Ho sognato il paradiso (Ich war eine Sünderin, 1949) – Il ladro di Venezia (Der Dieb von Venedig, 1949) – Prima communione (Der Göttergatte, 1950) – Miracolo a Milano (Das Wunder von Mailand, 1951) – Moglie per una notte (Frau für eine Nacht,

1951) – Guardie e ladrie (Räuber und Gendarm, 1951) – Due soldi di speranza (Zwei Groschen Hoffnung, 1952) – Umberto D (1952) – Le petit monde de Don Camillo (Don Camillo und Peppone (F/I 1952) – Guten Tag, Herr Elefant, 1952) – Gli eroi della domenica (Die Golden des Sonntags, 1952) – Le retour de Don Camillo (Don Camillos Rückkehr, F/I 1953) – Siamo donne (Wir Frauen, 1952) – Stazione Termini (Rom, Station Termini, 1953) – Tempi nostri (1953) – Pan, amore e fantastico (Brot, Liebe und Fantasie, 1953) – Ulisse (Die Fahrten des Odysseus, 1953) – L'oro di Napoli (Das Gold von Neapel, 1953) – Indiscretion of an American Wife (I/USA 1953) – Summertime (Traum meines Lebens, UK 1954) – Pan, amore e ... (Liebe, Brot und 1000 Küsse, 1955) – Don Camillo e l'onorevole Peppone (Die große Schlacht des Don Camillo, 1955) – Gli ultimi cinque minuti (Wohnung mit allem Comfort, 1955) – Il tetto (Das Dach, 1955) – Padre e figli (Väter und Söhne, 1956) – Der Bigamist (I/F 1956) – Loser Takes All (Heirate nie in Monte Carlo, 1956) – Cavanze a Ischia (Ferien auf der Sonneninsel, 1957) – Anna of Brooklyn (Anna von Brooklyn, I/F/USA 1958, + Vittorio de Sica, auch Regie) – Tutti innamorati (Verliebte haben's schwer, 1958) – Black Orchid (Die schwarze Orchidee, USA 1958) – A Breath Of Scandal (Prinzession Olympia, USA 1960) – It Started in Naples (Es begann in Neapel, USA 1960) – Il giudizio universale (Das jüngste Gericht findet nicht statt, 1961) – Don Camillo Monsignore ... ma non troppo (Hochwürden Don Camillo (F/I 1961) – The Pigeon That Took Rome (Es geschah in Rom, USA 1961) – Il compagno Don Camillo (Genosse Don Camillo (I/F 1965)

Cipriani, Stelvio

*(Ps. Steve Powder), * 20.8.1937 Rom.* Italienischer Komponist, für den Film tätig seit den 60er Jahren. Arbeitete u.a. mit den Regisseuren Mario Bava, José Antonio de la Loma, Joe D'Amatao, Giuseppe Rolando und Saul Swimmer zusammen. Er ist der Vater des Komponisten Sergio C.

Filme: Un uomo, un cavallo, una pistola (1967) – El precio de un hombre (1968) – Femina ridens (1969) – Anonimo Veneziano – The Lickerish Quartet (1970) – Night Hair Child – Come Together – The Anonymous Venetian – L'uomo piu velenoso del Cobra – What the Peeper Saw – Antefatto (1971) – Gli orri del castella di Norimberga – La polizia ringrazia – Guernica – Metti lo diavolo tuo ne lo mio inferno – Il cieco (Blindman, der Vollstrecker, 1972) – Uccidere in Silenzio – Planeta venere – Testa t'ammazo, croce ... sei morto ... mi chiamanon (1972) – Il west ti va strette, amico ... e arrivata allelujah (Beichtet, Freunde, Hallelujah kommt, 1972) – Bride to be – Metrellata ›Stein‹ (1974) – Pepita Jimenez (1975) – La padrona è servita – Frankenstein all'Italiana (1976) – I tentacoli – Le redada (1977) – Sono stato un agente C.I.A. – Bermue: la fossa maledetta – Maternale – L'enfent de la nuit – Solamente Nero – Torini Violenta – Malabestia – Concorde Affaire '79 (1976) – Il fiume de grande caimano (1976, TV) – Paradiso blu – Orgasmo nero (1980) – Angkor: Kampuchea Express (Angkor: Das Tor zur Hölle, USA/Thailand 1981) – La voce (1982) – Rage – Nucleo zero (1984) – Aenigma – Beaks: The Movie (1987) – Don Bosco – Blue elettrico (1988) – Night of the Sharks (1989) – Voci dal profondo – Presume dangereux (1990) – Out of Control (Dok., 1991) – In the Footsteps of Peter (8 Dok.-Filme über den Vatikan, 1997)

Cirino, Chuck

US-Komponist, im Film seit 1986. Er arbeitete u.a. mit den Produzenten Roger Corman und Jeffrey Mallian und den Regisseuren Sam Newfield und Fred Olen Ray zusammen.

Filme: Chopping Mall (1986) – Terror Squad – Big Bad Mama 2 – Deathstalker 2: Duel of the Titans (1987) – Deadly Stranger – Not of This Earth – Beverley Hills Vamp (1988) – Transylvania Twist – The Return of the Swamp Thing – Alienator – Channeler (1989) – A Man Called Sarge – Mob Boss (1990) – Evil Toons (1990, TV) – Bad Girls from Mars (1990) – Inner Sanctum – Angel Eyes – Haunting Fear – Hard to Die – Soldier's Fortune – Teenage Exorcist – Sorority House Massacre 3 – 976-Evil 2: The Astral Factor (1991) – Sins of Desire – Munchie – Sorority House Massacre 2: Nightly Nightmare – Dinosaur Island (1993) – Sorceress – Possessed by Night – Inner Sanctum 2 – Ghoulies 4 (1994) – Bikini Hoe-Down (1997) – Mom, Can I Keep Her? (1998) – Southern Discomfort: Wrestling on the Indie Circuit (Dok, 2000) – The Bare Wench Project (2000) – Burning Man: the Burning Sensation /Dok., 2000, Prod., auch Theme-Song *The Bare Wench*)

Clapton, Eric

(Eric Patrick Clapp), * *30.3.1945 Ripley, Surrey, England.* Der Rockmusiker (g) spielte mit Manfred Mann, John Mayall, Blind Faith, Derek and the Dominoes, The Who, Phil Collins und nahm Schallplatten mit zahlreichen Rock- und Blues Acts auf. Er gilt manchem als der bedeutendste Rock-Gitarrist bzw. weiße Blues-Gitarrist und vielen auch als der größte Rockmusiker aller Zeiten.

Filme: The Hit (UK 1984, + Paco de Lucia) – Lethal Weapon I (1989, + Michael Kamen, David Sanborn) – Homeboy (TV 1989, mit Michael Kamen) – Rush (1992)

Clark, Dave

(David), * *15.12.1942 London-Tottenham, England.* Gründer und Gitarrist/Sänger der Dave Clark Five, einer der populärsten engl. »Beat-Bands« der 60er Jahre.

Film: Catch Us if You Can (Fangt uns wenn ihr könnt, UK 1965)

Clarke, Stanley Marvin

* *30.6.1951 Philadelphia, Pa., USA.* Der renommierte Jazzmusiker (b, Cello) spielte mit Größen wie Horace Silver, Joe Henderson, Pharoah Sanders, Stan Getz, Chick Corea u.a., mit eigenen Bands und arbeitet seit den 80er Jahren vorwiegend als Studio-Musiker, Produzent und Komponist.

Filme: Passenger (OST: WEA) – The Best Man – Boyz N the Hood (1991) – What's Love Got To Do With It (1993) – The Five Heartbeats (OST: Virgin) – Cherokee Kid (1996) – Down in the Delta – B.A.P.s – Eddie (1996) – Romeo Must Die (2000)

Clausen, Alf

(Alfred Heiberg C.), * *28.3.1941 Minneapolis, Minn., USA.* Arbeitete als Arrangeur für Big Bands, u.a. für Ray Charles, ehe er für Film und TV zu arbeiten begann, einen Namen machte er sich für die Musik zur TV-Serie »The Simpsons«.

Filme: Murder in Three Acts (1986, TV) – Stranded (1986, TV) – Double Agent (1987, TV) – Number One with a Bullet (1987) – My First Love (1988, TV) – Christine Cromwell: Easy Come, Easy Go (1989, TV) – She Knows Too Much (1989, TV) – Christine Cromwell: Only the Good Die Young (1990, TV) – Christine Cromwell: In vino veritas (1990, TV) – Half Baked (1998) – Bette (2000, TV)

TV-Serien: Moonlighting – The Critic – Alf – The Simpsons – Now and Again

Clewing, Carl Theodor Rudolf

* *22.4.1884 Schwerin, † 15.5.1954 Badenweiler (Baden-Württemberg).*

Film: Alle Tage ist kein Sonntag (1935, + W. Ulfig)

Cliffe, Fred E.

(Frederick E. Cliffe), * *2.5.1857 Lowmoor (Bradford), Yorkshire, England, † 19.11.1931 London.* Komponist und Songschreiber. Schrieb u.a. Songs für den Sänger und Schauspieler George Formby, so *Come on George* und *Let George Do It.*

Clifford, Hubert John

* *31.5.1904 Bairnsdale, Victoria, Australien, † 4.9.1959 Singapur.* Studierte am Konservatorium in Melbourne und am Royal College of Music in London bei Vaughan Williams. Er hatte dann div. Posten bei der BBC, 1944 wurde er Professor für Komposition an der Royal Academy of Music. Ab 1943 arbeitete er auch für den Film; 1946 wurde er Music Director der Alexander Korda London Film Production.

Filme: Power of the Land (1943) – The Second Freedom (1943, Dok.) – Road to Moscow (Dok., 1944) – Battle of Britain (Dok., 1944) – Left of the Line (Dok., 1944) – Steel (Dok., 1944) – Shakespeare's Country – General Election – Letter from Britain – The Invisible Inheritance (Dok., 1945)

Clinton, George S.

* *17.6.1947 Chattanooga, Tenn., USA.* Studierte Musik und Literatur an der Middle Tennessee University und verdiente sich in dieser Zeit ein Zubrot als Musiker und Songschreiber in Nashville. Nach seinem Studienab-

schluss ging er nach Kalifornien und gründete dort die George Clinton Band. Gleichzeitig wurde er Songschreiber bei Warner Brothers, Songs von ihm wurden von Joe Cocker, Diana Ross, den Jackson 5 u.a. aufgenommen. Seine erste Filmmusik schrieb er für »Cheech & Chong: Still Smokin«. C. gehört zu den innovativsten und vielseitigsten Filmkomponisten der 80er und 90er Jahre. Er verbindet Synthesizer/ Techno-Elemente mit dem klassischen Sinfonie-Orchester und asiatischen Trommel-Künsten. Zu diesem Zweck gründete er sein »Techno/Taiko/Orcho«, zu hören etwa in »Mortal Kombat« und in »Beverley Hills Ninja«.

Filme: The Apple (1980) – Cheech & Chong: Still Smokin' (1983) – Crosican Brothers (1985, TV) – The Boys Next Door (1985) – American Ninja (1986) – Howard the Duck (1986) – Avenging Force (1986) – Too Much – Wild Things – Platoon Leader (1987) – The Lion of Africa (1987, TV) – American Ninja 2: The Confrontation (1987) – Gotham (1988, TV) – American Ninja 3: Blood Hunt (1989) – Ten little Indians (1989) – House Party (1990) – Graffiti Bridge (1990) – Amost Pregnant (1991) – Hellbound (1991) – Highlander II: The Quickening (1991) – Wild Orchid 2: Two Shades of Blue (1992) – Till Death Do Us Part (1992, TV) – Hard Promises – Lake Consequence (1992) – Red Shoe Diaries (1992, TV) – Cheatin' Hearts (1993) – Amalie Earhart: The Final Flight (1994, TV) – P.C.U. (1994, als Schauspieler) – Delta of Venus – Hellbound – Mother's Boys – Brainscan (1994) – Tad (1995, TV) – Mortal Kombat (1995) – Mortal Kombat II: Annihilation (1997) – American Nina III – Beverly Hills Ninja (1997) – The Last Days of Frankie the Fly (1997) – Austin Powers: International Man of Mystery (1997; OST: RCA) – Black Dog (1998) – Wild Things (1998, OST: Varése) – Motown 40: The Music is Forever (1998, TV) – Austin Powers: The Spy Who Shagged Me (1999) – The Astronaut's Wife (Die Frau des Astronauten, 1999) – Red Shoe Diaries: Temple of Flesh (2000, TV) – Ready to Rumble (2000) – Sordid Lives (2000) – 3000 Miles to Graceland (2001) – Austin Powers in Goldmember (2002)

Musik: George S. Clinton (Soundtrack zum Film)

Cloerec, René

(Rene Albert Philippe C.), ** 31.3.1911 Paris, Franreich, † 13.12.1995 Saint Claud (Hauts de Seine).*

Filme: Arizona (USA 1940) – Douce (1943) – Sylvie et le fantôme (1944) – Copie conforme (1946) – Le diable au corps (1947) – Les casse-pieds – Parade du temps perdu (1948) – Occupé-toi-d'Amélie (1949) – Premiéres Armes – L'auberge rouge (1951) – Adventures of Captain Fabian (1951) – Johnny the Giant Killer (Cartoon, 1953) – Disobedient – Intimate Relations (1953) – Le Rouge et le Noir (Rot und Schwarz, F 1954) – Le blé en herbe (1954) – Marguerite de la nuit (Die Blume der Nacht, F/I 1955) – La traversée de Paris (Zwei Mann, ein Schwein und die Nacht von Paris, 1956) – En cas de malheur (Mit den Waffen einer Frau, F/I 1958) – La jument verte (Die grüne Stute, 1959) – Le comte du Monte Christo (Der Graf von Monte Christo, 1961) – Le meurtrier (1963)

Coates, Eric

** 27.8.1886 Hucknall, Nottinghamshire, England, † 21.12.1957 Chichester, West Sussex.*
Engl. Komponist und Songschreiber der »leichten Muse«, wurde bekannt durch den Standard *Sleepy Lagoon* und die Suite »London« (1933). Er schrieb auch einige Filmmusiken.

Filme: The Old Curiosity Shop (1935) – The Dam Busters (1955) – High Flight (1957, Songs) – Abso-

lute Beginners (1986, viele Pop-Songs, einer von E.C., Arr. Gil Evans)
CD: Orchesterwerke, Chandos

Cobert, Robert
** 26.10.1924 New York City, USA.*
Filme: Ladybug, Ladybug (1963) – The Strange Case of Dr.Jekyll & Mr. Hyde (1968, TV) – House of Dark Shadows (1970) – The Nightstalker (1971, TV) – Night of Dark Shadows (1971, TV) – Dracula (1973) – Frankenstein (1973, TV) – The Norliss Tapes (1973, TV) – The Night Strangler (1973, TV) – The Picture of Dorian Gray (1974, TV) – The Turn of the Screw (1974, TV) – The Melvin Purvis: G-Man (1974, TV) – The Great Ice Rip-Off (1974, TV) – Scream of the Wolf (1974, TV) – Trilogy of Terror (1975, TV) – The Kansas City Massacre (1975, TV) – Trilogy of Terror: Julie – Trilogy of Terror: Amelie (1975, TV) – Scalpe! – Burnt Offerings (1976) – Curse of the Black Widow (1977, TV) – The Last Ride of the Dalton Gang (1979, TV) – Mr.R.'s Daughter (1979, TV) – Me and the Kid (1980) – The Scarlet Pimpernel (1982, TV) – The Last Ninja (1983, TV) – The Winds of War (1983) – War and Remembrance (1988) – Bonanza: The Next Generation (1988, TV) – Intruders (1992, TV)

Cohen, Leonard Norman
** 21.9.1934 Montreal, Kanada.* Der Liedermacher begann als Schriftsteller; erste Romane »The Favorite Game« (1963), »Beautiful Losers« (1966). Zwei seiner ersten Songs (*Suzanne*, *Priests*) wurden von Judy Collins aufgenommen, der erste wurde auch in seinem Debutalbum veröffentlicht, »The Songs of Leonard Cohen«. Er arbeitete später mit Janis Joplin und Phil Spector zusammen. Seine Lieder sprachen in den 60er und 70er Jahren den Zeitgeist an, wurden dennoch meist von einer nur kleinen aber treuen Gemeinde aufgenommen. Als Jennifer Warnes 1987 ein Album mit seinen Songs aufnahm, wurde er wieder mehr beachtet, was seinem Album »I'm Your Man« zugute kam.
Lit.: Beautiful Losers, Selected Poems 1956–68. – The Favorite Game. – The Spice-box of Earth. – Death of a Ladies Man. – Ira Nadel, L. C. A Life in Art.
Filme: Bird on a Wire (1972) – Das Leben wie von Agfa bezeugt (Israel 1992)

Colcord, Ray

(Raymond), ** 24.12.1949 N.Y., USA.* US-Rockmusiker (keyb), Produzent und Komponist. Wuchs in Texas auf, arbeitete in N.Y. als Keyboarder und Arrangeur, u.a. mit der Hard Rock-Gruppe Aerosmith und mit John Beal; für Film und TV tätig seit 1982.
Filme: Off Your Rocker (1982, TV) – The Devonsville Terror (1983) – Jury Duty: The Comedy (1990, TV) – The Sleeping Car (1990) – Colcord, Ray – Black Sheep (1994, TV) – Devil's Food (1996, TV) – Wish Upon a Star (1996) – The Paper Brigade (1997) – Tales From the Tomb: Lost Sons of the Pharaohs (1997) – Heartwood (1998) – The General's Daughter (1999) – The King's Guard (2000)
zahlreiche TV-Serien: u.a. Double Trouble – My Two Dads – Trial and Error – Ann Jillian – Singer & Sons – Dinosaurs – The Julie Show – Maybe This Time – You Wish – Style and Substance – Big Brother – Family Affair

Coleman, Cy

(eigentl. Seymor Kaufman), ** 14.6.1929 Bronx, N.Y., USA.* Lernte Klavier bei Privatlehrern und studierte am N.Y. College of Music. Arbeitete als Solist und mit Trio in Bars, spielte Jazz im »Bop City« in N.Y., machte sich allerdings einen Namen als »Cocktail«-Pianist und Komponist. Er schrieb die Standards *Witchcraft* und *Big Spender* und die Musical Shows »Sweet Charity«, »Wildcat«, »Little Me«, »Seesaw«, »I Love My Wife, »On the 20th Century«, »Barnum«, »The Will Rogers Follies« und »The Life«.
Filme: Father Goose (Der große Wolf ruft, 1964) – The Troublemaker (1964) – Sweet Charity (1964; Dir. J.Gershensen) – The Art of Love (Bei Madame Coco, 1965) – The Heartbreak Kid (Pferdewechsel in der Hochzeitsnacht, 1972) – Garbo Talks (Die Göttliche, 1984) – Power (1986) – Family Business (1989)
CD: OBC, Seesaw, DRG CDRP 6108 – Comin' Home, DRG CDSL 5203 – I Love My Wife, DRG CDBLS 6109 – On the 20th Century, Sony 35330 – Barnum, Columbia CK-36576 – The Life, RCA 26680012

Coleman, Ornette Randolph Denard

(as, ts, vln, tp, comp), * *19.3.1930 Fort Worth, Tx., USA.* Lernte Altsaxophon als Autodidakt, spielte in Rhythm & Blues-Gruppen in seiner Heimatstadt. Ging 1952 nach L.A., studierte privat Musiktheorie, Harmonie und experimentierte ab 1957 mit dem Trompeter Don Cherry und nahm mit diesem seine erste LP »Something Else!« auf. Er studierte 1959 an der Lenox School of Music in N.Y. und nahm in diesem Jahr die für den Free Jazz wegweisenden LPs »The Shape of Jazz to Come« und »Change of the Century« auf (Atlantic). 1960 folgte dann »Free Jazz«. Er lernte Trompete und Violine, trat im Trio oder Quartett auf und komponierte symphonische Werke (»Skies of America«, »Forms and Sounds«). In den 70er Jahren spielte er mit der Gruppe »Prime Time« rock orientierten electric Jazz. Schallplatten für Contemporary, Atlantic, Columbia, Blue Note, RCA, Impulse, Trio, Horizon, Artists House, Geffen, Antilles.

Filme: O.K. End Here (1963, Kurzfilm) – Naked Lunch (1992; OST: Milan) – Philadelphia

Collier, Ron

(Ronald William C.), * *3.7.1930 Coleman (Leithbridge), Alberta, Kanada.* Bandleader und Komponist.

Filme: Face-Off (1971) – A Fan's Notes (1972) – Paper Back Hero/Last of the Big Guns (1972)

Collins, Anthony

(Vicent Benedictis) * 3.9.1893 Hastings, Sussex, England, † 11.12.1963 L.A., USA.* Nach musikal. Ausbildung begann er als Orchestermusiker in den Covent Garden und London Sinfonie-Orchestern. 1937 begann er für den Film zu arbeiten, 1939 ging er in die USA, arbeitete dort für RKO, aber auch für die Rundfunksendungen von Orson Welles. Daneben gründete er das Mozart Orchestra of L.A. 1945 ging er für einige Zeit nach England zurück, ab 1947 arbeitete er wieder in den USA. Er war auch Gastdirigent div. Orchester.

Filme: Victoria the Great (1937) – Sixty Glorious Years (1938) – The Rat – Nurse Edith Cavell – A Royal Divorce (1938) – Irene (Arr., USA 1940; Songs: H.Tierney, J.McCarthy)) – No, No Nanette (Arr., USA) – Tom Brown's Schooldays (1940) – Sunny (1941) – Sunny (USA 1941) – Destroyer (1943) – Forever and a Day (1943) – I Live in Grosvenor Square (UK 1945) – The Courtneys of Curzon Street (UK 1947) – Odette (1950) – The Lady with a Lamp (Florence Nightingale: Ein Leben für den Nächsten, 1951) – Macao (1952) – Trent's Last Case (1952) – Derby Day (1952) – Laughing Anne (Anna von Singapur, 1953) – No No Nanette – Adventures of Robinson Crusoe (Robinson Crusoe, USA/Mex 1952/54, + Luis Hernandez)

Collins, Phil

(Philip David Charles C.), * *31.1.1951 London, England.* Der Rock-Musiker (d, voc) und Produzent hatte erste Berührung mit dem Film 1964, als er einen Mini-Auftritt in »A Hard Day's Night« hatte. Er schrieb Songs für den Disney-Cartoon »Tarzan«.

Colombier, Michel

* *23.5.1939 Lyon, Frankreich.* Vielseitiger frz. Komponist, arbeitete u.a. zusammen mit dem experimentellen Ballettkomponisten Pierre Henry, dem Soul-Musiker Maurice White und → Georges Delerue. Lernte als Kind Klavier und Posaune und spielte später in Big Bands und lokalen Sinfonieorchestern. Im Alter von 21 wurde er von → Michel Magne engagiert um mit ihm erste Film Scores zu schreiben, so »Le repos«. Eddie Barclay holte ihn in seine Plattenfirma als Musikdirektor, er arrangierte hier u.a. das erste engl. Album von Charles Aznavour. Daneben arbeitete er für TV und Werbung. 1969 wurde er Musikdirektor von Petula Clark, nachdem er schon für Alain Delon, Brigitte Bardot und Serge Gainsbourgh gearbeitete hatte. Mit Clark kam er in die USA, arbeitete hier mit div. Pop-Interpreten, aber auch mit Sinfonieorchestern. Mit Herb Alpert schuf er das Rock-Oratorium »Wings«.

Filme: Le repos (Das Ruhekissen, 1962, + M. Magne) – Une souris chez les hommes (Bei Oscar ist 'ne Schraube locker (1964, + Guy Béart) – Un mondo nuovo (1966) – Every Bastard a King (1968) – Backtrack (1969) – The Forbin Project (Colossus, 1969) – The Other Man (1970, TV) – Les assassin de l'ordre (1971) – Un flic (1972) – L'héritier (1973) – Le hasard et la violence (F/I 1973) – Paul et Michelle

(1974) – L'Alpaguer (Der Greifer, 1975) – Le couple témoin (1977) – 11th Victim (1979, TV) – Steel (1979) – Une chambre ein ville (1982) – Against All Odds (Gegen jede Chance, 1984; + Larry Carlton) – Puple Rain (1984) – New Jack City – White Nights (1985) – The Golden Child – The Money Pit (1986) – How Stella Got Her Grooves Back – Ruthless People (Die unglaubliche Entführung der verrückten Mrs. Stone, 1986) – Desperado (1987, TV) – The Couch Trip (1987) – Double Switch (1987, TV) – The Return of Desperado – The Wizard of Loneliness – Satisfaction (1988) – Who Is Harry Crumb (Wer ist Harry Crumb?, 1988) – Loverboy (1989) – Asterix et le coup du menhir (Cartoon, 1989) – Out Cold (1989) – Sudie and Simpson (1990, TV) – Impulse – Midnight Cabaret (1990) – Buried Alive (1990, TV) – Tagget (1990, TV) – Diary of a Hit Man – New Jack City (1991) – Fatal Exposure (1991, TV) – Fever (1991, TV-Dok.) – Backtrack (1991, TV) – Strays (1991, TV) – Stricly Business (1991) – Dirty Work (1992, TV) – Folks (Eine ganz normal verrückte Familie (USA/I 1992) – Daybreak (1993, TV) – Posse – The Dark Wind – The Program (1993) – Der lange Weg aus der Nacht (USA 1993) – Put of Drakness (1994, TV) – Incident at Deception Ridge (1994, TV) – Elisa (1995) – L'univers de Jacques Demy (1995, Dok.) – Foxfire (1996) – Barb Wire (1996) – Meet Wally Sparks (1997) – How Stella Got Her Groove Back – Claudine's Return – Woo (1998) – Running on the Sun: The Badwater (2000, Dok.) – Screwed (2000) – Running on the Sun: The Badwater 135 – Next Stop, Eternity (2002) – Largo Winch: The Heir (Largo Winch: Gefährliches Erbe, 2001, TV) – Warden of Red Rock (2001) – Largo Winch (TV-Serie, 2001) – Messiah (2001, TV) – Swept Away (2002) – Die Another Day (2002, Theme)

Colombo, Alberto Carlo

** 27.11.1888 New York City, USA, † 24.3. 1954 L.A.*

Filme: Million Dollar Melody (Kf., 1933) – Red Morning (1934) – Romance in Manhattan – Grand Old Girl – Murder on a Honeymoon – A Dog of Flanders – Chasing Yesterday – Village Tale – Hooray for Love – Jalna – Hot Trip – The Return of Peter Grimm – His Family Tree – Powder Smoke Range – Freckless – To Beat the Band – Annie Oakley – Seven Keys to Baldpate (1935) – Two in the Dark – Chaterbox – Love on a Bet – Yellow Dust – Two Farmer in the Dell – Two in Revolt – The Last Outlaw – M'liss – Grand Jury (1936) – The Hit Parade – Michael O'Halloran – The Affairs of Cappy Ricks – Dangerous Holiday – Rhythm in the Clouds – It Could Happen to You – Meet the Boy Friend – Sea Racketers – The Sheik Steps Out – All Over Town – Escape by Night – Youth on Parole – The Wrong Road – Partia on Trial – Manhattan Merry-Go-Round – Springtime in the Rockies – Zorro Rides Again – The Duke Come Back – Wild Horse Rodeo – Exiled to Shanghai (1937) – Lady Begave! – Mama Runs Wild – The Purple Vigilantes – The Old Barn Dance – Outside the Paradise – The Lone Ranger (Serie) – Born to Be Wild – Hollywood Stadium Mystery – Prison Nurse – Call the Mesquiteers – King of the Newsboys – Arson Gang Busters – Invisible Enemy – Outlaws of Sonora – Call of the Yukon – Under Western Stars – Romance of New York – The Fighting Devil Dogs (Serie) – Ladies in Distress – Gold Mine in the Sky (1938) – The Sickle of the Cross (1949) – The Sundowners – Blackhand – Messenger of Peace (1950) – Go for Broke! (1951, + Cutner, Shuken) – All That I Have (1951) – Holiday for Sinners (1952, Dir.) – You For Me (1952, Dir.) – Apache War Smoke (1952, Dir) – Rogue's March (1953)

Comden, Betty

(eigentl. Elizabeth Cohen), * *3.5.1915 (oder 1919?) N.Y.* Bedeutende Textdichterin für Broadway-Musicals, meist in Zusammenarbeit mit Adolph Green (lyr, voc, * 2.12.1915, *† 24.10.2002*) und den Komponisten → Jule Styne u. → Leonard Bernstein. Sie studierte an der New York Univ., tat sich dann mit Green und der jungen Schauspielerin Judy Holliday zusammen; sie traten Ende der 30er Jahre im Village Vanguard und im Rainbow Room auf. 1945 schrieben Comden u. Green mit Bernstein »On the Town«, ihr erster großer Erfolg. Beide traten auch darin auf. 1953 arbeiteten sie nochmals mit Bernstein für »Wonderful Town« zusammen. 1946 schrieben sie mit Morton Gould »Billion Dollar Baby« und 1947 mit Saul Chaplin »Bonanza Bound«. 1947 begann ihre Zusammenarbeit mit Jule Styne, daraus resultierte »High Button Shoes«, »Two on the Aisle« (1951), »Peter Pan«

(1954), »Bells Are Ringing« (1956), »Say Darling« (1958), »Do Re Mi«, »Subways Are for Sleeping« (1961), »Fade Out – Fade in« (1964), »Hallelujah Baby« (1967). Das Team schrieb auch Songs für Filme mit den Komponisten Roger Edens und André Previn, außerdem Filmdrehbücher, u.a. für »On the Town«, »The Barkleys of Broadway«, »Singin' in the Rain«, »The Band Wagon«, »Bells Are Ringing«, »What a Way to Go«. 1974 Songs für das Brodway-Revival von »Lorelei«.

Lit.: Off Stage, N.Y. 1995. – Alice M.Robinson, B.C. and Adolph Green, A Bio-Bibliography, 1994

CD: A Party with ..., DRG 2-5177

Filme: Good News (1947) – On the Town (Heut geh'n wir bummeln) – Take Me Out to the Ball Game (Spiel zu Dritt; nur Songs, 1949) – Singin' in the Rain (Du sollst mein Glücksstern sein, 1952) – The Band Wagon (Vorhang auf!, 1953) – It's Always Fair Weather (Vorwiegend heiter, 1955) – Auntie Mame (Die tolle Tante, 1958) – Bells Are Ringing (Anruf genügt, komme ins Haus, 1960) – What a Way to Go! (Immer mit einem anderen, 1964)

Compinsky, Alec

* *28.8.1906, † 25.6.1960 Hollywood, Calif, USA.*

Filme als musikal. Leiter: No Place to Land (1958) – Four Fast Guns (1959) – Plunderers of Painted Flats (1959)

Compinsky, Manuel

* *7.9.1901 Manchester, England, † 8.1.1989 North Hollywood, Calif, USA.*

Filme: Killers from Space (154) – The Snow Creature (1954) – The Big Bluff (1955)

Comstock, Frank G.

* *20.9.1922 San Diego, Calif., USA.* Erster Job 1939 bei Sonny Dunham als Posaunist und Arrangeur, arbeitete ab 1942 für das Orchester von Les Brown, aber auch für Benny Carter, Stan Kenton und Doris Day, in den 50ern für Rosemary Clooney, die Hi-Lo's, June Hutton, Frankie Laine u.v.a. Er komponierte Filmmusiken, orchestrierte für Dmitri Tiomkin und Duke Ellington und schrieb Musik für TV-Shows und -Serien. Schallplatten mit Studiobands für Columbia, Warner Bros., Starlite.

Filme: The Last Time I Saw Paris (Damals in Paris, 1961) – The Helen Morgan Story (Leben im Rausch, 1957) – The Last Time I Saw Archie (Der Held der Etappe, 1961) – TV: Pete Kelly's Blues – The D.A.'s Man – Dragnet

Cong Su

* *23.1.1957 Tianjin (Tientsin), China.* Studierte in Peking und München. Unterrichtete am Münchener Konservatorium in der Klasse von August Everding Film- und Ballettmusik; seit 1991 ist er Professor für Film- und Medienmusik an der Filmakademie Baden-Württemberg und HfM Stuttgart. Er komponiert Musik für Bühne, Film und TV, Songs für Filme von Bertolucci (»Der letzte Kaiser«), Wim Wenders u.a.

Filme: The Last Emperor (Der letzte Kaiser, Film u. TV-Serie in 12 Teilen, 1987) – Killing Drugs/Bangkok Story (D 1988) – Olympische Spiele 1988 (Dok., 1988, TV) – Maihime (Die Tänzerin, J/D 1989) – Moments (TV-Dok., 1989) – Miracle (Hong Kong 1989) – Dream Come True (USA/Taiwan 1990) – Jiadaogonglidenanren (1990) – The Story from a Eunuch (Taiwan/CH 1990) – The New World (TV-Serie in 20 Teilen, USA/China 1994) – Min jing gu shi/On the Beat (China 1995) – Two Stars in the Milky Way (China, neue Musik 1997 zum Film v. 1932) – Im Chaos der Gefühle (D 2002)

Connick, Harry Jr.

* *11.9.1967 New Orleans, La., USA.* Als Kind spielte er Piano in Dixieland-Bands auf der Bourbon Street, erste Schallplatte mit neun Jahren. Studierte bei Ellis Marsalis und am Konservatorium in Lenox, Mass. und an der Loyola Univ. Ging mit 18 nach N.Y., spielte in Bars und erhielt 1987 einen Schallplattenvertrag von Columbia, welche ihn zu einem neuen Wunderkind aufzubauen gedachte. Seine Teilnahme am Soundtrack von »Harry und Sally« machte ihn über den Kreis der Jazz-Insider hinaus bekannt. Er wurde als Sänger mit Frank Sinatra und Tony Bennett verglichen und trat wie diese mit Big Band auf. Hier hat er allerdings deutliche Grenzen. C. arbeitet auch als Filmkomponist und -schauspieler.

Lit.: A. Felix, Wild About Harry, Dallas 1995

Filme: Little Man Tate (1991) – The Maske (Die Maske, 1993) – Copykill (1995) – Independence Day (1996) – Excess Baggage (1997) – Hope Floats (1998) – Sleepless in Seattle

Conrad, Con

(Conrad K. Dober), * *18.6.1891 N.Y., USA, † 28.9.1938 Van Nuys, Calif.* Der erfolgreiche Broadway-Komponist ging mit der Einführung des Tonfilms nach Hollywood und schrieb Musik und Songs für frühe Tonfilme. Er erhielt den ersten Oscar, der jemals für einen Filmsong verliehen wurde, für *The Continental* aus dem Film »The Gay Divorcee«.
Filme: Broadway – Words and Music – Fox Movietone Follies – The Cock-Eyed World (1929) – Happy Days – Let's Go Places (1930) – Palmy Days (1931) – Wine Women and Song (1933) – Gift of Cab – The Gay Divorcee (Scheidung auf amerikanisch, 1934; + Max Steiner, Cole Porter, Harry Revel) – Reckless – Here's to Romance (1935) – The Great Ziegfeld (Der große Ziegfeld, 1936) – The Story of Vernon and Irene Castle (1939)

Constantin, Jean

* *9.2.1923 Paris, † 30.1.1997 ebd.* Frz. Komponist und Schauspieler der 50er bis 80er Jahre. Er schrieb die Musik für F. Truffauts Debüt-Film »Les 400 coups«; als Schauspieler ist er u.a. in »Candide« (1960) zu sehen.
Filme: Les 400 coups (Sie küßten und sie schlugen ihn, 1959) – La française et l'amour (1960)

Conte, Paolo

* *6.1.1937 Asti, Italien.* Der Sänger, Musiker (p, vib), Liedermacher und Komponist interpretiert auf eine originelle Art eine Mischung aus Chanson, Swing und Ragtime und wurde so zu einer Kultfigur der 80er und 90er Jahre. Der gelernte Rechtsanwalt schrieb auch ein Musical über die 20er Jahre (»Razzmatazz«) und Filmmusiken. Schallplatten für RCA und East-West.
Filme: Amore in prima classe (1979) – Grog (1982) – Tu mi turbi – Scherzo del destino in agguato dietro l'angolo come un brigante da strada (1983) – Sotto ... sotto (Die Freundin meiner Frau, 1984) – Où que tu sois (1986) – Jours de vagues (1988) – Amada mia (1989, auch Schauspieler) – Nouvelle vague (1990) – La freccia azzurra (1996)

Conti, Bill

* *13.4.1942 Providence, R.I., USA.* C. machte sich einen Namen durch seine Musik zu den »Rocky«-Filmen von John Avildsen (ein Hit wurde das Thema *Gonna Fly Now*) und er komponierte auch die Musik für dessen »Karate Kid«-Trilogie. Er schrieb auch mehrere Themen für TV-Serien, u.a. »Cagney und Lacy«, »Dynasty«, »Emarald Point« und »North and South«. C. hatte bereits mit 15 Jahren eine eigene Band, studierte dann an der Juilliard School in New York und ging dann mit einem Jazz-Trio nach Italien, wo er erstmals für den Film arbeitete. In den USA arbeitete er zunächst mit dem Regisseur Paul Mazursky zusammen (»Heirat ausgeschlossen«). Ein großer Teil seiner Arbeiten ist Routine, dennoch ist er einer der wenigen Komponisten, die einen eigenen Stern auf dem Hollywood Walk of Fame erhielten.
Filme: Candidato per un assasino (I 1969) – Harry and Tonto (Harry und Tonto, 1974) – Pacific Challenge (1974) – Rocky (1976) – Next Stop, Greenwich Village (Ein Haar in der Suppe, 1976) – Handle with Care (Flotte Sprüche auf Kanal 9, 1976) – An Unmarried Woman (Eine entheiratete Frau, 1977) – F.I.S.T. (Ein Mann geht seinen Weg, 1977) – Five Days From Home (Fünf Tage bis nach Hause, 1977) – Uncle Joe Shannon (Solo mit Trompete, 1977) – Slow Dancing in the Big City (Mit dir in einer großen Stadt, 1978) – Paradise Alley (Vorhof zum Paradies, 1978) – Rocky II (1979) – The Seduction of Joe Tynan (Die Verführung des Joe Tynan, 1979) – A Man, a Woman, and a Bank (Dollarrausch, KANN 1978) – Goldengirl (1978) – Private Benjamin (Schütze Benjamin, 1980) – The Formula (Die Formel, 1980) – For Your Eyes Only (James Bond: In tödlicher Mission, UK 1980) – Gloria (1980) – The Idol (Das Idol, 1981) – Neighbors (Die verrückten Nachbarn, 1981) – Carbon Copy (1981) – Victory (1981) – Rocky III (1982) – I the Jury (Ich, der Richter, 1982) – The Championship Season (Champions, 1982) – North and South – The Right Stuff (Der Stoff aus dem die Helden sind, 1983, OST: Varèse 47250) – Bad Boys (1983) – Mass Appeal (Die Auseinandersetzung, 1983) – Unfaith-

fully Yours (Die Ungetreue, 1984) – The Karate Kid (1984) – Gotcha! (1985) – Rocky IV (1985) – Nomads (Tödliche Tricks, 1985) – The Boss' Wife (Die Frau vom Boss, 1986) – Baby Boom (1986) – A Prayer for the Dying (Auf den Schwingen des Todes, 1986) – I Love New York (1986) – Karate Kid II (1986) – Masters of the Universe (1986) – Broadcast News (Nachrichtenfieber, 1987) – The Big Fix (1978) – Betrayed (Verraten, 1987) – Cohen and Tate (Hitman, 1988) – Lean on Me (Der knallharte Prinzipal, 1988) – Karate Kid III (1989) – Rocky V (1990) – Year of the Gun (Verliebt in die Gefahr, 1990) – Nails (1991) – The Adventures of Huck Finn (Die Abenteuer des Huck Finn, 1992) – Rookie of the Year (Der Durchstarter, 1992) – Eight Seconds to Glory (1993) – The Scout (Der Scout, 1994) – Bushwacked (Durchgeknallt und auf der Flucht, 1994) – Hard Spy (Agent 00: Lizenz zum Totlachen, 1996) – Wrongfully Accused (Sehr verdächtig, USA/D 1996) – Entertaining Angels (1996, + Ashley Irwin) – Rookie of the Year – Spy Hard (1996) – Dynasty (TV-Thema) – North and South, Book II – The Thomas Crown Affair (1999) – Sugihara: Conspiracy of Kindness (Dok., 1999) – Tortilla Soup (2000)

Convertino, Michael

Filme: Frankenweenie (1984) – Aladdin and His Wonderful Lamp (1984, TV) – Children of a Lesser God (Gottes vergessene Kinder, 1986) – Hollywood Vibe Squad (1986) – Mistress (1987, TV) – The Hidden (1987) – Bull Durham (1988) – Tales from the Crypt (1989, TV-Serie) – Queen of Hearts (1989) – Shattered Dreams (1989, TV) – The End of Innocence (1990) – The Doctor – The Waterdance (1991) – A Home of Our Own (1993) – Bodies, Rest & Motion – Aspen Extreme (1993) – Wrestling Ernest Hemingway (1993) – Guarding Tess – Milk Money – The Santa Clause (1994) – Things to Do in Denver When You're Dead – Pie in the Sky (1995) – The Last of the High Kings (1996) – Bed of Roses (1996) – Jungle 2 Jungle – Critical Care (1997) – Dance with me (1998) – Where's Marlowe? (1999) – Snow White (2001, TV) – Liberty Stands Still (2002)

Conzelmann, Hans Erich

** 3.3.1920 Stuttgart, † 21.10. 1993 München.* Dirigent, Bandleader und Komponist von Unterhaltungsmusik, auch Musiken für Filme und TV-Serien. Er schrieb auch neue Musiken für Stummfilme und arbeitete häufig mit → Delle Haensch zusammen.

Stummfilme: Safety Last (1923) – Why Worry (1923) – Neobytschainye prikljutschenija mistera westa w stranje (1924) – Die Frau im Mond (1929)
Filme: Witwer mit fünf Töchtern (1957) – Zwei Bayern in Bonn (1962) – Das Mädchen mit dem sexten Sinn (1964) – Alaska: Wildnis am Rande der Welt (Dok., 1966)

Cooder, Ry

(Ryland Peter), ** 15.3.1947 L.A., USA.* Eines der wenigen echten Talente der Rockmusik, begann C. als Gitarrist mit Jackie De Shannon, gründete 1965 die Rising Sons mit Taj Mahal. Er spielte mit Paul Revere and the Raiders, Captain Beefheart & His Magic Band, Randy Newman, Little Feat, Van Dyke Parks und den Rolling Stones. Auf seinem ersten eigenen Album spielte er Titel von Leadbelly, Sleepy John Estes und Blind Willie Johnson. Auf anderen LPs verwendet er Einflüsse des Tex-Mex und der Hawaii-Musik, dabei Flaco Jimenez und Gabby Pahuini. 1992 tat er sich mit Nick Lowe, Jim Keltner und John Hiatt zur Gruppe Little Village zusammen. Später arbeitete er mit Ali Farka Touré und V.M.Bhatt.

Filme: Blue Collar (1978) – The Long Riders (1980) – The Border (Grenzpatrouiile, 1980) – Southern Comfort (Die letzten Amerikaner, 1981) – Paris, Texas (D/F 1984; Regie Wim Wenders) – Streets of Fire (1984) – Brewster's Millions (Zum Teufel mit den Kohlen, 1985) – Alamo Bay (1985) – Blue City (1987) – Crossroads (1987, OST: WEA) – Johnny Handsome (1989) – Tales from the Crypt (1989) – Cadillac Man – Stop (1990) – Trespass (1993) – Geronimo, An American Legend (Geronimo, eine Legende, 1994; OST: Sony) – Last Man Standing (1996) – End of Violence (Am Ende der Gewalt, F/D/USA 1997) – Buena Vista Social Club (1989, Dok.) – Primary Colors (1989, OST: MCA)

Cook, Ray

(Raymond), * *30.12.1936 Adelaide, Australien, † 20.3.1989 London, England.*
Filme: Careful He Might Hear You (1983) – Rebels (1985)

Cooper, Bob

(Robert William), * *6.12.1925 Pittsburgh, Pa., USA, † 5.8.1993 Hollywood, Calif.* Der Jazzmusiker (ts, fl, Oboe) spielte 1945–51 in der Big Band von Stan Kenton, anschl. in den Bands von Jerry Gray, Shorty Rogers, Pete Rugolo und vor allem in den Film- u. Schallplattenstudios in Hollywood. Daneben trat er mit eigenen Gruppen auf oder mit den »Lighthouse All Stars«. Er arbeitete auch als Arrangeur und Komponist, ist bei etlichen Filmsoundtracks dabei und nahm zahlreiche Schallplatten auf, u.a. mit Kenton, Rogers, Marty Paich, Buddy Bregman, Bob Florence, seiner Frau June Christy, Gene Harris; als Leader für die Labels Capitol, Music, Contemporary, Trend-Discovery, Mode u. Fresh Sound.
Filme: A Building is Many Buildings (1963, Kf.) – Lonnie (1963)

Copeland, Stewart Armstrong

* *16.7.1952 Alexandria, Va., USA.* Der Sohn eines CIA-Agenten wuchs in verschiedenen Ländern des Mittleren Ostens auf, studierte an US-Colleges und ging dann nach England um Musiker zu werden. Er spielte sieben Jahre Schlagzeug in der Rockband »Curved Air« und gründete 1977 mit Gorden Sumner, besser bekannt als → Sting, die Gruppe The Police. Die Gruppe hatte 1979 ihren ersten Hit mit *Roxanne* und daraufhin etliche weitere, ehe sie sich 1985 auflöste. Schon davor hatte C. eigene Platten als Kent Klark aufgenommen. 1983 wurde er von Francis Ford Coppola ermuntert, die Musik zu seinem Teenagerdrama »Rumble Fish« zu schreiben. Nach der Auflösung von Police nahm C. einige LPs mit seinem Pop-Jazz-Trio Animal Lodge auf, schrieb Tanzstücke für Ballettkompanien in San Francisco und Oklahoma, aber es war die Filmmusik, der er sich von nun widmete. Er arbeitete für die Regisseure Ken Loach, John Hughes, Oliver Stone und John Waters und schrieb auch Musik fürs TV, so das Thema für die Serie »The Equalizer«. In einer Folge hatte er auch einen Kurzauftritt.

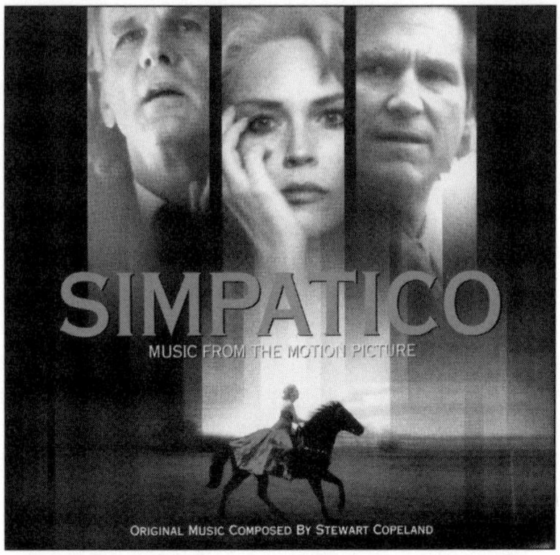

Musik: Stewart Copeland (Soundtrack »Sympatico«)

Filme: Rumble Fish (1983) – Out of Bounds (1986) – Wall Street (1987) – TV 101 (1988, TV-Talk Radio (1988) – She's Having a Baby – See No Evil, Hear No Evil (1988) – The First Power – Taking - Care of Business – Met at Work – Hidden Agenda – Riff-Raff (1990) – Highlander II: The Quickening (19919 – Afterburn (1992, TV) – Babylon 5: The Gathering (1993, TV) – Wide Sargasso Sea – Raining Stones – Bank Robber – Airborne (1993, auch d) – Horse Opera (1993, TV) – Rapa Nui (1994) – Surviving the Game (Tötet ihn!, 1994) – Fresh – Silent Fall – Decadence (1994) – Tyson (1995, TV) – Judgement (1995) – The Pallbearer – Boys – The Leopard Son (1996) – The Assassination File (1996, TV) – Gridlock'd – O que e isso, companheiro – Good Burger – Little Boy Blue West (1997) – Beyrouth: A l'abri les enfents (Libanon/F 1997) – West Beyrouth – Very Bad Things – Pecker – Futuresport (1998) – Legalese (1998, TV) – Sympatico (1999, OST: Milan) – She's All That – Made Men (1999) – The Amanda-Show (1999, TV-Serie, nur Thema) – Spyro 2: Ripto's Rage! (1999) – Brutally Normal (2000, TV-Serie) – Skippes Parts – Sunset Strip – Boys and Girls – Spyro: Year of the Dragon (2000)

– Beyond the Glory (2000, TV-Serie) – One the Line (2001) – Deuces Wild (2002)

Copland, Aaron

(eigentl. Caplan), * *14.11.1900 Brooklyn, N.Y., USA, † 2.12.1990 North Terrytown, N.Y.* Der bedeutende amerikan. Komponist des 20. Jh. studierte in N.Y. und Paris (1921–24 bei Nadia Boulanger) und hatte durch seine Kompositionen und Schriften und eine ausgedehnte Lehrtätigkeit großen Einfluss auf die Entwicklung der modernen Musik in den USA. Er schrieb u.a. drei Sinfonien, Bühnen- und Ballettmusiken (*Billy the Kid, Rodeo, Appalachian Spring*), Orchesterwerke (*Three Latin-American Sketches*) und die Oper »A Tender Land«. In den 40er Jahren arbeitete er auch als Filmkomponist in Hollywood, wo er einige der experimentellsten Partituren realisierte. Bekannt wurde vor allem der quasi psychoanalytisch doppelchörige Soundtrack zu Williams Wylers Meisterwerk »The Heiress« nach Henry James' Roman »Washington Square«.

»Movie background music is the most ungrateful kind of music to write ... To write music that must be inexpressive is not easy for composers who normally tend to be as expressive as possible«. (A.C.)

Lit.: Musik von heute, 1941 (dt. 1947). – Music and Imagination, 1952

CD: Filmmusiken, L. Slatkin, RCA 09026616992

Filme: The City (1939) – Of Mice and Men (Von Mäusen und Menschen, 1939) – Our Town (Unsere kleine Stadt, 1940) – North Star (1943) – The Cummington Story (Dok., 1945) – Fiesta (1947) – The Red Pony (Gabilan, mein bester Freund/Das rote Pony, 1949) – The Heiress (Die Erbin, 1949; Oscar!) – Something Wild (Wilde Knospen, 1961) – He Got Game (OST: Sony) – Love and Money (1982)

Coppola, Carmine

* *11.6.1910 N.Y., USA, † 26.4.1991 Northridge, Calif.* Der Vater des Regisseurs Francis Ford C. und der Schauspielerin Talia Shire arbeitete mit seinem Sohn bei »Apocalypse Now« und »Der Pate« (Teile II u. III) zusammen. Er dirigierte z.T. auch seine Musik (z.B. »Godfather«, »Red Blood«) und hatte auch Nebenrollen in »New York Stories« und »One From the Heart« (1982)

Filme: Tonight For Sure (1961) – The Rain People (1969) – The People (1972) – The Godfather II (Der Pate; mit Nino Rota, 1974) – The Last Day (1975) – The Black Stallion (Der schwarze Hengst, 1979) – Apocalypse Now (1979) – Napoleon (1980, Musik zum Stummfilm von 1927) – The Outsiders (1983) – Rip Van Winkle (1985, TV) – Gardens of Stone (1987) – Blood Red (1988) – New York Stories (1989) – The Godfather III (Der Pate III, 1990, Arr.)

Corbeil, Normand

* *6.4.1956 Montreal.* Kanadischer Komponist und Songschreiber, seit 1990 für Filme in Kanada und den USA tätig.

Filme: Princess in Exile (1990, TV) – Kids of the Round Table – Screamers (1995) – Frankenstein and Me (1996, auch Songs) – Never Too Late (1996, Song) – The Assignment (Der Preis der Begierde, 1997) – Les Boys (1997) – Les Boys II (1998) – Double Jeopardy (1999) – The Art of War (2000)

Cordell, Frank

* *1918 Sussex, England, † 6.7.1980 ebd.* Engl. Komponist und Schauspieler.

Filme: The Voice of Merrill (1952) – The Captain's Table (Der Luxus-Käpt'n, UK 1958) – The Rebel (1960) – Flight from Ashiya (Wir warten in Ashiya, UK 1963) – Never Put it in Writing (1963) – Khartoum (1966) – Ring of Bright Water (Mein Freund der Otter, 1969) – Cromwell (UK 1970) – Trial by Combat (1976)

Cordio, Carlo Maria

Ital. Komponist, für den ital. und US-Film tätig seit 1982.

Filme: Ator l'invincible (1982) – Sonny Boy – Lone Runner – Quando Alice ruppe lo specchio – Curse II: The Bite (1988) – La casa 5 (1990) – Beyond the Door 3 (1991) – Non chiamarmi Omar – Troll 2 (1992) – Misteria (1993)

Corea, Chick

(Armando Anthony), * *12.6.1941 Chelsea, Mass, USA.* Der renommierte Jazzpianist hatte erste Jobs Anfang der 60er Jahre bei Billy May und Mongo Santamaria, spielte ab 1963 bei Willie Bobo, Blue Mitchell, Herbie Mann und Stan Getz. 1969 zu Miles Davis, begann dort elektrisches Klavier zu spielen, arbeitete mit eigener Gruppe Circle. Gründete 1972 die Gruppe Return to Forever mit Airto Moreira und Flora Purim. C. gehört heute zu den populärsten Musikern, er tritt mit akustischen oder »elektrischen« Gruppen oder als Solist auf. In die Schlagzeilen geriet er wegen seiner Zugehörigkeit zur »Scientology«-Sekte. Zahlreiche Schallplatten, als Leader für Vortex/Atlantix, Blue Note, Groove Merchant, CBS, ECM, Polydor, Palo Alto, Warner Bros., GRP, eigenes Label Stretch.

Filme: Chick Corea (D 1971, Kurzfilm) – Short Run (Hexenkessel Miami, 1988)

Corigliano, John Paul

* *16.2.1938 N.Y., USA.* C. ist vor allem ein Opern- und Konzertkomponist; 1991 war seine 1. Sinfonie an der Spitze der Klassik-Charts. Sein gleichnamiger Vater war ebenfalls Komponist.

Filme: Altered States (Höllentrip, 1980) – Revolution (1985) – The Red Violin

Corriveau, Jean

* *1954 Laval (b. Montreal/Quebec), Kanada.* Der Komponist arbeitet seit 1987 für kanad. und frz. Filme.

Filme: Une zoo la nuit (1987) – Laura Laur (1989) – Pas de repit pour Melanie (1990) – Die Ritter der Apokalypse (1998)

Corzilius, Viktor

(eigentl. Walter Espe), * *3.12.1895 Ransbach (Westerwald, heute: Ransbach-Baumbach, Rheinland-Pfalz), † 1.11.1968 Fulda.*

Filme: Endstation (1935, + Siegfried Schulz) – Blinde Passagiere – Schabernack (1936) – Gordian, der Tyrann (1937)

Coslow, Sam

* *27.12.1902 N.Y., USA, † 2.4.1982 Bronxville, N.Y.* Songschreiber der 20er und 30er Jahre, bekannt durch seinen Evergreen *Cocktails for Two*. Er begann schon nach der High-School Songs zu komponieren, wurde Partner im Musikverlag Spier & Coslow und schrieb 1924 die Texte für das Musical »Artists & Models«. Ging 1929 nach Hollywood und arbeitete für den Film, so 1933 mit Arthur Johnston für die Bing Crosby-Filme »College Humor« und »Too Much Harmony«. 1940 gründete er mit James Roosevelt die Fa. »Soundies«, welche Kurzfilme für Musikautomaten produzierte. Er arbeitete auch als Filmproduzent. Mitarbeiter waren noch Harry Woods, Friedrich Hollaender, Abner Silver. Ende der 40er Jahre zog er sich von der Musik zurück und leitete eine Investment-Firma. Schallplatten als Sänger für Vocalion und Victor, auch mit Geraldo und den High Hatters.

Lit.: S. C., Cocktails for Two, New Rochelle, N.Y. 1977

Filme (Songs): *The Dance of Life* (True Blue Lou) (1929) – *Honey* (Sing You Sinners) – *Paramount on Parade* (Sweeping the Clouds Away) – *The Vagabond King* (If I Were King) – *Hello, Everybody* (Moon Song; Twenty Million People) – *College Humor* (Learn to Croon; Moonstruck; Down the Old Oxroad) – *Too Much Harmony* (The Day You Came Along; Black Moonlight, 1933) – *Belle of the Nineties* (My Old Flame; Troubled Waters) – *Murder at the Vanities* (Cocktails for Two; Live and Love Tonight, 1934) – *All the Kings Horses* (A Little White Gardenia; Be Careful, Young Lady) – *Coronado* (How Do I Rate With You) – *Goin' to Town* (Now I'm a Lady) – Song: In the Middle of a Kiss (1935) – *Rhythm on the Range* (You'll Have to Swing It) – *It's Love Again* (It's Love Again) (1936) – *Make Way for Tomorrow* (Titel-Song) – *Double or Nothing* (After You; It's On, it's Off) – *Swing High, Swing Low* (I Hear a Call to Arms) – *A Hundred Men and a Girl* (It's Raining Sunbeams) – *Mountain Music* (Good Mornin'; If I Put My Heart in a Song) – *Turn Off the Moon* (Turn Off the Moon; Jammin'; That's Southern Hospitality) – *This Way Please* (Love or Infatuation? – *True Confessin'* (Titel-Song) – *Love on Toast* (I Want a New Romance; I'd Like to Play a Love Scene, 1937) – *Every Day's a Holiday* (Titel-Song) – *Thrill of a Lifetime* (Titel-Song) – St.Louis Blues (Kinda Lonesome) – *You and Me* (The Right Guy for Me, 1938) – *Dreaming Out Loud* (Titel-Song, 1939) – *Copacabana* (Je vous aime) – *Carnegie Hall* (Beware, My Heart) – *Summer Stock*

(Heavenly Music, 1950) – Film: *Affair with a Stranger* (Titel-Song, 1951)

Cosma, Vladimir

** 13.4.1940 Bukarest, Rumänien.* Sohn eines Konzertpianisten und Dirigenten, studierte am National-Konservatorium in Bukarest Violine und Komposition. Studierte ab 1963 in Paris, tourte von 1964–67 als Konzertviolinist durch die USA, Lateinamerika und Asien. Durch Michel Legrand kam er zum Film, arbeitete ab 1967 mit dem Regisseur Yves Robert, dann auch mit Francis Veber und Gérard Oury. Sein größter Erfolg war die Musik zum Film »Diva«; dafür erhielt er seinen ersten »César«, den frz. Filmpreis. Einen weiteren erhielt er für »Le Bal«, außerdem TV-Preise (Sept d'or). Zu den internationalen TV-Serien gehören »Tom Sawyers Abenteuer« und »Die Abenteuer des David Balfour«. Er komponierte auch Ballett-Musiken und Opern (»Fantomas«). Beim Festival in Cannes wurde er für sein Lebenswerk ausgezeichnet.

Filme: Alexandre le bienheureux (Alexander der Lebenskünstler, 1967) – Hou halach ba'sadot (1968) – Maldonne – Prisoners of Freedom (1968) – Clerambard (1969) – Teresa (1970) – Le distrait (Der Zertreute, 1970) – Les félines (Der Hengst und die Nymphe, 1971) – Les malheuers d'Alfred (Alfred, die Knallerbse, 1971) – Neither by Day Nor by Night (Weder bei Tag noch bei Nacht, USA/ISR 1972) – Le grand blonde avec une chassure noire (Der große Blonde mit dem schwarzen Schuh, 1972) – Salut l'artiste – Les zozos – La rainson du plus fou – Les aventures de Rabbi Jacob (Die Abenteuer des Rabbi Jakob, F/I 1973) – Les grands sentiment font les bons gueuletons (1973) – Pleure pa la bouche pleine (1973) – La rivale – Le retour du grand blond (Der große Blonde kehrt zurück, 1974) – Dupont Lajoie (Monsieur Dupont, 1974) – Le chaud lapin – La mountarde me monte au nez (Der lange Blonde mit den roten Haaren, 1974) – La vireé superbe (1974) – Le téléphone rose – Cathérine et cie. (1975) – La course a l'echalote (Der Tollpatsch mit dem 6. Sinn, 1975) – Dracula pére et fils (Die Herren Dracula, 1976) – Un éléphant ca trompte enormément (Ein Elefant irrt sich gewaltig, 1976) – L'aile ou la cuisse (Brust oder Keule, 1976) – Le jouet (Das Spielzeug, 1976) – Versin dans l poche – A chacun son enfer (Jedem seine Hölle, F/D 1976) – Nous irons tous au paradis (Wir kommen alle in den Himmel, F 1977; OST: Decca X 157) – Vous n'aurez pas l'Alsace et la Lorraine (1977) – L'animal (Ein irrer Typ, 1976) – La raison d'ètat (Staatsraison, 1978) – La zizanie (Der Querkopf, 1977) – Confidence pour confidences (1978) – Je suis timide mai je mois signe (Und jetzt das Ganze noch einmal von vorn, 1978) – La dérobade (Die Aussteigerin, 1979) – Courage Fayons (1979) – C'est pas moi, c'est lui (Zwei Kamele auf einem Pferd, 1976) – Cause toujours … tu m'interesse (1979) – Le bar du téléphone (The Mad Mustangs, 1980) – Inspecteur la bavure – Le coup du parapluis (Der Regenschirmmörder, 1980) – Le chêvre – Diva (1981) – Une affaire d'hommes (Eine Männersache, 1980) – La boum (La boum, die Fete: Eltern unerwünscht, 1980) – L'année prochaine … si tout va bien (1981) – Le père Noel est une ordure – Banzai (Ticket ins Chaos, 1982) – L'as des as – La femme enfent – La Boum 2 (Die Fete geht weiter, 1982) – Le Bal (Der Tanzpalast, F/I/Algerien 1982) – Retenez-moi …ou je fais un malheur! – Les compères (1983) – Petit con – La septième cible – Mistral's Daughter (1984, TV) – Just the Way You Are – La Tête dans le sac – Le jumeau – To Catch a Cop – L'etincelle (1984) – Les rois du gag – Drole de samedi – Asterix at la surprise de Cèsar (Sieg über Cäsar, Cartoon, 1985) – Asterix chez les Brétons (Asterix bei den Briten, Cartoon, 1986) – Les fugitifs (Die Fluchtigen, 1986) – La galette du roi (30 Grad minus, 1986) – Mort un dimanche de pluie (Mord an einem regnerischen sonntag, F/CH 1986) – La petite allumesse (1986) – Le moustachu – Nitwits – Levy et Goliath – Cœurs vroises – Promis…jure ! (1987) – L'ètudiante (1988) – La vouivre (1989) – Till We Meet Again (1989, TV) – The Nightmare Years (1989, TV) – Corps z'a corps – Der Atem (1989) – Night of the Fox (1990, TV) – Le château de ma mère (Das Schloß meiner Mutter, 1990) – La neige et la feu (1990) – La pagaille – La totale! (1991) – Le bal des casse-pieds (Ein Affenzirkus, 1991) – The Favour, the Watch, and the very big Fish (Der Gefallen, die Uhr und der sehr große Fisch, UK/F 1992) – Coup de jeune – Le souper – Villa a vendre (1992) – Dazzle (Dok., 1993) – La soif de l'or – Bonsoir – L'affaire – Cuisine et dependances – Le mari de Lèon (1993) – Cache cash (Lisan und Antoine, 1994) – Montparnasse-Pondichery (1994) – Les sables mouvants (Treibsand, F/D/UK 1995) – Le jaguar (Jaguar, 1995) – Le plus beau métier du monde (1996) – Soleil – Les palmes de monsieur Schutz (Marie Curie: Forscherin mit Leidenschaft, 1997) – Le diner de cons (Dinner für Spinner, 1998) – Le fils du français (2000) – Le placard (Ein Mann sieht rosa, 2001) – Marche et rêve ! – Au loin ... l'horizon (2002)

Costa, Don

(Donald), * *10.6.1925 Boston, Mass., USA, † 19.1.1983 N.Y.* Der Autodidakt begann in den 40er Jahren beim Rundfunk, spielte und arrangierte für Vaughn Monroe, arbeitete dann für Vokalisten wie Vic Damone und Dinah Washington. Er gründete mit Steve Lawrence und Eydie Gormé 1955 ABC-Paramount und fünf Jahre später United Artists. Er arrangierte für beide, aber auch für Jack Jones, Paul Anka, Cab Calloway und veröffentlichte »EasyListening«-LPs unter seinem Namen; seine Version von Manos Hadjidakis' *Never On Sunday* (1960) verkaufte weltweit mehr als 10 Mio Singles. C. hatte eine eigene Produktionsfirma, er produzierte u.a. Little Anthony And The Imperials, Trini Lopez, war in den 60ern bei Frank Sinatras Reprise Records, produzierte, arrangierte und dirigierte für diesen mehrere LPs, außerdem arbeitete er für Paul Anka, Barbra Streisand, Tony Bennett, Georgie Auld, Perry Como, Connie Francis, Jack Jones, Julius LaRosa, Dean Martin, Marilyn Maye, The Osmonds, Barbara Russell, Sarah Vaughan, Dinah Washington u.a. und schrieb Musik für Filme. Billy Byers nannte ihn den »Puccini Of Pop«.

Filme: Rough Night in Jericho (Als Jim Doland kam, 1967) – The Impossible Years (Alles was verboten ist, 1968) – Madigan (1968)

Coulais, Bruno

* *13.1.1954 Paris, Frankreich.*

Filme: Microcosmos (1996) – Himalaya (1998, OST: Virgin) – Spuren von Blut (1999)

Country Joe & The Fish

US-Folk-Rockgruppe, 1965 gegr. in Berkely, Calif. von Country Joe McDonald (voc, * 1.1.1942 El Monte, Calif.) und Berry Melton (g, * 1947 N.Y.). Weitere Musiker waren David Cohen (g, keyb), Paul Armstrong (b), John Francis Gunning (d), später ersetzt durch Bruce Barthol und Gary Hirsh. Die Gruppe engagierte sich politisch (gegen den Vietnam-Krieg) und nahm einige klassische LPs des West Coast-Rock auf (»Electric Music for the Mind and the Body«, »I Feel Like I'm Fixing to Die«, 1967). Sie löste sich 1969 auf, eine Reunion in den Jahren 1976/77 wurde als enttäuschend angesehen.

Film: Gas! or it Became Necessary to Destroy the World in Order to Save it (1970)

Courage, Alexander

(»Sandy«), * *10.12.1919 Philadelphia, Pa., USA.* Filmkomponist und -arrangeur. Wuchs in New Jersey auf, studierte an der Eastman School of Music, ging nach vier Jahren in der Air Force 1946 nach Hollywood, arbeitete dort am Rundfunk (CBS) und schließlich im Musikdepartment bei MGM, wo er zunächst als Arrangeur beschäftigt wurde. Von ihm stammt u.a. die Thema-Musik zur TV-Serie »Star-Trek«. Er arrangierte auch für das Boston Pops Orchestra unter John Williams.

Filme (Arr*): Showboat* (Mississippi-Melodie, 1951; Musik: Jerome Kern, Conrad Salinger, Adolph Deutsch) – The Bandwagon* (Vorhang auf, 1953; Musik: A. Deutsch) – Seven Brides for Seven Brothers* (Eine Braut für sieben Brüder) – Oklahoma* – Guys and Dolls* (Schwere Jungs, leichte Mädchen, 1955; Musik: F. Loesser) – Funny Face* (Ein süßer Fratz, 1957; Musik: G. Gershwin) – Les Girls* – The Left Hand of God (Die linke Hand Gottes, 1957) – Sierra Stranger (1957) – The Sun Also Rises (Zwischen Madrid und Paris, 1957) – Hot Rod Rumble (1957, OST: Liberty LST-3048) – Undersea Girl (1957) – Shake, Rattle and Rock (1957) – The Day of the Outlaws (Der Tag der Gesetzlosen, 1958) – Handle with Care (1958) – The Left-Handed Gun (Einer muß dran glauben, 1958, TV) – Tokyo After Dark (1959) – Day of the Outlaw (1959) – The Pleasure Seekers (Drei Mädchen in Madrid, 1965; Musik Lionel Newman) – Star Trek 2: Where No Man Has Gone Before (1966, TV) – Dr. Doolittle (1967) – Fiddler on the Roof* (Anatevka, 1971) – A Day for Thanks on Walton's Mountain (1982, TV) – A Wedding on Walton's Mountain (1982, TV) – Superman IV: The Quest for Peace* (1987) – The Lemon Sisters (1990) – Gremlins 2: The New Batch (1990)

Coward, Noel Pierce

* *16.12.1898 Teddington-on-Thames (London), England, † 26.3.1973 Port Marie, Jamaica.* Bedeutender englischer Songschreiber, Komödienautor, Regisseur, Schauspieler, Entertainer und Lebenskünstler. Als Jugendlicher spielte er schon in Tourneetheatern, war Soldat im 1. Weltkrieg u. kehrte danach zur Bühne zurück. Anfang der 20er Jahre begann er Stücke zu schreiben, erster Erfolg war 1924 »Hay Fever«. 1925 wurde »The Vortex« am Broadway aufgeführt; C. trat selbst darin auf. Es folgten US-Aufführungen von »Hay Fever«, »Easy Virtue« (1926) und »The Marquise« (1927). Erste Musicals: »This Year of Grace« (1928) u. »Bitter Sweet« (1929). 1931 u. 1933 trat er in eigenen Komödien auf: »Private Lives« bzw. »Design for Living«. 1936 trat er mit Gertrude Lawrence in einer Serie von Einaktern auf: »Tonight at 8:30«. Weitere Stücke: »Blithe Spirit« (1941), »Quadrille« (1954), »Fallen Angels« (1956), »Nude with Violin« (1957). Weitere Musicals: »Set to Music« (1939), »Sail Away« (1961), »The Girl Who Came to Supper« (1963). C. trat in US-Filmen auf: »The Scoundrel« (1935), »The Astonished Heart« (1950), »Our Man in Havana«, »Surprise Package« (1960), »Paris When it Sizzles« (1964), »Bunny Lake is Missing« (1965), »Boom!« (1968), »The Italian Job« (1969). 1942 als Schauspieler u. Regisseur im engl. Film »In Which We Serve«. Etliche seiner Stücke wurden verfilmt, u.a. »Cavalcade«, »Private Lives«, »Blithe Spirit«, »The Happy Breed« und »Brief Encounter«. Viele seiner besten Songs wurden 1972–73 für die Revue »Oh, Coward!« zusammengefasst. C. war ein spitzzüngiger Chronist britischer u.a. Befindlichkeiten des 20. Jh.; er gilt manchem als einer der Väter des Britpop; die Beatles allerdings waren für ihn nur »schlecht erzogene, untalentierte kleine Scheißer«. Zu seinen bekannten Songs gehören *Poor Little Rich Girl, A Room with a View, Mad Dogs and Englishmen* und *Mad About the Boy.*

Lit.: Present Indicative, London 1937. – Future Indefinite, London 1954. – Clive Fischer, N.C., London 1992. – St.Citron, Noel & Cole: The Sophisticates, 1992. – R.Graecan, The Art of N.C., Aldington 1953. – C.Leslie, The Life of N.C., London 1976. – Sheridan Morley, A Talento to Amuse, N.Y. 1972. – Graham Payn with Barry Day, My Life with N.C., 1994. – Stephen Cole, A Bio-Bibliography, 1994. – Philip Hoare, N.C., A Biography, N.Y. 1995 – M.Lewis, N.C., 1968.

CD: I'll See You Again, Living Era AJA 5126 – The Songs of, Flapper PAST-7080 – London Pride, Conifer CHCD 216

Filme (als Schauspieler* /z.T. Drehbuch nach seinen Stücken): Hearts of the World* (1918) – The Queen Was in a Parlor* – Easy Virtue – The Vortex (1927) – Private Lives (1931) – Cavalcade – Tonight is Ours – Bitter Sweet – Design for Living (1933) – The-Scoundrel* (1935) – Bitter Sweet (1940) – In Which We Serve* (1942, auch Prod., Co-Regie) – We Were Dancing (1942) – This Happy Breed (Prod., 1944) – Blithe Spirit (Co.Prod.) – Brief Encounter (Co-Prod., 1945) – The Astonished Heart* (1949) – Meet Me Tonight/Tonight at 8:30 (1952) – Around the World in 80 Days* (In 80 Tagen um die Welt, 1956) – Our Man in Havana* (Unser Mann in Havanna) – Surprise Package* (1960) – Paris When it Sizzles* (1964) – Bunny Lake is Missing* (1965) – Pretty Polly/A Matter of Innocence (1967) – Boom!* – Star! (1968) – The Italian Job* (1969)

Cowler, Jim

(auch Kauler, eigentl. Herbert Noack), * *23.1. 1898 Berlin, † 15.7.1964 ebd.* Dt. Komponist und Songschreiber (Lied: *Liebling mit dem blonden Haar).*

Filme: Das Rheinlandmädel (1930, + W. Ostermann) – Pension Schöller (1930, + F. Hollaender, W. Schmidt-Boelcke) – Wenn ich König wär' (1934, + Egon Kaiser) – Das Veilchen vom Potsdamer Platz (1936) – Der geheimnisvolle Minister (1936)

Craig, Bradford Joseph

* *3.5.1937 New Badford, Mass., USA.*

Filme: Evel Knievel (1971) – The Doberman Gang (1972) – Greased Lightning (1977)

Crélier, Louis

* *9.10.1955 Neuchatel.* Schweizer Komponist für Film und TV.

Filme: La petite fille modèle (1981) – Seuls – Balade au pays de l'imagination (1981) – Die Teufelshochzeit (1984) – Konzert für Alice (1986) – Le cemetière de durs (1986) – L'ogre (1987) – The Great Photographers – Noces de soufre – Le tueur ud dimanche – Die Dollarfalle (1987) – Gemini the Twin Stars (1988) – Noch ein Wunsch (1989) – Quartier Nègre (1990) – Zärtliche Erpresserin (1991) – Scheinschwangerschaft (1993) – Der Nebelläufer (1995) – How Can I Love – La vierge noir – Lycee Alpin – Bienvenue a Bellefontaine – Ashakara – Le mauvais instincts

Crewe, Bob

(Stanley Robert), ** 12.11.1931 Newark, N.J., USA.* C. war einer der namhaften Songschreiber und Schallplattenproduzenten der 60er Jahre, bekannt vor allem durch seiner Arbeit für die »Four Seasons«. Er arbeitete aber auch für Frankie Valli, Mitch Ryder, Freddy Cannon, die Walker Brothers, Diane Renay u.a. und gründete die Labels bzw. Musikverlage Dyno-Voice und Crewe. Er hatte Hits mit seiner Gruppe »The Bob Crewe Generation« mit *Music to Watch Girls By* und *Street Talk*.
Filme: Barbarella (F/I 1967, + Charles Fox, M. Jarre) – A Fine Mess (1986) – Mannequin (1987) – Dirty Dancing (1987)

Crolla, Henri

** 26.2.1920 Neapel, Italien, † 9.11.1960 Paris.* Frz. Jazzmusiker (g) und Komponist. Er ging hervor aus dem Kreis um den legendären Jazzgitarristen Django Reinhardt, spielte auch mit André Hodeir, Hubert Rostaing, Stéphane Grappelli etc., wandte sich dann aber kompositorischen Aufgaben zu.
Filme: Cocktail magazine no. 1 (1946, Kf.) – Saint-Paul-de-vence (1949, Kf.) – Terres flammes (Kf. 1951) – A propos d'un rivière (Kurzfilm, F 1955, + A.Hodeir) – Du sel, du calcaine et du coke (1955, Kf.) – Mon chien (1955, Kf.) – Enrico cuisinier (Kf., 1955) – Cette sacre gamine/Mam'selle Pigalle (1955, + A. Hodeir, H.Rostaing) – Les mauvaises rencontres (1955) – Neiges (1955, + A. Hodeir) – Le ciel est par dessus de toit (1956, Kf.) – Terre fleurie (Kf., 1956; + A. Hodeir) – Le sauma atlantic (Dok., 1956) – Plein air (1956, Kf.) – Leon la lune (1956, Kf.) – Une parisienne (F/I 1957; + A. Hodeir, H.Rostaing) – Peché de jeunesse (1958, Kurzfilm) – Les deux plumes (Cartoon, 1958) – Le vent se Lèave (F/I 1958) – Os bandeirantes (F/I 1959, + A. Hodeir) – Et ta soeur (1958) – Le corps tant desire (1958, + A. Hodeir) – Paris mange son pain (1958) – Les motards (1958) – L'ambitieuse (F/I/AUS/Tahiti, 1959) – Histoire d'un poisson rouge (1959, Kurzfilm, + A. Hodeir) – Voulez-vous danser avec moi (F/I 1959, + A. Hodeir) – Os bandeirantes (Brasilianische Rhapsodie (F/I 1959/60) – Saint Tropez Blues (Amour in St. Tropez, F/I 1960, + A.Hodeir) – Photo souvenir (1960, Kurzfilm) – Les primitifs du XIIIe, 1960, + A.Hodeir) – Mon ami Picrot (1960, Kurzfilm) – Le monde sans soleil (Dok., 1964, + A. Hodeir) – Vitrine sous le mar (Kurzfilm, 1969, + A. Hodeir) – Le bonheu est pour demain (1962) – Le temps redonné (Dok., 1967)
CD: Notre Ami Django, Gitanes 0140622

Crombie, Tony

(Anthony John C.), ** 27.8.1925 London, England, † 18.10.1999 ebd.* Jazzmusiker (d) und Komponist, war in den 50er Jahren prominentes Mitglied der engl. Jazzszene um Tubby Hayes und Ronnie Scott, nahm Schallplatten auf mit Don Byas, Jimmy Deuchar, Vic Feldman, Stéphane Grappelli, Illinois Jacquet, Yehudi Menuhin u.a. Er spielte mit eigenen Gruppen mit denen er auch Schallplatten aufnahm, arbeitete aber dann als Studiomusiker und Komponist.
Filme: The Spider's Webb (1960) – The Tell-Tate Heart (1962)

Curb, Michael

** 24.12.1944 Savannah, Ga., USA.* Schallplattenproduzent und Komponist. Begann als Schreiber von »Jingles«, produzierte für Capitol Records und schrieb Musik für American Int. Pictures, darunter einige Roger Corman-Filme. 1969 wurde er Präsident von MGM Records, er blieb es bis 1973 und produzierte in dieser Zeit Soft-Rock-LPs mit seiner Gruppe »Mike Curb Congregation«. In den 80er Jahren gründete er das Label Curb Records, für welches er vorwiegend Countrymusik produziert.

Filme: Skater-Dater (1965) – The Wild Angels (Die wilden Engel, 1966) – The Trip (1967) – Wild in the Streets (Wild in den Straßen, 1968) – The Devil's Eight (Die teuflischen Acht, 1968) – The Big Bounce (Nancy, ein eiskaltes Playgirl, 1968) – Kelly's Heroes – The Chattanooga Cats (1969, TV-Serie) – Black Water Gold (1970, TV) – Dixie Dynamite (1976) – Family Tree (1999)

Curtin, Hoyt S.

** 9.9.1922 Downey, Calif., USA, † 3.12.2000 Thousand Oaks, Calif.* Wuchs in Bernardino auf und lernte früh Klavier. Spielte mit Jazzbands und leitete ein Orchester in der Schule. Während des Krieges diente er in der Navy, studierte dann Musik und hatte Jobs im TV, er schrieb dort Jingles für Werbefilme. Dort traf er 1957 die Cartoon-Meister William Hanna und Joseph Barbera und es begann die wohl fruchtbarste Zusammenarbeit in der Geschichte des Zeichentrickfilms. Er schrieb die Musik für mehr als 250 Filme, darunter die Serien-Klassiker »The Flintstones«, »The Jetsons«, »Yogi Bear«, »The Smurfs« u.a.

*Filme/Cartoons** : Mesa of Lost Women (1953) – Johnny Quest (Serie, 1964) – Joniko and the Kush Ta Ka (1969) – Shootout an a One-Dog Town (1974, TV) – Kiss Meets the Phantom of the Park (1978. TV) – C.H.O.M.P.S. (1979) – Heidi's Song* (1980) – Gobots: Battle of the Rock Lords* (1985) – Jonny Quest (1986, Serie) – Jetsons: The Movie* (1989) – Jonny's Golden Quest* (1993)

Curtis, Ernesto de

** 4.10.1875 Neapel, † 1.12.1937 ebd.* Bruder des Komponisten Giambattista de Curtis.

Filme: Ave Maria (1936, + A.Melichar) – Die Stimme des Herzens (1937, + G.Becce) – Der singende Tor (1939)

Cutner, Sidney Benjamin

** 16.4.1903 Mariupol, Russland (heute Zdanow, Ukraine), † 20.9.1971 L.A., USA.*

Filme: City Streets (1931) – Riders of the Whistling Skull (1937) – Holiday (1938) – City Streets (1938) – The Lady Objects (1938) – His Girl Friday (Sein Mädchen für besondere Fälle, 1940, Dir. M.Stoloff) – Weekend at the Waldorf (1945) – Those Redheads from Seattle (1953) – Hold Back Tomorrow (1955) – Gunsmoke in Tucson (Johnny schießt nur links, 1958)

D

Dageby, Ulf

* *10.5.1944.* Schwedischer Komponist, für den Film tätig seit 1979, arbeitete u.a. zusammen mit den Regisseuren Christina Olofson und Stefan Jarl und auch für »Kommissar-Beck«-Filme.

Filme: Ett anstaendigt liv (Dok., 1979) – Interrail (1981) – Maalaren (1982) – Naturens haemnd (Dok., 1984) – Sjalen er storre an varlden (Dok., 1985) – I lagens namn (1986) – Hotet/Uhkkadus (Dok., 1987) – Tacknam coq rouge (1989) – Kurt Olssen: film om mit liv som mejsjalv (1990) – Tiden har inget namn (Dok., 1990) – Goda manniskor (1990) – Jar ar din krigare (1997) – Beck – Beck 2: Spar i morker (1997) – Beck: Die Todesfalle (1997) – Liv till varje pris (Dok., 1998)

Daniel, Eliot Howard

* *7.1.1908 Boston, Mass., USA, † 6.12.1997 Placerville, Calif.* Der Komponist und Songschreiber hatte seinen größten Erfolg mit dem Lied *Lavender Blue* aus dem Film »So Dear My Heart« und mit dem Text zu *Never* aus »Golden Girl« (1951, Oscar-Nominierungen). Er schrieb auch das Thema für die »I Love Lucy«-TV-Serie.

Filme: Song of the South (1946, Songs) – Make Mine Music (Cartoon, 1946) – Fun and Fancy Free (Cartoon, 1947) – Melody Time (Cartoon, 1948) – So Dear My Heart (1949) – Bloodhounds of Broadway (1952, Songs) – Powder River (1953, Dir.) – Three Young Texans (1954, Songs)

Dankworth, Johnny

(John Philip William), * *20.9.1927 London, England.* Der renommierte Jazzmusiker (as, sop) studierte 1944–49 an der Royal Academy of Music, hatte dann erste Jobs auf Passagierschiffen, spielte bei Tito Burns und leitete ab 1950 eigene (Big-) Bands, er galt in dieser Zeit als wichtigster englischer Vertreter des Bebop. Seit den 70er Jahre ist er vor allem als Filmkomponist, Arrangeur und Studiomusiker tätig und begleitet auch seine Frau, die Sängerin Cleo Laine (* 27.10.1927). Seine ersten Filmmusiken enthalten avantgardistische, dissonante Klänge, die gut zu den sozialkritischen Stoffen der Regisseure Karel Reisz, Joseph Losey und John Schlesinger passen; spätere Werke sind eher konventionell.

Lit.: Graham Collier, Cleo & John, A Biography of the Dankworths, London 1976

Filme: The Cultured Ape (Kurzfilm, 1959) – We Are the Lambeth Boys (1959) – Sapphire (1959) – The Servant (Der Diener, 1960) – The Criminal (Die Spur führt ins Nichts, 1960) – Saturday Night and Sunday Morning (Samstag Nacht und Sonntag Morgen, 1960) – Hamilton in the Music Festival (Kurzfilm, 1961) – Hamilton the Music Elephant (Kurzfilm 1961) – The Avengers (Mit Schirm, Charm und Melone, TV-Serie, 1961–69, + Laurie Johnson, Howard Blake) – Elephants Have Right of Way (Kurzfilm, 1962) – Karamoja (1962/80) – The Last Stronghold (1963) – The Servant (1963) – The Birds (Kurzfilm, 1963) – The New Ark (1963) – Cloud Over Paradise (Kurzfilm, 1964) – Topflight (Kurzfilm, 1964) – The Pearl in the Desert (Kurzfilm, 1964) – A Game Called Scruggs (1965) – The World at Three (Kurzfilm, 1965) – Darling (1965) – Sands of the Kalahari (Die Verdammten der Kalahari, 1965) – Return from the Ashes (Eine Tür fällt zu, 1965) – Morgan, a Suitable Case for Treatment (1966) – The Idol (1966) – Modesty Blaise (Die tödliche Lady, 1966) – Accident (Zwischenfall in Oxford, 1967) – Fathom (Feuerdrache, 1967) – Salt and Pepper (Salz und Pfeffer, 1968) – I Love You, I Hate You (1968) – The Magus (Teuflische Spiele, 1968) – The Last Grenade (1969) – The Last Safari (1969) – Darling – Morgan – Boom! (Song *Hideaway*, 1968) – Perfect Friday (Treffpunkt London Airport, 1970) – Ten Rillington Place (John Christie, der Frauenwürger von London, 1970) – Striped Horse in a Red Collar (Kf., 1970, + D. Lindup) – Bird's Eye View (TV-Serie, 1970–71) – The Instruments of the Orchestra (Kurzfilm, Dok., 1971) – The Engagement (1970) – Where Him of the Hairy Hands Lives (Kurzfilm, 1972) – Pianorama (Kurzfilm, 1973) –

The Diamond Hunters, Süd-Afrika 1975) – Telford's Change (TV-Serie, 1979) – Strike it Rich (Liebesroulette, 1988) – Gangster No. 1 (UK/D/IRL 1998)

Danna, Jeff

* *1964 Burlington, Ontario.* Kanadischer Komponist und »New Age«-Musiker (g, keyb, Mandoline), arbeitet seit 1990 für kanadische, US-amerikanische und engl. Filme, z.T. mit seinem Bruder → Mychael. Er spielt z. T. auf den Soundtracks seiner Filme (»O«, »Baby«); die Brüder nahmen auch Schallplatten auf, z. B. »Celtic Tale: The Legend of Deirdre«.

Filme: Cold Comfort (1990, TV) – The Big Slice (1990, + Mychael Danna) – Kung Fu: The Legend Continues (1992, TV) – Still Life: The Art of Murder (1992, + Mychael D.) – At Satchem Farm (1998) – New Blood (1999) – Baby (2000, TV) – Boondock Saints – »O« (2000) – Green Dagon (2001, + Mychael D.) – O – The Grey Zone – Reversal (2001) – The Matthew Shepard Story (2002, TV) – Easter – Kart Racer (2002) – Spinning Boris (2003)

Danna, Mychael

* *20.9.1958 Winnipeg (Manitoba), Kanada.* Arbeitet seit 1987 für kanadische und US-amerik. Filme, z. T. mit seinem Bruder Jeff, u.a. für die Regisseure Atom Egoyan, Graeme Campbell und Bruce McDonald.

Filme: Family Viewing (1987) – Caribe (Geschäft mit dem Tod, 1988) – Murder One – Blood Relations (1988) – Termini Station – Eric – Speaking Parts (1989) – Cold Comfort (1990, TV, + Jeff Danna) – The Big Slice (1990 + Jeff Danna) – The Adjuster (1991) – Still Life: The Fine Art of Murder (1992, + Jeff Danna) – Ordinary Magic (1993) – Exotica (1994, OST: Varèse) – Dance Me Outside (1994) – Kama Sutra: A Tale of Love (1996) – Lilies (1996, OST: Varese) – The Ice Storm (Der Eis-Sturm, 1997) – Regeneration – The Sweet Hereafter (1997, OST: Virgin) – Girl, Interrupted – 8MM (Acht Millimeter, 1999) – Felica's Journey – Ride with the Devil (1999) – Bounce (Eine Chance für die Liebe, 2000) – Hearts in Atlantis – Green Dragon (2001, + Jeff Danna) – Monsoon Wedding (2001, OST: Milan) – Hearts in Atlantis (2001) – The Matthew Shepard Story (2002, TV) – Ararat – The Guys – Antwone Fisher (2002) – The Hulk (2003)

Dant, Charles G. »Bud«

(Charles Gustav D.), * *21.6.1907 Washington, Ind., USA, † 31.10.1999 Kailua-Kona, Hawaii.* Bandleader, Komponist und Arrangeur. Studierte an der Univ. von Indianapolis, arbeitete mit Hoagy Carmichaels Studentenband, spielte Trompete und arrangierte für das Tanzorchester von Herbie Kay. In den 40er Jahren ging er in A&R-Funktion zu Decca Records, arbeitete mit den Clark Sisters, Pete Fountain, Dick Haymes u.a. und spielte einige LPs unter seinem Namen ein. Er arbeitete auch für den Rundfunk, Film und TV. Er ließ sich dann in Hawaii nieder und leitete dort ein Orchester.

Film: Submarine Base (1943)

Darby, Ken

(Kenneth Lorin D.), * *13.5.1909 Hebron, Neb., USA, † 24.1.1992 Sherman Oaks, Calif.* D. machte sich einen Namen durch seine vorzüglichen Filmbearbeitungen von Broadway-Musicals. Er teilte sich Oscars mit Alfred Newman für »The King and I« und »Camelot« und mit André Previn für »Porgy and Bess«. Er hatte Ende der 30er Jahre als Schauspieler begonnen, arbeitete dann als musikal. Leiter und Songschreiber, ehe er sich 1951 an Filmscores wagte; zu seinen Meisterwerken zählen »South Pacific« und »How the West Was Won«.

Filme: Melody Time (1948, Dir.) – Meet Me After the Show (1951) – Rancho Notorious – Night Without Sleep (1952, Songs) – Vicky (1953, Songs) – River of No Return (Fluß ohne Wiederkehr, 1954, Songs) – Garden of Evil (1954, Songs) – The Tall Men (1955, Songs) – The King and I (1956) – Villa! (1958) – South Pacific (1958) – Porgy and Bess (1959) – Flower Drum Songs (1961) – The Canadians (1961, Songs) – Fiend of Dope Island (1961, Songs) – How the West Was Won (1963) – Camelot (1967) – Once You Kiss a Stranger (1969)

Daring, Mason Kevin

* *21.9.1949 Ithica, N.Y., USA.*

Filme: Return of the Sedaucus Seven (1980) – Lianna (1983) – The Brother from Another Planet (1984) – Osa – Key Exchange (1985) – The Laserman (1986) – Matewan – Shallow Grave (1987) – Eight Men Out (1988) – Day One (1989, TV) – Murder in Mississippi (1990, TV) – Litte Vegas (1990) – Wild

Hearts Can't Be Broken – City of Hope – Dogfight (1991) – Passion Fish – Fathers and Sons – Off and Running (1992) – Stolen Babies – Ed and His Dead Mother (1993) – Getting Out (1994) – She Loves to Ride (Dok., 1994) – The Last Outlaw (1994, TV) – The Secret of Joan Inish (1994) – Lone Star (1996) – Cold Around the Heart (1997) – The Ripper (1997, TV) – Prefontaine – Men with Guns (1997) – Midnight Men (Killer der Regierung, 1997) – The Opposite of Sex (1998) – Music of the Heart – Limbo – A Walk on the Moon (1999) – Twelfth Night – Waking Ned Devine – American Experience: George Wallace: Settin' the Woods on Fire (Dok., 2000) – Where the Heart is (2000) – Say it Isn't So (2001) – The Tailor of Panama (Der Schneider von Panama, 2001)

Darnell, August

** 12.8.1950 in Montreal, Kanada.* Rock/Pop-Musiker (b, voc) und Komponist. Er war Mitglied von Kid Creole & The Coconuts und Dr. Buzzard's Original Savannah Band, spielte auch oder produzierte für Gichy Dan's Beachwood, Christina, Barry Manilow u.a.

Filme: Casual Sex? (1988, Songs) – New York Stories (1989)

Dauner, Wolfgang

** 30.12.1935 Stuttgart.* Studierte nach Schlosserlehre Trompete und Komposition an der Musikhochschule in Stuttgart; begann seine Profi-Karriere als Klavierbegleiter von Marika Rökk. Er machte sich aber bald einen Namen in der deutschen Jazzszene, arbeitete mit Joki Freund und trat mit eigenem Trio auf. Mit seinen Kompositionen (*Psalmus Spei, Vision 68*) und Happenings löste er kontroverse Diskussionen aus. Er leitete die Radio Jazz Group Stuttgart, seine Gruppe Etcetera (mit Larry Coryell), komponierte Musik für Filme (u.a. eine Neuvertonung von Murnaus »Faust«), die Oper »Urschrei«, auch Musik für Kinder und trat mit internationalen Stars auf. – Schallplatten für CBS, MPS, Calig, ECM, L&R, Pläne.

Filme: Grandison (1978) – Rosi und die große Stadt (1980) – TV: Tatort – Die Sendung mit der Maus – Glotzmusik

David, Hal

(Harold), ** 25.5.1921 Brooklyn, N.Y., USA.* Der vor allem als Texter von → Burt Bacharach bekannt gewordene D. studierte an der N.Y. Univ. und begann 1942, animiert von seinem Bruder → Mack, mit dem Schreiben von Songs. Es dauerte etliche Jahre, bis sich der Erfolg einstellte. 1949 sang Mel Tormé *Four Winds and the Seven* Seas, 1950 Frank Sinatra *American Beauty Rose*. Erste Arbeit mit Bacharach war *Magic Moments* (für Perry Como). Große Erfolge waren dann *Pussy Cat, Alfie* und *Butch Cassidy and Sundance Kid*. Er arbeitete auch für Arthur Altman, Lee Pockriss, Sherman Edwards, Reed Evans, Don Rodney u. Henry Mancini und war einige Jahre Präsident der → ASCAP.

David, Mack

** 5.7.1912 N.Y., USA, † 0.12.1993 Rancho Mirage, Calif.* D. schrieb die Texte zu rund eintausend Songs, beginnend 1939 mit der Tschaikowski-Bearbeitung *Moon Love* (mit A.Kostelanetz) und Hits wie *My Own True Love (Tara's Theme), La vie en rose, Cherry Pink and Apple Blossom White, Born to Be Blue, I Don't Care If the Sun Don't Shine* sowie Texte zu den Sammy Fain-Songs aus Walt Disneys »Cinderella« und auch zu den Songs im Film »Krakatoa«. Weitere Komponisten, mit denen er zusammenarbeitete, waren: Henry Mancini, Jerry Livingston, Alex Kramer, Max Steiner, Joan Whitney, Count Basie, Burt Bacharach und Ernest Gold. Er schrieb auch Texte zu TV-Musiken von »Bourbon Street Beat«, »77 Sunset Strip«, »Hawaiian Eye« und »Surfside 6«. Seine Arbeiten wurden acht Mal für den Academy Award nominiert. Er ist der Bruder von → Hal D.

Filme: Pot o' Gold (1941) – Cinderella (Cartoon, 1943) – At War with the Army (1950) – Sailor Beware (1952) – Cat Ballou – The Silencers (Leise flüstern die Pistolen, 1965) – Hawaii (1966) – The Dirty Dozen (Das dreckige Dutzend, 1967)

Davie, Cedric Thorpe

** 30.5.1913 London, England, † 18.1.1983 Glasgow, Schottland.* Engl. Komponist. Studierte an der St. Andrews University, wurde

1946 von »Daily Express« mit einem Preis für eine Sinfonie ausgezeichnet und etablierte sich als vielseitiger Komponist.
Filme: Scotland Speaks (Dok., 1945) – The Brothers (1947) – Rob Roy the Highland Rogue (UK 1953) – Jaqueline (1956) – The Green Man (Der grüne Mann, UK 1956) – Rockets Galore (UK 1958) – Kidnapped (UK 1959) – A Terrible Beauty (Aufstand im Morgengrauen, UK 1960)

Davies, Peter Maxwell

* *8.9.1934 Manchester, England.* Zeitgen. engl. Komponist. Studierte am College of Music und der Univ. von Manchester, 1957 in Rom und 1962–64 an der Princeton Univ. Er entwickelte eine eigene Theorie der Jugend-, Theater- und Kirchenmusikreform. Wirkte ab 1970 als Leiter des Kammerensembles für zeitgenössische Musik und neue Formen des Musiktheaters »The Fires of London«. Er schrieb zahlreiche Instrumentalwerke, darunter fünf Sinfonien, Vokalwerke, Bühnenwerke, Opern (»Taverner«) u.a.
Film: The Devils (Die Teufel, UK 1970)

Davies, William

US-amerik. Drehbuchautor, Produzent und Komponist, schrieb u.a. Drehbücher für »Beverley Hills Cop III« (1994) und »The Guilty« (2000), komponierte auch Musiken für Stummfilme, z. B. »Die Austernprinzessin« (1919) und »The Boob« (Der Tölpel, 1926).
Filme: Life in Danger (1964) – Head On (1971) – The Last Tasmanian (Dok., 1979)

Davis, Carl

* *28.10.1936 Brooklyn, N.Y., USA.* Der Komponist arbeitet seit 1967 für Film und TV. Er machte sich einen Namen mit neuen Musiken für Stummfilm-Klassiker.
Filme: Other World of Winston Churchill (1967, Dok.) – The Bofors Gun (1968) – Praise Marx and Pass the Ammunition – The Only Way – I, Monster (UK 1970) – Naughty Knights – What Became of Jack and Jill? (1971) – Up Pompeji (1971, TV) – Up the Chastity Belt (1971) – Rentachick (1972) – The Lovers (1972) – The National Health (Bis zum letzten Patienten, 1973) – Catholics (1973, TV) – What's Next? (1985) – Man Friday (Freitag und Robinson, 1975) – The Sailor's Run (1978) – The Merchant of Venice (1980) – The French Lieutenant's Daughter (Die Tochter des französischen Leutnants, 1981) – Praying Mantis (1982) – The Weather in the Streets (1983) – The Aerodrome (1983, TV) – Sacharov (1984, TV) – George Stevens: A Filmmaker's Journey (1984, Dok.) – Champions (Sein größter Sieg, 1984) – King David (1985) – Murrow (1985, TV) – Silas Marner (1985, TV) – Crime of Honor (1986) – Hotel du Lac (1986, TV) – Buster Keaton (Dok., UK 1987) – The Girl in a Swing (1988) – The Rainbow (1989, TV) – Scandal – Fragment of Isabella (1989) – Crossing to Freedom (1990, TV) – Frankenstein Unbound (1990) – Spymaker: The Secret Life of Ian Fleming (1990, TV) – Skullduoggery (1990) – The Crucifer of Blood (1991, TV) – The Buried Mirror: Reflections on Spain and the New World, Vol.5/Unfinished Business (1991, Dok.) – The Black Velvet Gown (1991, TV) – D.W.Griffiths: Father of Film (Dok., 1993) – Voyage – The Trial – Gengis Cohn (1993) – The Return of the Native (1994, TV) – Widow's Peak (Die Witwen von Widows Peak, 1994) – Liberation – Lie Down with Lions (1994, Dok.) – Anne Frank Remembered (1995, Dok.) – Dancehall Queen (1997) – CNN Cold War (TV-Serie, 1998) – Coming Home (TV-Serie, 1998) – Goodnight Mr. Tom (1998) – Pride and Prejudice (OST: Angel) – Topsy Turvey (1999) – The Great Gatsby (2000, TV)
Neue Musiken für Stummfilme: The Big Parade (1925, Originalmusik v. W.Axt/David Mendoza) – Greed (Gier) – Ben Hur – Intolerance – The Thief of Bagdad (Der Dieb von Bagdad, 1926) – Flesh and the Devil – Napoleon – The Crowd (1927) – Alt-Heidelberg (1927) – Show People (1928) – The Iron Mask (Die eiserne Maske, 1929; nach der Tonfilmversion von Hugo Riesenfeld, Louis Alter u. Raymond Klages) – City Lights (Lichter der Großstadt, 1931)

Davis, Chip

(Louis), * *1946 Omaha, Neb., USA.* Wuchs in Sylvania, Ohio, auf, studierte an der Univ. of Michigan, spielte Fagott in deren Konzertband und ging als Schlagzeuger auf Tournee mit dem Norman Luboff-Chor. Arbeitete als Lehrer, produzierte eine Aufführung des Musicals »Hair«, schrieb Jingles für eine Werbeagentur und Songs für die fiktive Country-Gruppe

C.W.McCall. Er komponierte quasi-klassische Stücke, kombinierte sie mit Rock-Rhythmen und nahm diese im Studio von Don Sears in Omaha auf, mit dem er dann die Plattenfirma »American Gramaphone« gründete. So entstand 1974 seine Band »Mannheim Steamroller«, benannt nach der Mannheimer Schule des Johann Wenzel Anton Stamitz (1717–1757), die als erste Klangfarben und dynamische Kontraste in die Musik einbrachte. Seine LPs »Fresh Aire« (bis 2002 neun Stück) sind regelmäßig Bestseller. Er produzierte einen Film über Mannheim Steamroller und schrieb die Musik für den Film »Convoy« (1979).

Davis, Don

(Donald Romain D.), * *4.2. 1957 Anaheim, Calif., USA.*
Filme: Hyperspace (1985) – Blackout (1988) – Home Fires Burning (1989, TV) – Running Against Time (1990, TV) – Lies Before Kisses (1991, TV) – A Little Piece of Heaven (1991, TV) – Notorious (1992, TV) – Woman with a Past (1992, TV) – Murder of Innocence – Session Man (1993, TV) – Leave of Absence (1994, TV) – Sleep, Baby, Sleep – Between Mother and Daughter (1995, TV) – In the Lake of the Woods (1996, TV) – Bound (1996) – Pandora's Clock (1996, TV) – For Love Alone: The Ivana Trump Story (1996) – The Alibi (1997, TV) – Not in This Town (1997, TV) – A Match Made in Heaven (1997, TV) – Warriors of Virtue (1997) – Weapons of Mass Distraction (1997, TV) – The Third Twin (1997, TV) – The Lake (1998, TV) – The Lesser Evil (1998) – Life of the Party: The Pamela Harriman Story (1998, TV) – Route 9 (1998, TV) – The Matrix (1999) – Universal Soldier: The Return (1999) – In the Company of Spies (1999, TV) – House on Haunted Hill (1999) – Hell Swarm – Personally Yours (2000, TV) – Race Against Time (Allein gegen den Tod, USA/KAN 2000) – Fear of Flying (2000) –Anti-Trust – Valentine (2001) – Jurassic Park III (2001; Song *Big Hat, No Cattle* v. Randy Newman; OST: Decca) – The Unsaid (2001) – Behind Enemy Lines (Im Fadenkreuz: Allein gegen alle, 2001) – Long Time Dead (2002) – Matrix Reloaded (2003) – The Matrix Revolution (2003) – TV: Seaquest DSV – The Incredible Hulk: The Beauty and the Beast

Musik zum Film »Hyperspace« – Don Davis (Soundtrack)

Davis, Jeff

* *1917 USA, † 1977 Paris, Frankreich.*
Filme: Cet homme est dangereux (1953, Songs) – Votre dévoué Blake (1954) – Je suis un sentimental (1955) – L' homme et l'enfant (1956) – The Treasure of San Teresa (Rhapsodie in Blei, 1959) – Subway in the Sky (1958, Song *Love Isn't Love*)

Davis, Miles

(Miles Dewey, Jr.), * *26.5.1926 Alton, Ill., USA, † 28.9.1991 Santa Monica, Calif.* Der legendäre Jazzmusiker (Trompete, Komp.) studierte kurz an der Juilliard School in N.Y., wandte sich aber schnell der einsetzenden Bebop-Bewegung zu, er spielte mit Benny Carter, Billy Eckstine u.a. und vor allem Charlie Parker. 1948 wurde er »frontman« eines Nonetts, welches von Gerry Mulligan u.a. initiiert wurde und das zwei Wochen im »Royal Roost« in N.Y. spielte. Die Schallplatten dieser Band (1949/50) für Capitol (daher auch »Capitol-Orchestra«) wurden 1957 unter dem nicht ganz zutreffenden und meist falsch zitierten Titel »Birth of the Cool« auf LP wiederveröffentlicht. In der ersten Hälfte der 50er Jahre war D. wegen Drogensucht meist inaktiv; 1955 gründete er ein Hard-Bop-Quintett mit John Coltrane (ts) als herausragendem Musiker, welches zu den stilbildenden Jazzgruppen dieser Zeit wurde. Einflussreiche *LP:* »Kind of Blue«. Ab 1963 hatte er ein Quintett mit u.a. Wayne Shorter, Herbie Hancock, Ron Carter und Tony Williams, welches eine modale Spielweise praktizierte und damit den Free Jazz einleitete. Er scheute aber den entscheidenden Schritt, wandte sich dagegen der Fusionmusik zu, dem elektrischen Jazz-Rock, der mehr Profit versprach (*LP:* »Bitches Brew«). 1975 zog er sich aus Gesundheitsgründen zurück, hatte 1980 ein triumphales Comeback, obwohl er die Jazzentwicklung ignorierte und weiter eine mit Funk-Rhythmen unterlegte Popmusik spielte.

Lit.: M.D. mit Quincy Troupe, Miles, The Autobiography, 1989 (dt. Hamburg 1990). – Ian Carr., M.D., A Critical Biography, London 1982 (dt. Baden 1985). – Eric Nisenson, Round About Midnight, Ein Portrait von M.D., Wien 1985. – P. Tingen, Miles Beyond: The Electric Explorations of M.D., N.Y. 2001. – Barry McRae, M.D., London 1988. – Bill Kirchner (ed), A M.D. Reader, Washington 1998

Filme: L'Ascenseur pour l'échafaud (Fahrstuhl zum Schafott, F 1957; OST: Columbia/Sony) – Jack Johnson (1970, + Teo Macero) – Siesta (1986) – The Hot Spot (Score: J. Nitzsche, 1990) – Finding Forrester – Miles Davis Story (Dok., Regie Mike Dibb)

De Angelis, Guido

** 22.9.1944 und Maurizio, * 22.11.1947 Rocca di Papa/Rom.* Ital. Komponisten, die Brüder arbeiten bei ihren Filmen eng zusammen.

Filme: Cipolla Colt (1969) – Tratevere – Continuavano a chimarlo trinita – Per grazia ricevuta (1971) – Afyan/Oppio – E poi io chimarono il magnbifico – Piu forte, ragazzi! (1972) – Milano treme, la polizia vuole giustizia – Tutti figli di mamma santissima – La polizia incrimina: Ia legge assolve – Piedone lo sbirro – Valdez, il mezzosangue – All the Way, Boys – Altrimenti ci arrabiamo – Giovannona coscialunga, disonorata con onore – I corpi presentano tracce di violenza con onore – I corpi presentano tracce do violenza carnala – Anche gli angeli mangaino fagioli (1973) – l'arbitro – Porgi l'altra guancia – Anche gli angeli tirano di destro (Auch die Engel mögen's heiß, 1974) – Zorro – Il cittadino si ribella – Il bestione – Arrivano Joe e Margherito (1974) – Roma violenta – Piedone a Hong Kong – Safari Express – Peccati in famiglia – Due sul Pianerottolo – A mezzanotte va la ronda del piacere (Eine Laus im Pelz, 1975) – Il bianco, il giallo, il neo (1975) – Con la rabbia agli occhi – Keoma – I due superpiedi – Squadra antiseippo – Poliziotto violenti (Blutiger Schweiß, 1976) – La moglie di mio padre – Savana violanta – 40 gradi all'ombra del lenzuolo – Inhibition – Die Brüder (1976) – Squadra antifurto – Mannaja – Languidi baci, perfide carezze – Messalina! Messalina! – Tre tigri contre tre tigri – Tod oder Freiheit (D 1977) – La tigre e' ancora viva: Sandokan alla Riscossa! (1977) – La montagna del dio cannibale (Weiße Göttin der Kannibalen, 1978) – Pari e dispari – Killer Fish – Formula Uno, febbre della velocita (Dok., 1978) – Agenzia Riccardo Finzi, practicamente detective – Lp chiamavano Bulldozer – Charleston – Piedone L'africano (1978) – Il cacciatore di squali – Switch (1979) – The Immortal Bachelor – L'ultimo squalo – Banana Joe (1981) – Bonnie e Clyde all' Italiana (Bonnie und Clyde auf italienisch (1983) – Bomber – The Great White – Cenerentola '80 – Occhio, malocchio, prezzemlo e finocchio – Il predatori di atlantide (Atlantic Inferno, 1983) – 2019 dopo la caduta di New York – La casa con la scala nel buio – Il mondo di yor – La guerra del ferro – Pianoforte – L'Angelo custode – Un delitto (1984) – Detective School Dropouts – Il diavolo sulle collins – Scemp di guerra – Mezzo destro, mezzo sinistro – Killing Machine – Colpi si luce – Figlio mio infinitamente caro (1985) – La signora della notte – Blue Paradise – Delitto (1986) – Dance Academy/Body Heat (1988)

De Benedictis, Dick

(Richard), ** 23.1.1937 Milford, N.J., USA.* Der Komponist arbeitet meist fürs TV, u.a. schrieb er zwischen 1985 und 1993 die Musik für ca. 25 Filme der »Perry Mason«-Reihe.

Filme: The Earthling (1980) – Jake and the Fatman (1987) – In the Heat of the Night (1988) – Perry Mason: The Case of the Skin Deep Scandal (1993) – TV-Filme: The Couple Takes a Wife (1972) – This is the West That Was – The Greatest Gift (1974) – The Big Rip-Off – The Manchu Eagle Murder Cape Mystery (1975) – Crisis in Sun Valley – Desparate Women – Ziegfeld: The Man & His Women (1978) – Murder By Natural Causes (1979) – Diary of Perfect Murder – Fatal Confession: A Father Dowling Mystery (1987) – Columbo: A Bird in the Hand – Diagnosis of Murder – The House on Sycamore Street (1992) – A Twist of the Knife (1993)

Debney, John

** 18.1.1956 Burbank, Calif., USA.* D. begann nach dem Studium als Arrangeur für Disney, schrieb Musik für Disneyland, ehe er als Free-

lancer Musik fürs TV zu schreiben begann. Er arbeitete für Mark Snow, Mike Post und Ken Harrison als Arrangeur und für die TV-Serien »Cagney & Lacey« und »The Trial of Rosie O'Neal«. Er schrieb 1987 seine erste Filmmusik für »The Wild Pair«. Seitdem hat er etliche Spielfilme und einige TV-Filme vertont, er arbeitete mit den Regisseuren Peter Hyams, Brett Thompson und William Hanna zusammen, bei einigen Projekten auch mit Steven Spielberg, so bei dessen »Seaquest«-TV-Serie. Sein Vater war der Produzent Louis D. (1916–86).
Filme: The Wild Pair (1987) – Seven Hours to Judgement (1988) – The Further Adventures of Tennesssee Buck (1988) – Not Since Casanova (1989) – Trenchcoat in Paradise (1989, TV) – Jetsons: The Movie (Cartoon, 1989) – The Eyes of the Panther (1990) – The Face of Fear (1989, TV) – A Seduction in Travis Country (1991, TV) – Into the Badlands (1992, TV) – Still Not Quite Human (1992, TV) – Sunstroke (1992, TV) – Jonny's Golden Quest (Cartoon, 1993) – Hocus Pocus (1993) – White Fang 2: The Myth of the White Wolf (1994) – Little Giants – Gunmen (1994) – Sudden Death – CutthroatIsland (Der große Sturm, 1995) – Getting Away with Murder – Houseguest (1995) – Carpool (1996) – Doctor Who: The Enemy Within (1996, TV) – I Know What You Did Last Summer – Liar Liar (1997) – The Relic (Das Relikt, 1997) – The

John Debney

Cape (1998, TV) – I'll Be Home for Christmas (1998) – Paulie (1998) – End of Days (1999) – The Hand Behind the Mouse: The Ub Iwerks Story (Dok., 1999) – Komodo – The Adventure of Elmo in Groucholand (1999) – Dick (Ich liebe Dick, 1999 – My Favorite Martian – Lost and Found (1999) – Michael Jordan to the Max (Dok., 2000) – The Replacements (2000) – The Emperor's New Groove (Cartoon, 2000) – Cats and Dogs (Wie Hund und Katze, 2001; OST: Varèse) – The Emperor's New Groove (Helden aus der 2. Reihe, 2001) – The Princess Diaries (Plötzlich Prinzessin, 2001) – Spy Kids – See Spot Run – Heartbreakers (2001, OST: RCA) – Dragonfly (Im Zeichen de Libelle, 2002; OST: Varèse) – Spy Kids 2 : Island of Lost Dreams – Swimfan – The Tuxedo – The Hot Chick (2002) – Bruce Almighty (2003)

De Diego, Emilio

Spanischer Komponist, für den Film tätig in den 80er Jahren.
Filme: Las Truchas (1978) – Bodas de sange (1981) – El balcon abierto (Dok., 1984) – Pasos largos (1986)

De Francesco, Louis E.

** 26.12.1888 Atessa, Italien, † 5.10.1974 Northridge, Calif.* Ital. Komponist, arbeitete ab 1932 für US-Filme. Zwischen 1940 und 1949 schrieb er Musik für 105 Kurzfilme der 20th Century Fox und der Movietone News.
Filme: Chandu the Magician (1932) – State Fair – Pleasure Cruise – Cavalcade – I Loved You Wednesday – The Power and the Glory – Berkeley Square – Hoopla – Mr. Skitch – As Husbands Go (1933) – Carolina – David Harum – Coming Out Party – All Men Are Enemies – Such Women Are Dangerous – Change of Heart – Springtime for Henry – The World Moves On – Grand Canary – The White Parade – Helldorado (1934) – The Gay Deception – Here's to Romance (1935) – That Ramparts We Watch (1940, + Jacques Dallin, Peter Brunelli) – United We Stand (1942)

De Groof, Carl

** 3.12.1923 Wien, Österreich.*
Filme: Die letzte Brücke (1953) – Maxie (1954) – Das Hirtenlied vom Kaisertal (1956) – Keine Zeit für schwache Stunden (1957) – Unter 18: noch min-

derjährig (1957) – Wenn die Bombe platzt (1957) – Frauensee (1958) – Geständnis einer Sechzehnjährigen (1960) – Deutschland deine Sternchen (1961) – Lulu (1962) – Wenn beide schuldig werden (1962) – Das Haus auf dem Hügel (1964) – Der Weibsteufel (1966) – Der Lügner und die Nonne (1967)

Delannay, Jean

** 12.3.1894 Paris, Frankreich, † 12.4.1964 Nizza.*

Filme: Mitternachtsliebe (1931, + Ph. Parès, G. van Parys) – La femme en homme (1931, Chansons)

Delannoy, Marcel François Georges

** 9.7.1898 La Ferte-Alais (Ile-de-France), † 14.9.1962 Paris.*

Filme: Il était une fois – Les deux orphelines (1933) – Une femme chipée (1934) – Nuit de décembre (1939) – Tempête (1940) – Volpone (1941) – Monsieur de Lourdines (1943) – Ferme du pendu (1945) – Le bateau á soupe (1946) – Malaire (1950) – Le guerisseur (Der Arzt und das Mädchen, 1954) – La bande ápapa (1955)

Delerue, Georges

** 12.3.1925 Roubaix, Frankreich, † 20.3.1992 L.A.,USA.*

Aus dem Arbeitermilieu stammend, verließ D. mit 14 die Schule um in einer Fabrik zu arbeiten. Er hatte als Kind etwas Klavier gelernt. Um dem Militärdienst zu entgehen, nahm er Musikstunden um sich als Musiker zu qualifizieren und entdeckte dabei sein Talent für die Musik. 1945 ging er nach Paris und studierte bei Henri Busser und Darius Milhaud, arbeitete dann zunächst furs Theater (J.L.Barrault, Comédie Française) und als Dirigent im Rundfunk und TV. Ab 1957 Filmarbeit, verstärkt seit 1960, als er mit den Regisseuren Phillippe de Broca (16 Filme) und F.Truffaut (15 Filme) zusammentraf. In den 50er Jahren war er auch Dirigent des Nationalen Rundfunkorchesters. D. schrieb die Musik für mehr als 100 Filme und noch einmal soviel TV-Filme. Er hat u.a. zwei Drittel der Truffaut-Filme vertont und gilt als *der* Komponist der Nouvelle Vague, die ja nicht nur die Bilder von Zwängen befreit, sondern auch der Musik neue Räume geschaffen hat. D. erhielt einen Oscar für »I Love, je t'aime« von George Roy Hill. Seine letzten Jahre verbrachte er in L.A., wo er u.a. Musiken für Filme von Schwarzenegger (»Twins«), Bruce Beresford und Oliver Stone schrieb.

CD: Varèse 755979405 – Musik zu Truffaut-Filmen, Milan 887988 – The Lonely Passion of Judith Hearne, AVM CD-2002

TV-Dok.: G. D., Made in France, von Michel Chio, Michel Fessler, Jean-Louis Como (1994)

Filme: Le mystère du quai Conti (1950) – Les ingénieurs de la mer (1952) – Au rythme du siécle (1953) – La grande cité (1954) – Madagascar (1954) – Un amour de poches (Alchimie der Liebe, 1957) – Si le rois savait ca (1957) – Les Marines (1957) – La première nuit – Hiroshima mon amour (F/Japan 1958, + Giovanni Fusco) – Le bel âge (Man kann's ja mal versuchen, 1959) – Les jeux d l'amour (1960) – Classe tous risques (Der Panther wird gehetzt, 1960) – La française et l'amour (Die Französin und die Liebe, 1960) – Les grandes personnes (Die Erwachsenen, 1960) – Les jeux d'amour (Liebesspiele, 1960) – Marche ou crêve (Auch Helden wollen leben, 1960) – Une fille pour l'été (Ein Mädchen für den Sommer, 1960) – Une aussi longue absence (Noch nach Jahr und Tag, 1961) – Tirez sur le pianiste (Schießen Sie auf den Pianisten, 1961) – L'affaire Nina B. (Affäre Nina B., 1961) – Le farçeur (Wo bleibt die Moral, mein Herr?, 1961) – L'amant de cinq jours (Liebhaber für fünf Tage, 1961) – Arretez les tambours (1961) – La dénonciation (1961) – En plein cirage (Inspektor Kent haut auf die Pauke, 1961) – Jules et Jim (Jules und Jim, 1961) – La mort de bell (Die Nacht hat dunkle Schatten, 1961) – Par dessous le mur (1961) – Le petit garçon de l'ascenseur (Der Liftboy vom Palast-Hotel, 1961) – La récréation (Brennende Haut (1961) – Cartouche (Cartouche der Bandit, F/I 1961) – L'abominable homme des douanes (1962) – L'amour est pour demain (1962) – La crime ne paie pas (Verbrechen aus Liebe, 1962) – Rififi a Tokyo (Rififi in Tokio, 1962) – L'immortelle (Die Unsterbliche, 1962) – Jusqe'au bout du monde (1962) – Merci Natercia (1962) – Le monte-charge (Im Fahrstuhl fährt der Tod, 1962) – Vacances portugaises (Ferien in Portugal, 1963) – L'aine des fercheaux (Die Millionen eines Gehetzten, 1963) – L'autre femme (1963) – Chaire de poule (Rasthaus des Teufels, 1963) – French Dressing (UK 1963) – L'homme de Rio (Abenteuer in Rio, 1963) – L'honorable Stanislas, agent secret (Geheimagent S. schägt zu, 1963) – Journal d'un fou (1963) – Le mépris (Die Verachtung, 1963) – Nunca pas nada (1963) – Les pissenlits par la racine (Radieschen von unten, 1963) – Les veuves (1963) – L'age ingrat (1964) – L'amour de chaine (Mädchen die sich verkaufen, 1964) – La peau douce (Die süße Haut, 1964) – The Pumpkin Eater (Der Schlafzimmerstreit, UK 1964) – Cent mille dollars au soleil (100000 Dollar in der Sonne, 1964) – Le corniaud (Scharfe Sachen für Monsieur, 1964) – Le gros coup (Sein größter Dreh, 1964) – L'insoumis/Il ribello de Algeri (Die Hölle von Algier, F/I 1964) – Laissez tirer les tireurs (... wenn das deine Mutti wüßte, 1964) – Lucky Jo (1964) – Mata Hari, Agent H 21 (1964) – Les pianos mécaniques (Die Versuchung heißt Jenny, 1964) – Un monsieur de compagnie (Ich war eine männliche Sexbombe, 1964) – Plein feux sur Stanislas (Rendezvous der Killer, 1965) – Rapture (Irrwege der Leidenschaft, 1965) – Le tribulations d'un chinois en Chine (Die tollen Abenteuer des Monsier L., 1965) – Viva Maria (1965, OST: United Artists) – A Man for all Seasons (UK, 1966) – Le dimanche de la vie 1965) – Le roi de cœur/King of Hearts (1966) – Le vieil homme et l'enfant (Der alte Mann und das Kind, 1966) – Le ving-cinquième heure (Die 25.Stunde, 1966) – Jeudi on chantera comme dimanche (1966) – Mona, l'étoile sas nom (1966) – Les gommes (Ein Tag zuviel, 1967) – Oscar (1967) – Our Mother's House (Jede Nacht um neun, UK 1967) – Le petite vertu (1967) – Le cerveaux (Das Superhirn, USA/I/F 1968) – Les cracks (1968) – Interlude (Zwischenspiel, 1968) – Le diable par la queue (Pack den Tiger schnell am Schwanz, 1968) – Nobody Runs Forever (Der Haftbefehl, 1968) – A Walk with Love and Death (Eine Reise mit der Liebe in den Tod, USA, 1969) – Les caprices de Marie (Wenn Marie nur nicht so launisch wär', 1969) – Hibernatus (Onkel Paul die große Pflaume, 1969) – Il conformiste (Der große Irrtum, I/F/D 1969) – Anne of the Thousand Days (Königin für tausend Tage, UK 1970) – The Horseman (Der Steppenreiter, USA 1970) – Comptes a rebours (Der Boss, 1970) – Heureux qui comme Ulysse (Sein letzte Freund, 1970) – Women in Love (UK 1970) – La promesse de l'aube/Promise at Dawn (Versprechen in der Dämmerung, F/USA 1970) – Les aveux les plus doux (1971) – L'ingenu – Mira (19791) – Les deux anglaises et le continent (Zwei Engländerinnen und der Kontinent, 1971) – Chère Louise (Die Affäre, 1972) – Quelque part quelq'un (1972) – Une belle fille comme moi (Ein schönes Mädchen wie ich (1972) – Alien Thunder (Ferner Donner (1973) – The Day of the Jackal (Der Schakal, F/UK 1973) – La nuit américaine (Die amerikanische Nacht, F/I 1973) – Day of the Dolphin (Der Tag des Delphins, USA 1973) – La femme de Jean (Befreiung aus der Ehe, 1974) – L'important, c'est d'aimer (Nachtblende, 1974) – Le gifle (Die Ohrfeige, 1974) – L'incorrigible (Der Unverbesserliche, 1975) – Jamais plus toujours (Nie mehr immer, 1975) – Oublie mon mandoline (1975) – Love (1975) – Femmes fatales – Calmos (1976) – Milady (1976) – Comme un boomerang (Wie ein Bumerang, 1976) – Julie pot de colle (Zähme mich, liebe mich, 1976) – Le grande escogriffe (Ein großer und ein kleiner Gauner, 1976) – Police Python 357 (1976) – Julia (USA, 1977) – Le pont de mire (1977) – Tendre poulet (Ein verrücktes Huhn, 1977) – La petit fille en velours bleu (1978) – Préparez vos mouchoirs (Frau zu verschenken, 1978) – Va voir Maman, Papa travaille (Besuch Mama, Papa muß arbeiten, 1978) – Le cavaleur (Edouard, der Herzensbrecher, 1979) – L'amour en fuite (Liebe auf der Flucht, 1979) – A Little Romance (USA, 1979) – An Almost Perfect Affair (Eine fast perfekte Affaire, 1979) – A Little Romance (Ich liebe dich – I love You – je t'aime, 1979) – Mon ami Jo (1979) – Le mounton noir (1979) – Premier voyage (1979) – Lundi (Ein verzwickter Montag, 1979) – De dernier Métro (Die letzte Metro, 1980) – La vie a belles dents (1980) – La femme d'a coté (Die Frau nebenan, 1981) – Escape Artist (1981) – The Horsemaker – Garde à vue (Das Verhör, 1981) – True confessions (Fesseln der Macht, USA 1981) – La vie continue (Das Leben geht weiter, 1981) – Broken English (1981) – Rich and Famous (USA, 1981) – A Little Sex (Der verführte Mann, USA 1982) – Guy de Maupassant (1982) – Josepha (1982) – Partners (Zwei irre Typen auf heißer Spur (1982) – La passante du Sans-Souce (Die Spaziergängerin von Sans-Souce, 1982) – Exposed (1982) – Man, Woman and Child (Herz in Aufruhr, USA, 1983) – Vivement dimanche (Auf Liebe und Tod, 1983) – L'africain (Der Buschpilot, 1983) – Silkwood (USA, 1983) – L'été meurtrier (Ein mörderisccher Sommer, 1983) – Liberty Belle (1983) – Le bon plaisir (Eine politische Affäre, 1983) – Femmes de personne (Vier Frauen, 1984) – Les morfalous (Die Glorreichen, 1984) – Mesmerized (1984) – A Time to Live (Ein kurzes Leben lang, 1984) – Agnes of God (Engel im Feuer, USA 1985) – Maxie (1985) – Casanova (1985) – Salvador (USA, 1985) – Platoon (USA, 1986) – Conseil de famille (Ehrbare Ganoven, 1986) – Crimes of the Heart (Verbrecherische Herzen, USA 1986) – Descentes aus enfers (Abstieg zur Hölle, 1986) – Women of Valour (Hell-Zone: Im Vorhof der Hölle, 1986) – Un homme amoureux – The Lonely Passion of Judith Hearne (UK, 1987) – A Man in Love (1987) – Biloxi Blues (USA 1987) – Escape from Sobibor (Sobibor, 1987) – A Summer Story (UK 1988) – Memories of Me (USA 1988) – Chouans! (Chouans! Revolution und Leidenschaft, 1988) – Paris by Night (Paris bei Nacht, 1988) – Le complot (Der Priestermord, F 1988) – Twins (Zwillinge, 1988) – Beaches (Freundinnen, USA 1988) – Her Alibi (Ninas Alibi, 1988) – Heartbreak Hotel (USA 1988) – Steel Magnolias (Magnolien aus Stahl, USA 1989) – Casanova (1989, Stummfilm v. 1927) – Georg Elser: Einer aus Deutschland (D/USA 1989) – Curly Sue (Ein Lockenkopf sorgt für Wirbel, 1990) – La révolution française (F/UK 1989) – A Show of Force (Die Stärke der Macht, 1989) – Mister Johnson (1990) – Cadence (Ein fremder Klang, 1990) – Seven Minutes (D/USA) – Joe versus the Volcano (Joe gegen den Vulkan, USA 1990) – American Friends (Amerikanische Freundinnen, 1990) – Black Robe (Am Fluß der Irokesen, KAN/AUS 1991) – La reine blanche (Die schöne Lily, 1991) – Man Trouble (Die Katze und der Fuchs, USA 1991) – Dien Bien Phu – Rich in Love (1992) – Memento mori (1992, TV) – Celine (1992)

Del Fra, Riccardo

* *20.2.1956 Rom, Italien.* Jazzmusiker (b), Komponist und Songschreiber, arbeitet für Filme in Frankreich, Portugal und Spanien. Schallplatten für LDH, Ida, Sony.
Filme: Pour rire! (1996, Songs) – Liebe, Rache usw. (1997) – Longe de vista (1998) – Peixe-lua (2000)

Del Mar, Norman

(Norman René Jonathan Del Mar), * 31.7. 1919 London, † 6.2.1994 ebd. Engl. Komponist und Dirigent des BBC Scottish Symphony Orchestra von 1960–65, anschließend dirigierte er versch. Orchester in Skandinavien. Er machte sich einen Namen durch seine Interpretationen der Werke von Mahler, Richard Strauss und Edward Elgar. Er war musikal. Leiter des Film »The Reluctant Widow« (1951).

De Lory, Al

(Alfred), * *31.1.1930 Hollywood, USA.* Pianist und Sänger, in den 60er und 70er Jahren ein bekannter Night-Club-Act.
Filme: Norwood (1969) – The Devil's Rain (Nachts wenn die Leichen schreien, 1975)

De los Rios, Waldo

(Oswaldo Nicolas Ferrero Gutierrez), * *7.9. 1934 Buenos Aires, Argentinien, † 28.3.1977 Madrid, Spanien.* Sohn der Musikerin Marta de los Rios (Marta Ines Gutierrez de Vargas) und Onkel des spanischen Sängers Miguel Rios.
Filme: Savage Paupers (F/USA/Argentinien 1967) – A Town Called Bastard (Kein Requiem für Bastardo, UK 1971)

De Luca, Peppino

Ital. Komponist, schrieb in den 60er und 70er Jahren Musik für ital. und frz. Filme.
Filme: Francesco d'Assisi (1996) – Un amico (1967) – La ragazza con la pistola (1968) – Oh dolci baci e languide carezze (1969) – L'altra faccia del peccato (1969) – I dio chiamate Dorian/Das Bildnis des Dorian Gray (1970) – La notte dei fiori – Ondate di calore (1970) – Debito coniugale (1970) – L'uomo dagli occhi di ghiaccio (1971)

De Lucia, Paco

(Francisco Sanchez Gomez), * *21.12.1947 Algeciras (Cadiz), Andalusien.* Bedeutender Flamenco-Gitarrist.
Film: The Hit (UK 1984, + Eric Clapton) – P. d. L. (Dok v. Daniel Hernandez, E 2002)

Demarsan, Eric

* *20.10.1938 Paris, Frankreich.* Frz. Komponist, arbeitete in den 70er und 80er Jahren für den Film, u.a. für Jean-Pierre Melville.
Filme: L'armée des ombres (Armee im Schatten, 1969; OST: EmArcy) – Le cercle rouge (Vier im ro-

ten Kreis, F/I 1970; OST: EmArcy) – La sainte famille (1972) – L'ombre d'une chance (1984) – La reine de Saba (1974, TV) – La rage au poing – Section spéciale – L'ibis rouge – La fille du garde-barrière – Les mal partis – Demain les mômes – C'est dur pour tout le monde (1975) – Pauline et l'ordinateur – Jean Thomas – Cent dix à zéro (1976) – Le roi de bricoleurs – Dernière sortie avant Roissy – Ça va pas la tête (1977) – La lègendes des sciences (OST: Musidisc) – Roberte – Attention, les enfants regardent (Der unheimliche Fremde, 1978) – Plein sud – 5% de risque (1980) – Pétrole, pétrole (1981) – L'indiscretion (1982) – Un bon petit diable – Debout les crabes, la mer monte ! – Le bourreau des cœurs (1983) – Moi vouloir toi – Les spécialistes (1985) – Juillet en septembre (1987) – Haute tension: Faux troubles (1989, TV) – L'éternel mari (1993, TV) – La troizième voiture (1993, TV) – La porte du ciel (1993, TV) – Target of Suspicion (1994, TV) – Jeux d'enfants (1995, TV) – Les mystères de Sadjurah (1997, TV) – Vidange (1998) – Clarissa (Tränen der Zärtlichkeit, 1998, TV) – La Candide madame Duff (1999) – Tout est calme (2000) – La bête de miséricorde (2001) – Une affair privée (2002)

De Masi, Francesco

** 11.1.1930, Rom, Ital.* Der Komponist machte sich einen Namen durch seine Musiken für eine Reihe von »Spaghetti«-Western und Sandalenfilme der Regisseure Enzo G. Castellari, Michele Lupo und Albert De Martino.

Filme: Tiko and the Shark – La vendetta di Spartacus (1962) – Suleiman the Conquerer (1963) – Die Goldsucher von Arkansas – Il trionfo di Ercole (Der Triumph des Herkules, 1964) – Maciste, l'eroe piu grande del mondo (1964) – Seven Slaves Against the World – Invasion 1700 – Arizona Colt (1965) – Serenade for Two Spies – Un angelo per satan – La lama nel corpo – Hynosis (1966) – Colpa maestro al servizio di sua maesta britannica (Die Doppelgänger, 1966) – The Murder Clinic – Vando ... l'ammazzo e torno (1967) – Paymant for Blood – Kommissar X: Drei goldene Schlangen (1968) – Ammazzali tutti e torna solo – Concerto per pistola solista – C'è sartana ... vendi la pistola e comprati la bara – La battaglia d'Inghilterra (1970) – Kommissar X jagt die roten Tiger – Il giovane Attila (1971) – The Big Game – La casa de las Palomas – New Mafia Boss – The Weekend Murders – Johnny Hamlet (1972) – Eagle Over London – The Arena (1973) – Vizi privati, pubbliche virtu (1975) – Quel maledetto treno blindato – Kid Vengeance (1977) – Le squartatore di New York (1982) – Lone Wolf McQuade (1983) – Rush (1984) – I giorno dell'inferno – Escape from the Bronx – Thunder Warrior – Cobra Mission – Seven Hyden Park (1985) – Follia amore mio (1986) – Caccia all'uomo (1986, TV)

Dempwolff, Horst

(Ps. Andreas Michell, Fen Mico), ** 9.7.1913 Rodemachern (Elsass), † 30.10.1983 Sursee (Luzern), Schweiz.* Der vielseitige Komponist schrieb Chansons, Schlager, Tanz- und Unterhaltungsmusik und Musiken für Filme, TV-Filme, Werbespots etc.

Filme: Never Fear (1950) – Die verschwundene Stadt Dresden (1955) – Stählerne Adern (1956) – Der Etappenhase (1956) – Frauenarzt Dr. Bertram (1957) – Kein Auskommen mit dem Einkommen (1957) – Hans Schomburgk: Mein Abschied von Afrika (1958) – Blitzmädel an die Front (1958) – Arzt aus Leidenschaft (1959) – Eine Reise ins Glück (1959) – Ein Student ging vorbei (1960)

Demuth, Norman

(Norman Frank D.), ** 15.7.1898 South Croyden, Surrey, England, † 21.4.1958 Chichester, West Sussex.*

Film: Pink String and Sealing Wax (1945)

Deodato, Eumir De Almeida

** 22.6.1942 Rio de Janeiro.* Der brasilianische Musiker wurde bekannt, als Astrud Gilberto seinen Song *The Spirit of Summer* aufnahm und und dieser Song auch noch einen Preis beim Song-Festival in Rio erhielt. Anfang der 60er Jahre spielte er mit Roberto Menescal (auch Schallplatten). 1967 ging er in die USA und arbeitete für Filme und als Arrangeur, u.a. für A.C. Jobim/Frank Sinatra. Seine Bearbeitung des Themas von *Also sprach Zarathustra* (Richard Strauss) schaffte es bis zur Nr. 2 der US-Single-Charts. Schallplatten mit Easy-Listening-/Latin-Music für Muse, CTI und Warner Brothers.

Filme: The Adventurer (1970) – Target Risk (1975) – The Onion Field (Mord im Zwiebelfeld, 1979)

De Pablo, Luis

(Luis de Pablo Costales), * *28.1.1930 Bilbao.* Spanischer Komponist, arbeitete in den 60er und 70er Jahren u.a. für den Regisseur Carlos Saura.

Filme: Crimen de doblo filo (1964) – La caza – El sonido preistorico (1965) – La Madriguera (1969) – El jardin de las delicias – Los desafios (1970) – Libertine 90 (1971) – Ana y los lobos (1972) – El espiriti de la col mena – Habla, Mudita (1973) – A un dios desconocido – Reine Zanahoria – La calabra de Max (1977)

DePaul, Gene

(Eugene Vincent de Paul), * *17.6.1919 N.Y., USA, † 27.2.1988 Northridge, Calif.* Film- und Songschreiber der 40er und 50er Jahre. Begann als Pianist in Tanzorch. und im Vaudeville. Begann 1940 Songs zu schreiben, zunächst mit Don Raye, später mit → Johnny Mercer als Texter. Bes. bekannte Songs: *I'll Remember April, Star Eyes, Irresistible You, Cow Cow Boogie, Mr. Five by Five, Teach Me Tonight.*

Filme (Songs): Keep 'Em Flying (Pig Foot Pete, You Don't Know What Love Is, Let's Keep 'Em Flying) – In the Navy (We're in the Navy, Starlight-Starbright, 1941) – Behind the Eight Ball (Mr.Five by Five); Ride 'Em Cowboy (I'll Remember April, Rockin' and Reelin', Give Me My Saddle, 1941) – Hellzapoppin' (In der Hölle ist der Teufel los, 1942; Song: You Were There) – I Dood It (Star Eyes) – What's Buzzin', Cousin? (Ain't That Just Like a Man) – Follow the Band (He's My Guy, 1943) – Broadway Rhythm (Irresistible You; Milkman, Keep Those Bottles Quite, 1944) – Love That Boy (The Night Has a Thousand Eyes, 1947) – A Date with Judy (Judaline); A Song is Born (A Song is Born, Daddy-O) – So Dear To My Heart (Cartoon, It's Whatcha Do with Watcha Got) – (Cartoon): Ichabod and Mr. Toad (Katrina; The Headless Horseman, 1949) – (Cartoon): Alice in Wonderland ('Twas Brillig, 1952) – Seven Brides for Seven Brothers (Spring, Spring, Spring; Bless Your Beauty to Hide; Sobbin' Women; June Bride; Lament, 1954) – Li'l Abner (1959, Dir. J.Lilley, N.Riddle)

Dermarderosian, Alan

* *18.1.1959 in ?., USA.* Der Komponist ist für den Film tätig seit 1987; er schrieb u.a. die Musik für die »Vice Academy«-Serie.

Filme: Hobgoblins (1987) – Vice Academy – Island of the Lost Realities (1988) – Tropical Snow – Marked for Murder – A Hollywood Story – Heaven Can Help (1989) – Vice Academy 2 – Killing Academy Style – Civil War Diary – Terror in Beverley Hills (1990) – Vice Academy 3 – Terror in Beverley Hills (1991) – Invasion of Privacy (1992, TV) – Mind, Body & Soul (1992) – Good Girls Don't (1993, Songs: *Good Girls Don't Do These Things* und *Sweet Little Girl with a Body to Sell*) – Vice Academy 4 – Improper Conduct (1994) – Tainted Love (1995, TV) – Vice Academy 5 – The Searcher (1996) – Irresistable Impulse (1966, TV) – Babe Watch: Forbidden Parody (1996) – Horline (1996, TV) – Shades of Gray (1997) – Vice Academy 6 – Monsson – I Love You But – The Howling Leopard (1998) – Crossed (2002)

De Saxe, Rudy

(eigentl. Rudolph Amaury Savorian), * *28.2. 1905 Kairo, Ägypten, † 27.12.1958 New York City, USA.*

Filme: Bells of San Fernando – Beyond Your Own (1947) – The Texan Meets Calamity Jane (1950)

De Scalzi, Aldo

* *23.1.1957* Genua, Italien, und **Pivio**, ital. Komponisten, arbeiten meist gemeinsam für den Film seit 1997.

Filme (nur Aldo*): Cous-cous* (1996) – Il bagno turco: Hamam* (Das türkische Bad, 1997) – Le faremo tanto male – Il giardini dell' Eden – Elvjs & Merilijn* – Viola bacia tutti (1997) – I giardini dell'Eden (1998) – Matrimoni* (1999) – Le seconda moglie* (1998) – L'odore delle notte – Le faremo tanto male (1998) – I fobici (1999) – Ormai è fatta!* – Harem suare (1999) – I fetentoni (1999) – La voce del sangue (1999) – Lupa mannaro – Nella terra di nessuno (2000) – Distretto di polizia (2000, TV) – Se fossi in te – Amorestremo – Blek giek (2001) – Casomai (2002)

De Sica, Manuel

* *24.2.1949 Rom.* Ital. Komponist, Sohn des Filmregisseurs Vittorio De Sica (1902–1974).

Filme: Amanti (1968) – Il giardino dei Finzi Contini/Der Garten der Finzi Contino (I/D 1970) – Le coppie (1970) – I cavalieri di Malta (1972, TV) – Lo chiameremo Andrea (1972) – Camorra (La Camorra/Les tueurs a gages, I/F 1972) – The Age of the Medici (1973) – Una breve vacanza (1973) – Il Viaggio/Le voyage (Die Reise nach Palermo, I/F 1973) – Cagliostro (1975) – Les malheurs fou (Die verrückten Reichen, F/I/D 1975) – Folies Bourgeoises – Caro Papa (1979) – Linea d'ombra – Sono fotogenico (1980) – Il matrimonio di Caterina (1982) – Il momente dell'avventura (1983) – Un ragazzo e una ragazze (1984) – Lui e peggio di me – L'alcova – Mi faccia causa – Carabinieri si nasce – Colpo di fulmine (1985) – 45mo Parallelo – Il commissario lo gatto – Yuppies 2 (1986) – Soldati: 365 all'Alba – Monte Carlo: Gran Casino (1987) – Bye bye Baby – Una botta di vinna (1988) – Ladri di Saponette (Die Seifendiebe, 1989) – Volare Volare – Il Conte Max – Vacanze di Natale '91 – Faccione (1991) – Al lupo al lupo (1993) – Dellamorte, della morte/Cemetery Man (1994) – Vörös colobri (1995) – Uomini, uomini, uomini (1995, Songs) – Celluloide – 3 – Vacanze di natale '95 – A spasso nel tempo (1996) – Simpatici e antipatici (1998) – Vacanze di natale 2000 (2000)

De Simone, Roberto

* *25.8.1933 Neapel.* Ital. Komponist, arbeitete für ital. und US-Filme.

Filme: Bambole! (1965) – Caccia alla volpe (1966) – The Biggest Bundle of Them All (1968) – Quanto e bello lu murire acisco (1975) – La fine del mondo nel nostro solito letto in una notte pien di pioggia (1978) – Fontamara (1979) – The Seduction (1982) – The Concrete Jungle (Die Spur führt ins Nichts, 1982)

Desplat, Alexandre

* *23.8.1961 Paris, Frankreich.* Frz. Komponist und Songschreiber, im Film tätig seit 1992.

Filme: Ki lo sa ? (1985) – V. O. (1987) – Family Express (1991) – The Lapse of Memory/Mémoire traquée – Au nom de père et du fils (1992) – Sexes faibles! (1992) – Le tronc – Hour of the Pig – Jour de fauche (1993) – J'aime pas qu'on m'aime (1993, TV) – Marie-Louise ou la permission – Regarde les hommes tomber (1994) – Innocent Lies – Les milles (1995) – Le plus bel âge... (1995, Songs) – Quand je serai grand, mon père il sera policier (1995) – Le fils de Paul (1995, TV) – Lucky Punch (1996) – Le cri de la soie – Passage à l'acte – Love etc. – Un héros très discret (1996) – Passage a l'acte (1996, Songs) – D'amour et d'eau salée (1996, TV) – Un petit grain de folie – La voisine (1997, TV) – The Revengers's Comedies (1997) – Restons groupés – Une minute de silence (1998) – Atilano, presidente – I chance sur 2 (1998) – Toni – C'est pas ma faute (1999) – Le château de singes (Kwon und der Königder Affen, 1999) – Brigade spéciale – Juliette (1999, TV-Serien) – Rien à faire – Monsieur Naphtali (1999) – Amazone – Vive nous ! – The Luzhin Defence – Home Sweet Home – Barnie et ses petites contrarietés (2000) – Sur mes lèvres – Reines d'un jour – Mauvais genres (2001) – Madame Sans-Gêne (2002, TV) – Nid de guêpes – Corps à corps (2002) – Rire et châtiment (2003)

Dessau, Paul

* *19.12.1894 Hamburg, † 28.6.1979 Königswusterhausen b. Berlin.* Nach Studium war D. ab 1912 Kapellmeister in Hamburg, nach Unterbrechung durch den Krieg arbeitete er bis 1932 in dieser Position in Mainz, Köln und Berlin. Er begann dann für den Film zu arbeiten, verließ aber 1933 Deutschland (er war Kommunist) und arbeitete ab 1939 in den USA. Nach dem Krieg ging er in die DDR und arbeitete weiter für Bühne und Film, u.a. mit Bertolt Brecht.

Filme: Ich glaub' nicht mehr an eine Frau (1930, + W.Jurmann, R.Tauber, H.Krome) – Zärtlichkeit (1930, + Erwin Ludwig) – Stürme über dem Montblanc (1930, + Otto Firl, Edmund Meisel) – Der weiße Rausch (1931, + Fritz Goldschmidt) – Salto Mortale (1931, + A.Guttmann, W.Jurmann) – Melodie der Liebe (1932, + B. Kaper, W.Jurmann) – Abenteuer im Engadin (1932) – Anne und Elisabeth (1933) – S.O.S. Eisberg (1933) – Nordpol Ahoi! (1934) – Mutter Courage und ihre Kinder (DDR 1960) – Abschied (DDR 1968)

DeSylva, Buddy

(George Gard DeSylva, auch B. G. DeSylva), * *27.1.1895 N.Y., USA, † 11.7.1950 Hollywood.* Der Komponist, Songschreiber und - Texter war Mitglied des in den 20er Jahren bedeutenden Teams → Henderson-DeSylva-Brown. DeSylva wandte sich 1931 der Filmproduktion zu, schrieb auch Drehbücher und wurde 1942 einer der Gründer von Capitol Records.

Filme als Komponist und/oder Songschreiber: The Singing Fool (1928) – Il Old Arizona (1929, Song: *My Tonia*) – Say it With Songs (1929) – Good News – Follow Thru – One Good Turn – Just Imagine (1930) – Indiscreet – Flying High (1931) – George Whits'e Scandals – It's a Gift (1934) – Love on a Bet (1936, Song: *California Here I Come*) – A Star Is Born (1936, Song: *California Here I Come*) – Hard to Get (1938) – These Glamour Girls (1939, Song: *If You Knew Susie Like I Know Susie*) – Love Affair (1938, Song: Wishing Will Make it So) – Reno (1939) – The Great American Broadcast (1941) – Birth of the Blues (1941) – Eady Was a Lady (1945) – Good News (1947) – Something Short of Paradise (1979, Song: *You Try Somebody Else*)

Deubel, Claus

* *30.7.1951 Mannheim.* Ausbildung an der Musikschule Mannheim, spielte Gitarre in div. Rockbands, arbeitet seit 1976 als Kameramann. Er schreibt nebenberuflich Musik zu Filmen, für die er als Kameramann gearbeitet hat: seit 1976 ca. 15 Kinderspielfilme für das TV. Außerdem: »Eine Firma für die Ewigkeit« (1982, mit Paul Esslinger).

Deutsch, Adolph

* *20.10.1897 London, England, † 1.1.1980 Palm Desert, Calif, USA.* Filmkomponist der 30er bis 50er Jahre. Studium an der Royal Academy of London, ging 1910 in die USA. Leitete Tanzorchester in den 20er Jahren, arbeitete für das Orchester von Paul Whiteman und dann für den Film. 1943–1953 war er Präsident der von ihm gegründeten Screen Composers Association und arbeitete für MGM von 1948 bis 1962. Komponierte u.a. *March of the United Nations, Margot, Clarabelle, Three Sisters, The Scottish Suite, Lonely Room* (aus »The Apartment«).

Filme (als Komponist, Arrangeur, Dirigent oder Musical director): The Smiling Lieutenant (1931; Dir., Musik Oscar Straus) – They Won't Forget (1937, Dir. Forbstein) – The Great Garrick (1937) – Swing Your Lady (1938) – Fools for Scandals – The Oklahoma Kid (Arr., 1938) – Rocket Busters (1938) – Angels Wash Their Faces (1939) – Castle on the Hudson (1940) – The Big Shot (Der große Gangster, 1940, Dir. Forbstein) – They Drive By Night (1940) – East of the River (Zum Bösen verdammt, 1940) – Torrid Zone (1940) – The Fighting 69 (1940) – Across the Pacific (Abenteuer in Panama, 1941) – Underground (1941) – High Sierra (Entscheidung in der Sierra, 1941) – The Maltese Falcon (Der Malteser Falke, 1941) – Manpower (Herzen in Flammen, 1941, Dir. L.Forbstein; Song: *He Lied and He Listened* v. Hollaender/Loesser) – George Washington Slept Here – The Big Shot (Der große Gangster, 1942) – Juke Girl (1942) – All Through the Night (1942) – Lucky Jordan (1942) – Action in the North Atlantic – Northern Pursuit (1943) – The Mask of Dimitrios (Die Maske des Dimitrios, 1944) – The Doughgirls (1944) – Uncertain Glory (1944) – Escape in the Desert (1945) – Nobody Lives Forever (Eine Lady für den Gangster, 1946; Arr. J.Moross, Dir. L.Forbstein) – Three Strangers (1946) – The Stratton Story – Blaze of Noon – Julia Misbehaves (Julia benimmt sich schlecht, 1947) – Ramrod (Die Farm der Gehetzten, 1947) – Little Woman (Vier Schwestern, 1948) – Whispering Smith (1948) – Intruder in the Dust (Griff in den Staub, 1949) – Showboat (Mississippi-Melodie, Dir., 1951, + C.Salinger; Songs: J.Kern) – Take Me Out to the Ball Game (Spiel zu Dritt, 1949; Songs v. Roger Edens, B.Comden, A.Green) – Little Women (Kleine tapfere Jo, 1949) – Blaze with Noon (1949) – Father of the Bride (Vater der Braut, 1950) – Annie Get Your Gun (Schieß los Annie, 1950; + Roger Edens, Songs Irving Berlin) – The Big Hangover (Von Katzen und Katern, 1950) – Mrs. O'Malley and Mr. Melone (1950) – Soldiers Three (1951) – Stars in My Crown (1951) – The Racket Busters (1951) – Million Dollar Mermaid (Die goldene Nixe, 1952) – Belle of New York (1952) – The Bandwagon (Vorhang auf!, Arr., 1953; Songs: Dietz/Schwartz) – Torch Song (Herzen im Fieber, 1953) – The Long Long Trailer (Villa mit 100 PS, 1954) – Seven Brides for Seven Brothers* (Eine Braut für sieben Brüder, 1954; + Saul Chaplin, Songs: De Paul/J. Mercer) – Oklahoma!* (Arr., 1955, + R.R.Bennett, Jay Blackton; Songs: Rogers/Hammerstein II) – The Rack (Anklage: Hochverrat, 1956) – Tea and Sympathy (1956) – Funny Face (Arr.) – Les Girls (1957) – The Matchmaker (Die Heiratsvermittlerin, 1958) – The Rack (Anklage: Hochverrat, 1959) – Some Like it Hot (Manche

mögens heiß, 1959) – The Apartment (Das Apartment, 1960) – Go Naked in the World (Geh' nackt in die Welt, 1961)
CD: Filmmusik, MP

Deutsches Filmorchester

1993 hervorgegangen aus dem ehemaligen DEFA-Sinfonieorchester und dem Radio Berlin Tanzorchester. Dirigent war bis 1998 Frank Strobel, seit 1999 ist es Scott Lawton. Sitz des DFO war traditionell Babelsberg, seit 1999 ist es Berlin.
CD: DFO, Von Babelsberg nach Hollywood, Hansa 74321852202

DeVol, Frank

** 20.9.1911 Moundsville, W.Va., USA, † 27.10. 1999 Lafayette, Calif.* Arrangeur/Bandleader der 40er bis 60er Jahre. Wuchs in Ohio auf, studierte an der dortigen Univ. Erste Jobs in den frühen 30er Jahren bei Emerson Gill und George Olsen, spielte Alt-Sax und arrangierte für Horace Heidt. 1939 ging er zur Big Band von Alvino Rey, arbeitete ab 1943 am Rundfunk in L.A. und leitete Studiobands für Vokalisten bei Schallplattenaufnahmen. Musical director für die Shows von Ginny Simms, Jack Smith, Jack Carson. Seit den 50er Jahren für Film und TV tätig, daneben Schallplatten mit Studiobands für Capitol, Columbia und ABC im Easy Listening-Stil. Er trat gelegentlich auch als Schauspieler auf. Er arrangierte auch für June Christy, The Modernaires, Margaret Whiting, Mel Tormé, Merry Macs, Nat King Cole, Kay Starr, Monica Lewis, Ella Fitzgerald u.a.

CD des Deutschen Filmorchesters, Hansa

Filme: World for Ransom (Menschenraub in Singapur, 1953) – The Big Knife (Hollywood Story, 1955) – Kiss Me Deadly (Rattennest, 1955) – Attack! (Ardennen 1944, 1956) – Johnny Trouble (1956) – The Ride Back (Der Ritt zurück, 1957) – Pillow Talk (Bettgeflüster, 1958) – The Bramble Bush (1960) – Murder Inc. (Unterwelt, 1960) – The Parent Trap (Die Vermählung ihrer Eltern geben bekannt, nur Schauspieler, 1960) – Lover Come Back (Ein Pyjama für zwei, 1961) – Boys' Night Out (Sexy!, 1962) – Whatever Happened to Baby Jane (Was geschah wirklich mit Baby Jane?, 1962) – McLintock (1962) – The Thrill of it All (Was diese Frau so alles treibt, 1963) – The Wheeler Dealers (Ehebett auf Probe, 1965) – For Love or Money (Der Fuchs geht in die Falle, 1963) – Under the Yum Yum Tree (Ehebett zur Probe, 1963) – Good Neighbor Sam – Send Me No Flowers (Schick mir keine Blumen, 1964) – A Very Special Favor (Ein Appartement für drei, 1964, nur Schaupsieler) – Hush Hush Sweet Charlotte (Wiegenlied für eine Leiche, 1965) – Cat Ballou (1965, Song von Livingston/M.David: *The Ballad of Cat Ballou*) – Flight of the Phoenix (Der Flug des Phoenix, 1965) – What's so Bad About Feeling Good? (Hochzeitsnacht vor Zeugen, 1965) – The Glass Bottom Boat (Spion in Spitzenhöschen, 1966) – The Dirty Dozens (Das dreckige Dutzend, 1966) – Caprice (1966) – Texas Across the River (Zwei tolle Kerle in Texas, 1966) – The Big Mouth (Ein Froschmann an der Angel, 1966) – Guess Who's Coming to Dinner (Rat mal wer zum Essen kommt, 1967) – The Ballad of Josie (Das Teufelsweib von Texas, 1967) – What's so Bad About Feeling Good? (Hochzeitsnacht vor Zeugen, 1967) – Krakatoa, East of Java (Krakatoa, 1967) – The Happening (Die Meute, 1967) – Legend of Lylah Clare (Große Lüge Lylah Clare, 1968, auch Song *Lylah*) – Ulzana's Raid (Keine Gnade für Ulzana, 1972) – Emperor of the North Pole (Zug für zwei Halunken, 1973) – The Longest Yard (Die Kampfmaschine, 1974) – Hustle (Straßen der Nacht, 1975) – The Choirboys (Die Chorknaben, 1975) – Herbie Goes to Monte Carlo (Ein toller Käfer in der Rally Monte Carlo, 1977) – The Frisco Kid (Ein Rabbi im Wilden Westen, 1979)

– Herbie Goes Bananas (Herbie dreht durch, 1979) – All the Marbles (Kesse Bienen auf der Matte, 1981) TV-Serien: My Three Sons – Camp Runamuck

DeVorzon, Barry

** 31.7.1934 N.Y., USA.*
Filme: RMP (Revolution per Minute, 1970) – Hard Times (1975) – The Warriors (1979) – Tattoo (1980) – Xanadu (1980, Songs: Jeff Lynne, John Farrar) – Exorcist III (1990) – Bless the Beasts and the Children

Devreese, Frederic

** 2.6.1929 Amsterdam, Niederlande.* Sohn des Komponisten Godefroi Devreese.
Filme: Un soir...un train (1968) – Bu bout des lèvres (1975) – Benvenuta (1983) – Les noces barbares (1987) – L'œuvre au noir (1988) – Il maestro (1989) – Het sacrament (1990) – La partie d'echecs (1994) – Pauline et Paulette (2001)

De Wolfe

Filme: The Curse of the Wraydons (1946) – The Master Plan (1953) – The Impersonator (1960) – Skin Game (1966) – Mini Weekend (1967) – Pandore (1968) – Das bumsfidele Internat (D 1969) – Birgade Anti-Sex (1970) – Horror Hospital (1973) – Sex Farm (1975) – Monty Python and the Holy Grail (1975) – Robin Hood Junior (1977) – Jabberwocky (1977) – Hsing Hsing wang/The Colossus of Congo (1977) – Space Warriors 2000 (1985, TV) – Love Potion (1987) – Appointment with Death (1988)

Dexter, Von

** 9.12.1912 USA, † 4.2.1996.*
Filme u.a.: House on Haunted Hill (1958) – The Tingler (1959) – 13 Ghosts (1960) – Mr. Sardonicus (1961) – Scream for Your Lives! William Castle and the Tingler (1999)

Diamond, Neil Leslie

(eigentl. Noah Kaminsky), ** 24.1.1941 Brooklyn, N.Y., USA.* Begann als Teenager Songs zu schreiben, professionell ab 1962, erster Erfolg 1965 mit *Sunday And Me* (Jay and the Americans). Erste Schallplatten als Sänger 1960 für Duel, später für Bang und MCA. Hits: *Sweet Caroline* (1969), *Holly Holy* (1970), *Song Sung Blue* (1972). 1973 schrieb er die Musik zum Film »Jonathan Livingston Seagull« mit seinem Arrangeur → Lee Holdridge; der Soundtrack erhielt einen Grammy, der Film war bei Kritik und Publikum ein Flop. Seine erste Rolle als Schauspieler hatte er im Film »The Jazz Singer«. Wieder war der Soundtrack ein Millionenhit, vor allem durch den Song *America*. In den 80er Jahren schrieb er Songs mit Gilbert Bécaud, David Foster, Carole Bayer Sager und Burt Bacharach. D. gehört zu den erfolgreichsten Songschreibern der 70er und 80er Jahre, obwohl sein Middle-of-the-Road-Pop dem Zeitgeist eher widersprach.
Lit.: Rich Wiseman, Solitary Star – Suzanne K. O'Reagan, N. D.
Filme: Jonathan Livingston Seagull (Die Möwe Jonathan, 1973) – The Jazz Singer (1980, + Leonard Roseman)

Dibango, Manu

(Emmanuel Odilienu D.), ** 12.12.1933 Douala, Kamerun.* D. ist der heute wohl bekannteste afrikanische »Welt«-Musiker. Er begann 1950 als Jazz-Saxophonist, 1906 gründete er in Zaire die Band African Jazz. 1975 wurde er bekannt durch seine LP »Soul Mokassa«. Er trat in aller Welt auf, spielte zusammen mit Pop- und Jazzmusikern wie Fela Kuti, Sly Dunbar, Robbie Shakespeare, Don Cherry und den Fania All Stars. 1981 entstand ein Dokumentarfilm: »Manu Dibango: King Mokassa«.
Filme: Countdown at Kusini (1976) – Ceddo (1977) – Forty Deuce (1982) – Les keufs (1988) – Comment faire l'amour avec un noir sans se fatiguer (1989) – Lumière noire (1994)

Dickson, Andrew

Engl. Komponist, arbeitete u.a. mit dem Regisseur Mike Leigh.
Filme: Meantime (1981) – Dutch Girls (1987) – High Hopes (1989 – Naked (Nackt, UK 1993) – Oublie-moi (1994) – Someone Else's America (1995) – Secrets and Lies (Lügen und Geheimnisse, 1996) – All or Nothing (2002)

Dickson, John

** Big Spring, Tex., USA.*
Filme: The General Hospital (1963, TV) – Cool

World (1992) – Sunny's Deliverance – Amire! (1993) – No Experience Necessary (1996) – Killer per caso (1997) – Paperlily – Pm Flam & the Center of the Universe – First Prince (1998) – Fulfilled – Ladies Room (1999) – The Mike O'Malley Show (1999, TV) – Summer's Gone – Me and the Big Guy – Dream Parlor – 24-Seven (1999) – Bar Hopping (2000, Songs) – The Man with No Eyes – Galaxy Far Far Away (2001)

Diernhammer, Carlos

(Ps. Peter Covent, Sid Sidney), * *31.7.1931 Buenos Aires, Argentinien, † 31.5.2000 Holzkirchen (Oberbayern).* Sohn von Hans D. Pianist, Komponist, Arrangeur. Studierte am Trapp'schen Konservatorium in München, war 1952–57 Pianist bei Freddy Brocksieper, 1957–61 Pianist und Arrangeur bei Max Greger. Arbeitete als Studio-Musiker, spielte Unterhaltungsmusik und Jazz (LP/CD »C Jam All Stars«, Ariola), war Studiomusiker in München und komponierte Tanz- und Unterhaltungsmusik, auch Musik für TV und Film.
Filme: Die Todesstrahlen des Dr. Mabuse (1964) – Kopfstand, Madame (1966)

Diernhammer, Hans

* *5.1.1899 München, † 26.4.1952 ebd.* Vater von → Carlos D. Wanderte in den 20er Jahren nach Argentinien aus und arbeitete dort für den Film, kehrte 1939 nach Deutschland zurück.
Filme in Argentinien: Amalia – Goal – Puerto Nuevo (1936) – Cadetes de San Martin – El pobre Perez – Segundos afuera (1937) – El dibalo con faldas – Madre selva – Maestro Levita (1938) – Palabra de honor (1939) – Alas de mi patria (1939)
Filme in Deutschland: Peterle (1943) – Die keusche Sünderin (1943) – Die falsche Braut (1945) – Zwei in einem Anzug (1950)

Di Maggio, Ross

US-Komponist, der in den 50er Jahren für B-Filme als Komponist bzw. musikalischer Leiter arbeitete, unter der Regie von Fred Sears, Ray Nazarro, Richard Quine u.a..
Filme: The Singing Cowgirl (1939, auch Arr.) – The Great Train Robbery (1941) – Adventures of Captain Marvel (1941) – The Pittsburgh Kid (1941) – Reg'lar Fellers (1941, Dir., Songs: Dean Marmon, Ethel Meglin) – Texas (1941) – Daughters of the Jungle (1949) – The Bandits of El Dorado (1949) – The Tougher They Come (1950) – Indian Uprising (1951) – Flame of Stambul (1951) – Voodoo Tiger (1952) – Man in the Dark – Sky Commando – China Venture (1953) – Ambush at Tomahawk Gap (Stunde der Abrechnung, 1953) – The Nebraskan – Man in the Dark (1953) – Drive a Crooked Road (1954) – Jungle-Man Eaters (1954) – The Man Who Turned to Stone – Utah Blaine – Calypso Heat Wave (1957)

Di Pasquale, James Anthony

* *7.4.1941 Chicago, Ill., USA.*
Filme: Fast Break (1976) – One Crazy Summer (1986) – TV: Everything to Gain – See Jane Run – Untamed Love – Never Say Never: The Diedre Hall Story – The Shell Seekers

Distel, Sacha

* *29.1.1933 Paris, Frankreich.*
Der Neffe von → Ray Ventura lernte Klavier und Gitarre; seinen ersten Job hatte er bei dem Jazz-Pianisten Bernard Peiffer, spielte Jazz mit Henri Renaud, Bobby Jaspar u.a. D. ist ein exzellenter Jazz-Gitarrist, wandte sich aber in den 60er Jahren der Pop-Musik zu und hatte Erfolg als Sänger mit Titeln wie *Mon beau chapeau.* Er trat auch in einigen Filmen auf und schrieb auch Film-Musiken. Jazz-Schallplatten mit John Lewis, Lionel Hampton, Bobby Jaspar, Slide Hampton.
Filme: Les mordues (Die Verschworenen, 1959) – The Delinquents – Samedi soir (Die mit den Fäusten reden, 1966) – Les septs péchés capitaux (Die sieben Sünden, 1962)

Dobesch, Josef

(Josef Dobés), * *23.2.1885 Prag, CSR, † 13.11. 1957 ebd.*
Film: Arme kleine Inge (1936)

Dobrindt, Otto

* *24.8.1886 Henkendorf/Westpreußen, † 13.9. 1963 Berlin.* D. war Aufnahmeleiter bei der Lindström AG und nahm ab 1925 dort unter versch. Pseudonymen zahlreiche Schallplatten unterschiedlicher Stilrichtungen auf, vom

Swing bis zur Klassik. Ab 1935 leitete er das Unterhaltungsorchester des Deutschlandsenders, nach 1945 in Ost-Berlin das Unterhaltungsorchester des Berliner Rundfunks, musste aber – in West-Berlin lebend – nach dem Bau der Mauer 1961 diesen Posten aufgeben.
Film: Alles hört auf mein Kommando (1935)

Dochan, Richard

** 25.7.1891 Posen (Schlesien, heute Poznań/ Polen), † ?.*
Film: Schleppzug M 17 (1934, + Alex Stone, W.Meisel)

Doelle, Franz

** 9.11.1883 Mönchengladbach, † 15.3.1965 Leverkusen.* Dt. Komponist. Nach Ausbildung zum Orchestermusiker (Waldhorn) war D. Theaterkapellmeister am Metropol-Theater in Berlin. Ab 1930 schrieb er 34 Filmmusiken sowie Filmschlager wie *Wenn der weiße Flieder wieder blüht (When the Lilacs Bloom Again), An einem Tag im Frühling* und *Liebe ist ein Geheimnis.*
Filme (Lieder) u.a.: Frau Lehmanns Töchter (1932, + Felix Günther) – Ja, treu ist die Soldatenliebe (1932) – Husarenliebe (1932) – Liebe in Uniform (1932) – Kollege kommt gleich – Viktor und Viktoria (*An einem Tag im Frühling*, 1933) – Flucht nach Nizza (1933) – Heimat am Rhein (1933) – Die kleine Schwindlerin (1933) – Einmal eine große Dame sein (Titel-Lied, 1934) – Die englische Heirat (*Liebe ist ein Geheimnis,* 1934) – Fräulein Liselott (1934) – Prinzessin Turandot (1934) – Königswalzer (*Wie ein Wunder kam die Liebe*, 1935) – Amphitrion (*Tausendmal war ich im Traum bei dir/Amphitrion-Walzer/Aus den Wolken kommt das Glück*, 1935) – Petersburger Nächte (1935) – Pipin der Kurze (1935) – Königswalzer (1935) – Heißes Blut (1936) – Boccaccio (1936) – Und du mein Schatz fährst mit (1937) – Der Unwiderstehliche (1937) – Frau Slylvelin (1938) – Die unruhigen Mädchen (1938) – Morgen werde ich verhaftet (1939) – Ein Mann auf Abwegen (1940) – Trenck der Pandur (1940) – Carl Peters (1941) – Geheimakte WB 1 (1942) – Die Nacht von Venedig (1942, + Willi Lachner, nach J.Strauss) – Kollege kommt gleich (1943, + F. Marzsalek) – Die Wirtin zum weißen Rößl (1943) – Die Hochstaplerin (1944, + F.Marszalek) – Ein schöner Tag (1944, + F.Marszalek) – Der große Preis (1944, + F.Marszalek) – Die heimlichen Bräute (1944)

Doga, Jewgeni

(Jewgeni Dimitrijewitsch D.), ** 3.1.1937 Mokra (Oblast Rybinsk), Russland.* Sowjetischer Komponist, im Film tätig seit den 70er Jahren.
Filme: Lautary (1972) – Tabor uhodit v nebo (1975) – Moi laskovy i nezhny zver (1977) – Chto u senki bylo – Anna Pavlova (1984) – Wild Wind (1986) – Enm verden til forskel (1989) – Jamila (1994)

Dolan, Robert Emmett

** 3.8.1906 Hartford, Conn., USA, † 26.9.1972 Westwood, Calif.* Der Komponist, Arrangeur und Dirigent begann am Broadway und ging in den frühen 40er Jahren nach Hollywood zur Paramount als Chef der Musikabteilung. Als Komponist, Arrangeur und musikal. Leiter war er für viele Filmmusicals, aber auch dramatische Filme verantwortlich. In den 50er Jahren produzierte er drei Musicals: »White Christmas« (1954), »The Girl Rush« (1955) und »Anything Goes« (1956). Er kehrte später zum Broadway zurück.
Filme: Birth of the Blues (1941) – Holiday Inn* (1942, Songs: Irving Berlin; Oscar für *White Christmas*) – Star Spangled Rhythm (1942) – Once Upon a Honeymood (1942) – Dixie (1943) – Standing Room Only (1944) – Lady in the Dark (1944, Bearb. v. Kurt Weill) – Going My Way (1944) – I Love a Soldier (1944) – Here Comes the Waves (1944, Songs: Arlen/Mercer) – The Bells of St. Mary's (1945) – Incendiary Blonde (1945) – Murder He Says – Bring on the Girls (1945, + Victor Young) – Salty O'Rourke – Cross My Heart – Duffy in Tavern – The Stork Club (1945) – Blue Skies – Monsieur Beaucaire – Road to Utopia (1946) – Monsieur Beaucaire (Nit Pinsel und Degen, 1946) – Dear Ruth – My Favorite Brunette (Detektiv mit kleinen Fehlern, 1947) – The Perils of Pauline (Pauline, laß das Küssen sein, 1947) – Welcome Stranger (1947) – The Road to Rio (1947; Songs: Burke/Van Heusen) – Saigon (Die Schmuggler von Saigon, 1947) – Good Sam (1948) – My Own True Love (1948) – Mr. Peabody and the Mermaid (1948) – The Great Gatsby

(Der große Gatsby, 1949) – Sorrowful Jones (Kindermädchen wider Willen, 1949) – My Son John (1952) – White Christmas (Prod.!, 1954) – Anything Goes (Prod.!, 1956) – The Three Faces of Eve (Eva mit den drei Gesichtern, 1957) – The Man Who Understand Women (Über den Gassen von Nizza, 1959)

Doldinger, Klaus

(Ps. Paul Nero), * *12.5.1936 Berlin.* Studierte am Robert-Schumann-Konservatorium in Düsseldorf Klarinette, Klavier und Tontechnik, ab 1952 Auftritte als Jazzmusiker (cl) mit den Feetwarmers. Studierte Musikwissenschaft, gründete 1962 Jazz-Quartett, spielt Tenorsax und macht sich international einen Namen als Jazzmusiker, u.a. durch Tourneen für das Goethe-Institut. Seine erste Filmmusik schrieb er 1969, er teilt seitdem seine Zeit auf mit Kompositionen für Film und TV und seiner Jazz/Fusion-Gruppe Passport. Er komponierte u.a. ein »Jazz-Concertino für Quartett und Sinfonieorchester« (1969), ca. 2000 weitere Kompositionen. D. gehört zu den international bekanntesten dt. Musikern; er erhielt zahlreiche Auszeichnungen und Preise.

CD: Works & Passion 1955–2000, WEA

Filme: Verpasst den Anschluß nicht (1963) – Eine gute Idee (1964) – Arena (1965) – Playgirl (1966, K.D.Quartett; Score: Peter Thomas) – Negresco (1968; OST: Liberty) – Eine tödliche Affäre (1968) – Mir hat es immer Spaß gemacht (1969) – Der plötzliche Reichtum der armen Leute von Kombach (1970) – Einer von uns beiden (1973) – Per Salso Mord (The Swiss Conspiracy (USA/D 1975) – Das Netz – Bis zur bitteren Neige (1975) – Der Hauptdarsteller – Das zweite Erwachen der Christa Klages (1977) – Paradiso (F 1977, + Ariel Kalma, Martin Fantasy) – Moritz, lieber Moritz (1978) – Der Sturz (1979) – Das Boot (1982, OST: WEA) – Wie hätten Sie's denn gern? (1982) – Comeback (USA 1982) – Die wilden Fünfziger (1983) – Die unendliche Geschichte (1984, + G.Moroder; OST: WEA) – Nonni und Manni (OST: WEA) – Z. B. ... Otto Spalt (1987) – Ich und Er (1988) – Das Rattennest (The Rescue, 1987) – Peterchens Mondfahrt (1989) – Neuner (1990) – Salz auf der Haut (D/F/KAN 1991, OST: Virgin) – Palmetti-Dumme sterben nicht aus (D/USA 1997; OST: BMG) – Tatort: Traumhaus (1999, TV) – Die SS (TV-Dok., 2002)

TV-Serien: Tatort – Liebling Kreuzberg – Ein Fall für Zwei

D'Ollone, Max

(Maximilian Paul Marie Felix d'Ollone), * *13.6.1875 Besançon, Frankreich, † 15.5.1959 Paris.*

Film: Der Erlköng (1931)

Domina, Fritz

* *14.4.1902 Grefrath, † 2.4. 1975 Recklinghausen.* Dt. Bandleader und Komponist. Spielte nach Studium in den 20er Jahren in Hamburger Bands, ab 1928 bei Oscar Joost in Berlin. Ab 1932 war er Arrangeur und Studioleiter bei der Fa. Kristall, nahm in dieser Eigenschaft zahlreiche Schallplatten auf. Von 1934 bis 1937 schrieb er die Musik für zwölf Filme; Will Meisel schrieb dafür jeweils einige Lieder. Nach 1945 arbeitete D. für die Filmkomponisten Majewski und Sandloss (er ist zu sehen im Hans Albers-Film »Der Greifer«) und für die Bühne.

Filme (mit Liedern von Will Meisel): Annette im Paradies (1934, *Ein Kuß nach Ladenschluß*) – Die große Chance (1934) – La Paloma (1934) – Die letzte Fahrt der Santa Margarita (1935) – Krach im Hinterhaus (1936) – Der müde Theodor (1936) – Engel mit kleinen Fehlern (1936) – Der verkannte Lebemann (1936) – Ein kleiner goldener Ring (1936) – Alles für Veronika (1936) – Die letzte Fahrt der Santa Margareta (1936) – Familienparade (1936) – Meine Frau die Perle (1937)

Donaggio, Pino

(Giuseppe), * *24.11.1941 Burano/Venedig, Italien.* Studierte Violine am Konservatorium in Venedig und später am Mailänder Verdi-Konservatorium und war mit 14 Jahren bereits Violinenprofi. Er nahm auch an Gesangswettbewerben teil und war erfolgreich beim Schlagerfestival in San Remo. 1973 wurde er von

Nicolas Roeg zum Film geholt und hatte gleich einen durchschlagenden Erfolg mit seiner Musik zu »Wenn die Gondeln Trauer tragen«. Er arbeitete dann auch für Brian de Palma, da dieser ihm die Nachfolge des kurz zuvor gestorbenen Bernard Herrmann zutraute. D. schrieb aber auch Musik für schwache Grusel- und Horrorfilme. Er ist der Vater des Komponisten Paolo D., der ebenfalls für den Film arbeitet.

Filme: Don't Look Now (Wenn die Gondeln Trauer tragen, UK/I 1974) – Corrizione alpalazzo di giustizio (Korruption im Justizpalast, 1974) – Carrie (Carrie, des Satans jüngste Tochter, USA 1976; OST: MGM) – Piranhas (Killer Fish/Piranhas, USA 1978) – Amore, piombo e furore (I/E 1978) – Tourist Trap (USA 1978) – Home Movies (USA 1979) – Senza buccia (Ich liebe dich du kleiner Schwede, I/E 1979) – The Howling (Das Tier, 1980) – Dressed to Kill (Jagd auf Spieldosen, 1980) – Desideria (I/D 1980) – The Fan (Der Fanatiker, 1981, + M. Hamlisch) – Blow Out (Der Tod löscht alle Spuren, USA 1980) – Il gatto nero (1981) – Tex (USA 1981) – Morte in Vaticano (Das Vatikan-Komplott, I/USA 1981) – Via degli spechi (Die Straße der Spiegel, 1982) – Oltre la porta (Pforte zum Fleisch, 1982) – Ercole (Herkules, USA/I 1982) – Don Camillo (Keiner haut wie Don Camillo, I 1983) – Over the Brooklyn Bridge (USA 1983) – Ordeal by Innocence (Tödlicher Irrtum, UK 1983) – Hercules II (USA 1983) – Body Trouble (Der Tod kommt zweimal, 1984) – Déja vue (UK 1983) – Non ci resta che piangere (Die Lucky Boys, 1984) – Sotto il vestillo niente (The Last Shot, 1984) – Leidenschaften (D/I 1985) – Sette chili in sette giorni (Sieben Kilo in sieben Tagen, 1985) – Il casa Moro (Die Affäre Aldo Moro, 1986) – Crawlspace (Killerhaus, USA 1986) – Jenatsch (CH/FD 1986) – Scirocco (I/F 1986) – The Barbarians (Die Barbaren, USA/I 1987) – Dancers (USA 1987) – Zelly and Me (USA 1987) – Aquarium (High Frequency: Tödliche Signale, 1987) – Appointment with Death (Rendezvous mit einer Leiche, USA 1987) – Un delitto poco commune (1987) – Kansas (USA 1987) – La partita (Die Partie seines Lebens, 1988) – Night Game (Die Killerkralle, 1988) – Due occhi diabolici (1988) – Meridian (Der Kuß der Bestie, USA – Cin Cin (1990) – La sette (1990) – Indio 2: La rivolta (1990) – Der Mann nebenan (D 1991) – Trauma (USA 1991) – Raising Caine (Mein Bruder Kain, USA 1991) – Cosi fan tutte (Eine unmoralische Frau, 1992) – Dove siete? Io sono qui (1992) – Giovanni Falcone (1993) – Un eroe borghese (Der Fall Sindona, 1994) – Die Troublemaker (D 1994) – Marciando nel buio (1994) – Molo tutto (1994) – Soldato ignato (1994) – Segrete di stato (1995) – Palermo-Milano non condata (Palermo-Milano: Flucht vor der Mafia, 1995) – L'arcano incatantore (1995) – Squillo (1996) – La terza luna (CH/IF 1997) – Coppia Omicida (Ein mörderisches Paar, 1997) – Monella (Tinto Brass frivola Lola, 1997) – Il mio west (1998) – Primo del Tramonto (1998) – Up at the Villa (Die Villa, USA/UK 1998) – Die Sünden der Engel (D 1998, TV) – Tras(gre)dire (Tinto Brass: Playboys, 1999) – Up at the Villa (2002) – Piovuto dal cielo – Visualizing »Carrie« – Slashing Dressed to Kill: An Appreciation by Keith Gordon – Acting »Carrie« – The Order (2001) – Blindati (2001, TV) – I banchieri di Dio – L'anima gemella (2000) – Lo zio d'America (2002) – April's Shower (2003)

Dontchev, Kiril

** 21.2.1936 Burgas.* Bulgarischer Komponist und Songschreiber, im Film aktiv seit 1969.

Filme: Ptizi i hrutki (1969) – Prepoyavane na divite zayytsi – Treta sled slentseto (1973) – Vetchni vremena – Spomen – Vina zone (1975) – Sledovateliat y gozato – Shtourets v ouhoto (1976) – Slnchev udar – S lyubov i neznost – Mushki vremena (1978) – Po dirxata na bezsledno izcheznalite (1979) – Yo-Ho-Ho (1981) – Posledni zhelania (1983) – Na gospozhitsata i neinata muszka kompania (1984) – Zabravote tozi slochai – Za kude putovate (1986) – A sega nakude (1988) – Wither Now? (1989) – Sezonat na kanarchetata – Zakasnialo palnolunie (1997)

Filme (engl. Titel): Between the Rails (1964) – Doze (1965) – Almanac (1966) – On the Pavement (1967) – Po trotoara – The Sea – If a Train is Not Coming (1967) – Sky Over the Veleka (1968) – Bird and Greyhounds – Set Out Again (1969) Third Planet in the Solar Sytem – The Hare Census (1973)

Eternal Times – Houses Without Fences Memory (1974) – Where Have We Met? Villa Zone – Investigating Magistrate and the Forest (1975) – Cricket in the Ear – A Final Battle – Manly Times – Sunstroke – Status: Orderly – With Love and Tenderness (1978) – Rali (1978, TV) – Unknown Soldier's Patent Leather Shoes – Alone Among Wolves (1979) – Last Wishes – Posledni zhelaniya – Surge of Tenderness (1983) – File # 205/1913 – It's Nice to See You – The Dam (1984) – Just Forget That Case – Night With the White Horses (1985) – Transports of Death – Where Are You Going? (1986) – Friday Night – Mestateli (1987) – Whiter Now – And Where Do We Go From Here? (1988) – Sear-Free – Marital Jokes (1989) – Oh, My Lord, Where Are Thee? (1991) – Canary Season (1993) – Late Full Moon (1996) – A Spanish Fly (1998)

Donner, Axel

** 18.5.1954 Altdöbern (Bez. Cottbus, DDR, heute Brandenburg)*

Filme: Wolffs Revier (1992, TV-Serie) – Der Betrogene (1993, TV) – Das gläserne Haus (1994, TV) – Tatort: Mordnacht (1995, TV) – Ausweglos – Abgefahren (1995, TV) – Ehebruch: Eine teuflische Falle! (1996, TV) – Das Siegel des Todes (1996, TV) – Tatort: Freitags Mörder (1996, TV) – Mammamia (1998, TV, + Peter Blegvad) – Gestern ist nie vorbei (1998, TV)

Donovan

(eigentl. Donovan Leitch), ** 10.5.1946 Glasgow, Schottland.* Der Liedermacher und Folksänger wurde als »britische Antwort auf Bob Dylan« verstanden, er hatte Hits mit *Catch the Wind, Colours, Turquoise* u.a. Er wurde dann in den 60er Jahren ein Botschafter der Flower Power-Bewegung mit Titeln wie *Sunshine Superman, Mellow Yellow,* ließ sich von der Rockmusik und vom Jazz inspirieren und hatte damit bes. in den USA Erfolg. Nach inaktiven Jahren hatte er 1990 ein Comeback mit der Gruppe »Happy Mondays«.

Filme: Poor Cow (1967) – Brother Sun, Sister Moon (Bruder Sonne, Schwester Mond, 1972) – The Pied Piper (1973)

Dorff, Steve

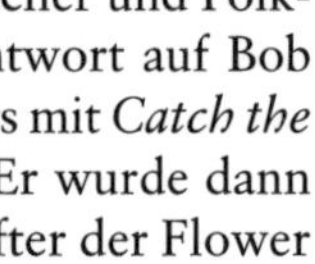

** 21.4.1949 New York City, USA.*

Filme: Every Wich Way But Loose (Der Mann aus San Fernando, 1978) – Lunker Lake – Pure Country – Coyote Summer – Bronco Bill (+ Snuff Garrett, 1980) – Honkytonk Freeway (1981) – Honkytonk Man (1982) – Waltz Across Texas (1983) – Cannonball Run II (1984) – Dtick – Rustler's Rhapsody (1985) – Convicted: A True Story (1986, TV) – Manhunt for Claude Dallas (1986, TV) – The Defiant Ones (1986, TV) – Back to the Beach (1987) – The Quick and the Dead (1987, TV) – Infidelity (1987, TV) – My Best Friend is a Vampire (1988) – Too Young the Hero (988, TV) – Kiss Shot (1989, TV) – Pink Cadillac (1989) – Babe Ruth (1991, TV) – Us (1992, TV) – Columbo and the Murder of a Rock Star (1991, TV) – Columbo: Death Hits the Jackpot (1991, TV) – Chrome Soldiers (1992, TV) – In the Nick of Time (1992, TV-Cartoon) – Dancer, Texas Pop. 81 (1998) – The Cactus Kid – Blast from the Past – Dudley Do Right (1999) – TV: Murphy Brown – The Growing Pains Movie

Dostal, Nico

(Nicolaus Josef Michael), ** 27.11.1895 Korneuburg / Niederösterreich, † 27. 10. 1981 Salzburg.* Österr. Komponist, Nachfahre von k.u.k. Militärkapellmeistern. Studierte Kirchenmusik in Klosterneuburg, wurde Kirchenmusiker, später Dirigent an Theatern in Innsbruck, Salzburg und ab 1924 in Berlin. Er kam hier in Berührung mit der Unterhaltungsmusik als Kapellmeister, Arrangeur und schließlich Komponist. Er schrieb Schlager, Operetten (»Clivia«, »Die ungarische Hochzeit«), eine Oper (»Ein Fremder in Venedig«), Orchesterkompositionen und Filmmusiken. Einige seiner Operetten wurden verfilmt.

Lit.: N. D., Ans Ende deiner Träume kommst du nie, Berlin 1986

Weitere Operetten: Die Vielgeliebte (1934) – Prinzessin Nofretete (1935) – Extrablätter (1936) – Monika (1937) – Die Flucht ins Glück (1940) – Eva im Abendkleid – Die größte Tänzerin (1941) – Manina (1942) – Der Kurier der Königin (1950) – Zirkusblut (1951) – Doktor Eisenbart (1952) – Rhapsodie der Liebe (1963) – So macht man Karriere (Kammermusical, 1961)

Filme: Drei Tage Mittelarrest (1930) – Kopfüber ins Glück (D/F 1931, + Walter Kollo) – Hirsekorn greift ein (A 1931, + W. Jurmann) – Der Sprung ins Glück – Kaiserwalzer (1933) – Eine Nacht in Venedig – Fiakerlied (1936) – Frühling am Eis – Glück bei Frauen – Mirandolina – Das Mädchen mit dem guten Ruf (1938) – Mordsache Holm (1938) – 13 Stühle (1938) – Der Optimist (1938) – Das Lied der Wüste (1939) – Heimatland (1939, nach seiner Operette »Monika«) – Die Geierwally (1940) – Schwarz auf Weiß (1943) – Glück bei Frauen (1944) – Das Kind der Donau (A 1950) – Frühling auf dem Eis (A 1950) – Das Herz einer Frau (A 1951) – Seesterne (A 1952) – Komm' in die Gondel/Eine Nacht in Venedig (A 1953) – Clivia (D 1954) – Heimatland (A 1955)

Douglas, Johnny

(John Henry), * *19.5.1920 London, England.* Begann als Kind Klavier zu spielen, brachte sich schon mit zehn Jahren die Grundlagen des Arrangierens bei; erste Band mit 13. Erster prof. Job 1939 als Pianist bei Neville Hughes, während des Krieges leitete er eine Band in der Royal Air Force. Nach 1945 arbeitete er als Arrangeur für Ambrose, Ted Heath, Edmundo Ros u.a. und war Pianist und Arrangeur bei Cyril Stapleton. 1953 begann er für Decca Records zu arbeiten, u.a. für Shirley Bassey, Max Bygraves, Dennis Lotis, Frankie Vaughn u.a. 1959 begann er eine lange Assoziation mit RCA Records, er spielte rd. 80 LPs als Arrangeur und/oder Dirigent für dieses Label ein, zu Klassikern der »Easy Listening«-Musik wurden seine »Living Strings«-LPs. Er arbeitete auch für div. BBC Bands, schrieb Musik für US TV-Sender und für eine Reihe von Filmen. In den letzten Jahren veröffentlichte er eigene CDs auf seinem Dulcima-Label.

Filme: The Bay of Saint Michel (1960) – The Traitors (Die Verräter, 1962) – The Gunfighters of Casa Grande/Los Bandidos de Casa Grande (Pulverdampf in Casa Grande, UK/E 1963) – Code 7, Victim 5 (1964) – Touch of Death – The Hi-Jackers – Strictly for the Birds – Mozambique (Blonde Fracht, 1964) – Table Bay – Dateline Diamonds – Day of the Triffids (Blumen des Schreckens) – Crack in the World (Ein Riß in der Welt, 1964) – City of Fear (Scharfe Küsse für Mike Foster, 1956) – Dateline Diamonds (1966) – The Bride of Fu Manchu – Kid Rodelo (Ein Mann wie Kid Rodelo, 1966) – Bikini Paradise (1966) – Run Like a Thief (Das Gesetz der Hölle, 1967) – Psycho-Circus (1967) – Circus of Terror (Das Rätsel des silbernen Dreiecks, 1968) – The Stalkers – The Railway Children (1970) – Dulcima (1971) – 21 Filme der »Scales of Justice«-Serie

Douglas, Roy Richard

* *12.12.1907 Tunbridge Wells, England.* Pianist und Komponist mit vielseitigen Erfahrungen in Konzertsaal, Theater, Rundfunk und Ballett. Er begann 1932 in verschiedenen Funktionen für den Film zu arbeiten, seine erste eigene Filmmusik schrieb er 1942.

Filme: All for Norway (Dok., 1942) – Seeds and Science (Dok., 1943) – Voyage to Freedom (Dok., 1943) – Candlelight in Algeria (1943) – The Bells Go Down (1943) – Night and Day (1944) – Central Front Burma (Dok., 1945)

Doyle, Patrick

* *6.4.1953 Uddinston, Schottland.* Studierte an der Schottischen Akademie für Musik und Drama in Glasgow. Gab sein Debüt als Schauspieler 1981 in »Chariots of Fire«. 1987 ging er zur Renaissance Theatre Company des Theater- und Filmregisseurs Kenneth Branagh und begann für diesen als Schauspieler und Komponist zu arbeiten, erster Film war »Henry V.«. Seitdem arbeitete er regelmäßig für den Film, sowohl als Komponist als auch als Schauspieler*.

Filme: Henry V* (1989) – Look Back in Anger (1989, TV) – Haakon Haakonsen (1990) – Dead Again (1991) – Indochine (1992) – Into the West* – Carlito's Way – Needful Things – Much Ado About Nothing (1993, OST: Sony) – Exit to Eden (1994) – Out of Ireland (1994, Dok.) – Mary Shelly's Frankenstein (1994, OST: Sony) – Sense and Sensibility (Sinn und Sinnlichkeit, 1995, OST: Sony) – In the Bleak Midwinter* – A Little Princess – Une femme française (1995) – Hamlet (1996, OST: Sony) – Mrs. Winterbourne (1996, OST: Varèse) – Donnie Brasco (1997, Songs) – Quest for Camelot (1998, Cartoon) – Great Expectations (Große Erwartungen, 1998) – East-Ouest (1999) – Blow Dry – Love's Labour Lost (2000) – The Quest for Camelot (2001) – Gosford Park (USA/UK 2001; OST: Decca) – Bridget Jones's Diary (2001) – Killing Me Softly (2002) – Secondhand Lions (2003)

Dragon, Carmen

* *28.7.1914 Antioch, Calif., USA, † 28.3.*

1984 Santa Monica, Calif. Dirigent des Hollywood Bowl Symphony Orch. in den 50er/60er Jahren, spezialisiert auf »leichte« Musik bzw. »light classics«. Er hatte zuvor Rundfunk-Orchester dirigiert und einige Filmmusiken geschrieben. Seine Söhne Daryl und Dennis waren Mitglieder der Rockgruppe The Beach Boys, Daryl auch von Captain & Tennille.
Filme: Mr. Winkle Goes to War (1944, + Paul Sawtell) – Cover Girl (Es tanzt die Göttin, 1944, Arr., + M. Stoloff, Songs v. Jerome Kern/Ira Gershwin; Oscar für Dragon/Stoloff!) – The Kid from Brooklyn (Der Held des Tages, 1946; Songs: Cahn/Styne) – The Strange Woman (1946) – Dishonored Lady (Frau ohne Moral, 1947) – The Time of Your Life (1948) – Night into Morning (1951) – The People Against O'Hara (1951) – The Law and the Lady (1951) – When in Rome (1952) – Invasion of the Body Snatchers (Die Dämonischen, 1956)

Drake, Milton

** 3.8.1916 Brooklyn, N.Y.C., USA.* Songschreiber der 30er und 40er Jahre. Trat als Kind im Vaudeville auf, in Stummfilmen und im Rundfunk. Studierte an der New York University, arbeitete danach für Revuen, Night-Clubs und schließlich für den Film. Bekannteste Songs: *Pulleeze, Mr. Hemingway* (1932), *Bless Your Heart* (1933), *Champagne Waltz* (1934), *Pardon My Love* (1935), *If It's You* (1940), *Java Jive* (1941), *Mairzy Doats* (1944). Er arbeitete auch in der Marktforschung (u.a. für McGraw-Hill) und ist Autor der »Almanac of the United States 1639–1875«.
Filme: Champagne Waltz – My Little Chicadee – Murder in Swingtime – Young and Beautiful – Start Cheering

Dransmann, Hansheinrich

(Ps. Jack Drooning), ** 12.4.1894 Hagen (Krs. Osnabrück), † 1964.*
Film: Gesangverein Sorgenfrei (1931) Zahlreiche Musiken zu Stummfilmen.

Drasnin, Robert Jackson

(»Bob«), ** 17.11.1927 Charleston, W.V., USA.* Begann Mitte der 40er Jahre als Saxophonist in den Bands von Tommy Dorsey und Les Brown. In den 50er Jahren arbeitete er als Studiomusiker in Hollywood und nahm 1959 eine LP im Stil von Martin Denny auf, »Voodoo« (Tops). Die LP gilt heute als Klassiker der Easy Listening Musik. Er arrangierte für Denny die LP »Latin Village«. Von 1977 bis in die frühen 90er Jahre war er Music Director beim CBS-TV und schrieb auch Film- und TV-Musik.
Filme: Teenage Devil Dolls (1953) – The Hot Angel (1958, + Richard Markowitz) – Twilight Zone: The Hunt (1962, TV) – Picture Mommy Dad (1966) – One of Our Spies is Missing (1966, TV) – Ride in the Whirlwind (1967) – National Geographic Video: Reptiles and Amphibians (Dok., 1968) – Daughter of the Mind (1969, TV) – The Kremlin Letter (Brief an den Kreml, 1969) – Crowhaven Farm – Cannon – Longstreet (1970, TV) – A Tattered Web (1971, TV) – Dollars (1971) – Murder Once Removed – Jigsaw – A Taste of Evil – They Call it Murder – The Desparate Mission (1971, TV) – Night of Terror (1972, TV) – Crisis in Mid-Air (1979, TV) – Hobson's Choice – Illusions (1983, TV) – Burning Rage (1984, TV) – Love Mary (1985, TV) – Who Is Julia? (1986, TV) – Secret Witness (1988)

Dreith, Dennis

** 15.6.1948 in ?, USA.* Musiker (ts, cl, fl) und Komponist. Arbeitete als Studiomusiker und/oder Arrangeur für Acts wie die Beach Boys, Firefall, Rocky Burnett, Michelle Phillips und The O'Jays; für den Film seit 1987.
Filme: Party Camp (1987) – Goddess of Love (1988, TV) – Purple People Eaters (1988) – The Punisher (1989)

Dreyfus, George

** 22.7.1928 Wuppertal.* Der Komponist lebt und arbeitet in Australien.
Filme in Australien: Let the Balloon Go (1976) – Break of a Day (1977) – Dimboola (1979) – Tender Mercies (1982) – The Fringe Dwellers (1986)

Droysen, Wolf

(eigentl. Wolfram Röhrig), ** 5.10.1916 Halle/*

Saale, † 30.5.1998 Esslingen. Pianist, Arrangeur, Komponist und Dirigent. Arbeitete nach 1945 als Jazzpianist und Arrangeur, wurde 1953 Leiter der Musikabteilung beim Hessischen Rundfunk und war ab 1955 Leiter der Abt. Leichte Musik beim Süddeutschen Rundfunk. Er war auch Präsident der Deutschen Jazzföderation und Vizepräsident der Europäischen Jazzföderation.

Filme: Die Familie Hesselbach (1955) – Familie Hesselbach im Urlaub – Das Horoskop der Familie Hesselbach (1955) – Herr Hesselbach und die Firma (1956) – Der ideale Untermieter (1957) – Rommel ruft Kairo (1958) – Immer wenn es Nacht wird (1961) – TV-Filme der »Familie Hesselbach«-Serie.

Dubin, Al

(Alexander), * *10.6.1891 Zürich, Schweiz, † 11.2.1945 N.Y., USA.* Der Songtexter und Bruder von → Joseph D. kam im Alter von zwei Jahren in die USA. Er nahm am 1.Weltkrieg teil und ging dann nach N.Y., wo er mit den Komponisten Jimmy McHugh, Irving Mills, J.Russell Robinson und schließlich → Harry Warren zusammenarbeitete; mit letzterem schrieb er seine besten Songs, u.a. *42nd Street, Shadow Waltz, I Only Have Eyes for You, Lullaby of Broadway, September in the Rain.* Zahlreiche seiner Songs wurden für Filme geschrieben, meist wird D. aber im Vorspann nicht genannt.

Lit.: Patricia Dubin McGuire, Lullaby of Broadway, The Life and Times of A. D., Secaucus, N.J. 1983,

Filme: Gold Diggers of Broadway – Hearts in Exile (1929, Song. *Like a Breath of Springtime*) – Little Johnny Jones – Evidence (Song: *Little Cavalier*) – Sally (1929) – She Couldn't say No – Hold Everything – Bride of the Regiment – Oh Sailor, Behave – Top Speed – One Good Turn (1930) – Her Majesty, Love (1931) – Footlight Parade – Roman Scandals (1933) – Moulin Rouge – Wonder Bar – Twenty Million Sweethearts – Dames (1934) – Sweet Music – In Caliente – Page Miss Glory – Go Into Your Dance – Shipmates Forever – Gold Diggers of 1935 – Stars over Broadway – Living on Velvet (1935, Titelsong) – Colleen – I's Love to Take Orders from You – Hearts Divided – Cain and Mabel – Boulevardier from the Bronx – CooCoo Nut Groove – Gold Diggers of 1937 (1936) – Stolen holiday – Son o' Guns (1936) Sing Me a Love Song – Marked Woman – Melody for Two – The Singing Marine – Ain't We Got Fun – Mr. Dodd Takes the Air (1937) – Jezebel – Gold Diggers in Paris – Garden of the Moon (1938) – Calling All Girls (1942) – Three Cheers for the Girls – Stage Door Canteen (1943, auch Drehbuch) – Feudin' Fussin' and A-Fightin' (1948, Titel-Song) – The Girl from Jones Beach (1949)

Dubin, Joseph S.

* *5.9.1900 in ?, † 16.1.1961 Boston, Mass., USA.* Bruder des Autors/Textdichters und gelegentl. Komponisten/Songschreibers → Al Dubin. Dieser wurde in Zürich geboren, kam aber im Alter von zwei Jahren in die USA. Bei den meisten der u. g. Filme wird er im Vorspann nicht genannt.

Filme: Tucson Raiders – The Tiger Woman (Serie) – Marshal of Reno – Call of the Rockies – Silver City Kid – The San Antonio Kid – Haunted Harbour (Serie) – Stagecoach to Monterey – Cheyenne Wildcat – Code of the Prairie – Sheriff of Sundown – Vigilantes of Dodge City – Firebrands of Arizona (1944) – Bells of Rosarita – Girls of the Big House (1945) – The Madonna's Secret – Rendezvous with Annie – Home in Oklahoma (1946) – Trail to San Antone – The Ghost Goes Wild (1947) – Daughter of the Jungle – Duke of Chicago – Ghost of Zorro – King of the Rocket Men – Rim of the Canyon – The James Brothers in Missouri – Flame of Youth – Riders in the Sky – The Lost Tribe (1949) – Mark of the Gorilla – Captive Girl – The Invisible Monster – Curtain Call at Cactus Creek – Covered Red Wagon – Bee at the Beach (Cartoon, 1950) – Out on a Limb – Jungle Jim at Pygmy Island – Chicken in the Rough (Cartoon, 1950) – Rough Riders of Durango – Cold Storage (Cartoon, 1950) – Plutopia (Cartoon, 1950) – If You Don't Watch Out (Dok., 1950) – Tomorrow We Diet – Government Agents vs. Phantom Legion – Fury of the Congo – Lost Planet Airmen – The Hills of Utah – Jungle Manhunt (1951) – Father's Lion – The Old West – Donald Applecore – Lambert the Sheepish Lion – Two Chips and a Miss – Man's Best Friend (1952) – Uncle Donald's Ants – Pluto's Christmas Tree (Cartoos, 1952) – The

Voodoo Tiger – Last Train from Bombay – Jungle Jim in the Forbidden Land (1952) – Fort Ti – Father's Weekend – How to Dance – Savage Mutiny – Killer Ape – Valley of Headhunters – Mission Over Korea (1953) – Seminole Uprising (1955) – Secret of Treasure Mountain (1956) – The Guns of Fort Petticoat (1957) – Zorro (1957, TV-Serie) – Texas John Slaughter (1958, TV-Serie) – Missile Monsters (1958) – Swamp Fox (1959, TV-Serie, Songs) – Nature's Strangest Creatures – Gundown at Sandoval (1959) – D-Day on Mars – Cyclotrode X (1966, TV)

Dudley, Anne

* *7.5.1956 Chatham, Kent, England.* Studierte am Royal College of Music, arbeitete dann als Studio-Musikerin (keyb) und wurde von dem Produzenten Trevor Horn entdeckt, mit dem sie 1983 das elektronische Pop-Trio »Art of Noise« gründete, dessen Experimente des Sampelns als Vorläufer der Techno-Musik gelten können. D. arbeitete auch mit Jaz Coleman (von Killing Joke), Marc Almond, ABC u.a. Seit Ende der 80er Jahre arbeitet sie hauptsächlich für den Film; sie erhielt 1997 einen Oscar für »The Full Monty«.

Filme: Hiding Out – Disorderlies (1987) – Buster (1988) – Say Anything ... – The Misadventures of Mr. Wilt – The Mighty Quinn (1989) – Zwei Frauen (1990) – The Miracle – The Pope Must Die (1991) – Knight Moves – The Crying Game (192) – Felidae (Cartoon, 1994) – The Grotesque (Butler morden leiser, 1995) – Hollow Reed – When Saturday Comes (1996) – The Full Monty (1997) – American History X (1998, OST: EMI) – Pushing Tin (1999) – Donovan Quick (2000) – The 10th Kingdom (2000, TV) – The Miracle Body (Cartoon, 2000) – A Lucky Break – Monkeybone (2001) – TV: Jeeves and Wooster – Kavanagh Q.C.

Duhamel, Antoine

* *30.7.1925 Paris, Frankreich.* Der bedeutende Komponist arbeitete u.a. für die Nouvelle Vague des frz. Films, so mit den Regisseuren Jean-Luc Godard, François Truffaut, Bertrand Tavernier, Wim Verstappen und Pim de la Barra.

CD: Le Cinema d'Antoine Duhamel, EmArcy 159649-2

Filme (für F. Truffaut):* Tintin et les oranges bleues (1964) – Pierrot le fou/Il bandito delle 11 (Elf Uhr nachts, F/I 1965) – The Sailor from Gibraltar (1967) – Weekend (F/I 1967) – Baisers volés* (Geraubte Küsse, 1968; Chanson *Que reste-t-il de nos amours?* v. Charles Trenet) – Singapore, Singapore – Le corps de Diane – L' échelle blanche – La sirène du Mississippi* (Das Geheimnis der falschen Braut, 1969) – L'enfant sauvage – Un condé – Domicile conjugal* (Tisch und Bett, 1970) – M comme Mathieu (1971) – VD (1971) – Les deux Anglais et le continent (Zwei Mädchen aus Wales, 1971) – Frank en Eva (1973) – Dakota (1974) – Que la fête commence – La coupe a dix francs (1975) – La question (1977) – La chanson de Roland – Felicité – La barricade du point du jour (1978) – Mais ou est donc ornicar – Le mors aux dents – Retour à la bien-aimée (1979) – La mort en direct (1980) – El sueno del mono loco (1989) – Daddy Nostalgie (1990) – Belle Epoque – L'affur (1992) – Belmonte – La piste du télégraphe (1995) – Ridicule (OST: London) – Tram a la malvarrosa (1997) – La niña de tus ojos – Les plus beau pays du monde (1998) – 13 Days in the Life of Picasso (Dok., 1999) – L'affaire Marcorelle – Malena, es un nombre de tango (2000) – Laissez-passer – Ceux d'en face (2001) – El embrujo de Shanghai (2002)

Duke, Vernon

(eigentl. Vladimir Alexandrowitsch Dukelsky), * *23.10. 1903 Parfianowka (Pskow), Russland, † 16.1.1969 Santa Monica, Calif, USA.* Songschreiber der 30er und 40er Jahre, bekannt durch Standards wie *April in Paris, I Can't Get Started, Autumn in New York, Cabin in the Sky*. Er studierte am Konservatorium in Kiev, floh 1920 mit seiner Familie in die USA, hatte dort zunächst keinen Erfolg und arbeitete in London für Musicals (»The Yellow Mask«, »Katja the Dancer«, »Yvonne«, »The Pow Wows«, »Open Your Eyes«). 1929 Rückkehr in die USA, erster Song dort *I'm Only Human After All* im Musical »Garrick Gaieties of 1930«. Bis in die 50er Jahre schrieb er eine Reihe sehr erfolgreicher Musicals; Mitarbeiter waren John Latouche, E.Y.

Harburg, Ira Gershwin, Ogden Nash und Howard Dietz. Er schrieb auch »ernste« Werke (Ballette, Violin- u. Cello-Konzerte, Suiten) und Songs für die Filme: »Cabin in the Sky«, »Hollywood Canteen« und »April in Paris«.
Lit.: Passport to Paradise, N.Y. 1955

Dumont, Charles

* *26.3.1929 Cahors (Dept. Lot), Frankreich.* Der Komponist arbeitet seit 1967 für frz. und engl. Filme, u.a. für den Tati-Klassiker »Trafic«.
Filme: Il mio corpio per un poker (1967) – Trafic (Tati im Stoßverkehr, F/I 1971) – Le commando des chauds lapins (1973) – Parade (1974) – Le plumard en folie (1974)

Dunajewski, Isaak Ossipowitsch

* *18.(30.)1.1900 Lochwiza b. Poltawa, † 25.7. 1955 Moskau, Sowjetunion.* Studierte 1910–19 am Konservatorium in Charkow Violine und Komposition. Er schrieb Operetten, Ballette, Bühnen- und Filmmusiken. Er bezog schon in den frühen 30er Jahren Jazzelemente in seine Musik ein und gilt daher als Begründer des »sowjetischen Jazz«. Er schrieb auch eine Reihe volkstümlicher Lieder.
Filme u.a.: Drei Kameraden (1934) – Jazz Comedy (1934) – Das Tor (1936) – Zirkus (1936) – Die Kinder des Kapitän Grant (1936) – Die Glückssucher (1936) – Wolga-Wolga (1938) – Kuban-Kosaken (1949) – Der Ersatzspieler (1954)

Duncan, Trevor

(eigentl. Leonard Charles Trebilco), * *27.2. 1924 London. Engl.* Komponist, arbeitete in den 50er und 60er Jahren für Filme und TV, u.a. schrieb er die Musik für Joseph Loseys »Finger of Guilt« und die TV-Serie »Quatermass and the Pit«. Wie so viele andere Komponisten konnte er sich nicht immer die besten Filme aussuchen; bemerkenswert ist jedoch seine Musik zu Chris Markers »La jetée«, später von Terry Gilliam neu verfilmt als »12 Monkees«. In den USA arbeitete er für Ed Wood, der als schlechtester Filmregisseur in die Filmgeschichte eingegangen ist, bes. mit »Plan 9 From Outer Space«.
Filme: Case of the Red Monkey (1955) – Finger of Guilt (1956) – Fire Maiden from Outer Space – Plan 9 From Outer Space (USA 1956) – The Long Haul – Scotland Yard Dragnet (1957) – Le jetée (1962) – Karleksvirveln/Swedish Love Story (1977) – Wham! In China: Foreign Skies (Dok., 1986)

Dundas, David

* *2.6.1945 Watlington/Oxford, England.* Der Sohn des Marquess of Zetland begann als Rockmusiker, hatte 1976 einen Hit mit *Jeans On*, komponiert mit Roger Greenaway. Er arbeitete dann für Film und TV, z. T. mit Rick Wentworth und Bernard Ebbinghouse. Er trat auch als Schauspieler auf, so neben David Niven im Film »Prudence and the Pill« (1968, Score: Ebbinghouse).
Filme: Private Road (1971) – Withnail & I (1971) – How to Get Ahead in Advertising (1989) – Dark City (1991) – Freddie as F.R.O. 7 (Cartoon, 1993)

Duning, George William

* *25.2.1908 Richmond, Ind., USA, † 27.2. 2000 San Diego, Calif.* Studierte am Cincinnati Conservatorium of Music und spielte ab 1927 Piano im Tanzorchester von Kay Kyser, begann dort zu arrangieren und arbeitete ab 1929 ausschließlich für diesen als Arrangeur bis Ende der 40er Jahre, schrieb sowohl Sweet- als auch Swing-Titel. 1939 begann er Film- und 1947 TV-Musik zu schreiben, bis 1962 für Columbia, danach auch für andere Firmen, arrangierte auch noch für Vokalisten. Fünf seiner Filmmusiken wurden für einen Oscar nominiert* .
Filme: That's Right, You're Wrong (1939) – Around the World (1943) – Eadie Was a Lady (1944) – Show Business (1944) – Down to Earth – Johnny O'Clock – The Corpse Came C.O.D. – The Guilt of Janet Ames (1947) – Her Husband's Affair (1947) – To the Ends of the Earth – The Man from Colorado (Der Richter von Colorado, 1948) – Dark Past (1948) – Jolson Sings Again* (1949, Dir. M.Stoloff) – Johnny Allegro (1949) – Lust for Gold (Berg des Schreckens, 1949) – Shock Proof (Unerschütterliche Liebe, 1949) – Harriet Craig – No Sad Songs for Me* – The Petty Girl (1950) – Convicted (Verurteilt, 1950) – Between Midnight and Dawn (Zwischen Mitternacht und Morgen, 1950) – And Baby Makes Three (1950) – Harriet Craig (Die Lügnerin, 1950) – The Flying Missile (1950) – The Barefoot

George Duning schrieb die Musik zum Film-Klassiker »From Here to Eternity«, (deutsches Filmplakat)

Mailman (Die Strandräuber von Florida, 1951) – Two of a Kind (1951) – Lorna Doone (Burg der Rache, 1951) – The Mob (1951) – Man in the Saddle (Der Mann im Sattel, 1951) – The Family Secret (1951) – Assignment Paris (Budapest antwortet nicht, 1952) – All Ashore (In jedem Hafen eine Braut, + M.Stoloff, 1952) – Who's Got the Action? (Immer nur deinetwegen, 1952) – Scandal Sheet (Skandalblatt, 1952) – Paula (1952) – Affair in Trinidad (1952, + M.Stoloff) – Captain Pirate (Die schwarze Isabell, 1952) – Let's Do it Again – From Here to Eternity* (Verdammt in alle Ewigkeit, 1953) – The Last of the Comanches (1953) – Miss Sadie Thompson (Fegefeuer, 1955) – Queen Bee (Ehe in Fesseln, 1955) – Five Against the House – The Man From Laramie (Dir. Stoloff, 1955) – Three for the Show – Picnic* (1955) – My Sister Eileen (Meine Schwester Ellen, 1955) – Count Three and Pay (1955) – The Long Gray Line (Mit Leib und Seele, 1955) – Storm Center – Nightfall – The Eddy Duchin Story* (1956) – Full of Life (Alle Sehnsucht dieser Welt, 1956) – You Can't Run Away From it All (Ohne Liebe geht es nicht, 1956) – 3:10 to Yuma (1957) – Pal Joey (Arr, 1957) – The Brothers Rico (Hyänen der Straße, 1957) – Jeanne Eagles (1957) – Cowboy (1957) – The Shadow in the Window (1957) – Operation Mad Ball (Selten so gelacht, 1957) – Bell, Book And Candle (Meine Braut ist übersinnlich, 1958) – Me And the Colonel – Gunman's Walk (Duell im Morgengrauen, 1958) – It Happened To Jane – The Last Angry Men (Der Zorn der Gerechten, 1959) – The Wreck of the Mary Deare (Die den Tod nicht fürchten, 1959) – Strangers When We Met (1960) – Let No Man Write My Epitaph (Die Saat bricht auf, 1960) – The World of Suzie Wong (Susie Wong, 1960) – The Wackiest Ship in the Army (Auf schrägem Kurs, 1960) – Man on the String (1960) – Gidget Goes Hawaiian – Two Rode Together (1961) – Cry for Happy (Das Haus in Yokoshimi, 1961) – Sail a Crooked Ship (Ganoven gehen an Bord, 1961) – The Devil At 4 O'Clock (Der Teufel kommt um Vier, 1961) – 13 West Street (1962) – The Notorious Landlady (Noch Zimmer frei, 1962) – Critic's Choice (Tu das nicht Angelika, 1962) – Who's Got the Action? (Immer nur deinetwegen, 1962) – That Touch of Mink (Ein Hauch von Nerz, 1962) – Island of Love (1963) – Who's Been Sleeping in My Bed? (Wer hat in meinem Bett geschlafen?, 1963) – Toys in the Attic (Puppen unterm Dach, 1963) – Ensign Pulver (Operation Pacific, 1964) – Gidget (April endeckt die Männer, 1964, Dir. Stoloff) – Dear Brigitte (Geliebte Brigitte, 1965) – My Blood Runs Cold (1964) – Brainstorm (Teuflisches Spiel, 1965) – Any Wednesday (Jeden Mittwoch, 1966) – Then Came Brosnon (1967) – Terror in the Wax Museum (Der Bucklige vom Horror-Kabinett, 1973) – Arnold (1973) – The Man with Bogart's Face (Sam Marlow, Privatdetektiv, 1980) – Beyond Witch Mountain (1983)

TV-Serien: Tightrope – Big Valley – The Farmer's Daughter u.a.

Dunlap, Paul William

** 19.7.1919 Springfield, Ohio, USA.* Komponist und Songschreiber, arbeitete meist für B-Filme der Western- und Science Fiction-Genres.

Filme: The Baron of Arizona (Der Baron von Arizona, 1950) – Hi-Jacked (1950) – Excuse My Dust – The Last Continent – Cry danger – The Steel Helmet – Little Big Horn – Journey Into Light (1951) – Park Row – Big Jim McLain – The San Francisco

Story – Hellgate – Breakdown (1952) – Fort Vengeance – The Royal African Rifles – Jack Slade – Hannah Lee – Dragonfly Squadron – Combat Squad – Combat Squad – Shack Out on 1010 (1953) – Loophole – Fangs of the Wild – Return from the Sea – Target Earth – Shield for Murder – Duffy of San Quentin (1954) – Black Tuesday (Schwarzer Freitag, 1954) – Cry Vengeance (Das Narbengesicht, 1954) – Broken Star (Gegen das Gesetz, 1955) – Big House USA (Blutgeld, 1955) – Stranger on Horseback – Robber's rost – Fingerman – The Return of Jack Slade – Last of the Desperados – Ghost Town – Fort Yuma (1955) – Desert Sands (Wüstensand, 1955, Song *Deserts Sands*) – The Wild Dakotas – Crime Against Joe – Frontier Gambler – The Come-On (1956) – The Three Outlaws (Bankraub in Mexiko, 1956) – Magnificent Roughnecks – The Cruel Tower – Walk the Dark Street – Three Bad Sisters – Stagecoach to Fury – Emergency Hospital – Dance With Me Henry – The Broken Star – The Brass Legend (1956) – Crime of Passion (Das war Mord, Mr.Doyle, 1956) – Dragoon Wels Massacre – The Quiet Gun – Lure of the Swamp – I Was A Teenage Werewolf (Der Tod hat schwarze Krallen, 1957) – Portland Expose – Under Fire – Young and Dangerous – Rockabilly Baby – I Was A Teenage Frankenstein (1957) – Strange Intruder (1957) – Oregon Passage – The Women of Pitcairn Island – Guns Don't Argue – Gid Is my Partner – The Bloods of Dracula – Apache Warrior – Toughest Gun in Tombstone – How to Make a Monster – The Come On (1958) – Frankenstein 70 (1958) – Wolf Larsen (Der Seewolf, 1958) – Frontier Gun – Gun Fever – Gang War (1958) – Lone Texan – Invisible Invaders – The Rebel Set – Five Gates to Hell – The Rookie – Here Come the Jets – The Four Skulls of Jonathan Drake (Die vier Schädel des Jonathan Drake, 1959) – The Oregon Trail (Mit Büchse und Colt, 1959) – The Angry Red Planet (1959) – Gunfighters of Abilene – The Purple Gang – Twelve Hours to Kill – The Seven Women from Hell (1961) – Desire in the Dust (Begierde im Staub, 1961) – Walk Like a Dragon (Ich kaufte ein Chinesenmädchen, 1961) – The Three Stooges Meet Hercules – Three Stooges in Orbit (1962) – Black Zoo – Shock Corridor – Three Stooges Go Around the World in a Daze (1963) – The Law of the Lawless – Stage to Thunder Rock (Postkutsche nach Thunder Rock, 1964) – The Naked Kiss (1964) – The Outlaws is Coming – Young Fury – Operation C.I.A. (1965) – Dimension 5 – Destination Inner Space – Cyborg 2087 – Castle of Evil (1966) – The Sweet and the Bitter –Panic in the City (1967) – The Money Jungle – The Destructors (1968)

Dunstedter, Eddie

(Edward), * *2.8.1897 Edwardsville, Ill., USA, † 30.7.1974 Reseda, Calif.* Populärer Organist und Bandleader, begleitete auf Schallplatten u.a. Bing Crosby (*When the Organ Played 'Oh Promise Me'*).

Film: Donovan's Brain (Donovans Hirn, 1953)

Du Prez, John

* *14.12.1946 Sheffield, England.*

Filme: Bullshot (Ein tollkühner Himmelhund, 1983) – A Private Function (Magere Zeiten, 1984) – The Meaning of Life – Magere Zeiten: Der Film mit dem Schwein (1984) – A Fish Called Wanda (Ein Fisch namens Wanda, 1988) – Teenage Mutant Ninja Turtles (1990) – Teenage Mutant Ninja Turtles II (1991) – Teenage Mutant Ninja Turtles III (1993) – Der letzte Held von Afrika (1993)

Durand, Paul

* *28.1.1907 Séte, Hérault, Frankreich., † 25.1. 1977 Louveciennes (Yvelines).*

Filme: Le fruit dèfendu (Die verbotene Frucht, F 1952) – Bedevilled (1955, Songs) – Foreign Intrigue (Die fünfte Kolonne, USA 1956) – Casino de Paris (1957) – La vache et le prisonier (1959) – Un soir sur la plage (Ein Abend am Strand, F/I 1960) – Les vieux de la ville (1960) – Out: Stories of Lesbian and Gay Youth (Dok., 1994, Dir.)

Dutilleux, Henri

(Henri Paul Julien D.), * *22.1.1916 Angers (Maine-et-Loire), Frankreich.* Frz. Komponist von Orchesterwerken, Kammermusiken und Klavierwerken.

Filme: Le café du cadran (Café Cadran, F 1947) – Sous le soleil de satan (F 1987)

Dvořák, Michal

New-Age-Musiker und Komponist in der ČSSR/Tschechien.

Filme: Sonata pro zrzku (Unser Torwart spielt Klavier, ČSSR 1980, als Schauspieler; Musik: Peter Ulrych) – Amerika (1994) – Zapomenenute svetlo (ČSSR 1997) – Jack the Ripper lebt (UK 1988) – Bajecna leta pod psa (1997) – Panstvi (1999)

Dylan, Bob

(eigentl. Robert Allen Zimmerman), * *24.5. 1941 Duluth, Minn., USA.* Der Sänger und Songschreiber gilt vielen als der einflussreichste Musiker der (weißen) Rockmusik. Aus einem Mittelklasse-Elterhaus stammend, lernte er Gitarre und Harmonika und hatte erste Jobs in Folk-Clubs im Greenwich Village in N.Y. Der Talentscout John Hammond produzierte seine erste LP (»Bob Dylan '62«) mit Blues und Folk-Songs. Seine nächste LP enthielt schon fast nur Eigenkompositionen, darunter *Blowing in the Wind.* Er wandte sich dann der Rock- bzw. Rockabilly-Musik zu mit der programmatischen LP »The Times They Are A Changing«. Er trat bei einigen Newport Folk Festivals auf (1962–64), 1965 wurde er von den Folk-Puristen ausgebuht. 1965 entstand bei einer England-Tournee der Film »Don't look Back« (Regie Don Pennebaker); er gilt als einer der besten Rockfilme. Eine Bootleg-LP mit seiner Begleitgruppe The Band wurde zu einem Bestseller, offiziell 1975 veröffentlicht als »The Basement Tapes«. D. gab sein Debüt als Schauspieler 1973 im Film »Pat Garrett and Billy the Kid«, von ihm stammt auch die Musik. Seine späteren Produktionen sind von höchst unterschiedlicher Qualität; 1978 war er Gast bei dem Finale der Band, »The Last Waltz« (auch Film). Er outete sich als wiedergeborener Christ, seine religiös beeinflussten Songs enttäuschten viele Fans, dabei war dies nicht neu.

Lit.: Willi Winkler, Bob Dylan, Berlin 2001. – Clinton Heylin, B. D.: Behind the Shades Revisited, N.Y. 2001. – Anthony Scaduto, Bob Dylan, 1972). – Michael Gray, Song and Dance Man, 1972. – W. Mellers, Darker Shade of Pale, 1985. – Robert Shelton, No Direction Home, 1986

Filme: Don't Look Back (Dok., 1967, Regie Don Pennebaker) – Eat the Document (Dok., 1972) – Pat Garrett and Billy the Kid (Pat Garrett jagt Billy the Kid, Musik u. Schausp., Hit: *Knocking on Heaven's Door*, 1973) – Renaldo & Clara (Dok., 1975/76) – The Last Waltz (1978) – Water Boys (2000, Oscar für besten Song *Things Have Changed*!) – Knockin' on Heaven's Door (Dok., D 2001, Regie Gerold Hofmann)

E

Easdale, Brian

** 10.8.1909 Manchester, † 30.10.1995 London.* Engl. Komponist. Studierte am Royal College of Music, arbeitete dann als Pianist und Dirigent auch eigener Werke. Er komponierte Musik fürs Theater, so für das Eugene O'Neill-Stück »Trauer muß Elektra tragen« (1937), Klavierkonzerte, Orchesterwerke und zwei Opern. Er schrieb 1934–38 für GPO Musik für Kurzfilme, danach für Spielfilme.

Filme: Ferry Pilot (1942) – Black Narcissus (Die schwarze Narzisse, 1946) – The Red Shoes (1948) – Gone to Earth (Die schwarze Füchsin, 1948) – The Small Back Room (1949) – The Elusive Pimpernel (Das dunkelrote Siegel, UK 1950) – An Outcast of the Islands (Der Verdammte der Inseln, 1951) – The Heart of the Matter (Das Herz aller Dinge, 1953) – The Green Scarf (Sein größter Prozeß, 1954) – The Battle of the River Plate (Panzerschiff Graf Spee, 1956) – Peeping Tom (Augen der Angst, 1959) – The Queen's Guards (1960)

Easy Listening Music

(auch Mood Music, Lounge Music) hat eine ihrer Quellen in der Filmmusik, genauer in Filmthemen, die dann über den Film hinaus ein Eigenleben entwickelten. Beispiele: *Theme from »A Summer Place«* (Max Steiner, ein Hit für Percy Faith), *Charmaine* (Ernö Rapée, aus dem Raoul Walsh-Film »What Price Glory«, später ein Hit für Mantovani), *Diane* (aus »Seventh Heaven«, 1927), *The Moon of Manakoora* (aus »The Hurricane« von John Ford, 1937), *Fascination* (aus Billy Wilders »Love in the Afternoon, 1957), *Moon River* (Henry Mancini, aus »Breakfast at Tiffany's«), das *Warschauer Konzert* (Richard Addinsell, aus »Dangerous Moonlight«, 1941) u.a.

Ebbinghouse, Bernard

* 18.3.1927 Düsseldorf. Engl. Arrangeur und Komponist, arbeitete mit John Barry, arrangierte für engl. Bands, aber auch für dt. Rundfunkorchester wie Kurt Edelhagen und die NDR Big Band, sowie für Sänger wie Placido Domingo und schrieb etliche Filmmusiken.

Filme: Never Back Losers (1961) – The Partner (1961) – The Share Out – Ricochet & Incident at Midnight (Küsse für den Mörder; 2 Kurzkrimis, 1962) – Death Trap (1962) – Time to Remember/Solo for Sparrow (Brillanten des Todes, 1962, + Michael Carr) – The Double (1963) – The 20.000 Pound Kid (1963) – We Shall See – Act of Murder (1964) – Invasion (1965) – Exorcism at Midnight (1966) – The Main Chance (1966) – On the Run (1967) – Prudence and the Pill (Die Pille war an allem Schuld, 1968) – Mumsy, Nanny, Sonny and Girly (1970) – Tales That Witness Madness (Geschichten die zum Wahnsinn führen, 1973) – Chains to Roses (1993)

Ebert, Hans

** 15.5.1889 Berlin, † 31.8.1952 ebd.* Arbeitete von 1912 bis 1930 als Kapellmeister am Düsseldorfer Schauspielhaus. Als Komponist schrieb er Orchesterwerke, Lieder und Ballettmusik. Er vertonte eine Reihe von Dokumentarfilmen, ehe er sich an den Spielfilm wagte.

Filme: Waldwinter (1936) – Das Schweigen im Walde (1937) – Gewitter im Mai (1938) – Was tun, Sybille? (1938) – Der Fall Deruga (1938) – Das Verlegenheitskind (1938) – Der grüne Kaiser (1939) – Hochzeit mit Hindernissen (1939) – Drei Väter um Anna (1939) – Kornblumenblau (1939) – Für die Katz (1940) – Der Seniorchef (1942) – Sein Sohn (1942) – Die Jungfern vom Bischofsberg (1943) – Himmel, wir erben ein Schloß (1943) – Der Fall Molander (1945, unvoll.) – Schicksal am Berg (1950)

Ecke, Jürgen

** 10.2.1950 Magdeburg.*

Studierte bis 1976 in Berlin und Weimar, arbeitete als Rockmusiker, schrieb Bühnen- und Filmmusiken und Auftragswerke für den Berliner Rundfunk. Er erhielt 1979 den Kritikerpreis der Berliner Zeitung für sein Werk »Welt und Traum des Hieronymus Bosch«. Er beschäftigt sich auch mit elektronischen Klagerzeugungen.

Filme: Max und die siebeneinhalb Jungen (DDR 1979) – Puppen für die Nacht (DDR 1980) – Generalprobe (DDR 1981) – Einer vom Rummel (DDR 1982) – Eine sonderbare Liebe (DDR 1984) – Franziska (DDR 1984) – Claire Berolina (DDR 1985) – Das wirkliche Blau (DDR 1986) – Sidonies Bilder (DDR 1987) – Immensee (DDR 1989) – Drachensalat (1990) – Fünf Stunden Angst: Geiselnahme im Kindergarten (1995) – Du bist nicht allein: Die Roy Black Story (1996) – Adrenalin (1996) – Raus aus der Haut (1997) – Die Liebesdienerin (1997) – Ein Mann wie eine Waffe (1998) – Todesfahrt der MS Seastar (1998) – Der Tod in deinen Augen (1999) – Falling Rocks (1999)

Eckert-Lundin, Eskil

(Eskil Stefan Anton E.-L.), * *24.6.1906 Helsingborg, Schweden, † 13.3.1974 ?Stockholm.* Schwedischer Komponist, für den Film tätig seit 1939. Er arbeitete auch als musikal. Leiter, so mit dem Komponisten Erik Nordgren und dem Regisseur Ingmar Bergman.

Filme: Oss baroner Emellan (1939) – Det ar min modell (1946) – Rallare (1948) – Sommarlek (Einen Sommer lang, 1950) – Sommaren med Monika (Die Zeit mit Monika, 1951) – Kvinnors väntan (Sehnsucht der Frauen, 1952, Dir., Score: Erik Norgren) – Smultronstället (Wilde Erdbeeren, Dir., Score: Erik Nordgren)

Economou, Nicolas

** 11.8.1953 Nikosia (Zypern), † 29.12.1993 bei Nikosia (Autounfall).* Studierte ab 12. Lebensjahr am Konservatorium in Moskau, nach Übersiedelung nach München kurz bei Wilhelm Killayer. Er machte sich vor allem einen Namen als Konzertpianist. Er schrieb nur wenig Filmmusiken, u.a. für eine Dokumentation von Vadim Glowna über Tschechow, eine Schlussszene für Maximilian Schells Film über Marlene Dietrich sowie für Filme von Margarete von Trotta* und Dagmar Hirtz.

Filme: Die bleierne Zeit* (1981) – Heller Wahn* (D/F 1982) – Unerreichbare Nähe (1984) – Rosa Luxemburg* (1986)

Eddy, Duane

** 26.4.1938 Corning, N.Y., USA.* Rock'n'Roll-Gitarrist, berühmt für seinen »Twangy«-Sound. Mit seiner Gruppe, den Rebel Rousers (darunter Pianist Larry Knechtel und Saxophonist Jim Horn) hatte er in den 60er Jahren Hits wie *Rebel Rouser, Shazam, Peter Gunn* und dem Thema aus dem Film »Because They're Young«. Mit dem Aufkommen der Beatles allerdings erschien seine Musik schon altmodisch, er geriet weitgehend in Vergessenheit, hatte in den 80er Jahren aber ein kleines Comeback.

Filme: Because They're Young (1960) – Ring of Fire (Feuersturm, 1961)

Edelman, Randy

(Randolph), * *10.6.1947 Patterson, N.J., USA.* Der Komponist schrieb Songs für die Carpenters, Fifth Dimension, Barry Manilow u.a. und war in England ein Rockstar, ehe er sich zum Filmkomponisten wandelte. Er arbeitet auch viel fürs TV, u.a. Musik für die »MacGyver«-Serie.

Filme: Executive Action (Unternehmen Entebbe, 1973) – Feds – Twins (1988, + G.Delerue) – Ghostbusters II (1989) – Come See the Paradise – Kindergarten Cop (1990) – Quick Change (1990) – My

Soundtrack »Passion of Mind«, mit Musik von Randy Edelman

Cousin Vinny – Beethoven – The Distingushed Gentleman – The Last of the Mohicans (Der letzte Mohikaner, 1992, + Trever Jones) – Dragon: The Bruce Lee Story (1993, OST: MCA) – Gettysburg (1993) – While You Were Sleeping (Während du schliefst, 1995; OST: Varèse) – Down Periscope (1996) – The Quest (1996, OST: Varèse) – Daylight (1996, OST: MCA) – Dragonheart (1996, OST: MCA) – Diabolique (Diabolisch, 1996) – Shanghai Noon – The Mask (Die Maske) – Sechs Tage, sieben Nächte (1998) – The Whole Nine Yards (Keine halben Sachen, 2000; *CD:* Varèse) – Osmoses Jones – Passion of Mind (2000; OST: Milan) – The Skulls (2000) – Shanghai Noon – Head Over Heels – China:The Panda Adventure – Osmosis Jones – Who Is Cletis Tout? – Corky Romano – Black Knight (2001) – A Season of the Brink (2002, TV) – Frank McKlusky, C.I. – Triple X – National Security – Shanghai Knights – Gods and Generals

Edens, Roger

** 9.11.1905 Hillsboro, Tx., USA, † 13.7.1970 Hollywood.* Komponist und Arrangeur für MGM in den 30er und 40er Jahren, später auch Produzent. Begann als Pianist, u.a. in der Band des Broadway-Musicals »Girl Crazy« 1930–31 und für Ethel Merman. 1933 begann er für MGM zu arbeiten, schrieb Filmmusik und spezielle Bearbeitungen, so für »Girl Crazy«, »Meet Me in St. Louis«, »Ziegfeld Follies«. Mitarbeit an seinen Songs: Hugh Martin, Ralph Freed, Betty Comden, James V. Monaco, Sigmund Romberg.

Filme (Songs): Kid Millions (1934) – Born to Dance (1936) – Broadway Melody of 1938 (Dear Mr. Gable, 1937) – Love Finds Andy Hardy (In Between) – Everybody Sing (1938) – The Wizard of Oz (Arr) – Babes in Arms (1939, + G.Stoll) – Little Nellie Kelly (It's a Great Day for the Irish) – Strike Up the Band (1940, Our Love Affair) – Two Girls on Broadway (My Wonderful One) – Go West (1940) – Lady Be Good (You'll Never Know) – Ziegfeld Girl (Minnie from Trinidad, Caribbean Love Song) – Babes on Broadway (1941) – For Me and My Gal (1942, + G.Stoll) – Thousands Cheer (Carnegie Hall) – Presenting Lily Mars (1943) – Meet me in St. Louis (mus. supervision + Co-Prod., 1944) – Yolande and the Thief (mus. supervision + Co-Prod., 1945) – Ziegfeld Follies (Bring on the Wonderful Men, Here's to the Girls) – The Harvey Girls (mus. supervision + co-prod, 1946) – Good News (Pass that Peace Pipe, The French Lesson, 1947) – Easter Parade (1948, + Johnny Green, Songs: Irving Berlin) – On the Town (1949, + L.Hayton) – Take Me Out to the Ball Game (1949) – Annie Get Your Gun (1950) – Show Boat – An American in Paris (nur Co-Prod., 1951) – Singin' in the Rain (1952) – The Band Wagon (nur Co-Prod., 1953) – Deep in My Heart (nur Prod., 1954) – Funny Face (neue Songs mit Leonard Gershe: Think Pink, On How to Beloved, Bonjour Paris, Marche Funèbre, 1954) – The Unsinkable Molly Brown (nur Co-Prod., 1964) – Hello Dolly (nur Co-Prod., 1969)

Ederer, Pepe

(Josef), ** 21.2.1932 Rossbach-Wald (Oberpfalz).* Musiker (»Nilsen Brothers«), Produzent, Schlager- und Filmkomponist, schrieb u.a. *Aber dich gibt's nur einmal für mich, Ich fange nie mehr was an einem Sonntag an.*

Filme: Hurra, unserer Eltern sind nicht da (1970) – Nachbarn sind zum Ärgern da (1970)

Edmonson, Greg

Filme: Last Lives – Fantasy in D minor – Blue Ridge Hall – Lucky Town – TV: Beyond the Reality: Science Fiction & Fantasy – Cop Rock – King of the Hill

Edwards, Steve J. (Stephen)

Filme: Snow: The Movie (1983) – She's Been Away (1990, TV) – Midnight Fear (1990) – Badge (1990) – Orpheus Descending (1991, TV) – Hedd Wyn – The Minister's Wife (1992) – Showdown – Tai ji zhang san feng – Fong shi yu II: Wan fu mo di (1993) – Project: Shadowchaser 2 (1994) – Illegal in Blue – Project Shadowchaser III – Without Mercy – Bloodsport 2 (1996) – Conspiracy of Fear (1996, TV) – Bloodsport 3 (1996) – L.A. Heat (1996, TV-Serie) – True Vengeance – Rough Draft – Point Blank – High Voltage Heaven or Vegas – Blossom Time (1997) – Fifteen and Pregnant (1998, TV) – Blood on Her Hands – T.N.T. – McCinsey's Island – Cold Harvest (1998) – Applewood 911 (1998, TV) – Bittersweet (Engel der Vergeltung, 1998) – The Secret Path (1999, TV) – Pop & Me (Dok., 1999) – Bridge of Dragons (1999) – Justice (1999, TV) – U.S.Seals II (1999) – Strike Zone – Out in Fifty – K-911 (1999)

– Luck of the Draw – Cowboys and Angels (2000) – Growing Up Brady (2000, TV) – Sacrifice (2000, TV) – What Women Want (2000, Song: *Work Me to the Bone*) – Substitute: Failure is not an Option (2000, TV) – Never Look Back – 75 Degrees in July (2000) – Children of the Corn: Revelation (2001) – Two Grey Hills – Shattered Lies– Liberty, Maine – The Grimm Cycle (2001) – Run for the Money – No Sleep 'til Madison – Hellraiser VI: Hellseeker (2002)

Egen, Austin Guy Monroe

* *28.3.1897 Milwaukee, Wisc., † 18.8.1941 Fronleiten/Steiermark, Österr.* Dt. Bandleader amerik.-österr. Abstammung. Kam 1923 nach Berlin, arbeitete als Pianist u. Sänger in Bars und schrieb erste Songs. 1926 heiratete er die Tochter des Musikverlegers Roehr und wurde Teilhaber an dessen Verlag. Schon 1924 hatte er seine ersten Schallplatten für Acme aufgenommen; 1927 schloss er einen Vertrag mit Telefunken und nahm bis 1931 mehrere hundert Titel auf, sowohl unter seinem Namen als auch mit den Weintraub Syncopators, Jack Hylton, Dol Dauber, Oscar Joost, Eric Borchard, Hakon von Eichwald und Marek Weber. Er schrieb zahlreiche Lieder (Texte Fritz Rotter), arbeitete für den Film und trat auch in einigen Filmen in Nebenrollen auf. 1936 sang er den Titelsong des Heinz-Rühmann-Films »Der Mann, von dem man spricht«. 1933 zog sich E. aus Berlin zurück. Obwohl Jude, war er als US-Bürger noch nicht direkt gefährdet. Er ließ sich in Fronleiten/Österreich nieder und nahm aktiv am Wiener Musikleben teil. Über seinen Tod ist nichts bekannt.

Filme: Tingeltangel (1930) – So'n Windhund (1931, + Bert Reisfeld) – Die Liebesfiliale (1931, + B.Reisfeld, Felix Günther) – Kyritz-Pyritz (1931, + Bert Reisfeld, F.Günther)

Egerbladh, Berndt

* *1.5.1932 Transtrand, Schweden.*

Filme: Pelle Svansloes (Cartoon, 1982) – Pelle Svansloes i amerikatt (Cartoon, 1985)

Egk, Werner

(eigentl. Werner Joseph Mayer), * *17.5.1901 Auchesheim/Donauwörth, † 10.7.1983 Inning/Ammersee.* Studierte in Frankfurt/M., in München bei Carl Orff und A.Sandberger. Arbeitete an der »Schaubühne« als Komponist, Musiker und Bühnenmaler. Heiratete 1923 die Violinistin Elisabeth Karl, bildete sein Ps. aus dem Monogramm ihres Namens. 1928 in Berlin, 1930–33 wieder in München, schrieb Hörspielmusiken, Singspiele für Kinder, erster großer Erfolg 1934 mit der Volksoper »Die Zaubergeige«. Er war auch Fachschaftsleiter in der Reichsmusikkammer und vertrat die Interessen der Komponisten in der STAGMA (der Vorläuferin der → GEMA). Nach dem Krieg war er bis 1953 Direktor der Hochschule für Musik in Berlin, war lange Aufsichtsratsmistglied der GEMA und Präsident des von ihm mitbegründeten Deutschen Komponistenverbandes. Ab 1953 in München an der Staatsoper, brachte dort einige seiner Bühnenwerke, zu denen er auch die Libretti schrieb, selbst zur Aufführung. E. schrieb zahlreiche Instrumentalwerke, Vokalwerke, Opern (»Columbus«, »Peer Gynt«, »Circe«, »Der Revisor«, »Die Verlobung in San Domingo«), Ballette (»Abraxas«) u.a.

Lit.: Die Zeit wartet nicht (Autobiogr., 1975)

Filme: Jungens (1941) – Der Herr vom anderen Stern (1948)

Ehrlich, Siegwart

(eigentl. Siegbert E.), * *17.12.1881 Leipzig, † 2.1.1941 Mailand.*

Film: Der Tanz ins Glück (1930)

Eichhorn, Berhard

(Günter), * *17.4.1904 Schortewitz (Krs. Köthen, Sachsen-Anhalt), † 16.2.1980 Miesbach (Oberbayern).* Studierte in München Musik- und Theaterwissenschaften und begann seine Berufslaufbahn 1929 als Kapellmeister an der Bayerischen Landesbühne. 1931 in Berlin am Theater am Schiffbauerdamm, 1933–34 erneut in München, 1934–44 in Dresden als Musikdirektor der städt. Bühnen. 1946 begann er freiberuflich als Filmkomponist zu arbeiten, u.a. für Helmut Käutner und die Heimatfilmproduktionen Peter Ostermayrs, aber auch für Dokumentarfilme.

Filme: Im Banne der Berge (1931, + Georg Fiebinger) – Kleider machen Leute (1940) – Anuschka –

Dr. Crippen an Bord (1942) – Reise in die Vergangenheit (1943) – Fritze Bollmann wollte angeln (1943) – Unter den Brücken (1944) – In jene Tagen (1946/47) – Film ohne Titel (1947; Lieder: *Volkslied 1948, Schwarzmarkt der Liebe*) – Frau Holle – Der Apfel ist ab (1948, + A. Steimel) – Die Zeit mit dir (1948) – Hans im Glück – Königskinder (1949) – Epilog – Der Geigenmacher von Mittenwald (1950) – Weiße Schatten – Die Alm an der Grenze – Im Bann der Madonna – Der Bildschnitzer vom Walsertal – Die Martinsklause (1951) – Haus des Lebens – Die schöne Tölzerin – Das Dorf unterm Himmel (1952) – Der Klosterjäger (1953) – Rosen-Resli – Schloß Hubertus – Der schweigende Engel (1954) – Der dunkle Stern – Himmel ohne Sterne – Suchkind 312 – Ein Mädchen aus Flandern (1955) – Der Hauptmann von Köpenick – Die Geierwally (1956) – Monpti (1957) – Schinderhannes – Der eiserne Gustav (1958) – Der Rest ist Schweigen (1959) – Jons und Erme (D/I 1959) – Die schöne Lügnerin (D/F 1959) – Paradies und Feuerofen – Jons und Erdme – Die Gans von Sedan (1959) – Das Glas Wasser (1960, + Roland Sonder-Mahnken) – Der brave Soldat Schwejk (1960) – Der Traum von Lieschen Müller – Unter Ausschluß der Öffentlichkeit (1961) – Die Feuerzangenbowle (1970)

Eidel, Philippe

** 22.12.1956 Antananarivo, Madagaskar.* Der frz. Komponist arbeitet seit den 80er Jahren für den Film, u.a. für die Regisseure Eric Rhomer, Philippe Harel und Pierre Salvadori.
Filme: Le maître-chanteur – Lift Show (1985) – Mille et une marguerite (1986, Dok.) – Bunker Palace Hôtel (1989) – The Mahabharata (1989, TV-Serie) – Une été sans histoires (1992) – Ce que femme veut … (1993) – Cible émouvante (Der Killer und das Mädchen, 1993) – L'histoire du garçon qui voulait qu'on l'embrasse (1994) – Elle voulait faire quelque chose – Les apprentis (1995) – Un air de famille – Une visite – Conte d'ètè – Imûhar, une légende (1997) – Les randonneurs (1997) – Journal intime des affairs en cours (1998, Dok.) – Yom Yom (Tag für Tag, ISR 1998, + Josef Bradanashvily) – Une vie de prince – Le voyage à Paris – Kadosh (1999) – Le vélo de Ghislain Lambert (2001) – Agathe et le grand magasin (2001, TV)

Musik zum Film »Fuori dal mondo« – Ludovico Einaudi

Eidelman, Cliff

** 5.12.1964 Los Angeles, USA.*
Filme: Magdalene (1988) – The Final Days (1989, TV) – Triumph of the Spirit (1989) – Dead Man Out (1989, TV) – To Die For – Animal Behaviour (1989) – Judgement (1990, TV) – Crazy People – Strike it Rich (1990) – Delirious – Star Trek VI: The Undiscovered Country (1991) – Backfield in Motion (1991, TV) – Leap of Faith – Christopher Columbus: The Discovery – Untamed Heart – The Meteor Man (1993) – Picture Bride – A Simple Twist of Fate – My Girl 2 (1994) – Now and Then (1995) – If These Walls Could Talk (1996, TV) – Free Willy 3: The Rescue – The Beautician and the Beast (1997) – Montana – One True Thing (1998) – An American Rhapsody (2001) – Witness Protection (TV)

Einaudi, Ludovico

** 23.11.1955 Turin, Italien.*
Filme: Trena di panna (1988) – Da qualche l'arte in città (1994) – Acquario (1996, Songs) – Fuori dal mondo (Nicht von dieser Welt, 1999, OST: Ricordi) – Un delitte impossibile (2001) – Le parole di mio padre (2001)

Einegg, Erich

(eigentl. Wulff Wyneken), ** 5.9.1898 Münster, † 8.11.1966 Berlin.* Komponist, Texter und Pianist, schrieb satirische Revuen und Chansons. Gründete 1928 mit Rosa Valetti das Kabarett »Larifari« in Berlin, arbeitete 1932/33

für Valeska Gerts Berliner Kabarett »Kohlkopp« und nach 1945 für kabarettistische Rundfunksendungen.
Filme: Der Doppelbräutigam (1944) – Irgendwo in Berlin (1946)

Einhorn, Richard

** 2.8.1952 Newark, N.J., USA.*
Filme: The Passion of Joan of Arc – Closet Land – Dead of Winter – Eyes of a Stranger (Die Augen eines Fremden, 1980) – TV: Darrow

Eisbrenner, Werner

(Werner Friedrich Emil E., Ps. Fritz Werner), ** 2.12.1908 Berlin, † 7.11.1981 ebd.* Klavierunterricht mit acht Jahren, Violine mit elf. Studium an der Staatlichen Akademie für Kirchen- und Schulmusik, arbeitete dann für einen Musikverlag. Ab 1931 Pianist, Komponist und Arrangeur für die UFA und die TOBIS. 1934 erste Musik für Kurzfilme, ab 1935 für Spielfilme. Schrieb auch Musik für die Bühne, für Hörspiele und in den 50er Jahren auch für TV-Filme, daneben Ballettmusiken, Konzertstücke (*Zwischen Hamburg und Haiti*), Klavier- und Violinkonzerte. E. war einer der fähigsten dt. Filmkomponisten, seine Musik war eine »gekonnte Mischung aus sinfonischen Stil und lebendiger Harmonik« (K.Vogelsang), beispielhaft dafür ist seine Musik zum Film »Die goldene Spinne«. Ab 1959 war E. Dirigent beim Sender Freies Berlin. Er ist der Großvater des Komponisten Frank Becker (Ps. Roger Velhagen, * 13.5.1963 Berlin).
CD: Zwischen Hamburg & Haiti, Marus 909357
Filme: Das lustige Kleeblatt (1933) – Wenn ein Mädel Hochzeit macht (1935, + Karl Blume) – Der höhere Befehl (1935) – Donogoo Tonks – Die geheimnisvolle Stadt – Besserer Herr sucht Anschluß – Die letzten Grüße von Marie (1935) – Der blaue Diamant (1935, + Adolf Perris) – Wenn ein Mädel Hochzeit macht (1935, + Kalr Blume) – Donogoo Tonka (19356. + F.Doelle) – Männer vor der Ehe – Heiratsbüro Fortuna – Das kleine Fräulein träumt – Wer hat Angst vor Marmaduke? (1936) – Zweimal Zwei im Himmelbett – Die perfekte Sekretärin – Das Quartett (1937) – Gewitterflug zu Claudia (1937) – Einmal werd' ich dir gefallen (1938, auch Titellied, + Günter Neumann) – Anna Favetti (1938) – Frauen für Golden Hill (1938) – Großalarm (1938) – Kriminalkommissar Eyk – Das Mädchen von St. Cœur (1939) – War es der im 3. Stock? (1939) – Ich bin gleich wieder da (1939) – Fräulein (1939) – Zentrale Rio (1939) – Kennwort: Machin (1939 – Zwischen Hamburg & Haiti (1940) – Wie konntest Du Veronika (1940) – Kriminalkommissar Eyk (1940) – Nacht ohne Abschied (1941) – Zwischen Himmel und Erde (1941) – Romanze in Moll (1943, + L.Brühne) – Die beiden Schwestern – Die goldene Spinne (1943) – Titanic (1943) – Nacht ohne Abschied (1943) – Große Freiheit Nr. 7 – Träumerei (1944) – Ich hab' von dir geträumt (1944, + E.E.Buder) – Der Fall Molander (1945) – Dr. phil. Döderlein (1945, unvoll.) – Der stumme Gast (1945) – Vier Treppen rechts (1945, UA 1950) – Ich glaube an Dich/Mathilde Möhring (1945, UA 1950) – Shiva und die Galgenblume (1945, unvollendet) – Eine reizende Familie (1945, UA 1948) – Freies Land (1946) – Zwischen Gestern und Morgen (1947) – Menschen in Gottes Hand (1948) – Berliner Ballade (1948, + Günter Neumann) – Herrliche Zeiten (1948, + G.Neumann) – Diese Nacht vergeß ich nie – Der Bagno-Sträfling (1949) – Der Fall Rabanser – Der fallende Stern (1950) – Nachts auf den Straßen (1951) – Herz der Welt (1952) – Eine Liebesgeschichte – Solange du da bist – Ein Herz spielt falsch (1953) – Johnny rettet Nebrador (1953) – Kinder, Mütter und ein General – Der Cornet – Die Ratten (1955) – Mein Vater der Schauspieler – Herrscher ohne Krone – Vor Sonnenuntergang (1956) – Banktresor 713 (1957) – Buddenbrooks (1959) – Kriegsgericht – Die Botschafterin – Der letzte Zeuge (1960)

Eisemann, Michael

(Mihaly), ** 19.6.1898 Bacs (Partipas), Ungarn, † 25.2.1966 Budapest.*
Filme: Hyppolit a lakáj (1931) – Jeder fragt nach Erika (1931, + Grete Walter, Paul Hühn, Schmidt-Gentner) – Die schreckliche Jungfrau (1931) – Er und sein Diener (D/H 1931) – Kísértetek vonata (1933) – Es flüstert die Liebe (1935) – Vadrózsa (1939) – A Miniszer barátaja (1940) – Egy csók és más semmi (1940) – Családunk szégyene (1942) – Makrancos hölgy (1943) – Egy csók és más semmi (1940) – Scaládunk szégyene (1942) – Makrancos hölgy (1943)

Eisler, Hanns

(Johannes), * *6.7.1898 Leipzig, † 6.9.1962 Berlin.* Studierte 1919–23 bei Arnold Schönberg, war 1925–28 Lehrer am Klindworth-Schwarwenka-Konservatorium, 1928 an der Marxistischen Arbeiterschule. Zusammenarbeit mit Bert Brecht. 1933 Emigration, ab 1938 in die USA, 1948 Rückkehr nach Europa (er arbeitete gerade mit Chaplin an »Circus«, als er aus den USA ausgewiesen wurde), 1950 in die DDR, dort Kompositionslehrer an der Dt. Akademie der Künste und der Dt. Hochschule für Musik in Berlin. E. begann als »Zwölftontechniker«, widmete sich dann aber der sozialistischen Musikbewegung, schrieb Arbeiterlieder u.ä., auch Vokalwerke, Bühnenmusiken, Kantaten, Kammermusiken u. Sinfonien und auch die Nationalhymne der DDR. E. war der erste Komponist, der eine Theorie der Filmmusik versuchte (mit Th.W.Adorno); obwohl er Atonalität, Leitmotivik und »melodische« Themen ablehnte ist diese Studie immer noch lesenwert (»Komposition für den Film«). Experten wollen aber herausgefunden haben, daß sich E. in seinen Filmmusiken selbst auch nicht immer an seine Vorgaben hielt. E. hat bis 1962 mindestens 43 Filmen vollständig oder zu Teilen vertont, darunter 28 Spielfilme, 10 Dok.-Filme, zwei Dok.-Spielfilme, zwei experimentelle Filme, einen Werbetrickfilm. Dazu kommen Beiträge zu Wochenschauen und drei TV-Spiele sowie drei Opern- bzw. Operettenfilme.

Lit.: Ges. Werke, Leipzig 1973 ff (darin Bd. III/4, Komposition für den Film, mit Th. W. Adorno) – Eberhardt Klemm, H.E., Leipzig 1973 – Fritz Hennenberg, H.E., Leipzig 1986. – David Blake, H. E., A Miscellany, 1995

Filme: Opus III (1927) – Die Jugend hat das Wort/Komsomol (Dok.) – Regen (1928/29, identisch mit seiner Komp. »Vierzehn Arten den Regen zu beschreiben«) – Niemandsland (Leonhard Frank/Viktor Trivas, 1931, + Kurt Schröder, Günther Weisenborn) – Das Lied vom Leben (Walter Mehring/Alexander Granowski, 1931, mit F. Hollaender) – Kuhle Wampe (Brecht/Ottwald/Dudow, 1932, + Josef Schmidt) – Pesn o gerojach (Heldenlied: Die Jugend hat das Wort, UdSSR 1932, Dok., 1932) – Komsomol (UdSSR 1932) – Dans les russ (Victor Trivas, F 1933) – Delina (ČSR 1933) – Le grand jeu (Das letzte Spiel, F 1934) – Nieuwe Gronden/Nouvelle Terre (Neue Erde, Joris Ivens, NL 1933) – Abdul Namid (UK 1934) – Der Aufstand der Fischer von St. Barbara (UdSSR 1934) – Der Bajazzo (UK 1936, Arr.) – 400 Millionen (Dok., Joris Ivens, USA 1938) – Pete Roleum and His Cousins (Dok., USA 1939) – Sail (USA 1939) – The Grapes of Wrath (USA 1939/40) – White Fleed (USA 1940) – Child Met Forth (USA 1940) – The Forgotten Village (John Steinbeck/Herbert Kline, MEX 1941) – Our Russian Front (Dok., USA 1941) – Hangman Also Die (Auch Henker sterben, Brecht/Wexley/Lang, 1943) – None But the Lonely Heart (Clifford Odets, USA 1944; Dir. Bakaleinikoff) – Deadline at Dawn (Clifford Odets/Harold Clurman, 1945) – Jealousy (USA 1945) – The Spanish Main (Der Seeteufel von Cartagena, USA 1945; Dir. Bakaleinikoff) – Deadline at Dawn (USA 1946) – The Woman on the Beach (Die Frau am Strand, 1946) – Thieves' Holiday/A Scandal in Paris (USA 1946) – So Well Remembered (Unvergessene Jahre, USA 1947) – Krizova trojka (Kreuz 3, ČSR 1948) – Der Rat der Götter (F.Wolf/K.Maetzig, DDR 1949; + Erwin Lehn) – Unser täglich Brot (Slatan Dudow, DDR 1949) – Wilhelm Pieck (Dok., DDR 1951) – Frauenschicksale (Dudow, 1952) – Schicksal am Lenkrad (A 1954) – Bel ami (A/F 1954) – Fidelio (A 1955, Arr.) – Herr Puntila und sein Knecht Matti (Brecht, V.Pozner, Ruth Wieden/Alberto Cavalcanti, A 1955) – Nuits et brouillard (Nacht und Nebel, Dok. über Auschwitz, A.Resnais, F 1955) – Gasparone (A 1955, Arr. + Co-Drehbuch) – Die Hexen von Salem/Les sorcières de Salem (Sartre, Raymond Rouleau, DDR/F 1957) – Aktivon J (Dok., 1957) – Katzgraben (DDR 1957) – Geschwader Fledermaus (Erich Engel, DDR 1958) – Die im Trüben fischen/Trübe Wasser/La rabouilleuse (Louis Daquin, nach Balzac, DDR/F 1959) – Aktion J (DDR 1961) – Unbändiges Spanien (1962) – Ljubavni slucai ili tragedija sluzbenice P.T.T. (1967) – Galileo (DDR 1975) – Fariaho (DDR 1983, + Günther Fischer) – Dok.: Leben ohne Angst, Hanns Eisler (Regie Larry Weinstein, 1996)

Elfers, Konrad

* *25.10.1919 Essen, † 22.9.1996 Bremerhaven.* E. machte sich einen Namen als Spezia-

list für Stummfilmvertonungen.
Filme: Kalamitäten (1964) – Vier Schlüssel (1965) – Funeral in Berlin (Finale in Berlin, UK 1967) – Pippi Langstrumpf (1968) – Inside Out: ein genialer Bluff (UK/D 1975) – Anita: Tänze des Lasters (1987
Neue Musiken für Stummfilme: The Saphead (1920) – The Goat (1921) – The Pale Face (1921) – Dr. Mabuse der Spieler (1922) – Go West (1925) – Battling Butler (1926) – The General (1926) – College (1927) – Times in the Sun (1930)

Elfman, Danny

** 29.5.1953 L.A., USA.* Der Sohn eines Lehrers und der Schriftstellerin Blossom E. wuchs in L.A.auf und ging mit 18 Jahren gemeinsam mit seinem Bruder Richard nach Frankreich, wo er in einer Theatergruppe arbeitete und sich Grundlagen der Orchestrierung beibrachte. Er gründete mit seinem Bruder die »Mystic Knights of Oingo Boingo« woraus dann die Kultband »Oingo Boingo« wurde. Er verbrachte eine zeitlang in Afrika, kehrte dann aber malariageschwächt in die USA zurück. Seine erste Filmmusik schrieb er 1980 für einen Film seines Bruders (»Forbidden Zone«). Er arbeitete dann mehrfach mit dem Regisseur Tim Burton zusammen und hat sich mit seinen teils modernistischen, teils pseudoromantischen Kompositionen einen prominenten Platz unter den zeitgen. Filmkomponisten gesichert. Seine Soundtracks sind sinfonisch, Feuerwerke für große Orchester, mit Vorbildern in John Williams und Nino Rota, die er aber längst nicht erreicht, wie seine Musik zu »Batman« zeigt. Er schrieb auch das Thema für die TV-Comedy-Serie »The Simpsons«. Er erhielt Oscar-Nominierungen für »Good Will Hunting« und »Men in Black«; 2002 erhielt er den »Richard Kirk Award« der → BMI.

Soundtrack »Heartbreakers«, Musik von Danny Elfman

Lit.: Mark Russell/James Young, Filmkünste: Filmmusik, Hamburg 2001
Filme: Forbidden Zone (Totaler Sperrbezirk, 1978) – Pee Wee's Big Adventures (1983, OST: Milan) – Back to School (Mach's noch mal Dad, 1985) – Wisdom (1986) – Summer School (1987) – Beetlejuice (1988, OST: Geffen) – Midnight Run (Fünf Tage bis Mitternacht, 1987) – Big Top Pee-Wee (1987) – Hot to Trot (Heiß auf Trab, 1987) – Scrooged (Die Geister, die ich rief, 1988) – Batman (1989, OST: WEA) – Nightbreed (Cabal, die Brut der Nacht, 1990) – Darkman (Der Mann mit der Gesichtsmasle, 1990) – Edward Scissorhands (Edward mit den Scherenhänden, 1990; OST: MCA) – Dick Tracy (1990) – Pure Luck (Reine Glückssache, 1991) – To Die For – Article 99 (Schrei nach Gerechtigkeit, 1991) – Ein einfacher Plan (OST: Silva) – Batman Returns (Batmans Rückkehr, 1992, OST: WEA) – Sommersby (1993) – Army of Darkness: Evil Dead (Armee der Finsternis, 1992) – Tim Burton's Nightmare Before Christmas (1993, auch Gesang) – Black Beauty (1993) – Stephen King: Dolores (Dolores Claiborne, 1994) – Dead President (Der Weg durch die Hölle, 1995) – The Frighteners (NL/USA 1995) – Mission Impossible (1996, OST: Mother/Universal) – Freeway (1995) – Mars Attacks (1996, OST: Atlantic) – Extreme Measures (Extrem ... mit allen Mitteln, 1996) – Men in Black (OST: Sony) – Good Will Hunting (1997) – Flubber/The Absent-minded Professor (1997, OST: Disney) – Mousehunt (Mäusejagd, 1997) – My Favorite Martian (Der Onkel vom Mars, 1997) – A Civil Action (Zivilprozeß, 1997) – A Simple Plan (Ein einfacher Plan, 1998) – Instinct (Instinkt, 1998) – The Visitor – Sleepy Hollow (1999) – Anyway But Here (1999) – Mission Impossible II (1999) – Family Man (2000) – Spy Kids – Spiderman (2000) – Proof of Life (Lebenszeichen, 2000) – Planet of the Apes (Planet der Affen, 2001) – Heartbreakers (2001) – Men in Black II (2002) –

Rick Baker: Alien Maker (2002) – Creature Featurettes – Barry Sonnenfeld's Intergalactic Guide to Comedy (2002) – Big Fish – The Amazing Spider Man (2004)

Elias, Jonathan

** 12.1.1958 in ?, USA.* Der Komponist studierte ab 1974 an der Eastman School in Rochester; seit 1984 arbeitet er für den Film.
Filme: Children of the Corn – Almost You (1984) – Tuff Turf – Key Exchange (1985) – Vamp (1986) – Two Moon Junction (Fesseeln der Leidenschaft, 1988) – Shakedown (1988) – Parents – Far from Home – Rude Awakening (1989) – Murder (1989, TV) – Howard Beach: Making a Case for Murder (1989, TV) – Forced March (1989) – Tales from the Crypt (TV-Serie; Episode »The Sacrifice«) – Heart of Justice (1992, TV) – Morning Glory (1993, TV) – Leprechaun 2 – Jailbait (1994) – Pensacola: Wings of Gold (1999, TV-Serie) – The Invisible Man (2000, TV-Serie)

Elin, Hans

(eigentl. Johann Jelinek), ** 5.12.1901 Wien, Österreich, † 27.1.1969 ebd.*
Filme: Liebe ist zollfrei (1941) – Ein Mann gehört ins Haus (1945, UA 1950) – Königin der Landstraße – Gottes Engel sind überall (1948) – Das Haus im Nebel – Höllische Liebe (1949) – Frühling auf dem Eis (1950) – Omaru, eine afrikanische Liebe (1954) – Sonnenschein und Wolkenbruch (1955) – A Tale of Five Cities

Elinor, Carli D.

** 21.9.1890 Bukarest, Rumänien, † 20.10. 1958 Hollywood, Calif., USA.*
Filme: The Birth of a Nation (1915; für diesen Klassiker von D.W.Griffith entstand noch eine Musik von Joseph Carl Breil) – Hearts of the World (1918) – The Bridge of San Luis Ray (1929) – The Yellow Ticket (1931) – Women of the Nations (1931)

Eliscu, Robert

** 1.9.1944 Atlanta, Georgia, USA.* Studierte in New York und Berlin Musikwissenschaft. Wurde 1968 erster Oboist bei den Münchener Philharmonikern und war auch Oboist im Münchner Bachorchester bei Karl Richter. Mitglied der Improvisationsgruppe »Between« (Peter Michael Hamel), dadurch Kontakte zu US-amerikanischen (Don Cherry) und indischen Musikern. Arbeitete beim WDR mit Carl Orff zusammen. Schallplatten mit Between (Vertigo, Spectrum).
Filme: Hauptlehrer Hofer (1975) – Die Frau gegenüber (1978)

Duke Ellington schrieb und spielte die Musik zu dem Film »Black and Tan« (Filmplakat)

Ellington, Duke

(Edward Kennedy E.), ** 29.4.1899 Washington, D.C., USA, † 24.5.1974 N.Y.* Der berühmte Jazzmusiker, Bandleader, Pianist und Komponist leitete von 1923 bis zu seinem Tode die bedeutendste und langlebigste Big Band der Jazzgeschichte. Er komponierte über 1000 Stücke, darunter Suiten (»Harlem«, »Black, Brown and Beige«), drei »Sacred Concerts«, und nahm zahlreiche Schallplatten auf. Er trat mit seinem Orchester (meist nur kurz) in etlichen Filmen auf und schrieb (und spielte) für einige auch die Musik. Sein Sohn Mercer

(1919–1996) leitete das Orchester nach E.s Tod weiter.

Lit.: Music is My Mistress, N.Y. 1973 (dt. 1974). – J.L.Collier, D. E., N.Y. 1987 (dt.Wien 1989). – Klaus Stratemann, D.E., Day by Day and Film By Film, Kopenhagen 1992

Filme: Black and Tan (Kurzfilm, 1929) – Check and Double Check (1930; Songs: *Old Man Blues, Mystery Song, East St.Louis Toodle-Oo*) – Symphony in Black (Kurzfilm, 1935) – Anatomy of a Murder (Anatomie eines Mordes, 1959; OST: Columbia) – Paris Blues (1961; OST: Columbia) – Astrofreight (Kurzfilm, 1964) – The Strolling Twenties (TV, 1966) – Assault on a Queen (Überfall auf die Queen Mary, 1966) – Change of Mind (1969) – Rough Cut (Der Löwe zeigt die Krallen, 1980; Musik Nelson Riddle nach Ellington-Themen)

Elliott, Dean

* *11.5.1917.* US-Bandleader, Arrangeur und Komponist. Studierte an der Unv. von Wisconsin, leitete dort eine Band. Arbeitete dann als Arrangeur am Sender WBBM in Chicago und auch für die Bands von Benny Goodman, Paul Whiteman, Harry James und Les Brown, auch für Mel Tormé, Martha Tilton, Margaret Whiting u.a. Er leitete die Victor Borge Radio-Show und nahm Schallplatten auf. Er schrieb etliche Filmusiken, darunter auch für »Bugs Bunny«-Cartoons etc.

Filme: Mister Magoo's Puddle Jumper (1956) – Sex Kittens go to College – College Confidential (1960) – Tom & Jerry (TV-Serie, 1965) – Matinees Mouse (1966) – The Las Vegas Hillbillys – Jerry, Jerry, Quite Contrary – Filet Meow – Duel Personality – The A-Tom-inable Snowman (1966) – Surf-Bored Cat – Mouse from H.U.N.G.E.R. – The Cannery Rodent – The Bear That Wasn't – Advance and be Mechanized (1967) – The Phantom Tollboth (1969) – The Lorax (1972, TV) – Watch the Birdy – The White Seal (1975) – A Connecticut Rabbitt in King Arthur's Court (1978, TV) – Bugs Bunny's Bustin Out all Over (1980, TV) – Spaced Out Bunny – Soup or Sonic – Portrait of the Artists as a Young Bunny – Duck Dodgers and the Return of the 24th Century (1980, TV) – Heathcliffe (1980, TV-Serie) – Mork & Mindy (1982, TV-Serie) – Alvin and the Chipmunks (1983, TV-Serie) – The Bugs Bunny and Tweety Show (1986, TV-Serie) – Merrie Melodies Starring Bugs Bunny and Friends (1990, TV) – That's Warner Bros.! (1995, TV) – Bugs 'N' Daffy Show (1996, TV-Serie)

Elliott, Don

(Donald Lester Helfman), * *21.10.1926 Somerville, N.J., USA, † 5.7.1984 Weston, Conn.* Der Multiinstrumentalist (vib, tp, mellophone, voc) studierte an der Juilliard School und an der Univ. von Miami 1944–47, spielte dann bei George Shearing u.a., leitete zeitweise eigene Jazzgruppen bis in die 60er Jahre. Er arbeitete dann für Broadway-Shows und den Film, hier mehrfach mit Quincy Jones. Als Musiker an vielen Filmen mit seinen »musical voices« beteiligt, u.a. »Getaway«.

Filme: The Opposite Sex (Das schwache Geschlecht, 1956, + G.Stoll) – Reflections of New York (Kurzfilm, 1965) – I Wonder Why (Kurzfilm, 1965) – The Happy Hooker (+ *Song: Put Yourself in My Hands*, 1975) – Tobacco Road

Elliott, Jack

(Irwin Elliott Zucker), * *6.8.1927 Hartford, Conn., USA, † 18.8.2001 L.A.* Studium am Hartt College in Connecticut und mit Isadore Freed, Bohuslav Martinů u. Lukas Foss. Arbei-

Jack Elliott

tete in N.Y. für die Hebrew Union School of Sacred Music und war Organist und Chorleiter des United Temple Chorus. Wandte sich dann der populären Musik zu und arbeitete für Jacqueline François, Patti Page und Judy Garland (1963). Er arrangierte die Tanz-Szenen der Broadway-Musicals »Fiorello« und »She Loves Me«, trat mit einer Jazzcombo auf und arrangierte für Edie Adams, Jane Morgan, Judy Garland, Dinah Shore, Buddy Greco, Marilyn Maye, Mavis Rivers, Jack Jones, Sarah Vaughan und Barbara Carroll. In Hollywood war er musikalischer Leiter von TV-Shows (Andy Williams, Dick van Dyke) und etablierte sich als Komponist für Film und TV. Er komponierte auch Sonaten, Streich-Trios und eine Oper. 1979 wurde er Leiter des New American Orchestra (oder auch einfach The Orchestra, heute American Jazz Philharmonic), einem 60-Mann-Orchester, welches sich zeitgenössischen Werken des »Symphonischen Jazz« bzw. der »Third Stream Music« widmet. Für die Olympiade 1984 in L.A. komponierte er *Salute to the Olympics*.

CD: American Jazz Philharmonic, GRP 97302 – OC, Fiorello, Capitol CD 92052 – OC, Tenderloin, Broadway Angel CD 65022 – OC, Mr. President, Sony 48212 – OC, She Loves Me, Polydor 831908-2

Filme (mit Allyn Ferguson*): The Comic (1969) – Myra Breckenridge* – Where's Poppa?* (1970) – Latigo* (1970) – The Feminist and the Fuze* (1970) – Support Your Local Gunfighter* (Auch ein Sherriff braucht mal Hilfe, 1971) – T.R.Raskin* (1971) – Every Man Needs Now* – Get to Know Your Rabbit* (1972) – Playmates (1972, TV) – Birds of Prey* – Hijack* – Jarrett* – The Man without a Country* – What are Best Friends for?* (1973) – Cry Panic* – Get Christie Live* – The Girl Who Came Gift-wrapped* – Roll, Freddy, Roll* (1974) – The Legend of Earl Durand (1974) – The Red Badge of Courage (1974, TV) – Charlie's Angels* (TV, 1976) – Danger in Paradise* – Delta Country* – The Magnificent Magical Magnet of Santa Mesa* – Rogers And Harry: The Mitera Target* (1977, TV) – Angels in Vegas* – A Guide for the Married Man* – Oh God! (Oh Gott ..., 1977) – Renaldo and Clara (1978) – The Girl in the Park* – Just You and Me, Kid (1979) – The Jerk (1979) – The Comic (1982) – Blade Runner (Dir., 1982) – 9 to 5 (1982, TV-Serie) – Sibling Rivalry (1990)

TV-Serien: 1972–74: Honeymoon Suite* – 1974–75: Get Christie Live* – 1975–79: Starsky & Hutch* – 1976–89: Charlie's Angels* – 1977–78: Big Hawaii* – Fish* – Barney Miller – 1984–88: Nightcourts – Wildside – Spies, Lies & Naked Things

Ellis, Don

(Donald Johnson), * *25.7.1934 L.A.*, † *17. 12.1978 ebd.* Der Jazzmusiker studierte Trompete und Komposition an der Boston University, spielte ab 1956 in den Orchestern von Ray McKinley, Charlie Barnet, Maynard Ferguson, George Russell u.a., leitete ein Trio, sein »Hindustani Jazz Sextet« und ab 1966 eine Big Band, die u.a. mit drei Schlagzeugern besetzt war und mit ungeraden Metren experimentierte. Er komponierte u.a. *Synthesis*, *Contrasts for Two Orchestras and Trumpet*, *Byrd of Paradise* (für Charlie Byrd) und *Reach*. Er schrieb auch Ballett- und Filmmusik.

Lit.: A.J. Agostinelli, D.E., A Man for Our Time, Providence 1986

Filme: Moon Zero Two (Banditen auf dem Mond, UK 1969) – The French Connection (Brennpunkt Brooklyn, 1971) – Kansas City Bombers (Round Up, 1972: auch Songs: *Rounds and Spheres*, *Your Way Aint' My Way,Baby*, *All Night Market*) – The New Centurians/Precint 45-L.A. Police (1972, Musik zurückgezogen und ersetzt durch eine von Quincy Jones) – The Seven-Ups (1973) – The French Connection II (1974) – In Tandem/Movin On (1974, TV) – Man Belongs to Earth (Dok., 1974) – The Deadly Tower (1975) – Doctor's Hospital (1975, TV) – Maniac/Assault on Paradise/Ranson (1977) – Natural Enemies (1979)

Ellis, Ray

* *28.7.1923 Philadelphia, Pa., USA.* Arrangeur, Komponist und Bandleader. Spielte ab 16. Lebensjahr Saxophon in Tanzorchestern und am Rundfunk in Philadelphia. Ging in den 50er Jahren nach New York um für die »Four Lads« zu arbeiten. Etablierte sich bald als gefragter Studio-Arrangeur und arbeitete für Vokalisten wie Jerry Adams, Solomon Burke,

Chris Connor, Jane Harvey, Mahalia Jackson, Kitty Kallen, Barbra Streisand, Sarah Vaughn u.a. und spielte LPs mit Mood- und Filmmusik für RCA, MGM, Columbia und Atco ein.
Film: Catastrophe (Mondo infernale, USA 1976)

Ellis, Vivian

(V. John Herman E.), * *23.10.1904 Hampstead, North London, England, † 19.6.1996 London.* Engl. Komponist und Songschreiber.
Filme: Elstree Calling (1930) – Jack's the Boy – Falling for You (1933) – Mister Cinders (1934) – Public Nuisance No. 1 (1936) – Men Are Not Gods (1936, Songs) – A Little Bit of Heaven (1940) – Piccadilly (1946, Songs) – Easy Money (1948, Song *Lady Spiv*) – La famille Plouffe (1953, TV-Serie) – Brimstone and Treacle (1982, Song)

Elms, Albert

Filme: Manfish – Satellite in the Sky – The Depraved – Alias John Preston (1956) – Stranger's Meeting – The Man Without a Body (1957) – Ivanhoe (1958, TV-Serie) – Three Crooked Men – The Great Van Robbery (1958) – Bluebeard's Ten Honeymoons (1960) – The Breaking Point (1961) – Man in a Suitcase (1967, TV-Serie) – The Champions (1968, TV-Serie) – The Omegans (1968) – Love Thy Neighbor (1973) – The Awful Mr. Goodaal (1974, TV-Serie)

Eminem

(eigentl. Marshall Bruce Mathers III), * *17.10. 1972 Kansas City, Mo., USA.* Der Rap-Star wuchs in Kansas City und Detroit auf und begann sich mit 14 Jahren für den Rap zu interessieren, ernsthaft dann drei Jahre später. Nannte sich M&M, daraus wurde dann Eminem. Er brach die Schule ab, trat im Rundfunk auf und nahm an der Rap-Olympiade in L.A. teil. Er kam auf den 2. Platz, wurde von Dr. Dre entdeckt, der mit ihm eine CD produziert die schließlich drei »Grammys« gewann und acht Mio Exemplare verkaufte. Damit etablierte er sich als einer der erfolgreichsten Rapper, berüchtigt für seine hasserfüllten Texte. Er schrieb ab 1998 Songs für eine Reihe von Filmen.
Filme: Strangeland (1998) – End of Days (1999) – Next Friday – Scary Movie (2000) – Down to Earth – Freddy Got Fingered (2001) – Bully (F 2001) – Training Day (2001) – All About the Benjamins – 8 Mile (2002)

Endelman, Stephen

* *18.8.1962.*
Filme: Feiying gaiwak (1993) – Household Saints (1993) – Imaginary Crimes (Unserer Welt war eine schöne Lüge, 1994) – Postcards from America – The Desparate Trail (1994) – The Journey of King August – Reckless – Tom & Huck (1995) – The Englishman Who Went Up a Hill But Came Down a Mountain (Der Engländer der auf einen Hügel stieg und von einem Berg herunter kam, 1995) – Jeffrey (1995, OST: Varèse) – Ed – Flirting with Desaster Cosi (1996) – City of Industry – Keys to Tulsa – Kicked in the Head (1997) – The Proposition (Ein mörderisches Angebot, 1998, OST: Philips) – Finding Graceland (1998) – Earthly Possessions (1999, TV) – Jawbreaker (Der zuckersüße Tod, 1999; OST: Varèse) – Blue Moon – Two Family House (2000) – Bride of the Wind – Ball in the House (2001) – I'm with Lucy – Evelyn (2002)

Enescu, Adrian

* *31.3.1948 Bukarest.* Rumänischer Komponist, für den Film tätig seit 1976.
Filme: Tanase scatiu (1976) – Profetulm aurul si ardelenti – Doctorul penare – Urgia (1978) – Bietul Ioanide (1979) – Noi, cei din linia intii – Dreptate in Lanturi (1986) – Totel de Lux (1992) – Unde la soare e frig (1993) – Pepe si fifi – Thalassa, Thalassa: Rückkehr zum Meer (1994) – Ett sint Adam (1996) – Die letzte Station (1999)

Engel, Lehman

(Aaron Lehman E.), * *14.9.1910 Jackson, Miss., USA, † 29.8.1982 Manhattan, N.Y.*
Filme: The Fleet That Came to Stay (1946) – Roggie's Rump (1954)

Engel-Berger, Willy

(Wilhelm), * *26.8.1898 Bonn, † 28.8.1946 Wien.*
Filme: Ein Mädel von der Reeperbahn (1930) – Der Tanzhusar (1931) – Der Fall des Generaloberst Redl (1931) – Das Lied vom Glück – Die Unschuld vom Lande – Eine Frau wie Du – Mädels von heute (1933)

– Besuch am Abend – Schön ist es verliebt zu sein (1934) – Eine Nacht an der Donau (1935) – Donaumelodien (1936) – Florentine (1937) – Mit versiegelter Order (1938) – Stern von Rio (1940) – Das himmelblaue Abendkleid (1941)

Englund, George

TV-Filme: Brotherly Love – All American Girl – Herman's Head – Daddy's Girl

Eno, Brian

(Brian Peter George St. Baptiste de la Salle Eno), * *15.5.1948 Woodbridge, Suffolk, England.* Bruder des Komponisten Roger Eno. Während seines Kunststudiums kam E. in Berührung mit den Avantgardekomponisten John Cage und Cornelius Cardew. Obwohl er kein Instrument spielte, machte er Versuche mit Mehrspur-Tonbandgeräten, schrieb ein Buch »Music for Non-Musicians«, gründete die Firma Merchant Taylor's Simultaneous Cabinet und die kurzlebige Gruppe Maxwell Demon. 1971 wurde er Mitglied der Gruppe Roxy Music als technischer Berater, was in der Folge zum Ausscheiden des Leiters Bryan Ferry führte. 1973 tat er sich mit Robert Fripp zusammen für die LP »No Pussyfooting«. Die LP »Here Comes the Warm Jets« mit der Roxy-Music-Besetzung ohne Ferry zeigt seine bizarren Texte und stellt ihn als Sänger heraus. Er arbeitete zusammen mit John Cale, Kevin Ayers, Nico und Mike Oldfield u.a., gründete eine Plattenfirma »Obscure Records«, für die er die LP »Discreet Music« veröffentlichte, eine esoterische Synthesizer-Musik. Er nahm drei LPs mit David Bowie auf, produzierte für die »Talking Heads« und nahm seine LP »Music for Films« auf – kein Soundtrack, sondern eine Zusammenstellung von Stücken zum Anhören beim Film-Schauen. 1979 zog er nach New York und etablierte sich als Videokünstler. 1980 tat er sich mit dem kanadischen Produzenten und Ingenieur Daniel Lanois zusammen, mit dem er die erfolgreichen »U2«-LPs »The Unforgettable Fire« und »The Joshua Tree« produzierte. Enos Backkatalog zeigt seinen Hang zu Esoterik, Experiment und wechselnden musikalischen Stilen.

Filme: Jubilee (1978) – Egon Schiele, enfer et passion (Egon Schiele: Exzesse, D/A/F 1980) – The Devil's Men – Dune (Der Wüstenplanet (1983, + Toto)
CD: Music for Films

Enxing, Vridolin

(Klaus Georg Andreas), * *11.8.1950 Beckum (Krs. Warendorf, NRW).* Lernte früh Klavier, Orgel und Cello, studierte 1969–74 an der Musikhochschule Köln. 1974 Komponist beim Rockkabarett Floh de Cologne (auch Schallplatten), ab 1983 als Solist tätig. Komponierte *Visionaten und Sehlieder.* Zusammenarbeit mit Dieter Süverkrüp, Akbar Bahkalam, Stefan Nast-Kolbe. Komponierte Musiken zu div. TV-Serien (»Dreizack«, »Anna«) und -Filmen (»Aufsteigersaga«, »Das Betriebsjubiläum«, »Anna von Gestern« u.a.).

Erbe, Micky

(Michael), * *1948 Paterson, N. J., USA.* Der Komponist, Arrangeur und Bandlader (»The Spitfire Band«) arbeitetet seit 1981 in Kanada für kanadische und US-Filme. Verheiratet mit der Komponistin Mary Beth Solomon.
Filme: Hard Feelings – Ticket to Heaven – Kelly – Threshold – Improper Channels (1981) – Harry Tracey (1982) – Hail Columbia! (1982, Dok.) – The Dream is Alive (1985, Dok.) – Abortion: Stories from North and South (1985, Dok.) – Lost! (1986, TV) – Hang Tough (1990) – Trial and Error (1992, TV) – The Women of Windsor (1992, TV) – Web of Deceit (1993, TV) – Against Her Will: The Carrie Buck Story (1994, TV) – Destiny in Space (1994, Dok.) – Dancing in the Dark (1995, TV) – Milk and Honey (1995) – Mission to Mir (1997, Dok.) – L5: First City in Space (1999) – Space Station (Dok., 2002)

Erdmann, Gunther

* *26.7.1939 Oberdorla (Thüringen), † 6.10. 1996 Berlin.*
Filme: Philipp, der Kleine (1976) – Das Pferdemädchen (1978) – Sieben Sommersprossen (1978) – Das große Abenteuer des Kaspar Schmeck (1981) – Pianke (1982) – Die Schüsse der Arche Noah (1982) – Ich bin nicht Don Quichote (1983) – Der Schwur von Rabenhorst (1986)

Erdmann, Hans

(H. E. Timotheo Guckel), * *7.11.1882 Breslau, † 21.11.1942 Berlin.*

Filme: Der tolle Bomberg (1932, + P. J. Haslinde) – Das Testament des Dr. Mabuse (1933) – August der Starke (D/PL 1936)

Erdody, Leo

* *17.12.1888 Chicago, Ill., USA, † 5.4.1949 Los Angeles.*

Filme: Baby Face Morgan – Tomorrow We Live – City of Silent Men – Prisoner of Japan – Dead Men Walk – Queen of Broadway (1942) – Corregidor – My Son, the Hero – Wild Horse Rustlers – Girl in Chains – Isle of Forgotten Sins – Monsoon – Fugitive of the Plains (1943) – Bluebeard – Minstrel Man (1944) – Strange Illusion – Out of the Night – Apology for Murder – White Pongo – Detour (1945) – The Flying Serpent – I Ring Doorbells – Murder is My Business – Larceny in Her Heart – Blonde for a Day – Gas House Kids (1946) – The Return of Rin Tin Tin – Blonde Savage (1947) – Money Madness – Lay at Midnight – Miraculous Journey (1948)

Erms, Sébastian

(Ps. für ?) Frz. Komponist und Songschreiber, arbeitet seit 1992 für den Film, u.a. mit dem Komp. Philippe Eidel und dem Regisseur Eric Rohmer.

Filme: Conte d'Hiver (1992) – L'Arbre, le maire et la médiathèque (1993) – Les rendez-vous de Paris (1995) – Conte d'été (1996, auch Songs)

Ernryd, Bengt

* *26.8.1943 Karlskrona, Schweden.* Jazzmusiker und Komponist, arbeitete ab 1967 für den Film, u.a. mit den Regisseuren Vilgot Sjöman, Jan Troell und Stig Bjorkman.

Filme: Puss och kram (1967) – Jag är nyfiken: blä (1968) – Made in Sweden (1969) – Baltutlamningen (1970) – Nybayggarna (1972) – Gangsterfilmen (1974) – E handvoll kaerlek (1974) – Tvaa kvinnor (1975) – Jag rodnar (1981)

Ertz, Beth

Filme: Amazonas – America's Victoria – TV: My Lady of Milk and Wafers – The Legend of Sleepy Hollow

Erwin, Lee Orville

* *15.7.1908 Huntsville, Ala., USA, † 21.9. 2000 N.Y.C.* Lernte als Kind Orgel zu spielen, studierte in Paris bei André Marchal und Nadia Boulanger und arbeitete dann am Sender WLW in Cincinnati. 1943 ging er nach N.Y. zum Sender CBS, wo er bis in die 60er Jahre blieb. Seine »Filmkarriere« begann 1967, als er von der American Theatre Organ Society den Auftrag erhielt, eine Musik zum Stummfilmklassiker »Queen Kelly« zu schreiben. Dies führte zu einer Reihe von weiteren Projekten, so »The Eagle«, »My Best Girl«, »Irene« und einigen Buster Keaton-Filmen. Bei Filmvorführungen spielte er seine Musik mit großem Erfolg live und begann nun auch Schallplatten für das Angel Label aufzunehmen. Seine Reputation brachte ihm eine Rolle (als Kinoorganist) im Woody Allen-Film »Radio Days« ein; er schrieb auch die Musik für »Hotel New York« (1984) und weitere Musiken für Stummfilme, u.a. für »The Blacksmith« und »The Man Without a World«.

Erwin, Ralph

(eigentl. Raimund Erwin Vogl), * *31.10.1896 Bielitz (Schlesien, heute Bielsko-Biala, Polen), † 15.5.1943 Beaune-la-Rolande (b. Paris),* Frankreich. Der Sohn des Organisten und Komponisten Theodor V., eines Schülers von Anton Bruckner, wandte sich nach dem 1. Weltkrieg der U-Musik zu und veröffentlichte in Wien eine der ersten österr. Ragtime-Kompositionen, *Du bist so schön*. Er arbeitete als Pianist im Orch. von Charly Gaudriot. 1927 übersiedelte er nach Berlin und hatte hier als Komponist einen Hit mit *Ich küsse ihre Hand, Madame*, schrieb aber auch Filmmusik. 1933 floh er vor den Nazis nach Paris und setzte hier seine Karierre als Filmkomponist fort. Mehr als 40 Filme konnte er musikalisch betreuen, ehe er 1943 durch Kriegseinwirkung ums Leben kam.

Filme: Ich küsse Ihre Hand, Madame (1931) – Der kleine Seitensprung/Viel Lärm um Nichts (1931) – Madame hat Ausgang (1932) – Das schöne Abenteuer (1932, + H.-O. Borgmann) – Drei von der Kavallerie (1932, + Alfred Strasser) – Liebe, Scherz und Ernst/Bunbury (1932) – So ein Mädel vergißt man nicht (1933) – Tempête au l'Asie (F 1938) – La drame de Shanghai (F 1938) – Jeunes filles en détresse (F 1939)

Esperon, Manuel

(Manuel Esperon Gonzales), * *3.10.1911 Mexiko City*. Mexikanischer Komponist, arbeitete für den Film in den 40er bis 60er Jahren.

Filme: Maria Eugenia – El penon de las animas – Los tres mosqueteros (1942) – You baile con Don Porfirio (1943) – Le monja Alferez – China Poblana – Que hombre tan simpatico! – Adios juventud (1944) – El rebelde (1945) – Gran casino – Que dios me perdone (1947) – Doña diabla (1948) – Lluvia roja (1950) – Aj! Viene Martin Corona – La Hika del engaño (1951) – La loca (1952) – Ansiedad – Escuela de vagabundos (1954) – Escuela de musica – Pablo y Carolina – Cuidad con el amor (1955) – The Living Idol (1957) – Café Colon (1958) – De tal palo, tal astilla – Juana Gallo (1960) – Viva Jalisco que es mi terra – Donde estas corazon (1961) – Si yo fuera millionario (1962) – La Valentina (1965) – Un dorado de Pancho Villa (967) – Zona roja/Red Zone (1975) – Chin chin el teporocho (1975) – Estreme Prejudice – Mi nombre es gatillo (1987)

Esquivel, Juan Garcia

(richtig: Garcia Esquivel, Juan), * *20.1.1918 Taumalipas, Tampico, Mexiko*, † *3.1.2001 Jiutepec/Lorelos*. Pianist, Bandleader und Komponist. Leitete in den 50er Jahren eine populäre Band in Mexiko, trat auch in zwei Filmen auf: »Cabaret Tragico« und »The Madam of Rock & Roll« und schrieb auch für einige weitere die Musik. Ging 1958 nach Hollywood, schrieb Musik fürs Filme und TV und nahm eine Reihe von »Easy Listening«-LPs für RCA auf, die heute als Klassiker dieses Genres gelten und auf CD wiederveröffentlicht wurden.

Filme: 20000 Miles Leages Under the Sea (2000 Meilen unter dem Meer) – Four Rooms (1985) – *TV-Serien*: Markham – Bob Cummings-Show – The Tall Man – McHale's Navy – Magnum P.I. – Baywatch – Battlestar Galactica – Law and Order

Essex, David

(David Albert Cook), * *23.7.1947 London-Plaistow*. Engl. Schauspieler, Pop-Sänger und Komponist. Ein Teenager-Idol, hatte er 1974 einen Hit mit *Rock-On*, konnte aber seine Popularität als Erwachsener nicht halten und wandte sich der Schauspielerei zu; er spielte und sang in Filmen wie »Silver Dream Machine« und »Childe Byron«. Schallplatten für Columbia, Mercury u.a.

Film: Silver Dream Racer (UK 1980)

Etheridge, Melissa Lou

* *29.5.1961 Leavenworth, Ks., USA*. Pop-Sängerin, Gitarristin, Pianistin und Komponistin. Studierte am Berklee College in Boston, trat dann in Clubs auf, zog nach L.A. und wurde dort von Island-Chef Chris Blackwell entdeckt.

Filme: Weeds (1986) – Scenes from the Goldmine (1987, Songs) – Welcome Home, Roxy Carmichael (1990) – It was a Wonderful Life (1993, Dok.) – Where the Day Takes You – Teresa's Tattoo (1994, Schausp.) – The Gift

Evans, Gil

(eigentl. Ian Ernest Gilmore Green), * *13.5.1912 Toronto, Kanada*, † *20.3.1988 Cuernavaca, Mexiko*. Bedeutender Jazzarrangeur, einer der Väter des Cool Jazz und Mitarbeiter der Jazzlegende Miles Davis. Leitete zeitweise eigene Bands, arbeitete als Arrangeur auch für Helen Merrill, Marcy Lutes, Astrud Gilberto, Kenny Burrell, Don Elliott u.a. Er war musikal. Leiter und Arr. des Films »Absolute Beginners« (1986), dessen Soundtrack aus zahlreichen Popsongs besteht, und schrieb die Musik für »Dage i min fars hus« (DK 1968). Er ist mit seiner Band Mittelpunkt dreier Konzertfilme zwischen 1983 und 1991.

Evans-Ironside, Chris

(Christopher), * *10.5.1940 Melkham, Wiltshire, England*. Komponist und Arrangeur für Dokumentar- und Kultur- sowie Werbefilme, schrieb auch die Musik für einige TV-Filme.

Filme: Die Rättin (1996, TV) – Fisimatenten (2000)

Evers, Jörg

* *21.6.1950 Bayreuth*. Lernte Gitarre, Violine und Bass, spielte in seiner Schulzeit in Rock-

bands, studierte Architektur und Musik. War Mitglied der Gruppen »Embryo«, »Amon Düül II«, »18 Karat Gold« und »Pack«, arbeitete als Studiomusiker und Produzent. Schrieb Pop- und Rock-Titel; sein *Boogie Woogie Dancin'* war ein Hit in Japan und Kanada. Er schreibt jetzt meist Musik für TV-, Industrie- und Werbefilme.

Filme: Anschie und Michael (1977) – Schluchtenflitzer (1978) – Nacht der Wölfe (1982) – Bolero (1983) – Tapetenwechsel (1985)

Eyk, Tonny

* *4.7.1940 Den Haag, Niederlande.* Pianist und Komponist. Arbeitete in den 70er Jahren als Jazz- und Popmusiker und nahm Schallplatten für Philips auf.

Filme: Hollands glorie (1977, TV-Serie) – Peter en de vliegende autobus (1977) – Martijn en de magier (1979) – De bende van Hiernaast (1980) – De Zevensprong (1982, TV-Serie) – Knokken voor twee (1982) – Thomas en senior op het sporr van Brute Berend (1985, TV-Serie) – Maria (1986) – Mijn Idee: Verdacht (1988, TV) – Mijn idee: Een ongloofłijke reis (1988, TV) – Mijn idee: Bejaarde vrijheidsstrijders (1988, TV)

F

Fabich, Rainer

** 14.11.1958 Steingaden/OB.* Studierte Klarinette an der Musikhochschule München, ab 1980 Studiomusiker, Arrangeur und Komponist, er schrieb (mit Jürgen Schneider) die offiziellen Musiken für die Nordischen Ski-Weltmeisterschaften 1987.

Filme: Kinder aus Stein (1985) – Die Nacht des Marders (1987) – Hör' auf zu heulen, Hermann (1989)

Fabricius-Bjerre, Bengt

** 7.12.1924 Kopenhagen.* Der dänische Komponist hat sich einen Namen gemacht mit den »Olsen Bande«-Filmen.

Filme: Poeten og Lillemor (1958) – Hvis lille pige er du? – 2x2 im Himmelbett (1963) – Doden kommer til middag (1964) – Sla forst, frede (1965) – Olsen-Banden (1968) – Olsen-Banden pa spanden (1969) – ... y Jylland (1971) – ... store kup (1972) – ... gar amok (1973) – ... par sporet (1975) – ... ser rödt (1976) – ... Deruda (1977) – ... gar i krig (1978) – ... overgiver sig aldrig (1979) – ... flught over alle bierge (1981) – ... flugt over planke vaerket (1981) – Olsen-Banden sidste stik (1999)

Fagan, Donald

** 10.1.1948 Passaic, N. J., USA.* Studierte am New Yorker Bard College, tat sich mit Walter Becker zusammen und sie gründeten die Rockgruppen Lather Canary und Bad Rock Group. Sie schrieben Songs, arbeiteten mit Jay and the Americans und gründeten schließlich die Gruppe Steely Dan die als eine der innovativsten Rockgruppen der 70er Jahre gilt. Sie löste sich zwei Jahre später auf, erfuhr aber in den 90er Jahren eine Wiederbelebung.

Filme: You Gotta Walk It Like You Talk It (Or You'll Lose That Beat) – Bright Lights, Big City (1988, Hit-Song: *Century's End*)

Fagan, Gideon

** 3.11.1904 Somerset West, Südafrika, † 16.2. 1997 Kapstadt.* Studierte ab 1922 am Royal College of Music in London, arbeitete dann als Komponist für die Bühne und Dirigent. Ab 1936 auch für den Film tätig, erster Film »David Livingston«, sein Ton-Gedicht »Hala« (1941) basiert auf Themen aus diesem Film. Er arbeitete in den Ealing Studios mit → Ernest Irving zusammen.

Fahey, Brian Michael

** 25.4.1919 Margate, Kent, England.* Bandleader und Arrangeur. Lernte Klavier und Violoncello, spielte nach dem 2. Weltkrieg (den er in dt. Kriegsgefangenschaft verbrachte) bei Rudy Starita. Er arbeitete dann als Arrangeur für Ken Mackintosh, Geraldo Harry Roy und auch für den Musikverlag Chappell. Er gründete 1960 ein eigenes Unterhaltungsorchester und war 1966–72 musikal. Leiter von Shirley Bassey. Dann leitete er bis 1981 das Schottische Rundfunkorchester. Er spielte dann mit eigenen Bands im Rundfunk und schrieb auch einige Filmmusiken.

Filme: Curse of the Simba Where the Spies Are (Dolche in der Kasbah, 1965) – Rhubard – The Plank (1967)

Fain, Sammy

(eigentl. Samuel Feinberg), ** 17.6.1902 N.Y., USA, † 6.12.1989 L.A.* Songschreiber der 20er bis 60er Jahre. Erste Jobs in den frühen 20er Jahren in Musikverlagen und als Pianist u. Sänger. Trat mit Artie Dunn im Rundfunk auf und spielte bis 1933 eine Reihe von Schallplatten ein, nannte sich »The Crooning Composer«. Begann 1925 Songs zu schreiben, 1930 erster Film (»The Big Pond«), 1931 erste Broadway-Show (»Everybody's Welcome«). Er schrieb u.a. die Musik zu den Disney-Klassikern »Alice in Wonderland« (mit Bob Hillard) und »Peter Pan« (mit Sammy Cahn). Mitarbeiter waren die Texter Irving Kahal, Lew Brown, Jack Yellen, Mitchell Parish, E.Y.Harburg, Harold Adamson, Bob Hilliard u. Paul Francis Webster. 1971 wurde er in die »Songwriters Hall of Fame« gewählt; er war im Vorstand der → ASCAP von 1979 bis zu seinem Tod.

Filme (Songs): It's a Great Life (1929) – The Big Pond (You Brought a New Kind of Love to Me; Miss Cara, 1930) – Footlight Parade (By the Waterfall; Sittin' on a Backyard Fence; Ah the Moon is Here) – College Coach (Lonely Lane) – Moonlight and Pretzels (1933) – Harold Teen (How do I Know It's Sunday; Simple and Sweet; Two Little Flies on a Lump of Sugar) – Happiness Ahead (Beauty Must be Loved) – Here Comes the Navy (Hey Sailor) – Fashions of 1934 (Spin a Little Wen of Dreams) – Dames – Mandalay (When Tomorrow Comes, 1934) – Sweet Music (Ev'ry Day; There's a Different »You« in Your Heart) – Goin' to Town (Now I'm a Lady) (1935) – New Faces of 1937 (Our Penthouse on Third Avenue; Love Is Never out of Season; It Goes to Your Feet) – Vogues of 1938 (That Old Feeling) (1937) – Hellzapoppin' (1941) – Swing Fever (Mississippi Dream Boat) – I Dood It (1943) – Two Girls and a Sailor (Your Heart) – I'll Be Seeing You (Titel-Song) (1944) – Anchors Aweigh (The Worry Song) – Thrill of a Lifetime (Please Don't Say No) – Weekend at the Waldorf (And There You Are; Guadelajara) (1945) – Lo Leave, No Love (All the Time; Old Sad Eyes) – Two Sisters from Boston (1946, + R.Frred; After the Show; Down by The Ocean) (1946) – The Unfinished Dance – This Time for Keeps (1947) – Three Daring Daughters (The Dickey Bird Song, 1948) – Call Me Mister (I Just Can't Do Enough For You, 1951) – Alice in Wonderland (I'm Late; Very Good Advice; All in the Golden Afternoon, 1952) – Peter Pan (Your Mother and Mine, Second Star to the Right) – The Jazz Singer (I Hear the Music Now; Living the Life I Love; Hush-a-Bye) – Calamity Jane (Secret Love (Oscar!); The Deadwood Stage; Black Hills of Dakota) – Three Sailors and a Girl (1953, + S. Cahn; Face to Face; The Lately Song) – The Second Star to the Right, 1953) – Lucky Me (Das blonde Glück; Songs: I Speak to the Stars; The Blue Belles of Broadway, 1954) – Love is a Many Splendored Thing (Oscar für den Titel-Song) – Young At Heart (1955) – April Love (Titel-Song, 1957) – Marjorie Morningstar (A Very Precious Love, 1958) – A Certain Smile (Titel-Song) – Mardi Gras (Blaue Nächte, 1958) – Tender is the Night (Titel-Song, 1962) – Made in Paris (1965) – Myra Breckenridge (1970) – The Stepmother (1973) – The Teacher (1974) – The Specialist (1975) – The Rescuer (1977)

Faith, Percy

** 7.4.1908 Toronto, Kanada, † 9.2.1976 Encino, Calif., USA.* Ein »Wunderkind«, spielte F. schon mit elf Jahren Klavier in Stummfilmkinos, studierte mit 15 am Konservatorium in Toronto und arrangierte mit 18 für Tanzorchester. In den 30er Jahren leitete er diverse Rundfunkprogramme und war sieben Jahre Dirigent beim Sender CBC. 1940 ging er nach Chicago um die »Carnation Milk Contended Hour« zu dirigieren. Ab 1947 leitete er die »Coca Cola Hour«, 1955 die »Woolworth Hour«. Er nahm zahlreiche Schallplatten mit Unterhaltungsmusik für RCA und Columbia und einer Orchestermusik mit einem Hauch von Klassik (z.B. die *Swedish Rhapsody*) auf, er gehört neben André Kostelanetz und David Rose zu den bedeutendsten Exponenten dieses Genres. Als besonders populär erwiesen sich seine Bearbeitungen von Filmthemen, so *A Summer Place* und *Tara's Theme*. Er begleitete mit seinem Studioorchester auch Vokalisten wie Tony Bennett, Doris Day, Rosemary Clooney, Sarah Vaughan, Johnny Mathis u.v.a.

Filme: Love Me Or Leave Me (Tyrannische Liebe, 1955, Dir. G.Stoll) – Tammy, Tell Me True (1961) – I'd Rather be Rich (So bändigt man Eva, 1964) – The Love Goddesses (Dok., 1965) – The Third Day (Der dritte Tag, 1965) – The Oscar (1966)

CD: Music from Movies, Sony 475670-2 – Songs from Award Winning Movies, Ranwood 21111 016-2

Fall, Richard

** 3.4.1882 Gewitsch (Krs. Mährisch-Trübau; heute: Jevíčko, Tschechien), † 1943 Auschwitz (ermordet, deportiert am 20.11.43).* Kapellmeister und Komponist für Bühne und Film, Bruder des Operettenkomponisten Leo Fall (1873–1925).

Film: Sehnsucht 202 (1932)

Faltermeyer, Harold

* *5.10.1952 München.* Studierte Trompete und Klavier an der Musikhochschule München und ließ sich zum Toningenieur ausbilden. Arbeitete als Produzent für Pop-Acts wir Donna Summer, Melissa Manchester, Patti La Belle, Jennifer Rush, La Toya Jackson, Udo Jürgens u.a. Zahlreiche Preise (Grammy, Ampex Golden Reel Award, BMJ Award).

Filme: Midnight Express (1979, Arr.) – Didi: Der Doppelgänger (1983, OST: Ariola) – Beverly Hills Cop (Ich lös' den Fall auf jeden Fall, 1984) – Fletch (Fletch, der Troublemaker, 1985; OST: MCA) – Fire and Ice (1985) – Top Gun (Unbesiegt, 1986) – Beverly Hills Cop II (1987, OST: MCA) – Tango & Cash – Kuffs

Fame, Georgie

(eigentl. Clive Powell), * *22.6.1943 Leigh, Lancashire, England.* Pop-Sänger, Pianist und Organist, bevorzugt den Rhythm & Blues. Seinen Namen borgte er sich von den Blue Flames, einer R&B-Gruppe, mit der er in den 60er Jahren sang. (Dabei waren 1962 auch John McLaughlin und John Hiseman.) Ab 1966 trat F. als Solist auf, zunächst mit der Band von Harry South, dann auch mit eigenen Gruppen. Er war auch auf Tournee mit Count Basie. Seine Vielseitigkeit ließ ihn trotz der Wandlungen des Musikgeschmacks immer gut im Geschäft bleiben, er schreibt auch Filmmusik und nahm Schallplatten auf für CBS, Go Jazz, Hypertension, Music Mecca, Four Leaf Clover, VeraBra.

Filme: Entertaining Mr. Sloane (Seid nett zu Mr. Sloane, UK 1969) – The Alf Garrett Saga (UK 1972)

Farkas, Ferenc

* *15.12.1905 Nagykanizsa, Ungarn, † 10.10. 2000 Budapest.* *Filme*: Itel a Balaton (1932) – Sonnenstrahl (D 1933, + A. René Sti, Sándor v. Szlatinay) – Frühlingsstimmen (D 1934) – Emberek a Havason (1942) – Dalolva szep az elet (1950) – Merenylet (1959) – Harom csillag (1960) – Csutak es a szurke lo (Csutak und das graue Pferd, 1960) – Ket felido a pokolban (1962) – Pacsirta (1963) – Karpathy Zoltan (1966) – Egri Csillagok/The Stars of Eger (1969) – Keseru Igazag (1986)

Farmer, Jim

US-Filme: Johnny Suede (1992) – Living in Oblivion (1995) – Box of Moonlight (Der Mond in meiner Hand, 1996) – Niagaravation (1996, Schauspieler) – The Real Blonde (1998) – Red, White and Yellow (Dok., 1998) – Double Whammy (2001)

Farnon, Dennis

(Ps. Paul Gerard), * *12.8.1923 Toronto, Kanada.* Der Bruder von → Robert Farnon ist ebenfalls Musiker; er begann in den 40er Jahren als Big Band-Arrangeur für Charlie Barnet u.a. und arbeitete seit den 50er Jahren in Hollywood in den Film- und Schallplattenstudios als Komponist und Arrangeur. Er nahm einige LPs mit Jazz und Easy Listening-Musik für RCA auf.

Filme: Drop Dead Darling (1966) – Arrivederci Baby (UK 1966)

Farnon, Robert Joseph

* *24.7.1917 Toronto, Kanada.* Der wohl bedeutendste Interpret der »Easy Listening«-Musik lernte Schlagzeug und Trompete und studierte bei Louis Waizman (Ludwig Waizmann). Der Jazztrompeter Dizzy Gillespie nannte ihn einst den besten Trompeter in Toronto. Er spielte bei → Percy Faith am Sender CBC, hatte dort eigene Show. Komponierte seine ersten beiden Sinfonien 1941–42. Während des Krieges leitete er die kanadische Band der alliierten Expeditionsstreitkräfte (AEF, die amerikanische leitete Glenn Miller, die englische → George Melachrino). Nach dem Krieg schrieb er in England Filmmusik und arrangierte für Ted Heath und Ambrose. F. beeinflusste u.a. Musiker wie Nelson Riddle, Neal Hefti, Henry Mancini, John Williams, Quincy Jones, Pat Williams u. Johnny Mandel. Er arrangierte für Anne Shelton, Sarah Vaughan, Gracie Fields, Tony Bennett, Frank Sinatra, George Shearing, Tommy Leonetti, Ray Ellington, Lena Horne, Pia Zadora, Marian McPart-

land, José Carreras, George Benson, Eileen Farrell, J. J. Johnson u.a. Sein Bruder → Dennis ist ebenfalls TV/Film-Komponist und Arrangeur, sein Bruder Brian (* 27.11.1911 Toronto) leitete bis 1984 Bands in Las Vegas und Lake Tahoe, Nevada. – Schallplatten für London, Pye, Philips, Invicta, Rediffusion, Reference. »The most influential Canadian musician ever born.« (Gene Lees). »I got a lot from Robert Farnon, I used to listen to his records. Phew! Killer stuff!.« (Herbie Hancock)

Internet: rfsco.freeserve.co.uk

Lit.: Gene Lees, Robert Farnon Revisited, in: Jazzletter, Jan/Febr. 1995. – Zeitschrift: Journal into Melody

Filme: London Melody (1937) – Just William's Luck (1947) – Spring in Park Lane – Elisabeth of Ladymead (1948) – Maytime in Mayfair – Papa Orchid (1949) – Captain Horatio Hornblower (Des Königs Admiral, 1951) – Circle of Danger (1951) – Where's Charlie (1952) – His Majesty O'Keefe (Weißer Herrscher über Tonga, 1954) – Lilacs in the Spring (1954) – King's Rhapsody – Let's Make Up – Gentlemen Marry Brunettes (1955) – All For Mary (... aber lieb sind sie doch, 1955) – It's a Wonderful World – All For Mary (1956) – The Little Hut (Die kleine Hütte, 1957) – True as a Turtle (1957) – The Sheriff of Fractured Jaw (Sheriff wider Willen, 1958) – Expresso Bongo (1959) – Road to Hong Kong (USA 1962) – The Truth About Spring (1964) – Shalako (UK 1968) – Bear Island (1969) – The Disappearance (Sein letzter Mord, 1977) – Mary and Joseph: A Story of Faith (1979, TV) – Bear Island (Die Bäreninsel in der Hölle der Arktis, UK/KAN 1979) – Friend of Foe (1982)

Feher, Friedrich

Ps. für → Otto P. Fenes

Fehring, Johannes

(eigentl. Fernbach), * *14.11.1926 Wien*. Der österr. Bandleader und (Film-) Komponist (und Bruder des Schauspielers W. C. Fernbach) studierte an der Univ. von Wien und bei Kurt Wössl, übernahm dann das ehemalige Orchester von → Peter Kreuder und erhielt 1948 einen Vertrag von der RAVAG, dem Rundfunksender in Wien. Er spielte Tanzmusik und Jazz und begleitete Vokalisten wie Bruce Low, Easy Maya, Chris Ulbertson (Herta Ulrich), Gerhard Bronner, Maria von Schmedes und Charlotte Rank. Ab 1955 leitete F. eine europäische All Star-Big Band, aus der in den 70er Jahren die ORF-Big Band wurde, die er bis 1983 leitete. F. schrieb Musik für rd. 70 Filme und war musikalischer Leiter zahlreicher TV-Shows sowie der Musicalproduktionen des »Theaters an der Wien« von 1965–83.

Filme: Ideale Frau gesucht (1952) – Die liebe Familie (1956) – Kaiserball (1956) – Vier Mädels aus der Wachau (1957; + Lothar Olias, H. Strecker) – Heimat ... dort wo die Blumen blühn (1957, Dir., Score: Hans Lang) – Oh diese Ferien (1958) – Solang die Sterne glühn (1958) – Mit Himbeergeist geht alles besser (1960) – Im weißen Rössl (1960) – Junge Leute brauchen Liebe – Mariandl – Und du mein Schatz bleibst hier – Im schwarzen Rössl (1961) – Das ist die Liebe der Matrosen – Tanze mit mir in den Morgen – Waldrausch – Ohne Krimi geht die Mimi nie ins Bett – Mariandls Heimkehr (1962) – Singe, aber spiel' nicht mit mir (1962) – Die lustige Witwe (A/F 1962) – Und ewig knallen die Räuber (1962) – Charlys Tante (1963) – Schwejks Flegeljahre (1963) – Mit besten Empfehlungen – Der Musterknabe (1963) – Maskenball bei Scotland Yard (A/I 1963) – Rote Lippen soll man küssen – Heimweh (1964) – Hilfe, meine Braut klaut (/A/D 1964) – Das hab' ich von Papa gelernt – Happy End am Attersee – Liebesgrüße aus Tirol (1964) – Und so was muß um Acht ins Bett (A/D 1964) – Das ist mein Wien – Ruf der Wälder (1965) – In Frankfurt sind die Nächte heiß – 00-Sex am Wolfgangsee (1966) – Das große Glück (1967) – Otto ist auf Frauen scharf (A/D 1968) – Liebe durch die Hintertür, A/D 1968) – Die Wirtin von der Lahn (1968) – Was geschah auf Schloß Wildberg? (A/D 1971) – Totstellen (1974)

Feidman, Giora

(Geraldo), * *26.3.1936 Buenos Aires, Argentinien*. Klezmer-Musiker. Vom Elternhaus her vertraut mit dem jüdischen Musikerbe Osteuropas und vom Geburtsland her bekannt mit dessen Tango-Erbe: dies sind die Hauptsäulen seines Musik-Verständnisses. Dazu kommt die Musik von → George Gershwin, die er durch Leonard Bernstein kennenlernte. Nach 20 Jahren als Klarinettist beim Israel Philharmonic Orchestra begann F. als Solist seine Musik zu spielen, ausgelöst durch seine Mitwirkung in Sobols Theaterstück »Ghetto« 1984, wodurch ein regelrechter Klezmer-Boom ausgelöst wurde. Er schrieb u. spielte die Musik zum Spielberg-Film »Schindlers Liste«. Schallplatten für Pläne (»Gershwin and the Klezmer«), Koch u.a.

Fenby, Eric William

* *22.4.1906 Scarborough (North Yorkshire), England, † 18.2.1997 London.*
Film: Jamaica Inn (1939, Regie A. Hitchcock)

Fenes, Otto P.

(eigentl. Friedrich Weiss, Ps. auch Friedrich Feher), * *16.3.1889 Wien, † 30.9.1950 Stuttgart.* Schauspieler, Regisseur und Komponist.
Filme: Ihr Junge (ČSR/D/A, 1931) – Gehetzte Menschen (1932, + W.Ulfig; W. auch Regie u. Buch) – Das häßliche Mädchen (1934, + Schmidt-Gentner) – The Robber Symphony (UK 1936)

Fenton, George

(eigentl. George Richard Ian Howe), * *19.10.1949 Bromley/London, England (seit 1965 London-Borough).* Begann als Popmusiker (Gitarre, Gesang), arbeitete mit Delbert McClinton, Jeff Wayne u.a., schrieb Musik fürs Theater und kam 1983 zum Film, wo es seine Arbeiten zu einigen Oscar-Nominierungen* brachten. Er dirigiert gelegentlich auch eigene Werke und arbeitet als Dozent auf Filmfestivals und Colleges.
Filme: Private Road (1971) – Hussey (1980) – Gandhi* (1982, + Ravi Shankar) – Runners (1983) – The Bloody Kids (Blutige Streiche, 1983) – Runners (1983) – Saigon, Year of the Cat (1983, TV) – An Englishman Abroad (1983, TV) – The Company of Wolves (Zeit der Wölfe, UK 1984) – The Jewel in the Crown (1984, TV) – Billy the Kid and the Green Baize (1985) – Walter and June (1986) – Clockwise (1986) – East of Ipswich (1986, TV) – 84 Charing Cross Road (1986) – White of the Eye – White Mischief (1987) – Cry Freedom* (1987, + Jonas Gwangwa) – Ghoulies 2 (1987) – Dangerous Liaisons* (1988) – High Spirits – A Handful of Dust (1988; OST: DRG) – The Long Walk Home (Der lange Weg, 1989) – We're No Angels (1989) – The Dressmaker (1989, TV) – White Palace – Memphis Belle (1990) – Final Analysis – The Fisher King* (1991) – Hero (1992) – Shadowlands (1993) – Groundhog Day (1993, OST: Sony) – Born Yesterday (1993) – Mixed Nuts – The Madness of King George – Interview with the Vampire (Interview mit einem Vampir, 1994) – China Moon (1994) – China: Beyond the Clouds (1994, TV) – Ladybird, Ladybird (1994) – Land and Freedom (UK/E/D 1995) – The Crucible – Ever After (Auf immer und ewig; OST: London) – Living Out Loud (OST: RCA) – Mississippi Delta (1995) – Carla's Song (E/UK 1996) – Mary Reilly (1996) – Heaven's Prisoners – Multiplicity – The Crucible – In Love and War (1996) – The Woodlanders (1997) – The Object of My Affection (1998) – Ever After – You've Got Mail – Living Out Loud – Dangerous Beauty* – My Name is Joe (1998) – Numbers – New York City Ballet – Shadowlands (OST: Angel) – Anna & The King (2000) – Grey Owl (2000) – Bread and Roses (UK/E/D 2001) – Center Stage – Lucky Numbers (2000) – Summer Catch (2001) – The Blue Planet: Seas of Life (achtteilige Dok.-Serie) – The Navigators (2001) – Sweet Sixteen – Sweet Home Alabama (2002)

Fenyes, Peter

(auch Peter von Fenes, eigentl. Szabolcs Fenyes), * *30.4.1912 Nagyvarad (dt. Großwardein, heute: Oradea, Rumänien), † 12.10.1986 Budapest, Ungarn.*
Filme: Csipetke (1933) – Ida Regenye (1934) – Premiere (D 1937, + D.v.Buday, Schmidt-Gentner) – Ihr Leibhusar (D/H 1937) – Wenn Frauen schweigen (D 1937, + L.Brühne) – Maria Nover (D 1937) – Sein letztes Modell (D/H 1937, + Emil v. Török) – A nosty fiu esete toth marival (1938) – Istvan Bors (1938) – Ot ora 40 (1939) – Ket lanzy az utcan (1939) – A regni nyar (1941) – Kis katalin hazassaga (1950) – Elso Fecskek (1952) – Boganes (1958) – Fure lepni szabad (1960) – Nem er a nevem (1961) – Esos vasarnap (1962) – Megszallottak (1962) – The Golden Head (USA/H 1964) – Tanulmany a nokrol (1967) – Elsietett hazassag (1968) – A tanú (1969) – Lila akac (1974) – Circus Maximus (1980) – Lily in Love (1985, TV)

Ferguson, Allyn M.

** 18.10.1924 San José, Calif., USA.* Der Arrangeur und Komponist studierte Trompete bei Loring Nichols (dem Vater des Jazztrompeters Red N.), später auch Piano bei Nadia Boulanger in Paris und Komposition in Berkshire bei Aaron Copland. Spielte in Tanzorch. an der West-Küste. Gründete 1956 sein Chamber Jazz Sextet, begleitete damit auch Kenneth Patchen bei dessen Jazz & Lyrik-Lesungen (LPs auf Cadence). Dirigierte Sinfonie-Orch., ist aber hauptsächlich aktiv in der populären Musik, er arrangierte für Doris Day, Skinnay Ennis, Johnny Mathis, King Sisters, Craig Hundley, Vic Lewis, Buddy Rich, Sarah Vaughan/Count Basie, Count Basie Orch. und schrieb Musik für Filme und TV. 1962 spielte er mit einer Studioband eine originelle Big Band-Version von Mussorgskys *Bilder einer Ausstellung* ein.

Filme (* mit Jack Elliott): The Devil's Hand (1959) – Airborne (1962) – Support Your Local Gunfighter* (Auch ein Sheriff braucht mal Hilfe, 1963) – T. R. Raskin (1963) – Myra Breckenridge* – The Feminist and the Fuzz* – Where's Poppa?* (1970) – Get to Know Your Rabbitt* – The Bait* – Every Man Needs Now* (1972) – Birds of Prey* – Hijack* – Jarrett* – The Man Without a Country* – What are Best Friends For?* (1973) – Cry Panic* – The Count of Monte Christo – The Girl Who Came Gift-wrapped* – Roll, Freddy, Roll* (1974) – The Montefusco (TV) – Big Eddie (1975) – Charlie's Angels* – The Man in the Iron Mask (Der Mann mit der eisernen Maske, UK 1976) – Sofi (1976) – Delta Country* – Roger And Harry: The Mitera Target* (TV) – The Magnificent Magical Magnet of Santa Mesa* – Captains Courageous – Danger in Paradise* (1977) – The Four Feathers – A Guide for the Married Man* – Les misérables (TV) – Angels in Vegas* (1978) – All Quiet on the Western Front (Im Westen nichts Neues, 1979) – Avalanche Express (Irland 1979) – The Girl in the Park* (1979) – Beulah Island – Cry of the Innocent – The Gossip Columnist – Little Lord Fountleroy (Der kleine Lord, 1980) – A Tale of Two Cities (1980) – Best Friends for Life (TV) – Stone Fox (1986, TV) – Angel in Green (1987, TV) – April Morning (1988, TV) – Pancho Barnes (1988, TV) – The Woman He Loved (1988, TV) – Romance on the Orient Express (1989, TV) – Ironclads (1990, TV) – The Lookalike (1990, TV) – Shadow of a Doubt (1991, TV) – Against her Will: An Incident in Baltimore (1992, TV) – Fergie and Andrew: Behind Palace Doors (1993, TV) – Blut an den Händen (1994, TV) – What Love Sees (TV, 1996) – Return to the Secret Garden – High Noon (2000, TV)

TV-Serien: 1967: Away We Go – 1972–74: Honeymoon Suite* – 1972–74: Banacek – 1972–76: The Rookies (+ Pete Rugolo) – 1973–74: Lotsa Luck – 1975: Barney Miller (* J.Elliott) – 1974–75: Get Christie Love* – 1973–78: Police Story* – 1975–79: Starsky And Hutch* – TV-Filme: High Noon – The Last Days of Patton – What Love Sees

Ferguson, David

** 24.5.1953 London, England.*

Filme: Tailspin: Behind the Korean Airline Tragedy (1989) – Dead Ahead: The Exxon Valdez Disaster (1992) – Cracker: To Be Somebody – A Dark Adapted Eye (195) – Life After Life (1995) – Hostile Waters (Ein U-Boot Thriller, 1997) – The Ice House (1997)

Ferguson, Jay

(John Arden F.), ** 5.5.1943 Los Angeles, USA.*

Filme: Death of an Angel (1985) – The Patriot – Quiet Cool (1986) – Best Seller (1987) – Pulse – Johnny be Good – Bad Dreams – License to Drive (1988) – American Built – Gleaming the Cube – A Nightmare on Elm Street V: The Dream Child – Rave for Glory (1989) – Parker Kane (1990) – Nervous Ticks – Melrose Place – Going to Extreme (1992) – Double Dragon (1994) – Tremors II: Aftershock – Driven (1996)

Ferrara, Franco

** 4.7.1911 Palermo, Sizilien, † 7.9.1985 Florenz.* Ital. Komponist, der in den 50er und 60er Jahren bei zahlreichen Filmen als musikalischer Leiter fungierte, er arbeitete mit den Komponisten Nino Rota, Mario Nascimbene und C. Rustichelli zusammen, mit den Produzenten Dino de Laurentiis und Carlo Ponti und den Regisseuren Federico Fellini und Luchino Visconi, u.a. bei Klassikern wie »La Dolce Vita« und »La Strada«.

Film: I sequestri di Altona (1963)

Ferraro, Ralph

(Albert), * *3.7.1929 Worcester, Mass., USA.* Studierte an der Manhattan School of Music, ging 1959 zum Studium nach Rom, arbeitete dort auch als Perkussionist/Schlagzeuger mit Nino Rota an etlichen Fellini-Filmen und als Studio-Musiker (u.a. mit Helen Merrill). Er zog dann nach Hollywood, arbeitete mit am Film »The Virginian« und dann zwei Jahrzehnte als Arrangeur für → Leonard Rosenman, seit 1995 für → Randy Edelman. Er arbeitete auch als Lehrer an Dick Groves School of Music in L.A.

Film: The King's Pirate (Der Pirat des Königs, 1967)

Ferrio, Gianni (Giovanni Achille)

* *16.11.1924 Vicenza, Italien.* Produktiver ital. Komponist und Arrangeur, arbeitete mit den Regisseuren Mariano Laurenti und Duccio Tessari zusammen, spezialisiert auf Action- und Western-Filme, aber auch Komödien. Er arrangierte auch für Schlagerstars wie Mina und Ornella Vanoni.

Filme: Vacanze alla baia d'argento (1961) – Copacabana Palace (1962) – I fidanzati (1963) – Cadavere per signora (1964) – Un dollaro bucato (1965) – El desperado (1967) – Joe! Cercati un posto per morire (1968) – Frau Wirtin hat auch einen Grafen (D 1968) – Die Wirtin von der Lahn (D 1968) – A Few Bullets More (1968) – Frau Wirtin hat auch eine Nichte (D 1969) – La morte risale a feri sera – L'arciere di Sherwood – Quei disperati che puzzanbo di sudere e di morte (1970) – Frau Wirtin bläst auch gern Trompete (D 1970) – I rucuperanti (1970) – A Man Called Sledge – The Dirty Outlaws (1971) – Ben e Charlie – Viva la muerte ... tua! – Tony Arzente e Big Guns (1972) – L'île mysterieuse (1973) – La poliziotta – Don't Turn the Other Cheek (1974) – Il padrone e l'operaio – Un dollaro bucato (1975) – Classe mista (1976) – Come perdere una moglie e trovare un'amante – Infermiera di notte – L'insegnante va in collegio (1978) – Mi faccio la barca – La settimana bianca (1981) – Tex e il signore degli abissi (1985)

Ferris, Paul

Engl. Komponist, für den Film aktiv in den 60er und 70er Jahren.

Filme: The Blood Beast Terror (Das Blutbiest, 1967) – The Sorcerers (Im Banne des Dr. Montserrat, 1967) – The Conqueror Worn (1968, als Schauspieler) – The Creeping Flesh (Nachts wenn das Skelett erwacht, 1972) – Persecution (Verfolgung, 1974)

Ferstl, Emil

* *16.2.1904 München, † 12.3.1972 ebd.*

Filme: Das goldene Edelweiß (1949) – Nach Regen scheint Sonne (1949) – Wer fuhr den grauen Ford? (1950) – Falschmünzer am Werk (1950) – Das weiße Abenteuer (1951) – Mönchen, Mädchen und Panduren (1952) – Tödliche Liebe (1952) – Schönes Schweizerland (1953) – Die Nacht ohne Moral (1953) – Melodie der Heimat (1953) – Das sündige Dorf (1954) – Der Loibner Bauer (1954)

Ferstl, Erich Rudolf

* *4.5.1934 München.* Dt. Komponist, auch Pianist, Gitarrist und Schlagzeuger, Sohn von Emil F. Arbeitete nach seiner Ausbildung als Studio-Musiker und mit eigener Jazzgruppe und mit Joe Viera. Er wandte sich dann der Musik für Film und TV zu; 1967 erhielt er den Bundesfilmpreis für »Wilder Reiter GmbH«. Er komponierte auch Werke für Gitarrenmusik, ein *Up-Town Concertino* für Gitarre und Big Band, 12 Solostücke für Jazzpiano u.a. Beschäftigt sich mit Perkussionsinstrumenten und widmet sich der Erforschung des Phänomens »Rhythmus«. Er komponierte Musik zu Kurzfilmen, TV- und Spielfilmen, schrieb auch Erzählungen und Hörspiele und eine »Schule des Jazz« (1963).

Filme: Wilder Reiter GmbH (1967) – Der Spezialist (1967) – Der sanfte Lauf (1967) – Mit Eichenlaub und Feigenblatt (1968) – Die goldene Pille (1968) – Konferenz der Tiere (1969) – TV-Filme: Mensch und Kunstfigur (1969) – Marino Marini (1969) – Der Mann im Schilf (1978) – Randale (1982) – TV-Spiele: Der Zauberer Gottes (1967) – Asche des Sieges (1969) – TV: Derrick

Ferstl, Theo

* *18.6.1910 Wien, † 5.6.1981 ebd.* Studierte in Wien, spielte ab 1937 Trompete im Orchester von Charly Gaudriot, war dann in Berlin beim Orchester Heinz Wehner als Trompeter und Arrangeur, arbeitete ab 1942 für das

»Deutsche Tanz- und Unterhaltungsorchester« unter Willi Stech, aber auch für → Franz Grothe, Karel Vlach, Gerd Gerald und Georg Haentzschel. Nach dem Krieg in Wien bei → Johannes Fehring, im Kleinen Wiener Funkorchester (Charly Gaudriot), Ernst Landl und als Freelancer. Ab 1962 bei Willie Stech beim Südwestfunk, arbeitete auch für Film u. TV (»Der Kommissar«).

Feuer, Cy

* *15.1.1911 N.Y., USA.* Komponist der 30er und 40er Jahre. Arbeitete auch als musikalischer Leiter und Produzent.

Filme als Komponist: The Higgins Family – Heroes of the hills – Overland Stage Raiders – Down in Arkansas – Storm Over Bengal (1938) – Pals of the Saddle (1938) – Smuggled Cargo (1939) – Mickey the Kid (1939) – Calling All Marines (1939) – She Married a Cop (1939) – Should Husbands Work? (1939) – S.O.S. Tidal Wave (1939) – Forged Passport (1939) – Street of Missing Men (1939) – Rough Riders' Roundup (1939) – Fighting Thorough breads (1939) – Jeepers Creepers (1939) – One Man's Law (1940) – Rocky Mountain Rangers (1940) – Girl from God's Country (1940) – Heroes of the Saddle (1940) – Gangs of Chicago (1940) – Young Buffalo Bill (1940) – In Old Missouri (1940) – Lone Star Raiders (1940) – Bowery Boy (1940) – Drums of Fu Manchu (1940) – Frontier Vengeance (1940) – The Carson City Kid (1940) – Covered Wagon Days (1940) – Pioneers of the West (1949) – Under Texas Skies (1940) – The Trail Blazers (1940) – Gangs of Sonora (1940) – The Apache Kid (1940) – Country Fair (1940) – The Gay Vagabond (1941) – Death Valley Outlaws (1941) – Desert Bandit (1941) – The Adventures of Captain Marvel (1941) – Lady from Louisiana (1941) – Arkansas Judge (1941) – King of Texas Rangers (1941) – Saddlemates (1941) – Red River Valley (1941) – Bad Man of Deadwood (1941) – The Great Train Robbery (1941) – Tuxedo Junction (1941) – Two Gun Sherriff (1941) – Sheriff of Tombstone (1941) – Mr. Disctrict Attorney (1941) – Outlaws of the Cherokee Trail (1941) – Mercy Island (1941) – Puddin' Head (1941) – Prairie Pioneers (1941) – Rags to Riches (1941) – Sunset on the Desert (1942) – Man from Cheyenne (1942) – Sons of the Pioneers (1942) – Ice Capades Revie (1942) – The Old Homestead (1942) – Shepherd of the Ozarks (1942) – Raiders of the Range (1942) – Westward Ho! (1942) – The Cyclone Kid (1942) – Joan of Ozark (1942) – That's My Man (1946) – The Flame (1947) – Driftwood (1947) – Calender Girl (1947) – That's My Man (1947) – The Lone Ranger (1949, TV-Serie)

Als Produzent: Where's Charly? (1952) – Cabaret (1972) – Piaf (1974) – A Chorus Lione (1985)

Fiala, Eman

(Emanuel), * *15.4.1899 Prag, ČSR, † 24.6. 1970 ebd.* Bruder des Komponisten Jiří Julius F.

Film: Der Adjudant seiner Hoheit (1934)

Fidenco, Nico

(eigentl. Domenico Colarossi), * *24.1.1933 Rom.* Ital. Komponist, für den Film tätig in den 60er bis 80er Jahren.

Filme: The Texican (1966) – Campa carogna ... la taglia cresce (1973) – Crash! Chez botte strappo, strappo, stroppo (Drei Spaghetti in Shanghai (1973) – Emmanuelle Nera (Black Emmanuelle, 1975) – Emmanuelle nera orient reportage (Black Emanuelle, 2. Teil, 1976) – Emmanuelle in America (Black Emanuelle, Stunden wilder Lust, 1976) – Yellow Emanuelle (1976) – Il mondo de sensi de Emy Wong (1976) – Emanuelle e gli ultimi cannibali (1977) – Emmanuelle in Bangkok (1978) – Via della prosituzione (1979) – Pornovideo – Porno Holocaust – Doctor Butcher, M.D. (1980)

Fiedl, Brad

(eigentl. Fiedel Brad), * *10.3. 1951 N.Y., USA.* Der Komponist arbeitet seit 1976 für Film und TV; seine bekannteste Komp. ist die Themamusik für »Terminator«.

Filme: Gums (1976) – Deadly Hero – Apple Pie (1976) – Looking Up (1977) – A Movie Star's Daughter (1979, TV) – Hardhat and Legs – Plaing for Time – Reunion (1980, TV) – The Bunker – Night School – People vs. Jean Harris – Just Before Dawn – Dream House (1981, TV) – Born Beautiful (1982, TV) – Hit and Run (1982) – Murder in Coweta County – Cocaine: One Man's Seduction – Right of the Way – Girls of the White Orchid – Heart of Steel – Jacobo Timerman: Prisoner Without a Name, Cell Without a Number – Eyes of Fire (1983) – My Mother's Secret Life – Calender Girl – Anatomy of an Illness – The Terminator (1984) – The Three Wishes of Billy Greer (1984, TV) – Children in the Crossfire (1984, TV) – Fright Night – Compromising Positions (1985) – Amazing Stories (1985, TV) – Into Thin Air (1985, TV) – The Midnight Hour – Fraternity Vacation – Deadly Messages (1985, TV) – Second Serve – Popeye Doyle – Of Pure Blood (1986, TV) – Let's Get Harry – Desert Bloom (1986) – Brotherhood of Justice (1986, TV) – The Big Easy (Der große Leichtsinn, 1987) – The Last Innocent Man – Bluffing It – Right to Die (1987, TV) – Nowhere in Hide (1987) – Hostage – Hot Paint (1988, TV) – The Accused (Angeklagt, 1988) – Midnight Cellar (1988, TV-Serie) – The Serpent and the Rainbow (1988) – Fright Night Part II – True Believer (1989) – Cold Sassy Tree (1989, TV) – Immediate Family (1989) – Perfect Witness (1989, TV) – Tales from the Crypt (1989, TV-Serie) – Blue Steel (1990) – Night Visions (Das Grauen hat viele Gesichter, 1990, TV) – Blood Ties (1991, TV) – Terminator 2 (1991; OST: Varèse) – Gladiator – Straight Talk (1992) – Teamster Boss: The Jackie Presser Story (1992, TV) – The Real McCoy – Striking Distance (1993) – True Lies – Eden – Blink (1994, OST: Milan) – Johnny Mnemonic (1995) – Mistrial (1996, TV) – T2 3-D: Battle Across Time (1996) – Timecop (1997, TV-Serie) – Eden (1997) – From the earth to the Moon (1998, TV-Serie) – Purgatory (1999, TV) – Y2K (1999, TV) – Terminator 3: Rise of the Machines (2003, Thema)

Fiehn, Erik Theodor

** 22.7.1907 Kopenhagen, † 10.12.1977 ebd.*
Filme. Ingen tid til kaertgen (1957) – En fremmed banker paa (1960) – Congehovdingen (1962)

Fielding, Jerry

(eigentl. Joshua Feldman), ** 17.6.1922 Pittsburgh, Pa., USA, † 17.2.1980 L.A.* Bandleader, Arrangeur und Filmkomponist. Studierte Klarinette, Saxophon und Klavier, arrangierte mit siebzehn für ein Theater in Pittsburgh und ging mit achtzehn nach N.Y. zu Alvino Rey als Arrangeur, mit diesem nach L.A. Arbeitete hier für Tommy Dorsey, Charlie Barnet, Kay Kyser und im Rundfunk für Hoagy Carmichael, Kate Smith, Bob Crosby, die Andrews Sisters u.a. Dirigent der Jack Paar-Show im TV. In den frühen 50er Jahren eigene TV-Show, spielte darin mit eigener Big Band. Arbeitete dann für Groucho Marx, Betty Hutton, Mickey Rooney im TV und schrieb Musik für TV-Serien (»Hawkins«) und Filme. Er arrangierte und leitete Studiobands für Kathy Barr, die Hi-Lo's, Teresa Brewer, Barry Sisters, Eddie Fisher, Mitzy Gaynor, Ritz Bros., Vic Damone, Cyd Charisse, Tony Martin, Debbie Reynolds, die McGuire Sisters, Steve Lawrence, Mary Kaye, Gloria Wood, Joe Howard, Betty Hutton, Dave Pell u.a.
Filme: Advise & Consent (Sturm über Washington, 1962) – The Nun and the Sergeant (1962) – McHales's Navy (Unternehmen Pferdeschwanz, 1964) – The Crazy World of Laurel & Hardy (1964) – For Those Who Think Young (Strandparty bei Mondschein, 1964) – McHale's Navy Joins the Air Force (1965) – Bewitched – The Farmer's Daughter (Die Farmerstochter, 1969) – Hogan's Heroes – Life of Riley – The Wild Bunch (Sie kannten kein Gesetz, 1969; OST: WEA) – Hunters Are For Killing (1970) – Suppose They Gave a War and Nobody Came (1970) – Lawman (1970) – The Nightcomers (Das Loch in der Tür, 1971) – Straw Dogs (Wer Gewalt sät, 1971) – Johnny Got His Gun (Johnny zieht in den Krieg, 1971) – Chato's Land (Chatos Land, 1972) – The Nightcomers (Das Loch in der Tür, 1972) – The Mechanic (Kalter Hauch, 1972) – Junior Bonner (1972) – Scorpio (1973) – The Deadly Trackers (Bis zum letzten Atemzug, 1973) – The Outfit (Revolte in der Unterwelt, 1973) – Unwed Father (1974) – The Super Cops (Die Supercops: Zwei irre Hunde, 1974) – The Gambler (Spieler ohne Skrupel, 1974) – Bring Me the Head of Alfredo Garcia (Bring mir den Kopf von Alfredo Garcia, 1974) – The Black Bird (Jagd nach dem Malteser Falken, 1974) – The Outlaw Josie Wales (Der Texaner, 1975) – Hustling (1975) – The Killer Elite (Die Killer Elite, 1975) – The Bad News Bears (Die Bären sind los, 1976) – The Enforcer (Der Unerbittliche, 1976) – Little Ladies of the Night (1977) – Demon Seed (Des Teufels Saat, 1977) – Semi-Tough (Zwei ausgebuffte Profis, 1977) – The Gauntlet (Der Mann der niemals aufgibt, 1977) –

Gray Lady Down (U-Boot on Not, 1978) – The Big Sleep (Tote schlafen besser, UK 1978) – Mr. Horn (1979) – Beyond the Poseidon Adventure (Jagd auf die Poseidon, 1979) – Escape from Alcatraz (Flucht von Alcatraz, 1976) – Below the Belt (1980) – Funeral Home (KAN, 1982)

Fields, Dorothy

* *15.7.1905 Allenhurst, N.J., USA, † 28.3. 1974 Manhattan, N.Y.* Bedeutende Songtexterin der 20er bis 60er Jahre, meist in Zusammenarbeit mit → Jimmy McHugh. Schwester der Autoren Herbert, Joseph und Frances F. Die Tochter des Schauspielers und Produzenten Lew F. (Moses Schanfield, 1867–1941, aus dem Comedy-Team Weber & Fields) verfasste Texte für die Standards *I Can't Give You Anything But Love, Baby; On the Sunny Side of the Street, Exactly Like You, I'm in the Mood for Love, A Fine Romance,* I *Won't Dance, The Way You Look Tonight* (Oscar!) u.a., geschrieben für Broadway-Shows u. Filme; neben McHugh arbeitete sie auch mit Jerome Kern (»Swing Time«), Oscar Levant, Arthur Schwart, Fritz Kreisler, Sigmund Romberg, Morton Gould, Burton Lane, Max Steiner u. Cy Coleman (»Sweet Charity«). Sie schrieb auch – mit ihrem Bruder Herbert – Libretti für Broadway-Musicals, die später verfilmt* wurden. Sie ist zu sehen im Film »Stage Door Canteen« (1943). F. wurde als erste Frau in die Songwriter's Hall of Fame aufgenommen. Ihr Sohn David Lahm hat sich einen Namen als Pianist und Komponist gemacht.

CD: An Evening with D.F., DRG

Filme: Time Place and the Girl (1929) – Love in the Rough (1930) – Cuban Love Song – Dance Fools Dance (1931) – Dancing Lady (1933) – Roberta (Song: *Lovely to Look at*) – Hooray for Love – Every Night at Eight (1935, Song: *I'm in the Mood for Love*) – I Dream Too Much – In Person (1935) – Swing Time (Song m. J. Kern: *The Way You Look Tonight*) – The King Steps Out (1936) – When You're in Love (1937) – The Joy of Living* (Song: *You Couldn't be Cuter*) (1938) – One Night in the Tropics (Song: *Remind Me*) (1940) – Father Takes a Wife* (1941) – Let's Face It* (1943) – Something for the Boys* (1944) – Mexican Hayride* – Up in Central Park* (1948) – Annie Get Your Gun* – Excuse My Dust – Mr. Imperium – Texas Carnival (1951) – Lovely to Look at – The Farmer Takes A Wife (1952) – Sweet Charity (1969)

Figiel, Piotr

* *13.4.1940 Warschau.* Polnischer Komponist und Songschreiber.

Filme: Moja wojna, moja miłość (1976) – Przepraszam, czy tu bija?/Foul Play (1976, Songs) – Dulscy (1976) – Spotkanie na Atlantyku (1980)

Filip, Frank

(eigentl. Franz Filip), * *10.3.1903 Wien, † 20.8.1964 ebd.* Komponist und Drehbuchautor. Studierte an der Technologischen Gewerbeschule und am Konservatorium in Wien, leitete ab 1923 Tanzorchester, arbeitete ab 1938 als Komponist und Texter.

Filme: Wiener Melodien (1947) – Meisterringer (Eins, zwei, drei ... aus, 1949) – Kleiner Peter, große Sorgen (1950) – Der Fünfminuten Vater (1951) – Stadtpark (1951) – Peter Roseggers Waldheimat (1951) – Wien musiziert (1951) – Im Krug zum grünen Kranze (1953) – Bademeister Spargel (1954) – Meine Tante, deine Tante (1954) – Die Magd von Heiligenblut (1956) – Der König der Bernina (1957) – Die singenden Engel von Tirol (1958)

Film

(engl., von altengl. Filmen »Häutchen«), 1. *allg.*: dünne Schicht; 2. Roh-F., photograph. Emulsionsschicht(en) auf einem Träger aus Cellulosetriacetat (Acetatfilm) oder Poyester; 3. mit photographischen oder elektronischen Mitteln erzeugte Folge von Einzelbildern, die, mit einer Geschwindigkeit zw. 18 und 25 Bildern pro Sekunde nacheinander auf eine Leinwand projiziert oder auf einem Bildschirm sichtbar gemacht, den Eindruck von Bewegung hervorrufen. Im Deutschen Sprachgebrauch ist F. ein umfassender Begriff für Technik, Ökonomie, Kunst und Unterhaltung.

Filmmusik

wurde in den USA 1942 erstmals auf Tonträger gepresst (wenn man davon absieht, dass Filmschlager schon in den 30er Jahren von Tanzorchestern bzw. »Crooners« unters Volk gebracht wurde), doch erst in den 50er Jahren wurden Schallplatten mit Filmmusik in großem Stil auf den Markt gebracht. Die Filmfirmen gründeten eigene Platten-Labels um davon besser zu profitieren. 1957/58 stiegen die fünf großen Filmfirmen Hollywoods in das Geschäft mit Tonträgern ein (MGM Records war schon in den 40ern gegründet worden). Durch solche zusätzlichen »Profit Centers« konnten Risiken gestreut, Herstellungskosten aufgeteilt und Marketing-Techniken (»Cross-Promotion«) genutzt werden.

Filmmusik lässt sich unterteilen in:

1. Traditionelle Filmmusik
a) unterlegte Potpourris, zusammengesetzt aus bereits existierenden Melodien
b) Originalkompositionen, der jeweiligen Szene angepasst, zusammengesetzt aus allen Stilarten der Musikgeschichte (Score).

2. Die europäische Filmoperette
a) eine verfilmte Operette
b) eine Original-Filmoperette, speziell dafür geschrieben.

3. Das amerikanische Filmmusical
a) ein verfilmtes Bühnenmusical, oft mit zusätzlichen Songs
b) ein Original Filmmusical, speziell für den Film geschrieben.

4. Zeitgenössische Filmmusik
a) Abweichungen von der konventionellen sinfonischen Besetzung der Filmorchester einschl. ausgefallener Besetzungen bis zum Solo-Instrument
b) Jazz, z.T. als komponierte Musik mit Jazz-Improvisationen (»Peter Gunn«) oder unterlegte Jazz-Improvisationen (»Fahrstuhl zum Schafott«)
c) elektronische Musik (»Nosferatu«). (› Soundtrack)
d) Songs. Die Scores vieler Filme bestehen heute oft ausschließlich aus Songs und verzichten ganz auf eine orchestrale Musikbegleitung.

Lit.: Fred Karlin, Listening to Movies, N.Y. 1994. – R.Manyel/J.Huntley, The Technique of Film-Music, London 1975. – Th.W.Adorno/Hans Eisler, Komposition für den Film, 1947. – Mark Evans, Soundtrack, The Music of the Movies, 1975. – Roy M.Prendergast, A Neglected Art: A Critical Study of Music in Films, 1977. – H.A.Thomas, Die dt. Tonfilmmusik, Gütersloh 1962.

Filmschlager
Speziell für einen Film geschriebener Song, der durch den Film Popularität erlangte. Viele solcher Lieder haben sich darüber hinaus zu einem Standard (Evergreen) entwickelt; der betr. Film selbst ist darüber oft in Vergessenheit geraten. Beispiele: *Que Sera* (aus: »Der Mann der zuviel wußte«), *Love is a Many Splendored Thing*, *The Way We Were*, *My Heart Will Go On* (aus »Titanic«), Lieder aus Filmen von Elvis Presley, z.B. *Love Me Tender.*
CD: Tonfilm-Chansons, Koch 324748 – Illusion, Koch 324749 – Randall Atcheson, Great Piano Romance, Windham Hill 11572-2

Filmtechnik
Das international übliche Filmmaterial ist 23 Millimeter breit; Spezialformate sind 8 Millimeter und Super-8, 16 und 70 Millimeter. Der ursprünglich verwendete Nitrofilm war leicht entflammbar und so ein Sicherheitsrisiko. Inzwischen sind Acetat und Polyester Träger der photographischen Schicht. Die einheitliche Projektionsfrequenz seit Beginn des Tonfilms sind 24 Bilder/Sekunde.

Fine, Sylvia
(Silvia Fine Kaye), * *29.8.1913 N.Y., USA, † 28.10.1991 ebd.* Die Songschreiberin und Komponistin wurde bekannt durch eine Reihe von witzigen und »sophisticated« Songs, die sie für ihren Mann, den Komiker Danny Kaye, geschrieben hatte. 1975 gewann sie einen »Emmy« für das TV-Special »Danny Kaye, Look in at the Met«. Songs u.a.: *Anatole of Paris, Melody in 4-F.*
Filme: Up in Arms (1944) – The Kid from Brooklyn (1946) – The Secret Life of Walter Mitty (Das Doppelleben des Herrn Mitty, 1947, Songs) – The Inspector General (Die sündige Stadt, 1949, auch Songs) – On the Riviera (1951) – Winners to Murder (1954, Songs) – Knock on Wood (1954) – The

Court Jester (Der Hofnarr, 1956, Songs) – The Five Pennies (Die Red Nichols Story, 1959)

Finston, Nat

(Nathaniel W.), * *24.2.1892 N.Y., USA, † 19.12.1979 Woodland Hills, Calif.* Arbeitete in den 30er und 40er Jahren für den Film, u.a. für die Regisseure Ernst Lubitsch und Rouben Mamoulian.

Filme: Innocents of Paris (1929) – Love Me Tonight – One Hour with You (1932) – Designs for Living – The Way to Love – Songs of the Songs (1933) – The Big Broadcast of 1936 – Peter Ibbetson – Last of the Pagans (1936) – Breakfast in Hollywood – Abilene Town (1946) – New Orleans – Song of My Heart (1947) – The Big Wheel (1949) – The Second Woman (1951)

Firestone, Elizabeth

(E. Willis-F.), * *1922, † 18.10.1989 Pittsburgh, Pa., USA.* Die Tochter des Reifen-Magnaten Harvey S. F. Firestone (und Enkelin der Komponistin Idabell F., 1875–1954) war die erste Frau, die Musik für einen Hollywood-Film schrieb: »Once More, My Darling« (1949).

Filme: Once More, My Darling (1949) – Abbott & Costello in the Foreign Legion (1950) – Peggy (1950) – Aqul Hombre de Tanger/That Man From Tangier (Dann schweigen die Pistolen, 1950) – Hollywood Story – Iron Man – Reunion in Reno (1951)

Firl, Otto

oft zu findende falsche Schreibweise von → Otto Sirl.

Fischer, Albert

* *23.2.1896 Salzburg, Österreich, † 16.11. 1957 Gräfelfing b. München.*

Filme: Die Töchter ihrer Exzellenz (1934) – Der Jäger vom Fall (1936) – Zirkus Renz (1943) – Das Leben ruft (1944) – Am Abend nach der Oper (1944) – Wir beide liebten Katharina (1945, unvoll.) – Hochzeit im Heu (1950) – Hab' Sonne im Herzen (1952) – Nanga Parbat (1953) – Vorstoß nach Paititi (1955) – Zauber der Natur (1956)

Fischer, Ernst

* *10.4.1900 Magdeburg, † 11.7. 1975 Locarno (Tessin).*

Filme: Die lustigen Weiber (1936, + F.Grothe) – Wir seh'n uns wieder (1945)

Fischer, Günther

* *23.6.1944 Teplitz-Schönau (Teplice-Sanov, Nordböhmen, heute: Teplice, Tschechien).* Musiker, Komponist, Songschreiber und Bandleader in der DDR. Studierte in Zwickau und (Ost-)Berlin Klavier, Klarinette, Saxophon und Komposition. Arbeitete dann als Lehrbeauftragter und trat mit einer Jazz/Pop-Gruppe auf. Komponierte Musik für Filme, TV-Spiele, Bühnenwerke. Zu DDR-Zeiten war er Stasi-»IM«. Mehrere Amiga-LPs mit Manfred Krug und Uschi Brüning. In seiner Musik vereint er Elemente aus Jazz, Rock und E-Musik.

Filme: Eolomea (DDR 1972) – Ferien und das alte Haus (DDR 1972) – Tecumseh DDR 1972) – Der Wüstenkönig von Brandenburg (DDR 1973) – Hans Röckle und der Teufel (DDR 1974) – Wie füttert man eines Esel (DDR 1974) – Die Bösewichter müssen dran (DDR 1975) – Hostess (DDR 1975) – Geschwister (DDR 1975) – Die Legende von der unheiligen Sophia (1975) – Feuer unter Deck (DDR 1976) – Ottokar der Weltverbesserer (DDR 1976) – Die Flucht (DDR 1977) – Der Meisterdieb (DDR 1977) – Trini (DDR 1977) – Ein irrer Duft von frischem Heu (DDR 1977) – Des Henkers Bruder (DDR 1978) – Das Versteck (DDR 1978) – Das Raubtier (DDR 1978) – Eine Handvoll Hoffnung (DDR 1978) – Severino (DDR 1978) – Ein Sonntagskind das manchmal spinnt (DDR 1978) – Just a Gigolo (DDR 1978) – Solo Sunny (DDR 1979) – P. S. (DDR 1979) – Glück im Hinterhaus (DDR 1979) – Und nächstes Jahr am Balaton (DDR 1980) – Pugowitza (DDR 1980) – Mährische Forschungen (DDR 1981) – Bürgschaft für ein Jahr (1981) – Romanze mit Amélie (DDR 1981) – Der Bärenhäuter (DDR 1981) – Der Aufenthalt (DDR 1982) – Der Prinz hinter den sieben Meeren (DDR 1982) – Fariaho (DDR 1983, + Hans Eisler) – Bockshorn (DDR 1983) – Meine Frau Inge und meine Frau Schmidt (DDR 1984) – Weiberwirtschaft (DDR 1984) – Biberspur (DDR 1984) – Die Grünstein-Va-

riante (D 1975) – Die Alleinseglerin (DDR 1986) – Das Haus am Fluß (DDR 1986) – Bürgschaft für ein Jahr (DDR 1987) – Die Entfernung zwischen dir und mir und mir und dir (DDR 1987) – Der Bruch (1988) – Froschkönig (DDR 1988) – Grüne Hochzeit (DDR 1988) – Eine unheimliche Karriere (D/A 1989, TV) – Der Streit um des Esels Schatten (DDR 1990) – Die Sammlerin (TV, 1993) – Tresko: Der Maulwurf – Helden haben's schwer (1996, TV) – Das Spinnennetz – Abgehauen (1998, TV) – Unser Papa, das Genie (2001, + Rainer Oleak) – Am liebsten Marlene – Freiwild (1998, TV)
CD: Kosmos-Soundtracks of Eastern Germany's Adventures in Space, ASM

Fischer, Peter Emil Maximilian

* *10.9.1929 Leipzig.* Studium an der Dresdner Akademie für Musik, von 1952–54 Kompositionsklasse an der Deutschen Akademie der Künste in Berlin bei Hanns Eisler und Paul Dessau. Er war musikalischer Leiter des Deutschen Theaters Berlin, dann an den Münchner Kammerspielen und der Schaubühne Berlin. Schreibt Musiken für Bühne, Film und TV.
Filme u.a.: Hotelboy Ed Martin (1955) – Junges Gemüse (1956) – Reportage 57 (1959) – Schritt für Schritt (1959) – Was wäre, wenn (1960) – Guten Tag, lieber Tag (1961) – Die gleiche Strecke (1961) – Tante Frieda: Neue Lausbubengeschichten (1965) – Lohn und Liebe (1974) – Sommergäste (1975) – Familienglück (1975) – Die Tannerhütte (1976) – Defekte (1982, TV)

Fišer, Luboš

* *30.9.1935 Prag, ČSR, † 22.6.1999 ebd.* Tschechoslowakischer Komponist, für den Film tätig seit 1968.
Filme: Na komete (Cartoon, 1968) – Sita saxova (1968) – Případ pro zazinajiciho kata (1969) – Valerie a tyden divu – Hlidac – Nahota (1970) – Lucic a zázraky – Petrolejove lampy (Die Petroleum Lampe, 1971) – Lide z metra (1974) – Atentat u Sarajevu (1975) – Ostrov stříbrných volavek (1977) – Adela jeste nevěcerela – Lásky mezi kapkami deste (1978) – Hadi jed (1982) – Tajemství hradu v Karpatech (1981) – Mach a Sebestova, k tabuli! (1985) – Smrt krasných srncu (1986) – Oxen (1919 – Černi baroni – Labyrinth (1992) – Helimadoe (1994) Golet u udali (1995) – Kral ubo (1996)

Flament, Edouard

* *27.8.1880 Douai, Frankreich, † 27.12.1958 Bois Colombes (Hauts-de-Seines).*
Film: Der Herzog von Reichstadt (1931)

Fleischer, »Fips«

(Johannes Filip), * *2.5.1923 Hohenfichte, † 26.6.2002 Chemnitz.* Bandleader in der DDR. Studierte an der Musikschule Zschopau, spielte ab 1941 Oboe im Sinfonieorch. des Hess. Rundfunks und Schlagzeug bei Ernst van t'Hoff. Von 1947 bis 1956 war er als Schlagzeuger und Sänger beim Rundfunktanzorchester Leipzig (Kurt Henkels) und gründete dann ein eigenes Tanzorchester. Damit trat er bis zum Bau der Berliner Mauer 1961 meist im Ausland auf (BRD, Österreich, hier in der Lou van Burg TV-Show), ab 1962 spielte er regelmäßig für das Fernsehen der DDR. Er war auch Dozent an der Hochschule für Musik in Leipzig und komponierte Musik für Filme, TV- u. Musical-Shows (»Comical«).
Lit.: Erinnerungen, Berlin 1998
Filme: Musik aus dem FF – Hallo Fips – Schlag auf Schlag

Föderl, Karl

* *13.3.1885 Wien, † 10.11.1953 ebd.*
Film: Sieben Jahre Pech (1940, + Oskar Wagner)

Folba, Ferdinand

* *1.12.1898 Österreich, † 1973.*
Film: Die Fledermaus (1931, + M.Lewis, nach der Operette v. Johann Strauss)

Folk, Robert

* *5.3.1949 N.Y., USA.* Komponist und Songschreiber, für den Film tätig seit 1981.
Filme: Savage Harvest (1981) – The Slayer (1982) – Police Academy (1984, auch Folgen II bis VI, 1985–89) – Purple Hearts – Bachelor Party (1984) – Odd Jobs – Thunder Alley (1985) – Combat High (1986, TV) – Stewardess Patrol (1986) – Prince of

Bel Air (1987, TV) – Can't Buy Me Love (1987) – The Room Upstairs – High Mountain Rangers (1987, TV) – Glory Days (1988, TV) – Miles From Home (1988) – Tremors (1989) – The Wicked Stepmother – Happy Together – Jesse Hawkes (1989) – Honeymoon Academy (1990) – The Neverending Story 2: The Next Chapter (Die unendliche Geschichte II (1990) – A Climate for Killing – Toy Soldiers (1991) – Beastmaster 2: Through the Portal of Time (1991) – Rock-a-Doodle (Cartoon, 1992) – National Lampon's Loaded Weapon 1 (1993) – Shadowhunter (1993, TV) – State of Emergency (1994, TV) – A Troll in Central Park (Cartoon, 1994) – Police Academy: Mission to Moscow – In the Army Now – Trapped in Paradise (1994) – Arabian Knight (Cartoon, 1995) – Ace Ventura: When Nature Calls (1995) – Maximum Risk – Theodore Rex – Lawnmover Man 2: Beyond Cyberspace (1996) – Nothing to Lose – Boys Life 2 (1997) – Booty Call (One Night Stand mit Hindernissen, 1997) – Major League: Back to the Minors (1998) – You're Dead... (1999) – Held Up (2000)

Forbes, Louis

(Forbstein), * *12.8.1902 St. Louis, Mo., USA, † 17.6.1981 Hollywood.* Bruder von Leo F. Forbstein.

Filme: Intermezzo (1939, + Heinz Provost, Robert Henning) – Pot o' Gold (1941) – Up in Arms (1944, + R.Heindorf) – Wonder Man (1945, + R.Heindorf; Song *So in Love* v. David Rose/Leo Robin) – Intrigue (Die Bestie von Shanghai, 1947) – Pitfall (1948) – The Man Who Cheated Himself (1950) – Cattle Queen of Montana (Königin der Berge, 1954) – Escape to Burma (Flucht nach Burma, 1955) – Slightly Scarlet (Straße des Verbrechens, 1956) – The River's Edge (Flucht nach Mexiko, 1956) – Jet Over the Atlantic (1958) – From the Earth to the Moon (1985) – The Beat (1959)

Forbstein, Leo F.

** 16.10.1892 St. Louis, Mo., USA, † 16.3.1948 Hollywood.* Der Bruder von Louis Forbes begann im Alter von vier Jahren Violine zu spielen. Er wurde schließlich Dirigent am Royal Theatre in St. Joseph, Mo. (einem Kino) und tat sich hier hervor durch die Synchronisierung der Musik mit der Aktion auf der Leinwand. Mitte der 20er Jahre ging er nach Hollywood und leitete das Orchester in Grauman's Egyptian Theatre. Ab 1926 war er Musikchef bei Warner Brothers und damit für sämtliche Filmmusiken (mehr als 500) verantwortlich. Er leitete auch dort das Filmorchester (Vitaphone-Orch.). Die meisten der ihm zugeschrieben Musiken sind damit nicht von ihm sondern von angestellten oder freien Komponisten. Er wurde dreimal für einen Oscar nominiert: 1936 für Anthony Adverse und The Charge of the Light Brigade und 1937 für The Life of Emile Zola.

Filme: Doorway to Hell (1930) – Five Star Final (1931) – The Crowd Roards (1932) – Dr. X (1932) – The Picture Snatchers (1933) – Lady Killer (1933) – The Mayor of Hell (1933) – The Little Giant (Der kleine Gangsterkönig, 1933) – Bordertown (Die Stadt an der Grenze, 1934) – Jimmy the Gent (1934, Dir.) – Housewife (1934) – Fog over Frisco (1934) – Here Comes the Navy (1934) – The Frisco Kid (1935) – The Irish in Us (1935) – Oil for the Lamps of China (Öl für die Lampen Chinas, 1935) – Black Fury (In blinder Wut, 1935) – G Men (1935) – Front Page Woman (1935) – Dr. Socrates (1935) – Devil Dogs of the Air (1935) – FBI Agent (1935) – The Petrified Forest (Der versteinerte Wald, 1936) – The Singing Kid (1936, Songs: H.Arlen/E.Y.Harburg) – Satan Met a Lady (1936) – Living on Velvet (1936) – Marked Women (Dir., 1937; Score: H.Roemheld) – The Go Better (1937) – They Won't Forget (1937, Dir.; Score: A.Deutsch) – Boy Meets Girl (Der kleine Star, 1938) – The Old Maid (Die alte Jungfer, 1939) – The Hard Way (1942) – The Sky's the Limit (Abenteuer der Lüfte, 1943, Dir., Score: L.Harline; Song *My Shining Hour* v. H.Arlen/J.Mercer) – Rope (Wiegenlied für eine Leiche, 1948; Thema: F.Poulenc) – The Treasure of Sierra Madre (Der Schatz der Sierra Madre, 1948, Dir., Score: M.Steiner)

Forest, Jean Kurt

** 2.4.1909 Darmstadt, † 2.3.1975 Berlin/DDR.* Dem Komponisten und Kapellmeister ist der Niedergang des berühmten RBT-Orchesters (Radio Berlin Tanzorch.) zu verdanken: er übernahm 1950 die Leitung und versuchte, »jeden westlichen Einfluss« aus dem Orchester herauszupressen. Es gelang: die Musiker (darunter Erwin Lehn) kündigten geschlossen, das Orchester löste sich auf.

Filme: Der Prozeß wird vertagt (1958) – Michaels Rückkehr (1959) – Flucht aus der Hölle (1960) – Allons enfants pour l'Algèrie (1961) – Schaut auf diese Stadt – Wenn du zu mir hältst (1962) – Joris Ivens (1963, Dok.) – TV-*Filme*: Nackt unter Wölfen (1959) – Das Schiff auf der Donau (1961) – Der Weg nach Füssen – Die Weber (1962) – Die Winterschlacht (1963) – Jenny Marx (1964)

Forterre, Henri

** 26.8.1882 Pantin (Seine-Saint-Denis, † 28.8. 1958 Grasse (Alpes-Maritimes), Frankreich.*

Film: Sergeant X (F 1932, + René Mercier)

Fossati, Ivano

** 21.9.1951 Genua, Italien.*

Filme: Il toro (1994) – L'estate di Davide (1998)

Foster, David Walter

** 1.11.1949 Victoria, B.C., Kanada.* Komponist, Songschreiber und Produzent, arbeitete seit 1970 für den US-Film, u.a. mit den Komponisten Bill Conti, Peter Cetera und dem Regisseur Peter Hyams.

*Filme als Komp./Songschreiber** : St. Elmo's Fire (1985) – The Karate Kid II (1986) – The Secret of My Success (1987) – Fresh Horses (1988) – Stealing Home (1988) – Listen to Me (1989) – Pretty Woman* (1990) – Golden Fiddles (1991, TV) – One Good Cop (1991) – If Looks Could Kill (1991) – Quest for Camelot* (Cartoon, 1998)

Fox, Charles Ira

** 30.10.1940 N.Y., USA.*

Filme: Goodbye, Columbus (1969) – Pufnstuf (1970) – The Laughing Policeman (Massenmord in San Francisco, 1973) – The Other Side of the Mountain (1975) – Bug (Der Feuerkäfer, 1975) – The Duchess and the Dirtwater Fox (Wer schluckt schon gern blaue Bohnen, 1976) – Two Minute Warning (1976) – Foul Play (Eine ganz krumme Tour, 1978) – The Last Married Couple in America (Einmal Scheidung, bitte!, 1979) – Nine to Five (Warum eigentlich bringen wir den Chef nicht um?, 1980) – Six Pack (1982) – National Lampoon's European Vacation (Hilfe die Amis kommen, 1985) – Short Circuit II (1988) – The Gods Must be Crazy II (Die Götter müssen verrückt sein II, 1989) – Barbarella – TV: Song of the Lark

Fox, Frank

(Franz Fux oder Fuchs?), ** 27.7.1902 (?) Bistritz (Siebenbürgen), † 20.11.1965 München.* Österreichischer Kapellmeister, Komponist und Arrangeur für Film- und Unterhaltungsmusik. Seine biogr. Daten sind nicht vollständig geklärt, als Geburtsort wird auch Wien genannt.

Filme: Geld auf der Straße (1930, + Stephan Weiß) – Purpur und waschblau (1931, + Leo Ascher) – Die große Liebe (1932, + Walter Landauer) – Lumpenkavaliere (1932) – Frühlingssstimmen (1934) – Florentine (1938, + Leo Leux, W.Engel-Berger) – Heiraten, aber wen? (1938, + J.Benes) – Spiegel des Lebens (1938, + Hans Lang) – Traummusik (1940, + P.Kreuder, R.Zandonai) – Kora Terry (1940, + Lieder v. Peter Kreuder, u.a. *Für eine Nacht voller Seligkeit, Im Leben geht alles vorüber*) – Aufruhr im Damenstift (1941) – Sonntagskinder (1941) – So ein Früchtchen (1942) – Stimme des Herzens (1942) – Wildvogel (1943) – Drei tolle Mädels (1943) – Der Meisterdetektiv (1944) – Das fremde Leben (1945) – Die tolle Susanne (1945, unvoll.) – Hin und her (1948) – Die Verjüngungskur (1948) – Verlorenes Rennen (1948) – Rosen der Liebe (A 1949, + N.Brodszky) – Schwarzwaldmädel (1950, nach der Operette von Leon Jessel)

Fradkin, Mark Grigorjewitsch

** 4.5.1914 Witebak (Russland, jetzt Weißrussland), † 1990.*

Filme u.a.: Percvyj den mira (1959) – Proschtchajte, golubi! (1961) – Molodje (1971)

Françaix, Jean

(Jean René Desire F.), ** 23.5.1912 Le Mans (Sarthe), Frankreich, † 25.9.1997 Paris.* Frz. neoklassischer Komponist, für den Film tätig seit den 30er Jahren. Er arbeitete u.a. mit Sacha Guitry* zusammen.

Filme: Les perles de la couronne (1937) – Si Versailles m'était conté (1954) – Napoléon* (1955) – Si Paris nous fait conté* (1956) – Assassins et voleurs (1957) – Lady L. (1965)

Franci, Carlo

* *28.1.1927 Buenos Aires, Argentinien.* Der Komponist arbeitete in den 50er und 60er Jahren für Filme in Italien, Spanien und Frankreich.

Filme: Enrico Caruso, leggenda di una voce (Dok., I 1951) – Aque amare (Brutale Gewalt, 1954) – Un denomme squarcio (1958, Regie!) – Maciste all'inferno (Maciste, Rächer der Verdammten, I 1962) – Brenno il nemico di Roma (Brenno, der Herr des Schreckens, 1963) – Il gladiatore invincible (1963) – Maciste la regina di Samar (1964) – La revolta del pretoriani (Der Aufstand der Prätorianer, 1964) – Maciste, Gladiatore di Sparta (Maciste, der Held von Sparta, I/F 1964) – The Secret Seven (1966) – Campanadas a medianoche/Chimes at Midnight (Falstaff, E/CH 1966, Dir., Score: A. L. Lavagnino)

Franco, Jesus

(Jesús Franco Manera), * *12.5.1930 Madrid, Spanien.* Studierte in Madrid am Konservatorium und am HEC (Instituto de Investigaciones y Experiencias Cinematográficas), danach an der Sorbonne in Paris. Er begann dann in Spanien seine Arbeit beim Film (in seinem ersten Film »Miedo« hat er eine kleine Rolle als Pianist), arbeitete dann als Filmkomponist, schließlich auch als Drehbuchautor, Regieassistent, Regisseur (180 Filme!), Schauspieler, Produzent in Spanien u.a. europ. Ländern, verwendete dabei ca. 30 Pseudonyme (Jess Frank, Robert Zimmermann, Frank Hollmann, Pablo Villa, David Khune, benutzte auch Namen von tatsächlich existierenden Personen wie Clifford Brown, Betty Carter, Dave Tough, Dennis Farnon u.a.). Sein Werk umfasst vorwiegend Horrorfilme, Softcore- und Hardcore-Sexfilme u.ä. Er ist damit der König des europ. Trash-Kinos. 1970 widerfuhr ihm die Ehre, von der katholischen Kirche zum (neben Luis Buñuel) gefährlichsten Filmemacher erklärt zu werden.

Filme als Komponist: Cómicos (1954) – El hombre que viajaba despacito – El árbol de España (1957) – Historias de Madrid (1958) – Oro español (1959) – La muerte silba un blues (1964, Jazzmusik und Songs) – Miss Muerte (1966) – Tenemos 18 años (1967) – Las vampiras (Vypyros Lesbos: Die Erbin des Dracula, 1971) – El muerte hace las maletas (Der Todesrächer von Soho, 1971) – La venganza del doctor Mabuse (Dr. M. schlägt zu, 1972) – Un capitán de quine años – Un silencio de tumba (1984) – La profezia (1977) – Eugenie (Historia de una perversión, 1980) – Sinfonia erótica (1980) – Sadomania: Höllen der Lust (D 1981) – Las chicas de Copacabana – Aberraciones sexuales de una mujer casada – El sexo está loco – La chica de las bragas transparentes (1981) – Las orgias inconfesables de Emmanuelle – El huesped de la niebla (1982) – Botas negras, látigo de cuero (1983) – La noche de los sexos abiertos – La tumba de los muertos vivientes (Abgrund der lebenden Toten,1983) – El tesore de la diosa blanca – Confesiones intimas de una exhibicionista – La casa de la mujeres perdidas – Gemidos de placer – El hotel de los ligues – Macumba sexual – Sola ante el terror – Sangre en mis zapatos – En busca del dragón dorado – Blues de la calle pop (1983) – Camino solitario – Historia sexual de O – Mil sexos tiene la noche – El siniestro doctor Orloff – Una rajita para dos – Lilian (La virgen pervertida) (1984) – La mansión de los muertos vivientes – El chupete de Lulú – Viaje a Bangkok, ataúd includio – La sombra del judoka contra el doctor Wong – Bangkok, cita con la muerte (1985) – Orgasmo perverso – El ojete de Lulú – El mirón y la exhibicionista – Entre pitos anda el juego – Las chuponas – Para la nenas, leche calentita – Los crimenes de Usher – La chica de los labios rojos (1986) – El largo de las virgenes – Esclavas del crimen (1987) – El abuelo, la condesa y escarlata la traviesa (1992) – Tender Flash (1997) – Mari-Cookoe and the Killer Tarantula – Lust for Frankenstein (1998) – Vampire Blues – Dr. Wong's Virtual Hell (1999)

Frank, David Michael

* *21.12.1948 Baltimore, Md., USA.*

Filme: A Different Story (Beziehungsweise andersrum, 1978, + Bob Wahler) – The Kid From Left Field (1979, TV) – An Innocent Love – Maid in America (1982, TV) – The Invisible World (1983, TV) – Code of Silence – The Check is in the Mail (1985) – The Gladiator (1986, TV) – Off the Mark – Fatal

Musik: David Michael Frank (Soundtrack)

Beauty (1987) – Above the Law – Call Me – Hero and the Terror – I'm Gonna Git You Sucka! (1988) – One Man Force – Hard to Kill – The Dive (1989) – False Witness (1989, TV) – Suburban Commando – Showdown in Little Tokyo – Out For Justice (1991) – Poison Ivy (1992) – Blindsided – Exclusive (1992, TV) – Extreme Justice – Best of the Beast (1993) – Black Widow Murders: The Blanche Taylor Moore Story (1993, TV) – A Life in the Theater (1993, TV) – Irresistable Force (1993, TV) – Casualties of Love: The »Long Island Lolita«-Story (1993, TV) – Linda (1993, TV) – Leave it to Beaver – Perfect Target – The Baby-Sitter's Club (1995) – Cosmic Voyage – Vulkan-Berg in Flammen (1997) – Under Wraps (1998) – Rhapsody in Bloom (1998) – The Mole (2001, TV)

Frankel, Benjamin

** 31.1.1906 London, England, † 12.2.1973 ebd.* Engl. Komponist, einer der wesentlichen Sinfoniker des 20. Jh. Studierte kurz an der Guildhall School of Music and Drama, sonst weitgehend Autodidakt. Begann als Varietépianist und Arrangeur für das BBC Tanzorchester von Henry Hall, schrieb von 1931 bis 1944 zahlreiche Bühnenmusiken für Londoner Theater. Danach schrieb er zahlreiche Filmmusiken, komponierte acht Sinfonien, auch Kammermusik u.a. und lehrte ab 1946 an der Guildhall School of Music and Drama.

Filme: Radio Parade of 1935 (1934) – Public Nuisance No.1 – Love in Exile (1936) – The Singing Cop – No Monkey Business – Music Hath Charmes (1937) – He Found a Star (1943) – They Met in the Dark – Flight from Folley – The Great Circle – Bon Voyage (1944) – The Fire of London – The New Teacher – Macbeth and Julius Caesar (1945) – The Seventh Veil (Der letzte Schleier, 1945) – The Broad Fourteens (1945) – The Years Between – A Girl in a Million (1946) – Mine Own Executioner (Tödliches Geheimnis, 1947) – Dear Murderer (1947) – Bond Street (1948) – Portrait from Life (1948) – Sleeping Car to Triest (Schlafwagen nach Triest, 1948) – London Belongs to Me (1948) – Give Us This Day (Haus der Sehnsucht, 1949) – Trottie True (1949) – The Chiltern Hundreds (Keine Wahl ohne Qual, 1949) – Night and the City (Die Ratte von Soho, 1950) – So Long at the Fair (1950) – Double Confession (1950) – Mr. Denning Drives North (Der Täter fährt nach Norden, 1951) – Hotel Sahara (1951) – Appointment with Venus (1951) – The Man in the White Suit (Der Mann im weißen Anzug, 1951) – The Long Dark Hall (1951) – The Love Lottery (1952) – The Man Who Watched Trains Go By (Der Mann der sich selbst nicht kannte, 1952) – The Importance of Being Ernest (Ernst sein ist alles, 1952) – The Final Test (1953) – The End of the Affair (Ende einer Affäre, 1954) – Mad About Men (1954) – The Man Who Loved Redheads (Der Mann, der Rothaarige liebte, 1954) – Aunt Clara (1954) – Malaga (Feuer über Afrika, 1954) – Footsteps in the Fog (Zwischen Haß und Liebe, 1955) – A Kid for two Farthings (Voller Wunder ist das Leben, 1955) – Simon and Laura (1955) – Storm Over the Nile (Sturm über dem Nil, 1955) – The Prisoner (Der Gefangene, UK 1956) – Lost (Täter unbekannt, 1956) – Happy Is the Bride (Wenn Zwei Hochzeit machen, 1957) – Brother in Law (1957) – Orders to Kill (Der lautlose Krieg, 1958) – Surprise Package (Ein Geschenk für den Boß, 1960) – Battle of the Bulge (Die letzte Schlacht, 1965) – The Night of the Iguana (Die Nacht des Leguan, 1964) – The Seventh Veil (Der letzte Schleier, 1973) – Summer of the Seventeenth Doll (UK/AUS 1959) – The Curse of the Werewolf (Der Fluch von Siniestro, 1961) – Guns of Darkness (Flucht aus dem Dunkel, 1962) – The Old Dark House (Das alte finstere Haus, 1962)

CD: Battle of the Bulge, cpo 999692-2 – The Importance of Being Ernest, cpo 999809-2

Franklin, Serge

(eigentl. Alain Amaraggi), ** 5.12.1942 Montluçon (Dept. Allier), Frankreich.*

Filme. Le coup de Sirocco (1979) – La légion saute sur Kolwezi (1980) – Le grand pardon (Das große Verzeihen, 1981) – Le grand carneval (1983) – La rapt – Coté cœur, cotè jardin (1984) – Le voyage a Paimpol – Hold Up (1985) – Chateauroux disctrict (1986) – Aducfuc (1988) – Quelque parts vers Conakry (1992) – Clown (1999) – Trois saisons – La banquaise (1999, TV)

Franko, Mladen

** 10.10.1937 Fiume (Italien, heute: Rijeka, Kroatien).* Komponist kroatischer Herkunft, studierte in München, schreibt Unterhaltungs-

und Filmmusik. Er arbeitete u.a. mit → Gerhard Narholz zusammen.
Film: Das sündige Dorf

Franz, Siegfried Walter

** 14.8.1913 Mannheim, † 14. 3.1989 Hamburg*. Dt. Film- und TV-Komponist.
Filme: Canaris (1954) – Drei Birken auf der Heide (1956) – Dr. Crippen lebt (1957) – Madeleine und der Lügner (1957) – Nachts wenn der Teufel kam (1957) – Nachtschwester Ingeborg (1958) – Das Mädchen vom Moorhof (1958) – Dorothea Angermann (1958) – Der Arzt von Stalingrad (1958) – Ein wunderbarer Sommer (1958) – Arzt ohne Gewissen (1959) – Frau Warrens Gewerbe (1959) – Die Fastnachtsbeichte (1960) – Hauptmann, Deine Sterne (1960) – Geliebte Hochstaplerin (1961) – Das Leben von Adolf Hitler (Dok., 1961) – Das letzte Kapitel (1961) – Der Lügner (1961) – Die glücklichen Jahre der Thorwalds (1962) – Rebellion (1962) – Die Engel von St. Pauli (1969) – Jürgen Rolands St. Pauli Report (1971) – Schulmädchenreport 3 (1972) – The Last Command (1928!, Nachvertonung!) – TV: Stahlnetz

Franzetti, Carlos Alberto

** 3.6.1948 Buenos Aires, Argentinien*. Studierte Komposition in seinem Heimatland, ehe er 1970 nach Mexiko ging. Er studierte dann an der Juilliard School in N.Y. und und arbeitete dann im Jazz/Fusion-Genre als Keyboarder und Arrangeur mit Ray Barretto, Paquito D'Rivera, Joe Farrell, Mercedes Sosa, Chaka Khan, dem Boston Pops Orch., der Carnegie Hall Jazz Band und dem American Symphony Orchestra.
Filme: Beat Street – Misunderstodd – Eversmile New Jersey – The Mambo Kings – Q & A – See You in the Morning

Fraser, Dave

(David), Pianist, Komponist, Arrangeur und Produzent aus Neuseeland, für den Film tätig seit 1977. Er arbeitete u.a. auch für Redwing und Roger Whittaker.
Filme: Solo (1977) – Beyond Reasonable Dobut (Jenseits von allen Zweifeln, 1980) – Treasure of the Yankee Tephyr (1981) – Wild Horses (1982) – The Lost Tribes (1983) – Constance (1984) – Hot Target (1985)

Fraser, Ian

** 23.8.1933 Hove (East Sussex), England.*
Filme: Scrooge (1970) – Torn Between Two Lovers (1979, TV) – Hopscotch (1980) – First Monday in October – Zorro, the Gay Blade (1981) – Life of the Party: The Story of Beatrice (1982, TV)

Fraser, Jill

** 11.10.1952 Cincinnati, Ohio, USA.*
Filme: Personal Best (1982, mit Jack Nitzsche) – Cutting Class (1989)

Frederick, Jesse

** 25.6.1948 in ?*. US-Komponist und Songschreiber, für den Film tätig seit 1978.
Filme: Eyre (1978) – The Last Horror Film (1982) – Mission to Kill (1986) – Aloha Summer (1988) – Two of a Kind (1989, TV)

Freebairn-Smith, Ian

** 4.3.1932 in ?*. US-Komponist, Songschreiber, Arrangeur. Arbeitete für Film, TV und Schallplatte, als Arrangeur mit Folk-, Jazz- und Rock-Interpreten wie Phil Ochs, Stephen Bishop, John Klemmer, Judy Kaye, den Hi-Lo's u.a.
Filme: Voice of the Hurricane (1964) – Dream of Glass (1968) – The Strawberry Statement (1970) – The Hazing (1977) – Deadly Lessons (1983, TV)

Freed, Arthur

** 9.9.1894 Charleston, S.C., USA, † 12.4.1973 L.A.* Songtexter mit einer langen Karriere im Film, Bruder von → Ralph und Walter Freed (* 19.6.1903 Spokane, Wa.) und der Komponistin Ruth Freed (-Akst, Ps. Patty Fisher). Wuchs in Seattle auf, erste Jobs im Vaudeville, dort erste Songs mit Louis Silvers. Nach dem 1.Weltkrieg wurde er Theater-Manager in L.A. Begann 1929 für den Film zu arbeiten, meist mit Nacio Herb Brown, aber auch mit Gus Arnheim, Al Hoffman, Harry Warren, Burton Lane, Roger Edens. Er wurde schließlich Produzent; unter seiner Ägide entstanden die besten MGM-Musicals der 30er und 40er Jahre, u.a. »Babes in Arms«, »Ziegfeld Follies«, »The Wizard of Oz«, »Meet Me in St. Louis«, »The Pirate«, »Royal Wedding«, »Annie Get Your Gun«, »Singin' in the Rain«, »The Band Wagon«, »Silk Stockings«, »Gigi«, »Bells Are Ringing«. Von 1963–66 war er Präsident der Academy of Motion Picture Arts and Sciences.

Filme (mit Song-Texten von A.F.): The Broadway Melody – The Hollywood Revue (Singing in the Rain u.a.) – The Pagan (1929) – Lord Byron of Broadway – Montana Moon (1930) – Blondie of the Follies (1932) – The Barbarian – Hold Your Man – Stage Mothers – Gone Hollywood (Temptation u.a., 1933) – Sadie McKee – Hollywood Party – Student Tour (1934) – Broadway Melody of 1936 (You Are My Lucky Star) – A Night at the Opera (1935) – San Francisco (Would You?) – Broadway Melody of 1938 (1937) – Babes in Arms (Good Morning, 1939) – Strike Up the Band (Our Love Affair, 1940) – Little Nelly Kelly (1940, Songs, + R.Edens, Lew Brown,G.M.Cohan) – Lady Be Good (1941) – Meet Me in St.Louis (1944, Gesangsstimme von Leon Ames) – Yolande & the Tief (1945) – Ziegfeld Follies (This Heart of Mine, 1946) – Pagan Love Song (1950) – Singin' in the Rain (Titelsong u.a., 1952)

Freed, Fritz

(eigentl. Friedrich Goldblum), * *21.12.1903 Wien, † 31.8.1983 Paris.*

Film: Der keusche Joseph (1930, + A.Profes, Kurt Schwabach)

Freed, Ralph

* *1.5.1907 Vancouver, Kanada, † 13.2.1973 Calif., USA.* Songtexter und -Komponist der 30er und 40er Jahre, Bruder von → Arthur Freed. Begann 1934 Songs zu schreiben, arbeitete ab 1937 für den Film, z.T. mit Sammy Fain, Burton Lane, Harry Barris. Bekannte Songs: *You Leave Me Breathless, Little Dutch Mill, Who Walks in When I Walk Out, How About You?.*

Freeman, Ernie

(Ernest Aaron), * *6.8.1922 Cleveland, Ohio, USA, † 16.5.1981 North Hollywood.* F. begann Mitte der 50er Jahre als Pianist und Produzent zu arbeiten (u.a. für Paul Anka) und nahm ab 1955 eigene Platten auf. 1956 mit Combo im Film »Rock Around the Clock«, 1957 hatte er Hits mit *Dumplins* und *Raunchy*, Cover-Versionen von Doc Bagby und Bill Justis und war auch für andere Hits auf dem Liberty-Label verantwortlich, so *Percolator (Twist)* von Billy Joe & the Checkmates. Er arrangierte u.a. für Edie Adams, Ernie Andrews, Vicky Carr, June Christy, Vic Damone, Connie Francis, Tommy Garrett, Dean Martin, Sammy Davis, Jr., Julie London, Frank Sinatra, Keely Smith, Mel Tormé und Si Zentner, auch für TV (»The Idol«) und Film und war zehn Jahre in A&R-Funktion bei Reprise Records.

Filme u.a.: The Double Man (Der doppelte Mann, UK 1966) – The Cool Ones (1967) – Double Negative (Der Killer aus dem Dunkel, 1967) – Duffy (Duffy, der Fuchs von Tanger, 1968) – The Pink Jungle (Die Schurken von Bolivar, 1968)

Freeman, Ned

* *27.12.1895 Hallowell, Maine, USA, † Juni 1985.*

Filme: Northwest Outpost (UK 1947, Arr.) – Ride the Man Down (1952) – Jungle Drums of Africa (1953)

Fricke, Florian

* *23.2.1944 Lindau, † 28.12.2001 München.* Studierte Piano und Komposition an der Freiburger Musikhochschule und bei Rudolf Hindemith in Furth bei München, studierte Klavier an der Musikhochschule Freiburg i.Br. Schrieb Musik- und Film-Kritiken, entdeckte fur sich den Moog-Synthesizer, gründete die Popgruppe Popol Vuh, die zunächst mit elektronischen Klängen experimentierte, sich dann aber auf akustische Instrumente konzentrierte. Er war einer der Vorreiter der »Kraut Rock«-Elektronik oder der »Kosmischen Musik«. F. arbeitete seit 1972 als Filmkomponist mit dem Regisseur Werner Herzog* zusammen.

Filme: Wintermärchen (1971) – Aguirre oder Der Zorn Gottes* (1972) – Die große Ekstase des Bildschnitzers Steiner (1974) – Herz aus Glas* (1976, + Studio der Neuen Musik) – Nosferatu: Phantom der Nacht* (1978) – Fitzcarraldo* (1981) – SL-1 (1984, Dok.) – Grasherbrunn, der leuchtende Berg (1984) – Cobra Verde* (1987) – Al Gatun (1990) – Il goccio delle ombre (1991) – Dragon: The Bruce Lee Story (1993)

Fried, Gerald

** 13.2.1928 N.Y., USA.*

Filme: Killer's Kiss (Der Tiger von New York, 1955) – Timbuktu (1956) – The Killing (Die Rechnung ging nicht auf, 1956) – The Vampire (Immer bei Anbruch der Nacht, 1957) – Paths of Glory (Wege zum Ruhm, 1957) – Trooger Hook (1957) – The Return of Dracula (1958) – Terror in a Texas Town (Sturm über Texas, 1958) – The Killing of Sister George (Das Doppelleben der Sister George, 1959) – A Cold Wind in August (Kalter Wind im August, 1960) – The Second Time Around (Stern im Westen, 1961) – The Cabinet of Caligari (Das Kabinett des Dr. Caligari, 1962) – Killer's Kiss (Der Tiger von New York, 1964) – Solo for U.C.L.E. (Krieg der Spione, 1965) – Whatever Happened to Aunt Alice? (1968) – Too Late the Hero (Zu spät für Helden: Antreten zum Verrecken, 1969) – The Grissom Gang (Die Grissom Bande, 1971) – Birds do it, Bees do it (1975) – TV: Immer wenn er Pillen nahm – I Will Fight No More Forever (1975) – Roots (mit Quincy Jones, 1977) – Roots: The Next Generation (1979)

Friedhofer, Hugo William

(Hugo Wilhelm), ** 3.5.1902 San Francisco, Calif., USA, † 17.5.1981 Hollywood.* Bedeutender Filmkomponist deutscher Abstammung der 40er bis 60er Jahre. Spielte Violoncello in Theaterorchestern, studierte bei Domenico Brescia, Ernst Toch und Nadia Boulanger. Erste Filmarbeit als Orchestrator 1929 für 20th Cent. Fox, arbeitete ab 1934 bei Warner Brothers, u.a. für → Leo F. Forbstein, → Max Steiner, → E. W. Korngold, für die letzteren auch, weil diese zunächst kein Englisch konnten. Seine erste eigene Arbeit war 1938 die Musik zu »Die Abenteuer des Marco Polo«. Einen Oscar erhielt er 1946 für »The Best Years of Our Lives«. Er war verheiratet mit der Sängerin und Pianistin Jeri Southern (1920–1991).

CD: OST, One-Eyed Jack, Tsunami TSU 0114 – OST, Seven Cities of Gold/Above & Beyond, TCI 0611 – OST, The Best Years of Our Lives, PR 1779 – OST, This Earth is Mine, Varèse VSD-5403

Filme: Now I'll Tell (1934) – Trail of the Lonesome Pine (1936, + G.Carbonara) – The Adventures of Marco Polo (Die Abenteuer des Marco Polo, 1938) – Made for Each Other (1938, + D.Buttolph, Thema: Oscar Levant) – The Adventures of Robin Hood (1938, Arr. mit Milan Roder; Score: E.W.Korngold) – The Oklahoma Kid (Arr) – We Are Not Alone (Arr, 1939) – Dark Victory (1939, Arr., Score: Max Steiner) – A Dispatch from Reuter's (Mann mit Phantasie, Arr) – The Letter (Arr, Score: M.Steiner, 1940) – Casablanca (Arr., Score: Max Steiner, 1942) – Desparate Journey (Hollywood und die Nazis, Arr., Score M.Steiner, 1942) – China Girl – They Came to Blow Up America – Chetniks – Paris After Dark (1943) – Lifeboat (Rettungsboot) – The Lodger (Scotland Yard greift ein, 1944) – Roger Touhy, Gangster (1944) – Wing and a Prayer (1944) – Home in Indiana (1944, Dir. E. Newman) – The Women in the Window (Gefährliche Begegnung, 1944, + Arthur Lange) – Along Came Joan (1945, + Arthur Lange, Charles Maxwell) – Brewster's Millions (Hilfe, ich bin Millionär!) – Getting Gertie Carter (1946) – The Bandit of Sherwood Forest (Der Bandit und die Königin, 1946) – Gilda (1946, Dir. Stoloff, M.Skiles) – So Dark the Night (1946) – The Best Years of Our Lives (Die besten Jahre unseres Lebens, 1946, Oscar!) – Body and Soul (Jagd nach Millionen (1947) – The Bishop's Wife (Jede Frau braucht einen Engel, 1947) – The Swordsmen (Blutfehde, 1947) – Wild Harvest (Rauhe Ernte, 1947) – A Song Is Born (Die tollkühne Rettung der Gangsterbraut Honey Swanson, 1948) – Joan of Arc (Johanna von Orleans, 1948; Dir. E.Newman) – Adventures of Casanova (Abenteuer in Sizilien, 1948) – Sealed Verdict (1948) – Black Bart (Die schwarze Maske, 1948) – Bride of Vengeance (1948) – Enchantment (Betrogene Jugend, 1948) – No Man of Her Own (Entgleist, 1949) – Rosenanna McCoy (1949) – The Sound of Fury (Aufruhr in Santa Sierra, 1950) – Edge of Doom (Auf des Schicksals Schneide, 1950) – Guilty of Treason (1950) – Three Came Home (Drei kehrten heim, 1950, Dir. L.Newman) – Captain Carey, USA (1950) – Broken Arrow (Der gebrochene Pfeil, 1950) – Edge of Doom (Auf des Schicksals

Schneide, 1950) – Two Flags West (Vorposten in Wildwest, 1950) – Ace in the Hole (Reporter des Satans, 1951) – Queen for a Day (1951) – Try and Get Me (1951) – Rancho Notorious (Engel der Gejagten, 1952) – The Outcasts of Poker Flat (Die Frau des Banditen, 1952) – Above and Beyond (Letzte Entscheidung, 1952) – The Marrying Kind (Happy End ... und was kommt dann?, 1952) – Lydia Bailey (Schwarze Trommeln, 1952) – Just for You (Nur für Dich, 1952; Dir. E.Newman, Songs: Warren/Robin) – Above and Beyond (Die letzte Entscheidung, 1952) – Face to Face (1952) – Thunder in the East (Donner in Fernost, 1952) – Island in the Sky (Das letzte Signal; OST: Decca DL 7029) – Hondo (Man nennt mich Hondo, 1953; Dir. E.Newman) – Vera Cruz (1954) – White Feather (Die weiße Feder, 1955) – The Rains of Ranchipur (Der große Regen, 1955) – Soldier of Fortune (Treffpunkt Hongkong, 1955) – Violent Saturday (Sensation am Sonnabend) – The Girl in the Red Velvet Swing (Das Mädchen auf der roten Sammetschaukel, 1955) – Seven Cities of Gold (Die sieben goldenen Städte, 1955) – The Harder They Fall (Schmutziger Lorbeer, 1955) – The Revolt of Mamie Stover (Bungalow der Frauen, 1956) – Between Heaven and Hell (1956) – Boy an A Dolphin (Der Knabe auf dem Delphin, 1957; OST: Decca DL 8580) – The Sun Also Rises (Zwischen Madrid und Paris, 1957; OST: Kapp 7001) – Oh Men! Oh Women! (1957) – An Affair to Remember (1957) – The Young Lions (Die jungen Löwen, OST: Decca DL 8719) – In Love and War (Hölle, wo ist dein Schrecken?, 1957; OST: Preamble RRCD 1777) – The Barbarian And the Geisha (Der Barbar und die Geisha, 1958; OST: 20th Fox 3004) – The Bravados (Bravados, 1958) – In Love and War (Hölle, wo ist dein Schrecken, 1958) – One-Eyed Jacks (Der Besessene, 1959; OST: Liberty LOM 16001) – The Blue Angel (Der blaue Engel, 1959) – Women Obsessed (Ungebändigt, 1959) – This Earth is Mine (Diese Erde ist mein, 1959) – Never so Few (Wenn das Blut kocht, 1959) – Homicidal (Mörderisch, 1961) – Geronimo (Das letzte Kommando, 1962) – Beauty and the Beast (Die Schönheit und das Ungeheuer, 1962) – The Secret Invasion (Geheimauftrag Dubrovnik, 1964) – Richthofen and Brown (Der Rote Baron, 1970) – Private Parts (Endstation Horror, 1972)

Friedl, Franz R.

(Franz René F., PS. René Jacques), ** 30.5.1892 Oberkappel/Bezirk Linz, Österreich, † 5.2. 1977 Berlin.* Bratschist und Komponist, schrieb ab 1934 Filmmusiken.

Filme: Schloß Hubertus (1934) – Rivalen der Luft (1934, + H.Windt) – Frischer Wind aus Kanada (1935) – Die Heilige und ihr Narr (1935) – Die Stützen der Gesellschaft (1935) – Kater Lampe (1936) – Flitterwochen (1936) – Annemarie (1936) – Das Ehesanatorium (1938) – Es leuchten die Sterne (1938) – Liebelei und Liebe (1938) – Rätsel der Urwaldhölle (1938) – Der Edelweißkönig (1939) – Ruf an das Gewissen (1945, UA 1950) – Quartett zu Fünft (1949) – Bürgermeister Anna (1950) – Es geht nicht ohne Gisela (1951) – Kanaillen (1957)

Friedman, Gary William

Filme: Foreplay (1975) – Survival Run (1980) – Full Moon High (1982) – My Two Loves (1986, TV) – Night of Courage (1987, TV) – Who Gets the Friends (1988, TV) – Liberace (1988, TV) – Bump in the Night (1991) – The Goodbye Bird (1993)

Friedman, Irving

(»Izzy«), ** 25.12.1903 Linton, Ind., USA, † 21.11.1981.* F. war in den 20er Jahren als Klarinettist und Saxophonist aktiv in der New Yorker Tanzmusik- und Jazz-Szene; er spielte u.a. bei Vincent Lopez, Paul Whiteman und war an zahlreichen Schallplattensessions beteiligt, u.a. mit Bix Beiderbecke, Frank Trumbauer und Eddie Lang. 1930 mit der Whiteman-Band im Film »King of Jazz«. 1930 ließ er sich in Hollywood nieder und arbeitete in den Warner Brothers Studios, 1932 organisierte er dort das erste permanente Studio-Orchester. Von 1934 bis 1943 war er stellvertretender Leiter der Musikabteilung, hatte eine ähnliche Funktion bei MGM 1943–46 und von 1946–49 in den Eagle-Lion Studios. 1950 gründete er die Fa. »Primrose«, die Musik und Klangeffekte für zahlreiche TV-Sendungen und TV-Serien (»Dennis the Menace« 1959–63) produzierte.

Film: Stepchild (1947, Score: M. Silva)

Friend, Cliff

** 1.10.1893 Cincinnati, Ohio, USA, † 27.6. 1974 Las Vegas.* Songschreiber der 20er bis in die 50er Jahre. Studierte am Konservatorium in Cincinnati, arbeitete als Testpilot und später als Pianist für Harry Richman u.a. Vaudeville-Künstler. Ab 1921 schrieb er für eine Reihe von Broadway-Shows, später auch für den Film. Mitarbeiter waren Dave Franklin, Lew Brown, Sidney Clare, Billy Rose, Irving Caesar, Abel Baer, Charles Tobias und Carmen Lombardo.

Songs u.a.: Maybe, Someday (Film: *The Golden Calf,* 1930) – The Sweetest Music This Side of Heaven (Film: *Many Happy Returns,* 1934) – Time Waits for No One (Film: *Shine on Harvest Moon,* 1944)

Friml, Rudolph Charles

(eigentl. Rudolf Carl Frimel), * *2.12.1879 Prag, † 12.11.1972 Hollywood.* Der Operettenkomponist studierte in seiner Heimatstadt und bereiste als Pianist 1901 und 1906 mit dem Geiger Jan Kubelik die USA. 1912 schrieb er für den erkrankten Victor Herbert die Bühnenmusik zu »The Firefly«, die ihn über Nacht bekannt machte. Ab 1913 zählte F. neben V. Herbert und S.Romberg zu Amerikas populärsten Neutönern, deren Werke man noch »Operetta« nannte, nicht Musical. Die F.-Highlights »Rose Marie« (1924) und »The Vagabond King« (1925) mit den Hits *Indian Love Call* und *Only a Rose* gingen in das Standardrepertoire ein und wurden 30 Jahre nach ihrem Entstehen verfilmt. Er ist der Vater des Komponisten William Friml (20.3.1921 N.Y.-1.3.1973 Loma Linda, Calif.)

Filme: Rose Marie (1936) – The Firefly (1937; Dir. H.Stothart) – Northwest Outpost (Ich kann mein Herz nur einmal verschenken, 1947) – The Vagabond King (1956) – Rose Marie (1956)

Fritz, Jürgen

Filme: Eine Frau für gewisse Stunden (1984) – Es ist nicht leicht ein Gott zu sein (1989)

Frizzell, John

* *1966 N.Y.C., USA.* Sang mit zehn Jahren im Knabenchor der Pariser Oper, studierte später an der Univ. Of California School of Music und der Manhattan School of Music. Der vielseitige F. hatte seine erste Filmarbeit als Synthesizer-Spieler und Arrangeur bei R. Sakamotos Film »Wild Palms«, seine erste Kompositionsarbeit war die Musik zur kurzlebigen TV-Serie »VR 5«.

Filme: Red Ribbon Blues (1995) – The Rich Man's Wife (1996, Songs) – The Empty Mirror (1996) – Beavis and Butthead Do America (1996, Cartoon) – Alien Resurrection/Die Wiedergeburt (1997, OST: RCA) – Dante's Peak (1997) – I Still Know What You Did Last Summer (1998) – Teaching Mrs. Tingle (1999) – Office Space (1999) – Lockdown – Beautiful (2000) – 13 Ghosts (13 Geister, 2001, OST: Varèse) – Josie and the Pussycats (2001) – James Dean (2001, TV) – Thir13en Ghosts (2001, TV) – Slap Shot: Breaking the Ice (2002) – Ghost Ship (2002) – Scorched (2002) – Gods and Generals – Cradle 2 the Grave (2003)

Frizzi, Fabio

* *2.7.1951 Bologna.* Ital. Komponist, arbeitete seit 1975 für den Film, u.a. für die Produzenten Fabrizio de Angelis und Ugo Tucci und den Regisseur Lucio Fulci.

Filme: Fantozzi (1975) – Le avventure e gli amori di Scaramouche (1976) – Sette notte in Nero (1978) – Zombi 2 – Manaos (1979) – Luca il contrabbandiere – Paura nelle citta del mondi viventi (1980) – Pajaros de ciudad – ..E tu vivrai nel terrore! – L'Aildila (1981) – Manhattan Bany – Amiche mie (1982)

Soundtrack mit der Musik von John Frizzell

– Delitto al Blue Gay (1984) – Superfantagenio – Sensi (1986) – Bridge to Hell – Alladin (1987) – Un gatto nel cervello (1990) – Fantozzi 200: La cloniamone (1999)

Froboess, Gerhard

** 10.5.1906 Weißwasser (Oberlausitz), † 26.2. 1976 Berlin.* Dt. Komponist von Schlagern (*Pack' die Badehose ein*) und Unterhaltungsmusik, Vater der Sängerin und Schauspielerin Cornelia F.

Filme: Ideale Frau gesucht (1952) – Laß die Sonne wieder scheinen (1955) – Ja, so ein Mädchen mit sechzehn (1959) – Meine Nichte tut das nicht (1960)

Froese, Edgar

** 6.6.1944 Tilsit (heute: Sowjetsk b. Kaliningrad).* Wuchs in Berlin auf, lernte als Autodidakt Gitarre, Komposition und den Umgang mit elektronischen Klängen. Gründete 1970 die Gruppe → Tangerine Dream deren Musik ganz auf elektronischen Sounds basiert und die als Soundtrack-Spezialisten einige Jahre im US-Filmen tätig waren.

Filme in Deutschland: Auf Sch**ßer schießt man nicht (1969) – Von Richtern und anderen Sympathisanten – Brandmale – Kamikaze (1982)

Frontiere, Dominic

** 17.6.1931 New Haven, Conn., USA.* Akkordeonvirtuose und Filmkomponist. Begann als Kind Akkordeon zu lernen, studierte 14 Jahre bei Joe Biviano, spielte zunächst klassische Musik. Interessierte sich dann für moderne Klänge, übertrug Big Band-Arrangements auf sein Instrument. 1952 ging er nach Hollywood und etablierte sich in den Film- u. Schallplattenstudios als gesuchter Musiker. Begann schließlich selbst Filmmusik zu schreiben und stellte das Akkordeon zugunsten dieser neuen Karriere zurück.

Filme: One Foot on Hell (Vergeltung ohne Gnade, 1960) – Seven Thieves (Sieben Diebe, 1960) – The Marriage Go Round (Das Ehekarussell, 1961) – The Right Approach (1961) – Hero's Island (Insel der Gewalt, 1962) – A Global Affair (Staatsaffären, 1963) – Hang 'em High (Hängt ihn höher, 1967) – Popi (1969) – Chisum (1970) – Barquerol (1970) – The Train Robbers (Dreckiges Gold, 1972) – Hammersmith is Out (1972) – Freebie and the Bean (Der Superschnüffler, 1974) – Cleopatra Jones & The Casino of Gold (1975) – Brannigan (Ein Mann aus Stahl, 1975) – The Gumball Rally (Die verrückteste Rally der Welt, 1976) – Washington D.C./Behind Closed Doors (1977, TV) – The Stunt Man (Der lange Tod des Stuntmans Cameron, 1980) – Color of Night – Roar (1981)

TV: The Outer Limits – Stoney Burke – Vegas (1978–90, + Shorty Rogers)

Fryberg, Mart

(eigentl. Martin Friedeberg), ** 18.1.1890 Posen (heute: Poznań, Polen), † 23.10.1952 New York City.* Arbeitete zunächst in Deutschland, emigrierte dann in die USA.

Film: Wenn am Sonntagabend die Dorfmusik spielt (1934, + Schmidt-Boelke)

Fuchs, Carl Emil

** 27.6.1907 Klausenburg (Siebenbürgen, ungar. Kolozsvar, heute Cluj-Napoca, Rumänien).* Wanderte nach Argentinien aus und änderte seine Vornamen in Carlo Emilio.

Filme: Liebe geht wohin sie will (1935) – Junges Blut (1936) – Leidenschaft (1940)

Fuhlisch, Günter

** 1.8.1921 Cottbus.* Dt. Bandleader. Studierte in Leipzig, spielte Posaune 1948–1950 bei Juan Llossas und 1950–1980 im NDR-Tanzorchester, leitete daneben ab 1952 auch eigene Gruppen und war 1955 Mitglied der Deutschen All Stars, d.h. der besten dt. Jazzmusiker. Er arbeitete auch für den Film (»Ach Egon«, Arr.; Musik Heino Gaze, 1961) und wurde 1980 Dirigent des Hafenkonzertorchesters des NDR.

Fuhs, Julian

** 20.11.1891 Berlin, † 4.2.1975 Miami Beach, Florida, USA.* Studierte Klavier am Sternschen Konservatorium in Berlin, wanderte 1910 in die USA aus und kehrte 1924 zurück. Gründete eine »Jazzband« und spielte damit in Berli-

ner Tanzlokalen, Kabaretts und Revuen. 1933 verließ er Deutschland, nachdem auf ihn und sein Lokal (er war Jude) Überfälle verübt worden waren. In den USA konnte er sich als Musiker aber nicht mehr durchsetzen. Schallplatten 1925–30 für Homocord, Electrola, Beka, Odeon und Ultraphon.
Film: Fidele Razzia

Fuller, Parmer
* *15.7.1949 San Francisco, Calif., USA*. Arbeitet seit 1981 für den Film, meist für Thriller und Horrorfilme.
Filme: Saturday the 14th (1981) – Saturday the 14th Strikes Back – Time Trackers – White Ghost (1988) – The Night Visitor (1989) – Spirit of the Eagle – Mortal Passions – Femme fatale (1990) – Desparate Motive – Ulterior Motives (1992) – Reflections on a Crime – The Silence of the Hams (1994) – Daddy's Girl (1996)

Funk, Heinz
* *18.5.1915 Hennef/Sieg*. Der ausgebildete Tonmeister leitete ein Akkordeon-Orchester und war Deutscher Akkordeon-Meister, ehe er von Regisseur Jürgen Roland zum Film geholt wurde. Er schrieb Musiken für Spielfilme, TV- und Werbefilme.
Filme: Der grüne Bogenschütze – Die Bande des Schreckens (1960) – Stahlnetz: E 605 (1960, TV) – Die toten Augen von London (1961) – Die seltsame Gräfin (1961) – Stahlnetz: In der Nacht zum Dienstag (1961, TV) – Stahlnetz: In jeder Stadt (1962, TV) – Hafenpolizei (1962, TV-Serie) – Gestatten, mein Name ist Cox (1964, TV-Serie) – Polizeifunk ruft (1965, TV-Serie) – Die Gentlemen bitten zur Kasse (1966, TV) – Wegen Reichtum geschlossen – Otto und die nackte Welle (1968)

Fürchtenicht, Hermann
* *30.7.1902 Göttingen, † 1944*. Die Identität des Komponisten ist nicht einwandfrei geklärt, er ist jedenfalls nicht identisch mit Herms Niel (Hermann Nielebock), wie oft angegeben.
Film: Grüß' mir die Lore noch einmal (1934, + F. Wenneis)

Furst, Baby Lopez
(Ruben Lopez Furst), * *26.7.1937 Buenos Aires*. Argentinischer Komponist, arbeitet seit 1983 für den Film. Er ist der Sohn des Komponisten Lopez F., der für argent. und US-Filme arbeitete (»The Eavesdropper«, 1966).
Filme: Esperame mucho – El desquite (1983) – Asesinato en el senato de la naciòn – En retirada (1984) – Mmentos robados (1997) – El faro del sur (1998)

Fusco, Giovanni

* *10.10.1906 Sant'Agata dei Goti, (Benevento, Kampanien), † 30.5.1968 Rom, Italien*. Bruder des Komponisten Tarchisio F. (27.5.1904–1.1.1962). Studierte Klavier und Komposition an der Accademia di Santa Cecilia in Rom, sang im Chor der Peterskirche. Er komponierte zwei Opern (»La scala di seta« und »L'ultimo Venuto«), eine Sinfonie (»Balletto«) und Lieder. Begann 1936 für den Film zu arbeiten, schrieb die Musik für vier Kurzfilme von Antonioni.
Filme: Martin Roumagnac (1946) – Cronica di un amore (Chronik einer Liebe, 1950) – La signora senza camekie (1953) – I vinti (1953) – La signora senza camelie (Die Dame ohne Kamelien, 1953) – Le amiche (Die Freundinnen, 1955) – Il Grido (Der Schrei, I 1957) – Aphrodite nea dell'amore (Aphrodite, Göttin der Liebe, 1958) – Hiroshima mon amour (F/Japan 1959, + G. Delerue) – Il cosacci (Aufstand der Tscherkessen, 1959) – Il rossetto (Unschuld im Kreuzverhör, 1960) – L'avventura (1960) – I delfini (1960) – La Guerra di Troia (Kampf um Troja (I/F 1961) – Il Mare (1962) – L'eclisse (1962) – I fuorileggi del matrimonio (1963) – Gli indifferenti (1964) – Deserto rosso (Rote Wüste, 1964) – La guerre est fini (Der Krieg ist vorbei, F/S 1966) – Sovverivi (1967)

Fux, Frank
→ Frank Fox

G

Gabriel, Peter

* *13.2.1950 London, England.* G. war sieben Jahre Front-Mann der Rock-Gruppe »Genesis«, ehe er 1975 eine Solo-Karriere begann. Seine experimentelle, vom Minimalismus beeinflusste Musik war umstritten, aber erfolgreich. Er wurde politisch aktiv, wandte sich gegen den Rassismus in Südafrika (*Biko*), wurde tätig für Amnesty International und wandte sich der Weltmusik zu, so in der Zusammenarbeit mit dem Senegalesen Youssou N'dour. 1984 schrieb er die Musik für den Alan Parker-Film »Birdy«.

Lit.: Spenser Bright, P.G., An Authorized Biography. – Mick St.Michael, In His Own Words

Filme: Birdy (1985) – The Last Temptation of Christ (Die letzte Versuchung Christi, 1989)

Gade, Jacob (Thune Hansen)

* *29.11.1879 Vejle (Jütland), † 20.3.1963 Torø Huse.* Komponist des Tango-Klassikers *Jalousie.*

Film: Täter gesucht (1931, + B. Homola)

Gaillard, Marius François

* *13.10.1900 Paris, † 23.7.1973 ebd.* Frz. Komponist, schrieb schon in den 20er Jahren Musik für Filme des vom Impressionismus beeinflussten Regisseurs Marcel L'Herbier (1890–1979) (»El Dorado«, 1921). Nach 1945 arbeitete er in England, so für »Forty Million People« (Dok.) und »The Convict Has Escaped« (1947).

Gainsbourg, Serge

(eigentl. Lucien Ginzburg), * *2.4.1928 Paris, Frankreich, † 2.3.1991 ebd.* Frz. Chansonsänger und -komponist. Begann als Bar-Pianist, schrieb ab 1958 Chansons, die er seit Mitte der 60er Jahre auch selbst interpretierte, obwohl er lieber für andere Interpreten schrieb, so für Sacha Distel, Juliette Greco (*l'Akkordéon*) und Johnny Hallyday. Für Brigitte Bardot schrieb er *Je t'aime ... moi non plus*; die Platte war ihr dann zu anzüglich und wurde nicht veröffentlicht. G. sang das Lied daraufhin mit seiner Lebensgefährtin Jane Birkin selbst – es wurde sein größter Hit. G. ist der Vater von Charlotte G.

Filme: L'eau à la bouche (1959) – Les loupes dans la bergerie (1960) – La lettre dans un taxi (1962, TV) – Strip-tease (1963) – Dix grammes d'arc-en-ciel (1963) – Comment trouvez-vous ma sœur? (1963) – Les plus belles escroqueries du monde (1964) – Le jardinier d'Argenteuil/Tulipe (Blüten, Gauner und die Nacht von Nizza, D/F 1966) – Anna (1965, TV) – The Defector (1966) – Les cœurs verts (1966) – Carré de dames pour un as (1966) – Vidocq (1967, TV-Serie) – L'une ez l'autre (1967) – Toutes folles de lui (1967) – Si j'étais un espion

Filmplakat »El Dorado«, Musik: Marius François Gaillard

(1967) – Le pacha (1967) – L'inconnue de Shandigor (1967) – L'horizon (1967) – Ce sacré grand-père – Anatomie d'un mouvement (1967) – Le lapin de noël (1967, TV) – Vivre la nuit (1967) – L'une et l'autre (Die eine und die andere, 1967) – L'espion (Lautlose Waffen, F/D 1968) – Manon 70 – Paris n'existe pas (1968) – La naissance d'une chanson (1968, Chanson : *Initials BB*) – Mini-midi (1968) – Mr. Freedom (1969, Chanson) – Une veuve en or (1969, Chanson: *La fille qui fait tchic ti tchic*) – Slogan – Les chemins de Katmandou – Cannabis (1969) – La horse (1970) – Piggies (1970, TV) – Romance of a Horsethief (1971, Chanson: *La noyeé*) – 19 djevojaka i Mornar (1971) –Trop jolies pour être honnêtes (1972) – La dernière violette (1972) – Sex Shop (F/I 1972) – La projection privée (1973) – Je t'aime, moi non plus (1975) – Madame Claude (1977) – Goodbye Emmanuelle (1977) – Aurauis dú faire gaffe...le choc est terrible (1977) – Tapage nocturne – Melancholy baby (1979) – Je vous aime (1980) – Le physique et le figure (1981) – Equateur (1983) – Mode en France (1985) – Tenue de soirèe (Abendanzug, 1985) – Charlotte for Ever (1986) – Jane B. par Agnès V. (1987) – Stan the Flasher (1990) – Elisa (1995, Titelsong) – En avoir (ou pas) (1995) – Soldier's Daughter Never Cries (1998, Chansons: *Teenie Weenie Boppie, Di Doo Dah*) – Emporte-moi (1999, Chanson : *Les amours perdues*)
CD: Le Cinema de S. G., EmAcy 586516-2

Gamley, Douglas

** 13.9.1924 Melbourne, Australien, † 5.2. 1998 London.* Australischer Komponist, verheiratet mit der Sängerin Ailsa Gamley.
Filme: High Flight (Kameraden der Luft, UK 1957, + Ken Jones; Titel-Marsch von Eric Coates) – Another Time, Another Place (Herz ohne Hoffnung, 1958) – Gideon's Day (1958) – Tom Thumb (Der kleine Däumling, 1958, + Ken Jones) – Beyond This Place (Hinter diesen Mauern, 1959) – Foxhole in Cairo (UK 1960, + Ken Jones, Wolfgang Röhrig) – Light Up the Sky (1960) – City of the Dead (Stadt der Toten, UK 1960, + Ken Jones) – Tales from the Crypt (Geschichten aus der Gruft, 1972) – Asylum (1972) – Irrgarten des Schreckens (1972) – And Now the Screaming Starts (1973) – Vault of Horror (1973) – From Beyond the Grave (1973) – Madhouse (Das Schreckenshaus des Dr. Death, 1973) – The Land That Time Forgot (1975) – The Beast Must Die (1975)

Gandini, Gerardo

** 16.10.1936 Buenos Aires, Argentinien.*
Film: La Nube (1998)

Gannon, Kim

(James Kimble), ** 18.11.1900 Brooklyn, N.Y., USA, † 29.4.1974 Lake Worth, FL.* Songtexter der 40er und 50er Jahre. Studierte an der Albany Law School, begann 1939 Texte zu schreiben, arbeitete auch für Filme und 1951 für die die Broadway-Show »Seventeen«. Mitarbeiter waren Max Steiner, J. Fred Coots, Mabel Wayne, Walter Kent, Jule Styne, Joe Myrow. Bekannte Songs: *I Understand, Moonlight Cocktail, Under Paris Skies, Autumn Nocturne.*
Filme: Always in My Heart (1942) – The Powers Girls (1943) – Shine On Harvest Moon (1944)

Garcia Abril, Antón

** 19.5.1933 Teruel.* Spanischer Komponist; arbeitete in den 60er bis 80er Jahren für den Film, u.a. für die Regisseure Mario Camús, Amando De Ossorio und Eugenio Martin.
Filme: The Savage Guns (1962) – Texas, addio – La isla de la muerte (1966) – El Cobra (1968, TV) – Orbita mortal (1968) – The Werewolf vs. The Vampire Woman (1970) – La noche del terror ciego (1971) – Pancho Villa – El ataque de los muertos sin ojos (1972) – El Buque maldito (1974) – Los pajaros de Baden-Baden (1975) – Tengamos la guerra en paz – El Perro (The Dog, 1977) – Hasta que el matrimonio nos separe – Los dias del pasado – Vota e Gundisalvo (1978) – El crimen de cuenca – Cince tenedores (1980) – Gary Cooper, que estas en los cielos (1981) – La colmena (1982) – Los santos inocentes (1984) – Requiem por un campesino español (1985) – Romanca fina! – La rusa (1987) – Matar al nai (1988) – Caminos de Tiza (1989)

Garcia Morcillo, Fernando

** 25.2.1916 Valdemoro/Madrid, Spanien.*
Filme: Horas inciertas (1951) – Solea la Montesa – Esmeralda la Gitanilla (1952) – Cabaret – Maria Dolores – El milagro del sacristán (1954) – La pa-

trulla – La ciudad de los sueños – Tres huchas para oriente (1954) – La montaña de arena – Al fin solos (1955) – Polvorilla (18956) – Torero por alegrias – Los maridos no cenan en casa – Una crus en el infierno (1957) – Saeta del ruiseñor (1957, Songs) – El fotogénico (1957) – Familia provisonal – Muchachas en vacaciones – Villa alegre (1958) – Bombas para la paz – Carretera general – Pescando millones (1959) – Ursus – Despedidia de soltero (1961) – Lo tarantos (1962) – Juicio contra un ángel – Hombre de la diligencia – El secreto del Dr. Orloff (1964) – Fuerte perdido – Julieta engaña a Romeo – Suena el clarin – El halcón de Castilla – La cesta (1965) – Algunas lecciones de amor – El tesoro de makuba – Fantasia...3 – Dos mil dólares por Coyote (1966) – Camerino sin biombo – El milagro del cante (1966) – Joe Navidad – Flame Over Vietnam (1967) – El casa de las dos bellezas (Rote Lippen, 1967) – Una bruja sin escoba (1967) – Bésame monstruo (Küss mich, Monster, 1969) – Las joyas del diablo – Algo amargo en la boca (1969) – Monte de las brujas (1972) – La descarrida – Vudú sangriento – Nadie oyó gritar (1973) – La noche de los brujos (1974) – Divorcio a la andaluza (1975) – A mi qué importa que explote Miami (1976) – Blues de la calle pop (1983) – Cuanto cobra un espia? – Operación Mantis – Mi amigo el vagabundo (1984) – Pito para tres (1985) – Las chicas del tanga (1987)

Garcia, Russel E.

** 12.4.1916 Oakland, Calif., USA.* Studierte u.a. bei Mario Castelnuovo-Tedesco, spielte in den 40er Jahren Bariton-Saxophon bei Horace Heidt und Al Donahue, arbeitete in den 50er Jahren als Arrangeur, war 1961–62 in A&R-Position bei Verve Records, lebte 1962–64 in München (Arr. für Max Greger) und ließ sich dann in L.A. als Komponist/Arrangeur für Film, TV und Schallplatte nieder. In den 70er Jahren verließ er die Musikszene und wurde aktiv in der Baha'i-Sekte.

Filme: The Time Machine (Die Zeitmaschine, 1959; OST: GNP) – Atlantis, the Lost Continent (Atlantis, der verlorene Kontinent, 1961) – The Pad and How to Use it (1966)

Garcia Segura

Gregorio, → Segura

Garrett, Snuff

(Thomas), ** 1938 Dallas, Tx., USA*. G. begann in den 50er Jahren als Schallplattenproduzent für das Liberty-Label. Für Film und TV arbeitete er u.a. mit dem Komponisten Al Capps und dem Regisseur Hal Needham zusammen.

Filme: Bronco Billy (+ Steve Dorff, 1980) – Smokey and the Bandit II (Das ausgekochte Schlitzohr ist wieder da,1980) – Any Which Way We Can (1980) – The Cannonball Run (1981) – Sharkey's Machine (1981) – Cannonball Run II (1984, Songs) – Hard Time (1998, TV)

Garriguenc, René

** 18.10.1908 Vesoul, (Haute-Saône), Frankreich, † 22.6.1989 L.A.*

Filme: Avalanche (1946) – Twilight Zone Serie: The Monsters Are Due on Maple Street – In Praise of Pip (1963) – Passage on the Lady Ann (1963) – Spur of the Moment (1964)

Garson, Mort

(Morton), ** 20.7.1924 St. John, Nebraska, USA*. Studierte an der Juilliard School, arrangierte für Tanzorchester, leitete Studio-Bands u. begleitete damit Vicky Carr, John Gary, Patti Page, Doris Day, Sleepy King, Esther Phillips, Arthur Prysock, Red Skelton, Mel Tormé u.a., arbeitete auch für die Hollyridge Strings, für TV und Film; er war einer der ersten Komponisten, die elektronische Musik im Film einsetzten. Er komponierte u.a. *Our Day Will Come* (1975 ein Hit für Frankie Valli) und *Au revoir is Goodbye With a Smile*.

Filme: Beware the Blob (1971) – TV: Baffle (1973–74)

Garvarentz, Georges

(Diran), ** 1.4.1932 Athen, Griechenland, † 13.3.1993 Aubagne (Bouches du-Rhône), Frankreich*. Arbeitete als Komponist für frz., dt., engl. und ital. Filme, u.a. mit den Regisseuren Denys de la Patellière, Max Pecas, Pierre Grimblat, Sergio Gobbi.

Filme: Un taxi pour Tobruk (Taxi nach Tobruk, 1960) – Zarte Haut in schwarzer Seide (D 1961) – Le diable et les dix commandements – Les quartres verités – Panic Button – Douce Violence – Les Parisiennes (1962) – Don't tempt the Devil (1964) –

Colpo grossa Galata Bridge – Cent Briques et des tuiles – How Not to Rob a Department Store – Paris au mois d'aout – Le facteur s'en va-t-en-guerre (1964) – Cherchez l'idole (Diamanten-Story, F/I 1964) – Balduin das Nachtgespenst (I/F 1964) – Le mervigliose avventure di Marco Polo (Im Reich des Kublai Khan, F/I/YU 1964) – Five Wild Girls – Du Rififi à Paname – Il sigilli di pecchino (1966) – Le tonnere de dieu/Matrimonio alla francese (Auch eine französische Ehe, 1965) – Baraka sur X 13 (Baraka, Agent X 13, F/I/E 1965) – Un Milliard dans un billard/Alarme in cinque banches (Diamanten-Billard, D/F/I 1965) – Triple Cross (Spion zwischen drei Fronten, UK/F 1967) – L'homme qui valait des milliards – Surcouf, l'èroe dei sette mari (1967) – Le Vicompte règle ses comptes (1967) – Le tatouè – Caroline Chèrie – L'ètoile de sud/Southern Star (UK/F 1968) – Las Vegas 5000 milliones/They Came to Rob (F/I/D 1969) – l'invita (1969) – Sapho – Time of the Wolves – Un beau monstre (1970) – Quelqu'un derrière le porte – La part des Lions (1971) – Les galets d'Etreta – Les intrus (1972) – Killer Force (1975) – Let's Do it (1977) – Téhéran '43 (1981) – Triumph of a Man Called Horse (Triumph des Mannes den sie Pferd nannten, 1983) – Final Mission (1983) – Hambone and Willie (USA 1983) – State of Emergency – The Yiddish Connection (1986) – Die Mondscheingasse (F 1987, auch Lied *Der Mann in Schwarz*, gesungen von Marthe Keller) – Quicker Than the Eye (1988) – Les Années campagne (1992) – Pétain (1993)

Gascoigne, Brian Alvary

* *16.6.1943 Much Wenlock, Shropshire, England.* Engl. Rockmusiker und Komponist, arbeitete als Arrangeur und/oder Pianist für Dot Allison, Nick Heyward, Trevor Jones, die King's Singers, Cleo Laine und Ute Lemper.

Filme: The Emerald Forest – Under Milkwood – Stick With me, Kid (TV)

Gaslini, Giorgio

* *22.10.1929 Mailand.* Studierte Klavier am Konservatorium in Mailand, arbeitete dann als Komponist für Rundfunk und TV, trat als Jazzmusiker auf, spielte u.a. mit Don Cherry und Enrico Rava. Dirigierte Sinfonieorchester und schrieb Filmmusik. Als Komponist versucht er moderne Schreibweisen im Stil von Boulez, Schönberg, Varèse mit dem Jazz zu verbinden, etwa in seiner Suite »Lampi«. Er schrieb ein Musical »Colloquio con Malcolm X« und die Oper »Quartet of Life«. Zahlreiche Schallplatten für HMV, Durium, Cinevox, Off, PDU, Dischi Delle Quercia, Soul Note.

Filme: La Pacifista – 5 donne per l'assassino – La notte (Die Nacht, I/F 1960, auch Piano) – Un amore (Junge Haut, I/F 1965) – Le sorelle (1969) – La pacifista (1971) – Bali (1971) – Le cinque giornate (1973) – La salute non si vende – Produndo rosso (1975) – Kleinhoff Hotel (1977)

Gaubert, Christian

* *29.6.1944 Marseille, Frankreich.* Frz. Komponist, für den Film tätig von den 60er bis in die 80er Jahre. Er arbeitete auch als Arrangeur, u.a. für Charles Aznavour, Brigitte Bardot/Serge Gainsbourg, Guy Marchand und Francis Lai (*Vive pour vivre/Live for Life*).

Filme: A quelques jours près – Three into Two Won't Go (Zwei durch drei geht nicht, 1969, Dir.) – La vie, l'amour, la mort (1969, Dir.) – Les pétroleuses (Die Petroleum-Miezen, 1971) – The Little Girl Who Lives Down the Lane (Das Mädchen am Ende der Straße, 1976) – La nuit de Saint-Germain-des-Prés – Une fille consue de fil blanc (1977) – La puce et le privé (1981) – La balance (1982, Schauspieler!) – Canicule (Dog Day: Ein Mann rennt um sein Leben, 1983, Regie!) – Edith et Marcel – Le demon dans l'ile (1983) – Un homme et une femme: Vingt ans déjà (1986) – Le vent sur Wyoming (1994)

Gaudette, Claude

* *15.10.1959 Montreal, Kanada.* Musiker (keyb), Arrangeur und Komponist. Arbeitete in der Pop-Musik als Pianist, Keyboarder oder Arrangeur für Paul Anka, Tina Arena, Michael Bolton, Peter Cetera u.a. und nahm Schallplatten auf mit Celine Dion, Roberta Flack, Denise Lopez, Little River Band, Sylvie Vartan u.a.

Filme: Dead is a Doorman (1985) – Raw Deal (1986) – American Me (1992) – Illicit Dreams (1994)

Gaudriot, Charly

(Karl), * *12.3.1895 Wien, † 16.4.1978 ebd.* Österreichischer Musiker/Komponist, leitete in

den 40er Jahren ein Unterhaltungs-/Tanzorchester in Wien.
Film: Stürmisch die Nacht (1931, + Hans Arnold, Bruno Uher, Ph. de la Cerda)

Gay, Noel

(eigentl. Reginald Moxon Armitage), * *15.7. 1898 Wakefield, West Yorkshire, England, † 4.4.1954 London*. Komponist und Songschreiber. Arbeitete nach Ausbildung als Kirchenorganist, wandte sich dann aber der leichten Muse zu und schrieb Songs für Bühnenshows. Ab 1930 arbeitete er für den Film, schrieb meist Songs, gelegentlich auch den Score.
Filme: Tondeleyo (1930) – Soldiers of the Queen (1932) – The Woman in Command (1933) – Sleepless Nights – No Funny Business – You made Me Love You (1934) – Torpedoed (1937) – I Thank You (1941, Songs u. Score) – The Lambeth Walk – Let's Be Famous (1939) – Time Flies (1944) – Champagne Charlie (1945) – Sailors Three – Let the People Sing (1947)
CD: Song Is: Noel Gay, ASV/Living Era

Gaze, Heino

(Herrmann Otto), * *20.2.1908 Halle/Saale, † 24.10.1967 Berlin*. Dt. Komponist. War 1945–49 musikalischer Leiter des »Kabaretts der Komiker« und arbeitete dann als Komponist. Schrieb zahlreiche Schlager der 50er und 60er Jahre, u.a. *Calcutta, La-Le-Lu, Hab'n Sie nicht 'ne Braut für mich.*
Filme: Schlagerparade (1953) – Pünktchen und Anton (1954) – Grabenplatz 17 (1958) – Ach Egon (1961) – Vater, Mutter und neun Kinder (1962) – Schneewittchen und die sieben Gaukler (D/CH 1962) – Kohlhiesels Töchter (1963)

Geissman, Grant

* *13.4.1953 Berkely, Calif., USA*. Der Gitarrist wuchs in San José auf, studierte am Northridge College, spielte mit Chuck Mangione u.a. Jazzgruppen. Er arbeitet als Studiomusiker und Komponist in L.A.und tritt mit eigenen Gruppen auf. Schallplatten mit Mangione, Louis Bellson, David Benoit, Diane Schuur u.a.; unter seinem Namen für Concord, Pausa, TBA und Blue Moon.

TV-Filme u.a.: Life ... and Stuff – My Mother, the Spy

Geijerstam, Claes af

* *6.2.1946 Norrköping (Östergötland).*
Filme: Heja Roland (1966) – Ola och Julia (1967) – Sixtynine (1969) – Gladiatorerna (1969) – Anna (1970) – Naisenkuvia (1970) – Bäksmälla: bitar ur ett äktenskap (1973) – Kuusikkymmentäyhdeksan (1969)

Gelmini, Wolfgang de

* *18.6.1926 Wien, Österreich, † 14.1.1993 Berlin.*
Filme: Kaiser, Bürgen und Genossen (1970/71) – Olympia, Olympia (1972) – Die Sieger und der Gewinner: Österreich 1945 (1975) – Geheime Reichssache – Welche Farbe hat das Grauen? (1979) – Munchen, Geschichte einer Stadt (1982) – Bomben auf Berlin: Leben zwischen Hoffnung und Furcht (1983)

GEMA

Abk. für Gesellschaft für musikalische Aufführungs- und mechanische Vervielfältigungsrechte, die dt. Urheberrechtsgesellschaft, gegr. am 24.8.1947 als Rechtsnachfolgerin der 1933 gegr. STAGMA (Staatlich genehmigte Gesellschaft zur Verwertung musikalischer Urheberrechte).

Georgi, Hilmar

(eigentlich Georg Hild), * *9.2.1878 Lichtenfels (Oberfranken), † 24.6.1958 München.*
Film: Die weiße Majestät (1934, + Peter Kreuder)

Gerhardt, Charles Allan

* *6.2.1927 Detroit, USA, † 22.2.1999 Redding, Calif.* G. begann 1950 als Techniker bei der RCA, wo er Schellackplatten klassischer Interpreten auf LPs transferierte. Er machte sich in den 70er Jahren einen Namen als Dirigent mit Neueinspielungen klassischer Filmmusiken, u.a. von Korngold, Alfred Newman, Waxman, Rozsa, Tiomkin, Herrmann und John Williams. 1976 setzte er sich zur Ruhe, arbeitete aber noch als Freelance-Produzent.

CD: Spectacular World of Classic Films, RCA GD 80792 – Korngold, Elizabeth & Essex, RCA GD 80185 – Classic Films Scores of F.Waxman, RCA GD 80708

German, Fritz

(eigentl. Hermann Scheibenhofer),
** 17.2. 1872 Wien, † 26.3.1944 Berlin.*
Film: Seitensprünge (1931)

Gerrard, Lisa

** 1961 Australien*
Die Komponistin gehört wie auch Klaus Badelt und H.Gregson-Williams zum Kreis um → Hans Zimmer, in dessen Studio sie ihre Musiken zusammenbastelt.
Filme: Nadro (Dok., 1998) – The Insider (1999) – Gladiator (2000) – Ali (2001, + Peter Bourke)

Gershenson, Joseph

** 12.1.1905 Kischinjew, Russland (heute: Moldawien), † 18.1.1988 Woodland Hills, Calif., USA.* G. kam als Kind in die USA und war seit den 20er Jahren in der Filmbranche tätig; 1941 wurde er Leiter der Musikabteilung der Universal und war in dieser Eigenschaft verantwortlich für zahlreiche Filme, von denen er für die wenigsten die Musik selbst schrieb. Dies taten Komponisten wie Henry Mancini, André Previn, Pete Rugolo u.a., die oft im Vorspann der Filme nicht genannt werden.
Filme: Abbott & Costello in the Foreign Legion (Abbott & Costello als Legionäre, 1950) – The Price of Fear (Schonungslos, 1950, Dir.) – Spy Hunt (1950) – Shakedown (Der nackte Spiele, 1950) – Winchester 73 (1950, Dir., Score: F.Skinner) – Abbott & Costello Meet the Invisible Man (Der Unsichtbare trifft A & C, 1951) – Hollywood Story (1951) – Little Egypt (1951) – The Strange Door (Hinter den Mauers des Grauens, 1951) – Texas Across the River (Zwei tolle Kerle in Texas, 1951, Dir.; Score: F.DeVol) – Meet Danny Wilson (Zu allem entschlossen, 1951) – The All-American (1952) – The Black Castle (Das schwarze Schloß, 1952) – Abbott & Costello Lost in Alaska (1952) – Son of Ali Baba (Der Sohn von Ali Baba, 1952) – Has Anybody Seen My Gal? (Hat jemand meine Braut gesehen?, 1952) – The Treasure of Lost Canyon (Der Schatz im Canyon, 1952) – Steel Town 1952) – The Lawless Breed (Gefährliches Blut, 1952) – Scarlet Angel (Der rote Engel, 1952) – Abbott & Costello Go to Mars (1953) – Abbott & Costello Meet Dr. Jekyll and Mr. Hyde (1953) – It Happens Every Thursday (1953) – The Glass Web (Das gläserne Netz, 1953) – Take Me to Town (Eine abenteuerliche Frau, 1953) – The Great Sioux Uprising (Der große Aufstand, 1953) – Walking My Baby Back Home (1953) – It Came from Outer Space (1953, Dir.; Score: H.Stein) – All I Desire (All meine Sehnsucht, 1953) – The Golden Blade (Das goldene Schwert (1953) – Bengal Bridge (Gewehre für Bengali, 1954) – Fireman Save My Child (1954) – Johnny Dark (Männer. Mädchen und Motoren, 1954) – Drums Across the River (Die Adlerschwinge, 1954) – Destry (Destry räumt auf, 1954) – Naked Alibi (Schwaches Alibi, 1954) – The Far Country (Über den Todespaß, 1954) – Glenn Miller Story (1954, + H.Mancini) – The Creature from Black Lagoon (Das Ungeheuer vom Amazonas, 1954) – The Black Shield of Falworth (Der eiserne Ritter von Falworth, 1954) – Abbott & Costello Meet the Keystone Cops (1954) – B. C. Story (1955) – Saskatchewan (1955) – Man Without a Star (Mit stahlharter Faust, 1955) – This Island Earth (Metaluna IV antwortet nicht, 1955) – To Hell and Back (Zur Hölle und zurück, 1955) – The Female on the Beach (Das Haus am Strand, 1955) – Lady Godiva (1955) – The Private Life of Major Benson (1955) – The Spoilers (Die Freibeuterin, 1955) – Toy Tiger (1955) – Istanbul (1955) – Abbott & Costello Meet the Mummy (1955) – Captain Lightfoot (Wenn die Ketten brechen, 1955) – Ain't Misbehavin' (1955) – Kiss of Fire (El Tigre, 1955) – Tarantula (1955) – On Desire (Und wäre die Liebe nicht ..., 1955, Dir., Score: F.Skinner) – World in a Corner (1955) – Behind the Big Wall (Verdammte hinter Gittern, 1956) – Walk the Proud Land (1956) – Pillars of the Sky (Dem Tod entronnen, 1956) – Kelly and Me (1956) – Rock Pretty Baby (Rock'n'Roll, 1956) – So This is Paris (1956) – Mr. Coy (1957) – The Monolith Monsters (Das Geheimnis des steinernen Monsters, 1957) – Joe Dakota (Ein Toter kommt zurück, 1957) – The Tarnished Angels (Duell in den Wolken, 1957, Dir., Score: F.Skinner) – Tammy and the Bachelors (1957, Dir., Score: F.Skinner) – Twilight for the Gods (Hart am Wind, 1958, Dir., Score: D.Raksin) – A Stranger in My Arms (1958) – Hollywood Story (1961) – Congo Crossing (Blutroter

Kongo, 1956) – Step Down to Terror (1959) – Sweet Charity (1962, Dir., Musik: Cy Coleman) – Captain Newman MD (Captain Newman, 1963) – Shenandoah (1965) – That Funny Feeling (1965) – Thoroughly Modern Millie (1967, Dir., + A.Previn; Musik: E.Bernstein)

Gershwin, George

(eigentl. Jacob Gershovitz), * *26.9.1898 Brooklyn, N.Y., USA, † 11.7.1937 Beverly Hills, Calif.* Bedeutender Komponist der »Leichten Muse«, bes. als Musical- und Songschreiber ein Klassiker. Der Sohn jüdischer Emigranten aus Russland begann mit 15 Jahren als »Songplugger« für die Remick Music Co. in N.Y. und begleitete Louise Dressler und Nora Bayes. Ab 1917 arbeitete er für die Harms Publishing Co.; 1918 machte Al Jolson seinen Song *Swanee* (Broadway Show »Sinbad«) zum Hit. Schrieb erste Show »La, La, Lucille« und für mehrere »George White's Scandals«-Shows. 1924 erstes größeres Werk im Auftrag des Bandleaders Paul Whiteman, die *Rhapsody in Blue*, uraufgeführt am 12.2. in der Aeolian Hall in N.Y. Der Erfolg führte zu weiteren Werken wie *An American in Paris* und dem *Concerto in F.* 1934 hatte G. eigene Radio-Show, »Music by Gershwin«, dirigierte dabei ein großes Orchester. Die »Neger-Oper« *Porgy And Bess* wurde 1935 am Broadway uraufgeführt. Zu seinen Mitarbeitern (Textern) gehörten sein Bruder → Ira G., Arthur Jackson, Irving Caesar, Buddy DeSylva, Oscar Hammerstein II, Otto Harbach und Gus Kahn. Bei seinem Tod durch einen Gehirntumor hatte er seinen schöpferischen Höhepunkt längst nicht erreicht. 1945 entstand eine Film-Biographie mit Robert Alda als G., »Rhapsody in Blue«.

Lit.: Isaac Goldberg, Gershwin, N.Y. 1931. – Joan Peyer, The Memory of all that: The Life of G.G., N.Y. 1993. – Walter Rimler, A Gershwin Companion, Ann Arbor 1991. – Deena Rosenberg, Fascinating Rhythm, The Collaboration of G. & I. Gershwin, 1991. – Edward Jablonsky, Gershwin: A Biography, N.Y. 1987. – E.Jablonsky & Lawrence D. Stewart, The Gershwin Years, N.Y. 1958/1973. – Robert Kimball & Alfred Simon, The Gershwins, N.Y. 1973. – David Ewen, A Journey to Greatness, N.Y. 1956 (dt. G.G., Sein Leben, seine Musik, St.Andrä-Wördern 1998). – C.Schwartz, G.G.: A Selective Bibliography and Discography, Detroit 1973. – ders., Gershwin: His Life and Music, Indianapolis 1973. – J.Schebera, G.G., Köln 1994

Shows/Filme (Songs; Texte von Ira G.*):

1916 – Show: The Passing Show of 1916 (The Making of a Girl)

1918 – Shows: Sinbad (Swanee); Ladies First* (The Real American Folk Song; Some Wonderful Sort of Someone)

1919 – Shows: La, La, Lucille* (Nobody but You; There's More to a Kiss Than a Sound) – Good Morning Judge (I Am So Young And You Are so Beautiful) – The Lady in Red (Something About Love)

1920 – Shows: George White's Scandals of 1920 (Idle Dreams; Scandal Walk; On My Mind the Whole Night Long) – Morris Gest's Midnight Whirl (Baby Dolls; I'll Show You a Wonderful World; Limehouse Nights; Poppyland) – The Sweetheart Shop (We're Pals; Waiting for the Sun to Come Out) – Broadway Brevities of 1920 (I Love to Dance, Spanish Love; I'm a Dancing Fool) – Ed Wynn's Carnival (Oh, I'd Love to be Loved by You)

1921 – Show: George White's Scandals of 1921 (Drifting Along with the Tide; South Sea Isles)

1922 – Shows: George White's Scandals of 1922 (I'll Build a Stairway to Paradise; I Found a Four Leaf Clover) – Our Nell (Walking Home with Angeline; Bye and Bye; My Old New England Home) – For Goodness Sake (Someone; Tra-la-la) – The French Doll (Do it Again) – Pins and Needles (No One Else But That Girl of Mine) – Spice of 1922 (The Yankee Doodle Blues)

1923 – Shows: George White's Scandals of 1923 (The Life of a Rose; Let's be Lonesome Together; There Is Nothing too Good for You) – The Dancing Girl (That American Boy of Mine; Cuddle Me as We Dance; Pango Pango) – Little Miss Bluebeard* (I Won't Say I Will, I Won't Say I Won't) – Nifties of 1923 (At Half Past Seven; Nashville Nightingale; Sunshine Trail)

1924 – Shows: George White's Scandals of 1924 (Somebody Loves Me; Rose of Madrid; Night Time in Araby) – Lady Be Good (Oh, Lady be Good; Fascinating Rhythm; The Man I Love) – Sweet Little Devil (Virginia; Someone Believes in You) – Rhapsody in Blue

1925 – Show: Tell Me More* (Tell Me More; Kicking the Clouds Away; Why Do I Love You So; My Fair Lady)
1926 – Shows: Tip Toes* (That Certain Feeling; Sweet and Low Down; Looking for a Boy; Lady Luck) – Oh Kay* (Someone to Watch Over Me; Do-Do-Do; Clap Yo' Hands; Maybe; Fidgety Feet) – Song of the Flame (Cossack Love Song; Song of the Flame) – Americana* (Blowing the Blues Away; The Lost Barber Shop Chord)
1927 – Show: Funny Face* (Funny Face; 's Wonderful; My One and Only; High Hat; Let's Kiss and Make Up; He Loves and She Loves)
1928 – Shows: Rosalie* (How Long Has This Been Going On?; Say So; Oh Gee, Oh Joy) – Treasure Girl* (A Place in the Country; Oh, So Nice; Feeling I'm Falling; Krazy for You; I've Got a Crush on You)
1929 – Show: Show Girl* (Liza; Do What You Do; So Are You; An American in Paris (als Background Musik)
1930 – Shows: Strike Up the Band (Strike up the Band; Soon; I've Got a Crush on You; The Man I Love) – Crazy Girl (I Got Rhythm; Bidin' My Time; But Not For Me; Embraceable You; Treat Me Rough; Sam and Delilah) – Nine-Fifteen Revue* (Toddlin' Along) – Film: Song of the Flame
1931 – Film: Delicious (Somebody from Somewhere; You Started It; New York Rhapsody)
1932 – Show: Of Thee I Sing* (Of Thee I Sing; Love is Sweeping the Country; Who Cares?) – Film: Crazy Girl
1933 – Show: Let 'em Eat Cake* (Mine) – Pardon My English* (My Cousin in Milwaukee; Lorelei; Isn't it a Pity?)
1935 – Show: Porgy And Bess* (Summertime; I Got Plenty o' Nuttin'; I Loves You Porgy; Bess, You Is My Woman Now; My Man's Gone Now; Where Is My Bess?; A Woman Is a Sometime Thing; There's a Boat Dat's Leavin' Soon For New York)
1937 – Show: The Show Is On* (By Strauss) – Film: A Damsel in Distress (A Foggy Day; Nice Work If You Can Get It; Things Are Looking Up) – Film: Shall We Dance? (Shall We Dance?; Let's Call the Whole Thing Off; They All Laughed; They Can't Take That Away from Me; Beginner's Luck; Slap That Bass)
1938 – Film: Goldwyn Follies (Love Is Here to Stay; Love Walked In; I Was Doing All Right; Just Another Rhumba)
1943 – Film: Girl Crazy
1947 – Film: The Shocking Miss Pilgrim* (bis dahin unveröffentl. Songs: For You, For Me, For Evermore; Aren't You Kind of Glad We Did?; Changing My Tune; The Back Bay Polka; Waltzing is Better Sitting Down)
1949 – Film: The Barkeleys of Broadway (They Can't Take That Away From Me)
1951 – Film: An American in Paris (alte Songs: I Got Rhythm; Embraceable You; By Strauss; Our Love is Here to Stay; I'll Build a Stairway to Paradise)
1957 – Film: Funny Face* (Clap Yo Hands; How Long has This Been Going On)
1959 – Film: Porgy And Bess
1965 – Film: When the Boys Meet the Girls

Gershwin, Ira

(Israel Gershovitz), * *6.12. 1896 N.Y., USA, † 17.8.1985 Beverly Hills, Calif.* Songtexter, Bruder von → George und Arthur G. (14.3.1900–20.11. 1981). Arbeitete mit George von 1925 bis zu dessen Tode zusammen, dann mit Harold Arlen, Vernon Duke, Jerome Kern, Joseph Meyer, Sigmund Romberg, Arthur Schwartz, Harry Warren, Richard Whiting, Kurt Weill, Burton Lane u. Vincent Youmans.
Lit.: I.G., Lyrics on Several Occasions, N.Y. 1959. – Philip Furia, I.G., The Art of the Lyricist, N.Y. 1995 – Robert Kimball/Alfred Simon, The Gershwins, N.Y. 1973. – R.Kimball, The Complete Lyrics of I.G., 1993. – Deena Rosenberg, Fascinating Rhythm, The Collaboration of George and Ira Gershwin, 1991
Songs (mit George Gershwin* siehe dort) (Shows/Filme):
1931 – Film: *Delicious**
1932 – Shows: *Of Thee I Sing* – Film: Girl Crazy**
1933 – Shows: *Let 'em Eat Cake* – Pardon My English**
1934 – Show: *Life Begins at 8:40* (You're a Builder Upper; Let's Take a Walk Around the Block; Fun to Be Fooled; What Can You Say in a Love Song?; Shoein' the Mare)
1935 – Show: *Porgy And Bess**
1936 – Show: *Ziegfeld Follies of 1936* (I Can't Get Started; That Moment of Moments; Words without Music)

1937 – Show: *The Show Is On** – *Filme: A Damsel in Distress** – *Shall We Dance**
1938 – Film: *Goldwyn Follies** (+ Spring Again; I'm Not Complaining)
1941 – Show: *Lady in the Dark* (My Ship, Jenny; This Is New; One Life to Live; The Princess of Pure Delight; Tschaikowsky)
1943 – Film: *Girl Crazy**
1944 – Film: *Cover Girl* (Long Ago and Far Away; Sure Thing; Cover Girl; The Show Must Go On; Who's Complainin'?; Make Way for Tomorrow) – Film: *Lady in the Dark*
1945 – Show: *Firebrand of Florence* (Sing Me Not a Ballad; You're Far Too Near Me; A Rhyme for Angela) – Film: *Where Do We Go From Here*? (All at Once; If Love Remains; Song of the Rhineland; Morale; Columbus)
1946 – Show: *Park Avenue* (For the Life of Me; Sweet Nevada; Goodbye to All That)
1947 – Film: *The Shocking Miss Pilgrim**
1949 – Film: *The Barklays of Broadway* (My One and Only Highland Fling; You'd Be Hard to Replace; Shows with Wings On; Manhattan Downbeat; Weekend in the Country; They Can't Take That Away from Me)
1951 – Film: *An American in Paris**
1954 – Film: *A Star Is Born* (Musik: Harold Arlen)

Gertz, Irving

* *19.5.1915 Providence, R.I., USA.*
Filme: The First Traveling Salesman (1956) – The Fearmakers (1958) – The Fiercast Heart (Das wilde Land (1961) – Fluffy (1964) – Nobody's Perfect (1968)

Getz, Stan

(Stanley), * *2.2.1927 Philadelphia, Pa., USA, † 7.6.1991 Malibu. Calif.* Der bedeutende Jazz-Musiker (ts) spielte mit → Eddie Sauter die Musik zum Film »Mickey One« und mit → Philippe Sarde zum Film »Mort d'un pourir« ein.

Ghiglia, Benedetto

* *27.12.1921 Fiesole.* Ital. Komponist, arbeitet seit den 60er Jahren für den Film.
Filme: Adios Gringo (1965) – New York Chiama Super Dragon – Io la conoscevo bene (1966) – Starblack (Django: Schwarzer Gott des Todes, 1966) – Lu bugiarda (1966) – A Stranger in Town – Mattanza (1968) – I tulipani di Haarlem (1970) – Psychout for Murder – San Michele aveva un gallo (1971) – Dimenticare Venezia (1979) – Succede in quarantotto (1994, Dok.) – Galeazzo Ciano: un tragedia fascista (1997, Dok.)

Gibb, Maurice Ernest

* *22.12.1949 Isle of Man, England, † 12.1.2002, Miami, Florida.* Der Sänger und Songschreiber gründete mit seinen Brüdern Barry und Robin die Bee Gees (= Brothers Gibb), die eine der populärsten und langlebigsten Rockgruppen werden sollte. Der Bandleader Hugh Gibb war 1958 mit seiner Familie nach Australien gegangen, wo seine Söhne 1962 ihre ersten Schallplatten auf Festival Records veröffentlichten. Ein Hit wurden Film und Soundtrack von »Saturday Night Fever«.
Filme: Saturday Night Fever (1977) – Sergeant Pepper's Lonely Hearts Club Band (1977, als Darsteller) – A Breed Apart (Die Brut des Adlers, 1984) – Cadillac Man (1990)

Gibbs, Michael

(Michael Clement Irving G.), * *25.9.1937 Salisbury, Rhodesien (Simbabwe).* Studierte an der Berklee School in Boston, in Lenox und Tanglewood sowie bei Gunther Schuller. Ließ sich 1965 in London nieder, arbeitete als Jazzmusiker (tb, p) mit Johnny Dankworth, Tubby Hayes u.a. und im London Jazz Composers Orchestra, ab 1968 eigene Band. Er unterrichtet am Berklee College of Music in Boston und komponiert.
Filme: Madame Sin (In den Fängen der Madame Sin, USA 1972) – Hard Boiled – Housekeeping – Being Human – Close My Eyes – American Roulette (Amerikanisches Roulette, 1987) – Gregory's 2 Girls

Gibbs, Richard

Der US-Musiker (keyb, org, p) war Mitglied der Popgruppe Oingo Boingo (→ Danny Elfman), etablierte sich dann als Songschreiber und Komponist, arbeitet seit 1986 für den Film.
Filme: Head Office (1986) – Sweet Hearts Dance (1988) – Say Anything ... (1989, + A.Dudley) – A Deadly Silence (1989, TV) – A Killing in a Small

Town (1990, TV) – How to Murder a Millionaire (1990, TV) – Bingo (1990) – Deadlock (1991, TV) – Passed Away – The Gun in Bettty Lou's Handbag – Ladybugs – Once Upon a Crime (1992) – Barbarian at the Gate (1993, TV) – Son-in-Law – Three of Hearts – Amond and Andrew – Fatal Instinct (1993) – Blind Justice – Clifford – The Chase – A Gnome Named Gnorm (1994) – Two Guys Talkin' About Girl – First Kid – That Darn Cat – Dirty Walk – Dr. Doolittle – Music from Another Room (1998) – The Book of Stars – 10 Things I Hate About You (1990) – The Jesse Ventura Story (1999, TV) – 28 Days – Big Momma's House (2000) – The Queen of the Damned (2002) – I Spy (2002)

Gietz, Heinz

* *31.3.1924 Frankfurt/M., † 24.12.1989 Köln.* Komponist und Arrangeur. Studierte in Frankfurt/M., arbeitete von 1945–52 als Pianist, ab 1952 für div. Platten- und Filmfirmen, arrangierte u.a. für Kurt Edelhagen, Caterina Valente und gründete 1966 seine eigene Plattenfirma (Cornet). G. und sein Texter Kurt Feltz (1910–1982) waren das erfolgreichste Komponistenteam des dt. Nachkriegsschlagers.
Filme u.a.: Bonjour Kathrin (1955) – Katharina und Potemkin – Ein Mann muß nicht immer schön sein – Liebe Tanz und 1000 Schlager (1955) – Musikparade (1956, + Heino Gaze) – Das einfache Mädchen (1957) – Und abends in die Scala (1957) – Liebe, Jazz und Übermut (1957) – Das haut hin (1957) – Du bist Musik – Münchhausen in Afrika (1958) – Ich bin kein Casanova (A 1959) – Salaam Aleikum (1959)

Gifford, Harry

(Folkard G.), * *1878 in ?, † 8.1.1960 London.* Engl. Komponist und Songschreiber, schrieb u.a. Songs für die George Formby-Filme »Come On George« und »Let George Do It«.

Gil, Gilberto

(Gilberto Passos Gil Moreira; g, voc, comp, accor, d, tp), * *29.6.1942 Ituaco/Bahia, Brasilien.* Der Songschreiber und Sänger hatte seinen ersten Job Mitte der 50er Jahre bei den »Desafinados«, arbeitete Anfang der 60er Jahre als Schreiber von Jingles für TV-Commercials und konnte 1966 seine erste LP aufnehmen. Er rief mit Caetano Veloso die »Tropicalismo«-Bewegung aus, die die populäre brasil. Musik mit westlichen Stilen zu verbinden suchte. 1969 ging er für drei Jahre nach England: die Militärregierung hatte ihn und Veloso verbannt. Seine große Zeit waren die 70er und 80er Jahre. In den 90er Jahren hat er sich auch als Politiker engagiert und für die Umwelt eingesetzt. 2003 wurde er Kulturminister seines Landes.
Filme: Tenda dos milagres (Basar der Wunder, 1977) – Eu, Te, Eles (Me, You, Them, 2000; OST: Atlantic).

Gilbert, Herschel Burke

* *20.4.1918 Milwaukee, Wisc., USA.* Der Komponist war musikal. Leiter von Four Star Television, einer wichtigen Produktionsgesellschaft der 50er und 60er Jahre. Für ihn arbeitete u.a. → Joseph Mullendore.
Filme: The Jackie Robinson Story (1950) – Three Husbands (1950) – The Scarf (1951) – The Magic Face (1951) – The Highwayman (Der maskierte Kavalier, 1952) – The Ring (1952) – The Thief (1952) – The Moon is Blue (Wolken sind überall, 1953) – The Girl in Room 17 (Sittenpolizei, 1953) – Vice Squad (Sittenpolizei, 1953) – Riot in Cell Block 11 (Terror in Block 11, 1954) – Witness to Murder (Zeugin des Mordes, 1954) – Carmen Jones (Dir., Musik: Bizet, Song-Texte: O.Hammerstein II, 1956) – Beyond a Reasonable Doubt (Jenseits allen Zweifels, 1956) – The Bold and the Brave (Ein Fetzen Leben, 1956) – While the City Sleeps (Die Bestie, 1956) – Sam Whiskey (1969) – Crime Punishment (1985) – The Riflemen (TV) – *TV-Serien:* Dick Powell-Show – Amos Burke, Secret Agent (1965–66)

Gilbert, Jean

(eigentl. Max Winterfeld), * *11.2.1879 Hamburg, † 20.12.1942 Buenos Aires.* Dt. Operettenkomponist, Vertreter der Berliner Operette, Vater von Robert G. und Cousin von Paul Dessau. War Theaterkapellmeister in Hamburg und Berlin und ein produktiver Komponist; bis 1925 hatte er 57 Bühnenwerke geschrieben. Er emigrierte 1933 und lebte ab 1939 in Buenos Aires, wo er das Orch. der Rundfunkstation El Mundo leitete. G. komponierte zahlreiche Operetten (»Püppchen«, »Die keusche Susanna«, »Die Kinokönigin«,

»Die Frau im Hermelin«), Broadway-Musicals und Filmmusik und Texte dazu. Zu Schlagern wurden seine Lieder *Gehn'n wir mal zu Hagenbeck* und *Puppchen, du bist mein Augenstern* (1912).
Musicals: Modest Suzanne (1912) – Queen of the Movies (1914) – A Modern Eve (1915) – Lady in Ermine (1922) – Katja, the Dancer (1926) – The Red Robe; The Street Singer (1929) – Marching By (1932)
Filme: Nur Du (1930, + Willi Kollo, Rudolf Nelson, Alfred Strasser) – Eine Stunde Glück (1931) – Die spanische Fliege (1931, Lied: *Du bist mein schönstes Erlebnis*) – Zwei Herzen und ein Schlag (1932) – Chasta Susanne (Argentinien 1941, nach seiner Operette)

Gilbert, Robert

(eigentl. Robert David Winterfeld), * *29.9. 1899 Berlin, † 20.3.1978 Muralto (Tessin), Schweiz.* Dt. Operettenkomponist und Schriftsteller, Sohn von → Jean G. Komponierte Operetten und Filmmusik, war Mitarbeiter seines Vaters; schrieb die Gesangstexte zu rd. 60 Operetten anderer Komponisten (»Im weißen Rössl«, »Feuerwerk«), ebenso (z.T. mit → W.R.Heymann) zu ca. 100 Spielfilmen und übersetzte amerikanische Musicals (»My Fair Lady«, »Annie Get Your Gun«, »Brigadoon«, »Hello Dolly!«, »Einmal keine Sorgen haben«). G. schrieb auch Kriminalromane.
Lit.: R.G., Meckern ist wichtig, nett sein kann jeder, 1951
Filme: Kohlhiesels Töchter (1930, + Felix Günther) – Die Schlacht von Bademünde (1931, + Walter Winning) – Die Bräutigamswitwe – Die Drei von der Tankstelle – Der Kongreß tanzt – Der blonde Traum – Die Privatsekretärin
Lieder: Irgendwo auf der Welt – Das ist die Liebe der Matrosen – Heurigenlied – Ein Freund, ein guter Freund

Gilkyson, Hamilton III

(Hamilton Henry, »Terry«), * *17.7.1916 Phoenixville, Pa., USA, † 15.10.1999 Austin, Tx.* Der Sänger und Songschreiber (und Vater der Sängerin/Gitarristin/Songschreiberin Eliza G.) war Autor einer Reihe von Songs, deren Spannweite von der Folkmusik bis zum Disney-Film reichte. Mit dem Song *Cry of the Wild Goose* begann die kommerzielle Folk-Musik. Sein Song *The Bare Necessities* aus dem Disney-Cartoon »Das Dschungelbuch« (1968) erhielt eine Oscar-Nominierung. In den 60er Jahren schrieb er pro Woche einen Song für die TV-Show »The Wonderful World of Walt Disney«. Er leitete auch die Pop-Gruppe Terry Gilkyson & The Easy Riders.

Gill, Robert

Engl. Komponist, für den Film tätig in den 50er Jahren.
Filme: Cairo Road (1950) – The Woman's Angle (1952) – 24 Hours of a Woman's Life (24 Stunden im Leben einer Frau, 1952 – So Little Time (Wenn das Herz spricht, 1952) – The South of Algiers (Abenteuer in Algier, 1953) – Men Are Children Twice – Valley of Song (1953) – They Who Dare (1954)

Ginestera, Alberto Evaristo

* *11.4.1916 Buenos Aires, Argentinien, † 25.6. 1989 Genf, Schweiz.* Argentinischer Komponist und Pianist. Studierte bis 1942, u.a. bei José Gil, schrieb Kompositionen, die von der Musik seiner Heimat inspiriert wurden, so die *Danzas Argentinas* (für Piano), das Ballett *Panambi* und die *Cantos de Tucumán* (nach Texten von Rafael Sanchez). Er schrieb auch die *Sinfonia portena* und Filmmusiken (»Malambo«, 1942).

Giombini, Marcello

* *8.7.1928 Rom.* Italienischer Komponist, spezialisiert auf Abenteuerfilme und Western der 60er und 70er Jahre.
Filme: I sette gladiatori (1963) – L'idea fissa (1964) – I coltelli del vendicatore (1965) – Das Geheimnis der gelben Mönche/Wie tötet man eine Dame (D/I 1966) – Ballata per un pistolero (Der Einzelgänger von Alamo, D/I 1966) – Kommissar X: Drei blaue Panther (1967) – Tutto per tutto (1967) – Orbita mortal (1968) – The Narco Men (1969) – Quella dannata pattuglia – Sabata (1969) – Die zum Teufel gehen (I/E/D 1969) – Acquasante Joe – E tornato sbata...hai chiuso un'altra volta! (1971) – Occhi dalle stelle (1978) – Savage Island (1981) – Antropophagus (1981) – Scoop (1982)

Gladkow, Gennadi Jegorowitsch

* *18.2.1935 Moskau, UdSSR.* Sowjetisch-russischer Komponist.

Filme: Obyknovenoye chudo (1978, TV) – Ne knochu byt vroslym (1984) – Chelovek S. bulgvara kaputsinov (1987) – Ubit drakona (1988)

Glanzberg, Norbert

* *12.10.1910 Rohatyn (heute Polen), † 24.2. 2001 Paris.* G. begann nach Studium als Chorleiter an Theatern in Würzburg und Aachen und hatte dann eine Karriere als Komponist bei der UFA vor sich; er arbeitete hier mit Billy Wilder und Max Ophüls, musste aber 1935 als Jude Deutschland verlassen. Er ging nach Frankreich und arbeitete dort mit der Chansonette Lys Gauty (* 1908) zusammen (*Sans y penser*). Die Kriegsjahre überlebte er versteckt, nach dem Krieg schrieb er Chansons für Edith Piaf (*Padam Padam*), Yves Montand, Charles Trenet u.a. und arbeitete weiter für den Film.

Filme: Der falsche Ehemann (D 1931) – La gouleuse – Le chanteur inconnue (Der unbekannte Sänger, F 1946; + Raymond Legrand) – La lumière d'en face (Gier nach Liebe, F 1955) – La sorcière (Die blonde Hexe (F 1956) – La mariée est trop belle (Die Braut war viel zu schön (F 1956)

Glass, Paul Eugene

* *19.11.1934 L.A., USA.*

Filme: The Abductors (1957) – Fear No More (1961) – Lady in a Cage – Nightmare in the Sun (1964) – Bunny Lake is Missing – Sole Survivor (1969, TV) – Dive Desparate Women (1971, TV) – Sandcastles (1972, TV) – Catch My Soul (1974) – Overlord (1975) – Die Braut des Satans (To the Devil a Daughter, D/UK 1975)

Glass, Philip

* *31.1.1937 Chicago, Ill., USA.* Studierte am Peabody Konservatorium in Baltimore, an der Univ. von Chicago, der Juillard School und 1963–65 in Paris bei Nadia Boulanger. Unter dem Einfluss von Ornette Coleman und Ravi Shankar studierte er afrikanische und asiatische Musik. 1968 gründete er ein Ensemble, welches seine musikalischen Vorstellungen umsetzte, die man unter »Minimalismus« rubrizierte. 1975 arbeitete er mit Robert Wilson bei seiner ersten Oper zusammen: »Einstein on the Beach«, gefolgt von den Opern »Stayagraha« (1980) und »Ahknaten« (1984) und Filmen von Godfrey Reggio* . Seine LP »Glassworks« (CBS) war sehr erfolgreich. Er arbeitete auch mit Brian Eno und Ravi Shankar zusammen.

Lit.: Mark Russell/James Young, Filmkünste: Filmmusik, Hamburg 2001

Filme: Koyaanisquatsi* (1983) – Powaqquatsi* (1988) – Candyman – The Thin Blue Line – Mishima – Hamburger Hill – Compassion in Exile: The Life of the 14th Dalai Lama (1992) – A Brief History of Time (Eine kurze Geschichte der Zeit, 1992) – The Secret Agent (Der Geheimagent, 1996) – Kundun (1997) – Dracula (2000, neue Musik zum Stummfilm v. 1930) – La belle et la Bète (neue Musik z. Stummfilm) *CD:* Philip on Film, Nonesuch 79660

Glasser, Albert

* *25.1.1916 Chicago, Ill., USA, † 4.5.1998 L.A.* G. ist vor allem bekannt als Komponist von Musiken für etliche Science Fiction- und Horrorfilme der 50er Jahre; seine produktivste Zeit waren die Jahre 1944–62. Er hatte den Ruf, schnell und zuverlässig zu arbeiten, für Produzenten von B-Filmen unerlässlich. Seine Hollywood-Karriere begann er 1935 als Kopist in der Musikabteilung der Warner Brothers, er arbeitete hier für Korngold und Max Steiner. 1944 begann seine Karriere als Film-Komponist, er arbeitete aber auch noch als Arrangeur für Ferdé Grofé, Tiomkin u.a. In den 50er Jahren komponierte er für Filme des Produzenten Bert I. Gordon, es entstanden Klassiker wie »Cyclops« und »The Amazing Colossal Man«. Daneben arbeitet er auch rd. 30 Jahre fürs TV.

Filme: The Monster Maker – The Contender – Call of the Jungle (1944) – The Cisco Kid Returns – The Kid Sister (1945) – Abilane Town (1946) – Gas House Kids in Hollywood – Gas House Kids Go West – Philo Vance Returns – Killer at Large – Law of the Lash – Border Feud – Where the North Begins (1947) – Behind Locked Doors – In This Corner – Assigned to Danger – The Return of the Wildfire – The Cobra Strikes – The Valiant Hombre/The Daring Caballero (Cisco räumt auf, 1948) – Urubu (1948) – Satan's Cradle/The Gay Amigo (Cisco, der

Banditenschreck, 1949) – Apache Chief – The Treasure of Monte Christo – Last of the Wild Horses – Omoo Omoo, the Shark God – Tough Assignment – Grand Canyon (1949) – I Shot Jesse James (Ich erschoß Jesse James, 1949) – I Shot Billy the Kid – Western Pacific Agent – Train to Tombstone – Three Desparate Men – Hollywood Varieties – Everybody's Dancin' – Bandit Queen – Gunfire – The Return of Jesse James (Die Rückkehr von Jesse James, 1950) – Border Rangers – The Girl from San Lorenzo (1950) – The Bushwackers – Tokyo File 212 – Invasion USA – Geisha Girl (1952) – Captain John Smith and Pocahontas – Problem Girl – Port Sinister – The Neanderthal Man – Paris Model – Man of Conflict (1953) – Dragon's Gold – Top Bananas (1954) – Murder is My Beat (Mord ist mein Geschäft, 1955) – Top of the World (Fluggeschwader LB 17 greift ein, 1955) – Please Murder Me – The Indestructible Man (Der Würger von Sing-Sing, 1956) – The Boss – Huk (1956) – Four Boys and a Gun (1957) – Valerie (Der Sadist, 1957) – Motorcycle Gang – Bail Out at 43.000 – The Cyclops – Buckskin Lady – The Hired Gun (Flucht vor dem Galgen, 1957) – The Big Caper – Destination 60.000 (1957) – The Amazing Colossal Man (Der Koloß, 1957) – The Saga of the Viking Woman and Their Voyage to the Waters of the Great Sea Serpent – Beginning of the End – Street of Sinners (1957) – High School Confidential – Earth vs. the Spider – Giant from the Unknown (In den Klauen des Giganten, 1958) – The Mugger – Attack of the Puppet People – Snow Fire – Girl in the Woods – Monster from Green Hell – Teenage Caveman – When Hell Broke Loose – War of the Colossal Beast (1958) – The Beat Generation (1959) – The Boy and the Pirates – The High Powered Rifle – Oklahoma Territory – Tormented (1960) – 20.000 Eyes (1961) – Confessions of an Opium Eater (1962) – Air Patrol – Zotz! (1962, Schauspieler) – The Cremators (1972)

Glazer, Tom

(Thomas Zachariah G.), * *3.9.1914 Philadelphia, Pa., USA.*

Filme: A Face in the Crowd (Ein Gesicht in der Menge, 1957) – Kid Rodelo (1965, Song: *Love is Trouble*) – The Gold Guitar (1966, Song)

Gleason, Jackie

(Herbert John), * *26.2.1916 Brooklyn, N.Y., USA, † 24.6.1987 L.A.* Schauspieler, TV-Moderator, Studio-Bandleader. Begann als Komiker in Nightclubs, hatte kleine Rollen 1941–42 in Spielfilmen, trat ab 1943 am Broadway in der erfolglosen Show »Artists and Models« auf und 1944 in »Follow the Girl«. In den 50er und 60er Jahren hatte er eine sehr beliebte TV-Show, schrieb dafür die *Melancholy Serenade*. Ab 1953 veröffentlichte er eine Reihe von LPs mit Easy Listening-Musik für Capitol mit Solisten wie Bobby Hackett, Roy Eldridge, Lawrence Brown, Charlie Ventura in Arrangements von George Williams, Dick Jones und Sy Oliver. Er trat am Broadway auf in »Take Me Along« und in einer Reihe von Spielfilmen, die ihn als Komiker, aber auch als brillianten Charakterdarsteller zeigen. Für den Film »Gigot« schrieb er auch die Musik.

Lit.: Audrey Meadows, Love Alice, 1995. – W.A.Henry III, The Great One: The Life and Legend of J. G. – W. J. Weatherby, J.G, An Intimate Portrait of the Great One

Film: Gigot (Gigot, der Stumme vom Montmartre, 1962)

Gleeson, Patrick

* *9.11.1934 Seattle, Wash., USA.*

Filme: Apocalypse Now (1979) – The Howling: The Freaks

Glennie-Smith, Nick

(Nicholas Hugh), * *3.10.1951 Kingston-on-Thames (jetzt London-Borough), England.*

Filme: Fire Down Below – Home Alone III – Attila the Hun – The Man in the Iron Mask – Two If By Sea (1996, + Paddy Maloney) – We Were Soldiers (2002)

Glickman, Mort

(Morton H.). * *6.12.1898 Chicago, Ill., USA, † 27.2.1952 Sherman Oaks, Calif.* Der Komponist schrieb Musiken für zahlreiche B-Filme, meist Western für Republic. Bei den folgenden, alle mit → R. Kraushaar, wird er im Vorspann nicht genannt:

Filme: Prehistoric Women (Amazonen des Urwalds, 1950) – Bride of the Gorilla (Die Braut des Gorilla, 1951) – Untamed Women (Insel der unberührten Frauen, 1952) – Invaders from Mars (Invasion vom Mars, 1953)

Glindemann, Ib

(Ib Niels Carl G.), * *27.9.1934 Kopenhagen.* Dänischer Musiker, Bandleader und Komponist, leitete in den 70er und 80er Jahren eine Rundfunk-Big Band.

Filme: Journey to the Seventh Planet – Operation Camel (100 Mann und ein Kamel, 1961) – Gudrun (1963) – Crazy Paradise (1965) – Suddenly, a Woman (1967) – Det er sa synd for Farmand (1968) – Paa'n igen, Amalie – Mig og mafiaen (1973) – Manden der ville vaere Skyldig (1990)

Glowna, Nikolaus

* *17.4.1961 München.* Film- und TV-Komponist, Sohn des Schauspielers und Regisseurs Vadim G. Studierte am Berklee College in Boston und arbeitet seit 1986 als freier Komponist und Arrangeur.

Filme: Gesicht aus Marmor (1983) – Maschenka (1986) – Shadow of Your Smile (1986) – Im Jahr der Schildkröte (1987) – Ein anderer Liebhaber (1990) – Der Brocken (1991) – Der nächtliche Besucher (1982) – Dann eben mit Gewalt (1993) – Gefährliche Verbindung (1993) – Das Schicksal der Lilian H. 1993) – Lauras Entscheidung (1994) – Victory (1994) – Es geschah am hellichten Tag (1996) – Der Campus (1997) – Geliehenes Glück (1997) – Lonny der Aufsteiger (1998) – Solo für Klarinette (1998) – Der Kopp (1998) – Tobias Trotz und sein Löwe (1999) – Deutschlandspiel (2000, TV)

Gluck, Jesus

(Jesus Gluck Sarasibar), * *1941 Valencia.* Spanischer Komponist, arbeitete in den 70er und 80er Jahren für den Film.

Filme: La Querida (1976) – Asignatura pendiente (1977) – Solo en la madrugada (1978) – El crack (1981) – Sesion continua (1984) – Redondela (1987) – Asignatura aprobada (1987) – Blood and Sand (1989)

Gluskin, Lud

(Ludwig Elias), * *16.12.1898 N.Y., USA, † 17. 10.1989 Palm Springs, Calif.* Der russischstämmige Musiker lebte von 1924–33 in Europa (in Berlin 1928–31) und beeinflusste mit seinem Jazz-Stil die dortige Tanzmusik-Szene. Nach 1933 war er in N.Y. Leiter von Rundfunkorchestern, hatte eigene Radio-Shows und begleitete u.a. Al Jolson. Er war auch in Hollywood Leiter der Musikabteilung des Rundfunksenders CBS (sein Assistent war 1950 Jerry Goldsmith). Er schrieb auch Musik für Film und TV.

Lit.: Bergmeier/Lotz, L. G., A Bio-Discographie, 1996

Filme: The Man in the Iron Mask (Der Mann mit der eisernen Maske, 1939) – Abroad with Two Yankees (1944) – TV: Alan Young Show (1950–53)

Godi, Franco

* *10.6.1940 Mailand, Italien.* Der Komponist machte sich einen Namen für die Cartoon-Klassiker »La linea« und »Signor Rossi«. Die Gruppe »De Phazz« hat 2002 die Musik zu »Herrn Rossi« neu interpretiert.

Filme: Vip, mio fratello superuomo (1968) – Paolo il freddo (1974) – L'esorciccio (1975) – Addi ultimo uomo (1978) – Africa dolce e selvaggia (1982) – Moa Moa (1984) – Don Tonino (1986, TV-Serie)

Godinho, Sergio

* *31.8.1945 Porto, Portugal.* Komponist, Drehbuchautor und Schauspieler für den Film seit 1976.

Filme: Os demonions de Alcacer Quibir (1976, Schaupieler) – A condeferacao : o povo e que a historia (1977) – Nos por ca todos bem – Uppdraget (Schauspieler) (1978) – Le soleil en face – Kilas, o mau da fita (1980, Drehbuch) – Reporter X (1986) – Street of Return (1989, Schauspieler) – Antonio José da Silva, o judeu (1992, Schauspieler)

Goebbels, Heiner

(Heinrich), * *17.8.1952 Neustadt/Wstr.* Lernte früh Cello und Klavier, studierte Soziologie an der Universität in Frankfurt/M. und Musik 1974–79 an der Musikhochschule Frankfurt/M. Arbeitete 1975 im Duo mit Alfred Harth, 1976 mit dem »Sogenannten Linksradikalen Blasorchesters«. 1978–80 am Schauspielhaus in Frankfurt/M., dann als Freelancer für Bühne, Film und Theater tätig. 1982 gründete er die Rockgruppe Cassiber. Seine Musik ist geprägt von der modernen Avantgarde, dem Free Jazz und der Geräuschmusik.

Filme: Die Familie Schroffenstein – Reise in ein fernes Land – Heinrich Penthesilea von Kleist – Schach

Matt (1981) – Das Packeis Syndrom (1982) – Der Beginn aller Schrecken (1984) – Edvige Schmitt: Ein Leben zwischen Liebe und Wahnsinn (D/CH 1985) – Das Verschwinden des Ettore Majoranna (1986)

Goehr, Walter

(Walter Georg G., Ps. George Walter), * *28.5. 1903 Berlin, † 4.12.1960 Sheffield, South Yorkshire, England.* Vater des Komponisten Peter Alexander G. (* 10.8.1932 Berlin) und Großvater der Musikerin Lydia G. (* 10.1.1960 London). (Von einem weiteren Filmkomponisten Rudolph G. (1906–1981) ist nicht bekannt, ob mit W. G. verwandt). G. arbeitete für Filme auf dem Kontinent (u.a. in Frankreich für Filme von Julien Divivier), ging 1933 nach England, machte sich einen Namen als »Concert Hall«-Dirigent unter dem Namen George Walter, arbeitete im Rundfunk und komponierte Orchestermusik, Kammermusik und Klaviermusik.

Filme: Der König von Paris/Le roi de Paris (D/F 1930) – David Golder (1930) – Va Banque (1930) – Princesse Tam Tam (F 1935) – Secret Lives (1937) – For Freedom (UK 1940, Arr.) – The Ghost Train (UK 1941) – A Canterbury Tale (1944, Dir., Score: Allan Gray) – The Volunteers (1944, Dir., Score: Allan Gray) – I Know Where I'm Going (1945, Dir., Score: Allan Gray) – Great Expectations (Große Erwartungen, UK 1946) – Stop Press Girl (1949) – I'll Get You For This (1950) – Betrayed (Verraten, 1954)

Goisern, Hubert von

(Hubert Achleitner), * *17.11.1952 Bad Ischl, Österreich.* Rock-/Folkmusiker und Komponist.

Filme: Sehnsüchte oder Es ist alles unheimlich leicht (1991, TV) – Hölleisengretl (1994, TV, + Stefan Melbinger) – Schlafes Bruder (1995) – Die Fernsehsaga: eine steirische Fernsehgeschichte (A 1995, TV) – Ein Rucksack voller Lügen (1996)

Gold, Ernest

(eigentl. Ernst Siegmund Goldner), * *31.7. 1921 Wien, † 17.3. 1999 L.A.* Stammt aus Musikerfamilie (sein Vater war Komponist und Konzertgeiger, seine Mutter Liedsängerin), war ein »Wunderkind«, das schon mit fünf Jahren zu komponieren begann und dann in Wien an der Akademie studierte. Ging nach dem Einmarsch der Nazis in Österreich in die USA, ließ sich zunächst in N.Y. nieder, wo er bei Otto Cesana studierte, arbeitete als Klavierbegleiter und Songschreiber. Ging 1945 nach Hollywood, studierte bei → G. Antheil, arbeitete für diesen als Orchestrator, begann dann für den Film zu arbeiten und schrieb lange Zeit Musik für B-Filme (darunter viele Western). Weithin bekannt wurde er erst 1960 durch seine Musik zu »Exodus«, für die er einen Oscar erhielt. Er komponierte auch Sinfonien (»Symphony for 5 Instruments«) und Kammermusik.

Lit.: Filmmusik Info, 4/1982

Filme: The Girl of the Limberlost (1945) – The Falcon's Alibi – Smooth as Silk – G.I. War Brides (1946) – Lighthouse – Exposed – Lighthouse – Wyoming (Hyänen der Prärie, 1947, + Nathan Scott) – Saddle Pals (1947) – Picnic (1948) – In Old Los Angeles (Der Rächer von Los Angeles, 1948) – Unknown

Musik: Ernest Gold zum Film »Exodus« (deutsches Filmplakat)

World – Family Circus – Georgie and the Dragon (1951) – Willie the Kid (1952) – Man Crazy – Jennifer – The Assignation – McGog slept Here – Man Crazy (1953) – Karamoja (Dok., 1954) – The Other Woman – Gerald McBoing-Boing on Planet Moo (1954) – The Naked Street (Nackte Straßen, 1955) – Running Target – Edge of Hell (1956) – Unidentified Flying Objects (Dok., 1956) – Affair in Havana (1957) – Man on the Prowl – The True Story of the Civil War – The Fever (1957) – Witness for the Prosecution (Zeugin der Anklage, 1957) – The Pride and the Passion (Stolz und Leidenschaft, 1957, Dir; Score: G. Anteil) – Too Much, Too Soon (Ihr Leben war ein Skandal, 1958; OST: Mercury) – Wink of an Eye – Tarzan's Fight For Life (Tarzans Kampf ums Leben, 1958) – The Screaming Scull (Das Geheimnis des schreienden Schädels, 1958) – The Defiant Ones (Flucht in Ketten, 1958) – The Young Philadelphians (Der Mann aus Philadelphia, 1959) – On the Beach (Das letzte Ufer, 1959; OST: Roulette) – Battle of the Coral Sea (Die Schlacht im Korallenmeer, 1959) – Exodus (1960; OST: RCA) – Inherit the Wind (Wer den Wind sät, 1960) – Judgement at Nuremberg (Das Urteil von Nürnberg, 1961; OST: Ryko) – The Last Sunset (El Perdido, 1961) – A Fever in the Blood (Rivalen um die Macht, 1961) – Pressure Point (1962) – It's a Mad Mad Mad Mad World (Eine total verrückte Welt, 1963; OST: United Artists) – A Child is Waiting (Ein Kind wartet, 1963) – Ship of Fools (Das Narrenschiff, 1965) – The Secret of Santa Vittoria (Das Geheimnis von Santa Vittoria, 1969) – The Wild McCullochs (1974) – Steiner: Das eiserne Kreuz/Cross of Iron (D/UK 1975) – Fun with Dick and Jane (Das Geld liegt auf der Straße, 1975) – The Runner Stumbles (1978) – Good Luck Miss Wycoff (1979) – Tom Horn (Ich, Tom Horn, 1980) – Two in the Bush (1981) – Safari 3000 (1982) – Lost in America (1985)

Goldberg, Barry

** 25.12.1942 Chicago, Ill., USA.*
Filme: The Trip – The Commitment – Sodom and Gomorrah (1967) – Red Alert (1977, TV) – The Return of the Living Dead (1985) – 3:15: The Moment of Truth – Thrashin' (1986) – The Spirit (1987, TV) – Three for the Road (1987) – Nowhere for the Road (1988) – Beverly Hills Brats – Captain America – Flashback – Powwow Highway (1989) – False Identity (1990) – Return of the Living Dead 3 (1993)

Goldenberg, Billy

(William Leon), ** 10.2.1936 N.Y., USA.*
Filme: The Grasshopper (Jung, hübsch und hemmungslos, 1969) – Red Sky at Morning (1971) – Alias Smith and Jones (1971, TV) – Up the Sandbox (Sandkastenspiele, 1972) – The Crooked Hearts (1972, TV) – Play it Again, Sam (Mach's noch einmal, Sam, 1972) – Scavanger Hunt (1979) – The Cracker Factory (1979, TV) – Obsessed with Married Women (1985, TV) – 18 Again (1988) – Queen of the Stardust Ballroom (1975, TV) – Helter Skelter (1976) – The Domino Principle (Das Domino-Komplott, 1977) – King (1978, Oscar!) – Convictions (TV) – Miss Rose White (TV) – Reuben, Reuben (1982)

Goldenthal, Elliot

** 2.5.1954 Brooklyn, N.Y., USA.*
Filme: Busting (Spur der Gewalt, 1973) – Drugstore Cowboy (1989) – Alien 3 (1992) – Demolition Man (1993) – Interview with the Vampire (Interview mit einem Vampir; OST: Geffen) – Batman Forever – Sphere (OST: Varèse) – Heat (1995) – A Time to Kill (1996) – Michael Collins (1996) – Batman and Robin (1997) – Final Fantasy: The Spirits Within (USA/Japan 2001; OST: Sony) – Frida (2002) – The Good Thief (2002)

Goldschmidt, Friedrich

(Nathan Jacob), ** 13.1.1902 Berlin, † ?.*
Filme: Die Frau von der man träumt (1931) – Der weiße Rausch (1931, + Paul Dessau) – Zwei glückliche Tage (1932, + Reisfeld, Marbot, Erich Brock)

Goldsmith, Jerry

(Jerrald K.), ** 10.2.1929 L.A., USA.* Der Komponist studierte Piano bei Jacob Gilbel, Komposition bei Mario Castelnuovo-Tedesco und Miklos Rozsa. Er begann 1950 als Assistent von Lud Gluskin beim Sender CBS in Hollywood, hatte sich bis 1955 zum TV »hochgearbeitet« und durfte Musik für TV-Serien schreiben. Bekannt wurde er durch seine Musik zu »Dr. Kildare«, berühmt durch die Kult-Serie

»Star Trek«. Er erhielt einen Oscar für seine Musik zu »Das Omen«. G. trat auch als Dirigent mit Neueinspielungen klassischer Filmmusiken hervor.

Soundtrack-CDs: Freud, Tsunami 0129 – Justine, Tsunami 0119 – The Sand Pebbles, Tsunami 0107 – Lillies on the Field, Tsunami 0101 – Morituri, TCI 0604 – The General with the Cockeyed ID, 9103 – The Stripper, TCI 0613 – Von Ryan's Express, TCI 0602 – Angie, Varèse 5469 – The Secret of the N.I.M.H., Varèse VSD-5541 – Small Soldiers, Varèse VSD-5963 – McArthur, Varèse 5260 – Total Recall, Varése VSD-5267 – Basic Instinct, Varèse VSD-5360 – Executive Decision, Varèse VSD7516 – L.A. Confidential, Varèse VSD-5885 – Malice, Varèse VSD-6026 – Medicine Man, Varèse VSD-5350 – The Omen, Varèse 5281 – Omen III, Varèse 47242 – Patton/Tora! Tora; Varèse 5796 – Gremlins, Geffen GED 24044 – A Patch of Blue, Mainstream 607 – Stagecoach, Mainstream 608 – Mulan, Walt Disney 060477-2 u.a.

Filme: Black Patch (1957) – City of Fear (Stadt in Gefahr, 1959) – Face of a Fugitive (Auf heißer Fährte, 1959) – Studs Lonigan (Kein Stern geht verloren, 1960) – Doctor Kildare (TV-Serie, 1963–65) – Lonely Are the Brave (Einsam sind die Tapferen, 1962) – Freud (1962) – The Spiral Road (Am schwarzen Fluß, 1962) – A Gathering of Eagles (Der Kommodore, 1962) – The Prize (Der Preis, 1963) – Take Her, She's Mine (In Liebe eine 1, 1963) The Stripper (Die verlorene Rose, 1963) – The List af Adrian Messenger (Die Totenliste, 1963) – Rio Conchos (1964) – Seven Days in May (Sieben Tage im Mai, 1964) – Shock Treatment (Der Mörder mit der Gartenschere, 1964) – Lillies of the Field (Lilien auf dem Feld, 1964) – Morituri (1964) – Fate is the Hunter (Bezwinger des Todes, 1964) – Our Man Flint (Derek Flint schickt seine Leiche, 1965) – Octalus (Tod aus der Tiefe) – A Patch of Blue (Träumende Lippen, 1965) – In Harm's Way (Erster Sieg, 1965) – The Satan Bug (Geheimagent Barrett greift ein, 1965) – Von Ryans Express (Colonel von Ryans Express, 1965) – The Saboteur: Code Name Morituri (Morituri, 1965) – The Trouble with Angels (Immer Ärger mit den Engeln, 1965) – The Blue Max (Der blaue Max, 1966) – Seconds (Der Mann der zweimal lebte, 1966) – The Sand Pebbles (Kanonenboot am Yangtse-Kiang, 1966) – To Trap a Spy (Agent auf Kanal D, 1966) – Warning Shot (Der Todesschuß, 1966) – Stagecoach (San Fernando, 1966) – The Blue Max (Der blaue Max, 1966) – The Flim-Flam Man (Der tolle Mister Flim-Flam, 1967) – I Like Flint (Derek Flint: Hart wie Feuerstein, 1967) – Hour of the Gun (Die fünf Geächteten, 1967) – Sebastian (1967) – Planet of the Apes (Planet der Affen) – Seconds (1968) – The Detective (Der Detektiv, 1968) – The Illustrate Man (Der Tätowierte, 1968) – Bandolero (1968) – 100 Rifles (100 Gewehre, 1969) – The Chairman (Der gefährlichste Mann der Welt, 1969) – Justine (Alexandria – Treibhaus der Sünde, 1969) – Rio Lobo (1970) – Patton – Justine (1970) – The

Musik: Jerry Goldsmith (Soundtrack zum Disney-Film)

Musik: Jerry Goldsmith (Soundtrack)

Ballad of Cable Hogue (Abgerechnet wird zum Schluß, 1970) – Tora Tora Tora – The Mephisto Waltz (1971) – Escape from the Planet of the Apes (Flucht vom Planeten der Affen, 1971) – The Traveling Executioner (1971) – The Last Run (Wen die Meute hetzt (1971) – The Wild Rovers (Missouri, 1971) – The Other (1972) – Shamus (Der Spürhund, 1972) – Ace Eli and Roger of the Skies (1973) – The Don is Dead (Don ist tot, 1973) – One Little Indian (1973) – Papillon (1973) – Chinatown – Ransom (Die Uhr läuft ab, 1974) – The Re-Incarnation of Peter Pround (Die Re-Inkarnation des Peter Proud, 1974) – S.P.Y.S. (1974) – Archer (TV-Serie, 1975; + Pete Rugolo, Harry Sukman) – Breakheart Pass (Nevada Pass, 1975) – Take a Hard Ride (Einen vor den Latz geknallt, 1975) – The Wind and the Lion (Der Wind und der Löwe, 1975) – Black Patch (Der Einäugige, 1975) – Breakout (Der Mann ohne Nerven, 1975) – The Omen (Das Omen, 1976; OST: Varèse) – The Last Hard Man (Der letzte der harten Männer, 1976) – Logan's Run (Flucht ins 23. Jahrhundert, 1976) – High Velocity (Bluthunde vom Teufel zerrissen, 1976) – Twilight's Last Gleaming (Das Ultimatum, 1976) – The Cassandra Crossing (1977) – Islands in the Stream (Inseln im Strom, 1977) – MacArthur the Rebel General (McArthur – Held des Pazifik, 1977) – Damnation Alley (Straße der Verdammten, 1977) – The Swarm (Der tödliche Schwarm, 1978) – Coma (1978) – Capricorn One (Unternehmen Capricorn, 1978) – Damien: The Omen II (Das Omen II, 1978; OST: Silva) – Magic (Magie: Eine unheimliche Lebensgeschichte, 1978) – The First Great Train Robbery (Der große Eisenbahnraub, UK 1978) – Hawkins: Der Strafverteidiger (TV-Serie, ab 1978) – The Boys from Brazil – Star Trek (Star Trek-Der Film, 1978) – Alien (1979) – Players (Spiel mit der Liebe, 1979) – The Final Conflict (Barbaras Baby – Das Omen III, 1981) – Caboblanco (Cabo Blanco, 1981) – Outland (Outland-Planet der Verdammten, 1981; OST: WEA) – Masada (1981) – Raggedy Man – Inchon – The Salamander (Kennwort Salamander, 1981) – Night Crossing (Mit dem Wind nach Westen, 1982) – Poltergeist (1982) – The Challenge (Wenn er in die Hölle will, laß ihn gehen, 1982) – The Secret of Nimh (Missis Brisby and das Geheimnis von Nimh, 1982) – First Blood (Rambo, 1982) – Psycho II (1983) – Under Fire (1983) – Twilight Zone: The Movie (Unheimliche Schattenlichter, 1983) – Gremlins (Kleine Monster, 1984) – The Lonely Guy (Ein Single kommt selten allein, 1984) – Supergirl (1984) – Runaway (Spinnen des Todes, 1984) – Baby – Secret of the Lost Legend (Baby – Das Geheimnis einer verlorenen Legende, 1985) – Rambo: First Blood Pt. II (Rambo II, 1985) – King Solomons Mines (Quartermain: Auf der Suche nach dem Schatz der Könige, 1985) – Hoosiers (Freiwurf, 1986) – Explorers (Explorers – Ein phantastisches Abenteuer, 1985) – Legend (Legende, 1985) – Poltergeist II: The Other Side (Poltergeist II: Die andere Seite, 1986) – Link (Link, der Butler, UK/USA 1986) – Extreme Prejudice (Ausgelöscht, 1987) – Innerspace (Die Reise ins Ich (1987) – Rent-a-Cop (1988) – Rambo III (1988) – Criminal Law (Der Frauenmörder, 1988) – Warlock (Warlock: Satans Sohn, 1988) – The 'Burbs (Meine teuflischen Nachbarn, 1989) – Leviathan (1989) – Star Trek V: The Final Frontier (Star Trek V – Am Rande des Universums, 1989) – Total Recall (Die totale Erinnerung, 1990) – Gremlins II (Die Rückkehr der kleinen Monster, 1990) – Russian House (Das Russland Haus, 1990) – Not Without My Daughter (Nicht ohne meiner Tochter, 1991) – Sleeping with the Enemy (Der Feind in meinem Bett, 1991, OST: Varèse) – Love Field (Liebe ohne Grenzen, 1991) – Mom and Dad Save the World (1991) – Medicine Man (Die letzten Tage von Eden, 1991) – Mr. Baseball (1992) – Basic Instinct (1992) – Forever Young (1992) – Matinee – Dennis the Menace (Dennis, 1993) – Rudy (Touchdown: Sein Ziel ist der Sieg, 1993) – Malice (Eine Intrige, 1993) – Six Degrees of Separation (1993) – The Vanishing (Spurlos, 1993) – Angie (1994) – Bad Girls (1994) – The Shadow (Shadow und der Fluch des Khan, 1994) – The River (Am wilden Fluß, 1994) – I.Q. (1994) – First Knight (Der erste Ritter, 1995) – Congo (1995) – Powder (1995) – Fierce Creatures (OST: Varèse) – City Hall (1995) – Executive Decision (1996) – Chain Reaction (1996) – The Ghost and the Dark ness (1996) – The Agony and the Ecstasy (OST: Varèse) – Air Force One – Small Soldiers – L.A. Confidential – Lionheart (OST: Varèse) – Auf Messers Schneide – Rivalen am Abgrund (1997) – The Mummy (OST: Decca) – Star Trek: Insurrection (OST: GNP) – Mulan (Songs: Matthew Wilder) – Along Came a Spider (Im Netz der Spinne (2001) – The Last Castle (Die letzte Festung, 2001; OST: Decca) – Star Trek: Nemesis (2002) – Selling a He-

ro – Real Nam: Voices From Within – Guts & Glory – Forging of Heroes: America's Green Berets – Afghanistan: Land in Crisis (2002) – Timeline – Picasso at the Lapin Agile (2003)
TV-Themen: The Man from U.N.C.L.E – The Waltons (1998) – The Haunting – Der 13te Krieger (1999)

Goldsmith, Joel

* *19.11.1957 L.A., USA.* Sohn von Jerry G.
Filme: The Man with Two Brains (1983) – The Conqueror (OST: Varèse) – Star Trek: First Contact – The Untouchables – Kull the Conqueror – Stargate SG-1 (TV) – Schatten eines Zweifels (1997) – Diamonds – : Shadow of a Doubt (Schatten eines Zweifels, 1998) – Inferno (1998, TV) – Shiloh 2: Shiloh Season (1999) – Diamonds (1999) – Monster! (1999, TV) – Chameleon 3: Dark Angel (2000, TV) – Militia (2000, Thema) – Witchblade (2000, TV, auch TV-Serie, 2001) – Thank Heaven (2001)

Goldsmith, Jonathan

* *9.7.1952 London, England.* Kanadischer Komponist und Schauspieler, erste Filmmusik 1982. Als Schauspieler in »Rumors of Glory« (1993) und in etlichen TV-Filmen zu sehen.
Filme: Visiting Hours (1982) – Palais Royale (1988) – Rookies (1989, TV) – Heads (1994, TV) – Avalanche (1994, TV) – Choices of the Heart: The Margaret Sanger Story – The Girl Next Door – Behind the Mask – Kissinger and Nixon (1995, TV) – Gerry & Louise (1997, Dok.) – Dead Silence (1997, TV) – Such a Long Journey (1998) – Scorn (2000) – Rare Birds (2001) – Global Heresy (2002) – The Man Who Saved Xmas (2002)

Goldstein, William M.

* *25.2.1942 Newark, N.J., USA.* Der Komponist arbeitet seit 1972 für den Film, u.a. für die Regisseure Wes Craven, George Schlatter und Paul Wendkos.
Filme: The Stoolie (1972) – The Bingo Long Traveling-All Stars and Motor Kings (Bingo, 1976) – Norman is That You? – The Amazing Doberman (1976) – Jennifer: A Woman's Story (1979, TV) – Terror Out of the Sky (1979, TV) – Buana (Die weißen Löwen von Timbawati, 1979) – Marilyn: The Untold Story (1980, TV) – An Eye for an Eye (1981) – A Long Way Home (1981, TV) – Force: Five (1981, TV) – The White Lions (1981) – Forced Vengeance (1982) – Holocaust Survivors ... Remembrance of Love (1983, TV) – Happy Endings (1983, TV) – Up the Creek (1984) – The Toughest Man in the World (1984, TV) – Getting Pysical (1984, TV) – Rearview Mirror (1984, TV) – Lots of Luck (1985, TV) – Hero in the Family (1986, TV) – Liberty (1986, TV) – Bad Guys – Saving Grace (1986) – Hello Again (1987) – The Three Kings (1987, TV) – Blood Vows: The Story of a Mafia Wife (1987, TV) – One Fire (1987, TV) – A Connecticut Yankee in King Arthur's Court (1989, TV) – Intimate Power (1989, TV) – Shocker (198) – The Quarrel (1993) – TV: The Miracle Workers – Miracle at Midnight

Golia, Vinnie

(Vincent James), * *1.3.1946 Bronx, N.Y., USA.* Studierte Kunst 1964–68 und arbeitete als Maler, wandte sich 1971 dem Free Jazz zu (er spielt alle Saxophone und diverse andere Instrumente), lernte von David Liebman und Anthony Braxton und studierte in L.A. bei dem Saxophonisten Bill Green. In seine Musik bezieht er Jazz, Weltmusik und E-Musik ein. Er komponiert Musik für Theater, Ballett u.a. Zahlreiche Schallplatten, meist für sein 1977 gegr. eigenes Label Nine Winds.
Filme: Blood & Concrete: A Love Story (1990) – No Secrets (1991) – Trouble Bound (1992) – Serpent's Lair (1995) – Small Time (1996) – Fear and Learning at Hoover Elementary (Dok., 1997)

Golijar, Osvaldo

* *5.12.1960 La Plata/Buenos Aires, Argentinien.*
Film: The Man Who Cried (2001)

Golson, Benny

* *25.1.1929 Philadelphia, Pa.* Der Jazzmusiker (ts) studierte an der Howard Univ. in Washington, spielte ab 1951 bei Bull Moose Jackson, Tadd Dameron, Lionel Hampton, Earl Bostic u.a. 1956–58 bei Dizzy Gillespie, 1958–59 bei Art Blakey. Gründete 1959 mit Art Farmer das

Jazztet, leitete ab 1963 eigene Gruppen und arbeitete ab 1966 als Komponist für Film und TV. Seit Anfang der 80er Jahre auch wieder als Jazz-Musiker aktiv. G. ist seit seiner Zusammenarbeit mit Dizzy Gillespie und Art Blakey einer der wichtigen Komponisten des Hard-Bop; er schrieb u.a. die Standards *Stablemates, I Remember Clifford, Whisper Not* und *Blues March*. Zahlreiche Schallplatten, als Leader für Contemporary, Riverside, United Artists, Prestige, Argo, Audio Fidelity, Verve, Columbia, Baystate, Timeless, Denon, Dreyfus, Arcadia.

Filme: Des femmes disparaissent (Blonde Fracht und schwarze Teufel, F 1959) – Stop Driving Me Crazy (Kurzfilm 1960) – Ski Faszination (D 1965, Regie W.Bogner) – Where it's at (Pokerspiel für zwei, 1969) – Ed's Next Movie (1996)

TV: Run For Your Life (1965–68, + Pete Rugolo) – Ironside (Der Chef, 1967–74) – It Takes a Thief (1967–70) – Mannix (1967–75) – Room 22 (1969–73, + R.LaSalle, Jerry Goldsmith, Warren Barker) – The Young Lawyers (1970–71, + Lalo Schifrin) – Roll Out (1973, + J. J. Johnson) – Karen (1975)

www.bennygolson.net – www.euclidrecords.com

Gonda, János

* *11.1.1932 Budapest.* Ungarischer Komponist, für den Film tätig in den 60er und 70er Jahren.

Filme: Nappali sitegseg (1963) – Apa (1967) – Szerelmesfilm – Merselelt egoy (1970) – Horizont (1971) – Utazás jakabbal (1972) – Holnap lesz fácán (1974) – Aki nekiszalad a demokracianak (Dok., 1990)

Goodall, Howard Lindsay

* *16.5.1958 London.* Engl. Komponist, schrieb u.a. Musik für die TV-Sendungen des Komikers Rowan Atkinson (»Mr. Bean«).

Filme: The Wisdom of the Dream (Dok., 3 Folgen, 1989) – Mr. Bean: Mr. TV (1990, TV) – Rowan Atkinson Live (1991) – Mr. Bean Goes to Town (1991, TV) – Bernard and the Genie (1992, TV) – Bean (1997) – Black Adder Back and Forth (1999)

Goodhart, Al

* *26.1.1905 N.Y., USA, † 30.11.1955 ebd.* Der Songschreiber begann seine Karriere im Rundfunk als Sprecher und Pianist. 1931 hatte er einen Hit mit *I Apologize* und verlegte sich daraufhin ganz aufs Komponieren. 1934–37 war er mit Al Hoffman und Maurice Sigler in England, schrieb für Bühne und Film. Mitarbeiter waren Mann Curtis, Sammy Lerner, Ed Nelson, Kay Twomey und Alan Roberts. *I Apologize* war Ende der 40er Jahre ein großer Hit für Billy Eckstine.

Filme: Dangerous Nan McGrew (1930) – She Shall Have Music – First Girl – Jack of All Trades – Come Out Of The Pantry (1936) – Gay Way (1937)

Goodman, Miles Dewey

* *27.8.1949 Brentwood/L.A., Calif., USA, † 16.8.1998 ebd.*

Filme: Footlose (Arr.,1984) – About Last Night (1986) – Little Shop of Horrors (1986, Arr.) – Sunset Park (1996) – Dirty Rotten Scoundrels (1988) – What About Bob? – He Said, She Said (1991 – Sister Act 2: Back in the Habit

Goodwin, Ron

(Ronald Alfred G.), * *17.2. 1925 Plymouth, England, † 8.1.2003.* Der »Easy Listening«-Musiker und Filmkomponist studierte Trompete und Komposition an der Guildhall School of Music in London und spielte dann mit Harry Gold. Er arrangierte für die Bands von Ted Heath u. Geraldo und für Schallplattensessions von Petula Clark u.a. Ende der 50er Jahre begann er Filmmusik zu schreiben, zunächst für Dokumentarfilme, in den folgenden 20 Jahren dann für etliche Spielfilme, bekannt wurden vor allem die »Miss Marple«-Filme* mit Margaret Rutherford. Er nahm eine Reihe von LPs mit »Mood-Music« auf und komponierte in einer »klassischen Manier« Musik wie seine *Drake 400 Suite* oder die *New Sealand Suite*. In den 70er Jahren ging er mit einem Orchester auf Tournee, war aktiv im Rundfunk, häufig auch in Kanada.

Filme: The Early Bird – Whirlpool (Die schwarze Lorelei, 1959) – The Witness – Village of the Damned (Das Dorf der Verdammten, 1961) – Johnny Nobody (Der Schuß aus dem Nichts, 1960) – The

Trials of Oscar Wilde (Der Mann mit der grünen Nelke, 1960) – Partners in Crime – The Killer Cave – Murder, She Said * (Sechs Uhr 50 ab Paddington, 1961) – Murder at the Gallop* (Der Wachsblumenstrauß) – Murder Ahoy* (Mörder Ahoi!) – Postman's Knock (Armleuchter in Uniform, 1961) – The Day of the Triffids (Blumen des Schreckens, 1961) – Invasion Quartet (Die Etappenhengste, 1961) – Kill or Cure (1962) – I Thank a Fool (1962) – Lancelot and Guinevere (1962) – Ladies Who Do (1963) – Of Human Bondage (Der Menschen Hörigkeit, 1964) – Murder Most Foul* (Vier Frauen und ein Mord, 1964) – The Alphabet Murders (Die Morde des Herrn ABC, 1964) – 633 Squadron (1964) – Those Magnificent Men in Their Flying Machines (Die tollkühnen Männer in ihren fliegenden Kisten, 1964) – The Trap (Wie ein Schrei im Wind, 1965) – The Early Bird (Die große Flasche, 1965) – Children of the Damned – Operation Crossbow (Geheimaktion Crossbow, 1965) – The Magnificent Two (1967) – That Riviera Touch (1966) – Decline and Fall (1968) – Battle of Britain (Luftschlacht um England, 1969, + William Walton: *Battle of the Air*) – When Eagles Dare (1969) – Those Daring Young Men in Their Jaunty Jalopies (USA/F 1969) – The Executioner (Der Vollstrecker, 1970) – Force 10 From Navarone (Der wilde Haufen von Navarone) – Valhalla – Frenzy (1972) – Gawain and the Green Knight (1973) – Deadly Strangers (1974) – One of Our Dinosaurs is Missing (1975) – Escape from the Dark (1976) – Candleshoe (1977)

Goossens, Eugene

* *26.5.1893 London, England, † 13.6.1962 ebd.* Der Komponist war Mitglied einer berühmten Musikerfamilie, zu der noch sein Bruder Léon Jean und die Schwestern Sidonie und Marie gehörten. Er studierte am Bruges Konservatorium, am Liverpool College of Music und am Royal College of Music. Er machte sich zunächst einen Namen als Violinist und dann als Operndirigent. 1934 ging er in die USA und wurde Dirigent des Rochester Symphony Orchestra, schließlich des Cincinnati SO. 1947 ging er nach Australien, wo er das Sydney SO leitete. Er komponierte zahlreiche Werke für Klavier, Orchesterwerke, Ballette, Vokalwerke und Opern (»Judith«, »Don Juan de Mañara«). G. arbeitete auch an einigen frühen engl. Tonfilmen mit, u.a. »The Constant Nymph« (1932).

Goraguer, Alain

(Ps. Paul Vernon), * *20.8.1931 Rosny-sur-Bois (Seine-Saint-Denis), Frankreich.* Begann als Jazzpianist, arbeitete dann als Komponist für Chansoninterpreten wie Serge Gainsbourg, Jean Ferrat, Serge Reggiani, Nana Mouskouri u.a. Er gewann mit France Gall und Gainsbourg den Grand Prix de L'Eurovision für *Poupée de cire, poupé de son.*

Filme: Le piége (1958) – J'irai cracher sur vos tombes (1959, OST: Mercury 548318-3) – Le bel âge (1959) – Les louips dans la bergerie –Les héritiers – Le Sahara brúe (1960) – Un jour a Paris (1962) – La rentrée – Blague dans le coin (Lauter Leichen in Las Vegas (1963) – La mégère apprivoiseée (1964, TV) – Le temps mort – Paris secrets (1964) – Agent spécuial à Venise (Mord am Canale Grande, 1964) – Nick Carter et le trèfle rouge – Les escargots (1965) – L'homme de Marrakesh – Un choix d'assassins (1966) – Sur un arbre perché –La servante (Der leise Atem der Lust, 1974) – Michel, l'enmfant-roi (1972, TV-Serie) – Le silencieux – Les portes de feu (1972) – Laplanète sauvage (Cartoon, 1973) – L'affaire Dominici (Die Affäre Dominici, F/I 1973) – Le rallye des joyeuses – Les noces de porcelaine – Au delá de la peur (1974) – L'aigle et la Colombe (1977) – Charlie Bravo (1980) – Les filles du régiment (Die Büstenhalterkompanie, 1978) – Histoires étranges (1980, TV-Serie) – Ich heirate eine Familie (D 1982, TV-Serie) – Merci Sylvestre (1983, TV-Serie) – Florence ou la vie de château (1987, TV-Serie) – Comment Wang Fo fur sauvé (1987) – A notre regrettable èpoux (1988) – Panique aux Carïbes (1989, TV-Serie) – Bébé express (1990, TV) – Quiproquos (1991, TV) – Au beau rivage (1993, TV) – Le raisin d'or (1995, TV)

CD: Go-Go-Goraguer, Philips

Gordon, Mack

(eigentl. Morris Gittler), * *21.6.1904 Warschau, Polen, † 1.3.1959 N.Y., USA.* Songtexter der 30er und 40er Jahre, meist für Filmmusicals mit → Harry Revel und → Harry Warren. Kam als Kind in die USA, wuchs in Brooklyn und der Bronx auf, sang als Kind in Minstrel-Shows und trat später im Vaudeville als Sänger-Komödiant auf. Anfang der 30er Jahre begann er Songtexte zu schreiben, tat sich mit Harry Revel zusammen und ging mit ihm 1933 nach Hollywood. In den 40er Jahren arbeitete er mit Harry Warren zusammen, schrieb aber auch Texte für Joseph Myrow, Ray Henderson, James V. Monaco und Edmund Goulding. Mit Warren schrieb er die Songs für die Glenn Miller-Filme »Sun Valley Serenade« und »Orchestra Wives«. Filme von bes. musikal. Interesse sind auch »Down Argentine Way« (1940), »That Night in Rio« (1941) und »Sweet Rosie O'Grady« (1943).

Weitere Filme: Broadway Thru a Keyhole (1933) – We're Not Dressing (1934, + H.Revel)

Bekannte Songs: Time on My Hands – Love Thy Neighbor – With My Eyes Wide Open – Goodnight, My Love – Never in a Million Years – Chattanooga Choo Choo – Kalamazoo – At Last – I Had the Craziest Dream – Serenade in Blue – There Will Never Be Another You – I Can't Begin to Tell You – You Make Me Feel so Young – Mam'selle – Secrets in the Moonlight – You, My Love

Gore, Michael

* *5.3.1951 N.Y., USA.* Bruder der Sängerin Leslie Gore (* 2.5.1948 Tenafly, N.J., USA).

Filme: Fame (1980, OST: Polydor) – Superstar – Terms of Endearmant (1983) – Pretty in Pink (1986) – Defending Your Life – The Butcher's Wife (1991) – Mr. Wonderful (1993)

Gori, Lallo

(Coriolano G.), * *7.3.1927 Cervia, Ravenna.* Ital. Komponist, spezialisiert auf Abenteuer-, Fantasy- und Western-Filme.

Filme: L'amore primitivo (1964) – Ercole contro figli del sole (1964) – Kindar l'invulnerabile (Das Geheimnis der roten Blume, 1965) – Tempi de massacro (1966) – Mondo balordo (Dok., 1968) – Italia ultimo atto (1977)

Görling, Nathan

* *25.10.1905 Alingsas (Älvsborgs Län).* Schwedischer Komponist, für den Film tätig in den 40er Jahren. (Anm.: Es gibt drei weitere schwedische Komponisten namens Görling: Stuart, Uno (= Miff, ein bekannter Bandleader) und Zilas (Ps. Karl Zieg)).

Filme: Skeppar Jannson – Johannsson Gets Scolded (1945) – Var sin väg (1948)

Gosov, Marran

(eigentl. Tzvetan Marangosoff), * *3.10.1933 Sofia, Bulgarien.* Der Sohn einer deutschen Mutter und eines bulgarischen Vaters wuchs wechselweise in Dresden und Sofia auf. Er arbeitete als Schriftsteller (Roman »Der Gleichgültige«, 1959), kam wegen »Republikflucht« ins Gefängnis und übersiedelte 1960 in die BRD. Er schrieb hier Hörspiele, TV-Spiele, drehte als Autor/Regisseur Kurzfilme und Spielfilme (u.a. »Engelchen«) und schrieb ab 1980 auch Musik für TV- und Spielfilme.

Filme: Horror vacui (1984) – Lieber Karl (1985) – Virus ... (1986) – Die grausame Frau (1987) – Follow Me (1988)

Gotthardt, Peter

* *22.8.1941 Leipzig.* Komponist in der DDR.

Filme: Der tapfere Schulschwänzer (1967) – Die Russen kommen (1968/1988) – Karriere (1971) – Der kleine Kommandeur (1972) – Die Legende von Paul und Paula (1973) – Blumen für den Mann im Mond – Ikarus (1975) – Verdammt, ich bin erwachsen! (1976) – Trampen nach Norden – Die Verführbaren – Brandstellen (1977) – Bis der Tod euch scheidet – Schneeweißchen und Rosenrot (1978) – Hier wo ich leben (1979) – Solo für Martina (1980) – Trompeten-Anton (1981) – Das Mädchen und der Junge – Insel der Schwäne (1982) – Ewig lebe die Freundschaft – Nachhilfe für Vati – Rublak: Die Legende vom vergessenen Land – Seiten einer Chronik (1983) – Wo andere Schweigen – Ich liebe Victor (1984) – Jan Open (1987) – Käthe Kollwitz: Bilder eines Lebens (1987) – Lieb Georg (1988) – Alter schützt vor Liebe nicht (1989)

Gottschalk, Louis F.

* *7.10.1863 St. Louis, Mo., USA, † 15.7.1934 L.A.* Der Neffe des Komponisten Louis Moreau G. (1829–1869) war ein Freund von Frank L. Baum (dem Schöpfer von »The Wizard of Oz«), mit dem er die Oz Manufacturing Co. gründete, der aber kein Erfolg be-

schieden war. Er arbeitete hier auch als Produzent und Regisseur.

Filme: Girl of Oz – Patchwork Girl of Oz – The Magic Cloak of Oz – His Majesty, the Scarecrow of Oz (1914) – Honor's Altar (1916) – The Curse of Eve (1917) – The Great Love (1918) – Four Horsemen of the Apocalypse – The Three Musketeers – Little Lord Fountleroy (1921) – Orphans of the Storm (Zwei Waisen im Sturm, 1921, + William F.Peters; neue Musik 2001 von John Lanchberry) – Rosita – A Woman of Paris (1923) – Romola (1924)

Götz, Karl

(Ps. Joe Burgner), * *20.8.1922 Frankfurt/M., † 18.2.1993 ebd.* Film- und Schlagerkomponist, schrieb u.a. *Tanze mit mir in den Morgen, Schläfst du schon?, Seemann, wo ist deine Heimat?, Ich bin ja nur ein Troubadour.*

Filme: Jungfrauenkrieg (1957) – Dort in der Wachau (1957) – Der Wilderer vom Silberwald (1957) – Die Straße (1958) – Einmal noch die Heimat sehen (1958)

Gould, Morton

* *10.12.1913 Richmond Hill, N.Y., USA, † 20.2.1996 Orlando, FL.* Der Pianist und Komponist semi-klassischer Werke wie der bekannten *Pavanne* (1938) war ein musikalisches Wunderkind. Er arbeitete als Pianist im Vaudeville und im Rundfunk, studierte an der Juilliard School und war mit 17 Jahren Arrangeur an der Radio City Music Hall in N.Y. und hatte 1939–40 eine Radioshow mit »Music for Today«. Er war bekannt mit G. Gershwin in dessen letzten Lebensjahren und ist Klaviersolist bei dessen erster Aufnahmen von »Three Preludes« und einer Version der »Rhapsody in Blue«. Er leitete diverse Radio-Show in den 40er Jahren, trat als Gastdirigent mit Sinfonieorchestern auf und 1945 mit Orchester im Film »Delightfully Dangerous«. Er schrieb die Broadway-Shows »Billion Dollar Baby« (mit Betty Comden u. Adolph Green, 1946), »Pursuit of Happiness« und »Arms and the Girl« (1950, beide mit Dorothy Fields). G. gehört wie André Kostelanetz und Percy Faith zu den bedeutendsten Musikern der Unterhaltungsmusik des 20. Jh.

Werke u.a.: Lincoln Legend – Chorale and Fugue in Jazz – St. Lawrence Suite – Latin-American Symphonette – American Symphonette No. 1 and 2 – Derivations for Clarinet – Little Symphony – Fall River Legend – American Concertette – Ballettmusiken

Filme: Delighfully Dangerous (1945) – Cinerama Holiday – Windjammer – World War II (TV) – Holocaust (TV)

Governor, Mark

* *6.1.1955 in ?.* US-Komponist, für den Film tätig seit 1984.

Filme: Paradise Motel (1984) – Land of Doom – The Devastator (1985) – Beachballs (1988) – The Masque of the Red Death (Die Maske des roten Todes, 1989) – Hollywood Boulevard, Pt.2 (1989) – Overexposed (1990) – Mindwarp (1991) – Pet Sematary Two (1992) – Notes from Underground (1995) – Sante Fe (1997) – Blindness (1998)

Grabowsky, Paul

* *27.9.1958 Lae (New Guinea), Papua-Neu Guinea.* Australischer Komponist, für den Film tätig seit 1985, u.a. für die Regisseure Paul Cox und Ben Lewin.

Filme: Wills and Burke (1985) – The Bit Part (1987) – Georgia (1988) – Sweethearts (1990) – A Woman's Tale (1991) – The Last Days of Chez Nous (1992) – Exile – Lucky Break (1994) – Lust and Revenge (1996) – Siam Sunset (Unverhofft kommt oft, 1999) – Naoh's Ark (1999) – Shiner – Innocence (2000)

Graf, Dominik

* *6.9.1952 München.* Der Sohn des Schauspielers Robert G. (1923–1966) ist einer der talentiertesten dt. Filmregisseure.

Filme (Mit Helmut Spanner):* Tiger, Löwe Panther (1989, TV) – Frauen sind was wunderbares* (1994) – Die Sieger* (1994) – Tatort: Frau Bu lacht* (1995, TV) – Sperling und das Loch in der Wand* (1996, TV) – Doktor Knock* (1996, TV) – Der Skorpion* (1997, TV) – Sperling und der brennende Arm (1998, TV)

Graham, Kenny

(Kenneth Thomas Skingle), * *19.7.1924 London, England, † 17.2.1997 ebd.* Lernte Klarinette, Tenorsaxophon und Flöte, spielte in den Bands von Ambrose, Jack Parnell und gründete Anfang der 50er Jahre eigene Jazzcombo, die »Afro-Cubists«. Aus Krankheitsgründen gab er die Band auf und arbeitete seit den 60er Jahren als Arrangeur für Ted Heath, Humphrey Lyttelton u.a. Bands sowie als Komponist.

Filme: Festival of Jazz (1961) – The Small World of Sammy Lee (Der Gehetzte von Soho, 1962) – Night Train to Paris – Naturally, It's a Rubber – Scene Nun, Take One (1964) – Carousella – Sahara Venture – Timber Move – Cuckoo Patrol (1965) – Where the Bullets Fly – Can I Help You? (1966) – Frontiers of Power – Just Routine – Our Time No.1 (1967) – Cantagello (1969)

Grainer, Ron

(Ronald Earle G.), * *11.8.1922 Atherton, Queensland, Australien, † 21.2.1981 London, England.* Studierte am Konservatorium von Sydney und ging dann nach London, wo er zunächst für die Bühne arbeitete und Musicals komponierte: »Robert and Elizabeth«, »On the Level«, »Sing a Rude Song«. Ab 1960 arbeitete er für den Film und wurde zu einem wichtigen Vertreter des neuen britischen Kinos. Seit den 70er Jahren arbeitet er hauptsächlich fürs TV; von ihm stammen die Titelmelodien der TV-Serien »Paul Temple«, »Maigret«, »Steptoe & Son«, »Shelly«.

Filme: Terminus (1960) – A Kind of Loving (Nur ein Hauch Glückseligkeit, 1961) – The Dock Brief (Der große Knüller, 1962) – Some People (1962) – Station Six Sahara (1962) – Live Now, Pay Later (1962) – The Mouse in the Moon (Auch die Kleinen wollen nach oben, 1963) – The Moon Spinners (Der Millionenschatz, 1963) – The Caretaker (Der Hausmeister, 1962) – We Joined The Navy (1962) – Night Must Fall (Griff aus dem Dunkel, 1964) – Nothing but the Best (Man geht wieder über Leichen, 1964) – The Finest Hours (Winston Churchills Leben und Werk, Dok., 1964) – The Assassination Bureau Ltd. (Mörder GmbH, UK 1968) – Before Winter Comes (Bevor der Winter kommt, 1968) – Only When I Larf (1968) – In Search of Gregory (1969) – Hoffman (1970) – The Omega Man (Der Omega-Mann, 1971) – Mutiny on the Buses (Meuterei im Bus, 1971) – Yellow Dog (1973) – I Don't Want to Be Born (Der Teufel in ihr, 1975) – The Bawdy Adventures of Tom Jones (Vagabund in tausend Nöten, UK 1976) – The Never Never Land (Das Spukhaus am Kensington Park, USA 1980)

Grainger, Percy Aldridge

** 8.7.1882 Brighton (b. Melbourne/Victoria), Australien, † 20.2.1961 White Plains, N.Y.* Der Pianist und Komponist hinterließ ein umfangreiches Klavierwerk und machte sich darüberhinaus einen Namen als Sammler von engl. und dänischen Volksliedern; er begann schon 1905 mit »field recordings« auf Wachszylindern, die er dann transkribierte und z. T. in Klavierbearbeitungen einspielte.

Film: Flying Feet (1929)

Granichstaedten, Bruno

(Bernhard), * *1.9.1879 Wien, † 20.5.1944 N.Y.* Österreichischer Pianist, Kapellmeister und Komponist. Schrieb Libretti und Musik für die Operetten »Bub oder Mädel« (1908), »Auf Befehl der Kaiserin« (1915), »Walzerliebe« (1918), »Der Orlow« (1925), »Evelyne« (1928), »Reklame« (1930). Er übernahm amerikanische Tanzformen in seine Musik, z.B. in »Glück bei den Frauen« (1923) und »Bacchusnacht« (1923). Er schrieb auch zahlreiche Lieder, so *Zuschau'n kann i net* für Ralph Benatzkys Operette »Im weißen Rössl«, Libretti für Oscar Straus und Filmmusiken. 1938 emigrierte er in die USA.

Filme: One Heavenly Night (1931) – Walzerparadies (1931) – Die Försterchristel (1931, + W. Sieber, nach Mozart) – Goldblondes Mädchen ich schenk' dir mein Herz! Ich bin ja so verliebt (1932, + H.J.Salter) – Zwei in einem Auto/Eine Reise ins Glück (1932, + Schmidt-Gentner) – Paris/Mediterranee (1932) – Die verliebte Firma (1932, + Grete Walter, Ernst Hauck) – Der Orlow/Der Diamant des Zaren (1932) – Im weissen Rössl (1935)

Grappelli, Stéphane

** 26.1.1908 Paris, Frankreich, † 1.12.1997 ebd.* Ein legendärer Violinist und mit Django Reinhardt einer der Väter des europäischen Jazz, hatte G. nur am Rande Berührung mit dem Film. Er schrieb die Musik zu Bertrand

Bliers Film »Les Valseuses« (1974) und zu »Milou en mai« von Louis Malle (1989). Er trat jedoch in einigen Dokumentarfilmen als Musiker auf, so in einem Porträt über ihn selbst (1989), einem Film über Yehudi Menuhin (1990) und in »First Class: Claude Bolling & Stéphane Grappelli« (1991).
Filme: Les valseuses (Die Ausgebufften, 1974) – Milou en mai (1989) – Familia (1996, Songs) – Dieu seul me voit (Versailles-Chantiers) (1998)

Grau, Gil

(Gilbert). G. arbeitete seit Ende der 30er Jahre in Hollywood vorwiegend als Arrangeur in den Schallplattenstudios (u.a. für Artie Shaw), hauptsächlich aber den Filmstudios, u.a. für so berühmte Filme wie Hitchcocks »Notorious«, »The Big Country« und »Lolita«.
Filme: The Lady Eve (1941) – Something to Shout About – Rookies in Burma (1943) – The Miracle of Morgan's Creek (1944) – Father Knows Best (1954, TV-Serie) – Jeanne Eagles (1957)

Gray, Allan

(eigentl. Josef Zmigrod), * *23.2.1902 Tarnow (Österreich, heute Polen), † 10.9.1972 Amersham, Buckinghamshire, England.* Nach dem Musikstudium arbeitete er eine zeitlang als musikal. Leiter für Max Reinhardt. Er arbeitete für div. kontinentaleurop. Filme, ehe er nach 1933 nach England ging und dort für Rundfunk und Bühne arbeitete, u.a. für Shakespeare-Produktionen. Im Film arbeitete er mehrfach mit dem Regisseur Michael Powell* zusammen.
Filme: Emil und die Detektive (1931) – Berlin Alexanderplatz (1931, + A.Guttman) – Die Gräfin von Monte Christo (1932) – Mensch ohne Namen (1932, + H.-O.Borgmann) – F.P.1 antwortet nicht (1932, H.-O.Borgmann) – Brennendes Geheimnis (1933) – Hände aus dem Dunkel (1933) – Rund um eine Million (1933) – The Volunteer Archers* (1943) – Life and Death of Colonel Blimp* (Leben und Sterben des Colonel Blimp, UK 1943) – The Silver Fleet* (1943) – A Canterbury Tales* (1944) – I Know Where I'm Going* (1945) – Latin Quarter (1945) – This Man is Mine* (1946) – Christmas Weekend (1946) – Mr. Perrin and Mr. Trail (1948) – The Planter's Wife (Weiße Frau im Dschungel, 1952) – Woman of Twilight (1952) – A Matter of Life and Death (Irrtum im Jenseits, 1964)

Gray, Barry

* *18.7.1908 Blackburn, Lancashire, England, † 16.4.1984 Guernsey (Ärmelkanal).*
Filme: Thunderbirds Are Go (1966) – Thunderbirds Six (1968) – Journey to the Far Side of the Sun – Doppelgänger (1969) – Thunderbirds to the Rescue (1980) – Revenge of the Mysterions from Mars (1981)

Gray, Jerry

(geb. Generoso Graziano), * *5.7.1915 East Boston, Mass., USA, † 10.8.1976 Dallas, Texas.* Swing-Arrangeur, wurde bekannt für seine Arbeiten für die Bands von Artie Shaw (1936–39, *Begin the Beguine*) und Glenn Miller (1939–45), leitete nach Millers Tod dessen Army Air Force Band. Eigene Band ab 1946, nahm damit in den 50er Jahren am Glenn Miller-Revival teil, arbeitete in den 60er Jahren als Komponist/Arrangeur für Film und TV und begleitete mit Pick-Up Bands Vokalisten wie Ella Fitzgerald, Vic Damone, Jane Froman u.a.
Filme: Glenn Miller Story (1954, Arr.) – What Did You Do in the War, Daddy (1966, + Henry Mancini) – TV: Bob Crosby Show

Graziano, Stephen

* *26.12.1954 Fort Worth, Tx., USA.*
Filme: Get a Life (1990, TV) – Think Big (1990) – Neon City (1992) – Miami Affairs (1992, Songs: Maxi Priest) – Scam (1993, TV) – The Trouble with Larry (1993, TV) – The Adventures of Brisco County, Jr. (1993, TV) – Past Tense (1994) – Party of Five (1994, TV) – Sliders – The Outer Limits – The Client (1995, TV) – Stigmata .44 (1996) – Ruby Jean and Joe (1996, TV) – Contagious (1997, TV) – Swing Blade (1997) – Escape from Atlantis (1997, TV) – Dawson's Creek (1998, TV) – My Own Country (1998, TV) – Nice Guys Sleep Alone (1999) – Herman U.S.A. (1999) – Highlander: Endgame (2000) – Ed (2000) – The Immigrant Garden (2000) – Mixed Signals (2001)

Green, Bernard

→ Grün, Bernhard

Green, Johnny

(John Waldo G.), * *10.10. 1908 N.Y., USA, † 15.5. 1989 Beverly Hills, Calif.* Sein Song *Body and Soul* hat ihn unsterblich gemacht, aber G. hat mehr zu bieten. Er studierte an der Harvard-Universität, arrangierte für Guy Lombardo, arbeitete kurzzeitig an der Wall Street, konzentrierte sich aber Ende der 20er Jahre aufs Komponieren. Erster Hit: *Coquette* (1928). *Body and Soul* wurde 1930 durch Libby Holman in der Broadway-Show »Three's a Crowd« zum Hit, legendär wurde der Titel aber durch die Jazz-Interpretation von Coleman Hawkins (1939). G. arbeitete in den 30er Jahren als Begleitpianist von Ethel Merman, Gertrude Lawrence u. James Melton, spielte bei Leo Reisman u. arbeitete für die Paramount als Komponist, Arrangeur u. Dirigent. 1932 bei Buddy Rogers, zwischen 1933 und 1941 eigenes Tanzorchester, hatte eigene Radio-Show und war musikalischer Leiter der Radio-Shows von Ruth Etting, Ethel Merman, Jack Benny u.a. 1942 nach Hollywood, arbeitete in den Film-Studios und leitete Radio-Shows. Ab 1949 war er Musikchef bei MGM und als Komponist, Arrangeur, Dirigent und musikal. Leiter an zahllosen Filme beteiligt und konnte das Niveau der MGM-Filme beträchtlich anheben. Er erhielt Oscars für »Easter Parade«, »An American in Paris« und den Kurzfilm »The Merry Wives of Windsor«. Seine Texter waren Ed Heyman, Paul Francis Webster, Mack David, Billy Rose, Johnny Mercer. – Schallplatten für Brunswick, Columbia, Decca, MGM, RCA, Regent; begleitete auch Fred Astaire, Ethel Merman, Ezio Pinza, Danny Kaye u.a.

Filme: The Count of Monte Christo (Der Graf von Monte Christo, 1934) – Bathing Beauty (Badende Venus, 1944) – Broadway Rhythm (1944) – Weekend at the Waldorf (1945) – Easy to Wed (Eine Falle für die Braut, 1946) – Fiesta (Mexikanische Nächte, Dir., Score: A.Copland, 1947) – Something in the Wind (1947) – It Happened in Brooklyn (1947; Songs: Styne/Cahn) – Easter Parade (Osterspaziergang, 1948, Dir.) – The Inspector General (Die sündige Stadt, 1949) – Summer Stock (1950) – An American in Paris (Ein Amerikaner in Paris) – The Great Caruso (Der große Caruso, 1951; Dir., + Peter Herman Adler) – Mr. Imperium – Royal Wedding (Königliche Hochzeit, 1951; Songs: A.J.Lerner/B.Lane) – Too Young to Kiss (1951) – Because You're Mine (Mein Herz singt nur für dich, 1953) – Rhapsody (1954, Dir.; Score: B.Kaper; Piano: Claudio Arrau, Violine: Michael Rabin) – Brigadoon (1954, Songs von Lerner/Lowe) – High Society (Dir., + Saul Chaplin, Songs: Cole Porter, 1956) – Meet Me in Las Vegas (1956) – Raintree Country (Das Land des Regenbaums, 1957) – Pepe (1960, Dir.) – Twilight of Honor (Rufmord, 1963) – Bye Bye Birdie (1963, Dir.) – Alvarez Kelly (1965) – Oliver! (1968, Dir.) – They Shoot Horsey, Don't They (Nur Pferden gibt man den Gnadenschuß, 1969, + Al Woodbury)

Green, Philip

(Philip Mortimer G.), * *19.7.1911 London, England, † 6.10.1982 Dublin, Irland.*

Filme: The Magic Bow (1946) – For Them That Trespass (Unschuldig verurteilt, 1948) – The Frenchiss Affair (1950) – The Elstree Story (1952) – The Yellow Balloon (Der gelbe Ballon, 1952) – 24 Hours of a Woman's Life (1952) – Conflict of Wings (UK 1953) – Masquerade (1955) – John and Julie (1955) – Up in the World (Ich und die Frau Gräfin, 1956) – Who Done It? (1956) – Innocent Sinners (1957) – Just My Luck (1957) – The Extra Day (1958) – Sea Fury (1958) – Rooney (1958) – Operation Amsterdam (1958) – A Question of Adultery (Gegen Sitte und Moral, 1958) – The Square Peg (1958) – The Shakedown (Der nackte Spiegel, 1959) – Sapphire (Das Mädchen Saphir, 1959) – A Touch of Larceny (Hochverrat mit Hindernissen, 1959) – Desert Mice (1959) – Follow a Star (1959) – Piccadilly Third Stop (Signal steht auf Rot, 1960) – Man in the Moon (1960) – The Singer not the Song (Der Sommer der Verfluchten, 1960) – The League of Gentlemen (Die Herren Einbrecher geben sich die Ehre, 1960) – Victim (Im Teufelskreis, 1961) – In the Doghouse (1961) – Flame in the Streets (Die schwarze Fackel, UK 1961) – The Secret Partner (Der unheimliche Komplize, 1961) – The Man Who Finally Died (1962) – On the Beat (1962) – The Devil's Agent (Im Namen des Teufels, UK 1962) – A Stitch in Time (Bettgelächter, 1962) – Tiara Tahiti (1962) – Two Left Feet (1963) – It's All Happening (1963) – The Girl Hunters (Ein Killer wird gekillt, UK 1963) – Masquerade – The Intelligence Man (1965)

Greene, Joe

(Joseph Perkins G.), * *19.4.1915 Spokane, Wash., USA, † 16.6.1986 Pasadena, Calif.* Arbeitete in den 40er und 50er Jahren als Komponist, u.a. mit Hoagy Carmichael und Stan Kenton, letzterer hatte einen Hit mit *And Her Tears Flowed Like Wine*. Für den Film arbeitete er in den 60er und 70er Jahren. Er hat sich auch als Schriftsteller hervorgetan (Roman: »House of Pleasure«).

Filme: A Public Affair (1962) – On Her Bed of Roses – Movie Star, American Style, Or, LSD, I Hate You (1966) – A Boy ... A Girl – Confessions of Tom Harris – The Children – The Girl Who Knew Too Much (1969) – Tiger by the Tail (1970) – Together Brothers (1974)

Songs: Ooh, What I Dreamed About You – Travelin' Man – And Her Tears Flowed Like Wine – I'm Going Mad for a Pad – All There Is To Know – She's Shimmyin' on the Beach Again

Greene, Mort

* *3.10.1912 Cleveland, Ohio, USA, † 28.12.1992 Rancho Mirage, Calif.* Komponist der 30er und 40er Jahre, arbeitete mit Constantin Bakaleinikoff, Lew Pollack, Harry Revel, Leigh Harline und Roy Webb zusammen.

Filme: The Lone Wolf Returns (1936) – Stage Door (1937) – Once Over Lightly (1938) – Beyond the Blue Horizon – Call Out the Marines – Sing Your Worries Away – The Big Street (1942) – What's Buzzin' Cousin? – The Sultan's Daughter (1943) – Nocturne – The Bamboo Blonde – From This Day Forward (1946) – Honeymoon (1947) – Station West – The Velvet Touch – Return of the Bad Man (1948) – Tulsa (1949) – The Half-Breed (1951)

Greene, Walter Wesley

* *10.1.1910 Tarkio, Montana, USA, † 23.12.1983 Victorville, Calif.* Komponist/Musikdirektor im US-Film der 40er und 50er Jahre. Schrieb zahlreiche Musiken für B-Filme der Produzenten Roger Corman, Jerry Thomas und Ron Ormond, vorwiegend Western, Science-Fiction Filme und Teenagerkomödien. Er arbeitete auch fürs TV, so für die »Pink Panther«-Serie.

Filme: Return of the Lash – Ghost Town Renegades – The Fighting Vigilantes – Hollywood Barn Dance – Range Beyond the Blue – Cheyenne Takes Over (1947) – Stage to Mesa City (1948) – Mark of the Lash – Dead Man's Gold – Frontier Revenge – The Westward Trail – Tornado Revenge (1948) – Shep Comes Home – The Dalton Gang – Rimfire – Son of Billy the Kid – Square Dance Jubilee – King of the Bullwhip – Outlaw Country – Son of a Badman (1948) – Red Desert (Rote Wüste, 1950) – Crooked River – Marshal of Heldorado – West of the Brazos – Fast on the Draw – The Dalton a Woman – Hostile Country – The Dalton Gang (1950) – G. I. Jane – Yes, Sir, Mr. Bones – Kentucky Jubilee – The Vanishing Outpost (1951) – The Black Lash – Outlaw Woman (1952) – Jesse James' Women (1954) – Frontier Woman (1956) – Carnival Rock – Teenage Doll – The Brain From Planet Arous – Meteor Monster – Teenage Thunder (1957) – War of the Satellites (1958) – Thunder in Carolina (1960) – I Bombed Pearl Harbour (1961) – Tarzan's Deadly Silence (1970)

Greenwood, John

(John Darnfort Herman G.), * *16.6.1889 London, England, † 15.4.1975 ebd.* Studierte am Royal College of Music, arbeitete dann als Komponist und dirigierte das BBC-SO und das London SO mit eigenen Werken. Er schrieb auch etliche Filmmusiken.

Filme: Man of Aran (1933) – The Constant Nymph (1933, + E. Goossens) – East Meets West (1936) – The Drum (1937) – A Tale of Two Cities – Prison Without Bars – Elephant Boy (Elefanten-Boy, UK 1937) – Twenty-One Days (1939) – Contraband (1940, + R. Addinsell) – Pimpernel Smith (1941) – Wavell's 39.000 (1942) – The Lamp Still Burns (1942) – The Gentle Sea (1943) – San Demetrio London (1943) – Nine Men (1943) – They Knew Mr. Knight (1944) – Men of Rochdale (1945) – Switchover (1945) – Painted Boats (1945) – Hungry Hill (1946) – Frieda (UK 1947) – Eureka Stockade (Die Goldgräber, UK 1948) – Quartet (1948) – The Lost People (1948) – Raintree Country (Land des Regenbaums, 1949) – The Last Days of Dolwyn (1949) – The Gentle Gunman (Die Bombe im U-Bahn-Schacht, 1952) – Grand National Night (1953)

Greer, Jesse

* *26.8.1896 N.Y., USA, † 3.10.1970 Columbia, Conn.* Komponist der 20er und 30er Jah-

re. Erste Jobs als Pianist in Theatern und Musikverlagen. Begann Mitte der 20er Jahre Songs zu schreiben, Texter waren Stanley Adams, Harold Adamson, Walter Hirsch und Raymond Klages. Bekannte Songs: *Just You, Just Me; I'm Gonna Meet My Sweetie Now; Did You Mean It?*.
Filme: Hollywood Revue of 1929 – Marianne (1929) – Harlequin (1934).

Gregson-Williams, Harry
** 13.12.1961 England*
Bruder des Komponisten → Rupert Gregson-Williams. Begann als Popmusiker, studierte am St. John's College in Cambridge. Arbeitete für Stanley Myers als Assistent, Arrangeur und Ghostwriter, kam durch diesen in Kontakt mit → Hans Zimmer und arbeitet mit diesem in dessen Studio in Hollywood.
Filme: White Angel (1993) – The Rock (1996) – The Whole Wide World (1996) – Smilla's Sense of Snow (Frl. Smillas Gespür für Schnee, 1997) – The Borrowers (1998) – The Replacement Killers (Die Ersatzkiller, 1998) – The Match (1998) – Liar (1998) – Antz (Cartoon, 1998, + John Powell; OST: EMI) – Enemy of the State (1998) – Armageddon (1998, + Trevor Rabin) – Light it Up (1999) – Swing Vote (1999, TV) – The Magic of Marciano (2000) – The Tigger Movie (2000) – Chicken Run (Cartoon, 2000) – Shrek (Cartoon, 2001, + John Powell) – Spy Game (Der finale Countdown, 2001; OST: Decca) – Shrek: Swamp Karaoke Dance Party (2001) – Chow Yun-Fat Goes Holywood (2001) – AFP: American Fighter Pilot (2002, TV-Serie) – Passionada – Phone Booth – Johnny English – Tortoise vs. Hare (2002) – Veronica Guerin (2003) – Shrek 2 (2004)
www.mediaventures.com

Gregson-Williams, Rupert
Der Bruder von → Harry G.-W. hat eine ähnliche Karriere wie dieser hinter sich, er arbeitet seit 1998 für Film und TV.
Filme: The Prince of Egypt (zusätzl. Musik, 1998) – Urban Ghost Story (1998) – Virtual Sexuality (1999) – Muppets from Space (1999, zusätzl. Musik) – Shockers. Dance (1999, TV) – Extremely Dangerous (1999, TV) – At Home with the Braithwaites (2000, TV-Serie) – Happy Birthday Shakespeare (2000, TV) – Take a Girl Like You (2000, TV) – Hawk (2000, TV) – Princess of Thieves (2001, TV) – Jack and the Beanstalk: The Real Story (2001, TV-Serie) – My Beautiful Don (2001, TV) – Thunderparts (2002) – Plots with a View (2002)

Grippe, Ragnar
** 15.10.1951 Stockholm*. Schwedischer Komponist im Film der 80er Jahre.
Filme: Sleep or Death – Kejsaren (1979) – En Flicka paa halsen (1983) – Sista leken (1984) – Return (1985) – Jonssonligan dyker upp igen (1986)

Grisman, David
** 23.2.1945 Hackensack, N. J., USA*. Studierte an der New York Univ., spielte dann Bluegrass Music in der Even Dozen Jug Band (dabei Maria Muldaur u. John Sebastian). Gründete 1974 die Great American String Band, 1976 ein Quintett im Jazz-/Fusion-Stil; auf der ersten LP war Stéphane Grappelli dabei. G. ist ein exzellenter Mandolinenspieler, auch versiert als Pianist und Saxophonist. Er ist auf etlichen Schallplatten zu hören, so mit Svend Asmussen, Bela Fleck, Judy Collins, Dolly Parton, James Taylor u.a.
Filme: Big Bad Mama (1974) – Capons (1975) – Eat My Dust (1976) – King of the Gypsies (König der Zigeuner, 1976) – Grateful Dawg (2000, Dok., als Musiker/Produzent)

Grock
(eigentl. Charles Adrian Wettach), ** 20.1.1880 Biel/Bern, Schweiz, † 14.7.1959 Imperia, Ligurien, Italien*. Der berühmte Musikal-Clown war Star eines Films, für den er (mit A. Guttmann) auch Musik beisteuerte: »Grock« (1931, Lied: *Wenn du mich liebst..)*. 1949 entstand ein quasi-biografischer Film »Manege frei« mit Musik von Henri Saguet und Grock. Außerdem: »Rivalen der Manege« (1959, mit Klaus Ogermann).

Grofé, Ferde
(eigentl. Ferdinand Rudolph von Grofé), ** 27.3. 1892 N.Y., USA, † 3.4.1972 Santa Monica, Calif.* Ein einziges geschickt gemachtes Orchesterwerk ließ ihn weltberühmt werden: die *Grand Canyon Suite*, und daraus bes. der

dritte der fünf Sätze: *On the Trail*. Dabei hatte G. mehr zu bieten. Er studierte in L.A. Klavier und Viola und spielte im L.A. Symphony Orch. 1909–1918. 1920 ging er zum Orchester von Paul Whiteman und wurde bald dessen Haupt-Arrangeur. Er orchestrierte G. Gershwins *Rhapsody in Blue*, uraufgeführt von Whiteman 1924. 1932 gründete G. ein Tanzorchester, leitete es bis 1939, arbeitete dann als Komponist und Dirigent am Rundfunk. Schrieb 1942 die *Mississippi Suite* (mit dem Hit *Daybreak*), 1945 orchestrierte er die Musik zum Film »Rhapsody in Blue«, die Lebensgeschichte von George Gershwin. Er arbeitete auch für das Boston Pops Orchester.

Kompositionen: Grand Canyon Suite – Death Valley Suite – Hollywood Suite – Wheels Suite – Symphony in Steel – World's Fair Suite (1964) – New England Suite – Metropolis – Americana – Three Shades of Blue – Killarney – Valley of Enchantment – Piano Concerto in d – Knute Rockne – A Day at the Farm – Atlantic Crossing – Tabloid

Filme: King Of Jazz (1930) – Diamond Jim (Diamanten-Jim, 1935, + Franz Waxman) – Rhapsody in Blue (1946) – Rocketship XM (Rakete Mond startet, 1950) – The Return of Jesse James (Die Rückkehr von Jesse James, 1950) – Valentino (UK, + Stanley Black)

Gromon, Francis

** 14.10.1890 Trenčín (ungar. Trencen, dt. Trentschin, heute Slowakei), † 13.12.1971 L.A.*

Film: Marco der Clown (D 1932)

Gronostay, Walter Friedrich Erich

** 29.6.1906 Berlin, † 10.10.1937 Sacrow b. Berlin.*

Filme: Der Tunnel (1933) – Reifende Jugend (1933) – Glückspilze (1934) – Friesennot (1935) – Nacht der Verwandlung (1935) – Die letzten Vier von Santa Cruz (1936) – Savoy-Hotel – Stadt Anatol (1936) – Der Katzensteg – Die Kronzeugin – Revolutionshochzeit (1937)

Groupé, Larry

** 16.2.1957 Princeton, USA*

(Lawrence Nash G.). Der Komponist arbeitete für den Film zunächst als Arrangeur und Dirigent, ab 1997 schrieb er auch Scores.

Filme: Killer Tomatoes Eat France! (1991, zusätzl. Musik) – The Usual Suspects (Die üblichen Verdächtigen, 1996, Arr.) – Raven's Blood (1997) – I Woke Up Early the Day I Died – Storm of the Heart – Peter York – Early Bird Specuila – 4 Second Delay (1998) – Deterrence – Making Contact – Jonas Salk: Personally Speaking – Damned If You Die (1999) – The Contender (Rufmord, 2000, auch Arr.) – Gentleman B. (2000) – Out of the Black – The Search for John Gissing (2001) – The Mind and the Married Man (2001, TV-Serie) – Cracker Jack & Buckwheat Bob (2003)

Gross, Charles H.

** 13.5.1934 Cambridge, Mass., USA.*

Filme: Across the River (1965) – The Group (Die Clique, 1965) – Valdez is Coming (Valdez, 1970) – My Old Man's Place (1972) – Ceremony of innocence (1972, TV) – Brock's Last Case (1973, TV) – Mr. Inside/Mr. Outside (1973, TV) – Ling Lear (1974, TV) – Nicky's World (1974, TV) – Have a Nice Weekend (1975) – Blue Sunshine (1976) – Siege (1978, TV) – The Dain Curse (Der Fluch des Hauses Dain, 1978, TV-Film in 3 Teilen) – On the Yard (1978) – No Other Love – You Can't Go Home Again (1979, TV) – Nurse – Rumor of War (1980, TV) – Heartland (1980) – When the Circus Came to Town – The Gold Bug (1981, TV) – Prime Suspect – My Body, My Child – Something so Right (1982, TV) – Sessions – China Rose – Cook & Peary: The Race to the Pole (1983, TV) – Hosszú vágta (1983) – Terrible Joe Moran – The Burning Bed – Nairoby Affair – Night They Saved Christmas (1984, TV) – Country (1984) – Sweet Dreams (1985) – Arthur the King (König Artus, UK 1985) – Choices – Between Two Women – Barnum – Vengeance: The Story of Tony Cimo – Murders in the Rue Morgue (1986, TV) – Broken Vows – In Love and War (1987, TV) – Side By Side – Open Admissions – Leap of Faith (1988, TV) – Punchline – Apprentice to Murder (1988) – Turner and Hooch (1989) – No Place Like Home – Matter of Conscience (1989, TV) – Air America (1990) – Eyes of a Witness – Another You – Lethal Innocence (1991, TV) – In the Shadow of a Killer (1992, TV) – Passport to Murder

Musik: Walter Gronostay (Filmplakat zu »Mord in Savoy«)

(1993, TV) – Good King Wenceslas – Notes for My Daughter (1994, TV) – Awake My Murder – Lucifer's Child (1985, TV) – A Famly Thing (1996) – Fakin' Da Funk (1997)

Gross, Gregg

US-Komponist, im Film seit 1980.
Filme: A Polish Vampire in Burbank (1980) – Curse of the Queerwolf (1987) – Deathrow Gameshow (1987) – Buford's Beach Bunnies (1992)

Gross, Guy

* *18.8.1966 Tel Aviv, Israel.*
*Filme/Cartoons** : Dot and the Whale * (1986) – Dot and Keeto* (1986) – Dot Goes to Hollywood (1987) – Dot and the Smugglers* (1987) – The Magic Riddle* (1991) – Blinky Bill* (1992) – Frauds (1993) – The Adventure of Priscilla, Queen of the Desert (1994) – McLeod's Daughters (1995, TV) – Welcome to Woop Woop (1997) – Forever Fever (1998) – Farscape (1999, TV) – Cut (2000) – Uncle Chatzkel (2000) – Seconds to Square (2000, TV)

Grosskopf, Erhard

* *17.3.1934 Berlin.*
Filme: Der aufrechte Gang (1976) – Der unanständige Profit (1977) – Der Tod des weißen Pferdes (1985)

Grossman, Stefan

* *16.4.1945 Brooklyn, N.Y., USA.* Der Folk- und Country-Gitarrist studierte bei Rev. Gary Davis und gründete 1964 die einflußreiche Even Dozen Jug Band. Er spielte später mit den Fugs und Barry Goldberg. 1967 ging er nach Europa, lebte lange in Italien und England. In den späten 70er Jahren war er Mitbegründer des Kicking Mule-Labels. Zahlreiche Schallplatten, auch mit Danny Kalb und John Renbourn.
Film: The Ballad of June Hill (S 1979)

Grosz, Wilhelm

* *11.8.1894 Wien, † 10.12.1939 N. Y., USA.*
Film: Wer nimmt die Liebe ernst? (1931, + Arcany, Kurt Schröder)

Grothe, Franz

(Johannes August), * *17.9. 1908 Berlin-Treptow, † 12.9. 1982 Köln.* Dt. Operetten- und Filmkomponist, schrieb u.a. »Die Nacht mit Casanova« und rund 170 Filmmusiken. Begann 1926 als Pianist in Tanzorchestern zu spielen, so Eric Borchardt, Billy Bartholomew und Dajos Bela, arbeitete dann als Komponist und Arrangeur. 1942–45 war er einer der Leiter und Arrangeure des Deutschen Tanz- und Unterhaltungsorchesters (versuchte sich an einer »entschärften« Swingmusik), begleitete auf Schallplatten Marika Rökk u.a. und war Pianist der Studioband Goldene Sieben. G. war in erster Ehe mit der norwegischen Schauspielerin Kirsten Heiberg (1907–76) verheiratet. Er gehört zu den erfolgreichsten Komponisten seiner Zeit. Seine Arbeiten sind von einfallsreichen Melodien (Schlagern) gekennzeichnet und trugen viel zum Erfolg des wohl besten dt. Revuefilms jener Zeit, »Die Frau meiner Träume«, bei.
CD: Ein Leben nach Noten, PASS MMS-9091 – Ber-

lin Sound Orch., So schön wie heut', Monopol 35703 – Thilo Wolf Trio, Swinging F.G., Sikorski SIK-8
Filme: Die Nacht gehört uns (1929, Lied: *Wenn die Violine spielt)* – Tingeltangel (1930, + Austin Egan, Curt M. Roehr) – Die letzte Kompanie (1930, + R. Benatzky) – Komm mit mir zum Rendezvous (1930, + E.Künnecke, A.Guttmann) – Boykott (1930, + Alexander Laszlo) – Der Herr auf Bestellung (1930) – Das Geheimnis der roten Katze (1931) – Ronny (1931, + E.Kálmán) – Der ungeheure Eckehart (1931) – Arme kleine Eva (1931, + Erwin Ludwig) – Ronny (1932, + E.Kálmán) – Eine von uns (1932) – Die Herren vom Maxim (1933, + Oscar Straus) – Der große Bluff/Schüsse in der Nacht (1933) – Mond und Liebe (1933, + Manfred Strasser) – Salon Dora Green/Die Falle (1933) – Und wer küßt mich (1933) – Das Schloß im Süden (1933) – Zwei im Sonnenschein (1933) – Keine Angst vor Liebe (1933) – Zwischen zwei Herzen (1934) – Sag' mir wer du bist (1934) – Fräulein Frau (1934) – Ich kenn dich nicht und liebe dich (1934) – Es tut sich was um Mitternacht (1934) – Aufforderung zum Tanz/Der Weg Carl Maria von Webers (1934, + Kurt Stielitz, nach C. M. v. Weber) – Ihr größter Erfolg (1934) – Heinz im Mond (1934) – So endete eine Liebe (1934) – Winternachtstraum (1935) – Peter, Paul und Nanette (1935) – Die blonde Carmen (1935) – Der Ammenkönig (1935) – Verlieb' dich nicht am Bodensee (1935) – Die lustigen Weiber (1936, + Ernst Fischer) – Der große Bluff (1936) – Die Liebe des Maharadscha (1936) – Das Schloß in Flandern (1936) – Pat und Patachon im Paradies (1937, + Paul Hühn) – Immer wenn ich glücklich bin (1938) – Geheimzeichen LB 17 (1938) – Die fromme Lüge (1938) – Diskretion Ehrensache (1938) – Napoleon ist an allem Schuld (1938) – Der Vorhang fällt (1939; *Man kann sein Herz nur einmal verschenken*) – Das Abenteuer geht weiter (1939) – Ins blaue Leben (D/I 1939, + C.D'Anzig/A.Cigognini) – Ehe in Dosen (1939) – Alarm auf Station III (1939) – Der singende Tor (D/I 1939, +F.Casavola/E.de Curtis/R.Zandonai) – Rote Mühle (1940) – Achtung! Feind hört mit (1940) – Rosen in Tirol (1940, nach Zellers »Vogelhändler«) – Frauen sind doch die besseren Diplomaten (1941, erster dt. Farbfilm!) – Tanz mit dem Kaiser (1941, *Frühling in Wien*) – Illusion (1941) – Die schwedische Nachtigall (1941) – Der Strom (1942) – Hab mich lieb (1942; *Sing mit mir, tanz mit mir/Komm gib mir deine Hand*) – Jan und die Schwindlerin – Liebespremiere (1943, *Komm, Zauber der Nacht*) – Ein Walzer mit dir (1943) – Ich vertraue dir meine Frau an (1943, + W. Bochmann) – Der ewige Klang (1943) – Die Frau meiner Träume (1944; *In der Nacht ist der Mensch nicht gern alleine, Ich warte auf dich*) – Aufruhr des Herzens (1944) – Spiel (1944) – Jan und die Schwindlerin (1944) – Spiel (1944) – Eines Tages (1945) – Rätsel der Nacht (1945, UA 1950) – Leb wohl Christina (1945, unvoll.) – Frauenarzt Dr. med Hiob Praetorius (1949) – Das Haus in Montevideo (1951) – Fanfaren der Liebe (1951) – Die blonde Frau des Maharadschas (1952/62) – Hokuspokus (1953) – Fanfaren der Ehe (1953) – Feuerwerk (1954, Bearb. der Operette v. Paul Burkhard) – Begegnung in Rom (1954, + Luigi Malatesta) – Ich denke oft an Piroschka – Rosen im Herbst (1955) – Die goldene Brücke – Die Trapp Familie – Wenn wir alle Engel wären (1956) – Wir Wunderkinder – Helden (1958) – Die Trapp-Familie in Amerika (1958) – Immer wenn der Tag beginnt (1958; Song: *Mitternachtsblues*) – Bühne frei für Marika (1958) – Alt-Heidelberg – Das Wirtshaus im Spessart (1959) – Zwölf Mädchen und ein Mann (1959) – Ein Tag der nie zu Ende geht (1959) – Liebe auf krummen Beinen (1959) – Effie Briest (1960) – Heldinnen (1960) – Das Haus in Montevideo (1963) – Hokuspokus (1965) – Liselotte von der Pfalz (1966) – Herrliche Zeiten im Spessart (1967) – Ein Tag ist schöner als der andere (1969)

Grottke, Kurt

** 9.11.1917 Berlin, † 7.2.1990 Potsdam.*
Film: Kein Ärger mit Cleopatra (1959)

Gruenberg, Louis Theodore

*(Ps. George Edwards), * 3.8.1883 Brest-Litowsk, Russland, † 9.6. 1964 Hollywood, Calif., USA.*
Filme: So Ends Our Night (1941) – The Commandos Strike at Dawn (1942) – An American Romance (1944) – Counter Attack (1945) – Smart Woman (1948, Dir. Bakaleinikoff) – Arch of Triumph (Arc de Triomphe, 1948) – All the King's Men (1949)

Grün, Bernard

*(Grun, B., eigentlich Bernhard Grün), * 11.2. 1901 Startsch/Süd-Mähren (heute: Starec,*

Tschechien), † 28.12. 1972 London.
Filme: Ein Auto und kein Geld (H 1932) – All That I Have (UK 1947) – The Fat Man (UK 1950) – Zotz! (UK 1952)

Grund, Bert

** 24.1.1920 Dresden, † 30.3. 1992 München.* Dt. Komponist. Studierte in Dresden am Konservatorium und war 1940–53 Assistent von → Theo Mackeben. 1956 wurde er Dozent an Deutschen Institut für Film und Fernsehen, 1964 musikal. Berater am Literarischen Archiv der Deutschen Grammophon Ges. Ab 1959 als Komponist und Dirigent tätig, arbeitete auch als Dozent an der Hochschule für Fernsehen und Film in München. Er komponierte Ballettmusiken (»Chinesische Legende«), Einakter (»Die klassische Witwe«) sowie Bühnen-, Film- und TV-Musiken (»Wallenstein«).
Filme u.a.: Gullivers Reisen (1948) – Alle kann ich nicht heiraten (1952, + Peter Kreuder) – Abenteuer im Roten Meer (A 1952) – Der unsterbliche Lump – Brüderchen und Schwesterchen (1953) – Die Hexe (1954) – Die Ehe des Dr. med. Dannwitz (1956) – Das haut einen Seemann doch nicht um (DK/D 1958) – Armored Command (USA 1961) – Bekenntnisse eines möblierten Herren (1962) – Bedaure, falsch verbunden (D 1962, TV) – The Big Attack (US-TV, 1975) – Des Teufels Advokat/The Devil's Advocate (D 1977) – Eisenhans (1982) – '38 (1985)

Grunenwald, Jean-Jacques

(Ps. Jean Dalve), ** 2.2.1911 Cran-Gevrier b. Annecy (Haute-Savoie), Frankreich, † 19.12.1982 Paris.* Der Franzose schweizer Herkunft war ein Protegé von Marcel Dupré und einer der großen Konzertorganisten seiner Zeit. Er komponierte auch Orchestermusik und schrieb u.a. Musik zu Filmen von Robert Bresson und Jacques Becker.
Filme: Les anges du péché (Das Hohelied der Liebe, 1943) – Les dames du Bois de Boulogne (Die Damen vom Bois du Boulogne, 1945) – Antoine et Antoinette (Zwei in Paris, 1947) – Monsieur Vincent (1947) – Le journal d'un curé de campagne (Tagebuch eines Landpfarrers, 1951) – Eduoard et Caroline (Eduard und Caroline, 1951) – La verité sur Bébé Donge (Die Wahrheit über unsere Ehe, 1952) – Le rideau cramoirs (1952) – Le defroque (Der Abtrünnige, 1953) – Les amants de Tolède (Die Liebenden von Toledo, I/F/E 1953) – La rage au corps (Zur Liebe verdammt, 1954)

Gruntz, George

** 24.6.1932 Basel, Schweiz.* Der Jazzmusiker (p) studierte in Zürich, begleitete US-Musiker auf Europa-Tourneen, arbeitete mit Rolf Liebermann, Hans Werner Henze und Jazzmusikern wie Roland Kirk und Don Cherry zusammen. Leitet eigene Gruppen vom Trio bis zur Big Band. G. war zehn Jahre künstlerischer Leiter des Jazz Fest Berlin. Er ist auch musikalischer Leiter des Züricher Schauspielhauses. Er komponierte Musik für Film und Theater und nahm Schallplatten auf für Ex-Libris, Decca, Philips, Enja, MPS, Hat Art, TCB.
Filme: Seelische Grausamkeit (CH 1961) – Tätowierung (D 1967) – Das falsche Gewicht (D 1971, TV) – Steppenwolf (1973)

Grusin, Dave

(David), ** 26.6.1934 Littleton, Colo., USA.* Studierte an der Universität von Colorado, spielte nebenher in Clubs mit Jazzmusikern wie Terry Gibbs, Art Pepper, Anita O'Day und Johnny Smith. Ging 1959 an die Manhattan School of Music, wurde dann Pianist und Arrangeur für Andy Williams. 1960 TV-Show mit Benny Goodman. Ließ sich 1962 in L.A. nieder, arbeitete mit Quincy Jones, Peggy Lee, Mel Tormé, Ruth Price (seiner damaligen Frau), Sergio Mendes, Grover Washington, Carmen McRae, Roberta Flack, Sarah Vaughan und Diane Schuur. 1966 TV-Show in Amsterdam mit Caterina Valente. Gründete 1977 mit Larry Rosen GRP Productions, woraus 1983 die Plattenfirma GRP wurde, die sich dem Fusion-Jazz widmete und als erste ausschließlich CDs veröffentlichte (1993 an MCA verkauft, damit heute im Besitz der Universal Music Group). Er arbeitet jetzt hauptsächlich als Filmkomponist und Schallplatten-Produzent. 1998 gründete er mit L. Rosen eine neue

Firma, N2K, die sich der Jazz- und Fusion-Musik widmet. Sein Bruder Don (Donald Henri, * 22.4.1941 Littleton, Colo.) ist ebenfalls Pianist und Komponist.
CD: N.Y./L.A. Dream Band, GRP 95012 – Cinemagic, GRP 95472 – Gershwin Connection, GRP 20052 – GRP All Star Big Band, GRP 97402 – Harlequin, GRP 95225 – Homage to Duke (Ellington), GRP 97222 – The Orchestral Album, GRP 97972 – Night-Lines, GRP 95042 – Out of the Shadows, GRP 95112 – No Borders, GRP 96762 – West Side Story, N2K N2KD-90021
Filme: Divorce American Style (Scheidung auf amerikanisch, 1966; OST: United Artists) – The Graduate (Die Reifeprüfung, 1967; Songs: Paul Simon, u.a. *Mrs. Robinson*; OST: Sony) – Waterhole Three (Waserloch Nr. 3, 1967) – Candy (1968) – The Heart is a Lonely Hunter (Das Herz ist ein einsamer Jäger, 1968; OST: WEA) – Were Where You When the Lights Went Out? (Als das Licht ausging, 1968) – Generation (1969) – Hells of Anger (1969) – The Mad Room (Das Haus der blutigen Hände, 1969) – Winning (Indianapolis, 1969) – Tell Them Willie Boy Is Here (Blutige Spur, 1969) – Shoot Out (1971) – The Great Northfield Minnesota Raid (Der große Minnesota-Überfall, 1971) – Fuzz (Auf leisen Sohlen kommt der Tod, 1972) – The Friends of Eddie Coyle (Die Freunde von Eddie Coyle, 1973) – The Midnight Man (Der Mitternachtsmann, 1974; OST: MCA) – The Yakuza (1975) – WW and the Dixie Dancekings (1975) – Three Days of the Condor (Die drei Tage des Condor) – Bobby Deerfield (1976) – The Front (Der Strohmann, 1976) – Heaven Can Wait (Der Himmel soll warten, 1977) – Mr. Billion (1977) – The Goodbye Girl (Der Untermieter, 1978) – Fire Sale (Es brennt an allen Ecken, 1977) – Halls of Anger – The Champ (1979) – The Milagro Beanfield War – The Fabulous Baker Boys (Die fabelhaften Baker Boys, OST: GRP 20022) – Havana (OST: GRP 20032) – Bonfire of the Vanities – Fuzz – The Goonies – The Electric Horseman (Der elektrische Reiter, 1979) – And Justice for All (... Und Gerechtigkeit für Alle, 1979) – My Bodyguard (Die Schulhofratten von Chicago, 1980) – Absence of Malice (Die Sensationsreporterin, 1981) – On Golden Pond (Am goldenen See, 1981) – Author, Author (Daddy! Daddy! Fünf Nervensägen und ein Vater, 1982) – Tootsie (1982) – Hope Floats (OST: EMI) – Falling in Love (Der Liebe verfallen, 1984) – The Pope of Greenwich Village (1984) – Racing with the Moon (Die Zeit verrinnt, 1984) – Scandalous (UK 1984) – Tequila Sunrise (1988; OST: Capitol) – Fegefeuer der

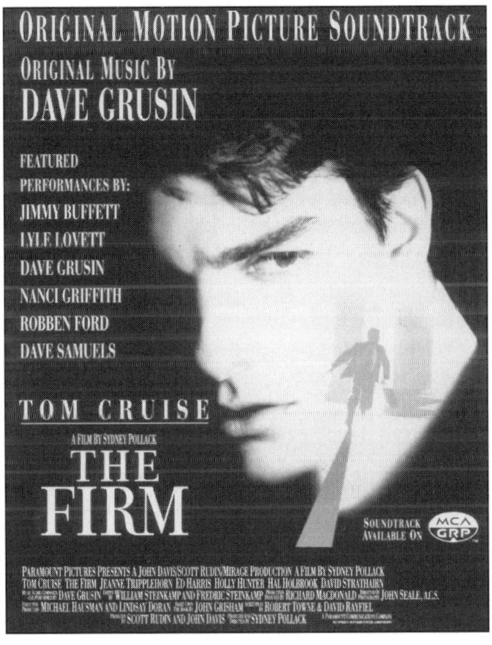

Links: Filmplakat »Die Firma«, Musik: Dave Grusin
Rechts: Dave Grusin und Larry Rosen

Eitelkeiten (1990) – The Cure (OST: GRP 98282) – The Firm (Die Firma, 1994; OST: GRP 20072) – Mulholland Falls (1996) – Salena (Salena, ein amerikanischer Traum, 1996; OST: EMI) – Hope Floats (Eine zweite Chance, 1997) – Random Hearts (Begegnung des Schicksals, 1999)
TV-Shows: Baretta – The Bold Ones – Dan August – Funny Face – Girl from U.N.C.L.E. – Good Times – It Takes a Thief – St. Elsewhere

Gruska, Jay

** 23.4.1952 New York, N.Y., USA.*
Filme: Sing (1989) – Mo' Money (1992) – TV: Louis and Clark: The New Adventures of Superman – Sisters – A Time to Heal

Guaita, Leberecht von

** 8.4.1906 Demmin (Mecklenburg), † 21.2. 1980 Heidelberg.*
Filme: Schüsse an der Grenze (1933) – Herr Kobin geht auf Abenteuer (1934, + W.Ulfig) – Ich sing mich in Dein Herz hinein (1934, Lieder v. Will Meisel: *Ich sing' mich in dein Herz hinein, Ein Stelldichein um Mitternacht)*

Guaraldi, Vince

(Vincent Anthony), ** 17.7.1928 San Francisco, † 6.2.1976 Menlo Park, Calif.* Der Jazz- und Pop-Pianist spielte ab 1950 mit Cal Tjader, Bill Harris, Chubby Jackson, Georgie Auld, Sonny Criss, Woody Herman u.a. Jazz-Bands und leitete dann meist ein eigenes Trio. Bekannt wurde er durch seine Komposition *Cast Your Fate to the Wind* und die Musik zur TV-Cartoon-Serie »Peanuts«. Seine LP »A Charlie Brown Christmas« hat inzwischen »Platin«-Status erreicht. Von Interesse ist auch seine Interpretation der Musik des Films »Orfeo Negro«. Schallplatten mit Tjader, Mongo Santamaria, Stan Getz, Conte Candoli, Bill Holman, Frank Rosolino, Woody Herman, Richie Kamuca, Brew Moore, Bola Sete u.a.; unter seinem Namen für Fantasy, Premier und Warner Bros.
Film: A Boy Named Charlie Brown (1969, Dir. John Scott Trotter; Songs v. Guaraldi, Trotter, Rod Mc Kuen, Bill Melendez, Al Shean)
CD: A Charlie Brown Christmas, Fantasy FCD-8431-2 – Jazz Impressions of Charlie Brown, Fant. 5017 – Black Orpheus, Fant. OJC-437-2

Guard, Barry

Engl. Musiker (d, perc, vib), Arrangeur und Komponist, auf Schallplatten zu hören u.a. mit Cliff Richard, Frankie Miller, Johnny Hallyday, Don Black, Russell Dean. Für den engl. und US-Film tätig seit 1985.
Filme: Hold the Dream (1985, TV) – Zina (1985) – Monster in the Closet (1986) – Indian Summer (1987) – Howling IV: The Original Nightmare (1988) – Tears in the Rain (1998, TV) – The Toxie Avenger, Pt. 2 (1989) – Act of Will (1989, TV) – Mad Dogs and Englishmen (1995)

Guerrero, Sergio

** 9.12.1921 Mexico City.* Mexikanischer Komponist, für den Film tätig in den 60er und 70er Jahren.
Filme: Dos Gallos en Palenque (1959) – El Supermacho (1960) – El gato con botas – Suicidate, mi amor – Caperucita y sus tres amigos – Mujeres-engañadas – En busca de la muerte (1961) – Cuanto valle tu hijo (1962) – The Queen's Swordsmen – Amor y sexo – Little Red Riding Hood (1963) – The Pearl of Tlayucan (1964) – Un quijote sin Mancha – Por mis pistolas (1969) – Raices de sangre (1975)

Gulkowski, Włodek

(Włodzimierz G.), ** 13.2.1944 Łódź, Polen.*
Filme: On Karlek (1987) – Angel (1989)

Gullatz, Biber

Filme: Der Hahn ist tot (1997, TV) – Der Feuerreiter (D/F/PL 1997) – Sumo Bruno (2000) – Emil und die Detektive (2002)

Gullin, Lars

(L. Gunnar Victor, »Lasse«), ** 4.5.1928 Gotland, † 17.5.1976 Vissefjärda, Schweden.* Bedeutender schwedischer Jazzmusiker der 50er und 60er Jahre. Begann als Pianist und Alt-Saxophonist, spielte ab 1949 Bariton-Sax und erlangte auf diesem Instrument eine Bedeutung ähnlich wie sein US-Kollege Gerry Mulligan. Auf Schallplatten zu hören u.a. mit Clifford Brown, George Wallington, Stan Getz, Zoot Sims, James Moody, Lee Konitz, Rita Reys; et-

liche eigene LPs für Metronome, Sonet, Philips, RCA, EMI u.a.
Film: Fucking Åmål (1998, + Broder Daniel, Robyn)

Gulmar, Kai

(eigentl. Gulli Maria Bergström), * *2.4.1905 Sundsvall (Västernorrland), Schweden, † 25.3. 1982 ? Stockholm.*
Filme: Familjen Andersson (1937) – Adolf klarar skivan (1938) – Adolf i eld och lagor (1939) – Melodienfram gamla stan (1939) – Med dej i mina Armar (1940) – Magistrarna pa sommalov – Söderpojkar (1941) – Kajar gar till sjöss – Sjätte skottet – Sonja (1943) – Som folket är mest (1944) – 91: A. N. Carlsson (1946) – Lilla märta kommer till baka – Soldat Bom (1948) – Skolka skolam (1949) – Anderssonskans Kalle (1950)

Gumpert, Ulrich

* *26.1.1945 Jena.* Dt. Jazzpianist und Komponist. Spielte ab 1967 bei Klaus Lenz, gründete 1969 ein Quartett, aus dem die Rock-Jazz-Gruppe SOK hervorging. 1970 gründete er Synopsis, damals die maßgebende Free-Jazz-Gruppe der DDR. Arbeitete auch mit Günter Sommer (perc) und Manfred Hering (sax), leitete Workshop-Bands und trat in West-Berlin beim Total Music Meeting und den Berliner Jazztagen auf. Er spielte auch mit Peter Brötzmann, Steve Lacy, Masahiko Sato u.v.a. Er trat auch als Interpret der frühen Klavierwerke von Erik Satie hervor und schreibt auch Musik für Bühne, Hörspiele, Film (»Liebe mit 16«, DDR 1974) und TV (»Tatort: Die Sache Baryschina«).

Gunia, Paul Vincent

(Ps. Paul Vicent), * *1.12.1950 Bergheim/Erft.* Komponist, Arrangeur, Produzent und Studiomusiker.
Filme: Zuckerhut (1982) – Trauma – Der Sprinter (1983) – Der Schneemann (1984) – African Timber (1989) – Morlock: Die Verflechtung – Morlock: Kinderkram (1992) – Morlock: König Midas (1993) – Der dreckige Tod (1997)

Gunning, Christopher

* *5.8.1944 Cheltenham (Glouchestershire), England.*
Filme: Goodbye Gemini (1969) – Hands of the Ripper (Die Hände voller Blut, UK 1971) – Ooh, You Are Awful (1972) – In Celebration (1974) – A Man About the House (Romanze im Süden, 1974) – Firelight (OST: Silva) – When the Whales Came – TV: Karaoke/Cold Lazarus – Poirot – Rebecca – Charlie Muffin (1980)

Günther, Felix

* *2.12.1886 Trautenau (Ost-Böhmen, heute: Trutnov, Tschechien), † 6.5.1951 N.Y., USA.*
Filme: Die zärtlichen Verwandten (1930, + W. Rosen) – Alraune (1930, + B. Kaper) – Hilfe! Überfall (1931) – Ich bleib' bei dir (1931) – Kyritz-Pyritz (1931, + Bert Reisfeld, A. Eegan) – Elisabeth von Österreich (1931) – Kohlhiesels Töchter (1931, + R. Gilbert) – Schützenfest in Schilda (1931, + Karl M. May) – Die Liebesfiliale (1931, + A. Egan, B. Reisfeld)) – Die Drei von der Stempelstelle (1932, + Hugo Hirsch, Arne Kunth) – Zwei himmelblaue Augen (1932, + F. Raymond) – Frau Lehmanns Töchter (1932, F. Doelle)

Gutesha, Mladen

(»Bobby«, Ps. Gerd Bauer), * *16.12.1923 Sarajevo, Jugoslawien.* Studierte am Konservatorium in Belgrad 1945–49, spielte Posaune im dortigen Tanzorchester und leitete von 1947–53 das Rundfunktanzorchester Belgrad. Ging dann in die BRD, arbeitete in Stuttgart für Erwin Lehn, zunächst als Posaunist, dann als Arrangeur. Arbeitete dann als Freelancer, u.a. für Kurt Edelhagen und Benny Goodman (*Macedonia Lullaby*) und schrieb die Musik für rd. 60 Filme.
Filme u.a.: Kommissar X: Jagd auf Unbekannt (1965) – Kommissar X: In den Klauen des goldenen Drachen (1966) – San (1966) – Pre rata (1966) – Bomba u 10 i 10 (1967)

Guthrie, Arlo

* *10.7.1947 Coney Island, N.Y., USA.* Der Sohn des Folk-Sängers Woody G. (1912–67) hatte seinen Durchbruch beim Newport Folk Festival 1967 mit dem satirischen Song *Alice's Restaurant*, einer Ballade über die Protestkultur und ihre Auseinandersetzung mit der Obrigkeit. Der Song führte zu seinem ersten Album und dem legendären Film von Arthur

Penn. Woody G.'s Leben wurde dargestellt in »Bound for Glory« (Dies Land ist mein Land, 1976).
Film: Alice's Restaurant (1969)

Guttmann, Arthur

(Ps. Otto Erwin Kulm), * *27.8. 1891 Wien, † 4.9.1945 Hollywood.* Arbeitete als Operettendirigent, ab 1921 in Berlin. G. gehört zu den ersten Tonfilm-Komponisten, seine erste Musik schrieb er für den noch nachvertonten Film »Das Donkosakenlied« (1929). 1933 kehrte er nach Wien zurück, arbeitete später in England und den USA. Bei den meisten seiner Filme arbeitete er mit anderen Komponisten zusammen.
Filme u.a.: Das Donkosakenlied (1929) – Phantom des Glücks (1930) – Liebe im Ring (1930, Lied: *Das Herz eines Boxers*; + W. Meisel, C.Schmalstich) – Drei Tage Mittelarrest (1930, + Nico Dostal) – Der Walzerkönig/Der Himmel voller Geigen (1930, + E.Künnecke (Bearb. v. J. Strauss-Melodien) – Der Andere (1930, + Lieder v. F. Hollaender, Will Meisel) – Komm mit mir zum Rendezvous (1930, + E. Künnecke, F. Grothe) – Keine Feier ohne Meier (1931, + F.Grothe) – Der Weg nach Rio (1931, + F.Hollaender, Stefan Rény) – Danton (1931) – Grock (1931, + Adrian Wettach/Grock) – Der Wahre Jakob (1931, + H. J. Salter) – Wiener Liebschaften (D/F 1931, + Franz Léhar) – Der Schrecken der Garnison (1931) – Meine Cousine aus Warschau (1931) – Salto Mortale (1931, + W. Jurmann, P. Dessau) – Verklungene Träume (1931, + Will Meisel) – Solang ein Walzer von Strauss erklingt (1931, Bearb. von J. Strauss-Melodien) – Berlin Alexanderplatz (1931, + Allan Gray) – Die große Attraktion (1931, + F. Léhar, B.Kaper, P.Dessau) – Dienst ist Dienst (1931) – Der brave Sünder (1931, + N.Brodszky) – Durchlaucht amüsiert sich (Filmversion seiner Operette, 1932) – Man braucht kein Geld (1932) – Der schönste Mann der Stadt (1932) – Vater geht auf Reisen (1932) – Die Gräfin von Monte Christo (1932, + Allan Grey) – Aus einer kleinen Residenz (1932) – Die grausame Freundin (1932, + Bert Reisfeld, Rolf Marbot) – Ballhaus Goldener Engel (1932) – Wäsche, Waschen, Wohlergehen (1932) – Gräfin Mariza (1932, + E.Kálmán) – Traum von Schönbrunn (1932) – Der Hexer (D/A 1932, + Jara Bénes) – Karneval der Liebe (1934, + H. J. Salter) – Jana, das Mädchen aus dem Böhmerwald (1935)

Gyldmark, Sven

(Sven Rudolf Sidenius G.), * *21.4.1904 Kopenhagen, † 5.10.1981 ebd.* Dänischer Komponist der 40er bis 70er Jahre, Bruder der Komponisten Hugo und Oskar Gyldmark.
Filme: Jag elskar dig, Karlsson – Stackars lille Sven – Jeg eldker en anden (1947) – Farlig Ungdom (1953) – Reptilicus (18962) – Jeg-en kyinde, il – I, a Lover (1968) – Der kom en soldat ... – Dyraegens plegebooern – Ta lidt solskin – Sjov i gaden – Pigen fra Egborg (1969) – Tre slag kaerlighed (Drei Arten Liebe, 1970) – Prieriens skrappe drenge – Scandal in Denmark – Hurra for de bla husaer – Mig og min lillebror og boelle – Og sa er der bal bagefter – The Daughter, Or I, a Woman, Part III (1970) – Mine soertres boern, naar de er vaerst – Guld til praeriens skrappe drenge – Fat til fire i hoejt humoer (1971) – Faetrene paa Torndal (1973) – Noedebo praestegaard (1974) – Soenne fra vingaarden (1975)

H

H. Arthur

(Arthur Higelin), * *1966 Paris.* Frz. Komponist, Chansonnier und Texter, Sohn von Jacques Higelin (* 18.10.1940 Brou-sur-Chantereine, Dept. Eure-et-Loir), der im gleichen Berufsfeld tätig ist.

Filme: Coûte que coûte (1996) – Encore (1996, Song) – Les inséparables (Die Unzertrennlichen, 1999)

Hadjidakis, Manos

* *23.10.1925 Xanthi (Makedonien), † 15.6. 1994 Athen.* Griechischer Komponist populärer Lieder, schrieb auch Musik für zahlreiche griechische und internationale Filme. 1960 erhielt er einen Oscar für den Titelsong des Films »Pote tin kiriaki« (»Sonntags nie«, engl. Titel »Never on Sunday«); Musical-Version »Illya Darling«, 1967, dt. Bearbeitung von Robert Gilbert als »Ein Mädchen aus Piräus«. 1962 gründete er sein Kleines Athener Orchester, mit dem er griech. avantgardistische Musik spielte.

Filme: Stella (1954) – To koritsi me ta (Das Mädchen in schwarz, 1955, + Argyris Koundis) – Drakos (1956) – I Paranomi (1957) – To telefteo Psemma (1957) – Pote tin kiriaki (Sonntag nie, 1959) – Traumland der Sehnsucht (Dok., D 1959/60) – Madalena (1961) – The 300 Spartans (Der Löwe von Sparta, USA 1961) – It Happenend in Athens (Es geschah in Athen, USA 1962) – Nine Miles to Noon – Aliki (Sommer auf der Liebesinsel, 1962) – America America (Die Unbezwingbaren, USA 1963) – Topkapi (1964) – Blue (Inferno am Fluß, USA 1968) – The Invincible Six (Die schmutzigen Helden von Yucca, IRAN 1970) – Steps (Stufen in die Vergangenheit, 1972) – Der Fußgänger (D/CH 1972) – Sweet Movie (F/KAN/D 1974) – Faccia di spia (I 1975) – Memed My Hawk (Memed mein Falke, UK 1984)

Haefeli, Jonas C.

(Jonas Christian), * *14.10.1947 Zürich.*

Filme: Vidas secas (1963) – Hannibal (1972) – Der Stumme (1976) – Die Schweizermacher (1978) – Der Erfinder (1980) – Video-Liebe (1981) – Mann ohne Gedächtnis (1983) – Videopoly (1985) – Broken Silence (Klassezämekunft, 1988) – Gesichter der Schweiz (1991)

Haensch, Delle (Gerhard)

(Ps. Manuel Landy), * *10.5.1926 München.* Saxophonist und Arrangeur in den Bands von Joe Wick, Max Greger, Hugo Strasser, Heinz Schachner u.a., komponierte mit seinem Partner Hans Conzelmann zahlreiche Film- und TV-Musiken. Neuvertonung von über 400 ausländischen Spielfilmen und Vertonung von Stummfilmen.

Stummfilme: Frau im Mond – Mensch der Masse – Dirnentragödie – Die Abenteuer des Mr. West – Wolkenkratzer – *Stummfilme des Japaners Ozu*: Eine Laune – Ich wurde geboren

Haentzschel, Georg

(Georg Friedrich Esaias H.), * *23.12.1907 Berlin, † 16.4. 1992 Köln.* Deutscher Pianist und Komponist. Spielte Mitte der 30er Jahre als Pianist in den Bands von Lud Gluskin, Gabriel Formiggini, Marek Weber, Billy Barton, leitete ab 1937 die Studio-Band Goldene Sieben und arbeitete mit Peter Igelhoff und Freddy Brocksieper. Er war Filmassistent von Theo Mackeben und arbeitete ab 1936 mit dem Regisseur Josef von Baky zusammen. Ab 1940 war er auch einer der Leiter und Arrangeure des Deutschen Tanz- und Unterhaltungsorchesters (DTU), arbeitete nach dem Krieg für das RBT-Orchester, verlegte seine Tätigkeit dann bis 1959 aber wieder auf den Film.

Filme: Die göttliche Jette (1937) – Gefährliches Spiel (1937) – Versprich mir nichts (1937) – Streit um den Knaben Jo (1937) – Ihr erstes Erlebnis (1939) – Menschen vom Varieté (1939) – Der Kleinstadtpoet (1940, + Fr. Schröder) – Annelie (1941)

– Der 5. Juni (1942) – Münchhausen (1943) – Via Mala: Die Straße des Bösen (1945) – Der Ruf (1949) – Emil und die Detektive (1953) – Hotel Adlon (1955) – Du mein stilles Tal/Schweigepflicht (1955) – Meine Kinder und ich (1955) – Der erste Frühlingstag – Robinson soll nicht sterben (1956) – Die Frühreifen (1957) – Gestehen Sie Dr. Corda (1958) – Stefanie (1958) – Der Mann, der sich verkaufte (1958) – Die ideale Frau (1959) – Marili (1959)

Hagemann, Richard

* *9.7.1882 Leeuwarden (Prov. Friesland), Holland, † 6.3.1966 Beverley Hills, Calif., USA.* Sohn des Dirigenten/Musikal. Direktors Moritz Leonhard H., 1829–1900), begann als Konzertpianist und war auch Dirigent am Amsterdamer Opernhaus. Er ging 1906 in die USA, dirigierte das Orchester der Metropolitan Oper in N.Y. und div. Sinfonie-Orchester. Arbeitete ab Ende der 30er Jahre in Hollywood für den Film, er machte sich einen Namen als Komponist von Folk-Themen für Filme von John Ford.

Filme: If I Were King (1938) – Stagecoach (1939, + F. W. Harling, John Leopold, L.Gruenberg; Dir. B.Moross) – Rules of the Sea (1939) – The Long Voyage Home (1940) – The Howards of Virginia (1940) – Paris Calling (1941) – The Shanghai Gesture (1941) – Angel and the Badman – The Fugitive – Mourning Becomes Electra (1947) – Fort Apache (1948) – Three Godfathers (1948) – She Wore a Yellow Ribbon (1949) – Wagonmaster (Westlich von St. Louis, 1950)

Hagen, Earle H.

* *9.7.1919 Chicago, Ill., USA.* Arrangeur und Komponist. Gab sein prof. Debüt als Posaunist mit 16 Jahren bei Isham Jones, spielte später bei Tommy Dorsey, Ray Noble, Ben Pollack, Jan Savitt (1946) u.a. Swing-Bands. Er arbeitete dann als Komponist und Arrangeur bei 20th Century Fox, traf dort → Herbert Spencer und arbeitete mit diesem von nun an eng zusammen. Gemeinsam leiteten sie das Spencer-Hagen Orchestra als Studio-Band. H. komponierte den Standard *Harlem Nocturne*. Er arbeitete für zahlreiche Filme als Arrangeur und leitete auch Begleitbands für Vokalisten wie Helen Forrest, Tony Martin, Buddy Clark, Dick Haymes, Monica Lewis, Marilyn Monroe u.a. sowie für zahlreiche TV-Shows und -Serien.

Lit.: Scoring for Films, N.Y. 1971

LP: OST, The New Interns, Colpix SCP 473 – I Spy, Warner Bros. 1637

Filme: Spring Reunion (1956) – Gentlemen Prefer Blondes (Blondinen bevorzugt, 1953) – Gentlemen Marry Brunettes – Let's Make love (Machen wir's in Liebe, 1960, + L.Newman; Songs v. S.Cahn, Cole Porter, J. van Heusen) – The New Interns (Die Assistenzärzte, 1964) – The French Doll – Killer on Board (1977, TV) – True Grit (1978, TV) – Ebony, Ivory and Jade (1979, TV) – Subway Rider (1981) – Muggable, Street Cop (1982, TV) – Murder Me, Murder You (1983, TV) – Mickey Spillane's Mike Hammer (1984, TV-Serie) – North Beach and Rawhide (1985, TV) – The Return of Mickey Spillane's Mike Hammer (1986, TV)

TV-Shows: Andy Griffith (1960–68) – Barbara Stanwyck – Bill Dana (1963–65) – Dick van Dyke (1961–66) – I Spy – The Mod Squad – That Girl – The New People (1969–70) – Doc Elliott (1973–74)

Hagen, Hans

(eigentl. Hans Köstelbauer), * *4.2.1915 Heiligeneich (Niederösterreich), † 14.5.1979 Tullnerbach-Lawies (b. Wien).* Arbeitete 1945–48 als Kapellmeister am Landestheater in Linz, seit 1948 Rundfunkredakteur. Schallplatten mit dem Hollywood Radio City Orch. Er schrieb auch Musiken für Hörspiele und Filme.

Filme: Die Sonnhofbäuerin – Die Schatztruhe (1948) – Wilderernacht (1949) – Lavendel, eine ganz unmoralische Geschichte (1953) – Das Geheimnis der Venus (1954) – Der Schandfleck – Dort oben, wo die Alpen glühn – Die Försterliesel (1956) – Der Wilderer vom Silberwald – Gefährdete Mädchen (1957) – Schwarze Haut und heiße Erde – Mikosch im Geheimdienst (1959) – Hohe Tannen – Heimweh nach Dir, mein grünes Tal (1960)

Haider, Joe

(Herbert Karl Anton), * *3.1.1936 Darmstadt.* Jazzpianist und Komponist. Studierte in München, spielte mit in- und ausländischen Musikern, arbeitete mit dem Jazzensemble des Bayerischen Rundfunks, dem RIAS-Tanzor-

chester und unterrichtete an der Jazzschule in Bern und an seiner eigenen Jazzschule. Leitet eigene Gruppen vom Trio bis zur Big Band.
Filme: April, April (1968) – Lina Brake oder Die Interessen der Bank können nicht die Interessen sein, die Lina Brake hat (1974) – Berlinger (1985) – Der Millionenbauer (1979) – Der Preis fürs Überleben (1979)

Hajos, Joe

(Josef, eigentl. Jozsef Hayos), ** 10.3.1907 Melence, Ungarn (heute: Serbien), † 26.8.1984 Eaubonne (Val d'Oise), Frankreich.*
Filme: Kitty schwindelt sich ins Glück (1932, + Hans Werner, R.J. v. Amberg) – Strafsache von Geldern (1932, + A. Strasser)

Hajos, Karl

** 28.1.1889 Budapest, † 1.2.1950 Hollywood.* Ungar. Komponist, arbeitete in den USA von 1930 bis 1950 für den Film, beginnend mit dem Marlene Dietrich-Klassiker »Marokko«, u.a. mit den Regisseuren Josef von Sternberg, Douglas Sirk und Jack Bernhard.
Filme: Beggars of Life (1929) – Morocco (1930) – Dishonored – Fightin' Caravans (1931) – Supernatural – Song of Songs (1933) – Four Frightened (1934) – Manhattan Moon – The Werewolf of London (1935) – Riders of the Whistling Skull (1947) – Hitler's Madman – The Sultan's Daughter (1943) – Charlie Chan in the Secret Service – Summer Storm (1944) – Shadow of Terror – The Man Who Walked Alone – Dangerous Intruder – The Phantom of 423nd Street – The Missing Corpse (1945) – Stars over Texas – Queen of Burlesque – Secrets of a Sorority Girl – Down Missouri Way (1946) – Wild West – Drifting River (1946) – The Devil's Cargo – Appointment with Murder (1948) – The Lovable Cheat – Search for Danger (1949) – It's a Small World – Kill of Be Killed (1950)

Halffter, Cristóbal

(Christobal Halffter Jiménez de Encina), ** 24.3.1930 Madrid.* Spanischer Komponist, Neffe der Komponisten → Rodolfo Halffter Escriche und → Ernesto Halffter Escriche , Vater des Komponisten Pedro Halffter Caro (* Jan. 1971 Madrid) die alle für Film bzw. TV tätig waren. H. studierte 1947–51 am Nationalkonservatorium in Madrid, wo er 1962 eine Professur erhielt und dessen Direktor er 1964–66 war. Er machte sich auch als Dirigent einen Namen: seit 1989 ist er Erster Gastdirigent des Nationalorchesters in Madrid. Seine Musik ist durch folkloristische Satztechniken beeinflusst, wie sie durch M. de Falla, Bela Bartók und den frühen Igor Stravinsky kultiviert wurden. Er komponierte Instrumental-Werke für Klavier, Violine und Gitarre, Sinfonien, Vokalwerke, Lieder, Bühnenwerke (Oper »Don Quijote«, 1970) und Ballette (»Saita«, »Antillos«).
Filme: El Capitan Venego (1951) – El beso de Judas (1954) – Murió hace quince años (1954) – La picara molinera (1955) – Suspiros de Triana (1955) – Mensajeros de paz – Madrugada (1957) – Una muchachita de Valladollid – San Isidora de Léon (1958) – Llegaron dos hombres (1958) – Carta al cielo – Camarote de lujo (1959) – Culpables – La paz empieza nunca – Zamora – El principe encadenado (1960) – A las cinco de la tarde (Brot und Blut, 1960) – La mano en la trampa (1961) – Zamora, tierras de cumbre – Velázquez y su época (1962) – La fuente mágica (1982) – Talgo, en tren español (1966) – 10.30 p.m. Summer (Halb Elf in einer Sommernacht, USA/E 1965) – El extraño viaje (1967) – The Desparate Ones (Flucht aus der Taiga, USA/E 1968) – España puerta abierta (1972) – Tautólogos plus X (1974) – Un hombre como los demás (1974) – El filandón (1984) – Lagerstraße Auschwitz (Dok., 1980)

Halffter Escriche, Ernesto

** 16.1.1905 Madrid, † 5.7.1989 ebd.* Spanischer Komponist, Drehbuchautor, Regisseur und Schauspieler, Onkel von → Cristobal H. Der Schüler von De Falla entwickelte als Komponist ein zeitgemäßes Klangidiom, bei der sich volksmusikalischer Klang mit tonaler Subtilität verbindet.
Filme: Carmen (F 1926) – Bambú (1945) – Don Quijote de la Mancha (1948) – La señora de Fátima (1951) – Todo es posible en Granada (1954) – That Lady (1955) – Historas de la radio – Viaje romántico a Granada (1955) – Costas del sur (1956) – También hay cielo sobre el mar (1958) – La mujer de

otro (1967) – El amor brujo (1967, Arr.) – Los gallos de la madrugada (1971)

Halffter, Rodolfo

(R. H. Escriche), * *30.10.1900 Madrid, † 4.10. 1987 Mexico City.* Spanischer Komponist, Onkel von → Cristobal H.

Filme: La travesia molinera (1934) – Infinitos (1935) – La señorita de Trevelez (1936) – Castillos en Castilla (1936) – The Spanish Earth (1937) – Sanidad (1937) – La mujer y la guerra (1938) – Jesús de Nazareth (1942) – Cristóbal Colón (1943) – El hombre de la máscara de hierro (1943) – Maria Candelaria – Miguel Strogoff – La guerra de los pasteles – La corte del faraón – El médico de las locas – La hija del regiminento (1944) – Entre hermanos – Marina (1945) – Cásate y verás (1946) – La diosa arrodillada (1947) – La casa de la Troya (1948) – Los Olvivados/The Forgotten Ones (1950) – The Living Idol (Mexiko/USA 1956) – Torero (1957) – Nazarin (1958)

Hallberg, Bengt

* *13.9.1932 Göteborg, Schweden.* B. nahm mit 17 Jahren seine erste Schallplatte auf und gehörte bald zu den Top-Jazzpianisten seines Landes. Er spielte mit Lars Gullin, Arne Domnerus, Stan Getz, Clifford Brown, Benny Carter, Quincy Jones u.a., arbeitete in der Rundfunk-Big Band von Harry Arnold und nahm zahlreiche Schallplatten auf, meist für schwedische Labels wie Metronome, Sonet und Phontastic. Er arbeitet heute meist als Film- und TV-Komponist, tritt aber noch gelegentlich als Musiker auf.

Filme: Rasmus, Pontus och Toker – Sister paret ut – Swing it, fröken! (1956) – Gäst I Egethus – Möten y Sykimningen – Nattens Ljus – Sommarnöje sokens – With Love and Kisses (1957) – Den store amatören – Lek pa regnbagen – Musik ombord (1958) – Det svänger pa slottet (1959) – Kärlekens decimalier (1960) – Tva levande och en död – Karneval – Stöten – Svensky floyd (1961) – Jakten (1965) – Du är inte klok Madicken (1979) – Madicken pa juni backen (1980) – Snacka gär ju (1981)

Halletz, Erwin

* *12.7.1923 Wien (-Leopoldstadt). Österr.* Komponist und Bandleader. Studierte in Wien, spielte in Deutschland Klarinette bei Peter Kreuder u.a. Nach dem Krieg spielte er Klarinette und Tenor-Sax im Wiener Tanzorchester von Horst Winter und leitete später auch ein eigenes Tanzorchester, begleitete damit Vokalisten und nahm eigene Titel für Austroton auf. Er schrieb eine Operette, ein Musical, Schlager (*Die letzte Rose der Prärie*) und die Musik für rd. 120 Filme, darunter für die letzten Filme von G. W. Pabst.

CD: Deutsche Filmkomponisten Vol. 8, Bear Family BCD 16488 – Der Schatz der Azteken u.a., Mosaik KR 001

Filme: Ein tolles Früchtchen (1953) – Das Bekenntnis der Ina Kahr (1954) – Der letzte Akt, 1954) – Seine Tochter ist der Peter (1955) – Wunschkonzert (1955) – Liane, das Mädchen aus dem Urwald – Durch die Wälder, durch die Auen (1956) – Der kühne Schwimmer – Liane, die weiße Sklavin – Liane, die Tochter des Dschungels – Siebenmal in der Woche (1957) – Träume von der Südsee (1957) – Anders als du und ich (1957) – Liebe kann wie Gift sein (1958) – Der Stern von Santa Clara (1958) – Madeleine, Tel. 136211 (1958) – Einmal eine große Dame sein (1958) – Peter Voss, der Held des Tages (1959) – Alle lieben Peter (1959) – Kein Engel ist so rein (1959) – La Paloma (1959, Song *Uncle Satchmo's Lullaby*) – Unsere tollen Tanten (1961) – Unsere tollen Nichten (1962) – Unsere tollen Tanten in der Südsee (1963) – Der Schatz der Azteken (D/F/I 1963) – Der letzte Ritt nach Santa Cruz (A/D 1963) – Heiß weht der Wind – Fanny Hill (1964) – DM Killer (1964) – Die große Kür (1964) – Das Liebeskarussell – Die Pyramide des Sonnengottes (D/F/I 1964) – Maigret und sein größter Fall (A/F/I 1965) – In Frankfurt sind die Nächte heiß (1966) – Perry Rhodan, SOS aus dem Weltall (1966) – Wenn es Nacht wird auf der Reeperbahn – Das Rasthaus der grausamen Puppen (1967) – Heubodengeflüster (1967) – Der Arzt von St. Pauli (1968) – Das Go-Go Girl vom Blow Up (1968) – Auf der Reeperbahn nachts um halb eins (1969) – Das Stundenhotel von St. Pauli (1970) – Mädchen beim Frauenarzt (1970) – Das kann doch unsern Willi nicht erschüttern (1970) – Prostitution heute (1970) – Der Pfarrer von St. Pauli (1970) – Die tollen Tanten schlagen zu (1971) – Kompanie der Knallköppe (1971) – Shocking Asia: Sünde, Sex und Sukiyaki (Dok., 1980) – Johann Strauss, der ungekrönte König von Wien (DDR/A/F/D 1987, Arr.)

Halligan, Dick

(Richard), * *29.8.1943 Troy, N.Y.* H. war Mitglied der in den 70er Jahren populären Jazz-Rockgruppe Blood, Sweat And Tears als Posaunist, Flötist und Keyboarder (*LP:* »Child is Father to the Man«, CBS). Die Gruppe löste sich 1980 auf, es gab aber 1988 eine kurze Reunion. H. arbeitet seitdem als Studiomusiker und Komponist.

Filme: The Owl and the Pussycat (Die Eule und das Kätzchen, 1970) – Go Tell the Spartans (Die letzte Schlacht, 1978)

Hamilton, Chico

(George Forestorn Chichester), * *21.9.1921 L.A.,* † *10.10.1999 Miami, FL.* Der berühmte Jazzdrummer leitete schon in der Schule eine Band mit u.a. Charles Mingus u. Buddy Collette. Er spielte mit Lionel Hampton, Lester Young, Lena Horne und gründete 1955 ein Quintett mit Fred Katz (Cello) und Buddy Collette (fl), dessen ungewöhnliche Instrumentierung Aufsehen erregte (1957 im Film »Sweet Smell of Success«). Spätere Bandmitglieder waren Eric Dolphy, Charles Lloyd, Gabor Szabo, Attila Zoller, John Abercrombie, Larry Coryell. Gründete 1966 einen Musikverlag und schrieb Musik für Film und TV, u.a. für den Polanski-Klassiker »Ekel«. Trat seit den 70er Jahren wieder mit eigenen Gruppen auf. Zahlreiche Schallplatten, z.B.»Gongs East« (WEA).

Filme: Peacemeal (Kurzfilm, 1967) – Confessor (1968/73) – Mr. Ricco (Was nützt dem toten Hund ein Beefsteak?, 1974) – How to Succeed with Sex/Tom Cat/How to Succeed with the Opposite Sex (1975) – Coonskin/Bustin' Out (1975) – By Design (1981) – Repulsion (Ekel, 1985) – Dancing to Different Drummer (Dok., D 1994)

Hamlisch, Marvin Frederick

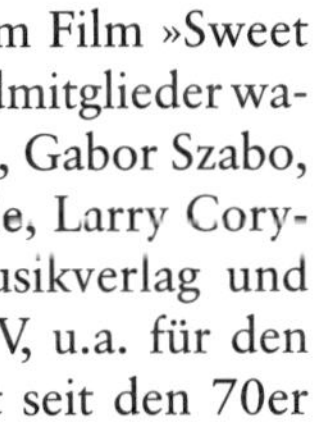

* *2.6.1944 N.Y.* Film- und Bühnenkomponist, Sohn eines in Wien geborenen Akkordeonisten. Mit sieben Jahren wurde er als jüngster Student überhaupt zur Juilliard School of Music zugelassen. Arbeitete daneben als Proben-Pianist am Broadway und begann schließlich für die Bühne zu komponieren. Der Filmproduzent Sam Spiegel verschaffte ihm 1968 den ersten Job als Filmkomponist, fünf Jahre später erhielt er gleichzeitig drei Oscars, einen für die Musik zu »The Sting« und zwei für »The Way We Were« (Titelsong gesungen von Barbra Streisand). Die Musik für »The Sting« ist eine pfiffige Bearbeitung von Scott Joplins Ragtime-Musik, allerdings ein Anachronismus, da der Film zu einer Zeit spielt (30er Jahre), in der der Ragtime praktisch tot war. Er schrieb auch Musik für Woody Allen (»Bananas«) und Groucho Marx. 1976 erhielt H. den Tony Award für das Musical »A Chorus Line«, welches sich als das langlebigste Broadway-Musical erweisen sollte.

Lit.: The Way I Was, 1992

Filme: Ski Party (Songs) – The Swimmer (Der Schwimmer, 1966) – The April Fools (Ein Frosch in Manhattan, 1968) – Take the Money and Run (Woody der Unglücksrabe, 1969) – Flap (Der Indianer, 1970) – Move (Hopp, hopp, 1969) – Bananas (1970) – Kotch (Opa kanns nicht lassen, 1971) – Something Big (El Capitano, 1971) – The War Between Men and Women (Krieg zwischen Männern und Frauen, 1972) – Fat City (1972) – Cherie Bitter (The Way We Were, 1973, Oscar!) – The World's Greatest Athlet (Big Boy, der aus dem Dschungel kam, 1973) – Save the Tiger (1973) – The Sting (Der Clou, 1973, Arr., Musik von Scott Joplin) – The Prisoner of Second Avenue – The Entertainer (1974) – Beacon Hill, TV-Serie, 1975) – The Spy Who Loved Me (Der Spion der mich liebte, 1977) – Same Time Next Year (1978) – Ice Castles (Eis Fieber, 1978) Starting Over (Auf ein Neues, 1979) – Chapter Two (Das zweite Kapitel, 1979) – Ordinary People (Eine ganz normale Familie, 1979) – Seems Like Old Times (Fast wie in alten Zeiten, 1980) – The Devil and Max Devlin (1980) – The Fan (Der Fanatiker, 1980, Songs) – Pennies from Heaven (Tanz in den Wolken, 1981, + Billy May) – I Ought to Be in Pictures (Eigentlich wollte ich zum Film, 1982) – Sophie's Choice (Sophies Entscheidung, 1982) – Romantic Comedy (Jason, die Flasche, 1983) – D.A.R.Y.L (... der Außergewöhnliche, 1984) – A Chorus Line (1985, + Ed Kleban) – Three Men and a Baby (Noch drei Männer und ein Baby, 1987) –

Little Nikita (1988) – The Experts (Die Experten, 1987) – January Man (Im Zeichen der Jungfrau, 1989) – Frankie & Johnny (1990) – Missing Pieces (Auf der Sonnenseite des Lebens, UK 1991) – Open Season (1994) – The Mirror has Two Faces (Liebe hat zwei Gesichter, 1996) – Zin! Zin! Zin! A Violin (Cartoon, 1999) – Standing Room Only (1999)

Hamm, Wolfgang

* *17.7.1944 Ravensburg (Baden-Württemberg).*
Filme: Nieder mit den Deutschen (1984) – American Beauty Ltd. (1989) – Nicht verzeichnete Fluchtbewegungen (1990) – Befreier und Befreite, Krieg, Vergewaltigung, Kinder (Dok., 1992) – Der Reichseinsatz: Zwangsarbeiter in Deutschland (Dok., 1993) – Unterwegs als sicherer Ort (1997) – *Neuvertonung*: Les vampires (1915/16)

Hammer, Jan

* *17.4.1948 Prag.* Der Pianist und Keyboardspieler, Sohn des Komponisten Jan H. (* *15.9. 1919 Nýřany, Plzeň, † 2.5. 1989 Prag*) studierte am Prager Konservatorium und an der Berklee School in Boston. Er machte sich einen Namen als Jazzmusiker, begleitete Sarah Vaughan und spielte mit Jeremy Steig, Elvin Jones, Billy Cobham, Jerry Goodman, Stanley Clarke, John Abercrombie. Er wandte sich der Fusion-Musik zu, verwendete elektronische Instrumente wie Sythesizer, Mellotron, Mehrspurtonbandgeräte, die er auch in seinen Filmmusiken einsetzt.
Filme: The Taking of Beverly Hills – Coporate Ladder – TV: Vanishing Son – Miami Vice – Babysitter Seduction – Crockett

Hammerschmid, Hans Otto

* *12.5.1930 Wien.* Studierte Klavier, Komposition und Dirigieren am Konservatorium in Wien, war dann als Jazzpianist tätig, u.a. mit Hans Koller, Attila Zoller und Stan Getz. Dirigierte Unterhaltungsorchester div. Rundfunkanstalten, arbeitete als Arrangeur und Produzent für Max Greger, Hildegard Knef, Udo Jürgens u.a. Er komponierte Schlager und Stücke der »gehobenen Unterhaltungsmusik« wie die *Yougoslavian Suite* und die Jazzsuite *Wolken*.
Filme: Andrea: wie ein Blatt auf nackter Haut (1967) – Funkstreife Gottes (1968) – Haut auf Haut (1969) – Willst du ewig Jungfrau bleiben? (1969) – St. Pauli Nachrichten: Thema Nr. 1 (1971) – Die Reise nach Wien (1973) – Die Kleine mit dem süßen Po (A 1974) – Danger: Keine Zeit zum Sterben (1984, TV) – Flucht ins Paradies (1993, TV) – *TV-Serien:* Der Glücksritter – Schwarzwaldklinik

Hammerschmid, Wolfgang

* *26.6.1963 München.* Sohn von → Hans H.
Filme: Night Train to Venice (1993) – Der Blaue (1994) – Mandragora (1997)

Hammond, John III

(John Paul H.), * *13.11.1942 Greenwich Village, N.Y., USA.* Der Sohn des legendären Jazz- und Rockproduzenten John Hammond (1910 –1987, Entdecker von Billie Holiday u.a.) machte sich als Blues-Gitarrist und Mundharmonikaspieler ab 1963 einen Namen in New Yorker Clubs und nahm in diesem Jahr seine erste LP für Vanguard auf. Spätere LPs erschienen auf Atlantic (mit Robbie Robertson und Bill Wyman), Columbia (»Supersession« mit Mike Bloomfield und Dr. John), Capricorn, Sonet, Rounder, Demon und Pointblank.
Film: Little Big Man (1970)

Hampel, Gunther

* *31.8.1937 Göttingen.* Jazzmusiker (Vibraphon, Flöte, Piano, Bassklarinette) und Komponist, seit den 70er Jahren einer der profiliertesten deutschen Musiker. Er nahm die erste dt. Free Jazz-LP auf (»Heartplants«, MPS) und etablierte mit seiner Galaxy Dream Band eine der beständigsten dt. Jazzgruppen. Er komponiert auch für Bühne und Film, darüber hinaus wurde seine auf Schallplatten vorliegende Musik von Choreographen und Filmproduzenten gern in Bilder umgesetzt. Der größte Teil seiner LPs/CDs erschien auf seinem Label Birth Records.
Filme: Spur eines Mädchens (1967) – Feuer um Mitternacht (1977)

Hancock, Herbie

(Herbert Jeffrey, »Mwandishi«), * *12.4.1940 Chicago, Ill., USA.* Der prominente Jazzpianist und Komponist (*Watermelon Man*) wurde bekannt bei Miles Davis und leitete dann eigene Gruppen, mit denen er sich der Fusion-Musik zuwandte, verwendete div. elektronische und elektrisch verstärkte Instrumente (LP »Mwandishi«, das Suaheli-Wort für Komponist). Seine Gruppe The Headhunters gehört zu den klassischen des Fusion-Jazz. In den 90er Jahren wandte er sich wieder mehr der »handgemachten« Musik zu. Seit den 70er Jahren arbeitete er auch als Film- und TV-Komponist, so für Dino DeLaurentiis (»Death Wish«) und Michelangelo Antonioni (»Blow-Up«).

Filme: Blow Up (1966) – A Soldier's Story (Sergeant Waters – Eine Soldatengeschichte, 1984) – Death Wish (Ein Mann sieht rot) – 'Round Midnight (Um Mitternacht, 1986; OST: Columbia 85811) – Harlem Nights – Colors – Adventures in Baby City (1987; + Michael Kamen) – Action Jackson (1988, + Michael Kamen)

Hanfstaengl, Ernst

(Franz), * *11.2.1902 München, † 10.11.1975 ebd.*

Film: Hans Westmar (1933, + G. Becce)

Hanley, James F. (Frederick)

* *17.2.1892 Rensselaer, Ind., USA, † 8.2. 1942 Douglastown, N.Y.* Komponist und Songschreiber der 20er und 30er Jahre. Studierte am Champion College und in Chicago, schrieb während seiner Militärzeit im 1. Weltkrieg die Show »Toot Sweet«. Arbeitete im Vaudeville, schrieb Musik für frühe Tonfilme und mit den Textern Ballard McDonald und Eddie Dowling die Broadway-Shows »Jim Jam Jems« (1920), »Spice of 1922«, »Pins and Needles« (1922), »Honeymoon Lane«, »No Foolin'« (1926), »Sidewalks of New York« (1927).

Bekannte Songs: Indiana, Rose of Washington Square, Zing! Went the Strings of My Heart.

Filme: Second Hand Rose – Rainbow Man (1929, Songs) – Blaze of Glory (1929 – Happy Days (1930, Songs) – So This Is London – Songs o' My Heart (1930) – Up the River – High Society (1930, Songs) – The Big Trail (1930, Song: *Song of the Big Trail*) – Lightnin' (1930, Song: *Reno Blues*) – Under Suspicion (1930) – Precio de un beso (1930, Song) – Young As You Feel (1931, Song: *Cute Little Things to Do*) – After Tomorrow – Careless Lady (1932) – My and My Gal (1932, Song) – The Trial of Vivienne Ware (1932) – Out All Night – His Double Life – Poppin' the Cork (1933) – She Learned About Sailors – Midnight (1934) – Transient Lady – Sweet Surrender (1935) – Listen, Darling (1938) – Rose of Washington Square (1939, Songs) – Let's Make Music (1940, Song: *You Forgot About Me*)

Hansen, Max

* *22.9.1897 Mannheim, † 12.11.1961 Kopenhagen, Dänemark.* Dt. Schauspieler.

Film: Das Kabinett des Dr. Larifari (1930, + F. Wachsmann, R. Stolz)

Hardy, Hagood

* *26.2.1937 Angola, Ind., USA, † 1.1.1997 Hamilton, Ontario, Kanada.* Begann als Jazzmusiker (Vibraphon) in Clubs in Toronto, Kanada 1956–58, spielte mit Gigi Gryce, Herbie Mann, 1962–64 bei Martin Denny, 1964 bei George Shearing und leitete dann eigene Gruppen. Arbeitete seit den 80er Jahren vorwiegend als Film- und TV-Komponist. Bekannt wurde seine Komposition *The Homecoming.*

Filme u.a.: Second Wind (1975) – Rituals (1976) – Klondike Fever (1979) – Anatomy of a Seduction (1979) – Liberace (Liberace: Ein Leben für die Musik, 1988) – Passion and Paradise – American Christmas Carol – Anne of Green Gables (1985, TV) – Anne: The Sequel

Harline, Leigh

* *26.3.1907 Salt Lake City, Utah, USA, † 10.12.1969 Long Beach, Calif.* Studierte an der Universität von Utah und arbeitete dann an div. Rundfunksendern in L.A. 1932 ging er zu den Walt Disney-Studios als Arrangeur, schrieb Songs für die beiden ersten Disney-Cartoons »Schneewittchen« und »Pinocchio«. Er erhielt einen Oscar für seinen Song *When You Wish Upon a Star* aus dem Film »Pinocchio«. Ab 1941 arbeitete er als Freelancer.

Filme: Snow White and the Seven Dwarfs (Schneewittchen und die 7 Zwerge, mit Churchill u. Smith, 1938) – Pinocchio (mit Paul J.Smith, 1940) – The Pride of the Yankees (Der große Wurf, 1942) – Careful Soft Shoulder (1942) – You Were Never Lovlier (Du warst nie berückender, 1942) – They Got Me Covered – The More the Merrier (Immer mehr, immer fröhlicher, 1943; Dir. M.Stoloff) – Johnny Come Lately (1943) – Tender Comrade (1943) – Margin for Error (1943) – They Got Me Covered (1843) – Follow the Boys (Mein Schiff fährt zu Dir, 1944) – Johnny Angel (1945) – George White's Scandals (1945) – Isle of the Death (1945) – Nocturne – From This Day Forward – Road to Utopia (Der Weg nach Utopia, 1946) – Till the End of Time (1946) – The Bachelor and the Bobby-Soxer (1947) – Tycoon (1947) – The Farmer's Daughter (Die Farmerstochter, 1947) – A Likely Story (1947, Dir. Bakaleinikoff) – Mr. Blanding Builds His Dream - House (Nur meiner Frau zuliebe, 1948) – Every Girl Should Be Married (Jedes Mädchen müßte heiraten, 1948) – The Boy with Green Hair (Der junge mit den grünen Haaren, 1948) – The Miracle of the Bells (1948) – The Velvet Touch (The Velvet Touch, 1948) – They Live By Night (Sie leben bei Nacht, 1948) – It Happens Every Spring – The Big Steal (Die rote Schlinge, 1949) – The Woman on Pier 19 (1949) – Monkey Business (1949) – Perfect Strangers (1950) – The Company She Keeps (Auf Bewährung freigelassen, 1950) – The Happy Years (Wilde Jahre in Lawrenceville, 1950) – My Friend Irma Goes West (Irma im goldenen Westen, 1950) – Behave Yourself (Gangster unter sich, 1951) – That's My Boy (1951) – I Want You (1951) – Call me Sisters (1951) – Double Dynamite (Doppeltes Dynamit, 1951) – Down Among the Sheltering Palms (1952; Songs von Arlen/Blane) – My Pal Gus (1952) – Taxi (1952) – Pick Up on South Street (1953) – Vicky (1953) – Black Widow (Die Spinne, 1954) – Money from Home (Der tollkühne Jockey, 1954) – Broken Lance (Die gebrochene Lanze, 1954) – Good Morning Miss Dove (Guten Morgen, Miss Fink, 1955) – House of Bamboo (Tokyo Story, 1955) – The Girl in the Red Velvet Swing (Das Mädchen auf der roten Sammetschaukel, 1955) – 23 Steps to Baker Street (1956) – The Bottom of the Bottle (Gefangene des Stroms, 1956) – Teenage Rebel (Moderne Jugend, 1956) – The True Story of Jesse James (1957) – Savage Wilderness (1956) – The Wayward Bus (Wo alle Straßenenden, 1957) – The Enemy Below (Duell im Atlantic, 1957) – No Down Payment (1957) – Ten North Frederick (Ein Mann in den besten Jahren, 1958) – The Remarkable Mr. Pennypacker (Der ehrbare Bigamist, 1958) – These Thousand Hills (Tausend Berge, 1958) – Man of the West (Der Mann aus dem Westen, 1958) – Visit to a Small Planet (Besuch auf einem kleinen Planeten, 1959) – Holiday for Lovers (Ferien für Verliebte, 1959) – Warlock (1959) – The Facts of Life (So eine Affäre, 1960) – The Wonderful World of the Brothers Grimm (Die Wunderwelt der Brüder Grimm, 1962) – The Seven Faces of Dr. Lao (Der mysteriöse Dr.Lao, 1964) – Strange Bedfellows (Fremde Bettgesellen, 1965)

Harling, W. Franke

(William Franke H.), * *18.1.1887 London, England, † 22.11.1958 Sierra Madre, Calif., USA.*

Filme: Jede Frau hat etwas (D 1931, + Gregor Skolnik) – Broken Lullaby (1932) – So Big (1932) – A Farewell to Arms (In einem anderen Land, 1932) – The Bitter Tea of General Yan (1932) – Trouble in Paradise (Ärger im Paradies, 1932) – Cradle Song (1933) – The Scarlet Empress (1934, + John Leipold, Milan Roder) – China Clipper (1936, + Bernhard Kaun) – Souls at Sea (1937, + Milan Roder; Dir. B.Moross) – Penny Serenade (Akkorde der Liebe, 1941)

Harnell, Joe

(Joseph), * *2.8.1924 Bronx, N.Y., USA.* Pianist, Bandleader und Komponist.

Filme: The Hunt for Adolph Eichmann – Santa Barbara – Alien Nation – In the Heat of the Night

Harris, Max

* *15.9.1918 Bournemouth/Dorset. Engl.* Komponist der 60er bis 90er Jahre.

Filme: Baby Love (1969) – On the Buses (1972) – Carry on England (1976) – Dreamchild (1985) – The Christmas Wife (1988, TV) – Blackeyes (1990)

Harris, Roy

(Leroy Ellsworth), * *12.2.1898 Lincoln County, USA, † 3.10.1979 Santa Monica, Calif.*

Film: One-Tenth of a Nation (1940)

Harrison, Ken
(Kenneth Richard H.), * *31.3.1952 Toronto, Kanada.* Komponist und Regisseur.
Filme: Wait Till Your Mother Gets Home (1983, TV) – Meatballs Part II (1984) – Hollywood Beat (1985) – Dark Mansions (1986, TV) – A Nightmare on Elm Street 3: Dream Warriors (1987) – I Still Dream of Jeannie (1991, TV) – Jailbirds (1991, TV) – MacGyver: Trail to Doomsday (1994, TV)

Hart, Lorenz Milton

(Larry), * *2.5.1895 N.Y., USA,* † *22.11.1943 N.Y.* Songtexter der 20er und 30er Jahre, bes. in Zusammenarbeit mit → Richard Rodgers. Die beiden taten sich 1919 zusammen und waren einige Jahre später das Top-Team unter den Broadway-Autoren. Die eleganten Texte von H. und die brillianten Songs von Rodgers beeinflussten für Jahrzehnte das Musiktheater. H. hat gezeigt, dass auch Songtexte literarische Qualität haben können. 1948 entstand ein biographischer Film »Words and Music« mit Tom Drake und Mickey Rooney (als Hart).
Lit.: Dorothy Hart, Thou Swell, Thou Witty: The Life and Lyrics of L. H., N.Y. 1976. – Dorothy Hart & Robert Kimball, The Complete Lyrics of L.H., N.Y. 1986. – F.Nolan, L.H., A Poet On Broadway, N.Y 1994 – S.Marx & J.Clayton, Rodgers & Hart, N.Y. 1976
LP: Bobby Short Celebrates Rodgers & Hart, Atlantic 2-610
Filme: Love Me Tonight (1932) – Hallelujah I'm A Bum (1933) – Hollywood Party (1934) – Mississippi (1935) – Stage Door Canteen (1943) – Words And Music (1948) – Pal Joey (1957)

Hartley, Richard
* *28.7.1944 Holmfirth, Yorkshire, England.*
Filme: Aces High/Le tigre du ciel (Die Schlacht in den Wolken, UK/F 1976) – The Rocky Horror Picture Show – Playing God – Princess Caraboo – Stealing Beauty – Bad Timing (Black Out, Anatomie einer Leidenschaft, 1979) – Bad Blood (Böses Blut, NZ 1980) – Das schnelle Geld: Die Nick Leeson Story (UK 1992) – TV: Alice in Wonderland – Io bello da sole (Gefühl und Verführung, (I/F/UK 1996)

Hartmayer, Bill
(Wolf), * *21.2.1927 Berlin.*
Filme: Intim-Report (1967) – Erotik auf der Schulbank – Schrei nach Lust (1968) – Die Mädchen der Madame (1969) – X 312: Flug zur Hölle (1970)

Harvey, Richard Allen

* *25.9.1953 London, England.*
Filme: The Martian Chronicle (1980) – Lady Chatterley's Lover (Lady Chatterleys Liebhaber, UK 1981, + Stanley Myers) – House of the Long Shadows (Das Haus der langen Schatten, UK 1982) – Beyond the Limit (1983) – Winter Flight (1984) – The Dirty Dozen – The Assam Garden – Steaming – Defence of the Realm (1985) – Half Moon Street/The Escort Girl (UK/USA 1986) – Ping Pong (1986) – Heaven and Earth (1987) – One Way Out (1989, TV) – The March (1990, TV) – Paper Mask (1991) – A Small Dance (1991) – Immaculate Conception (1992) – Hostages (1993, TV) – Deadly Advice (1994) – Captain Jack (1998) – Jane Eyre (TV) – The Magical Legend of the Leprechaun (1999, TV) – Animal Farm (1999, TV) – Arabian Nights (Abenteuer aus 1001 Nacht, 2000, TV)

Hashim, Michael J.
* *9.4.1956 Geneva, N.Y.* Begann als Jazzmusiker, spielte Alt- und Sopransaxophon mit Chris Flory und Phil Flanagan, ab 1976 mit dem Widespread Depression Orch., Muddy Waters, Jo Jones, Brooks Kerr, Judy Carmichael, den Ink Spots u.a. Eigene Gruppe mit Mike LeDonne (p). 1992 spielte er mit einer Jazzcombo in China. Er komponiert Film- und TV-Musiken, auch Ballette u.a.
Filme: Rocket to the Moon (TV, 1987) – I'm Not Rappaport (1997)

Haskell, Jimmie
* *7.11.1926 Brooklyn, N.Y.* Studio Arrangeur und Komponist für Schallplatte, Film und TV.
Filme: Love in a Goldfish Bowl (1961) – The Gun Hawk (1965) – Black Spurs (1965) – Apache Uprising (Apachen, 1965) – I'll Take Sweden (1965) – Wild on the Beach (1965) – Town Tamer (1965) – Love and Kisses (1965) – Johnny Reno (1966) – Waco (1966) – Red Tomahawk (1967) – Hostile Guns

(1967) – Fort Utah (1967) – Buckskin (Shadock, 1968) – Arizona Bushwackers (Die Wegelagerer, 1968) – The 1000 Plane Red (1969) – Zachariah (1970) – Dagmar & Co. (1971) – Walls of Fire (Dok., 1971) – The Honkers (1972) – Night of the Lepus (Rabbits, 1972) – Outage (1973, TV) – Truck Stop Women (1974) – When the North Wind Blows (1974) – Dirty Mary, Crazy Larry (Kesse Mary, irrer Larry, 1974) – The Seducers/Death Game (1976) – Joyride (1977) – Just a Little Inconvenience (1977, TV) – See How She Runs (1978, TV) – A Christmas to Remember (1978, TV) – The Seeding of Sara Burns (1979, TV) – Mirrow, Mirrow (1979, TV) – Silent Victory: The Kitty O'Neill Story (1979, TV) – The Streets of L.A. (1979, TV) – Before & After (1979, TV) – Goldie and the Boxer (1979, TV) – The Child Stealer (1979, TV) – Dallas Cowboys Cheerleaders (1979, TV) – The Jericho Mile (1979, TV) – The Jayne Mansfield Story (1980, TV) – For the Love of It (1980, TV) – The $5.20 an Hour Dream (1980) – Mark, I Love You (1980, TV) – Dallas Cowboys Cheerleaders, Pt. 2 (1980, TV) – The Star Maker (1981, TV) – A Gun in the House (181, TV) – Hard Country (1981, + Michael Martin Murphy) – Twirl (1981, TV) – Leave 'em Laughing (1982, TV) – Portrait of a Showgirl (1982, TV) – Dixie Changing Habits (1982, TV) – Carpool (1983) – The Vegas Strip Wars (1984, TV) – Jealousy (1984, TV) – Rainy Day Friends (1985) – Terrorist on Trial: The United States vs. Salim Ajami (1987) – Bring Me the Head of Dobie Gillis (1988, TV) – She's Back (1989) – Silent Möbius (Cartoon, 2000, div. Episoden, Songs)

Hasler, Karl

(Karel), ** 31.10.1879 Zlichov (Prag), † 22.12. 1941 Mauthausen (ermordet).*
Film: Rote Rose, Blaue Adria (D/ČSR 1938, + Mil Amatek)

Haslinde, Paul Jobst

** 11.8.1886 Berlin, † 3.12.1957 ebd.*
Film: Der tolle Bomberg (1932, + Hans Erdmann)

Haslinger, Paul

** 16.12.1962 Linz, Österreich.*
Filme: At 17 – Cheaters – Eli's Theory – Pointman (1994, TV) – Planetary Traveler (1997) – The Story of Computer Graphics (Dok., 1999) – Miracle Mile – The Man Inside – The Universe Within – Beautiful (2001)

Hass, Horst A.

(Horst Adolf H.), ** 11.2.1935 Hofgeismar (Krs. Kassel), † 25.8.1974 Berlin (Freitod).*
Filme: Hurra die Rattles kommen (1965) – Rockys Messer: Die Geschichte der Opelkapitänbade (1966) – Das Geständnis eines Mädchens – Pension Klausewitz – Schatten über Tiran/Kommando Sinai (1967) – Liebesmarkt in Dänemark – Zur Sache Kätzchen (1969)

Hatch, Tony

*(Peter Anthony), * 30.6.1939 Pinner, England.* Der Komponist, Arrangeur und Produzent lernte Klavier, sang im Kirchenchor und arbeitete schon als Teenager für einen Musikverlag und dann bei Top Rank Records. Während seiner Wehrdienstzeit war er Arrangeur für die Coldstream Guards und arbeitete nebenher für Pye und Top Rank. Für letztere schrieb er *Look for a Star*, ein Hit für Gary Mills. Bei Pye arbeitete er für Emil Ford, Brook Brothers, die Searchers und ab 1964 für Petula Clark, schrieb für sie Hits wie *Downtown* und *I Know a Place*. Die Texte schrieb oft seine Frau Jackie Trent (* 6.9.1940). Die beiden traten auch als Duo in Cabarets auf, schrieben aber weiter Songs und das Musical »The Card«, außerdem eine Reihe von TV-Sendungen und -Serien.
Lit.: T. H., So You Want to Be in the Music Business
Filme: Travels With My Aunt (Reisen mit meiner Tante, 1972) – Sweeny 2 (1978)

Hatch, Wilbur

** 24.5.1902 in ?, Ill., USA, † 22.12.1969 Studio City, Calif.* Der Komponist schrieb in den 40er Jahren u.a. Musik für die populären »Whistler«-Filme.
Filme: The Whistler – The Mark of the Whistler (1944) – The Power of the Whistler (1945) – Mysterious Intruder (1946) – The Return of the Whistler (1948) – The General Electric Theater (Serie, 1953) – The Untouchables: The Scarface Mob – Joe and Mabel (1959) – Pete and Gladis (1960) – Twilight Zone: Still Valley (1961, TV) – Star Trek (1966)

Hathaway, Donny

** 1.10.1945 Chicago, Ill., USA, † 13.1.1979 N.Y. (Freitod).* H. machte sich in den 70er Jahren einen Namen als Komponist von »Soul«-Hits wie *The Ghetto* und *Love Love Love*, die er für Interpreten wie Aretha Franklin und Jerry Butler schrieb. Bekannt wurde er auch durch seine Duette mit Roberta Flack (*Where is the Love*). Der Grund für seinen Freitod – er stürzte sich aus dem 15. Stock eines New Yorker Hotels – ist nicht bekannt.

Film: Come Back Charleston Blues (1972)

Hatley, Marvin

(Thomas Marvin H.), ** 3.4.1905 Reed, Okla., USA, † 26.8.1986 Los Angeles.* H. begann in den 20er Jahren als Schauspieler und Drehbuchschreiber für Kurzfilme von Hal Roach. Er schrieb dann zahlreiche Filmmusiken bzw. arbeitete als musikalischer Leiter, u.a. bei etlichen Filmen des Komiker-Duos Laurel & Hardy (»Dick und Doof«).

Filme: Perfect Day (1929) – Blotto (1930) – Night Owls (1930) – The Laurel-Hardy Murder Case (1930) – Hog Wild (1930) – Be Big! (1931) – One Good Turn (1931) – Come Clean (1931) – Our Wife (1931) – Chickens Come Home (1931) – Helpmates (1931) – Laughing Gravy (1931) – Beau Hunks (1931) – Pardon Us (1931) – County Hospital (1932) – The Chimp (1932) – The Music Box (1932) – Pack up Your Troubles (1932) – Aby Old Poert (1932) – Towed in a Hole (1932) – Their First Mistake (1932) – Sons of the Desert (1932) – The Midnight Patrol (1933) – Me and My Pal (1933) – Twice Two (1933) – Busy Bodies (1933) – Dirty Work – Mike Fright (1934) – General Spanky (1936) – Our Relations (1936) – The Pinch Singer – Our Gang Follies of 1938 (1937) – Pick a Star (1937) – Way Out West (Dick und Doof im Wilden Westen, 1937) – Topper (1937) – Merrily We Live (1938) – Swiss Miss – Blockheads (Die Klotzköpfe, 1938) – There Goes My Heart (1938) – Captain Fury (1939) – Zenobia (1939) – A Chump at Oxford (Dick und Doof in Oxford, 1940) – Saps at Sea (Abenteuer auf hoher See, 1940, + Le Roy Shield) – Broadway Limited (1941)

Haug, Hans

** 27.7.1900 Basel, † 15.9.1967 Lausanne.* Schweizer Komponist und Kapellmeister.

Filme: Ist Dr. Ferrat schuldig? (1940) – Der letzte Postillon vom St. Gotthard – Menschen die vorüberziehen – Eine Frau verschwindet (1941) – Das Leben beginnt – Matura-Reise (1942) – Komödie um Erika (1943) – Fusion (1949) – Wilhelm Tell/Berge in Flammen (1960) – Nikolaus von Flüe, pacem in terris (1963)

Hauk, Günther

** 6.5.1932 Chemnitz, † 11.10.1979 Berlin/DDR.* Komponist in der DDR. Schrieb zunächst Lieder, Chansons, Orchester- und Kammermusiken, nach 1960 vor allem Gebrauchsmusik für Bühne, Film und TV. Seine stets für großes Orchester gesetzten Filmpartituren zeigen Einflüsse von Eisler, Mahler und Schostakowitsch.

Filme: Der Moorhund (1959/60) – Liebe auf den letzten Blick – Immer am Weg dein Gesicht (1960) – Kuttel (1961) – Das Kleid (1961) – Die Jagd nach dem Stiefel (1962) – Das Glas Wasser – Die letzte Chance – Geboren unter schwarzen Himmeln (1962, TV) – Vanina Vanini – For Eyes Only (1963) – Jetzt und in der Stunde meines Todes (1963) – Drei Kriege II: Hinter den Fronten (1964) – Der Nachfolger – Wolf unter Wölfen – Dr. Schlüter – Entlassen auf Bewährung (1965) – Geschichten jener Nacht 3 (1966) – Kleiner Mann, was nun? (1967, TV) – Die gefrorenen Blitze (1967) – Begegnungen (1967) – Rendezvous mit unbekannt (1969) – Jeder stirbt für sich allein (1970, TV) – Verspielte Heimat (1970) – Anflug Alpha 1 (1971) – Der Sonne Glut (1971) – Die Hosen des Ritters von Bredow (1973) – Anfang am Ende der Welt (1973)

Hauke, Ernst

*(Franz), * 26.4.1888 Wien, † 26.3.1961 Schweden.*

Film: Die verliebte Firma (1932, + E. Granichstaedten, Grete Walter)

Hawkesworth, John

** 20.1.1924 London, England.* Studierte Piano und Kontrabass in Sheffield und Kapstadt (während seiner Armeezeit), spielte mit Buddy Featherstonehaugh, Tommy Sampson und machte sich dann einen Namen als Bassist in der Big Band von Ted Heath. Er arbeitete später als Studiomusiker und Komponist, schrieb

Musik für etliche Industrie- und Kurzfilme, aber auch für Spiel- und TV-Filme.
Filme: The Naked World of Harrison Marks (1965) – The Penthouse (UK 1967) – Zeta One (1969) – Cap Glory (1971) – Man About the House (1973–74, TV, 36 Folgen) – George and Mildred (1976–89, TV, 30 Folgen) – Justine (1976)

Hayasaka, Fumio

** 19.8.1914 Sendai/Minayi, Honshu, Japan, † 15.10.1955 Tokio.*
Filme: Rashomon (1950) – Ikiru (1952) – Ugetau monogatari (1953) – Shichi-nin no samurai (Die sieben Samurai, 1954)

Hayashi, Hikaru

** 22.10.1931 Tokio, Japan.*
Filme: Hadeka no shima (Die nackte Insel, Japan 1961) – Namonoka mazushiski utsukushiku (1961) – Till Tomorrow Comes (1962) – My Hobo (1963) – Ningen (1963) – Love under the Crucifix (1965) – Hakuchi no Torima (1966) – Onibaba (1964) – The Thin Line (1967) – Nihon shunka-ku (1976) – Kuroneku (1968) – Lost Sex 1968) – Koshikei (1968) – Kaette kita yopparai (1968) – Shonen (1969) – Thousand Cranes (1969) – Vixen (1970) – Play It Cool (1970) – Gunki hatameku motoni (1972) – Chikuzan hitori tabi (1977) – Akitsu onsen (1980) – Honoo noi daigo gakusho (1981) – Mikan no taikyoku (1982) – Bokuto kidan (1993) – Gogo no yigonjo (The Last Note, 1995, Songs) – Sammon yakusha (2000)

Hayen, Todd

* *Middletown, Va., USA.* Der Komponist stammt aus einer Theater-Familie, studierte Musik an der Shenandoah University in Winchester, Virginia, und am Cincinnati College Conservatory of Music. Er ging dann nach Hollywood und komponierte für Hanna-Barbera-Productions. Er etablierte sich dann schnell in der Unterhaltungsindustrie, arbeitete u.a. für Julian Lennon, Roy Orbison, John Debney, Van Dyke Parks und Regisseure wie John Frankenheimer, David Lynch, Ivan Reitman und F.F.Coppola. Er arbeitet auch als Arrangeur und Dirigent für Filmscores anderer Komponisten und unterhält jetzt ein eigenes Studio in Burbank, Calif.
Filme: Charge in Charge (1984, TV-Serie) – The Devil's Gift (1984) – Killer Workout (1986) – Time Burst: The Final Alliance – A Sinful Life – Shooters (1989) – The New Lassie (1989, TV-Serie) – Harry and the Hendersons – Sisters (1991, TV-Serien) – Race Against Tomorrow (1991) – Batman:The Animated Series (1992, TV) – The Nanny Christmas Special: Joy to the World (1995, TV) – Panic in the Skies! (1996, TV) – Yesterday's Target – Merlin's Shop of Mystical Wonders (1996) – The Real Adventures of Johnny Quest (1996, TV-Serie) – When Time Expires (1998, TV) – The Invader (Spur des Alien, 1997) – The Shadow Men (1997) – Waking Up Horton (1998) – Treasure of Pirate's Point – Fly Boy – Finding Kelly (1999) – Pittsburgh's Big Picture (2001) – Bokshu the Myth (2002)

Hayes, Isaac

* *20.8.1942 Covington, Tenn., USA.* Der Soul-Organist und -Pianist hatte schon mit diversen Gruppen gespielt, ehe er 1964 von Stax Records unter Vertrag genommen wurde. Er tat sich mit dem Songschreiber David Porter zusammen: Das Resultat waren Hits wie *Hold On I'm Comin'* (Sam and Dave), *Soul Man, B-A-B-Y* (Carla Thomas) u.a. Seine eigene LP »Hot Buttered Soul« (1969) etablierte ihn als maßgeblichen Interpreten der Soul-Musik. Als beste Arbeit gilt seine Musik für den Thriller »Shaft« obwohl der musikal. Leiter des Films, → Tom McIntosh, behauptet, er habe die Musik geschrieben; Arr. J. J. Johnson. Für diesen Film erhielt er den Oscar für die beste dramatische Filmmusik, was Hugo Friedhofer zu der Frage veranlasste: »Welche Filmmusik?«. 1975 verließ H. Stax nach einem Streit um Tantiemen, gründete ein kurzlebiges eigenes Label »Hot Buttered Soul«, ging dann zu PolyGram und Spring, zog sich 1981 für fünf Jahre von der Musik zurück, hatte dann ein Comeback mit *Ike's Rap.*
Filme: Shaft (1971; OST: Stax) – Tough Guys (1973) – Truck Turner (Chikago Poker, 1974) – Shaft (2000)

Hayes, Jack

(John Joseph), * *8.2.1919 San Francisco, USA.* Komponist und Arrangeur, arbeitete in letzter

Funktion an einigen Dutzend Filmen seit 1966, aber auch als Big Band-Arrangeur, so für Louis Bellson. Als Filmorchestrator arbeitete er für so berühmte Filme wie »In Cold Blood« (1967), »Marathon Man« (1976), »The Postman Always Rings Twice« (1981) und »Sophie's Choice« (1982).
Filme: Riverboat (1959, TV-Serie) – The Magnificent Seven (1960, Arr. mit L.Shuken, Score: L.Bernstein) – The Virginian (1962, TV-Serie) – Happy Days (1974, TV-Serie) – Quincy (1976, TV-Serie) – Fast Forward (1985)

Hayman, Richard

*(R. Warren Joseph), * 27.3.1920 Cambridge, Mass., USA.* Der langjährige Arrangeur und Mitarbeiter (2. Dirigent) von Arthur Fiedler im Boston Pops Orchester spielte Anfang der 40er Jahre bei Borrah Minevich's Harmonica Rascals, arrangierte für Vaughan Monroe und spielte Akkordeon bei Horace Heidt. Er arbeitete für den Film und für Mercury Records. 1953 hatte er einen Hit mit *Ruby*. Er arrangierte auch für die Harmonicats, Bobby Wayne, Helen Merrill, Sarah Vaughan u.a. und nahm LPs mit »Mood Music« auf. Er komponierte u.a. *Dansero, Valse d'Amour, Tango for Two, Serenade for a Lost Love, Pops Hoe-Down.*
Filme: Meet Me in St.Louis – State Fair

Hayton, Lennie

(Leonard George) (p, arr, comp, ldr), * *13.2. 1908 N.Y., USA, † 24.4.1971 Palm Springs, Calif.* Vielseitiger Pianist und Arrangeur der 20er bis 60er Jahre. Erste Jobs in Tanzorch. in den 20er Jahren, 1925 zu Cass Hagan, 1928–30 bei Paul Whiteman, mit diesem im Film »King of Jazz«. Arbeitete auch als Freelance-Pianist, in den frühen 30er Jahren bei Bing Crosby, leitet Radio-Bands für Fred Allen, Gracie Moore, Ruth Etting u.a., 1935 Bandleader der »Lucky Strike Hit Parade«. 1937–40 eigenes Tanzorchester. Er arrangierte u.a. für Artie Shaw und war 1940–53 musikalischer Direktor bei MGM, in dieser Position an zahlreichen Filmen als Komponist/ Arrangeur/Dirigent beteiligt. Seit 1947 mit der Sängerin Lena Horne verheiratet, fungierte er zeitweise als ihr Pianist und musikalischer Leiter.
Filme: The Bugle Sounds (1941) – Eyes of the Night (1942) – Nazi Agent – Whistling in Dixie (1942) – Best Foot Forward (1943; Songs: Martin/Blane) – Assignment in Brittany (1943) – Stand By For Action (1943) – Pilot No. 5 (1943) – Salute to the Marines (1943) – Yolande and the Thief (1945, Songs: H.Warren/R.Freed) – The Harvey Girls (1946; Songs: Mercer/Warren) – Till the Clouds Roll By (Bis die Wolken vorüberzieh'n, 1946, Songs: Jerome Kern; OST: MGM) – The Hucksters (Der Windhund und die Lady, 1947) – Living in a Big Way (1947) – Good News (1947) – Summer Holiday (1948, Dir., Songs: H.Warren, R.Blane) – Ziegfeld Follies (Broadway-Melodie, 1948) – The Pirate (Der Pirat, 1948, Dir., Songs: Cole Porter) – On the Town (Heut' gehn wir bummeln, 1948) – Any Number You Can Play (Hoher Einsatz, 1949) – Side Street (1949) – Battle Ground (Kesselschlacht, 1949) – The Barklays of Broadway (Die Tänzer vom Broadway, 1951) – Inside Straight (Von Gier besessen, 1951) – Strictly Dishonorable (1951) – Love is Better Than Ever (1951) – Singing in the Rain (1951, Dir., Songs: Nacio Herb Brown; OST: MGM) – Battle Circus (Arzt im Zwielicht, 1951) – Easy to Love (Du bist so leicht zu lieben, 1953) – Star! (1968) – Hello Dolly (1969)
TV: Stunde der Entscheidung

Hazard, Dick

(Richard P.), * *2.3.1921 Trenton, N.J., USA, † 20.12.2000 L.A.* Studierte 1929–32 Klavier, hatte dann aber berufliche Jobs als Ingenieur. 1946 begann er als Musiker zu arbeiten, spielte in Hoagy Carmichaels Radio-Show und 1950–58 als Begleiter des Sängers Herb Jeffries. Arbeitete dann in Hollywood als Arrangeur, u.a. für Buddy Greco, Carol Lawrence, Peggy Lee, Judy Garland, Sergio Mendes und als Filmkomponist. Wegen seiner delikaten Arrangements für Streicher hatte H. unter Musikern einen legendären Ruf, darüber hinaus ist er kaum bekannt.
Filme: Radar Secret Service (1950) – Bela Lugosi Meets a Brooklyn Gorilla (1952) – Calypso Joe (1957) – Company of Killers (1970) – Some Call it Loving (1973) – The Underground Man (1974, TV) – Law and Order (1976, TV) – Nickelodeon (USA/UK 1976) – Heroes (1977, + J. Nitzsche) – With This Ring (1978, TV) – All Night Long (1981; + Ira Newborn) – Between Two Brothers (1982, TV)

Hazlewood, Lee

** 9.7.1929 Mannford, Okla., USA.* Songschreiber, Komponist und Schauspieler. Hatte Hits mit *The Fool* und *These Boots Are Made for Walking* (für Nancy Sinatra), schrieb Songs für einige Filme und für einen auch den Score* . Als Schauspieler in »The Moonshine War« (1970) und »Smoke« (1971).

Filme: The Wild Westerners (1962) – Tony Rome (1967) – The Sweet Ride* (1968) – Full Metal Jacket (1987)

Heddenhausen, Friedel-Heinz

** 8.8.1910 Langenhagen b. Hannover, † 12.8. 1992 Bad Harzburg.* Studierte bei Willy Craney und Otto Leonhart und war Musiklehrer in Hannover. Ab 1932 lebte er in Berlin, war Dirigent des Berliner Sinfonieorchesters, musikalischer Leiter des »Neuen Operetten-Theaters« und schrieb rd. 70 Filmmusiken.

Filme u.a.: Der lachende Dritte (1936, + E.Künneke) – Hans im Glück (1936) – Nachtwache im Paradies (1936) – Ballade (1938) – Philharmoniker (1944)

Heicking, Wolfram

** 19.5.1927 Leipzig.* Komponist in der DDR.

Filme: Spur der Steine – Erzählungen aus der Neuen Welt (1966) – Meine Freundin Sybille – Hochzeitsnacht im Regen (1967) – Schüsse unterm Galgen (1967/68) – Wir lassen uns scheiden – Jungfer sie gefällt mir (1968) – Zwei in einer kleinen Stadt (1969) – Sommer: Anfang ohne Ende (1970, TV) – Die Chansonreise (1971) – Den Wolken ein Stück näher (1973, TV) – Anton der Zauberer (1977) – Die Rache des Kapitäns Mitchell (1979) – Asta mein Engelchen (1980) – Wenn die Alten singen ... (1985)

Hefti, Neal

(Neal Paul H.), ** 29.10.1922 Hastings, Neb., USA.* Der renommierte Arrangeur lernte Trompete mit elf Jahren, schrieb schon in der High School Arrangements, u.a. für Nat Towles, ging 1941 zu Bob Astor, arbeitete auch für die Bands von Les Lieber, Sonny Dunham, Horace Heidt, Charlie Barnet und Bobby Byrne. 1944–45 als Trompeter und Arrangeur bei Woody Herman, war wesentlich am Erfolg der »First Herd« beteiligt durch Stücke wie *The Good Earth* und *Wildroot*. Spielte und schrieb ab 1946 für Tex Beneke, Tommy Dorsey, Jimmy Dorsey, Charlie Barnet, Charlie Ventura, Harry James, June Christy, Buddy Rich, Elliot Lawrence, ab 1950 für Count Basie, dessen Band durch seine Arrangements wesentlich geprägt wurde. Leitete in der ersten Hälfte der 50er Jahre eigene Band mit seiner Frau Frances Wayne als Sängerin. Arbeitet dann vor allem als Film- und TV-Komponist sowie als Broadway-Arrangeur, aber auch für Frank Sinatra, Gisele McKenzie, Whitey Mitchell, Phil Woods, Clifford Brown, Alice Faye, Galli Sisters, Eydie Gormé, Doris Day, Martha Carson, Lionel Hampton, Dean Martin, Steve Allen, Della Reese u.a.

CD: N. H., RCA ND 90391 – In Gotham City, Razor & Tie RE2153-2

Filme: Jamboree/Disc Jockey Jamboree (1957) – How to Murder Your Wife (Wie bringt man seine Frau um, 1964; OST: UA) – Sex and the Single Girl (... und ledige Mädchen, 1964) – Boeing Boeing (1965, OST: RCA) – Duel At Diablo (Duell in Diablo, 1965, OST: UA) – Synanon (1965; OST: Liberty) – Harlow (Die Welt der Jean Harlow, 1965; OST: Columbia) – Batman (1966, Songs) – Lord Love a Duck (Mollymauk der Wunderknabe, 1966) – Barefoot in the Park (Barfuß im Park, 1967, OST: Dot) – Oh Dad, Poor Dad, Mama's Hung You in the Closet and I'm Feeling So Sad (O Vater, armer Vater, Mutter hängt dich in den Schrank und ich bin ganz krank, 1967; OST: RCA) – P. J. (Der Gnadenlose, 1967) – The Odd Couple (Ein seltsames Paar, 1968; OST: Dot) – Last of the Secret Agents? (Die allerletzten Geheimagenten, OST: Dot) – The Moonshine War (1970) – A New Leaf (1970, + J. Mandel) – Last of the Red Hot Lovers (Der letzte der feurigen Liebhaber, 1972) – The 500 Pound Jerk (1972, TV) – Lord Love a Duck (OST: UA) – The Strong Man (1973) – Sex And the Single Girl (OST: Warner Bros.) – Conspiracy of Terror (1975, TV) – Won Ton Ton, The Dog Who Saved Hollywood (1976) – Why Worry? (1980, neue Musik zum Stummfilm v. 1923)

TV: The Odd Couple – Batman

Heil, Reinhold

** 18.5.1954 Schlüchtern (Hessen).*

Filme: Baby (1983) – Tatort: Zweierlei Blut (1984, TV) – Börsday Blues (1992) – Das erste Mal (1996) – Winterschläfer – Go for Gold (1997) – Hauptsache Leben – Lola rennt (1998) – Tatort: Offene Rechnung (1999, TV) – Der tote Taucher im Wald (1999) – I Love You Baby – Der Krieger und die Kaiserin (2000) – Hollywood Vampyr (2000) – Head Over Heel (2001, Song *Running One* aus »Lola rennt«) – One Hour Photo (2002) – Big Shot: Confessions of a Campus Bookie (2002, TV) – Nick Knatterton: Der Film (2002) – Bang, You're Dead (2002, TV)

Hein, Eric

** 20.12.1921 Sulzthal (Bayern), † 7.12.1969 München.*

Film: Mandolinen und Mondschein (1959)

Heindorf, Ray

(Raymond John H.), ** 25.8.1908 Haverstraw, N.Y., USA, † 3.2.1980 Tarzana, Calif.* Filmkomponist der 30er bis 60er Jahre, auch Arrangeur und Dirigent. Studium am Troy-Konservatorium, arbeitete dann gleich für Warner Brothers, wurde dort schließlich Nachfolger von Leo Forbstein als Leiter der Musikabteilung (1948–59) und betreute so bekannte Filme wie »Yankee Doodle Dandy«, »A Star Is Born« und »Pete Kelly's Blues«. Von seinen Songs wurde die *Melancholy Serenade* bes. bekannt. Er ist zu sehen im Film »It's A Good Feeling« (1949). Schallplatten mit Gwen Verdon u.a.

LP: Top Film Themes '64, Warner Bros. LP-1535 – OST, A Streetcar Named Desire, Capitol L-289 – OST, The Helen Morgan Story, RCA LOC-1030 – OST, The Music Man, Warner Bros. 1459 – OST, Spellbound, Warner Bros. 1213 – OST, Pajama Game, Col. OL 5210 – A Tribute to James Dean, Columbia – OST, For Whom the Bell Tolls, Warner Bros. WS 1201

Filme als Komponist und/oder mus. Leiter: Big City Blues (1932) – 42nd Street (1933, Arr.) – Footlight Parade (1933, Arr.) – Gold Diggers of 1935 (1935, Arr.) – Captain Blood (1935) – Sweet Music (1935) – Gold Diggers of 1937 (1936) – San Quentin (1937) – Hard to Get (1938) – Garden of the Moon (1938, Arr.) – The Roaring Twenties (1939) – Daughters Courageous (1939, Arr., Musik: M. Steiner) – 'Til We Meet Again (1940) – Strawberry Blonde (1941) – City of Conquest (1941) – Yankee Doodle Dandy (1942, Dir., Score: H.Roemheld; Songs: George M.Cohan) * – The Desert Song (1943) – This is the Army* (1943, Arr.) – Hollywood Canteen (1944, Dir. F.Forbstein) – Up in Arms (1944, + L.Forbes) – Wonder Man (1945, + L.Forbes) – Rhapsody in Blue (1945, Arr.) – Night and Day (1946, Arr.) – The Time, The Place And the Girl (1946) – San Antonio (1946) – My Wild Irish Rose (1947) – Love and Learn (1947) – Look For the Silver Lining (1948, Dir.) – Flamingo Road (1948) – One Sunday Afternoon (1948) – April Showers (1948, + Max Steiner) – Backfire (Gesetzlos, 1949) – Always Leave them Laughing (1949) – The West Point Story (1950, Songs: Styne/Cahn) – Tea For Two (Eine bezaubernde Frau, 1950) – Young Man With A Horn (1950) – Lullaby of Broadway (1951) – Strangers On A Train (Verschwörung im Nordexpreß, 1951) – A Streetcar Named Desire (1951) – On Moonlight Bay (1951) – Come Fill the Cup (1951) – I'll See You in My Dreams (1952, Dir.) – She's Working Her Way Through College (1952, Songs: Cahn/Styne) – April in Paris (1952, Songs: Cahn/V.Duke/Harburg) – Up Periscope (1952) – Calamity Jane (1953, Songs von Fain/Webster) – The Eddie Cantor Story(1953) – The Jazz Singer (1953) – Stop You're Killing Me (1953) – A Star Is Born (1954) – Young at Heart (Man soll nicht mit der Liebe spielen, 1954) – Lucky Me (1954, Dir.) – Pete Kelly's Blues (1955, Dir., + S.Cahn, Arthur Hamilton, Matty Matlock) – Serenade (1956, Songs: I.Brodzsky) – The Girl He Left Behind Me (1956) – The Helen Morgan Story (1957) – The D. I. (1957, + D. Buttolph; Song *If You Don't Somebody Else Will* von Ray Conniff) – Damn Yankees (1958, Dir., Songs v. Adler-Ross) – Home Before Dark (1958, Dir.; Score: F. Waxman) – No Time For Sergeants (Blindgänger der Kompanie, 1958) – Onionhead (1958) – -30- (1959) – The Music Man* (1962, Arr.) – Finian's Rainbow (1968, Arr.) – »1776« (1972)

Heinz, Gerhard

** 9.9.1927 Wien, Österr.* Pianist und Komponist. Studierte an der Technischen Hochschule Wien, arbeitete zunächst nur nebenher als Musiker, trat dann aber 1950 in das Orchester von Horst Winter ein. 1954 wurde er Kapellmeister im Moulin Rouge. 1958 machte ihn dann Gerhard Mendelsohn zu seinem Musikaufnahmeleiter bei der Polydor in Wien. Arbeitete in dieser Position auch in den USA, Frankreich und Italien; er schrieb u.a. den Text für den Connie Francis-Hit *Bis wir uns küssten*. 1964 gründete er sein eigenes Tonstudio, er komponierte rd. 120 Musiken für deutsche und österr. Filme.

Filme: Snuff (1959) – Unter Wasser küsst man nicht – Mädchen auf der Titelseite (1961) – Geißel des Fleisches (1965) – Schamlos (1968) – Alle Kätzchen naschen gern – Ein Paar sucht Gleichgesinntes (1969) – Josefine Mutzenbacher – Musik, Musik, da wackelt die Penne – Frau Wirtin treibt es jetzt noch toller – Nachbarn sind zum Ärgern da – Mein Vater, der Affe und ich – Mutzenbacher: Meine 365 Liebhaber (1970) – Außer Rand und Band am Wolfgangsee – Die Auto-Nummer: Sex auf Rädern – Das haut den stärksten Zwilling um – Mache alles mit (1971) – Rudi benimm dich – Tante Trude aus Buxtehude – Die tollen Tanten schlagen zu (1971) – Auch Fummeln will gelernt sein – Der Schrei der schwarzen Wölfe – Trubel um Trixie – Immer Ärger mit Hochwürden – Die lustigen Vier von der Tankstelle – Mensch ärgere dich nicht (1972) – Blau blüht der Enzian (1973) – Crazy! Total verrückt – Das Wandern ist des Müllers Lust – Was Schulmädchen verschweigen – Wenn jeder Tag ein Sonntag wär' – Geh, zieh dein Dirndl aus (1973) – Bohr weiter, Kumpel – Der Liebesschüler – Das verrückteste Auto der Welt – Alpenglüh'n im Dirndlrock – Auf der Alm da gibt's koa Sünd' – Es war nicht die Nachtigall – (1974) – Jeder stirbt für sich allein (1975) – Griechische Feigen (1976) – The Evolution of Snuff (Dok., 1977) – Die Insel der tausend Freuden – Monique: mein heißer Schoß – Vanessa (1977) – Das Teufelscamp der verlorenen Frauen – Heiß und nackt auf Mykonos – Melody in Love – Hurra, die Schwedinnen sind da – Popcorn und Himbeereis – Die Wölfin vom Teufelsmoor – Melody in Love – Tom, Crosby und die Mäusebrigade (1978) – Graf Dracula beißt jetzt in Oberbayern – Hot Dogs auf Ibiza – Bei Anruf Liebe – Cola, Candy, Chocolate (1979) – Austern mit Senf (D/F 1979) – Die Schulmädchen vom Treffpunkt Zoo – Sonnyboy und Sugarbaby (1979) – Ein Kaktus ist kein Lutschbonbon – Zärtlich, aber frech wie Oskar – Eugenie, Historia de una perversion – Die schönen Wilden von Ibiza – Drei Schwedinnen auf der Reeperbahn (1980) – Die Säge des Todes – Die nackten Superhexen vom Rio Amore – Der Bockerer (1981) – Catherine – Ein dicker Hund – Pussycat Syndrom – Babystrich im Sperrbezirk (1982) – Supergirl in 3D – Das verrückte Strandhotel – Taifun der Zärtlichkeit – Sunshine Reggae auf Ibiza (1983) – Popcorn und Paprika – Her mit den kleinen Schweinchen (1984) – Locas Vacaziones – Die Einsteiger (1985, + Olaf Weitzl) – Traumbus – Steig aus deinem Luftballon (1985) – Kuyonga, Mord in Afrika – Der Bockerer II (A 1996)

Hellerman, Fred

(Ps. Fred Brooks), * *13.5.1927 N.Y., USA*. Der Gitarrist, Sänger und Komponist war Mitglied der legendären Folk-Gruppe The Weavers, gegründet 1949 mit Pete Seeger, Lee Hayes und Ronnie Gilbert. Die Gruppe hatte Hits mit *Tzena, Tzena* und *If I Had a Hammer* (Vanguard). 1952 geriet sie auf die schwarze Liste des Kommunistenjägers McCarthy wegen ihres Eintretens für »linke« Politiker und konnte erst drei Jahre später wieder auftreten. Seeger schied 1958 aus und wurde ersetzt von Frank Hamilton bzw. Bernie Krause und Erik Darling. 1963 löste sich die Gruppe auf, fand sich aber 1981 für ein Carnegie Hall-Konzert nochmals zusammen, daraus resultiert eine LP für Vanguard und der Film »Wasn't That a Time«. Die Mitglieder verfolgten dann eigene musikalische Wege.

Filme: Alice's Restaurant (1969) – Loving Molly (1973) – The Weavers: Wasn't That a Time (Dok., 1980)

Henderson-DeSylva-Brown

Das Komponisten/Texter-Team → Ray Henderson (comp), → Buddy DeSylva und Lew Brown (lyr) war in den Jahren 1925–30 unschlagbar, was die Produktion von Hits für den Broadway betraf. Brown u. Henderson taten sich 1922 zusammen, De Sylva kam 1925 dazu. Herausragende Shows: »Good News«, »Manhattan Mary« (1927), »Hold Everything«, »George White's Scandals« (1928), »Follow Through« (1929), »Flying High«

(1929). Sie schrieben auch Songs für die ersten Filme von Al Jolson (*Sonny Boy, It All Depends on You*) und für den Film »Sunny Side Up« mit Janet Gaynor. 1931 brach das Team auseinander, als DeSylva sich der Filmproduktion zuwandte (1942 wurde er einer der Gründer von Capitol Records). Henderson u. Brown arbeiteten noch einige Jahre zusammen. 1956 entstand der auf der Geschichte des Trios basierende Film »The Best Things in Life Are Free« mit Dan Dailey, Gordon McRae u. Ernest Borgnine in den Hauptrollen.

CD: The Birth of the Blues, Flapper PAST 7803

Filme (Songs): *The Singing Fool* (Sonny Boy; It All Depends on You, 1928) – *Follow Through* (Button Up Your Overcoat; My Lucky Star; I Want to Be Bad) – *Sunny Side Up* (If I Had a Talking Picture; Turn on the Heat; Aren't We All?) – *Say it With Songs* (Texte Al Jolson: Little Pal; Why Can't You Have?) (1929) – *Indiscreet* (Come to Me; If You Haven't Got Love) (1931) – Curly Top (+ Ted Koehler, E.Caesar, E.Heyman, 1935) – *Good News* (1947)

Henderson, Charles E.

** 19.1.1907 Boston, Mass., USA, † 7.3.1970 Laguna Beach, Calif.*

Filme: Black Friday (1940) – Horror Island (1941) – The Black Cat (1941) – The Mad Ghoul (1943) – House of Dacula (1945) – State Fair (1945, Arr.)

Henderson, Ray

(eigentl. Raymond Brost), * *1.12.1896 Buffalo, N.Y., USA, † 31.12.1970 Greenwich, Conn.* Songkomponist der 20er und 30er Jahre, Mitglied des Teams → Henderson-DeSylva-Brown. Studierte am Konservatorium in Chicago, arbeitete als Pianist im Vaudeville und als »Song-Plugger« in New Yorker Musikverlagen. 1922 begann seine Zusammenarbeit mit Lew Brown, erste Hits: *Alabamy Bound, That Old Gang of Mine, Bye Bye Blackbird.* 1925 kam Buddy DeSylva dazu, erste gemeinsame Arbeit für »George White's Scandals«. Bis 1931 produzierte das Trio eine große Zahl erstklassiger Songs. H. u. Brown arbeiteten dann noch mehrere Jahre zusammen, so für die Broadway-Shows »George White's Scandals of 1931«, »Hot-Cha« (1932), »Strike Me Pink« (1933). H. tat sich dann mit anderen Textern zusammen (Mort Dixon, Sam H. Lewis, Joe Young, Jack Yellen, Irving Caesar, Ted Koehler, Billy Rose), arbeitete für den Film, 1936 auch für die Londoner Show von Ruth Etting. In den späten 40er Jahren setzte er sich zur Ruhe.

CD: Div., The Songs of R. H., Living Era 5207

Henderson, Skitch

(Lyle Russell Cedric H.), * *27.1.1918 Birmingham, England.* Kam als Teenager mit seinem Vater in die USA, wuchs in Halstead, Minn. auf. Arbeitete als »Stand-by«-Pianist in kleinen Rundfunksendern, spielte im Bradmoor-Hotel in Colorado Springs und musste dort eines Abends Judy Garland und Mickey Rooney begleiten. Dadurch landete er in Hollywood und wurde von MGM angestellt. Spielte und arrangierte für Mercer Ellington. 1946 bei den Radio-Shows von Frank Sinatra und Bing Crosby. Letzterer verpasste ihm den Spitznamen »The Sketch Kid«, woraus dann »Skitch« wurde. Studierte bei Arnold Schönberg, Fritz Reiner und Toscanini, war Nachfolger des letzteren im NBC Symphony Orch. 1947–49 eigene Band, 1950 mus. Leiter der Frank Sinatra-Show. Arbeitete dann für die Dave Garroway-TV-Show, hatte auch eigene Show, in der er als Pianist mit Streichorchester herausgestellt wurde. 1954–56 in der TV-Show von Steve Allen, leitete dann die »Tonight-Show«-Band bis 1967. 1971 wurde er Dirigent des Tulsa Sinfonie-Orchesters, leitete auch die Broadway-Produktion von Kurt Weills »Street Scene«, schrieb das Ballet »Curacao« und Filmmusiken. Er gründete 1983 das New York Pops Orch.

Filme: On Our Merry Way (1948, Dir., + David Chudnow, Score: H.Roemheld) – Act One (1963)

Hendriks, Marc

** 10.3.1915 Berlin, † 18.3.1989 Hamburg.*

Filme: Gift im Zoo (1951) – Tierarzt Dr. Vlimmen (1956)

Heneker, David William

** 31.3.1906 Southsea, Hampshire, England, † 30.1.2001 Llwyngyrys (Gwynned), Wales.*

Als Musicalkomponist und -Texter war H. ein Spätzünder: er war schon über fünfzig, als seine erste Show im Londoner Westend produziert wurde. Er studierte am Wellington College und am Royal Military College und war bis 1948 Berufssoldat. Seinen ersten Song schrieb er 1940 (*There Goes My Dream*). In den frühen 50er Jahren arbeitete er als Pianist im Londoner Embassy Club; dort traf er Julian Moore und Monty Norman. Zusammen mit Wolf Mankowitz schrieben sie das Musical »Expresso Bongo« (1958); in diesem Jahr erschien auch ihre Bearbeitung von »Irma La Douce«. Es folgten dann »Make Me an Offer« (1959), »Half a Sixpence« (1963), »Charlie Girl«, »Jorrocks« (1966), »Phil the Fluter« (1969), »Popkiss« (1972), »The Biograph Girl« (1980), »Peg« (1982, in den USA »Peg O' My Heart«)

Filme: Time Without Pity (In letzter Stunde, UK 1957, + Tristam Cary) – Expresso Bongo (1959) – Two Faces of Dr. Jekyll (Schlag 12 in London, UK 1960, + Monty Norman) – I've Gotta Horses (1965) – Half a Sixpence (UK 1967)

Henko, Wolfgang von

** 12.12.1949 Elmshorn (Krs. Pinneberg).*

Filme: Der kleene Punker (1989) – Afrika um die Ecke (1990) – Wir hatten eine Dora in Südwest – Der Zwerg im Kopf – Asphaltflimmern (1994) – Bobo und die Hasenbande (1995) – Käpt'n Blaubär: Der Film (1999)

Henry, Pierre

** 9.12.1927 Paris, Frankreich.*

Filme: Malefices (1962) – Cinema different (1970)

Henze, Hans Werner

** 1.7.1926 Gütersloh.* Bedeutender zeitgenössischer Komponist, Schüler von W. Fortner und R. Leibowitz. Schrieb Ballettmusiken (»Jack Pudding«, 1951), Vokal- und Instrumentalwerke, Opern (»König Hirsch«, 1956; »Der Prinz von Homburg«, 1960), Kantaten und Orchesterlieder. Nach 1968 zeigen seine Werke eine deutlich politische Haltung (Oratorium »Das Floß der Medusa«, Che Guevara gewidmet).

Lit.: Essays, 1964. – Musik und Politik, 1976. – Zwischen den Kulturen, 1979. – Die Zeichen, Neue Aspekte der musikal. Ästhetik II, 1981.

Filme: Muriel ou le temps d'un retour (Muriel oder Die Zeit der Wiederkehr, F/I 1963: OST: Milan 248) – Der junge Törless (1966) – Der junge Lord (1970) – Die verlorene Ehre der Katharina Blum (1975, OST: Varèse) – Abélard: Die Entmannung (1975, + Rolf Wilhelm) – Taugenichts (1978) – Un amour de Swann (Eine Liebe von Swann, F 1983; OST: Varèse) – L'amour à mort (F 1984) – Comrades (1986)

Herbert, Victor August

** 1.2.1858 Dublin, Irland, † 26.5.1924 N.Y.* Der in Irland geborene H. gilt als Gründer der amerikan. Operette im Showstil, des späteren Musicals. Seinen Durchbruch hatte er 1889 mit »Serenade«, verfestigt dann durch »The Fortune Teller« mit dem Hit *Gypsy Love Song*. Die Operetten »Babes in Toyland«, »Naughty Marietta« und »The Red Mill« mit den Songs *Ah Sweet Mystery of Live, A Kiss in the Dark* und *Thine Alone* machten ihn zum Nestor jener Kunst, die dann durch Gershwin, Rodgers, Bernstein und Lowe zu einer klassischen wurde. Einige seiner Werke wurden verfilmt.

Filme: Mlle. Modiste (1930) – Babes in Toyland (1934) – Naughty Marietta (1935) – Sweethearts (1937)

Herman, Jerry

(Gerald), ** 10.7.1933 N.Y., USA.* Broadway-Komponist der 60er bis 80er Jahre. Studierte an der Univ. of Miami, arbeitete in den 50er Jahren als Entertainer in New Yorker Clubs und dann für Off-Broadway-Shows, die erste war »I Feel Wonderful« (1954). 1960 schrieb er Musik, Buch und Song-Texte für »Parade«, sein erster Erfolg war dann das Musical »Milk & Honey«. Eine Sensation wurde dann »Hello Dolly« (1964), welches sieben Jahre am Broadway lief. 1966 folgte dann »Mame«, wofür er einen Grammy für das beste Original Cast-Album erhielt. Weitere Werke: »Dear World« (1969), »Mack and Mabel« (1974), »La cage aux folles« (1983). Für das letztere Werk und für »Hello Dolly« erhielt er Tony Awards,

er wurde in die »Hall of Fame« und die »Songwriters Hall of Fame« gewählt.
Lit.: J.H. & Marilyn Stasio, Showtune, A Memoir, N.Y. 1996
Filme: Hello Dolly (1969, Dir. L.Newman, L.Hayton) – La cage aux folles (Ein Käfig voller Narren)

Herrmann, Bernard

** 29.6.1911 N.Y., USA, † 24.12.1975 Hollywood.* Obwohl H. als einer der großen Filmkoponisten gilt, war die Filmarbeit nur ein Teil seines kompositorischen Schaffens. Er studierte an der N.Y.-Universität und an der Juilliard School. In seiner Jugend leitete er schon ein Kammerorchester, ging 1933 zum Sender CBS und arbeitete als Komponist und Dirigent für Radio-Shows und Hörspiele, u.a. mit Orson Welles. Mit diesem ging er 1941 nach Hollywood für den Film »Citizen Kane«. Er teilte dann seine Arbeit zwischen Hollywood und N.Y. auf, wo er regelmäßig Konzerte dirigierte und Schallplatten einspielte. In den 50er und 60er Jahren arbeitete er hauptsächlich für Hollywood, allein 10 Jahre mit Alfred Hitchcock (von »The Trouble with Harry« bis »Marnie«, darunter die Klassiker »Vertigo« und »Psycho«). Er komponierte auch »ernste« Musik und eine Oper. Er ist zu sehen als Dirigent im Hitchcock-Film »Der Mann der zuviel wußte« (1956). H. war einer der einflussreichsten und sicher der bedeutendste Filmkomponist aller Zeiten; wer einmal »Psycho« gesehen hat, wird sich immer an die Musik erinnern.
Lit.: Steven Smith, A Heart At Fire's Center, The Life and Music of B.H., Univ. of California Press, 1991. – Edward Johnson, B. H.:, Hollywood's Music-Dramatist, Rickmansworth (England), 1977. – Chr. Palmer, The Composer in Hollywood, London 1990. – Graham Bruce, B. H., Film Music and Film Narrative, 1984
CD: Citizen Kane, RCA 0707-2/Preamble PRCVD 1788 – Anna & the King of Siam, Varèse VSD-6091 – Psycho, Varèse VSD-5765 – Cape Fear, MCA MCAD-10463 – The Day the Earth Stood Still, Arista 0782211010-2 – The Egyptian, Varése VSC-5258 – The Ghost & Mrs. Muir, Varése VSD-5850 – The Magnificent Ambersons, Varése VSC-1783 – Vertigo, Mercury 422106-2 – North by Northwest, EMI CDODEON 6 – The Inquirer u.a., Preamble PRCD-1789 – Jane Eyre, Arista 07822110062 – Psycho, Helikon UKCD 2021 – The Devil and Daniel Webster u.a., Helikon UKCD2056 – Sinf. No.1, The Fantasticks, Unicord-Kanchana 2063 – The Four Faces of Jazz, 011672 – Film-Musik, Sony SK 62700 – Great Film-Music, Decca 443899-2 – Music from Hitchcock Thrillers, Decca 443895-2 – Jason & the Argonauts, Intrada 7083

Deutsches Filmplakat: »Sindbads 7. Reise«, Musik: B. Herrmann

Kompositionen: Welles Raises Kane (Suite) – The Devil And Daniel Webster (Suite nach dem Film) – Piano Concerto (Film: Hangover Square) – Wuthering Heights (Oper) – Portrait of Hitch – Souvenir de Voyage – Echoes
Filme: Citizen Kane (1941) – All That Money Can Buy* (The Devil and Daniel Webster, 1941) – The Magnificent Ambersons (Der Glanz des Houses Amberson, 1942) – Jane Eyre (Die Waise von Lowood, 1944) – Hangover Square (1945) – Anna And The King Of Siam (Anna und der König von Siam, 1946) – The Ghost And Mrs. Muir (Das Gespenst und Mrs. Muir), 1947) – On Dangerous Ground (1951) – The Day The Earth Stood Still (Der Tag an dem die Erde still stand, 1951) – The Snows of Kilimandjaro (Schnee am Kilimanjaro, 1952) – Five Fingers (Der Fall Cicero, 1952) – White Witch Doctor (Weiße Frau am Kongo, 1952) – Beneath The 12-Mile Reef (Das Höllenriff, 1953) – King of The Kyber Rifles (Der Hauptmann von

Peshawar, 1953) – Garden Of Evil (Der Garten des Bösen, 1954) – The Eygptian (Sinuhe der Ägypter, 1954, + A.Newman) – Prince of Players (König der Schauspieler, 1955) – The Kentuckyans (Der Mann aus Kentucky, 1955) – The Trouble With Harry (Immer Ärger mit Harry, 1955) – Prince Of Players (König der Schauspieler, 1955) – The Man Who Knew Too Much (Der Mann der zuviel wußte, 1956; darin die »Storm Cloud Sonata« v. A.Benjamin/ D.B.Wyndham Lewis und Songs v. Livingston/ Evans: *Que sera/We'll Love Again*) – The Man In The Grey Flannel Suit (Der Mann im grauen Flanell, 1956) – The Wrong Man (Der falsche Mann, 1956) – A Hatful Of Rain (Giftiger Schee, 1957) – The Williamsburg Story (Dok., 1957) – Vertigo (Aus dem Reich der Toten, 1958) – The Naked And The Dead (Die Nackten und die Toten, 1958) – The Seventh Voyage of Sinbad (Sindbads siebte Reise, 1958) – North By Northwest (Der unsichtbare Dritte) – Journey to The Centre Of The Earth (Reise zum Mittelpunkt der Erde, 1959) – Blue Denim (Die Unverstandenen, 1960) – Psycho (1960) – The Three Worlds Of Gulliver (Herr der drei Welten, 1960) – Mysterious Island (Die geheimnisvolle Insel, 1961) – Cape Fear (Ein Köder für die Bestie, 1962) – Tender Is The Night (Zärtlich ist die Nacht, 1962) – Jason And The Argonauts (Jason und die Argonauten, 1963) – The Birds (Die Vögel; als Sound-Berater, 1963) – Marnie (1964) – Joy In The Morning (1965) – Torn Curtain (Der zerrissene

Musik: Bernard Herrmann (Soundtrack)

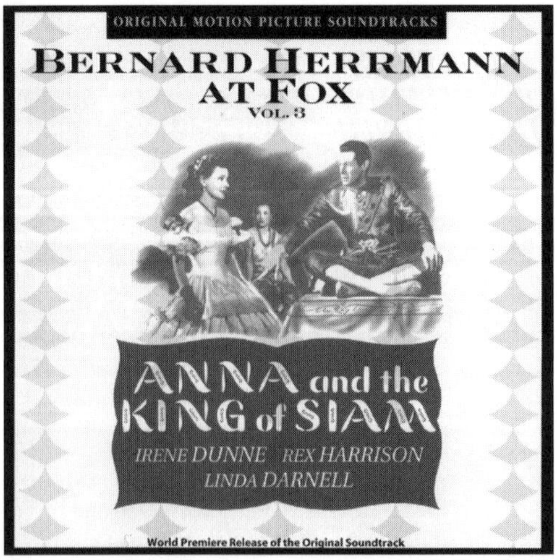

Vorhang, 1966; zurückgezogen und ersetzt durch eine Partitur von John Addison!) – Fahrenheit 451 (1966) – La mariée était en noir (Die Braut trug schwarz, F 1967) – Besessen (Das Loch in der Wand, 1969) – Twisted Nerve (Teufelskreis, 1969) – The Battle of Neretva (Die Schlacht an der Neretva, 1970; Original-Partitur von N.Kalogjera u. V.Kraus Rajtvic; Die Musik von B.H. wurde nur für Kopien im englischsprachigen Raum verwendet) – The Night Digger/The Roadbuilder (Das Haus der Schatten, 1971) – Endless Night (Mord nach Maß, 1971) – Sisters (Die Schwestern des Bösen, 1973) – It's Alive (Die Wiege des Bösen, 1974) – Taxi Driver (1976) – Obsession (Schwarzer Engel, 1976) – It's Alive Again (nur Thema, 1978) – It's Alive III (nur Thema) – Island of the Alive (Thema, 1987) – Psycho (1998, Bearb. Danny Elfman)

TV-Opern: A Christmas Carol (1955) – A Child Is Born (1955)

TV-Serien: Alfred Hitchcock Presents – Twilight Zone – The Great Adventure – The Virginian – Kraft Suspense Theatre

Hervé, Florimonde

(Ps. für F. Ronger), * *30.6.1825 Houdan, Arras, Frankreich, † 4.11.1892 Paris.*

Film: Mamselle Nitouche (1932, + Michel Lewin)

Hess, Nigel

(John Nigel H.), * *22.7.1953 Weston-super-Mare, Avon, England.*

Filme: Deceptions (1985, TV) – Cyrano de Bergerac (1985, TV) – Reunion at Fairborough (1985) – Dog it Was That Died (1988) – An Affair in Mind (1989, TV) – Monkey Boys (1990) – Chimera (1991)

Heuser, Kurt Max

* *5.6.1901 Berlin, † 6.2.1965 ebd.* Arbeitete ab 1928 als musikal. Leiter am Deutschen Theater und der Volksbühne Berlin bis 1934, 1946–52 am Hebbel-Theater, dann Schiller- und Schlosspark-Theater. Schrieb ca. 200 Bühnenmusiken, Hörspielmusiken, 1953–54 Musik für ca. 30 US-TV-Filme.

Filme: Dschungel-Geheimnisse (1939) – Durchgebrannt nach Spanien (1958) – Das Haus voller Gäste (1960)

Heymann, Birger

* *7.5.1943 Berlin.* Studierte am Konservatorium in Berlin. Arbeitet für Kinder und Jugendliche (Kinderlieder, Stücke des Berliner Gripstheaters), schreibt auch Musik für Hörspiele und TV-Filme (u.a. Tatort).

Filme: Mensch Mutter (1977) – Die Farbe des Himmels (1977) – Alte Gauner (1983) – Die Rückkehr der weißen Götter (1983) – Linie 1 (1987) – Linda (1992) – Tatort: Voll ins Herz (1998)

Heymann, Werner Richard

* *14.2.1896 Königsberg (heute Kaliningrad, Russland), † 30.5.1961 München.* Der Komponist war ein musikalisches »Wunderkind«. Er spielte schon mit zwölf Jahren Violine im Königsberger Philharmonischen Orchester, später studierte er bei dem Spätromantiker Paul Scheinpflug (1875–1937). In dieser Zeit komponierte er sich durch alle Gattungen der Ernsten Musik; seine »Rhapsodische Symphonie« wurde 1918 von Felix Weingartner in Wien uraufgeführt. Er wechselte dann aber zur leichten Muse: in Berlin schrieb er Bühnenmusik für Max Reinhardts Kabarett »Schall und Rauch« und Trude Hesterbergs »Wilde Bühne«. Seine große Zeit hatte er in den 30er Jahren bei der Ufa. Sein Schlager *Das gibt's nur einmal, das kommt nicht wieder* trug viel zum Erfolg des Films »Der Kongreß tanzt« bei. Er schrieb auch die Musik für »Die Drei von der Tankstelle« (mit dem Gassenhauer *Ich wollt ich wär ein Huhn* v. P. Kreuder), »Ihre Hoheit befiehlt« (1931) und »Ein blonder Traum« (1932). Für Blandine Ebinger und Trude Hesterberg schrieb er Musik zu Texten von Walter Mehring und Kurt Tucholsky. 1933 musste er emigrieren, ging nach Hollywood und komponierte dort u.a. die Musik zu den Lubitsch-Filmen »Ninotschka«, »Sein oder Nichtsein« und – mit F. Hollaender – »Blaubarts achte Frau«. 1951 kehrte er nach Deutschland zurück. 1954 wurde seine musikalische Komödie »Kiki vom Montmartre« uraufgeführt. 2000 wurden ihm in Berlin und München Ausstellungen gewidmet.

Lit.: W.R.H. & Hubert Ortkemper (Hg), Liebling, mein Herz läßt dich grüßen, Berlin 2001

CD: Wenn ich sonntags in mein Kino geh', Jube

Filme: Faust (1925/26) – Wie einst im Mai (1926) – Wien-Berlin – Im weißen Rössl – Sein großer Fall – Der Mann im Feuer – Eine Dubarry von heute – Die brennende Gasse (1926) – Valencia – Jugendrausch – Der letzte Walzer – Die heilige Lüge – Der fidele Bauer – Der große Sprung (1927) – Spione (1928) u.a.

Tonfilme: Paganini (1928) – Melodie des Herzens (1929, + Lieder v. R. Stolz, P. Abraham, Viktor Gertler) – Die Drei von der Tankstelle – Ihre Hoheit befiehlt (1931) – Liebeswalzer (1930) – Der Kongreß tanzt (1931) – Der Ball (D/F 1931) – Bomben auf Monte Carlo (1931) – Ein blonder Traum (1932) – Die Privatsekretärin – Ich bei Tag und du bei Nacht (1932, + Gérard Jacobson) – Quick (1932, + H.-O. Borgmann, Gèrard Jacobson) – Der Sieger (1932) – Saison in Kairo (1933) – Adorable (1933) – Caravan (1934, + Gus Kahn) – The Beloved Vagabond (Der geliebte Vagabund (UK 1936) – The King and the Chorus Girl (1937) – Bluebeard's Eighth Wife (Blaubarts achte Frau, + F.Hollaender, 1938) – Let Freedom Ring (Rivalen, USA 1938) – Ninotchka (Ninotschka, 1939) – One Million B.C. (Tumak, der Herr des Urwaldes, 1938) – The Shop Around the Corner (Rendezvous nach Ladenschluß, 1939) – The Primrose Path (1939) – The Earl of Chicago (1939) – He Stayed for Breakfast – That Uncertain Feeling (Ehekomödie, 1940) – Topper Returns (Die merkwürdigen Abenteuer des Mr. Topper, 1940) – This Thing Called Love (1941) – My Life with Caroline – Bedtime Story (1941) – To Be or Not to Be (Sein oder Nichtsein, 1941) – They All Kissed the Bride (Ein Kuß zuviel, 1941) – The Wife Takes a Flyer (1942) – Flight Lieutenant – A Night to Remember (1942) – Appointment in Berlin (1943) – Hail the Conquering Hero (1944) – Knickerbocker Holiday (Arr., 1943) – Together Again (Modell wider Willen, 1944) – My Pal the Wolf – Our Hearts Were Young and Gay – Mademoiselle Fifi (UK 1944) – Kiss and Tell (Küsse und verschweig' nichts (1945) – It's in the Bag (1945) – Hold That Blonde (Der Dieb und die Blondine, 1945) – Always Together (1946) – Last Honeymoon (1946)

– Vendetta (1946) – Mad Wednesday (Verrückter Mittwoch, 1947) – Live a Little (Geld oder Liebe, 1948) – Tell it to the Judge (Flitterwochen mit Hindernissen, 1949) – A Kiss for Carliss (1949) – A Woman of Distinction (Die Männerfeindin, 1950) – Emergency Wedding (1950) – Heidelberger Romanze – Durch Dick und Dünn – (1951) – Alraune (1952) – Geliebtes Fräulein Doktor (1954) – Neue Welt (1954, Dok.) – Ein Haus voll Liebe (1954) – Die Drei von der Tankstelle – Der Kongreß tanzt (1955)

Hilm, Harry

(eigentl. Raimund Gessner bzw. Gessele),* *18.1.1901 Würzburg, † 27.4.1964 München.* Ps. für → Arcany bzw. René Porges

Hilmarsson, Hilmar Örn

* *23.4.1958 in ?.* Isländischer Komponist und Songschreiber, arbeitet seit 1987 für isländische, dänische, deutsche und norwegische Filme.

Filme: White Whales (1987) – Boern natturunnar (1991) – Svo a jordu sem a himni (1992) – Biodagar (1994) – A koeldum klaka – Pan (1995, Songs) – Djoflaeyjan (1997, Songs) – Vildspor (1998) – I Wonder Who's Kissing Her Now – Bye Bye Bluebird (1999) – Ungfruin goda og husid – Pa fremmed mark (2000) – Englar alheimsins/Angel of the Universe/Engel des Universums, ISL/D/DK 2000, OST: Fat Cat) – Pelon maantiede (2000)

Hilprecht, Uwe

* *5.7.1939 Magdeburg.* Komponist in der DDR, arbeitete für Film und TV.

Filme: Der Mann und sein Name (1982/83) – Das Eismeer ruft (1984) – Die dritte Frau – Das Buschgespenst (1985, TV) – Späte Ankunft (1987/88) – Der Aufstand der Fischer von St. Barbara (1987/88) – Pause für Wanzka (19899 – Jugend ohne Gott – Die verschwundene Miniatur (1990)

Hine, Rupert Neville

* *21.9.1947 Wimbledon (seit 1965 London-Borough), England.* Der Musiker des New Wave und Progressive Rock (Keyboards) begann 1965 als Hälfte des erfolglosen Duos »Rupert & David«, nahm ab 1971 LPs auf als Solist, gründete 1976 das Trio »Quantum Jump«, wandte sich dann aber der Produktion zu: er arbeitete u.a für Anthony Phillips, Chris de Burgh, Howard Jones, Tina Turner, Thompson Twins, Rush u.a. Eigene LPs für Purple, A&M, Island, Permanent.

Filme: The Shout (1978) – Better of Dead (1985)

Hinrichs, Gustav

* *16.11.1850 Ludwigslust (Schwerin), † 26.3. 1942 Mountain Lake, N.J.* H. war vor allem Opernkomponist.

Film: Vormittagsspuk (1925)

Hirsch, Hugo

* *12.3.1884 Birnbaum (Krs. Posen, heute: Miedzychód/Poznań, Polen), † 16.8.1961 Berlin.*

Filme: Die tolle Lola (1927) – Wer wird denn weinen wenn man auseinandergeht (1929, Lied) – Der Fürst von Pappenheim (1952) – Die tolle Lola (1954)

Hirsch, Nurit

* *1942.* Israelischer Komponist, für den Film tätig seit 1970.

Filme: Luoppo/Lupo – Ha-Shoter Azulai (1970) – Katz & Karasso (1971) – Der Fuchs im Hühnerstall (1978) – Imi hageneralit – Al tish'ali im ani oheve (1979) – Ben loke'ah Bat (1982) – Ha-Bahur shel shuli (1997)

Hirsch, Walter

* *10.3.1891 N.Y., USA, † Mai 1967 in ?.* Komponist und Songschreiber bzw. Textdichter.

Filme: Rhythm by the Clouds (1937, Songs) – Sea Racketeers (1937) – Zorro Rides Again (1937, Songs) – Bela Lugosi Meets a Brookyn Gorilla (1952, Song) – The Stooge (1953, Song: *Who's Your Little Whozies)*

Hirsch, Wilbert

* *23.3.1961 Hamburg.* Der Komponist arbeitet für Filme in Hollywood, aber auch für TV und Werbung in Deutschland.

Filme: Aufs Ganze (1989, TV) – Mute Witness (Die stumme Zeugin, 1994) – Die Chaos Queen (1997, TV) – An American Werwolf in Paris (1997) – Alles Bob! (1999) – Thrill: Spiel um dein Leben (2000, TV)

Hirschfelder, David

* *1959 Ballarat, Victoria.* Australischer Komponist, Songschreiber, Arrangeur und Musiker (keyb). Er schreibt Musik für Filme in Australien, den USA und England. Arbeitete als Musiker und Sänger u.a. mit John Farnham, Dragon, Little River Band und nahm Schallplatten mit seinem Bogo Pogo Orchestra auf.

Filme: Shadows of the Heart (1990, TV) – Skists (1990, TV-Serie) – The Ratbag Hero (1991, TV) – Strictly Ballroom (1992) – Dallas Doll (1994) – Tunnel Vision (1995) – Dating the Enemy (Mein geliebter Feind, 1996) – Shine (1996) – Elizabeth – The Interview – Sliding Doors (1998) – What Becomes of the Broken Hearted? (1999) – The Weight of the Water – Better Than Sex (Besser als Sex, AUS/F 1999) – Hanging Up (2000) – Standing Room Only (2002)

Hirschhorn, Joel

* *18.12.1938 Bronx, N.Y., USA.* Der Komponist und Songschreiber arbeitete häufig mit → Al Kasha zusammen.

Filme: The Fat Spy (1965) – The Cheyenne Social Club (170, Songs) – The Poseidon Adventure (1972) – Trapped Beneath the Sea (1974, TV) – The Towering Inferno (1974; Song *We May Never Love Like This Again*) – Someone I Touched (1975, TV) – The Runaway Barge (1975, TV, Songs) – Freaky Friday (1976, Songs) – Pete's Dragon (1977) – The North Avenue Irregulars (1979, Songs) – Dorothy Meet Ozma of Oz (1987, auch Song *A Special Place*) – The Giant of Thunder Mountain (1991) – Rescue Me (1993) – David Copperfield (1993, TV) – Hungry for You (196) – Club V. R. (1996)

Hisaishi, Joe

* *6.12.1950 Nagano, Japan.* Pianist und Komponist. Studierte am Kunitachi Music College in Tokyo, begann 1969 als Komponist und Pianist zu arbeiten; 1982 erschien sein erstes Solo-Album »Information«. Zwischen 1984 und 2000 schrieb er außerdem 36 Filmmusiken, meist für die Regisseure Ilayao Miyazaki und Takeshi Kitano.

Filme: Ozu no mahotsukai (The Wizard of Oz; Cartoon, 1982) – Tenku no shiro raptus (Laputa, Cartoon, 1987) – Robot Carnival (Cartoon, 1987) – My Neighbor Totoro (Cartoon, 1993) – Sonatine (1993) – Porco Rosso (Cartoon, 1995) – Kids Return (1996) – Mononoke Hime (Prinzessin Mononoke, Cartoon, 1997) – Hana-Bi (1997; OST: Milan) – Kiki's Delivery Service (Cartoon, 1998) – Kikujiro (1999) – Sonatine Melodie Mortelle (OST: Milan) – Brothers (J/USA 2000, OST: Milan) – Hatsukoi (2000) – Brother (2000) – Sen to chihiro no kamikakushi (2001) – Quartet - Le petit poucet/Tom Thumb (2001) – Dolls (2002)

Soundtrack, Musik: Joe Hisaishi

Hodeir, André

(comp, p, vln), * *22.1.1921 Paris, Frankreich.* Studierte am Konservatorium in Paris, spielte ab 1942 Violine bei André Ekyan, arrangierte für Django Reinhardt, James Moody, Bernard Peiffer u.a., leitete seine Jazz Groupe de Paris und schrieb Filmmusik. Als Komponist ist er dem Third Stream zuzurechnen (»Paradoxe III«). Er schrieb einige Bücher, u.a. »Hommes et problèmes de Jazz«, welches unter dem engl. Titel »Jazz, It's Evolution and Essence« zu einem Standardwerk wurde. Schallplatten ab 1942 für Swing, Vega, Savoy, Fontana, Epic (»Anna Livia Plurabelle«).

Filme: Autour d'un recif (Kurzfilm, 1949) – Bielles des sables (Kurzfilm 1952) – Saint-Tropez, devoir de vacances (Kurzfilm 1952) – Neiges (Kurzfilm, + H. Crolla) – A propos d'une rivière (1955, + H.Rostaing) – Cette sacré gamine (1955, + Henri Crolla) – Terre fleurie (Kurzfilm 1956, + H. Crolla) – Une parisienne ((F/I 1957, + H.Rostaing, H.Crolla) – Pêche de jeunesse (1958, + H. Crolla) – Les tripes au soleil (1958) – Le vent se lève (F/I 1958, + H. Crolla) – Accord parfait (Kurzfilm 1958) – Quand les fleuves changent de chemin (Kurzfilm 1958) – O saisons, o châteaux (Kurzfilm 1958) – Ce corps tant desire (1958, + Henri Crolla) – Histoire d'un poisson rouge (1959, + H. Crolla) – Match contre la mort (F/I 1959, + Martial Solal) – Os bandeirantes (F/I 1959, + H. Crolla) – L'ambitieuse (1959, + H. Crolla) – Voulez-vous danser avec moi? (F/I 1959, + H. Crolla) – Vitrine sur la mar (1960, + H. Crolla) – Les primitifs du XIIe (Kurzfilm 1960, + H. Crolla) – Saint-Tropez Blues (F/I 1960, + H. Crolla) – Voici le ski (Kurzfilm 1961) – Les saintes nitouches (F/I 1962, + H.Rostaing) – Ski total (Kurzfilm 1962) – De l'amour (F/I 1964) – Le monde sans soleil (F/I 1964, + H. Crolla) – Rue des Cascades (1964) – Objectiv temps (1965, Kurzfilm) – Opération MJC (Kf. 1965) – L'écume des jours (1967) – Beau masque (F/I 1972) – Rak (1972) – La village de colère

Hodge, Jonathan

Engl. Komponist, für den Film tätig seit den 70er Jahren.

Filme: Villain (1971) – Embassy – Zero Population Growth (1972) – Cold Justice (1989)

Hoenig, Michael Alexander

* *4.1.1952 Hamburg.*

Filme: Koyaanisquatsi (1983, mit Philip Glass) – The Blob (Der Blob, 1988) – I, Madman (1989) – Augen des Todes (1993) – Thrill (Achterbahn des Schreckens, 1996, TV)

TV: Dark Skies – Eyes of Terror – The Search for Grace

Hoeyer, Ole

* *15.6.1925 Kopenhagen.* Dänischer Komponist, für den Film tätig in den 70er Jahren.

Filme: Uden en traevl – Jeg elsker blat (1968) – Damernes ven (1969) – Mazurka Paa Sengekanten – Den roede rubin (1970) – Porno pop (Dok., 1971) – Hvorfor goer de det? (Dok., 1971) – Tandlaege Paaa Sengekanten (1971) – Rekto Paa Sengekanten – Romantik Paa Sengekanten – Pigen og droemmeslottet (1974) – Piger i troejen (1975) – Hopla Paa Sengekanten – Piger i troejen 2 – Semand Paa Sengekanten – Brand-Boerge Rykker du – I loevens tegn (1976) – Familien Gyldenkaal vinder valget – Piger til soes (1977) – Lille speijl – Firmaskovturen (1978) – Attentat (1980)

Hoffert, Paul Matthew

* *23.9.1943 Brooklyn, N.Y., USA.* Komponist im kanadischen Film der 70er und 80er Jahre, verheiratet mit Brenda H. (* 25.5.1944 Toronto), mit der er oft ein Team bildete. Er arbeitete u.a. für die Regisseure David Secter, Richard Benner und John Trent.

Filme: Winter Kept Us Warm – The Offering (1966) – Dr. Frankenstein on Campus/Flick (1970) – The Proud Rider (1971) – The Groundstar Conspiracy (1972) – Sunday in the Country (1975) – Outrageous (1977, + Brenda Hoffert) – High Ballin' (1978) – Wild Horse Hank (1979, + Brenda H.) – The Third Walker – The Shape of Things to Come (1979) – Double Negatives – Circle of Two – Mr. Parman (1980) – Firebird 2015 A. D. (1981, + Brenda H.) – Paradis pour tous (Das blaue Paradies, 1982) – Fanny Hill (1983) – Bedroom Eyes – Vengeance is Mine (1984) – Heavenly Bodies (1985) – Mr. Nice Guy (1986) – Hoover vs. the Kennedys: The Second Civil War (1987, TV) – Monkey Shines (1988, + Brenda H.)

Hoffmann, Gerhard

* *7.6.1898 Berlin, † 9.1.1955 ebd.* Dt. Bandleader und Komponist.

Film: Wenn die Soldaten

Hohensee, Wolfgang

(Wolfgang Johann August H.), * *3.1.1927 Berlin.* Komponist in der DDR.

Filme: Die Windrose (1956) – Verwirrung der Liebe (1959) – Die aus der 12 B – Küsschen und der General – Die seltsame Historia von den Schildbürgern – So macht man Kanzler (1961) – Das grüne Ungeheuer – Mord ohne Sühne (1962) – Drei Kriege, I: Tauroggen – Kampf um Deutschland – Mord in River Port – Es geht nicht ohne Liebe – Die Spur führt in den siebenten Himmel (1963) – Ohne Kampf kein Sieg (1966)

Holdridge, Lee Elwood

* *3.3.1944 Port-au-Prince, Haiti.* Der US-Komponist studierte an der Manhattan School

of Music in N.Y.und arbeitete ab 1962 als Komponist, er schrieb Violinkonzerte, Ballettmusiken und Musik für TV-Produktionen (»The Gemini Man«, »The Young Maverick«), arbeitete aber auch als Arrangeur/Orchestrator für andere Komponisten. Seine eingängige, manchmal fast kitschige Musik zielt offenbar auf ein nicht sehr anspruchsvolles (amerikanisches?) Publikum.

Filme: Pigeons (1970) – Jonathan Livingston Seagull (Die Möwe Jonathan, 1973, + Neil Diamond) – Jeremy (1973) – Nothing by Chance (Dok., 1974) – Skyway to Death (1974, TV) – Mahogany (1975) – Lollipo (1975) – Winterhawk (1975) – Forever Young, Forever Free (1976, TV) – Goin' Home (1976) – Mustang Country (Mustang, Bär und Jäger, 1976) – Sunshine Christmas (1977, TV) – The Pack (Die Meute, 1977) – The Greatest (1977) – To Kill a Cop (1978, TV) – The Other Side of the Mountain II (1978) – Oliver's Story (1978) – Moment to Moment (Von Augenblick zu Augenblick, 1978) – Tilt (Ich kann's am besten, 1978) – Having Babies (1978, TV) – Valentine (1979, TV) – If Things Were Different (1979, TV) – French Postcards (Wer geht noch zur Uni?, USA/F/D 1979) – Skyward (1980, TV) – Mother and Daughter: A Lovin' War (1980, TV) – Freedom (1981) – American Pop (Cartoon, 1981) – For Ladies Only (1981, TV) – Fly Away Home (1981, TV) – John Steinbeck's East of Eden (1981) – Thou Shalt Not Kill (1982, TV) – This Is Kate Bennett (1982, TV) – In Love with an Older Woman (1982, TV) – National Geographic: The Sharks (Dok., 1982) – The Beastmaster (Der Befreier, 1982) – Mr. Mom (1983) – First Affair (1983) – Running Out (1983, TV) – Thursday's Child (1983, TV) – Legs (1983, TV) – I Want to Live (1983, TV) – He's Fired, She's Hired (1984) – Shattered Vows (1984, TV) – Splash (Die Jungfrau am Haken, 1984) – Micky and Maude (1984) – 16 Days to Glory (1984, Dok.) – Sylvester (1985) – The Other Lover (1985, TV) – Moonlighting (1985, TV) – Letting Go (1985, TV) – Transylvania 6-5000 (1985) – Pleasures (1986, TV) – The Men's Club (Der Männerclub, 1986) – Miracle of the Heart: A Boys Town Story (1986, TV) – Mafia Princess (1986, TV) – Born in East L.A. (1987) – Walk Like a Man (Bobo, 1987) – A Tiger's Tale (Ein Tiger auf dem Kissen, 1987) – Young Harry Houdini (1987, TV) – I'll Take Manhattan (1987) – Desperate (1987, TV) – Eight is Enough: A Family Reunion (1987, TV) – Higher Ground (1988, TV) – Big Business (Zwei mal zwei, 1988) – 14 Going On 30 (1988, TV) – The Tenth Man (1988, TV) – Fatal Judgement (1988, TV) – Incident at Dark River (1989, TV) – A Mother's Courage: The Mary Thomas Story (1989, TV) – Do You Know the Muffin Man (1989, TV) – The Old Gringo (1989) – Fine Things (1989), TV) – Back to Hannibal: The Return of Tom Sawyer and Huckleberry Finn (1990, TV) – Daughter of the Streets (1990, TV) – Christine Cromwell: Only the Good Die Young (1990, TV) – The Dreamer of Oz: The L. Frank Baum Story (1990, TV) – Joshua's Heart (1990) – Christine Cromwell: In vino veritas (1990, TV) – Gunfighter's Moon (1990) – Mrs. Lambert Remembers Love (1990, TV) – The Perfect Tribute (1991, TV) – The Summer My Father Grew Up (1991, TV) – The Story Lady (1991, TV) – Changes (1991, TV) – Lucy and Desi: Before the Laughter (1991, TV) – One Against the Wind (1991, TV) – The Return of Eliott Ness (1991, TV) – Pastime (1991) – Finding the Way Home (1991, TV) – Face of a Stranger (1991) – In the Arms of a Killer (1992) – Obsesssed (1992, TV) – Dayo (1992, TV) – Call of the Wild (1993, TV) – Killer Rules (1993, TV) – Heidi (1993, TV) – Star (1993) – Roommates (1994, TV) – Prince Brat and the Whipping Boy (1994) – Freefall (1994) – Yearling (1994) – The Tuskegee Airmen (1995, TV) – The Adventures of Pinocchio (1996) – Harvest Fire (Die Glut der Gewalt, 1996) – Baseball in Black and White (1996, TV) – The Twilight of the Gods (1997) – The Long Way Home (Ins gelobte Land, Dok., 1997) – Two For Texas (1998) – The Secret of Nimh II: Timmie to the Rescue (Cartoon, 1998) – Atomic Train (Zugfahrt ins Jenseits, 1998, TV) – Mutiny (1999, TV) – Love Letters (1999, TV) – Take Me Home: The John Denver Story (1999, Dok.) – In the Arms of Strangers: Stories of the Kindertransport (Dok., 2000) – Die Nebel von Avalon (2000) – The Mists of Avalon (Die Nebel von Avalon, 2001, TV) – The Pilot's Wife – Almost a Woman (2001, TV) – American Family (2002, TV) – Sounder (2002)

Hollaender, Friedrich

** 18.10.1896 London, † 18.1. 1976 München.* Der Sohn des Operettenkomponisten → Victor H. wuchs in Berlin auf und studierte an der dortigen Hochschule für Musik, volon-

tierte am Prager Opernhaus und arbeitete nach dem Ersten Weltkrieg für Max Reinhardt. Schrieb Musik (z.T. auch Texte) für zahlreiche Kabarett-Shows und Bühnenmusiken. (Ein Werkverzeichnis findet sich in dem vorzüglichen Begleitbuch zum u.g. Bear Family-Set). 1927 wurde er Leiter der Weintraub Syncopators, mit ihnen im Film »Der blaue Engel« (zu dem er die Musik geschrieben hatte) mit dem um die Welt gehenden Evergreen *Ich bin von Kopf bis Fuß auf Liebe eingestellt*, gesungen von Marlene Dietrich (geschrieben aber für seine Frau Blandine Ebinger). Der Song machte H. auch in den USA so bekannt, dass seiner Übersiedlung nach Hitlers Machtergreifung nichts im Wege stand. Kurz davor drehte er noch einen Film als Regisseur: »Ich und die Kaiserin« (1933, Musik → Franz Wachsmann). In den USA wurde aus Friedrich Frederick bzw. Fred. Von 1936 bis 1948 schrieb er rund 30 Filmmusiken, darunter zwei weitere Dietrich-Klassiker: »Desire« und »Destry Rides Again« sowie etliche Songs für die Dietrich. Mitarbeiter waren Leo Robin, Sam Coslow, Ralph Freed und Frank Loesser. 1954 kehrte er nach Deutschland zurück; arbeitete für das Kabarett »Die Kleine Freiheit« und für den Film. Er ist zu sehen als Klavierbegleiter von Marlene Dietrich im Film »A Foreign Affair« und hatte 1961 eine Nebenrolle im Billy Wilder-Film »Eins, Zwei, Drei«.

Lit.: F.H., Those Torn from Earth, 1941 (dt. Menschliches Treibgut, Bonn 1995). – Von Kopf bis Fuß, Bonn 1996 (1965). – Chansons, Berlin 1967 – Ich starb an einem Dienstag (Roman). – Volker Kühn, ... Und sonst gar nichts, Das F.H. Chansonbuch, Hannover 1997

CD: Wenn ich mir was wünschen dürfte, Bear Family BCD 16009 – Vaführe mir liebers nicht, BMG 2138226-2

Filme: Prinz Kuckuck (1919) – Kreuzzeug des Weibes (1926) – Der Andere (1930, + Will Meisel, Arthur Guttmann) – Der blaue Engel (1930, Lieder: *Ich bin die fesche Lola, Nimm dich in acht vor blonden Frauen, Kinder, heut' abend...*) – Die Große Sehnsucht (1930, + Joe Alex, Paul Strip) – Einbrecher (1930, Lied: *Ich laß' mir meinen Körper schwarz bepinseln*) – Pension Schöller – Der Kampf mit dem Drachen (1930) – Drei Tage Liebe (1931, + Felix Günther) – Das gelbe Haus des King-Fu (1931, + Rolf Marbot, W.Schmidt-Boelcke) – Das Lied von Leben (1931, + F.Wachsmann, H.Adam) – Der Mann der seinen Mörder sucht (1931, + F.Wachsmann) – Das Schicksal der Renate Langen (1931, + Rudolf Nelson, Felix Günther) – Der Weg nach Rio (1931) – Stürme der Leidenschaft (1932, + Gérard Jacobson) – Liliom – Ich und die Kaiserin (Regie; Musik: F.H. u. F.Wachsmann) – The Song of Songs (1933) – Bandits and Ballads (Regie, Musik Roy Webb) – Carolina – Hold That Girl – I am Suzanne (1934) – Accent on Youth – College Scandal – The Crusaders – Every Night at Eight – Here Comes Charlie – Millions in the Air – Paris in Spring – Shanghai – It's the Great Life (1935) – Desire (Perlen zum Glück, + Leo Robin) – Anything Goes – Rhythm on the Range (+ Leo Robin) – Seven Sinners – Anything Goes (+ Victor Young) – Champagne Waltz (+ Victor Young) – Collegiate (+ Richard Whiting) – Girl of the Ozarks – The Jungle Princess – The Moon's Our Home – Poppy (+ Victor Young) – Till We Meet Again – Valiant is the World for Carrie (1936) – Artists And Models – Daughter of Shanghai – Hideaway Girl – Internes Can't Take Money (+ Charles Kisko) – John Meades Woman – A 100 Men And A Girl – This Way Please – Thrill of a Lifetime – True Confession (1937) – Booloo – Cocoanut Grove – You And Me – Her Jungle Love – Bluebeard's Eighth Wife (Blaubarts achte Frau; + W.R.Heymann) – Zaza – Stolen Heaven – Sons of the Legion (1938) – Man About Town – Destry Rides Again – Disputed Passage – Golden Gloves – Hotel Imperial – Invitation to Happiness – Island of Lost Men – Midnight – Papa Soltero – St. Louis Blues (1939) – Remember the Night – Arise My Love – The Biscuit Eater – The Doctor Takes a Wife – The Farmer's Daughter – Moon Over Burma – The Great McGinty (+ John Leipold) – A Night at Earl Carroll's – Queen of the Mob – Rangers of Furtune – Safari – Seven Sinners – South of Suez – There's Magic in Music – Too Many Husbands – Typhoon (1940) – The Man Who Came To Dinner – Aloma of the South Seas (+ Victor Young) – Footsteps in the Dark – Here Comes Mr.Jordan – Life with Henry – Manpower – Million Dollar Baby – Victory – You Belong to Me (1941) – The Talk Of The Town

– The Forest Rangers – Henry Aldrich Editor – Wings for the Eagle (1942) – Background to Danger – Princess O'Rourke – Tornado (1943) – Once Upon a Time (1944) – The Affairs of Susan – Christmas in Connecticut – Conflict – Pillow to Post (1945) – The Green Years – The Bride Wore Boots – Cinderella Jones – Janie Gets Married – Never Say Goodbye – The Perfect Marriage – The Time, the Place and the Girl – Two Guys from Milwaukee (1946) – The Verdict (Hier irrte Scotland Yard, 1946) – The Red Stallion – Stallion Road – That Way with Woman (1947) – A Foreign Affair (Eine auswärtige Affäre, 1948) – That Lady In Ermine (+ Alfred Newman) – Caught – Berlin Express – Romance on the High Seans (+ Alfred Newman) – Trapped by Boston Blackie – Two Guys from Texas – Wallflower (1948) – Adventures in Baltimore – Bride for Sale – Caught – A Dangerous Profession – Strange Bargain – A Woman's Secret (1949) – Born to Be Bad – Born Yesterday – Never a Dull Moment – Walk Softly, Stranger (1950) – Darling, How Could You – My Forbidden Past (1951) – Androcles and the Lion – The Devil Makes Three – The First Time – Member of the Wedding (+ Alex North, 1952) – The 5000 Fingers of Dr. T (1953) – Sabrina – It Should Happen to You – Phffft! (1954) – We're No Angels (Wir sind keine Engel, 1955) – The Blue Angel (Der blaue Engel, 1959) – Das Spukschloß im Spessart (1960, + Olaf Bienert, Alfred Strasser)

Hollaender, Viktor

** 20.4.1866 Leobschütz (Krs. Oppeln, heute: Glubcze/Opole), † 24.10.40 Hollywood.* Dt. Operettenkomponist (»Kirschen in Nachbars Garten«), Vater von Friedrich H. und Bruder des Dirigenten/Komponisten Gustav H. (15.12.1855–4.12.1915).

Film: Zwei Welten (1930, + O. Stransky, R. Stolz, A.Werau)

Hollingsworth, John

** 20.3.1916 Enfield (London-Borough), England, † 29.12.1963 London.* Dirigent und musikal. Leiter im Film seit 1942, zunächst für Dokumentarfilme, ab 1945 auch für Spielfilme, er wurde in diesem Jahr Assistent von Muir Mathieson, mit diesem bei »Brief Encounter« (Musik: Rachmaninoff). Er arbeitete an Filmmusiken zusammen mit John Bath, E. Lutyens, Temple Abady, Kenneth Pakeman, dirigierte deren Musik.

Holman, Bill

(Willis Leonard), ** 21.5.1927 Olive/Orange, Calif., USA.* Jazzmusiker (ts) und Arrangeur/Komponist. Studierte an der UCLA und am Westlake College 1948–51, spielte dann bei Charlie Barnet, ab 1952 bei Stan Kenton, schrieb für diesen u.a. *Fearless Finlay, Zoot, Invention for Guitar and Trumpet.* 1956–59 Zusammenarbeit mit Shorty Rogers, leitete auch eigenes Quintett. Seitdem vor allem als Arrangeur tätig, u.a. für Conte Candoli, Dave Pel, die Bands von Med Flory, Maynard Ferguson, Terry Gibbs, Buddy Rich, Woody Herman, Gerry Mulligan, Count Basie; seit den 70er Jahren auch für europ. Bands wie Ib Glindemann in Dänemark, das Metropole Orch. in Holland und die WDR Big Band. Leitet in L.A. eine Rehearsal-Band. Zahlreiche Schallplatten als Solist, als Leader LPs/CDs für Capitol, Coral, Andex, JVC.

Filme: Swamp Woman (1955) – Get Outta Town (1960) – Curse of the Living Corpse (1963) – Three on a Couch (Arr., 1966; Score: Lewis Y. Brown)

Holmes, David

** 1969 Belfast, Irland.* H. arbeitete als DJ und Musik-Produzent und hatte 1997 mit seiner Toncollage »Let's Get Killed« der Stadt New York ein Denkmal gesetzt, als der Regisseur Steven Soderbergh auf ihm aufmerksam wurde und ihn die Musik zu »Out of Sight« schreiben ließ. H. arbeitete zwischendurch mit Pop-Bands wie Primal Scream oder der Jon Spencer Blues Explosion und entwickelte seinen eigenen Sound zwischen Miles Davis, den Stooges und John Barry. Eine seiner CDs nannte er »This Film's Crap, Let's Slash the Seats«.

Filme: Resurrection Man (1997, + Gary Burns, Keith Tenniswood) – The Game (1997, + Howard Shore) – Out of Sight (1998) – Accelerator (1999) – Ocean's Eleven (2001, OST: Warner Bros.) – Buffalo Soldiers (2001) – Confessions of a Dangerous Mind (2002) – Analyze That (2002)

Musik: David Holmes (Soundtrack)

Holmes, LeRoy

(Alvin), * *22.9.1913 Pittsburgh, Pa., USA, † 27.7.1986 L.A.* Big Band- und Filmarrangeur der 40er bis 60er Jahre. Studierte am Northwestern College und an der Juilliard School. 1934 hatte er ein Tanzorchester, arbeitete dann aber sechs Jahre für Vincent Lopez und anschließend bis 1946 für Harry James, unterbrochen durch den Militärdienst 1943–45. Er ging dann zu MGM Records, produzierte, arrangierte und leitete Studiobands zur Begleitung von Vokalisten. 1955 Tournee mit Big Band, war A&R bei Everest Records, konzentrierte sich dann aber auf Filmarbeit, u.a. für United Artists. Er hatte einen Hit mit *My Own True Love (Tara's Theme)*.

LP: Lush Theme From Motion Pictures, MGM E 3172 – More Lush Themes, MGM E-3489 – Music for the Modern Screen, MGM E-3753 – 50 Fabulous Years, United Artists 3373 – The Good, The Bad and the Ugly, United Artists 3633 – Cinema 69, United Artists 6669

Filme: Bridge in the Jungle (1970, OST: UA 137) – Smile (1975) – International Detektive – I'm a Fan (TV, OST: UA 5574)

Holmes, Rupert

(eigentl. R. Goldstein), * *24.2.1947 Northwich, Cheshire, England.* Amerik. Sänger, Pianist, Songschreiber, Komponist und Schriftsteller. Studierte an der Manhattan School of Music, arbeitete dann als Songschreiber für Gene Pitney, die Drifters, die Platters und die Partridge Family. 1971 hatte er einen Hit mit *Timothy*. Er begann daraufhin eine Karriere als Sänger, erste LP 1974: »Widescreen«. 1986 kam sein erstes Musical auf die Bühne: »The Mystery of Edwin Drood« erhielt fünf Tony Awards. Ein weiteres Musical ist »The Picture of Dorian Gray« nach dem Roman von Oscar Wilde. Schallplatten für Varèse, Epic, MCA, Elektra u.a.

Filme: The Animals/Five Savage Men (Die Bestialischen, 1971) – Forbidden Under the Censorship of the King – Awol (1972) – Memories Within Miss Agie (1974) – A Star is Born – Death Play (1976) – No Small Affair (Eine starke Nummer, 1984)

Holst, Gustav

(Gustavus Theodore H.), * *21.9.1874 Cheltenham, England, † 25.5.1934 London.* Der engl. Komponist schwedischer Herkunft, berühmt durch »Die Planeten«, begann sich leider erst am Ende seines Lebens für den Film zu interessieren, er wäre sicher einer der Großen dieses Genres geworden, denn »Die Planeten« klingen wie die Musik zu einem nie gedrehten Film. 1931 schrieb er die Musik für »The Bells«. Er ist der Vater der Komponistin Imogen H. (1907–1987).

Homola, Bernhard

* *26.10.1894 Mülhausen (Elsass, heute: Mulhouse, Dep. Haut-Rhin, Frankreich), † 1.5. 1975 Basel.*

Filme: Lumpenball (1930) – Flachsmann als Erzieher (1930) – Die Warschauer Zitadelle (1930) – Täter gesucht (1931, + J. Gade)

Honegger, Arthur

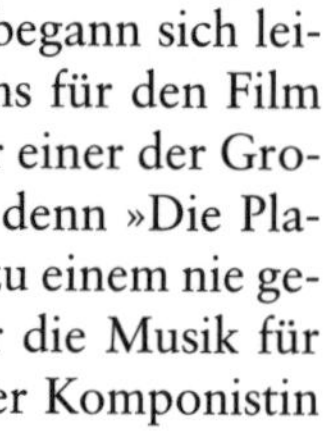

* *10.3.1892 Le Havre, Frankreich, † 27.11. 1955 Paris.* Frz.-Schweizer Komponist, Schüler von u.a. V. d'Indy und C. M. Widor. Lebte ab 1913 meist in Paris, war dort Mitglied der Groupe des Six. Bekannt wurde er durch sein Oratorium »Le roi David« (1921) und das Orchesterwerk »Pacific 231« (1923).

Seine Musik wurde von Richard Strauss, Igor Stravinsky, aber auch vom Jazz und der U-Musik beeinflusst. Er schrieb auch Opern (»Antigone«, 1927), Operetten (»La belle de Moundon«,1931), fünf Sinfonien, Kammermusik, Filmmusiken, Lieder und Chansons.

Lit.: Beschwörungen (1948, dt. 1951). – Ich bin Komponist (1951, dt. 1952). – P.Meylan, A.H., Humanitäre Botschaft der Musik, dt. 1970. – K.v.Fischer, A.H., Zürich 1978

Filme: La Roue (1922) – Fait divers (1923) – Napoleon (1927) – Pacific 231 (1931, nach einem Tongedicht, basierend auf seiner Musik zu *La Roue*) – L'idee (1931) – Rapt (CH 1933, + Arthur Hoérée) – Les miserables (Die Elenden/Mensch unter Menschen, 1934) – Der Dämon des Himalaya (CH/D 1935) – Crime and Punishment (USA/F 1935) – L'équipage (Blutsbrüder 1918, F 1934) – Mayerling – Nitchevo (1936) – Les mutinées d' Elsinore (1936) – Visage de France (Dok., 1936) – Marthe Richard aus service de la France (1936) – La citadelle du silence (F 1937) – Regain (F 1937) – Mademoiselle Docteur (Spione von Saloniki, 1937) – The Woman I Love (UK 1937, + M.Thiriet) – Pygmalion (UK 1938) – Farinet ou l'or de la montagne (Farinet oder das falsche Geld, CH, 1938) – Le déserteur (1939) – Le capitain Fracasse (1942) – Un seul amour (Ihre einzige Liebe, 1943) – Les démons de l'aube (F 1945) – Un ami viendra ce soir (F 1946) – Un revenant (Schatten der Vergangenheit, 1946) – Storm Over Tibet (Sturm über Tibet, 1951)

Hooper, Les

(Lester Joseph III) (p, comp), * *27.2.1940 Jackson, Miss., USA.* Arbeitete als Jazzmusiker in den 60er Jahren mit John Klemmer, Richard Evans und den Singers Unltd., nahm Schallplatten auf mit Klemmer, Don Ellis und Ben Sidran, ist seitdem aber vor allem als TV- und Filmkomponist und Lehrer tätig. Er komponierte u.a. eine *Jazz-Rock Symphony*.

Filme: Finney (1969) – Back in the USSR (1991) – Roadflower

Hooper, Tobe

* *25.1.1943 Austin, Tx., USA.* Der Filmregisseur begann mit Industrie- und Dokumentarfilmen, ehe er mit dem Horror-Schocker »The Texas Chainsaw Massacre« ein sensationelles Debüt als Spielfilmregisseur lieferte. Er führte auch Regie bei Spielbergs »Poltergeist« und drehte danach noch eine Reihe von Horrorfilmen. Er arbeitete auch fürs TV (»Salem's Lot«, 1979; »Equalizer«-Serie). Bei einigen seiner Filme war er auch für die Musik verantwortlich, z. T. auch als Produzent und Schauspieler.

Filme: The Texas Chain Saw Masscacre – Eaten Alive (1976) – Death Trip (Blutrausch, 1976, + Wayne Bell) – The Texas Chain Saw Massacre II (1986)

Hooven, Joseph Davis

* *6.10.1904 Weatherly, Pa., USA, † 15.12. 1970 L.A.*

Filme: Panama Sal (1957) – Please Don't Eat the Daisies (1960, nur Song *Any Way the Wind Blows*) – The Beachcomber (1962, TV)

Hopkins, Anthony

* *21.3.1921 London, England.* Der Komponist arbeitete in den 40er und 50er Jahren für engl. und US-Filme. Nicht zu verwechseln mit dem gleichnamigen Filmschauspieler.

Filme: Vice versa (1947) – It's Hard to Be Good – Vote for Huggett (1948) – The Pickwick Papers (Mr. Pickwick, 1952) – Decameron Nights – Johnny on the Run (Johnnys neue Heimat, 1953) – Child's Play – The Angel Who Pawned Her Harp (Der Engel der seine Harfe versetzte, 1954) – Cast a Dark Shadow (Dämon der Frauen, 1955) – The Beast of Marseille (1957) – Navy Heroes (1959) – Billy Budd (1962)

Hopkins, Kenyon

* *15.1.1912 Coffeeville, Ks., USA, † 7.4.1983 Princeton, N.Y.* Film- und TV-Komponist. Studierte am Oberlin College, an der Temple Univ. und der Contemporary School of Music in N.Y. Arbeitete in N.Y. als Arr. für div. Orchester, war 1951–61 Komponist/Arr. für die Radio City Music Hall in N.Y. und arbeitete für TV-Serien. Bis 1964 leitete er die Musikabteilung von CBS-TV, danach widmet er sich nur noch der Filmarbeit. Er komponierte auch zwei Sinfonien und Werke für Ballett und

Theater und arrangierte für Susan Barrett, Joe Bushkin u.a. und nahm Schallplatten mit Studio-Bands mit Film-, »Mood«- und Unterhaltungsmusik auf.
Filme: The Nervous Beats – Ping, Pang, Pong: The Swinging Ball – Baby Doll (1956, OST: Col. CL 958) – The Strange One – 12 Angry Men (1957) – The Fugitive Kind (OST: United Artists 5065) – Wild River (1960) – Wild in the Country (Lied des Rebellen, 1961) – The Hustler (Haie der Großstadt, 1961, OST: Kapp 3264) – The Yellow Canary – East Side – West Side (1963, TV, OST: Col. CS 8923) – Lilith (1964, OST: Colpix 520) – The Reporter (TV, 1964–65) – This Property Is Condemned (1965, OST: Verve 8664) – Mr. Buddwing (1966, OST: Verve 8638) – Doctor, You've Got to be Kidding (Doktor, Sie machen Witze!, 1967) – The First Time (1968) – A Lovely Way To Die (1968, OST: Decca 75034) – Downhill Racer (Schußfahrt, 1969)

Hörig, Günter

* *27.5.1927 Dresden.* Bandleader und Komponist der DDR. Studium an der Dresdner Musikhochschule »Carl Maria von Weber«, wo er selbst später Lehrbeauftragter (für Tanzmusik und Jazz) wurde. 1948–51 bei Heinz Kretzschmar, seit 1951 Leiter der Dresdner Tanzsinfoniker, einem Tanzorchester, welches anfangs noch Streicher aufwies (daher der Name), die aber bald weggelassen wurden. Als »Bands in der Band« leitete er ein Trio, ein Quartett/Sextett und eine Dixieland-Band. Er komponierte Musik für Jazzorch. und für rd. 100 Filme bzw. TV-Filme.
Filme u.a.: Musterknaben (DDR 1959) – Ärzte (DDR 1960) – Ich will euch sehen (DDR 1978) – Die Landärztin (DDR 1978) – Die lange Straße (DDR 1979, TV).

Horner, James

* *14.8.1953 L.A., USA.* Profilierter und vielseitiger Hollywood-Filmkomponist seit den späten 70er Jahren, schrieb auch die Musik für den europ. Klassiker »Der Name der Rose«. H. wuchs in England auf und studierte am Royal College of Music, später in L.A. an der USC. Er arbeitete dann als Dozent an der UCLA, erste Filmarbeiten waren Filme für das American Film Institute. H. gehört zu den Komponisten,

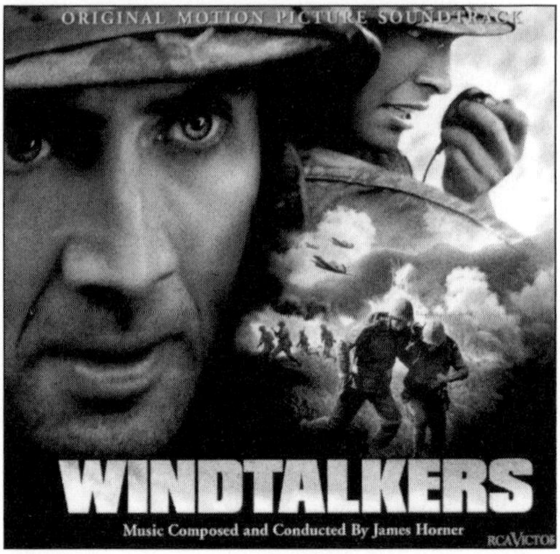

Musik: James Horner, Soundtrack-CD »Windtalkers«

die gern bei sich selbst abschreiben, seine Musik zu »Enemy at the Gates« hat fatale Ähnlichkeit mit seiner Musik zu »Titanic«, wofür er immerhin 20 Mio $ einstreichen konnte.
Filme: Cocoon (1975) – Up From the Depths – The Lady in Red (1979) – The Hand (1981) – Battle Beyond the Stars (Sador, Herrscher im Weltraum, 1980) – Humanoids from the Deep (Das Grauen

James Horner und unbekannter Hund

aus der Tiefe, 1980; OST: GNP) – Wolfen (1981) – Deadly Blessing (Tödlicher Segen, 1981) – The Pursuit of D.B.Cooper (1981) – Star Trek II: The Wrath of Khan (1982; OST: GNP) – 48 Hours (48 Stunden, 1982) – Krull (1982) – Brainstorm (Projekt Brainstorm, 1983) – Gorki Park (1983) – The Dresser (Ein ungleiches Paar, 1983) – Uncommon Valor (Die verwegenen Sieben, 1883) – The Last Testament (Das letzte Testament, 1983) – Star Trek III: The Search for Spock (1984; OST: Silva) – The Stone Boy (1984) – Heaven Help Us (Die Himmelsstürmer, 1985) – The Journey of the Natty Gann – Commando (1985) – Aliens – The Name of the Rose (Der Name der Rose, D/I/F 1985, OST: Teldec) – An American Tail (1986, auch Song: *Somewhere Out There*) – Batteries Not Included – Project X (1987) – The Vibes (Die übersinnliche Jagd nach der glühenden Pyramide, 1987) – The Land Before Time Began (Cartoon, 1987) – Cocoon: The Return – Willow – Red Heat (1988) – In Country (Zurück aus der Hölle, 1988) – Field of Dreams (1989, OST: Novus) – Honey, I've Shrunk the Kids (Liebling, ich habe die Kinder geschrumpft, 1989) – Courage Under Fire – Ransom – The Spitfire Grill – Glory (1989, OST: Virgin) – Another 48 Hours (Und wieder 48 Stunden, 1989) – Casper – Class Action – Dad – Glory – I Love You to Death (Ich liebe dich zu Tode, 1990) – Class Action (Das Gesetz der Macht, 1990) – An American Tail (Feivel der Mauswanderer im Wilden Westen, Cartoon, 1991) – Once Around (Ein charmantes Ekel, 1990) – My Heroes Have Always Been Cowboys – The Rocketeer (1991) – Thunderheart – Legends of the Fall (Legenden der Leidenschaft) – Jack the Bear (Mein Vater, mein Freund, 1991) – Unlawful Entry (Totale Begierde, 1991) – Patriot Games (Die Stunde Patrioten, 1992) – Sneakers (Die Lautlosen, 1992; OST: Universal) – Toys – A Far Off Place (Die Spur des Windes, 1992) – Swing Kids (1992) – Die Maske des Zorro (OST: Sony) – Searching for Bobby Fischer (Das Königsspiel: ein Meister wird geboren, USA/KANN 1992) – The Man Without a Face (Der Mann ohne Gesicht, 1992) – Bopha! (1992) – The Pagemaster (1993) – The Pelikan Brief (Die Akte, 1993) – Legends of the Fall (Legenden der Leidenschaft, 1993) – Clear and Present Danger (Das Kartell, 1994) – Casper (1994) – Apollo 13 – Jumanji (1995) – Balto (Cartoon, 1995) – Jade (1995) – Braveheart (1996, OST: Decca) – Ransom (Kopfgeld: Einer wird bezahlen, 1996) – Titanic (1996) – Courage Under Fire – The Spitfire Grill – The Devil's Own (Vertrauter Feind, 1996) – To Gillian on Her 37th Birthday (1996) – Deep Impact (Der Einschlag, 1997) – Mighty Joe Young (Mein großer Freund Joe, 1997) – Bicentennial Man – The Perfect Storm (Der Sturm, 2000) – Dr.Seuss: How The Grinch Stole Christmas (Der Grinch, 2000) – Enemy at the Gates (Duell, 2001; OST: Sony) – Jurassic Park III, 2000) – Four Feathers (2001) – A Beautiful Mind (2001, OST: Decca) – Iris (UK 2001) – Windtalkers (2002, OST: RCA) – The Four Feathers (2002) – The Land Before Time IX: Journey to the Big Water (2002) – Soul Caliburg (2002) – Beyond Borders (2003) – House of Sand and Fog (2003)

Horowitz, Richard

** 6.1.1949 Buffalo, N.Y., USA.* Der Komponist und Multi-Instrumentalist (tp, fl, keyb, perc) lebte 1968–79 in Paris und Marokko, studierte Musik, Arabisch, Französisch und orientalische Philosophie. 1981 tat er sich mit der iranischen Sängerin Sussan Deyhim zusammen; sie arbeiteten für Theater, Ballett und Kurzfilme. 1997 erschien ihr Album »Majoun« (Sony) mit Gast-Solisten aus Rock, Jazz und Weltmusik. Für seine Musik zum Bertolucci-Film »The Sheltering Sky« erhielt er einen »Golden Globe«. Schallplatten mit David Byrne, Hassan Hakmoun, Steven Halpern, Jon Hassell u.a.

Filme: The Sheltering Sky (1990) – La Thune (1992) – Tower (1993, TV) – Dakota Woman: Siege at Wounded Knee (1994, TV) – Three Seasons (1999) – Drowning on a Dry Land (1999) – Any Given Sunday (1999) – Skeleton Woman (2000) – Life Without Death (Dok., 2000) – Ring of Fire (2000)

Hosalla, Hans Dieter

** 8.12.1919 Erfurt, † 18.8.1995 Berlin.* Komponist in der DDR.

Filme: Der junge Engländer – Die Geschichte vom armen Hassan (1958) – Einer von uns (1959) – Das hölzerne Kälbchen (1959/60) – Leute mit Flügeln (1960) – Der Tod hat ein Gesicht – Professor Mamlock (1961) – Nebel – ... und deine Liebe auch (1962) – Der geteilte Himmel (1964) – Denk' bloß nicht, ich heule (1965) – Nebelnacht (1968) – Du bist mein (1969) – Optimistische Tragödie (1971) – Leichen-sache Zernik (1971/72) – Apachen (1973) – Die alte neue Welt (1977)

Hossein, André

(Aminoullah Hossein, Ps. André Gosselain), ** 2.2.1905 Aschchabad (Ashgabad, heute: Turkmenistan), † 9.8.1993 Levallois Perret Haut-de-Seine).* Vater des Schauspielers Robert Hossein!
Filme: Les Meteurs (1961) – Par une beau matin d'étè/Rapiona al sole (An einem heißen Sommermorgen, F/E/I 1964) – Sheherazade (1965) – Une corde, un colt (1968) – Point de Chute (1970)

Hötter, Heinz

** 5.9.1923 Wuppertal-Barmen, † 28.7.2000 Essen.* Studierte 1937–41 an der Staatlichen Musikhochschule in Köln Klavier, Dirigieren und Komposition. Wirkte ab 1945 als Pianist, ab 1950 beim WDR in Köln als Pianist, Arrangeur und Komponist und war 1959–69 Leiter des Kleinen Unterhaltungsorchesters dieses Senders. Er arbeitete dann als Freelancer für Funk, Film (»Ich liebe dich, ich töte dich«, 1970) und TV.

Howard, James Newton

** 9.6.1951 L.A., USA.* Studierte an der Southern California School of Music, der Santa Barbara Music Academy und erhielt einen Abschluss als Pianist an der Univ. of Southern California. Spielte Popmusik als Mitglied der Band Mama Lion und veröffentlichte zwei eigene Alben: »JHN« und »James Newton Howard and Friends«. Arbeitete auch als Session-Pianist, Synthesizer-Spieler und -Programmierer für Carly Simon, Leo Sayer, Diana Ross, Ringo Starr u.a. 1975 arbeitete er für Melissa Manchaster und dann für Earth, Wind & Fire und Barbra Streisand. In den späten 70er und frühen 80er Jahren tourte er mit Elton John. Seine erste Filmmusik kam 1985. Er erhielt einen Emmy für seine Musik zum TV-Pilot-Film »Men«; es gab eine Grammy-Nominierung für »Dying Young« und Oscar-Nominierungen für »Prince of Tides«, »The Fugitive«, »Junior« und »My Best Friends Wedding«. Sein Werk umfasst inzwischen rd. 80 Musiken für Film und TV. Seit dem Erfolg von »Pretty Woman« gehört er zu den Großen im Film-Geschäft.
Filme: Eight Million Ways to Die (Acht Millionen Wege zu sterben, 1985) – Head Office (Männer für jeden Job, 1986) – Nobody's Fool – No Mercy – Wildcats – Never Too Young To Die (1986) – Archie und Harry, Sie können's nicht lassen (1986) – Russkies (1987) – Five Corners – Off Limits – Campus Man (1987) – Promised Land – Everybody's All American – Some Girls (Ein Winter daheim, 1988) – Go Toward the Light (1988, TV) – The Package – Tap (Tap Dance, 1989) – Major League (Die Indianer von Cleveland, 1988) – The Image (1989, TV) – Revealing Evidence: Stalking the Honolulu Strangler – Pretty Woman – Somebody Has to Shoot the Picture – Three Men and a Little Lady (Drei Männer und eine Lady, 1990) – Descending Angel (1990, TV) – Coupe de Ville – Marked for the Death – Flatliners (1990) – Guilty by Suspicion (Schuldig bei Verdacht, 1990) – King Ralph – The Man in the Moon (Der Mann im Mond, 1990) – Grand Canyon (1991) – Dying Young – The Prince of Tides – My Girl (Meine erste Liebe, 1991) – The Night and the City (Die Helden von East Washington, 1992) – A Private Matter (1992, TV) – Diggstown (Ihr größter Coup, 1991) – Glengarry Glen Ross (1992) – Alive – Falling Down – Dave – The Fugitive – American Heart – The Saint of Fort Wa-

James Newton Howard

shington (1993) – Wyatt Earp (1993) – Junior (1994, OST: Varèse) – Intersection – Restoration (Zeit der Sinnlichkeit, 1994) – Just Cause (Im Sumpf des Verbrechens, 1994) – French Kiss – Waterworld (1994) – Outbreak (1995, OST: Varèse) – Eye for an Eye (Auge um Auge, 1995) – The Juror (Nicht schuldig, 1995) – The Trigger Effect – One Fine Day – Space Jam (1996) – The Rich Man's Wife (Tödliche Verschwörung, 1996) – Father's Day – My Best Friend's Wedding (Die Hochzeit meines besten Freundes, 1997) – The Devil's Advocate (Im Auftrag des Teufels, 1997) – The Postman (1997) – Primal Fear (Zwielicht, 1997) – A Perfect Murder (Ein perfekter Mord, 1998) – Mumford – Wayward Son (1999) – Ally McBeal (1999, TV-Serie) – The Sixth Sense – Stir of Echoes – Runaway Bride (Die Braut die sich nicht traut, 1999) – Snow Falling on Cedars (Schnee der auf Zedern fällt, 1999) – Dinosaur (Dinosaurier, Cartoon, 2000) – Vertical Limit (2000) – Unbreakable (Unzerbrechlich, 2000) – Collateral Damage (2000) – Big Trouble (2001) – America's Sweetheart (2001) – Atlantis: The Lost Empire (Disney-Cartoon, 2001)

Howarth, Alan S.

** 6.8.1948 South River, N.J., USA.* Arbeitete mit den Regisseuren John Carpenter, Guy Magar, Robert Schnitzer und Jim Wynorski zusammen, meist bei Horror- und Science Fiction-Filmen. Als »Sound Effects Creator« arbeitete er für Filme wie »Poltergeist«, »Star Trek« und »Total Recall«.

Filme: Escape from New York (Die Klapperschlange, 1981, + John Carpenter) – Halloween 2 (1981) – Halloween 3: Season of the Witch (1982) – Star Trek II: The Wrath of Khan (1982) – Christine (1983) – The Lost Empire (1984) – Star Trek III: The Search for Spock (1984) – Head Office (1986) – Big Trouble in Little China (1986) – Retribution (1987) – Prince of Darkness (1987) – Kandyland (1987) – Brothers in Arms (1988) – They Live (1988) – Halloween 4: The Return of Michael Myers (1988) – Halloween 5: The Revenge of Michael Myers (1989) – Halloween 6: The Curse of Michael Myers (1995) – The Dentist (1996) – The Dentist II (1998) – Her Married Lover (1999) – Alone with a Stranger (2000) – Children of the Living Dead (2001) – The Prince of Light: The Legend of Ramayana (Cartoon, 2001)

CD: Halloween II bis V mit John Carpenter, Varèse 5206, 5239, 5678

Howe, Bones

(Dayton H.), ** 1933 Minneapolis, Minn., USA.* Der renommierte Produzent und Toningenieur begann als Musiker (d), studierte an der Georgia Tech in Atlanta, ging dann nach L.A., wo er Assistent eines Toningenieurs wurde. 1960 traf er Nesushi Ertegun von Atlantic Records, der ihn für eine Ornette Coleman Session anheuerte. 1961 war er bei Bill Putnams United Recordings, arbeitete hier für F. Sinatra, Jan & Dean u.a. 1962 machte er sich selbständig und wurde einer der gesuchtesten Toningenieure und Produzenten; er arbeitete für The Fifth Dimension, Tom Waits, Burt Bacharach, The Association u.v.a. Für den Film ist er als musikal. Leiter und »Sound Designer« tätig.

Filme: The Adventures of Buckaroo Banzai Across the Eighth Dimension (1984) – Back to the Future (1985) – Radio Inside (1994) – Vegas Vacation (1997)

Hub, Josef

(Franz Josef). Österr. Komponist und Textdichter, Vater des Komponisten Franz Peter Hub.

Film: Herzensfreud, Herzensleid (1940, + L. Schmidseder, Franz Ferry Wunsch)

Huber, Arthur Paul

** 12.9.1940 Wien, Österreich.*

Film: Konfrontation (1974)

Huber, Walter Simon

** 6.5.1898 Basel, Schweiz, † 16.2.1978.*

Film: Die weiße Patrouille (1940)

Hübler, Manfred

** 15.3.1935 in ?, Deutschland.*

Filme: Liebesnächte in der Taiga (1967) – Der Partyfotograf (1968) – Stoßzeit/Rush Hour – Der Teufel kam aus Akasawa – Vympyros Lesbos, Erbin des Dracula – Unterwegs nach Katmandu (1970) – Sie tötete in Ekstase (1970)

Hughes, Gary

* *1922. Engl.* Komponist, für engl. und US-Filme tätig in den 60er Jahren.
Filme: The Pirates of Blood River (Piraten am Todesfluß, 1962) – The Crimson Blade (1963) – Hide and Seek – The Devil-Ship Pirates (Die Teufelspiraten, 1964) – The Viking Queen (Königin der Wikinger, 1967) – A Challenge for Robin Hood (Robin Hood, der Freiheitsheld, 1968) – The Three Sisters (1970)

Hughes, Spike

(Patrick Cairnes H.), * *19.10.1908 London, England, † 2.2.1987 ebd.* Engl. Bassist, Bandleader, Komponist, Kritiker. Leitete Jazzband in den späten 20er Jahren in London, ging 1933 nach N.Y. und nahm dort mit einer All Star Band (mit u.a. Benny Carter, Coleman Hawkins, Chu Berry, Red Allen als »All American Orchestra«) ein Dutzend Titel auf, die wegen seiner modernen Kompositionen/Arrangements (*Donegal Cradle Song*) heute noch beeindrucken. Er arbeitete später als Kritiker für den Melody Maker (Ps. Mike), Schriftsteller (Memoiren, ein Buch über Toscanini) und Komponist.
Film: Fiddlers Three (UK 1944)

Hugo, Klaus

* *27.2.1928 Unterwellenborn (Krs. Saalfeld, Thüringen).*
Filme: Hochzeitsnacht im Regen (1967) – Schüsse unterm Galgen (1967/68) – Zeit zu leben (1969) – Hut ab, wenn du küsst – Liebeserklärung an G. T. (1971) – Reife Kirschen (1972)

Hühn, Paul

* *13.2.1883 Berlin, † 11.4.1958 Berlin-Halensee.*
Filme: Jeder fragt nach Erika (1931, + M.Eisemann, Grete Walter, Schmidt-Gentner) – Mädchen zum Heiraten (1932, + M.Krausz) – Das Lied vom Glück (1933, + W.Engel-Berger) – Der letzte Walzer (1934, + Oscar Straus) – Schön ist es, verliebt zu sein (1934, + W.Engel-Berger) – Eine Nacht an der Donau – Herbstmanöver (1935) – Ich liebe alle Frau'n (1935, + R.Stolz, Schmidt-Boelcke) – Paul und Pauline – Wo die Lerche singt (1936, + F. Grothe, F. Léhar, nach dessen Operette) – Die Landstreicher (1937) – Die unentschuldigte Stunde (1937, + R.Stolz) – Husaren her – Der Hund von Baskerville (1937) – Ein Mädel vom Ballett (1937) – Frühlingsluft (1938, nach d. Operette v. Josef Strauss) – Marguerita (1939, + Peter Igelhoff) – Frau Luna (1941) – Meine Freundin Josefine (1942) – Akrobat schö-ö-ön (1943)

Hulan, Ludek

* *11.10.1929 Prag, ČSR.* Jazzmusiker (b) und Komponist. Spielte ab 1952 in div. Bands, so bei Gustav Brom und Karel Krautgartner, nahm an Jazzfestivals teil und begleitete auch US-Musiker auf Tourneen. Er arbeitete später als Studio-Musiker und Komponist.
Filme: Ninety Degrees in the Shade (1965) – Vra da po násem (1966, Dir.)

Hulette, Donald

* *29.11.1937 L.A., USA.* Komponist und Filmregisseur der 70er und 80er Jahre.
Filme als Komp.: Madmen of Mandoras – They Saved Hitler's Brain (1963) – Breaker, Breaker (1977) – Tennessee Stallion (1978, Regie!) – A Great Ride (1978, Regie!) – Outlaw Force (1987) – You're It (1987, Regie!) – Take Two (1987)

Hummel, Franz Gerhard

* *2.1.1939 Altmannstein, Niederbayern.* Ein »Wunderkind« auf dem Klavier und Schüler von Elly Ney, unternahm H. schon früh Konzertreisen in alle Welt. Bis 1975 spielte er 58 Schallplatten mit Klaviermusik von der Klassik bis zur Moderne ein. Dann wandte er sich dem Komponieren zu; er schrieb u.a. fünf Sinfonien, Werke für Klavier, Violine, Streichquartett und vier Opern: »Sallad« (1983), eine Parodie auf die TV-Serie »Dallas«, »König Ubu« (1984), »Blaubart« (1984), »Luzifer« (1987). Er schrieb auch die Musik zum Musical »Ludwig II«. Seine Filmmusiken sieht er als Auftragsarbeiten an, die mit seinen ästhetischen Vorstellungen nichts zu tun haben.
Filme: Meine Sorgen möchte' ich haben (1974) – Kreutzer (1977)

Hundley, Craig

→ Huxley, Craig L.

Hüngsberg, Gottfried Heinrich

* *22.11.1944 Tutzing, Oberbayern.* Mitglied von Rainer Werner Fassbinders Antitheater der späten 60er Jahre, schrieb dafür Musik, später auch für Hörspiele und Filme. Er befasste sich früh mit elektronischer Musik und dem Synthesizer. Er war Tonmeister bei einigen frühen Fassbinder-Filmen und hat zu einigen auch elektronische Teile beigesteuert. H. gab Mitte der 70er Jahre die Filmarbeit auf, er hat heute ein Entwicklungslabor für integrierte Schaltkreise industrieller Computertechnik in München.

Filme: Welt am Draht (1973) – Schatten der Engel (1975)

Hupfeld, Herman

* *1.2.1894 Montclair, N.J., USA, † 8.6.1951 ebd.* Komponist für Bühne und Film, unsterblich wurde jedoch nur einer seiner Songs und das erst zwölf Jahre nach seiner Entstehung: *As Time Goes By*. Geschrieben hatte er den Song 1931 für die Show »Everybody's Welcome«, doch erst durch den Film »Casablanca« (1942) erlangte er Weltruhm. H. studierte Violine in Deutschland, nahm am ersten Weltkrieg teil und trat vor Truppen in den USA und Europa als Pianist und Sänger auf. Ab 1920 arbeitete er meist für Broadways-Shows.

Huppertz, Gottfried

* *11.3.1897 Köln, † 7.2.1937 Berlin-Halensee.*

Filme: Der Judas von Tirol – Siegfrieds Tod (1933) – Hanneles Himmelfahrt (1934) – Elisabeth und der Narr (1934) – Der grüne Domino (1935) – Durch die Wüste (1936)

Huxley, Craig L.

(eigentl. Hundley) (p), * *22.11.1953 L.A., USA.* Ein Wunderkind, trat er als Craig Hundley schon als Teenager in den 60er Jahren mit eigenem Jazz-Trio auf (LPs für World Pacific). Er wandte sich dann der Elektronik zu, gründete die Fa. Sonic Atmospheres mit Aufnahmestudio und Plattenlabel für New Age Musik. Er arbeitet als Produzent und TV- und Film-Komponist; 1990 erhielt er einen »Emmy« für die TV-Mini-Serie »Family of Spies«.

Filme: Roadie (1979) – Alligator (1980) – Programmed to Kill (1986) – American Justice (1986)

Hwong, Lucia

(Han-Chi Hwong), * *16.11.1953 Honolulu, Hawaii.*

Filme: Nothing Lasts Forever (1984) – Year of the Dragon (1985) – The Last Emperor (1987) – Vietnam War Story: The Last Days (1989, TV) – Hiroshima: Out of the Ashes (1990, TV) – Silverlake Life: The View from Here (Dok., 1993) – The Venice Project (1999) – Forbidden Nights – Jennifer's in Jail

Hyman, Dick

(Richard Roven), * *8.3.1927 N.Y., USA.* Vielseitiger Pop- und Jazzmusiker und Komponist. Studierte bei Teddy Wilson und an der Columbia University. Begann 1948 prof. zu spielen; im »Wells'« in Harlem, bei Victor Lombardo, Tony Scott, Red Norvo, 1950 eigene Combo im »Birdland« und mit Benny Goodman in Europa. Spielte bei Alvy West und am Sender WMCA. Nahm von 1954–58 eine Reihe von Platten für MGM auf, darunter den Hit *Moritat* (»Mäckie Messer«), dessen Erfolg zu den klassischen Versionen von Louis Armstrong, Ella Fitzgerald und Bobby Darin führte. Bis 1957 am Sender NBC, leitet Jazz-Trio und wurde 1958 für drei Jahre musikalischer Leiter der Arthur Godfrey-TV-Show. Arbeitete dann als Freelancer, u.a. für Ethel Ennis, Ada Lee, Cozy Cole, J.J.Johnson, Jonah Jones, Joe Puma, Bobby Hackett, Al Hirt, Pee Wee Spitelera, Larry Elgart. Unter dem Pseudonym »Knuckles O'Toole« nahm er LPs mit »Honky-Tonk-Musik« auf, arrangierte für das Command-Label. In den 70er Jahren nahm er eine LP mit Ragtimes auf (und danach das komplette Klavierwerk von Scott Joplin) und eine Orch.-LP mit Musik der Jazzlegende Jelly Roll Morton. Er komponiert viel fürs TV und für Filme (u.a. für Woody Allen) und Werke wie *Event* (uraufgeführt von André Kostelanetz), *Concerto Electro* u.a. – H. ist ein ungewöhnlich vielseitiger Musiker, er kann sämtliche Stile der Pop- und Jazzgeschichte nachvollziehen, ohne dass es irgendwie aufgesetzt wirkt.

Filme: Stardust Memories (1980) – Zelig (1983) – Broadway Danny Rose (1983) – The Purple Rose of

Dick Hyman

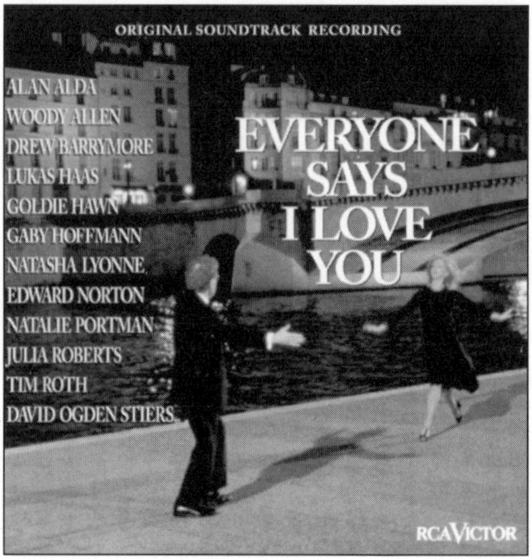

Soundtrack zum Woody Allen-Film,
Musik: Dick Hyman

Cairo (1985) – Radio Days (1987) – Moonstruck (1987) – Mighty Aphrodite (Geliebte Aphrodite, 1995) – Bullets on Broadway – Everyone Says I Love You (1998) – Sweet and Lowdown (2000, OST: Col. SK89019)

I

Ibert, Jacques François Antoine Marie

** 15.8.1890 Paris, † 5.2.1962 ebd.* Der namhafte frz. Komponist studierte am Pariser Konservatorium, gewann 1919 den 1. Grand Prix de Rome mit der Kantate *Le poète et la fée*. Er wurde 1937 Direktor der Académie de France in Rom in der Villa Medici, blieb es mit Unterbrechung bis 1960. Er war auch kurze Zeit der Direktor der Union des Théatres Lyrices de Paris. Als Komponist gilt I. heute als Eklektiker, obwohl sein Name in den 20er Jahren in Verbindung mit der Groupe des Six und später mit Honegger und Roussel genannt wurde. Seine Musik dokumentiert u.a. die Emanzipation des Rhythmus (Jazzelemente in *Angélique*). Seine Arbeit umfasst zahlreiche Werke für Orchester, Ballette (»Le cirque«), Vokalwerke (Lieder u. Chansons) und Opern sowie Musiken für frz. Filme von Pabst, Duvivier, Tourneur, L'Herbier u.a., aber auch für Orson Welles' »Macbeth« und Gene Kellys »Invitation to the Dance«.

Filme: Die fünf verfluchten Gentlemen/Les cinq gentlemen maudits (D/F 1931) – Don Quixote (1933) – Golgatha – Maternité – Koenigsmark (1935) – Le coupable (1936) – L'homme de nulle part (1937) – Le patriote (1938) – La charette fantôme (1939) – La comédie de bonheur (1940) – La vie de Bohème (1945) – Le père Serge (1945) – Panique – L'affair du collier de la Reine (Die Halsbandaffaire, 1946) – Macbeth (USA 1948) – Marianne de la jeunesse (Marianne, 1954) – Invitation to the Dance (Einladung zum Tanz, 1956; Dir. A.Previn)

Ifukube, Akira

** 7.3.1914 Kushiro, Hokkaido, Japan.* Einer der bekanntesten klassischen Komponisten Japans, studierte I. Ende der 20er Jahre an der Hokkaido-Universität und gründete dann eine Musikgruppe mit Fumio Hayasaka. Er unterrichtete in den 40er Jahren an der Tokyo Ongaku Gakko, seine erste Filmmusik schrieb er 1947. Bekannt wurde er durch die Godzilla (= Gojira)-Filme. Er bezieht gern die trad. japanische Musik in seine Kompositionen ein. 1976 wurde er Präsident der Tokyoter Musikhochschule.

Filme: Shizunanuru ketto/Quiet Duell (1949) – Nusumareto koi (1951) – Nishin no shimai (1952) – Children of Hiroshima (1952) – I Was a Prisoner in Siberia (1952) – Anathahan (1953) – Kaniskosen (1953) – Gojira (Godzilla, König der Monster, 1954) – Hiroshima (1955) – Downtown (1955) – Rodan (1956) – Birumu no tategoto (1956) – Chiky uu boeggun (1958) – The Precipe (1958) – Uchu daisenon (1960) – Shaka (1961) – Varan the Unbelievable (1961) – Different Sons (1962) – Kingukongu tai Gojira (1963) – Chushingara (1963) – Zaitochi (1963) – Furuankenshutain tai chittei kaijuu baragon (Frankenstein, der Schrecken mit dem Affengesicht, 1964) – San daikaju chikyu u sadai no kessen/Ghidra, The Three Headed Monster (1964) – Aliens: Monster des Grauens greifen an – Gojira tai Mosura (1964) – Uchu daikajju Dogora (1964) – Kaiju daisenso/Godzille vs. Monster Zero (1965) – The Great Wall (1965) – Rodan: Die fliegenden Monster aus dem All – Atragon (1965) – Furuankenshutain no kaijuu: Sanda tai Gaira (Frankenstein: Zweikampf der Giganten, 1965) – Dai majin Gyakushu (1967) – Kingkongo no Gyakushu (1967) – Majin (1968) – Zaoiche Jigokutabi (1968) – Secret Scolls (1968, 2 Teile) – Gojira dengeki taisakusen/Kaiju soshingeki (Frankenstein (= Godzilla) und die Monster aus dem All, 1968) – Zatochi Challenged (1968) – Devil's Temple (1969) – Ido zero daisakusen (1969) – U 4000: Panik unter dem Ozean (1969) – Zatoichi vs. Yojimbo (King Kong gegen Godzilla, 1970) – Yog, Monster from Space (1971) – Mothra tai Godzilla (Godzilla und die Urweltraupen, (1973) – Zatoichi's Conspiracy (1974) – Mekagojira no gyakushu (1978) – Oginsaga (1978) – Sasame yuki (1983) – Gojira vs. Desutoroia (1995)

Igelhoff, Peter

(eigentl. Rudolf August Ordnung), ** 22.7. 1904 Wien, Österreich, † 8.4.1978 Bad Reichenhall.* Film- und Liedkomponist der

30er/40er Jahre. Studierte in Wien u. London, begann 1936 eine Karriere als Unterhalter am Klavier mit z.T. schon eigenen Liedern in Berlin in der »Uhu Bar«, der »Scala« und im »Kabarett der Komiker«. Sein humorvoller Sprechgesang machte ihn bald zum Plattenstar, seine pfiffigen Lieder und Filmarbeiten weisen ihn als einen der bedeutenden Komponisten der »leichten Muse« seiner Zeit aus. Er schrieb über 1000 Lieder und Chansons und Musik zu rd. 50 Filmen. Während des 2. Weltkrieges wurde I. wegen seiner satirischen Chansons als »unerwünscht« aus der Truppenbetreuung – zu der man ihn verpflichtet hatte – entfernt.
Filme: Eine Nacht im Mai (1938, zu sehen als Pianist) – Zwei Frauen (1938, Lied: *Der Onkel Doktor hat gesagt*, + Leo Leux) – Drunter und Drüber (1939, + Bruno Uher) – Marguerita (1939, zu sehen als Pianist, + Paul Hühn) – Was wird hier gespielt? (1940) – Herz modern möbliert (1940, *Heut' ist ein Freudentag für mich*) – Wir machen Musik (1942; *Wir machen Musik, Mein Herz hat heut' Premiere, Wann wirst du wieder bei mir sein?*, + A.Steimel) – Die Nacht ohne Sünde (1950) – Linafferabile 12 (Süßer Reis, I 1950; + Pippo Barizza) – ... Mutter sein dagegen sehr (1951) – Fräulein Casanova (A 1953) – Tante Jutta aus Kalkutta (1953) – Drei von denen man spricht A 1953) – Sonne über der Adria (1954) – Der doppelte Ehemann – Der Frontgockel – 1A in Oberbayern (1955, Dir. R.Rosenberger) – Waldwinter (1956) – IIA in Berlin (1956) – Ein tolles Hotel (A 1956) – Die verpfuschte Hochzeitsnacht (1957) – Zwei Bayern im Harem – Zwei Bayern im Urwald (1957) – Gangsterjagd in Lederhosen – Piefke, der Schrecken der Kompanie – Majestät auf Abwegen (1958) – Paprika – Natürlich die Autofahrer (1959) – Die unvollkommene Ehe (A 1959) – Der wahre Jakob (1960)

Iglesias, Alberto

(A. Iglesias Fernandez-Berridi), * *31.5.1955 San Sebastian (Donostia/Guipúzcoa), Spanien.* Komponist und Songschreiber, im Film seit 1983.
Filme: La conquista de Albania – La muerte de Mikel (1983) – Fuego eterno (1984) – Adios, pequeña – Balada da pracia dos caes (1986) – Lluivia de Otono (1988) – Vacas (1992) – La ardita roja (1993) – Dispara! (1993) – La flow de mi secreto (1995) – Tierra – Tietra (1999 – Asaltar los cielos (Dok., 1996) – Pasajes (1996) – Carne trémula – La femmale de chambre du Titantic (1997) – Los amnates del circulo polar (1998) – Todo sobre mi madre (Alles über meine Mutter, 1999) – Lucia y el sexo (2001) – The Dancer Upstairs (2002)

Ikebe, Shinichiro

* *15.9.1943 Mito/Ibaraki, Honshu, Japan.*
Filme: Fukusho Suruwa ware ni arti (1979) – Kagemusha: The Shadow Warrior (1980) – Kosadate gokko (1980) – Eijanaika (1981) – Okinawa a no shionen (1983) – Narayama ama bushi-ko (1983) – MacArthur's Childen (Setouchi shonen yakyu dan, 1984) – Akira Kurosawa's Dreams (Konna yume wo mita, 1990) – Takeshsi (1990) – Hachigatsu no kyoshikyoku (1991) – Madadayo (1991) – Setouchi Moonlight Serenade (1997) – Unagi (The Eel, 1997) – Inochi noi uni (2000) – Colorful (2000) – Dukuritsu shonen gasshouden (2000) – Akai hasi noshitano nurui mizu (2001)

Illin, Eugen

(Evzen), * *2.11.1924 Pod Biskupice, ČSR, † 12.3.1985 Zurzach (Kanton Aargau), Schweiz.* Studierte bis 1952 am Konservatorium und an der Musikhochschule in Prag, arbeitete dann als Komponist für Funk, Theater und Film. Lebte seit 1968 in der Schweiz. Er schrieb drei Musicals, Bühnenmusiken, Orchestermusik (»Konzert für Orchester, Concertina für Swing-Horn und großes Orchester«), ca. 30 Filmmusiken in der ČSSR und 70 TV-Produktionen in Deutschland.
Filme in der BRD: Jaider, der einsame Jäger (1971) – Zwischengleis (1978)

Immel, Jerrold

* *9.9.1936 L.A., USA.*
Filme: The House on Skull Mountain (1974) – The Last Day (1975, TV) – The Mahacans (1976, TV) – Revenge for a Rape (1976, TV) – Nowhere to Hide (1977, TV) – Go West, Young Girl (1877, TV) – Sourdough (Auf der Suche nach dem verlorenen Tal, 1977) – Matilda (1978) – Legend of the Golden Sun (1979, TV) – Wild Times (1979, TV) – The Sacketts (1979, TV) – Alcatraz: The Whole Shocking Story (1980, TV) – Roughnecks (1980, TV) – Death Hunt (Yukon, 1981) – Megaforce (1981) – Silence of the

North (1981) – The Oklahoma City Dolls (1981, TV) – The Shadow Riders (1982, TV) – Paradise (1982) – Peyton Place (1985, TV) – Midas Valley (1985, TV) – Dallas: The Early Years (1986, TV) – Programmed to Kill (1986) – Breaking Home Ties (1987, TV) – Gunsmoke: Return to Dodge (1987)

Innocenzi, Carlo

** 19.4.1899 Monteleone bei Spoleto (Umbrien), Italien, † 24.3.1962 in Rom.* Filmkomponist der 50er und 60er Jahre, schrieb Musik für Unterhaltungsfilme, aber auch für Sandalenfilme der »Maciste«-Serie.

Filme: Le ragazze di piazza di spagina (Die Drei vom Spanischen Platz, 1952) – L'ingiusta condanna (1952) – Art. 519, Codice penale (1953) – Accade al commissariato (1954) – Buonanotte ... avvocato! (1955) – I pappagalli (1956) – L'ultima notte d'amore (1957) – Robin Hood der Rebell (I 1958) – Il mulino delle donne di pietra (1960) – David e Goliath (1961) – Sansone (Herkules im Netz der Cleopatra, 1961) – La vendetta di Ursus (Herkules, der Held von Karthago, 1961) – The Teacher and the Miracle (1961) – The Lady Doctor (1961) – Il trionfo di Maciste (Maciste besiegt den Feuerteufel, I 1961) – Maciste nella terra del ciclopi (Maciste, der Sohn des Herkules (I 1961) – The Prisoner of the Iron Mask (1962) – Son of Samson (1963) – Il conquistadore di Corinto (1962) – Goliath contro i Gigati (1963) – The Seven Revenges (1967)

Irving, Ernest Kelville

** 6.11.1877 Godalming, Surrey, England, † 24.10.1954 London.* Nach Musikstudium arbeitete I. für die Bühne; er war musikalischer Leiter von beinahe allen Bühnen im Londoner Westend und schrieb etliche Bühnenmusiken. Er war dann lange bei den Ealing Studios beschäftigt und schrieb hier zahlreiche Filmmusiken.

Filme: Nine to Six (1933) – Autumn Crocus (1934) – Java Head (1935) – Dead Drives Through (1936) – The High Breakfast (Cartoon, 1937) – The Ivory-Handled Gun (1937) – The High Command (1937) – Return to Yesterday – Young Man's Fancy – The Gaunt Stranger – The Ware Case (1938) – There Ain't No Justice – Proud Valley – It's in the Air – Come on, George – Let George Do It (1939) – The Secret Four – Trouble Brewing – Let's Be Famous (1939) – Return to Yesterday – The Proud Valley – Three Cockeyed Sailors/Sailors Three (1940) – Saloon Bar (1940) – My Learned Friend – The Black Sheep of Whitehall – It's Turned Out Nice Again (1941) – The Great Mr. Händel – 48 Hours – The Foreman Went to France – Next of Kin (1942) – The Big Blockade (Dok., 1942) – The Shrine of Victory (Dok., 1943) – Champagne Charlie – San Demetrio, London (1943) – Dead of Night – The Half-Way House (1945) – The Captive Heart – Nicholas Nickleby (1946) – It Always Rains on Sunday – Frieda – Hue and Cry – The Loves of Joanna Godden (1947) – Scott of the Antartic – Saraband for Dead Lovers – Whiskey Galore (1948) – Kind Hearts and Coronets – A Run For Your Money (1949) – The Blue Lamp (Die blaue Lampe, 1949, + Jack Parnell) – The Magnet (1950) – Men of the Sea (1951) – The Lavender Hill Mob – The Man in the White Suit (1951) – His Excellency – I Believe In You (1952) – Wherever She Goes (1953)

Irving, Robert Augustine

** 28.8.1913 Winchester, Hampshire, England, † 13.9.1991 ebd.*

Film: Smart Street (UK 1987)

Isfält, Björn

** 28.6.1942 Linköping (Östergötland), † 18.1. 1997.* Schwedischer Komponist, arbeitet seit 1970 für den Film, u.a. mit dem Regisseur Lasse Hallström.

Filme: En karlekshistoria (1970) – Giliap (1975) – Mina drommars stad (1976) – Bröderna lejonhjärta – Hempas bar (1977) – Blomstrande tider (1980) – The Grass is Singing (1981) – Ronja Rövardotter (Ronja Räubertochter, 1984) – Mitt liv som hund (1985) – Jungfruresan (1988) – Resan till Melonia (Cartoon, 1989) – Black Jack (1990) – Ånglagård (1992) – What's Eating Gilbert Grape – Kadisbellan (1993) – Sixten (1994) – Ånglagård, den Andra Sommaren (1995)

Isham, Mark Ware

** 7.9.1951 N.Y., USA.* Stammt aus musikalischer Familie, lernte als Kind Klavier, Violine und Trompete. Interessierte sich für elektronische Musik an der High School, arbeitete als Rock-, Jazz- und klassischer Musiker, so mit den Beach Boys, Pharoah Sanders und dem San

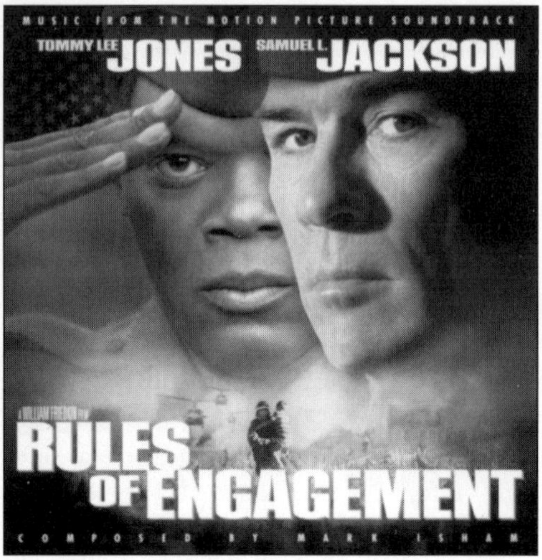

Soundtrack mit der Musik von Mark Isham

Francisco Opernorchester. Er arbeitete mit Art Landes »Rubisa Patro«, gründete 1979 das Ensemble 81 und spielte mit Van Morrison. Er arbeitete auch mit David Liebman, Suzanne Vega und Marianne Faithfull. In den 80er Jahren wandte er sich der Filmmusik zu, wobei er häufig seinen Trompeten-Sound in seine elektronischen Klänge einbringt.
CD: Film Music, Windham Hill 1041 – OST, Romeo is Bleeding, Verve 521231-2
Filme: Never Cry Wolf (Wenn die Wölfe heulen, 1983) – The Times of Harvey Milk (Dok., 1984) – Mrs. Soffel (Flucht zu dritt, 1984) – Trouble in Mind (1985) – The Hitcher (Der Highway Killer, 1985) – Maden in Heaven (1985) – Everybody Wins – The Moderns (KAN 1988, OST: Virgin) – The Beast of War (Bestie Krieg, 1988) – Reversal of Future (Die Affäre Sunny B., 1990) – Love at Large (Die Liebe eines Detektives, 1990) – Moral Thoughts (Tödliche Gedanken, 1990) – Point Break (Gefährliche Brandung, 1990) – Crooked Hearts (Zwischen Liebe und Haß, 1990) – Little Man Tate (Das Wunderkind Tate, 1991) – A Midnight Clear (Spezialeinheit IQ,1991) – Billy Bathgate (1991) – A River Runs Through It (In der Mitte entspringt ein Fluß, 1991) – At First Sight (OST: MGM) – Cool World – Of Mice and Men (Von Mäusen und Menschen, 1991) – Sketch Artists – The Public Eye (Der Reporter, 1991) – Nowhere to Run (Ohne Ausweg, 1992) – Fire in the Sky (Feuer am Himmel, 1992) – Made in America – Short Cuts – Getaway (1993) – The Browning Version – Timecop – Mrs. Parker and the Vicious Circle (Mrs. Parker und ihr lasterhafter Kreis) – Safe Passage – Miami Rhapsody – Losing Isaiah (Die andere Mutter) – Quiz-Show (1994) – The Getaway (1995) – Home for the Holidays (Familienfest und andere Schwierigkeiten, 1995) – Reversal of Fortune – Night Falls on Manhattan (Nacht über Manhattan, 1996) – Fly Away Home (1966) – Last Dance (1996) – Nell – Blade – Afterglow (Liebesflüstern, 1996) – Kiss the Girls (Denn zum Küssen sind sie da, 1996; OST: Milan) – The Education of Little Tree (Die Abenteuer des kleinen Indianerjungen, 1997) – October Sky (1997) – At First Sight (Auf den ersten Blick, 1998) – Breakfast of Champions (Frühstück für Helden,1998) – Rules of Engagement (1999, OST: Milan) – Body Shots (1999, OST: Milan) – Where the Money Is (Ein heißer Coup, 2000) – Man of Honor (2000) – Save the Last Dance (2000) – Life as a House (Das Haus am Meer, 2001) – Don't Say a Word (Sag' kein Wort, 2001) – The Majestic (2001) – Impostor – Moonlight Mile (2002) – The Runaway Jury (2003)

J

Jabara, Paul

** 31.1.1948 Brooklyn, N.Y., USA, † 29.9.1992 Los Angeles.* Komponist und Songschreiber; auch Schauspieler, trat als solcher in einer Reihe von Filmen auf, beginnend mit »Midnight Cowboy« (1969) bis »Light Sleeper« (1992).
Filme: Thank God it's Friday (Gottseidank, es ist Freitag, 1987) – Chanel Solitaire (1981) – Oxford Blues (1984, Songs).

Jackson, Calvin

(John Calvin J.), ** 26.5.1919 Philadelphia, Pa., USA, † 28.11.1985 Encinitas, Calif.* Studierte an der Juilliard School und der N.Y. Univ. Spielte bei Frank Fairfax, war 1946–47 Assistent von → Georgie Stoll bei MGM in Hollywood und arbeitete für → Benny Carter u.a. 1948 begleitete er die Sängerin Mildred Bailey in New Yorker Clubs. Ließ sich Anfang der 50er Jahre in Toronto nieder und leitete dort ein Orchester für Rundfunk und TV. 1957 ging er nach Hollywood, arbeitete als Studiomusiker, Film- und TV-Komponist bzw. -Arrangeur und trat daneben mit eigenen Gruppen auf.
Filme: Bathing Beauty (Arr., 1944) – Anchors Aweigh (Arr., 1945) – Her Highness and the Bellboy (1945) – Music for Millions (Arr., 1945) – This Time for Keeps (Arr., 1947) – Thrill of a Romance (1946) – Blood and Steel (1959) – Tormented (Arr., Score: Albert Glasser, 1960) – The Asphalt Jungle (TV, 1960–61) – The Detectives (TV, 1961–62) – Three Weeks of Love (1965, + Ralph Carmichael) – The Unsinkable Molly Brown (Arr., 1972)

Jackson, Howard Manucy

** 8.2.1900 St. Augustine, FL., USA, † 4.8.1966 ebd.* Der Komponist arbeitete zwischen 1933 und 1952 für den Film in Hollywood, darunter etliche Kurzfilme für Warner Brothers.
Filme/Arr.: College Humor – Lady for a Day – Too Much Harmony – I'm No Angel – Sitting Pretty (1933) – Palooka – Bottoms Up (1934) – *Filme/Scores*: Hearts of Dixie – Sunny Side Up – The Great Gabbo (1929) – Eight Girls in a Boat – Girl Without a Room (1933) – Beloved (1934, + V. Schertzinger) – Glamour (1934) – Dizzy Dames – The Old Homestead – No More Yesterdays – The Lone Wolf Returns (1935) – Lady of Secrets – The Music Goes Round – Mr. Deeds Goes to Town – Devil's Squadron – And so They Were Married – Counterfeit – The King Steps Out – Meet Nero Wolfe (1936) – The Cowboys Quarterback – Pride of the Blue Grass (1939) – An Angel from Texas – River's End (1940) – Bad Men of Missuouri – Three Sons o' Guns – Lady of the Tropics – The Body Disappears – You're in the Army Now (1941) – Wild Bill Hickcock Rides – Bulle Scars (1942) – Club Havana – How do You Do (1945) – 50 Years Before Your Eyes (Dok., 1950, + W. Lava) – This Is Cinerama (1952)

Jacob, Gordon

(Gordon Percival Septimus J.), ** 5.7.1895 Norwood, London, England, † 8.6.1984 Saffron Walden.* Der Komponist studierte am Royal College of Music bei Adrian Boult und Vaughan Williams. Nahm am 1. Weltkrieg teil, kriegsgefangen 1917–18. Arbeitete dann als Komponist, schrieb Kammermusik, Lieder und Ballette. Er schrieb ein Buch über »Orchestral Technique«. Ab 1943 arbeitete er für den Film.
Filme: Before the Raid – Close Quarters (1943) – For Those in Peril – Maintenance Command – The Big Pack – On the Face of It (1944) – Journey Together (1945) – The Way We Live (1946)

Jacobs, Al

(Albert T. Jabobs), ** 22.1.1903 San Francisco, Calif., USA, † 13.2.1995 Laurel, Md.*
Filme: Racing Fever (1964) – The Devil's Sisters – Death Curse of Tartu – Sting of Death (1966) – The Wild Rebels (1967)

Jacobson, Gerhard

(Gérard), ** 21.5.1905 Berlin, † ?.* (Evtl. identisch mit dem 1948 in Jerusalem gefallenen Gabriel J.).

Filme: Stürme der Leidenschaft (1932, + F. Hollaender) – Quick (1932, + Heymann, Borgmann) – Ich bei Tag und du bei Nacht (1932, + W. R. Heymann)

Jäger, Ernst

(Alois Ernst J.), * *17.6.1913 Trmice/Türmitz (Bez. Aussig, Nordböhmen, heute: Ústí nad Labem, Tschechien), † 2.1.1975 München.* Spielte während des Krieges in einem Musikkorps, arbeitete ab 1946 für den Bayerischen Rundfunk, komponierte Unterhaltungs- und Schlagermusik sowie Musiken für Kultur- und Werbefilme und einige Spielfilme.

Filme: Ehe für eine Nacht (1952) – Der Orgelbauer von St. Marien (1961)

Jahr, Heinz

* *18.6.1919 Berlin, † 2002.* Kapellmeister des Theaters am Schiffbauerdamm in Berlin, Komponist von Unterhaltungsmusik, Musik für Hörspiele, zahlreiche Kultur- und Industriefilme.

Film: Besondere Kennzeichen: keine (1956)

James, Bob

(Robert), * *25.12.1939 Marshall, Michigan, USA.* Begann früh Klavier zu spielen und studierte später Komposition an der Universität von Michigan (bis 1962). Er begeitete dann bis 1968 Sarah Vaughan und wurde 1973 durch Vermittlung von Quincy Jones Produzent bei Creed Taylors CTI Label. Er arbeitete hier u.a. für Grover Washington, Eric Gale und Quincy Jones und veröffentlichte vier eigene LPs mit Fusion-Jazz (»Touchdown«). 1976 ging er in dieser Eigenschaft zu CBS, arbeitete mit Joanne Brackeen und Mongo Santamaria, 1986 mit David Sanborn (»Double Vision«). J. arbeitet heute als Komponist für Broadway, TV (»Taxi«) und Film.

Filme: Daniel (1983) – Taxi (1978, TV-Serie) – Daniel (1983) – Hamlet (1990, TV) – An Enemy of the People (1990) – Man on the Moon (Der Mondmann, 1999; Angela-Thema aus »Taxi«)

Jankel, Chaz

Filme: An unsuitable Job For a Woman (1982) – Making Mr. Right (1987) – D.O.A. (1988) – Casual Sex? (1988) – Killing Dad (1989) – War Party (1989) – The Rachel Papers (1989) – Tales from the Darkside: The Movie (1990) – K2 (1992)

Jankowski, Horst

* *30.1.1936 Berlin-Pankow, † 29.6.1998 Radolfzell (Bodensee).* Pianist, Bandleader und Komponist. Arbeitete 1954–55 mit Caterina Valente, war 1955–60 beim Südfunktanzorchester (Erwin Lehn) und 1975–95 Leiter des RIAS-Tanzorchesters. Ein Hit wurde seine *Schwarzwaldfahrt*. Zahlreiche Schallplatten mit Unterhaltungs- und Tanzmusik.

Filme: Oh Jonathan, Oh Jonathan (1973, auch Darsteller) – Listen to My Story (1974) – Lady Dracula (1975) – Bella? (1984)

Jannacci, Enzo

* *3.6.1935 Mailand.* Ital. Komponist, arbeitete in den 70er und 80er Jahren für ital. und frz. Filme.

Filme: Le coppie (1970) – L'udenza (1971) – Romanza popolare (1974) – Pasqualino settebelleze (1976) – Saxofine (1978) – Matlosa (1981) – La nuit de Varennes (F 1982) – Scherzo des destino in agguate dietro l'angelo come un brigante du strada (1983)

Jans, Alaric

* *27.1.1949 St. Louis, Mo., USA.*

Filme: House of Games (1987) – Things Change (1988) – Homicide (1991) – The Water Engine (1992, TV) – The Winslow Boy (1999)

Jansen, Pierre

* *28.2.1930 Roubaix, Frankreich.* Studierte am Conservatoire Royal de Musique in Brüssel, ab 1953 bei den Darmstädter Ferienkursen für Neue Musik. J. ist ein vielseitiger Komponist, im Film arbeitete er seit 1960 oft mit dem Regisseur Claude Chabrol zusammen; er gilt als *der* Komponist des frz. »Cinéma des auteurs«.

Filme: Les bonnes femmes (1960) – Les godelureaux (1961) – Ophélia (1962) – L'œil du malin (Das Auge des Bösen, 1962) – Landru (Der Frauenmörder von Paris, F/I 1962) – Les plus belles escroqueries du monde (1964) – Marie Chantal contre le docteur Kha (1965) – Ligne de démarcation (1966) – Le scandale (Der Champagner-Mörder, 1966) –

La route de Corinthe (1968) – Les Biches (Zwei Freundinnen, F/I 1968) – Flammes sur L'Adriatiques (1968) – La femme infidèle (Die untreue Frau, F/I 1968) – Que la bète meure (Das Biest muß sterben, 1969) – Le boucher (Der Schlachter, F/I 1969) – La rupture (Der Riß, 1970) – Le sauveur (1971) – Juste avant la nuit (1971) – La décade prodigieuse (1971) – Docteur Popol (1972) – Les noces rouges (Blutige Hochzeit, 1973) – Le cri du cœur (1974) – Nada (1974) – Zum Abschied Chrysanthemen (D 1974) – Une partie de plaisir (1975) – Les innocents aux mains sales (Die Unschuldigen mit den blutigen Händen, 1975) – Nuit d'or (1976) – Mords pas on t'aime (1976) – L'état sauvage (Lautlose Angst, 1977) – La dentellière (Die Spitzenklöpplerin, 1977) – Les liens de sang (Blutsverwandte, 1977) – Alice ou la dernière fugue (Alice, 1977) – Violette Noizière (F/KAN 1978) – L'œil du maitre (1980) – Le cheval d'orgeuil (980) – Un homme en fuite (1980) – Le grand frère (1982) – Rebelote (1983) – Monsieur de Pourceaugnac (1985) – Le mariage de figaro (1989)

Janssen, Werner

** 1.6.1899 N.Y., USA, † 19.9.1990 Stonybrook, N.Y.*

Filme: The General Died at Dawn (Der General starb im Morgengrauen, 1936; + Gerard Carbonara) – Blockade (1938) – Eternally Yours (Die Liebestournee, 1939) – Winter Carnival (1939) – The House Across the Boy (1940) – Slightly Honorable (1940) – Guest in the House (1944) – The Southerner (Der Mann aus dem Süden, 1945) – Captain Kidd (Unter schwarzer Flagge, 1945) – Ruthless (Ohne Erbarmen, 1948)

Jarczyk, Herbert

** 10.2.1913 Kattowitz-Laurahütte (heute Katowice, Polen), † 21.10.1968 München.* Dt. Komponist, Bruder von → Michael Jary. Arbeitete als Konzertpianist, Dirigent und Komponist. Er schrieb zahlreiche Film- und TV-Musiken (»Der Kommissar«, »Kriminalmuseum«, »Die 5. Kolonne« u.a.).

Filme: Hallo, Sie haben Ihre Frau vergessen (1948) – Spatzen in Gottes Hand (1950) – Es begann um Mitternacht (1950) – Begierde (1950) – Wetterleuchten am Dachstein (1952) – Geh mach dein Fensterl auf (1953) – Hochzeitsglocken (1953) – André und Ursula (1955) – Das Erbe vom Pruggerhof (1955) – Parole Heimat (1955) – San Salvatore (1955) – Schütze Lieschen Müller (1956) – Vater macht Karriere (1956) – Vergiss wenn du kannst (1956) – Von allen geliebt (1957) – Jägerblut (1958) – Ein Amerikaner in Salzburg (1957) – Heiße Ware (1958) – Zweimal Adam, einmal Eva (1959) – Der lustige Krieg des Hauptmann Pedro (1959) – Die Brücke des Schicksals (1960) – Toller Hecht auf krummer Tour (1961) – Drei weiße Birken (1961) – Der Fluch der grünen Augen (1963) – Ein Ferienbett mit 100 PS (1964) – Nebelmörder (1964) – Die Drei Scheinheiligen (1964) – St. Pauli Herbertstraße (1965) – Der nächste Herr, die selbe Dame (1967) – Kamillas junger Freund (1975)

Jarre, Maurice Alexis

** 13.9.1924 Lyon, Frankreich.* Der Vater des New Age-Adepten Jean-Michel J. (* 24.8. 1948 Lyon) studierte am Konservatorium in Paris und bei A. Honegger und schrieb ab 1950 Musik für die Bühne, bes. für das Théatre de Paris (J. L. Barrault, mit Pierre Boulez, arbeitete mit Cocteau, Harold Pinter u. Albert Camus) und für Kurzfilme, ehe er sich 1955 ganz der Filmmusik widmete und dort sehr erfolgreich war, u.a. mit Musik für Filme von David Lean wie »Dr. Schiwago«, aber auch für »Die Blechtrommel« und die TV-Serie »Shogun«. Über *Lara's Theme*, den kommerziellen Mittelpunkt von »Dr. Schiwago«, schreibt Leonard Rosenman, das Stück werde von einem Orchester intoniert, das sich anscheinend im letzten Stadium der Elephantiasis befinde. Das amateurhaft verschlungene Trachten nach Abwechslung, die falsche Notensetzung und die ungehobelten harmonischen Fügungen ergäben ein schlechtes Stück Musik. J. schrieb auch Orchesterwerke und Ballette. »A Godzilla-eats-the-Steel-Pier type of composer.« (Billy May)

CD: A Tribute to David Lean, Milan 21101312 – OST, Doctor Zhivago, EMI CDODEON 1 – OST, A Walk in the Clouds, Milan 21286662 – Film Music of M. J., BISS MCCD 277 – Musique de scene pour le théatre National Populaire, Milan 21468312 – & Royal Philhamonic Orch. at Abbey Road, Milan 2623212 – OST, Sunshine, Milan 729862 – The Collector, Mainstream 608

Filme: Hotel des Invalides (1952) – Théatre National populaire (Dok, 1956) – Toute la mémoire du monde (1956) – Sur Le Pont d'Avignon (1956) – Le Bel Indifferent (1957) – La tète contre les murs (1958) – 1959 – Les yeux sans visage (Augen ohne Gesicht/Das Schreckenshaus des Dr. Rasanoff, F/I 1959) – Les Dragneuers (1959) – Crack in the Mirror (USA 1960) – The Big Gamble (Das große Wagnis, USA 1960) – Pleins feux sur l'assassin (Mitternachtsmörder, 1961) – Le temps de ghetto (Die Zeit des Ghetto, 1961) – La bride sur le cou (In Freiheit dressiert, 1961) – Lawrence of Arabia (Lawrence von Arabien, 1962) – The Longest Day (Der längste Tag, USA 1962) – Cybéle, ou les dimanches de ville d'Auvray (1962) – Les oliviers de la justice – Therése Desqueyroux (1962) – Mourir á Madrid (Sterben für Madrid, 1962) – Judex (1963) – Le train (Der Zug, F/I/USA 1963) – Behold a Pale Horse (Deine Zeit ist um, USA 1964) – Dünkirchen, 2. Juni 1940 (1964) – Is Paris Burning? (Brennt Paris?, F/USA 1965) – The Collector (Der Fänger, USA 1965) – Dr. Schiwago (USA 1965) – The Professionals (Die gefürchteten Vier, USA 1966) – The Gambit (Das Mädchen aus der Cherry-Bar, USA 1966) – Grand Prix (1966) – The Extraordinary Seaman – The 25th Hour – The Night of the Generals (Die Nacht der Generale, USA 1967) – Five Card Stud (Todfeinde, USA 1968) – Isadora (UK 1968) – Rio Morte – Villa Rides (Pancho Villa reitet, USA 1968) – Barbarella (I/F 1967) – The Fixer (USA 1968) – The Damned – Topaz (USA 1969) – Götterdämmerung (D/I 1969) – The Only Game in Town (Das einzige Spiel in der Stadt, USA 1970) – Ryan's Daughter (Ryans Tochter, UK 1970) – La caduta degli dei (1970) – El Condor (USA 1970) – Two Bits – A Session in Hell (1970) – Soleil rouge (Die rote Sonne, 1971) – Plaza Suite (Hotelgeflüster, USA 1971) – Life and Times of Judge Roy Bean (Das war Roy Bean, USA 1972) – Pope Joan (Papst Johannes, UK 1972) – The Effect of Gamma Rays on Man-in-the-Moon Marigolds (Die Wirkung von Gammastrahlen auf Ringelblumen, USA 1972) – The Mackintosh Man (Der Mackintosh Mann, UK 1973) – Ash Wednesday (Die Rivalin, USA/UK 1973) – The Island at the Top of the World (Die Insel am Ende der Welt, USA 1974) – Mandingo (USA 1975) – The Man Who Would be King (Der Mann der König sein wollte, 1975) – Shout at the Devil (Brüll den Teufel an, UK 1975) – Posse (Männer des Gesetzes, 1975) – The Message (UK) – The Last Tycoon (Der letzte Tycoon, USA 1976) – Mohammed, Messenger of God (Libanon 1976) – March or Die (UK 1977) – Der Magier (D/KAN/Israel 1979) – Die Blechtrommel (D/F 1979; OST: Celine) – The Black Marble (Hollywood Cops, USA 1980) – Resurrection (Starke Willen, USA 1980) – Lion Of The Desert (UK 1980) – The Last Flight of Noah's Ark (Bruchlandung im Paradies, USA 1980) – Die Fälschung (D/F 1981; OST: WEA) – Firefox (USA 1982) – Young Doctors in Love (Küß mich Doc!, USA 1982) – The Year of Living Dangerously (AUS 1983) – A Passage to India (Die Reise nach Indien, UK 1984) – Dreamscape (1984) – Mad Max III: Beyond Thunderdome (Jenseits der Donnerkuppel, AUS 1985) – Witness (Der einzige Zeuge, USA 1985) – The Bride – Enemy Mine (Geliebter Feind, USA 1985) – Mosquito Coast (USA 1986) – Tai Pan (1986) – No Way Out (USA 1987) – Fatal Attraction (USA 1987) – Moon Over Parador (USA 1988) – Gorillas in the Mist (Gorillas im Nebel, USA 1988) – Chances Are (USA 1989) – Death Poets Society (Club der toten Dichter, USA 1989) – Enemies, A Love Story (USA 1989) – Jacob's Ladder (USA 1990) – Almost an Angel (USA 1990) – Ghost (1990) – After Dark, My Sweet (1990) – Fires Within – Only the Lonely (1991) – School Ties (Der Außenseiter, 1991) – Wild Fire – Shadow of the Wolf (1992) – A Walk in the Clouds (1995) – Le jour et la nuit (Der Tag und die Nacht, F 1996) – Sunchaser (1996) – A Taste of Sunshine ((KAN/UNG/D/A 1998) – I Dreamed of Africa (Ich träumte von Afrika, 1999) – Jesus of Nazareth (OST: Castle) – Uprising (2002, TV)

Jary, Michael

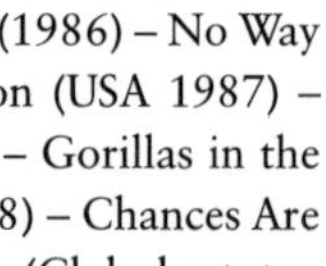

(eigentlich Maximilian Michael Andreas Jarczyk), ** 24.9. 1906 Kattowitz-Laurahütte/ Oberschlesien, † 12. 7. 1988 Careggio (Schweiz).* Dt. Film- und Schlagerkomponist. War bis 1945 Hauskomponist der UFA, schrieb hier u.a. die Musik für den Zarah Leander-Film »Die große Liebe«. 1945 gründete er das RBT-

Orchester und im folgenden Jahr das Rundfunkorchester von Saar-Radio. Arbeitete ab 1953 als Musikverleger und Filmproduzent. Er schrieb rund 140 Filmmusiken und musikalische Komödien sowie zahlreiche Lieder und erwarb sich damit den Ruf eines »Deutschen Schlagerkönigs«. Er ist zu sehen im Film »Große Starparade«. Seine Lieder aus den 30er Jahren entsprachen völlig den Durchhalteparolen von Goebbels, bes. *Davon geht die Welt nicht unter* und *Ich weiß, es wird einmal ein Wunder geschehen.*

CD: Seine größten Erfolge, PASS 9085 – Sing, Nachtigall, sing, TMK 008486 – Das machen nur die Beine von Dolores, TMK 009819

Filme (Lieder): Die große und die kleine Welt (1936) – Spiel an Bord (1936, + Heinrich Strecker) – Die un-erhörte Frau (1936) – Mädchen für alles (1937) – Die Frau des Anderen (1937, + A.Pepöck, H.Hilms) – Schüsse in Kabine 7 (*Der Onkel Jonathan*, 1938) – Abenteuer in Warschau (*So tanzt man in Polen*, 1938) – Schwarzfahrt ins Glück (*Roter Mohn*, 1938) – Lauter Lügen (*Lauter Lügen*, 1938) – Nanu, Sie kennen Korff noch nicht? (1938) – Männer müssen so sein (1939, *Der Onkel Jonathan*) – Der Florentiner Hut (1939) – Paradies der Junggesellen (1939, *Das kann doch einen Seemann nicht erschüttern*) – Kitty und die Weltkonferenz (1939) – Weißer Flieder (1940) – Zwei Welten (1940) – Falschmünzer (1940) – Blutsbrüderschaft (*Warum ist die Banane gelb*, 1941) – Auf Wiedersehn Franziska (1941, *Wir gehn so leicht am großen Glück vorbei*) – Familienanschluß (*Laß mich heute Abend nicht allein*, 1941) – Kleine Mädchen, große Sorgen (1941) – Was geschah in dieser Nacht (1941) – Die große Liebe (*Ich weiß, es wird einmal ein Wunder geschehn/Davon geht die Welt nicht unter/Mein Leben für die Liebe*, 1942) – Das große Spiel (*Was macht die Fußballbraut am Sonntagnachmittag*, 1942) – Karneval der Liebe (*Durch dich wird diese Welt erst schön*, 1943) – Ein Mann mit Grundsätzen (*Laß mein Herz bei mir zurück/Hallo Fräulein*, 1943) – Geliebter Schatz (1943) – ... Und die Musik spielt dazu (1943, + F.Raymond, nach »Saison in Salzburg«) – Großstadtmelodie (1943, + W. Bochmann, R.Perak) – Maske in Blau (1943, + F. Raymond) – Gabriele Dambrone (1943) – Fahrt ins Glück (1944) – Das war mein Leben (1944) – Intimitäten (1944) – Melusine (1944) – Ein Mann wie Maximilian (1945) – Liebe nach Noten (1945, UA 1950) – Straßenbekanntschaft (DDR 1949) – Große Starparade (1949) – Die Dritte von rechts (*Leise rauscht es am Missouri*, 1950) – Die verschleierte Maja (*Das machen nur die Beine von Dolores/Das ist nichts für kleine* Mädchen, 1951) – Tanzende Sterne (*Mäckie Boogie*, 1952) – Der bunte Traum (*Sante Fe*, 1952) – Das unmögliche Mädchen A 1951) – Toxi (1952) – Der keusche Lebemann (1952) – Tanzende Sterne (1952) – Königin der Arena (1952) – Mikosch rückt ein (1952) – Die Kaiserin von China – Schlagerparade (1953, auch Auftritt) – Das singende Hotel (1953) – Keine Angst vor großen Tieren (1953) – Große Starparade – Columbus entdeckt Krähwinkel (1954) – Mannequins für Rio – An jedem Finger Zehn – Fräulein vom Amt (*Heut' liegt was in der Luft*, 1954) – Wie werde ich Filmstar – Vatertag – Drei Tage Mittelarrest (1955) – Banditen der Autobahn – Zwei blaue Augen (1955) – Mädchen mit schwachem Gedächtnis (1956) – Der schräge Otto (1956) – Die gestohlene Hose (1956) – Die Zürcher Verlobung – Tolle Nacht – Drei Mann auf einem Pferd – Das Herz von St. Pauli – Nachts im Grünen Kakadu (1957) – Zwei Herzen im Mai (1957) – Hoppla, jetzt kommt Eddie – Bobby Dodd greift ein – Der Schatz vom Toplitzsee (1959) – Pension Schöller (1960) – Kauf' dir einen bunten Luftballon (1960) – Mal drunter, mal drüber – Mein Mann, das Wirtschaftwunder (1960) – Bei Pichler stimmt die Kasse nicht (1961)

Jaubert, Maurice

(Jacques Joseph Eugène), * *3.1.1900 Nizza, Frankreich, † 19.6.1940 Azerailles (Meurthe-et-Moselle) (gefallen).* Frz. Komponist, Sohn eines berühmten Anwalts. Hatte eine juristische Ausbildung, fand aber mit Anfang 20 seine wahre Berufung. Er schrieb Orchesterwerke, Kammermusik, Ballette, Theater- und Filmmusik, u.a. für Filme von René Clair, Jean Vigo und Marcel Carné. Als Mitglied der intellektuellen Linken komponierte er in den politisch bewegten 30er Jahren viele engagierte Werke mit populärem Anstrich. F. Truffaut hat posthum für vier seiner Filme Musik von J. verwendet* . Im Film »Das grüne Zimmer« sagt Julien Davenne (Truffaut) über J.: »Ich hatte ihn fast völlig vergessen. Aber als ich eines Tages im Radio ein Stück von ihm hörte, da merkte ich, dass seine Musik voller Klarheit und Sonne ist, um die Erinnerung an all diese Verstorbenen zu begleiten«.

Filme: Le petit chaperon rouge (1929) – Die wunderbare Lüge der Nina Petrowna (1929) – Zéro de conduite (1932) – L'affaire est dans le sac (1932) – Quatorze juillet (1932) – L'Atalante (1933) – Großstadtnacht (D 1933, + K. Rathaus, K.Schröder; dt. Fassung von »Nuits de Paris«) – La vie d'un fleuve (1933) – Pays du Scalp – Zéro de conduite (1933) – Le dernier milliardaire (1934) – L'île de paques – Mayerling (1936) – Drole de drame (Ein sonderbarer Fall, 1937) – Un carnet de bal (1937) – Les maisons de la misère (1937) – Altitude 3200 (1937) – We live in Two Worlds (1937) – Quai des Brumes (Hafen im Nebel, 1938) – Hotel du nord (1938) – Bizarre, Bizarre – Le jour se lève (Der Tag bricht an, 1939) – La fin du jour (1939) – Air Pur – L'esclave blanche (Die weiße Sklavin, 1939) – Adèle H.* (1975) – L'argent de poche* (Taschengeld, 1975) – L'homme qui amait les femmes* (Der Mann der die Frauen liebte, 1977) – Das grüne Zimmer*

Jeger, Ben

(Benedikt), * *17.2.1953 in ?.*

Filme: Zorn oder Männersache (1980) – Winterstadt – O wie Oblomov (1981) – Klassengeflüster – Das ganze Leben (1982) – Der Gemeindepräsident (1983) – Akropolis Now – Haus im Süden (1984) – After Darkness (1985) – Hammer – Der Pendler (1986) – Maxantino (1989) – Das vergessene Tal – Bingo (1990) – Gente di mare (1992) – Werangstwolf (1996)

Jenkins, Gordon

* *12.5.1910 Webster Groves, Mo., USA, † 1.5. 1984 Malibu, Calif.* Der namhafte Arrangeur, Komponist und Dirigent hatte seinen ersten Job als Banjospieler in Tanzorchestern in St. Louis. 1936 ging er als Arrangeur zu Isham Jones, arbeitete dann für Paul Whiteman, Benny Goodman, Vincent Lopez u. André Kostelanetz. In den 40er Jahren war er Musikchef am Sender NBC in Kalifornien und Dirigent bei Dick Haymes' Radio Show. Ab 1945 A&R bei Decca Records, schrieb Musik für Filme, arrangierte für viele Vokalisten, aber auch für Artie Shaw und Louis Armstrong. 1949 Broadway-Show »Along Fifth Avenue« (Text Tom Adair). Seit den 50er Jahren Freelance-Arrangeur für u.a. Frank Sinatra, Nat King Cole, Marlene Dietrich, Peggy Lee, Ethel Merman, Dorothy Collins, Martha Tilton, Maria Cole, Eileen Wilson, die Weavers (1950 Nr.1-Hit *Goodnight Irene*), sogar den Rock-Barden Nilsson. Seine Suite *Manhattan Tower* (1945) wurde zu einem der Schlüsselwerke der LP-Ära. Nach seiner ersten Aufnahme für Decca entstand noch eine weitere für Capitol, außerdem aufgenommen von Mercury (mit Patti Page) u. Columbia (mit Robert Goulet). J. war verheiratet mit der Sängerin Beverley Mahr, die auf vielen seiner Schallplatten im Chor singt.

«One of the modern geniuses of good pop music.« (Frank Sinatra)

Filme: Strange Music (1946) – Bwana Devil (Bwana der Teufel, 1952) – First Deadly Sin (Die erste Todsünde, 1980)

Jeremias, Ottokar

(Otakar), * *17.10.1892 Písek, ČSR, † 5.5.1961 Prag.*

Film: Port Arthur (ČSR/D/F 1936)

Jerome, M. K.

(J. Maurice Kraus), * *18.7.1893 N.Y., USA, † 8.1.1977 Santa Monica, Calif.* Songschreiber mit langer Filmkarriere. Begann als Pianist im Vaudeville und in Stummfilmkinos, arbeitete dann für den Musikverlag Waterson, Berlin & Snyder. Gründete eigenen Verlag in N.Y. Ging 1929 nach Hollywood, arbeitete dort 18 Jahre für Warner Brothers. Schrieb u.a. Songs für den Film-Klassiker »Casablanca«.

Filme: Little Johnny – The Painted Angel (1929) – Evidence (1929, Song*: Little Cavalier*) – Bubbles (1930) – Friends of Mr. Sweeney –Housewife – Desirable – 6 Day Bike Rider – The St. Louis Kid – Babbitt – The Secret Bride – Myrt and Marge – I Sell Everything – Big-hearted Herbert (1934) – G-Men – The Irish in Us – Dr. Socrates – Red Hot Tires – Moonlight on the Prairie – The Pay-off (1935) - Miss Pacific Fleet (1935, Songs) – The Widow From Monte Carlo – Traveling Saleslady – The Right to Live – Don't Bet on Blondes – Devil Dogs of the Air – Ceiling Zero – The Case of the Lucky Legs – Alibi Ike (1935) – Freshmen Love – Song of the Saddle – Colleen – Times Square Playboys – Treachery Rides the Ranges – Satan Met a Lady – California Mail – Trailin' West – The Captain's Kid – King of Hockey – Give Me Liberty – Under Southern Stars (1936, Songs) – Polo Joe – Love Begins at Twenty – Hot Money – Here Comes Carter (1936) – Smart Blonde – Guns of the Pecos – Land Beyond the Law (1937) – Call It a Day (1937, Songs) – Melody for Two (1937, Song) – The Cherokee Strip (1937) – Talent Scout (1937) – The Go Better (1937, Song: *It Shall Be Done*) – Kid Galahead – Blazing Sixes – Ever Since Eve – Public Wedding – Empty Holsters – The Devil's Saddle Legion – Dance Charlie Dance – Varsity Show (1937) – Over the Goal (1937, Songs) – The Footlose Heiress – Expensive Husbands – That Man's Here Again – Her Husband's Secretary (1937) – My Little Buccaroo (1938, Song) – Over the Wall – Katnip College (1938, Songs) – Men Are Such Fools (1938) – Boy Meets Girl (1938, Song: *With a Pain In my Heart*) – Broadway Musketeers – Four's a Crowd – Comet Over Broadway (1938) – Swingtime in the Movies (1938, Songs) – She Loved a Fireman – Sergeant Murphy (1939) – A Slight Case of Murder (Vier Leichen auf Abwegen, 1938, + Jack Scholl) – Dust Be My Destiny – Kid Nightingale – On Dress Parade – The Royal Rodeo – Quiet Please (1939) – Tear Gas Squad – All This, and Heaven Too – Santa Fe Trail – Torrid Zone – Calling All Husbands (1940) – Those Good Old Days – Wild Bill Hickock Rides (1941) – Casablanca (1942; Songs: *Knock on Wood, That's What Noah Done, Muse's Call*) – Juke Girl – The Hard Way (1942, Songs) – Three Cheers for the Girls (1943, Song: *The Floreadora Chorus of the Screen*) – Bombardier (1943, Songs) – Muscial Movieland – Hollywood Canteen – Shine On, Harvest Moon (1944) – Christmas in Connecticut (1945, Song: *The Wish That I Wish Tonight*) – San Antonio (1945) – Janie Gets Married – Cheyenne – Nora Prentiss – Love and Learn (1947) – Race Street (1948, Song: *I'm in a Jam with Baby*) – The Daughter of Rosie O'Grady (1950, Songs) – Holiday Rhythm (1950, Song: *I'll Think It Over*) – The Big Trees (1952, Songs) – Miracle in the Rain (1956, Song: *I'll Always Believe in You*) – Glory (1956, Songs)

Jobim, Antonio Carlos

(A. C. Brasileira de Almeida Jobim, »Tom«, Ps. Tony Brazil), * *25.1.1927 Rio de Janeiro, Brasilien, † 8.12.1994 N.Y., USA*. J. war musikalischer Leiter der Fa. Odeon und sorgte in dieser Eigenschaft für die Veröffentlichung von Schallplatten seines Freundes João Gilberto, die einige Jahre später als »Bossa Nova« berühmt werden sollten, bes. nachdem Stan Getz die Jobim-Komposition »Desafinado« aufgenommen hatte. J. gehört als Gitarrist, Pianist und Komponist zu den bedeutenden Figuren der »Música Popular Brasileira«. Er nahm Schallplatten auf mit Stan Getz, Elis Regina, Frank Sinatra, Herbie Mann u.a.; unter seinem Namen für Verve, Warner Brothers, Philips, A&M, Sony. Er komponierte u.a. *Corcovado, One Note Samba, Agua de beber, Triste, A Felicidade, Insantenez, Meditacao.*

Filme: Orfeo Negro /(F/I 1959, + L.Bonfa) – The Adventurers (Playboys und Abenteurer, USA 1969; Song: *Adventure;* OST: Paramount)

Johannson, Gunnar

* *23.3.1906 Arvika*. Schwedischer Komponist im Film der 40er Jahre.

Filme: Valfaangare (1939) – Kadettkamrater (1939) – Kronmlom (1947 – Livet i flunskogarna – Flickorna i Smaland – Lata Lena ocla bla ogde per (1947) – Katrina (1949)

Johansson, Jan

* *16.9.1931 Söderhamn, Schweden, † 9.11. 1968 Stockholm*. Der schwedische Jazzpianist und Komponist wurde bekannt 1956–59 in der Band von Gunnar Johnson, war 1958 mit Stan Getz auf Tournee und spielte 1959 mit Oscar Pettiford im Kopenhagener Club Montmarte. Ab 1961 arbeitete er mit Arne Domnerus oder eigenen Gruppen, nahm an einer »Jazz at the Philharmonic«-Tournee teil und trat bei Festivals auf. J. war einer der originellsten europäischen Pianisten seiner Zeit; er komponierte auch Orchesterwerke und Filmmusiken.

Filme: Barnvagnan (1963) – Nattlek (1966) – The Touch (USA/S 1970)

John, Elton

(eigentl. Reginald Kenneth Dwight), * *25.3. 1947 Pinner, Middlesex, England*. Begann mit vier Jahren Klavier zu spielen, studierte später an der Royal Academy of Music, gründete in den frühen 60er Jahren seine erste Band Bluesology und wurde 1965 Profi. In seiner ersten Band spielten Long John Baldry und Elton Dean, deren Vornamen er dann für sein Pseudonym verwendete. J. begann Songs zu schreiben, zunächst mit Bernie Taupin, mit dem er 1968 als Songschreiber zu DJM Records ging. Seine ersten LPs wurde noch weitgehend ignoriert, aber ab 1972 hatte er eine Reihe von Hit-Alben mit Titeln wie *Rocket Man, Daniel, Goodbye Yellow Brick Road, Candle in the Wind* etc., meist sehr dürftige, aber unglaublich erfolgreiche Songs. Heute ist J. einer der erfolgreichsten Musiker/Sänger überhaupt und einer der reichsten Männer in England. Musicals: »Aids«, »König der Löwen« (2001).

Lit.: Philip Norman, E. J., The Biography, 1998. – Susan Crimp and Patricia Burstein, The Many Lives of E. J., 2000

Filme: Friends (Die jungen Liebenden, USA 1971, + Bernie Taupin) – The Lion King (5 Songs mit Tim Rice: u.a. *Can You Feel the Love Tonight*)

Johnson, J. J.

(James Louis Johnson), * *22.1.1924 Indianapolis, Ind., USA, † 3.2.2001 ebd. (Freitod).* Lernte mit elf Jahren Klavier, mit 14 Posaune. Spielte in den 40er Jahren in den Bands von Clarence Love, Snookum Russell, Benny Carter, Count Basie, Dizzy Gillespie und div. Bebop-Gruppen. 1954–56 Zwei-Posaunen-Combo mit Kai Winding. Leitete dann eigene Gruppen, galt jetzt als der führende Posaunist des modernen Jazz. Begann zu komponieren, z.B. *Perceptions* für Gillespie. Ab 1970 arbeitete er in Hollywood als Film- und TV-Komponist, trat aber nach 1977 wieder als Jazzmusiker hervor. Zahlreiche Schallplatten als Sideman und Leader.

Filme: The Bold Ones (TV 1963–67, + Gil Melle) – That Girl (TV 1966–71) – Mayberry RFD (TV 1968–71) – Mod Squad (TV 1968–73, + Billy, May, Shorty Rogers) – Barefoot in the Park (Barfuß im Park, Film 1970 und TV-Serie, 1969–71) – Make Room for Granddaddy (TV 1970–71) – Man and Boy (1971) – Across 110th Street (1972; + Bobby Womack) – Top of the Heap (1972) – Cleopatra Jones (1973; OST: WEA) – Badge 373 (1973) – Willie Dynamite (1973) – Roll Out! (TV 1973, + Benny Golson) – Chase (TV, 1973–74, + Oliver Nelson) – Sea of Love – Harry O (TV 1974–76) – Starsky and Hutch (TV 1975–78, + L.Schifrin, Shorty Rogers, Allyn Ferguson, Jack Elliott) – Street Killing (1978) – Buck Rodgers in the in the 25th Century (TV 1979/80, + Mike Melvoin)

Johnson, Laurie

(Lawrence), * *7.2.1927 London-Hampstead.* Engl. Komponist und Arrangeur, arbeitete u.a. für die Bandleader Jack Parnell und Ted Heath, ehe er sich dem Film zuwandte.

Filme: Good Companions (1956) – No Trees in the Street (Straße ohne Zukunft, 1958) – Tiger Bay (Tiger-Bay, 1959) – I Aim at the Stars (Werner von Braun, 1960) – Spare the Rod (1961) – The Siege of the Saxons (Das Schwert des Königs, 1963) – Bitter Harvest (Die Schule des süßen Lebens, 1963) – The Avengers (Emma Peel: Meine tollsten Abenteuer mit John Steed) – The New Avengers – Dr. Strangelove Or How I Learned to Stop Worrying and Love the Bomb (Dr. Seltsam oder Wie ich lernte die Bombe zu lieben, 1963) – The Beauty Jungle (Wir zeigen was wir haben, 1964) – First Men in the Moon (Erste Fahrt zum Mond, 1964) – East of Sudan (Östlich vom Sudan, 1964) – You Must Be Joking (1964) – Captain Kronos – Vampire Hunter – And Soon the Darkness (1970) – The Belstone Fox (Keine Gnade für den Fuchs, 1973) – The Maids (Die Zofen, 1974) – Hedda (1975 – It Shouldn't Begin to a Vet (1976)

Johnson, Sy

(Sivert Bertil, Jr.), * *15.4.1930 New Haven, Conn., USA.* Studierte Klavier, lernte in Air Force Band John Williams kennen, der ihn zum Arrangieren animierte. Erstes Arr. für Count Basie. Ging 1959 nach N.Y., arbeitete mit Ornette Coleman, Charles Mingus, Rod Levitt, studierte an der Juilliard School und der Eastman School of Music. Schrieb Arrangements für Ruby Braff, Gerry Mulligan, Thad Jones-Mel Lewis, Lee Konitz. Trat in den 80er Jahren als Pianist mit Joe Williams und Frank Sinatra auf. Schrieb Musik für Filme und TV und die Broadway-Show »Black and Blue« sowie die Oper »The Hobbit« (nach Tolkien). Er unterrichtet am Berklee College, der Harvard Univ. und dem New England Konservatorium.

Filme: The Wiz (1978) – The Cotton Club (1984) – The Color People (1985)

Johnston, Arthur James

** 10.1.1898 N.Y., USA, † 1.5.1954 Corona del Mar, Calif.* Songschreiber der 30er Jahre, meist in Zusammenarbeit mit Sam Coslow, aber auch mit Johnny Burke und Gus Kahn. Er begann mit 15 Jahren in Stummfilmkinos Klavier zu spielen, war mit 17 Pianist und Arrangeur für einen Musikverlag, arbeitete für Irving Berlin als Pianist und Leiter seiner Bühnenproduktionen. 1929 ging er nach Hollywood und arbeitete dort für den Film, war zwischendurch viermal in England um dort für Bühnen und Film zu arbeiten. Von seinen Songs wurden *Cocktails for Two* und *Pennies from Heaven* zu Standards.

Filme: College Humor (1933) – Too Much Harmony (1933) – Hello Everybody (1933) – Belle of the Nineties (1934) – Murder in the Vanities (1934) – The Girl Friend (1935) – Thanks a Million (1935) – Pennies from Heaven (1936) – Double or Nothing (1937) – Go West Young Man (1937) – St.Martins Lane (UK 1938)

Jones, Brian

(Lewis Brian Hopkins-Jones), ** 28.2.1942 Cheltenham, Gloustershire, England, † 3.7. 1969 Hartford, Sussex*. J. war Rhythmusgitarrist der Rolling Stones und neben Mick Jagger die Identifikationsfigur der Gruppe. Von ihm stammt die Musik zum Volker Schlöndorff-Film »Mord und Totschlag« (1967), in dem seine Freundin Anita Pallenberg mitwirkte.

Jones, Booker T.

** 12.11.1944 Memphis, Tenn., USA*. Der Soul-Organist gründete 1962 die Gruppe Booker T And the MGs mit Steve Cropper (g, * 21.10.1941 Willow Spring, Mo.), Lewis Steinberg (b) und Al Jackson Jr. (d, * 17.11.1934 Memphis, Tenn.). Die Gruppe hatte ihren ersten Hit mit *Green Onions* und wurde damit und etlichen weiteren Hits das Rückgrat des Stax-Labels. Steinberg wurde ersetzt durch Donald »Duck« Dunn (* 24.11.1941 Memphis, Tenn.). Die MGs (= Memphis Group) löste sich 1971 auf, eine neue Gruppe gab es 1973. Cropper und Dunn spielten 1980 im Film »Blues Brothers«.

Film: Up Tight (1968)

Jones, Brynmor Llewelyn

** 27.3.1950 London, England*. Studierte Komposition in England, Dirigieren in Mailand bei Mario Gusella, absolvierte Meisterkurse bei Otmar Suitner und Witold Rowicki. Dirigierte in vielen europ. Städten. Aufnahmen mit dem Scharoun Ensemble, dem RIAS-Kammerchor und dem NDR-SO Hannover. Mitbegründer und musikal. Leiter der Berliner Kammeroper. Komponierte Musik für Musicals, Filme und Hörspiele. J. lebt in Berlin.

Filme: Bella donna (1982) – Der Bulle und das Mädchen (D/A 1984) – Der Spiegel (1984) – Ein Blick und die Liebe bricht aus – Ein Treffen mit Rimbaud (1986) – Der Skipper (1989) – Verlorene Landschaft – Gorilla Bathes and Noon (1992) – Alles auf Anfang (1993) – Nur aus Liebe (1995) – Helden und andere Feiglinge (1998)

Jones, Guy Sidney

** 1875 Dublin, Irland, † ?.*

Filme: Kathleen (UK 1938) – The Human Monster/Dark Eyes of London (UK 1939)

Jones, Ken

(Kenneth), ** 2.10.1927 Manchester*. Engl. Komponist und Arrangeur.

Filme: High Flight (Kameraden der Luft, UK 1957; + D. Gamley; Titel-Marsch v. Eric Coates) – Indiscreet (Indiskret, UK 1957, + R. R. Bennett) – Sea Wife (1957, + Leonard Salzedo) – Tom Thumb (1958, + D. Gamley) – The Siege of Pinchgut (Zur Hölle mit Sidney, 1958) – Oscar Wilde (1959) Nearly a Nasty Accident (1961) – Psycho 59 (Das Verlangen, 1964) – Two Way Stretch (Die grüne Minna, 1960) – Offbeat (In den Fängen des FBI, 1960) – The Green Helmet (Der grüne Sturzhelm, 1961) Tarzan the Magnificent (Tarzan der Gewaltige, UK 1962) – The Girl on the Boat (1962) – Vengeance/The Brain (Ein Toter sucht seinen Mörder, UK/D 1962) – Tarzan Goes to India (Tarzan erobert Indien, UK 1962) – The Tomb of Ligeia (1964) – Battle Beneath the Earth (UK 1967) – Who Slew Auntie Roo? (1972) – Leopard in the Snow (USA/KAN 1977)

Jones, Ken

(Kenneth Victor), * *17.5.1924 Bletchley, Buckinghamshire, England.*

Filme: The Bandit of Zhobe (Der Bandit von Zhobe, UK 1958) – Intent to Kill (Duell mit dem Tod, 1958) – Ten Seconds to Hell (Vor uns die Hölle, 1959) – Room 43 (1959, + Jeff Davis) – There was a Crooked Man (Dynamit und krumme Touren, UK 1960) – The Projected Man (Frankenstein 70: Das Ungeheuer mit der Feuerklaue, 1966)

Jones, Quincy

(Quincy Delight Jr.), * *14.3.1933 Chicago, Ill., USA.* Wuchs in Seattle auf, erhielt Trompetenunterricht von dem Count Basie- und Duke Ellington-Trompeter Clark Terry. Studierte am Schillinger House (heute Berklee College), spielte anschließend zwei Jahre in der Big Band von Lionel Hampton, der auch seine erste Komposition aufnahm; mit diesem 1953 Europatournee. Arbeitete dann als Freelancer in N.Y., 1956 bei Dizzy Gillespie als Trompeter und musikal. Leiter. 1957 ging er nach Paris, studierte bei Nadia Boulanger and arbeitete für Barclay Records. 1959 wieder in den USA, wurde musikal. Leiter der »Free and Easy«-Blues-Oper von Harold Arlen, stellte dafür eine Big Band zusammen und ging mit der Truppe auf Europa-Tournee. 1961 wurde er A&R-Chef bei Mercury Records, 1964 Vizepräsident. Ließ sich in Hollywood nieder und arbeitete als Filmkomponist, Arrangeur und Schallplattenproduzent. Seine Filmmusiken haben nicht immer hohes Niveau: für ihn arbeiteten so viele Assistenten, Arrangeure (darunter auch der brilliante Billy Byers) und Ghostwriter, dass dabei seine Visionen (wenn er denn welche hatte) verlorengingen. Als Chef-Architekt der Karriere von Michael Jackson scheint er mehr Interesse an Geld als an Kunst zu haben. 1979 gründete er sein Label Qwest.

Lit. Listen Up, N.Y. 1991 – Qu. J., James McBride, Q., The Autobiography of Quincy Jones, N.Y. 2001. – Stewart A. Kallen, Quincy Jones, 1966 – Lee Hill Cavanaugh, Quincy Jones, Composer, Producer, 1998

CD: The Reel Quincy Jones, HIPD-40168 – Walk Don't Run, Mainstream 605

Filme/TV-Shows: Pojken i tradet (Die Wilderer vom Teufelsmoor, S 1961) – The Pawnbroker (Der Pfandleiher, 1964) – Mirage (Die 27. Etage, 1965) – The Slender Thread (Die Stimme am Telefon, 1965) – Walk, Don't Run (Nicht so schnell mein Junge, 1966) – The Deadly Affair (Anruf für einen Toten, 1966) – Hey Landlord (1966/67, TV) – In the Heat of the Night (In der Hitze der Nacht, 1967) – Ironside (1967, teilweise auch TV-Serie 1967–74) – Banning (1967, auch Song *The Eyes of Love*) – In Cold Blood (Kaltblütig, 1967) – Enter Laughing (1967) – The Split (Bullen, wie lange wollt ihr leben?, 1968, auch Songs *A Good Woman's Love, The Split, It's Just a Game*) – For Love of Ivy (Liebling, 1968) – A Dandy in Aspic (Todestanz eines Killers, 1968) – The Hell With Heroes (Die mit den Wölfen heulen, 1968) – Mackenna's Gold (1968) – The Slender Thread (Die Stimme am Telefon, 1968) – The Counterfeit Killer (Killer auf Befehl, 1968) – Jigsaw (Der nackte Tote, 1969) – The Italian Job (Charlie staubt Millionen ab, 1969) – The Lost Man (1969) – John & Mary (1969, auch Song *Maybe Tomorrow*) – Bob & Carol & Ted & Alice – Cactus Flower (Die Kaktusblüte, 1969) – The Out-of-Towners (Nie wieder New York, 1969) – Blood Skin/The Last of the Mobile Hotshots (1969) – Bill Cosby Show (TV, 1969–71) – Eggs (Cartoon, 1970) – Up Your Teddy Bears/The Toy Grabbers (1970) – Of Men and Demons (Cartoon, 1970) – They Call Me Mr. Tibbs (Zehn Stunden Zeit für Virgil Tibbs, 1970) – Honky (1971) – Brother John (Bruder John, 1971) – The Anderson Tapes (Der Anderson Clan, 1971) – Dollars/The Heist (Millionenraub, 1971; OST: WEA) – Killer by Night/The City by Night (Unsichtbare Mörder, 1971) – The Hot Rock/How to Steal a Diamond in Four Uneasy Lessons (Vier schräge Vögel, 1971) – The New Centurians/Precinct 45-L.A.Police (Polizeirevier L.A. Ost, 1972) – Sanford and Son (TV, 1972–77) – The Getaway (1972) – Dig (1972, Kurzfilm) – Roots (TV, 1977) – The Wiz (Der Zauberer, Arr., 1978; Songs Charlie Smales) – The Cannonball Run (Auf dem Highway ist die Hölle los, 1980) – The Color Purple (Die Farbe Lila, 1985; OST: WEA) – Listen Up (Die Leben des Quincy Jones, Dok., 1990) – Steel Man (1996) – Fantasia 2000 (1999) – TV: Roots – Menace II Society – Fresh Prince of Bel-Aire – Out All Night – Hardwood Dreams

Soundtrack, Musik: Trevor Jones

Jones, Trevor Alfred Charles

** 23.3.1949 Kapstadt, Südafrika.* Komponist von US-amerikan. und englischen Filmen der 80er Jahre bis in die Gegenwart (auch TV). Studierte in London bis 1970 an der Royal Academy, an der Universität von York und der National Film School. 1979 erste Musik für einen Kurzfilm: »The Dollar Bottom«. Nach bemerkenswerten Arbeiten für engl. Filme (»Time Bandits«, »Excalibur«) wurde Hollywood auf ihn aufmerksam; dort arbeitet er für Thriller und Horrorfilme, aber auch für Komödien wie »Nottinghill«.

Filme: The Beneficiary (1980, 6 Folgen) – Brothers and Sisters (UK 1980) – Excalibur (1981) – Time Bandits (1981) – The Dark Crystal (Der dunkle Kristall, UK 1982) – The Sender (Teuflische Signale, UK 1982) – Nate and Hayes (Insel der Piraten, UK/NZ 1983) – Those Glory Glory Days (1983) – Doctor Fischer of Geneva (1982, TV) – Aderyn Papur (UK 1984) – The Last Days of Pompeji (1984, TV) – ...And Pigs Might Fly (1984) – Runaway Train (1985) – Labyrinth (1986) – Angel Heart (1987; OST: MCA) – Dominick and Eugene – Just Ask for Diamonds – Mississippi Burning (Die Wurzeln des Hasses, 1988) – A Private Life (1988) – Sea of Love (Melodie des Todes, 1988) – By Dawn's Early Light (1989, TV) – Sweet Lies (1989) – Criss Cross (Überleben in Key West, 1990) – Blame it on the Bellboy (Irren ist mörderisch, 1990) – Brassed Off – Arachnaphobia (1990) – Bad Influence (1990) – True Colors – Murder by Moonlight (1991, TV) – Free Jack (1991) – Freejack – Blame it on the Bellboy – Chains of Gold – The Last of the Mohicans (Der letzte Mohikaner, 1992, + R.Edelman) – Cliffhanger (1993) – Death Train (1993, TV) – In the Name of the Father (Im Namen des Vaters, IRL/USA/UK 1993) – Kiss of Death (1994) – Hideaway (Das Versteckspiel, 1994) – Richard III (UK 1995) – Loch Ness (1995) – Roseanna's Grave (Roseannas letzter Wille, 1996) – Brassed Off (1996) – Gulliver's Travels (1996, TV) – G.I. Jane (1997; OST: Hollywood) – Heimliche Freunde (1997) – The Mighty (Gemeinsam sind sie stark, 1997) – Dark City – Titanic Town – Talk of Angels (1998) – Merlin (1998, TV) – The Mighty – Desparate Measures (1998) – Molly (1999) – Cleopatra (1999, TV) – Notting Hill (1999) – Thirteen Days (2000) – The Long Run – From Hell (2001) – Crossroads (2002)

Jönsson, Hans

** 26.10.1913 Berlin, † 30.9. 1993 Wiesbaden.* Dt. Komponist, arbeitete für Funk (Hörspielserie »Paul Temple«), TV und Film, schrieb Unterhaltungsmusik und vertonte Stummfilme.

Neuvertonung v. Stummfilmen: Die freudlose Gasse – Die Hose – div. Harold Lloyd-Filme – Madame Dubarry – His Royal Slyness – Anna Boleyn – Girl Shy – Su skal aere din hustru – Jiddische Glikn – *TV-Filme*: Das Halstuch – Tim Frazer – Die Frau in Weiß – Der rote Schal – Lucilla u.a.

Joost, Oskar

(Ps. Caros, Landschulz), ** 9.6.1898 Weissenburg (Elsass), † 29.5.1941 Berlin.* Musiker (Violine, Tenor-Sax), Bandleader und Komponist, Sohn des Kapellmeisters und Komponisten Albert Joost sen., Bruder des Musikers Ali Joost (1899–1997). Spielte ab 1930 in div. Berliner Hotels bzw. Tanzdielen. Seit 1933 Mitglied der NSDAP, beteiligte er sich am (untauglichen) Versuch der Reichmusikkammer, eine »deutsche Tanzmusik« (ohne Synkopen!) durchzusetzen. Als Komponist arbeitete er oft mit → Fritz Domina zusammen.

Film: Spione im Savoy Hotel (1932, + Otto Stransky)

Josephs, Wilfred

** 24.7.1927 Newcastle-Upon-Tyne, England, † 17.11.1995 London.* Vielseitiger Komponist der 60er bis 80er Jahre. Erste Arbeiten für Thriller der Hammer-Produktion machten ihn bekannt, er arbeitete dann für Horrorfilme und TV-Serien.

Filme: Cash on Demand (1962) – The Webster Boy (1962) – Die! Die! My Darling! (1965) – 24 Hours to Kill (1966) – The Deadly Bees (1967) – My Side of a Mountain (1969) – Dark Places (1973) – All Creatures Great and Small (19874, TV) – Swallows and Amazones (1974) – Callan (1975) – Robinson Crusoe (1975, Cartoon) – Black Sun – The Uncanny (1978) – Pope John Paul II (1984, TV-Dok.) – Martin's Day (1985) – Mata Hari (1985)

Jung, Friedrich

** 17.7.1897 Wien, † 16.3.1975 Dornbirn (Vorarlberg), Österreich.*

Filme: Kreuzer Emden (1932) – Die Zwei vom Südexpreß (1932, + Jurmann, Kaper, Hans Wenning) – Fürst Seppl (1932) – Der sündige Hof (1933)

Jurmann, Walter

** 12.10.1903 Wien, Österreich, † 17.6.1971 Budapest, Ungarn.* Der Komponist hatte seinen ersten Erfolg mit *Was weißt du denn, wie ich verliebt bin* (Text Fritz Rotter), gesungen von Richard Tauber. Hits wurden auch *Frauen brauchen immer einen Hausfreund* und *Veronika, der Lenz ist da* (1930). Bis 1933 schrieb er (z.T. mit Paul Dessau und Arthur Guttmann) Filmmusik in Deutschland, ging 1934 in die USA, arbeitete dort bei MGM für den Film, vor allem mit → Bronislaw Kaper und dem Texter Gus Kahn. Bekannteste Songs: *All God's Chillun Got Rhythm, San Francisco* u. *Cosi Cosa.*

CD: Veronika, der Lenz ist da, TMK 8110 – Ein Lied aus meiner Heimat, Jube

Filme (*Songs*): Ich glaub' nie mehr an eine Frau (1930, Lied: *Deine Mutter bleibt immer bei dir*, + Lieder von Richard Tauber, Hermann Krome, Paul Dessau) – Die Csikosbaroness (1930) – Und das ist die Hauptsache (1931, , + W.Schmidt-Gentner) – Ihre Majestät die Liebe (1931) – Salto Mortale (1931, + P.Dessau, A.Guttmann) – Hirsekorn greift ein (1931, + Nico Dostal) – Melodie der Liebe (+ B.Kaper, Paul Dessau; mit Richard Tauber) – Ein toller Einfall (Songs: *Heut' bin ich gut aufgelegt; Ich suche* einen *der mir allein gehört*, + B. Kaper) – Die Zwei vom Südexpreß (1932, + Fr. Jung, B. Kaper) – Madame wünscht keine Kinder (1933, + B.Kaper, H.Salter) – Hochzeitsreise zu Dritt (1933, + B. Kaper) – Kind, ich freu' mich auf dein Kommen (1933, + H.-O. Borgmann, B. Kaper, Hans Mühlen) – Heut' kommt's drauf an (1933, + B. Kaper) – Ich will dich Liebe lehren (1933, + B. Kaper) – Ein Lied für dich (1933, + B. Kaper, Schmidt-Gentner) – A Night at the Opera (1935, *Cosi Cosa*) – Mutiny on the Bounty (*Love Song of Tahiti*) – Escapade (*You're All I Need,* 1935) – San Francisco (*Titel Song*, 1936) – A Day At the Races (*All God's Chillun Got Rhythm, A Message for the Man in the Moon, Tomorrow is Another Day, On Blue Venetian Waters*) – Three Smart Girls (*Someone to Care For Me, My Heart Is Singing,* 1937) – Everybody Sing (*The One I Love,* 1938) – Nice Girl! (*Thank You America,* 1941) – Seven Sweethearts (*You and the Waltz and I,* 1942) – Presenting Lily Mars (*When I Look At You, Is It Really Love?*) – *Thousands Cheer* (*Three Letters in the Mailbox,* 1943)

Justis, Bill

(William E.), ** 14.10.1926 Birmingham, Ala., USA, † 15.7.1982 Nashville, Tenn.* Der Saxophonist und Arrangeur wurde bekannt durch seinen Hit *Raunchy*, der zu den instrumentalen Rock'n'Roll Klassikern zählt. J. wuchs in Memphis auf, spielte in Jazz- und Tanz-Bands und ging 1957 zu Sam Phillips' Sun-Label als Musikchef, wo er *Raunchy* zum Hit machte. Er produzierte Charlie Rich u.a. Er hatte dann kurze Zeit ein eigenes Label (Play Me), arbeitete für RCA und Monument, produzierte die Dixiebelles und arrangierte für Kenny Rogers.

Filme: Hooper (Um Kopf und Kragen, 1978) – The Villain (1979)

K

Kaczmarek, Jan A. P.

** 29.4.1953 Konin, Polen.*

Filme: Cien PL 1953, TV) – Gra w slepca (PL 1986) – Do domu (PL 1988, TV) – Pale Blood (1990) – Białe melzenstwo (PL 1992) – Doppelgänger (1993) – Empty Cradle (1993, TV) – Ewangelina według Harry'ego (1993) – Desert Lunch (1994) – Total Eclipse – Felony (1995) – California in Blue (1995, TV) – Dead Girl (1996) – Bliss (1997) – Aimee & Jaguar (D 1999) – The Third Miracle (1999) – Los Souls (2000) – Jenseits (D 2000, TV) – Quo Vadis – Edges of the Lord (2001) – Shot on the Heart (2001, TV) – Unfaithful (Untreu, 2002; OST: Varèse)

Kaempfert, Bert

(Berthold Kämpfert, Ps. Ray Parker), ** 16.10. 1923 Hamburg-Barmbek, † 22.6.1980 Cala Brava, Mallorca.* Dt. Bandleader und Komponist. Arbeitete als Produzent für Polydor, prod. u.a. die ersten Aufnahmen der Beatles. Er gründete ein Orchester im Swing/Easy Listening-Stil, welches durch einen verhaltenen Sound, geschmackvolle Arrangements und einen rhythmischen »Knack-Bass« (Ladi Geissler) auffiel. Er schrieb eine Reihe von Songs, die zu Hits wurden, darunter *Strangers in the Night* (F.Sinatra!), *Danke schön, Spanish Eyes* und *Wunderland bei Nacht*. 1996 initiierte seine Tochter Marion ein neues B.K.-Orchester unter Ltg. von Tony Fisher

CD: Soundtracks der u. g. Filme, Bear Family BCD 16571

Filme: Terror After Midnight (90 Minuten nach Mitternacht, 1962) – A Man Could Get Killed (Willkommen, Mr. B ..., USA 1965; Song: *Strangers in the Night*) – You Can't Win 'em All (Zwei Kerle aus Granit, UK 1970)

Bert Kaempfert

Kahal, Irving

(lyr, voc), ** 5.3.1903 Houtzdale, Pa., USA, † 7.2.1942 N.Y.* Songtexter der 20er und 30er Jahre, meist in Zusammenarbeit mit → Sammy Fain. Trat als Jugendlicher im Vaudeville auf, zeitweise mit Gus Edwards. Er ließ sich 1930 in Hollywood nieder und schrieb Filmschlager mit S. Fain. Bekannte Songs sind *Let a Smile Be Your Umbrella, Moonlight Saving Time, When I Take My Sugar to Tea* und *I'll Be Seeing You.*

Kahane, Tamas

(Thomas?), ** 11.2.1967 Potsdam.*

Filme: Vorspiel (1987) – Zwei schräge Vögel (1989) – Verriegelte Zeit – Die Architekten (1990) – Cosimas Lexikon (1991) – Der Spatz in der Hand (1996) – Bis zum Horizont und weiter (1998) – A Christmas Miracle (1999) – Aszendent Liebe (D 2001, TV) – On Top Down Under (2000) – Polizeiruf 110: Die Frau des Fleischers – Der Verleger (2002, TV) – Tödliches Rendezvous: Die Spur führt nach Palma (2002, TV)

Kahn, Gus

(eigentl. Gustav Gerson K.), * *6.11.1886 Koblenz, Deutschland, † 8.10.1941 Beverly Hills, Calif., USA*. Der Songtexter kam mit vier Jahren in die USA und wuchs in Chicago auf. Er begann seine Karriere im Vaudeville, ab Mitte der 20er Jahre schrieb er für Broadway- und ab 1928 für Hollywood-Musicals. Er arbeitete zusammen mit Komponisten wie Walter Donaldson, George Gershwin, Arthur Johnston, Sigmund Romberg, Bronislaw Kaper und Victor Schertzinger und Harry Warren. Bekannteste Songs: *My Buddy, Pretty Baby, Carolina in the Morning, Ain't We Got Fun, Coquette, I'll See You in My Dreams, It Had to Be You, Nobody's Sweetheart, I Never Knew, Love Me Or Leave Me, Yes,Sir,That's My Baby, Josephine, Makin' Whoopee, You Stepped Out of a Dream*. 1952 entstand seine Filmbiographie »I'll See You in My Dreams« mit Danny Thomas in der Hauptrolle und Doris Day als seine Frau und Mitarbeiterin Grace LeBoy Kahn.
Filme: The Jazz Singer (1927) – Hit of the Snow (1928) – Whoopee! (1930) – Big City Blues (1932) – Storm at Daybreak (1933) – Flying Down to Rio (1933) – Bottoms Up – Stingaree – Hollywood Party – One Night of Love – Caravan – The Merry Widow (Die lustige Witwe) – Kid Millions (1934) – Reckless – Naughty Marietta – Love Me Forever – Escapade – Thanks a Million (1935) – Rose Marie – Let's Sing Again – San Francisco – Three Smart Girls (1936) – Captains Courageous – A Day at the Races – The Firefly – Music for Madame (1937) – Everybody Sing – The Girl of the Golden West (1938) – Honolulu – Broadway Serenade – Let Freedom Ring – Balalaika (1939) – Lillian Russell – Spring Parade – Bitter Sweet – Go West (1940) – Ziegfeld Girl – The Chocolate Soldier (1941) – Broadway Rhythm – Show Business (1944) – I'll See You in My Dreams (1952)

Kaiser, Egon

(Egon Albert Richard K.), * *25.8.1901 Berlin, † 11.7.1982 ebd.* Kapellmeister 1935–26 am Berliner Metropol-Theater, 1926–29 Mitglied der Berliner Philharmoniker. Gründete 1929 ein Unterhaltungs- und Tanzorchester für die Reichsrundfunkgesellschaft, spielte auch in Berliner Lokalen und nahm Schallplatten auf. Arbeitete daneben auch für den Film. Leitete nach dem 2. Weltkrieg ein eigenes Orchester bis in die 80er Jahre, spielte damit die Musik zu etlichen Filmen ein (u.a. »Schwarzwaldmädel«, »Wenn der weiße Flieder wieder blüht«).
Film: Wenn ich König wär' (1934, + Jim Cowler)

Kálmán, Charles E.

(Charles Emmerich), * *17.11. 1929 Wien*. Sohn von Emmerich K. Kam mit neun Jahren über die Schweiz und Frankreich in die USA, studierte dort an der Riverdale Country School of Music in N.Y,. an der Columbia University und dann in Paris am Conservatoire National. Lebt seit langem in München. Er komponierte Musicals (»Rendezvous mit dem Leben«), Chansons (u.a. für Evelyn Künneke, Margot Werner), sinfonische und Unterhaltungsmusik (*Globetrotter Suite, Hudson-Concerto*) sowie für Film und TV.
Filme: Fabian (1980) – Kein Reihenhaus für Robin Hood (1981) – Nach Mitternacht (1982) – Hinter der Tür (1983) – Sigi der Straßenfeger (1984) – Kies (1987) – TV: Träume und Zeugnisse – Gelegenheitskauf

Kálmán, Emmerich

(Imre), * *24.10.1882 Siófok (Balaton), Ungarn, † 30.10.1953 Paris*. Ungarischer Operettenkomponist, Bruder des Musikers György K. und Vater des Komponisten Charles K. Arbeitete als Musikkritiker in Budapest, hatte 1908 ersten Erfolg mit seiner Operette »Tartarenplage« (später »Herbstmanöver«) und ging daraufhin nach Wien, wo er nach weiteren Werken 1915 mit der »Csárdasfürstin« (Hit: *Machen wir's den Schwalben nach*) in die Reihe der meistgespielten Komponisten aufrückte. 1938 emigrierte K. über Paris in die USA, wo er erfolgreich als Dirigent arbeitete. Seine Werke wurden dort in Bearbeitungen/Übersetzungen von Otto Harbach, Oscar Hammerstein II, Buddy DeSylva, P.G.Wodehouse und H.B. Smith aufgeführt. 1948 kehrte er nach Wien zurück, 1951 ließ er sich in Paris nieder. Seine Lebensgeschichte wurde 1958 u. d. T. »Der Csárdas-König« mit Gerhard Riedmann verfilmt. Zu seinen populärsten Operetten gehören »Gräfin Mariza« (1924) und »Die Zirkusprinzessin« (1926).

Lit.: R. Oesterreicher, E. K., Wien 1954. – Vera Kálmán, Grüß mir die süßen, die reizenden Frauen, Mein Leben mit E. K., Bayreuth 1966

Filme: Golden Dawn (1930) – Die Faschingsfee (1931) – Ronny (1931, + Franz Grothe) – Gräfin Mariza (1932, + A.Guttmann)

Kalmar, Bert

** 16.2.1884 N.Y, USA, † 18.9.1947 L.A.* Songtexter und Drehbuchautor. Begann seine Karriere als Kind mit Zauberkunststücken in »Zelt-Shows«, arbeitete dann im Vaudeville. 1923 tat er sich mit dem Komponisten → Harry Ruby zusammen, sie schufen neun Broadway-Musicals und diverse Filme, darunter drei mit den Marx-Brothers* . Der größte Hit der beiden war *Three Little Words*, außerdem *Who's Sorry Now, Nevertheless*, *I Wanna Be Loved By You* und *I Love You So Much*. K. arbeitete auch für Ted Snyder, Oscar Hammerstein II, Herbert Stothart, Harry Tierney, Harry Akst, Con Conrad, Fred Ahlert, Edgar Leslie u. Pete Wendling. K. arbeitete auch als Drehbuchautor. 1950 entstand die Film-Biographie »Three Little Words« mit Fred Astaire als Kalmar und Red Skelton als Ruby.

Filme: The Cuckoos – Animal Crackers* – Top Speed – Check and Double Check (1930) – Broad Minded (1931) – Horse Feathers* – The Kid From Spain (1932 – Duck Soup* (Die Marx Brothers im Krieg, 1933) – Hips Hips Hooray – The Circus Clown – Happiness Ahead – Kentucky Kernels (1934) – Bright Lights – Thanks a Million – The Man Who Broke the Bank of Monte Carlo (1935) – Walking on Air (1936) – The Life of the Party (1937) – Everybody Sing (1938) – Ship Ahoy – Journey into Fear (1942, Songs) – A Night in Casablanca (1946, Songs) – Look for the Silver Lining (1949) – Three Little Words – The Strip (Tödliches Pflaster Sunset Strip, 1950, Arr. Pete Rugolo)

Kamen, Michael

** 15.4.1948 N.Y., USA.* K. begann in den 60er Jahren als Rock'n'Roll-Musiker und tourte sieben Jahre durch die USA. Er studierte dann an der Juilliard School, leitete das New York Rock Ensemble und wurde Music Director für David Bowie. Er schrieb Ballettmusiken, arbeitete als Produzent für Pink Floyd, kam zum Film durch deren Filmversion von »The Wall«. Dadurch lernte er den Regisseur Terry Gilliam kennen, für den er die Musik zu »Brazil« schrieb. Bei »Lethal Weapon« arbeitete er mit Eric Clapton zusammen, »Die Hard« (1988) hat ihn dann endgültig als Filmkomponist etabliert. Er arbeitete auch mit den Regisseuren John McTiernan und Richard Donner.

CD: Concerto for Saxophone, Warner Bros. 9-26157-2 (feat. D.Sanborn) – Sinfonie »The New Moon in the Old Moon's Arms«, Decca

Filme: Zachariah (1970, Songs) – Liza's Pioneer day (1976) – The Next Man (Öl, 1976) – Stunts (1977) – Between the Lines (1977) – S* H* E* (1979, TV) – Polyester (1981) – Venom (1982) – Pink Floyd: The Wall (1982) – Angelo, My Love – The Dead Zone (1983) – Brazil (1985, OST: Milan) – Life Force (1985) – Highlander (1986) – Edge of Darkness (1986, TV) – Shoot for the Sun – Rita, Sue and Bob Too – Shanghai Surprise – Mona Lisa (1986) – Lethal Weapon (mit Eric Clapton, 1987) – Adventures in Baby Sitting (1987, + Herbie Hancock) – Suspect (1987) – Action Jackson (1988, + Herbie Han-

Soundtrack »What Dreams May Come«, Musik Michael Kamen

cock) – Die Hard (Stirb langsam, 1988) – The Raggedy Rawney – Road House – Renegades – Rooftops – The Adventures of Baron Münchhausen (1989) – Homeboy (1989, + Eric Clapton) – Dead Bang – Crusoe – For Queen and Country – Cold Dog Soup – Licene to Kill (1989) – Lethal Weapon II (mit Eric Clapton u. David Sanborn, 1989) – Die Hard II (Stirb langsam II, 1990; OST: Varèse) – Hudson Hawk (1991, OST: Varèse) – The Krays (1990) – Nothing but Trouble – The Last Boy Scout – Let Him Have It – Robin Hood: Prince of Thieves (1991, Song *Everything I Do I Do It For You* mit Clapton und Bryan Adams) – Company Business (1991) – Lethal Weapon III (mit D. Sanborn, 1992) – Shining Through – Last Action Hero (1993) – Blue Ice (1993, TV) – Wilder Napalm – Splitting Geirs – The Three Musketeers (1993) – Circle of Friends (1995) – Don Juan de Marco (1995, OST: A&M) – Stonewall – Die Hard with a Vengeance (Stirb langsam, jetzt erst recht, 1994) – 101 Dalmatians (101 Dalmatiner, 1996) – Jack – Event Horizon – Mr. Holland's Opus (1996) – Inventing the Abbots – The Winter Guest – Fear and Loathing in Las Vegas – Remember Me? (1997) – What Dreams May Come (Hinter dem Horizont, 1998; OST: Decca) – From the Earth to the Moon (1998, TV) – Lethal Weapon 4 (1998) – The Iron Giant (Cartoon, 1999) – Frequency (1999) – X-Men (2000) – Band of Brothers – Mr. Dreyfuss Goes to Washington (2001, TV) – Against the Ropes (2003)

Kampka, Bernd

** 29.3.1919 Breslau, † 19.6. 1997 Marburg.*
Filme: Der liebe Augustin (1959) – Madame de ... (1961) – Drei Schwestern (1963) – Schluck und Jau – Die Herren (1965) – Der Tod des Doppelgängers (1966) – Komm nur, mein liebes Vögelchen (1968) – Komm nach Wien, ich zeig' Dir was – Grimms Märchen von lüsternen Pärchen (1969) – Der Walzer der Toreros (1970) – Gelobt sei, was hart macht – Geheimagent (1972) – Griseldis (1974) – Frauenstation (1975)

Kander, John Harold

** 18.3.1927 Kansas City, Mo., USA.* Bedeutender Musicalkomponist seit den 60er Jahren. Schrieb erste Songs Anfang der 50er Jahre mit wechselnden Textern. 1962 traf er Fred Ebb (* 8.4.1932 N.Y.), der schon mit Jerry Herman zusammengearbeitet hatte. Erste gemeinsame Songs waren *My Coloring Book* und *I Don't Care Too Much*, beide von Barbra Streisand aufgenommen. Ihr Broadway-Debüt gaben sie 1965 mit »Flora, the Red Menace«, in der Hauptrolle Liza Minelli, die dann viele ihrer Songs sang. Ihr größter Erfolg war 1966 »Cabaret« (7 Tony Awards); die Oscar-gekrönte Film-Version mit Minelli erhielt zwei neue Songs: *Money, Money* und *Mein Herr*. Ebb produzierte TV-Specials für Minelli (»Liza with a Z«) und Frank Sinatra (»Ol' Blue Eyes is Back«, 1972). Weitere Broadway-Shows waren »The Happy Time«, »Zorba«, »Girls«, »Chicago«, »The Act«, »Woman of the Year«, »The Rink«, »Kiss of the Spider Woman«. Kander schreibt weiter Filmmusik, während Ebb sich als TV-Produzent betätigt.

Filme: Something for Everyone (1970) – Cabaret (1972, Arr. Ralph Burns, OST: MCA) – Norman Rockwell's World (1972) – Liza with a Z (1972, TV) – Funny Lady (1975, Songs) – Lucky Lady (1975, Songs) – Funny Girls to Funny Lady (1975, TV; Songs: I Like Him, I Like Her; How Lucky Can You Get?) – A Matter of Time (1976, Songs) – New York, New York (1977, Arr. Ralph Burns; Hit: *New York, New York*) – Kramer vs. Kramer (Kramer gegen Kramer, 1980) – Goldie and Liza Together (1980, TV) – Still of the Night (1982) – The Best of Everything (1983, TV) – Woman of the Year – Places in the Heart (1984) – An Early Fost (Früher Frost: Ein Fall von Aids, 1985, TV) – I Want to Go Home (1989) – Stepping Out (1991) – Breathing Lesson (1994, TV) – Love! Valour! Compassion! (1997, Song: *Willkommen*) – Chicago: The Musical (2002)

Kane, Artie

Kane gehört nicht nur zu den produktiven TV- und Filmkomponisten und -Dirigenten, sondern ist auch ein aktiver Pianist und Organist, der auf zahlreichen Soundtracks (»Zig zag«) zu hören ist aber, auch auf Schallplatten von Bud Shank, Peggy Lee, Little Richard, Carmen

McRae, Quincy Jones u.a., dirigierte Soundtracks von Danny Elfman etc.

Filme: The Bat People (Die Blutsauger, 1974) – Looking for Mr. Goodbar (Auf der Suche nach Mr. Goodbar, 1977, auch Song: *Don't Ask to Stay Until Tomorrow*) – The New Adventures of Wonder Women (1977) – The New Love Boat (1977, TV) – Eyes of Laura Mars (Die Augen der Laura Mars, 1978) – Devil Dog: The Hound of Hell (1978, TV) – A Question of Guilt (Eingekreist, 1978, TV) – Young Love, First Love (1979, TV) – Murder Can Hurt You (1980, TV) – Night of the Juggler (Countdown in Manhattan, 1980) – Wrong is Wright (Flammen am Horizont, 1982) – Million Dollar Infield (1982, TV) – Hotel (1983, TV) – Concrete Beat (1984, TV) – Long Time Gone (1986, TV) – Fatal Confession: A Father Dowling Mystery (1987, TV) – The Red Spider (1988, TV) – Wolf (1989, TV) – Terror on Highway 91 (1989, TV) – Man Against the Mob: The Chinatown Murders (1989, TV) – Fire and Rain (1989, TV) – Gunsmoke: The Long Ride (1992, TV)

TV: Bracken's World (1969–70, Dir. L.Newman) – Cole's Country (1971–72, Die. L.Newman) – Vegas (1978–80, + Shorty Rogers, D.Frontiere)

Kantscheli, Gija Alexandrowitsch

** 10.8.1935 Tbilissi (Tiflis), Georgien, UdSSR.*
Film: Den Gneva (1986)

Kaper, Bronislaw

(auch Bronislau; Ps. Hans Mühlen) (comp, arr, p, ldr), * *5.2.1902 Warschau, Polen, † 25.4. 1983 Beverly Hills, Calif.,USA*. Studierte am Warschauer Konservatorium (er war ein außergewöhlicher Pianist), ging nach Berlin um dort weiter zu studieren und schrieb Kabarettsongs um sich über Wasser zu halten. Er fand sich bald in der Filmindustrie wieder, schrieb Anfang der 30er Jahre Musik für frühe Tonfilme, meist zusammen mit → Walter Jurmann. 1933 ging er nach Frankreich, arbeitete dort für Filme und schrieb Songs. Sein Lied *Ninon* wurde von dem MGM-Boss Louis B.Mayer gehört, der ihm einen Vertrag anbot. Ging daraufhin in die USA, begann in Hollywood Songs für Filme zu schreiben (erster Hit: *San Francisco*, mit W.Jurmann), oft mit dem Texter → Gus Kahn. Er band sich dann langfristig an MGM (es wurden 28 Jahre) und schrieb Musik für viele der großen Filme dieses Studios sowie für die TV-Serie »FBI«. Zu Standards wurden seine Songs *On Green Dolphin Street* und *Invitation*.

Filme (Songs): Die lustigen Musikanten/Laubenkolonie (1930) – Der Korvettenkapitän (1930, + Ben Berlin) – Alraune (1930, + Felix Günther) – Seitensprünge (1931, + Karl M. May, Fritz German, Mark Lavry) – Die große Attraktion (1931) – Ehe mit beschränkter Haftung (1932, + W.Jurmann) – Es wird schon wieder besser (1932, + W.Jurmann) – Skandal in der Parkstraße (1932, + W.Jurmann) – Melodie der Liebe (1932, + W. Jurmann, P.Dessau) – Ein toller Einfall (1932, + W. Jurmann, H.-O. Borgmann) – Die Zwei vom Südexpress (1932, + Jurmann, Hans Wennig u.a.) – Ein Lied für Dich (1933, + W.Jurmann, Schmidt Gentner) – Madame wünscht keine Kinder (1933, + Jurmann, Salter) – Hochzeitsreise zu Dritt (1933, + W.Jurmann) – Heut' kommt's drauf an (1933, + W.Jurmann, Wolfes, Stephan Weiß, Paul Mann; Songs v. BK/WJ: *Immer wenn ich glücklich bin, Mein Gorilla hat 'ne Villa im Zoo*) – Kind, ich freu' mich auf dein Kommen (1933, + Borgmann, Jurmann, Hans Mühlen)

Filme in den USA, von 1935–39 nur als Songwriter: Escapade (1935, + W.Jurmann) – San Francisco (Songs: *San Francisco; The One I Love*) (1936) – Three Smart Girls (Song: *Someone to Care For Me*) – A Day at the Races (Ein Tag beim Rennen; *All God's Chillun Got Rhythm*; *A Messsage from the Man in the Moon; On Blue Venitian Waters; Tomorrow Is Another Day,* 1937) – I Take This Woman (1939) – The Mortal Storm (Tödlicher Sturm, 1940) – The Captain is a Lady – We Who Are Young Dulcy – Lillian Russel 1940, Song: *Blue Lovebird*) – Go West (1940, Dir. G.Stoll) – Comrade X (1940) – Barnacle Bill (Kapitän Seekrank, 1941) – Blonde Inspiration – Rage in Heaven (Gefährliche Liebe, 1941) – A Woman's Face (Erpressung, 1941) – I'll Wait For You – Dr.Kildare's Wedding Day – When Ladies Meet – H.M.Putnam, Esquire – Johnny Eager (Der Tote lebt, 1941) – Whistling in the Dark (1941) – The Chocolate Soldier (Dir. H.Stothart, Songs: Oscar Straus, 1941) – Two-Faced Woman (Die Frau mit den zwei Gesichtern, 1941) – We Were Dancing – Fingers at the Windows – The Affairs of Martha – Somewhere I'll Find You – A Yank at Eaton – White Cargo – Keeper of the Flame (1942) – Crossroads (1942) – The Heavenly Body (1943) – The Cross of Lorraine (1943) – Slightly Dangerous – Above Suspicion (Gestohlene Flitterwochen, 1943) – Bataan (1943) – Gaslight (Das Haus der Lady Alquist, 1944) – Marriage is a Private Affair – Mrs. Parkington (Tagebuch einer Frau, 1944) – Without Love – Our Vines Have Tender Grapes (1945) – Bewitched (1945) – Three Wise Fools – The Secret Heart – The Stranger (Die Spur des Fremden, 1946) – The Courage of Lassie (1946) – Song of Love (Klara Schumanns große Liebe, 1947) – High Wall (Anklage: Mord, 1947) – Green Dolphin Street (Taifun, Song: *On Green Dolphin Street,* 1947) – Cynthia (1947) – B. F.'s Daughters (1948) – High Wall – B.F.'s Daughter – The Secret Land (Dok., 1948) – Act of Violence (Ein Akt der Gewalt, 1948) – Homecoming (Dr. Johnsons Heimkehr, 1948) – The Great Sinner (Der Spieler, 1949) – The Secret Garden – That Midnight Kiss – That Forsyte Woman (Das Schicksal der Irene Forsyth, 1949) – Malaya (1949) – Key to the City (Ein charmanter Flegel, 1950) – The Skipper Surprised His Wife – A Life of Her Own (1950) – To Please a Lady (Tod im Nacken, 1950) – Three Guys Named Mike (1951) – Mr. Imperium (1951) – Too Young to Kiss (Zu jung zum Küssen, 1951) – It's a Big Country – Shadow in the Sky – The Red Badge of Courage (Die rote Tapferkeitsmedaille, 1951) – Invitation (Geborgtes Glück, 1952) – The Wild North (Gefährten des Grauens, 1952) – The Naked Spur (Die nackte Gewalt, 1953) – Ride, Vaquero (Verwegene Gegner, 1953) – Lili (1953, Song: *Hi-Lili, Hi-Lo*) – Saadia – The Actress (Theaterfieber, 1953) – Her Twelve Men (1954) – Them! (Formicula, 1954) – Rhapsody (1954, Dir. Johnny Green; Piano: Claudio Arrau, Violine: Michael Rabin) – The Glass Slipper (Der gläserne Pantoffel, 1955, Song: *Take My Love*) – The Prodigal (Tempel der Versuchung, 1955) – Quentin Durward (Liebe, Tod und Teufel, 1955) – Somebody Up There Likes Me (Eine Handvoll Dreck, 1956; Song: *Somebody Up There Likes Me*) – Forever Darling (Mein Engel und Ich, 1956; Song *Forever Darling*) – The Power and the Prize (Die Macht und ihr Preis, 1956) – The Swan (Der Schwan, 1956) – The Barrets of Whimpole Street (UK 1957) – Jet Pilot (Düsenjäger, 1957) – Don't Go Near the Water (Geh nicht zu nah ans Wasser, 1957) – The Brothers Karamasov (Die Brüder Karamasoff, 1957) – Auntie Mame (Die tolle Tante, 1958) – The Scapegoat (Der Sündenbock, 1958) – Green Mansions (Tropenglut, + H.Villa-Lobos, 1959) – Home from the Hill (Erbe des Blutes, 1959) – Butterfield 8 (Telefon Butterfield 8, 1960) – The Angel Wore Red (1960) – Two Loves (Der Fehltritt, 1961) – Ada (Ada Dalles, 1961) – Mutiny on the Bounty (Meuterei auf der Bounty, 1962) – Kisses for My President (Prinzgemahl im Weißen Haus, 1964) – Lord Jim (1965) – Tobruk (1967) – The Way West (Der Weg nach Westen, 1967; Cond. A.Previn) – Counterpoint (Der Befehl, 1967) – A Flea in Her Ear (Floh im Ohr, F/USA 1968)

Kaplan, Elliot

** 14.7.1931 Boston, Mass., † 8.5.1992 L.A.*
Filme: Finnegan's Wake (1963) – The Square Root of Zero (1964) – The Square Root of Zero – The Play Ground – Finnegans Wake (1965) – The Playground (1965) – Cry Blood, Apache (1970) – Griff (1973) – Strange New World – Man on the Outside – You Lie So Deep, My Love (1975) – The Food of Gods (1976) – Bridger (1976) – Fantasy Island (1978) – A Married Man (1984)

Kaplan, Sol

** 19.4.1913 Philadelphia, Pa., USA, † 14.11. 1990.*
Filme: Tales of Manhattan (1942) – The Scar (Die Narbe, 1948) – Port of New York (1949) – The Black Book (Das schwarze Buch, 1949) – Halls of Montezuma (Okinawa, 1950; Dir. L.Newman) – Mr. 888 (1950) – 711 Ocean Drive (1950) – Rawhide (Zwei in der Falle, 1950) – The House of Telegraph Hill (1961) – I'd Climb the Highest Mountain (1951) – The Secret of Convict Lake (Vergeltung am Teufelssee, 1951, Dir. L.Newman) – Diplomatic Courier (Kurier nach Triest, 1952) – Way of a Gaucho (König der Gauchos, 1952) – Kangaroo (Känguruh, 1952) – Something for the Birds (1952) – Treasure of the Golden Concor (Im Reich des goldenen Condor, 1952) – Red Skies of Montana (Die Feuerspringer von Montana, 1952) – Titanic (1953) – Destination Gobi (Durch die gelbe Hölle, 1953) – Niagara (1953) – The Burglar (Ein Toter lügt nicht, 1957) – Happy Anniversary (Ehegeheimnisse, 1959, + Robert Allen) – The Victors (Die Sieger, 1963) – The Spy Who Came in from the Cold (Der Spion

der aus der Kälte kam, 1965) – Living Free (UK 1972) – Lies My Father Told Me (Geliebte Lügen, KAN 1975)

Kaproff, Dana

** 24.4.1954 Los Angeles, USA.*

Filme: Once an Eagle (1976, TV) – Empire of the Ants (In der Gewalt der Riesenameisen, 1977) – The Exo-Man (1977, TV) – The Amazing Spider Man (1977, TV) – The Last of the Good Guys (1978, TV) – The Late Great Planet Earth (Dok., 1978) – When a Stranger Calls (Das Grauen kommt um 10, 1979) – The Ultimate Imposter (1979, TV) – Belle Starr (1979, TV) – The Big Red One (1980) – Scared Straight! Another Story (1980, TV) – Death Valley (1981) – Berlin Tunnel (1981, TV) – Inmate: A Story (1981, TV) – Pandemonium (1982) – The Golden Seal (1983, + John Barry) – Second Sight, A Love Story (1984, TV) – Chiller (1985, TV) – Between the Darkness and the Dawn (1985, TV) – A Smoky Mountain Christmas (1986, TV) – Firefighter (1986, TV) – A Winner Never Quits (1986, TV) – Stick (1987) – Glitz (1988, TV) – I Saw What You Did (1988, TV) – Doin' Time on Planet Earth (1988) – Full Exposure: The Sex Tapes Scandal (Schmutziges Spiel, 1989) – Blind Vengeance (1990, TV) – This Gun For Hire (1990, TV) – The China Lake Murders (1990, TV) – High Desert Kill (1990, TV) – Vestige of Honor (1990, TV) – My Son, Johnny (1991, TV) – Silent Movie (1991, TV) – Duplicates (1992, TV) – Calender Girl, Cop Killer? The Bambi Bembenek Story (1992, TV) – Tainted Blood (1993) – When a Stranger Calls Back (1993, TV) – Terror in the Night (1994, TV) – Dead Air (1994) – Der Pakt (1998)

Weitere TV-Filme: Christmas in My Home Town – Dying to Be Perfect – Stolen Women – The Stepford Husbands – Beauty – Murder at 75 Birch – Vanished Without a Trace – What We Did That Night – Ein endloser Albtraum (1997)

Karaindrou, Eleni

(Helena), ** 1941 Teichio, Griechenland.* Die Komponistin wuchs in Athen auf, studierte dort Klavier und Komposition, ehe sie 1969 in Paris Ethnomusikologie studierte. 1974 ging sie nach Athen zurück. Sie wurde bekannt durch ihre Arbeiten für den Regisseur Theo Angelopoulos*, komponierte aber auch für Jules Dassin, Margarete von Trotta und Chris Marker. 2002 schrieb sie eine Musik für die »Troerinnen« des Euripides.

Filme: Periplanissis (1979; OST: Orata) – En plo (1986) – O melissokosmos* (Der Bienenzüchter, 1986) – Kali patritha, synthrope (1986) – Lipotakis (1988) – Topio stin omichli* (1988) – Sinaida tis nichtes (1990) – L'Africana (F/D/I 1990) – To meteoro vima tou pelargou* (1991; OST: ECM) – To vlemma tou Odyssea* (Der Blick des Odysseus, 1995; OST: ECM) – Mia eoniotita ke mia mera* (1998)

CD: Music for Films, ECM

Karas, Anton

** 7.7.1906 Wien, Österreich. † 9.1.1985 ebd.* Der Zithervirtuose wurde durch einen einzigen Hit berühmt, nämlich durch die Titelmelodie des Films »Der dritte Mann« (1949), bekannt als *Harry Lime-Theme* oder *Third Man-Theme*. K. hatte die Musik für diesen legendären Carol Reed-Film geschrieben bzw. improvisiert, konnte diesen Erfolg aber nicht wiederholen. Er trat in den 50er Jahren in einigen Unterhaltungsfilmen und immer erfolgreich in Wiener »Schrammel«-Lokalen auf.

Karger, Fred

(Frederick M. Karger), ** 13.2.1916, † 5.8. 1979 Santa Monica, Calif., USA.*

Filme: Kiss the Blood Off My Hands (1948, Dir.) – Sound Off (1952) – All Ashore (1953) – From Here to Eternity (1953, Song) – Necromany (1953) – The Caine Mutiny (1954, Song) – Rock Around the Clock (1956, Dir.) – He Laughed Last (1956, Dir.) – Don't Knock the Rock (1956, Dir.) – Operation Mad Ball (1957) – Juke Box Rhythm (1959) – Twist Around the Clock (Außer Rand und Band mit Twist, 1961) – Hootenanny Hoot (1963) – Kissing Cousins (Die wilden Weiber von Tennessee, 1963, Dir.) – Get Yourself a College Girl (1964) – Your Cheatin' Heart (1964) – Haroum Scaroum (1965) – When The Boys Meet the Girls (1965) – Hold On! (1966) – Frankie & Johnny (1966) – Hot Rods to Hell (1967) – The Love-Ins (1967) – Riot on Sunset Strip (1967) – The Young Runaways (1968) – For Singles Only (1968) – The Fastest Guitar Alive (1968) – A Time to Sing (1968) – Angel, Angel, Down We Go (1969) – Moonshine War (Whisky brutal, 1969) – The Loners (1972) – The Witching (1972) – Chatterbox (1976)

Karlin, Fred

(Frederick James), * *16.6. 1936 Chicago, Ill., USA*. Film- und TV-Komponist. Leitete Dance Band am Amherst College, spielte Trompete und Flügelhorn, arbeitete für Fred Dale 1956 und 1957–58 für die House-Band des Senders WGN. Er arrangierte u.a. für Benny Goodman, Raymond Scott, Harry James, Bill Russo, Marshall Brown, Chubby Jackson u. Meg Welles und nahm eine originelle Big Band-LP mit Opern-Themen auf. Er erhielt einen Oscar für den Song *For All We Know* und einen Emmy für die Musik zu »The Autobiography of Miss Jane Pittman«. In den 90er Jahren besann er sich auf seine Anfänge und nahm eine Jazz-CD für Varèse auf.

Lit.: Listening to Movies, N.Y. 1997. – F.K./Rayburn Wright, On the Track: A Guide to Contemporary Film Scoring, N.Y. 1990

CD: Jazz Goes to Hollywod, Varèse 5639

Filme u.a.: The Stalking Moon (Der große Schweiger, 1968) – Up the Down Staircase (Gegen den Strom die Treppe hinauf, 1967) – Lovers and Other Strangers (Liebhaber und andere Fremde, 1968, Oscar für den Song *For All We Know*) – Yours, Mine and Ours (Deine, meine, unsere, 1968) – The Sterile Cuckoo (Pookie, 1969) – Marriage of a Young Stockbroker (1971) – Believe in Me (1971) – The Little Ark (1971) – Every Little Crook and Nanny (1972) – Westworld (1973) – Chosen Survivors (1974) – The Spikes Gang (Vier Vögel am Galgen, 1974) – Zandy's Bride (Zandys Braut, 1974) – Futureworld – Leadbelly (1976) – Baby Blue Marine (1976) – The Other Side of Dawn (1977, TV) – Greased Lightning (Stock Car Race, 1977) – Just You and I (Nur du und ich, 1978) – The Ravagers (1979) – And Baby Makes Six (Dann wären wir sechs, 1979) – Loving Couples (Walzer zum Frühstück, 1980) – Strawberry Road (1990)

TV: Robert Kennedy and His Times – Labor of Love – Survive the Savage Sea

Karoli, Michael

* *29.4.1948 München-Straubing, † 17.11. 2001 Essen*. Begann als Rockmusiker (g), gründete 1968 mit → Irmin Schmidt, Holger Czukay und Jakie Liebezeit die Band »Can«, die in den frühen 70er Jahren einen Hit hatte mit *Spoon* aus dem Durbridge TV-Krimi »Das Messer«. 1978 gingen die Bandmitglieder getrennte Wege; K. arbeitete an Soloprojekten und schrieb u.a. die Musik zu einem Film von Wim Wenders.

Karpman, Laura

* *1.3.1959 L.A., USA*.

Filme: My Brother's Wife (1989) – The Sitter (1991, TV) – Johnny 99 (1991) – A Child Lost Forever (1992, TV) – Doing Time on Magic Drive (1992, TV) – Century Women: Work and Family (Dok., 1994) – Lover's Knot (1996) – Restless (1998) – A Woman of Independent Means (TV) – A Promise to Carolyne – Doing Time on Maple Drive – Tod im Schlafzimmer (1995, TV) – The Annihilation of Fish (1999) – The Living Edens (TV) – Dash and Lilly (1999, TV)

Kasha, Al

* *22.1.1937 Brooklyn, N.Y., USA*. Komponist und Songschreiber, für den Film seit 1963 tätig, oft im Team mit → Joel Hirschhorn (* 18.12.1937 Bronx, N.Y.).

Filme: Gidget Goes to Rome (April entdeckt Rom, 1963, Songs) – Who Killed Teddy Bear? (1965) – The Fat Spy (1966) – The Cheyenne Social Club (Geschossen wird ab Mitternacht, 1970, Songs) – The Poseidon Adventure (Die Höllenfahrt der Poseidon, 1972) – The Towering Inferno (Flammendes Inferno, 1974) – Trapped Beneath the Sea (1974, TV) – Someone I Touched (1975, TV) – Freaky Friday (Ein ganz verrückter Friday, 1976) – Pete's Dragon (Elliot, das Schmunzelmonster, 1977) – The North Avenue Irregulars (1979) – The Closer – China Cry – Giant of Thunder Mountain (1991) – Rescue Me (1993) – Rudolph the Red Nosed Reindeer (Cartoon, 1998)

Kasics, Tibor

* *28.12.1904 Budapest, † 3.7.1986 Zürich*. Schweizer Pianist, Arrangeur und Komponist.

Filme: Finden Sie, dass Constanze sich richtig verhält? (1962) – Dällebach Karl (1970) – Schlangenzauber (1984)

Kattnig, Rudolf Karl

* *9.4.1895 Oberdorf b. Treffen (Villach, Kärnten), † 2.9.1955 Klagenfurt.*
Film: Der Meineidsbauer (1941)

Katscher, Robert

(Franz), * *20.5.1894 Wien, † 23.2.1942 Hollywood.* Österr. Komponist. Schrieb Operetten (»Die Wunderbar«) und eine Reihe von populären Schlagern, u.a. *Madonna, du bist schöner als der Sonnenschein* (1924, engl. Titel *When Day is Done*) und *Wenn die Elisabeth nicht so schöne Beine hätt'* (1930).
Filme: Unsichtbare Gegner (1933) – Episode (1935, + Schmidt-Gentner; Lieder von R.-K.: *Jetzt müßte die Welt versinken, Es kommt einmal der Augenblick ...*)

Katz, Fred

(Frederick), * *25.2.1919 Brooklyn, N.Y., USA.* Studierte Klavier und Violoncello, trat dann als Konzert-Cellist auf und arbeitete als Klavierbegleiter von Vic Damone, Tony Bennett, Mindy Carson, Lena Horne u.a. Vokalisten. Spielte Cello in der Jazzcombo von Chico Hamilton 1955–56, komponierte dafür etliche Originals. Arbeitete danach als Freelancer und Komponist (»100 Pipers«, »Hebredian Impressions«). Schallplatten mit Hamilton, Paul Horn; als Leader für World Pacific und Decca.
Filme: Sweet Smell of Success (Das Schicksal in meiner Hand, 1957, Songs) – The Birth of Aphrodite – A Bucket of Blood (Das Vermächtnis des Prof. Bondi, 1959) – The Wasp Women (1959) – The Little Shop of Horrors (Der kleine Horrorladen, 1960) – Ski Troup Attack (1960) – The Creature from the Haunted Sea (1961) – Quest for Freedom (1966) – The Monitors (1969) – Little Murders (1971) – Pat Garrett and Billy the Kid (mit Bob Dylan, 1973)

Kauer, Gene

(Max Günther K.), * *30.7.1921 Weida (Thüringen).* Komponist im US-Film der 60er und 70er Jahre, arbeitete u.a. mit Douglas Lackey.
Filme: Ma Baker's Killer Broog (1960, TV) – Five Minutes to Live (1961) – The Silent Witness (1962) – Warkill (1965) – Unkissed Bride – Agent for H.A.R.M. (1966) – The Proud and the Damned (1969) – Brother of the Wind (1972) – Across the Great Divide – The Adventures of the Wilderness Family (1976) – Further Adventures of the Wilderness Family (1977) – Sacred Ground (1983) – 681 A.D. The Glory of Khan (1984)

Kauffmann, Ferdy

(Ferdinand). Dt. Kapellmeister und Komponist. Schrieb die Musik für einige Spielfilme sowie für drei Tobis-Kulturfilme.
Filme: Namensheirat (1930, + Fritz Hemman, Erik Bergson) – Gigolo (1930, + Fritz Hemann, L. Casucci) – Schwarzwaldmädel

Kaun, Bernard

(Bernhard Theodor Ludwig K.), * *5.4.1899 Hof (Bayern), † 3.1.1980 Baden-Baden.* Sohn des Komponisten Hugo Kaun.
Filme: Big City Blues (1932) – A Farewell to Arms (1932) – The Old Dark House (1932) – I Am a Fugitive From a Chain Gang (1932) – Twenty-Thousand Years in Sing Sing (1932) – The Case of the Curious Bride (1935) – The Petrified Forest (Der versteinerte Wald, 1936) – China Clipper (1936) – Marked Woman (1937) – Souls at Sea (1937) – Black Legion (1937) – The Return of Dr. X (1939) – Vom Himmel gefallen (D 1955) – The Bravados (1958)

Kay, Arthur

* *16.1.1882 Grottkau (Krs. Oppeln, heute: Grodków, Opole), † 19.12.1969 Hollywood, USA.*
*Filme als musikal. Leiter/Komponist** : Sunny Side Up (1929) – The Exalted Flapper (1929) – Words and Music* (1929) – Fox Movietone Follies of 1930 (1930) – City Girl* (1930) – Are You There? (1930) – The Big Trail* (1930) – Oh! For a Man! (1930) – The Princess and the Plumber* (1930) – Just Imagine (1930) – Die große Fahrt (D 1931) – Harmony Lane (1935) – One Frightened Night (1935) – Love Me Forever (1935) – Daniel Boone (1935) – I Conquer the Sea (1936) – The House of Thousand Candles (1936) – Wallaby Jim of the Islands (1937) – The Girl Said No (1937) – Renfrew on the Whistling Trail (1937) – Riders of the Whistling Skull* (1937) – Men with Steel Faces (1940)

Kay, Edward J.

** 27.11.1898 Brooklyn, N.Y., USA, † 22.12. 1973 L.A.* Komponist, Songschreiber und musikal. Leiter für zahlreiche Filme seit den späten 30er Jahren.

Filme: Wolf Call (1938) – Up in the Air (1940, Songs) – Phantom of Chinatown – The Ape – No Greater Sin (1941) – Arizona Bound – The Gunman From Bodie – King of the Zombies (1941) – Ghost Town Law – Bowery at Midnight – Klondike Fury (1942) – Melody Parade – Smart Guy – Revenge of the Zombies – The Ape Man – Campus Rhythm – Six Gun Gospel – You Can't Beat The Law (1943) – What a Man! – Lady, Let's Dance – Hot Rhythm – Laws of the Valley (1944) – Divorce – G.I. Honeymoon – Sunbonnet Blue – There Goes Kelly (1945 – Swing Parade of 1946 – Decoy – High School Hero – Bringing Up Father – Sweetheart of Sigma Chi – The Shadow Returns (1946) – Violence – The Hunted – Crossed Trails (1947) – I Wouldn't Be in Your Shoes – Docks of New Orleans – Gunning for Justice – Oklahoma Blues – Angels Alley – Smart Politics – Partners of the Sunset – Kidnapped – Joe Palooka in Winner Take All (1948) – Fighting Fools – The Wolf Hunters – Crashing Thru – Courtin' Trouble – Western Renegades – Stampede – Leave it to Henry – Master Minds – Joe Palooka in the Big Fight – Law of the West – Shadow of the West – Range Land – Forgotten Women – Hold That Baby! – Tuna Clipper (1949) – Gunslingers – Blues Buster – The Admiral Was a Lady – A Modern Marriage – The Great Plane Robbery – Short Grass – Silver Raiders – Sierra Passage – Humphrey Takes a Chance – Joe Palooka Meets Humphrey – Big Timber – Blonde Dynamite (1950) – Rhythm Inn – Yellow Fin (1951) – Here Comes the Marines – Jet Bob – Hold That Line – Sea Tiger (1952) – Cow Country – Murder without Tears (1953) – Thunder Pass – Highway Dragnet – Racing Blood – The Toughest Man Alive – Las Vegas Shakedown – Betrayed Women – Night Freight – The Big Tip Off – Port of Hell – Treasure of Ruby Hills (1955) – Yaqui Drums – Johnny Rocco (1958)

Kaye, Buddy

** 3.1.1918 N.Y., USA.* Songschreiber der 40er und 50er Jahre. Hatte 1945 einen Hit mit *Till the End of Time* (nach Chopin, Film »A Song to Remember«). Er schrieb das Thema für die Cartoon-Serie »Little Lulu« und Musik für die Popeye«- und »Bouncing Ball«-Serien, außerdem Songs für die Mills Brothers, die Mc Guire Sisters u.a. Mitarbeiter waren die Komponisten Jimmy McHugh, Jule Styne, Jimmy van Heusen, Hugo Montenegro, Billy Reid u.a. Bekannte Songs: *I'll Close My Eyes, Full Moon and Empty Arms, »A« You're Adorable.* Er wurde später Schallplattenproduzent.

Filme: A Song to Remember (1945, Song) – The Treasure of Sierra Madre (1947, Titelsong) – The Great Rupert (1950) – La Legge (1959, Songs) – Summer Holiday (1963, Songs) – Il sigitto di pechino (1966, Songs) – Hurry Sundown (1967, Songs) – Kill a Dragon (1967) – Change of Habit (1969)

Kaye, Norman

** 19.1.1927 Melbourne, Australien.* K. ist vor allem als Bühnen- und Filmschauspieler bekannt, er trat seit 1968 in zahlreichen Filmen auf, darunter auch 1968 in W. Herzogs »Wo die grünen Ameisen träumen« (1968). Gelegentlich arbeitete er auch als Drehbuchautor und Ko-Produzent.

Filme als Komponist: Diamonds for Breakfast (Diamanten zum Frühstück, UK 1967) – Illuminations (1976) – Relatives (1985) – Vincent: The Life & Death of Vincent van Gogh (Dok., 1987)

Kaylin, Samuel

** 18.1.1892 Melitopol, Russland, † 7.7.1983.* US-Komponist russischer Herkunft der 30er und 40er Jahren, arbeitete als Komponist und/oder musikal. Leiter an zahlreichen B-Filmen, u.a. den populären »Charlie Chan«- und »Mr. Moto«-Serien. Wie in dieser Zeit üblich, hatten viele dieser Filme Musik (von Songs einmal abgesehen) oft nur im Vor- und Abspann.

Filme als Komponist: Shanghai Madness – Doctor Bull – Charlie Chan's Greatest Case (1933) – Sleepers Fast – 365 Nights in Hollywood – Baby, Take a Bow (1934) – Mystery Woman – Dante's Inferno – Silk Hat Kid – The Great Hotel Murder – Life Begins at 40 – Your Uncle Dudley – Bachelor of Arts – Back to Nature – Thunder in the Night (1935) – Charlie Chan at the Opera – Little Miss Nobody – The Crime of Dr. Forbes – Charlie Chan at the Race Track – Every Saturday Night – The First Baby – Educating Father – Human Cargo – Career Woman

– Champagne Charlie – Charlie Chan at the Circus – The Song and Dance Man – 36 Hours to Kill (1936) – Big Town Girl – 45 Feathers – Wild and Woolly – The Holy Terror – The Great Hospital Mystery – Sing and Be Happy – Woman-Wise – Angel's Holiday – Charlie Chan at the Olympics – Checkers – The Crack-Up – Time Out For Romance – Borrowing Trouble – Thank You Mr. Moto – That I May Live – Charlie Chan at Monte Carlo – The Lady Escapes – One Mile from Heaven – Big Business – Laughing at Trouble – Midnight Taxi (1937) – Charlie Chan in Honolulu – You Rascals – Down on the Farm – Mr. Moto's Gamble – One Wild Night – Time Out For Murder – Passport Husband – City Girl – Walking Down Broadway – International Settlement – Keep Smiling – Arizona Wildcat – Up the River – Speed to Burn – Always in Trouble – Sharp Shooters – Island in the Sky – Mr. Moto Takes a Vacation – Meet the Girls – A Trip to Paris – Everybody's Baby – Mr. Moto Takes Chance – Love on a Budget – Five of a Kind – Safety in Numbers (1938) – Charlie Chan at Treasure Island – 20.000 Men a Year – Mr. Moto in Danger Island – It Could Happen to You – Boy Friend – Winner Take All – Mr. Moto's Last Warning – Pardon Our Nerve – Stop, Look and Love – Quick Millions – The Escape – News is Made at Night – Inside Story – Heaven with a Barbed Wire – The Honeymoon's Over – Too Busy to Work – Pack Up Your Troubles – The Chicken Wagon Family – Charlie Chan in the City of Darkness – The Jones Family in Hollywood (1939) – Young As You Feel – Sailor's Lady – On Their Own – The Man Who Wouldn't Talk – Charlie Chan in Panama – City of Chance – Free, Blonde and Twenty-Three – Charlie Chan's Murder Case – Viva Cisco Kid – Shooting High – High School (1940) – The Leather Burns (1943)

Kazanecki, Waldemar

** 23.4.1929 Warschau, Polen, † 20.12.1991 ebd.* Polnischer Komponist, für den Film tätig in den der 70er bis 90er Jahren.

Filme: Abel, twój brat (Abel, dein Bruder, 1970) – Noce i dnie (1975) – Miłość ci wszystko wybacy (1981) – Chresniak (1986) – Dzień wisly (1991)

Keane, Brian

Der Gitarrenvirtuose studierte an der Juilliard School und wurde ein Musiker zwischen Weltmusik, ethnischer Fusion und elektronischer Musik. Er arbeitete als Musiker (g, synth), Komponist und Arrangeur mit Larry Coryell, Paco de Lucia, Bobby McFerrin und dem türkischen Multiinstrumentalisten Omar Faruk Tekbilek. Seine vier CDs mit letzterem gelten als Klassiker der zeitgenössischen Musik des Mittleren Ostens. Daneben schrieb er etliche Musiken für (meist Dokumentar)-Filme.

Filme: When Will I Be Loved? (1990, TV-Dok.) – Buckminster Fuller: Thinking Out Loud (1996, TV-Dok.) – Illtown (1996) – The Battle Over Citizen Kane (Die Schlacht um Citizen Kane, 1996, TV) – From City Streets (1998, TV-Dok.) – The Night Flyer (1998) – The Irish in America (1998/99, Dok., 4 Folgen) – New York, Episode 1 bis 7 (Dok., 1999/2001) – American Experience: Rescue at Sea (Dok., 1999) – Bill Russell: My Life, My Way (2000, TV-Dok.)

Keane, John E.

Engl. Musiker, Arrangeur und Komponist, seit 1986 für engl. und US-Filme tätig.

Filme: Nanou (1986) – The Kitchen Toto (1987) – Chattahoochee (1989) – Murder East/Murder West (1990, TV) – The Gravy Train (1990, TV) – The Resurrected (1991) – The Gravy Train Goes East (1991, TV) – Hard Promises (1992) – Desparate Choises: To Save My Child (1992, TV) – Keep the Change – Last of the Tribe (1992, TV) – The Hummingbird Tree (1992) – Sex, Love and Cold Hard Cash (1993, TV) – Small Faces – Letters From the East (1995) – Trojan Eddie (1996) – Hey Baby It's You! Easter Parade (Dok., 1996) – A Further Gesture (1997) – Hundred Percent (1998) – Hideous Kinky (Marrakesch, 1998) – CSI: Crime Scene Investigation (2000, TV) – The Last of the Blonde Bombshells (2000, TV) – Anna Karenina (2001, TV)

Keating, Johnny

** 19.9.1927 Edinburgh, Schottland.* Big Band-Arrangeur und Komponist der 50er und 60er Jahre. Lernte Klavier und Posaune, arrangieren als Autodidakt. Spielte mit T. Sampson, Ambrose, Geraldo, Vic Lewis und 1952–53 bei Ted Heath. Gab 1954 die Posaune auf und arbeitete exklusiv als Arrangeur für Heath. Ab 1958 als Freelancer tätig, arrangierte für Tony

Bennett, Sammy Davis,Jr., Geraldo, Carmen McRae, Dick Stabile, Lita Roza, Caterina Valente, Shake Keane, Vic Lewis u.a., schrieb Musik für Filme und spielte eigene LPs mit Tanzmusik und Jazz ein.
Filme: Hotel (Das Hotel, 1967, OST: Warner Bros. 1692) – Robbery (Überfall, 1967; OST: London 82008) – Innocent Bystanders (Wer zuletzt lebt lebt am besten, 1972)

Kellaway, Roger W.

** 1.11.1939 Waban, Mass., USA.* Der Jazzpianist studierte am New England Konservatorium, hatte ersten Job als Bassist bei Jimmy McPartland, ging 1960 nach N.Y. und spielte Piano bei Kai Winding, Al Cohn-Zoot Sims, Clark Terry-Bob Brookmeyer u.a. und trat mit eigenem Trio auf. 1966 noch bei Don Ellis, arbeitet seitdem aber vor allem als Komponist. K. ist ein stilistisch vielseitiger Pianist, der Schallplatten für Regina, Prestige, World Pacific, Discwasher, Dragon, Challenge, Concord und Fresh Sound einspielte.
Filme: Paper Lion (1968) – The Psychiatrist (1970) – The Legend of Hillbilly John (1972) – Legacy (1975) – The Mafu Cage (Der Mafu-Käfig, 1977) – Sharon: Portrait of a Mistress (TV 1977) – The Mouse and His Child (Cartoon, 1977) – Invasion of the Body Snatchers (Dir., Score: Denny Zeitlin) – The Dark (1978) – Silent Scream (1980) – Running Scared (Im Fadenkreuz der CIA, 1980)

Kempel, Arthur

Filme: Graduation Day (1981) – Wacko (1981) – Ninja 3: The Domination (1984) – Fleshburn (1984) – A Cry in the Wild (1990) – Double Impact (1991) – Fire in the Dark (1991, TV) – The Hit Man (1991, TV) – Sensation – Tactical Assault – Cheyenne Warrior (1994, TV) – The Arrival (1996) – Top Jet (Angriff aus den Wolken, 1998)

Kent, Rolfe

** 18.4.1963 St. Albans, Hertfordshire, England.*
Filme: Final Combination (1994) – Mercy (1995) – Citizen Ruth (1996) – The House of Yes (1998) – The Theory of Flight (1998) – Slums of Beverly Hills (1998) – Oxygen (1999, TV) – Election (1999) – Don't Go Breaking My Heart (1999) – Nurse Betty (2000) – Gun Shy (2000) – Legally Blonde (2001) – Town & Country (Stadt, Land, Kuss; USA 2001) – Happy Campers – Someone Like You (2001) – Legally Blonde (Natürlich Blond, 2001) – About Schmidt (2002)

Soundtrack, Musik: Rolfe Kent

Kent, Walter

** 29.11.1911 N.Y., USA, † 1.4.1994 L.A.* Komponist und Songschreiber der 40er und 50er Jahre. Studierte an der Juilliard School in N.Y., arbeitete einige Jahre als Architekt ehe er sich ganz der Musik widmete. Er schrieb etliche Songs für Filme, einige Scores und auch die Musik für die Broadway-Show »Seventeen« (1951). Mitarbeiter waren die Texter Kim Gannon und Nat Burton. Bekannte Songs*: The White Cliff of Dover, I'll Be Home For Christmas, When the Roses Bloom Again, Love is Like a Cigarette, The Last Mile Home.*
Filme (Songs): The Night Hawk (1938) – The Singing Cowgirl (1939) – Ride 'em Cowgirl (1929) – Water Rustlers (1939) – For Whom the Bell Tolls (Wem die Stunde schlägt, 1943) – In Society (1944) – Casanova in Burlesque (1944) – Song of the Open Road (1943) – Earl Carroll Vanities (1945, Score) – Senorita from the West (1945) – Down Missouri

Way (1946) – Angel and the Badman (1947) – Heartaches (1947) – Melody Time (Cartoon, 1948; Score) – An Innocent Affair (1948) – Belle of Old Mexico (1950) – Thundering Jets (1958) – Villa! (1958) – The Gazebo (1949) – The Sad Horse (1959, Score) – The Beat Generation/This Rebel Age (Die Haltlosen, 1959) – Swingin' Along (1962) – Blood (Prod.) – She Dances Along (1981) – Radio Days (1987)

Kern, Jerome

(Jerome David K.), * *27.1. 1885 N.Y., USA, † 11.11. 1945 ebd.* Bedeutender Songkomponist mit großem Einfluss auf das Musiktheater des 20. Jh. Lernte Klavier von seiner Mutter, studierte am N.Y. College of Music und in Europa. In London erste Arbeiten für die Bühne. 1904 wieder in die USA, arbeitete für Musikverlage, bearbeitete die englische Bühnen-Show »Mr.Wix of Wickham« für den Broadway und erlangte dadurch erste Beachtung. Es folgten »The Earl & The Girl«, »La Belle Paree« und »The Red Petticoat« (1912). Erster großer Hit *They Didn't Believe Me* aus »The Girl from Utah« (1914). Große Erfolge mit den Shows »Very Good, Eddie« (1916), »Oh Boy!« (1917), »Sally«, »Good Morning Dearie« (1921), »Stepping Stones« (1923), »Sunny« (1925), »Show Boat« (1928), »Sweet Adeline« (1929), »The Cat & The Fiddle« (1931), »Music in the Air« (1932), »Roberta« (1933), einige wurden schließlich verfilmt. 1936 Musik zum Astaire-Film »Swing Time«, schrieb dann fast nur noch für den Film, letzte Broadway-Show 1939 »Very Warm for May«. Kern gehört zu den großen Songschreibern der ersten Hälfte des 20. Jh. Zu seinen Mitarbeitern gehörten die Texter P.G.Woodhouse, Anne Caldwell, E.Y. Harburg, Oscar Hammerstein II, Dorothy Fields, Ira Gershwin, Johnny Mercer.

Lit.: David Ewen, The World of Jerome Kern, N.Y. 1960. – Gerald Bordman, J.K., His Life and His Music, N.Y. 1980. – M.Freedland, J.K., A Biography, London 1978. – Lee Davis, Bolton and Wodehouse and Kern, N.Y. 1994

CD: Div., The Songs of J.K., Parade PAR 2019 – Sure Thing, Philips 442122-2

Filme (Songs): Show Boat (1929) – Men In The Sky (1930) – Sunny (1931) – The Cat & The Fiddle (1924) – Roberta (1935, orig. Show u. neue Songs: Lovely to Look At; I Won't Dance) – I Dream Too Much (1935, I'm the Echo; I Got Love) – Sweet Adeline (1935) – Reckless (1935, Reckless) – Music in the Air (1935) – Swing Time (1936, The Way You Look Tonight, A Fine Romance; Pick Yourself Up, Bojangles of Harlem, Never Gonna Dance; Waltz in Swing Time) – Show Boat (1936) – High, Wide And Handsome (1937, Dir. B.Moross; High, Wide and Handsome; The Folks Who Live On the Hill; Can I Forget You?, The Things I Want; Allegheny Al; Will You Marry Me Tomorrow, Maria?) – When You're in Love (1937, Our Song; Whistling Boy) – Joy Of Living (1938, You Couldn't Be Cuter; Just Let me Look At You, A Heavenly Party) – One Night in the Tropics (1940, Remind Me; You and Your Kiss, Your Dream, Simple Philosophy) – Lady Be Good (1941, The Last Time I Saw Paris) – Sunny (1941, Day Dreaming) – You Were Never Lovelier (1942, Dearly Beloved, Titel-Song; Im Old Fashioned, The Shorty George; On the Beam) – Symphony of Russia (1943) – Broadway Rhythm (1943, nach »Very Warm for May«) – Cover Girl (1944, Long Ago and Far Away; Sure Thing; Cover Girl; The Show Must Go On; Who's Complaining?) – Can't Help Singing (1944, Can't Help Singing; More and More; Any Moment Now, Cinderella Sue, Elbow Room, Swing Your Sweetheart, Finale Ultimo; Texte E.Y.Harburg, Score: H.J.Salter) – Centennial Summer (1946, In Love in Vain; Up with the Lark; The Right Romance; All Through the Day) – Till The Clouds Roll By (1947, Film-Biographie, Robert Walker als Kern, mit vielen Kern-Songs) – Show Boat (1951) – Lovely To Look At (Remake von Roberta)

Kerr, Anita

(Anita Jean Grob), * *31.10.1927 Memphis, Tenn., USA.* Leiterin eines Studio-Chores, den A. K. Singers, gegr. 1949 zunächst als Quartett, der im Bereich der Pop- und Countrymusik zu den profiliertesten der 50er und 60er Jahre zählte und zahlreiche Solisten wie Chet Atkins, Perry Como und Connie Francis auf Schallplatten begleitete. Die Gruppe nahm

auch eine Reihe von Easy Listening-LPs (»We Dig Mancini«, »Hits of Bacharach and David«) auf, K. arbeitete auch als Produzentin und schrieb Filmmusik.
Film: Limbo (1972)

Kerten, Fritz
(eigentl. F. Kohner), * *23.6.1910 Teplitz-Schönau (heute: Teplice-Sanov, Tschechien).*
Film: Wehe wenn sie losgelassen (1932), + Jara Benes, Ferry Gyulay, Jan Stark)

Kiesow, Walter
* *28.3.1905 Berlin, † 19.2.1965 Stuttgart.*
Filme: Ist mein Mann nicht fabelhaft (1933, + Th.Knobel) – Eine Mädel wirbelt durch die Welt (1934)

Kiessling, Heinz
(Ps. Christian Mondstein), * *11.3.1926 Nürnberg*. Dt. Songschreiber, Arrangeur und Komponist. Studierte am Nürnberger Konservatorium 1946–49, arbeitete als Konzertpianist und ab 1950 als Komponist und Arrangeur von Unterhaltungs- und Tanzmusik bzw. Jazz, u.a. für Kurt Edelhagen. Zahlreiche Funk- und TV-Produktionen.
Filme: Casino de Paris (1957) – Romeo und Julia (1960) – Das Mädchen und der Staatsanwalt (1962) – Bel ami 2000, oder: Wie verführt man einen Playboy? (A 1966) – TV-Serie: Das Traumschiff

CD mit diversen Filmmusiken von W. Kilar

Kilar, Wojciech
* *17.7.1932 Lwow/Lemberg, Polen (heute: Lviv, Ukraine)*. Studierte in Paris bei Nadia Boulanger, erhielt 1960 den Preis der Lili-Boulanger-Stiftung in Boston. Er komponierte Orchesterwerke (»Concertino für Flöte und Orchester«, 1953; »Sinfonie für Streicher«, 1955, »Riff 62«) und Filmmusik.
CD: Warsaw to Hollywood, Milan 45972-2
Filme: David (D 1979) – Blaubart (D 1984, TV) – The Portrait of a Lady (1985; OST: London) – Cwal (Full Gallop, 1985) – Bilan trimestiel (1985) – Kontrakt (Die Braut sagt nein, 1985) – L'année du soleil calme (1985) – Leben für Leben (Vater Kolbe, 1985) – Hasard – Jalousie et médécine – La Lépreuse – Bram Stoker's Dracula (1992, OST: Sony) – La chronique des evènements amoureux (1993) – La terre de grands promesse (1993) – Death and the Maiden (Der Tod und das Mädchen, 1994) – The Ninth Gate (Die neun Pforten, F/E 1999) – Pan Tadeusz (1999) – Zycie jako smiertelna choroba przenoszona droga plciowa – Skarby ukryte z cyclu 'Opowiesci weekendowe – Suplement (2002) – The Pianist (Der Pianist, 2002) – Zemsta (2002

Kilenyi, Edward Sr.
* *25.1.1884 Békés (Komitat Békés), Ungarn, † 15.8.1968 Tallahassee, FL., USA*. Ungar. Komponist, arbeitete in den 30er und 40er Jahren für US-Filme. Sein Sohn Edward K. Jr. ist Pianist.
Filme: Zamboanga – Headin' East (1937) – Adventures of Chico – Topa Topa – The Overland Express – International Crime – Two Gun Justice – The Terror of Tiny Town (1938) – Ravaged Earth (1942) – The Tender Years (1947) – Belle Starr's Daughter (1948)

King, Denis
* *25.7.1939 Hornchurch, Essex, England.* Komponist, Schauspieler und Musiker, in den 60er Jahren Mitglied der → John Barry Seven in den Filmen »Girl on a Roof« (1961) und »The Cool Mikado« (1962). Im Film »Sista dansen« (1993) spielt er einen Bandleader.
Filme: Holiday on the Buses – Ghost in the Noonday Sun (1973) – Not On Your Nellie (1974, TV-

Serie) – The Fosters (1976, TV-Serie) – Sweeney! (Deckname Sweeney, 1977) – Son of Hitler (1978) – How's Your Father (1979, TV) – Dick Turpin (1979, TV) – Smuggler (1981, TV) – Privates on Parade (1982) – Minder in the Orient Express (1985, TV) – Lovejoy (1986, TV-Serie; spielt einen Bandleader in der Episode »Raise the Hispanic«) – The Worst Witch (1986, Songs) – The New Adventures of Black Beauty (1992, TV) – Sista dansen (1993) – Heavy Weather (1995, TV) – Madson (1986, TV-Serie)

King, Pete

(C. Dudley King), * *8.8.1914 Greenville, Ohio, USA, † 21.9.1982 Newport Beach, Calif.* Komponist und Arrangeur. Arbeitete in Hollywood für Film, TV und Schallplatte, u.a. für Jackie Gleason.

Film: The Family Jewels (Das Familienjuwel, 1965)

King, Pete

(Peter John), * *11.8.1940 Kingston-Upon-Thames, Surrey, England.* Als Musiker (as, ts) Autodidakt, hatte K. erste Jobs ab 1961 in den Jazzgruppen von Johnny Dankworth und Tubby Hayes, spielte auch mit Ray Charles, Zoot Sims-Al Cohn, Maynard Ferguson und im Colin Towns Mask Orchestra. Zahlreiche Tourneen und TV-Auftritte. Schallplatten mit Philly Joe Jones, Tete Montoliu, Stan Tracy, Charlie Watts.

Film: Blue Ice (1993)

Kingsley, Gershon Gary

* *28.10.1925 Bochum.* Pianist, Arrangeur und Komponist, arbeitete u.a. für Jan Peerce, Lotte Lenya und Julia Migenes.

Filme: Sam's Song (1969) – The Dreamer (1970) – Silent Night, Bloody Night (1973)

Kirchin, Basil

* *8.8.1927 Blackpool, Lancashire.* Engl. Komponist, für den Film tätig in den 60er und 70er Jahren. Er ist der Sohn des Musikers Ivor K. (1905–1997).

Filme: Negatives (1968) – Assignment K (Geheimauftrag K, 1968) – The Strange Affair (Skandal bei Scotland Yard, 1968) – The Shuttered Room (Die verschlossenen Tür, 1968) – I Start Counting (1970) – The Abominable Dr. Phibes (Das Schreckenskabinett des Dr. Phibes, 1971) – The Mutations (1974)

Kirchstein, Harold M.

(Harald Manfred K., Ps. Henri René), * *29.12.1906 N.Y., USA, † 25.4.1993 Houston, Tx.* Studium an der Musikakademie in Berlin, spielte dann Banjo, Gitarre und Klavier in US-amerikanischen Tanzorchestern. Leitete 1926 Orch. auf Europatournee. In Berlin Mitarbeiter an Tonfilmen und Schallplattenaufnahmen, war ab 1934 Leiter der »Goldenen Sieben«, einer Studio-Band für Telefunken. 1936 ging er in die USA, nannte sich Henri René und wurde Direktor bei RCA-Victor. 1941 leitete er ein Musette-Orchester, war 1946 wieder bei Victor, nahm Schallplatten mit populärer und semi-klassischer Musik auf und begleitete Vokalisten mit Studiobands. Zahlreiche Schallplatten, darunter Easy Listening-LPs für RCA und Imperial.

Filme: Verräter (1936) – Heimweh (1937) – Togger (1937) – Menschen ohne Vaterland (1937)

Kirsch, Ernst

* *18.4.1891 Breslau (Wrocław), † 2.1.1964 Miami, Florida.*

Film: Es leuchten die Sterne (1938, + L. Leux, P. Lincke, M.Perl, F.R.Friedl)

Kiszko, Martin Edmund

* *9.2.1958 Leeds (West Yorkshire), England.*

Filme: Zastrozzi – Land of the American Eagle – Realms of the Russian Bear – Alien Empire

Kitaro

(Masanori Takahashi), * *4.2.1953 Toyohashi/Aichi, Japan.* Begann als Rockmusiker, interessierte sich für den Synthesizer, komponierte eine Suite »Tenkai« (Himmel, 1978) für dieses Instrument, welche die jap. Rundfunkgesellschaft NHK veranlasste, ihn die Musik für den TV-Dokumentarfilm »Silk Road« schreiben zu lassen. Seine atmospharische, meditative Musik voll einfacher Melodien war ungeheuer erfolgreich. K. etablierte sich als einer der erfolgreichsten und populärsten »New Age«-Interpreten.

Filme: Silk Road (1980) – Heaven and Earth (1994,

OST: Geffen) – Soong Sisters
CD: Silk Road Suite I + II – Tenjiku (India, or The Heavens), Polydor

Kitay, David

** 23.10.1961 Los Angeles, USA.* Musiker (g, perc, voc) und Komponist; erste Filmmusik 1987.
Filme: The Night Stalker (1987) – Look Who's Talking – Under the Boardwalk – Always (1989) – Nuns on the Run – Look, Who's Talking, Too (1990) – Boris and Natasha – Problem Child 2 (1991) – Breaking the Rules (1992) – Surf Ninjas (1993) – Trading Mom – The Stoned Age (1994) – Clueless – Jury Duty (1995) – Can't Hardly Wait – A Night at the Roxbury (1998) – Dude, Where's My Car? (2000) – Madigan Men (2000, TV) – Mad About You – Solomon & Sheeba – Scary Movie – Loser (2000) – Mary and Rhoda (2000, TV) – Ghost World (2001) – Tomcats (2001)

Klages, Raymond W.

** 10.6.1888 Baltimore, Md., USA, † 30.3.1947 Glendale, Calif.* Songschreiber/Textdichter der 20er und 30er Jahre. Arbeitete für Broadway-Shows mit u.a. J. Fred Coots, Louis Alters, Jesse Greer, James V. Monaco. Trat im Vaudeville auf, schrieb Songs seit den frühen 20er Jahren.
Filme: Tide of Empire (1929, + Jesse Greer, Collins Foster) – The Iron Mask (1929, Song: One For All, All for One) – Marianne (1929, Songs) – So This Is College (1939, Songs) – The Shannons of Broadway (1929) – Hollywood Revue of 1929 (1929, Song: *Low Down Rhythm*) – Marianne (1929, *Marianne; Just You, Just Me; Hang on to Me*) – Cheer Up and Smile (1930, *Cheer Up*) – The Jazz Cinderella (1930, Songs) – Top Sargeant Mulligan (1941)

Klassische Komponisten

Ihre Lebensgeschichte und ihre Werke sind häufig in Filmen dargestellt worden. Die Drehbücher halten sich dabei wenig an Fakten und die Filme selbst sind an der Kinokasse selten erfolgreich gewesen. Bei der verwendeten Musik handelt es sich meist um Auszüge aus bekannten Stücken, »schönen Stellen« etc. Hier einige Beispiele:

- *Georg Friedrich Händel* (1685–1759): The Great Mr. Händel (1942)
- *Wolfgang Amadeus Mozart* (1756–1791): Eternal Melody (1939) – Wen die Götter lieben (D 1942)
- *Ludwig van Beethoven* (1770–1827): Eroica (1949) – Schicksalssinfonie (D 1960)
- *Nicolo Paganini* (1782–1840): The Magic Bow (Paganini, 1947)
- *Franz Schubert* (1797–1828): Leise flehen meine Lieder (A/D 1933) – Love Time (1934) – Blossom Time (1934) – Unfinished Symphony (1935) – New Wine (Die Unvollendete, 1941) – La Belle Meunière (1947) – Symphony of Love (1954) – Mit meinen heißen Tränen (D/A/F 1988)
- *Vincenzo Bellini* (1801–1935): The Divine Spark (1935)
- *Hector Berlioz* (1803–1869): La Symphonie Fantastique (1940)
- *Frédéric Chopin* (1810–1849): Adieu (1935) – A Song To Remember (Polonaise, USA 1945) – Der junge Chopin (1952) – Song Without End (1960)
- *Robert Schumann* (1810–1856): Song of Love (Klara Schumanns große Liebe, 1947; Piano: A.Rubinstein, Dir. B.Kaper)
- *Franz Liszt* (1811–1886): A Song to Remember (1944) – Song Without End (1960) – Song Of Norway (1970) – Lisztomania (UK 1975)
- *Richard Wagner* (1813–1883): Magic Fire (Frauen um Richard Wagner, 1956)
- *Jacques Offenbach* (1819–1880): Tales of Hoffman (Hoffmanns Erzählungen, UK 1951)
- *Johann Strauss Sohn* (1825–1899): Waltzes from Vienna (1933) – Vienna Waltzes (1934) – G'schichten aus dem Wiener Wald (1934, Bearb. Schmidt-Gentner) – The Great Waltz (Der große Walzer, USA 1938) – Ewiger Walzer (D 1954) – Oh Rosaline (UK 1955, nach der Fledermaus) – The Waltz King (Liebe im 3/4-Takt, USA 1963) – The Great Waltz (Der große Walzer, USA 1972)
- *Johannes Brahms* (1833–1897): Song Of Love (1963)
- *Peter I. Tschaikowsky* (1840–1893): Song of My Heart (1947) – Tschaikowski (UdSSR 1968/70) – The Music Lovers (Tschaikowski: Genie und Wahnsinn, UK 1970)

- *Nikolai Rimsky-Korssakoff* (1844–1908): Song of Sheherazade (Lied des Orients, USA 1947)
- *Edvard Grieg* (1843–1907): Song of Norway (1970)
- *Gustav Mahler* (1860–1911): Mahler (UK 1974)

Klassische Musik

hat schon immer die Filmkomponisten inspiriert. Viele von ihnen kommen von der Klassik (oder E-Musik) und haben zunächst nur aus Existenzgründen für den Film gearbeitet. So ist es verständlich, dass entsprechende Einflüsse in ihre Filmarbeit einflossen. So lässt sich z. B. der Einfluss von Carl Orffs »Carmina Burana« in vielen Filmmusiken nachweisen. Denn damit die Musik auch auf Schallplatte erfolgreich ist, muss sie ohrwurmmäßig gestylt sein, d.h. die Komponisten wagnern, orffen und mahlern, was das Zeug hält. Weitere Beispiele für klassische Kompositionen als Vorbilder sind:

Gustav Holst, Die Planeten – Star Wars (John Williams, 1977)

Howard Hanson, Romantic Symphony – E. T. (John Williams, 1982)

Igor Stravinsky, The Firebird – Deal of the Century (Arthur B. Rubinstein, 1983)

Richard Strauß, Salome (Tanz der sieben Schleier) – Sunset Boulevard (Franz Waxman, 1950)

Steve Reich, Music for Eighteen Musicians – Risky Business (Tangerine Dream, 1983)

Peter Tschaikowski, Diverse – Conquest (Maria Walewska) (H. Stothart, 1937)

Klatzkin, Leon

(Leonard Steven K.), * *19.6.1914 N.Y., USA, † 12.5.1992 Marina Del Rey, Calif.* Komponist, Arrangeur und Dirigent im Film und TV der 50er Jahre. Er arbeitete für 20th Century Fox Television an Serien wie »My Friend Flicka«; am bekanntesten ist wohl seine Titelmusik für »The Adventures of Superman« (sein Name wurde allerdings im Vorspann nicht genannt). Zwischendurch schrieb er die Musik für einige B-Filme; 1959 war er musik. Leiter von »Go, Johnny, Go!« mit Chuck Berry und Alan Freed. Sein Bruder war der Pianist und Komponist/Musical Dir. David B. Klatzkin (14.2.1908–22.1.1960); beider Vater war der Trompeter Benjamin K.

Filme: Inner Sanctum (1948) – Adventures of Superman (1952, Thema der TV-Serie) – Tales of Robin Hood – Mr. Walkie Talkie (1952) – Captain Scarface (1953) – The Silver Star – The Lonesome Trail (1955) – Gunsmoke (1955, TV-Serie) – My Friend Flicka (1956, TV-Serie) – Broken Arrow (1956. TV-Serie) – Two-Gun Lady (1956) – The Fiend Who Walked the West (Der Killer mit der sanften Stimme, 1956) – How to Marry a Millionaire (1957, TV-Serie) – Go, Johnny, Go! (1959) – Rawhide (1959, TV-Serie) – The Wild Wild West (1965, TV-Serie) – Cimarron Strip (1967, TV-Serie) – Destination Nightmare (1968, TV) – Jack the Ripper (1968, TV)

Kleiner, Arthur

* *20.3.1907 Wien, Österreich, † 31.3.1980 Hopkins, Minn., USA.* Studierte in Wien und begann 1925 seine Karriere als Pianist, Dirigent und Komponist. Von 1931 bis 1938 lehrte er am Max-Reinhardt-Seminar, schrieb in dieser Zeit Bühnenmusiken. 1938 emigrierte er in die USA, wo er mit 36 Jahren Musikdirektor am New Yorker Museum of Modern Art wurde und es bis 1967 blieb. In dieser Zeit begann auch seine Laufbahn als Klavierbegleiter von Stummfilm-Aufführungen, wozu er teils Originalkompositionen, aber auch eigene Kompositionen verwendete. Er komponierte ca. 250 Filmpartituren und erwarb sich Verdienste um das Wiederauffinden verschollener Filmmusiken, so von E. Meisels Orchesterpartitur zu »Panzerkreuzer Potemkin«. Bei den Berliner Filmfestpielen 1979 spielte er die Musik zu Filmen des Stummfilmstars Rudolph Valentino und wurde mit dem Filmband in Gold augezeichnet.

Kleinschuster, Erich

* *23.1.1930 Graz. Österr. Jazzmusiker (tb).* Begann seine Profi-Laufbahn 1953 im Österr. Rundfunkorchester und spielte daneben mit div. Jazz-Grupen. 1969 wurde er Leiter des Instituts für Jazz am Wiener Konservatorium, 1971 ORF-Redakteur und Dirigent der ORF-Big Band (*LP:* »Maurische Anekdoten«). Seit der Auflösung der Big Band 1981 ist er Professor am Jazzinstitut der Grazer Musikhoch-

schule und tritt daneben auch mit einem Quintett auf.
Filme: Alkeste: Die Bedeutung, Protektion zu haben (1979) – Caracas (1989)

Klocke, Piet

(Peter), * *20.12.1954 Köln*. Lernte Gitarre und Klavier, arbeitete als Sänger und Instrumentalist in Soul-Gruppen in Amsterdam. Veröffentlichte 1974 den Lyrikband »Irre bis wolkig«. 1974–78 Pop-Kabarett »Kamikaze Orchester«, 1979–82 Schauspieler an den Städtischen Bühnen in Essen. Darsteller in TV-Produktionen. Seit 1987 als Kabarettist tätig. Schallplatten für Teldec, RCA, Metronome.
Filme: Bananenpaul (1981) – Die Nacht und ihr Preis (1983) – Hur und Heilig (1984) – 585 Kilohertz (1985) – Peng! Du bist tot! (1987) – Monopoly (1988) – Der Leibwächter – Der Mann mit den Bäumen (1987)

Kloser, Harald

* *9.7.1956 Hard (Vorarlberg), Österreich*. Der Komponist lebt und arbeitet in den USA. Er war verheiratet mit der Schauspielerin/TV-Moderatorin Desirée Nosbusch.
Filme: Sternberg: Shooting Star (1988) – Butterbrot (1990) – Requiem für Dominic (1990) – Quiet Days in Hollywood (1995) – The Small Hours (1997) – Der Unfisch (1997) – Comedian Harmonists (1998) – Deliberate Intents (TV) – Kiss Tomorrow Goodbye – The Venice Project (1999) – The Thirteenth Floor (1999) – Ice Cream Sundae (2000) – Ali: An American Hero (2000, TV) – Marlene (2000) – Eine Handvoll Gras (2000) – Der Tunnel (2001) – And Never Let Her Go (2001, TV) Sins of Father – RFK (2002, TV) – The Day After Tomorrow (2003)

Klück, Günter

* *16.6.1915 in ?, † 16.6.1987 Waldeichtal*. Komponist in der DDR.
Filme: Alarm im Zirkus (1953/54) – Der Ochse von Kulm – Der Teufelskreis (1955) – Eine Berliner Romanze (1955/56) – Paris zwischen Nacht und Morgen – Damals in Paris (1956) – Berlin: Ecke Schönhauser (1956/57) – Betrogen bis zum jüngsten Tag – Sheriff Teddy (1967/57) – Tatort Berlin – Das Mädchen von 16 einhalb (1957) – Ein Sommertag macht keine Liebe (1959/60) – Gewissen in Aufruhr (1961, TV)

Knauer, Karl

* *27.2.1885, † ?*. Komponist von Unterhaltungsmusik.
Film: Das Meer ruft (1933, + Schmidt-Boelke)

Kneip, Gustav

* *3.4.1905 Beningen, † 24.10.1992 Barsbüttel (Hamburg)*.
Film: Das Hermännchen (1936, + R. Stauch)

Knieper, Jürgen

* *14.3.1941 Karlsruhe*. Studierte Mathematik und Musik in Berlin. War Pianist der Münchner Lach- und Schießgesellschaft, arbeitet seit 1970 als Komponist für Film, TV und Theater. Er schrieb zahlreiche Filmmusiken, u.a. für Wim Wenders; er erhielt das Filmband in Gold für die Musik zu desssen Film »Falsche Bewegung«. Weithin bekannt wurde er durch seine Musik für die TV-Serien »Theodor Chindler« und »Lindenstraße« von H. W. Geissendörfer. K. gilt als der wichtigste Komponist des Neuen Deutschen Films.
Filme: Die Angst des Tormanns vorm Elfmeter (1971) – Der scharlachrote Buchstabe (1972) – Output (1974) – Falsche Bewegung (1975) – Auf Biegen und Brechen (1976) – Lieb Vaterland magst ruhig sein (1976) – Eierdiebe (1977) – Der amerikanische Freund (1977) – Kalte Heimat (1978) – Derby Fischer – Arabische Nächte (1979) – Cirque Gruss (Dok., 1979) – Deutschland bleiche Mutter (1980) – De Witte Van Sichem (1980) – Alles im Eimer – Dabbel Trabbel (1981) – Der Zauberberg (1981; OST: Celine) – Der Stand der Dinge (1982) – Christiane F.: Wir Kinder vom Bahnhof Zoo (1982) – Ediths Tagebuch (1983; OST: Condor) – Flügel und Fesseln/Future of Emily (1984) – Room 666 (1984, TV-Dok.) – Rosinante (1986) – Des Teufels Paradies (1986; OST: Milan) – Der Himmel über Berlin (1987, OST: Milan) – River's Edge (1987) – Geteilte Liebe (1989) – Etoile (1989) – Paint it Black – Après la guerre (1989) – December Bride (1990)

– End of Night (1990) – Gudrun (1991) – De Zondagsjongen (1991) – Exposure (1991) – Verurteilt Anna Leschek (1991) – Far from Berlin (1992) – Ein Mord danach (1992, TV) – La bionda (1994) – Lisbon Story (1994) – Das Leben ist eine Baustelle (1987) – Tuvalu (1999)
CD: Wim Wenders' Roadmusic, Milan 372

Knight, Peter

** 23.6.1917 Exmouth/Devon, England, † 30.7.1985 London.*
Filme: The Curse of the Crimson Altar (Die Hexe des Grafen Dracula, 1968) – Pigalle carrefour des illusions (F 1972) – La maison des filles perdues (F 1973) – Sunstruck (1973) – Le choix des armes (F 1981) – Panther Squad (1985)

Knobel, Theodor Helmut

** 22.5.1906 Berlin, † 25.3.1982 Hamburg.*
Filme: Ist mein Mann nicht fabelhaft (1933, + W.Kiesow) – Ein Mädel wirbelt duch die Welt (1934, + W.Kiesow)

Knopfler, Mark

** 12.8.1949 Glasgow, Schottland.* K. machte sich einen Namen mit der Gruppe Dire Straits, obwohl sein Talent als Komponist, Gitarrist und Sänger auch von Eric Clapton, Chet Atkins, Van Morrison u.a. genutzt wurde. Seine erste Filmmusik schrieb er 1983 für David Puttnam: »Local Hero«. 1989 gründete er mit Brendan Crocker und Steve Phillips die Gruppe Notting Hillbillies, die aber an den Erfolg von Dire Straits nicht anknüpfen konnte.
Lit.: Myles Palmer, M.K.: An Unauthorised Biography
Filme: Local Hero (1983, OST: Philips) – Cal (UK 1984) – Comfort And Joy (1984) – The Princess Bride (mit Guy Fletcher; OST: Philips) – Last Exit to Brooklyn – Wag the Dog (Ein hundsgemeiner Trick, 1997)

Köbner, Andreas

** 11.10.1951 Mannheim.* Klavier- und Flötenunterricht seit 12. Lebensjahr, Studium am Konservatorium in Heidelberg. 1970–74 Studium an der Filmhochschule München, dann Ausbildung am Elektronik-Zentrum München. 1974–49 Arbeit als Tonmeister und Kameramann, daneben Musikstudium. 1980 erste Arbeit als Filmkomponist, schreibt aber auch Orchestermusik (»Sonate für großes Orchester«), Kammermusik und Unterhaltungsmusik (»Clowneske«, 1981).
Filme: Verkaufte Träume (1979) – Aus heiterem Himmel (1980, TV) – 1 + 1 = 3 (1979) – Franz, der leise Weg (1980) – Matto regiert (1981, TV) – Point Hope (1982, TV) – Das leise Gift – Das Gespinst (1984) – Drei gegen Drei – Betrogen – Tango im Bauch (1985) – Das Mädchen mit den Feuerzeugen – Der Flieger (1986) – Die Katze – Das Brot des Siegers (1987) – Der Fluch (1988) – Crisphengo Christmas (1989) – Tiger, Löwe, Panther (1989) – Spieler (1990) – Die letzte Chance (1998, TV)

Koch, Erland von

(Erland Sigurd Christian von Koch), ** 26.4. 1910 Stockholm.* Schwedischer Komponist, Sohn des Komponisten Richert Sigurd Valdemar v. K. (1879–1919). Arbeitete in den 40er und 50er Jahren für den Film, u.a. für Ingmar Bergman, Hans Ekman und Agne Ragneborn.
Filme: Det ragnar pa var karlek (Es regnet auf unsere Liebe, 1946) – Kris (1946) – Skepp till Indialand (Schiff nach Indialand, 1947) – Musik i mörker (1947) – Hamnstad – Pa dessa skuldor – Lard Hard – Folket i Simslangdalen (1948) – Fängelse (1949) – Flicka och Hyacinter (Das Mädchen mit den Hyazinthen, 1950) – Den vita katten (1950) – Gud Fader och Tattaren (1954) – Flickan i regnet (Die Neue, 1955) – Sängen om den eldröda Blomman – Tarps Elin (1956) – Bärande hav – Hällebäks Gärd (1961)

Kochan, Günter

** 2.10.1930 Luckau (Krs. Cottbus, Brandenburg).* Komponist in der DDR, schreibt Orchesterwerke u.a., auch Film- und TV-Musik. Seine Musik zum mehrteiligen TV-Film »Die Verschworenen« steht im stilistischen Umkreis seiner 2. Sinfonie. »Sie kann trotz des sinfonischen Gestus als Beispiel für eine Musik stehen, die eng mit dem filmischen Geschehen verbunden ist und aus dem Fabelverlauf selbst formkonstituierende Impulse empfängt« (W. Thiel).

Filme: Einmal ist keinmal (1955) – Heimliche Ehen (1956) – Bärenburger Schurre (1957) – Italienisches Capriccio (1961) – Die Hochzeit von Länneken (1964) – Terra Incognita (1965) – Telegenerell (1969) – Die Verschworenen (1972, TV)

Kollo, Walter

(Walter Elimar Kollodziepski), * *28.1.1878 Neidenburg, Ostpreußen (heute: Nidzica/Olsztyn, Polen), † 30.9.1940 Berlin*. Der Komponist arbeitete nach Studium in Sondershausen und Königsberg als Kapellmeister und ließ sich 1901 in Berlin nieder, wo er zunächst Chansons und Couplets schrieb. 1910–1918 war er Hauskomponist am »Berliner Theater«. Erster großer Erfolg war 1913 die Operette »Wie einst im Mai«. Er schrieb noch mehrere Operetten (Libretti z. T. von seinem Sohn → Willi K.), aber auch Revuen, Schlager und Tanzlieder. Seine Lebensgeschichte wurde 1958 von seinem Sohn und Enkeln mehr schlecht als recht verfilmt (»Solang noch untern Linden ...«).

Operetten: Der Juxbaron (1913) – Die tolle Komteß (1917) – Marietta (1923) – Die Frau ohne Kuß (1924) – Lieber reich, aber glücklich (1933)

Filme: Die schönsten Beine von Berlin (1927) – Nur Du (1930) – Kopfüber ins Glück (1931, + Nico Dostal) – Der verjüngte Adolar (1931) – Der Herr Bürovorsteher (1931, + H.J.Salter) – Der schwarze Walfisch (1934, + Siegfried Schulz) – Ein Mädel vom Ballett (1937) – Ball im Metropol (1937, + Siegfried Schulz) – Hahn im Korb (1937, + S. Schulz) – Der Mann der nicht nein sagen kann (1938, + A.Strasser) – Der Tag nach der Scheidung (1938) – Wie einst im Mai (1938, + Ernst Erich Buder) – Symphonie einer Weltstadt (1939) – Leichte Muse (1941) – Frühling in Berlin (1956) – Was eine Frau im Frühling träumt (1959)

Kollo, Willi

(Wilhelm Arthur Kollodziepski), * *28.4.1904 Königsberg, † 4.2.1988 Berlin*. Dt. Komponist und Librettist, Sohn von → Walter K. Er schrieb mit 17 Jahren erste Operettenlibretti und Chansontexte, u.a. zu Musik seines Vaters (»Marietta«). Schrieb ab 1925 Operetten, Revuen und Filmmusiken. Nach 1945 trat er in Hamburger Kabaretts auf und leitete ab 1960 einen Musikverlag. Von ihm stammen auch Schlagertexte (*Was eine Frau im Frühling träumt*) und eigene Lieder (*Zwei in einer großen Stadt*). Sein Sohn René hat sich als Sänger einen Namen genacht.

Filme: Nur du (1930, + Jean Gilbert, R. Nelson, A. Strasser) – Die blonde Nachtigall (1930, + Schmidt-Gentner, Otto Stransky) – Meine Frau, die Hochstaplerin (1931, + Hans Schindler) – Liebe muß verstanden sein (1933, + Walter Schütze) – Jungfrau gegen Mönche (1934) – Meine Freundin Barbara (1937) – Wir tanzen um die Welt (1939, Lied: *Einmal wirst du wieder bei mir sein*) – Krach im Vorderhaus (1941) – Zwei in einer großen Stadt (1942, + Adolf Steimel)

Komeda, Krysztof

(eigentl. K. Trcinski) * *27.4.1931 Poznań, Polen, † 23.4.1969 Warschau*. Der studierte Arzt und Pianist legte sich als Jazzmusiker das Ps. Komeda zu wegen der Jazzfeindschaft der damaligen poln. Politik. Nach einem Auftritt beim Jazzfestival in Sopot 1956 wurde er zu einem der populärsten poln. Jazzmusiker. Daneben komponierte er rd. 40 Filmmusiken, darunter einige für Filme von Roman Polanski*, mit dem er schon 1957 an der Filmhochschule in Łódź zusammengearbeitet hatte, aber auch für Andrzej Wajda, Jerzy Skolimowski, Janusz Morgenstern u. Henning Carlson.

CD: Film Music, Polonia 91, 109, 124 – Wyrok, Polonia 136

Filme: Dwaj ludzie s szafa (Kurzfilm, 1957) – Gdy spadaja anioly (Kurzf., 1958) – Niewinni czarodzieje (Die unschuldigen Zauberer, 1960) – Do wizdenia do jutra (Auf Wiedersehen, bis morgen, 1960) – Szklana Gòra (1960) – Le gros et le maigre (Kurzf., F 1961) – Ambulans (Kurzf., 1962) – Jutro premiere (1962) – Nóśż w wodzie (Das Messer im Wasser* , 1962) – Les plus belles escroqueries du monde (Die Frauen sind an allem schuld, F/I/Jap 1962) – Saki (1962) – Hvad med os?/Epilogue (DK 1963) – Ubranie prawie nowe (1963) – Matura (Dok., 1964) – Prawo i pięść (Das Gesetz und die Faust, 1964) – Kattorna (Cattorna, verbotene Zärtlichkeiten, S 1964) – Repulsion* (Ekel, UK 1964) – Sztandar (1965) – Pingwin (Der Pinguin, 1965) – Bariera

(Barriere, 1966) – Cul-de-sac* (Wenn Katelbach kommt, UK 1966) – Siult/Svält/Hunger (DK/N/S 1966) – Klatki/Cages (1967) – Mennesker modes og sod musik opstar i hjertet/Människor möls och ljuv musik üppstar i hjärtat (Sie treffen sich, sie lieben sich und ihr Herz ist voll süßer Musik, DK/S 1967) – The Vampire Killers (Tanz der Vampire* , USA 1967) – The Riot (Ausbruch der Verdammten, USA 1968) – Rosemary's Baby* (USA 1968) – Le départ (Der Start, B 1969) – Ręce do glory (1981)

Konitz, Lee

** 13.10.1927 Chicago, Ill., USA.* Der berühmte Jazzmusiker begann in den 40er Jahren in den Bands von Jerry Wald und Claude Thornhill, studierte bei Lennie Tristano und nahm an Miles Davis' »Birth of the Cool«-Sessions teil. Er spielte 1953 bei Stan Kenton und leitete dann eigene Gruppen, mit denen er sich als einer der großen Altsaxophonisten des Jazz profilierte und als der einzige, der nicht von dem legendären Charlie Parker beeinflusst wurde. Seit den 70er Jahren spielte er häufig mit dem ihm seelenverwandten Warne Marsh (ts), ist aber auch als Lehrer tätig. Von seinen zahlreichen Alben sind unverzichtbar: »Subconscious Lee« (Prestige), »Konitz Meets Mulligan« (Pacific Jazz), »Very Cool« (Verve) und »Duets« (Milestone).

Filme: Desperate Characters (Verzweifelte Menschen, 1970; + Ron Carter, Jim Hall) – Lee Konitz (Dok., 1988)

Konradt, Otto

** ?, † 9.9.1945 in ?.*

Filme: Der Vierte kommt nicht (1939) – Der Fuchs von Glenarvon (1940)

Kont, Paul

** 19.8.1920 Wien. Österr.* Komponist, schrieb Musik für zahlr. Kultur- und Spielfilme.

Dok.-Filme: Der Rabe – Schicksalsstunden Europas – Nachbar im Herbst – Österreich im Takt der Zeit – *Spielfilm*: Flucht ins Schilf (1953)

Kooper, Al

(Allan), ** 5.2.1944 Brooklyn, N.Y., USA.* Der Blues- und Rockmusiker begann als Gitarrist 1959 mit den Royal Teens, arbeitete als Studiomusiker in New York und schrieb Songs mit Bobby Brass und Irving Levine. 1965 spielte er Orgel bei einer Bob Dylan-Session. Obwohl dafür kaum qualifiziert, holte ihn Dylan bis 1990 noch für drei weitere Alben. K. spielte Gitarre bei weiteren »elektrischen« Folk-Sessions, u.a. mit Tom Rush, Peter, Paul & Mary, dann bei der Gruppe Blues Project. 1967 gründete er die wegweisende Jazz-Rock-Formation Blood, Sweat & Tears. Er arbeitete auch als Produzent für Columbia Records, leitete eigene Gruppen, spielte mit Jimi Hendrix und den Rolling Stones, produzierte die erste LP von Nils Lofgren und gründete seine eigenes Label Sounds of the South. K.s Bedeutung liegt weniger in seiner Tätigkeit als Musiker denn als Katalysator der Rock- und Blues-Szene der 60er bis 80er Jahre.

Film: The Landlord (1970)

Kopp, Rudolph Georg

** 22.3.1887 Wien, † 20.2.1972 Woodland Hills, Calif., USA.*

Filme: The Sign of the Cross (Im Zeichen des Kreuzes, 1932) – Cleopatra (1934) – The Crusades (Die Kreuritter: Richard Löwenherz, 1935) – The Voice of Bugle Ann (1936) – Gallant Bess (1946) – My Brother Talks to Horses (1946) – The Bride Goes Wild (1948) – Tenth Avenue Angel (1948) – The Doctor and the Girl (1949) – Mystery Street (1950) – Ambush (Die Letzten von Fort Gamble, 1950) – Calling Bulldrog Drummond (1951) – Vengeance Valley (Tal der Rache, 1951) – It's a Big Country (1951) – Fearless Fagan (1952) – Desperate Search (1952) – The Devil Makes Three (1953) – The Great Diamond Robbery (1953) – Cry of the Hunted (1953) – Gypsy Colt (1954)

Koppel, Anders

** 17.7.1947 Kopenhagen.* Dänischer Popmusiker (Piano, Akkordeon), Sänger und Komponist, arbeitet seit 1977 auch für den Film. Er ist der Sohn des Komponisten Herman David K. (1.10.1908–14.7.1988), der auch für den Film tätig war; sein Bruder Thomas Herman K. (* 27.4.1944) ist ebenfalls Komponist.

Filme: Aftenblandet (1977) – Traellenes oproer (Cartoon, 1979) – Lille Virgil of orla froesnapper (1980) – Rodtotterne og tyrannos (1988) – Kaj's fodselsdag (1990) – A Just War? (Dok., 1992) – Carlo & Ester (1994) – Carl Th. Dreyer: Min métier (Dok., 1995)

Korngold, Erich Wolfgang

** 29.5.1879 Brünn, ČSR (heute: Brno, Tschechien), † 29.11.1957 Hollywood.* Der Sohn des Musikkritikers Julius K. (24.12.1860–25.9. 1945) war ein musikalisches Wunderkind, er trat schon sehr früh als Pianist auf. Als Teenager komponierte er zwei Opern (»Der Ring des Polykrates«, »Violanta«), beeinflusst von Richard Strauss u. Gustav Mahler. Er war Dirigent an der Hamburger Staatsoper, wo 1920 seine Oper »Die tote Stadt« uraufgeführt wurde. 1927 folgte »Das Wunder der Heliane«. 1934 ging er in die USA und begann in Hollywood für Filme zu schreiben; erste Arbeit 1935 »Ein Sommernachtstraum«. Anders als die meisten Filmkomponisten hatte K. freie Hand bei der Wahl der Filme und dafür auch mehr Zeit als üblich. 1944 schrieb er die Musik zur Bühnenproduktion »Helen Goes To Troy« in N.Y. Letzte Filmarbeit an der Richard-Wagner-Biographie »The Magic Fire«, spielte Klavier auf dem Soundtrack und hatte eine Nebenrolle. K.s Filmmusiken gehören zu den brillantesten dieses Genres, besonders seine Arbeiten zu den »Historien«-Filmen wie »The Sea Hawk« haben sich als zeitlos erwiesen. Sein Sohn Georg Wolfgang K. (* 17.12.1928 Wien, † 25.11.1987 L.A.) war ebenfalls Komponist.

Lit.: B.Carroll, E. W. K., His Life and Works, Paisley, Schottland 1984. – L.Korngold, E.W.K., Wien 1967. – Chr. Palmer, The Composer in Hollywood, London 1990. – Jessica Duchen, E. W. K., 1996. – Brendan Carroll, The Last Prodigy, 1997

CD: The Warner Bros. Years, EMI CDODEON 13 – The Sea Hawk, Tsunami – Sea Hawk Suite, RCA GD 87890 – Elizabeth & Essex, RCA GD 80185 – Elizabeth & Essex, Milan 873122 – Captain Blood, RCA GD 80912 – Adv. of Robin Hood, Varése VCD 47202 – Music of the Golden Age of Motion Pictures, Mobile Fid. GZS-1094 – Musik zu Max Reinhardts Film »A Midsummer Night's Dream«, cpo 999449-2 – Symphony/Much Ado About Nothing, DGG 453436-2

Filme: A Midsummer Night's Dream (Ein Sommernachtstraum, Arr., 1935) – Captain Blood (Unter Piratenflagge, 1935; Dir. Forbstein) – Give Us This Night (1936) – Anthony Adverse* – The Green Pastures (Die grünen Weiden, 1936) – The Prince And The Pauper (Der Prinz und der Bettelknabe, 1937) – Another Dawn (1937) – The Adventures Of Robin Hood* (Robin Hood, der König der Vagabunden, 1938) – Juarez (1939) – The Private Lives of Elisabeth And Essex (Elisabeth und Essex, Günstling der Königin, 1939) – The Sea Hawk (Herr der sieben Meere, 1940) – The Sea Wolf (Der Seewolf, 1941) – Kings Row (1942) – The Constant Nymph (Liebesleid, 1943) – Devotion (1943) – Between Two Worlds (1944) – Of Human Bondage (Der Menschen Hörigkeit, 1946) – Deception (1946) – Escape Me Never (Verlaß mich niemals wieder, 1947) – The Magic Fire (Frauen um Richard Wagner, 1955)

Korven, Mark E.

** 1.11.1956 Swift Current, Saskatchewan, Kanada.*

Filme: Passion: A Letter in 16 mm (1985) – I've Heard the Mermaids Singing (1987) – White Room (1991) – The Grocer's Wife (1991) – Henry & Verlin (1994) – Curtis's Charm (1995) – The Michelle Apartments (1995) – Joe Wedding (1997) – Cube (1997) – Saint Jude (2000)

Korzynski, Andrzeij

** 2.3.1940 Warschau, Polen.*

Filme: Wszystko na sprzedaż (1968) – Polowanie na muchy (1969) – Diabel (Der Teufel, 1972) – Nie ma mocenych (1973) – Człowiek z marmuru (Man of Marble, 1978) – Doctor Judym (1976) – Jörg Ratgeb, Maler (DDR 1978) – Bestia (Die Bestie, 1979) – Olimpinada 40 (1980) – Zielone lata (1980) – Wyrok śmierci (1980) – Człowiek z żelaza (Man of Iron, 1981) – Possession (1981) – Freiwild (1984) – Na srebrnym globie (1988) – Mes nuits sont plus belles que vos jours (F 1989) – Szamanka (1997) – La fidelité (F 2000)

Kosinski, Richard

(R. Koz Kosinski), ** 1.2.1948.* Rockmusiker (keyb) und Komponist, arbeitet seit 1987 für den Film.

Filme: 1st and Ten (1984, TV-Serie) – Steep & Deep (1986) – Teen Wolf (1986, TV-Serie) – Frank's Place (1987, TV-Serie) – White Winter Heat The Night

Stalker – Enemy Territory – Beyond the Edge – Wild Thing (1987) – Spiral Zone (1987, TV-Serie) – The Adventures of Raggedy Ann and Andy (1988, TV-Serie) – Cartoon-All Stars to the Rescue (1988, TV) – Totally Hidden Video (1988, TV) – The Pound Puppies and the Legend of Big Paw (1988, Cartoon, TV) – The Famous Teddy Z. (1989, TV) – Gravedale High (1990, TV-Serie) – Subspecies (1991) – Mad About You (1992, TV) – Bloodstone: Subspecies 2 (1993) – Bloodlust: Subspecies III (1994) –Fast Forward (1995, TV) – Lepin' Leprechauns (1995) – Beyond Family (1995, V) – Spellbreaker, Secret of the Leprechauns (1996) – Magic in the Mirror (1996) – Vampire Journals – Mystery Monsters (1997) – Subspecies 4: Bloodstorm (1998) – The Item (1999) – Dragonworld: The Legend continues (1999, TV) – Totem (1999) – On Thin Ice (TV) – The World's Most Incredible Animal Rescue (TV)

Kosma, Joseph

(eigentl. Jozsef Kozma), * *22.10.1905 Budapest, Ungarn, † 7.8.1969 Paris.* Ungar. Film- und Chansonkomponist. Studierte am Konservatorium in Budapest und arbeitete für ungarische Filme. 1933 ließ er sich in Paris nieder, erste Filmarbeit dort für Jean Renoir. Er schrieb auch Musik für Ballette, Oratorien (»Le sponts de Paris«) und Pantomimen und arbeitete mit dem Dichter Jacques Prévert (1900–1977) zusammen, ein Standard wurde ihr Lied *Les feuilles mortes* unter dem engl. Titel *Autumn Leaves* (engl. Text Johnny Mercer). Seine Oper »Les canuts« wurde 1964 in Paris uraufgeführt. Während der deutschen Besetzung Frankreichs nannte er sich aus Sicherheitsgründen »Georges Mouque«.

Filme: Elet, halal, sezerelem (H 1929) – La Péche et la baliane (1934) – Le Crime de Monsieur Lange (Das Verbrechen des Monsieur Lange; nur Song) – Jenny (auch Schauspieler) – Une Partie de campagne (Eine Landpartie, 1936) – La Grande Illusion (Die große Illusion, 1937) – La Bète Humaine (Bestie Mensch, 1938) – La Marseillaise (1938) – La règle du jeu (Die Spielregel, 1939) – Les visiteurs du soir (Die Nacht mit dem Teufel,1942) – Adieu Leonard (als Georges Moutard, 1943) – Les Enfants du Paradis (Kinder des Olymp, + M.Thiriet, Drehbuch: J. Prèvert, 1945) – Messieurs Ludovics (Drei an einem Tag, 1945) – Les portes de la nuit (Pforten der Nacht, 1946) – Pétrus (Freibeuter der Liebe,1946) – Macadam (Zur roten Laterne, 1946) – Voyage surpris (1947) – Bethsabée (Die Festung der Fremdenlegionäre, 1947) – Bagarres (Eifersucht, 1947) – La dame d'honze heures (Elf Uhr nachts, 1947) – Hans le marin (Die Hafenbar von Marseille, 1948) – D'homme à d'homme (Von Mensch zu Mensch, 1948) – Les amants de Vérone (Die Liebenden von Verona, Drehbuch: Prévert, 1948) – Le sang des bètes (1948) – L'école buissonière (Wenn man die Schule schwänzt, 1948) – L'inconnue de Montréal (KAN/F 1949) – Au grand balcon (1949) – Le jugement de dieu (Agnes Bernauer, 1949) – La Marie du port (Hafen der Verlockung, 1949) – Black Jack (Der schwarze Jack, E 1949) – Vendetta en Camargue (Steppenrache, 1949 – Le belle que voilà (Die Karriere der Doris Hart, 1949) – Pardon My French (USA 1949/50) – Sans L'aisser de l'adresse (Ohne Angabe der Adresse, 1950) – Souveneirs perdus (Es geschah in Paris, 1950) – Trois télégrammes (Drei Telegramme, 1950) – Juliette ou la clé des songes (1950) – En passant par la Lorraine (1950) – Un grand patron (Chefarzt Dr. Delius, 1951) – The Green Glove (Glocken um Mitternacht, USA/F 1952) – Opération Magali (1952) – Innocents in Paris (UK 1953) – Fruits sauvages (Wilde Früchte, 1953) – Le vierge du Rhin (1954) – Alerte au sud (1953) – Huis close (Geschlossene Gesellschaft, 1954) – Les chiffonniers d' Emmaus (Abbé Pierre, 1954) – Le port du désir (Mädchen verschwinden, 1954) – Les evades (Die Geflüchteten, 1954) – K'sieur la caille (Das schwarze Gesicht von Paris, 1955) – Goubbiah (Liebe unter heißem Himmel, F/I/JUG 1955) – Le song des trottoirs (Im Sumpf von Paris, 1955) – Lady Chatterley's Lover (Lady Chatterleys Liebhaber, 1955) – Des gens sans importance (Der Weg ins Verderben, 1955) – Cela s'apelle l'Aurore – Elèna et ses hommes (Weiße Margeriten, 1955) – Grand Rue/Calle Mayor (F/E 1956) – Calle Mayor (Hauptsraße, F/E 1956) – Le cas du Docteur Laurent (Dr. Laurent, 1956) – Le salaire du péche (Hinter verschlossenen Türen, 1956) – Je reviendra a Kandara (Ein Schatten auf dem Dach,1956) – Un certain Monsieur Jo (Ein gewisser Herr Jo, 1957) – Les louvres (Einer starb zu früh, 1957) – Trois jours a vivre (Du hast noch drei Tage, 1957) – La chatte (Die Katze, 1958) – The Doctor's Dilemma (Arzt am Scheideweg, UK 1958) – La chatte sort des Griffes (Die Katze zeigt die Krallen, 1958) – Le secret du chevalier d'Eon (Der Favorit der Zarin, 1959) – Déjeuner sur l'herbe (Frühstück im Grünen, 1959) – La Huitième Jour (1959) – Katia (Katja, die ungekrönte Kaiserin, 1960) – Le trésor des hommes (Karawane nach Zagora F/E 1960) – La française et l'amour (Die Französin und die Liebe, 1960) – Crésus (1960) – Snobs (F/DCH 1960) – Le Testament de Docteur Cordelier (Das Testament des Dr. Cordelier, 1961) – La Poupée (Die Puppe, 1962) – Plaisiers d'amours (In the French Style, 1962) – Poliorka (1962) – Le Corporal epinglé (Der Korporal in der Schlinge, 1962) – Un drole de paroissier (Den Seinen gibt's der Herr, 1963) – Un soir à Tibériade (1965) – Fruits amers (1966) – Le petit théatre de Jean Renoir (1969)

Kostal, Irwin James

** 22.10.1911 Chicago, Ill., USA, † 30.11.1994 Studio City, Calif.* Studierte in Chicago am American Conservatory of Music, arbeitete mit u.a. Art Van Damme, ließ sich an den 50er Jahren in N.Y. nieder, arbeitete als Arrangeur oder Pianist für Bandleader wie Vaughan Monroe, Al Nevins u.a. und für den Broadway. Er erhielt Grammys für die »West Side Story« und »The Sound of Music«. Für den Film arbeitete er als Komponist und Arrangeur.

Filme (Arr): West Side Story (1961) – Mary Poppins (1964) – The Sound of Music (1965, Dir.; Musik: Rogers & Hammerstein II) – Half a Sixpence (1967) – Chitty Chitty Bang Band (1968, Songs von den Sherman-Brüdern) – Bedknobs and Broomsticks (1971) – The Blue Bird (Der blaue Vogel, USA/UdSSR 1975) – Pete's Dragon (1977; Songs: Al Kasha, Joel Hirschhorn)

Kostelanetz, André

** 22.12.1901 St. Petersburg, Russland, † 13.1. 1980 Port-au-Prince, Haiti.* Dirigent und Bandleader für Rundfunk- und Schallplattenorchester, bes. populär in den 30er und 40er Jahren. Studierte an der Musikakademie in St.Petersburg, ging 1922 in die USA. Arbeitete als Begleiter von Opernsängern, begann 1932 für den Rundfunk zu arbeiten, hatte eigene Show. 1939 »Tune Up Time Show« mit den Kay Thompson-Singers und Tony Martin. Ab 1941 in der Coca Cola-Show. Sein quasisinfonisches Orchester spielte Pop- und semiklassische Titel (»Light Classics«). K. war mit der Opernsängerin Lily Pons verheiratet und begleitete sie auf Schallplatten und in Konzerten. Aktiv bis in die 70er Jahre. – K. gilt neben → Percy Faith und → Robert Farnon als der bedeutendste Vertreter der »Easy Listening« bzw. »Mood Music«. – Schallplatten für Brunswick, Victor und Columbia.

Lit.: A. K. & G. Hammond, Echoes: Memoirs of A. K., N.Y. 1981

Filme: Artists & Models (1937) – Music in My Heart (1940)

Kovac, Roland

(Roland Rasputin!), ** 7.11. 1927 Wien, Österreich.* Der Komponist und Pianist lernte ab 1933 Klavier, gehörte den Wiener Sängerknaben an, studierte 1940–49 Klarinette und Musikwissenschaft, leitete 1945–49 eine Jazzcombo, spielte 1954–56 mit Hans Koller, leitete ein Trio und einige Zeit das SFB-Tanzorchester. Er komponierte u.a. ein Jazz-»Concerto Grosso«, eine »Motette für Big Band« und Filmmusiken.

Filme: Das Totenschiff (1959) – 48 Stunden bis Acapulco (1967) – Deine Zärtlichkeiten (1969) – Jonathan (1970)

Kovacs, György

** 4.2.1942 Budapest, Ungarn.*

Filme: Padura spinzuratilor (1965) – Les fètes galantes (1965) – Mihal Viteazul (1970) – Örökbefogadas (1975) – Kilenc hönap (1976) – Ök ketten (1977) – Minden Szedrdan (1979) – Dogkeselyu (1982) – Erzekeny busco a fejedelemtol (1986) – A nagy geberacio (1986) – Miss Arizona (1988) – Mr. Universe (1988) – Soha, sehol, senkinek (1988) – Az uj Foldesur (1989 – Polyautasok (1990) – Mulatsag (Dok., 1991) – 50 Jahre Schweigen: Deutsche in der UdSSR (Dok., 1992) – Europa Kemping (1992) – Az utolso nyarom (1992) – Edes Emma, draga Bobe-vazlatok, aktok (1992) – Ebredes (1994) – Torvenytelen (1994) – Satantango (1994) – Ssokkal es korommel (1995) – Steadying thge Boat (1996) – Mondani a mondhatalanti: Elie Wiesel uzenete (Dok., 1996) – A rossz orvos (1996) – Szamba (1996) – Balekok es banditak (1996) – Gengszter film (1998) – A minister felrelep (1998) – Werckmeister (2000)

Kozlowski, Leopold

* *26.11.1918 Przemyśl.* Polnischer Klezmer-Musiker, Komponist und Schauspieler*, für den Film tätig seit 1983.

Filme: Austeria (1983) – War and Love* (1985) – And the Violins Stopped Playing (1989) – Schindler's List (Schindlers Liste, USA 1993) – The Last Klezmer (Leopold Kozlowski: His Life and Music, Dok., 1994)

Kraft, Robert

US-Musiker (p, vib, g), Komponist und Produzent. Arbeitete mit Johnny Mathis, Michael Paulo, der GRP All Star Big Band u.a., nahm als Pianist und Produzent teil an Michael Kamens Soundtrack von »Hudson Hawk« und arbeitet selbst als Filmkomponist.

Filme: Seven Minutes in Heaven (1986) – Heartbreak Hotel (1988, Dir.) – Hudson Hawk (1991) – The Mambo Kings (1992) – Anna and the King – Who's The Boss? (TV)

Kramer Johansen, Jolly

(eigentl. Henry K.-J.), * *7.5.1902 Oslo, Norwegen, † 17.9.1968 ebd.*

Filme: Eli sjursdotter (1938) – De vergelöse – Familien på borgan (1939) – Vild marken sang – Bastard (1940) – Tante Pose – Kjaerlighed og vennskamp (1941) – Jeg drepte (1942) – Vigdis (1943) – Et spökelse forselsker seg (1946) – Fem ar som vi så dem (1947)

Krannhals, Alexander

* *16.2.1908 Frankfurt/M., † 15.3.1961 Karlsruhe.*

Filme: Stimme des Blutes (1942) – Steinbruch (Gottes Mühlen) (1942)

Kraushaar, Raoul

* *20.8.1908 Paris, Frankreich, † 13.10.2001 Pompano Beach, Florida, USA.*

Filme: Sunset in Wyoming (1941) – Cowboy Serenade (1942) – The El Paso Kid (1946) – Stork Bites Man (1947) – Zamba (1949) – The Sky Liner (1949) – The Second Face (1950) – Prehistoric Woman (1950) – Cowboy and the Prizefighter (1950) – Bride and the Gorilla (1951) – The Basketball Fix (1951) – The Sword of Monte Christo (Das Schwert von Monte Christo, 1951) – Stage to Blue River (1951) – The Man from the Black Hills (1952) – The Maverick (1952) – African Treasure (1952) – Kansas Territory (1952) – Fargo (1952) – Abbott & Costello Meet Captain Kidd (Abbott und Costello als Piraten wider Willen, 1952) – Untamed Woman (1952) – Rose of Cimarron (1952) – Waco (1952) – Star of Texas (1953) – Texas Bad Man (1953) – Invaders from Mars (Invasion vom Mars, 1953) – The Marksman (1953) – Vigilante Terror (1953) – The Blue Gardenia (1953) – Topeka (1953) – Rebel City (1953) – Fort Algiers (1953) – The Homesteaders (1953) – The Fighting Lawman (1953) – Bitter Creek (1954) – The Golden Mistress (Rache auf Haiti, 1954) – The Outlaws Daughter (1954) – Two Guns and a Badge (19854) – The Fortyniners (1954) – New Faces (1954) – Sitting Bull (Das letzte Gefecht, 1954) – The Magnificent Matador (Die Nacht gehört uns, 1955) – Attila, flagello di deo (Attila, die Geißel Gottes, I 1956, + E. Masetti) – The Black Whip (1956) – Mohawk (1956) – Curucu, Beast of the Amazon (1956) – The Restless Breed (1957) – The Unknown Terror (1957) – Ride a Violent Mile (1957) – Copper Sky (1957) – Back from the Dead (1957) – Desert Hell (1958) – Blood Arrow (1958) – The Cool and the Crazy (1958) – Island of the Women (1959) – The 30 Foot Bride of Candy Rock (1959) – Frontier Rangers (1959, TV) – Mustang (1959) – September Storm (1960) – Jesse James Meets Frankenstein's Daughter (1965) – An Eye for an Eye (1966) – Billy the Kid vs. Dracula (1966) – The Delta Factor (1970) – Thriller: En Grym Film (1974) – Dirty O'Neill (1974) – Six Pack Annie (1975) – Children of Divorce (1980, TV)

Krausz, Michael

(Mihaly Krasznay-Krausz), * *11.4.1897 Pansova (Ungarn, heute: Serbien), † 3.11.1940 Budapest.*

Filme: Die Lindenwirtin (1930) – Ein Walzer im Schlafcoupé (1930, + Schmidt-Gentner) – Leutnant warst du einst bei den Husaren (1930, + R.Stolz,

W. Schmidt-Boelcke) – Panik in Chicago (1931) – Mädchen zum Heiraten (1932, + Paul Hühn)

Kraut, Alexander

** 3.1.1961 Berlin.* Vielseitiger dt. Musiker und Komponist. Hatte Klavierunterricht, spielte ab 1976–83 in der Popgruppe Gorilla, arbeitete als Tontechniker, schrieb 1978 seine erste Filmmusik. Studierte 1985 und 1989 an der Dick Grove School in L.A. Komposition und Filmmusik, arbeitete 1986 im Tonstudio Bauer, als Pianist im Duo mit C. Debusman und mit Marianne Rosenberg, Romy Haag u.a. er arbeitet als Komponist für Film, TV und Werbung.

Filme: Das Ende des Regenbogens (1978) – Stadt der Verlorenen (1981) – Der rosarote Luftballon (1982) – Der Biss – Horror vacui (1984) – Sturzflug (1988) – Tax Moon (1992) – Verbrenne (1993, Stummfilm) – Die Wölfe (1993) – Stadt der verlorenen Seelen – Fünf Bier und ein Kaffee – Neurosia (1995)

Krautgartner, Karel

** 20.7.1922 Mikulov, ČSR, † 20.9.1982 Köln.* Der Saxophonist und Klarinettist leitete ab 1938 eine Amateurband in Brünn, war von 1942–44 in der Big Band von Gustav Brom und ab 1945 bei Karel Vlach. Ab 1956 leitete er eigene Jazzgruppen, 1960 wurde der Leiter des Rundfunkorchesters der ČSSR, welches unter seiner Leitung zu den besten Big Bands in Europa gehörte. 1968 verließ er seine Heimat und wurde Leiter des Rundfunk- und TV-Orchesters in Wien. Seine letzten Jahre verbrachte er in Köln, wo er mit Kurt Edelhagen u.a. spielte. Schallplatten für Supraphon, Melodia, Qualiton, Amiga, Amadeo und Fonit.

Film: Ohne Paß in fremden Betten (DDR/ČSSR 1965)

Kreisler, Fritz

** 2.2.1875 Wien, Österreich, † 29.1.1961 N.Y., USA.* Der Violinvirtuose galt als Wunderkind und studierte ab 7. Lebensjahr in Wien und Paris. Er unternahm weltweite Konzerttourneen, nahm am 1. Weltkrieg teil und ging 1918 in die USA. Von 1925 bis 1933 lebte er in Berlin, bis 1940 in Frankreich und dann wieder in den USA. Unter seinen Werken sind Standards für Violine, so das bekannte *Caprice Viennois*, er schrieb aber auch Songs wie *Schön Rosmarin* und *Stars in My Eyes* (Film »The King Steps Out«). Welterfolge wurden *Liebesfreud* und *Liebesleid* (aus der Operette »Sissy«, 1932). Er schrieb auch die Musik für die Broadway-Shows »Apple Blossom« (1919) und »Rhapsody« (1944).

Film: The King Steps Out (1936, Songs mit Dorothy Fields)

Kreuder, Peter Paul

(Ps. Peter Pan), ** 18.8.1905 Aachen, † 28.6. 1981 Salzburg.* Der Sohn des Kammersängers Peter K. begann 1908 in Berlin Klavier zu studieren, war 1914–17 in Hamburg an der Klavierakademie bei Hans Herrmann. 1920 Studium bei F. Busoni in Berlin, Abschluss als Komponist, Dirigent und Pianist in München. K. arbeitete dann als Komponist an verschiedenen Bühnen und schrieb 1933 die Musik zum Film »Mazurka« (mit Pola Negri). Ab 1946 war er in Südamerika Leiter div. Rundfunkstationen (São Paulo, Rio de Janeiro, Buenos Aires), ab 1954 lebte er wieder in Deutschland. K. schrieb die Musik für 188 Filme, außerdem Operetten und Musicals (»Madame Scandaleuse«, »Ministerwechsel«, »Lady aus Paris« (für Zarah Leander), »Bel Ami«). Er schrieb auch eine Oper (»Der Zerrissene«, 1940, nach Nestroy). K. gehörte zu den erfolgreichsten Komponisten der »leichten Muse« der 30er bis 50er Jahre. Er tat sich auch als Pianist hervor und nahm Schallplatten mit Unterhaltungmusik auf.

Lit.: Schön war die Zeit, 1955. – Nur Puppen haben keine Träume, 1971. – DER SPIEGEL, 5.3.1952.

Filme (Lieder) u.a.: Kadetten (1931) – Die lustigen Weiber von Wien (1931, + Robert Stolz) – Kadetten/Hinter den roten Mauern von Lichterfelde (1931) – Peter Voss der Millionendieb (1932) – Wenn dem Esel zu wohl ist/Er und sein Tippfräulein (1932) – Der goldene Gletscher (1932) – Die weiße Majestät (1934, + Hilmar Georgi) – Das Mädchen Johanna (1935) – Henker, Frauen und Solda-

ten (1935) – Glückskinder (1936) – Allotria (1936) – Burgtheater (1936) – Les gais lurons (F 1936) – Mazurka (1936) – Ein Hochzeitstraum (1936) – Gasparone (1937, unter Verwendung der Musik von Millöcker) – Confession (USA-Version von Mazurka, 1937; Lied: *One Hour of Romance*) – Kapriolen (1937) – Serenade (1937) – Weiße Sklaven/Panzerkreuzer Swastopol (1937, + Friedrich Schröder) – Frauenliebe, Frauenleid (1937) – Rätsel um Beate (1938) – Der Maulkorb (1938) – In geheimer Mission (1938, + A.Profes) – 13 Mann und eine Kanone (1938) – Eine Nacht im Mai (1938; *In einer Nacht im Mai*) – Hallo Janine (1939; *Ich brauche keine Millionen, 1,2,3,4,5,6,7, wo ist meine Braut geblieben?*) – Wasser für Canitoga (1939, *Good-bye Johnny*) – Opernball (1939, *Du bist zu schön um treu zu sein*) – Nanette (1940, *Die Spatzen auf dem Dach*) – Mein Mann darf es nicht wissen (1940) – Die drei Codonas (1940) – Traummusik (1940, Lieder u.a.: *Du gehst durch all' meine Träume*; + Frank Fux, R.Zandonai) – Kora Terry (1940, + F.Fux) – Liebesgeschichten (1943) – Es lebe die Liebe (1944) – In flagranti (1944) – Es fing so harmlos an (1944) – Frühlingsmelodie (1945, unvoll.) – Frech und verliebt (1945, UA 1948) – Das singende Haus (A 1947) – El paraiso (ARG 1950) – The Way of a Gaucho (USA 1952) – Alle kann ich nicht heiraten (1952, + Bert Grund) – Liebeskrieg nach Noten (1953) – Arlette erobert Paris (1953) – Der erste Kuß (D/A 1954) – Die Mücke (1954) – Ihr erstes Rendezvous (A/D 1954) – Herrn Josefs letzte Liebe (1958) – Frauen in Teufels Hand/Salon Parisi (A 1960) – Ein dreifach Hoch dem Sanitätsgefreiten Neumann (D/I 1968) – Der gestohlene Himmel (D/I 1974)
Bekannte Lieder: Sag beim Abschied leise Servus – Good Bye Johnny – Ich wollt' ich wär' ein Huhn – Schön war die Zeit – Wenn die Sonne hinter den Dächern versinkt – Du gehst durch all meine Träume – Deine Augen, deine Lippen
www.peterkreuder.com

Krome, Hermann

(Ps. Fred Ralph), * *27.5.1888 Berlin, † 22.7. 1955 Baden-Baden.*
Filme: Ich glaub' nie mehr an eine Frau (1930, + Paul Dessau, W. Jurmann, Richard Tauber) – Der Meisterboxer (1934, + R. Perak)

Krüger, Kurt

* *3.11.1896 Berlin (?), † 5.1.1973 Berlin.*
Film: Die Tänzerin von Sanssouci (1932, + Marc Roland)

Krumgold, Siegmund

* *1.7.1896, † April 1981.* Begann als Pianist und Organist, hatte Anfang der 30er Jahre einen Hit mit dem Rudolf Friml-Song *Indian Love Call*. Er ist der Bruder des Autors und Regisseurs Joseph K.
Filme: Fighting Caravans (1931) – Union Pacific (1939, + John Leipold) – Our Neighbors the Caters (1939) – Golden Gloves (1940) – Christmas in July (Weihnachten im Juli, 1940) – The Lady Eve (Die Falschspielerin, 1941) – Sullivan's Travels (Sullivans Reisen, 1941) – One Night in Lisbon (1941) – The Monster and the Girl (1941) – New York Town (1941) – The Miracle of Morgan's Creek (1944) – Hail the Conquering Hero (1944) – Carnegie Hall (1947)

Kruse, Werner

* *5.1.1910 Zürich.* Schweizer Komponist, arbeitete ab 1941 für den Film.
Filme: Bider der Flieger – Der Hotelportier (1941) – Machtrausch: Aber die Liebe siegt – Der Kegelkönig (1942) – Mitenand gaht's besser (1949) – Es liegt was in der Luft (1950) – Hast noch der Söhne, ja (1959) – Demokrat Läppli (1961) – Der 42. Himmel (1962) – Flucht ins Paradies – Die »Oben-ohne«-Story (1965) – Bonditis oder Die grausigen und schrecklichen Abenteuer eines beinahe normalen Menschen (1967)

Kubiczeck, Walter

* *7.10.1931 Berlin.* Komponist in der DDR. Begann mit acht Jahren Klavier zu lernen, spielte ab 17. Lebensjahr in div. Big Bands und Combos. Studierte Klavier bei Ernst Waldeck, 1952 Staatsexamen. 1958–63 Musikredakteur bei »Radio DDR«. Gründete 1965 ein Studioorchester, war ab 1973 freischaffender Komponist, u.a. für Filme und TV-Filme, 1973–83 stellvertr. Generalsekretär beim Komitee für Unterhaltungskunst der DDR, 1983–89 ehrenamtlicher Vizepräsident des Komitees.
Kompositionen: Berliner Fantasie (Klavierkonzert, 1967) – Fontänenmusik (1987) u. a.

Musik: Walter Kubiczeck

Filme: Tod eines Millionärs (1971) – Die Chansonreise (1971) – Gefährliche Reise (1972) – Das Licht der schwarzen Kerze (1972) – Das unsichtbare Visier (1973–79, TV-Serie) – Zweite Liebe: Ehrenamtlich (1976/77) – Feuerdrachen – Liebesfallen (1981) – Familienbande (1982) – Heiße Ware in Berlin (1983) – Der Lude (1984) – Die Leute von Zuderow (1985) – Der Hut des Brigadiers (1986)
CD: Amiga à Go-Go Vol.3, Amiga 74321788732

Kubik, Gail Thompson

** 5.9.1914 South Coffeyville, Okla., USA, † 20.7.1984 Covina.*
Filme: Men and Ships (1940) – The World at War (1942) – Paratroops – Manpower – Dover – Colleges at War (1942) – Earthquakers – The Memphis Belle (1943) – Air Pattern-Pacific (1944) – Thunderbolt (1945) – C-Man (1949) – The Miner's Daughter (1950) – Gerald McBoing Boing (1950) – Two Gals and a Guy (1951) – The Desperate Hours (An einem Trag wie jeder andere, 1955) – I Thank a Fool (UK 1962)

Kuhl, Rolf

** 2.4.1928 Thale (Harz), † 22.12.1997 Hamburg.* Dirigent, Arrangeur und Komponist, arbeitete für Rundfunk, das Fernsehen der DDR und DEFA-Filme.
Filme: Menschen und Tiefe (1962) – Egon und das achte Weltwunder (1964) – Aus dem Tagebuch eines Minderjährigen (1965) – Rosen (1968) – Telegenerell (1969) – Das letzte Wort (1970) – Florentiner (1971)

Kühn, Rolf

** 29.9.1929 Köln.* Jazzmusiker (cl) und Komponist. Lernte Klavier und Klarinette und hatte ersten Job 1948 im Orchester von Kurt Henkels. Ging 1952 nach West-Berlin zu Werner Müller und trat mit eigenen Gruppen auf. 1956 ging er in die USA, trat beim Newport Festival auf, spielte mit dem Tommy Dorsey-Orchester, leitete das Benny Goodman-Orchester auf einer Tournee. 1961 zurück nach Deutschland, übernahm die NDR Studio-Band. Arbeitete seit 1967 als Musical- und Operndirigent und Komponist und übernahm 1986 die musikalische Leitung des Theaters des Westens in Berlin. – Schallplatten mit u.a. Henkels, Müller, Dorsey-Orch., Helmut Zacharias, Eddie Costa, Urbie Green, Erwin Lehn, Toshiko Akiyoshi, Joachim Kühn; eigene LPs für Bertelsmann, Vanguard, Urania, Brunswick, Amiga, CBS, Impulse, MPS, Metronome, EMI-Col., Intercord, Blue Flame, L&R. Sein Bruder Joachim (* 15.3.1944 Leipzig) hat sich als Jazzpianist einen Namen gemacht.
Film: Dr. M. schlägt zu (1972) – TV: Derrick u.a.

Künneke, Eduard

** 27.1.1885 Emmerich/Rhein, † 26.10.1953 Berlin.* Der berühmte Operettenkomponist studierte in Berlin bei Max Bruch und wurde dann Kapellmeister am Deutschen Theater. 1919 komponierte er das Singspiel »Das Dorf ohne Glocken« und hatte 1921 seinen Durchbruch mit der Operette »Der Vetter aus Dingsda«. Er schrieb 25 Operetten, von 1930 bis 1945 auch Musik für 27 Tonfilme, z. T. Bearbeitungen seiner Operetten. Seine Tochter Evelyn (1921–2001) war Sängerin und Schauspielerin.
Filme: Komm' mit mir zum Rendezvous (1930, + F. Grothe, A. Guttmann) – Der schwarze Husar (1932) – Friedrike (1932, + F.Léhar) – Was wissen denn Männer (1933) – Drei blaue Jungs, ein blondes Mädel (1933, + Franz Marszalek) – Des jungen

Dessauers große Liebe (1933, + F.Marszalek) – Heimkehr ins Glück (1933) – Es gibt nur eine Liebe (1933) – Der Page vom Dalmasse-Hotel (1933) – Glückliche Reise (1933) – Die Stimme der Liebe (1934) – Das Blumenmädchen vom Grand-Hotel (1934) – Der Fall Brenken (1934) – Der Vetter aus Dingsda (1934, + F.Marszalek) – Abenteuer eines jungen Herrn in Polen (1934, + F.Marszalek) – Da stimmt was nicht (1934, + F.Marszalek) – Der Fall Breuken (1934) – Die Fahrt in die Jugend (1935, + F.Marszalek) – Ein Lied klagt an (1936) – Dahinten in der Heide (1936) – Der lachende Dritte (1936, + F.H.Heddenhausen) – Wie der Hase läuft (1937, + F.Marszalek) – Der nackte Spatz (1938) – Peter spielt mit dem Feuer (1938) – Wenn der junge Wein blüht (1943) – Glück unterwegs (1944)

Kurtz, David

** 27.11.1956.*
Filme: Blade in Hong Kong (1985) – Impure Thoughts (1986) – Instant Justice (1986) – Last Electric Knight (1986) – Hunk (1987) – Little Nikita (1988) – The Woman Who Sinned (1991, TV) – Journey to the Centre of the Earth (Reise zum Mittelpunkt der Erde, 1993) – Alien Nation: Body and Soul (1995, TV) – The Young & The Restless (TV) – Alien Nation: Millenium (1996, TV)

Kurz, Manu

Filme: Japaner sind die besseren Liebhaber (1995) – Stadtgespräch (1995, Song) – Harald (1997) – Tödlicher Duft (1997, TV) – Frauen lügen nicht (1998) – Schlaraffenland (1999) – Brennendes Schweigen (2000, TV) – Tatort: Und dahinter liegt New York (2001, TV) – Therapie und Praxis (2001, TV) – Unter Verdacht: Verdecktes Spiel (2002, TV)

Kusche, Ludwig

(Ludwig Helmut Walter K.), ** 31.3.1901 Mainz, † 5.9.1982 Gauting b. München.*
Film: Der siebente Junge (1941)

Küssel, Robert

** 13.5.1895 Gleiwitz (Schlesien, heute: Gliwice, Polen), † 29.9.1970 Berlin.*
Filme: Die vom Niederrhein (1933) – Die Fahrt ins Grüne (1933) – Eine Siebzehnjährige (1934, + W. Ulfig) – Soldaten-Kameraden (1934) – Kameraden auf See (1938) – D III 88 (1939) – Drei Tage Angst (1952)

Kuzniak, Henryk

** 17.3.1936 Czeladż (Katowice).* Polnischer Komponist, arbeitete seit den 70er Jahren für den Film, u.a. für die Regisseure Feliks Falk, Juliusz Machulski und Andrzej Trzos-Rastawiecki.
Filme: W środku u luta (1976) – Vabank (1981) – Seksmisija – Ultimatum (1984) – Kobieta z prowincji – Vabank II: Czyli riposta (1985) – Lebedzi śpiew (1988) – Kawalerski życie na obczyźnie (1992) – Dwa ksiecyze (1993) – Lato milośći (1994)

Kymlicka, Milan

** 15.5.1936 Laun, Nordböhmen (heute: Louny, Tschechien).* Lebt und arbeitet in Kanada.
Filme: The Last Act of Martin Weston (1970) – The Reincarnate (1971) – Wedding in White (1972) – Barbar: The Movie (Cartoon, 1988) – Falling Over Backwards (1990) – Lassie (TV) – L'assassin jouait du trombone (1991) – Psychic (1991, TV) – Deadbolt (1992) – Metusalem (1994) – Le vie d'un heros (1994) – Margaret's Museum (1995) – Metusalem II: Le dernie des Beauchesne (1997) – La vengeance de la femme en noir (1997) – Kayla (1998) – Dinosaurs (Die vergessene Welt, 1992) – Little Men (1998) – Návrat ztracného ráje (1999) – Gladys (Dok., 1999) – Two Thousand and None (2000)

Kynard, Charles Elliott

** 20.2.1933 St. Louis, Mo., USA., † 8.7.1979 L.A.* Stammt aus musikal. Familie, studierte Klavier in Kansas City ab 1942. Spielte Piano in Army Bands und dem Kansas City Philharmon. Orch. Arbeitete in den 60er Jahren als Jazz- und Studiomusiker (org, keyb) und mit eigener Gruppe im Raum L.A. Er schrieb Filmmusik und nahm Schallplatten auf für Pacific Jazz, Mainstream und Prestige.
Filme: Midtown Madness (1969) – Love Sweet Love (Dir., auch als Schauspieler)

Kypourgos, Nikos

** 1952 Athen, Griechenland.* Studierte Musik,

aber auch Politik und Jura an der Universität von Athen und später, mit einem Stipendium der Onassis-Stiftung, in Paris bei Yannis Xenakis, Guy Reibel u.a. Zu seinen Werken gehören unter anderem Kammermusiken, Lieder, Ballettmusiken sowie Musik für Bühne, Film und TV.

Filme: Claire et l'obscur (F 1982) – Aenigma Est (1990) – Indelible Colors (Kurzfilm, 1990) – ROM (1990) – Windows by the Sea (Kf. 1991) – O Drapetis (1991) – Donusa (1992) – Der Herr der Schatten (1991) – Ap to Hioni (1993) – Dead Liqueur (1993) – Metechmio (1994) – Desire (1995) – Black Out (1998) – To Kanarain Podhilato (2000) – TV-Serie: Die Hüter von Achaia

CD: Music on Stage, Morfi 153

L

La Salle, Richard W.

* *18.1.1918 Louisville, Colo., USA.* Filmkomponist und Pianist. Leitete in den 40er Jahren ein Tanzorchester, gab es aber Anfang der 50er Jahre auf und wandte sich dem Komponieren zu.

Filme: Boy Did I Get a Wrong Number (1956) – The Flight That Disappeared (1961) – Memory of Eva Ryker – Diary of a Madman (Tagebuch eines Mörders, 1962) – Arizona Raiders (Goldtransport durch Arizona, 1963) – Das Gift des Bösen (1963) – The Desert Raven (1965) – Ambush Bay (1966) – City Beneath the Sea (Die Stadt unter dem Meer, 1970) – Flood (Die Flut bricht los, 1976) – The Amazing Captain Nemo (Abenteuer in Atlantis, 1978)

TV: Wonder Woman – Room 22 (1969–73, + B. Golson)

Lachner, Willi

* *3.8.1895 Berlin, † 6.12.1955 Berlin.*

Film: Die Nacht in Venedig (1942, + F. Doelle, unter Verwendung von Melodien aus der Strauss-Operette)

Lackey, Douglas Myron

* *10.8.1932 Sacramento, Calif., USA.* US-Komponist, im Film tätig von den 60er bis in die 80er Jahre, u.a. mit Gene Kauer.

Filme: The Silent Winners (1962) – Warkill (1965) – Agent für H.A.R.M. (1966) – The Proud and the Damned (1969) – Buck and the Preacher (Der Weg der Verdammten, 1972) – Brother of the Wind (1972) – Across the Great Divide – The Adventures of the Wilderness Family (1976) – Further Adventures of the Wilderness Family (1977) – Alley Cat (1982) – 681 A.S. The Glory of Khan (1984)

Lacy, Steve

(eigenl. Steve Lakritz), * *23.7.1934 N.Y., USA.* Der Jazzmusiker studierte an der Schillinger School in Boston und der Manhattan School in N.Y., spielte mit Dixielandbands und Swinggruppen, konzentrierte sich Mitte der 50er Jahre auf das Studium des modernen Jazz, spielte u.a. mit Cecil Taylor, Gil Evans, Thelonious Monk. Er ging 1963 nach Europa und ließ sich in Paris nieder. Konzentrierte sich auf das Sopran-Saxophon, unternimmt regelmäßig Tourneen durch europ. Länder, spielt mit eigenen Gruppen, lokalen Bands, aber auch mit Enrico Rava, Kenny Drew, Carla Bley u.a. – Schallplatten für zahlreiche amerik. und europ. Label.

Lit.: H.L.Lindenmaier, 25 Years of Fish Horn Recording, Freiburg 1982

Filme: Alfred R. – ein Leben und ein Film (CH 1972) – Brilliance sur deux saxos (F 1981)

Lai, Francis Albert

* *26.4.1932 Nizza, Frankreich.* Film- und Chanson-Komponist. Begann als Songschreiber und Pianist für Yves Montand und Edith Piaf, seit den 60er Jahren arbeitet er für den Film; er schrieb die Musik für rd. 80 Filme (etliche für den Regisseur Claude Lelouch*) und über 600 Chansons. Zu einem Hit wurde das Thema aus dem Lelouch-Film »Love Story«, *A Man and a Woman*, ein Beispiel für seine schmalztriefenden Melodien. Ein anderer Hit war die Musik zum Film »Biltis«. Zu seinen TV-Arbeiten gehören »Berlin Affair«, die Mini-Serie »Sins« und Folgen der dt. Serie »Das Traumschiff«. Er schrieb auch ein Wasserballett (»Sirella«), 1991 uraufgeführt.

CD: 30 Years of Film Music, Sion – The Romantic Music of F.L., Emporio

Filme: Masculin-feminin (1966) – Un homme et une femme (Ein Mann und eine Frau, 1966) – The Bobo (UK, 1967) – Le soleil des voyons – Vivre pour vivre* (1967) – Mayerling (F/UK 1968) – La vie l'amour la mort – Three Into Two Won't Go (UK 1968) – Hannibal Brooks (UK 1968) – House of Cards (USA – Un homme qui me plait (1969) – Le passager de la pluie – Le Voyou* – Hello-Goodbye (USA 1970) – Love Story* (1970, auch Bearb. von Musik von Mozart, Bach, Händel; Oscar!) – The Games (UK, 1970) – Smic Smac Smoc (auch Schauspieler, 1970) – Le petit matin (1971) – L'Aventure est L'aventure – Money Money Money* (1972) – Un homme libre – La bonne année (Ein glückliches Jahr, F/I 1973) – Toute un vie – Visit to a Chief's Son (Besuch bei einem Häuptlingssohn, USA 1975) – Un amour de pluie – Katz und Maus* – Emanuelle II* (1975) – Le bons et les merchants (Der Gute und die Bösen, 1975) – Si c'etait a feraire – Le corps de mon enemi (1976) – Bilitis (1976) – Anima persa (I/F 1976) – Un autre homme une autre chance* /Bolero (F/USA, mit M.Legrand) – Widow's Nest (USA/E) (1977) – Leidenschaftliche Blümchen (D 1977) – International Velvet (UK) – Robert et Robert (Ein Mann sucht eine Frau, 1978) – Les ringards – Oliver's Story (USA 1978, + Lee Holdridge) – A nous deux (1979) – Beyond the Reef (Am Ende der Lagune, 1979) – Les unes et les autres – Am Ende der Lagune (1981) – Madame Claude (Die intimen Momente der Madam Claude, 1981) – Edith et Marcel* (1982, auch Schauspieler) – Canicule (Dog Day-Ein Mann rennt um sein Leben, 1984) – Les ripeaux (Die Bestechlichen, 1984) – Marie (Marie, eine wahre Geschichte, USA 1984) – Un homme et une femme: Vingt ans déja (1986) – Attentions bandits!* (Zeit der Verbrechen, 1986) – Oci ciorne (I, 1986) – Bernadette, Intinéraire d'un enfant gaté* (1988) – Der Atem (D, 1988) – Trop belle pour toi (Zu schön für dich, 1989) – Earth Girls Are Easy (USA, nur Song) – Il y a des jours ... et des lunes (So sind die Tage und der Mond, 1990) – Le Provincial (Zum Teufel mit Paris, 1989) – Les clès du paradis (Gemischtes Doppel, 1990) – Tolgo il disturbo (Opa spielt verrückt, I/F 1990) – L'inconnue dans la maison (Das unheimliche Haus, 1990) – Gauner gegen Gauner (F 1990) – La belle histoire (Die schönste Geschichte der Welt, 1990) – Circle of Love – I'll Never Forget What's his Name – And Hope to Die – And Now My Love – Arizona Rider – Wonder Woman – My New Partner II – La belle histoire* (mit Phillippe Servain) – Bilits II (1993, unveröff.) – Les Miserables (1994) – Hommes Femmes, Mode d'emplois (Männer und Frauen, Eine sGebrauchsanweisung, 1996) – Hasards ou coincidences (1998) – Une port toutes (1998)

Lakomy, Reinhard

** 19.1.1946 Magdeburg.* Studium 1965–69 an der Dresdner Musikhochschule »Carl Maria von Weber«, private Ausbildung zum Komponisten. Spielte als Pianist in den Jazzgruppen von Klaus Lenz, Günther Fischer und auch mit eigenen Ensembles. Er komponiert Musik für Film und Theater.

Filme: Nelken ins Aspik (1976) – Schwierig sich zu verloben (1982) – Das Schulgespenst (1986) – Liane (1987)

Lambert, Constant Leonard

** 23.8.1905 London, England, † 21.8.1951 ebd.* Studierte am Royal College of Music, schrieb dann Ballettmusik für Diaghilef und arbeitete als Musikchef für die Sadler's Wells Organisation in London. Zu seinen bekanntesten Kompositionen gehört *Rio Grande* für Chor, Klavier und Orchester (1929), welche zu den frühen jazzbeeinflussten Werken gehört.

Film: Merchant Seamen (1940) – Anna Karenina (1947)

Landau, Michael

** 27.11.1951 Essen.* Lebte ab 1955 in den USA, zunächst Los Angeles, dann New York. Studierte Musik, arbeitete daneben als Regie-

Musik: Constant Lambert, (Filmplakat »Anna Karenina«)

assistent beim Film. Lebt seit 1967 wieder in Deutschland, arbeitet seit 1982 als freier Komponist, schreibt auch Pop- und Rocksongs. In den USA entstanden ca. 20 Film- und TV-Musiken.
Filme: Am Ufer der Dämmerung (D 1982) – Das Nürnberger Bett (D 1983) – Killing Cars (D 1985) – Bibos Männer (D 1998)

Landauer, Walter
** 4.9.1909 Wien, † 3.8.1983 London, England.*
Film: Die große Liebe (1932, + Frank Fox)

Lane, Burton
(Burton Levy, oder Morris Hyman Kushner Levy), ** 2.2.1912 N.Y., USA, † 5.1.1997 ebd.* Komponist für Film und Broadway. Begann mit 15 Jahren im Musikverlag Remick Music, blieb dort 20 Jahre. Studierte nebenher Komposition und hatte ersten Erfolg 1930 mit »Three's A Crowd«. 1933 im Film »Dancing Lady«. Seine Texter waren Harold Adamson, E.Y.Harburg, Ralph Freed, Ted Koehler, Al Dubin, Frank Loesser, Alan Jay Lerner, Ira Gershwin. Bekannte Songs: *I Hear Music, How Are Things in Glocca Morra?, Ev'rything I Have Is Yours, On A Clear Day You Can See Forever.*
Filme (Songs): 1933: Dancing Lady (Everything I Have is Yours; Let's Go Bavarian) – 1934: Bottoms Up (Little Did I Dream; Turn on the Moon) – 1937: Her Husband Lies (No More Tears) – Love On Toast (I Want A New Romance) – Artists And Models (Stop! You're Breaking My Heart) – Champagne Waltz (When Is a Kiss Not a Kiss?) – College Holiday (The Sweetheart Waltz) – Swing High Swing Low (Swing High Swing Low; Panamania) – 1938: Cocoanut Grove (Says My Heart) – College Swing (Moments Like This) – St. Louis Blues (Blue Nightfall, + F.Loesser) – Spawn of the North (I Wish I Was the Willow) – 1939: Some Like It Hot (Some Like it Hot, The Lady's in Love with You) – She Married a Cop (I'll Remember) – 1940: Dancing On a Dime (Dancing on a Dime; I Hear Music) – 1941: Babes on Broadway (+ R.Freed) – Ship Ahoy (Poor You; Last Call For Love; I'll Take Talullah; Tampico; Moonlight Bay) – 1943: Dubarry Was A Lady (Madame, I Love Your Crèpe Suzettes) – Thousands Cheer (I Dig A Witch in Wichita) – 1944: Hollywood Canteen (What Are You Doin' the Rest of Your Life?; You Can Always Tell a Yank) – 1951: Royal Wedding (Texte A.J.Lerner: Too Late Now; I Left My Hat in Haiti; Open Your Eyes; You're All the World to Me; Every Night at Seven; What a Lovely Day For a Wedding) – 1968: Finian's Rainbow (Dir. Ray Heindorf) – 1970: On a Clear Day You Can See Forever – 1982: Heidi's Song

Lang, Hans
** 5.7.1908 Wien, † 28.1.1992 ebd.* Österreichischer Lustspielautor und Komponist.
Filme: Lumpazivagabundus (1937) – Der Hampelmann (1938) – Spiegel des Lebens (1938, + F. Fox) – Hurra! Ich bin Papa (1939) – Das jüngste Gericht (1939) – Der Hofrat Geyer (1947, Lied: *Mariandl*) – Auf der Alm da gibt's koa Sünd' (A 1950) – Eva erbt das Paradies (1951) – Hallo Dienstmann (1951) – Du bist die Schönste für mich (1951) – Du bist die Rose vom Wörthersee (1952) – Und der Himmel lacht dazu (1954) – Der Manöverzwilling/Wenn Poldi ins Manöver zieht (1956) – Verlobung am Wolfgangsee (1956) – Ober, zahlen! (1957) – Dort wo die Blumen blüh'n (1957, Dir. J. Fehring) – Heiratskandidaten (1957) – Wien, du Stadt meiner Träume (1958) – Man ist nur zweimal jung (1958) – Hallo Taxi! (1958) – Immer die Radfahrer (1958)

Lang, Mike
(Michael Anthony), (p, comp), ** 10.12.1941 L.A., USA.* Studium an der Univ. of Michigan, arbeitete ab 1964 als Jazz-Musiker mit Paul Horn, Stan Kenton (Neophonic Orch.), Don Ellis, Tom Scott (Komp. *Rural Still Life*) u.a. Seit den späten 60er Jahren als Studiomusiker und Film-, TV-Komponist in L.A. tätig. – Schallplatten mit Ellis, Teresa Brewer, Dennis Rowland u.a.

Langbein, Jens
** 11.7.1962 Hamburg.* Arbeitet seit 1982 im Jazz- und Rockbereich, seit 1985 für den Film, hier meist in Zusammenarbeit mit → Robert Schulte-Hemming.

Lange, Arthur
** 16.4.1889 Philadelphia, Pa., USA, † 7.12. 1956 Washington, D.C.* Arrangeur und Filmkomponist. Schrieb in den 20er Jahren →

Stock-Arrangements, die von zahlreichen Orchestern wie Paul Whiteman und Fletcher Henderson gespielt wurden. Er veröffentlichte 1926 darüber auch ein Lehrbuch. In den 30er Jahren ging er nach Hollywood und arbeitete für den Film. – Schallplatten 1923–28 für Cameo.

Filme: Wonder of Women (1929) – Modern Maidens (Moderne Mädchen, 1929, + William Axt) – Dynamite (1929) – Sundown Trail (1931; Song: *I Built a Gal*) – Rebound (1931) – Beauty and the Boss – The Painted Women – Beyond the Rockies – Hat Check Girl – Call Her Savage – The Passport to Hell – The Death Kiss – Rebecca of Sunnybrook Farm (1932) – Broadway Bad – I Love You Wednesday – The Last Trail – My Weakness – The Worst Women in Paris? (1933) – Stand Up and Cheer (1934) – Servant's Entrance (1934) – The World Moves On – Marie Galante – Orient Express (1934) – It's a Small World – Under the Pampas Moon – Dante's Inferno – The Little Colonel – Thanks a Million – Doubting Thomas – The Farmer Takes a Wife – One More Spring (1935) – Bunker Bean – Magnificent Brute – Under Your Spell – White Hunter – White Fang – It Had to Happen – Girls' Dormitory (1936) – The Great Ziegfeld (1936, Dir.) – Windjammer – Western Gold – Wife, Doctor and Nurse – Radio Patrol – Lancer Spy – Danger Patrol – This is My Affair (1937) – The Big Shot (Der große Gangster, 1937) – Love Under Fire (1937) – Border G-Men – Kidnapped – Submarine Patrol – Hold That Co-ed – Gateway (1938) – Rebecca of Sunnybrook Farm (1938) – Sally, Irene and Mary (1938) – The Great Victor Herbert (1939, + Phil Boutelje) – Married and in Love – Wildcat Bus (1940) – Repent at Leisure (1941) – The Undying Monster – Quiet Please: Murder (1942) – Lady of Burlesque – Prelude to War – Dixie Dugan – The Dancing Masters (Dick und Doof, die Tanzmeister, 1943) – The Women in the Window (Gefährliche Begegnung, 1944, + H.Friedhofer) – The Bermuda Mystery (1944) – Casanova Brown (So ein Papa, 1944) – Belle of the Yukon (1944) – It's a Pleasure (1945) – Along Came Jones (Der Vagabund von Texas, 1945; + H.Friedhofer, Charles Maxwell) – The Time of Their Lives – The Fabulous Suzanne (1946) – Jungle Patrol (1948) – The Vicious Years – Women on the Run – The Golden Gloves Story (1950) – The Groom Wore Spurs (1951) – The Lady Says No – Scarlet Angel – Big Jim McLain – Lost in Alaska – The Pride of St. Louis – Japanese War Bride (1952) – The Steel Lady – War Paint – 99 River Street (1953) – Southwest Passage – Ring of Fear (1954, + E.Newman) – Beachhead – The Mad Magician (1954)

Lanjean, Marc

(eigentl. Jean Marcland), * *7.11.1913 Limoges (Haute-Vienne), Frankreich, † 26. 2. 1964 Neuiily (Haute-de-Seine)*. Frz. Komponist, arbeitete in den 40er und 50er Jahren für frz. und ital. Filme. Er ist der Vater des Komponisten Patrick Marcland (* 6.5.1944 Neuilly-sur-Seine).

Filme: Le mariage de Ramuntcho (Hochzeit im Schmugglerdorf, 1946) – Après l'amour (Heimliche Liebe, 1948) – Un amour de poche (Alchimie der Liebe, 1957) – Porte des Lilas (Die Mausefalle, 1957, Dir.)

Larsson, Lars-Erik

* *15.5.1908 Akarp bei Lund, Hälsingborg, † 27.12.1986*. Schwedischer Komponist in Filmen der 40er bis 60er Jahre.

Filme: Livet går vidare – Förta divisionen – Bara en kvinna – En kvinna omboard – Snapphanar (1941) – Kann doktorn komma? – Faliga vägar (1942) – Elvira Madigan – Kvinnor i fängenskap – Det brinner en eld – Herre med portföli (1943) – Kungajakt – Narkos – Excellensen – Den Osynliga muren (1944) – Flickan och djävulen – Snöstormen (1944) – Två människor – Rosen på Tistelön – Glagmannen – Flickor i hamn (1945) – Iris och löjtnantshjärta (1946) – Kärleck (1952) – Det stora äventyret (1953) – Herr Arnes pennigar (1954) – Enhörningen (1955) – Nattens ljus (1957) – Laila (Laila: Liebe unter der Mitternachtssonne, 1957) – Hällebäck gärd (1961)

Last, James

(Hans), * *17.4.1929 Bremen*. Arrangeur, Komponist und Bandleader, einer der populärsten der letzten 30 Jahre. Begann als Kontrabassist beim Norddeutschen Rundfunk, galt zeitweise als bester dt. Jazzbassist, gründete Anfang der 60er Jahren ein Orchester, welches mit seinem »Happy Sound« eine ungeheure Popula-

rität erlangte und weltweit mehr als 50 Mio Schallplatten verkaufte.
Filme: Morgens um sieben ist die Welt noch in Ordnung (1968) – Wenn süß das Mondlicht auf den Hügeln schläft (1969) – Der Kapitän (1971) – Schwarzwaldfahrt aus Liebeskummer (1973)

Laszlo, Alexander
(geb. Sandor Totis), * *22.11.1895 Budapest, Ungarn, † 17.11.1970 L.A., USA.*
Filme: Boykott (1930, + F. Grothe) – Der bebende Berg (1931, + A. Profes) – The Atomic Submarine (Auf U-17 ist die Hölle los, 1959)

Lauber, Arthur
Filme: Dolce Vita & Co (2001, TV-Serie) – Andreas Hofer (2002, TV, + Werner Pirchner)

Lava, William
* *18.3.1911 St. Paul, Minn., USA, † 20.2.1971 L.A.* Studierte an der Northwestern Univ und bei Albert Coates. Kam 1936 nach Hollywood, schrieb Musik für zahlreiche B-Filme, aber auch für Cartoons wie »The Pink Panther«. Er arbeitete zusammen mit Harry Tobias, Stan Jones, Max Steiner, Sammy Cahn, Franz Waxman, Henry Mancini, Ray Heindorf und Frank Skinner.
Filme: Yodelin' Kid from Pine Ridge (1937) – The Sea Racketeers (1937) – Santa Fe Stampede (1938) – Red River Range (1938) – Cowboys from Texas (1939) – Zorro's Fighting Legion (1939) – Wyoming Outlaw (1939) – The Night Riders (1939) – The Kansas Terrors (1939) – Frontier Horizon (1939) – Three Texas Steers (1939) – Daredevils of the Red Circle (1939) – New Frontier (1939) – Dick Tracy's G-Men (1939) – Destination Tokyo (1943) – She-Wolf of London (1946) – Her Kind of Man (1946) – The Big Punch (1948) – Embraceable You (1948) – Moonrise (Der Erbe des Henkers, 1948) – Whipslash (1948) – Homicide (1949) – The Younger Brothers (1949) – Flaxy Martin (1949) – The House Across the Street (1949) – Barricade (1949) – Breakthrough (1950) – 50 Years Before Your Eyes (Dok., 1950) – This Side of the Law (1950) – The Great Jewel Robber (1950) – Colt .45 (1950) – The Breaking Point (Menschenschmuggel, 1950, + Max Steiner; Dir. Ray Heindorf) – Highway 301 (Der Panther, 1950) – The Tanks Are Coming (1951) – Inside the Walls of Folsom Prison (1951) – Cattle Town (1952) – Retreat, Hell! (Feuerschutz für Stoßtrupp Berta, 1952) – Phantom from Space (1953) – Mystery Lake (1953) – The Littlest Outlaw (1954) – Johnny Dark (1954) – Fireman Save My Child (1954) – Stormy the Thoroughbread (1954) – The Deadly Mantis (1957) – The Hound That Thought He Was in Racoon (1960) – Hell Bent for Leather (1960) – The Sign of Zorro (1960, TV) – The Horse with the Flying Tail (1961) – Wall of Noise (1963) – PT 109 (1963, + D.Buttolph) – Chambers of Horror (Die Schreckenskammer, 1966) – Assignment to Kill (Sein gefährlichster Auftrag, 1967) – Chubasco (1967) – The Good Guys and the Bad Guys (Die letzten vom Red River, 1969) – Dracula vs. Frankenstein (Draculas Bluthochzeit mit Frankenstein, 1971)

Lavagnino, Angelo Francesco

* *22.2.1909 Genua, † 21.8. 1987 Gavi, Allessandria.* Ital. Komponist, seit 1951 für ital., frz., engl. und US-Filme tätig.
Filme: Othello (USA/F 1951, + Alberto Barberis) – Mambo (I/USA 1954, + N.Rota) – Legend of the Lost (USA 1957) – Woman of the River (I/F 1958, + A.Trovaioli) – Passionate Summer (UK 1958) – The Wind Cannot Read (Denn der Wind kann nicht lesen, UK 1958) – The Naked Maja (Die nackte Maja, USA/I 1959) – The Savage Innocents (UK/F/I 1960) – La rivolta degli schiavi (Die Sklaven Roms, 1960) – Five Branded Women (I/USA 1960) – Gorgo (1960) – L'ammuntinata mento (Meuterei, I/F 1961) – Le meraviglie di Aladino (Aladins Abenteuer, 1961) – Maciste contro il vampiro (Macistes größtes Abenteuer, I 161) – Madame sans gène (F/I/E 1962) – Hot Enough for June (1963) – Das Vermächtnis des Inka/Viva Gringo (D/I/E 1965, + Riz Ortolani) – The High Bright Sun (Freiwild unter heißer Sonne, UK 1965) – Campanadas a medianoche/Chimes at Midnight (Falstaff, I 1966, Dir. C.Franci)

Lavista, Raul
(Raul Lavista Peimbert), * *21.3.1913 Mexico City, † 19.10.1980 ebd.* Mexikanischer Komponist, arbeitete von den 40er bis in die 70er Jahre für mexikanische und US-amerikanische

Filme. Sein Sohn Mario Lavista Camacho (* 4.3.1943) ist ebenfalls Komponist.
Filme: La mujer de todos – La otra (1946) – Hermosa ideal – Don Simon de Lira (1947) – Sofia – Women in the Night (1948) – Crimen y castigo – Muchachas de uniforme (1950) – Susana – Una mujer sin amor/A Woman Without Love (USA/Mex 1951) – El gato (1951) – La ausente – Por el mismo camino – El bruto (1952) – Cumbres borrascosas/Abismo de pasion/Wuthering Heights (Abgründe der Leidenschaft, USA/Mex 1953) – El señor fotografo (1953) – Vera Cruz (USA 1954, Dir., Score: H.Friedhofer) – A Life in the Balance – La escondida (1955) – Daniel Boone, Trail Blazer (1956) – The Beast of Hollow Mountain (Der Fluch vom Monte Bravo, USA/Mex 1956) – Felicidad – The Big Boodle (Jagd durch Havanna, USA 1957) – Tizoc (1957) – Enchanted Island – Pulgarcito (1958) – Sed d'amor – The Little Savage – La Cucaracha (Sturm über Mexiko, 1959) – For the Love Mike – Macario – Impaciencia del corazón – El esqueleto de la Señora Morales – Cada quien su vida (1960) – Animas Trujano – Little Angel (1961) – El angel exterminador/The Exterminating Angel (USA/Mex 1962) – Capurcita y pulgarieto contra los montruos (1962) – La Bandida (1962) – El Hombre de papel (1963) – El pozo – Simon del desierto/Simon of the Desert (USA/Mex 1965) – Arruza (Dok., 1971) – El hombre de los hongos (1976) – Bandera rota – Run for the Roses – Flores de papel (1978)

Lavry, Marc

(eigentl. Marcus Levins), * *22.12.1903 Riga (Lettland), † 20.3.1967 Haifa, Israel.* Der Komponist wanderte 1933 nach Israel aus.
Film: Seitensprünge: (1931, + B.Kaper, K.M.May, F.German)

Lawnhurst, Vee

(eigentl. Laura Lowenherz), * *24.11.1905 N.Y., USA, † 16.5.1992 New York City.* Komponistin und Songschreiberin der 30er Jahre, meist in Zusammenarbeit mit der Texterin Tot Seymour. Begann als Pianistin, spielte mit 14 Jahren Klavierrollen für mechanische Pianos (Piano Rolls) ein und arbeitete später am Rundfunk und für einen Musikverlag. Sie schrieb die Musik für die »Ziegfeld Follies of 1936« und für einige Filme, u.a. für »Popeye«-Cartoons.
Filme: Call of the Prairie (1936) – Popeye the Sailor Meets Ali Baba's 40 Thieves (1937) – Pot o' Gold (1941)

Lawrence, David

(David Nessim L.), * *USA.*
Filme: The Key to Rebecca (1985, TV) – Streets (1990) – Slumber Party Massacre 3 (1990) – Boxer Rebellion (Dok., 1994) – Hits (1994) – Sleep With Me (1994) – Skeeter (1994) – Camp Nowhere (1994) – The Great Mom Swap (1995) – The Return of the Texas Chainsaw Massacre (1995) – Hi-Life (1998) – American Pie (999) – Isn't She Great? (2000) – American Pie 2 (2001) – Life Without Dick (2001) – Van Wilder (2002)

Lawrence, Elliot

(E. L. Broza), * *14.2.1925 Philadelphia, Pa., USA.* Studium an der Univ. of Philadelphia, leitete die College-Band und 1945 ein Rundfunktanzorchester. Ging mit dieser Band nach N.Y., spielte Arrangements von Gerry Mulligan und Tiny Kahn in einem Stil, der den Cool Jazz vorwegnahm. In den 50er Jahre am Rundfunk in N.Y., leitete daneben eine Big Band mit All Star Besetzung, die einige LPs für Fantasy aufnahm. Ab 1961 war er Dirigent von Broadway-Shows, arbeitete als Studioarrangeur, fürs TV und schrieb einige Filmmusiken. Schallplatten mit Mood-Music auch für RCA und Top Rank.
Filme: The Violator (1957) – The Incredible Shrinking Man (1957) – Thunder in Dixie (1965) – Hot Rod Hullabaloo (1972) – Network (1976) – The Cradle will Fall (1983, TV)

Laws, Maury

* *6.12.1923 North Carolina, USA.*
Film: The Daydreamer (1966, Cartoon) – Mad Monster Party? (Cartoon, 1968) – Santa Claus is Coming to Town (1969, Cartoon) – Marco (1973) – The Year Without a Santa Claus (Cartoon, TV, 1974) – The Little Drummer Boy: Book 2 (Cartoon, 1976) – The Easter Bunny is Coming to Town (Cartoon, 1977) – The Last Dinosaur (Der letzte Dinosaurier, 1977) – Nestor the Long-Eared Christmas Donkey (Cartoon, 1977) – The Hobbit (Cartoon, TV, 1978) – The Bermuda Depths (1978, TV) – Jack Frost (Cartoon, TV, 1979) – The Ivory

Ape (1980, TV) – The Bushido Blade (UK/USA 1980) – The Return of the King (1980, Cartoon, TV) – Pinocchio's Christmas (Cartoon, 1980) – The Flight of Dragons (1982, Cartoon, TV) – The Wind in the Willows (1987, TV)

Laws, Ronnie

(Ronald Wayne Laws), * *3.10.1950 Houston, Tx.* Der Jazzmusiker (Bruder des Flötisten Hubert L., * 10.11.1939) studierte Saxophon und Flöte an der Stephen F. Austin Univ. und der Texas Southern Univ. Er arbeitete mit Jazz-Größen wie Quincy Jones, Walter Bishop und Kenny Burrell und Pop-Acts wie Earth, Wind & Fire, Bob James und Earl Klugh.
Filme: Run for the Dream: The Gal Devers Story (1999, TV) – Love Songs (1999, TV)

Lazzaro, Eldo di

* *21.2.1902 Trapani (Sizilien), † 30.11.1966 (oder 1970) Rapallo (Ligurien).* Ital. Komponist und Songschreiber, schrieb u.a. den 1940er Hit *The Woodpecker Song.*
Filme: Ride, Tenderfoot, Ride (USA 1940, Songs) – Am Abend auf der Heide (1941, + E. Nick)

Lecuona, Ernesto

(Ernesto Sixto Lecuona y Casado), * *7.8.1896 Guanabacoa/Havanna, Kuba, † 20.11.1963 Santa Cruz de Tenerife.* Bedeutender Komponist von Standards der lateinamerik. Musik. Studierte bis 1913 am National Konservatorium in Havanna, unternahm Tourneen als Pianist durch Lateinamerika, die USA und Europa, z.T. mit den Lecuona Cuban Boys. Bekannteste Songs: *Malaguena, Siboney.* Er schrieb auch Zarzuelas (»Nina Rota«, 1927; »Lola Cruz«, 1935) und Musik oder Songs für Filme. 1997 wurde er in die Songwriter's Hall of Fame aufgenommen. Seine Schwester Ernestina (1882–1951) und seine Nichte Marguerita (1910–1981) waren ebenfalls Komponistinnen; Marguerita schrieb u.a. die Standards *Tabu* und *Babalu.*
Filme: Cuban Love Song (USA 1931) – Carnival in Costa Rica (USA 1947; Songtexte: Harry Ruby)

Lee, Bill

(William James Edwards), (b, comp), * *23.7.1928 Snow Hill, Ala., USA.* Begann als Schlagzeuger, studierte ab 1947 Kontrabass, arbeitete ab 1950 mit Israel Crosby, Buster Bennett, Johnny Griffin, Clifford Jordan, ab 1959 in N.Y. mit Ray Bryant, Frank Strozier, Phineas Newborn, auch mit Folk- und Gospel-Interpreten wie Josh White, Odetta, Theodore Bikel, Judy Collins. Gründete den N.Y. Bass Violin Choir und die Brass Company. Komponierte »Folk-Jazz-Opern« »The Depot«, »One Mile East«, »Baby Sweets«, »The Quarter«, »Little John«, die Broadway-Produktion »The Hand is on the Gate« und seit 1986 Musik zu Filmen seines Sohnes Spike Lee* .
Filme: She's Gonna Have it* – School Daze – Do the Right Thing (1989) – Mo Better Blues (1990)

Lee, Dave

(David), * *12.8.1930 London, England.* L. war in den frühen 50er Jahren Pianist in der Band von → Johnny Dankworth, arbeitete dann mit eigenen Bands, aber auch als Komponist fürs Theater und den Film. 1990 gründete er einen Rundfunksender, der ausschließlich Jazz spielte, musste diesen aber nach einigen Jahren aus finanziellen Gründen aufgeben. – Schallplatten für Nixa, Top Rank, Colpix.
Filme: The Very Edge (1962) – The Masque of the Red Death (Die Maske des roten Todes, 1964)

Lee, Peggy

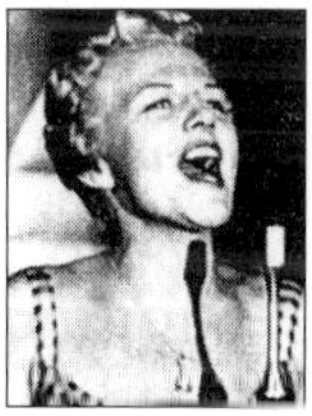

(eigentl. Norma Dolores Egstrom, Ps. Susan Melton), * *26.5.1920 Jamestown, N.D., USA, † 21.1.2002 L.A.* Jazzbeeinflusste Sängerin und Songautorin der 40er bis 80er Jahre. Sang ab 1939 im Rundfunk, wurde bekannt 1941– 42 bei Benny Goodman, mit dessen Band in den Filmen »The Powers Girls« und »Stage Door Canteen« (1943). Sie trat dann als Solistin mit ihrem Mann, dem Gitarristen Dave Barbour, auf (geschieden 1952). In den 50er Jahren wurde sie eine Attraktion in Clubs und im TV, aktiv bis in die 90er Jahre. Sie hatte 1947 einen Hit mit *Manana.* Sie schrieb Songs für einige Filme, u.a. »The Lady is a Tramp«, »Tom Thumb« und brillierte als Schauspielerin in »The Jazz Singer« (1953) und »Pete Kelly's

Blues« (1955, Oscar-Nominierung!). Sie machte Schlagzeilen, als sie 1991 und 2000 den Disney-Konzern und die Plattenfirma MCA (heute Universal) wegen vorenthaltener Honorare verklagte und gewann.

Lit.: Miss Peggy Lee, An Autobiography, N.Y. 1989

Filme mit ihren Songs: The Woman They Almost Lynched (1953) – Johnny Guitar (1954) – The Racers (1955) – The Lady is a Tramp (1957, Songs; OST: Decca) – The Pride and the Passion (1957) – Tom Thumb (1958) – The Russians Are Coming, the Russians Are Coming! (Die Russen kommen!, 1966) – Pieces of Dreams (1970) – Peggy Lee: The Quintessential Peggy Lee (Dok., 1984) – Men Don't Leave (1989)

Leenen, Ernst Karl

* *9.5.1905 Krefeld, † 1.2.1967 Meerbusch/ Neuss.*

Filme: Sie und die Drei (1935) – Ein falscher Fuffziger (1935, + F.Marzsalek) – 90 Minuten Aufenthalt (1936) – Skandal um die Fledermaus (1936) – Drei tolle Tage (1936) – Der Lachdoktor (1937) – Der unmögliche Herr Pitt (1938)

Lefèvre, Raymond

* *20.11.1929 Calais, Frankreich.* Als Bandleader und Arrangeur war L. Konkurrent von Frank Pourcel und Paul Mauriat bzw. Mantovani. 1958 hatte er einen Hit mit *La jour ou la pluie viendra* (*The Day the Rains Came*) und veröffentlichte in der Folge zahlreiche LPs für Barclay mit »Easy Listening«-Musik, mit Filmthemen, »Light classics«, Folk-Material und zeitgen. Popsongs der Beatles, Simon & Garfunkel etc. Daneben arbeitete er auch für den Film.

Filme: Le gendarme de Saint Tropez (Der Gendarm von St. Tropez, 1967) – Les Grandes Vacances (Balduin der Ferienschreck, 1967) – Le gendarme se marie (Balduin, der Heiratsmuffel, 1968) – Le gendarme en balade (Balduin, der Schrecken von St. Tropez, 1970) – Le gazebo (Hasch mich, ich bin der Mörder, 1971) – Le gendarme et les extraterrestes (Louis' unheimliche Begegnung mit den Außerirdischen, 1978) – La soupe aux choux (1981)

Legrand, Michel Jean

* *24.2.1932 Paris.* Pianist und (Film-) Komponist, Sohn des Bandleaders und Komponisten Raymond L. Seine Mutter war die Sängerin Colette Renard (geb. Raget), seine Schwester Christiane (* 21.8.1930 Aix-les-Bains) ist Sängerin. Studierte am Pariser Konservatorium, schrieb Ballettmusik und arbeitete mit Maurice Chevalier, hatte Jobs als Jazz-Musiker und -Arrangeur; 1952 arrangierte er eine LP für Dizzy Gillespie. Ende der 50er Jahre kam er über den Regisseur F. Reichenbach mit der »Nouvelle Vague« in Berührung (J.-L.Godard, Agnès Varda) und begann Filmmusiken zu schreiben. Mit »Les parapluies de Cherbourg« schuf er eine frz. Version des Musicals. »Die Mädchen von Rochefort« schließlich führten ihn nach Hollywood, wo er Oscars für *The Windmills of You Mind* u. *Summer of '42* erhielt. Auftritt im Film »Charmants Garçons« (Musik → G.van Parys). Zusammenarbeit mit Charles Aznavour. L. ist ein guter (Jazz-) Pianist und hat als solcher einige LPs aufgenommen, auch mit Miles Davis, Sarah Vaughan, Stan Getz, Oscar Peterson, Phil Woods, Gerry Mulligan. Der überwiegende Teil seiner rd. 100 LPs aber enthält Film- bzw. U-Musik von hohem Niveau.

LP: Music for the Film, Columbia WL 107 – I Love Movies, Col. CL 1178

CD: Legrand Jazz, Philips 830074-2 – Legrand Piano (I Love Paris), CBS CK 10129 – OST, Three Musketeers, Milan 873118

Filme u.a.: Les amants tu tage (Nächte in Lissabon, 1954) – Charmants garçons (Kavaliere, 1958) – Terra vague (1959) – L'Amerique insolite (1960) – Une femme est une femme (Eine Frau ist eine Frau, 1960) – Le cœur battant (1960) – Lola (F/I) – Cleo de 5 à 7 (auch Schauspieler, 1961) – (F/I 1962) – Vivre sa vie – Love is a Ball (40 Millionen suchen einen Mann, USA 1962) – La baie des anges (Die blonde Sünderin) – Le jolie mai (1963) – Les parapluis de Cherbourg (Die Regenschirme von Cherbourg, F/D, 1964) – Bande a part (1964) – Une femme marié – La vie de château (1965) – Les demoiselles de Rochefort (Die Mädchen von Rochefort, 1966; Chansons: Jacques Demy) – Qui ètes-vous Polly Maggou? (1966) – Pretty Polly (UK, 1967) – Ice Station Zebra (Eisstation Zebra, USA 1968) – Save a Marriage and Ruin Your Life (USA, 1968) – The Thomas Crown Affair (Thomas Crown ist nicht zu fassen,

USA 1968) – La piscine – Sweet November (1968) – Castle Keep (USA 1969) – Play Dirty (Ein dreckiger Haufen, UK 1969) – The Lady in the Car with Glass and a Gun (USA/F 1969) – The Happy Ending (1969) – Wuthering Heights (UK 1970) – Peau D'Ane (1970) – Summer of 42 – A Time For Loving – Le Mans (USA, 1971) – The Go-Between (UK 1971) – Un peau de soleil dans l'eau froide (1971) – Les feux de la chandeleur – One Is A Lonely Number – Portnoys's Complaint (USA 1972) – Lady Sings the Blues (1972, USA) – Lady Sibylle Blair (1972) – Breezy (USA 1973) – Vérités et Mensonges/F for Fake (F/D/Iran, 1973) – A Bequest to the Nation (USA) – L'impossible – A Doll's House (Nora, UK/F 1973) – 40 Carats (USA) – Cops and Robbers (USA 1973) – The Three Musketeers (Die drei Musketiere, UK 1974) – Our Time (USA) – Fake for Fake (D/F 1975) – Sheila Levine is Dead and Living in New York (USA 1975) – Le Sauvage (Die schönen Wilden, 1975) – Gulliver's Travels (Gullivers Reisen, UK 1976) – Gable and Lombard (USA, 1976) – Le Voyage de noce – Ode to Billy Joe (USA, 1976) – The Other Side of Midnight (USA 1977) – Les routes du sud – Lady Oscar (Jap./F 1977) – Your Ticket is no Longer Valid (Lust auf Sex, 1979) – Atlantic City, USA (KAN/F 1981) – The Hunter (USA) – Les uns et les autres/Bolero (1981) – Le cadeau (1982) – Best Friends (Zwei dicke Freunde, USA 1982) – Never Say Never Again (Sag niemals nie, USA 1983; OST: Silva) – Yentl (USA 1983) – Eine Liebe in Deutschland (D/F 1983) – Mickey and Maude (1984) – Club de rencontre (Scheidung auf französisch, 1987) – Switching Channels (Eine Frau steht ihren Mann, 1988) – Cinq jours en juin (5 Tage im Juni, F 1988) – Fuga del paradiso/Escape from Paradise (I/G/F 1990) – Eternity – Dingo – The Pickle (1991) – Die Schelme von Schelm (Cartoon, 1995) – Aaron's Magic Village (F/D/ISR 1996) – Madeline (1997) – La buche (1999) – La byciclette bleue (2000, TV) – And Now ... Ladies and Gentlemen (F 2002)

Legrand, Raymond

* *23.5.1908 Paris, Frankreich, † 25.11.1975 ebd.* Varieté-Musiker, Bandleader und Komponist. Verheiratet mit der Sängerin Colette Renard (geb. Raget), beide sind die Eltern von → Michel L. und der Sängerin Christiane L. (* 21.8.1930 Aix-les-Bains).

Film: Le chanteur inconnue (Der unbekannte Sänger, F 1946, + N. Glanzberg)

Léhar, Franz

(Ferenc Krisztian), * *30.4.1870 Komorn, Ungarn (heute Komárno, Tschechien), † 24.10. 1948 Bad Ischl.* Österr.-ungar. Operettenkomponist. Studierte am Prager Konservatorium (Violine), war dann Kapellmeister, zuletzt bis 1902 in Wien. Besonders durch »Die lustige Witwe« (1902) wurde L. zu einem der erfolgreichsten Operettenkomponisten, anknüpfend an die Wiener Tradition, verbunden mit Pariser und slawisch-folkoristischen Elementen. Seine Werke enthalten eine Reihe von Liedern, die zu Standards wurden, so *Vilia, Gold und Silber, Dein ist mein ganzes Herz, Zigeuner-Liebe* u.a. Er schrieb auch zwei Opern (»Rodrigo«, »Tatjana«, 1896/1905) und die Musik für zwölf Filme. L. war immer ein umstrittener Komponist. Für die einen ist er der König der Wiener Operette, für andere – wie z.B. Ernst Bloch – ist er jenseits aller ästhetischen Kategorien anzusiedeln.

Lit.: M. v. Petani, F. L., Seine Musik, sein Leben, Wien 1950. – B. Grun, Gold und Silber, F. L. und seine Welt, München/Wien 1970. – Stefan Frey, Was sagt ihr zu diesem Erfolg?, 1992

Filme: Das Land des Lächelns (1930) – Wiener Liebschaften (D/F 1931, + A.Guttmann, O.Stransky) – Die große Attraktion (1931, + B. Kaper, P. Dessau, F. Grothe, N. Brodszky) – Es war einmal ein Walzer (1932) – Friedrike (1932, + E.Künneke) – Großfürstin Alexandra (1933) – Der Zarewitsch (1934, + A.Strasser) – Gern hab' ich die Frau'n geküßt (1934) – Frasquita (1934, + W.Schmidt-Gentner) – Eva (1935, + Schmidt-Gentner, nach der Operette) – Die ganze Welt dreht sich um Liebe (1935, + Schmidt-Gentner) – Wo die Lerche singt (1936, + F.Grothe, Paul Hühn)

Leigh, Walter

* *22.6.1905 Wimbledon (London-Borough), England, † 12. 6.1942 bei Tobruk, Lybien.* Studierte in Cambridge und Berlin bei Hindemith. Er komponierte Klavierwerke, Lieder, eine Violinsonate und die komische Oper »The Jolly Roger«. Ab 1933 arbeitete er für den Film. Er starb im Sommer 1942 bei einem Panzer-

gefecht in der Lybischen Wüste.
Filme: Song of Ceylon (1933) – 6.30 Collection (1934) – Dawn of Iran (Dok., 1937) – Face of Scotland (Dok., 1938) – Work-A-Day – The Fourth Estate (1940) – Squadron 992 (1940)

Leipold, John
(Ps. John Leopold), * *26.2.1888 in ?, † 8.3. 1970.* Der Komponist arbeitete in den 30er und 40er Jahren an rd. 380 Filmen mit, meist als musikal. Leiter.
Filme: Ko-Komponist bei: The Scarlet Empress (1934, + W. Franke Harling, Milan Roder) – Stagecoach (Höllenfahrt nach Santa Fe, 1939) – Disputed Passage (1939) – The Flying Deuces (1939) – Union Pacific (1939). *Außerdem*: The Parson of Panamint (1941) – Shut My Big Mouth (1942) – Two Yanks in Trinidad (1942) – The Daring Young Man – The Desparadoes – Good Luck, Mr. Yates (1943) – Nine Girls (1944)

Lemberg, Jörg
(Jürg Liebenberg)
Filme: Tatort: Bienzle und der Zuckerbäcker (1998, TV) – ... die man liebt (1998) – Suzhou he (2000) – Krieger und Liebhaber (2000, TV) – Ich beiß zurück (2000, TV) – Dich schickt der Himmel (2001, TV) – Tatort: Kindstod (2001, TV) – Paulas Schuld (2001, TV) – Der Schuß (2001, TV) – Mehr als nur Sex (2002, TV)

Lenard, Melvyn
* *3.12.1936 L.A., USA, † 14.3.1996 ebd.* Komponist und musikal. Leiter im Filme der 50er Jahre.
Filme: The Desparate Woman (1954) – Ride the High Iron (1956, TV) – The Daughter of Dr. Jekyll (1957, Dir.)

Lenz, Jack
Kanadischer Komponist, für den Film seit 1989 tätig.
Filme: Raoul Wallenberg Buried Alive (1983) – Final Offer – The Raccoons (1985, TV) – Due South (1994, TV) – Treacherous Beauties (Labyrinthe der Liebe, 1994) – To Catch a Yeti – Pocahontas: The Legend (1995) – Not Yet Diagnosed (1997) – Due South (1997, TV-Serie) – Teenage Space Vampires (1998) – Dear America: A Picture of Freedom (1999, TV) – Dear America: A Journey to the New World (1999, TV) – Doc (2001, TV) – Men with Broms (2002)

Lenz, Klaus
* *22.3.1940 Berlin.* Bandleader, Komponist und Trompeter. Studierte am Konservatorium in Berlin (DDR), spielte dann in den Orchestern von Eberhard Weise und Max Reichelt. Leitete ab 1961 eigene Jazzgruppen (Quintett bis Big Band), dabei u.a. zeitweise → Günther Fischer und → Ulrich Gumpert. Stilistisch wanderte er dabei vom Hard-Bop zum Rock-Jazz. Er lebt in Köln.
Filme: Käuzchenkuhle (DDR 1968) – Mit mir nicht, Madam (DDR 1968) – He, Du (DDR 1970) – Der rote Reiter (DDR 1970) – Dornröschen (DDR 1971, + Hermann Anders)

Lennertz, Christopher
* *2.1.1972 Methuen, Mass., USA*
Filme: Midnight Tease (1994) – Suspect Device (1995, TV) – Unknown Origin (1995, TV) – Piranha (1995, TV) – Beach House (1995) – Babyface Nelson – Alien Terminator (1995) – Humanoids from the Deep (1996, TV) – House of the Damned (1996) – Criminal Affairs (1997) – Undercurrent – Running Woman – Art House (1998) – Brimstone (1998, TV) – The Strip (1999, TV) – A Diva's Christmas Carol (2000, TV) – Beer Money (2001, TV) – Hysteria: The Def Leppard Story (2001, TV) – The 4th Tenor (2001) – Warning: Parental Advisory (2002, TV)

Léon, Jean-François
Filme : Les longs manteaux (1986) – Cayenne Palace (1987) – Shadows of the Past (Ein gefährliches Paar, USA/F/KAN 1991) – The Final Heist (1991, TV) – Balle perdue (1994, TV)

Leopold, John
→ Leipold John

Leppard, Raymond John
* *2.8.1927 London, England.* Engl. Cembalist und Dirigent. Studierte am Trinity College in London, war 1956–68 musikalischer Berater des Royal Shakespeare Theatre in Stratford-upon-Avon. Leitete seit 1964 das English Chamber Orchestra, 1973–89 war er Princi-

pal Conductor des BBC Northern Symphony Orch. Seit 1987 ist er Chefdirigent des Indianapolis Symphony Orchestra.
Filme: Lord of the Flies (Der Herr der Fliegen, 1963) – Laughter in the Dark (Satan mischt die Karten, UK/F 1969) – Alfred the Great (Alfred der Große, Bezwinger der Wikinger, 1969)

Lerner, Alan Jay

(lyr,p), * *31.8.1918 N.Y., USA, † 14.6.1986 ebd.* Librettist und Songtexter, bekannt durch seinen Zusammenarbeit mit → Frederick Lowe (*My Fair Lady*, *Brigadoon*, *Paint Your Wagon*, *Camelot*). Studierte an der Juilliard School, in England und in Harvard. 1940–42 am Rundfunk. Tat sich mit F.Lowe zusammen, erste Shows »What's Up« und »The Day Before Spring« waren nur mäßig erfolgreich. 1947 kam der Durchbruch mit »Brigadoon«. 1948 mit Kurt Weill »Love Life«, 1951 mit Burton Lane den Film »Royal Wedding«. Dann folgten die Lerner und Lowe-Hits »Paint Your Wagon« (1951), »My Fair Lady« (1956, Film 1964), »Gigi« (Film 1958), »Camelot« (1960). Nachdem sich Lowe ins Privatleben zurückgezogen hatte, arbeitete L. noch mit Burton Lane (»On A Clear Day You Can See Forever«, 1965), André Previn (»Coco«, 1969) und Charles Strouse (»Dance a Little Closer«) zusammen.
Lit.: A.J.L., The Street Where I Live, N.Y. 1994 (1978) – The Musical Theatre, 1986. – E. Jablonski, A.J.L., (Biogr.), N.Y. 1996. – Benny Green (ed), A Hymn to Him, The Lyrics of A.J.L., 1987. – Gene Lees, Inventing Champagne, The World of Lerner & Lowe, N.Y. 1990
LP: A.J.L.-Kay Ballard, Lyrics by Lerner, Heritage 0600 – A.J.L.-Frederick Lowe, An Evening with Lerner & Lowe, RCA LPM-6005 – OBC, Dance a Little Closer, IBR 9011 – *CD:* Julie Andrews, Broadway, The Words of A.J.L., Philips 446219-2
Filme (Songs): Royal Wedding (1951, Too Late Now; I Left My Hat in Haiti; Open Your Eyes; Day of My Life; Every Night at Seven; Sunday Jumps; What A Lovely Day For A Wedding) – Brigadoon (1954) – Musical: My Fair Lady (1956, Get Me to the Church on Time; Wouldn't it Be Lovely; I've Grown Accustomed to Her Face; I Could Have Danced All Night; On the Street Where You Live; The Rain in Spain; Show Me; With A Little Bit Of Luck; Ascot Gavotte; Film 1964) – Gigi (1958, I Remember It Well; Thank Heaven For Little Girls; I'm Glad I'm Not Young Anymore; The Night They Invented Champagne) – Musical: Camelot (1960, If I Ever Would Leave You; Follow Me; How to Handle A Woman; I Loved You Once in Silence) – Camelot (1967) – Paint Your Wagon (1969)

Le Roux, Maurice

* *6.2.1923 Paris, † 19.10.1992 ebd.* Französischer Kompoinst, arbeitet seit 1952 für den Film.
Filme: Crin Blanc ou le cheval sauvage (Der Hengst Crin Blanc/Der weiße Hengst, 1951) – Les mauvaises rencontres (1955) – Le ballon rouge (Der rote Ballon, 1956) – Les mistons (1957) – Le petit soldat (Der kleine Soldat, 1960) – Les mauvais coups (Hunger nach Liebe, 1960) – A View from the Bridge/Vu du pont (Blick von der Brücke, 1962) – Kamourska (1973) – Contes Immoraux (Unmoralische Geschichten, 1974) – Un étrange voyage (1981)

Lesser, Wolfgang

* *31.5.1923 Breslau (heute: Wrocław, Polen), † 27.9.1999 Hennigsdorf (b. Berlin).*
Filme: Claudia (1959) – Der neue Fimmel (1959/60) – Steinzeitballade (1960) – Drei Kapitel Glück (1961) – Beschreibung eines Sommers (1962) – Die Entdeckung des Julian Böll (1962) – Freispruch mangels Beweises (1962) – Der Neue (1 u. 2, 1963) – Als Martin 14 war (1964) – König Drosselbart (1965) – Die Heinitzer (1965) – Lebende Ware (1966)

Letton, Heinz

→ Lewin, Heinz

Leux, Leo

(eigentl. Gottlieb Wilhelm Leucks), * *7.3.1893 München, † 8.9.1951 Berlin*. Arbeitete als Theaterkapellmeister und von Anfang an für den Tonfilm. Ein erster Erfolg wurde 1933 sein Lied *Bei der blonden Kathrein* aus dem Film »Fräulein Hoffmanns Erzählungen«. Als Filmkomponist war er vor allem während des 3. Reiches aktiv, bis 1945 schrieb er für 51 Filme

Lieder und Score-Musik.
CD: Es leuchten die Sterne, JuBE 15005
Filme u.a.: Susanne macht Ordnung (1930, + A. Guttmann) – Gefahren der Liebe (1931) – Einer Frau muß man alles verzeihen (1931) – Mein Herz sucht nach Liebe/Der Hellseher (1931) – Baby (D/F 1932) – Tod über Schanghai (1932) – Das verliebte Hotel (1933) – Fräulein Hoffmanns Erzählungen (1933) – Der Doppelgänger (1934) – Die vertauschte Braut (1934) – Bei der blonden Kathrein (1934) – Klein-Dorritt (1934) – Die selige Exzellenz (1935) – Knock Out (1935) – Der junge Graf (1935) – Der ahnunglose Engel (1936) – Der schüchterne Casanova (1936) – Arzt aus Leidenschaft (1936) – Moral (1936) – Diener lassen bitten (1936) – Maria, die Magd (1936) – Truxa (1937) – Mein Sohn der Herr Minister (1937) – Manege (1937) – Der Biberpelz (1937) – Florentine (1937, + Frank Fox, W.Engel-Berger) – Liebe geht seltsame Wege (1937) – Die Kreuzersonate (1937, + E.Roters) – Vor Liebe wird gewarnt (1937) – Es leuchten die Sterne (1938, + P.Lincke, M.Perl, E.Kirsch, F.R.Friedl) – Zwei Frauen (1938, + Peter Igelhoff) – Verliebtes Abenteuer (1938) – Robert und Bertram (1939) – Die goldene Maske (1939) – Meine Tochter tut das nicht (1940) – Der Stern im Haus (1940) – Venus vor Gericht (1941) – Alarmstufe V (1941) – Kleine Residenz (1942) – Meine Freundin Josefine (1942, + Fr.Schröder, Paul Hühn) – Der Hochtourist (1942) – Einmal der liebe Herrgott sein (1942) – Der dunkle Tag (1943) – Man rede mir nicht von Liebe (1943) – Die schwache Stunde (1943) – Der Täter ist unter uns (1944) – Liebesbriefe (1944) – Ich bitte um Vollmacht (1944) – Münchnerinnen (1945, UA 1949) – Spuk im Schloß (1945) – Mit meinen Augen (1945) – Torreani (1945, unvoll.)
Lieder u.a.: Unter den Pinien von Argentinien – Auf Wiederseh'n Baby

Levaal, Kurt (bzw. Charles Leval)

** 16.8.1908 Hamburg, † 1989 Paris.*
Film: Razzia in St. Pauli (1932, + G.Becce)

Levant, Mark

** 22.6.1908 N.Y., USA.* Komponist im US-Film der 40er Jahre. Er arbeitete mit den Komponisten Milton Rosen und Everett Carter und den Regisseuren Wallace W. Fox und Roy William Neil zusammen, meist für Western und Krimis.
Filme: The Woman in Green (Die Frau in Grün, 1945) – Trail to Vengeance – Senorita from the West (1945) – Terror by Night (1946) – Gun Town (1946)

Levant, Oscar

(p, comp, lyr), ** 27.12.1906 Pittsburgh, Pa., USA, † 14.8.1972 Beverly Hills, Calif.* Klassischer Pianist, Komponist u. Schauspieler. Er war befreundet mit George Gershwin und einer der ersten, der seine Werke spielte, bes. die *Rhapsody in Blue*.

Studierte Klavier in N.Y. bei Sigismund Stojowski u. Komposition bei Arnold Schönberg u. Joseph Schillinger, spielte bei Rudy Wiedoeft, Ben Bernie und in Clubs. 1927 Pianist in der Broadway-Show »Burlesque« und in der Film-Version »The Dance of Life« (1929). 1930 schrieb er die Musik für die Show »Ripples«.

Zum Standard wurde sein Song *Blame It On My Youth* (1934). Arbeitete als Konzertpianist und trat in Radioshows auf, wo er als geistreicher Gesprächspartner auffiel und für den Film entdeckt wurde. Er spielte dort meist sich selbst, immer in der Nähe eines Klaviers. In der Gershwin-Filmbiographie »Rhapsody in Blue« spielte er das Soundtrack-Piano für Robert Alda. Er schrieb auch Filmmusik. In den 50er Jahren zog er sich aus Gesundheitsgründen zurück, schrieb aber drei Bücher: »A Smattering of Ignorance« (1940), »The Unimportance of Being Oscar« (1968) und »Memoirs of an Amnesiac« (1965). – Schallplatten für Columbia.
Lit.: Sam Kashner & Nancy Schoenberger, A Talent for Genius, The Life and Times of O. L., 1994.
Filme (als Komponist, Song-Schreiber, Schauspieler/Pianist):* My Man (1928) – Side Street – The Delightful Rogue – Street Girl – Jazz Heaven – Tanned Legs – The Dance of Life* – Half-Marriage (1929) – Leathernecking (1930) – Love Comes Along (1930) – Black Sheep – Music is Magic – In Person (1935, Songs: Score: Roy Webb) – The Smartest Girl in Town (1936) – Charlie Chan at the Opera (1936) – Nothing Sacred (1937) – Made for Each Other (1939) – Rhythm on the River* (1940) – Kiss the Boys Goodbye* (1941) – Rhapsody in Blue*

(1945) – Humoresque* (1946, Piano u. Schausp., Isaac Stern spielt Violine für John Garfield!, Score: Waxman) – Romance on the High Seas* – You Were Meant For Me* (1948) – The Barkleys of Broadway* (1949) – An American in Paris* (1951) – O. Henry's Full House* (1952) – The Band Wagon* – The »I Don't Care« Girl* (1953) – The Cobweb* (1955)

Levin, Stewart

(Levine). Begann in den 60er Jahren als Saxophonist und Arrangeur, arbeitete in den New Yorker Schallplattenstudios und spielte im Tanzorchester von Les & Larry Elgart, für welches er auch Songs schrieb und arrangierte (*Going to Grandma's House*). Er wandte sich später der Film- und TV-Musik zu.

Filme: Thirtysomething (1987, TV) – The Wonder Years (1988, TV) – Homefront (TV-Serie, 1991) – Stay the Night – Picket Fences (1992, TV) – Star Struck (1994, TV) – Missing Parents (1994, TV) – Past the Bleachers (1995, TV) – Lieberman in Love (1995) – Dad, the Angel & Me (1995, TV) – Our Son, the Matchmaker (1996, TV) – The Practice (1997, TV-Serie) – Point Last Seen (1998, TV) – Switched at Birth (1999, TV) – My Mother, the Spy (2000, TV)

Levine, Hank

(Henry), * *1933*. US-Komponist, Songschreiber und Arrangeur. Arbeitete für Pop- und Jazz-Acts wie Ann-Margret, Bobby Bare, Roy Clark, The Crystal, Stan Kenton, Dave Pell u.a., auch für den Film ab 1963.

Filme: The Young Swingers (1963) – Raiders from Beneath the Sea (1964) – So Sad About Gloria (1973) – Ransom Money (1988) – War Zone (1998, Prod.)

Levine, Michael

→ Lewin, Michael

Levine, Michael A.

(Michael Alan L.). US-Komponist, im Film tätig seit 1989.

Filme: See You in the Morning (1989) – Crisis: Urban Education (1992, TV) – Dance in America (1993, TV) – The Universal Story (1993, TV) – Cupidity (1995) – The Mantis Murders (1996, auch Songs) – Sex and Other Matters of Life and Death (1997) – Orangutangs: Just Hanging On (1997, TV) – The End of the Road (1998) – The Lady with the Torch (1999) – Any Given Sunday (1999, zusätzl. Musik) – Inventing a Girl: An Experience in Homeschooling (2000) – Hubert's Brain – Trigger Happy – The Mainstream (2001)

Levy, Krishna

* *27.5.1964 Neu-Delhi, Indien.* Komponist und Songschreiber, arbeitet seit 1995 für meist frz. Filme.

Filme: Fast (1995) – Comment je me suis dispute (1996) – Artemisia – Mordbüro (1997) – Karnaval (1999) – Cours toujours (Lauf, Jonas, lauf, 1999) – Un spécialiste (Dok., 1999) – L'envol – Quand on sera grand – Ali Zaoua (2000) – Un jeux d'enfants (2001) – Huit femmes (Acht Frauen, 2002, OST : WEA)

Levy, Louis

* *28.11.1894 London, England, † 18.8.1957 Slough, Berkshire.* Komponist und Bandleader. L. gehört zu den engl. Stummfilmpionieren, man sagt ihm nach, dass er die Themamusik für den Film erfand, später heftig kopiert vom US-Film. Nach der Einführung des Tonfilms wurde er Musikchef der Gaumont British Studios, wo er zahlreiche Filme als musikalischer Leiter bzw. Komponist betreute. Er arbeitete hier mit Komponisten wie Hubert Bath, Hans May, Bretton Byrd, Leighton Lucas, Bob Busby u.a. zusammen.

Filme u.a.: Chu Chin Chow (UK 1934, Dir., Songs: Frederick Norton) – The Man Who Knew Too Much (1934) – Channel Crossing (+ Jack Beaver) – Lady in Danger (+ J.Beaver) – The Thirty-Nine Steps (Neununddreißig Stufen, 1935; + Hubert Bath, Jack Beaver) – Bulldog Jack (1935) – The Phantom Light (1935) – King of the Damned (1935) – Boys Will Be Boys (1935) – The Secret Agent (1936, Dir.) – Tudor Rose (1936) – The Tunnel (1935) – Where There's a Will (1936) – It's Love Again (1936) – Windbag the Sailor (1936) – The Secret Agent (1936) – Sabotage (1936) – The Passing of the Third Floor Back (1936) – His Lordship (1936) – Young and Innocent (Jung und unschuldig, 1937) – Oh Mr. Porter (1937) – OK for Sound (1937) – Dr. Syn (1937, + J.Beaver) – The Citadel (Die Zitadelle,

1938) – The Lady Vanishes (Eine Dame verschwindet, 1938, Dir.) – Old Bones of the River (1938) – Owd Bob (1938) – Alf's Button Afloat (1938) – The Man with 100 Faces (1938) – A Girl Must Live (1938) – Goodbye Mr. Chips (1939) – Convict 99 (1938) – The Gilt in the News (1940) – Spare a Copper (1940) – A Girl in the News (1940) – Night Train to Munich (1940, Dir., Score: Charles Williams) – Haunted Honeymoon (1940) – Cottage to Let – Mail Train (1941) – Uncensored (1942) – We Dive at Dawn (1943) – A Place of Ones Own (1944, Dir.) – Millions Like Us – Love Story (1944) – Time Flies (1944, Dir.) – Two Thousand Women (1944, Dir.) – Waterlood Road – Give us the Moon (1944) – They Were Sisters (Drei Ehen, 1945) – Madonna of the Seven Moons (1945) – I'll Be Your Sweetheart (1945) – The Wicked Lady (Frau ohne Herz, 1945; Dir.; Score: Hans May) – Caravan – The Root of All Evil (1946) – So Little Time (1952) – The Dam Busters (1955) – 1984 (1956, Dir.) – Moby Dick (1956, Dir.) – Let's Be Happy (1957) – Woman in a Dressing Gown (Die Frau im Morgenrock, 1957)

Lewin, Heinz

(Heinrich, Ps. Heinz Letton), * *22.3.1888 Wiesbaden, † ? (für tot erklärt am 31.1.45).*
Filme: Moritz macht sein Glück (1931, + Willy Rosen) – Kriminalreporter Holm (1932) – Das Millionärstestament (1932) – Geheimnis des blauen Zimmers (1932) – Die Nacht im Forsthaus (1933)

John Lewis

Lewinnek, Kurt »Sally«

(Salomon), * *23.4.1904 Berlin, † 20.7.1988 Nizza, Frankreich.*
Filme: Kiki (1932, + R.Marbot, B.Reisfeld) – Die Tochter des Regiments (1933, + J.Benes)

Lewis, John

(John Aaron), * *3.5.1920 La Grance, Ill., USA, † 29.3.2001 N.Y.* Der Pianist und Komponist wuchs in Albuquerque, New Mexico, auf, studierte an der Univ. of New Mexico bis 1942. Nach Armeedienst ging er 1945 zur Big Band von Dizzy Gillespie als Pianist und Arrangeur. 1948 bei Illinois Jacquet, 1949 bei den Capitol-Aufnahmen von Miles Davis (»Birth of the Cool«). Gründete 1952 das Modern Jazz Quartet mit Milt Jackson, Percy Heath und Kenny Clarke bzw. Connie Kaye, welches zur herausragenden Gruppe des modernen Jazz wurde. Er schrieb daneben auch »Third-Stream«-Kompositionen und Filmmusik. In seinen Werken verwendete er Elemente der europäischen Tradition von der Renaissance bis zur Gegenwart. Zahlreiche Schallplatten mit dem MJQ, aber auch unter seinem Namen für Swing, Red Baron, Pacific Jazz, RCA, United Artists, Atlantic, Mercury, Black & Blue, Trio, Little David.
Lit.: L. Thierry, J.L., Montpellier 1991
Filme: Sait-on jamais? (When the Devil Drives/No Sun in Venice, F 1957) – Odds Against Tomorrow (Wenig Chancen für Morgen, 1959) – Una storia Milanese/A Milanese Story (I 1962) – Cities for People (Dok., 1975) – Babylon Pink (1979. Dieser Sex-Film mit Samantha Fox verwendet die Music aus »Odds Against Tomorrow«!)

Lewis, Michael J.

* *1939 Aberystwyth, Wales, UK.* Studierte in London, schrieb ein Musical, »Please Sir«, womit er das Interesse der Regisseure Brian Forbes and Richard Attenborough erweckte. Das Musical wurde dann doch nicht verfilmt, er schrieb dann die Musik zu »Die Irre von Chail-

Michael J. Lewis

lot«, da der dafür vorgesehene John Barry mit anderen Projekten beschäftigt war. Erster Film in den USA war »The Rose and the Jackal«.
Filme: The Madwoman of Chaillot (Die Irre von Chaillot, 1968) – The Man Who Haunted Himself (1970, TV) – Julius Caesar (1970) – Upon This Rock (1970, TV) – Unman, Wittering and Zigo (Die Satansbrut, UK 1971) – Running Scared (1972) – Theatre of Blood (Theater des Grauens, 1973) – Baxter! (1973) – Eleven Harrowhouse (Brillianten und Kakerlaken, UK 1974) – Russian Roulette (Russisches Roulette, 1975) – 92° in the Shade (1975) – The Stick Up (UK 1977) – The Legacy (1978) – The Medusa Touch (Der Schrecken der Medusa, 1978) – The Passage (1979) – Folkes/North Sea Hijack (Sprengkommando Atlantik, 1978) – The Unseen (1980) – Sphinx (1980) – Yes, Giorgio (1982) – The Hound of the Baskervilles (Der Hund von Baskerville, 1983, TV) – The Naked Face (Das nackte Gesicht, 1984) – The Rose and the Jackal (1990, TV) – She Stood Alone (1991, TV)

Liamine, Jean

** 31.5.1899 Moskau, Russland, † 20.7.1944 Paris, Frankreich.*
Film: Sturm auf Marrakesch (1932, + Hans Bullerian, Martin Garcias, Pablo Labor)

Licht, Daniel

Filme: Atrapados (1981) – A Girl's Guide to Sex (1990) – Final Embrace (1990) – Children of the Night (1992) – Severed Ties (1992) – Children of the Corn II: The Final Sacrifice (1992) – Amityville 1992: It's About Time (1992) – Where Are We? Our Trip Through America (Dok., 1992) – Amityville: A New Generation (1993) – The Hard Truth (1994) – Ticks (1994) – Thinner/Stephen King's Thinner (1996) – Hellraiser: Bloodline (1996) – Bad Moon (1996) – Brave New World (1998, TV) – Ring of Fire – Soul Survivors – Permanent Midnight (1998) – Splendor (1999) – Zooman – The Winner – Anatomy (TV) – Cabin by the Lake – Hendrix (200, TV) – Cowboy Up – Soul Survivors (2001) – Off Season (2001, TV) – Video Voyeur: The Susan Wilson Story (2002, TV)

Lichtenstein, Herbert

** 20.6.1898 Berlin-Spandau.* Emigrierte in den 30er Jahren nach Kopenhagen, *† (?).*
Filme: Der Kampf mit dem Drachen oder Die Tragödie des Untermieters (1930) – Abschied (1930) – Das Ekel (1931) – Die Wasserteufel von Hieflau (1932) – Im Bann des Eulenspiegels (1932; Lied: *Ein Blick von dir*)

Lilley, Joseph J.

** 16.8.1914 Providence, R.I., USA, † 1.1.1971 Hollywood.*
Filme: Variety Girl (1947, + Troy Saunders) – The Great Lover (Der große Liebhaber, 1949) – Here Comes the Groom (1951, Songs: Livingston/Evans) – The Stooge (Der Prügelknabe, 1951) – Road to Bali (Der Weg nach Bali, 1952) – Sailor Beware (Seemann paß auf, 1952) – Jumping Jacks (Der Schrecken der Division, 1952) – The Caddy (Der Tollpatsch, 1953) – Scared Stiff (Starr vor Angst, 1953) – Red Garters (1954) – The Seven Little Foxes (1955, Dir.) – Paris Holiday (Falsches Geld und echte Kurven, 1957) – Beau James (1957) – G.I. Blues (Café Europa, 1960) – Blue Hawaii (1961) – Girls, Girls, Girls (1962) – Papa's Delicate Condition (1963) – Who's Minding the Store? (Der Ladenhüter, 1963) – Fun in Acapulco (Acapulco, 1963) – Roustabout (König der heißen Rhythmen, 1964) – The Disor-

derley Orderly (Der Tölpel vom Dienst, 1964) – Paradise Hawaiian Style (1965, Dir.)

Lincke, Paul

(Carl Emil Paul), * *2.11.1866 Berlin, † 3.9. 1946 Clausthal-Zellerfeld.* Dt. Komponist, Hauptvertreter der Berliner Operette. Ausbildung an der Musikschule in Wittenberg (Violine und Fagott), begann dann als 18-Jähriger in Berlin eine Kapellmeister-Laufbahn, die ihn 1893 an das Apollo-Theater führte. Erster Erfolg als Komponist mit »Venus auf Erden« (1897). Er ging dann für zwei Jahre an das »Folies Bergères« nach Paris, kehrte dann aber für immer nach Berlin zurück. Hier entstanden seine beliebtesten Werke: »Frau Luna« (1899), »Fräulein Loreley« (1900), »Lysistrata« (1901, mit dem *Glühwürmchen-Idyll,* ein Welterfolg als *Glow-worm*), »Nakiris Hochzeit« (1902, mit der *Siamesischen Wachtparade*), »Prinzessin Rosine« (1905), die Revuen »Donnerwetter-tadellos« (1908) und »Hallo! die große Revue« (1909), »Casanova« (1913) u.a. Er schrieb später auch Filmmusik, seine letzte Operette entstand 1940: »Ein Liebestraum«.

Filme: Paul und Paula (1936, + Paul Hühn) – Es leuchten die Sterne (1938, + L.Leux, M.Perl, E.Kirsch, F.R.Friedl) – Frau Luna (1941, + Paul Hühn)

Lindahl, Thomas

* *16.2.1953 Malmö.* Schwedischer Komponist, für den Film tätig seit 1984.

Filme: Åke och hans värld (1984) – Alska mig (1986) – Mälarpirater (1987) – Skyggen af Emma (1988) – Dårfinkar & dönickar (1989, TV) – Underjordens hemlighet (1991) – Sunes jul (1991, TV-Serie) – Jönssonligan & den svarta diamanten (1992) – Sunes sommar (1993) – Pariserhjulet (1993) – Jönssonligans största kupp (1995) – Hundarna i Riga (1995) – Den vita lejoninnan (1996) – Att stjäla en tjuv (1996) – Slutspel (1997) – Veranda för en tenor (1998)

Lindh, Björn Jason

(auch Jason, Kurzform von Jonasson), * *25.10. 1944 Arvika, Värmland.* Schwedischer Popmusiker und Komponist.

Filme: Niklas och figuren (1971) – En enkel melodi (1974) – Lekonet och jungfrun (1975) – Mannen på taket (1976) – Dante: akta're för Hajen! (1978) – Gräsänklingar (1982) – Mann från Mallorca (1984) – Mask of Murder (1985) – Bröderna Mozart (1986) – Husbonden (989, TV) – Den demokratiske terroristen (1992) – Utmandingen (1994, TV) – Jägarna (1996) – Cellofan: med døden til følge (Der Cellophanmörder, 1998) – Sjön (1999) – Hälsoresan: en saml film (1999) – Sejer: se deg ikke tilbake (1999, TV)

Lindsay, Mort

(Morton), * *21.3.1923 Newark, N.J., USA.* Pianist, Organist, Komponist und Bandleader der 50er und 60er Jahre. Arrangierte und leitete Studioorchester für Barbra Streisand, Judy Garland u.a. Vokalisten, leitete die Band der Merv Griffin-TV-Show und schrieb Film- und TV-Musik. Er komponierte u.a. *Spring in New York.*

Filme: I Could Go on Singing (Bretter die die Welt bedeuten, UK 1962) – Gay Purree (1962) – The Seducers (Blond und brutal, 1962) – Stolen Hours (Das Glück in seinen Armen, 1963) – Forty Pounds of Trouble (1964) – The Best Man (Der Kandidat, 1964) – Real Life (1979)

Lindup, David

* *10.5.1928 Worting, Sussex, England, † 1992.* Pianist, Komponist und Arrangeur. Arbeitete als Pianist mit Johnny Dankworth, dann als Arrangeur, u.a. für Ted Heath und das National Youth Orchestra, seit den 70er Jahren arbeitete er auch für den Film.

Filme: Striped Horse in a Red Collar (1970, + J.Dankworth) – Games That Lovers Play (1971) – Call Him Mr. Strutter (1974) – The Spiral Staircase (Das Geheimnis der Wendeltreppe, 1975, TV) – Rising Damp (UK 1980)

Linn, Michael J.

* *27.7.1952 Boston, Mass., USA, † 23.3.1995 L.A.* Studierte Trompete und Piano am New England Conservatory of Music, spielte Jazz mit Jaki Byard u.a. und begann 1980 für den Film zu arbeiten, zunächst für TV und B-Filme. In den späten 80er Jahren hatte er sein eigenes Studio, 1994 tat er sich mit dem Film-

produzenten Michael Alden zusammen. Ihre einzige Produktion vor seinem frühen Krebstod war »Veeck as in Wreck«.

Filme: Eating Raoul (1982) – Breaking 2: Electric Boogaloo (1984) – Rappin' (Asphaltvibration, 1985) – Hot Chili (1985) – Trial by Error (1985) – American Ninja (1985) – Duet for One (1986) – Evil Town (1987) – Allan Quartermain and the Lost City of Gold (1987) – Survival Games (1987) – Salsa (1988) – Infinity (1991) – Illicit Behaviour (1991) – Snapdragon (1993) – Act of Piracy – TV: Frannie's Turn

Linnstädt, Axel

** 19.8.1947 Nürnberg.* Studierte Medizin und Musik in Würzburg und Berlin (jeweils ohne Abschluss), gründete die Band Improved Sound Limited (1. Preis beim Wettbewerb »Meet the Beat« des Bayerischen Rundfunks, Schallplatten auf CBS), die als Schwerpunkt ihrer Arbeit Musiken für Film, TV und Bühne interpretierte. 1976 in »Condor« umbenannt. L. studierte ab 1974 in Erlangen Musikwissenschaft, Kunstgeschichte, Theaterwissenschaft und ist seit 1979 Redakteur beim Bayerischen Rundfunk. L. komponiert Rocksongs und Film- und TV-Musiken.

Filme: Engelchen macht weiter (1969, OST: Cornet) – Der Bettenstudent (1969) – Wer im Glashaus liebt (1970) – Der Graben (1971) – Im Lauf der Zeit (1976) – Das Brot des Bäckers (1977) – So weit das Auge reicht (1980) – *TV-Serien:* Der 6.Tag – Hans und Lene – Panoptika – Die Spielschule

Liska, Zdenek

** 16.3.1922 Smečno, ČSR, † 13.7.1983 Prag.* Studium am Konservatorium in Prag, arbeitete als Komponist am staatlichen Institut für Dokumentarfilme. Für seine Musik zum Kurt Hoffmann-Film »Das Haus in der Karpfengasse« erhielt er das Filmband in Gold.

Filme: Holubice (1960) – Baron Prasil (1961) – Tam na konečne (1961) – Dablova past (1962) – Kata a krokodýl (1965) – Das Haus in der Karpfengasse, D 1964) – Obchod na korze (1965) – Vrzada na korze (1965) – Vrazda na nasem (1966) – Tango pře medveda (1967) – Marketa Lazarová (1968) – Udoli veel (1968) – Byt (1968) – Ovoce stromu raijskych jíme (1969) – Případ pro zacinajicijo kata (1969) – Směšný pan (1969) – Cesta slava (1969) – Kostnice (1970) – Zu zase přes kalu e – Svatej z krejcareku – Mednea veza (1971) – Hry lasky salive (1971) – Jabberwocky (1971) – Touha zyaná anada (1971) – Dost dobri chlapi – Dny zrady – Vlak so Stanice Nebe – Leonarduy nebik (1972) – Pavlinka (1974) – Mala morska vila – Kto odchadza v dadzi (1976) – Dym bramborové nate (1977) – The Little Mermaid (Cartoon, 1978) – Stíny horkeho leta (1978) – Signum ludis (19809 – Smrt sita na mieru (1981) – Boszska ema (1983)

List, Karl

** 4.6.1902 Lechen (Krs. Mürzzuschlag, Steiermark), Österreich, † 6.11.1971 München.*

Filme: Der Schimmelkrieg in der Holledau (1937) – Grenzfeuer (1939) – Im Schatten des Berges (1940)

Livingston, Jay

(Jacob Harold Levinson), ** 28. 3.1915 McDonald, Pa., USA, † 18.10.2001 L.A.* Songschreiber, meist in Zusammenarbeit mit Ray Evans (* 4.2.1915). Studierte an der Univ. von Pennsylvania, spielte Klavier in der Collegeband, wo er Evans traf. Die größten Hits der beiden sind *To Each His Own*, *Golden Earrings* (Film »Golden Earrings«), *Tammy* (Film »Tammy and the Bachelor), *Buttons and Bows* (Film »The Paleface«), *Mona Lisa* und *Que Sera* (Film: »The Man Who Knew Too Much«). Sie schrieben auch diverse Themen für TV-Serien, so »Bonanza« und »Mr. Ed««.

Filme: Footlight Glamour (1943) – Swing Hostess (1944) – Dream Girl – The Paleface (1948) – Sorrowful Jones – My Friend Irma (1949) – Captain Carey USA – Fancy Pants (1950) – The Lemon Drop Kid – Here Comes the Groom (1951) – The Stars Are Singing (1953) – Red Garters (1954) – The Man Who Knew Too Much (Der Mann der zuviel wußte, 1956; Songs) – Tammy and the Bachelor (1957) – Houseboat (Hausboot, 1958) – A Privates Affair – The Blue Angel (1959) – All Hands on Deck (1961) – Tammy and the Doctor (1963) – Dear Heart – Harlow – Never too Late (1965) – The Night of the Grizzly – This Property is Comdemned (1966) –

Wait Until Dark (Warte bis es dunkel ist, 1967) – Foxtrot (1976)

Lloyd, Michael J.

* *3.11.1948 N.Y., USA.* Musiker (keyb, d), Schallplattenproduzent und Komponist, arbeitete u.a. für Air Supply, Susie Alanson, Michael Allen, John Barry; für den Film seit 1978.
Filme: The Pom Pom Girls (1976) – The Van (1977) – Love's Dark Ride (1978, TV) – Malibu Beach (1978) – Stranger in Our House (1978, TV) – Grambling's White Tiger (1981, TV) – If You Could See What I Hear (1982, Songs) – The Beach Girls (1982) – Tough Enough – Savage Streets (1983) – Loveliness (1984) – Dirty Dancing (1987, Songs, Schausp., Prod.) – The Garbage Pail Kids Movie – Body Slam (1987) – The Iron Triangle (1989) – Swimsuit (1989, TV) – Dick Tracy (1990, Special effects) – Ghoulies 3: Ghoulies Goes to College (1991) – Discretion Assured (1994) – Rudolph the Red Nosed Reindeer (1998)

Lloyd Webber, Andrew

* *22.3.1948 London-Westminster, England.* Musicalkomponist, Sohn des Komponisten William Southcombe L. W. (11.3.1914–29.10.1982). Studierte an der Royal Academy, ist aber weitgehend Autodidakt. Begann 1964 Songs zu schreiben mit Texten von Tim Rice (* 10.11.1944), u.a. das »Pop-Oratorium«, »Joseph And His Amazing Technicolor Dreamcoat«. Der Erfolg kam 1971 mit dem Musical »Jesus Christ Superstar«; es lief acht Jahre in London (Film 1973). Ein Flop allerdings wurde das Musical »Jeeves«. 1976 entstand »Evita« (mit dem Hit *Don't Cry for Me Argentina,* welcher eine erstaunliche Ähnlichkeit hat mit dem 1941er Hit *Yours*). Ein weitere Erfolg wurde »Cats« (1981, nach T.S.Eliot, Text Trever Nunn, Hit-Song: *Memory*). Es folgten »Starlight Express« (1984), »Phantom of the Opera«, »Aspects of Love« und »Sunset Boulevard«. Er schrieb auch ein »Requiem« (für seinen Vater) und *Variations* (für Cello und Rockband) für seinen Bruder, den Cellisten Julian L. W. (* 14.4.1951). – L. ist der kommerziell erfolgreichste Musicalkomponist aller Zeiten, falls man seine Werke noch als Musical bezeichnen möchte. Es sind eher Pop-Opern, denn der ursprüngliche Begriff »Musical comedy« trifft auf seine Werke kaum noch zu. Vor allem aber ist L. ein talentierter Geschäftsmann, der seine Produktionen perfekt und mit großem Aufwand auf die Bühne bringt und geschickt vermarktet; seine Musik ist eine bombastische Mischung aus symphonischem Pop und monumentaler Rock-Musik (oder vice versa), ein halber Song von Cole Porter allerdings »speist sich aus mehr musikalischer Inspiration als ein ganzes Musical von Lloyd Webber« (Claudius Seidl).
Lit. H. Richmond, Die Musicals von A.L.W., Berlin 1996
Filme: Gumshoe (1971) – Jesus Christ Superstar (1973) – The Odessa File (Die Akte Odessa, 1974) – Evita (1996)

Llywellyn, David

* *1939 Birmingham, England.* Studierte bei Karlheinz Stockhausen, Pierre Boulez und Henri Pousseur. In seinen Kompositionen verbindet er die Avantarde mit Elementen der Popmusik. Er schrieb u.a. einen fünfstündigen Zyklus »Apokalypse« für sieben Orgeln, Klavier und Schlagzeug. L. lebte von 1969 bis 1985 in München.
Filme: Kuckucksjahre (1967) – Der Griller (1968) – Jet Generation (1968) – Lenz (1969/71) – Fegefeuer (1971)

Lockhart, Robert

Engl. Komponist und Songschreiber, für den Film tätig seit 1988.
Filme: On the Black Hill (1988) – Unnatural Pursuits (1991) – The Complete Guide to Relationships (1993, TV) – The Execution Protocol (Dok., 1992) – The Long Day Closes (1992) – The Bullion Boys (1993, TV) – Cold Comfort Farm (1995, auch Songs) – The Neon Bible (1995, Songs) – Raising Hell: The Life of A.J.Bannister (1995) – Beyond Fear (1997, TV) – All Souls' Day (1997) – Grafters (1998, TV-Serie) – Trust (1999, TV) – Inspector Lynley Mysteries: A Great Deliverance (2001, TV-Serie)

Lockyer, Malcolm Neville

** 15.10.1923 London-Greenwich, England, † 28.6.1976 London.* Engl. Pianist und Komponist. Arbeitete als Pianist, u.a. für Robert Farnon, ehe er sich der Filmmusik zuwandte.
Filme: Strictly Confidential (1959) – Sweet Beat (1962, Dir.) – Ten Little Indians (Das Geheimnis im blauen Schloß, 1965) – Be My Guest (1965) – Dr. Who and the Daleks (1965) – The Pleasure Girls (Die Goldpuppen, 1965) – The Little Ones (1965) – Our Man in Marrakesh (1966) – Island of Terror (Insel des Schreckens, 1966) – Island of the Burning Damned (Brennender Tod, 1967) – Deadlier Than the Male (Heiße Katzen, UK 1967) – Five Golden Dragons (Die Pagode zum 5. Schrecken, 1967) – The Vengeance of Fu Manchu (Die Rache des Dr. Fu Man Chu, UK/D 1967) – The Return of Dr. Fu Manchu (1968) – La loba y la paloma (1974) – The Long Day's Dying (Tödlicher Tag, 1978)

Lo Duca, Joseph

** 23.5.1953 in ?, USA.* Der Komponist arbeitet seit 1987 für Film und TV, u.a. für die TV-Serien »Xena« und »Hercules«.
Filme: The Evil Dead (1983) – Crimewave (1985) – The Evil Dead 2: Dead by Dawn (1987) – Thou Shalt Not Kill ... Except (1987) – The Carrier (1987) – Moontrap (1989) – Lunatics: A Love Story – Army of Darkness (1992) – Dying to Love You – Necronomicon (1993) – M.A.N.T.I.S. (1994, TV) – Messenger (1994) – A Child's Cry for Help (1994, TV) – Running Time (1997) – Jack of All Trades (2000, TV) – Cleopatra 2525 (2000, TV) – Le pacte des loups (Pakt der Wölfe, F 2001)

Loeb, Chuck

(Charles Samuel), ** 12.7.1955 Suffern, N.Y., USA.*
Filme (TV): Up to the Minute – CNN News – ESPN College Basketball – The Montel Williams Show

Loeper, Hans Ludwig

** 15.3.1922 München, † 5.11. 1992 ebd.* Studium in München an der Musikhochschule und am Seminar Waltershausen Violine und Komposition. War dann als freier Komponist für Theater, Film und Ballett tätig, seit 1955 beim Bayerischen Rundfunk. Er schrieb u.a. eine Kinderfunkoper (»Katzenhochzeit«, 1949), das Ballett »Innozentius!« (1951), Kammermusiken, Musik für Kurzfilme und für den Spielfilm »Kuckucksei im Gangsternest« (1969).

Loesser, Frank

(Henry Frank) (comp, lyr,p, voc), ** 29.6.1910 N.Y., USA, † 28.7.1969 ebd.* Der Sohn eines Klavierlehrers wurde zunächst Zeitungsreporter. 1931 schrieb er seinen ersten Filmsong *In Love with a Memory of You* (Score: William Schuman), zog nach Hollywood und arbeitete mit Burton Lane, Hoagy Carmichael u. Jule Styne zusammen. Er schrieb Musik und Text für einen Hit aus dem 2.Weltkrieg, *Pass the Lord and Praise the Ammunition*. Komponierte die Musicals »Where's Charly?« (1948), »Guys and Dolls« (1950), »The Most Happy Fella« (1956), »Greenwillow« (1960) und »How to Succeed in Business without Really Trying« (1961). Er ist der Halbbruder des Pianisten/Komponisten Arthur L. (26.8.1894–4.1.1969).
CD: Frank Sings Loesser, Koch
Songs (Filme): Says My Heart (Film: Cocoanut Grove, 1938) – You're a Natural (Film: College Swing, 1938) – Small Fry (Film: Sing You Sinners, 1938) – Two Sleepy People (Film: Thanks for the Memory, 1938) – The Moon of Manakoora (Film Hurricane, 1938) – Some Like it Hot (1939) – The Lady's in Love with You (Film: Some Like it Hot, 1939) – See What the Boys in the Backroom Will Have (1939) – Little Joe, the Wrang (1939) – You've Got That Look (Film: Destry Rides Again, 1939) – Prairieland Lullaby (Film: Arizona Sketches, 1940) – Say It (1940) – My My! My! (Film Buck Benny Rides Again, 1940) – I Hear Music (Film: Dancing on a Dime, 1940) – I've Been in Love Before (Film: Seven Sinners, 1940) – Dolores (1941) – I Gotta Ride (Film: Las Vegas Nights, 1941) – Kiss the Boys Goodbye (1941) – Sand in My Shoes (Film: Kiss the Boys Goodbye, 1941) – We're the Couple in the Castle (1941) – I Don't Want to Walk Without You (Film: Sweater Girl, 1942) – Jingle Jangle Jingle (Film: Forest Rangers, 1942) – Praise the Lord ... (1942) – Happy-Go-Lucky (1943) – Let's get Lost (1943) – »Murder« He Says (Film: Happy-Go-Lu-

cky, 1943) – Can't Get Out of This Mood (1943) – Touch of Texas (Film: Seven Days Leave, 1943) – Thank You Lucky Stars (1943) – They're Either Too Young or Too Old (1943) – How Sweet You Are (1943) – I'm Riding For a Fall (1943) – The Dreamer (1943) – Good Night, Neighbor (1943) – Ice Cold Katie (Film: Thank You Lucky Stars, 1943) – Spring Will Be a Little Late (Film Christmas Holiday, 1944) – Tallahassee (1947) – He Can Waltz (1947) – I Want My Money Back (1947) – Impossible Things (Film: Variety Girl, 1947) – One in Love with Amy (1948) – My Darling, My Darling (Show: Where's Charley?, 1948) – On a Slow Boat to China (1948) – Baby, It's Cold Outside (Film Neptune's Daughter, 1949) – I Wake Up in the Morning Feeling Fine (Film: Red Hot and Blue, 1949) – Guys and Dolls (1950) – If I Were I Bell (1950) – Fugue for Tinhorns (1950) – A Bushel and a Peck (1950) – I've Never Been in Love Before (1950) – Luck Be a Lady (Show Guys and Dolls, 1950) – Filme: Where's Charly (Film, 1952) – Hans Christian Andersen (Film, 1952, Songs: Wonderful Copenhagen, No Two People, Inchworm) – Just Another Polka (1953) – Guys and Dolls (Film, 1955, neuer Song: A Woman in Love) – The Most Happy Fella (1956) – Standing on the Corner (1956) – Big D (1956) – Joey, Joey, Joey (1956) – Young People (1956) – My Heart is so Full of You (Show: The Most Happy Fella, 1956) – The Music of Home (1960) – Never Will I Marry (1960) – Summertime Love (Show: Greenwillow, 1960) – I Believe in You (1961) – Brotherhood of Man (1961) – The Company Way (1961) – How to Succeed in Showbusiness Without Really Tryin' (1961) – Been a Day Long (Show How to Succeed in Showbusiness ..., Film 1967, Score: Nelson Riddle)

Loewe, Frederick

(eigentl. Friedrich Löwe) (comp, p), * *10.6.1904 Wien,* † *14.2.1988 Palm Springs, Calif.* Broadway-Komponist, Sohn des Sängers Edmund Löwe. Bekannt wurde L. durch solch unsterbliche Werke wie »My Fair Lady«, »Brigadoon« und »Camelot« in Zusammenarbeit mit → Alan Jay Lerner. Stammt aus Theater-Familie, war ein »Wunderkind« auf dem Klavier. Ging 1924 in die USA, arbeitete als Pianist und in anderen Jobs. Tat sich mit dem Texter Earle Crooker zusammen, sie schrieben den Song *A Waltz Was Born in Vienna* (1936) und die Broadway-Show »Great Lady« (1938). Seine Zusammenarbeit mit A.J. Lerner war zunächst von wenig Erfolg gekrönt: Die Shows »What's Up« (1943) und »The Day Before Spring« (1945) überlebten nur wenige Aufführungen. Sehr erfolgreich waren aber »Brigadoon« (1947) und »Paint Your Wagon« (1951). Ihr größter Hit aber war »My Fair Lady« (1956), eine Bearbeitung von G.B. Shaws »Pygmalion«, das Stück brachte es auf 2717 Aufführungen, wird seitdem immer wieder und in aller Welt aufgeführt (Film 1964). Das Team hatte weitere Erfolge mit »Gigi« (1958) und »Camelot« (1960). L. setzte sich dann zur Ruhe.

Songs (Shows/Filme): I Have Room in My Heart (1938) – My I Suggest Romance? (*Show*: Great Lady, 1938) – My Last Love (1943) – You've Got a Hold on Me (Show: What's Up?, 1943) – The Day Before Spring (1945) – A Jug of Wine (1945) – I Love You This Morning (*Show*: The Day Before Spring, 1945) – The Heather on the Hill (1947) – Come to Me, Bend to Me (1947) – Almost Like Being in Love (1947) – There But For You Go (*Show*: Brigadoon, 1947) – I Talk to the Trees (1951) – I Still See Elisa (1951) – All for Him (1951) – Wandrin' Star (1951) – How Can I Wait (1951) – Another Autumn (*Show*: Paint Your Wagon, 1951) –Brigadoon (Film, 1954) – Get Me to the Church on Time (1956) – Wouldn't It Be Loverly (1956) – I've Grown Accustomed to Your Face (1956) – I Could Have Danced All Night (1956) – On the Street Where You Live (1956) – The Rain in Spain (1956) – Show Me (1956) – With a Little Bit Of Luck (1956) – Ascot Gavotte (1956) – The Embassy Waltz (*Show*: My Fair Lady, 1956) – I Remember it Well (1958) – Thank Heaven for Little Girls (1958) – The Night They Invented Champagne (1958) – I'm Glad I'm Not Young Anymore (*Film*: Gigi, 1958) –Brigadoon (Film, 1958) – Camelot (1960) – I Ever I Would Leave You (1960) – Follow Me (1960)– How to Handle a Woman (1960) – What Do the Simple Folk Do? (1960) – I Loved You Once in Silence (*Show*: Camelot, 1960) – My Fair Lady (Film, 1964) – Camelot (Film, 1967) – Paint Your Wagon (Film, 1969)– The Little Prince (Film, 1974)

Lonardoni, Andreas

* *26.4.1956 Esslingen.* Komponist für Film und TV, auch Werbung u.a. Bruder von Markus L.

Lonardoni, Markus

* *26.12.1961 Esslingen.*
Filme: Sirup (1990) – Happy Birthday, Türke (1992) – Die wahre Geschichte von Frauen und Männern (192) – Tatort: Wer nicht schweigt, muß sterben (1996, TV) – Alarm für Cobra 2: Die Autobahnpolizei (1996, TV-Serie) – Tatort: Perfect Mind: Im Labyrinth (1996, TV) – Friedrich und der verzauberte Einbrecher (1997) – Portrait eines Richters – Spiel um dein Leben – Zwei Brüder: Tödliche Träume – Zwei Brüder: Kaltes Herz – Zwei Brüder: Einzelgänger – Blutiger Ernst (1997, TV) – Das Amt (1997, TV-Serie) – Atemlose Liebe (1998, TV) – Sweet Little Sixteen (199, TV) – Tatort: Bienzle und der Mann im Dunkeln (1999, TV)
TV-Serien: Tatort – Ein Fall für Zwei – Der Bergdoktor – Alam für Cobra 11 – Evelyn Hamanns Geschichten aus dem Leben – Zwei Brüder – Verbrechen die Geschichte machten – Das Amt – Schliemanns Erben – Humboldts Erben – Goldrausch – Die letzten Patriarchen

Loose, William E.

(»Bill«), * *5.6.1910 in ?, Mich., USA, † 22.2. 1991 Burbank, Calif.* Komponist und Arrangeur, arbeitete in Hollywood für Filme (u.a. für den Regisseur Russ Meyer), TV und Schallplatte, arrangierte u.a. für Sänger wie Dean Martin u. Big Bands wie die von Buddy Rich.
Filme: Shoot Out a Big Sag (1962) – The Man in the Water (1963) – The Devil's Bedroom (1964) – Love and Kisses (1965, + Jimmy Haskell) – Navajo Run (I/E 1966, + Emil Cadkin) – Tarzan and the Great River (1967) – Tarzan and the Jungle Boy (1968) – Joniko and the Kush Ta Ka – Rebel Rousers – Cherry, Harry and Raquel (1969) – Trader Horn (1970) – The Big Bird Cage (1972, + William Castleman) – The Erotic Adventures of Zorro (F/D 1972, + Betty Allen) – The Wrestler (1973, TV) – The Wonder of it All (1973, Dok) – The Swinging Cheerleaders (1974) – Devil Times Five – People Toys – The Horrible House on the Hill (1974) – Sweet Suzy! (1975) – Blacksnake (1975, + Al Teeter) – Supervixens – Hazel's People – Johnny Firecloud (1975) – Up! (Drüber, drunter und drauf, 1976, + Paul Ruhland) – The Secret of Navajo Cave – Gator Ball (1976) – Mysterious Island of Beautiful Women (1979, + Jack Tillar) – The Man Who Saw Tomorrow (1981, + Jack Tillar) – Mysterious Mansion (1983) – Grotesque (1987) – National Geographic Video: Cats, Caressing the Tiger (1991, Dok.)

Lopez, Francis

(François), * *15.6.1916 St. Juan-de-Luze (Montbéliard, Basse-Pyrenées), Frankreich, † 5.1.1995 Paris.* Von Hause aus Zahnarzt, komponierte L. Operetten und Lieder, u.a. für Maurice Chevalier und Josephine Baker. Nach 1945 wurde er Profi und hatte Erfolge mit »La Belle de Cadiz« und »Le chanteur de Mexico«, in den Hauptrollen Luis Mariano und George Guetary. Er schrieb auch einige Filmmusiken.
Filme: Quai des Orfèvres (1947, auch Songs) – Rita (1950) – Susana y yo (1957) – Tabarin (1958) – Le temp des oeufs dure – Cargaison blance – Sérénade au Texas – Asphalt (1958) – Flor de canela (1959, Song) – Messieurs les ronds de cuir (1959) – La honte de la famille (1969) – Les Zozos (Lied Mexico Mexico, aus der Operette »Le chanteur de Mexico«, 1973)

Lopez Furst, Baby

→ Furst

Lopez Ruiz, Jorge

* *1.4.1935 Buenos Aires, Argentinien.* Musiker (b), Komponist und Arrangeur, arbeitete u.a. mit Enrique Villegas und Sandro. Sein Bruder Oscar L. R. (* 21.3.1938) ist ebenfalls für den Film tätig.
Filme: El Professor Hippie – Los psexonalizados o los neuroticos (1969) – Muchacho – Gitano – Blum (1970) – La gran ruta (1971) – La famiglia unida esperando la llegeda de Hallewyn (1972) – Hay unos tipos abjao (1985) – Dios los cría (1991)

Lothar, Mark

(eigentl. Lothar Hundertmark), * *25.5.1902 Berlin, † 8.4.1985 München*
Filme: Der Schritt vom Wege/Effi Briest (1939) –

Friedemann Bach (1941) – Die weiße Hölle vom Piz Palü (1952) – Martin Luther (Dok., USA/D 1953) – Affäre Dr. Holl (1954) – Sauerbruch (1954) – Königliche Hoheit (1954) – Ferien in Tirol (1955) – Teufel in Seide (1955) – Faust (1960)

Loubé, Karl

* *13.1.1907 Mährisch-Kromau (b. Brünn/Brno, heute: Moravský Krumlov, Tschechien), † 12.12.1983 Klosterneuburg, Niederösterreich.* Österr. Komponist.

Filme: Königswalzer – Die Sennerin von St. Kathrein – Geheimnis einer Ärztin (1955) – Holiday am Wörthersee – August der Halbstarke – Hurra! Die Firma hat ein Kind (1956) – Der Bauerndoktor von Bayrisch-Zell (1957) – Immer die Mädchen – Kein Mann zum Heiraten (1959) – Der Pfarrer mit der Jazztrompete – Trompeten der Liebe (1962) – Rauschgift – *TV-Serien:* Wenn der Vater mit dem Sohne – Hallo Hotel Sacher, Portier

Louiguy

(Jean L., eigentl. Louis Guglielmi), * *3.4.1916 Barcelona, Spanien, † 4.4.1991 Paris, Frankreich.* Komponist des Standards *La vie en Rose.*

Filme: L'héroique Monsieur Boniface (1949) – Stage Fright (Die rote Lola, 1950, Songs) – La poison (1951) – Les héroes sont fatigués (Die Helden sind müde, F 1955) – Frou-frou (Frou-Frou, die Pariserin, 1955) – Le miroir a deux faces (Der Tag und die Nacht, 1958) – Du Rififi chez les femmes (1956) – An Eye for an Eye (Der Gigant, F/I 1956) – Œil pour œil (Auge um Auge, 1957) – Le passage du Rhin (1960) – L'éternité pour nous (1961) – First Taste of Love (1962) – La glaive et la balance (Am Ende aller Wege, 1963) – Paris ooh l-la ! (1966) – Le peur et l'amour (Geißeln der Erotik, 1966) – Heat of Midnight (1966) – Verdict (Das Urteil, 1974)

Loussier, Jacques

(p, comp), * *26.10.1934 Angers, Frankreich.* Der klassische Pianist hatte 1959 die Idee, Klavierwerke von J. S. Bach in einem quasi-Jazz-Stil zu interpretieren, d.h. darüber zu improvisieren und mit einer Rhythmusgruppe zu unterlegen. Das Ergebnis war eine gepflegte Unterhaltungsmusik, von den Jazz-Puristen belächelt, bei einem großen Publikum aber sehr erfolgreich; die »Play Bach«-LPs waren regelmäßig Bestseller. L. versteht es meisterhaft, die Balance zwischen Komposition (Klassik) und Improvisation (Jazz) zu halten. In den 70er Jahren ließ der Erfolg nach, L. löste das Trio auf, hatte aber in den 90er Jahren ein Comeback mit neuen Play-Bach-CDs, spielte auf diese Weise auch Musik von Vivaldi, Satie u.a. Komponisten. Er komponierte auch Musiken für Film und TV, außerdem Konzerte, Ballettmusiken u. Messen.

Filme: Paris mange son Pain (1958) – Le couteau dans la plaie (Die dritte Dimension, F/I 1962, + M.Theodorakis) – Jeu 1 (Kurzfilm 1962) – Le voyage à Khostronov (Kf. 1962) – Refuges (1963, Kurzfilm) – Department 66 (Kurzfilm 1963) – Etudes (Kf. 1963) – A... is for Apple (UK 1963, Kf.) – Ouest (Kf. 1963) – La vie des oiseau en Mauritanie (Kurzfilm 1963) – Le Paris de mannequins (Kurzfilm 1963) – Suivez l'œuf (Kf. 1963) – Sud express (Kf. 1963) – Anges gardiens (Kf. 1964) – Le ciel sur la tête (F/I 1964) – La vie à l'envers (Das umgekehrte Leben, 1964) – Au Guadalquivir (Kf. 1965) – Pas de caviar pour tante Olga (1965) – Le journal d'un combat (Kf. 1965) – La vie des criquets (Kf. 1965) – L'atavar botanique de melle flora (Kf. 1965) – La seconde verité (1966) – A belles dentes (F/G 1966) – Tu seras terriblement gentille (1967) – Jeu de massacre (Mordgeschichten, 1968) – The Mercenaries (Katanga, UK 1968) – Engelchen oder Die Jungfrau von Bamberg (D 1968) – Le beau militaire (Kf. 1968) – Une veuve en or (F/G/I 1969) – Dossier prostitution (1969) – Monique (UK 1969) – Research for Building (UK, Kf. 1970) – Le diamant (Kf. 1970) – Snow Job (UK 1971) – The Ski Raiders (Bankraub am Monte Rosa, USA 1972) – Le jeune homme et le lion (F/UK/CH/KAN 1976) – L'été indien (1977, TV) – Mannen som gick upp i rök(S/H/D 1980) – Boulevard des assassins (Boulevard der Mörder, 1982)

Lovas, Robert

* *2.2.1942 Budapest, Ungarn.* Begann mit 16 Jahren am Konservatorium in Budapest zu studieren, spielte in Rockband, studierte dann aber 1962–67 Medizin und wurde Chirurg. War daneben aber auch Komponist von Unterhaltungsmusik, gewann mehrere Preise auf Pop- und Tanzmusikfestivals. Ließ sich 1971 in München als Arzt für plastische Chirurgie

nieder. In Ungarn komponierte L. Musik für einige Werbefilme und Cartoons, in der BRD schrieb er Lieder (u.a. für Caterina Valente) und Filmmusiken.

Filme in Deutschland: Feuer und Schwert – Jägerschlacht (1981)

Lowe, Frank

(»Memphis Frank«), * *24.6.1943 Memphis, Tenn., USA.* Der Avantgarde-Jazzmusiker studierte an der Univ. von Kansas City und bei Pete Magadini in San Francisco. Spielte Tenorsaxophon 1966 mit Ornette Coleman, dann mit Sun Ra (1966–68), Alice Coltrane (1970–73), Don Cherry, Sunny Murray, Carla Bley, Milford Graves u.a. Arbeitete mit Don Cherry am Soundtrack des Films »The Holy Mountain«, produzierte und arrangierte eigenen Film »Street Music«. Er tritt meist mit eigenen Gruppen auf. Schallplatten für CIMP, Black Li on, West Wind.

Lowe, Mundell

(g, comp, arr, ldr), * *21.4.1922 Laurel, Miss., USA.* Jazzmusiker und Film/TV-Komponist. Erster Unterricht bei seinem Vater, einem Musiklehrer, erste Jobs mit 13 Jahren in New Orleans mit Bands auf der Bourbon Street (Abbie Brunies, Sid Davilla). 1938 mit Pee Wee King nach Nashville zu einer Radio-Show. 1942 kurz bei Jan Savitt, nach Wehrdienst 1946–47 bei Ray McKinley, dann zwei Jahren im Café Society in N.Y. mit Dave Martin und mit Ellis Larkins im Village Vanguard. In den 50er Jahren beim Sender NBC, auch im Sauter-Finegan Orch., bei Billy Taylor, leitete eigenes Quartett. Ab 1965 als Komponist beim TV-Sender ABC. 1969 beim Sender KCET als Musikchef, schrieb die Musik für das »Hollywood Television Theater«.

L. ist ein exzellenter Gitarrist des Mainstream-Jazz; seit den 70er Jahren tritt er wieder verstärkt als Gitarrist auf. 1996 ersetzte er Barney Kessel als drittes Mitglied der »Great Guitars« (John Pisano, Herb Ellis). – Schallplatten als Leader für RCA, Riverside, ABC-Paramount, Charlie Parker Rec., Famous Door, Pausa und Dobre.

CD: Satan in High Heels, Collectables 5796

Filme: Satan in High Heels (1961) – A Time For Killing/The Long Ride Home (1967) – The Andersonville Tapes (1970, Dir.) – Billy Jack (1971) – Everything You Always Wanted to Know About Sex, But Were Afraid to Ask (Was Sie schon immer über Sex wissen wollten ..., 1972) – Attack on Terror: The FBI versus the Ku-Klux-Klan (1975) – Deadly Game (1977) – Sidewinder 1 (1977) – Tarantulas: The Deadly Cargo (1977) – The Girl in the Empty Grave (1977)

TV: Love on a Rooftop (1966–67) – I Dream of Jeannie (1965–70) – The Iron Horse (1966–67) – Wild Wild West (1965–69) – Hawaii 5–0

Lubat, Bernard

* *12.7.1945 Uzéste (Dept. Gard), Frankreich.*

Filme: L'honorable société (1987) – Le destin de Juliette (1983) – Miss Mona (1987) – L'île aux oiseau (1987) – La taupe (1996, TV) – C'est la tangente que je préfère (1997) – Tous ensemble (1998, TV)

Lubbe, Kurt

* *8.6.1888 in Berlin,*
† *9.12.1950 Berlin.*

Film: Krach und Glück um Künnemann (1937, + Will Meisel)

Lubbock, Jeremy

Filme: Dear God – Kasmir – Waiting to Exhale – With Honors

Lubin, Harry

* *5.3.1906 in ?, † 8.7.1977 in ?.*

Filme: Caged Fury – Waterfront at Midnight – Mr. Reckless (1948) – Fireside Theatre (1949, TV-Serie) – Wyoming Mail (1950) – Letter to Loretta (1953, TV-Serie) – Zane Grey Theatre (1956, TV-Serie) – Alcoa Presents (1959, TV-Serie)

Lubin, Joe

(Joseph Lubinsky), * *7.7.1917 London, England, † 8.10.2001 L.A.* Songschreiber, arbeitete für den Film z. T. gemeinsam mit Little Richard (Richard Penniman) und Dorothy La Bostrie. Er schrieb auch Songs für die TV-Serien »Bonanza« und »High Chapparal«.

Filme: The Green-Eyed Blonde (1957, Titel-Song) – Teacher's Pet (1958, Songs) – The Gun Runners (1958, Songs) – It Happened to Janes (1959, Songs)

– Pillow Talk (1959, Songs) – Please Don't Eat the Daisies (1960, Songs) – Move Over, Darling (1963, Titel-Song u.a. Songs) – The Glass Bottom Boat (1966, Titel-Songs und *Soft as the Starlight*) – Date With an Angel – Big Shots (1987) – Hot for Trot! (1988)

Lucas, Leighton

** 5.1.1903 London, England, † 7.11.1982 ebd.* Sein Name ist eng mit dem Ballett verbunden, als Jugendlicher war er schon Tänzer in Diaghilefs Ballett-Truppe. Als Musiker weitgehend Autodidakt, arbeitete er dann als Komponist und Choreograph fürs Ballett. Er gründete später ein eigenes Orchester, schrieb Musik für die BBC und arbeitete für den Film seit 1933, einige Jahre mit → Louis Levy bei Gaumont. Während des 2. Weltkrieges schrieb er Musik für Dokumentarfilme.

Filme: Target for Tonight (1941) – Hyde Park Corner (1934) – The Ghoul – Waltz Time (mit Evelyn Laye) – Britannia of Billingsgate – The Cardinal (mit Mathiesen Lang) – The Key to Scotland (Dok., 1935) – Stage Fright (Die rote Lola,1949) – Now Barrabars was a Robber (1949) – Portrait of Clare (1950) – You Can't Beat the Irish (1952) – The Weak and the Wicked (1954) – The Dam Busters (1956) – Battle Hell, Yangtse Incident (UK 1957) – Desert Attack – Ice Cold in Alex (1958) – The Son of Robin Hood (UK 1959) – Immoral Charge (1959) – I Like Money (1961, Dir.)

Ludwig, Erwin

(Adolf), ** 10.5.1901 Mühldorf am Inn, † 27.11.1971 Planegg (b. München).*

Filme: Zärtlichkeit (1930, + Paul Dessau) – Arme kleine Eva (1931, + F. Grothe)

Ludwig, Joachim

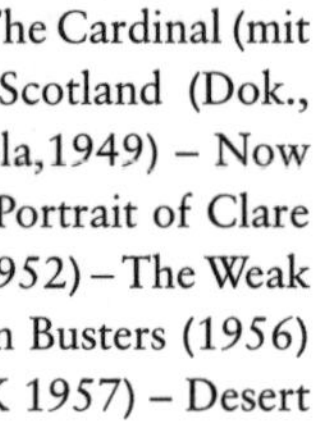

(Carl Martin Joachim L.), ** 20.10.1937 Zittau (Sachsen), † 1.3.1994.* Komponist von Film- und TV-Musiken.

Filme: Ninotchka und Peer (1961) – Die Briefmarke (1967) – Pudelnackt in Oberbayern (1968) – Hugo der Weiberschreck (1969) – Liebe unter Siebzehn (1970) – Dein gutes Recht (1973, Serie) – Die Totenschmecker (1974) – So oder so ist das Leben (1975) – Himmel, Scheich und Wolkenbruck (1978) – Primel macht ihr Haus verrückt (1979) – July Darling (1982) – Number Please (1982)

Luft, Gerd

** 18.12.1930 Küstrin/Oder (heute Kostrzyn, Polen).* Arbeitete als Komponist hauptsächlich in den 50er und 60er Jahren, u.a. für den Film »Dicke Luft« (1962). Er war von 1963 bis 1995 Musikredakteur der Hauptredaktion Fernsehspiel und Film beim ZDF.

Lundy, Curtis

** 1.10.1955 Miami, FL., USA.* Jazzmusiker (b) und Komponist. Arbeitete u.a. mit Chico Freeman, Frank Morgan, Betty Carter und Pharoah Sanders, begleitet mit seinem Trio seine Schwester, die Sängerin Carmen L. (* 1.11. 1954 Miami). Er schrieb die Musik zu zwei Dokumentarfilmen.

Filme: The Farm: Life Inside Angola Prison (Dok., 1998) – Drinking Apart (Dok., 2000)

Lundquist, Torbjörn

** 30.11.1920 Stockholm.* Schwedischer Komponist im Film der 50er bis 70er Jahre.

Filme: Simon sydaren (1954) – Nattbarn (1956) – Moln över Heesta (1956) – Kostervalesen – Synnöve Solbakken (1957) – Damen i svart – Männekang i rött (1958) – Rytaare i blätt (1959) – Tärningen är kastad – Sommar och syndare – Domaren – När mörkret faller (1960) – A Matter of Morals (1960, Dir.) – Änglar, finns dom? – Lita pa mej, älskling! (1961) – Vita frun (1962) – Briggen tre liljor (1962) – Vita frun – Chans (1962) – Nils Holgerssons underbare resa (Nils Holgerssons wunderbare Reise, 1962) – Det är hos mig han har varit – Just Once More – Den gula bilen – Sällskapslek (1963) – Flygplan saknas – Arken (1965) – Hugo och Josefin (1967) – Fadern (1969) – Bröder Carl (1971)

Lurie, Evan

** 28.9.1954 Minneapolis, Minn., USA.* Der Pianist und Komponist war in den 80er Jahren Mitglied der von seinem Bruder → John L. geleiteten Gruppe Lounge Lizards, die sich Grenzformen zwischen Jazz und Pop widmete. Er schrieb eine Reihe von Filmmusiken und trat auch wie sein Bruder John als Schauspieler auf.

Filme: The Offenders (1980) – Doomed Love (1983, + Lenny Picket) – Il piccolo diavolo (1988) – The Kill Off (1991) – Johnny Stechino (1992) – The Night We Never Met (1993) – Il Monstro (The Monster, 1994) – Layin' Low (1996, Songs) – Trees Lounge (1996) – Office Killer (1997) – Homo Heights (1997) – O. K. Garage (1998) – Side Streets (1998) – Famous (2000) – Happy Accidents (2000) – Joe Gould's Secret (2000) – The Whole She-Bang

Lurie, John

(John Richard L.), * *14.12.1952 Minneapolis, Minn., USA.* Der Altsaxophonist und Komponist gründete in den 80er Jahren mit seinem Bruder Evan L. die Lounge Lizards mit Airto Lindsay, Henry Kaiser und Anton Fier. Ab 1977 drehte er eigene Super 8-Filme, ab 1980 arbeitete er als Schauspieler und Komponist mit dem Filmemacher Jim Jarmusch zusammen, beginnend mit dessen erstem Film »Permanent Vacation«. Seitdem hat er auch mit anderen Regisseuren als Schauspieler und Komponist zusammengearbeitet.

*Filme als Schauspieler/Komponist** : Permanent Vacation* (1980) – The Offenders* (1980) – Underground USA – Subway Riders* (1981) – Variety* – The Loveless* (1983) – Paris, Texas (1983) – Variety (1983) – Stranger Than Paradise* (1984) – Two Moon July (Dok., 1985) – City Limits (1985 – Desperately Seeking Susan (Susan verzweifelt gesucht, 1985) – Down by Law* (1986) – Slam Dance* (1987) – Police Story: Monster Manor* (1988, TV) – Il piccolo diavolo (1988) – The Last Temptation of Christ (Die letzte Versuchung Christi, 1988) – Mystery Train* (1989) – Wild at Heart (1990) – Till the End of the World (1991) – John Lurie and the Lounge Lizards Live in Berlin* (Dok., 1992) – Genius* (1993) – Na krasnom modrom dunaji* (An der schönen blauen Donau, 1995) – Get Shorty* (1995) – Blue in the Face* (Alles blauer Dunst, 1994) – Box of Moonlight – Manny and Lo* (1996) – Excess Baggage* (1997) – Lulu on the Bridge (Lulu, Das Geheimnis einer Liebe, 1998, + G.Revell) – Clay Pigeons* (Lebende Ziele, 1998) – Downtown 81* (2000) – Animal Factory (2000)

Luttazzi, Lelio

* *12.4.1923 Triest.* Ital. Komponist und Schauspieler, arbeitete von den 50er bis 70er Jahren für Filme in Italien, Frankreich und Spanien, u.a. für den Regisseur Dino Risi.

Filme als Komponist: Agguato a Tangeri (1957) – It Happened in Rome (1959) – Risate di Gioia (Dieb aus Leidenschaft, 1960) – Di che segno sei? (1975)

Lutyens, Elisabeth Agnes

* *9.7.1906 London, England, † 14.4.1983 ebd.*

Filme: Jungle Mariner (1944) – The Way From Germany (1946) – A String of Beads (1947) – Penny and the Pownall Case (1948) – World Without End (Planet des Grauens, 1953) – The Screaming Scull (Das Geheimnis des schreienden Schädels, USA 1958, + E.Gold) – Never Take Sweets from a Stranger (Vertraue keinem Fremden, UK 1960) – Why Bother to Knock? (1961) – Paranoiac (Haus des Grauens, UK 1963) – The Earth Dies Screaming (1964) – Spaceflight IC-1 (1964) – Dr. Terror's House of Horrors (1964) – The Skull (Der Schädel des Marquis de Sade, 1965) – The Psychopath (1966) – The Malpas Mystery (1967) – The Terrornauts (1967) – Mijn Nachten met Susan, Olga, Albert, Julie, Piet & Sandra (1975)

M

Macchi, Egisto

** 4.8.1928 Grosseto (Toscana).* Ital. Komponist, arbeitet für den Film seit den 70er Jahren, u.a. für die Regisseure Joseph Losey, Paolo Taviani und Florenstano Vancini. Er ist der Vater des Komponisten Lamberto M. (* 12.6.1955 Teramo/Abruzzen).

Filme: Le prigioniere dell'Isola del diavolo (1961) – Bronte – The Assassination of Trotsky (1972) – La villeggiatura – Il delitto Matteotti (1973) – E comicio il viaggio nella vertigni (1975) – Monsieur Klein (F 1976) – Padre Padrone – Antonio Gramsci, i giorno del carcere (Antonio Gramsci, die Jahre im Kerker, 1977) – Charlotte – Educatore autorizatto (1980) – To Woody Allen, From Europe with Love (Dok., 1980) – L'ultima diva: Francesca Bertini (Dok., 1982) – Het Beest (NL 1982) – Menuet (1982) – Une pierre dans la bouche (1983) – Le cercle des passions (1983) – Salome (1985) – Mussolini and I (1985, TV) – Fratelli – Lune de novembre (1985) – Le mal d'aimer (1986) – Havinck – Mascara (1987) – Dagboek van een oude dwaas (NL 1987) – La donna spezzata (1988) – Der Rosengarten (D 1989) – Lo schermo a tre punte (Dok., 1995)

Macero, Teo

(Attilio Joseph), ** 30.10.1925 Glens-Falls, N.Y., USA.* Studierte an der Juilliard-School, komponierte jazzbeeinflusste »Third-Stream«-Werke, arbeitete aber auch mit dem Jazzmusiker Charles Mingus zusammen, spielte Tenorsaxophon. Ab 1957 war er Produzent bei Columbia Records; er war u.a. für Miles Davis' Hinwendung zur Pop-Musik verantwortlich. Für Columbia produzierte er auch Jazzgrößen wie Mingus, Thelonious Monk u.a. Zu seinen über 1000 Kompositionen gehören das Ballett »Everything Goes« (1982), Songs und TV- und Filmmusiken. – Eigene Schallplatten für Debut, Columbia, Prestige, Finnadar, Europa, Palo Alto und eigenes Label Teo Records.

Filme: Bridges Go Round (Kurzfilm 1958) – Skyscraper (Dok., 1958) – End of the Road (1969, + Tschaikowsky) – A.k.a.. Cassius Clay (Dok., 1970) – Jack Johnson (1970, + Miles Davis) – Sergeant Matlovic vs. the US-Army (1977) – Top Secret (1978, + Stu Gardner) – Body Human (TV-Serie 1978–79) – Friday the 13thThe Orphan (1979) – Top Secret: The Teddy Kennedy Jr. Story (1986) – Special Friendships (1987) – Vakkusto no hi/Virus (Japan 1980)

CD: Best of, Stash 527 – Impressions of Miles Davis, Teo MD 0001

www.teo-macero.com

MacKay, Harper

** 13.10.1921 Boston, Mass., USA, † 6.6.1995 L.A.* Der Komponist arbeitete den größten Teil seiner Karriere für den Los Angeles Civic Light Opera Music Theatre Workshop (1962–80). Daneben arbeitete er für den Film und für TV-Shows.

Filme: Jack the Giant Killer (1962) – The Storefront Lawyers – Guess What We Learned in School? (1970) – Men at Law – Cry Uncle (1971) – The Delphi Bureau – Jigsaw (1972) – Full House (1976) – Pennies from Heaven (1981, Arr.)

Mackay, Percival

** 1894 London, England, † 1950 ebd.* Ursprünglich Zahnarzt, war sein Interesse an der Musik doch größer und er begann als Pianist in div. Jobs zu arbeiten, landete schließlich in Kinoorchestern, arbeitete als Arrangeur für Jack Hylton und gründete ein eigenes Tanzorchester, mit dem er etliche Schallplatten einspielte. Ab 1931 arbeitete er auch für den Film, beginnend mit dem Gracie Fields-Film »This Week of Grace« (1931, Songs v. → Harry Parr-Davis). Er arbeitete dann an zahlreichen Filmen als Komponist, Arrangeur oder musikal. Leiter.

Filme: These Charming People – Service for Ladies – Girls Please – Stamboul (1931) – This is the Life – Death at Broadcasting (1934) – While Parents Sleep – Cheer Up – S.O.S. – Honeymoon for Three

– Charing Cross Road (1935) – Talk of the Devil – Silent Passenger – Accused – Chick – Crime Over London (1936) – Skylarks – Lightning Conductor – Make Up – Jump for Glory – Minstrel Boy – Sam Small Leaves Town – Lily of Laguna (1937) – Old Mother Riley in Paris – This Man is News – A Spot of Brother – Almost a Gentleman – Mountains of Mourne – Anything to Declare – Night Journey (1938) – Missing People – Music Hall Parade (1939) – Jailbirds – Garrison Follies – You Will Remember – Sailors Don't Care – Somewhere in England (1940) – Sonny Boy – Facing the Music – Gert and Daisy's – Front Line Kids – Sheep Dog of the Hills – Bob's Your Uncle – Hard Steel (1941) – Somewhere in Camp – Somewhere in Leave – The Missing Million – The Rose of Tralee – Gert and Daisy Clean Up (1942) – Old Mother Riley – Demobbed – Somewhere in Civvies – In the Bag – Up with the Lark – Headlines (1943) – Kiss the Bride – I'll Walk Beside You – Meet Saxxton Blake – Night of Magic (1944) – The Echo Murders – Don Chicago – Old Mother Riley at Home (1945) – What Do We Do Now? – Lonely Heart – Under New Management Home Sweet Home (1946)

Mackeben, Theo

(comp,p), * *5.1.1897 Stargard (Pommern, heute Starogard Gdanski), † 10.1.1953 Berlin.* Der dt. Schlager- und Filmkomponist spielte mit zwölf Jahren Klavier, studierte in Köln und Warschau Musik und unternahm Konzerttourneen durch verschiedene Länder. Er arrangierte für Tanzorchester wie Fred Bird (Felix Lehmann), arbeitete schon früh für den Film (er war 1931 musikal. Leiter bei der Verfilmung der »Dreigroschenoper«) und war ab 1933 Dirigent an verschiedenen Berliner Bühnen (u.a. dem Metropol-Theater). Er komponierte Opern (»Rubens«, »Manuela«), Operetten, Orchesterwerke, Bühnenmusiken (»Anita und der Teufel« v. Geza von Cziffra, 1941) und Film-Musiken (u.a. für Zarah Leander-Filme); vor allem seine Filmschlager haben ihn populär gemacht. Er war in zweiter Ehe verheiratet mit der Schauspielerin, Kabarettistin und Diseuse Loni Heuser (1907–1999).

CD: Film-Musik, Kölner Rundfunkorch., Capriccio 10705 – Du hast Glück bei den Frau'n, TMK 9278

Filme: Die Jagd nach dem Glück (1930, nachvertont) – Dreigroschenoper (1931, Dir.) – Ich geh' aus und du bleibst da (1931, + O.Stransky) – Fünf von der Jazzband (1932) – Ein steinreicher Mann (1932) – Wie sag' ich's meinem Mann (1932) – Die verkaufte Braut (1932, + F.Smetana, nach dessen Oper) – Das Abenteuer der Thea Roland (1932) – Liebelei (1933) – Liebe, Tod und Teufel (1934, Lied: *So oder so ist das Leben*) – Die Finanzen des Großherzogs (1934) – Der Student von Prag (1935) – Pygmalion (1935) – Viktoria (1935) – Das Einmaleins der Liebe (1935) – Mach' mich glücklich (1935) – Unter heißem Himmel (1936) – Frau in Weiß (1936, *Ich bin auf der Welt um glücklich zu sein*) – Mädchen in Weiß (1936) – Intermezzo (1936) – Die Leute mit dem Sonnenstich (1936) – Unter heißem Himmel (1936) – Patrioten (1937) – Daphne und der Diplomat (1937) – Patrioten (1937, *Paris, du bist die schönste Stadt der Welt*) – Tanz auf dem Vulkan (1938, *Die Nacht ist nicht allein zum Schlafen da*) – Und du mein Schatz fährst mit (1938) – Ein Mädchen geht an Land (1938) – Heimat (1938, *Eine Frau wird erst schön durch die Liebe*) – Bel ami (1939, *Du hast Glück bei den Frau'n, Bel Ami*) – Es war eine rauschende Ballnacht (1939, + P.Tschaikowski; *Nur nicht* aus Liebe *weinen*) – Die Hochzeitsreise (1939) – Ich bin Sebastian Ott (1939) – Das Herz der Königin (1940) – Bal Paré/Münchner Geschichten (1940, u.a. Konzertwalzer *Münchner Geschichten*) – Der Weg ins Freie (1940) – Ohm Krüger (1941) – Hochzeit auf Bärenhof (1942) – Frauen sind keine Engel (1943, Titel-Lied) – Germania – Das Bad auf der Tenne (1943) – Altes Herz wird wieder jung (1943) – Abenteuer im Grandhotel (1943) – Die Gattin (1943) – Das Konzert (1944) – Das seltsame Fräulein Sylvia (1945, unvoll.) – Sag endlich ja (1945, unvoll.) – Und über uns der Himmel (1947) – Chemie und Liebe (DDR 1948) – Anonyme Briefe (1948) – Träum' nicht, Annette (DDR 1949) – Die Reise nach Marrakesch (1949) – Wer bist du den ich liebe? (1949) – Die Sünderin (1951) – Die Dubarry (1951) – Es geschehen noch Wunder (1951) – Der große Zapfenstreich (1952) – Bei dir war es immer so schön (1953)

MacDermot, Galt

(Arthur Terence MacDermot), * *18.12.1928 Montreal, Kanada.* Berühmt wurde M. durch das Rock-Musical »Hair«, dessen Erfolg trotz Songs wie *Aquarius/Let the Sunshine* eher ein soziales denn ein musikalisches Phänomen ist. Libretto und Song-Texte schrieben Gerome Ragni (1943–1991) und James Rado. Weitere Werke von M. sind »Isabel's Jezebel« (1970), »Two Gentlemen of Verona« (Tony Award!), »Dude«, »Via Panama«, »The Sun Shines Always in the Cool«, »The Human Comedy« und – mit Derek Walcott – »Steel«, musikalisch eine Mischung aus Calypso, Blues und Gospel. Sein *African Waltz* war 1961 ein Hit für → Johnny Dankworth.

Filme: Cotton Comes to Harlem (Wenn es Nacht wird in Manhattan, 1970) – Fortune and Men's Eyes (Menschen hinter Gittern, USA/KAN 1971) – Golden Apples of the Sun (1971) – Richard (1972, Songs) – Rhinoceros (1974) – Hair (USA 1976) – The Moon Over the Alley (1980) – Mistress (1991)

Maderna, Bruno

(Brunetto Grossato), * *21.4.1920 Venedig, † 13.11.1973 Darmstadt.* Ital. Komponist und Dirigent. Studierte in Venedig, Mailand und Rom, war Schüler von G.Fr.Malipiero und H.Scherchen. Gründete in Mailand mit L.Berio das Studio di Fonologia, das erste elektronische Studio in Europa. M. trug mit seinen Kompositionen zur Entwicklung der seriellen Techniken als auch zu deren Überwindung bei. Für die Nachkriegsgeneration ital. Komponisten war M. als Vermittler der Dodekaphonie und der seriellen Techniken wegweisend.

Film: La morte ha fatto l'ouvo (Die Falle, I 1967)

Madjera, Gottfried

* *26.6.1905 Wien, † 21.12.1979 Berlin.* Studium an der Akademie für Musik und darstellende Kunst in Wien, dann Cellist beim Wiener Sinf.-Orchester. Komponierte Hörspielmusiken für die Ravag Wien, seit 1934 freier Komponist, schrieb Kammermusiken u.a. und die Operette »Der Stern von Ayaschi«. 1940–45 beim Musikkorps der Ordnungspolizei Berlin. Komponierte Musik für etliche Kultur- und einige Spielfilme.

Filme: Verlobte Leute/Dementi/Vielweiberei (1945, UA 1950, + A. Steimel) – Sein großer Sieg (1952) – Der Fall Dr. Wagner (154) – Der Fackelträger (1957) – Vom Zaren bis zu Stalin (1961)

Magidson, Herb

(Herbert Adolph M.), (lyr, comp), * *7.1.1906 Braddock, Pa., USA, † 5.1.1986 Beverly Hills, Calif.* Songschreiber der 40er und 50er Jahre. Studierte an der Univ. of Pittsburgh, arbeitete für einen Musikverlag. 1929 ging er nach Hollywood und arbeitete für den Film. Mitarbeiter waren Con Conrad, Allie Wrubel, Ben Oakland, Carl Sigman, Sam H.Stept, Michael Cleary, Sammy Fain, Jule Styne. Bekannte Songs: *Gone with the Wind, The Continental, Roses in December, Music, Maestro, Please, Goodnight Angel, I'll Buy That Dream.*

Songs (Filme/Shows): Singin' in the Bathtub (Film: Show of Shows) – H'lo Baby (1929) – There'll Never Be Another Girl Like You – So I Married the Girl – Oh Lady (Show: George White's Music Hall Varieties) – Hummin' to Myself – I Beg Your Pardon, Mademoiselle (1932) – The Continental – Needle in a Haystack (Film: The Gay Divorcee) – Talkin' to Myself – Blue Sky Avenue – Somebody Looks Good to Me – Don't Let This Waltz Mean Goodbye (Film: Gift of Gab) – Lullaby in Blue (1934) – According to the Moonlight (Film: George White's Scandals of 1935) – Here's to Romance – Midnight in Paris (Film: Here's to Romance) (1935) – Twinkle, Twinkle, Little Star – 'Tain't No Use – Where Have You Been All My Life – Zilch's Hats (Film: Hats Off) (1937) – Roses in December – Let's Have Another Cigarette (Film: Life of the Party) – Gone with the Wind (1937) – Swingin' in the Corn (Film: Radio City Revels) – Music, Maestro, Please (1938) – Something I Dreamed Last Night (Film: George White's Scandals of 1939) – The Masquerade is Over – How Long Has This Been Going On? (1940) – I Don't Want Anybody at All (Film: Sleepy Time Gal) (1942) – One Night in Acapulco – Did You Happen to Find a Heart? (Film: Music in Manhattan, 1944) – I'll Buy That Dream – Heaven is a Place Like Home – Who Did It? (Film: Sing You Sinners) (1945) – Linger in My Arms a Little Longer Baby

(1946) – You're Not So Easy to Forget (Film: Song of the Thin Man)

Magne, Michel

** 20.3.1930 Lisieux (Calvados), Frankreich, † 19.12.1984 Cergy-Pontoise (Val d'Oise).* Der Komponist war einer der ersten Europäer, die den Jazz ihre Kompositionen einbezogen; beeindruckend ist seine Musik für »Lautlos wie die Nacht« (1963).

Filme: Le pain vivant (Brot des Lebens, 1955) – The Fruit is Ripe (1961) – Le diable et les dix commandements – The Deadly Decoys – Les grands chemins – The Price of Flesh – La vice et la vertue – Gigot – Un singe en hiver – Le repos du guerrier (1962) – Cyrano et D'Artagnan (Cyrano und D'Artagnan, 1962) – Germinal – Symphonie pour un massacre – Melodie en sou-sol/Colpo grosso al casino (Lautlos wie die Nacht, F/I 1963) – La chasse a l'homme – Le gentlemen de Cocody – Banco a Bangkok pour O.S.S. 117 – Les barbouzes – La ronde – Angélique, Marquise des Anges (Angélique, 1964) – Fantomas (1964) – My Baby is Back – Par un beau matin d'èté – Coplan FX 18 casse tout – Fantomas se d'chaine – Compartiment tueurs – Angeline et le Roi (Angelique und der König, 1966) – Furia a Bahia pour O.S.S. 117 – Galia (1966) – Batozuk (Dok., 1966) – Angelique et le Sultan (Angelique und der Sultan, 1967) – A cœur joie – Indomptable Angelique (Unbezähmbare Angelique, 1967) – Un homme de trop (1967) – The Sargeant – I bastardi (1968) – Sur la route de Salina – Johnny Banco (1969) – Cran d'arret (1970) – De la part des copains (1971) – Tout le monde il est beau/Tout le monde il est gentil (1972) – Le complot – Don Juan 1973 (1973) – Les chinois a Paris (Die Chinesen in Paris, 1974) – Reveillon chez Bob – L'indic (1983) – Emmanuelle 4 (1984)

Majeswski, Hans-Martin Walter

** 14.1.1911 (Schlawe/Pommern), † 1.1.1997 Bötersen (Niedersachsen).* Dt. Film- und TV-Komponist, bes. der 50er/60er Jahre. M. hatte als Funk- und Bühnenkomponist begonnen, er schrieb u.a. die Musik für rd. 70 Hörspiele und 50 Bühnenwerke. Bekannt wurde er durch seine Musiken für TV-Serien wie »Derrick«, »Der Alte« und »Liebling Kreuzberg«. M. schrieb zahlreiche Filmmusiken; er erhielt vier Bundesfilmpreise in Gold, darunter 1959 für den Bernhard Wicki-Klassiker »Die Brücke«. In seiner Musik verschmolz er Elektronik, Zwölftontechniken und Jazz.

Filme: Flucht ins Dunkel (1939) – Fronttheater (1942, + Lieder von W.Bochmann: u.a. *Wer ist hier jung, wer hat hier Schwung*?) – Blockierte Signale (1948) – Liebe 47 (1949) – Weg ohne Umkehr (1952) – Das fliegende Klassenzimmer (1954) – Menschen im Netz – Männer im gefährlichen Alter (1954) – Heldentum nach Ladenschluß (1955) – Die goldene Pest (1955) – Herr über Leben und Tod (1955) – Alibi (1955) – Tunnel 28 – Der Stern von Afrika (1956) – Ferien auf Immenhof (1956) – Hochzeit auf Immenhof (1957) – Haie und kleine Fische (1957) – El Hakim (1957) – Bekenntnissse des Hochstaplers Felix Krull (1957) – Nasser Asphalt (1958) – Der Greifer – Solange das Herz schlägt (1958) – Menschen im Netz (1958) – Labyrinth (1959) – Unruhige Nacht (1959) – Ohne dich wird es Nacht – Liebe – Peter Voss, der Millionendieb – Der Schimmelreiter – Bumerang – Die Brücke (1959) – Und das am Montagmorgen (1959) – Fabrik der Offiziere (1960) – Die Schachnovelle (1960) – Three Moves to Freedom (1960) – Nacht fiel über Gotenhaven (1960) – An heiligen Wassern (1961) – Das Wunder des Malachias (1961) – Frage 7 (1961) – Frau Cheneys Ende (1961) – Die Ehe des Herrn Mississippi (1961) – Escape from East Berlin (Tunnel 28, 1961) – Liebling, ich muß dich erschießen (1962) – Elf Jahre und ein Tag (1963) – Der Besuch (1964) – Ganovenehre (1966) – Rheinsberg (1967) – Sieben Tage Frist (1969) – Herzblatt: Wie sag ich's meiner Tochter (1969) – Die Geschichte der 1002. Nacht (1969, TV) – Rolande met de Bles (Chronik einer Leidenschaft, B 1971) – Der Lord von Barmbeck (1974) – Verlorenes Leben (1975) – Die Standarte (1977) – Die Elixiere des Teufels (1977) – Der Mörder (1979) – Der Pfingstausflug (1979) – Stern ohne Himmel (1980) – Feine Gesellschaft, beschränkte Haftung (1982)

CD: Film-Jazz, Bear Family BCD 16386

Malneck, Matty

(Matthew Michael M.), ** 9.12.1903 Newark, N.J., USA, † 25.2.1981 L.A.* Violinist, Arrangeur/Komponist und Bandleader der 30er und 40er Jahre. Spielte Violine und arrangierte für das Orch. von Paul Whiteman 1927–38, dann auch für André Kostelanetz, spielte in einer

Combo mit → Milton DeLugg, damit in den Filmen »East Side of Heaven«, »Man About Town« (1939), »You're In The Army Now« (1941), »Shanty Town« (1945). Leitete zeitweise Big Band, war 1942–43 in der Radioshow von Dick Powell. In den 50er Jahren Filmarbeit in Hollywood, u.a. an den Billy Wilder-Filmen »Manche mögens heiß« und »Zeugin der Anklage«. Kurz vor seinem Tod wirkte er an einem Dok.-Film mit: »Bix, Ain't None of Him Play Like Him Yet«. Er komponierte u.a. die Standards *I'm Thru With Love, Goody Goody* und *I'll Never Be the Same.*

Malotte, Albert Hay

* *19.5.1895 Philadelphia, Pa., USA, † 16.11. 1864 Hollywood.* Der Komponist war für den Film tätig von den 30er bis in die 50er Jahre.

Filme: The Girl from Calgary (1932) – We're Rich Again (1934, Songs) – Hi Gaucho! (1936) – Dr. Cyclops (1940) – The Enchanted Forest (1945) – The Big Fisherman (1959)

Mamangakis, Nikos

* *3.3.1929 Rethymnon, Kreta.* Griechischer Komponist. Studierte in Athen und ab 1959 an der Musikhochschule München bei Carl Orff und Harald Genzmer. Teilnehmer der Ferienkurse für Neue Musik Darmstadt, freundete sich mit der Oberhausener Gruppe in München an (Thomas Schamoni, Edgar Reitz). Lebt heute wieder in Athen. Er komponierte Kammermusik, Orchestermusik, Bühnenmusiken, die Oper »Erotokritos« u.a., seine Gitarrenwerke gelten in Griechenland als Klassiker. Er schrieb in Deutschland und Griechenland die Musik für rd. 40 Filme.

Filme: The Cannon and the Nightingale (1969) – Das goldene Ding (D 1971) – Bomber und Paganini (D 1976) – Stunde Null (D 1976) – Der Mädchenkrieg (D 1977) – Der Schneider von Ulm (D 1978) – Milo, Milo (D 1979) – Arpa-Colla (1982) – Heimat (D 1984, TV) – Loufa ke parallaghi (1984) – Bordello (1985) – Vios ke politeia (1987) – Death of a Son (1989, TV) – Phanouropitta (1991) – Die Zweite Heimat: Chronik einer Jugend (D 1992, TV) – Kaspar Hauser (D 1994) – Die Nacht der Regisseure (D 1995, Dok.) – Mi mou aptou (1997) – Thiliki eteria (2000)

Mancina, Mark

* *10.3.1957 Santa Monica, Calif., USA.* Begann Ende der 80er Jahre für den Film zu arbeiten, z.T. mit den Komponisten Tim James, Steve McClintock und Hans Zimmer.

Filme: Mankillers – Death Chase (1987) – Space Mutiny – Night Wars (1988) – Codename: Vengeance – Jetsons: The Movie (Cartoon, 1989) – Future Force (1989) – Where Sleeping Dogs Lie (1991) – Sniper (1992) – True Romance (1993) – Lifepod (1993, TV) – Speed – Monkey Trouble (1994) – Man of the House – Assassins – Money Train (1995) – Bad Boys (1995, auch Songs) – Fair Game (1995) – Moll Flanders – Twister (1996) – Speed 2: Cruise Control – Con Air (1997) – From Earth to the Moon (1998, Serie) – Return to Paradise (1998) – The Strip (1999, Cartoon) – Tarzan (1999, Cartoon) – Augie Rose – Bait (2000) – Domestic Disturbance – Training Day (2001) – Bad Boys II – Lara Croft and the Cradle of Life : Tomb Raider 2 – Bears (2003)

Mancini, Henry

(Enrico Nicola, »Hank«) * *16.4.1924 Cleveland, Ohio, USA, † 14.6.1994 Beverly Hills, Calif.* Der bedeutende Filmkomponist erhielt seine Ausbildung an der Carnegie Tech Music School und der Juilliard School. Spielte in Tanzorchester in Pittsburgh und nach Militärdienst 1946 in Tex Benekes Glenn Miller-Orchester. Arbeitete von 1951–57 in der Musikabteilung von Universal Pictures unter → Joseph Gershenson, schrieb dort u.a. die Musik zur »Glenn Miller Story« und »Benny Goodman Story«. Bekannt wurde er durch seine Musik zu den TV-Serien »Peter Gunn« und »Mr. Lucky«, in denen er als einer der ersten den Jazz einbezog, denn bis dahin war Filmmusik weitgehend »sinfonisch«. Arbeitete seitdem als Filmkomponist, leitete auch Bands für Schallplatten und unternahm seit den 60er Jahren regelmäßig Tourneen mit eigenem Orchester, spielte Piano und Flöte. Für *Moon River* und *Days Of Wine And Roses* erhielt er den Oscar (Academy Award). Weitere bekannte Kompositionen: *Dear Heart*, *The Sweetheart*

Tree, Charade, Baby Elephant Walk. Er wurde 70 mal für den Grammy nominiert und gewann 20, außerdem vier Oscars und einmal den Golden Globe. Texte zu seinen Songs schrieben Johnny Mercer, Mack David, Ray Evans, Jay Livingston. Arrangements für Beneke, Gus Bivona, Lola Albright. Seine Filmmusiken sind fast vollständig auf LP und CD veröffentlicht, daneben spielte er etliche LPs mit Easy Listening-Musik ein, so für RCA, Columbia, United Artists, Paramount, Avco Embassy, Warner Bros., Polygram, Liberty, London, EMI, Varese/Sarabande, Motown, Reader's Digest, Denon. 1996 wurde das Henry Mancini Institute Orchestra gegründet, ein 80-köpfiges Orchester, in welchem Nachwuchsmusiker Erfahrungen sammeln sollen; Music Director wurde → Jack Elliott.

Lit.: H.M. & Gene Lees, Did They Mention The Music?, Chicago/N.Y. 1989 – Gene Lees, Make the Sucker Float, Jazzletter Mai-Juli 1998 – H.M., Sounds and Scores, A Practical Guide to Professional Orchestration, Greenwich 1962

CD (RCA*): Big Band '67* – Music from Peter Gunn* – More Music from Peter Gunn* – Combo* – Mr. Lucky Goes Latin* – Big Latin Band* – Latin Sound* – Mancini Concert* – Our Man in Hollywood* – The Days of Wine & Roses, RCA 63666032 (3-CD) – Pink Panther/Return of Pink Panther, RCA 21660472 – Mancini in Surround, RCA RD60471 – Premier Pops, Denon – Mancini Rocks the Pops, Denon

Filme: Lost in Alaska (1952) – Walking My Baby Back Home (Arr, 1953) – Glenn Miller Story – So This Is Paris (Arr) – It Came from Outer Space (1954) – The Benny Goodman Story – Ain't Misbehavin' – The Second Greatest Sex (1955, Arr) Rock, Pretty Baby (1956) – Damn Citizen – Man Afraid (1957) – Touch of Evil – Voice In The Mirror (1958) – Never Steal Anything Small (1958, Arr) – High Time (1960, Songs: Cahn(Van Heusen) – The Great Imposter (Ein charmanter Hochstapler, 1960) – Breakfast At Tiffany's (Frühstück bei Tiffany, 1961) – Bachelor In Paradise (Jungeselle im Paradies, 1961) – Experiment In Terror (Der letzte Zug, 1962) – Days Of Wine & Roses (Die Tage des Weins und der Rosen, 1962) – Hatari! – Mr. Hobbs Takes A Vacation (Mr. Hobbs macht Ferien, 1962) – Romeo & Juliet (1962) – Charade – Man's Favorite Sport (Ein Goldfisch an der Leine, 1963) – Soldier In The Rain (1963) – A Shot In The Dark (Ein Schuß im Dunkeln, 1964) – The Pink Panther (Der rosarote Panther, 1964) – Dear Heart (1964) – Moment To Moment (Der Schuß, 1964) – The Great Race (Das große Rennen rund um die Welt, 1965) – Arabesque – What Did You Do In The War, Daddy? (Was hast du im Krieg gemacht, Papa?, 1966) – Two For The Road (Zwei auf gleichem Weg, 1966) – Gunn – Wait Until Dark (Warte bis es dunkel ist, 1967) – The Party (Der Partyschreck, 1968) – Me, Natalie (Ich, Natalie, 1969) – Gaily, Gaily – Midnight Cowboy – The Fox (1969) – The Hawaiians/Master of the Islands (Herrscher der Insel, 1969) – Darling Lili – The Molly Maguires (Verflucht bis zum jüngsten Tag, 1970) – Sunflower (1970) – The Night Visitor (Der unheimliche Besucher, 1971) – Sometimes A Great Notion (Sie möchten Giganten sein, 1971) – The Thief Who Came To Dinner (Webster ist nicht zu fassen, 1972) – Frenzy (zurückgezogen u. ersetzt durch Musik von Ron Goodwin) – Oklahoma Crude – Visions Of Eight (1973) – The White Dawn – 99 & 44/100 % Dead (König Ballermann, 1974) – The Girl From Petrovka (Das Mädchen von Petrovka, 1974) – That's Entertainment (Arr, 1974) – The Great Waldo Pepper (Der tollkühne Flieger, 1975) – The Return of The Pink Panther (Der rosarote Panther kehrt zurück, 74) – Once Is Not Enough (Einmal ist nicht genug, 1975) – W.C.Fields & Me – The Pink Panther Strikes Again (Inspector Clouseau –

Soundtrack, Musik: H. Mancini

der beste Mann bei Interpol, 1976) – A Family Upside Down (Was soll denn nur mit Vater werden (TV, 1976) – Silver Streak (Trans-Amerika Expreß, 1976) – Alex And The Gypsy (Liebe und anderer Verbrechen, 1976) – Angela – House Calls (Hausbesuche, 1977) – The Money Changers (TV, 1977) – Revenge Of The Pink Panther – Who Is Killing The Great Chefs Of Europa? (Die Schlemmer-Orgie, 1978) – Nightwing (Schwingen der Angst, 1978) – The Prisoner Of Zenda (Der Gefangene von Zenda, 1979) – »10« (Die Traumfrau, 1979) – The Best Place to Be (TV, 1979) – Change Of Seasons – Little Miss Marker (Ein reizender Fratz, 1980) – S.O.B. (Hollywoods letzter Heuler – S.O.B., 1981) – Mommie Dearest (Meine liebe Rabenmutter, 1981) – The Condorman – Back Roads + The Shadow Box (TV) (1981) – Victor/Victoria – Trail Of The Pink Panther (Der rosarote Panther wird gejagt, 1982) – Second Thoughts – Whose Little Girl Are You? (1982) – The Man Who Loved Women (Frauen waren sein Hobby, 1983) – Better Late Than Never (Es ist nie zu spät, 1983) – The Curse Of The Pink Panther (Der Fluch des rosaroten Panthers, 1983) – The Thorn Birds (TV, 1983) – Harry & Son (Harry und Sohn, 1984) – Santa Claus-The Movie (Santa Claus, 1985) – Lifeforce (Lifeforce: Die tödliche Bedrohung, 1985) – That's Dancin' (1985) – The Great Mouse Detective (Basil, der große Mäusedetekiv, 1986) – A Fine Mess (Ärger, nichts als Ärger, 1986) – That's Life (So ist das Leben, 1986) – Blind Date (Verabredung mit einer Unbekannten, 1987) – The Glass Menagerie (Die Glas-Menagerie, 1987) – Sunset (Dämmerung in Hollywood, 1988) – Without A Clue (Genie und Schnauze, 1988) – Justin Case (Ein himmlischer Schnüffler, 1988) – Physical Evidence (Die Anwältin, 1988) – Welcome Home (Ein Toter kehrt zurück, 1989) – Peter Gunn (TV, 1989) – Fear (Todesangst, 1990) – Ghost Dad (1990) – Switch (Switch: Die Frau im Manne, 1991) – Married to It (1991) – Tom & Jerry: The Movie (Tom & Jerry: Der Film, 1992) – Son Of The Pink Panther (Der Sohn des rosaroten Panthers, 1993)

Mandée, R. M.

(Rudolf Maria Mandé), * *12.1.1904 Prag, † ? Kladno.*
Film: Sprung ins Glück (D/ČSR 1939)

Mandel, Johnny

(John Alfred) (comp, arr, tb, btp, ldr), * *23.11.1925 N.Y.*
M. studierte bei Stefan Wolpe, Van Alexander, an der Manhattan School of Music und an der Juilliard School. Von 1943 an spielte und arrangierte er für die Orchester von Joe Venuti, Billie Rogers, Henry Jerome, Boyd Raeburn, Jimmy Dorsey, Buddy Rich, Pupi Campo, Georgie Auld, Alvino Rey und Chubby Jackson. Ab 1949 war er vor allem als Arrangeur tätig, er schrieb u.a. für Artie Shaw, Elliot Lawrence, Count Basie, Woody Herman, Dave Pell, spielte 1953 noch kurz bei Basie und arbeitete ab 1955 hauptsächlich als Film- und TV-Komponist, arrangierte und/oder leitete Bands für Schallplatten von David Allyn, Paul Anka, Frank Sinatra, Mel Tormé, Dinah Shore, Gogi Grant, Ralph Marterie, Anita O'Day, Dick Haymes, Jo Stafford, Tony Bennett, Margaret Whiting, Diana Krall, Diane Schuur, Shirley Horn, Natalie Cole, John Pizzarelli, Michael Feinstein, David Sanborn u.a. Er komponierte die Standards *The Shadow Of Your Smile* (Film »The Sandpiper«) und *Emily* sowie die Jazz-Standards *Hershey Bar* und *Pot Luck*. M. gehört neben H. Mancini zu den ersten Komponisten, die »jazzige« Klänge in die Filmmusik einbrachten.
LP/CD: OST, James Dean Story, Pacific Jazz – I Want To Live, United Artists (*CD:* Ryko) – OST, The Sandpiper, Mercury – OST, M.A.S.H., Columbia – OST, Harper, Mainstream 56078 – OST, Americanization of Emily, Reprise
Weitere Kompositionen: A Time for Love – You Are There – Where Did You Start? – The Shining Sea – Close Enough For Love – Suicide is Painless – Hershey Bar – Pot Luck – Tommyhawk – Low Life – A Lonely Place
Filme: You're Never Too Young (Man ist niemals zu jung, Arr., 1955) – I Want To Live (Laßt mich leben!, 1958) – The Third Voice (Ein Toter ruft an, 1960) – Drums of Africa (Sklavenjäger,1962) – The Americanization of Emily (Nur für Offiziere, 1964) – The Sandpiper (... die alles begehren; Oscar für Titelsong!) – Harper (Ein Fall für Harper, 1965) – An American Dream (1966) – The Russian Are Coming (Die Russen kommen, 1966) – Point Blank

(1967) – Pretty Poison (Der Engel mit der Mörderhand, 1968) – Heaven with a Gun (Pulver und Blei, 1968) – That Cold Day in the Park (Ein kalter Tag im Park, KAN 1969) – Some Kind of a Nut (1969) – M.A.S.H. (1969, auch TV-Serie) – A New Leaf (Keiner killt so schlecht wie ich, + Neal Hefti, 1970) – The Trackers/No Trumpet, No Drums (Die Verfolger, 1971) – Journey Through Rosebud (1972) – The Last Detail (Das letzte Kommando, 1973) – »W« (1973) – Summer Wishes, Winter Dreams (Sommerwünsche, Winterträume, 1973) – Escape to Witch Mountain (Die Flucht zum Hexenberg, 1975) – The Sailor Who Fell from Grace with the Sea (Der Weg allen Fleisches, UK 1976) – Freaky Friday (Ein ganz verrückter Freitag, 1976) – Agatha (Das Geheimnis der Agatha Christie, UK 1977) – Being There (Willkommen Mr.Chance, 1977) – Looking to Get it (Die Zocker, 1980) – The Baltimore Bullett (Der Abstauber, 1980) – Caddyshack (1980) – Evita Peron/Evita, the First Lady (1981, TV) – The Verdict (Das Urteil, 1982) – Looking to Get Out (Der Zocker, 1982) – Deathtrap (Die tödliche Falle, 1982) – The Great Escape II (Gesprengte Ketten, 1983) – Staying Alive (1986, + Robin Garb u.a.) – Christmas Eve (Frohe Weihnacht Mrs. Kingsley, 1986, TV) – Assault and Matrimony (1987) – Brenda Starr (1989)

Mandozzi, Graziano

** 23.6.1939 Osogna (Kanton Tessin), Schweiz.* *Filme*: Metin (1979) – Ich hatte einen Wunsch (1980) – Unschuld (1984) – Das geheime Leben des Sergej Eisenstein (1987)

Manfredini, Harry

** 25.8.1943 Chicago, Ill., USA.* *Filme*: Here Come the Tigers (1978) – The Kirlian Witness (1978) – Night Flowers (1979) – The Children (1980) – Deep Star Six – Timemaster (1980) – Friday the 13th (Freitag der 13., 1980) – Swamp Thing (Das Ding aus dem Sumpf, 1982) – Spring Break (1983) – The Returning (1983) – The Hills Have Eyes, Pt. 2 (1984) – Friday the 13th: The Final Chapter (1984) – Zombie Island Massacre (1984) – Slaughter High (1985) – Friday the 13th, Pt 5: A New Beginning (1985) – House (1976) – Friday the 13th Pt. 7: The New Blood (mit Fred Mollin, 1988) – Jane B. par Agnes (Dok., 1988) – Deep Star Six (1989) – Double Revenge (1989) – The Horror Show (1989) – Flex (1990) – Private War (1990) – House 4: Deadly Home (1991) – Iron Eagles II: Aces (1992) – Kickboxer 3: The Art of War (1992) – Jason Goes to Hell: The Final Friday (1993) – My Boyfriend's Back (1993) – Raven (1996) – A Gun, a Car, a Blonde (1997) – Wishmaster (1997) – Karate Tiger 6: Entscheidung in Rio (1997) – The Omega Code (1999) – Carman: The Champion (2001) – TV: War of the Worlds – XCU: Extreme Closeup – Jason X (2001) – Bad Karma (2002) – Terminal Invasion – The Many Lives of Jason Vorrhes – Endangered Species – Brotherhood III: The Young Demons (2002) – Freddy vs. Jason (2003)

Mangione, Chuck

(Charles Frank), ** 29.11.1940 Rochester, N.Y., USA.* Begann als Kind Trompete zu spielen, studierte dann an der Eastman School of Music. Ging 1960 nach New York, gründete mit seinem Bruder Gap (Gaspare Charles, * 31.7. 1938) eine Hard Bop-Combo. Ab 1965 spielte er in den Bands von Woody Herman, Maynard Ferguson und Art Blakey. 1967 neue Band, spielte Flügelhorn und bevorzugte eine kommerzielle Fusion-Musik, die zeitweise sehr populär war. Von seinen Kompositionen wurde vor allem *Land of Make Believe* bekannt. – Schallplatten für Milestone, A&M, Columbia/CBD, Mercury.
Filme: The Children of Sanchez (USA/Mex 1978) – Prime Cuts: Jazz and Beyond (Dok., 1985) – Sass and Brass: A Jazz Session (Dok., 1988)

Manilow, Barry

(eigentl. Barry Alan Pinkus), ** 17.6.1946 Brooklyn, N.Y., USA.* Der Pop-Sänger u. Komponist lernte Akkordeon und Klavier als Kind, studierte an der Juilliard School (ohne Abschluss) und am N.Y. College of Music. Er arrangierte dann für TV-Shows (»Callback«) und das Off-Broadway-Musical »The Drunkard« (1967), spielte Klavier mit Trio in der Show »Now«. Er begleitete Bette Midler auf ihren ersten LPs, trat in der Dionne Warwick-Show auf und produzierte ihre LP »Dionne '79«. Seine ersten eigenen LPs auf Bell waren Flops, aber Wiederveröffentlichungen auf dem Nachfolge-Label Arista wurden Bestseller. 1971/72 hatte er drei Platin-LPs in Folge und war damit der erste Interpret überhaupt dem, dies gelang.

Lit.: B. M., Sweet Life, Adventures On the Way to Paradise, 1982. – B. M. with Mark Bego, B. M., An Autobiography, 1979. – Simon Weir, B. M. for the Record, 1982

CD: Complete Collection, Arista 22187142

Filme: Thumbelina (1984) – Copacabana (1985) – The Pebble and the Penguin (1995)

Mann, Hummie

** 29.10.1955 Montreal, Kanada.*

Filme: Stoogemania (1985) – Shirley Jones: Life Aerobic Workout (Dok., 1990) – In Gold We Trust (1991) – Year of the Comet (1992) – Benefit of the Doubt (Im Banne des Zweifels, 1993) – Robin Hood: Men in Tights (1993) – Jailbreakers (1994, TV) – Little Big League (1994) – Cool and Crazy (1994, TV) – Motorcycle Gang (1994, TV) – Dracula: Dead and Loving (1995) – Fall Time (1995) – Top Dog (1995) – Sticks and Stones (1996) – After the Rain (1996) – Cyberworld in 3 D (2000, Cartoon) – Thomas and the Magic Railroad (2000) – In Cold Blood (TV)

Mann, Manfred

(eigentl. Manfred Lubowitz), ** 21.10.1940 Johannesburg, Süd-Afrika.* Der Keyboardspieler gründete in den frühen 60er Jahren mit Mike Hugg (d,vib, * 11. 8. 1942) die Mann-Hugg Blues Brothers woraus dann die Manfred Mann Band wurde, die als eine der besten engl. Beat-Bands der 60er Jahre gilt. Mit dabei waren noch Paul Jones (Paul Pond, hca, voc, * 24.2.1942), Mike Vickers (fl, g, sax, * 18.4. 1941) und Tom McGuinnes (b, * 2.12.1941.

Mann machte sich auch einen Namen als Songschreiber und gelegentlicher Filmkomponist.

Filme: Up the Junction (1968) – Venus in Furs (1970) – Christa (1971) – The Philadelphia Experiment (1984) – Rock'n'Roll History, Vol 6: The English Invasion (Dok., 1999)

Mann, Paul

(eigentl. Wechselmann), ** 3.9.1910 Wien, Österreich † 27.5.1983 New York City, USA.*

Filme: Wenn die Liebe Mode macht (1932, + H.-O.Borgmann, Stephan Weiß) – Heut' kommt's drauf an (1933, + Kaper, Jurmann, H.Wolfes, Stephan Weiß)

Manne, Shelly

(Sheldon), ** 11.5.1920 N.Y., USA, † 26.9.1984 Sunland, Calif.* Der berühmte Schlagzeuger des West Coast Jazz wurde bekannt in der Big Band von Stan Kenton 1946–49 und 1950–51, spielte auch bei Woody Herman, Harry James, Charlie Ventura, Bill Harris u.a. Er wurde dann für die folgenden drei Jahrzehnte einer der meistbeschäftigten Musiker in den Schallplatten- und Filmstudios von Hollywood. Er ist auf einigen tausend LPs und ungezählten Filmsoundtracks vertreten, so auf vielen LPs und Filmmusiken von → Henry Mancini. Er schrieb selbst Musik für Film und TV, leitete einen Jazzclub, in dem er auch mit eigenen Gruppen auftrat. – Schallplatten für Dee Gee, Interlude, Contemporary, Capitol, Mainstream, Flying Dutchman, Discovery, Galaxy, Pausa, Trend, Atlas, Concord, East World.

Filme: The Proper Time (1959) – T-Bird Gang/The Pay-Off (1958) – Tall Story (Je länger, je lieber, 1960, Titelsong mit A.Previn) – The Young Sinner (1965) – Clarence the Cross-eyed Lion (1969) – The Box (Kurzfilm, Japan 1967) – Young Billy Young (Der gnadenlose Rächer, 1969) – Trader Horn (1973) – TV: Daktari (1966–69, 29 Folgen)

Mannino, Franco

** 25.4.1924 Palermo (Sizilien), Italien.*

Filme: Follie per l'Opera (1948) – Bellissima (1951) – Beat the Devil – La Proviciale (1953) – La Romana (1954) – Morgan il Pirata (1960) – Lo spectro – Il re dei sette mari (1963) – Amore un 4 dimensioni (Amore in vier Dimensionen, 1964) – Oro per i Cesari (1964) – Madamigella di Maupin (1966) – Morte a Venezia (1971) – Ludwig (1973) – Gruppo di famiglia in un interno – Indentikit (1984) – L'innocente (1976) – Un cuore semplice (1977) – Paura (1980)

Mansell, Clint

** 7.11.1953 Coventry, West Midland, England.* Komponist, seit 1998 für den Film tätig. M. war 1986–96 Keyboarder, Gitarrist und Sänger der Popgruppe Pop Will Eat Itself, ehe er sich dem Film zuwandte.

Filme: Pi (1998) – Requiem for a Dream (2000) – The Hole – Knockaround Guys – World Traveller (2001) – Abandon – Rain (2001) – Resident Evil (2002)

Mansfield, David

** 9.9.1956 Pittsburgh, Pa., USA.*

US-Komponist, für den Film seit 1980 tätig.

Filme: Heaven's Gate (1980) – Year of the Dragon (Im Jahr des Drachen, 1985) – Club Paradise (1986) – The Sicilian (Der Sizilianer, 1987) – Into the Homeland (1978, TV) – Fresh Horses (1988) – Miss Firecracker (1990) – The Desparate Hours (1990) – Late for Dinner (1991) – Me and Veronika (1992) – The Ballad of Little Joe (1993) – Truman (1995, TV) – Profundo Carmesi (1996) – Road Ends (1997) – Floating (1997) – Dark Harbour (1998) – Outrage (1998) – El evangelio de las Maravillas/Divine (1998) – A Good Baby (1999) – Tumbleweeds (1999) – El colonel no tiene quien le escriba (1999) – Asi es la vida (2000) – Songcatcher (2000) – Roepwalk – Asi es la vida – A Good baby (2000) – What Makes a Family (2001, TV) – Divine Secrets of the Ya-Ya Sisterhood – Get a Clue (2002)

Manson, Eddie

(Edward Lawrence), * *9.5.1919 N.Y., USA, † 12.7.1996 Culver City, Calif.* M. begann als Harmonika-Virtuose; er trat in den 50er Jahren in TV-Sendungen wie der Ed Sullivan-Show auf. Er begann dann Musik für TV-Filme zu schreiben; 1953 folgte sein erster Kino-Film: »The Little Fugitive«. Sein Harmonika-Spiel hat er darüber nicht vernachlässigt: er arbeitete als Studiomusiker und ist auch zu zu hören in den Filmen »Coal Miner's Daughter« (1980) und »Born on the Fourth of July« (1989).

Filme: The Little Fugitive (Der kleine Ausreißer, 1953) – Lovers and Lollipops (1956) – Wedding and Babies (1958) – Three Bites of the Apple (1967) – A Love Affair: The Eleanor and Lou Gehrig Story (1977, TV) – The Crash of Flight 40 (1978) – The Woman Inside (1981) – Tiger Town (1983, TV) – Eye on the Sparrow (1991, TV) – Day of the Painter – The River Nile (TV)

Mantegazzi, Johann Baptist

**23.10.1889 Riva san Vitale (Tessin), 5.2.1958 Zürich, Schweiz.*

Filme: De Winzig simuliert (1942) – Bergführer Lorenz (1942)

Manzie, Jim

** 24.5.1956 Sydney, Australien.*

Filme: The F.J.Holden (1977) – Puberty Blues (1981) – Running From the Guns (1987) – The Offspring (1987) – Stepfather 2 (1989) – Leatherface: The Texas Chain Massacre 3 (1990) – Tales from the Dark Side: The Movie (1990) – Red Blooded American Girl (1990) – Sweet Poison (1991, TV) – The Servants of Twilight (1991, TV) – My Grandpa is a Vampire (1992) – Eddie Presley (1993) – Lurking Fear (1994) – Night of the Demons 2 (1995) – Night of the Scarecrow (1995) – Sleepstalker (1995) – Salty (TV)

Marbot, Rolf

(eigentl. Friedel Albrecht Marcuse), * *28.5.1906 Breslau (heute: Wrocław, Polen), † 22.8.1974 Cannes, Frankreich.* Schlager- und Filmkomponist. Schrieb in den 30er Jahren zusammen mit Bert Reisfeld u.a. *Die alte Spieluhr, Wenn ich rote Rosen seh'* und *Sag' mir Darling.*

Filme: Die Csikisbaroness (1930) – O alte Burschenherrlichkeit (1930, + Schmidt-Boelcke) – Reserve hat Ruh' (1931, + Bert Reisfeld) – Das gelbe Haus des Kung Fu (1931) – Die grausame Freundin (1932, + Bert Reisfeld, A.Guttmann) – Kiki (1932, + Curt Lewinnnek, Bert Reisfeld) – Unheimliche Geschichten (1932, + Bert Reisfeld) – Zwei glückliche Tage (1932, + Bert Reisfeld, F.Goldschmidt, Erich Brock) – Zwei gute Kameraden (1933, + Schmidt-Boelke) – Ganovenehre (1933) – Bôite de nuit (Rhythmus der Nacht, F 1951)

Mareczek, Fritz

** 30.7.1910 Brünn (heute: Brno, Tschechien), † 19.12.1984 Stuttgart-Bad Cannstadt.* Studierte Klavier, Violine, Dirigieren und Komposition an der Deutschen Musikakademie und am Konservatorium in Brünn, war ab 1935 Lehrer an der Musikakademie und 1939–44 Kapellmeister an den städt. Bühnen in Brünn. Nach dem Krieg ließ er sich in Stuttgart nieder, arbeitete als Operettendirigent und als 2. Dirigent beim Süddeutschen Rundfunk. 1965–67 war er Leiter der Operette am Staatstheater Oldenburg. Als Komponist widmete er sich der Unterhaltungsmusik; er schrieb u.a. *Tänze aus Nordmähren, Praeludico sinfonico, Wiener Kaffeehaus-Suite, Impressioni di Mallorca*, auch kleine Stücke für Orchester, Kantaten, das Musical »Schlafwagen nach Grand Illusione« (1962) und Filmmusiken.

Dok.-Filme: Persien: Blickpunkt der Welt (1952) – 5000 Jahre Ägypten (1953) – Japan lächelt wieder (1957)

Mares, Karel

** 2.8.1927 Mladá Boleslav (Mittelböhmen, dt. Jungbunzlau).* Tschechoslowakischer Komponist und Schauspieler, arbeitete für den Film in den 60er bis 80er Jahren, u.a. mit dem Komponisten Jan Klusak und den Regisseuren Milos Forman, Jan Nemec und Jaroslav Balik.

Filme: Competition (1963, als Schauspieler) – O slavnosti a hostech (1966, als Schauspieler) – Hori, má panenko (Anuschka, es brennt/Der Feuerwehrball, ČSSR/I 1967) – Mučedníci lásky (1967) – Nejkrasnejsi vek (1968) – Hlídač (1970, als Schauspieler) – Ecce homo Homolka (1970) – Milenci v roce jedna (1973) – Jeden stříbrný (1976) – Hordubal (1980) – Atomova katedrala (1986)

Mariano, Detto

(Benedetto?), ** 27.7.1937 Monte Urano (Ascoli).* Ital. Komponist, der in den 80er Jahren mit den Regisseuren Antonio Siciliano, Franco Castellano und Carlo Vanzini zusammenarbeitete.

Filme: Ratataplan (1979) – Il bisbetico domato – Qua la mno – Zucchero, misle e peperoni – Can-Cannes (1980) – Ho fatto splash! – Per favore, occupati di Amelia – Asso (1981) – Eccezzuiunale … veramente – I fichissimi (1982) – Il giustiziere della strada – Amore tossico (1983) – Domani mi sposo (1984) – Al limite, cioe, non glielo dico – E arrivato mio fratello – Miami Golem (1985) – Yuppies, i Giovani di successo – Italian Fast Food – Grandi magazzini – Il bi e la ba (1986) – Il barbero (1987) – Fear of Scandal (1992)

Marinelli, Anthony

** 19.8.1959 Burbank, Calif., USA.*

Filme: Two Days in the Valley (2 Tage in L. A., 1996, auch Songs: *Catfight, Cold*) – Invasion of Privacy – Young Guns (mit Brian Banks, 1988) – Internal Affairs (mit Mike Figgis u. Banks, 1990) – Masterminds (Das Duell, 1997) – 16 Minutes – Leaving Las Vegas – Only in America: The Don King Story

Marinuzzi Jr., Gino

** 7.4.1920 New York City, USA, † 8.11.1996 Rom.* Italienischer Filmkomponist, Sohn des Komponisten Giuseppe »Gino« M. (24.3. 1882–17.8.1945), schrieb Musiken für Abenteuer- und Science Fiction-Filme, auch für Komödien und Historienfilme, u.a. für den Regisseur Alberto Lattuada.

Filme: Appointment for Murder (1954) – Il vento del sud (Wind des Südens, 1960) – The Red Cloak (1961) – Ercole alla conquista di Atlantide (Herkules erobert Atlantis, 1961) – Terrore nello spazio (Planet der Vampire, 1965) – Le voce bianchi (Helle Stimmen, 1965) – Mandragola (1966) – Matchless (1967)

Marion, Jean

** 6.5.1912 Paris, † 12.3.1967 Marseille.* Frz. Komponist, in den 50er und 60er Jahren für den Film tätig.

Filme: Le roi (1949) – A Royal Affair – Just Me (1950) – A Simple Case of Money (1952) – Cadet-Rousselle (1954) – Love at Night (1961) – Les mystères de Paris (Die Bestie von Paris, F/I 1962) – La cuisine au beurre (1963)

Markopoulos, Yannis

** 18.3.1939 Ierapetra, Kreta.* Griechischer Komponist, arbeitete in den 60er/70er Jahren für den Film, u.a. mit dem Regisseur Jules Dassin.

Filme: Tragodie tou aegaeou (Dok., 1962) – Mikres aphrodites – A Pleasant Young Gentlemen (1963) – Favos (1966) – The Face of Medusa –Dama spathi (1967) – Restless (1972) – A Dream of Passion (1978)

Markowitz, Donald

(»Donny«)

US-Filme: Dirty Dancing (1987) – Tales from the Crypt (1989, TV-Serie; Episode: Half-Way Horrible) – Me and the Boys (1994, TV-Serie) – On Seventh Avenue (1997, TV) – White Lies (1996) – North Shore Fish (1997, TV) – Popular (1999, TV-Serie) – Zenon: The Zequel (2001, TV; Song: The Galaxy Is Ours) – The Chronicle (2001, TV-Serie) – The Trip (2001) – TV: Chicago Sons – On Seventh Avenue – Jesus, Mary + Joey (2003)

Markowitz, Richard Allan

** 3.9.1926 L.A., USA, † 6.12.1994 Santa Monica, Calif.*

Filme: Stake Out on Dope Street (Rauschgift, 1958) – The Hot Angel (1958) – The Road Racers (1959) – The Young Captives (1959) – Operation Dames (1959) – The Hoodlum Priest (1961) – The Magic Sword (1962) – One Man's Way (1963) – A Face in the Rain (1963) – Cry of Battle (1963) – Fargo (1964) – The Wild Seed (1965) – Bus (Dok., 1965) – Bus Riley's Back in Town (1965) – The Shooting (Das Schießen, 1966) – Ride Beyond Vengeance (Tag der Abrechnung, 1966) – Scalplock (1967, TV) – La morte non ha sesso (1968) – Weekend of Terror (1970, TV) – Count Your Bullets (1972) – The Voyage of the Yes (1972, TV) – The Stranger (1973, TV) – Panic of the 5:22 (1974, TV) – The Girl on the Late Late Show (1974, TV) – The Hanged Man (1974, TV) – Winner Takes All (1975, TV) – The Return of Joe Forrester (1975, TV) – Mayday at 40.000 Feet (1976, TV) – Kiss Me Kill Me (1976, TV) – Washington: Behind Closed Doors (1977), TV) – Hunters of the Reef (1978, TV) – Doctor's Private Lives (1978, TV) – Standing Tall (1978), TV) – The Boss' Son (1979) – Death Car on the Freeway (1979, TV) – Circle of Power/Brainwash (1981) – The Neighborhood (1982, TV) – A Masterpiece of Murder (1990, TV) – The Law and Harry McGraw (1987, TV-Serie) – Columbo: Rest in Peace, Mrs. Columbo (1990, TV)

Marks, Franklyn

** 30.5.1911 Cleveland, Ohio, USA, † 12.7. 1976 Sherman Oaks, Calif.* Studierte bei Joseph Schillinger, arbeitete als Arrangeur für Broadway-Shows und schließlich für den Film, hier meist als Arrangeur. In den 30er und 40er Jahren arbeitete er auch für Big Bands, so schrieb er für Artie Shaw *Streamline* (1936) und für Stan Kenton »Third Stream«-Kompositionen (*Trajectories, Evening in Pakistan*).

Filme: How to Have an Accident in Your Home (1956) – Perri (1957) – Texas John Slaughter (158, TV-Serie) – The Nine Lives of Elfego Baca (1958, TV) – The Light in the Forest (1958, Arr.) – Six Gun Kaw (Elfego Baca: Sechs gegen das Gesetz, 1959, + Buddy Baker, B. Kaper) – The Third Man on the Mountain (1959) – Swamp Fox (1959, TV-Serie) – Gundown at Sandoval (1959) – For the Love of Willadean (1964, TV) – Charlie, the Lonesome Cougar (Der einsame Puma, 1967) – The Boatniks (Die Bruchschiffer, 1970, + Robert F. Brunner) – Justin Morgan Had a Horse (1972) – Justin Morgan Finds a Home (1981, TV)

Marks, Johnny

(John D.), ** 10.11.1909 Mt. Vernon, Ohio, USA, † 3.9.1985 N.Y.* Songschreiber, bekannt für den Weihnachtsklassiker *Rudolph the Red Nosed Raindeer*. Studierte an den Colgate und Columbia Universitäten und in Paris. 1949 gründete er einen Musikverlag.

Filme: Rudolph the Red Nosed Reindeer (1944) – Rudolph the Red Nosed Reindeer (1964, Cartoon, TV) – Rudolph's Shiny New Year (1979, Cartoon, TV) – Rudolph the Red Nosed Reindeer: The Movie (1998)

Marquez, Juan

(Juan Marquez Sacasa), ** 8.2.1945 Havanna.* Kubanischer Komponist, arbeitet seit 1985 für kuban., peruanische und kolumbianische Filme.

Filme: Tupac Amaru – Se permuta (1985) – El socio de dios (1987) – Krik? Krak! Tales of a Nightmare – Teenicas de duelo (1988) – Aguilas no cazan moscas (1994) – PanI el seu german (2001)

Marsalis, Wynton Learson

** 18.10.1961 New Orleans, La., USA.* Sohn des Pianisten Ellis M. (* 13.11.1934), Bruder von Branford M. (ts, * 26.8.1960), Delfeayo M. (tb, * 28.7.1965) und Jason M. (d, * 4.3.1977). Begann mit sechs Jahren Trompete zu spielen, studierte mit Al Hirt an der Juilliard School in N.Y. Spielte in den Jazzgruppen von Art Blakey und Herbie Hancock, leitete ab 1982 eigenes Quintett, trat als klassischer Trompeter hervor, gewann Grammys als bester Jazz- u. Klassiksolist sowie sämtliche Jazz-

Polls und war mit 22 Jahren bereits ein »Superstar«. Er ist u.a. Leiter der»Lincoln Center Jazz Band, schreibt Musik für TV und Filme und konzertante Werke wie »Blue Interlude«, »City Movement« (Ballett), »New York Griot«, »In This House, »On This Morning« (Suite) u.a. Er nahm Schallplatten auf mit Art Blakey, Chico Freeman, Herbie Hancock, Frank Morgan, Marcus Roberts, Shirley Horn, Steve Turre, Gunther Schuller, Dizzy Gillespie, Joe Henderson u.a.; als Leader vor allem für Sony/Columbia.

Lit.: Christian Broecking, Der Marsalis Faktor, Waakirchen 1995. – W. M. & F. Stewart, Sweet Swing Blues on the Road, N.Y. 1994 (dt. Hamburg 1995)

Filme: Rosewood – Storyville – Shannon's Deal (1989, TV) – Portrait of England (Dok., 1989) – Tune in Tomorrow (1989) – Julia und ihre Liebhaber (1990)

Marshall, Jack Wilton

(g, comp, arr, ldr), * *23.11.1921 El Dorado, Ks., USA, † 12.10.1973 Huntington Beach, Calif.* Versierter Studiomusiker der L.A.-Szene der 40er bis 70er Jahre. Begann mit zehn Jahren Ukulele zu spielen, war in den 40er Jahren in div. Big Bands, war sieben Jahre im Filmdepartment von MGM, arbeitete dann als Freelancer für Film und TV sowie als Studiomusiker, u.a. für Capitol Records als Arrangeur und Leiter von Studiobands für Schallplatten, so für Wanda De Sah, Peggy Lee, Mavis Rivers, Four Freshmen, Blossom Dearie, Doris Day, Dan Wilson, Vic Damone, Glen Gray, Larry Hovis, Ted Nash, Alfred Newman, Dinah Shore, Billy Vaughn. Er nahm eigene LPs für Capitol auf mit Unterhaltungsmusik und »Space Age Pop« sowie eine originelle Duo-LP mit dem Perkussionisten → Shelly Manne (»Sounds Unheard Of!«, Contemporary).

Filme: The Missouri Traveller (1958) – Take a Giant Step (Spring über deinen Schatten, 1958) – Thunder Road (Letzte Fahrt nach Memphis, 1958; Robert Mitchum hatte einen Hit mit dem Titelsong!) – The Giant Gila Monster (1959) – The Rabbitt Trap (Die Kaninchenfalle, 1959) – My Dog, Buddy (1960) – Bristol Court (1965) – Munster Go Home (Gespensterparty, 1966) – Tammy and the Millionaire (1967) – Something for a Lonely Man (Big John macht Dampf, 1968) – Stay Away, Joe (1968) – Kona Coast (19658) – Backtrack (1969) – *TV-Serien:* The Deputy (1959–61) – The Munsters (1964–66)

Marshall, Phil

US-Komponist, für den Film tätig in den 80er und 90er Jahren.

Filme: Prime Risk (1984) – Sloane (1985) – The Last of Philip Banter (1986) – Rolling Vengeance (1987) – Student Exchange (1987, TV) – Illegally Yours (1988) – Full Moon in Blue Water (1988) – Why Me? (1990, TV) – Texasville (1990) – Flying Blind (1990, TV) – Run (1991) – Revolver (1991, TV) – Noises Off (1992) – The Endless Summer 2: The Journey Continues (Dok., 1994) – Kicking and Screaming (1995) – Dave Jones' Locker (1996) – Kiss Toledo Goodnight – Trial and Error (1997) – The Prince of Kissing (1997) – Assassinated: The Last Days of King & Kennedy (1998, TV) – The Ditchdigger's Daughter (TV) – Zenon: Girl of the 21st Century (TV) – Apollo 11 (TV) – The Right Temptation (Mörderische Versuchung, 2000, TV) – Submerged – The Jennie Project – Jumping Ship (2001, TV) – Crime & Punishment (2001) – Double Teamed (2002, TV) – Moms on Strike (2002, TV) – Crime & Punishment – A Ring of Endless Light (2002, TV)

Marszalek, Franz

* *2.8.1900 Breslau, † 28.10.1975 Köln.* Der Dirigent arbeitete in den 30er Jahren als Theaterdirigent und am Berliner Rundfunk. Er war befreundet mit → Eduard Künneke, mit dem er an einigen Filmen arbeitete und dessen Operetten »Lady Hamilton« und »Lockende Flamme« er mit aus der Taufe hob. Er setzte sich auch besonders für Leo Fall und Walter W. Goetze ein. Richtig bekannt wurde er aber erst nach 1949, als er am Kölner Rundfunk zahlreiche Aufnahmen produzierte, z. T. mit Sängern wie Peter Anders, Rudolf Schock und Fritz Wunderlich. Mit dem Sinfonieorchester des WDR widmete er sich der Oper und der populären Sinfonik. In den Archiven des WDR schlummern etliche Titel, deren Ausgrabung lohnenswert wäre; erhältlich auf CD sind einige Operetten (Philips).

Filme: Drei blaue Jungs (1933, + E.Künneke) – Der Vetter aus Dingsda (1934, + E.Künneke) – Abenteuer eines jungen Herrn in Polen (1934, + E.Künneke) – Da stimmt was nicht (1934, + E.Künneke) – Des jungen Dessauers erste große Liebe (1934, + E.Künneke) – Ein falscher Fuffziger (1935, + Ernst Leenen) – Die Fahrt in die Jugend (1935, + E. Künneke) – Der große Preis (1944)

Martell, Philip

** 1906 (oder 1915)?, England, † Aug. 1993.* Komponist und musikal. Leiter* im engl. Film der 50er bis 80er Jahre.

Filme u.a.: Murder at the Windmill (1949) – Miss Pilgrim's Progress – Mystery at the Burlesque (1950) – Mister Drake's Duck* (1951) – Penny Princess* – Trouble in Store* (1953) – Escape by Night* (1954) – Postmark for Danger* (1956) – The Man in the Road* (1957) – Hello London* – Menace by Night* (1958) – Home is the Hero* (1959) – The Treasure of San Teresa (Rhapsodie in Blei, 1959) – The Flying Doctor (1959, TV-Serie) – The Third Alibi (1961) – Mary Had a Little* – Hot Money Girl – Three on a Spree* – The Snake Woman* (1961) – Night Creatures* (1962) – The Small World of Sammy Lee* (1963) – Night Train to Paris* (1964) – The Psychopath (1966) – The Spy Killer (1969, TV) – Dr. Jekyll and Sister Hyde (1971) – The Anniversary (1968) – On the Buses (1971) – Straight on Till Morning (1972) – Hammer House of Mystery and Suspense (1984, TV)

Martelli, Carlo

** 12.12.1935 London, England.* Komponist für engl. und US-Filme der 60er Jahre. (Nicht verwandt mit Augusto M., * 15.3.1940 Genua).

Filme: Witchcraft (1964) – The Curse of the Mummy's Tomb (Die Rache des Pharaoh, 1965) – The Woman Who Wouldn't Die (1965) – The Murder Game (1966) – It! – Prehistoric Women (Amazones des Urwalds, 1967) – Curse of the Golem (1967)

Martens, Paul

** 29.12.1884 Berlin, † 26.11.1969 ebd.* Privates Musikstudium, bis 1918 Opernkapellmeister, dann Kapellmeister in Uraufführungs-Kinos wie dem Alhambra, ab 1929 Abteilungsdirektor der Dt. Grammophon Ges., nach 1933 als Komponist tätig, schrieb Musik für ca. 200 Kulturfilme. Ab 1945 war er Direktor des Deutschen Sinfonieorchesters Berlin.

Film: Das Wolgamädchen (D/A 1930)

Martin, George

** 3.1.1926 London, England.* M. wurde zur Legende durch seine Arbeit mit den Beatles, die durch ihn zur populärsten Rockband aller Zeiten wurden. M. war ein klassisch ausgebildeter Musiker und Komponist; 1950 ging er zur EMI und war fünf Jahre später verantwortlich für das Parlophone Label, wo er etliche Künstler produzierte, u.a. Shirley Bassey und Matt Monro. 1962 verpflichtete er die Beatles und blieb mit ihnen bis zur Auflösung der Gruppe 1970 verbunden. 1965 verließ er EMI und gründete ein eigenes Studio, AIR London, arbeitete als Produzent und Arrangeur, u.a. für José Carreras, Neil Sedaka, Ringo Starr, Paul McCartney und Jimmy Webb und produzierte auch die Soundtracks der Filme *Sgt. Pepper's Lonely Hearts Club Band* und P. McCartneys Film-Musical *Give My Regards to Broad Street*.

Lit.: G.M. with Jeremy Hornsby, All You Need is Ears, London / New York 1998

CD: 50 Years In Recording, EMI

Filme (mit den Beatles*): A Hard Day's Night* (Yeah!, yeah!, yeah!, 1964) – Help!* (1965) – Yellow Submarine* (1967) – Let it Be* (1968) – Sgt. Pepper's Lonely Hearts Club Band* – Pulp (1972) – Live and Let Die (James Bond: Leben und Sterben lassen, 1973) – Honky Tonk Freeway (Da steht der ganze Freeway kopf, 1981, + Elmer Bernstein) – Mr. Topaz – Give My Regards to Broad Street (1985, + P. McCartney)

www.georgemartin.com

Martin, Hugh

(comp, lyr, arr, voc, p), ** 11.8.1914 Birmingham, Ala., USA.* Komponist erfolgreicher Bühnenshows und Filmschlager, meist in Zusammenarbeit mit dem Texter Ralph Blane. Mit diesem 1937 in der Broadway-Show »Hooray For What?«.

Er arbeitete als Vokalarrangeur, leitete mit Blane das Gesangsquartett The Martins und sang in der Fred Allen Radio-Show.
LP: Martin And Blane Sing Martin & Blane, Harlequin HQ-701
Filme (Songs): Best Foot Forward – Thousands Cheer (*The Joint Is Really Jumping,* 1941) – Meet Me In St.Louis (*The Trolley Song, The Boy Next Door, Have Yourself A Merry Little Christmas,* 1944) – Ziegfeld Follies (1946) – Good News (*Pass That Peace Pipe*) – Connecticut (1947) – Athena (1954)

Martin, Ray

(Raymond Stuart) (ldr, arr, vln), * *11.10.1918 Wien, Österreich, † 7.2.1988 Kapstadt, Südafrika.* Der Arrangeur und Komponist studierte in Wien Violine und Komposition. 1937 ging er nach England, spielte im Rundfunk und im Varieté. 1940 ging er in das Intelligence Corps der Army und wurde nach dem Krieg musikal. Leiter der BBC in Hamburg. Er gründete ein Orchester aus Musikern der Hamburger Philharmonie für die Sendung »Melody from the Sky«. Er gründete dann das Northern Variety Orchestra der BBC und leitete es 1949–51. 1949 begann er Schallplatten für Columbia aufzunehmen, begleitete auch Vokalisten wie Julie Andrews, Steve Conway und Jimmy Young und hatte instr. Hits mit *Blue Tango, Swedish Rhapsody* und *Carousel Waltz.* Er wurde schließlich Recording Manager von Columbia und schrieb auch Film- und TV-Musik, z.T. unter Pseudonymen wie Tony Simmonds, Buddy Cadbury, Lester Powell und Marshall Ross. 1957 ging M. in die USA, arbeitete in New York und Hollywood für Film und Schallplatte, arrangierte u.a. für Buddy Morrow, The Skip Jacks, Jesse Belvin und Tex Beneke. 1972 kehrte er nach England zurück; in den 80er Jahren ließ er sich in Südafrika nieder.
Filme u.a.: It's Great To Be Young (Wie herrlich jung zu sein, 1956, + Lester Powell, John Addison) – Yield to the Night (Umfange mich, Nacht; 1956) – My Wife's Father – The Young Graduates – The Hoax (Der Schwindel, 1973) – Baltimore Bullit

Martin, Skip

(Lloyd) (as, cl, bar, comp, arr, ldr), * *14.5.1916 Robinson, Ill., USA. † Febr. 1976.* Der Big Band- und Film-Arrangeur/Komponist wuchs in Indianapolis auf, spielte mit lokalen Tanzorchestern und dem lokalen Sinfonieorchester. 1935–36 bei Gus Arnheim, begann dort zu arrangieren und schrieb dann u.a. für Count Basie, Charlie Barnet, Jan Savitt, Benny Goodman, spielte bei Barnet, Goodman und Glenn Miller. Er arbeitete in den 40er Jahren für die Big Band von Les Brown, die Pied Pipers und Vido Musso und war seit den frühen 50er Jahren in Hollywood als Freelance-Arrangeur für Film und TV tätig. Er arrangierte auch für die De Castro Sisters, Frank Sinatra, Margaret Whiting, Joni James, Peggy King, Phil Regan, The Modernaires, Phil Harris, Tony Martin, Gus Bivona, Ralph Marterie und nahm Schallplatten mit Studio-Bands auf.
LP: Music from M.Spillane's Mike Hammer, RCA LSP-2140 – TV Jazz Themes, Somerset SF-8800 – The Untouchables, Somerset SF-12900
Filme: I Love Melvin (1953) – The Opposite Sex (1956, Dir.) – Les Girls – A Star Is Born – The Bandwagon – Easy to Love – 10000 Bedrooms – TV: Mike Hammer

Martinez, Cliff

* *2.2.1954 New York City, USA.*
Filme: Tough Guys (1986, als Schauspieler) – Sex, Lies and Videotape (1989) – Pump Up the Volume (1990) – Kafka (1991) – Black Magic (1992, TV) – King of the Hill (1993) – The Underneath (1995) – Gray's Anatomy (1996, Songs und Darsteller) – The Limey (1999) – Traffic (2000)

Martinů, Bohuslav Jan

* *8.12.1890 Polička, ČSR, † 28.8.1959 Liestal (Basel-Land), Schweiz.* Tschech. Komponist. Lebte 1923–40 in Paris, dann in den USA, zuletzt in Frankreich und der Schweiz. In seinen Werken griff er die Volksmusik seiner Heimat auf, aber auch den Neoklassizismus und den Jazz. Er schrieb zahlr. Instrumental- und Vokal-Werke, Opern (»Julietta«, »Mirandolina«, »Ariane«), Ballette u.a. 1929 schrieb er die Filmoper »Die drei Wünsche« nach dem Stummfilmdrehbuch »Trois souhaites« des Dadaisten Georges Ribemont-Dessaignes. In dieser Oper wird ein Film gedreht, der dann auch gezeigt wird. Musikalisch bringt er dabei die

Musik der »Roaring Twenties« auf die Bühne. Die Oper wurde erst 1971 in Brünn uraufgeführt, in Deutschland zuerst 2002.

Marx, Bill

(William), * *8.1.1937 L.A., USA.* Der Sohn des berühmten Komikers Arthur (Harpo) M. studierte Piano an der Juilliard Univ. Er trat mit einem Jazztrio im Raum L.A. auf, arbeitete aber auch als Komponist und Arrangeur für Wynton Kelly, Lorez Alexandria, Peter, Paul & Mary u.a. Eigene Schallplatten für Vee Jay. Sein Sohn Richard Noel M. (* 16.9.1963 Chicago) ist Songschreiber und Komponist.

Filme: Walk the Angry Beach – Weekend Pass (1961) – Count Yorga, Vampire (1970) – The Return of Count Yorga (1971) – The Deathmaster (1972) – Folks at Red Wolf Inn (1972) – Johnny Vik – Scream, Blacula, Scream (1973) – Act of Vengeance (1974)

Mas, Jean-Pierre

** 28.10.1948 Ria (Pyrénées Orientales), Frankreich.*

Filme: Une suèdoise à Paris (1975, TV-Serie) – Le malin plaisir (1975) – Commissaire Moulin (19786, TV-Serie) – La famille Cigale (1976, TV) – Pourquoi pas! (1977) – Ma chérie (1980) – Un assassin qui passe – Putain d'histoire d'amour – Un dimanche de flic (1981) – La côte d'amour – La nuit du lac (1982) – Flag (1987) – La petite amie (1988) – Femme de papier (1989, TV) – Madame le proviseur (1994, TV-Serie) – Maria fille de Flandre – La femme dangereuse – Le cavalier des nuages – L'auberge de la Jamaîque (1995, TV) – Mon amour (1996, TV) – A chacun son tour – Inspector Moretti : Un enfant au soleil – Les braconniers de Belledombre (1997, TV) – Pepe Carvalho (F/I/E 1998, TV-Serie) – Le matador (1999, TV)

Masetti, Enzo

* *18.8.1893 Bologna, † 11.2. 1961 Rom.* Italienischer Komponist, schrieb in den 40er bis 60er Jahren vor allem für Abenteuer- und Fantasyfilme der Regisseure Pietro Fancisci und Goffredo Alessandrini.

Filme: La porta del ciele (1946) – L'ebreo errante (1947) – Fabiola (1948) – Il passatore – Volcano (1950) – Anita Garibaldi (I/F 1951) – Il Brigante Musolino (1951) – Ultimo incontro (Erotik, 1952) – Sensualita (Sinnlichkeit, 1952) – Camicie rosse (Anita Garibaldi, 1952) – La voce del silencio (Männer ohne Tränen, 1953) – Febbre di vivere (Die Lust des Bösen, 1953) – Attila, flagello di dio (Attila, die Geißel Gottes, I/F 1955, + R. Kraushaar) – La fatiche de Ercole (Die unglaublichen Abenteuer des Herkules, 1957) – Ercole a la regina de Lidia (Herkules und die Königin der Amazonen, 1959)

Masso, Alejandro

(A. Masso Fenoult), * *17.2.1943 Madrid.* Spanischer Komponist, arbeitete seit 1981 für span. und frz. Filme.

Filme: Funcion de noche (1981) – La hora bruja (1985) – Remando al viento (1987) – Miss Caribe – El dorado (1988) – Los dias del cometa (1989) – Non, ou a va gloria de mandar – Caidos del cielo – Ay, Carmela! (1990) – Tretrato de familia – La noche mas largas – Arthur Rimbaud, une biographie (Dok., 1991) – Tierno verano de lujuririas y Azotas (1992) – Pjarico (1997) – Elles (1998)

Mathieseon, Muir James

* *24.1.1911 Sterling, Schottland, † 2.8.1975 Oxford, Oxfordshire, England.* Engl. Komponist und Dirigent, Bruder des Komponisten Dock (John M., * 1914) und Vater der Schauspielerin Fiona M. (1951–1987). Studierte am Royal College of Music, wurde mit 20 Assistent von Alexander Korda, ging aber ein Jahr später mit einer Ballett-Truppe als Dirigent nach Kanada. Bei einem Konzert in der Royal Albert Hall sprang er einmal für Malcolm Sargent ein und wurde als Dirigent entdeckt. Er dirigierte dann Konzerte, Opern, Operetten und Musik für zahlreiche Filme. Er ist in zwei Filmen als Dirigent zu sehen: »The Seventh Veil« und »A Girl in a Million«. Er führte Regie bei »Instruments of the Orchestra«, das London SO wird dirigiert von Malcolm Sargent.

Filme u.a.: Q Planes (1939, Dir.) – Waterfront (1950, Dir.) – Who Goes There? (1952) – Guinevere (1953) – Melba (1953) – The Rough and the Smooth (Das Bittere and das Süße, 1959, Dir.) – Circus of Horrors (Der rote Schatten, UK 1960, +

Franz Reizenstein) – The Grass is Greener (Vor Hausfreunden wird gewarnt, 1960) – Sink the Bismarck! (Die letzte Fahrt der Bismarck, 1960) – Mix Me a Person (1962; Songs: Johnny Worth) – Crooks Anonymous (1962, + Henry Mathies) – Hide and Seek (1963), + Gary Campbell) – Life for Ruth (Brennende Schuld, 1962, Dir., Score: W.Alwyn) – Woman of Straw (Die Strohpuppe, 1964)

Matlovsky, Samuel

** 27.10.1921 in ?.* US-Komponist, für den Film tätig in den 60er und 70er Jahren für US- und kanadische Filme.
Filme: Third of a Man (1962) – Namu the Killer Whale (Namu der Killer Wal, 1966) – Birds do It (1966) – Gentle Giant – Games (1967) – The Fighting Men (1977) – Fish Hawk (1979)

Matson, Sasha

US-Filme: Daddy's Boys (1987) – Shadows in the Storm (1988) – Lobster Mail from Mars (1989) – Bloodfist (1989) – River of Death (1989) – Red Surf – Liberty and Bash (1990) – But He Loves Me (1991, TV) – Total Exposure (1991) – Crauy Jones (1992) – Betrayal of the Dove (Der Schrei der Taube, 1993) – Dead Center (1994) – Lies...In Love (2000)

Mattes, Willy

(Wilhelm Franz Josef), ** 4.1.1916 Wien, Österreich, † 30.7.2002 Salzburg.* Studium in Wien, erster Job am Oldenburger Landestheater als Solorepetitor, dann in Leipzig. Begann 1943 als freischaffender Komponist zu arbeiten, auch für den Film. 1944-50 lebte er in Schweden, war in Stockholm Dirigent des Rundfunkorchesters. 1951 Dirigent beim SDR und BR. Der Vater der Schauspielerin Eva M. (* 1954) wurde dann ein gefragter Filmkomponist, der allerdings viele Filme minderer Qualität vertonte, von der Heimatschnulze bis zum Sexfilm. Ab 1971 war M. Dirigent des Rundfunkorchesters Stuttgart. Er schrieb auch Unterhaltungsmusik und Lieder (*Hafenblues*).
Filme: Der Verteidiger hat das Wort (1943) – Das Hochzeitshotel (1944) – Sensation in San Remo (1951) – So ein Theater (A 1951) – Straßenserenade (1953) – Gitarren der Liebe (1954) – Die schöne Müllerin (1954) – Das Lied von Kaprun/Das hohe Lied der Tauern (D/A 1954) – Stern von Rio (D/I 1954) – Schwedenmädel (D/S 1954) – Das fröhliche Dorf – Ihr Leibregiment – Frucht ohne Liebe (1955) – Mein Bruder Josua – Tausend Melodien – Johannisnacht – Santa Lucia – Der Adler vom Velsatal (1956) – Madeleine: Tel. 136211 (1958) – Romarei, das Mädchen mit den Katzenaugen (D/I 1958) – Nick Knattertons Abenteuer – Mein Mädchen ist ein Postillion (1958) – Unser Wunderland bei Nacht – Der Frosch mit der Maske (1959) – Wenn die Glocken hell erklingen (A 1959) – Die Nackte und der Satan (1959) – Bomben auf Monte Carlo (1959/60) – Der rote Kreis (1960) – Flitterwochen in der Hölle – Insel der Amazonen (1960) – Die Wahrheit über Rosemarie (1960) – It's Not in Paradise (1962) – Die Flußpiraten vom Mississippi (D/IF 1963) – Weiße Fracht für Hongkong (D/I/F 1963) – Die Diamentenhölle am Mekong (D/F/I 1964)

Willy Mattes schrieb die Musik zum Thriller »Der rote Kreis«

Matz, Peter

** 6.11.1928 Pittsburgh, Pa., USA, † 9.8.2002 L.A.* Arrangeur und Komponist für Film, TV und Schallplatte, arbeitete u.a. für Barbra Streisand, Kiri Te Kanawa, Samuel Ramsey und Sarah Vaughan.

Filme: Bye Bye Braverman (1968) – The Little Sister/Marlowe (Der Dritte im Hinterhalt, 1969) – Emergency (171, TV) – Deadly Rivals (1972) – I Heard the Owl Call My Name (1972, TV) – Larry (1974, TV) – Funny Lady (Arr, 1975; OST: Arista) – In This House of Brede (1975, TV) – The Dark Side of Innocence (1976, TV) – The Great Houdini (1976, TV) – The Call of the Wild (1976, TV) – Just an Old Sweet Song (1976, TV) – CBS Salutes Lucy: The First 25 Years (1976, Dok.) – Alice in Wonderland (1976) – The Last Hurrah (1977) – Terraces (1977, TV) – Special Olympics: A Special Kind of Love (1978, TV) – Murder at the Mardi Gras (1978, TV) – The Grass is Always Greener Over the Septic Tank (1978, TV) – One in a Million: The Ron LeFlore Story (1978, TV) – Happily Ever After (1978, TV) – First You Cry (1978, TV) – The Prize Fighter (1979) – Love for Rent (1979, TV) – The Man in the Santa Claus Suit (1979, TV) – I Know Why the Caged Bird Sings (1979, TV) – The Tenth Month (1979, TV) – Fun and Games (1980, TV) – White Mama (1980, TV) – The Privates Eyes (1980) – Magic on Love Island (1980, TV) – Damien: The Leper Priest (1980, TV) – Crazy Times (1981, TV) – The Killing of Randy Webster (1982, TV) – Take Your Best Shot (1982, TV) – Drop-Out Father (1982, TV) – Lust in the Dust (1984) – As Is (1985, TV) – Mrs. Delafield Wants to Marry (1986, TV) – Mercy or Murder? (1987, TV) – Stone Fox (1987, TV) – Torch Song Trilogy (1988) – Laura Lansing Slept Here (1988, TV) – When You Were Young (1989, TV) – The Gumshoe Kid (1989) – The Ten Million Dollar Getaway (1991, TV) – Stepping Out (1991) – This Can't Be Love (Liebe ist bloß ein Wort, 1993, TV) – TV: Father Damien

Maxwell, Charles

** 25.10.1892 Leipzig, † 20.8.1962 L.A., USA.* Der Komponist (dt. Name unbek.) lebte seit 1911 in den USA und arbeitete von den 30er bis in die 50er Jahre fur Film und TV, z.T. mit dem Komponisten Arthur Lange. Nicht zu verwechseln mit dem gleichnamigen Schauspieler, der u.a. in mehreren »Bonanza«-Folgen zu sehen ist.

Filme: The Cuban Love Song (1931) – West Point of the Air – Calm Yourself (1935) – Girl's Dormitory (1936) – San Quentin (1937) – Wings and the Woman (1941) – Scotland Yard Investigator – Along Came Jones (1945) – The Groom Wore Spurs – Five (1951)

Maxwell, Charles

** 10.8.1909 London, England, † 29.9.1976 ebd.*

Filme: The Winning Ticket (1935) – The Great Ziegfeld – The Girl on the Front Page – Magnificent Brute – White Hunter – White Fang – Postal Inspector – Parole (1936) – Secret Agent X-9 – Night Key – California Straight – This is My Affair – Wild West Days – Adventure's End – Heidi – Singing Outlaw – The Wildcatter – That's My Story – Radio Patrol – Mysterious Crossing (1937) – The Jury's Secret – Forbidden Valley – Border Wolves – Western Trails – The Devil's Party – Outlaw Express – Red Barry – Sucz – Kidnapped – Submarine Parol – Gateway – The Crime of Dr. Hallet (1938) – The Three Musketeers – The Little Princess – The Hound of the Baskervilles – Oklahoma Frontier – Chip of the Flying U – Susannah of the Mounties (1939) – West of Carson City (1940) – Mutiny in the Arctic – Sky Raiders – Bombay Clipper –The Great Impersonation – Quiet Please: Murder (1942) – Wintertime – Dixie Dugan (1943) – The Tiger Woman – Raiders of Ghost City – Secrets of Scotland Yard –Zorro's Black Whip – The Woman in the Window (1944) – Manhunt of Mystery Island – (1946) – Crime of the Century – In Old Sacramento (1946) – Sons of Adventure – Out of the Storm (1948) – Ghost of Zorro – Flame of the Youth (1949) – Unmasked – Five (1951) – D-Day on Mars (1966, TV)

May, Billy

(William Edward), ** 10.11.1916 Pittsburgh, Pa., USA.* Versierter Arrangeur der 40er bis 80er Jahre. Erster Job bei George Olsen 1933, in den folgenden Jahren spielte er Trompete bei Al Howard, Barron Elliot, Lee River. 1939 zu Charlie Barnet, arrangierte dessen Hit *Cherokee*. 1940–42 bei Glenn Miller als Trompeter und Arrangeur. Ab 1943 spielte und/oder arrangierte er für Ozzie Nelson, Woody Herman, Bob Crosby, Alvino Rey, John Scott Trotter, Tex Beneke, Harry James, für den Komiker Red Skelton und produzierte Kinderschallplatten für Capitol. 1951 nahm er mit einer Studioband einige Titel für dieses Label auf, die durch einen »schleifenden« Saxophonsatz (à la Jimmie Lunceford) auffielen und deren Erfolg zur Gründung einer Road-Band führte, die er aber 1954 an Ray Anthony verkaufte, welcher Sam Donahue als Leader einsetzte. M. arbeitete dann als Freelance-Arrangeur für u.a. Frank Sinatra, Gary Crosby, Yma Sumac, Nat King Cole, Four Freshmen, Trudy Richards, Mel Tormé, Hi Lo's, Anita O'Day, Peggy Lee, Pat Dahl, Nancy Wilson, Ella Fitzgerald, Frankie Laine, Eartha Kitt, Ella Mae Morse, Jack Jones, Guy Pastor, Steve Lawrence, Jeri Southern, Frankie Randall, Bobby Darin, Frank Stallone, Vic Damone und die Bands von Ray Anthony, Georgie Auld, Glen Gray, Dick Stabile, Bob Keene, Art Mooney, Pee Wee Hunt, Woody Herman, Lionel Newman, Claude Gordon, Charles Gerhardt, Pat Longo, Boston Pops Orch., Charles Turner und Si Zentner. 1970–72 arbeitete er am Time-Life Projekt »The Swing Era«, einer LP-Serie von vierzehn 3-LP-Sets mit Nachspielungen klassischer Swing-Titel. Er arbeitete auch für den Film als Komponist bzw. Arrangeur. Im Film »Nightmare« spielt er einen Bandleader.

Lit.: Jack Mirtle, The Music of B. M., A Discography, Westport, Conn. 1998

CD: Best of the Capitol Years, Cap. 7812632 – Girls & Boys On Broadway/No Strings, Cap. 8367302 – Naughty Operetta/Fancy Dancin', EMI – OST, Johnny Cool, Ryko RCD 10744

Filme: Nightmare – A Kiss Before Dying (Arr., Musik: Lionel Newman, 1956) – The Fuzzy Pink Nightgown (OST: Imperial, 1957) – Tony Rome (1957) – Naked City (TV, 1958–60 – A Death of Princes (1960) – Sergeants Three (Die siegreichen Drei, 1961; OST: Reprise) – Johnny Cool (1962, Titelsong v. J.v.Heusen; OST: United Artists) – The Pleasure Seekers (Drei Mädchen in Madrid, 1964) – Batman (TV 1965–68, + Neal Hefti) – A Fine Madness (Arr., Score: John Addison) – Green Hornet (Bruce Lee: Der gelbe Taifun, TV, + Neal Hefti, 1966/74, Zusammenschnitt aus einer 1966 gedrehten TV-Serie) – The Ballad of Andy Crooker – Tony Rome (1967) – The Secret Life of an American Wife (1968) – The Lady in Cement (Arr.; Musik: Score: H.Montenegro, 1968) – The Pigeon (1969, TV) – The Ballad of Amy Crocker (1969, TV) – Tail Gunned Joe (1977, TV) – The Front Page (Extrablatt!, 1974) – The Specialist (1974, TV) – Emergency (TV, 1977–78) – The Cheap Detective (Arr., Score: Pat Williams) – Little Mo (1978, TV) – Return of the Beverley Hillbillies (1981, TV) – Pennies from Heaven (1981, + M. Hamlisch) – Yma Sumac: Hollywood's Inca Princess (Dok., 1992)

May, Brian

* *28.7.1934 Adelaide, Australien, † 6.4.1997 Melbourne.* Bandleader und Komponist. Schrieb die Musik für mehr als 30 Filme sowie zahlreiche TV-Musiken/-Themen. Nicht zu verwechseln mit dem gleichnamigen engl. Rockmusiker der Gruppe Queen.

Filme: The True Story of Eskimo Nell (1975) – Barnaby and Me (1977, TV) – Patrick (1978) – No Room to Run (1978, TV) – Mad Max – Thirst – Snapshot (1979) – Harlequin (1980) – The Survivor (1980, TV) – Nightmares (1980) – The Killing of Angel Street – Road Games – Gallipoli (1981) – Race for the Yankee Zephyr (Ein Teufelskerl, NZ/AUS 1981) – Max Max 2 (1891) – Halloween 2 – Treasure of the Yankee Zephyr (1981, TV) – The Day After Halloween – Escape 2000 – A Dangerous Summer – Kitty and the Bagman – Breakfast in Paris (1982) – The Road Warrior (1982) – Cloak and Dagger – Innocent Prey (1984) – Missing in Action 2: The Beginning (1985) – Sky Pirates (Dakota Harris, 1985) – The Quest – The Last Frontier (1986, TV) – Death Before Christmas – Steel Dawn (1987) – A Dangerous Life (1989, TV) – Jerry Lee Lewis & Friends (1989, als Musiker) – Bloodmoon – Hurricane Smith (1990) – Freddy's Dead: The Final Nightmare – Dead Sleep (1991) – Dr. Giggles (1992) – Blind Side (1993, TV) – The Adventures of Pinocchio (1996) – Star Licks Master Session: Brian May (Dok., 1996) – Furia (1997)

May, Hans

(eigentl. Johannes Mayer), * *11.7.1886 Wien, † 31.12.1958 London.* Ein »Wunderkind«, studierte der Bruder des Komponisten → Karl M. May (1893–1943) an der Musikakademie in Wien und war dann Kapellmeister für Operetten und Kabarettist in der von ihm mitbegründeten »Gondel«. Ab 1925 arbeitete er als

Stummfilmpianist und -komponist; seine jazzinspirierte Musik zum »Sommernachtstraum« brachte neue Klänge ins dt. Kino. Er schrieb dann Musik für Tonfilme, sein erster Beitrag dazu war das Lied *Casanova* aus »Wer wird denn weinen wenn man auseinandergeht«. M. war schon vor 1933 in den USA für die Paramount und MGM tätig, er emigrierte (nach Zwischenstationen in Wien und London) schließlich dorthin und arbeitete weiter für den Film. M. gehört zu den produktivsten Filmkomponisten der 30er und 40er Jahre.

Stummfilme: Ein Sommernachtstraum (1925) – Die Försterchristel (1925) – Mädchenhandel (1926) – Die 3. Eskadron (1926) – Des Königs Befehl (1926) – Das graue Haus – Spitzen – Unsere Emden (1926) – Sturmflut – Sein größter Bluff – Hotelratten – Höhere Töchter – Der Feldmarschall – Das Spielzeug schöner Frauen (1927) – Wer wird denn weinen wenn man auseinandergeht (D/UK 1929)

Filme: Das brennende Herz (1929) – Hai Tang/Der Weg zur Schande (D/UK 1930, + John Reynders; *Einmal kommt das Wunder der Liebe*) – Der Greifer (1930, + John Reynders) – Zweimal Hochzeit (1930) – Wien du Stadt der Lieder/Donauwellen (1930) – Zweimal Hochzeit/Eine schwache Stunde (1930) – Das gestohlene Gesicht (1930) – Ein Burschenlied aus Heidelberg (1930) – Die Bräutigamswitwe (1931) – Trara um Liebe (1931) – Der Draufgänger (1931, *Kind, du brauchst nicht weinen*) – Weekend im Paradies (1931, + Grete Walter) – Johann Strauss, der k.u.k. Hofkapellmeister (1932, *Die Fenster auf, der Lenz ist da*) – Der Stolz der 5. Kompanie (1932) – Der Frauendiplomat (1932) – Es geht um Alles (1932) – Moderne Mitgift (1932) – Trenck/Der Roman einer großen Liebe (1932) – Kaiserwalzer (1932) – Die unsichtbare Front (1932) – Ein Lied geht um die Welt (1933, auch Titellied, + Ernst Neubach) – Wenn du jung bist gehört dir die Welt (A 1933) – Keinen Tag ohne dich (1933) – My Song Goes Round the World (UK 1934, Remake von »Ein Lied geht um die Welt«) – Bleeke bet (NL 1934) – De big van het regiment (NL 1934) – Ein Stern fällt vom Himmel (A 1934) – Salto in die Seligkeit (A 1934) – Radio Parade of 1934 (UK 1934) – The Student's Romance (UK 1935) – Heut' ist der schönste Tag in meinem Leben A 1936) – Mademoiselle Docteur (UK/F 1935) – The Lilac Domino (UK 1937) – I Killed the Count (UK 1939) – The Stars Look Down (Die Sterne blicken herab, UK 1939) – Paradis perdu (Das verbotene Paradies, F 1939) – Pastor Hall (UK 1940) – Back Room Boy (UK 1941) – Thunder Rock (UK 1942) – Uncensored (1942) – Candlelight in Algeria (UK 1943) – 2000 Women (UK 1944) – Madonna of the Seven Moons (Madonna der sieben Monde, UK 1944) – Twilight Hour (UK 1944) – Waltz Time (UK 1944) – Murder in Reverse (UK 1945) – The Wicked Lady (Frau ohne Herz, UK 1945) – The Trojan Brothers (UK 1945) – Latin Quarter (UK 1945) – The Lisbon Story (UK 1945) – Bedelia (UK 1945) – The Laughing Lady (UK 1946) – Woman to Woman (UK 1946) – Spring Song (UK 1946) – Brighton Rock (UK 1946) – Mrs. Fitzherbert (UK 1947) – My Brother Jonathan (Starke Herzen, UK 1947) – Brighton Rock (UK 1947) – The Ghost of Berkeley Square (UK 1947) – A Tale of Five Cities (Fünf Mädchen und ein Mann, UK/D/F/I 1951) – Shadow of the Eagle (Graf Orloffs gefährliche Liebe, UK 1950) – The Tall Headlines (UK 1952) – Rough Shoot (Schuß im Dunkel, UK 1952) – Escape Route (Achtung, Menschenraub, UK 1952) – Never Let Me Go (Es begann in Moskau, USA 1953) – The Gypsy and the Gentleman (Dämon Weib, UK 1957) – Der Kaiser und das Wäschermädel (A 1957) – Ein Lied geht um die Welt (1958, mit der Originalmusik von 1933)

May, Karl

(Friedrich), * *25.2.1842 Ernstthal/Erzgebirge, † 30.3.1912 Radebeul bei Dresden*. Dt. Schriftsteller, Verfasser von populären Abenteuerromanen, von denen etliche als Vorlage für Filme dienten. Die Musik zu diesen erfolgreichen, aber qualitativ sehr unterschiedlichen Filmen schrieben → Martin Böttcher, → Erwin Halletz, → Gottfried Huppertz, → Angelo Francesco Lavagnino, → Riz Ortolani, → Raimund Rosenberger, → Ulrich Sommerlatte und → Peter Thomas.

Lit.: Michael Petzl, Karl May-Filmbuch, Bamberg 1997. – ders., Der Weg zum Silbersee, Die Drehorte und Dreharbeiten der Karl-May-Filme, Berlin 2001. – ders., Das große Karl-May-Lexikon, Berlin 1999

CD: Wilder Westen – Heißer Orient, Karl-May-Filmmusik 1936–68, Bear Family BCD 16413 (8 CD-Box)

May, Karl M.

(Karl Michael Mayer, eigentl. Maier), * *9.8.1893 Wien, † 19.4.1943 Madrid.* Bruder von → Hans May.

Filme: Liebling der Götter (1930, + Schmidt-Gentner) – Zwei Menschen (1930, + Max Pflugmacher) – Schützenfest in Schilda (1931, + Felix Günther) – Hasenklein kann nichts dafür (1932) – Ein süßes Geheimnis (1932, + Grete Walter, Marc Roland, Paul Hühn) – Die elf Schillschen Offiziere (1932)

May, Simon

* *15.8.1944 in ?.* Engl. Musiker, Songschreiber und Komponist, arbeitet seit 1985 für engl. und US-Filme.

Filme: The Jewel of the Nile (Das Juwel vom Nil, 1985, Songs) – The Dawning (1989) – Caught in the Act (1996, Songs)

Maye, Paul

* *8.3.1893 Marseille, Frankreich, † 7.9.1969 Boulogne-sur-Seine, Frankreich.*

Film: Die Männer um Lucia (1931)

Mayfield, Curtis Lee

* *2.6.1942 Chicago, Ill., USA, † 25.12.1999 Roswell, Georgia.* Als Sänger und Songschreiber gehört M. zu den bedeutenden Persönlichkeiten der Soul-Musik, bes. für seine Gruppe, The Impressions. 1970 begann er eine Solo-Karriere mit dem Protest-Song *(Don't Worry) If There's A Hell Below We're All Going To Go.* Er arbeitete auch für Aretha Franklin und die Blow Monkeys. 1990 wurde er durch einen Unfall querschnittsgelähmt.

Filme: Superfly (1972) – Claudine (1974, OST: BMG) – Let's Do It Again (Dreh'n wir noch ein Ding, 1975) – A Piece of the Action (Ausgetrickst, 1977)

McCartney, Paul

* *18.6.1942 Liverpool-Allerton, England.* → *Beatles.*

Filme: The Family Way (1976) – Live and Let Die (Titelsong mit Linda McCartney, 1973) – Give My Regards to Broad Street (Broad Street, 1984; mit George Martin) – *mit den Beatles*: A Hard Day's Night (1964) – Help! (1965) – Yellow Submarine (1968) – Let It Be (1968)

McCauley, Matthew

* *1.4.1954 Ottawa, Ontario, Kanada.* Keyboarder, Arrangeur, Komponist und Produzent. Arrangierte für Pop-Acts wie die Gruppe America, für Dave Alvin und den Filmkomponisten und Songschreiber Randy Edelman. Sein Bruder → Tim(othy) McCauley ist ebenfalls für den Film tätig. Beider Vater → William Alexander Mc. arbeitete ebenfalls für den Film.

Filme: Between Friends – Get Back (1973) – Sudden Fury (1975) – Cuity on Fire (1978) – Riel (1979, TV) – Middle Age Crazy (1980) – The Last Unicorn (Das letzte Einhorn; Cartoon, 1982, TV) – In the Custody of Strangers (1982, TV) – A Matter of Sex (1984, TV) – Obsessive Love (1984, TV) – The Undergrads (1985, TV) – Many Happy Returns (1986, TV) – Thunder Run (1986) – State Park (1987) – Love and Murder (1991) – Gene Roddenberry's Andromeda (2000, TV) – TV-Serie: Andromeda (OST: GNP)

McCauley, Tim

(Timothy), * *12.12.1959 Rochester, N.Y, USA.*

Filme: Love (1982) – Screwballs – Best Revenge (1983) – Shell Game (1985) – Thrillkill (1987) – Blue City Slammers (1989)

McCauley, William Alexander

* *14.2.1917 Tofield, Edmonton, Kanada.*

Filme: The Neptune Factor: An Undersea Odyssey (Die Odyssee der Neptun, 1973) – It Seemed Like a Good Idea at the Time (1975) – City on Fire (1978) – Vengeance is Mine (1984)

McElheron, Maureen

* *26.9.1950 Lansing, Mich., USA.* Komponistin, Songschreiberin, Drehbuchautorin und Schauspielerin.

Filme: Your Face (1987) – How Your Kiss (1989) – The Wiseman (1990, auch Drehbuch) – Push Comes to Shove (1991, nur Drehbuch) – The Tune (1992, auch Drehbuch) – Nose Hair (1994) – I Married a Strange Person! (Gnadenlose Flitterwoche, Cartoon, 1997, Songs) – Mondo Plympton (1997, auch Drehbuch) – Mutant Aliens (2001)

McFarland, Gary

(comp, arr, vib, ldr), * *23.10.1933 L.A., USA, † 3.11.1971 N.Y.* Der vor allem als Jazzarrangeur bekannte M. begann Vibraphon während seiner Armeezeit zu spielen und studierte an der School of Jazz in London und dem Berklee College. Anfang der 60er Jahre begann er für Jazzmusiker zu arrangieren, u.a. für das Modern Jazz Quartet, John Lewis, Gerry Mulligan, Anita O'Day, Stan Getz und Bill Evans. Er nahm unter seinem Namen Schallplatten für Verve u. Skye auf, darunter eine Jazz-Version des Frank Loesser-Musicals »How to Succeed in Business Without Really Trying«. Er trat mit einem Quintett auf und war Mitbegründer des Skye-Labels.

Filme: Eye of the Devil (Die schwarze 13, UK 1967) – Who Killed Mary What's 'ername?

McGuffie, Bill

(William, Ps. Guido Miguel, Raphael Mertek), * *11.12.1927 Carmyle b. Glasgow, Schottland, † 22.3.1987 Chertsey, Surrey, England.* Der Jazz- und Cocktailpianist spielte in den 40er Jahren in den Tanzorchestern von Miff Hobson, Teddy Foster, Joe Loss, Ambrose, Cyril Stapleton u.a. In den 50er Jahren war er für einige Zeit in Hollywood, arbeitete dort mit André Previn und Johnny Green an Filmen, u.a. »The Tender Trap« und »Kismet« und – mit Robert Farnon – »Gentlemen Marry Brunettes« (1955). Zurück in England, spielte er bei Kenny Baker, arbeitete wieder mit R. Farnon (»Road to Hong Kong«, 1962) und begann auch selbst Musik für Filme und TV zu schreiben. Er trat auch als Solist oder mit eigener Gruppe auf, arbeitete als Studiomusiker und war Anfang der 70er Jahre auf Europatournee mit Benny Goodman. In allen seinen Filmen hat er Kurzauftritte (à la Hitchcock), oft als Barpianist, wenn das Drehbuch es erlaubte.

Filme: Too Hot to Handle (Zu heiß zum Anfassen, 1960) – It Takes a Thief (1960) – The Long Shadow (1961) – The Boys (1961) – The Leather Boys (1963) – The Comedy Man (1964) – Invasion Earth 2150 A.D. (1966) – Corruption (Die Bestie mit dem Skalpell, 1967) – Asphyx (1972) – The Small Miracle (1973)

McHugh, David

* *29.5.1941 Brooklyn, N.Y., USA.*

Filme: Moscow on the Hudson (1984) – Changing Habits – Three Fugitives – Mystic Pizza (1988)

McHugh, Jimmy

(James Francis), * *10.7.1894 Boston, Mass., USA. † 23.5.1969 Beverly Hills, Calif.* Bedeutender Komponist für Bühne und Film der 20er bis 50er Jahre. Studierte in Boston, war Proben-Pianist am dortigen Opernhaus und arbeitete für Musikverlage in N.Y. Erster Erfolg als Komponist mit der Broadway-Show »Blackbirds of 1928«. Texte für seine frühen Songs schrieben → Dorothy Fields, später Harold Adamson, auch Johnny Mercer, Ted Koehler, Al Dubin, Ned Washington und Frank Loesser. Bekannteste Songs: *When My Sugar Walks Down the Street, I Can't Give You Anything But Love, Exactly Like You, Don't Blame Me, On the Sunny Side of the Street.*

Songs/Filme: The Cock-Eyed World (1929) – Love in the Rough (1931) – Flying High (1931) – Cuban Love Song (Film-Titelsong, 1931) – Singin' the Blues (Film-Titelsong) – Dancing Lady (Film: Dancing Lady, 1933) – Don't Blame Me (Film: Dinner at Eight 1933) – I Won't Dance (Film: Roberta, 1935) – I'm in the Mood for Love (Film: Every Night at Eight, 1935) – I've Got My Fingers Crossed – I'm Shooting High – Lovely Lady – Spreading Rhythm Around (Film: King of Burlesque, 1936) – Banjo on My Knee (1936) – Picture Me Without You (Film: Dimples) – There's Something in the Air – Where the Lazy River Goes By (Film: Banjo on My Knee) – With All My Heart (Film: Her Master's Voice, 1936) – Top of the Town – Jamboree – Where Are You? – Blame it on the Rhumba (Film: Top of the Town) – You're a Sweetheart – My Fine Feathered Friend – Broadway Jamboree (Film: You're a Sweetheart, 1937) – You're as Pretty as a Picture – Be a Good Scout – My Own – That Certain Age (Film: That Certain Age, 1938) – A Serenade to the Stars – Chapel Bells (Film: Mad About Music, 1938) – I Love to Whistle (Film: Mad About Music, 1938) – You've Got Me This Way – The Bad Humor Man – I'd Know You Anywhere (Film: You'll Find Out) – My! My! – Say It – My Kind of Country (Film: Buck

Benny Rides Again) (1939) – Strawberry Lane (Film: You're the One) (1941) – Let's Get Lost – Happy-Go-Lucky – »Murder« He Says (Film: Happy-Go-Lucky) (1942) – Can't Get Out of This Mood – A Touch of Texas – Puerto Rico (Film: Seven Days Leave, 1943) – How Blue the Night – How Many Times Do I Have to Tell You (Film: Four Jills in a Jeep) – The Music Stopped – I Couldn't Sleep a Wink Last Night – A Lovely Way to Spend an Evening – You're the One (Film: Higher and Higher) – Filme: Something for the Boys, Around the World, Two Girls and a Sailor, The Princess and the Pirate (1944) – I Walked In – I Don't Care Who Knows It (Film: Nob Hill) (1945) – You Moved Right in (Film: Bring On the Girls (1945) – Heaven Again – Somebody's Walkin' in My Dreams (Film: Doll Face) – Do You Love Me?, Smash-Up (1946) – Hit Parade of 1947 – Calender Girl (1947) – My Brooklyn Love Song – We're Living the Life We Love (Film: If You Knew Susie, 1946) – You'll Know (Film: His Kind of Woman, 1947) – It's a Most Unusual Day (Film: A Date with Judy, 1948) – A Private Affair (1959)

McIntosh, Tom

(Thomas S.), * *6.2.1927 Baltimore, Md., USA.* Studierte am Peabody Konservatorium 1944, spielte Posaune in einer Army Band, studierte an der Juilliard School bis 1958 und spielte und arrangierte dann für die Jazzgruppen von Maynard Ferguson, James Moody (LP »Great Day«), Art Farmer, Paul Winter und Dizzy Gillespie (»Something Old, Something New«). Er arbeitete auch für das N.Y. Jazz Sextet und die Thad Jones-Mel Lewis Big Band. Danach wandte er sich dann aber Kompositions- und Lehrtätigkeiten zu. Für den Film »Shaft« (1971) fungierte er als »technical advisor«, behauptet, aber auch die Musik geschrieben zu haben, für die → Isaac Hayes einen Oscar bekam.

Filme: The Bus is Coming – Girls on the Road (1972) – Slither (Schleuderpartie, 1973) – A Hero Ain't Nothing But a Sandwich (1977)

McKenzie, Mark

* *5.6.1956 Lake City, USA*

US-Musiker und Komponist. Begann im Film als Arrangeur, arbeitete u.a. für Danny Elfman, Cliff Eidelman, Alan Silvestri, ab 1991 als Komponist.

Filme: Son of Darkness: To Die For II (1991) – Warlock: The Armageddon (1993) – My Family (1995) – Dr. Jekyll and Ms. Hyde (1995) – Death in Granada (1997) – Lost Child (2000, TV)

McKuen, Rod

(Rodney Marvin), * *29.4.1933 Oakland, Calif., USA.* Der Poet der »Love Generation« der 60er Jahre begann als Musiker und Schauspieler (Film »Rock Pretty Baby«, 1957) und Disc Jockey. Ein Aufenthalt in Paris brachte ihn mit Jacques Brel und Charles Aznavour zusammen; unter ihren Einfluss begann er Gedichte zu schreiben, die den Zeitgeist trafen und – in mehreren Büchern veröffentlicht – enorm erfolgreich waren, obwohl ihn »Newsweek« zum »King of Kitsch« ernannte. Seine bekanntesten Songs sind *Seasons in the Sun* (Musik: J.Brel), *I Think of You* (Musik: F.Lai), *Love's Been Good to Me, Soldiers who Want to Be Heroes* und *The Importance of the Rose*. Als seine beste LP gilt »McKuen Country« (1976) als perfektes Beispiel zum Thema Country-Rock. Sein Beitrag zum Film begann mit der Musik zu »The Prime of Miss Jean Brodie« (Song: *Jean*) und sechs Songs für »A Boy Named Charlie Brown«. Er komponierte auch Sinfonien, Klavier- und Gitarrenkonzerte u.a.

Filme: Rock, Pretty Baby (1956) – The Prime of Miss Jean Brodie (Die besten Jahre der Miss Jean Brodie, UK 1968) – Joanna (UK 1968) – A Boy Named Charlie Brown (1969) – Scandalous John (1971) – Lisa, Bright and Dark (1973) – The Borrowers (1973) – Emily (1977)

LP: The Movie and Television Music of Rod Mc Kuen, Stanyan

McNeely, Joel

* *1958 Madison, Wisc., USA.* Studierte an der Interlochen Arts Academy Komposition und Flöte, dann an der Univ. of Miami, der Eastman School in Rochester bei Ray Wright. Wollte ursprünglich eigentlich Jazzmusiker (ts) werden, kam durch David Shire und Bruce Broughton zum Film und machte sich ab 1987 einen Namen als solider und verlässlicher Komponist mit der Fähigkeit, mit Partituren

für große Orchester umzugehen. Er dirigierte für das Varèse-Label eine Reihe von CDs mit Neueinspielungen von Filmmusiken, u.a. von Bernard Herrmann.
Filme: You Talkin' to Me? (1987) – Davy Crockett: Rainbow in the Thunder (1988, TV) – Splash, Too (1988, TV) – Perent Trap Hawaiian Honeymoon (1989, TV) – Parent Trap 3 (1989, TV) – Appearances (1990, TV) – Frankenstein: The College Years (1991, TV) – Young Indiana Jones Chronicles: Indiana Jones and the Mystery of the Blues (1992) – Lady Against the Odds (1992, TV) – Samantha (1992) – Terminal Velocity (1994) – Squanto: A Warrior's Tale (Squanto, der große Krieger, 1994) – Radioland Murders – Iron Will (1994) – Gold Diggers: The Secret of Bear Mountain (1995) – Flipper (1996) – Buffalo Soldiers – Vegas Vacation – Air Force One (1997, + Jerry Goldsmith) – Soldier – The Avengers (1998) – Buddy Faro (1998, TV) – Virus (1999) – Dark Angel (2000, TV) – Sally Hemings: An American Scandal (2000, TV) – Disney's Return to Never Land (2001, OST: Disney) – The Jungle Book 2 (2003)

McVay, James

* *26.12.1954 USA.*
Filme: A Triumph of the Heart: The Ricky Bell Story (1991, TV) – In Mother's Right: The Elizabeth Morgan Story (1992, TV) – Charles and Diana: Unhappily Ever After? (1992, TV) – The Diamond Fleece (1992, TV) – Desert Winds (1994) – Freaky Friday (1995, TV) – Race Against Death (Wettlauf mit dem Tod, 1996) – The Marriage Fool (TV) – In the Blink of an Eye (TV) – Spoon River

Meid, Lothar

* *28.2.1942 Babenhausen/Illertissen.* Studierte Jura und Zeitungswissenschaft, spielte daneben Bass in versch. Gruppen, u.a. Gunter Hampel und studierte bei Joe Haider Kontrapunkt und Arrangieren. Spielte mit Klaus Dolinger, den Popgruppen Amon Düül II und 18 Karat Gold, arbeitete als Studiomusiker und auch als Schauspieler in Filmen. Er veröffentliche Solo-LPs und produzierte u.a. Marius Müller-Westernhagen.
Filme: Ein komischer Heiliger (1979) – Theo gegen den Rest der Welt – Flitterwochen – Asphaltnacht (1980) – Keiner hat das Pferd geküßt (1891) – Die Heartbreakers – Danni (1983)

Meier, Dieter

* *4.3.1945 Zürich, Schweiz.* Der schweizer Geschäftsmann und Golfspieler (Mitglied des nat. Golf-Teams) tat sich zusammen mit dem Musiker Boris Blank (* 15.1.1953) zur Popgruppe Yello. Sie veröffentlichten Schallplatten bei Ralph Records in den USA, Do It in England, Elektra und Mercury und auf dem eigenen Label Solid Pleasure. Das Duo arbeitete mit Shirley Bassey und Billy McKenzie zusammen, hat sich aber dann mehr auf den Film konzentriert.
Filme: Jetzt und alles (1980, auch Drehbuch, Schauspieler u. Regie) – Dandy (1987) – Zwei Frauen/Silence Like Glass (1989, Song: *The Race*) – Just Visiting This Planet (1990) – Der Kongreß der Pinguine (1993, Sounddesigner) – Nuns on the Run – Snowball G String Divas (2000, TV-Serie; Song: *Do It*) – Lightmaker (2001, auch Prod. u. Regie)

Meisel, Edmund

* *14.8.1874 Wien, † 15.11.1930 Berlin.* Dt. Stummfilmkomponist, berühmt für seine Musik zu Eisensteins »Panzerkreuzer Potemkin«.
Lit.: Lothar Prox/Werner Sudendorf, E. M, 1982
Filme: Panzerkreuzer Potemkin (UdSSR, 1925) – Oktober (UdSSR, 1927) – Berlin (Dok., 1928) – The Crimson Circle (1930) – Stürme über dem Montblanc (1930, + Otto Sirl, Paul Dessau)

Meisel, Will

(August Wilhelm), * *17.9.1897 Rixdorf/Berlin, † 29.4.1967 Müllheim/Baden-W.* Der Komponist und Musikverleger studierte vom 5. Lebensjahr an Musik und Tanz und wurde mit zehn Jahren Mitglied der Königl. Hofoper in Berlin. Er begann seine Karriere nach dem 1. Weltkrieg als Balletttänzer und arbeitete zeitweise als Rundfunk-Tanzlehrer. 1923 machte er sich als Kabarettdirektor selbstständig und gründete 1926 den Bühnen- und Musikverlag Edition Meisel & Co. Er schrieb Musik zu 44 Tonfilmen, sieben Operetten (u.a. »Fräulein, Pardon«, 1929; »Die Frau im Spiegel«, 1932; »Königin einer Nacht«, 1943) und zahlreiche Lieder. In der NS-Zeit war er Parteimitglied, wurde nach dem Krieg als Mitläufer eingestuft

und durfte 1950 seine Arbeit fortsetzen.
Lit.: K. Eidam/R. Schröder, 100 Jahre W. M., Eine Berliner Geschichte mit Musik, Berlin 1997
Filme: Liebe im Ring (1930, + A. Guttmann, C. Schmalstich) – Der Kampf mit der Unterwelt/Das Geheimnis der fünf Schlüssel (1930, + Martin Buchstab) – Eine Freundin so goldig wie du (1930, + Jara Benes) – Der Bergführer von Zakopane (1931, + Fritz Wenneis) – Schachmatt (1931) – Tänzerinnen für Süd-Amerika gesucht (1931, + Philipp de la Cerda) – Der unbekannte Gast (1931) – Ein ausgekochter Junge (1931) – Der Finanzdirektor (1931) – Wenn die Soldaten ... (1931) – Um eine Nasenlänge (1931, + M.Buchstab) – Der Storch streikt (1931, + Erwin von Platen) – Verklungene Träume (D/Rumänien 1931) – Zu Befehl Herr Unteroffizier/Der Pechvogel (1932) – Die Vier vom Bob 13 (1932, + G.Becce) – Schleppzug M 13 (1933, + Alex Stone, Richard Dochan) – Das Tankmädel (1933) – Schön ist jeder Tag den du mit schenkst, Marie-Luise (1934) – Annette im Paradies (1934, + Fritz Domina) – Die große Chance (1934, + F.Domina) – Zigeunerblut/Ungarmädel (1934, + Franz Stolzenwald) – Der Springer von Pontresina (1934, + F.Stolzenwald) – Ein Walter für dich (1934) – Ich sing' mich in dein Herz hinein (1934, + Leberecht v. Guaita) – Was bin ich ohne dich (1934, + F.Stolzenwald) – Jede Frau hat ein Geheimnis (1934) – La Paloma (1934, + Fritz Domina) – Ich heiße Benjamin (1934) – Der Schlafwagenkontolleur (1934, + Herm. Josef Schneider) – Krach im Hinterhaus (1934, + Fritz Domina) – Der müde Theodor (1936, + F.Domina) – Engel mit kleinen Fehlern (1936, + F.Domina) – Die letzte Fahrt der Santa Margareta (1936, + F.Domina) – Familienparade (1936, + F.Domina) – Ein kleiner goldener Ring (1936, + F.Domina) – Der verkaufte Lebemann (1936, + F.Domina) – Der lustige Witwenball (1936) – Alles für Veronika (1936, + F.Domina) – Krach und Glück um Künnemann (1937, + Kurt Lubbe) – Karussell (1937) – Meine Frau die Perle (1937, + F.Domina) – Kleines Bezirksgericht (1938) – Seitensprung (1940) – Polterabend (1940) – Ehe man Ehemann wird (1941)
www.meiselmusik.de

Melachrino, George Miltiades

** 1.5.1909 London, England, † 18.6.1965 ebd.* Der als »Easy-Listening«-Bandleader bekannte M. war ein »Wunderkind«, er begann mit vier Jahren zu komponieren, hatte mit 13 ersten Auftritt als Violinist und studierte später am Trinity College. Er spielte mit den Savoy Orpheans und dirigierte während des 2.Weltkrieges die engl. Band der alliierten Expeditionsstreitkräfte (AEF). Nach dem Krieg gründete er die M.-Organisationen, schrieb und produzierte Musik für Filme, Konzerte, Rundfunk, Schallplatten und spielte sie mit dem M.-Orchestra, den M.-Strings, den Blue Rockets, Masqueraders und Jack Cole's Music Masters ein. Er arrangierte für zahlreiche Bands und nahm rd. 50 LPs mit »Easy Listening«-Music für RCA auf, später auch für ABC-Paramount.
Filme: Appointment with Crime (UK 1946) – The Shop at Sly Corner (Ruf der Vergangenheit, UK 1946) – Eight o'clock Walk (UK 1953) – House of Darkness (UK)

Melbinger, Stefan

** 8.12.1947 St. Pölten, Österreich.* Begann als Jugendlicher in Rockbands, verlegte sich später auf die klassische Gitarre. Studierte an der Musikhochschule Wien, war Dozent für Gitarre an der Pädagogischen Hochschule Krems. Interessierte sich dann für improvisierte Musik, indische Musik und Liedermachen. Er komponierte Lieder, Musik für Hörspiele, TV und ein Musical. Erste Filmmusik 1977 für Michael Verhoeven.
Filme: Gefundenes Fressen (1977) – Ein Fall für Zwei (1981, TV-Serie) – Treffer (1984) – Tatort: Rechnung ohne Wirt (1984, TV) – Tatort: Das Haus im Wald (1985, TV) – Der Boss aus dem Westen (1985, TV) – Das Nest (1988, TV) – Tatort: Schmutzarbeit (1989, TV) – Letzten Sommer in Kreuzberg (1989, TV) – Abenteuer Airport (1990, TV) – Tatort: Bienzle und der Biedermann (1992, TV) – Hölleisengretl (1994, + Hubert Achleitner) – Der Zauber des Rosengartens – Die Pferdefrau (2001, TV)

Melichar, Alois

** 18.4.1896 Wien, Österreich, † 9.4.1976 München.* Der Sohn eines Kapellmeisters spielte schon mit zehn Jahren Violine in der Kapelle seines Vaters und nach dessen Tod in Bars und Caféhäusern. Er studierte an der Staatsakademie in Wien und der Hochschule für Musik in Berlin. Arbeitete dann als Musiklehrer, von 1927 bis 1933 war er Kapellmeister und musikalischer Leiter der Deutschen Grammophon AG. Seine Filmarbeit begann 1931, als er für Franz Grothe beim Film »Walzerkrieg« einsprang. Bis 1945 schrieb er die Musik zu 40 Filmen. 1945 bis 1949 war er Dirigent der Wiener Philharmoniker. Er war auch Leiter für moderne Musik beim Wiener Sender Rot-Weiß-Rot, komponierte Chor- und Orchesterwerke, Musik zu Hörspielen und Filmen und schrieb zwei Bücher. M. verwendete in seinen Filmmusiken Elemente barocker und klassischer Musik (Orgelmusik von Bach in »Das unsterbliche Herz«); sie »trägt Charakterzüge gehobener Unterhaltungsmusik im besten Sinn« (K.Vogelsang).

Filme: Walzerkrieg (1933) – Der junge Baron Neuhaus (1934) – Abschiedswalzer (1934) – Land der Liebe (1937, Lied: *Ich wußte nie was Liebe ist*) – Nanon (1938, *Heut' ist der schönste Tag in meinem Leben*) – Liselotte von der Pfalz (1935) – Stradivari (1935) – Wenn die Musik nicht wär' (1935) – Vergiß mein nicht (1935, + Ernesto Curtis) – Zigeunerbaron (1935, nach J.Strauss) – Liebeserwachen (1936) – Dreimäderlhaus (1936, nach F.Schubert) – Ave Maria (1936, + Ernesto de Curtis) – Der Bettelstudent (1936, nach Millöcker) – Das Mädchen Irene (1936) – Land der Liebe (1937) – Mutterlied (1937) – Die Fledermaus (1937, nach J.Strauss) – Dir gehört mein Herz (1938, + C.A.Bixio) – Nanon (1938) – Capriccio (1938) – Das unsterbliche Herz (1939) – Unsterblicher Walzer (1939) – Maria Ilona (1939) – Eine Kleine Nachtmusik (1939, unter Verwendung v. Mozart-Melodien) – Falstaff in Wien (1940) – Michelangelo (Dok., 1940) – Das Fräulein von Barnhelm (1940) – Das Mädchen von Fanö (1941) – Mein Leben für Irland (1941) – ... Reitet für Deutschland (1941) – Kameraden (1941) – Rembrandt (1942) – Anschlag auf Baku (1942) – Wen die Götter lieben/Mozart (1942) – Die Zaubergeige (1944) – Musik in Salzburg (1944) – Freunde (1944) – Die Fledermaus (1945, UA 1946, nach J.Strauss) – Anni (A 1948, + R. Stolz) – Glück muß man haben (nach Millöcker: »Der arme Jonathan«, 1945, UA 1953) – Ulli und Marei – Das doppelte Lottchen (1950) – Angela (A 1950) – Tagebuch einer Verliebten (1953, + A.Christie, Paul Lincke) – Aus eigener Kraft (Dok. über das VW-Werk, 1953) – Ewiger Walzer: Frauen um Johann Strauss (1954, + J.Strauss)

Mellé, Gil

(Gilbert John), * *31.12.1935 Jersey City, Calif., USA.* Musiker und Komponist. Studierte bei Privatlehrern Saxophon, Klarinette und Oboe, Komposition bei George Ortiz. Arbeitete in den 50er Jahren als Jazzmusiker (ts, bar) und nahm Schallplatten im West Coast-Stil auf für Prestige und Blue Note. Für Prestige arbeitete er auch als LP-Cover-Designer. Seit den 60er Jahren ist er als Filmkomponist in Hollywood tätig. M. war ein Avantgardist in der Verwendung elektronischer Musikinstrumente, sowohl in seinen Filmmusiken als auch auf seinen LPs der 60er/70er Jahre für Verve, Jazz Chronicles und Nocturne.

CD: The Complete Blue Note Sessions

Filme: The Bold Ones (TV 1963–67, + J.J.Johnson) – Perilous Voyage/The Revolution of Antonio DeLeon (1968) – The Andromeda Strain (Andromeda, 1970) – My Sweet Charlie (1970) – Night Gallery (TV 1970–72, + Eddie Sauter, Oliver Nelson) – The Astronaut (1971) – New Arts (Dok., 1971) – The President's Plane is Missing (1971) – If Tomorrow Comes/The Glass Hammer (1971) – The Organization (Organisation, 1971) – Columbo (TV 1981–78, + Oliver Nelson) – Dial Rat for Terror/Bone/Beverly Hills Nightmare/Funny Bone (1972) – The Victim (1972) – You'll Like My Mother (1972) – That Certain Summer (1972) – The Six Million Dollar Man/Cyborg (Der sechs Millionen Dollar Mann, 1972) – The Savage/Watch Dog (1972) – Lieutenant Schuster's Wife (1972) – Tenafly (1972, auch TV-Serie 1973) – Trapped/Doberman Patrol (1973) – The Chill Factor/A Cold Nights Death (1972) – The Judge and Jake Wyler (1972) – The Questor Tapes (1973) – Partners in Crime (1973) – Frankenstein: The True Story (1973) – The Imposter (1974) – The Savage is Loose (1974) – The Last Angry Man (1974) – The Missing Are Deadly (1974) – Hitchhike/Crisscross (1974) – Killdozer (1974) – Kolchak-The Night Stalker (TV 1974–75) – Crime Club (1975, TV) – The Last Warrior (Indianer, 1975) – The Ultimate Warrior (1975) – Embryo (1975) – The Women Who Cried Murder/Death Scream/Homicide (1975) – The Crime

Club (1975) – A Cry for Help/End of the Line (1975) – The Art of Crime (TV, 1975) – The Sentinel (1976) – James A.Michener's Dynasty (1976) – Starship Invasion/Alien Encounter/War of the Aliens/Winged Serpent (KAN 1977) – Gold of the Amazon Women (1979) – The Curse of Kong Tutankhamens Tomb (1980) – Borderline (Grenzwolf, 1980) – Blood Beach (1980) – The Last Chase (KAN 1980) – Through Naked Eyes (Der Blutzeuge, 1983) – Fatal Vison (1984, TV)

Melnick, Peter Roger

** 24.7.1958 N.Y., USA.*
Filme: Rosanne (1987) – Get Smart, Again! (1989, TV) – Convicts (1991) – Bad Attitued (1991, TV) – L.A.Story (1991) – Running Mates (1992, TV) – Only You (1992) – 12:01 (1993, TV) – Arctic Blue (1993) – Indictment: The McMartin Trial (1995, TV) – The Only Thrill (1997) – Grand Avenue (1997, TV) – Becoming Dick (2000, TV)

Melvoin, Mike

(Michael), ** 10.5.1937 Oshkosh, Wisc., USA.* Studierte Klavier in Dartmouth, ging 1962 nach L.A. und spielte dort mit Jazzmusikern wie Leroy Vinnegar, Frank Rosolino, Gerald Wilson, Paul Horn, Terry Gibbs u.a. Er begleitete auch Joe Williams und Peggy Lee, wandte sich dann aber der Studioarbeit und Filmkompositionen zu, ist aber weiter auch als (Jazz-)Musiker aktiv.
Filme: Mongo's Back in Town (1971) – The Last Surviver (1975) – The Main Event (Was, du willst nicht?, 1979) – Ashanti (CH 1979) – Return of the Rebels (1981) – King of the Mountain (1981) – Armed and Dangerous (Zwei unter Volldampf, 1986) – The Big Town (1987) – Sharing Richard (1988, TV) – Blind Fear (1989) – Bloodsucking Pharaohs in Pittsburgh (1991) – CBS: The First 50 Years (1998, TV-Dok.)

Melvoin, Wendy Ann

** 26.1.1964 L.A., USA.*
Filme: Purple Rain (1984) – Fire with Fire (1986) – Toys (1992) – Dangerous Minds (1995) – Soul Food (1997) – Loving Jezebel (1999) – Foolish (1999) – *mit Lisa Coleman*: Have Plenty – The Third Wheel – Second Skin – Juwanna Man

Mencher, Murray

(eigentl. Ted/Theodor Murray M.), ** 5.10. 1898 Boston, Mass., USA, † 6.10.1991 in ?.*
Filme: Near the Rainbow's End (1930) – Manhattan Melodrama (1934, Song: *Merrily We Roll Along*) – Poor Cinderella (1934) – Dancing on the Moon (1935, + Charles Tobias) – Somewhere in Dreamland (1936) – You're a Sweetheart (1937, Song: *Scraping the Toast*) – Listen Darling (1938, Song)

Mendes, Sergio

** 11.2.1941 Niteroi/Rio de Janeiro, Brasilien.* M. gehört als Pianist und Komponist zu den ersten Interpreten der Bossa Nova. Mit seinem Bossa Rio Sextet ließ er sich Anfang der 60er Jahre in den USA nieder, 1965 gründete er die Gruppe Brazil '65, die dann Brazil '66 hieß, ab 1966 Brazil '88. Seine gefällige Musik gehört in die Easy-Listening-Ecke. Zahlreiche Schallplatten für Atlantic/WEA, Verve und A&M, auch mit A.C.Jobim, Bud Shank, Cannonball Adderley, Art Farmer u.a.
Film: Pelé (Dok., Mexiko 1977)

Mendoza, David

** 13.4.1894 New York City, USA, † 23.6.1975 Manhattan, N.Y.* Komponist und Songschreiber, für den Film tätig in den 20er und frühen 30er Jahren. Er arbeitete zusammen mit dem Komponisten William Axt und den Regisseuren Monta Bell, King Vidor und Erich von Strohheim.
Filme: Madame Du Barry (1919) – The Merry Widow (Die lustige Witwe, 1925) – The Big Parade (1925) – La Bohème – Ben Hur: A Tale of the Christ (1926) – White Shadows in the South Seas – The Wind – Show People – The Trail of '98 – A Woman of Affairs (1928) – The Duke Steps Out (1929) – Young Man of Manhattan (1930) – Local Boy Makes Good – Chances (1931) – The Public Enemy (Der öffentliche Feind, 1931)

Mendoza-Nava, Jaime

** 1.12.1925 La Paz, Bolivien.* Der Komponist ist im US-Film tätig seit 1960, er arbeitete meist für B-Filme der Action-, Krimi- und Horror-Genres mit den Regisseuren John Hayes, Russell Doughton, Sarky Mouradian und Charles B. Pierce.

Filme: The Grass Eater (1961) – Fall Guy (1962) – The Quick and the Dead (1963) – Shell Shock – No Man's Land – Handle with Care (1964) – The Talisman – Marine Battleground (1966) – The Hostage (1967) – High, Wide and Free (Dok., 1968) – Fever Heat (1968) – The Witchmaker – The Female Bunch (1969) – The Wild Scene – The Hard Road (1970) – The Savage Wild (1970, Dok.) – The Brotherhood of Satan (1971) – The Legend of Boggy Creek (1972) – The House on Skull Mountain – Bootleggers – Tears of Happiness (1974) – The Creature from Black Lake – The Town That Dreaded Sundown – The Winds of Autumn (1976) – Grayeagle – Shadow of Chikara – The Boys in Company C (1977) – Death Force – Jailbait Babysitter – The Vampire Hookers – The Horseman – Wishbone Cutter (1978) – The Evictors (1979) – Psycho from Texas (1982) – Mausoleum (1983) – Forty Days of Musa Dagh (1986)

Menken, Alan

** 22.7.1949 New Rochelle, N.Y., USA.*
Filme: Little Shop of Horrors (1986) – The Little Mermaid (Oscar für den Song, mit Howard Ashman, und Score, 1989) – Beauty and the Beast (Die Schöne und das Biest; Oscar für Song mit H. Ashman, u. Score, 1991) – Newsies (1992) – Aladdin (Oscar für Songs mit Tim Rice (u.a. A *Whole New World* u. Score, 1992) – The Hunchback of Notre Dame (Der Glöckner von Notre Dame; Song, Text: Stephen Schwartz) – Hercules (OST: Disney) – Pocahontas (OST: Disney) – Life with Mikey – TV: Lincoln – Hercules (1997) – Michelle Kwan Skates to Disney's Greatest Hits (1999, TV) – The Little Mermaid II: Return to the Sea (2000, Song: Part of Your World) – Kingdom Hearts (2002, Song: Under the Sea)

Mercer, Johnny

(John Herndon) (comp, lyr, voc), * *18.11. 1909 Savannah, Ga., USA, † 25.6.1976 L.A.* Songtexter und -komponist. Schrieb seinen ersten Song mit fünfzehn Jahren, arbeitete im Immobiliengeschäft und ging 1926 nach N.Y. Hatte dort Nebenrollen am Broadway und schrieb zwei Songs für »Garrick Gaieties of 1930«. Wurde vom Bandleader Paul Whiteman für dessen Radioshows verpflichtet, arbeitete als Sänger, Songschreiber und Ansager. 1937 ging er nach Hollywood, schrieb Songs für Filme und trat im Rundfunk als Sänger u.a. mit Benny Goodman und Bob Crosby auf. 1942 gründete er mit dem Filmproduzenten Buddy deSylva und dem Schallplattenladenbesitzer Glenn Wallichs die Plattenfirma Capitol Records, wurde deren Präsident und erster Star. Die Firma wurde in wenigen Jahren zur Nr. 4 der Branche. M. trennte sich 1953 von ihr, sie war ihm schlicht zu groß geworden. – M. arbeitete als Texter auch mit Harold Arlen, Hoagy Carmichael, Jerome Kern, Harry Warren, Richard Whiting, Jimmy McHugh, Jimmy Van Heusen, Victor Schertzinger, Arthur Schwartz, Gene De Paul, Bernie Hanighen, Matty Malneck und Henry Mancini zusammen.
Lit.: Bob Bach & Ginger Mercer, Our Huckleberry Friend, Secaucus, N.J. 1982. – Gene Lees, The Shaping of J.M., in: Jazzletter, No. 6–10, 1999
CD: J.M., Capitol CDP 7931252 – An Evening with J.M., DRG CDSBL 5176 – My Huckleberry Friend, DRG CD 5244 – The Old Music Master, Flapper PAST CD 7094 – Blues in the Night, Blue Moon BMCD-3041 – Pardon My Southern Accent, Conifer 203 – Div., The J.M. Songbook, RCA 9722-2 – Div., Rhino R2 71501 – J.M. Songbook, Verve 557539-2
Shows/Filme (Songs): Garrick Gaieties of 1930 (Out of Breath, Scared to Death of You, 1930) – Americana (Whistling for a Kiss, Satan's Little Lamb, While We Danced at the Mardi Gras, 1932) – Transatlantic Merry-Go-Round (If I Had A Million Dollard, Fare-The-Well to Harlem, Moon Country, Here Come the British, Pardon My Southern Accent, Fool That I Am, P.S. I Love You) (1934) – Film: Old Man Rhythm (I Never Saw A Better Night) – Film: Beat the Band (If You Were Mine, 1935) – Film: Rhythm On The Range (I'm An Old Cowhand, 1936) – Film: Ready, Willing And Able (Too Marvelous for Words, Sentimental And Melancholy); – Film: The Singing Marine (Night Over Shanghai) – Film: Varsity Show (Have You Got Any Castles, Baby?, Old King Cole, On With the Dance, Moonlight on the Campus) – Bob White – Love Is A Merry-Go-Round – Jamboree Jones (1937) – Film: Hollywood Hotel (+ Richard Whiting; Songs: I've Hitched My Wagon to A Star, Silhouetted in the Moonlight, Can't Teach My Heart New Tricks, I'm Like

Fish Out of Water) – Film: Cowboy From Brooklyn (I'll Dream Tonight, I've Got A Heart Full of Music) – Film: Going Places (Jeepers Creepers, Say it with a Kiss, Mutiny in the Nursery) – Film: Garden of the Moon (Love Is Where You Find It, Girl Friend of the Whirling Dervish) – Film: Gold Diggers In Paris (Day Dreaming), Film: Jezebel (Titel-Song) – Weekend of a Private Secretary – You Must Have Been A Beautiful Baby – Something Tells Me (1938) – Film: Naughty But Nice (Hooray For Spinach, In A Moment of Weekness, Corn Pickin') – And the Angels Sing – Make With the Kisses – I Thought About You – Show Your Linen Miss Richardson (1939) – Show: Walk With Music (I Walk With Music, Ooh What You Said, The Rhumba Jumps) – Film: You'll Find Out (You've Got Me This Way, I Know You Anywhere, The Bad Humor Man) – Fools Rush In – Holy Smoke – Mister Meadowlark (1940) – Film: Second Chorus (Love of My Life) – Film: Birth of the Blues (The Waiter and the Porter and the Upstairs Maid) – Film: Navy Blues (In Waikiki, Youre A Natural) – Film: Blues in the Night (This Time the Dreams On Me, Say Who,Say You,Says I) – Film: You're the One (Strawberry Lane, I Could Kiss You For That) – Peekaboo to You – The Air Minded Executive (1941) – Film: The Fleet's In (Tangerine, I Remember You, Not Mine, Arthur Murry Taught Me Dancing in a Hurry, If You Build A Better Mousetrap, The Fleet's In) – Film: You Were Never Lovelier (Dearly Beloved, I'm Old Fashioned, The Shorty George) – Film: Star Spangled Rhythm (That Old Black Magic, Hit The Road to Dreamland, Old Glory, Sharp As A Tack, On the Swing Shift) – Film: Captains of the Clouds (Titel Song) – Skylark – The Strip Polka – Mandy Is Two (1942) – Film: The Sky's the Limit (My Shining Hour, One For My Baby) – Film: Riding High (He Loved Me Till the All Clear Came) – Film: True to Life (The Old Music Master, There She Was) – Trav'lin' Light – Harlem Butterfly (1943) – Film: Here Comes the Waves (Ac-cent-tchu-ate the Positive, I Promise You, Let's Take the Long Way Home) – Film: To Have And Have Not (How Little We Know) – G.I. Jive – Duration Blues (1944) – Show St.Louis Woman (Come Rain Or Come Shine, Any Place I Hang My Hat Is Home) – Film: The Harvey Girls (On the Atchison, Topeka & Santa Fe, Wait And See, It's A Great Big World, 1945) – Film: Forever Amber (Titel-Song) – Film: Dear Ruth (Fine Thing) – Every So Often – Midnight Sun (1947) – Show Texas, Li'l Darlin (It's Great to Be Alive, Big Movie Show in the Sky, 1949) – Show: Top Banana (comp+lyr; Top Banana, A Word A Day, Sans Souci) – Film: Here Comes the Groom (In the Cool Cool Cool of the Evening, 1950) – Film: Belle of New York (H.Warren, comp, Baby Doll, Naughty But Nice, Bachelor Dinner Song) – Film: Dangerous When Wet (1953, mit A.Schwartz) – Filme: Top Banana – Seven Brides for Seven Brothers (Spring, Spring, Spring; Sobbin' Women, June Bride, Lament, 1954) – Filme: I'll Cry Tomorrow (Titel-Song) – Daddy Long Legs (Somethings Gotta Give, Slufoot, History of the Beat) – Text zu: Autumn Leaves (1955) – Show Li'l Abner (If I Had My Druthers, Love in a Home, Jubilation T.Cornpone, Oh Happy Day, 1956) – Film: Bernardine (Titel Song) (1957) – Film: Merry Andrews (Text zu: Satin Doll, 1958) – Show: Saratoga (H.Arlen, Dog Eat Dog, A Game of Poker, Love Held Lightly, Petticoat High, Saratoga) – Film: Li'l Abner (1959) – Film: The Facts of Live (Titel-Song, 1960) – Film: Breakfast at Tiffany's (Moon River, 1961) – Filme: The Days of Wine And Roses (Titel-Song) – Hatari (Just for Tonight, 1962) – Filme: Charade (Titel-Song); How The West Was Won (Raise a Ruckus, Wait for the Hoe Down, 1963) – Show: Foxy (Talk to Me Baby, This Is the Night to Howl, Rollin' in Gold, Bon Vivant, 1964) – Film: The Great Race (The Sweetheart Tree, 1965) – Film: Barefoot in the Park (Titel-Song, 1967) – Filme: Kotch (Life is What You Make It, 1971) – Twilight World (1973)

Mercier, René

(Yves Auguste), * *11.2.1895 Paris, Frankreich, † 28.2.1972 Eaubonne (Val d'Oise).*
Film: Sergeant X (F 1932, + Henri Forterre)

Merrick, Mahlon

* *28.1.1900 Farmington, Iowa, USA, † 7.6. 1969 Hollywood, Calif.*
Filme: Silver Skates – The Girl from Monterey (1943) – Sensations of 1945 (1944, Dir.) – Alaska Patrol – Miss Mink of 1949 – Deputy Marshal (1949) – The Lawless – The U.C.L.A Story – The Dupont Story (1950) – Passage West – One Man's Lifetime (1951) – Red Planet Mars (1952)

Merrill, Bob

(eigentl. Henry Robert Merrill Levan; Ps. Paul

Stryker) (comp, lyr ,p), * *17.5.1921 Atlantic City, N.J., USA, † 17.2.1998 Culver City, Calif.* Der Komponist und Texter begann als Manuskriptschreiber bei NBC in Hollywood und arbeitete dann als »dialogue director« für Columbia Pictures. Ab 1947 »casting director« bei CBS-TV, begann Songs zu schreiben, die bald von prominenten Vokalisten wie Perry Como, Guy Mitchell, Patti Page u. Teresa Brewer aufgenommen wurden. Er schrieb die Musik zu den Broadway-Shows »New Girl in Town« (1957, nach »Anna Christie« von Eugene O'Neill), »Take Me Along« (1959, nach »Ah, Wilderness« von O'Neill), »Carnival« (1961, nach dem Film »Lili«) und die Texte zu »Funny Girl« (1964, Musik: Jule Styne; Hauptrolle in Bühnen- u. Filmversion: Barbra Streisand). Wenig erfolgreich waren seine Musical-Versionen der Filme »Breakfast at Tiffany's« (1966) und »The World of Henry Orient« (»Henry, Sweet Henry«, 1967); besser ging es seiner Bühnenfassung von »Some Like it Hot« (»Sugar«). 1993 schrieb er eine Bühnenfassung des Films »The Red Shoes«, Musik Jule Styne); seine letzte Arbeit war Musik u. Text zu einer Cartoon-Version von »Tom Sawyer«.
CD: OBC: New Girl in Town; Take Me Along, RCA – Henry, Sweet Henry, Varèse
Songs: Why Does It Have To Rain On Sunday? – Don't Bother to Cry – Lover's Gold – Fool's Paradise – Candy And Cake – If I Knew You Were Comin' I'd've Baked A Cake – So Long Sally – My Truly Truly Fair – My Liberty Belle – Under The Lamp Post – A Little Kiss Goodnight – All the Time And Everywhere – How Much Is That Doggie In The Window – Baton Rouge – Mambo Italiano – Toys – Honeycomb – You're In The Heart That Loves Me – The Moon Is On Hire – Miracle Of Love – Sweet Old Fashioned Girl – It's Good To Be Alone – Sunshine Girl – Honeycomb – Take Me Along – Staying Young – Love Makes The World Go Round
Filme: The Wonderful World of the Brothers Grimm (1962) – Funny Girl (1968, Show 1964)

Mersey, Robert

* *7.4.1917 New York City, USA.* Der Komponist arbeitete auch als Arrangeur für Julie Andrews, Doris Day, Dion & the Belmonts, Aretha Franklin u.a.
Filme: Pie in the Sky (1964) – With Six You Get Eggroll (Ein Mann in Mammies Bett, USA 1968)

Mertz, Paul

(Paul Madeira M.), * *1.9.1904 Reading, Pa., USA, † 19.10.1998 ?L.A.* In den 20er Jahren gehörte M. zu den weißen Jazzpionieren. Er begann mit 18 Jahren Piano in Tanzorchestern zu spielen, arbeitete schon 1922 mit den Dorsey-Brüdern, später mit Jean Goldkette, Red Nichols, Fred Waring und nahm Schallplatten mit Bix Beiderbecke und Frank Trumbauer auf. 1929 ging er nach Hollywood und arbeitete als Arrangeur und Komponist für Paramount, Columbia und MGM. Sein Song *I'm Glad There Is You* wurde zum Standard. Als einer der letzten lebenden Mitarbeiter der Jazz-Legende Bix Beiderbecke (1903–1931) wurde er in seinen letzten Jahren gern als Zeitzeuge herangezogen, so im Film »Bix«.
Filme: Hat's Off (1937, Dir.) – Cowboy Blues (1946, Dir.) – I Surrender Dear (1948, Dir.) – The Strawberry Roan (1948) – Holiday in Havana – Sons of New Mexico (1949) – Apache Country – Sound Off (1952, Songs) – Calypso Heat Wave (1957) – Bix (1994, Dok.)

Metzl, Wladimir

* *12.11.1882 Russland, † ?.*
Film: Rasputin (1932, + Fritz Wenneis)

Meyer, Abe

(Abraham), * *26.1.1901, † 14.5.1969 Hollywood, Calif., USA.* Komponist und Songschreiber der 30er Jahre. Arbeitete an rd. 60 Filmen als Komponist und/oder musikalischer Leiter.
Filme als Komponist: Tarzan the Fearless (1933) – Strange People (1933) – Two Heads in a Pillow (1934) – The Cowboy Millionaire (1934) – Revolt of the Zombies (1936) – Kliou the Killer (1937) – Bank Alarm (1937) – Hawaiian Buckaroo (1938) – Rebellion (1938) – Gangster's Boy (1938) – Old Louisiana (1938) – Tarzan's Revenge (1938) – Saleslady (1938) – I'm a Criminal (1939)

Meyer, Friedrich

(F. Meyer-Gergs, Ps. Bert Oltmann), * *5.3.1915 Bremen, † 28.8.1993 München.* Der Autodidakt war von 1934–1937 Hauskomponist

am Bremer Schauspielhaus und arbeitete dann für die Deutsche Grammophon, arrangierte für Hans Rehmstedt u.a. und spielte 1940–41 Schallplatten mit Studiobands ein. Er arbeitete für das Deutsche Tanz- und Unterhaltungsorchester, für Lutz Templin bzw. Charlie & His Orch. und leitete 1942–43 ein Orchester beim Soldatensender Belgrad. Nach dem Krieg half er beim Aufbau des Tanz- und Unterhaltungsorchesters von Radio Bremen, arbeitete dann ab 1947 als Komponist und Arrangeur (u.a. für Erwin Lehn), schrieb auch Filmmusik und Schlager (u.a. für Filme mit seiner Frau, der Sängerin und Schauspielerin Margot Hielscher* , geb. 29.9.1919) und Musik für Revuen (*Futschikato*, *Höchste Eisenbahn*, aufgeführt mit Hanne Wieder).
Filme: Hallo Fräulein* (1948) – Dämonische Liebe* – Liebe auf Eis* (1950) – Illusion in Moll (1952) – Die vertagte Hochzeitsnacht* (1953) – Die süßesten Früchte (1953) – Das ewige Lied der Liebe – Die große Prüfung (1954) – Die Barrings (1955) – Der Meineidbauer – Nina (1956) – Raubfischer in Hellas (1959) – As the Sea Rages (1960) – Muß i denn zum Städtele hinaus (1962) – Die fromme Helene (1965) – Die Moral der Ruth Halbfass (1972) – Georginas Gründe (1974) – Unordung und frühes Leid (1977) – Nur zum Spaß, nur zum Spiel (1977) – Die Blechtrommel (1978, + M. Jarre) – Erfolg (TV, 1990)

Meyer, Ernst Hermann

* *8.12.1905 Berlin, † 8.10.1988 Berlin/DDR.* Der Komponist studierte bei Hanns Eisler und Paul Hindemith, emigrierte 1933 nach England, arbeitete als Musikjournalist, Lehrer, Komponist und Chorleiter. Er komponierte Lieder (auch antifaschistische) und Kammermusik und begann 1937 für den Film zu arbeiten, meist für Dok.-Filme. Ab 1948 arbeitete er für die DEFA in der späteren DDR.
Filme in England: Roadways (1937) – North Sea (1938) – The Londoners – British Made (1938) – Oil from the Earth (1939) – Musical Posters – Lambeth Walk – Colour Flight – Point of View – Collective Adventure (1940) – Ship Control – When Pie Was Opened – A Few Ounced Day – Mobilise Your Scrap – Filling the Gap (1941) – Work Party (1942) – Newspaper Train – Subject for Discussion (1943) – Tanya – Volga-Volga – Cameraman at War (1944) – Lady Nicotine (1945). *In der DDR*: Im Auftrag Höglers (1949) – Von Hamburg nach Stralsund – Aus unseren Tagen – Der Weg nach oben (1950) – Gefährliche Fracht (1953/54) – Wo du hingehst ... (1957) – Solange Leben in mir ist (1965) – Trotz alledem (1971)

Meyers, Randall

* *2.3.1955 in ?.* Der Komponist lebt und arbeitet in Norwegen.
Filme: En handvoll tid (1989) – Herman (1990) – Sigurd Drakedreper (1990) – Dagens Donna (1990) – Flaggermusvinger (1992) – Telegrafisten (1993) – Hörer du ikke hva jeg sier! (1996) – Insomnia (1997) – Weekend (1998) – Sofies Verden (Sofies Welt, 1999) – Da jeg traff Jesus ... med sprettertt! (2000) – Dykkerne (2000) –

Michalski, Carl

* *18.1.1911 Bochum, † 11.12.1998 Tegernsee.*
Film: Du kannst nicht treu sein (1936)

Michelet, Michel

(Ps. Michael Levine, Michel Lévine, Michael E. Michlet; eigentl. Michail Isaakowitsch Lewin), * *14.6.1894 Kiew, Russland, † 28.12. 1995 L.A.* Lebte von 1913 bis 1929 in Deutschland, ging dann nach Frankreich, wo er unter seiner transkribierten Namensform »Michel Lewine/Levine« arbeitete. Von 1941 bis zu seinem Tode lebte er in den USA. Er begann als Cellist, schrieb über 200 Filmmusiken in Deutschland, Italien, Frankreich und den USA.
Filme: La femme d'une nuit (F 1930) – Le rosier de Madame Husson (F 1932) – Ce cochon de Morin (F 1932) – L'abbé Constantin (1933) – La voix sans visage (F 1933) – Adémaï aviateur (F 1933) – Le scandale (F 1934) – Les yeux noirs (F 1935) – Tovaritch (1935) – Le coup de trois F 1935) – La porte du large (F 1936) – Le mioche (F 1936) – La bateliers de la Volga (F 1936) – Nostalgie (F 1937) – Forfaiture (F 1937) – Eusèbe député (F 1938) – Alerte en Méditerranée (F 1938) – Ab Mitternacht (D 1938) – Pièges (F 1939) – La brigade sauvage (F 1939) – L'émigrante (F 1940) – Miss Annie Rooney (USA 1942) – Crime Doctor's Strangest Case (USA 1943) – The Hairy Ape (USA 1944, + Edward Paul) – A Voice in the Wind (USA 1944) – The Chase (USA

1946) – Diary of a Chambermaid (Tagebuch einer Kammerzofe, USA 1946) – Lured (Angelockt, USA 1947) – Siren of Atlantic (USA 1948) – Impact (USA 1949) – The Man on the Eiffel Tower (Der Mann vom Eiffelturm, 1949) – Outpost in Morocco (Aufruhr in Marokko, 1949) – Once a Thief – Double Deal (USA 1950) – M (USA 1951) – Fort Algiers (Brennpunkt Algier, USA 1953) – Un missionaire (F 1955) – Le secret de sœur Angèle (F 1955) – Gli amanti del deserto (I 1956) – Petersburger Nächste (D 1958) – La venere di Cheronea (I 1958) – Der Tiger von Eschnapur (D 1959) – Bis zum Ende aller Tage (D 1961) – La regina per Cesare (I 1962) – Captain Sinbad (Kapitän Sindbad, USA/D 1963) – El asalto al castillo de la Moncloa (1978)

Milde-Meissner, Hansom

(eigentl. Johannes Paul Friedrich Milde), * *1.4. 1899 Habelschwerdt/Schlesien (heute Bystrzyca Kłodzka/Polen), † 14.7.1983 Stuttgart-Bad Cannstatt.* Absolvierte zunächst eine Apothekerlehre, studierte dann an der Musikhochschule in Berlin. Begann als Korrepetitor und Arrangeur, schrieb Orchesterwerke, Klavierkonzerte und die Operette »Ich biete Schach«. 1929 begann er für den Film zu arbeiten, wurde 1943 eingezogen, schrieb aber nach 1945 nur noch wenige Filmmusiken; er gründete eine Produktionsfirma, die Dokumentar- und TV-Filme herausbrachte.

Filme: Die Nacht gehört uns (1929, Lied: *Warst du mir treu?*, + F. Grothe, L. Bernauer) – Brand in der Oper/Barcarole (1930, unter Verwendung v. Kompositionen v. Wagner u. J.Offenbach) – Hans in allen Gassen (1930, Lieder v. Erwin Bootz) – Es gibt eine Frau die dich niemals vergißt (1930) – Liebe auf den ersten Ton (1932, + M.Perl) – Der Jäger aus Kurpfalz (1933) – Morgen beginnt das Leben (1933) – Frühlingsmärchen (1934, *Der Frühling, der hat mir ein Märchen erzählt, Heut' hab' ich eine Frau geseh'n*) – Krach um Jolanthe (1934, + Willy Richartz) – Der kühne Schwimmer (1934) – Ich für dich, du für mich (1934) – Ich werde dich auf Händen tragen (1943) – Oberwachtmeister Schwenke (1935, + Willy Richartz) – Traumulus (1936) – Wenn der Hahn kräht (1936) – Das Schönheitsfleckchen (1936, Kurzfilm, erster dt. Farbfilm mit einer Spielhandlung) – Wenn wir alle Engel wären (1936) – Gabriele Eins, Zwei, Drei (1937) – Die Umwege des schönen Karl (1937) – Yvette (1938) – Das Leben kann schön sein (1938) – Die vier Gesellen (1938) – Andalusische Nächte (D/E 1938, + José Munoz-Molleda, Juan Mostaza-Murales) – Das Gewehr über (1939) – Drei Unteroffiziere (1939) – Sommer, Sonne, Erika (1939) – Alarm (1941) – Der Gasmann (1941) – Ich werde dich auf Händen tragen (1943) – Kein Platz für die Liebe (1946) – Komplott auf Erlenhof/Drei Mädchen spinnen (1950) – Pilger, Palmen und Toreros (Dok., 1952) – Istanbul-Damaskus-Jerusalem (Dok., 1959) u. a.

Milena, Lucio

Argentinischer Komponist im Film der 60er Jahre.

Filme: Las Hermanos (1962) – La cigarra esta que arde (1967, Dir.) – The Games Men Play (1968) – La cama (1968) – La novela de un joven pobre (1968) – Lo prohibido esta (1968, Schausp.) – Deliciosomente amoral (1969)

Milhaud, Darius

* *4.9.1892 Aix-en-Provence, Frankreich, † 22.6.1974 Genf, Schweiz.* Der Komponist studierte ab 1900 am Pariser Conservatoire und an der Schola Cantorum, schloss dabei Freundschaft mit F.Poulenc, A.Honegger und G.Auric, traf M.Ravel und C.Koechlin und begann eine Zusammenarbeit mit P.Claudel, A.Gide und F.Jammes. Letzterer lieferte die Vorlage für seine erste Oper »La brebis egarée« (1910–15). Er verbrachte zwei Jahre in Brasilien, ab 1919 schloss er sich in Paris dem lit.-musikal. Zirkel um Jean Cocteau u. Eric Satie an. Ergebnis war die von Cocteau für das Ballett adapierte »Cinéma-Fantasie« nach südamerikan. Schlagern »Le bœf sur le toit« (1919). Zukunftsweisende Werke wie die Bühnenmusiken zu Claudel-Texten (»Orestie«, »Protée« nach Aischylos) zeigte ihn an der Spitze der Avantgarde. In den 30er Jahren trat er häufig als Pianist und Dirigent auf ohne seine enorme kompositorische Produktion zu vernachlässigen. 1940 ging er in die USA und lehrte am Mills College in Oakland, Calif. Ab 1947 war er auch Professor am Pariser Konservatorium, ab 1949 auch Lehrtätigkeit in Aspen, Colo. Er komponierte u.a. Kammermusiken, 12 Sinfonien, Suiten, Vokal-Werke,

Opern, Bühnen- und Filmmusiken. Er schrieb auch eine Reihe von Büchern, Rezensionen für den »Courier Musical« und eine Autobiographie (1949, 1963, 1973).
Filme: L'inhumaine (1923) – Actualités (1928) – Land Without Bread (1932) – Madame Bovary (1934) – The Beloved Vagabond (UK 1935) – L'hippocampe – La citadelle de silence (1937) – Entente cordiale (1939) – La tragédie impériale (1938) – Tartarin de Tarascon – Vois d'enfants – Mollenard (1938) – Espoir (Hoffnung, 1937–40) – The Private Affairs of Bel Ami (USA 1947) – Dreams That Money Can Buy (Träume zu verkaufen, 1948) – La vie commence demain (1949)

Miller, Marcus

** 14.6.1959 Queens, N.Y., USA.* Jazzmusiker und Komponist. Erste professionelle Gigs als Bassist mit 15 Jahren, spielte später mit Bobby Humphrey und Lenny White. In den späten 70er Jahren als Studiomusiker in N.Y., 1980–1982 bei Miles Davis, 1986 als Musiker, Arrangeur/Komponist und Produzent bei dessen Album »Tutu«. – Schallplatten mit Davis, Bob James, Grover Washington, McCoy Tyner, Victor Bailey, Rodney Jones, Wayne Shorter u.a.
Filme: Siesta (1987) – House Party (1990) – Boomerang (1992) – Above the Rim – Mister Cool (1994) – The Great White Hope (1996) – The Sixth Man (1997) – Operation Monsteregg (2000) – Love Jones (1997, als Musiker) – The Bruthaz – Ladies Man – Trumpet of the Swans – A Low Down Dirty Shame – Two Can Play That Game (2001) – Serving Sara (2002)

Milner, Cecil

** 1905 in ?, † ?.* Engl. Komponist und Arrangeur. Arbeitete in den 30er und 40er Jahren als Arrangeur für Mantovani sowie an ca. 20 Filmen als Komponist (meist in Zusammenarbeit mit anderen wie Bretton Byrd) und arrangierte ca. 35 weitere.
Filme u.a.: Bank Holiday – The Lady Vanishes – The Citadel – They Drive by Night – Inspector Hornleigh – So This is London – A Window in London – Good Old Days – Murder Will Out – Confidential Lady – Dressed to Kill – Hoots Mon – The Midas Touch – Two for Danger – George and Margaret – Busman's Honeymoon

Mirouze, Marcel

** 24.9.1909 Toulouse, Frankreich, † 1.8.1957 Gaja-le-Selve (Aude).* Der Komponist arbeitete für den Film in den 40er Jahren.
Filme: La fiancée des tenèbres (Gespielin der Finsternis, 1944) – The Room Upstairs (1948)

Misraki, Paul

(comp, arr, p), ** 28.1.1908 Konstantinopel (heute Istanbul, Türkei), † 30.10.1998 Paris.* Der Komponist studierte in Paris, spielte 1929–39 Piano im Tanzorchester von → Ray Ventura, begann dort Songs zu schreiben. Während des 2. Weltkrieges war er in Südamerika, 1945 kehrte er nach Paris zurück. Er schrieb Operetten und sakrale Musik, vor allem aber rd. 200 Filmmusiken, darunter einige für Regisseure der »Nouvelle Vague« (Chabrol, Godard). Außerdem schrieb er Chansons wie *Chien perdu sans collier, Tu n'peux t'figurer*, gesungen von Edith Piaf, J.Brel und Marlene Dietrich. 1935 nahm er mit dem Ventura-Orchester unter seinem Namen einige Titel für Pathé auf. Er veröffentlichte auch Romane und betätigte sich als Herausgeber.

»Der europäische Gershwin«. (Raquel Bitton)
LP (OST): Les Chasseurs de chez Maxim, Pathé C066-14386 – Et dieux crea la femme, Decca DL 8685 – Stress, Milan 239 – Sans Familie, Philips 76193
Filme: L'amour à l'americaine (1931) – Minuit, Place Pigalle (1934) – Claudine a l'ècole (1937) – Chéri Bibi (1937) – Retoure à L'aube (1938) – Feux de joie (1938) – Battement de cœur (Diebe und Liebe, 1939) – Tourbillon de Paris (als Schauspieler!, 1940) – La costa Susana (Die keusche Susanne, ARG 1944) – La foire aux chiméres (Der blinde Engel, 1946) – Heartbeat (USA 1946) – College Swing (USA 1946) – Manon (1948) – Retour à la vie (1948) – Nous irons à Paris (Ja, in Mexiko, 1950) – Identité judicaire (Rauschgift Curare, 1950) – Pas de pitié pour les femmes (Kein Mitleid mit Frauen, 1950) – Le Rosie de Madame Housson (Monsieur Tugendsam, 1950) – Robinson Cruseoland (1950) – Une

histoire d'amour (1951) – Dr. Knock (1951) – Atoll K./Utopia (1951) – Les mains sales (Die schmutzigen Hände, 1951) – Le garçon sauvage (Hafengasse 5, 1951) – Nous irons à Monte Carlo (Musik in Monte Carlo, 1952) – La jeune folle (Die junge Irre, 1952) – Coiffeur pour dames (Der Damenfriseur, 1952) – L'homme de la vie (Der Mann meines Lebens, 1952) – Elle et moi (Sie und Er, 1952) – La minute de vérité (Geständnis einer Nacht, 1952) – Les Orgeuilles (Die Hochmütigen, F/MEX 1953) – Femme de Paris – La route Napoléon (1953) – Les femmes s'en balancent (Serenade für zwei Pistolen, 1953) – L'envers du paradis (1953) – Fortune carrée (König der Wüste,1954) – La reine Margot (Bartholomäusnacht, 1954) – Obsession (Menschen am Trapez, 1954) – Escàle a Orly (Zwischenlandung in Paris, F/D 1954) – Mr. Arkadin/Confidential Report (Herr Satan persönlich, E/F 1954/55) – Ali Baba et les 40 voleurs (Ali Baba und die 40 Räuber, 1955) – Chiens perdus sans colliers (Wie verlorene Hun de, 1955) – Thunderstorm (Im Sturm der Leidenschaft, 1955) – La meilleure part (Der Staudamm, 1955) – Et dieu crea la femme (Und immer lockt das Weib, 1955) – En effeuillant la marguerite (Das Gänseblümchen wird entblättert, 1955) – Le mort en ce jardin (Pesthauch des Dschungels, F/MEX 1956) – Le châtelaine des Libanon (Die Herrscherin des Libanon, 1956) – Le couturier des dames (Der Modekönig, 1956) – Era di venerdi 17 (Vater wider Willen, I/F 1956) – Les fanatiques (Die Erbarmungslosen, 1957) – Maigret tend un piège (Kommissar Maigret stellt eine Falle, 1957) – The Fanatics (1957) – La femme s'en mèle (Killer lassen bitten, F/I 1957) – Méfiez-vous, fillettes (Hinter blinden Scheiben, 1957) – Sans famille (Die Abenteuer des kleinen Remi (1957) – Montparnasse 19 (1958) – Aal et en spoutnik (Der unfreiwillige Raketenflieger, 1958) – Jeux dangereux (Die Ratten von Paris, 1958) – Drôle de dimanches (Leben und lieben lassen, 1958) – Les Cousins (Schrei wenn du kannst, 1959) – Faibles femmes (Mal diese, mal jene,1959) – Le chemin des escoliers (Die Schüler (1959) – Les bonnes femmes (Die Unbefriedigten, 1959) – A Double Tour/Leda (Schritte ohne Spur, 1959) – L'extase (Im Banne der Extase, 1959) – La fièvre mont a el pao/Los ambiciosos (Für ihn verkauf' ich mich, F/Mex 1960) – Les bonnes femmes (Die Unbefriedigten, 1960) – Le caid (Der Boß und sein Engel, 1960) – Le rendez-vous (Hinter fremden Fenstern, 1961) – Les trois mousquetaires (Die drei Musketiere, 1961) – Lemmy pour les dames (Das ist nichts für kleine Mädchen, 1961) – Le doulos (Der Teufel mit der weißen Weste, 1962) – Le chevalier de Pardaillan (Der scharlachrote Musketier, 1962) – Hardi Pardaillan (Der Triumph des Musketiers, 1962) – Jack und Jenny (D 1963) – A toi de faire, mignonne (Zum Nachtisch blaue Bohnen, 1963) – König der Wüste (1964) – Alphaville (F/I 1964) – Le majordome (Sie werden lästig, mein Herr, 1964) – Les cartes sur table (Die Karten auf den Tisch (F/E 1965) – Les baisers (1965) – Sept homme et une garce (Sieben Mann und ein Luder (F/I/RUM 1966) – Le dernier homme (1969) – Une meurtre est une meurtre (Mord bleibt Mord, 1972) – Juliette et Juliette (Der große Blonde mit den blauen Augen, 1973) – La main à couper (Vier Tage in der Hölle (F/KAN 1973) – Les veces étaient fermes de l'intérieur (1975) – Le maestro (1976) – La Bulle (1976) – Le chasseur de chez Maxim's (1976) – La part du feu (Das gefährliche Spiel von Ehrgeiz und Liebe, 1977) – Un si jolie village (1978) – Stress (1984) – Aujourd'hui peut-être (Benjamin, 1991) – La vérité en face (1993, TV)

Miyake, Jun

* *1958 Japan.* Jazz-Musiker (tp, p, org) und Komponist. Studierte bei dem renommierten Trompeter Terumasa Hino und am Berklee College in Boston, arbeitete dann als Jazz-Musiker, machte sich aber bald in Japan einen Namen als Komponist von commercials (für TV-Werbung). Er nahm ein Dutzend CDs unter seinem Namen auf, arbeitete mit Seigen Ono, Peter Scherer und Jean-Michel Jarre (»Revolutions«) und schreibt auch Filmmusiken.

Filme: Memories/Stink Bomb (1996, Songs u.Orgel) – Itoshi no Half Moon – Pu Pu no monogatari/The Story of Pu Pu (1998) – Mask de 41

Mizzy, Vic

* *9.1.1922 Brooklyn, N.Y., USA.* Pianist, Komponist und Songschreiber. Arbeitete mit Dave Franklin und Irving Taylor zusammen. Songs u.a. *Three Little Sisters, Take it Easy, Everybody Loves Somebody.*

Filme: The Caper of the Golden Bulls (Die Bankräuber-Bande, 1960) – The Night Walker (Er kam nur nachts, 1964) – The Ghost and Mrs. Chicken (1965) – The Busy Body (1966) – A Very Special Favor (Ein Appartment für Zwei, 1965) – The Spirit is Willing (1966) – Don't Make Waves (Die nackten Tatsachen, 1967, Titelsong: The Byrds) – Did You Hear the One About the Travelling Salesman? (1967) – The Shakiest Gun in the West (1968) – I Love God? (1969) – TV: The Addams Family (Thema)

Mockridge, Cyril John

** 6.8.1896 London, England, † 18.1.1979 Honolulu, Hawaii.* Studium an der Royal Academy of Music in London. Kam 1922 in die USA, arbeitete zunächst als Pianist, ehe er 1931 das Angebot erhielt, für den Film zu arbeiten. Er schrieb und arrangierte zahlreiche Musiken für Hollywood-Filme seit den frühen 30er Jahren, meist für die 20th Century Fox, arbeitete dann auch fürs TV (»Laramie«-Serie). Er schrieb u.a. Musik für drei Shirley Temple-Schnulzen, für Western (»Ritt zum Ox-Bow«) und Komödien (»Cluny Brown auf Freiersfüßen«). Er produzierte »Mother Didn't Tell« (1950). M. war ein routinierter Komponist, der es aber selten über das Mittelmaß hinausbrachte, erwähnenswert sind immerhin zwei Arbeiten für John Ford (»Faustrecht der Prairie« und »Der Mann, der Liberty Valence erschoß«) und Jean Negulescos »Wie angelt man sich als einen Millionär« mit M. Monroe.

Filme: Judge Priest (1934) – The Littlest Rebel (USA 1935) – The Little Colonel (1935) – Poor Little Rich Girl (1936) – Stanley and Livingstone (1939) – The Adventures of Sherlock Holmes 1939) – The Hound of the Baskervilles (Der Hund von Baskerville, 1939) – Johnny Apollo (1940, Dir. A. Newman) – The Great Profile (1940) – Rings on Her Fingers (1942) – I Woke Up Screaming (1942) – Moontide (1942, + D. Buttolph) – Happy Land (USA 1943) – The Sullivans (Fünf Helden, 1943) – The Ox-Bow Incident (Ritt zum Ox-Bow, 1943) – Holy Matrimony (1943) – The Eve of the Mark (1944) – The Big Noise (Dick und Doof in geheimer Mission, 1944) – The Sullivans (1945) – Molly and Me (USA 1945) – Captain Eddie (Die tollkühnen Abenteuer des Captain Eddie, 1945) – Thunderhead, Son of Flicka, USA 1945) – Sentimental Journey (USA, 1945) – Claudia and David (1946) – The Dark Corner (Der weiße Schatten, 1946) – Cluny Brown (Cluny Brown auf Freiersfüßen, 1946, + E.Newman) – Colonel Effington's Raid (USA 1946) – My Darling Clementine (USA 1946) – The Late George Aply (USA 1946) – Dark Corner (Der weiße Schatten, 1946) – Miracle of the 34th Street (Das Wunder von Manhattan, USA 1947) – The Luck of the Irish (USA 1947) – Nightmare Alley (Der Scharlatan, 1947) – Walls of Jericho (1948) – Scudda Hoo, Scudda Hay (1948) – That Wonderful Urge (1948) – Deep Waters (1948) – Road House (1948) – Green Grass of Wyoming (1948) – Father Was a Fullback (1949) – Slattery's Hurricane (1949) – Come to the Stable (Und der Himmel lacht dazu, 1949) – I Was a Male War Bride (Ich war eine männliche Kriegsbraut, 1949) – Cheaper by the Dozen (Im Dutzend billiger, 1950) – An American Guerilla in the Philippines (Der Held von Mindanao, 1950) – A Ticket to Tomahawk (1950) – Mother Didn't Tell Me (USA 1950) – Love That Brute (USA 1950) – Where the Sidewalk Ends (Faustrecht der Großstadt, 1950) – All Hands on Deck (USA 1951; Songs v. Jay Livingston/Ray Evans) – Elopement (Cornelia tut das nicht, 1951) – Mrs. Belvedere Rings the Bell (USA 1951) – The Model and the Marriage Broker (USA 1951) – Follow the Sun (1951) – You're in the Army Now (USA 1951) – As Young As You Feel (1951) – The Frogmen (Froschmänner, 1951) – Deadline USA (1952) – Dreamboat (Casanova wider Willen, 1952) – Night Without Sleep (1952) – Belle on Their Toes (Im Dutzend heiratsfähig, USA 1952) – We're Not Married (Wir sind gar nicht verheiratet, 1952) – The Scoutmaster (1953, Dir. L.Newman) – How to Marry a Millionaire (Wie angelt man sich einen Millionär?, 1953) – The Farmer Takes a Wife (1953, Songs: Arlen/Fields) – Night People (Das unsichtbare Netz, 1954) – Woman's World (Die Welt gehört der Frau, USA 1954) – River of No Return (Fluß ohne Wiederkehr, 1954) – How to Be Very Very Popular (1955) – The Lieutenant Wore Skirts (Meine Frau, der Leutnant, 1955) – Many Rivers to Cross (Ein Mann liebt gefährlich, USA 1955) – Guys and Dolls (1955, + Jay Blackton; Songs: F.Loesser) – Bus Stop (1956) – The Solid Gold Cadillac (Die Frau im goldenen Cadillac, 1956) – Desk Set (Die Frau die alles weiß, 1957) – Will Success Spoil Rock Hunter (Sirene in blond, 1957) – Oh Men! Oh Women! (1957) – Rally 'Round the Flag, Boys (Keine Angst vor scharfen Sachen, 1958) – Thunder in the Sun (Donner in der Sonne, USA 1958) – The Gift of Love (Das Geschenk der Liebe, 1958) – A Private's Affair (Das gibt's nur in Amerika, 1959) – The Hound Dog

Man (1959) – Wake Me When it's Over (Unrasiert und fern der Heimat,1959) – Flaming Star (Flammender Stern, 1960) – Love That Brute (1960) – Tall Story (Je länger, je lieber, 1960) – Wake Me When it's Over (Unrasiert und fern der Heimat, 1960) – All Hands on Deck (1961; Songs von Livingston/Evans) – The Man Who Shot Liberty Valence (Der Mann, der Liberty Valence erschoß, 1962) – Donovan's Reef (Die Hafenkneipe von Tahiti, 1963)

Moeckel, Hans W.

* *17.1.1923 St. Gallen, † 6.10.1983 Jona (Kanton St. Gallen).* Schweizer Bandleader und Komponist. Gründete in den 40er Jahren eine Big Band, war dann einige Jahre 2. Kapellmeister am Stadttheater in Basel und wurde 1947 Pianist und Arrangeur des Unterhaltungsorchesters von Radio Beromünster unter Cedric Dumont. 1970 wechselte das Orch. von Basel nach Zürich, M. übernahm die Leitung unter dem neuen Namen »Unterhaltungsorchester des Schweizer Radios« (bzw. DRS-Big Band). M. komponierte auch Musiken für Hörspiele, Musicals und Filme. Sein Sohn Thomas (* 1950) hat sich als Jazzmusiker (g, tp) einen Namen gemacht.

Filme: Gegen den Strom (1955) – Traum und Wirklichkeit – Rendezvous mit Svea (1957) – Das verwechselte Bild – Zum goldenen Ochsen – SOS Gletscherpilot – Eine Rheinfahrt die ist lustig (1958) – HD Läppli der Etappenheld – Der Mustergatte/So ein Mustergatte (1959) – Der Heuchler – Der Herr mit der schwarzen Melone – Die Gejagten (1960) – Chikita: ihr klein Häuschen – Chikita: Wenn Männer Schlange stehen (1961) – Der 42. Himmel (1962) – Flucht ins Paradies (1965) – Die sechs Kummerbuben (1968)

Moesser, Peter

(Karl Peter M.), * *25.9.1915 Wilhelmshaven, † 3.9.1989 Ascona, Schweiz.* Studierte Musik in seiner Heimatstadt und an der Akademie für Tonkunst in München. Er war während des Krieges in Kabaretts tätig, 1945 wurde er Inhaber einer Gastspieldirektion. 1948–52 wirkte er als Synchron-Drehbuchautor und Regisseur, ab 1953 hatte er erste Erfolge als Schlagerkomponist; so schrieb er Text und Musik von *Morgen* (1959).

Filme: Tanz in der Sonne (1954) – Der lachende Vagabund (1958) – Geschminkte Jugend (1960) – Vertauschtes Leben (1961) – Lieder klingen am Lago Maggiore (1962)

Mohr, Gerhard

* *12.1.1901 Glatz (Krs. Waldenburg, heute: Kłodzko, Polen), † 10.12.1979 Wiesbaden.*

Film: Mädels von heute (1933, + W. Engel-Berger)

Mollin, Fred

* *10.2.1953 Amityville, N.Y., USA.*

Filme: Fast Company (1978) – Lunch Wagon (1981) – Family Reunion (1981, TV) – Sprung Fever (1981) – Hockey Night (1984) – Loose Screws (1985) – Brother by Choice (1986, TV) – Friday the 13th Pt. VII (mit H. Manfredini, 1988) – Whispers (1989) – Friday the 13th Pt. VIII (1989) – Survive the Night (1992, TV) – The Amy Fisher Story (1993, TV) – In Advance of the Landing (Dok., 1993) – Inferno (1999) – The Fall (1999) – Pilgrim (Jagd auf einen Namenlosen, KAN/UK/MEX 1999) – Daydream Believers: The Monkees Story (2000, Dir.) – Borderline Normal (2000) – TV: Beverly Hills, 90210 – Roswell – Forever Knights – Hard Copy – The Abduction

Moloney, Paddy

(Patrick), * *1.8.1938 Donnycarney (Dublin), Irland.* Gründer und Mitglied der irischen Folk-Grupe → The Chieftains. Seine Kompositionen sind auf den Soundtracks div. Filme zu hören, u.a. »Tristan und Isolde«, »The Year of the French«, »Treasure Island« und dem TV-Special »The Ballad of the Iron Horses« der National Geographic Society.

Filme: Two if by Sea (1996) – The Irish in America: Long Journey Home (TV-Dok., 1998, 4 Teile) – Agnes Browne (1999)

Monk, Thelonious Sphere

* *11.10.1917 Rocky Mount, N.C., USA, † 17.2. 1982 Englewood, N.J.* Der bedeutende Jazzmusiker wuchs in New York auf, lernte Klavier

bei Privatlehrern. Anfang der 40er Jahre geriet er in den Kreis der Avantgarde-Musiker, die in Minton's Playhouse u.a. Lokalen den Bebop entwickelten (Charlie Parker, Dizzy Gillespie), spielte in dieser Zeit bei Lucky Millinder und Coleman Hawkins. 1947 erhielt er einen Plattenvertrag von Blue Note; einem größeren Publikum wurde er aber erst Ende der 50er Jahre bekannt, bedingt durch ein jahrelanges Auftrittsverbot in N.Y., als Folge einer Drogenaffäre. Ab 1958 trat M. meist mit eigenem Quartett auf mit Charlie Rouse (ts). Sein Sohn T. S. Monk (* 27.12.1950) ist Schlagzeuger. – Schallplatten mit Hawkins, Charlie Parker, Clark Terry, Art Blakey, Gerry Mulligan, Sonny Rollins, Miles Davis, Milt Jackson, Gigi Gryce u.a., eigene LPs für Blue Note, Prestige, Riverside, Columbia, Far East, Black Lion.

Lit.: Th.Fitterling, Th. M., Sein Leben, seine Musik, seine Schallplatten, Waakirchen 1987. – Yves Buin, Th. M., Paris 1988. – J.Ponzio/F.Postif, Blue Monk, Arles 1995 (dt. St.Andrä-Wördern 1997). – Chris Sheridan, Brilliant Corners, A Bio-Discographie of Th. M., 1999

Filme: Les liaisons dangereuses (F 1959, + Jack Murray) – The Homecoming (UK 1973) – Straight no Chaser (1986, OST: Columbia 86812) – Nouvelle Vague (F 1990)

Monnot, Marguerite

** 26.5.1903 Decize/Niève, Frankreich, † 12.10. 1961 Paris.* Die Komponistin studierte bei Alfred Cortot Klavier und bei Nadia Boulanger Komposition. Die ideale Interpretin ihrer Lieder wurde Edith Piaf (*Milord*); ihre erste Arbeit für die Bühne war die Musik zu »Irma La Douce«; André Previn macht in Billy Wilders Film-Version effektvollen Gebrauch davon.

Filme: Rue de l'Estrapade (1953, + G. van Parys, 1953) – Jessica/Le sage femme de cure et le bon dieu (F/I/USA 1962, Score: M. Nascimbene) – Temptation (1962, + Charles Aznavour)

Montenegro, Hugo

(ldr, arr, comp), ** 2.9.1926 N.Y., USA, † 6.2. 1981 Palm Springs.* Der Komponist und Bandleader studierte in Manhattan und arbeitete für André Kostelanetz. 1955 ging er zu RCA Records, arrangierte dort u.a. für Harry Belafonte und nahm LPs mit Easy Listening-Music auf, die sich durch einen »romantischen« Streicherklang auszeichnen. In den 60ern ging er nach Hollywood und arbeitete für den Film. Komponierte *Fanfare* für das L.A. Neophonic Orchestra. 1968 nahm er mit Chor und Orchester Ennio Morricones Film-Thema *The Good, The Bad And The Ugly* auf. Der Titel wurde ein Millionen-Hit, er lebt von dem Kontrast zwischen einem üppigen Streichersound und der Verwendung von Okarina (Arthur Smith), elektrisch verstärkter Violine, Harmonika, Pikkolo-Trompete und einer Gesangsgruppe mit dem Pfeifen von Muzzy Marcellino.

CD: H. M. & Ennio Morricone, Movie Classics, Camden 21339432 – The Good, The Bad & The Ugly, RCA 66019-2 – Music from »The Good ...«/A Fistful of Dollars, RCA – Love Theme from »The Godfather«, RCA 74321695032 – The Man from UNCLE, RCA 74321638192

Filme: Hurry Sundown (Morgen ist ein neuer Tag, 1967) – The Ambushers (Wenn Killer auf der Lauer liegen, 1967) – Lady in Cement (Die Dame in Zement, 1968, OST: 20th Cent. Fox) – The Wrecking Crew (Rollkommando, 1969) – Charro! (1969) – Viva Max! – The Undefeated (Die Unbesiegten, 1969) – Tomorrow (1972) – The Farmer (1977)

Montgomery, Bruce Robert

** 2.10.1921 Chesham Bois, Buckinghamshire, England, † 15.9.1978 Devon.* Engl. Filmkomponist, war auch als Schriftsteller unter dem Ps. Edmund Crispin tätig. Er schrieb (neben → Eric Rogers) u.a. Musik für die populäre »Carry On«-Blödelserie.

Filme: The Kidnappers (Besiegter Haß, 1953) – Cartouche (USA/I 1954) – The Doctor in the House (Aber Herr Doktor ..., 1954) – Escape (1955) – Checkpoint (Straße des Todes, 1956) – Guilty? (Geheimer Krieg, 1956) – Doctor at Large (Hilfe der Doktor kommt!, 1957) – The Truth About Women (1957) – Eye Witness (1958) – Carry on Sargeant (Kopf hoch, Brust raus, 1958) – Carry on Nurse (41 Grad Liebe, 1959) – Carry on Teacher (Ist ja irre, lauter liebenswerte Lehrer, UK 1959) – Carry on Constable (Uns kann kein krummes Ding erschüttern, 1959) – Too Young To Love (1959) – Doctor in Love (Dreimal Liebe täglich, 1960) – Carry on

Regardless (Nicht so toll, Süßer, 1960) – Carry on Cruising (Ist ja irre, der Schiffskoch ist seekrank, UK 1962) – Twice Round the Daffodiles (1962) – Doctor at Sea (Doktor Ahoi!, 1965)

Moon, Keith

** 23.8.1947 London, England, † 7.9.1978 ebd.* Der Rockmusiker (d) war Mitglied der Beachcombers, ehe er 1964 zur heute legendären Gruppe The Who ging. Ab 1971 hatte er eine kurze Karriere als Schauspieler, beginnend mit Frank Zappas »200 Motels« (1971). Er spielte Onkel Ernie in der Filmversion von »Tommy« (1975), in »Sextette« von Mae West, in »That'll Be the Day« und in »Stardust« (1975). Er starb an einer Drogenüberdosis.

Filme: Monterey Pop (1968, als Musiker) – Woodstock (Dok., 1970, Schauspieler) – That'll Be the Day (UK 1973, + Neil Aspinell) – The Kids Are Alright (Dok., 1979) – Quadrophenia (1979)

Mooney, Hal

(Harold), ** 4.2.1911 Brooklyn, N.Y., USA, † 23.3.1996 Studio City, Calif.* Swing- und Easy-Listening-Arrangeur der 30er bis 60er Jahre, arbeitete später als Studio-Bandleader, Produzent und Komponist. Er arbeitete für die Bands von Jimmy Dorsey, Hal Kemp, Sonny Dunham und Vokalisten wie Bing Crosby, Mel Tormé, Dick Haymes, Judy Garland u.a. Ab 1956 in A&R-Funktion bei Mercury Records, in den 70ern bei Time Records; für beide Labels nahm er LPs mit Mood-Music auf. Auch für TV und Film tätig.

Filme: The Meanest Man in the West (1966, TV) – Raid on Rommel (Im Morgengrauen brach die Hölle los, 1971) – Bull of the West (1971, TV) – Cutter (1972, TV) – The Longest Night (1972, TV) – My Darling Daughter's Anniversary (1973, TV) – Showdown (1973) – Sunshine (1973, TV) – Runaway! (1973, TV) – The Execution of Private Slovik (1974, TV) – The Tribe (1974, TV-Dok.) – The Chadwick Family (1974, TV) – One Of Our Own (1975, TV) – American Reunion (1976) – The Storyteller (1977, TV)

Moore, Dudley Stuart John

** 19.4.1935 Dagenham, Essex, England., † 27.2.2002 Plainfield, N.J., USA.* Der vor allem als Schauspieler bekannte M. studierte Musik in Oxford und begann als Jazzpianist in den Bands von Vic Lewis und Johnny Dankworth, ehe er sich mit einem Trio selbstständig machte. Er trat in dieser Zeit aber auch in »The Fringe« in London und N.Y. auf. Mitte der 60er Jahre zog er nach Hollywood, komponierte für Film, Bühne und Ballett und trat schließlich als Schauspieler in einer Reihe von Filmen auf, u.a. »10« (Die Traumfrau, 1979), »Arthur« (1981), »Six Weeks« (1982), »Lovesick« (1983), »Best Defense« (1984), »Mickey and Maude« (1984) und »Santa Claus« (1985).

Filme: The Wrong Box (Letzte Grüße von Onkel Joe, 1966) – Bedazzled (Mephisto '68, 1967) – Thirty is a Dangerous Age, Cynthia (UK 1967) – Inadmissible Evidence (1968) – Staircase (Unter der Treppe, 1969) – The Hound of the Baskervilles (Der Hund von Baskerville, 1977) – Six Weeks (1982)

Morali, Jacques

** 4.7.1947 Paris, † 15.11.1991 Neuilly-sur-Seine.* Frz. Musiker, Komponist, Arrangeur und Produzent. Arbeitete u.a. für die Popinterpreten Dalida, Patrick Juvet, Eartha Kitt, Dennis Parker, die Ritchie Family und The Village People.

Filme: Crazy-Horse, Paris-France (Dok., 1977) – Je te tiens tu me tiens par la barbichette (1979) – Can't Stop the Music (1980)

Moraweck, Lucien

** 24.5.1901 Belfort (Burgund), Frankreich, † 20.10.1973 San Diego, Calif., USA.*

Filme: The Man in the Iron Mask (1939, + Lud Gluskin) – The Lady in Question (1940) – Dreaming Out Loud (1940) – International Lady (1941) – Friendly Enemies (1942) – Avalanche – Strange Voyage – The Return of Monte Christo (1946) – High Conquest (1947, + René Garriguenc, Lynn Murray) – 18 Fathoms Deep (1948, + R. Garriguenc) – Massacre River (1940, + John Leipold) – New Mexico (1951, + R. Garriguenc)

Morley, Angela

** 10.3.1924 Leeds, Yorkshire, England.* Als Wally Stott war M. von den 50er bis in die 70er Jahre ein prominenter Arrangeur, Komponist und Dirigent der engl. Popmusik-Szene. Begann in den 40er Jahren als Saxophonist in Tanzorchestern (Geraldo), ging 1950 zu Philips Records und betreute als Arrangeur und Leiter von Studio-Orchestern etliche Interpreten, so Frankie Vaughn, Anne Shelton, Harry Secombe und Shirley Bassey. Komponierte außerdem für Film und TV und nahm Schallplatten mit Easy-Listening-Musik auf. 1953 begann M. bei der Associated British Picture Corporation unter Louis Levy für den Film zu arbeiten. Anfang der 70er Jahre unterzog er sich einer Geschlechtsumwandlung und nannte sich nun A. M. Sie lebt seitdem in den USA, wo sie Oscar-Nominierungen erhielt für ihre Arrangements von »The Little Prince« (Lerner & Lowe, 1974) und »The Slipper and the Rose« (Richard M. u. Robert B.Sherman, 1977). Sie arbeitete mit John Williams, u.a. an den Filmen »E.T«., »Hook«, »Home Alone« und »Schindler's List«, aber auch mit Richard Rodney Bennett, Johnny Mandel, Mikos Rosza, David Raksin, Bill Conti, André Previn, Sol Kaplan, John Morris und Ernest Gold und arrangierte für das Boston Pops Orch. unter John Williams und Keith Lockhart. Sie arrangierte auch für Julie Andrews, Mel Tormé, Barbara Hendricks und Placido Domingo.

Filme: The Looking Glass War (Krieg im Spiegel, 1968) – Captain Nemo and the Underwater City (Kapitän Nemo, 1969) – When Eight Bells Toll (Das Mörderschiff, 1970) – La Colina Dei Comali – The Little Prince (Arr, 1974; Musik: Frederick Lowe) – The Slipper and the Rose: The Story of Cinderella (Cinderellas silberner Schuh, Arr., 1976; Musik: Richard M. & Robert B. Sherman) – Watership Down (1979, + Malcolm Williamson) – Friendship, Secrets and Lies (1979, TV) – Madame X (1981, TV) – Summer Girl (1983, TV) – Threesome (1984, TV) – Absolute Beginners (1986)
TV-Serien: Dynasty – Dallas – Falcon Crest – Cagney & Lacy – Emerald Point – Wonderwoman – Island Son – Blue Skies – McClain's Law

Morlier, Jean

** 10.3.1944 Brissac/Maine-et-Loire, Frankreich.*
Filme: Le quart d'heure américain (F 1982) – Le mariage du siècle (Eskorte zum Altar, F 1985)

Moroder, Giorgio

** 26.4.1940 Ortisei, Südtirol, Italien.* Österr. Sänger und Komponist. Begann seine Laufbahn als Sänger, nannte sich Giorgio und begann Anfang der 70er Jahre als Schallplattenproduzent zu arbeiten. Sein erster großer Erfolg kam 1975 mit Donna Summers Disco- und Stöhnsinfonie *Love to Love You Baby*. Weitere Hits waren Songs wie *Looky, Looky* und *I Feel Love*. Begann in den 80er Jahren Filmmusik zu schreiben, darunter 1984 eine neue (scheußliche) für den Stummfilm-Klassiker »Metropolis« (1927) von Fritz Lang. Nach diesem »Erfolg« durfte er auch die offizielle Hymne für die Olympischen Spiele 1984 in L.A. schreiben (*Reach Out for the Medal*) und dann auch für die Spiele 1988. Seine synthetische Computermusik traf wohl den Zeitgeist, anders ist ihr Erfolg nicht zu erklären. 2000 schrieb er die Musik für einen Dok.-Film von Leni Riefenstahl über die Unterwasserwelt der Atolle im indischen Ozean.
Filme: Die Klosterschülerinnen (D/F 1972) – Oswalt Kolle: Liebe als Gesellschaftspiel (D 1972) – Midnight Express (12 Uhr nachts, USA 1978; Oscar!) – American Gigolo (Ein Mann für gewisse Stunden, 1980) – Foxes (Janie's Clique, 1980) – Cat People (Katzenmenschen, 1981, + David Bowie; OST: MCA) – Egymasra névze (1982) – Flash Dance (1983; Oscar für Song *With a Feeling*) – D. C. Cab (Die Chaotenclique, 1983) – Superman III (1983) – Scarface (1983) – Die unendliche Geschichte (D 1984) – Electric Dreams (UK 1984) – Metropolis (1984) – Over the Top (1986, OST: CBS) – Quicksilver (1986) – The Money Pit (1986) – Top Gun (1986, Oscar für Song *Take My Breath Away*) – Mamba (I 1988, + Co.Prod.) – Stella (1989) – Let it Ride (Let it ride, 1989) – Navy Seals (1990) – Jackpot (I 1992) – Cybereden (1993) – Pepolino und der Schatz der Meerjungfrau (Cartoon, D/KAN 1995)

Moross, Jerome

** 1.8.1913 Brooklyn, N.Y., USA, † 25.7.1983 Miami, FL.* Film- und Musical-Komponist.

Studierte an der N.Y. University, arbeitete fürs Theater, u.a. 1935 für die Revue »Parade«. Wurde von George Gershwin als Dirigent und Pianist für »Porgy and Bess« engagiert. 1940 ging er nach Hollywood und orchestrierte Musik für Filme, u.a. »Our Town«, »Action in the Nort Atlantic«, »Conflict« und (für Hugo Friedhofer) »The Best Years of Our Lives« (1946). 1948 schrieb er die Musik für »Close-Up«, es folgten daraufhin eine Reihe von Filmmusiken; 1958 erhielt er eine Oscar-Nominierung für William Wylers »The Big Country«, heute ein Klassiker der Filmmusik. M. arbeitete zweimal mit dem Schriftsteller John Latouche zusammen, 1948 in »Ballet Ballads« und 1954 in »The Golden Apple«. Er komponierte den Standard *Lazy Afternoon*, auch Ballettmusiken (*American Patterns, The Last Judgement*, *Frankie and Johnny*) und Orchesterwerke (*Biguine, A Tall Story, Paeans, First Symphony*).

Weitere Filme: When I Grow Up – Captive City (1951) – The Raging Moon (Rosen im Winter, 1951) – The Sharkfighters (Haie greifen an, 1956) – Hans Christian Andersen – Seven Wonders of the World (Die sieben Weltwunder) – The Proud Rebel (Der stolze Rebell, 1958) – The Big Country (Weites Land, 1958) – The Jayhawkers (Der Herrscher von Kansas, 1959) – The Adventures of Huckleberry Finn (Abenteuer am Mississippi, 1959) – The Mountain Road (Der Kommandant, 1960) – Five Finger Exercise (Ein Fremder kam an, 1961) – The Cardinal (Der Kardinal, 1963) – The War Lord (Die Normannen kommen, 1965) – Rachel Rachel (1968) – Valley of Gwangi (Gwangis Rache, 1968) – Hail, Hero! (1969)

Morricone, Andrea

* *10.10.1964 Rom, Italien.* Der Sohn von → Ennio Morricone arbeitet seit 1988 für ital. und US-Filme.

Filme: Nuovo Cinema Paradiso (1988) – l'uomo projettile (1995) – A Woman of the North (1999) – L'ombra del gigante (2000) – Here on Earth (2000)

Morricone, Ennio

(Ps. Dan Savio, Leo Nichols), * *11.10.1928 Rom.* Ital. Filmkomponist und Songschreiber, bekannt durch seine revolutionären Musiken für eine Reihe von »Spaghetti-Western«. Er studierte Trompete und Komposition und arbeitete dann für Rundfunk, TV, Bühne und Schallplatte. Er arrangierte u.a. für Gianni Morandi und Paul Anka (*Ogni Volta*, 1964). 1961 schrieb er seine erste Filmmusik (»Il Federale«). 1964 wurde er von Sergio Leone (1921–1989) für den Western »Per un pugno di dollari« (Für eine Handvoll Dollar) verpflichtet, dem zwei weitere folgten. Seine Musik – mit expressiven Rufen, Geräuschen u.ä. unterlegt – unterschied sich signifikant von der Pseudo-Folklore der US-Western. Er arbeitete dann für Regisseure wie Pasolini (»Big Birds, Little Birds«, 1966), Pontecorvo (»Battle of Algiers«, 1966) und Bertolucci (»1900«, 1976). In den 70er Jahren begann er für US-Filme zu schreiben, bedeutende Beispiele sind »The Exorcist II« (1977), »Days of Heaven« (1978), »The Untouchables« (1987), »The Mission« (1986, Oscar!), »Bugsy« (1992). M. spielte diverse LPs mit seiner Musik ein, 1988 hatte er einen Hit mit *Chia Mai* und komponierte auch »klassische Musik«.

Lit.: Anne & Jean Lhassa, Ennio Morricone, Paris 1989

Weitere Filme (insgesamt über 350): Il Federale (Die Helden machen Überstunden, 1961) – La voglia matta (Lockende Unschuld, 1962) – I basilischi (Die Basilisken, 1963) – Il successo – The Little Nuns (1963) – Volles Herz und leere Taschen (D 1963) –

Soundtrack zu »Lolita«, Musik: E. Morricone

Per un pugno di dollari (Für eine Handvoll Dollar, I/E/D 1964) – Prima della revoluzione (Vor der Revolution, 1964) – Il buono, il britto il cattivo/The Good, the Bad and the Ugly (I 1966) – El Greco (I/F 1964) – La battaglia di Algeri (Die Schlacht um Algier, Algerien/I 1965) – Un fiume di dollari (Eine Flut von Dollars, 1966) – Le streghe (Die Hexen, 1966) – I pugni in Tasca (Mit der Faust in der Tasche, 1966) – Uccellaci i Uccellini (1966) – La cina e vicina – Ad ogni costo – Da uomo a uomo – Matchless – Arabella (1967) – Dalle Ardenne all'inferno – Dirty Heroes (1967) – La bataille de San Sebastian/Guns for San Sebastian (F/I/USA/Mex, 1967) – The Girl and the General (1967) – Diabolik (I/F 1967) – Grand Slam (I/E/D 1967) – Grazie Zia – Cera un vola il west (Once Upon a Time in the West, 1968) – Teorema (1968) – Un tranquillo posto di campagna – Ruba al prossimo tua (Ein feines Pärchen, 1968) – Un bellissimo novembre (1968) – Il Mercenario (Der Gefürchtete) – Fräulein Doktor (I/YU 1968) – La monaca di Monza – Le clan des Siciliens (Der Clan der Sizilianer, F 1969) – Hornet's Nest (1969) – Quemada! (1969) – L'uccello dalle piume di cristallo (Das Geheimnis der schwarzen Handschuhe, D/I 1969) – Two Mules for Sister Sara (USA/Mex, 1970) – Oceano (Abenteuer der Südsee, I 1970) – Indagine su un cittadino al di sopra di ogni sospetto (Ermittlungen gegen einen über jeden Verdacht erhabenen Bürger, 1970) – Metello

(1970) – Krasnaja palatka (Das rote Zelt, UdSSR/I 1971) – Maddalene – La casse (F/I 1971) – Sans mobile apparent – La classe operaia va in paradiso (1971) – A Fistful of Dynamite (1971) – Das Geheimnis der grünen Stecknadel (D/I 1971) – Giù la testa – Barbe bleu (Blaubart (F/I/D 1972) – L'Attentat/The French Conspiracy (F/I 1972) – Un uomo di rispetare (1972) – Le serpent (F 1973) – Rappressaglia (1973) – Le trio infernal (Trio Infernal, F/D/I 1974) – Mussolini: Ultimo atto – Fatti do gente perbene – The Devil is a Woman (UK/I 1974) – Peur sur la ville (Angst über der Stadt, F 1974) – L'antichristo (Der Antichrist, 1974, + B.Nicolai) – Der Richter und sein Henker (D/I 1974) – Salo o le centoventi giornate di Sodoma (Die 120 Tage von Sodom, 1975) – Moses (UK/I 1976) – La donna delle domenica – Marcia trionfale – Eredita' Ferramonto – Divina creatura – Novecento (1900, I/F/D 1976) – Il desierto dei tartari (1976) – Exorcist II: The Heretic (USA, 1976) – Holocaust 2000 (UK/I 1977) – Orca, Killer Whale (Orca, der Killerwal, USA 1977) – Corleone (Der Aufstieg des Paten, 1977) – Days of Heaven (In der Glut des Südens, USA 1978) – La cage aux folles (Ein Käfig voller Narren, F/I 1978) – Cosi come sei – Viaggio con Anita (1978) – Il prato (1979) – Salto nei vuoto – Il ladrone – Bloodline (Blutspur, USA 1979) – Bugie Bianchi (Gestohlene Herzen, 1980) – The Island (USA 1980) – Noch ein Käfig voller Narren (F/I 1980) – So fine (USA 1981)

Ennio Morricone

– La tragedia di un uomo ridicolo (Tragödie eines lächerlichen Mannes, 1981) – Il marchese del Grillo – Butterfly (USA 1982) – The Thing (Das Ding aus einer anderen Welt, USA 1982) – White Dog (Der weiße Hund von Beverly Hills, USA 1982) – Le ruffian (Der Rammbock, F/KAN 1982) – La notte di San Lorenzo (1982) – Gli occhi la bocca – Le vela incantata (1982) – Le marginal (Der Außenseiter, F 1983) – Superman III (UK 1983) – Once Upon a Time in America (Es war einmal in Amerika, USA 1984) – Kaos (1984) – Ginger e Fred (Ginger und Fred, 1985) – Red Sonja (USA 1985) – Die Einsteiger (D 1985) – The Mission (UK 1986) – The Untouchables (Die Unbestechlichen, USA 1986) – Le messa e' finita (1986) – Mosca addio – Intervista – Gli occhilai d'Oro – Good Morning Babilonia – Frantic (1987) – Manifesto (USA/Yug 1988) – C.A.T. Squad 2 (Die Elite schlägt zurück, 1988) – Casualties of War (Die Verdammten des Krieges, USA 1988) – Nuovo Cinema Paradiso (1988) – Tempo di uccedere – Fat Man and Little Boy (Die Schattenmacher, USA 1989) – Gli indifferenti (1989) – Il male oscuro – Il sole ance di notte – Dimenticare Palermo – Tutti stanno benne (Alles geht gut, 1989) – Dr. Graesler, Badearzt (I/D/H 1989) – The Big Man (UK 1990) – State of Grace (USA 1990) – Hamlet (UK 1990) – La villa del venerdi (Männer und Liebhaber, 1990) – Ilona und Kurt (A/D 1990) – Money (F/I/KAN 1991) – Hors de la vie (F/I/Bel 1991) – Jamon Jamon (1992) – Lust auf Fleisch (E, 1992) – Zeit des Zorns (I/D 1992) – In the Line of Fire (Die zweite Chance, USA 1992) – Die Eskorte/Im Visier der Angst (I 1992) – Love Affair (USA 1993) – Genesi (Dok., D/I 1993) – Wolf (1994) – Lolita (USA/F 1996) – The Star Maker (1996) – U-Turn (Kein Weg zurück, USA 1997) – Bulworth (USA 1997) – La vite e bella (Das Leben ist wunderbar, 1997) – Disclosure – The Mission – Cinema Paradiso (1999) – La leggende del pianista sull' oceano (Die Legende vom Ozeanpianisten, 1999) – Mission to Mars (2000) – Vatel (F/UK 2000) – Maléna (Der Zauber von Maléna, I/USA 2000; OST: Virgin) – Padre Pio (2000, TV) – La ragion pura – Un altro mondo è possibile – Aida degli alberi (2001) Per lasca, un eroe italiano (2002, TV) – Threnody – Senso '45 (2002) – Un difetto di famiglia (2002, TV) – Ripley's Game – Il diario di Matilda Manzoni – L'ultimo pistolero (2002) – Il Papa buono: Giovanni XXIII (2002, TV)
CD: E.M.Songbook, Bear Family BCD 16244/47 – Time of Adventure, RCA ND 70091 – Love Themes, RCA 74321264952 – Spaghetti Western, RCA 74321264962 – A Fistful of Sounds, RCA-Camden – The Thriller Collection, DRG – Morricone 2001, Dagoned

Morris, John

* *18.10.1926 Elizabeth, N.J., USA.* Studierte an der Juilliard School, der Univ. of Washington und der New School for Social Research. Klavierunterricht bei Alfred Mirowitch. Arbeitete ab 1945 als Arrangeur, Pianist und Komponist. Durch den Regisseur Mel Brooks kam er zum Film. M. ist ein versierter Komponist, Arrangeur und Dirigent für Film, TV und Bühne. Er schrieb fast alle Musiken für die Filme des Regisseurs Mel Brooks von 1967 bis 1990 und erhielt Oscar-Nominierungen für »Blazing Saddles« und »The Elephant Man«.

Filme: The Producers (Frühling für Hitler, 1968) – The Italian Job (Charlie staubt Millionen ab, UK 1969) – The Twelve Chairs (Zwölf Stühle, 1970) – Blazing Saddles (Is' was, Sherriff?, 1973; auch Titelsong) – The Bank Shot (Klauen wir gleich die ganze Bank, 1973) – Young Frankenstein (Frankenstein Junior, 1974) – The Last Remake of Beau Geste (Drei Fremdenlegionäre, 1977) – The Adventure of Sherlock Holmes' Smarter Brother (Sherlock Holmes cleverer Bruder, 1975) – Silent Movie (Mel Brooks letzte Verrücktheit: Silent Movie, 1976) – High Anxiety (Mel Brooks: Höhenkoller, 1977) – The World's Greatest Lover (Der größte Liebhaber der Welt, 1977) – The In-Laws (Zwei in Teufels Küche, 1979) – The Elephant Man (Der Elefantenmensch, UK 1980, OST: Milan) – History of the World Pt. 1 (Mel Brooks verrückte Geschichte der Welt, 1981) – Table for Five (1983) – Yellowbeard (Dotterbart, 1983) – To Be or Not to Be (Sein oder Nichtsein, 1983) – Johnny Dangerously (1984) – The Women in Red (Die Frau in rot, 1984) – Johnny Dangerously (Gangster wider Willen, 1984) – The Doctor and the Devils (1985) – Clue (Alle Mörder sind schon da, 1985) – Haunted Honeymoon (Hochzeitsnacht im Geisterschloß, 1987) – Dirty Dancing – Spaceballs (1986) – Ironweed (Wolfsmilch, 1987) – Second Sight (Mein Partner mit dem zweiten Blick, 1988) – Stella (1990) – Life Stinks (Das Leben stinkt – mir auch, 1990) – TV: Scarlet

Morros, Boris Michailowitsch

** 1.8.1891 St. Petersburg, Russland, † 9.1. 1963 New York City, USA.*

*Filme als musikal. Leiter/Komponist** : The Accusing Finger (1936) – The Trail of the Lonsome Pine (1936) – Spendthrift (1936) – The Jungle Princess* (1936) – Rose Bowl (1936) – The Big Broadcast of 1937* (1936) – Poppy (1936) – College Holiday (1936) – The Texas Rangers (1936) – The Plainsman (Held der Prairie, 1936, Dir., Score: G.Antheil) – Easy to Take (1936) – Big Bown Eyes – My American Wife – Palm Springs – Rhythm on the Range – The General Died at Dawn – The Moon's Our Home (1936) – Hotel Haywire – High, Wide and Handsome – Hold'em Navy – Hideaway Girl – Maid of Salem – The Last Train from Madrid – Make Way for Tomorrow – Internes Can't Take Money – King of Gamblers – Mountain Music – Souls at Sea (1937) – Swing High, Swing Low (1937, Dir., Score: Victor Young) – Vogues of 1938/All This and Glamour, Too (1937) – Waikiki Wedding (1937) – Thunder Trail* – Bulldog Drummond Comes Back – Forlorn River – Bulldog Drummond's Revenge* – Easy Living* – Daughter of Shanghai – Blonde Trouble – Double Or Nothing – Along Came Love – Angel – The Big Broadcast of 1938 – The Barrier – Clarence – Wild Money – Wells Fargo – She Asked for It – The Great Gambinbi – Thrill of a Lifetime – This Way Please – Turn Off The Moon – Night Club Scandal – Partners in Crime* – True Confession (1937) – The Buccaneer – Tropic Holiday* – Arrest Bulldog Drummond* – The Mysterious Rider – Bulldog Drummond in Africa* – Tip-Off Girls* – The Arkansas Traveler – Artists and Models Abroad* – Blockade – Thanks for the Memory – Touchdown, Army – Illegal Traffic – Say it in French – Bulldog Drummond's Peril* – Romance in the Dark – College Swing – Give Me a Sailor – If I Were King – Hunted Men* – Prison Farm – King of Alcatraz* (1938) – Sing You Sinners (1938, Songs: James V.Monaco, Johnny Burke) – You and Me* – Sons of the Legion – Spawn of the North – Unmarried (1938) – Stagecoach – The Flying Deuces – Naver Say Die – Island of the Lost Men (1939) – Persons in Hiding (1939) – Café Society – Disbarred – Silver on the Sage* – Television Spy* – King of Chinatown 1939) – Parole Fixer* – Texas Rangers Ride Again – Second Chorus – Emergency Squad* (1949)

Filme als Produzent: Tales of Manhattan – Carnegie Hall – A Tale of Five Women (1942)

Morton, Arthur

** 8.8.1908 Duluth, Minn., USA, † 15.4.2000 Santa Monica, Calif.*

Filme: Night Life of the Gods (1935) – Princess O'Hara (1935) – Riding on Air (1937) – Pick a Star (1937) – Fit for a King (1937) – The Day the Bookies Wept (1939) – Turnabout (1940) – Millie's Daughter (1947) – It Had to Be You (1947) – The Thirteeth Hour (1947) – The Walking Hills (Treibsand, 1949) – The Nevadan (Der Nevada-Mann, 1950) – Father is a Bachelor (1950) – Rogues of Sherwood Forest (Robin Hoods Vergeltung, 1950, + H.Roemheld) – The Harlem Globetrotters (1951) – Never Trust a Gambler (1951) – The Pushover (Schach matt, 1954) – The Man from Laramie (Der Mann aus Laramie, 1955) – He Laughed Last (1956) – Cowboy (1958) – Cry for Happy (Das Haus in Yoskoshimi, 1961) – Critic's Choice (Tu das nicht, Angelika, 1962) – Swinging Along (1962) – Medical Story (1975, TV)

Moseholm, Erik

** 13.5.1930 Fredericia, Jütland.* Der dänische Musiker (b) machte sich zunächst als Jazzmusiker einen Namen, ehe er sich kompositorischen Aufgaben widmete.

Filme: Weekend (DK 1962) – Fantasterne/Dreamers (DK 67)

Mothersbaugh, Mark

** 18.5.1950 Akron, Ohio, USA.* Der Keyboarder, Gitarrist, Sänger und Komponist war wie sein Bruder Bob (g, voc) Mitglied der 1972 gegr. amerikan. New Wave Rockband Devo, deren Debüt-Album von Brian Eno produziert wurde. M. nahm auch Solo-LPs auf, Bob schrieb ebenfalls Filmmusik.

Filme: Courtyard – Human Highway (1982) – Thrashin' (1986) – Revenge of the Nerds: Nerds in Paradise (1987) – Slaughterhouse Rock (1988) – South Beach (1992) – The New Age (1994) – It's Pat (1994) – Flesh Suitcase (1995) – The Last Supper (1995) – Class Reunion (1996) – Bottle Rocket – Happy Gilmore (1996) – The Big Squeeze – The Birdcage (1996) – Breaking Up (1997) – Men (1997) – Rugrats: The Movie (Cartoon, 1998) – Rushmore

(1998) – Bongwater – The Best Man – Dead Man on Campus (1998) – All the Rage – Drop Dead Gorgeous (1999) – 200 Cigarettes (1999) – Tucker (2000, TV) – Grosse Pointe (2000, TV) – The Adventures of Rocky and Bullwinkle (2000) – Rugrats in Paris (Cartoon, 2000) – The Royal Tenenbaums (2001) – Sugar & Spice (2001) – Rugrats: Still Babies After All These Years (2001, TV) – Sorority Boys (2002) – Welcome to Collinwood (2002)

Motzing, William

* *19.8.1937 Pittsburgh, Pa., USA.* Der Komponist ist seit 1978 für den australischen Film tätig; er arbeitete u.a. für die Regisseure John Duigan und Phillip Noice.

Filme: Newsfront (1978) – Cathy's Child – Just Out of Reach (1979) – Dead Easy (1982) – Stanley – The Return of Captain Invincible – Undercover (1983) – Silver City – One Night Stand (1984) – Room to Move – The Coca-Cola Kid (1985) – Echoes of Paradise (1986) – A Case of Honour – Young Einstein (1988) – Cappuccino (1989)

Moule, Ken

(Kenneth John), * *26.6.1925 Barkin, Essex, England, † 27.1.1986 Marbella (Malaga), Spanien.* Der Pianist und Komponist leitete von 1954–1956 eine Jazz-Combo, arbeitete von 1956–59 als Arrangeur für Ted Heath und anschl. als Freelance-Arrangeur und -Komponist, u.a. für Lionel Barts »Twang«. Schallplatten für Decca.

Moustaki, Georges

(Joseph Mustacchi), * *3.5.1934 Alexandria, Ägypten.* Sänger, Songschreiber, Schauspieler und Komponist griechischer Abstammung. Studierte Französisch und arbeitete in Paris als Journalist. Spielte Klavier und Gitarre in Clubs in Montparnasse, traf dort den Komponisten → Henri Crolla, einen Neffen der Jazzgitarrenlegende Django Reinhardt. Dieser stellte ihn Edith Piaf vor; 1958 wurde er ihr Gitarrist und Liebhaber. Durch sie wurde er mit Marguerite Monnet bekannt, zusammen schrieben sie den Hit *Milord*. Die Beziehung mit der Piaf ging Anfang der 60er Jahre zu Ende, M. trat als Gitarrist mit meist eigenen Liedern auf (*Le gitan et la fille, Un étranger, Les gestes, Le méteque*). In den 70er Jahren arbeitete er mit Jacques Potrenaud am Film »Mendiant et Orgeueilleux«, spielte darin eine Hauptrolle und schrieb einige Filmmusiken.

Filme: The Man with Connections – Solo (Brut der Gewalt, 1969) – The Five Leaf Clover – Au bout du bout du banc (1978)

Mühlen, Hans

Ps. für → Bronislaw Kaper

Muldowney, Dominic John

* *18.7.1952 Southampton.* Engl. Komponist, arbeitet seit 1982 für den Film, u.a. für die Regisseure Michael Radford und Richard Eyre.

Filme: The Merry Wives of Windsor (192, TV) – The Ploughman's Lunch (193, TV) – Betrayal (Betrug, 1983) – Loose Connections (1983) – Singleton's Pluck – Nineteen Eight-Four (1984, 1984) – Laughterhouse (1984) – Sharpe's Eagle (1993, TV) – Sharpe's Rifles (1993, TV) – Eskimo Day (1996, TV) – King Lear (1997, TV)

Mullendore, Joseph Milton

* *21.10.1914 Philadelphia, Pa., USA, † 19.6. 1990 L.A.* Der Komponist, Arrangeur und Dirigent kam durch seinen Freund Herschel Burke Gilbert zum Film, wo er für ihn als Arrangeur arbeitete, bes. für dessen TV-Arbeiten, so »Zane Grey Theatre«, »Burke's Law«, »Robert Taylor's Detektives«, »The Rifleman«, »Richard Diamond« u.a. In den 50er Jahren schrieb er u.a. Musik für »The Adventures of Superman« und »Racket Squad«. Von seinen vier Spielfilmen ist am bekanntesten Fritz Langs »While the City Sleeps«.

Filme: Wicked Woman (Hände weg, Johnny!, 1953) – New York Confidential (1955) – While the City Sleeps (Die Bestie, 1956) – I Deal in Danger (1966, TV)

Müller, Johannes

* *23.7.1893 Berlin, † 30.8.1969 ebd.*

Filme: Eine Fraum kommt in die Tropen (1938) – Die Stimme aus dem Äther (1939) – Die Rothschilds (1940)

Müller, Rolf-Hans

* *10.4.1928 Dresden, † 26.12. 1990 Baden-Baden.* Bandleader und Komponist. Studierte an der Musikschule in Heidelberg und war ab 1949 beim Südwestfunk als Pianist und Komponist. Von 1959 bis 1980 leitete er das SWF-Tanzorchester und arbeitete dann als Freelancer, schrieb Musik für Hörfunk und TV. Er leitete auch das Orchester in der TV-Reihe »Zum blauen Bock«.

TV-Filme/Serien: Forellenhof – Die Powenzbande – Salto Mortale – Magere Zeiten – Goldene Zeiten – Tatort

Müller, Werner

* *2.8.1920 Berlin, † 28.12.1998 Köln.* Dt. Bandleader und Komponist. Lernte Violine und Posaune, studierte an der Militärmusikschule in Bückeburg, spielte und arrangierte 1948–48 für die Band von Kurt Widmann, gründete 1948 das RIAS-Tanzorchester, leitete es 20 Jahre und war dann noch bis 1985 Leiter der WDR-Big Band in Köln. Mit dem RIAS-Orchester in einigen Filmen, für die er z. T. auch die Musik schrieb. Zahlreiche Schallplatten mit geschmackvoller Unterhaltungs- und Swingmusik, auch lateinamerikanische Tanzmusik unter Ps. Ricardo Santos. Er begleitete auf Schallplatten auch Caterina Valente, Renée Franke, Inge Brandenburg, Bully Buhlan, Horst Fischer, Connie Stevens u.a.

Filme: Symphonie in Gold (1955) – Musik im Blut (1955) – Die Christel von der Post (1956) – Du bist wunderbar (1959) – Die 1000 Augen des Dr. Mabuse (Nur Lied *Schau ich zum Himmelszelt*, 1960; Score: Gerhard Becker) – Drei Mann in einem Boot (1961)

Mulligan, Gerry

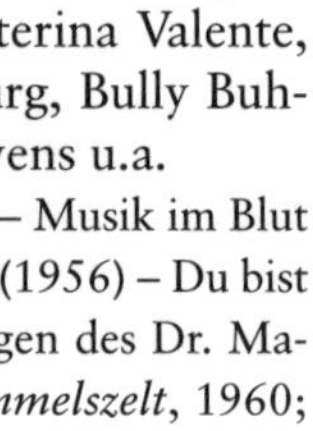

(Gerald Joseph), * *6.4.1927 N.Y., USA, † 20.1.1996 Darien, Conn.* Der berühmte Jazzmusiker (bar, p) wuchs in Philadelphia auf, erster Job bei Johnny Warrington. Spielte und arrangierte dann für Tommy Tucker, Gene Krupa, Claude Thornhill und in Miles Davis Capitol Band. 1952 gründete er ein Quartett ohne Piano mit Chet Baker (tp), später mit Jon Eardley bzw. Art Farmer. 1956 Sextett mit Eardley, Bob Brookmeyer und Zoot Sims. 1960–63 leitete er seine Concert Jazz Band, war 1968–72 im Dave Brubeck-Quartett und trat dann immer wieder mit Gruppen unterschiedlicher Größen auf. Er komponierte eine Reihe von Jazzstandards (*Limelight, Elevation*) und schrieb einige Filmmusiken. M. gehört neben Serge Chaloff und Harry Carney zu den großen Solisten auf dem Baritonsaxophon, stilistisch dem modernen Mainstream zuzurechnen. Zahlreiche Schallplatten.

Lit.: J.Klinkowitz, Listen: G. M., N.Y. 1990. – R.Horricks, G. M., London 1989. – A.Astrup, G. M. Discography, Soeborg 1989.

Filme: I Want to Live (Laßt mich leben, 1958, + J.Mandel) – The Subterraneans (Die Kellerratten, 1960, + A.Previn) – Help! My Sawman's Burning Down (Kf. 1964) – A Thousand Clowns (Titelsong, 1965) – Luv (Versuchs doch mal mit meiner Frau, 1967) – Fat People, Skinny People (Kurzfilm 1968) – La Menace (F/KAN Die Drohung, 1977) – Les petits galères (F 1978, + A.Piazzolla) – Jazz Collection, (Dok., 1996)

Mundy, Jimmy

(James), * *28.6.1907 Cincinnati, Ohio, USA, † 24.4.1983 N.Y.* Bedeutender Arrangeur der Swing-Ära. Spielte in den 20er Jahren Tenorsaxophon in den Bands von Erskine Tate, Carroll Dickerson, 1929 bis 1936 bei Earl Hines, entwickelte sich bei diesem zum Komponisten/Arrangeur. Arbeitete dann auch für andere Bands, so Benny Goodman, Casa Loma Orch., Count Basie, Gene Krupa, Paul Whiteman, Artie Shaw u.a. Leitete 1939 und 1946 eigene Bands, arbeitete in Hollywood für den Film (er arrangierte u.a. für die Filme »Gilda« und »Cover Girl«). In den 50er Jahren arbeitete er u.a. für Dizzy Gillespie, Count Basie, Carmen McRae, Joe Williams, Tony Aquaviva und für den Broadway (»The Vamp«, 1955). 1959 ging er nach Paris zu Disques Barclay, kehrte aber nach einigen

Jahren zurück und arbeitete als Freelancer.
Film: Man on the Eiffel Tower (Der Mann vom Eiffelturm, 1948, + M.Michelet)

Munoz-Alonso, Angel

Spanischer Komponist.
Filme: Sé infiel y no mires con quién (1985) – Golfo de Vizcaya (1985) – Lulu de noche (1986) – Sueltate el polo (1988) – Juego mas divertido (1988)

Munoz-Molleda, José

* *16.2.1905 La Linea de la Conception/Cadiz (Andalusien), † 26.5.1988 Madrid.*
Film: Andalusische Nächte (D/E 1938, H.Milde-Meißner, J.Mostazo-Morales) + spanische Filme

Munro, Ronnie

* *5.10.1909, † 3.7.1989 Johannesburg, Südafrika.* Engl. Komponist, in den 30er und 40er Jahren eine populäre Rundfunkpersönlichkeit.
Filme: The Warning – Laugh it Off (1939) – Meet the Navy

Munrow, David John

* *14.8.1942 Birmingham, England, † 15.5. 1976 Chesham Bois, Buckinghamshire.*
Filme: The Devils (1971) – Henry VIII and His Six Wives (UK 1972) – Zardoz (1973)

Murphy, John Paul

* *4.3.1965 Walton (Liverpool), England.* Rock-Musiker (d, vib, b, g, voc), Songschreiber und Komponist, arbeitete für engl., US- und australische Filme, u.a. mit den Komponisten David A. Hughes, Brian May und Joe Romano.
Filme: Dinner in Purgatory – Beyond Bedlam (1994) – Proteus – Clockwork Mice – A Feast at Midnight – Welcome to the Terrordrome – Solitaire for 2 (1995) – Niagaravation – Siren Spirits: White Men Are Cracking Up (1996) – Darklands – Stiff Upper Lips (1997) – Lock, Stock and Two Smoking Barrels – The Bachelor (1998) – Tube Tales – One More Kiss (1999) – Snatch – Liam – Chain of Fools (2000) – Sound and Fury – The Valley (Dok., 2000) – Mean Machine – Vacuuming Completely Nude in Paradise/Strumpet (2001) – All About the Benjamins (2000)

Murray, Lynn

(Lionel Breeze), * *6.12.1900 London, England, † 20.5.1989 Pacific Palisades, Calif., USA.*
Filme: The Prowler (Dem Satan singt man keine Lieder, 1951) – The Big Night (Vom Dritten keine Spur, 1951) – Son of Paleface (Bleichgesicht Junior, 1952) – The Girls of Pleasure Island (1953) – Here Come the Girls (1953) – The Bridge at Toko-Ri (Die Brücke von Toko-Ri, 1955) – Casanova's Big Night (Der Schürzenjäger von Venedig, 1954) – To Catch a Thief (Über den Dächern von Nizza, 1955) – D-Day: The Sixth of June (Zwischen Himmel und Hölle, 1956) – On the Threshold of Space (Testpiloten, 1956) – Snow White and the Three Stooges (1961) – Escape from Zahrein (Flucht aus Zahrein, 1961) – Period of Adjustment (Zeit der Anpassung, 1962) – Saw the Whole Thing (1962, TV) – Wives and Lovers (Ach Liebling ..., 1963) – Come Fly with Me (Flieg mit mir ins Glück, 1963) – Promise Her Anything (Versprich ihr alles, 1964) – Signpost to Murder (Wegweiser zum Mord, 1964) – Rosie (1967) – Angel in My Pocket (1968) – Strategy of Terror (1968, TV) – The Cockeyed Cowboy of Calico County (1970, TV) – TV: Alfred Hitchcock Presents

Murray, Sonny

(James Marcellus Arthur) (d, comp), * *21.9. 1937 Idabel, Okla., USA.* Wuchs in Philadelphia auf, erste Studien bei seinem Bruder. Ging 1956 nach N.Y., spielte mit Red Allen, Willie »The Lion« Smith, Jackie McLean, Ted Curson, Cecil Taylor, Albert Ayler. Mitglied der New Yorker Jazz-Avantgarde, erste LP 1966. Lebte einige Jahre in Paris, in N.Y. eigene Gruppen mit Khan Jamal bzw. Grachan Moncur III, Steve Coleman, William Parker u.a. Er schrieb auch Musik für Filme und Theaterstücke. CDs für Enja.
Filme: In the Beginning (Nigeria) – Walking Women (KAN) – The Party (F)

Musical Remakes

Aus einem Musical einen Film zu machen (und vice versa) ist seit langem gängige Praxis. Die folgende unvollständige Liste zeigt einige der bekanntesten Beispiele:

Musical:	*Film*:
Charly's Aunt	Where's Charley?
My Two Husbands	Three for the Show
Nothing Sacred	Living it Up
Carmen	Carmen Jones
A Christmas Carol	Scrooge
Room Service	Step Lively
The Shop Around the Corner	In the Good Old Summertime
He Married My Wife	Meet Me After the Show
Annie Oakley	Annie Get Your Gun
Liliom	Carousel
The Philadelphia Story	High Society
Ninotchka	Silk Stockings
Gigi	Gigi
Pygmalion	My Fair Lady
Die Trapp Familie	The Sound of Music
Rose of Washington Square	Funny Girl
Die Nächte der Cabiria	Sweet Charity
Lancelot and Guinevere	Camelot
Oliver Twist	Oliver!
The Matchmaker	Hello Dolly
I Am a Camera	Cabaret
Tevye the Milkman	Fiddler on the Roof

Musumarra, Romano

Frz. Komponist, arbeitet seit 1986 für den Film.

Filme: La femme de ma vie – Mon bel amour ma déchirure (1986) – Maladie d'amour (1987) – Blanc de Chine – L'enfants de l'art (1988) – Jaune revolver – Les bois noirs (1989) – Jean Galmot, aventurier (1990) – Le grand pardon (1992) – Delit mineur (1993) – L'ours en peluche 1994) – L'élève (1996)

Musy, Jean

* *18.12.1947 Levallois Perret (Hauts-de-Seine), Frankreich.* Komponist, Arrangeur und Musiker. Arbeitete als Arrangeur und musikal. Leiter für Charles Aznavour, Dalida, Barbara u.a., für den Film seit 1977.

Filme: Les oiseaux de Meiji Jungu (1974, TV-Serie) – Leidenschaftliche Blümchen/The Passion Flower Hotel (1977) – Le pion – Laisser-moi rêver (1978) – Clair de femme (1979) – Le cœur à l'envers (1980) – Chanel solitaire – Beyond the Reef – Tanya's Island – Gaston Lapouge (1981) – Les invités – Itinéraire bis (1982) – The Bird Watch – La palombière – Papy fait de la résistance (1983) – Johnny Monroe – Baby Blues – Le journal d'un fou (1987) – Noce blanche – Vanille fraise (1989) – Sweet Killing (1993) – L'ange noir (1994) – Les savates du bon dieu (Die amen Leute und der liebe Gott, 2000)

Myers, Peter

* *10.10.1936.* Der engl. Komponist machte in Hollywood Karriere, er arbeitete als Arrangeur für Buddy Rich u.a. und Schallplatten, ehe er sich der Film- und TV-Musik zuwandte.

TV-Filme: Diagnosis Murder – Matlock – Dynasty – Father Dowling Mysteries – A Murder of Quality (Der Mörder mit den Silberflügeln, UK 1991, TV)

Myers, Stanley

* *6.10.1930 Birmingham, England, † 9.11. 1993 London.* Begann Mitte der 60er Jahre für den Film zu arbeiten und schrieb zwischen 1966 und 1987 rd. 60 Musiken für europäische und US-amerikanische Filme. Er arbeitete mit Stephen Freas zusammen (»Prick Up You Ears«, »My Beautiful Laundrette«); seine bekannteste Arbeit ist wohl die Musik zum Film »The Deerhunter«. Er schrieb auch für John Williams die viel beachtete »Cavatina«. Er förderte Hans Zimmer, der bei ihm als Assistent begann.

Filme: Prospects for Plastics (Kurzf., 1963) – Kaleidoscope (Der Gentlemen-Zinker, UK 1966) – Zabaglione (Kurzf., 1966) – Ulysses (USA/UK 1967) – Separation (UK 1967) – No Way to Treat a Lady (Bizarre Morde, USA 1968) – Two Gentlemen Sharing (1969) – Michael Kohlhaas der Rebell (D 1969) – Otley (1968) – The Night of the Following Day (Am Abend des folgenden Tages, USA 1969) – Age of Consent (AUS 1969) – Tropic of Cancer (Wendekreis des Krebses, USA 1970) – Underground (1970) – Take a Girl Like You (UK 1971) – A Severed Hat (1971) – A Walking Stick (Die Krücke, UK 1970) – The Raging Moon/Long Ago Tomorrow (Rosen im Winter, 1971) – The Devil's Widow (1971) – Tam-Lin (UK 1971) – Strohfeuer (D 1972, TV) – Sitting Target (Blutroter Morgen, 1972) – It's a 2' 6« Above the Ground (UK 1972) – Herzbube (King, Queen, Knave, D/USA 1972) – Zee & Co. (X, Y & Co., 1972) – The Blockhouse (1973, TV)

– Road Movie (1974) – Caravan to Vaccarès (Duell in Vaccarès, UK/F 1974) – Little Malcolm and His Struggle Against the Eunuchs (1974) – Frightmare (1974) – The Apprenticeship of Duddy Kravitz (Duddy will hoch hinaus, KAN 1974) – House of Whipcord (1975) – Conduct Unbecoming (Die Schande des Regiments, 1975) – The Confessional (1975) – Der Fangschuß (D/USA 1976) – The Comeback (1977) – Schizo (1977) – The Greek Tycoon (Der große Grieche, USA 1978) – Absolution (UK 1978) – The Deer Hunter (Die durch die Hölle gehen, 1978) – The Class of Miss Michael (1978) – Blood Barrier (1979) – A Portrait of the Artist as a Young Man (UK/USA 1979) – Yesterday's Hero (1979) – The Great Riviera Bank Robbery (1979) – The Watcher in the Woods (USA 1981) – L'amant de Lady Chatterley/Lady Chatterley's Lover (Lady Chatterleys Liebhaber, F/UK 1981, + Richard Harvey) – Moonlighting (Schwarzarbeit, 1982) – The Incubus (1982) – The Honorary Consul (Der Honorarkonsul, UK/USA 1982) – The Next One (1982) – Eureka (UK/USA 1983) – Beyond the Limit (1983) – Blind Date (Tödliche Falle, USA 1984) – Success is the Best Revenge (UK/F 1984, + Hans Zimmer) – Florence Nightingale (1985) – The Lightship (USA 1985) – My Beautiful Laundrette (Mein wunderbarer Waschsalon, 1985) – The Chain (1985) – Insignificance (1985) – Dreamchild (1985) – The Second Victory (1986) – Castaway (1986) – Harry's Kingdom (1986, TV) – Separate Vacations (1986) – The Zero Boys (1986) – Trading Hearts (1986) – Scoop (1987, TV) – Baja Oklahoma (1987, TV) – Prick Up Your Ears – You're Talking to Me (1987) – Wish You Were Here – Sammy and Rosie Get Laid (1987) – The Wind (1987) – Taffin – Stars and Bars (USA 1988) – Track 29 (1988) – The Boost (USA 1988) – Tidy Endings (1988, TV) – Nature of the Beat (1988) – Stones for Ibarra (1988, TV) – Christabel (1989) – Danny, The Champion of the World (1989, TV) – Paperhouse – Acque di Primavera/Torrents in Spring (I/F/UK 1989) – Scenes of the Class Struggle in Beverley Hills (1989) – Dark Obsession (1989) – The Witches (UK/USA 1990) – Rosencrantz and Guildenstern Are Dead (Rosenkranz und Güldenstern sind tot, 1990) – Iron Maze (1991) – Homo Faber (D 1991) – Mrs. Harris Goes to Paris (1992, TV) – Heading Home – Voyager (D/F 1991) – Torrents of Spring – (Sarafina!, 1992) – Cold Heaven (1992) – The Summer House (1993, I/F, TV) – Trusting Beatrice (1993) – Head of Darkness (1994, TV)

Myrow, Fredric

** 16.7.1939 Brooklyn, N.Y., USA, † 14.9.1999 L.A.* Sohn von → Josef Myrow.

Filme: Plan Ten From Outer Space – Love is a Gun – Rubin & Ed – Phantasm – Reflections of Fear (1971) – Scarecrow (1972) – Little Madonna XXX (1979) – Scone Arrow (NZ 1981)

Myrow, Josef

(comp, p), ** 28.2.1910 Russland, † 21.12. 1988 L.A.* Komponist der 40er/50er Jahre, arbeitete hauptsächlich für den Film. Kam 1912 in die USA, studierte an der Univ. of Philadelphia und dem Curtis Institute of Music. Trat als Piano-Solist und mit Sinfonieorchestern auf und war Programmdirektor eines Rundfunksenders in Philadelphia. Als Komponist schrieb er zunächst für Night Club-Revuen, nach 1946 für den Film. Mitarbeiter waren Mack Gordon, Kim Gannon, Eddie De Lange, Bickley Reichner und Jean Stone. Zum Standard wurde sein Song *Autumn Nocture* (1942), populär wurden auch *The Fable of the Rose, Five O'Clock Whistle* und *I Love to Watch the Moonlight.*

Filme: Three Little Girls in Blue (1946, + Mack Gordon) – If I'm Lucky (1946) – Mother Wore Tights (1947) – When My Baby Smiles at Me (1948) – It Happens Every Spring – The Beautiful Blonde From Bashful Bend (1949) – Wabash Avenue (1950) – I Love Melvin (1953) – The Girl Next Door (Songs m. Mack Gordon, Musik: L.Newman, 1953) – The French Line (1954) – Bundle of Joy (1956)

N

Nakat, Lothar

* *29.4.1925 Tilsit (Ostpreußen).* Musiker (sax, cl), Arrangeur und Komponist.
Filme: Camp der Verdammten (1961) – Mord in Rio (1963) – Der Satan mit den roten Haaren (1964)

Napper, Ken

(Kenneth), * *14.7.1933 London.* Engl. Bassist und Komponist, arbeitete u.a. mit Tony Crombie, als Arrangeur für div. engl. Bands, aber auch für Kurt Edelhagen u.a.
Film: Just Like a Woman (UK 1966)

Narholz, Gerhard

(Ps. Otto Sieben, Norman Candler), * *9.7.1937 Vöcklaburg, Österr.* Studierte in Wien, gründete das Otto Sieben-Orchester, die Norman Candler Strings und die Fa. Sonoton (München), die Musik zu bestimmten Themen (Spannung, Natur etc.) produziert und Filmemachern anbietet. Als Komponist schrieb er über 1000 Titel Tanz-, Unterhaltungs- und Filmmusiken sowie die Operette »Wiener Panoptical«. Er ist der Vater von → Gregor N.
Filme u.a.: Astrologie und Sexualität (1971) – Die lustigen Weiber von Trivol (1964)

Narholz, Gregor

* 24.10.1969 München. Sohn von → Gerhard N. Der Komponist arbeitet für Film und TV in Deutschland und den USA, hier auch für TV-Serien wie »Seinfeld«, »Saturday Night Live«, »Cybill«, »Front Runners«, »Family Matters« u.a. aber auch für Dokumentarfilme (»Marilyn Monroe, Life After Death« u.a.).

Filme: Jenny's War (USA 1985) – Aspen Extreme (USA 1993) – The Cable Guy (USA 1996) – On Deadly Ground (USA 1994) – Space Nights (D 1995, TV) – The Oval Portrait – An Arrest (Kurzfilme, 1995/96) – Welcome to the Dollhouse (USA 1995) – Nixon (USA 1995) – Ägypten (1996, TV) – Tikal – Teotihuacan – The Oval Portrait (1996) – Kyoto und die Zen-Kultur (1996, TV) – Scarmour – Lhasa (1997) – Damaskus: Paradies auf Erden (1997, TV) – Chartres (1997) – Damaskus: Das islamische Erbe (1998, TV) – Indus (1998) – Florenz und der Geist der Renaissance (1998, TV) – Damaskus: Das christliche Erbe (1998, TV) – Hot Dogs: Wau, wir sind reich/Millionaire Dogs (Cartoon, 1998/99) – Almost (Kf. 1999) – Sinbad: Battle of the Dark Knights (Cartoon, 1999)

Nascimbene, Mario

* *28.11.1913 Mailand, Italien, † 6.1.2002 Rom.* Der ital. Komponist studierte bei Renzo Bossi am Konservatorium seiner Heimatstadt und arbeitete dann als Dirigent und Komponist von Kammermusiken, Sinfonien und Balletten. Ab 1941 arbeitete er für den Film, in den 50er Jahren wurden auch angloamerikanische Produzenten auf ihn aufmerksam. So konnte er »Die barfüßige Gräfin« vertonen und das Frühwerk des engl. »Free Cinema«, »Der Weg nach oben«. In den 60er Jahren arbeitete er für ital. Bibel- und Sandalen-Filme und Vorzeit-Gruselfilme. In den 70ern zog er sich vom Film zurück.
Filme: L'amore canta (1941) – Se io fossi onesto (1942) – Il fantasmi del mare (1948) – Capitano Demontio (1949) – Il sogno di Zorro (1951) – Le avventure di Mandrin (Der König der Rebellen, 1951) – O. K. Nerone (O. K. Nero, 1951) – Roma ora 11 (1951) – L'avventiure di Mandarin (1951) – Vacanze col gangster (1952) – Amore in Citta (Liebe in der Stadt, 1953) – Cosa da pazzi (1953) – The Bare-

foot Contessa (Die barfüßige Gräfin, USA 1954) – Cento anni d'amore (Hundert Jahre Liebe, 1954) – Scuoloa elementare (Meine Lausejungs, 1955) – Operazione notte (1955) – Angela (Angela, die Teufelin, 1955) – Alexander the Great (Alexander der Große, USA 1956) – Child in the House (Ein Kind kommt ins Haus, UK 1956) – Uomini e lupi (Frauen und Wölfe, 1956) – A Farewell to Arms (In einem anderen Land, 1957) – That Night (USA 1957) – The Quiet American (Vier Pfeifen Opium, 1957) – The Vikings (Die Wikinger (1958) – Subway in the Sky (U-Bahn in den Himmel, 1958) – Room at the Top (Der Weg nach oben, 1958) – Solomon and Sheba (Salomo und die Königin von Saba, USA 1959) – Kartagine in fiamme (Karthago in Flammen, 1959) – Scent of Mystery (UK 1959) – Morte di un amico (1959) – L'estate violenta (1959) – Sons and Lovers (Söhne und Liebhaber, UK 1960) – La ragazza con la valigia (1960) – La garçonnière (1960) – Francis of Assisi (Franz von Assisi, USA 1961) – La freccia d'oro (Der goldene Pfeil, 1961) – I Mongoli (Die Mongolen, 1961) – Romanoff and Juliet (1961) – The Happy Thieves (Rendezvous in Madrid, USA 1962) – Barabbas (1962) – The Story of Joseph and His Brethren (1962) – Axel Munthe, der Arzt von San Michele/Donne senza paradiso (D/I 1962) – Light in the Piazza (1962) – Lo spadaccino di Siena (1962) – Il disordine (1962) – Constantio il grande (1962) – Jessica (1962) – Le baccanti (1963) – Il processo di Verona (1963) – Jason and the Argonauts (Jason und die Argonauten, UK 1963) – Where the Spies Are (Dolche in der Kasbah, UK 1965) – Operazione paradiso (1965) – Si tutte e donne del mondo (1966) – One Million Years B.C. (Eine Million Jahre vor unserer Zeit, 1967) – Doctor Faustus (Doktor Faustus, UK/I 1967) – The Vengeance of She (UK 1968) – Creatures the World Forgot (Die Welt vor sechs Millionen Jahren, 1968) – When Dinosaurs Ruled the Earth (Als Dinosaurier die Erde beherrschten, 1969) – The Night of Counting the Years (1970) – Storia di una donna (1970) – Gran diva (1970) – Blasie Pacal (1971, TV) – Socrates (1971) – Agostino di Ippona (1972) – La prima notte di quiete (1972) – Commandos (1973) – Anno uno (1974) – Il Messia (Der Messias, 1974) – Il reitto delle isole (1979) – Storia d'amore e d'amiciazia (1982) – Autostrada IRI (1985) – Il delfino azzurro (1989)

Natschinsky, Gerd Joachim

(Ps. Peter Berling), * *23.8. 1928 Chemnitz.* Komponist und Dirigent der DDR. Studierte 1944–48 in Dresden und Chemnitz, 1951–52 in der Meisterklasse von Hanns Eisler. War 1952–54 Dirigent des Tanz- und Unterhaltungsorchesters des (Ost-) Berliner Rundfunks, ab 1977 Intendant des Metropol-Theaters. Er komponierte Operetten (*Messeschlager Gisela*, 1960), Musicals, Schlager und Filmmusik. Sein Sohn Thomas (p, g, voc, * 25.10.1947 Claußnitz/Chemnitz) war zu DDR-Zeiten ein bekannter (Rock-)Musiker, er ist ebenfalls (Film-)Komponist.

Musicals: Servus Peter (1961) – Mein Freund Bunbury (1964) – Terzett (1974) – Casanova (1976) – Decameronical (1979) – Ein Fall für Sherlock Holmes (1980)

Filme: Carola Lamberti: Eine Frau vom Zirkus (DDR 1954) – Hexen (DDR 1954) – Drei Mädchen im Endspiel (DDR 1955) – Wer seine Frau lieb hat ... (DDR 1955) – Zar und Zimmermann (DDR 1955, Bearb. der Operette v. Lortzing) – Star mit fremden Federn (DDR 1955) – Alter Kahn und junge Liebe (DDR 1956) – Mazurka der Liebe (DDR 1957, Bearb. von Millöckers »Bettelstudent«) – Klotz am Bein (DDR 1958) – Meine Frau macht Musik (1958) – Weißes Blut (DDR 1959) – Die Premiere fällt aus (DDR 1959) – Die heute über 40 sind (DDR 1960) – Hochmut kommt vor dem Knall (DDR 1960) – Der Mann mit dem Objektiv (DDR 1961) – Revue um Mitternacht (1962) – Chronik eines Mordes (DDR 1964) – Reise ins Ehebett (1966) – Heißer Sommer (1968, + Thomas N.) – Im Himmel ist doch Jahrmarkt (DDR 1968) – Hart am Wind (DDR 1969) – Der Mann, der nach der Oma kam (DDR 1978) – Nicht schummeln Liebling (1972, + G.Siebholz, F.Schöbel) – Hiev Up (DDR 1978) – Komödianten-Emil (DDR 1980)

Naumann, Pepe

(Hans-Jürgen N.), * *17.1.1931 Berlin, † 16.12. 1973 ebd.*

Filme: Schlager-Raketen (1969) – Nachts ging das Telefon (1962) – Eva (1968)

Neal, Chris

(Christopher), * *17.12.1946 Sydney, Australien.*

Filme: Crosstalk (1982) – Buddies – The City's Edge (1983) – Rebel – Best Enemies – Archer's Adventure (1985) – Around the World in 80 Ways – Short Changed – Place at the Coast (1986) – Ground Zero (1987) – Trouble in Paradise – The Shiralee (1988, TV) – Shadow of the Cobra (1989, TV) – Grievous Bodily Harm – Enmerald City – Afraid to Dance – Celia (1989) – The Killing Beach – Turtle Beach (1992) – Jack the Nimble – Nostradamus Kid (1993)

Nedbal, Oskar

** 26.3.1874 Tábor (Süd-Böhmen, heute Tschechien), † 24.12.1930 (Freitod) Agram, Österreich (heute: Zagreb).* Operettenkomponist, arbeitete gelegentlich für den Stummfilm. Er ist der Onkel des Dirigenten Karel N.

Film: Polenblut (1934, nach seiner Operette, + J. Benès)

Neef, Wilhelm

** 28.1.1916 Köln, † 20.3.1990 Potsdam.* Komponist, Dirigent und Kapellmeister in der DDR.

Filme: Roman einer jungen Ehe (1952) – Der Richter von Zalamea (1955) – Der Hauptmann von Köln (1956) – Schlösser und Katen (1/2, 1957) – Das Lied der Matrosen (1958) – Sie kannten sich alle (1958) – Kabale und Liebe (1959) – Der Fremde (1959/60) – Die schwarze Galeere (1961) – An französischen Kaminen (1963) – Minna von Barnhelm (1962) – Die neue Losung (1962) – Sonntagsfahrer (1963) – Sieh' den Menschen – Viel Lärm um Nichts (1964) – Die Söhne der großen Bärin (1965) – Wenn du groß bist, lieber Adam (1965) – Risiko (1965) – Trick 17 B – Geschichte jener Nacht (1966) – Chingachgook, die große Schlange (1967) – Weil ich dich liebe (1969) – Tödlicher Irrtum (1970) – Husaren in Berlin (1970) – Osceola, die rechte Hand der Vergeltung (1971).

Nelson, Oliver Edward

** 4.6.1932 St. Louis, Mo., USA, † 28.10.1975 L.A.* Stammt aus musikal. Familie, lernte Klavier mit sechs Jahren, Alt-Saxophon mit elf. Spielte ab 1947 in den Bands von Jeter-Pillars, George Hudson, Nat Towles, Louis Jordan. Nach Wehrdienst Studium in Washington und St. Louis. Ging 1958 nach New York, spielte und arrangierte für Erskine Hawkins, Louis Bellson und Wild Bill Davis. Anfang der 60er Jahre nahm er einige LPs auf, darunter drei mit der Free Jazz-Legende Eric Dolphy, die ihn als expressiven Solisten zeigen. Er arbeitete dann aber vor allem als Komponist und Arrangeur, u.a. für Steve Allen, Jimmy Smith, Quincy Jones, Wes Montgomery, Count Basie, Della Reese, leitete Big Bands auf Festivals und war mit einer Combo 1967 auf Tournee, u.a. in Westafrika. 1967 zog er nach L.A. und arbeitete als TV- u. Filmkomponist. Als Jazzarrangeur bezog er auch Soul- und Free-Elemente in seine Arbeiten ein. Schallplatten für Prestige, Impulse (»Blues and the Abstract Truth«), United Artists, Argo, Verve, Flying Dutchman, RCA, East Wind.

Filme: Mr. Broadway (TV-Serie 1964) – I Love a Mystery (1967) – It Takes a Thief (TV-Serie 1967–70, + Benny Golson) – Money to Burn (TV-Serie 1968–71, + Benny Carter) – Ironside (TV-Serie 1967–74, + Marty Paich, Quincy Jones, Benny Golson, Benny Carter) – Istanbul Eyes (1968) – Skull

Oliver Nelson

Duggery (1969) – Death of a Gunfighter (Frank Patch – Deine Stunden sind gezählt, 1969) – Dial Hot Line (1970) – Matt Lincoln (TV-Serie 1970) – Night Gallery (TV-Serie 1970–72, + Eddie Sauter, Gil Melle) – Chase (1973) – Money to Burn (1973) – Six Million Dollar Man (TV-Serie 1973–78, + Gil Melle u.a.) – Inside Job/The Alpha Caper (1973) – Chase (TV-Serie 1974–74, + J.J.Johnson) – Columbo (TV 1971–78, + Gil Melle) – Last Tango in Paris (1972) – Zig Zag/False Witness (1970) – Trans Europe Express – Encounter and Response (Lehrfilm) – The Blues Brothers (1980)
Kompositionen: Concerto for Xylophone, Marimba and Vibraphone – Jazzhattan Suite – Septet for Winds – Dialogues for Orchestra – Suite for Narrator, String Quartet and Jazz Orchestra – Swiss Suite

Nelson, Rudolf

(eigentl. Rudolf Lewysohn), * *8.4.1878 Berlin, † 5.2.1960 ebd.* Vater des Komponisten Herbert Nelson.
Filme: Dolly macht Karriere (1930, + A.Strasser, Schmidt-Gentner) – Nur du (1930, + Jean Gilbert, Willi Kollo, A. Strasser)

Nero, Peter

(eigentl. Peter Bernard Nierow, Ps. Bernie Nerow), * *22.5.1934 N.Y.* Der »Cocktail«-Pianist spielte mit Paul Whiteman, Sinfonieorchestern, hatte Jobs in Clubs in Manhattan, wurde dabei von RCA entdeckt und zu einem Star aufgebaut. Hatte zwischen 1961 und 1972 zwanzig LPs in den Charts, wechselte dann zu Columbia und in den 70er Jahren zu Concord, wo er gute Jazz-LPs aufnahm. Er ist kurz zu sehen im Film »Sunday in New York« (1963), für den er auch die Musik schrieb und einspielte.

Nesmith, Michael

(Robert Michael N.), * *30.12.1942 Houston, Tx., USA.* Schauspieler, Produzent, Regisseur, Drehbuchautor und Komponist.
Filme: Head (1968, Songs) – Northville Cemetery Massacre (1976) – Elephant Parts (1981, TV, auch Drehbuch u. Prod.) – Timerider: The Adventure of Lyle Swann (1982, auch Drehbuch, Schausp. u.Prod.) – Hey Hey It's the Monkees (1997, TV; Prod., Regie, Schauspieler)

Neubach, Ernst

* *3.1.1900 Wien, † 21.5.1968 München.*
Film: Ein Lied geht um die Welt (1933, + Hans May)

Neubrand, Heinz

* *5.7.1921 Wien, † 6.1.1998 ebd.* Österreichischer Komponist, schrieb meist Musik für banale Unterhaltungsfilme.
Filme: Der Page vom Palast-Hotel – Der schönste Tag meines Lebens (1957) – Auch Männer sind keine Engel – Skandal um Dodo (1958) – Auf allen Straßen – Ich heirate Herrn Direktor – Traumrevue – Meine Tochter Patricia (1959) – Das Dorf ohne Moral (1960) – Auf den Straßen der Stadt – Schlager-Revue 1962 (1961) – Wilde Wasser – Romanze in Venedig (A/D 1962) – Die schwarze Kobra – Sturm am Wilden Kaiser (1963) – Tim Frazer jagt den geheimnisvollen Mr. X (1964) – Das Lustschloß im Spessart (1977)

Neumann, Günther

(Christian Ludwig), * *18.3.1913 Berlin, † 17.10.1972 München.*
Filme: Einmal werd' ich dir gefallen (1937) – Der dunkle Punkt (1940)

Neumann, Ulrik

(Hans Ulrik N.), * *23.10.1918 Kopenhagen, Dänemark, † 28.6.1994.* Der dänische Gitarrist und Komponist war in den 60er Jahren Mitglied der Instrumental-/Gesangsgruppe The Swe-Danes mit Svend Asmussen und Alice Babs. Er trat lange mit seiner Tocher Ulla als Gesangsduo auf.
Filme: Op med humøret (1943) – Kærlighed på kredit (1955) – Kispus (1956) – Ballade på Bullerborg – Det svanger pa slottet (1959) – Vaxdockan (1952) – The Doll (1964)

Neumann (Schätzler), Wolfgang

* *13.1.1957 München.* Studierte am Richard-Strauss-Konservatorium München. Spielte Bass in der Rockband Tram und war Gründungsmitglied der Elekronikgruppe Neumann. 1986 gründete er das Ensemble Never Been There.

Er arbeitete mehrfach mit → Ulrich Bassenge* zusammen.

Filme: Galapagos, Das unheimliche Paradies (1986, Dok.) – Der Schatz von Lima – Encantadas-Suite (1987) – Der Lückenbüßer (1988) – Typisch Weiber* (1980) – Wer wohnt im Wohnzimmer* (1981) – Echt tu matsch* (1983) – Bewegende Ereignisse* (1984) – Spaltprozesse* (Dok., 1986) – Wüste Wege, ein Saharatrip* (Dok., 1987) – Frei wie der Wind* – Nanga Parbat, Schicksalberg der Deutschen* (Dok., 1988) – Harold und die Geister* (Cartoon, 1989)

Newborn, Ira

* *26.12.1949 N.Y., USA.* Arbeitete als Musiker (g, fl) in div. Bands, u.a. mit Billy Joel. Leitete eigene Bands, war zeitweise musikal. Leiter der Gesangsgruppe Manhattan Transfer, war für TV-Shows tätig und begann in den 80er Jahren Filmmusik zu schreiben. Der Erfolg des Kultfilms »Blues Brothers« machte ihn dann zu einem gefragten Filmkomponisten.

Filme: American Hot Wax (1977) – The Blues Brothers (1980) – All Night Long (Jede Nacht zählt, 1981; + Dick Hazard) – Sixteen Candles (Das darf man nur als Erwachsener, 1984) – Into the Night – Weird Scene (L.I.S.A, Der helle Wahnsinn, 1985) – Wise Guys (Zwei ausgeschlafene Jungs, 1985) – Ferris Bueller's Day Off (Ferris macht blau, 1986) – Dragnet (Schlappe Bullen beißen nicht, 1986) – Amazon Women on the Moon (Amazonen auf dem Mond, 1987) – Planes, Trains and Automobiles (Ein Ticket für Zwei, 1987) – Caddyshack II – The Naked Gun: From the Files of Police Squad (Die nackte Kanone, 1988) – Uncle Buck (Allein mit Onkel Buck, 1989) – Short Time – My Blue Heaven (1990) – Naked Gun 33 1/3 (Die nackte Kanone 33 1/3) – The Naked Gun 2 1/2: The Smell of Fear (1991; OST. Varèse) – Lame Ducks (Drei lahme Enten, 1991) – Innocent Blood (Bloody Marie: eine Frau mit Biß, 1992) – The Final Insult (1993) – Ace Ventura, Pet Detective (Ace Ventura, ein tierischer Detektiv, 1993) – The Jerky Boys (1994) – Mail Rats (1995) – High School High (1996/96) – Bad Manners (Kleine Lügen unter Freunden, 1996) – The Late Shift

Newley, Anthony

(George Anthony N.), * *24.9.1931 London, England, † 14.4.1999 Jensen Beach, FL, USA.* Schauspieler, Sänger und Komponist. Stand schon als Kind auf der Bühne und bis 1959 in rd. 20 Kinofilmen. 1961 schrieb er mit Leslie Bricusse das Musical »Stop the World – I Want to get Off«. Als Sänger war N. mehrfach in den Charts (*Why, Do You Mind*, 1960); er trat auch mehrfach in Las Vegas auf. Weitere Musicals: »The Roar of the Greasepaint, The Smell of the Crowd« (1965), »Willie Wonka And the Chocolate Factory« (1971), »The Good Old Bad Old Days« (1972). Er lebte lange in Kalifornien, ab 1991 wieder in London, wo er jährlich zu Weihnachten in L.Briscusses Musical »Scooge« auftrat. Er war verheiratet mit der Schauspielerin Joan Collins.

Filme: Can Hieronymus Markin Ever Forget Mercy Humppe and Find True Happiness? (Die Gelüste des Hieronymus, UK 1969, auch Regie, Drehbuch, Darsteller) – Wille Wonka and the Chocolate Factory (Charlie und die Scholokadenfabrik, UK 1971)

Newman, Alfred

(comp, arr, p, cond, ldr), * *17. 3.1901 New Haven, Conn., USA, † 17.2.1970 Hollywood.* Bedeutender Filmkomponist und Dirigent der 30er bis 50er Jahre. War schon mit 13 Jahren ein anerkannter Pianist, mit siebzehn Dirigent. Der Schönberg-Schüler ging 1930 nach Hollywood und begann eine Arbeit, die etliche Höhepunkte des klassischen Kinos hervorbrachte, insgesamt rund 250 Filme, die meisten in seiner Zeit als Musikchef bei 20th Century Fox (1939–59). Von ihm stammt die berühmte Fox-«Fanfare«. Er gewann neun Oscars und wurde 46 mal (!) dafür nominiert. Hits wurde sein *Song for Desireé* (1954) und Love *is a Many Splendored Thing* (1962), bekannt sind auch noch *The Moon of Manakoora* und *How Green Was My Valley*. Daneben war er Dirigent des Hollywood Bowl Sinfonieorchesters und nahm Schallplatten mit Film- und Unterhaltungsmusik (Easy Listening Music) für Majestic, Capitol, Mercury und Decca auf. Er produzierte auch die berühmte Erst-

einspielung der Schönbergschen Streichquartette 1936/37 durch das Kolisch-Quartett. Sein Bruder → Emil war ebenfalls Film-Komponist, sein jüngerer Bruder → Lionel war nach ihm Musik-Chef der Twentieth Century Fox, seine Söhne → Thomas und → David wie auch sein Neffe → Randy (der Sohn seines Bruders Irving) schreiben ebenfalls Filmmusik.
CD: A. N.: The Man from Galilee/The Music Collection, Silva – Captain from Castile, Facet FCD 8103 – How The West Was Won, Sony AK-47024 – The Egyptian, Varèse VSC 5258 (cond., Musik B.Herrmann) – Anastasia, Varèse 5422 – Airport, Varèse 5436 – Captain from Castile, RCA CD 80184 – The Robe, Arista 07822110112 – How Green Was My Valley, Arista 07822110082 – OST, South Pacific, RCA (cond) – Wuthering Heights (A tribute to), Koch 373762
Kompositionen: Voodoo Man – Why Am I? – Moon of Manakoora – Your Kiss – Adored One – How Green Was My Valley – From Yesterday to Tomorrow – With You Or Without You – How The West Was Won – Song for Desirée (We Meet Again) – Park Avenue Escapade
Filme: Reaching for the Moon (Arr., 1930) – The Devil To Pay – Whoopee (1930) – Arrowsmith – Street Scene (1931) – Kiki – Indiscreet – The Unholy Garden (1931) – The Age of Love – Corsair – Around the World in 80 Minutes (1931) – Tonight Or Never (1931, Dir.) – Cynara (1932) – Mr. Robinson Crusoe (1932) – Sky Devils (1932) – The Greeks Had a Word for Them (1932) – Rain – Cock of the Air (1932) – The Bowery – Gallant Lady – Roman Scandals (1933) – Secrets – I Cover the Waterfront – The Masquerader – Blood Money – Advice to the Lovelorn (1933) – Looking for Trouble – The Last Gentlemen – Moulin Rouge –The House of Rothschild – The Count of Monte Christo (Das Rätsel von Monte Christo, 1934) – Born to be Bad (1934) – Bulldog Drummond Strikes Back (1934) – The Cat's Paw – Our Daily Bread – We Live Again – Nana (1934) – Clive of India (1934) – The Affairs of Cellini (1934) – The Mighty Barnum (1935) – Les Miserables (Die Verdammten, 1935) – The Dark Angel (1935) – Clive of India – The Wedding Night – Cardinal Richelieu – The Melody Lingers on – Splendor – Strike Me Pink (1935) – Folies Bergère (1935) – Call of the Wild – Barbary Coast (San Francisco im Goldfieber, 1935) – Metropolitan (1935) – Dodsworth – These Three – Ramona – Born to Dance (1936) – Modern Times (Dir., 1936) – The Gay Desperado (1936) – Come and Get It (Nimm was du kriegen kannst, 1936) – Beloved Enemy (1936) – The Hurricane (Song: *The Moon of Manakoora*) – Stella Dallas – The Prisoner of Zenda (Der Gefangene von Zenda, 1937) – Dead End (Die Sackgasse, 1937) – The Slave Ship (1937) – You Only Live Once (Gehetzt, 1937) – When You're in Love (1937) – History is Made at Night (Und ewig singt die Liebe, 1937) – Woman Chases Man (1937) – Wee Willie Winkle – Goldwyn Follies – Hurricane (Dann kam der Orkan, 1938) – The Cowboy And The Lady (Mein Mann, der Cowboy, 1938) – Alexander's Ragtime Band (1938) – The Hunchback of Notre Dame (Der Glöckner von Notre Dame, 1939) – They Shall Have Music (Musik fürs Leben, 1939; Dir.) – The Rains Came – Young Mr. Lincoln (Der junge Mr. Lincoln, 1939) – Wuthering Heights (Die Sturmhöhe, 1939) – Trade Winds (1939) – Gunga Din (Aufstand in Sidi Hakim, 1939) – Drums Along the Mohawk (Trommeln am Mohawk, 1939) –Beau Geste (Drei Fremdenlegionäre, 1939) – The Real Glory (Verrat im Dschungel, 1939) – The Rains Came (Nacht über Indien, 1939) – Tin Pan Alley (1940, Songs: Gordon/Warren) – The Mark Of Zorro (Im Zeichen des Zorro, 1940) – Brigham Young (Treck nach Utah, 1940) – The Blue Bird (1940) – The Grapes of Wrath (Früchte des Zorns, 1940) – Little Old New York – Earthbound – They Knew What They Wanted – Foreign Correspondent (Mord, 1940) – Lillian Russell – Vigil in the Night (1940) – Young People (1940, Dir.) – Hudson's Bay (1940) – Blood and Sand (König der Toreros, 1941) – A Yank in the RAF (1941) – Man Hunt – Tobacco Road – That Night in Rio (Carioca, 1941) – Remember the Day (1941) – Ball of Fire (Die merkwürdige Zähmung der Gangsterbraut Sugarpuss, 1941) – How Green Was My Valley (So grün war mein Tal, Schlagende Wetter, 1941) – Weekend in Havana (1941, Dir.) – Wild Geese Calling (1941) – Belle Star (1941) – Charley's Aunt (1941) – My Gal Sal – Son Of Fury (Abenteuer in der Südsee, 1942) – Roxie Hart – In the Shores of Tripoli – This Above All – The Pied Piper – Girl Trouble – The Black Swan (Der Seeräuber, 1942) – Life Begins at Eight-Thirty (1942) – The Gentlemen from Westpoint (1942) – This Above All (1942) – The Song Of Bernadette (Das Lied von Bernadette, 1943, Oscar!) –

The Moon is Down – Coney Island – The Gang's All Here (Songs: Warren/Robin, 1943) – Heaven Can Wait (Ein himmlischer Sünder/Der Himmel kann warten, 1943) – Claudia – Sweet Rosie O'Grady (1943) – Moulin Rouge (1943, Dir., Songs: Warren/Dubin) – My Friend Flicka (1943) – Wintertime – Irish Eyes Are Smiling (1944) – The Sullivans (1944) – The Purple Heart – Wilson – Sunday Dinner for a Doldier – The Dolly Sisters (1945, + Charles Henderson) – The Keys Of The Kingdom (Schlüssel zum Königreich, 1944) – State Fair (1945, Dir., Musik: Richard Rogers) – A Tree Grows In Brooklyn – Leave Her To Heaven – Diamond Horseshoe – A Royal Scandal – A Belle for Adano (1945) – The Razor's Edge (1946) – Magie – Leave Her to Heaven (Todsünde, 1946) – Dragonwyck (Weißer Oleander, 1946) – My Darling Clementine – Centennial Summer (1946; Songs v. Kern, Hammerstein II, Harburg, Ruby) – Captain From Castile (Der Kapitän von Kastilien, 1947) – Boomerang – Gentlemen's Agreement – Mother Wore Tights – I Wonder Who's Kissin' Her Now (1947, Dir.) – Forever Amber – The Foxes Of Harrow – Miracle on 34th Street – The Gentleman's Agreement (1947) – The Snake Pit (Die Schlangengrube, 1948) – When My Baby Smiles At Me – A Letter To Three Wives – Yellow Sky (Herrin der toten Stadt, 1948) –Down By the Sea in Ships (1948) – Unfaithfully Yours (Die Ungetreue, 1948) – The Iron Curtain (1948) – Cry of the City (Der Schrei der Großstadt, 1948) – Call Northside 777 (Kennwort 777, 1948) – Sitting Pretty (Belvedere räumt auf, 1948) – The Walls of Jericho – Fury at Furnace Creek (Rache ohne Gnade, 1948) – Yellow Sky (Herrin der toten Stadt, 1948) – You're My Everything (1949) – Thieve's Highway (Gefahr in Frisco, 1949) – Mr. Belvedere Goes To College (1949) – Pinky – Come To The Stable – A Letter to Three Wives (Ein Brief an drei Frauen, 1949) – Down to the Sea in Ships (Seemannslos, 1949) – Chicken Every Sunday – Prince of Foxes (In den Klauen der Borgia, 1949) – Twelve o'clock High (Der Kommandeur, 1949) – Dancing in the Dark (1949) – When Willie Comes Marching Home (So ein Pechvogel, 1950) – Panic in the Streets (Unter Geheimbefehl, 1950) – Everybody Does It (1949) – All About Eve – No Way Out – The Gunfighter (Der Scharfschütze, 1950) – Broken Arrow (1950) – For Heaven's Sake (Um Himmels Willen, 1950) – The Big Lift (Es begann mit einem Kuß, 1950) – No Way Out (Haß ist blind, 1950) – For Heaven's Sake – David And Bathseba (David und Bathseba, 1951) – On The Riviera – Fourteen Hours (Vierzehn Stunden, 1951) – Take Care of My Little Girl (1951) – With A Song In My Heart (Mit einem Lied im Herzen, 1952) – Wait Till the Sun Shines, Nellie (1951) – What Price Glory – O'Henry's Full House (Vier Perlen, 1952) – Stars and Stripes Forever (1952) – Snows Of Kilimandjaro (Schnee am Kilimandjaro, 1952) – How to Marry a Millionaire (Wie heiratet man einen Millionär, 1953) – The Robe (Das Gewand, 1953) – Tonight We Sing (Götter ohne Maske, 1953; Dir.) – Call Me Madam (Madame macht Geschichten, 1953) – The President's Lady (Gefährtin seines Lebens, 1954) – The Egyptian (Sinuhe der Ägypter, 1954; + B.Herrmann) – Hell and High Water (Inferno, 1954) – Désirée – Demetrius And The Gladiators (1954) – Love Is A Many Splendored Thing (Alle Herrlichkeit auf Erden, 1955; Titel-Song und *The Girl Upstairs*) – Daddy Long Legs (Daddy Langbein, 1955; Songs v. J.Mercer) – The Seven Year Itch (Das verflixte siebte Jahr, 1955) – A Man Called Peter (Ein Mann namens Peter, 1955) – Anastasia – The King & I – Bus Stop (1956, + C.Mockridge) – A Certain Smile (1958) – South Pacific (1958) – The Bravados (1958) – The Diary Of Anne Frank (Das Tagebuch der Anne Frank, 1959) – The Best Of Everything (All meine Träume, 1959) – Flower Drum Song (1961) – The Pleasure of His Company (In angenehmer Gesellschaft, 1961) – The Counterfeit Traitor (Verrat auf Befehl, 1962) – State Fair (1962) – How The West Was Won (Das war der Wilde Westen, 1962) – Theres No Business Like Show Business (1964, + L.Newman, Songs: I.Berlin) – The Greatest Story Ever Told (Die größte Geschichte aller Zeiten, 1965) – Nevada Smith (1966) – Camelot* (Arr., 1967, + Ken Darby) – Firecreek (Die fünf Vogelfreien, 1967) – Airport (1969)

Newman, Charles

** 22.11.1901 Chicago, Ill., USA, † 9.1.1978 L.A.* Songtexter der 20er/30er Jahre, bekannte Songs: *Sweethearts on Parade, The Wooden Soldier and the China Doll, You've Got me Crying Again, Six Lessons from Madame La Zonga, Dream Train, Flowers for Madame.* Mitarbeiter waren Isham Jones, Carmen Lombardo, James V. Monaco, Victor Young, Allie Wrubel,

Lew Pollack, Charles Tobias, Murray Mencher, Milton Ager.

Weitere Songs: What's the Use? – I Can't Believe it's True – Why Can't This Night Go on Forever? – You Can't Pull the Wool Over My Eyes – Why Don't We Do This More Often? – If You Were Only Mine – Was I to Blame? – I'm Painting the Town Red – Take Another Guess – Rancho Pillow – Private Buckaroo

Filme: Sweethearts on Parade (1930) – Somewhere in Dreamland (1936) – The Gladiator (1938, Song: On to Victory) – Flirting with Fate (1938) – Fisherman's Wharf (1939, Song) – That's Right, You're Wrong – All-American Co-ed (1941) – Shooting High (1940, Song: Little Old Band of Gold) – Six Lessons From Madame La Zonga (1941) – Sweetheart of the Campus (1941) – Wild Bill Hickock (1942) – Private Buckaroor (1942, Songs) – Jitterbugs (1943, Songs) – What's Buzzin' Cousin? – Hi Buddy (1943) – Lady, Let's Dance (1944) – Sweethearts of the USA (1944, Songs) – Easy to Look at (1945, Songs) – Along the Navajo Trail (1945, Song)

Newman, David Montgomery

** 11.3.1954 Los Angeles, USA.* Sohn von Alfred N. Studierte Violine an der Univ. of Southern California und arbeitete dann von 1977 bis 1984 als Studiomusiker. Studierte dann Dirigat an der USC und bei William Kettering, arbeitete als Dirigent für Theaterorchester. Sein erster Film war »Critters«.

Filme: Critters (Critters sie sind da!, 1986) – The War of the Roses (Der Rosenkrieg, 1989) – Matilda – Die blonde Versuchung (1991) – Other People's Money (1991) – Honeymoon in Vegas (Aber nicht mit meiner Braut, 1992) – Hoffa (1993; OST: 20th Cent. Fox) – Nothing But Trouble (1994) – The Phantom (1996) – Big Bully – The Nutty Professor – Jingle All the Way (1996) – Out to Sea (OST: Milan) – 102 Dalmatians – The Affaire of the Necklace – The Nutty Professor II/The Klump (2000) – Duets (Traumpaare, 2000) – Bedazzled – Dr. Doolittle 2 (2001) – Ice Age (2002, + Justin Skomarovsky; OST: Varèse) – Life or Something Like It (2002)

Soundtrack »The Phantom«. Musik: David Newman.

Newman, Emil

** 20.1.1911 New Haven, Conn., USA, † 30.8.1984 Woodland Hills, Calif.* Bruder von Alfred Newman. Er wurde nach dessen Tod sein Nachfolger als Leiter der Musikabteilung der 20th Century Fox.

Filme: Charlie Chan at the Wax Museum (Charlie Chan im Waschfigurenkabinett, 1940) – Murder Over New York (Charlie Chan: Mord über New York, 1940) – Great Guns (Dick & Doof: Schrecken der Kompanie, 1941) – Charlie Chan: Dead Men Tell (Charlie Chan auf den Schatzsucherschiff, 1941) – Charlie Chan in Rio (1941) – Sun Valley Serenade (1941; Songs: Mack Gordon, Hary Warren) – Scotland Yard (1941, Dir.) – Charlie Chan: Castle in the Desert (Charlie Chan: Das Schloß in der Wüste, 1942) – Berlin Correspondent (1942) – The Magnificent Dope (1942, Dr.) – The Undying Monster (1942, + D.Raksin) – The Loves of Edgar Allan Poe (1942) – Quiet Please: Murder (1942, Dir.; Score: Charles Maxwell) – Four Jills in a Jeep (1944) – In the Meantime, Darling (1944) – Nob Hill (1945, + Charles Henderson) – If I'm Lucky (1945, Dir., Songs: Joe Myrow/E.DeLange) – Smokey (1946, Dir., Score: D.Raksin) – Wake up and Dream (1946, Dir.) – A Song is Born (1948, Dir., Songs: Don Raye, Gene De Paul) – Women on the Run (Einer weiß zu viel, 1950) – Cry Danger (1951, + Paul Dunlap) – The Lady Says No (1951) – Rancho Notorious (Engel der Gejagten, 1952) – Big Jim McCain (1952) – Just for You (Nur für Dich, 1952, Dir., Songs: H.Warren/L.Robin) – Japanese War Brides (1952) –

The Mad Magician (Der wahnsinnige Zauberkünstler, 1954) – Ring of Fear (1954, + A.Lange) – The Naked Street (Nackte Straßen, 1955) – Chicago Confidential (Chicago vertraulich, 1957) – Island in the Sky (Das letzte Signal, 1963) – The Great Sioux Massacre (Entscheidung am Big Horn, 1965, + Edward B.Powell)

Newman, Lionel

** 4.1.1916 New Haven, Conn, USA, † 3.2. 1989 L.A.* Der Filmkomponist (und Bruder von → Alfred N.) war Klavier-Begleiter der Sängerin/Schauspielerin Mae West, ging 1943 als Probenpianist zur Twentieth Century Fox und wurde schließlich Nachfolger seines Bruders Alfred als Chef der Musikabteilung; rund 40 Jahre lang arbeitete er als Komponist, Arrangeur und musikalischer Leiter an über 250 Filmen. 1969 erhielt er einen Oscar für »Hello Dolly!«.

Filme (als mus. dir.*): Son of Fury (Abenteuer in der Südsee, 1942) – Home in Indiana (1944, + H. Friedhofer) – Cry of the City* – Road House – Give My Regards to Broadway* – Green Grass of Wyoming* – The Street with No Name* – You Were Meant For Me* (1948) – Father Was a Fullback* (1949) – I Was a Male Warbride* (1949, Score: Mockridge) – Cheaper By the Dozen* – The Jackpot* (1950) – Halls of Montezuma – I'll Get By* – Where the Sidewalk Ends* – Wabash Avenue* (1950) – Follow the Sun* – Fixed Bayonets* – The Frogmen* – The Guy Who Came Back* – U.S.S. Tea Kettle – Meet Me After the Show* (1951) – I Can Get It For You Wholesale* (Score: Sol Kaplan) – Golden Girl – I'd Climb the Highest Mountain* (1951) – The Lady Says No (1951) – The Secret of Convict Lake (Vergeltung am Teufelssee, 1951) – Don't Bother to Knock* (Versuchung auf 809, 1952) – Diplomatic Courier* – Bloodhounds of Broadway* (1952) – San Francisco Story (1952) – The Silver Whip* – Powder River* – Pickup on South Street* – Niagara* (+ Songs, Score: Sol Kaplan) – Man in the Attic* – The Kid in the Attic – A Blueprint for Murder (1953) – City of Bad Men (Die Geier von Carson City, 1953) – The I Don't Care Girl* (1953) – Dangerous Crossing (Gefährliche Überfahrt, Dir., 1953) – The Scoutmaster* (1953, Score: C.Mockridge) – The Girl Next Door (+ Songs von Joe Myrow, Mack Gordon, 1953) – Gentleman Prefer Blondes* (Blondinen bevorzugt, 1953; Songs: Styne/Robin, Arr. H.Spencer, E.Hagen, Bernie Myers) – Three Young Texans* – The Gambler from Natchez (Fluß der Rache, 1954) – Garden of Evil (Song) – There's No Business Like Show Business* – Rocket Man – The Siege at Red River (1954) – Hondo (1954, Dir.; Score: H.Friedhofer) – Gorilla at Large (1954) – The Glory Brigade* (1954) – Princess of the Nile – River of No Return* (Fluß ohne Wiederkehr, 1954, Score: Mockridge; Songs: *I'm Gonna File My Claim u. Titelsong*) – The Killer is Loose – How to Be Very, Very Popular* (1955) – The Girl Can't Help It* – The Proud Ones – The Last Wagon (1956) – Teenage Rebel (Song) – The Best Things in Life Are Free (Fanfaren der Freude, 1956) – A Kiss Before Dying (auch Song) – Love Me Tender (1956) – Bernardine – Kiss Her for Me (auch Song) – Sing Boy Sing – The Way to the Gold (1957) – Boy on a Dolphin* (1957) – In Love and War* – Mardi Gras* (1958) – Sing, Boy, Sing (1958) – Rally Round the Flag, Boys!* – The Long Hot Summer* – A Nice Little Bank That Should Be Robbed – The Memorable Mr. Pennypacker* – Ten North Frederick* – The Sound and the Fury* – Villa! (Song) – Sing, Baby, Sing (1958) – Bravados (1958) – The Young Lions* (1958) – Adventures in Paradise (TV-Serie, 1959–62) – Compulsion (1959) – The Girl Can't Help it* (1959) – Woman Obsessed* – Holiday for Lovers* – Say One For Me* (1959) – Hound Dog Man* – Journey to the Centre of the Earth (Reise zum Mittelpunkt der Erde, Dir.) – A Private's Affair* – Say One For Me* – Warlock – Let's Make Love* – Flaming Star* – North to Alaska (Land der tausend Abenteuer, 1960) – Cleopatra – Move Over Darling (Eine zuviel im Bett, 1963) – The Pleasure Seekers (Drei Mädels in Madrid, 1964) – There's No Business Like Show Business (1964, + A.Newman, Songs: I.Berlin) – Do Not Disturb (Bitte nicht stören, 1965) – The Sand Pebbles* (Kanonenboot am Yangtse-Kiang; Score: J.Goldsmith) – I Deal on Danger* – Doctor Doolittle (1967, + A.Courage) – The St. Valentine's Massacre* (1967) – The Boston Strangler (Der Frauenmörder von Boston, 1968) – Hello Dolly!* (1969) – Myra Breckenridge – The Great White Hope (1970) – The Salzburg Connection* (1972) – The Blue Bird (1976) – Alien* – Breaking Away* (1979) – The Final Conflict (1981) – Criss Creek* – Unfaithfully Yours* (1983)

Newman, Randy

(Randolph Gary), * *28.11. 1943 L.A., USA.* Sein Vater war Irwin N., ein Bruder der Komponisten → Alfred, Emil und Lionel N. Studierte an der UCLA und privat bei → Mario Castelnuovo-Tedesco und begann in den 70er Jahren Filmmusik zu schreiben, nachdem er sich zuvor als Komponist, Pianist und Sänger (»Liedermacher«) einen Namen gemacht hatte. Dabei standen politische Themen und spöttische Analysen des Showbusiness im Mittelpunkt (*Mama Told Me Not to Come*). Nach langer gesundheitlich bedingter Abwesenheit von der Konzertszene tritt er seit 2000 (auch in Deutschland) wieder auf. 2000 erhielt er den Billboard Century Award. »A thinking person's songwriter« (E.Katz).

Lit.: Billboard, 9.12.2000

Songs: Short People – I Love L.A. – I Miss You – Every Time it Rains – My Country – I'm Dead (But I Don't Know It) – Ghosts – Birmingham – Burn On – Baltimore – The One You Love – I Want Everybody to Like Me

Filme: Performance (mus. dir., 1970) – Cold Turkey (1970) – The Pursuit of Happiness (1971) – Ragtime (1981) – The Natural (1984) – April Fool's Day – Three Amigos! (1986) – Huey Long (Dok., 1986) – Parenthood (1989; Song: *I Love to See You Smile*) – Avalon (1990) – Awakenings (1991) – Michael – Toy Story (1995; Song: *You've Got a Friend in Me*) – Maverick (1995) – James and the Giant Peach (James und der Riesenpfirsich, 1996, Songs) – The Paper – A Bug's Life (Das große Krabbeln, 1998, OST: Disney) – Pleasantville (1998, OST: Varèse) – Meet the Parents (2000, OST: DIW) – Monsters, Inc. (Monster AG, 2001, Oscar für Song: *If I Didn't Have You*) Mike's New Car (2002) – Seabiscuit – Meet the Fokkers (2003)

CD: 30 Years of R.N., Reprise 2755762

Newman, Thomas

* *20.10.1955 L.A., USA.* Sohn von → Alfred Newman.

Filme: Recksell (1984) – Revenge of the Nerds (1984) – Desparately Seeking Susan (1985) – The Man with the Red Shoe (1985) – Gung Ho (1986) – Men Don't Leave (1990) – Fried Green Tomatoes (1991) – The Player (1992) – Scent of Women (1992; OST: MCA) – Citizen Cohn (1993) – Unstrung Heroes (Entfesselte Helden, 1995) – American Buffalo (Das Glück liegt auf der Straße, 1996) – Phenomenon (1996) – The Shawshank Redemption (OST: Epic) – Up Close & Personal (1996) – The People vs. Larry Flynt (1996) – Pay it Forward (OST: Varèse) – Erin Brockovich – The Horse Whisperer (Der Pferdeflüsterer, 1998) – Red Corner – Meet Joe Black (OST: Universal) – Oscar & Lucinda (OST: Sony) – How to Make an American Quilt – American Beauty (1999, Grammy!; OST: Dreamworks/BMG) – Three Kings – The Green Mile (1999) – Erin Brockovitch – My Khmer Heart – Pay it Forward (2000) – In the Bedroom (2001) – The Salton Sea -Road to Perdition – White Oleander (2002) – Finding Nemo (2003)

Nichols, Leo

Ps. für → Ennio Morricone

Filme unter diesem Ps.: I crudeli (Die Grausamen, I 1967) – Un fiume di dollari (Eine Flut von Dollars, I 1967) – Deathstalker 2: Duel of the Titans (USA 1987)

Nick, Edmund

(Josef), * *22. 9. 1891 Reichenberg (Böhmen, heute: Tschechien), † 11. 4. 1974 München.*

Filme: Das Hofkonzert (1936, + F.Vecey) – Die lustigen Vagabunden (1940) – Am Abend auf der Heide (1941, + E. di Lazzaro) – Sechs Tage Heimaturlaub (1941) – Eine Frau für drei Tage (1944)

Nicolai, Bruno

* *26.5.1926 Rom, Italien, † 16.8.1991 ebd.* Der Komponist arbeitete zusammen mit → Ennio Morricone und den Regisseuren Sergio Corbucci, Alberto De Martin, Jèsus Franco, Ermanno Olmi und Henri Verneuil.

Filme: Il padre de famiglia (1963, Dir.) – Giuliette e Romeo (1964, Arr.) – Der Mann mit den tausend Masken (D/I 1965) – Per qualche dollari in piu (Für ein paar Dollar mehr, 1965, Dir., Score: E.Morricone) – Django (1966, + L.E.Bacalov) – Missione speciale Lady Chaplin – Sette pistole per i MacGregor (1966, Dir.) – Kiss Kiss ... Bang Band (1966) – Una pistola per Ringo (1966, Dir.) – Il natale che quasi non fu – Die Hölle von Manitoba (1966, Dir.) – Il buono, il brutto, il cattivo (1966, Dir., Score: E.Morricone) – Ognuno per se (1966, Dir.) – Lo straniero (1967, Dir.) – O.K.Connery – The Rover (1967, Dir.) – Matchless – Rome Like Chicago – Grazie, Zia (1967, Dir.) – Un minuto per pregare, un istanto per morire (1967, Dir.) – Il Mercenario (Die gefürchteten Zwei, 1968, + E.Morricone) – Ad ogni costo – Roma come Chicago – Corri, Uomo, Corri – Dalle Ardenne all'inferno – Teorema (Teorema: Geometrie der Liebe, 1968, Dir., Score: E.Morricone) – Fräulein Doktor – Il conde Dracula (1969) – Land Raiders – El proceso de las brujas (1969) – Die Jungfrau und die Peitsche/Die Wildkatze (1969) – Le clan des Siciliens (Der Clan der Sizilianer, F 1969, Dir., Score: E.Morricone) – Zenabel – The Last Mercenary – Serafino – Rebus (1969) – Robin Hood, el arquero invencible – Nuvola di polvere ... un grido di morte ... arriva Sartana (Sartana kommt, 1970) – Vamos a matar, compañeros! (Laßt uns töten, Companeros!, 1970) – Indagine su un cittadino al si sopra di ogni sospetto (Ermittlungen gegen einen über jeden Verdacht erhabenen Bürger, 1970) – Geminus – Dracula contra Fankenstein – Buon funerale amigos, paga sartana (1970) – Il gatto a nove code – Indio Black, sei che ti dico! Sei un gran figli di ... – Christina princesse de l'erotisme – La notte che Evelyn usco dalla tomba (Die Grotte der vergessenen Leichen, 1971) – Vuelo all infierno (X 312-Flug zur Hölle (E/D 1971, + Wolf Hartmeyer) – Le serpent (Die Schlange, 1972) – Tutti i colori del buio (1972) – Il mio nome e Shanghai Joe (Der Mann mit der Kugelpeitsche, 1973) – L'anticristo (Antichrist, 1974) – Salon Kitty – And Then There Were None (Das letzte Wochenende, 1975) – Gatti Rossi in un labirinto de vetro (1978) – Il cappoto di Astrakan (1980) – Défense de savoir/L'uomo in basso a destra nella fotografia (Die Angst vor der Wahrheit, 1983) – Cammina Cammina (Und sie folgten einem Stern, 1983) – Buckey and Blue (1987)

Nicolosi, Roberto

** 16.11.1914 Genua, Italien, † 4.4.1989 Rom.*
Ital. Komponist, arbeitete in den 50er und 60er Jahren u.a. für die Regisseure Raoul Walsh und Mario Bava.

Filme: Sesto continente (Der 6. Kontinent, 1954) – Agi Murad, il diavolo bianco (Hadschi Murat: Unter der Knute des Zaren, 1959) – The Giant of Marathon – L'ultimo del Vikinghi (1960) – La maschera del demonio (Die Stunde wenn Dracula kommt, 1960) – Esther and the King (1960) – Gerusalemme liberata (Clorinda, die Sarazenin, 1963) – The Pirate of Black Hawk – Gli invasori – Lettere di una novizia (Die Nacht vor dem Gelübde, 1961) – I tre volti della paura (Die drei Gesichter der Furcht, i/F 1963) – La rimpatriata (Wiedersehen für eine Nacht, 1963) – Roma contro Roma (1963) – Wild Wild World (1965) – They Never Slept (1990)

Niederberger, Max

** 20.3.1893 Rio de Janeiro, Brasilien, † 8.1. 1941 Wien.*
Filme: Der Liebesexpress/Acht Tage Glück (1931) – Unser Kaiser (1933) – Mein Liebster ist ein Jägersmann (A 1933) – Tanzmusik – Czardas (1935) – Leutnant Bobby, der Teufelskerl (1935) – Buchhalter Schnabel/Ein junger Herr aus Oxford (1936)

Niehaus, Lennie

(Leonard), ** 11.6.1929 St. Louis, Mo., USA.* Ausbildung zum Musiklehrer, spielte Altsaxophon im Tanzorch. von Jerry Wald 1951, war sechs Monate bei Stan Kenton, nach Wehrdienst wieder bei Kenton 1954–59. In dieser Zeit gehörte er zu den führenden Musikern des West Coast Jazz; Schallplatten für Contemporary u. EmArcy. Er ist seitdem in Hollywood als Arrangeur und Komponist für Film und TV tätig, arbeitet u.a. mit dem Schauspieler, Regisseur u. Produzent Clint Eastwood zusammen, er war u.a. verantworlich für die Musik zur Filmbiographie von Charlie Parker, »Bird«. Er schrieb auch die Musik für Billy Crystals TV-Serie »Sessions« (1991). 1990 nahm er wieder eine Jazz-CD auf (Fresh Sound). 2001 komponierte er ein 10-teiliges Werk: *Clint Eastwood: An American Filmmaker Suite* (*CD:* Warner).
Filme: Unforgiven – City Heat (1984) – Tight Rope (Der Wolf hetzt die Meute, 1984) – Pale Rider (1985) – Heartbreak Ridge (1986) – Follow That Bird (1986; Grammy für OST als bestes Kinderalbum) – Bird (1988; OST: Col. 86474) – White Hunter, Black Heart (1990) – Absolute Power (*CD:* Va-

rèse 5808) – The Bridges of Madison County (Die Brücke von Madison County, 1992) – Unforgiven (1992; *CD:* Varèse VSD-5380) – A Perfect World (1993) – Space Cowboys (2000) – The Jack Bull (TV) – Blood Work (2002)

Nier, Helmut

* *24.11.1919 Dresden.* Komponist in der DDR.

Filme: Spur in der Nacht – Fiete im Netz (1957) – Im Sonderzug – SAS 181 antwortet nicht – Senta auf Abwegen (1958) – Natürlich, die Nelly – Maibowle – Zu jeder Stunde (1959) – Silvesterpunsch (1960) – Septemberliebe – Das Märchenschloß – Tanz am Sonnabend: Mord? – Tempel des Satans (1961) – Der Traum des Hauptmann Loy – Urlaub ohne dich (1961) – Ach du fröhliche – Die Glatzkopfbande – Was für ein Tag – Peter und das Einmaleins mit der Sieben (1962) – Lucie und der Angler von Paris – Reserviert für den Tod – Schwarzer Samt (1963) – Eine schreckliche Frau (1964) – Zu Gast in der DDR – Ballade vom roten Mohn (1965) – Schwarze Panther – Paradies der Tiere – Irrlicht und Feuer (1966) – Heroin – Brot und Rosen (1967) – Androklus und der Löwe (1968) – Krupp und Krause (1969) – KLK an PTK: Die rote Kapelle – Der Mörder sitzt im Wembley Stadion (1970) – Tod in der Kurve (1971)

Niessen, Charly

(Carl Otto Paul N.), * *25.8.1923 Wien, † 21.2. 1990 Prien/Chiemsee.* Österr. Komponist und Texter. Studierte Musik- und Theaterwissenschaft in Wien, Weimar und Jena. Arbeitete nach 1945 an Wiener Kabaretts als Autor und Komponist, ab 1952 bei den Berliner »Stachelschweinen«. Er wurde von Heino Gaze und Peter Schaeffers als Schlagerkomponist entdeckt, schrieb u.a. Lieder für Hildegard Knef und Billy Mo (*Ich kauf' mir lieber einen Tirolerhut*), zahlreiche Film- und TV-Musiken und das Musical »Wonderful Chicago« (1965).

Filme: Hula-Hopp Conny (1958) – Der lachende Vagabund (1958) – Das blaue Meer und Du (1959) – Gitarren klingen leise durch die Nacht (1959) – Das Nachtlokal zum Silbermond (1959) – Wenn das mein großer Bruder wüßte (1959) – Der Held meiner Träume (1960) – Meine Nichte tut das nicht (1960) – Immer will ich dir gehören (1960) – Bankraub in der Rue Latour (1961) – Das große Liebesspiel (1963) – Der letzte Ritt nach Santa Cruz (1963) – Schüsse im Dreivierteltakt (1965) – Sommersprossen (1968) – Beiß mich Liebling (1970)

Niessen, Josef

(Ps. Dave Daffodil), * *24.11.1922 Escherbrück (Rheinland), † 29.1.1994 Bad Wiessee, Bayern.* Studierte an der Musikhochschule in Köln und in Berlin Komposition und Kirchenmusik. Ab 1945 Dirigent beim Bayerischen Rundfunk, leitete das Tanzorchester Nürnberg. Nach 1960 als freischaffender Musiker und Komponist tätig. Schallplatten als Dave Daffodil & His Honey Sax. Er war zeitweilig verheiratet mit der Sängerin und Schauspielerin Ilse Werner.

Filme: Die Mitternachtsrevue (1951) – Mein ganzes Herz ist voll Musik (1958) – Wegen Verführung Minderjähriger (1960) – Nach /Neuvertonung: Aber mein Hans der kann's (1939/49)

Nieto, José

(Angel José Nieto Gonzales), * *1.3.1942 Madrid.* Spanischer Komponist und Songschreiber. Nicht zu verwechseln mit dem Schauspieler José Garcia Lopez Nieto (3.5.1902–9.8.1982).

Filme: Hay que matar a B. (B. muß sterben, 1973) El amor del capitan Brando (1974) – La Puente (1976) – Numea es tarde – Camada negre (1977) – Sonambulos – El monosabio (1978) – La mano negra (1980) – Pares y nones – Estoy en crisis (1982) – Truhanes (1983) – La reina del Mate – Extramuros (1985) – El caballo del dragon (1986) – El Lute, caminha o reviente (1987) – Esquilache (1988) – Manama sere libre – La luna negra (1989) – Beltenebros (1991) – Amantes (1991) – The Perfect Husband El maestro de esgrima – El rey Pasmado – El amnate bilingüe – Intruso (1993) – Dias contados – Of Love and Shadows – Desvio al pariso (1994) – Turkish Passion – Guantanamera (1995) – Tu nombre envenena mis suenos – Bwana – Libertarias – El perro del Hortelano (1996) – Passion in the Desert (1997) – Finisterre (Donde termina el mundo, 1998) – Le mirada del otro (1998) – Celos – Extranos (1999) – Se quien eres – Juana la loca (2001)

Nilsson, Stefan

* *27.7.1955 Kukasjärvi.* Schwedischer Musiker (p, g), Songschreiber und Komponist. Arbeitet seit 1981 für den Film, u.a. mit den Regisseuren Bille August und Bo Widerberg.
Filme: Sally och friheten (1981) – Kalabaliken i bender (1983) – The Inside Man (1984) – Smugglarkungen (1985) – Ormens vag pa halleberget – Morrhar och artor (1986) – The Serpent's Way – Jim & piraterna blom (1987) – Vargens tid – Pelle Erobreren (Pelle der Eroberer, 1988) – Sweetwater (1988) – Den goda viljan (1992, TV) – Den ovfrivillige golfaren – Lotta pa brakmakargatan (1992) – Stockholm Marathon – Roseanna – Manen pa balkongen – Brandbilen som försvann (1993) – Farligt venskab – Jerusalem – Älskar, älskar inte (1996) – Ogifta par (1997) – En sång for Martin (2001)

Musik: Jack Nitzsche, Soundtrack »The Hot Spot«

Nitzsche, Jack

(Bernard Alfred), * *22.4.1937 Chicago, Ill., USA, † 25.8.2000 L.A.* N. gehörte zu den großen Rockmusik-Produzenten der 60er Jahre; er arbeitete für die Rolling Stones, für den Sound-Magier Phil Spector, kreierte mit diesem den Ike & Tina Turner-Hit *River Deep, Mountain High* (1966). Er arbeitete mit Graham Parker und produzierte drei CDs für den Rhythm & Blues-Sänger Willie DeVille (»Mink DeVille«) sowie Neil Young, denkwürdig sein Piano-Spiel auf dessen LP »Harvest« (1972). Er arrangierte auch die »Mariachi Brass«-LPs von Chet Baker. In den 70er Jahren wandte er sich der Filmmusik zu; für »Einer flog über das Kuckucksnest« wurde er für einen Oscar nominiert, er erhielt dann einen zusammen mit Buffy Sainte-Marie für den Song *Up Where We Belong* (Film: »Ein Offizier und Gentleman«).
Filme: The T.A.M.I. Concert (1964) – Village of the Giants (1965) – Performance (UK 1970, Dir. Randy Newman) – Greaser's Palace (1972) – The Exorcist (Der Exorzist, 1973) – One Flew Over the Cuckoo's Nest (Einer flog über das Kuckucksnest, 1976; OST: Fantasy) – Heroes (Helden von heute, 1977, + Dick Hazard) – Blue Collar (1978) – Heart Beat – Hardcore – When You Comin' Back Red Roder? (1979) – Crusing (1980) – Cutter and Bone/Cutter's Way (Cutter's Way – Keine Gnade, 1981) – Cannery Row (1982) – Personal Best – An Officer and a Gentleman (Ein Offizier und Gentleman, 1982, Song *Up Where We Belong* m. Buffy Sainte-Marie) – Breathless (Atemlos, 1983; US-Version von »Außer Atem«, mit 12 Rock-Songs) – Without a Trace (An einem Morgen im Mai, 1983) – The Razor's Edge (Auf Messers Schneide; OST: Preamble) – Starman (1984, *CD:* Varèse VDS-47220) – Jewel of the Nile (Auf der Jagd nach dem Juwel vom Nil, 1985) – 9 ½ Weeks (comus.) – Stand by Me (Stand by Me: Das Geheimnis eines Sommers, 1985) – The Whopee Boys (1985) – Streets of Gold (1986) – The Seventh Sign (Das siebte Zeichen, 1988) – Next of Kin (Ruf nach Vergeltung, 1989) – The Last of the Finest (Blue Heat, 1989) – Revenge (Eine gefährliche Affaire, 1990) – Mermaids (Meerjungfrauen küssen besser) – The Hot Spot (1990) – Blue Sky (1990) – Indian Runner (1991) – The Crossing Guard (Es geschah auf offener Straße, 1995)

Noble, Ray

(Raymond Stanley), * *17. 13. 1903 Brighton, East Sussex, England, † 2.4.1977 London.* Engl. Bandleader und Songschreiber. Studierte in Cambridge, arbeitete in A&R-Funktion bei der Plattenfirma HMV 1923–34, in dieser Zeit erste Schallplatten mit Studiobands. Erste Erfolge als Songschreiber mit *Goodnight Sweetheart* und *The Very Thought of You*, sein größter Hit war *Cherokee* (1938), bes. durch die Version von Charlie Barnet (1939). Er ging

1934 in die USA, Glenn Miller organisierte dort eine Band für ihn, mit der er in wechselnden Besetzungen bis in die späten 40er Jahre auftrat. 1947 hatte er einen Hit mit *Linda*.
Filme: Die Männer um Lucie (D/USA 1931, + Guy Zoka, Paul Barnaby, Paul May, Jane Bos) – Brewster's Millions (1935; Song: *I Think I Can*) – Ship Café (1935; Song: *Change Your Mind*) – Big Broadcast of 1936 (1935) – A Damsel in Distress (1937) – Here We Go Again (1942) – Lake Placid Serenade (1945) – Out of This World (1945)

Nordgren, Eric Hermann

** 13.2.1913 Akarp (b. Lund), Schweden, † 6.3. 1992 Stockholm.* Schwedischer Komponist, bekannt vor allem durch seine Musiken zu Filmen von Ingmar Bergman.
Filme: Brott och straff (1945) – Kvinna utan ansikte (Frau ohne Gesicht, 1947) – Nu bojar livet (1948) – Eva (1949) – Törst (Durst, 1949) – Karleken segar (1950) – Saant haender inte haer (1950) – Sommarlek (Einen Sommer lang, 1950) – Sommar med Monika (Der Sommer mit Monika, 1951) – Kvinnors väntan (Sehnsucht der Frauen, 1952) – Trots (1952) – Dansa min docka (1953) – Glasberget (1953) – Sommarnattens Leende (Das Lächeln einer Sommernacht, 1955) – Sista paret ut (1956) – Det sjunde ingleset (Das siebte Siegel, 1957) – Smultronstället (Wilde Erdbeeren, 1957) – Ansiktet (Das Gesicht, 1958) – Lek pa regnabagen (1958) – Brott i paradiset (1959) – Face of Fire (1959) – Jungfraukällan (Die Jungfrauenquelle, 1959) – Djävulens öga (1960) – Two Living, One Dead (1961) – För att inte tala om alla dessa kvinnor (Ach, diese Frauen, 1963) – Haer har du ditt liv (1966) – Utvandrama (Die Auswanderer, 1971)

Nordhaus, Theo(dor)

** 5.3.1912 Paderborn, † 16.11.1982 Berlin.*
Filme: Fregola (1949) – Sensation in San Remo (1951) – Hochstaplerin der Liebe (1954)

Norman, Monty

** 4.4.1928 London-Stepney, England.* Der Komponist wurde bekannt (und wohl auch reich) durch seine Themamusik für die James Bond-Filme.
Filme: Expresso Bongo (UK 1958, + David Heneker) – Two Faces of Dr. Jekyll (Schlag 12 in London, 1960) – The Day the Earth Caught Fire (Der Tag an dem die Erde Feuer fing, 1961) – Dr. No (UK 1962) – From Russia With Love (Liebesgrüße aus Moskau, 1963) – Call Me Bwana (1963) – On Her Majesty's Secret Service (James Bond: Im Geheimdienst Ihrer Majestät, 1969) – The Spy Who Loved Me (Der Spion der mich liebte, 1977, Songs) – The Living Daylights (1987, Songs)

North, Alex

** 4.12.1910 Chester, Pa., USA, † 8.9.1991 Pacific Palisades, Calif.* N. war der erste bedeutende Filmkomponist in Hollywood, dessen Wurzeln nicht im Europa des 19. Jahrhunderts, sondern in der Gegenwart seines Landes lagen. Der Sohn russ. Einwanderer studierte an der Juilliard School, bei Ernst Toch und zwei Jahre am Moskauer Konservatorium, schrieb auf Empfehlung Musik für Ballett-Truppen, u.a. Martha Graham. Erste Musiken für Kurzfilme schrieb er Ende der 30er Jahre, doch zum Spielfilm kam er über das Theater, nachdem er 1949 die Musik zu »Der Tod des Handlungsreisenden« von Arthur Miller geschrieben hatte. Der Regisseur Elia Kazan lud ihn daraufhin ein, auch an der Filmversion mitzuwirken. Seine Jazzbeeinflusste Musik zu »A Streetcar Named Desire« trug ihm große Beachtung ein und führte zu Meisterwerken wie »Viva Zapata«, »Cleopatra«, »Spartakus« und »Who's Afraid Of Virginia Woolf?«. Einige seiner Filmthemen wurden zu Hits, so *Unchained Melody* (aus »Unchained«), *Who's Afraid, I'll Cry Tomorrow*. Seine z. T. großartigen Arbeiten wurden nie mit einem Oscar ausgezeichnet, er erhielt erst 1986 einen Ehren-Oscar für sein Lebenswerk. N. komponierte auch Musicals, Ballette, Musik für Theater, Orchesterwerke wie Kammermusiken, Sinfonien und Musik für Kinder.
Lit.: Christopher Palmer, The Composer in Hollywood, London 1990
CD: The Film-Themes of A. N., Milan 873124 – The Misfits, Tsunami – More Music from Spartakus, Tsunami CD 0603 – A Streetcar Named Desi-

re, Varèse VSD-5500 – Varèse 755979446 – The Rainmaker, RCA 21489432

Werke: Revue for Clarinet & Orch. (für B.Goodman) – Rhapsody for Orchestra & Piano – Morning Star (Kantate) – Mal de Siécle (Ballett) – Holiday Set

Filme: China Strikes Back (Dok., 1936) – Heart of Spain (Dok., 1937) – People of the Cumberland (Dok, 1937) – Venezuela Recreation (Dok., 1937) – Mount Vernon Rural Nurse (Dok., 1940) – City Pastorale Dok., 1942) – A Better Tomorrow (Dok., 1944) – Library of Congress (Dok., 1945) – The Thirteenth Letter (1951) – A Streetcar Named Desire (Endstation Sehnsucht, 1951) – Death of a Salesman (Der Tod des Handlungsreisenden, 1951) – Viva Zapata! – Les Miserables (Die Legion der Verdammten, 1952) – The Member Of The Wedding (Das Mädchen Frankie, 1952) – Pony Soldier (Der rote Reiter, 1952) – The American Road (Dok., 1953) – Decision for Chemistry (Dok., 1953) – Go, Man, Go! (1954) – Daddy Long Legs (Daddy Langbein, 1954, nur Ballettmusik) – Desirée (cond. L.Newman, 1954) – Unchained (1955)

Musik: Alex North
(deutsches Filmplakat von »A Street named Desire«)

– The Racers (Der Favorit, 1955) – Man with the Gun (Der Einzelgänger, 1955) – The Rose Tattoo (Die tätowierte Rose, 1955) –I'll Cry Tomorrow (Und morgen werde ich weinen, 1956) – The Bad Seed (Böse Saat, 1956) – The Rainmaker (Der Regenmacher, 1956) – Four Girls In Town (Wenn die Sterne leuchten, 1956) – The King & Four Queens (Süßer Süden, 1956) – The Bachelor Party (Die Junggesellenparty, 1957) – The Long Hot Summer (Der lange, heiße Sommer, 1958) – Stage Struck (Eines Tages öffnet sich die Tür, 1958) – Hot Spell (Hitzewelle, 1958) – The Sound & The Fury (Fluch des Südens, 1959) – The Wonderful Country (Heiße Grenze, 1959) – Spartacus (1960, Dir. J.Gershenson) – The Misfits (Nicht gesellschaftsfähig, 1961) – Sanctuary (Geständnis einer Sünderin, 1961) – The Children's Hour (Infam, 1961) – All Fall Down (Mein Bruder ... ein Lump, 1962) – Cleopatra (1963) – The Outrage (Carrasco der Schänder, 1964) – Cheyenne Autumn (Cheyenne, 1964) – The Agony & The Ecstasy (Inferno und Ekstase, 1965) – 2001: Space Odyssey (2001: Odyssee im Weltraum, UK 1965–68, zurückgezogen von Regisseur Stanley Kubrick und ersetzt durch ein Sammelsurium aus klassischen Stücken v. R.Strauss, Johann Strauss, Ligeti, Khatschaturian) – Who's Afraid Of Virginia Woolf (Wer hat Angst vor Virginia Woolf, 1967) – The Shoes Of The Fisherman (In den Schuhen des Fischers, 1968) – The Devil's Brigade (Die Teufelsbrigade, 1968) – A Dream Of Kings (Matsoukas der Grieche, 1969) – Hard Contract (Der Killer und die Dirne, 1969) – Willard (1971) – Once Upon a Scoundrel (Tequila Sunrise, 1972) – Pocket Money (1972) – Lost in the Stars (1974) – Shanks (1974) – Bite the Bullet (700 Meilen westwärts, 1975) – The Passover Plot (Jesus von Nazareth, 1976) – Somebody Killed Her Husband (1978) – Wise Blood (Die Weisheit des Blutes, 1979) – Carny (Jahrmarkt, 1980) – Dragonslayer (Der Drachentöter, 1981) – Under the Volcano (Unter dem Vulkan, 1984) – Prizzi's Honor (Die Ehre der Prizzis, 1985) – The Dead (Die Toten, 1987) – Good Morning Vietnam (1987) – The Penitent (1988) – Ghost (nur Song, 1990) – Le Dernier Papillon/The Last Butterfly (F/ČSR, 1991)

TV-Musiken: Billy Roses Show – 77 Sunset Strip – Playhouse 90 – I'm Lawyer – Africa (Dok.-Serie) – Nero Wolf Silent Night – The Man and the City – Rich Man Poor Man – Sister Sister – The Word u.a.

Nott, Julian

* *London.* Engl. Komponist, studierte in Oxford und am National Film Institute. Für den Film seit 1990 tätig. Arbeitete u.a. für den Regisseur Paul Verhoeven. Bekannt wurde er durch seine Musik zu den »Wallace & Gromit«-Filmen: »A Grand Day« (1992), »The Wrong Trousers« (1993) und »A Close Shave« (1995).
Filme: Queen Sacrifice (1988) – The Hill Farm -The Child Eater (1989) – Lorne Doone (1990, TV) – Not Without My Handbag – The Village (1993) – A Man of No Importance (1994) – Mutters Courage (D 1995) – Reef Encounter (1996) – The Place of the Dead – Original Sin (1996, TV) – The Grand (TV-Serie, 1997) – T.R.A.N.S.I.T. (1997) – Jolly Roger (1998) – The Vice – Sunburn (1999, TV) – H-E Double Hockey Sticks (1999) – New Year's Day (2000) – Gentlemen's Relish (2001, TV) – Weak at Denise (2001) – The Cazalets (2001, TV) – Christmas Carol: The Movie (2001)

Nova, Charles

(eigentl. Novak), * *6.5.1922 Guben (Lausitz).*
Filme: Die tolle Lola (1954) – Der falsche Adam – Vatertag – Das Wunder des Films (1955) – Liebe, Jazz und Übermut (1957)

Novello, Ivor

(David Ivor Davies), * *15.1.1893 Cardiff, Wales, † 6.3.1951 London.* Schauspieler, Theater- und Drehbuchautor und Komponist. Er spielte zahlreiche »romantische« Rollen auf der Bühne und in etlichen englischen, kontinentaleuropäischen und Hollywood-Filmen zwischen 1920 und 1950, schrieb und produzierte Theaterstücke/Operetten, von denen einige verfilmt* wurden. Zu einigen schrieb er auch die Musik. Er spielte u.a. die Titelrolle in Hitchcocks »The Lodger« (Der Mieter, 1926), auch im Tonfilm-Remake von 1932.
Filme: Glamorous Girl* (1937) – The Dancing Years* (Das tanzende Wien, 1949) – King's Rhapsody (1955, Songs) – Gosford Park (2001, Songs; Score: Patrick Doyle)

Nyman, Michael Lawrence

* *23.3.1944 London, England.* Der Pianist, Bandleader und Komponist studierte in London an der Academy of Music bei Alan Bush und am King's College bei Thurston Dart. Bekannt wurde er für seine Musik zum Jane Champion-Film »Das Piano« (für die er keinen Oscar erhielt, der Film aber insgesamt acht) und für Filme von Peter Greenaway* . Er gab die Zusammenarbeit auf, als Greenaway seine Musik zu »Prospero's Books« mit elektronischen Elementen überlagerte. Begonnen hatte N. in den 60er Jahren mit Stücken, die sich mit osteuropäischer Folklore beschäftigten. Er schloss sich dem Scratch Orchestra von Cornelius Shaw an, einer Gruppe, die im Fluxus-Geist improvisierte. Als Musikkritiker wurde er zum Bannerträger einer Bewegung, die er unter dem Einfluss des Komponisten Cornelius Cardew »Minimalismus« taufte. Seine Artikel erschienen in Zeitschriften wie »The Spectator«, »The Listener« und »The New Statesman«. Dabei stellt er neben dem Prinzip der Anarchie das der Montage heraus. Nach dem Vorbild von Philip Glass gründete er ein Kammerorchester aus elektronischen und verstärkten Instrumenten, die M. N.-Band. Seine Monographie über John Cage wurde ein Standardwerk. Er schrieb u.a. auch Streichquartette, ein Saxophon-Konzert und Opern (u.a. »The Man Who Mistook His Wife for a Hat«), auch sechs Celan-Lieder für Ute Lemper. N. gilt heute als einer der profiliertesten Komponisten des 20. Jhdts.

Lit.: Experimental Music: Cage and Beyond, 1974
Filme: Love Love Love (1968) – Vertical Features Remake (1976) – Keep it Up Downstairs (1976) – Tom Phillips (1977) – A Walk Through It (1978) – Act of God (1980, TV) – The Falls (1980) – The Draughtmen's Contract* (Der Kontrakt des Zeichners, 1982; OST: Virgin) – Brimstone and Treacle (1982) – Belly's Version (1983) – The Cold Room (1984, TV) – A Zed and Two Noughts* (UK/NL 1985) – Le Miracule (F 1986) – The Belly of an Architect (1987) – Drowning by Numbers* (1988) – The Man Who Mistook His Wife for a Hat (Der Mann der seine Frau mit einem Hut verwechselte, 1988) – Monsieur Hire (1989) – The Cook, the Thief, His Wife and Her Lover* (Der Koch, der Dieb, seine Frau und ihr Liebhaber, UK/F/NL 1989) – Men of Steel (1990) – Les enfants volants (1990)

– Prospero's Books* (1991) – Letters, Riddles and Writs (Dok. über Mozart, 1991) – M is for Man, Music, Mozart* (Kurzfilm, 1991) – Le mari de la coiffeuse (Der Mann der Friseuse, 1991) – The Final Score (1992) – The Piano (Das Piano, 1993; OST: Virgin) – Desert Passion (1993) – A la Folle – Mesmer (1994) – Carrington (1995) – Der Unhold (D(UK/F 1996) – Gattaca (1997) – Ravenous (1999) – Wonderland (1999) – The End of the Affair (1999) – Act Without Words (2000, TV) – The Claim (Das Reich und die Herrlichkeit, 2001) – Hearts in Atlantis (2001) – Subterrain (2001) – 24 heures de la vie d'une femme (2002) – Charged: The Life of Nikola Testa (2003)

O

O'Hearn, Patrick

** 16.9.1954.*

Filme: Baby Snakes (1979) – Made in Heaven (1987) – Destroyer (1988) – Heaven is Playground (1991) – White Sands (1992) – Father Hood (1993) – As Good as Dead (1994, TV) – Silent Tongue (1994) – Crying Freedom (1995)

Oakland, Ben

(Benjamin), ** 24.9.1907 Brooklyn, N.Y., USA, † 26.8.1979 Beverly Hills, Calif.* Komponist der 30er/40er Jahre. Begann als Pianist, trat mit neun Jahren in der Carnegie Hall auf, begleitete später Helen Morgan und George Jessel im Vaudeville, schrieb auch Night Club-Acts für Jeanette McDonald, Nelson Eddy, Josephine Baker, Tony Martin, Nanette Fabray, Gisele MacKenzie u.a. Zu Standards wurden seine Songs *I'll Take Romance, Roses in December, Sidewalks of Cuba, If I Love Again* u. *Champagne Waltz*. Mitarbeiter waren die Texter Oscar Hammerstein II, Herb Magidson, Paul Francis Webster, Milton Drake, L. Wolfe Gilbert, Don Raye, Bob Russell.

Filme (Songs): Hats Off (Songs: Twinkle, Twinkle Little Star, Where Have You Been All My Life?, 1936) – The Awful Truth (I Don't Like Music, My Dreams Have Gone with the Wind) – I'll Take Romance (Titel-Song) – Life of the Party (Roses in December, 1937) – The Lady Objects (When You're in the Room, That Week in Paris, 1938) – Laugh It Of (My Dreams and I, Doin' the 1940) – Promise You – Blondie Meets the Boss (Y' Had It Comin' to You, 1939) – The Big Store (If It's You, 1940) – Li'l Abner (Titelsong des Films, 1941) – Pardon My Sarong (Jave Jive, 1942) – Show Business – Beautiful But Broke (1944) – Song of the Thin Man (You're Not So Easy to Forget)

Ober, Arlon

US-Komponist, für den Film tätig in den 70er und 80er Jahren.

Filme: Illusions of a Lady (1974) – Through the Looking Glass (1976) – The Incredible Melting Man (1977) – Bloody Birthday (Angst, 1980) – Hospital Massacre (1981) – Eating Raoul (1982) – Night Beast (1983) – Crimewave – Hot Chili (1985) – In the Shadow of Kilimanjaro (1986)

Odd, Conny

Ps. für → Carlernst Ortwein

Oertel, Christoph

** 13.6.1960 Hamm/Westf.* Komponiert und produziert seit 1986 Filmmusik für Film und TV.

Filme: Der Zauberkasten (1990) – Die Blattlaus – Ingaló (D/ISL 1992) – Der Fensterputzer – Tower Eiffel (1993) – Emil und die kleine Skundi (1994) Skyjahallin (D/ISL 1995) – Wolffs Revier (4 Folgen d. TV-Serie, 1995) – Game Over – Kinder ohne Gnade – Berlin aus der Luft (1996) – Kupke (1997) – Das vergessene Leben (1999) – Nur der blaue Himmel (2000) www.christoph.oertel.de

Offenbach, Jacques

(Jacob), ** 20.6.1819 Köln, † 5.10.1880 Paris.* Frz. Komponist dt. Abstammung. Sohn eines jüdischen Kantors, der ihn 1833 zur Ausbildung nach Paris schickte. Ließ sich dort nieder und erhielt 1860 die frz. Staatsbürgerschaft. Seit 1834 als Violoncellist tätig, ab 1850 leitete er verschiedene Theater. Er wurde durch seine Werke rasch eine Berühmtheit, ab 1860 kann ihm Weltruhm bescheinigt werden. Er schrieb über 100 Bühnenwerke, von denen etliche zu Klassikern wurden und bis heute aufgeführt werden. Die Oper »Hoffmanns Erzählungen« gehört zu den Meisterwerken des 19. Jh. Seine populäre und oft sehr eingängige Musik hat daher in Bearbeitungen mehrfach in Filmen Eingang gefunden.

Werke u.a.: Die schöne Helena (1964) – Barbe-bleu (1966) – La vie parisienne – Die Großherzogin von Gerolstein – La Périchole – La princesse de Trébizonde – Les brigands – Orpheus in der Unterwelt – Hoffmanns Erzählungen

Filme: Symphony of Living (1935) – Tales of Hoffman (Hoffmanns Erzählungen, 1951) – The Great Waltz (1972) – Ludwig II (1973) – Egy erkölcsös ejszaka (H 1977) – La vie parisienne (F 1977) – Covek sa cetiri noge (1982) – Hotel New Hampshire (1984) – Falsk som vatten (S 1985) – Thérèse (F 1986) – Le maître de musique (F 1988) – Les Brigands (F 1989) – Offenbach's vie parisienne (F 1991, Dok.) – Peter's Friends (1992) – Je t'aime quand même (F 1993)

Offeney, Erwin

** 2.1.1889 Stettin, † 26.6.1966 Berlin.*
Film: Nur nicht weich werden, Susanne! (1934)

Ogerman, Claus

(Klaus Ogermann), ** 29.4.1930 Ratibor (Kattowitz, Oberschlesien; heute Racibórz, Polen).* Studierte in Nürnberg, spielte 1952 bei Kurt Edelhagen (auch Arr. bis 1959) und arbeitete für Delle Haensch, Willi Berking, Max Greger und Hugo Strasser, auch für Funk und Film. Ging 1959 nach New York, später nach Hollywood und etablierte sich dort als Filmkomponist. Er schrieb auch Arrangements und leitete Studioorchester, so für Jackie Cain, Betty Carter, Astrud Gilberto, Frank Sinatra, Antonio Carlos Jobim, Diana Krall, Arthur Prysock, Mel Tormé, Sarah Vaughan, Dinah Washington und für Jazz-Musiker wie Stan Getz, Benny Goodman, Jimmy Smith, Cal Tjader, Eddie Palmieri, Johnny Hodges, Kai Winding, Donald Byrd, Oscar Peterson, Bill Evans, Della Reese, Urbie Green, Wes Montgomery, Jan Akkerman und das American Jazz Philharmonic. Er lebt seit einiger Zeit in München, weil er es leid war, Streicherbackgrounds für Rock-Gruppen zu schreiben.

CD: Feat. M.Brecker, GRP 9632-2 – American Jazz Philharmonic, GRP 97302 – Lyrical Works, EMI 72435563922 – OST, Fiddler on the Roof, RCA – The Man Behind the Music, Boutique 5348672
Filme: Die Unschuld vom Lande (1957) – Weißer Holunder (1957) – Rivalen der Manege (1958, + Grock) – Mit Eva fing die Sünde an – Du gehörst mir – Seine Hoheit war ein Mädchen (1958) – Mädchen für die Mambo Bar (1959) – City Scope – Gate of Dreams
Kompositionen: Lyric Suite – Some Time – Symbiosis – Elegia – A Face Without A Name – Time Present And Time Past (Symphonic Dances) – Prelude and Chant

Musik: Jacques Offenbach

Ohman, Phil

(Philmore), ** 7.10.1896 New Britain, Conn., USA, † 8.8.1954 Santa Monica, Calif.*
Filme: Stagecoach War (1940) – Captain Caution (Überfall auf die Olive Branch, 1940) – Hands Across the Border (1943) – The Cowboy and the Senorita (1944) – Dick Tracy vs. Cueball (1946) – The Timber Trail (1948) – Million Dollar Weekend (1948)

Oldfield, Mike

(Michael Gordon), ** 15.5.1953 Reading, Berkshire, England.* O. begann als Gitarrenbegleiter seiner Schwester, der Folksängerin Sally O. Bekannt wurde der Multiinstrumentalist durch seine quasi-sinfonische Komposition *Tubular Bells*, ein Konglomerat aus Folk, Rock und Klassik. Eine Orchesterversion wurde 1975 vom Royal Philharmonic Orchestra aufgenommen (Arr. Dave Bedford). Auszüge daraus wurden im Film »Der Exorzist« verwendet. 20 Jahre später schrieb er mit Trevor Horn *Tubular Bells II.*

Lit.: Sean Moraghan, M.O., A Man and His Music
Filme: The Killing Fields (1984) – The Exorcist (Der Exorzist, OST: WEA)

Oldörp, Fred

(Alfred), * *23.11.1920 Berlin, † 6.3.1984 ebd.* Dt. Sänger, Komponist und Arrangeur, Mitglied der Gesangs-Instrumental-Gruppe »Die 3 Travellers«.

Film: Ja, so ein Mädchen mit sechzehn (1959)

Olea, Antonio Perez

* *11.12.1923 Madrid.* Spanischer Komponist, spezialisiert auf Action- und Spionagefilme.

Filme: Araña negra (Das Geheimnis der schwarzen Witwe, D/E 1963, + Martin Böttcher) – La Niña de Luto (1964) – Murieta – Terrore per un agente segrete/Requiem per un agente segreto (1965) – Un, do, tres, al escondite ingles – Vivian los novios! (1969) – El bosque de ancines (1970) – Adios, cigüeña, adios (1971) – La novia ensangretada (1972) – El Niño en nuestro (1973) – El hombre que supo amar (1976) – Casa Viejas (1985)

Oleak, Rainer

* *1953*

Filme: Frühstück im Bett (1983, TV) – Polizeiruf 110: Thanners neuer Job (1991, TV) – Wolffs Revier (1992, TV-Serie) – Tatort: Verbranntes Spiel (1993, TV) – Polizeiruf 110: Blue Dream/Tod im Regen (1993, TV) – Im Namen des Gesetzes (1994, TV-Serie) – Die Eisprinzessin (1995, TV) – Alarm für Cobra 11: Die Autobahnpolizei (1996, TV-Serie) – JETS: Leben am Limit (1999, TV) – Schlafmann (1999) – Polizeiruf 110: Bis zur letzten Sekunde (2000, TV) – Der Himmel kann warten (2000) – Check-in to Desater (2001, TV) – Hallo Robbie (2001, TV-Serie) – Unser Papa das Genie (2001, + Günter Fischer) – Das Duo: Im falschen Leben (2002, TV) – Polizeiruf 110: Henkersmahlzeit (2002, TV)

Olias, Lothar

(Lothar Theodor Ehrenfried O.), * *23.12. 1913 Königsberg (heute Kaliningrad, Russland), † 21.10.1990 Hamburg-Ohlsdorf.* Dt. Schlager- und Filmkomponist. Studierte am Konservatorium in Königsberg und in Berlin, schrieb schon zu dieser Zeit Chansons für Interpreten wie Max Hansen und Lucienne Boyer und für Revuen im Berliner Wintergarten. Nach 1945 war er Mitbegründer des literarischen Kabaretts »Bonbonnière«, arbeitete als Komponist, Texter, Conferencier und Regisseur. 1949 gelang ihm der Schritt zum Film, sein Metier wurden Revue- und Schlagerfilme. O. war in den 50er Jahren einer der bekanntesten Komponisten der leichten Muse, von ihm stammen Musicals, Filmmusiken und Schlager wie *Wenn die Männer wüßten, Junge, komm bald wieder, La Guitarra Brasiliana, So ein Tag, so wunderschön wie heute* (viele für Freddy Quinn). Er gründete 1960 den Musikverlag Edition Esplanade.

CD: Life Story, ADA 1014, 1018
Musicals: Prairie-Saloon (1958) – Heimweh nach St. Pauli (1962) – Millionen für Penny (1967)
Filme: Die Nichte aus USA (Kf., 1937) – Ein kleiner Reinfall (Kf., 1937) – Das späte Mädchen (1951) – Die Frau des Herrn (1951) – Das kann jedem passieren (1952, auch Lieder, u.a. *Das Lied vom braven Steuerzahler*) – Der Weg zu Dir – Die Diebin von Bagdad – Fritz und Friederieke – Der Onkel aus Amerika (1952) – Salto mortale – Hochzeit auf Reisen – Alles für Papa (1953) – Rosen aus dem Süden – Geld aus der Luft – An jedem Finger zehn (1954) – Tanz in der Sonne (1954) – Verliebte Leute (A 1954) – Symphonie in Gold (A 1955) – Hotel Allotria (1956) – Kaiserball (1956) – Vier Mädels aus der Wachau (A 1957; + J.Fehring, H.Strecker) – Das Glück liegt auf der Straße – Die große Chance (1957) – Heimatlos, 1958, + Schausp.) – Oooh ... diese Ferien (A 1958) – Schwarzwälder Kirsch (1958) – Freddy, die Gitarre und das Meer (1959) – Der blaue Nachtfalter (1959) – Die Nacht vor der Premiere – Freddy unter fremden Sternen (1959) – Ginrei no ohja (Der König der silbernen Berge, JAP 1960) – Weit ist der Weg (1960) – ... nur der Wind (1961) – Freddy und der Millionär (D/I 1961) – Freddy und das Lied der Südsee (1962) – Heimweh nach St. Pauli (1963) –

Freddy und das Lied der Prärie (1964) – Freddy, Tiere, Sensationen (1964)

Oliviero, Nino

(Gaetano), * *13.2.1918 Neapel, Italien, † 1.3. 1980 Rom.*

Filme: Domenica d'agosto (1950) – Die Tochter der Kompanie (D 1953) – Canzone appassionata (1953) – Uomini e nobiluomini (1959) – Mondo cane (1952) – Odio mortale – La donna nel mondo (1963) – Il pelo nel mondo (1964) – Mondo cane 2 (1964) – Una moglie americana (1966) – Ringo del Nebraska (1966) – Islas del Caribe: Barbados (1969) – A Matter of Time (I/USA 1976)

Oliver, Tommy

(Thomas Edward), * *19.9.1932 Seabright, N.J., USA.* Studierte an der Univ. of California, leitete ein Tanzorchester und arbeitet seit den 50er Jahren als Arrangeur und Komponist in den Film- und Schallplattenstudios von Hollywood. Er arbeitete auch für Bobby Darin, Doris Day, Julie London, Joanie Sommers, Charles Boyer, Si Zentner u.a.

Filme: Tender Mercies – TV: Acapulco H.E.A.T. – Name That Tune – The Donny and Marie Show

Olsen, Albert Lloyd

Filme: Show and Tell – Shattered Steel – The Crusaders – TV: Robert Kennedy: The Man, the Myth and the Memories – Celebrate the Century – Legends, Icons & Superstars

Olvis, William Edward

* *1928 Portland, Oregon, USA, † 27.11.1998 Redland, Calif.*

Filme: Evil in Clear River (1988, TV) – Nightingales (1988, TV) – Fish Line (1989, TV) – Kill Me Again (1988) – Babycakes (1989, TV) – Framed (1990, TV) – A Pair of Aces (1990, TV) – The Secret Life of Archie's Wife (1990, TV) – El Diablo (1990) – Fourth Story (1990, TV) – Empire City (1991) – To Save a Child (1991, TV) – 29th Street (1992) – The Comrades of Summer (1992, TV) – In Sickness and in Health (1992, TV) – Steal Big, Steal Little (1995) – Separate Lives (1995) – Red Rock West – Dr. Quinn, Medicine Woman (TV)

Orenstein, Norman

(Ps. Compostera), * *1956 Toronto, Kanada.*

Filme: Unfinished Business (1984) – Popeye Doyle (1986, TV) – Saturday Night at the Movies Too (1989, TV-Serie) – Prisoners of Gravity (1989, TV-Serie) – Rage and Honor (1992) – Tsuki wa dotchi ni dete iru (1993) – Spike of Love (1994) – Ski School (1995) – Ski Hard (1995) – Exit (1996) – Mask of Death – Bounty Hunters (1996) – Sanctuary (1997) – Real Kids, Real Adventures (1997, TV-Serie) – Animorphs (1998, TV-Serie) – Jack & Jill – The White Raven – Last to Surrender – The First 9 ½ Weeks – Fatal Light (1998) – Prisoner of Love (1999) – Expecting Mercy (2000) – Robocop: Prime Directives (2000, TV) – Danger Beneath the Sea (2001, TV) – Wrong Number – The Sea Wolf (2001) – American Psycho II: All American Girl (2002) – Hypercube: Cube 2 (2002)

Orlandi, Nora

* *28.6.1933 Voghera (Lombardei, Prov. Pavia), Italien.*

Filme: Johnny Yuma (1967) – Il dolce corpo de Deborah (1969) – Next! (1971)

Ornadel, Cyril

* *2.12.1924 London, England.* Studierte Piano und Kontrabass am Royal College of Music. Begleitete die Sängerin Dorothy Carless, leitete ein Frauenorchester und arbeitete als Konzertpianist. 1950 wurde er Dirigent für die Revue »Take it From Us« und verbrachte daraufhin die 50er Jahre als Dirigent erfolgreicher US-Musicals in London. Er schrieb Musiken mit David Croft für regionale Bühnenproduktionen, war musikalischer Leiter der TV-Sendung »Sunday Night at the London Palladium«. Er schrieb Musicals, Songs (*Portrait of My Love*), TV- und Filmmusiken. Er nahm Schallplatten auf mit dem Starlight Symphony Orchestra und dem Stereoaction Orchestra (RCA).

Musicals: Pickwick – Treasure Island – Great Expectations – Ann Veronica – One More, Darling – Winnie – Cyrano: The Musical – Last Flower on Earth

Filme: Some May Live (1967) – Cool it Carol! (1968) – Subterfuge (1968) – I Can't, I Can't (1969) – Man of Violence (1979) – Wedding Night (1970)

– Die Screaming, Marianne (1971) – Christina (1974) – Tiffany Jones (1975) – Brief Encounter (1975, TV) – The Waitors – Europa Express – Yesterday – Not Now, Darling (Nicht jetzt Liebling, UK 1975) – TV: The Flesh and the Blood Show – The Strauss Family – Edward VII

Orr, Buxton Daeblitz

** 18.4.1924 Glasgow, Schottland, † 27.12. 1997 Hereford, Worcester, England.* Der engl. Komponist schrieb in den 60er Jahren die Musik für eine Reihe von Horrorfilmen wie »Fiend Without a Face« und »Corridors of Blood«.

Filme: Fiend Without a Face – The Haunted Strangler (1958) – The First Man Into Space – Corridors of Blood – Suddenly, Last Summer (1959) – Dr. Blood's Coffin – The Snake Woman (1961) – The Eyes of Annie Jones (1963) – Walk a Tightrope (1964)

Ortolani, Riz

(Riziero), ** 25.3.1931 Pesaro, Italien.* Studierte in Lugo und Bologna, arbeitete dann als Arrangeur von Unterhaltungsmusik und wurde 1953 Bandleader beim ital. Rundfunk. Ein Jahr später ging er in die USA, nach Rückkehr begann sine Theater- und Filmarbeit. Nach seinem Hit *More* (aus dem Film »Mondo Cane«) kam eine internationale Karriere in Gang. O. ist ein Vielschreiber, erreicht aber nicht die gleiche Qualität wie sein ungleich berühmterer Kollege → Ennio Morricone. Song: *Till Love Touches Your Life.*

Filme u.a.: Mondo Cane (1960, + Nino Oliveiro) – La Donna nel mondo (Alle Frauen dieser Welt, 1961, + N.Olivero) – Ursus nelle valle del leoni (Ursus im Tal der Löwen, 1962) – Il crollo di Roma (Die Zertsörung von Rom, 1962) – Il sorpasso (Verliebt in scharfe Kurven, 1962) – Mondo di notte III (Welt ohne Scham, Dok., 1963) – Tres hombres buenos (Die drei Unerbittlichen, 1963) – Afrika Addio (Dok., 1963) – Cavalca e uccidi (Gesetz der Bravados, 1963) – Old Shatterhand (D/I/F 1963) – The Seventh Dawn (Beim siebten Morgengrauen, USA 1963) – The Yellow Rolls Roye (Der gelbe Rolls Roye, UK 1964) – Das Geheimnis der drei Dschunken (D/I 1965) – Berlino, appuntamente di spie (Das verräterische Auge (1965) – Maya (Gefahr im Tal der Tiger, 1965) – Das Vermächtnis des Inka (D/E 1965) – The Glory Guys (Die glorreichen Reiter, USA 1965) – The Spy with a Cold Nose (Der Spion mit der kalten Nase, UK 1965) – Operazione Goldman (Todesstrahlen auf Kap Canaveral, I/E 1966) – Non faccio la guerra, faccio l'amore (Geh' ins Bett, nicht in den Krieg (1966) – Requiescant (Mögen sie in Frieden ruhen, 1966) – Le resa dei conti (Der Gehetzte der Sierra madre, 1966) – Cifrato speciale (Der schwarze Skorpion, I/F/E 1966) – Women Seven Times (Siebenmal lockt das Weib, USA/I/F 1967) – Tiffany Memorandum (Komm, Gorilla, schlag zu!, 1967) – La cintura di castia (Der Keuschheitsgürtel, 1967) – Banditi a Milano (Die Banditen von Mailand, 1967) – La sbarco di Anzio (Schlacht um Anzio, 1967) – Il giorne dell'ira (Der Tod ritt dienstags, 1967) – The Biggest Bundle of Them All (Die Platinbande, USA 1967) – Buona sera Mrs. Campbell (I 1968, auch Song: *Buona Sera*) – The Bliss of Mrs. Blossom (Hausfreunde sind auch Menschen, UK 1968) – Al di là delle lege (Die letzte Rechnung zahlst du selbst, I/D 1968) – Kampf um Rom (2 Teile, D/I/RUM 1968) – Cinque figli de cane (Fünf Hundesöhne, 1968) – Una sull'altra (Nackt über Leichen, 1968) – Du stirbst um sechs in Tetuan (D/I 1868) – Il dito nella piaga (Die Leoparden kommen, 1969) – O'Cangaciero (I/E 1969) – The Adventures of Gerard (Die Gräfin und ihr Oberst, UK 1970) – The McKenzie Break (Ausbruch der 28, UK 1970) – Ciakmull (Django, die Nacht der langen Messer, 1970) – The Statue (USA 1970) – Das Rätsel des silbernen Halbmonds (D 1971) – The Hunting Party (Leise weht der Wind des Todes, USA 1970) – La ragazza di nome Giulio (Das Mädchen Julius, 1970) – Il merlo maschio (Das nackte Cello, 1970) – Addio, zio Tom (Addio, Onkel Tom, I 1971) – L'istruttoria è chiusa: dimentichi (Das Verfahren ist eingestellt, vergessen Sie's, 1971) – L'estrusco uccide ancora (Das Geheimnis des gelben Grabes, I/D/JUG 1971) – Gli erosi (Die Helden von Afrika, I/E/F 1972) – Una ragione per morire (Sie verkaufen den Tod, I/E/D/F 1972) – Un uomo (Russischer Sommer, I/UK 1972) – La morte negli occhi del gatto (Sieben Tote in den Augen der Katze, I/F/D 1972) – Giroliloni, il monstre di Roma (Das Ungeheuer vom Rom, 1972) – Le mataf (Gefährliche Partner, F/I 1972) – Carteggio Valachi/Cosa Nostra (Die Valachi-Papiere, F/I 1972) – Teresa la ladra (Teresa die Diebin, 1973) – Dio, sei un padreterno! (La Pistola, 1973)

– Il consiglori (Im Dutzend zur Hölle, 1973) – Perche si uccide un magistrao? (Warum mußte Staatsanwalt Traini sterben?, 1974) – Mondo candido (1975) – Scandolo (1975) – Natale in casa appuntamento (1976) – There is no Thirteen (USA 1976) – Casanova und Co. (A/D/I/F 1976) – Die eiserne Maske (A/USA 1976) – I ho paura (Ich habe Angst, 1977) – Sahara Cross (1977) – Doppio delitto (Vom Blitz getroffen, 1977) – Letti selveggi (Wilde Betten, 1978) – Prinmo amore (Ein Sack voll Flöhe, 1978) – The Fifth Musketeer (A 1978) – Da Dunkerque alla vittoria (Nur drei kamen durch, I/EF 1978) – Canibale Holocaust (Nackt und zerfleischt, 1979) – Madhouse (Party des Schreckens, 1980) – Nessune e perfetto (Ornelia – Die Unwiderstehliche, I 1981) – La ragazza di Trieste (Das Mädchen aus Triest, 1982) – Noi tre (1984) – Miranda (1985) – Impiegata (1985) – L'inchiesta (Die Untersuchung, 1986) – Capricchio (Die italienische Affäre, 1986) – A ultimo minuto (1987) – Una casa a Troma (1988) – Killer Crocodile (Der Mörder-Alligator, 1989) – Il sole buio (Die finstere Sonne, 1989) – Nel giardino delle rose (1990) – Una fredda mattina de maggio (1990) – Nefertiti (I/USA 1992) – Magnificat (1992) – L'uomo che guardi (Der Voyeur, 1993) – Fermo posta Tinto Brass (P.O. Box Tinto Brass, 1995) – Il testimono delle sposo (1997) – La vie degli angeli (1999) – Il cavalieri chè fecero l'impressa (2000) – Liebe, Lüge, Leidenschaften (D/A 2002, TV)

Ortwein, Carlernst

(Ps. Conny Odd), * *21.12. 1916 Leipzig, † 22. 12. 1986 ebd.* Komponist und Pianist in der DDR. Studierte ab 1934 am Leipziger Konservatorium und arbeitete dann als Pianist am Rundfunk. Nach Militärdienst setzte er 1946 seine pianistische Laufbahn fort, 1947–49 war er in der Musikabteilung des Senders Leipzig. Er begann hier Unterhaltungsmusik und Lieder zu schreiben. 1953–62 hatte er einen Lehrauftrag am Institut für Musikpädagogik der Leipziger Universität, ab 1962 war er Dozent an der Leipziger Musikhochschule. O. war einer der erfolgreichsten Komponisten der »leichten Muse« der DDR. Er schrieb zahlreiche Orchesterstücke und Operetten, in denen er Elemente der »ernsten« Musik mit denen der Tanzmusik und des Jazz zu verbinden suchte.

Operetten: Zum Glück hat sie Pech (1958) – Alarm im Pont l'Eveque (1958) – *musikal. Lustspiele*: Don Juan – Hollandfahrt – Hände hoch, Mr. Copper (1962) – *Trickfilme*: Wer rastet der rostet – Die Bremer Stadtmusikanten – König Drosselbart – *Film*: Geliebte weiße Maus (1964)

Osborne, Tony

(Edward Benjamin Tony O.), * *1926 Cambridge.* Engl. Komponist und Bandleader. Leitete ein Orchester, mit dem er in den 50er Jahren im BBC-»Saturday Night Club« auftrat. Er begleitete damit auch US-Interpreten bei England-Tourneen, so Connie Francis und Johnny Mathis. Schallplatten mit Shirley Bassey, Connie Francis (*Mama*) u.a. In den 60er Jahren schrieb er einige Filmmusiken.

Filme: A Weekend with Lulu (1961) – Payroll (1962, Songs) – The Secret Door (1964) – Seaside Swingers (1965) – Black Gunn (1972)

Oslin, K. T.

(Kay Toinette), * *15.5.1941 Crosett, Ark., USA.* Die Countrysängerin wuchs in Mobile, Ala. auf, studierte Schauspiel und sang in einem Folktrio. Sie arbeitete dann lange als Chorsängerin (u.a. in »Hello Dolly!«) und Nebendarstellerin am Broadway. Erste Singles als Kay T. Oslin für Elektra waren nicht erfolgreich. Sie hatte dann aber einigen Erfolg als Songschreiberin (*'Round the Clock Lovin', Old Pictures, 80's Lady, Do Ya*). Die LP »80's Lady« war dann ein Hit in den Country Charts.

Filme: Thing Called Love – White Castle – TV: Evening Shade

Ostendorf, Jens-Peter

* *20.7.1944 Hamburg.* Studierte 1964–69 an der Musikhochschule Hamburg, 1969–71 musikalischer Leiter am Hamburger Thalia-Theater. 1970 gründete er das Ensemble für szenische Musik »Hinz und Kunzt«. Studienaufenthalte in Florenz, Sahara, Insel Djerba, Paris, Kuba. Seit 1980 ist er Dozent für Filmmusik an der Universität Bremen. O. gehört zu den renommierten Komponisten der Neuen Mu-

sik; er schreibt auch Orchester- und Kammermusik und Vokalwerke.
Filme: Im Zeichen des Kreuzes (1982) – Der Fall Bachmeier (1983) – Yasemin (1988) – The Voice (1989) – TV: Das Rätsel der Sandbank
CD: Ostendorf: Portrait eines Komponisten, Thorophon 2038

Ostermann, Willi

** 1.10.1876 Köln, † 6.8.1936 ebd.*
Filme: Das Rheinlandmädel (1930, + Jim Cowler) – Der Traum vom Rhein (1933, + L.Schmidseder)

Otten, Hans

** 10.7.1905 Köln, † 31.10.1942 ebd.*
Film: Du bist mein Glück (1936)

Otterloo, Rogier van

(Willem Rogier v. O.), ** 11.12.1941 Amsterdam, † 29.1.1988 Bilthoven.* Niederländischer Komponist und Arrangeur, arbeitete auch als Dirigent und Arrangeur für das Netherlands Metropole Orchestra.
Filme: Turkish Delight (1973) – Keetje Tippel (1975) – Soldier of Orange (1979) – Grupstra & De Gler (1983)

Ottman, John

** 6.7.1964, San José, Calif., USA.*
US-Filme: Public Adress (1993) – The Usual Suspects (1995) – The Cable Guy (1996) – The Grimm Brothers Sno White (Scheewittchen, 1997) – Incognito (1997) – Apt Pupil (1998) – Fantasy Island (1998, TV) – Halloween: H20 (1998) – Goodbye Lover (1999) – Lake Placid (1999) – Urban Legends: The Final Cut (2000) – Bunnly Boy (2001) – Pumpkin (2002)

Owen, Reg

(Reginald), ** 14.2.1928 Bury, Lancaster.* Engl. Bandleader und Arrangeur der 50er und 60er Jahre. Spielte 1946–51 Alt-Saxophon bei Ted Heath, arbeitete für diesen bis Ende der 50er Jahre als Arrangeur, dann auch für Squire Mason und Geraldo, leitete Studiobands, begleitete Vokalisten und hatte 1959 einen Hit mit dem *Manhattan Spiritual*, 1960 mit *Obsession*. Er schrieb auch Filmmusiken und nahm Schallplatten für Bally, Palette, Decca und RCA auf.
Filme: Murder Reported (1958) – Payroll (1961) – A Coming Out-Party (1961) – Very Important Person (1961)

Owtschinnikow, Wjatscheslaw Alexandrowitsch

** 29.5.1936 Woronesch, UdSSR.* Der Schüler von Tichon Chrennikow gehört zu einer Gruppe russischer Komponisten mit einer ausgeprägten Begabung fürs traditionell Symphonische. In seinem opulentem Werkverzeichnis finden sich Symphonien, Konzerte, Kammermusiken, Lieder und rd. 30 Filmpartituren.
Filme: Katok i skripka (1960) – Ivanovo detstwo (Iwans Kindheit, 1962) – Pervyj uchitel (1965) – Andrej Rubljov (1966) – Voyna i mir (Krieg und Frieden, 1965–67) – Istoria asi klyachinoy (1967) – Dvoryanskoye gnezdo (1969) – Onbi srazhalis za rodinu (1975) – Step (1977) – Boris Gudunow (1986)

P

Page, Gene

(Eugene Edgar P.), * *13.9.1939, † 24.8.1998 L. A., Calif.. USA.*

Filme: Brewster McCloud (1970) – Blacula (1972) – Fun with Dick and Jane (1972) – Penny Ante: The Motion Picture (1990)

Page, Jimmy

(James Patrick), * *9.1.1944 Heston, Middlesex, England.* Der Rockgitarrist begann seine Karriere in den frühen 60er Jahren in Gruppen wie Neil Christian's Crusaders und Carter Lewis and the Southerners. Er arbeitete dann als Studiomusiker, u.a. für Lulu, Tom Jones, Dave Berry, The Who und The Kinks. Nach einem Intermezzo als A&R-Mann bei Immediate Records wurde er 1966 Mitglied der Yardbirds, 1968 gründete er die legendäre Gruppe Led Zeppelin. Nach deren Auflösung arbeitete er mit Roy Harper, Paul Rogers, Robert Plant u.a.

Filme: The Song Remains the Same (Dok., 1976) – Death Wish II (Der Mann ohne Gnade, 1981) – Death Wish III (Der Rächer von New York, 1985).

Paich, Marty

(Martin Louis), * *23.1.1925 Oakland, Calif., USA, † 12.8.1995 Santa Ynez, Calif.* P. war Jazzpianist und einer der fähigsten Arrangeure des West Coast-Jazz, ehe er sich in Hollywood einen Namen als Produzent, Arrangeur und Komponist machte. In den 40er Jahren spielte er bei Gary Nottingham in Oakland, leitete eine Army-Band 1943–46 und studierte am Konservatorium in L.A. Er arbeitete ab 1951 für Jerry Gray, Peggy Lee, Shorty Rogers, Dorothy Dandridge, Art Pepper, Hi-Lo's, Anita O'Day, Mel Tormé, Mahalia Jackson, Frank Sinatra, Ray Charles, Ella Fitzgerald, Lena Horne, Joanie Sommers, Jesse Belvin, Fred Astaire, Ann-Margret, Astrud Gilberto, Tony Perkins, Sammy Davis, Jr., Natalie Cole, Carly Simon, Neil Diamond, Sarah Vaughan, George Benson, Kenny Loggins, Gloria Lynne, Barbra Streisand, Boz Scaggs u.v.a. Er schrieb Songs mit und für Michael Jackson, orchestrierte und komponierte Musiken für zahlreiche Filme und TV-Shows.

Filme (Arr):* The Lady Is A Tramp (Cartoon, 1955) – A Ticklish Affair/Moon Walk* (1963, Musik: G. Stoll) – A Man Called Flintstone (Cartoon, 1966) – Ironside (TV-Serie 1967–74, + Quincy Jones, Oliver Nelson, Benny Golson, Benny Carter) – Hey There, It's Yogi Bear (Cartoon, 1964) – Alice in Wonderland (Alice im Wunderland, Cartoon, 1965) – The Swinger (1966) – Beach Red (1967, + Antonio Buenaventura) – The Model Shop* (1968) – Changes (1969, + Tim Buckley, Kim Weston, Neil Young, Mickey Stevenson, Charles Greene) – Pretty Women* – The Fugitive* – The Prince of Tides*

TV-Shows/Serien: Glen Campbell – Sonny And Cher – Andy Williams – Vince Gill Christmas Special – Ironside

Palmer, Christopher Francis

* *9.9.1946 England, † 22.1.1995 London.* Der Komponist war zu seiner Zeit eine Autorität im engl. Film. Er begann als Kirchenorganist, kam durch Bekanntschaften mit Charles Gerhardt und George Korngold zum Film und war verantwortlich für die Wiederentdeckung klassischer und verloren geglaubter Filmscores. Er arbeitete an über 100 Filmen als Orchestrator und/oder musikal. Leiter mit, für zwei Filme schrieb er auch den Score, für »Valmont« von Milos Forman (1989) und »The Witches« von Nicolas Roeg (1990). Er machte sich auch als Buchautor einen Namen, u.a. »The Composer in Hollywood« (1990).

Palmer-James, Richard William

* *11.6.1947 Bournemouth, Dorset, England.* Studierte Kunst und engl. Literatur an der Universität in Wales, spielte während und nach dem Studium in Rock'n'Roll-Gruppen; Mitglied der Gruppe Supertramp (Film: »Fegefeuer«). Seit 1971 lebt er in München als Musi-

ker und Texter. Er ist Komponist für Kurz-, TV- und Spielfilmmusiken.
Filme: Fegefeuer (1969) – Ulla oder Die Flucht in die schwarzen Wälder (1973, TV) – Paula Pauländer (1976) – Ein Tag mit dem Wind (1978)

Pantykin, Alexander

* *1958*. Weißrussischer Komponist.
Filme: Izydi! (1991) – Patrioticheskaya komedikya – Apnoe (1992) – Ty u menja odna – Makarow (1993) – Ljubov po zakazu (1993) – Muselmanin (1995) – Vsyko budet chorosho (1995) – Chetvyorttaya plenata (1995) – Von Hölle zu Hölle (1998)

Paoli, Gino

* *23.9.1934 Monfalcone, Gorizia, Friuli Venezia Giulia, Italien*. Komponist und Songschreiber.
Filme: La voglia matta (1962, Lied: *Sassi*) Prima della ricoluzione (1962) – Il mostri (1963; Lied: *Sassi*) – I basilischi (1963, Lied: *Nel corso*) – The Flight of the Phoenix (Der Flug des Phoenix, 1965, Lied: *Senza fine*) – Anati! (1972, Lied: *Senza fine*) – Una donna allo specchio (1984) – La sposa americana (1986) – Padre papa (Die Geliebte und der Priester, 1996, TV) – Va savoir (D 2001, + Songs v. Alec Wilder)

Paramor, Norrie

(Norman), * *15.5.1914 London, † 9.9.1979 London-Barnet*. Engl. Produzent und Bandleader. Erster Job als Klavierbegleiter der Sängerin Gracie Fields, spielte in Tanzorchestern und tat sich nach 1945 mit Harry Gold (ts) und dessen Gruppe Pieces of Eight zusammen. Von 1950–1968 war P. A&R-Manager für EMI-Columbia, produzierte u.a. Cliff Richard, Frank Ifield, The Shadows, Sacha Distel u.a., initiierte die Big Ben Banjo Band und nahm LPs mit Unterhaltungsmusik auf. Er schrieb auch Filmmusik und war ab 1972 musikalischer Leiter des BBC Midland Radio Orchestra.
Filme: Expresso Bongo (1959) – Frightened City (Die Peitsche, 1961) – A Pair of Briefs (1961) – No, My Darling (1962) – Band of Thieves (1962) – Change of Heart (1962) – Ring-A-Ding-Rhythm (1962) – The Fast Lady (Oh Darling, was für ein Verkehr, 1962) – Doctor in Distress (1962) – The Wild and the Willing (1962) – Father Comes, Too (1963) – Play it Cool (1963) – Father Came, Too (1964) – Up Jumped the Swagman (1964) – Finders Keepers (1966, + The Shadows) – My Lover, My Son (Inzest, 1970, + Mike Vickers)

Paramounts, Die

Schweizer Quartett im Easy Listening-Stil, dessen Repertoire vorwiegend aus Filmmusik-Themen besteht. 1963 in Luzern gegründet von: Malte Preuß (g, tp, ldr, * 20.12.1962), Ingo Günther (org, keyb, Hackbrett, * 8.2. 1965), Michael Rowalska (d, perc, * 23.12. 1969) und Heino Sellhorn (b, * 15.10.1962). Hauptberuflich sind alle Theatermusiker und treten mit ihrem originellen Repertoire meist in deutschen und Schweizer Clubs auf. Schallplatten für Plattenmeister.
CD: Kriminalmuseum – Zooming Kalliroi, 4015698 9020-2 – Malte Preuß, Schauspielmusik

Parès, Philippe

* *3.5.1901 Paris, † 1.2.1979 ebd.* Sohn des Komponisten Gabriel P. (29.11.1860–2.1. 1934).
Film: Mitternachtsliebe (1931, + G. van Parys)

Paris, Daniele

* *18.11.1926 Frosinone, † 16.8.1989 ebd.* Ital. Komponist, arbeitete ab 1956 für Filme in Italien, der BRD, USA, England und Frankreich.
Filme: Together (18956) – Il portière di notte – Milarepa (1974) – Al di la del bene e del mare (1977)

Parker, Alan

* *26.8.1944 Matlock, Derbyshire, England.*
Filme: Victoria & Albert (TV) – Britannic – Up on the Roof – What's Eating Gilbert Grape

Parker, Clifton

* *2.5.1905 London, † 2.9.1989 Marlow*. Engl. Komponist, als Musiker Autodidakt. Hatte zunächst eine kaufmännische Ausbildung, begann als Kopist, 1936 erster Job als Arrangeur am städt. Orchester von Folkstone, arbeitete dann als Pianist an einer Tanzschule in Dartington Hall/Totness. 1941 ließ er sich in London nieder und begann eine Karriere als Film-

Deutsches Filmplakat: »The Man Within«,
Musik: Clifton Parker

Deutsches Filmplakat: »The Blue lagoon«,
Musik: Clifton Parker

komponist, zunächst arbeitete er für Dokumentarfilme, nach 1945 hauptsächlich für Spielfilme, meist im Abenteuer und Action-Genre. Er schrieb auch eine Oper »Aucassin and Nicolette«.

Filme: It Started at Midnight/The Good Soldier Schweik (1942) – Schweik's New Adventures (1943) – The Yellow Canary (1943) – Western Approaches (Dok., 1944) – Vacation from Marriage (1945) – Johnny Frenchman (1945) – Perfect Strangers (1945) – The Man Within (Piratenliebe, 1947) – When the Bough Breaks (1947) – The Silver Darlings (1947) – The Smugglers (1948) – Daughter of Darkness (1949) – Blanche Fury (1948) – My Brother's Keeper (1949) – Marry Me (1949) – The Blue Lagoon (1949) – Poet's Pub (1949) – Treasure Island (1950) – The Wooden Horse (1950) – A Day to Remember (1953) – The Gift Horse (Ein Fressen für die Fische, 1953) – The Story of Robin Hood and His Merry Men (Robin Hood und seine tollkühnen Gesellen, 1953) – Sailor of the King (1953) – Hell Below Zero (Hölle unter Null, 1954) – The Teckman Mystery (1955) – Passage Home (Eine Frau kommt an Bord, 1955) – The Feminine Touch (Engel des Alltags, UK 1956) – Secret Place (Am Rande der Unterwelt, 1956) – Harry Black and the Tiger (Die Pranke des Tigers, 1956) – The Birthday Present (Das Geburtstagsgeschenk, 1957) – Curse of the Demon (Der Fluch des Dämonen, 1957) – Tarzan and the Lost Safari (Tarzan und die verschollene Safari, 1957) – Harry Black and the Tiger (Die Pranke des Tigers, 1958) – Sea of Sand (Die schwarzen Teufel von El Alamein, 1958) – Virgin Island (1958) – Desert Patrol (1959) – The Thirty-Nine Steps (Neununddreißig Stufen, UK 1959) – Hour of the Seven Hawks (Das Haus der sieben Falken, 1959) – Sink the Bismarck! (Die letzte Fahrt der Bismarck, 1960) – The Hellfire Club (Der rote Herzog, 1960 – The Secret of Monte Christo (Das Geheimnis von Monte Christo, 1961) – A Circle of Deception (1961) – Scream of Fear (Ein Toter spielt Klavier, 1961) – HMS Defiant (Rebellion, 1962) – Mystery Submarine/Decoy (U-153 antwortete nicht, 1962) – The Informers (Polizeispitzel X 2, 1963)

Parks, Gordon

(Gordon Roger Alexander Buchanan P.), ** 30.11.1912 Fort Scott, Ks., USA.* Das jüngste von 15 Kindern einer Farmer-Familie hatte Jobs als Drogendealer, Pianist in einem Bordell in Minnesota, als prof. Basketballspieler und war von 1948–68 Reporter und Fotograf für das »Life«-Magazin. Er lebte zeitweise in Paris, schrieb hier zwei autobiographische Bücher; von denen eins die Vorlage für seinen ersten Film bildete, »The Learning Tree«. Ein Hit wurde sein Film »Shaft« (1971, Musik → Isaac Hayes). P. war der erste afro-amerikanische Filmregisseur in Hollywood. Er schrieb auch Gedichte, Prosa und komponierte konzertante Musik und Filmmusik. Sein Sohn G. P., jr. (1935–79) war ebenfalls Filmregisseur.

Filme (Regie):* The Learning Tree (1969, auch Prod., Musik) – Shaft* (1971) – Shaft's Big Score* (Liebesgrüße aus Pistolen, 1972; auch Musik, Song *Type Thang* v. Isaac Hayes; mus. Supervision Tom McIntosh) – The Super Cops* (1974) – Leadbelly* (1976) – Super Cops* (1976, TV) – Half Slave, Half Free (1985, TV) – Solomon Northup's Odyssey (TV, 1985) – Gordon Parks: Visison (Dok., 1991) – Half Past Autumn: The Life and Art of Gordon Parks (Dok., 2001)

Parks, van Dyke

** 3.1.1943 Hattiesburg, Miss., USA.* Komponist und Arrangeur, arbeitete für Pop-Acts wie Brian Wilson sowie für Film und TV.

Filme: Goin' South (1978, + Perry Botkin, Jr.) – Casual Sex? (1988) – The Two Jakes (1990) – Private Parts – Barney's Great Adventure – Harlan Country War – The Ponder Heart

Parr-Davies, Harry

(Harold), ** 24.5.1914 Briton Ferry (Glamorgan), Wales, † 14.19.1955 London.* Engl. Komponist und Songschreiber. Er schrieb Lieder für engl. Filme der 30er und 40er Jahre, u.a. für die Sängerin Gracie Fields.

Songs in den Filmen: This Week of Grace (1931) – He's in the Air (1940) – Sailors Three (1942) – It Happened One Sunday (1944) – Lisbon Story (1946)

Pasqua, Alan James

Filme: Murdered Innocence (1995) – Gut Feeling – The P.A.C.K. (1997) – The Waterboy (1998)

Pate, Johnny

(John Williams), ** 5.12.1923 Chicago Heights, Ill., USA.* Lernte Klavier und Kontrabass, arbeitete ab 1946 als Jazzmusiker, u.a. mit Stuff Smith und Eddie South. Er war auch Arrangeur für den Club de Lisa in Chicago und später »Haus-Bassist« im dortigen Blue Note Club, begleitete hier u.a. Sarah Vaughan und Ella Fitzgerald. Er tat sich auch als Studiomusiker hervor und nahm in den 50er Jahren unter seinem Namen Jazz-LPs für Salem, Federal/King, Gig und MGM auf. Arrangierte für James Moody (LP »Last Train from Overbrook«), Wes Montgomery (»Movin' Wes«), Shirley Horn, Stan Getz, Kenny Burrell, Monty Alexander, Jimmy Smith u.a. Arbeitete später als Komponist für TV und Film.

Filme: Brother on the Run (1973) – Shaft in Africa (1973) – Bucktown USA (1976) – Shaft (TV-Serie, 1976) – Dr. Black and Mr. Hyde (1977) – Satan's Triangle (1978) – Bustin' Loose (1980)

Pauspertl, Karl von

(Karl Pauspertl von Drachenthal), ** 18.10. 1897 Plevlje (Serbien), † 6.4.1963 Wien.*

Filme: Der Musikant von Eisenstadt (1934) – Die goldene Fessel (1936) – Wiener Mädeln (1945) – An klingenden Ufern (A 1949) – Die Regimentstochter – Abenteuer im Schloß (1952) – Franz Schubert: Ein Leben in zwei Sätzen (1953)

Pawlicki, Norbert

** 3.3.1923 Wien, † 15.7.1990 ebd.* Vater des Komponisten Andreas P.

Film: Wien, du Stadt meiner Träume

Pawluskiewicz, Jan Kanty

** 12.10.1942 Nowy Targ (Nowy Sącz; dt. Namen Neumarkt/Neusandez).* Polnischer Komponist, für den Film seit 1977 tätig.

Filme: Rebus (1977) – Wodzirej (1978) – Szansa – Cma (1980) – Gorączka – Kobieta samotna (1981) – Idol – Bohater roku (1985) – Warszawa (1985) – Zawrocony (1994) – Pulkownik Kwiatkowski (1996) – Córy szczęscie

Peake, Donald G.

** 7.6.1940 L.A.* Jazz/Pop-Gitarrist und Songschreiber, Komponist/Arrangeur. Arbeitete u.a. mit Cannonball Adderley, Donald Byrd, Ray Charles, auch Pop-Interpreten wie Teresa Brewer, Bobby Darin (Arr. LP »Splish Splash«), Cher, Harry Chapin. Seit 1976 auch für den Film tätig.

Filme: Moving Violation (1976) – The Hills Have Eyes – Black Oak Conspiracy – Bad Georgia Road (1977) – Battered (1978, TV) – Flatbed Annie & Sweetpie: Lady Truckers (1979, TV) – Fast Friends (1979) – The Prey (1980) – Delusion (1981) – Desire: The Vampir (1982, TV) – The House Where Death Lives (1983) – Code of Vengeance 2 (1986, TV) – Dalton: Code of Vengeance 2 (1986, TV) – Modern Love (1990) – The People Under the Stairs (1991) – Dangerous (1994) – Hard Justice (1995) – A Fare to Remember (1999) – The Beaver Trilogy (2001) – The A-List (2001) – Divorce: The Musical (2002) – Las Vegas Then & Nowm Destination: The Strip (2002, TV-Serie)

Peaslee, Richard Cutts

** 13.6.1930 N.Y.C., USA.* Der Komponist studierte an der Yale Universität und der Juilliard School, privat bei → William Russo und Nadia Boulanger.

Er schrieb »Third Stream«-Kompositionen für die Orchester von Russo, Stan Kenton, Ted Heath und für die Sinfonieorchester von Buffalo, Philadelphia und Detroit, außerdem Filmmusiken und Bühnenmusiken für Theater in N.Y. und London.

Werke: Stonehenge – Chicago Concerto – Nightsongs – The Devil's Herald

Filme: The Persecution and the Assassination of Jean-Paul Marat as Performed by the Inmates of the Asylum of Charenton Under the Direction of the Marquis de Sade (Die Verfolgung und Ermordung Jean-Paul Marats, dargestellt durch die Schauspielgruppe des Hospizes zu Charenton unter Anleitung des Herrn de Sade, UK 1966) – Tell Me Lies (1968)

Penderecki, Krzysztof

** 23.11.1933 Dębica b. Krakau, Polen.* Einer der bedeutenden Avantgarde-Komponisten des 20. Jhdts., wurde P. bekannt durch Uraufführungen seiner Werke beim »Warschauer Herbst« und bei den »Donaueschinger Musiktagen«, bes. durch seine Lukaspassion, die 1962–65 im Auftrag des WDR entstand. Er war 1966–68 Dozent an der Folkwang-Hochschule in Essen, danach Stipendiat des Dt. Akademischen Austauschdienstes in Berlin; dort erste Oper »Die Teufel von Loudon«. Seit 1972 ist er Direkor der Krakauer Musikhochschule. Sein umfangreiches Œuvre umfasst u.a. Instrumental-Werke, Vokal-Werke, Opern (»Paradise Lost«, »Die schwarze Maske«, »Ubu Rex«) und einige Filmmusiken.

Filme: Rekopis znaleziony w Saragossie (Das Manuskript von Saragossa, 1965) – Szifry (Chiffre, 1966) – Je t'aime, je t'aime (F 1968) – Reco do Góry (1967) – Les Gauloises Bleues (F 1968) – Arnyek a Hayon (1991) – K. P.: Seven Gates of Jerusalem (1996)

Pepöck, August

** 10.5.1887 Gmunden, Österreich, † 5.9.1967 ebd.*

Film: Die Frau des Anderen (1936)

Perak, Rudolf

** 29.3.1891 Wien, † 3.12.1972 München.*

Filme: Der Prinz von Arkadien (1932, Robert Stolz) – Hochzeit am Wolfgangsee (1933, + R.Stolz) – Abenteuer im Südexpreß (1934) – Besuch am Abend (1934, + W.Engel-Berger) – Ich sehne mich nach dir (1934, + Engel-Berger) – Früchtchen (1934, + N.Brodszky) – Der Meisterboxer (1934, + H.Krome) – Stärker als Paragraphen (1936) – Stjenka Rasin (1936) – Signal in der Nacht (1937) – Zwölf Minuten nach zwölf (1939)

Perez, Jorge

Mexikanischer Komponist, arbeitete in den 50er Jahren u.a. für den Regisseur Luis Buñuel.

Filme: Café Concordia (1943) – No mataras (1943) – Vertigo (1945) – Los Olvivados (Die Vergessenen, 1950, Schauspieler!) – Ensayo de un crimen (Das verbrecherische Leben des Archibaldo de la Cruz, 1955, + Jesus Bracho)

Perez Olea, Antonio

→ Olea

Perito, Nick

(Nicholas), * *7.4.1924 Denver, Colo., USA.* P. machte sich einen Namen als Musical Director und Arrangeur für Perry Como, arbeitete aber auch für Eydie Gormé, Ferrante & Teicher u.a. und die Fa. Muzak.

Film: Don't Just Stand There (Mit allen Wassern gewaschen, 1967)

Perl, Lothar

* *1.12.1910 Breslau (Wrocław, Polen), † 28.4.1975 N.Y., USA.* Arbeitete in den USA als Pianist, Arrangeur und Komponist, u.a. für MGM und RKO.

Filme: This Land is Mine (1943) – Three Daring Daughters (1948) – Unfinished Dance – Big City

Perl, Matthias

(Simon), * *25.12.1897 Weiden, Oberpfalz, † 16.12.1953 München.*

Filme: Liebe auf den ersten Ton (1932, + H. Milde-Meißner) – Es leuchten die Sterne (1938, + L. Leux, P. Lincke, E. Kirsch, F. R. Friedl)

Perry, Sam

(Samuel A.), * *28.3.1884 Odessa, Ukraine, † 1.11.1936 L.A., USA.* Begann 1929 für den Film zu arbeiten, meist für B-Filme der Western- und Abenteuer-Genres und Serien wie »Flash Gordon«. Er wird aber bei fast allen Filmen, an denen er mitarbeitete, im Vorspann nicht genannt.

Filme: The Pantom of the Opera (1925; Musik für Wiederaufführung 1930) – The Midnight Sun (1926, Musik für Wiederaufführung 1931) – Tarzan the Tiger – The Last Performance – The Long Long Trail – Amateur Night – Shanghai Lady (129) – Hell's Heroes – Night Ride – Undertow – The Jade Box – The Furies (1930) – All Quiet On the Western Front (Im Westen nichts Neues, Stumme Fassung, 1930) – Lightning Express – Song of the Caballero – Terry of the Times – Spurs (1930) – The Indians Are Coming – East is West – See America First – The Boudoir Diplomat – Young Desire – Outside the Law – The Peather Pushers (1930) – Hide-Out (1930, Song: *Just You and I*) – The Criminal Code – Seed – East of Borneo – Branded – Border Law – Spell of the Circus – The Lion and the Lamb (1931) – Unexpected Father – Forbidden – Law and Order – Alias the Doctor – Beauty and the Boss – The Rider of Death Valley – The Riding Tornado – Two-Fisted Law – My Pal the King – Jungle Mystery – The Forth Horseman – Hidden Gold – Afraid to Talk – Flaming Guns (1932) – Terror Trail – Rustlers' Roundup – The Dude Bandit – The Big Cage (1933) – Smoking Guns – Gun Justice – Wheels of Destiny – I Like it That Way – Gift of Cab – The Trail Beyond – The Lawless Frontier – Cowboy Holiday – Tailspin Tommy – Strange as it Seems – The Red Rider – Pirate Treasure – Perils of Pauline (1934) – Rustlers of Red Dog – The Great Air Mystery – Princess O'Hara – Call of the Savage – Outlaw Deputy – The Roaring West – Lawless Range – Red Hot Tires – Chinatown Squad (1935) – Silver Spurs – Flash Gordon – The Phantom Rider – Conflict – Adventures of Frank Merriwell – Ace Drummond (1936)

Petersen, Detlev

(Detlef Friedrich P.), * *24.1.1950 Pellworm (Krs. Husum).* Studierte Musik in Hamburg, wurde Mitte der 70er Jahre Keyboarder der Popgruppe Lake, arbeitete ein Jahr in den USA als Musikproduzent, kehrte dann nach Hamburg zurück und produzierte u.a. Hannes Wader und Udo Lindenberg. Seit 1990 konzentriert er sich auf den Film.

Filme: Das Heimweh des Walerjan Wrobel (1990) – Karniggels (1991) – Kinder der Landstraße (1992) – Wir können auch anders (1992/93) – Einfach nur Liebe (1993) – Ausgerechnet Zoe – Abschied von Agnes – Rennschwein Rudi Rüssel (1994) – Männerpension (1995) – Die Halbstarken – Die Putzfraueninsel (1996) – Dumm gelaufen – Wo anders scheint nachts die Sonne (1997) – Das Mambospiel (1998) – Ein Lied von Liebe und Tod/Gloomy Sunday – Ufos über Waterlow (1999) – Blondine sucht Millionär fürs Leben (2000, TV) – Mörderinnen (2001, TV) – Vaya con dios (2001)

Peterson, Oscar Emmanuel

* *15.8.1925 Montreal, Kanada.* Der berühmte Jazzpianist begann mit sechs Jahren Klavier zu lernen, gewann mit vierzehn einen Amateurwettbewerb und spielte in einer wöchentlichen Rundfunksendung.

1949 wurde er von dem Impresario Norman Granz entdeckt und in einem Carnegie

Hall-Konzert präsentiert. Er gründete dann ein Trio mit Ray Brown (b) und Irving Ashby bzw. Barney Kessel und schließlich Herb Ellis (g), unternahm erfolgreiche Tourneen und nahm zahlreiche Schallplatten auf. 1958 wurde die Gitarre durch den Drummer Ed Thigpen ersetzt.

Seit den 80er Jahren tritt er mit wechselnden Trios auf, auch als Solist. 1993 erhielt er den Glenn Gould-Preis. In diesem Jahr erlitt er einen Schlaganfall, genas jedoch und konnte 1995 eine Comeback-Tournee unternehmen. Er trat auch als Komponist hervor (*Canadiana Suite, Royal Wedding Suite*) und nahm Schallplatten auf für RCA, Verve (»We Get Request«, »Night Train«), MPS (»My Favorite Instrument«), Mercury, Pablo, Telarc u.a.

Lit.: Gene Lees, The Will to Swing, London 1989 (dt. Wien 1990). – F.Finil/L.Rigazoni, O.P.-Discography, 1998.

Filme: Begone Dull Care (Kurzfilm, KAN 1953) – The Silent Partner (G-Give, USA 1978)

Petit, Jean-Claude

** 14.11.1943 Vaires-sur-Marne (Seine-et-Marnes), Frankreich.*

Filme: Tusk (1980) – Vive la sociale! (1983) – L'addition (1984) – Tristesse et Beauté (1985) – Tranches de vie (1985) – Manon des sources/Jean de Florette (1986) – Billy ze kick (1985) – Fucking Ferdinand (1987) – Tant qu'il y aura des femmes (1987) – Vent de paniqe (1987) – Les cigognes n'en font qu'a leur tête (1988) – Deux (1988) – Savannah (1988) – The Return of the Musketeers (Die Rückkehr der vier Musketiere (1989) – Bill en tête (1989) – Toujours-seuls (1990) – Uranus (1990) – Cyrano de Bergerac (1990) – All Out (1991) – The Playboys (1992) – Le zèbre (1992) – Coupable d'innocence (1992) – Lady Chatterley (UK 1992, TV) – En compagnie d'Antonin Artaud (1993) – Foreign Student (1994) – La véritable histoire d'Artaud de Momo (1994, Dok.) – Nobody's Children (1994) – Les hirondelles me meurent pas à Jerusalem (1995) – Le hussard sur le toit (Der Husar auf dem Dach, 1995) – Beaumarchais l'insolent (1996) – Aristotle's Plot (1996) – Désire (1996) – Saraka Bo (1977) – Messieurs les enfants (1997) – L'apprentissage de la ville (Die Eroberung der besseren Kreise, 1997) – La nuit de destin (1999) – Les Miserables (2000, TV) – Le Prof (2000) – Lumumba (2000) – Les gens en maillot de bain ne sont pas (formcement) superficiels (2001)

CD: Filmmusiken, Naïve

Petrow, Andrej Pawlowitsch

** 2.9.1930 Leningrad, UdSSR.* Sowjetischer Komponist und Schauspieler, für den Film seit 1945 tätig.

Filme: Ya schagaju po Moskve (1963) – Trety taim (1964) – Beregis avtomobilja (1966) – Ukroschenije ognja (1972) – Gde eto vidano, gde eto slykhano (1973) – Sovsem propaschchi (1974) – Slushebny roman (1977) – Bely bim, chernoje ukho (1977) – Osenny maraton (Herbst-Marathon, 1979) – Vokzal dlia dvoikh (1982) – Schestokly romans (1983) – Zabitaja melodia dlja fleiti (1987) – Predskasanie (1994) – Chruschtaljow, Maschinu! (1998)

Petzl, Walter

(Walter Carl Petzl-Basny), ** 8.6.1886 München, † 8.9.1964 ebd.*

Film: Der rettende Engel (1940, + Emil Kaiser)

Pferdmenges, Robert

** 6.4.1949 Köln.*

Filme: Seton dobutsuki risu no banner (Puschel das Eichorn, TV-Serie, 1979) – Big Mäc (1985)

Pflugmacher, M. A.

(Max Alexander), ** 24.2.1903 Innsbruck, Tirol, † (?).*

Film: Alles weg'n dem Hund (1935)

Pheloung, Barrington

** 10.5.1954 Sydney.* Australischer Komponist, lebt und arbeitet in England.

Filme: Boon (1985) – Friendship's Death (1987) – Inspector Morse (Serie, 1988–92) – Portrait of a Marriage – Red Empire (1990) – Truly, Madly, Deeply – Events at Drigmagleen (1991) – Briefest Encounter – The Secret Agent (1992) – Nostradamus (1993) – Dancing Queen – The Killing Kennedy (1993) – The Mangler – Seven Wonders of the World – Shopping (1994) – Dalziel and Pascoe (Serie, 1995–97) – Twin Dragons – The Cinder Path – Inside Out (1996) – The Gift (1997) – Hilary and Jackie (1998)

Philip, Hans-Erik

* *25.1.1943 in ?.* Dänischer Komponist, arbeitet seit 1971 für dänische und schwedische Filme, u.a. mit dem Regisseur Jan Troell.

Filme: Narko-en film on kaerlighed (1971) – Hjerter er trumf (1976) – Ulvetid (1981) – Ingenieur Andrées luftfärd (Ingenieur Andrées Luftfahrt, 1982) – Det parallele lig (1982, auch Drehbuch u. Schausp.) – Hrafninn flýgur (1984) – Ofelia kommer til byen (1985) – I skugga hrafnsins (1988) – Den hylte Viking (1992) – Carmen & Babyface (1995) – Tosepiger (1996)

Phillips, Stu

* *19.9.1929 N.Y.* Studierte an der Eastman School in Rochester, N.Y., arbeitete dann für den Komiker Milten Berle in der »Texaco Hour«, schrieb Jingles und Backgroundmusik für TV-Shows und Filme. Bekannt jedoch wurde er für seine Arbeit als Arrangeur bei Capitol Records, wo er die Hollyridge Strings initiierte, ein Orchester im Easy Listening-Stil, welches durch instrumentale Cover-Versionen von Hits der Beatles, Elvis Presleys etc. populär wurde. Nicht identisch mit dem gleichnamigen Country-Star (* 9.9.1929 N.Y.), der heute als Prediger in Nashville lebt.

Filme: Mad Dog Call (1961) – The Man from the Diner's Club (1963) – Ride the Wild Surf (1964) – Dead Heat on a Merry-Go-Round (Immer wenn er Dollars roch, 1966) – Hell's Angels on Wheels (1967) – The Name of the Game is Kill (1968) – The Appointment – The Gay Deveivers (Ein Stall voll süßer Bubis, 1969) – The Curious Female – Run, Angel, Run! – 2000 Years Later (1969) – Follow Me (1969, Dok.) – Beyond the Valley of the Dolls (Blumen ohne Duft, 1970) – The Red, White and Black – The Losers (1970) – Simon, King of the Witches – Judy, the Savage Soldier – The Seven Minutes (1971) – Pickup on 101 (1972) – How to Secue a Woman – Macon County Line – The Meal – Ride the Wild Surf (1974) – Switch (1975, TV) – Benny and Barney: Las Vegas Undercover (1977, TV) – Evening in Byzantinum (1979, TV) – Buck Rogers in the 25th Century (Buck Rogers, 1979, TV) – Fast Charlie...the Moonbeam Rider (1979) – Waikiki (1980, TV) – Conquest of the Earth (1980, TV) – Midnight Lace (1981) – Rooster (1982, TV) – Terror at Alcatraz (1982) – In Like Flynn (1985, TV) – The Highwayman (1987, TV) – Road Raiders (1989, TV)

TV: The Donna Reed Show – The Monkees – Battlestar Galactica (1978) – The Fall Guy – Nightriders – Quincy

Phillips, Van

(eigentl. Alexander van Cleve), * *27.1.1905 Boston, Mass., USA, † 7.11.1992 London, England.*

Filme: Break the News (1939) – Plan Nine from Outer Space (1956) – The Big Money (1956)

Piazzolla, Astor

(Astor Pantaleon Piazzolla Manetti), * *11.3. 1921 Mar del Plata, Argentinien, † 4.7.1992 Buenos Aires.* Als er zwei Jahre alt war, siedelten seine Eltern nach N.Y. über, er lebte dort bis 1937. Mit zehn Jahren beherrschte er das Bandoneon, das Hauptinstrument des Tango. Ab 1934 arbeitete er mit dem Tangosänger Carlos Gardel zusammen; 1937 Rückkehr nach Argentinien (Buenos Aires), arbeitete als Tangomusiker, -komponist und Arrangeur. Er schrieb Kammermusik, Ballettmusik und Sinfonien. 1954 gewann er ein Stipendium nach Paris. Im folgenden Jahr hatte er seinen Durchbruch und gilt seitdem als Erneuerer des Tangos, der für ihn keine Tanzmusik war! Er komponierte mit dem Dichter Horacio Ferrer die »Balada para un loco« (1970), die in den Interpretationen von Amelita Baltar (CBS) und Roberto Goyeneche (RCA) ein Bestseller wurde. Ab 1961 Tourneen in alle Welt, spielte mit Sinfonieorchestern und nahm rund 70 Schallplatten auf, darunter mit Gerry Mulligan und Gary Burton. Er komponierte rd. 300 Tangos, Filmmusiken, sinfonische Werke und Ballettmusiken.

CD: Piazzolla Classico, Milan 262578 – Musique des Films, Milan 883565 – Maria de Buenos Aires, Milan 883572 – La Muerte del Angel, Milan 21511402 – Concierto de Nacara, Milan 21511392 – OST »Sur«, Milan 21139782 – Adios Nonino, Alfa AFCD-13 – Tango: Zero Hour, American Clavé 1013-2 – The Rough Dancer ..., Am. Clavé 1019-2 – OST, Famille D'Artistes, Milan 342692 – El Nuevo Tango de Buenos Aires, Milan 34270-2 – Todo Piazzolla, Sony 4846012

Kompositionen u.a.: Adios Nonino – Calambre – Milonga-Suite – La Muerte del Angel – Verano Ponero – Triumfal – Preparence – Sur (Film) – Concierto para Quinteto – Invierno Porteno – Maria de Buenos Aires (Oper) – Ballet Tango – Musica contemporana de la ciudad de Buenos Aires
Filme: Lumière (Im Scheinwerferlicht, F 1976) – Le petits galères (F 1978, + Gerry Mulligan) – Sur (Süden, 1988) – El Viaje – Famille D'Artistes – Tangos, el Exilo de Gardel

Piccioni, Piero

(Gianpiero) (Gaetano Giuseppe P.), * *6.12. 1921 Turin, Italien.* Studierte zunächst Jura, arbeitete auch zunächst als Anwalt. Als Musiker Autodidakt, leitete er schon 1944 ein Rundfunkorchester, mit dem er auch Jazz spielte. 1950 begann er für den Film zu arbeiten, zunächst für Dokumentarfilme, erster Spielfilm »Il mondo di condanna«. 1957 schrieb er eine neue Musik für den Chaplin-Klassiker »The Kid«.
Filme: Il mondo di condanna (Die von der Liebe leben, 1952) – La spiaggia (Der Skandal, 1953) – La donna ché venne del mare (Die Spionin von Gibraltar, 1956) – Guendalina (Gwendalina, 1956) – Nata di marzo (1956) – Poveri ma belli (Ich laß' mich nicht verführen, 1956) – Belle, ma povere (Puppe mit Pfiff, 1957) – La finistra sul Luna Park (Mein Sohn Mario, 1957) – La tempesta (Sturm im Osten, 1958) – I batellieri del Volga (Wolgaschiffer, I/F/D 1958) – Raconti D'estate – I magliari – L'impiegato (1959) – La notte brava (Wir von der Straße, 1959) – Il mondo di notte (Die Welt bei Nacht (Dok., 1959) – Via Margutti (1959) – La svedesi (Die Schwedinnen, 1960) – La Giornata balorda (Wenn das Leben lockt, 1960) – Il Gobbo (Der Bucklige von Rom, 1960) – Adua e le compagne (Adua und ihre Gefährtinnen, 1960) – Il Bell' Antonio (Bel Antonio, 1960) – La viaccia (Das Haus in der Via Roma, 1961) – Anima nera (Schwarze Seele, 1961) – Salvatore Giuliani (Wer erschoß Salvatore G.?, 1961) – L'assassino (Trauen Sie Alfredo einen Mord zu?, 1961) – Senilità (Hörig, 1961) – Mafioso (1962) – Il figlio del Spartacus (Der Sohn des Spartakus, 1962) – La parmigiana (Das Mädchen aus Parma, 1962) – Il terrorista (1962) – L'attico (Der Schlüssel zum 7. Himmel, 1962) – Il demonio – Le mani sulla cittá (Hände über der Stadt, 1963) – Un tentativo sentimentale (Versuchung in Liebe, 1963) – Il boom (1963) – Le mépris (Die Verachtung (F/I 1963) – Un tentativo sentimentale (Versuchung in Liebe, 1963) – Il diavolo (Liebe in Stockholm, 1963) – La vita agra – Il tre volti – La donna é una cosa maravigliosa (1964) – La Fuga (Liebe im Zwielicht, 1964) – Minnesota Clay (1964) – Tre notti d'amore (Drei Liebesnächte, 1964) – Sie nannten ihn Gringo (D/E 1964) – Il disco volante – Il memento della verita – Io la conoscevo bene – La decima vittima (Das 10. Opfer, 1965) – Cacia alla volpe (Jagt den Fuchs, 1965) – Fumo di Londra (1965) – Le streghe (Hexen von heute, 1966) – C'era una volta (Schöne Isabella, 1967) – Pas de roses por OSS (Keine Rosen für IOSS, F/I 1968) – Matchless (1968) – Bora Bora (1968) – Uomini conto (Battalion der Verlorenen, 1969) – Quel caldo maledetto giorno di fuoco (Django spricht kein Vaterunser, 1969) – Contestazione generale (1970) – Puppet on a Chain (Die Ratten von Amsterdam, UK 1970) – Il casa Mattei (Der Fall Mattei, 1970) – La spina dorsale del diavolo (Höllenhunde, I/YU/USA 1971) – Lo scopone scientifico (Teufisches Spiel, 1972) – Le moine (Der Mönche und die Frauen, F/I/D 1972) – La monache de Saint' Arcangelo (Die Nonne von Verona, 1972) – Storia di una monaca di classura (Der Nonnensiegel, 1973) – Tutto a posta, niente in ordine (Operation gelungen, Patient tot, 1974) – Apassionata (1974) – Cadaveri eccelentei (Die Macht und ihr Preis, 1975) – Cuore di cane (Warum bellt Herr Bobikow?, I/D 1975) – Il commune senzo pudore (1975) – Quelle strane occasioni (1976) – Il vizi morbosi di una governante (1976) – Professor Krane tedesco di Germania (I/BRAS 1978) – Le témoin (F/I 1978) – Cristo si è fermato a Eboli (Christus kam nur bis Eboli, 1978) – La malata immaginario (Der eingebildete Kranke, 1979) – Io e Catarina (Ich und Katharina, 1979) – Tre fratelli (Drei Brüder, 1980) – Fighting Back (USA 1981) – The Light at the End of the World (Das Licht am Ende der Welt, 1981) – Il viaggio con papa (1982) – Io so che tu sai che to so (Ich weiß, daß ich weiß, 1982) – Tutti dentro (Ab in den Knast, 1984) – Cronaca di una morta annunciato (Chronik eines angekündigten Todes, 1986) – Un tesserino a New York (1987) – L'avaro (1989) – Comparsi la vita (1990) – Assolto per aver commesso il faito (1991) – Gestore: l'ultima corsa (1993) – Incontri proibito (1998)

Piersanti, Franco

** 12.1.1950 Rom, Italien.*

Filme: Io sono un autarchico (1976) – Ecce bombo (1978) – Sogni d'oro (1981) – Due gocce d'acqua salata (1982) – Colpire al cuore (1982, TV) – Bianca (1983) – Yewllow Hair and the Fortress of Gold (1984) – Mamma Ebe (1985) – Sapore del grano – Donna del traghetto (1986) – Profumo (1987) – Paura e maore (Fürchten und Lieben, 1988) – Nido del ragno – La donna del luna (1988) – Bankomatt (1989) – Porte aperte (1990) – Il ladro di bambini (Gestohlene Kinder, 1992) – On My Own – Desencuentros (1992) – Vrijeme za ... – Segreto del bosco vecchio – Mille bolle blu (1993) – Lamerica – Il guido ragazzino – Il branco (1994) – Il grande Fausto (1995, TV-Serie) – La seconda volta – Testimone a rischio – Marianna Ucria – Correre contro (1996) – Vite blindate (1997, TV) – Il figlio di Bakunin (1997) – La parola amore esiste – Mare largo – Cosi ridevano (1998) – Illadro di merendine – La voce del violino (1999, TV) – Preferiscso il rumore del mare – Rosa e Cornelia (2000) – La forma dell'aqua – Il cane di terracotta (2000, TV) – Gita a Tindari – Tocco d'artista (2001) – Più bel giorna della mia vita (2002) – Corto Maltese: La cour secrète des arcanes (F 2002) – Commissario Montalbano: Il senso del tatto/Gli arancini di Montalbano/L'odore delle notte/Gatto e cardellino (2002, TV)

Pietsch, Wolfgang

** 20.7.1927 Dresden, † 7.12.1974 Berlin/DDR.* Komponist in der DDR, schrieb u.a. Filmmusiken für die DEFA.

Filme u.a.: Kapitäne bleiben selten an Bord (1958) – Rumpelstilzchen – Das Zaubermännchen (1960) – Guten Tag, lieber Tag (1961) – Auf der Flucht erschossen – Tote reden nicht (1962) – Was ihr wollt – Die rote Kamille – Der andere neben dir – Die Affäre Heyde-Savade (1963) – Doppelt oder nichts – Die Mutter und das Schweigen – Pension Boulanke – Der Reserveheld – Titel hab' ich noch nicht (1964) – Köpchen Kamerad (1965) – Blaulicht: Ein Mann zuviel – Geheimkommando Bumerang – Geschichten jener Nacht 2 (1966) – Der Mord der nie verjährt – Geheimkommando Ciupaga (1967) – Geheimkommando Spree – Ich, Axel Caesar Springer (1968) – Geheime Spuren (1969) – Kein Mann für Camp Detrick – Pygmalion XII – Angebot aus Schenectady (1970) – Istanbul-Masche – Salut Germain (1971) – Der Regimentskommandeur – Aller Liebe Anfang – Das Haus an der Bahn (1972) – Rückkehr als Toter (1973)

Piga, Aldo

** 14.10.1928 N.Y., USA.* Italienischer Komponist, schrieb u.a. die Musik für einige »Vampir«-Filme.

Filme: L'ultima preda del vampiro (1960) – La stage di vampiro (1962) – The Vampire and the Ballerina (1962) – Cinque tombe per un medium (1966)

Pike, Nicholas

US-Komponist, arbeitet seit 1979 für dem Film, meist im Horror-, Thriller- und Science Fiction-Genre.

Filme: Salem's Lot (1979, TV) – Graveyard Shift (1987) – Critters 2: The Main Course (1988) – Tales from the Crypt (Geschichten aus der Gruft, 1989, TV) – C.H.U.D. 2: Bud the C.H.U.D. (1989) – I'm Dangerous Tonight (1990, TV) – Prince and the Pauper (Prinz und Bettelknabe, Cartoon, 1991) – Sleepwalkers (1992) – The Secret Passion of Robert Clayton (1992, TV) – Captain Ron (1992) – Attack of the 50 Foot Woman (1993, TV) – Blank Check (1994) – Ghosts – Telling Lies in America (1997) – Star kid – Delivered (1998) – The Lot (1999, TV) – Return to Me (2000)

Pinto, Antonio

(A. Carlos Marques P.), ** 1945 Salvador/Bahia.* Der brasilianische Komponist arbeitet seit 1994 für den Film, z.T. mit Juan José Figuredo und dem gemeinsamen Ps. »Jocafi«.

Filme: Menino malunquinho: o filme (1994) – Central do Brasil (1998) – O primeiro dia (1998) – Menino malunquinho 2. A aventura (1999) – Pálindromo (2001) – Abril despedaçado – Onde a terra Acaba (2001)

Piovani, Nicola

** 26.5.1946 Rom, Italien.* Der sehr produktive Komponist wird gelegentlich mit Ennio Morricone verwechselt; da einige Nachschlagewerke den Namen P. als Ps. für diesen ansehen.

Filme: La ragazza de latte (1970) – N.P. il segretto – In nome del padre (1971) – Shatti il mostro in prima pagina (1972) – Le orme – L'invenzio di morel –

Flavia, la monaca musulmana (1974) – Matti da slegare (Dok., 1975) – Marcia trionfale (1976) – Soleil des hyenes (F 1977) – Gli ultimi tre giorno – Il gabbadiano (1977) – Vacanze in val trebbia (Dok., 1978) – Salto nel vuoto (1979) – Il minestrone (1981) – Het meiske met het rode haar (NL 1981) – Il marchese del grillo – Gli occhi ia bocca – La vela incantata – La notte di San lorenzo (1982) – La trace (1983) – Bertoldo, Bertoldino e...cacasenno – Kaos – De Schorpioen – Desiderio (1984) – La due vite di Matti Pascal –La Messa e finita – Segretti segretti – Speriano che sia femmina (1985) – La sposa era bellissima – Il camorrista – Ginger e Fred (Ginger und Fred, 1986) – Il diavolo in corpo (1986) – L'Intervista (Fellinis Intervista, 1986) – Les exploit d'un jeune Don Juan – Good Morning, Babylon (1987) – Drole d'endroit por line rencontre – Strana la vita I cammelli (1988) – Disamistade – L'appassionate – Australia – 'O re – La voce della luna – Manifesto Domani accadra – Palombella rossa – La soule (1989) – Il sole anche di notte – Il male oscuro – Tracce di vita amorosa – In nome del popolo sovrano (1990) – Hors la vie (F 1991) – De onfatsoenlijke vrouw (NL 1991) – Der Berg (D 1991) – Jamon Jamon (Lust auf Fleichs, E 1992) – Fiorile – Amok – Hueves de Otto – Utz – Il giovane Mussolini – Per amore, solo per amore (1993) – La tete y la luna – De eso no se habla – Caro diario – C'e Kim Novak el Telefono (1994) – A Month by the Lake – De vliegende Hollander (NL 1995) – Nentiel d'infanzia (1995) – Le mia generazione (1996) – Mas alla del jardin – O kirios me ta gri – Santo Stefano – Le vita e bella (Oscar!) – El imperator – Uomo d'acqua dolce – Camere da letto (1997) – Tu ridi (1998) – La fame e la sete – Amor nello specchio (1999) – Dolce far niente – La carbonara – Tobia al caffe – Running free (2000) – Vipera – La stanza del figlio (Das Zimmer meines Sohnes, 2001) – Das Sams (D 2001) – In Love and War (2001, TV) – Orientaciones son orientaciones (2001) – Resurrezione (2001, TV-Serie) – Nostro matrimonio è in crisi – Pinocchio (2002)

Platen, Hartwig von

(falsch: Erwin), * *8.7.1901 Berlin, † 27.1.1972 ebd.*

Film: Der Storch streikt (1931, + Will Meisel)

Plessow, Erich

(Ps. P. Lessow-Valerio), * *25.11.1899 Oranienburg (bei Berlin), † 13.6.1977 Berlin.*

Film: Inge und die Millionen (1933, + H.-O.Borgmann)

Plumb, Edward H.

* *6.6.1907 Streator, Ill., USA, † 19.8.1958 Studio City, Calif.*

Filme (Cartoons)*: Fantasia* (1940, Dir.) – Dumbo* (1941, Dir.) – Bambi* (mit Frank Churchill, 1942) – Saludos Amigos* (mit Paul J.Smith, 1943) – Victory Through Air Power (1943) – The Three Caballeros* (mit Paul J. Smith, 1944) – The Woman Who Came Back (1945) – Donald's Crime* (1945) – The Phantom Rider – Peter and the Wolf* – Valley of the Zombies (1946) – Variety Girl (1947) – The Great Lover (1949) – Quebec (1951) – The Missing Mouse* – Peter Pan* – The New Neighbor – Football Now and Then – How to Sleep (1953) – Donald's Diary* (1954)

Plumeri, Terry

Jazz-Musiker (b) und Komponist, arbeitete mit Roberta Flack, Pretty Purdie, Hugh McCracken, Chuck Rainey u.a., nahm LPs auf mit Don Cooper, R. Flack, Michael Paulo, Spirit Traveler u.a. Seit 1988 ist er auch für den Film tätig.

Filme: Black Eagle – Scarecrows (1988) – Angel Town (1989) – To Die Standing – The Rain Killer – The Terror Within 2 – Body Chemistry (1990) – Uncaged (1991) – Sometimes They Come Back (Manchmal kommen sie wieder, 1991, TV) – Lower Level (191) – Final Judgement – Hit the Dutchman – Killer Instinct (1992) – Night Eyes 3 – Teenage Bonnie and Klepto Clyde – Dangerous Touch (1993) – Breach of Conduct (1994, TV) – Death Wish 3: The Face of Death (1994) – Raging Angels – Night Hunter (1995) – Midnight Tease II (1995) – Sublimal Seduction (1996, TV) – Blood Money – Black Out (1996) – The Sleepless – Mr. Atlas – Extramarital – Black Sea Raid (1997) – Ambushed – Watchers Reborn (1998) – Diplomatic Siege – Enemy of My Enemy (1999) – Layover (2000) – The Homecoming of Jimmy Whiteclod (2001) – Under Surveillance – Jennifer Is Dead (2002)

Pockriss, Lee

(Julian Lee P.), * *20.1.1927 N.Y., USA.* Songschreiber, Komponist und Arrangeur, arbeitete für Shirley Bassey, Les Baxter, Les Elgart, Brook Benton, Johnny Burnette, Perry Como u.a., auch für Film und TV.

Filme: Junior Prom (1958) – Stanley, the Ugly Duckling (TV) – Stagecoach (1966, Song: *Stagecoach to Cheyenne*) – The Phantom Tollbooth – The Subject Was Roses

Poledouris, Basil Konstantin

** 21.8.1945 Kansas City, USA.* Studierte an der Long Beach University, der Los Angeles Film School und der AFI School. Seit den 70er Jahren ist er einer der meistbeschäftigten Film- und TV-Komponisten; er arbeitete mehrfach mit dem Regisseur John Milius zusammen. 1989 erhielt er einen Emmy für seine Musik zur TV-Mini-Serie »Lonesome Dove«.

Filme: Congratulation, It's a Boy (1971, TV) – Extreme Close-Up (1973) – Tintorera ... Bloody Waters (1977) – Tintorera ... Tiger Shark (1977) – Big Wednesday (Tag der Entscheidung, 1978) – Dolphin Adventure (Dok., 1979) – The House of God (1979) – Defiance (Der Schläger von Brooklyn, 1979) – The Blue Lagoon (Die blaue Lagune, 1980) – A for the Killing (1981, TV) – Fire on the Mountain (1981, TV) – Summer Lovers (1982) – Conan the Barbarian (Conan der Barbar, 1982; OST: Milan) – Conan the Destroyer (Conan der Zerstörer, 1984; OST: Varèse) – Making the Grade (1984) – Single Bars, Single Women (1984, TV) – Red Dawn (1984) – Protocol (1984) – Amazons (1984, TV) – Flesh And Blood (1985, OST: Varèse) – Iron Eagle (1985) – Alfred Hitchcock Presents (Pilot-Film der TV-Serie, 1985) – Misfits of Science (1985, TV) – RoboCop 2 (1987, OST: Varèse) – No Man's Land (1987) – Island Sons (1987, TV) – Intrigue (1988, TV) – Spellbinder (1988, TV) – Split Decisions (1988) – Cherry 2000 (1988, OST: Varèse) – Lonesome Dove (1989, TV) – L.A. Takedown (1989, TV) – Farewell to the King (1989; OST: Milan) – Wired (1989; OST: Varèse) – RoboCop 2 (1990) – Quigley Down Under (1990) – The Hunt for Red October (Auf der Jagd nach Roter Oktober, 1990; OST: RCA) – The Flight of the Intruder (1990) – Why Me? (1990, TV) – Return to the Blue Lagoon (1991, Rückkehr zur blauen Lagune, 1991) – White Fang (1991) – Harley Davidson and the Marlboro Man (1991) – Ned Blessing (1992, TV) – Wind (1992) – RoboCop 3 (1992) – Hot Shots 2 (1993) – Free Willy (1993, OST: Epic) – Rudyard Kipling's Jungle Book (1994) – On Deadly Ground (1994) – Kassie (1994) – Serial Mom (Warum läßt Mama das Morden nicht?, 1993) – Under Siege 2: Dark Territory (1993) – The War at Home (1996) – It's My Party (1996) – Celtic Pride (1996) – Switchback (Gnadenlose Flucht, 1997) – Breakdown (1997) – Les miserables (Die Elenden, 1997; OST: Hollywood) – Starship Troopers (1997, OST: Varèse) – Mickey Blue Eyes (1999) – For Love of the Game (Aus Liebe zum Spiel, 2000; *CD:* Varèse 6092) – Kimberley (1999) – Cecil B. Demented (2000) – If These Walls Could Talk (2000, TV) – Crocodile Dundee in L.A. (2001)

Polnareff, Michel

** 3.8.1944 Paris, Frankreich.* Der Sänger, Chanson- und Filmkomponist ist der Sohn des aus Russland/Ukraine stammenden Bandleaders und Komponisten Leo Poll (Leopold Polnareff, 1901–1988).

CD: La Folie des Grandeurs, EmArcy 159945-2

Filme: Ca n'arrive qu'aux autres (Das passiert immer nur den anderen, 1971) – La folie des grandeurs (Die dummen Streiche der Reichen, 1971) – Lipstick (Eine Frau sieht rot, 1976) – La vengeance du serpent a plumes (1984)

Pope, Conrad

** 21.11.1951 Corona, Calif., USA.* Komponist und Arrangeur, arbeitet für Film und TV. 2001 schrieb er das Musical »Even Change«.

Filme: Star Wars: Episode I (Arr., Score: John Williams) – Jurassic Park (Arr., Score: John Williams) – Patriot Games (Arr., Score: James Horner) – Stuart Little (Arr., Score: Alan Silvestri) – The Amati Girls – The Rising Place – The Sight (TV) – Crouching Tiger – Hidden Dragon – Pavilion of Women (2001; OST: Varèse) – Harry Potter and the Sorcerer's Stone (2001, Arr., Score: John Williams) – Star Wars: Attack of the Clones (2002, Arr.) – Harry Potter and the Chamber of Secrets (2002, Arr., Score: John Williams) – Star Trek: Nemesis (2002, Arr.)

Popol Vuh

→ Fricke, Florian

Popper, Walter

** 1.4.1905 Hirschberg (Schlesien, heute Jelenia Góra, Polen), † 10.8.1962 München.* Studium am Stern'schen Konservatorium in Berlin, 1926–29 Theaterkapellmeister, seit 1933 Berufsverbot. 1945–46 Dirigent des Bayerischen Rundfunkorchesters, seit 1947 freier Komponist. Er schrieb u.a. Musik für Kultur- und Märchenfilme.

Filme: Die sieben Raben – Kalif Storch – Fantasien am Schreibtisch

Portal, Michel

** 27.11.1935 Bayonne (Pyrenées-Atlantiques), Frankreich.* P. machte sich einen Namen als Jazzmusiker, obwohl er eher ein Allroundmusiker ist, der stilistisch auf allen Hochzeiten tanzt und sich so auch als Filmkomponist versuchte. Er arbeitete als klassischer Klarinettist, spielte Neue Musik im Ensemble Musique Vivante, war Begleiter von Edith Piaf und trat mit Cabaret-Ensembles auf.

Filme: Le moine et la sorcière (1987) – La Machine (F/D 1994)

Porte, Frédéric

Filme: L'entrainement du champion avant la course (1990) – Meurtres par procuration (1994, TV) – Fils de flic (1995, TV) – La femme piégée (Flucht durch Nizza, 1995, TV, + Renaud Barbier) – The New Adventures of Robin Hood (1997, TV-Serie) – Mira la magnifique (1997, TV) – Marceel (1997, TV) – Vérité oblige (1997, TV) – Avocats & associés (1998, TV-Serie) – Homicide conjugal (1998, TV) – Psy d'urgence (2001, TV) – De toute urgence (2001, TV)

Porte, Pierre

** 11.10.1944 Marseille, Frankreich.* Musiker, Komponist uind Arrangeur, arbeitete u.a. für Dalida und Hoyt Axe; für den Film seit 1975.

Filme: Docteur Justice (1975) – Monsieur Klein (1976) – Oh, les petities starlettes! (1978) – Bleu comme l'enfer (Das Blau der Hölle, 1986) – Van Loc: un grand flic de Marseille (1992, TV-Serie) – Secret de famillie (1992, TV) – San cérémonie (1997, TV) – Passé de silence (1997, TV)

Porter, Cole Albert

** 9.6.1891 Peru, Ind., USA, † 15.10.1964 Santa Monica, Calif.* Bedeutender Songkomponist und -texter. Stammt aus wohlhabender Familie, studierte in Yale und Harvard, außerdem an der Schola Cantorum in Paris. 1915–16 erste Arbeiten für den Broadway. Im 1. Weltkrieg in der frz. Fremdenlegion, lebte nach dem Krieg meist in Europa. Kehrte 1928 in die USA zurück, schrieb *Let's Do It* für die Broadway-Show »Paris« und begann damit eine ernsthafte Karriere als Komponist, schrieb in den folgenden drei Jahrzehnten eine große Zahl von Songs für Film und Broadway, von denen viele zu den unsterblichen Meisterwerken der »leichten Muse« gehören. 1937 erlitt er einen Reitunfall, wobei ihm beide Beine zerschmettert wurden; nach einer Reihe von Operationen musste ihm Jahre später das rechte Bein amputiert werden. 1946 entstand eine Filmbiographie (»Night And Day«, Hauptrolle Cary Grant), die seine Homosexualität jedoch ausspart.

Lit.: Richard Hubler, The Cole Porter Story. – George Eels, C.P.: The Life That He Led. – Charles Schwartz, C.P., N.Y. 1971. – Robert Kimball (ed), Cole, N.Y. 1971. – Gill Brendan, Cole, 1976. – Stephen Citron, Noel and Cole: The Sophisticates, 1992. – R.Kimball, Complete Lyrics of C. P., 1984

CD: A C.P.-Collection, Jass JCD-632 – C.P. Songbook, RCA 8413-2 – Cole Porter's Music, RCA PD 90559 – A Centenary Tribute, Old Bean DOLD 15 – Cole Porter in the 1930s, Koch

Shows /Filme (Songs):

1915 – Show: Miss Information (Two Big Eyes)
1916 – Show: See America First (Ever and Ever Yours, Buy Her a Box at the Opera)
1919 – Show: Hitchy-Koo of 1919 (Miss Cosy Little Corner on the Ritz, Another Sentimental Song); Show: Buddies (I Never Realized)
1920 – Show: As You Were (Washington Square)
1924 – Show: Greenwich Follies of 1924 (I'm in Love Again, Two Little Babes in the Wood, Brittany)
1925 – Show: Greenwich Village Follies of 1926
1928 – Show: Paris (Let's Do It, Let's Misbehave)
1929 – Show: Fifty Million Frenchmen (You Do Something To Me, You've Got That Thing, Find Me A Primitive Man); Film: Battle of Paris (They All Fall in Love)

1930 – Show: Wake Up and Dream (What Is This Thing Called Love?, Looking At You); Show: The New Yorker (Love for Sale, Where Have You Been?, I Happen to Like New York, Let's Fly Away); Film: Paris
1932 – Show: Gay Divorce (Night and Day, I've Got You On My Mind, I Still Love the Red, White and Blue, How's Your Romance?)
1933 – Show: Nymph Errant
1934 – Show: Anything Goes (You're the Top, All Through the Night, I Get a Kick Out of You, Blow, Gabriel, Blow) – Show: Hi Diddle Diddle (Miss Otis Regrets)
1935 – Show: Jubilee (Begin the Beguine, Jost One of Those Things, Why Shouldn't I, Me and Marie, When Love Comes Your Way, A Picture of Me Without You)
1936 – Show: Red Hot And Blue (Down in the Depths, It's Delovely, Ridin' High, Red Hot and Blue); Film: Born to Dance (Easy to Love, I've Got You Under My Skin, Rap-Tap on Wood, Swinging the Jinx Away, I'm Nuts About You, Hey,Babe, Rolling Home); Film: Anything Goes
1937 – Film: Rosalie (Rosalie, In the Still of the Night, Who Knows?, Why Should I Care?, I've a Strange New Rhythm in My Heart)
1938 – Show: Leave it to Me (Get Out of Town, From Now On, My Heart Belongs to Daddy); Show: You Never Know (You Never Know, At Long Last Love, For No Rhyme and Reason, Don't Let It Get You Down)
1939 – Show: DuBarry Was a Lady (When Love Beckoned, Do I Love You?, DuBarry Was a Lady, Katie Went to Haiti, It Was Written in the Stars)
1940 – Show: Panama Hattie (Let's Be Buddies, Fresh as a Daisy, My Mother Would Love You); Film: Broadway Melody of 1940 (I've Got My Eyes on You, I Concentrate on You, Between You and Me, I Happen to Be in Love, Please Don't Monkey with Broadway)
1941 – Show: Let's Face It (Ev'ry thing in Love, I Hate You Darling); Film: You'll Never Know (So Near and Yet so Far, Dream Dancing, The Wedding Cake Walk, The Boogie Barcarolle)
1942 – Film: Panama Hattie
1943 – Show: Something for the Boys (He's a Right Guy, Could it be You?, I'm in Love with a Soldier Boy, Hey,Good Looking); Filme: Du Barry Was a Lady – Let's Face It
1944 – Show: Mexican Hayride (I Love You, There Must Be Something For Me, Sing to Me, Guitar); Show: Seven Lively Arts (Ev'ry Time We Say Goodbye, Only Another Boy and Girl); Film: Hollywood Canteen (Don't Fence Me In); Film: Something for the Boys
1946 – Show: Around the World in 80 Days (Look What I Found, Pipe Dreaming, Should I Tell You I Love You, If You Smile at Me)
1948 – Film: The Pirate (Be a Clown, You Can Do No Wrong, Love if My Life)
1949 – Show: Kiss Me Kate (Wunderbar, Why Can't You Behave, Bianca, Another Op'nin', Another Show, Too Darn Hot, Where Is the Life That Late I Led?, Always True to You in My Fashion); Film: Adam's Rib (Farewell Amanda), 1950 – Show: Out of This World (Use Your Imagination, Nobody's Chasing Me, Climb Up the Mountain, I Am in Love, From This Moment On)
1953 – Show: Can Can (I Love Paris, It's All Right With Me, C'est magnifique, Come Along With Me, Can-Can, Allez-vous-en); Film: Kiss Me Kate (orig. Filmscore + Song: From This Moment On)
1955 – Show: Silk Stockings (Silk Stockings, All of You, Paris Loves Lovers, Josephine, As on Through the Seasons We Sail)
1956 – Film: High Society (You're Sensational, True Love, Little Girl, I Love You Samantha, Who Wants to be a Millionaire?, How You Has Jazz, Well, Did You Evah?, Mind If I Make Love to You); Film: Anything Goes
1957 – Film: Les Girls (Les Girls, Ladies in Waiting, Flower Song, Ca C'est L'Amour, You're Just Too Too, Why Am I So Gone About That Gal?); Film: Silk Stockings
1975 – At Long Last Love
1982 – Evil Under the Sun (UK)

Portman, Rachel

(Rachel Mary Berkeley P.), * *11.12.1960 Haslemere Sorrey, England.* Begann mit acht Jahren Klavier zu spielen, lernte dann Violine, Orgel und studierte Komposition. Erste Arbeit für das Theater in Oxford, wo sie studierte, dort auch erster Film »Privileged«. P. ist die einzige Frau, die sich in den 90er Jahren einen Spitzenplatz unter den Hollywood-Komponis-

ten sichern konnte. Ihre ersten Arbeiten schrieb sie für das engl. Fernsehen. Sie lebt und arbeitet in London. Sie war die erste Komponistin, die einen Oscar erhielt (für »Emma«).
Filme: Privileged (1982) – Reflections – Four Days in July (1984) – Sharma and Beyond (1984, TV) – Experience Preferred ... But Not Essential (UK 1983) – Young Charlie Chaplin (1988, TV) – High Hopes (19899 – Oranges Are Not the Only Fruit (TV, UK 1989) – Life is Sweet (UK 1990) – The Cloning of Joanna May (1991, TV) – Where Angels Fear to Tread – Antonia & Jane (1991) – Rebecca's Daughters – Used People (1992) – Friends – The Joy Luck Club (Töchter des Himmels, 1993) – Benny and Joan (1993, OST: Milan) – Great Moments in Aviation (1994) – Only You (Nur für dich, 1994) – Sirens (Verführung der Sirenen, UK/AUS 1994) – War of the Buttons – The Road to Welville (1994, OST: Varèse) – A Pyromaniac's Love – Smoke – To Wong Foo, Thanks for Everything! Julie Newmar (1995) – Beloved (OST: Sony) – Ethan Frome – The Adventures of Pinocchio (1996, OST: London) – Emma (1996, Oscar!; OST: Hollywood) – Palookaville (1996) – Marvin's Room (1996) – Addicted to Love (In Sachen Liebe, 1997) – Home Fries – Ratcacher (1998) – The Cider House Rules (1999) – The Other Sister (1999) – The Closer You Get (UK/IRL 2000) – The Legend of Bagger Vance (2000, OST: Chapter Three) – Chocolat (2000, OST: Sony) – The Emperor's New Clothes (2001) – Hart's War (Das Tribunal, 2002; OST: Decca) – The Truth About Charlie (2002) – Nicholas Nickleby (2002)

Portmann, Mark

Musiker, Arangeur und Komponist, arbeitete u.a. für Julio Iglesias, Vicky Carr und Paul Anka.
Filme: Murder, She Wrote (TV) – Made in America – Pooh's Grand Adventure – Miracle on 34th Street

Posegga, Hans Leopold

** 31.1.1917 Berlin, † 19.5. 2002 Wien.* Studierte an den Konservatorien in Dortmund, Köln und München; in Paris Kurse bei Alfred Cortot. Arbeitete als Pianist (u.a. im Dresdner Streichquartett), Lehrer am Münchner Händelkonservatorium. Kam über die Oberhausener Generation (Peter u. Ulrich Schamoni u.a.) zum Film. Komponierte Kammermusik, Cello-Sonaten, ein Klavier-Konzert, eine Sonate für Violine und Klavier u.a. Er schrieb seit 1970 fast nur noch Filmmusiken für TV-Produktionen (Tatort und Durbridge-Krimis), auch für Kurzfilme, Dokumentarfilme (u.a. des Tierfilmers Heinz Sielmann) und Werbefilme. Sein bekanntestes Werk düfte das Thema für die »Sendung mit der Maus« sein, die in 52 Ländern zu sehen ist.
Filme: Parallelstraße (1962) – Pamphylos, der Mann mit dem Autotick (1962) – Galapagos, Trauminsel im Pazifik (Dok., 1962) – Magnet Großstadt (Dok., 1964) – Es (1966) – Schonzeit für Füchse (1966, Dt. Filmpreis!) – Alle Jahre wieder (1967) – Zuckerbrot und Peitsche (1968) – Der verloene Akt (1969) – Der Seewolf (1971, TV) – Joseph Balsamo (1973, TV) – Diana: Leidenschaft und Abenteuer (1973, + Willy Zanke) – Deux ans de vacances (Zwei Jahre Ferien, 1974) – Die unfreiwilligen Reisen des Moritz August Benjowski (1975, TV) – Hitler: eine Karriere (1977) – Brutalität in Stein – Caribia (1977) – Geldsorgen (1979, TV) – Caspar David Friedrich: Grenzen der Zeit (1986) – Jokehnen oder Wie lange fährt man von Ostpreußen nach Deutschland? (1987, TV) – In dieser Stadt daheim (1993, TV)
Weitere TV-Filme: Lockruf des Goldes – Cagliostro – Vom Webstuhl zur Weltmacht – Tödliches Geheimnis (OST: Polydor) – Zwickelbach & Co. – Anima (1981)

Post, Mike

** 29.9.1944 San Fernando Valley/L.A., USA.* Der Film- und TV-Komponist begann mit sechs Jahren Klavier zu lernen und hatte seine ersten Jobs mit 15. Er arbeitete als Studio-Musiker (g, p) und begleitete u.a. Sammy Davis, Jr., Dean Martin, Dick and Dee und spielte auf allen LPs von Sonny & Cher. Gründete eigene Gruppe, die First Edition (dabei u.a. Kenny Rogers), begann nach zwei LPs als Produzent und Arrangeur zu arbeiten und hatte ersten Erfolg mit dem »Mason Williams Phonograph Album«, erhielt dafür den Grammy für das beste instrumentale Arrangement. Mit 24 Jahren wurde P. Musical director der Andy

Williams TV-Show. Er begann eine Zusammenarbeit mit dem Arrangeur → Pete Carpenter, die bis zu dessen Tode 1987 andauerte. P. ist heute der wohl erfolgreichste TV-Komponist und es gibt sicher keine Minute des Tages, in der nicht irgendwo auf der Welt Musik von ihm läuft.
CD: Inventions from the Blue Line, American Gramaphone AGCD 450
Filme: Two on a Bench (1971, TV) – Locusts (1974, TV) – The Rockford Files (1974, TV) – Scott Free (1976, TV) – The Invasion of Johnson County (1976, TV) – Charlie Cobb: Nice Night for a Hanging (1977, TV) – Rabbitt Test (1978) – Dr. Scorpion (1978, TV) – The Night Rider (1979, TV) – Captain America 2: Death Too Soon (1979, TV) – Running (1979) – Tenspeed and Brown Shoe (1980, TV) – Coach of the Year (1980, TV) – Scout's Honor (1980, TV) – Will: G.Gordon Liddy (1982, TV) – Handgun (1982) – Running Brave (1983) – Hard Knox (1983, TV) – Adam (1983, TV) – The River Rat (1984) – Rhinestone (1984) – Riptode (1984, TV) – Hadley's Rebellion (1984) – Oh God, You Devil (1984) – Hunter (19784, TV) – No Man's Land (1984) – Brothers-in-Law (1985, TV) – Heart of a Champion: The Ray Mancini Story (1985, TV) – Adam: His Song Continues (1986, TV) – L.A.Law (1986, TV) – Destination: America (1987, TV) – The Ryan White Story (1988, TV) – Murder One (1988) – Hill Street Blues – Quantum Leap (1989, TV) – Unspeakable Acts (1990, TV) – Without Her Consent (1990, TV) – Dead End Brattigan (1990, TV) – The 100 Lives of Black Jack Savage (1991, TV) – Martial Law (1998, TV) – Sins of the City (1998, TV) – Deadline (2000, TV) – Dead Above Ground (2002)
TV-Serien und -Filme: Toma – The Rockford Files – Hunter – Magnum P.I. – The Greatest American Hero – Hardcastle and McCormick – Riptide – Stingray – Nurses – Booker – L.A. Law – Wiseguy – Hooperman – Quantum Leap – Law & Order – Silk Stalkings – Renegade – A-Team – Elvis Took a Bullet – Arrest & Trial – Philly – Crime & Punishment – Inside NYPD Blue: A Decade on the Job

Powell, Andrew

* *Worcester Perk, Survey.* Engl. Pop-Musiker, Komponist und Arrangeur, arbeitete u.a. für Kate Bush, Chris de Burgh und Mick Fleetwood.
Filme: Lady Hawks (1985) – Joshua Then and Now (1985) – Rocket Gibraltar (1988) – I Bought a Vampire Motorcycle (1990) – Matrix (1999) – Moulin Rouge (2001)

Powell, John Derek

* *18.9.1963 Brentwood, Essex, England.* Lernte Violine und Bratsche, studierte am Londoner Trinity College of Music. Gründete dann mit Kevin Greenaway die Gruppe Media Arts. 1988 begann er Musik für TV und Werbespots zu schreiben, gründete 1995 dafür die Fa. Independently Thinking Musik (ITM). Ging 1997 in die USA, arbeitete für Stephen Spielbergs TV-Produktionen »High Incident« und »For the People«. Den Einstieg ins Filmgeschäft schaffte er mit Arrangements von Songs von Stephen Schwartz für »The Prince of Egypt«; den Durchbruch hatte er mit »Face/Off«.
Filme: Face/Off (Der Körper meines Feindes, 1997; OST: Hollywood) – Antz (Cartoon, 1998) – Endurance (1998) – With Friends Like These (1998) – The Prince of Egypt (Der Prinz von Ägypten, 1998, Arr.) – Forces of Nature (1999) – Chill Factor (1999) – Chicken Run (Cartoon, 2000) – Pluto Nash – The Road to El Dorado (Cartoon, 2000) – Rat Race (2001) – Evolution (2001) – Just Visiting (2001) – I Am Sam (OST: Varèse) – Shrek (Cartoon, 2001, + H.Gregson-Smith) – D-Tox (Im Auge der Angst, 2002) – The Bourne Identity – Drumline – The Adventures of Pluto Nash – Two Weeks Notice – Stealing Sinatra (2002)
www.mediaventures.com/htmls/powell_bs.html

Powell, Reg (Reginald)

Filme: Dr. Alien (1988) – Ghettoblaster (1989) – The Banker (1989) – Ghoulies 3: Ghoulies Go to College (1991) – California Casanova (1991) – Beach Babes from Beyond (1993) – Test Tube Teens from the Year 2000 (1993) – Pet Shop (1994) – Baja (1995) – Blonde Heaven (1995) – Alaska (1996) – Shadow Zone: The Undead Express (1996, TV) – Petticoat Planet (1996) – Poison Ivy: The New Seduction (1997) – Amnesia – Song of Hiawatha (1997) – Beyond Chance (1999, TV-Serie) – Caitlin's Way (2000, TV-Serie) – Tripping the Rift – Cahoots (2001)

Preisner, Zbigniew

** 20.5.1955 Bielsko-Biała, Polen.* Der führende poln. Filmkomponist arbeitete für Filme in Polen, Deutschland, Frankreich, England und den USA, u.a. mit den Regisseuren Krystof Kieslowski und Agniezka Holland. Er erhielt zahlreiche Preise, u.a. zwei Césars der frz. Filmakademie und drei aufeinander folgende Auszeichnungen als der herausragende Filmkomponist des Jahres 1991, 1992, 1993 durch die L.A. Critics Association.

Lit.: Mark Russell/James Young, Filmkünste: Filmmusik, Hamburg 2001

Filme: Prognoza pogody (Die Wettervorhersage, 1981) – Bez Konea (1984) – Krotki Film o Zabijanu (Ein kurzer Film über das Töten, 1987) – Dekalog 1–10 (Kf.-Reihe, 1988/89, TV) – Krotki film o miłośći (1988) – To Kill a Priest (1989) – La double vie de Véronique (Das Leben der Veronika, 1991) – Eminent Domain (1991) – Hitlerjunge Salomon/ Europa, Europa (D 1991) – At Play in the Fields of the Lord (1991) – Olivier, Olivier (1992) – Damage (1992) – Trois couleurs: bleu (Drei Farben: Blau, 1993) – A linha do horizonte (1993) – The Secret Garden (Der geheime Garten, 1993) – When a Man Loves a Woman (Eine fast perfekte Liebe, 1994) – Trois couleurs: blanc (Drei Farben: Weiß, 1994) – Mouvements du désir (1994) – Radetzkymarsch (1994) – Trois couleurs: rouge (Drei Farben: Rot, 1995) – Elisa (1995) – Feats of July (1995) – The Perez Family (1995) – Krzystof Kieslowski: I'm So So ... (Dok., 1996) – The Island on Bird Street (1997, Songs) – Fairy Tale: A True Story (1997) – People's Century (1998, TV) – Dreaming of Joseph Leas (1998) – The Last September (1998) – Corazon Huminado (1998) – Aberdeen (2000) – Weiser (2001)

Preston, Don

(Donald Ward), ** 21.9.1932 Flint, Mich., USA.* Der Komponist arbeitete in den 80er Jahren für den Film, u.a. mit Frank Zappa, Tony Palmer und Jackie Kong.

Filme: 200 Motels (1971, als Schauspieler) – Android (Der Android, 1982) – The Being (1983) – Night Patrol (1984) – Silent Witness (1985, TV) – Eye of the Tiger (1986) – Uncle Meat: the Mothers of Invention (1987, als Schaupieler) – Blood Diner (1987) – The Underachievers (1988)

Previn, André

(Andreas Ludwig Priwin), ** 6.4.1929 Berlin.* Der international berühmte Dirigent und Pianist (Neffe von → Charles P.) verließ 1938 Deutschland mit seinen Eltern wegen seiner jüdischen Herkunft. In den USA wandte er sich dem Jazz zu unter dem Einfluss von Art Tatum, spielte einen Boogie Woogie für José Iturbi im Film »Holiday in Mexico« (1946). Begann 1948 als Filmkomponist zu arbeiten. In den 50er Jahren arbeitete er für MGM, nahm daneben Schallplatten mit Trio und Orchester auf; seine Jazz-Version von »My Fair Lady« leitete eine Reihe von jazzmäßigen LPs mit Broadway-Show-Melodien ein. Zusammenarbeit mit Betty Comden, Adolph Green, Bob Russell, Paul Francis Webster, Dory Previn-Langdon. Er war verheiratet mit den Sängerinnen Betty Bennett, Dory Previn-Langdon und der Schauspielerin Mia Farrow. Studierte bei Pierre Monteux und begann als klassischer Dirigent zu arbeiten, so mit dem Houston Symphony Orch. (1967–69), dem London SO (1968–79), dem Pittsburgh SO (1976), teilt seine Zeit zwischen dem London Phil. Orch. und dem L.A. Phil. Orch. 1970 Broadway-Show »Coco« mit Alan Jay Lerner. 1998 schrieb er eine Oper nach Tennessee Williams' »A Streetcar Named Desire«. – P. ist ein brillianter Jazzpianist, ein vorzüglicher klassischer Dirigent und Komponist. – Schallplatten mit Unterhaltungs-/Filmmusik und Jazz für Sunset, Monarch, Victor, Tops, Decca, Contemporary, Columbia, MGM, Verve, United Artists, EMI, Telarc; auch mit den Sunset All Stars, Dory P., Doris Day, Dinah Shore, Georgie Auld, Benny Goodman, Dave Pell, Shorty Rogers, Elmer Bernstein, Shelly Manne, Spud Murphy, Julie Andrews, Betty Bennett, Diahann Carroll, Leonard Feather, David Rose, Ella Fitzgerald, Julie London, Frankie Laine, Kiri Te Kanawa, Thomas Stevens, Sylvia McNair. Sein Bruder Steve (1925–1993) war Filmmanager und Regisseur.

Lit.: No Minor Chords, My Days in Hollywood, Toronto 1992. – Music Face to Face, London. – Helen Drees Ruttencutter, Previn, 1985. – Edward Greenfield, A. P.
CD: Songs by J.Kern, Fantasy OJCCD-1787 – Gigi, Fantasy OJCCD-407 – Pal Joey, OJCCD-637 – West Side Story, OJCCD-422 – Plays Vernon Duke, OJCCD-1769 – Show Boat, DG 447639-2 – OST, Thoroughly Modern Millie, MCA MCAD-10662 – Sure Thing (J.Kern), Philips 442122-2 – A Streetcar Named Desire, DGG 459366-2
Filme: The Sun Came Up (1948) – Scene of the Crime (Sumpf des Verbrechens, 1949) – Tension (Zum Zerreißen gespannt, 1949) – The Outriders (Blutiger Staub, 1949) – Border Incident (Tödliche Grenze, 1949) – Shadow on the Wall (Drohende Schatten, 1949) – A Challenge to Lassie (Lassie in Not, 1949) – Three Little Words (Drei kleine Worte, 1950) – Kim (Geheimdienst in Indien, 1950) – Dial 1119 (1950) – Cause for Alarm (Grund zur Aufregung, 1951) – Kiss Me Kate (OST: MGM E-3077) – Give a Girl a Break (1953, Songs von B.Lane/I.Gershwin) – The Girl Who Had Everything (Ein verwöhntes Biest, 1953) – Small Town Girl (1953, Dir., Songs: N.Brodszky, L.Robin) – Bad Day At Black Rock (Stadt in Angst, 1954) – Invitation To The Dance (Einladung zum Tanz, 1954, + J.Ibert, Rimsky-Korssakov – It's Always Fair Weather (Vorwiegend heiter, 1955, Dir., Songs: Comden/Green) – Kismet (1955, Dir. Jeff Alexander, Songs v. Chet Forest/Robert Wright; OST: MGM E-3281) – The Catered Affair (Mädchen ohne Mitgift, 1956) – The Fastest Gun Alive (Die erste Kugel trifft, 1956) – Designing Women (Warum hab' ich ja gesagt?, 1957) – Silk Stockings (Seidenstrümpfe, 1957, Dir., Songs: Cole Porter) – Hot Summer Night (1957) – House of Numbers (Der Henker nimmt maß, 1957) – Gigi (OST: MGM E-3641, Oscar!, 1958) – Porgy & Bess (Oscar!, 1959) – Elmer Gantry (1960) – Pepe – Bells Are Ringing (Anruf genügt, komme ins Haus, 1960) – Who Was That Lady? (Wer war die Dame?, 1960) – The Subterraneans (Die Kellerratten, 1960) – The Aquanauts, TV-Serie, 1960–61) – One, Two, Three (Eins, zwei, drei, 1961) – When I Wonder All in a Night's Work (Alles in einer Nacht, 1961) – Four Horsemen Of The Apocalypse (Die vier apokalytischen Reiter, 1962) – Two For The Seesaw (Spiel zu Zweit, 1962) – Irma La Douce (Das Mädchen Irma La Douce, 1963, unter Verwendung von Musik von M.Monnot) – My Fair Lady – Just For Now – Kiss Me Stupid (Küß mich Dummkopf, 1964) – Goodbye Charlie (1964) – Dead Ringer (Der schwarze Kreis, 1964) – The Fortune Cookie (Der Glückspilz, 1964; OST: United Artists 6164) – Inside Daisy Clover (Verdammte süße Welt, 1965) – Thoroughly Modern Millie (Modern Millie, 1967) – Valley Of The Dolls (Tal der Puppen, 1967) – Paint Your Wagon (1970) – Jesus Christ Superstar (1973, Dir., Musik: Lloyd Webber) – Rollerball (1975, Dir.)
Kompositionen: You're Gonna Hear From Me – Like Love – The Faraway Part Of Town – Valley Of The Dolls – Give A Little More – Like Young – Look Again – The One-Two-Three Walk – Control Yourself – Just For Now – The Runaround – I'll Play My Own Tree – Second Chance (Text Dory P.)
Klassische Komp.: Portrait For Strings – Invitation For The Dance – Violin Sonata – Ouverture To A Comedy – Impressions For Piano

Previn, Charles

** 11.1.1888 Brooklyn, N.Y., USA, † 22.9.1973 Hollywood, Calif.* Der Großonkel von André Previn war in den 30er und 40er Jahren Leiter der Musikabteilung von Universal Pictures. Sein Nachfolger dort wurde → Joseph Gershenson.
Filme: My Man Godfrey (Mein Mann Godfrey, 1936) – One Hundred Men and a Girl (1937) – You're a Sweetheart (1937) – California Straight Ahead (1937) – Buck Rogers (Kf.-Serie, 1938 ff) – Letter of Introduction (1938) – Mad About Music (1938, Dir.; Score: F.Skinner) – My Little Chicadee (1939, Dir., Score: F.Skinner) – Rio (1939, Dir., Score: F.Skinner) – You Can't Cheat an Honest Man (Ehrlich währt am längsten, 1939) – When Tomorrow Comes (1939) – The Sun Never Sets (1939) – The Bank Dick (Der Bankdetektiv, 1940) – A Little Bit of Heaven (1940) – The Wolf Man (1940, Dir.; Musik: Salter/Skinner) – Spring Parade (1940) – Man Made Monster (1940, Dir.; Score: H.J.Salter) – Buck Privates (1941) – Broadway Limited (1941) – It Started with Eve (1941, Dir., + H.J.Salter) – Appointment of Love (1941; + F.Skinner) – Broadway Nice Girl (1941, Dir.) – Saboteur (1942, Dir., Score: F.Skinner) – Hellzapoppin' (In der Hölle ist der Teufel los, 1942) – The Ghost of Frankenstein (1942, Dir. H.J.Salter) – Hers to Hold (1943, Dir., Score: F.Skinner) – The Amazing Mrs. Holli-

day (1943 – Homecoming (1948, Dir., Score: B.Kaper)

Previn, Dory

*(geb. Langdon), * 22.10.1927 Woodbridge, N.J., USA.* Sang und tanzte bereits als Zehnjährige in Clubs, arbeitete mit 16 als Chormädchen, begann dann Songs zu schreiben, was zu Arbeit bei MGM und United Artists führte. Sie schrieb Musik für TV, traf dabei → André Previn, heiratete ihn und arbeitete mit ihm zusammen. Sie wurde für einige Oscars nominiert, so für die Filme »Pepe« (1960) und – mit → Fred Karlin – »Come Sunday Morning«. Nach Scheidung von Previn Zusammenbruch, hatte Comeback als Sängerin, schrieb Musik für die Show »The Flight of the Goony Bird« und für den TV-Film »Third Girl From the Left«. Song: *Control Yourself*. – Schallplatten für United Artists und Warner Bros.

Lit.: D.P., Midnight Baby, N.Y. 1976 (dt. Hamburg 1992). – D.P., Bog-Trotter: An Autobiography with Lyrics, N.Y. 1980

CD: Mary C.Brown .../On My Way to Where, Beat Goes On – Live at Carnegie Hall, BGO

Filme: Pepe (1969) – Come Sunday Morning – Two for the Seasaw (Spiel zu zweit, 1962, Song: *A Second Chance*; Musik: A.Previn) – Inside Daisy Clover (Verdammte süße Welt, 1965, Song: *You're Gonna Hear From* Me; Musik: A.Previn) – Last Tango in Paris (Der letzte Tango in Paris, 1969) – The Sterile Cuckoo (Pookie, 1969) – Good Bye Again (Lieben Sie Brahms?, Song-Texte, 1960) – Third Girl From the Left (TV) – D.P., Ein Leben in Hollywood (TV-Dok., D 1972, Regie George Stefan Troller)

Price, Alan

** 19.4.1942 Fairfield, England.* Der Keyboarder und Sänger gründete 1963 die Rockgruppe Alan Price Combo, aus der dann die populären Animals wurden (mit Eric Burden, Bryan Chandler, John Steel und Hilton Valentine). Ab 1965 trat P. als Solist auf, er hatte einen Hit mit Randy Newmans *Simon Smith and the Dancing Bear*. Er trat in einigen Filmen als Schauspieler auf und schrieb auch Filmmusik.

Filme: O Lucky Man! (1973, Songs u. Schauspieler) – Alfie Darling (1975) – Britannia Hospital (1982) – The Plague Dogs (Cartoon, 1982) – The Whales of August (1987) – Is That All There Is? (1993, auch Schauspieler)

Prince, Bob

(Robert Harvey), * *10.5.1929 N.Y.C., USA.* Studierte bei Privatlehrern und an der Juilliard School in N.Y., arbeitete als Arrangeur für Tanzorchester und in A&R-Funktion für Decca, Columbia und Warner Bros. Er nahm einige »Third-Stream«-LPs für Columbia und Warner Bros. auf und arrangierte für Benny Goodman, Paul Desmond, die Signatures u.a. Er komponierte für Jerome Robbins die Ballette »N.Y. Export: Opus Jazz« und »Event«, schrieb Filmmusiken und orchestrierte Broadway-Shows, u.a. »Oh Dad, Poor Dad«, »Something More«, »Dr. Faustus« (1964), »Half a Sixpence« (1965).

Filme: Strangers in the City (1962) – You're a Big Boy Now (Big Boy, jetzt wirst du ein Mann, 1967) – A Great Big Thing (1968) – What a Nice Girl (1971, TV) – Attle Ganme (1971, TV) – Cool Million (1971, TV) – Scream, Peggy Peggy (1983, TV) – Where Have All the People Gone? (1974, TV) – Newman's Law (Auf eigene Gefahr, 1974) – A Cry in the Wilderness (1974, TV) – Big Rose (1974, TV) – The Strange and Deadly Ocurrence (1974) – The Dead Don't Die (1975, TV) – J.D.'s Revenge (1976) – Squirm (1976) – Sbowbeast (1977, TV) – The Fantastic Journey (1977, TV) – The Gathering (1979, TV) – The Seduction of Miss Leona (1980, TV)

Prodromides, Jean

** 3.7.1927 Neuilly-sur-Seine, Frankreich.*

Filme: Voyage en ballon (Die Reise im Ballon, 1959) – Archimède, le chlochard (Im Kittchen ist kein Zimmer frei, 1959) – Et mourir de plaisir (1960) – The Bear (1963) – Les amitiés particulières (Heimliche Freundschaften, 1964) – Tre passi nel delirio (I 1968) – Sous le signe du taureau (1968) – L'éducation amoureuse de Valentine (1975) – Danton (F/PL 1982)

Profes, Anton

(Franz Josef), * *26.3.1896 Leitmeritz (Böhmen; heute: Litomerice, Tschechien), † 22.8.*

1976 Salzburg. Studierte in Prag und war ab 1915 Theater- und Operettenkapellmeister in Karlsbad, Königsberg und Hamburg und dirigierte in Dortmund und Stuttgart Theaterorchester. Ab 1921 komponierte er Operetten und Schlager, von ihm stammen Hits wie *Was macht der Mayer am Himalaya* und *Am Sonntag will mein Süßer mit mir segeln geh'n.* Ab 1930 schrieb er auch mehr als 60 Musiken für deutsche und österreichische Filme.

Filme: Der keusche Joseph (1930, + Kurt Schwabach, Fritz Freed) – Joseph (1930) – Bockbierfest (1930) – 1000 Worte Deutsch (1930) – Der weiße Traum (1943, Lied: *Kauf' Dir einen bunten Luftballon*) – Der bebende Berg (1931, + Alex Laszlo) – Vorstadtvarieté (1934) – Die ewige Maske (1935) – Ein Walzer aus dem Stephansdom (1935) – Der Postillion von Longjumeau (1935, nach der Oper v. Adolphe Adam) – Der Favorit der Kaiserin (1936) – Schatten der Vergangenheit (1936) – Hannerl und ihre Liebhaber (1936, + Bruno Uher) – Man spricht über Jacqueline (1937) – Die glücklichste Ehe der Welt (1937) – Fremdenheim Filoda (1937) – Gastspiel im Paradies (1938) – In geheimer Mission (1938, + Peter Kreuder) – Leinen aus Irland (1939) – Dein Leben gehört mir (1939) – Der ewige Quell (1940) – Donauschiffer (1940) – So gefällst du mir (1941) – Spähtrupp Hallgarten (1941) – Alles für Gloria (1941) – Wir bitten zum Tanz (1941) – Schicksal (1942) – Sommerliebe (1942) – Die heimliche Gräfin (1942) – Das Ferienkind (1943) – Der weiße Traum (1943) – Die kluge Marianne (1943) – Romantische Brautfahrt (1944) – Leuchtende Schatten (1945, unvoll.) – Umwege zu dir (1945, UA 1946) – Ein Mann gehört ins Haus (1945, UA 1950) – Das Dreimäderlhaus (1958, Dir., nach Franz Schubert)

Prokovief, Sergej Sergejewitsch

** 23.4.1891 Gut Sonzovka, Gouvernement Jekaterinoslaw, Russland (heute Dnjepropetrowsk, Ukraine), † 5.3.1953 Moskau.* Der russ.-sowjetische Komponist studierte bei A.K. Ljadow und Rimsky-Korsakow, lebte 1918–32 meist in den USA und Paris (dort Musik für vier Kurzfilme), kehrte dann in seine Heimat zurück und geriet dort mehrfach in ideologische Auseinandersetzungen mit der sowj. Kulturpolitik. Er komponierte acht Opern, sieben Ballette, sieben Sinfonien u.a. Orchesterwerke (»Peter und der Wolf«), auch Kammer- u. Klaviermusiken und einige Filmmusiken, u.a. zu Filmen von Eisenstein. Woody Allen verwendete Musik von ihm in seinem Film »Die letzte Nacht des Boris Gruschenko«.

Lit: I.V.Nestjev, P, Der Künstler und sein Werk, N.Y. 1946 (dt. Berlin 1962. – S.P., Dokumente, Briefe, Erinnerungen, Moskau 1956 (dt. Leipzig 1965)

Filme: Leutnant Kije (1934) – Alexander Newsky (1938) – Kotovsky – Lermontow (1943) – Iwan der Schreckliche (Teil 1, 1945; Teil 2, 1946) – Romeo und Julia (nach seinem Ballett, 1953) – Cinderella (nach seinem Ballett, 1961) – Romeo und Julia (nach seinem Ballet, UK 1966) – Die letzte Nacht des Boris Gruschenko (1974)

Provost, Heinz

(eigentl. Ferdinand Heinrich Proboscht), ** 12.5.1891 Wien, † 1959 Schweden.* Der nach Schweden ausgewanderte P. schrieb den in den 30er und 40er Jahren populären Standard *Intermezzo,* der gleich in mehreren Filmen thematisiert wurde.

Filme: Intermezzo (S/D 1936, + Theo Mackeben) – Intermezzo (USA 1939, + Max Steiner)

Puschkow, Wenedikt Wenediktowitsch

** 31.10.1896 Saratow, Russland, † 25.1.1971 Leningrad, UdSSR.* Sowjetischer Komponist im Film der 30er bis 50er Jahre.

Filme u.a.: Komsomolsk (1938) – Uchitel (1939) – Valeri Chkalow (1941) – Otsy i deti (1959)

Filmplakat »Intermezzo«, Musik: Heinz Provost

Q

Quanz, Willibald

(Ps. Marcel Costino, Rolf Hansen), * *19.2. 1905 Frankfurt/M., † 9.5.1980 Bergisch-Gladbach.* Pianist und Komponist von Schlagern und Unterhaltungsmusik. Arbeitete als Pianist in Stummfilmkinos, später in Varietés und Kabaretts. Er komponierte u.a. die Schlager *Wir machen durch bis morgen früh* (1949), *Unter Palmen am Meer* (1954), *Rot ist dein Mund* (1956).

Filme: Tausend Sterne leuchten (1959) – Bei der blonden Kathrein (1959)

R

Raab, Leonid

** 17.4.1900 Russland, † 16.9.1968 in ?, USA.*
Filme in den USA: Never Say Goodbye (Nur du allein, 1946) – Cry Wolf (1947) – He Walked By Night (Schritte in der Nacht, 1948) – Follow Me Quietly (1949) – Return to Peyton Place (Rückkehr nach Peyton Place, 1961)

Raben, Peer

(eigentl. Wilhelm Rabenbauer), ** 3.7.1940 Viechtafell/Bayern*. Studierte in München Musikwissenschaft, arbeitete als Regisseur, Schauspieler und Theaterautor. Leitete das Action-Theater in München, zu dem dann der Regisseur Rainer Werner Fassbinder* stieß, für den er ab 1970 Filmmusiken schrieb. Gründete mit Hanna Schygulla, Kurt Raab und Fassbinder das »Antitheater«, arbeitete als Komponist, Regisseur, Schauspieler und Autor. 1972 entstand ein eigener Film: »Adele Spitzeder«. R. arbeitet auch heute noch viel fürs Theater. Er schrieb auch eine neue Musik für den Stummfilm »Die Büchse der Pandora«.
Filme: Liebe ist kalter als der Tod* (1969) – Katzelmacher* (1969) – Götter der Pest* – Warum läuft Herr R. Amok?* (1969) – Rio das Mortes* – Das Kaffeehaus* – Whity* – Die Niklasburger Fahrt* – Der amerikanische Soldat* – Warnung vor einer heiligen Nutte* – Pioniere in Ingolstadt* – Mathias Kneißl (1970) – Zärtlichkeit der Wölfe (1972) – Tschetan, der Indianerjunge (1973) – Faustrecht der Freiheit* (1974) – Mutter Küsters Fahrt zum Himmel* – Die Eiszeit (1974) – Angst vor der Angst* – Schatten der Engel (1975) – Ich will doch nur, daß ihr mich liebt* – Satansbraten* (1976) – Chinesisches Roulette* (D/F 1976) – Bolwieser (1977) – Madame X (1977) – Eine Reise ins Licht/Despair (D/F 1978) – Die Ehe der Maria Braun* (1978) – In einem Jahr mit 13 Monden* – Das andere Lächeln – Spiel der Verlierer – Halbe Halbe (1978) – Die dritte Generation* – Bildnis einer Trinkerin – Neues vom Räuber Hotzenplotz (1979) – Berlin Alexanderplatz* (1979/80, OST: RCA) – Lili Marleen* (OST: Philips) – Reinheit des Herzens – Die Ortliebschen Frauen – Der Mond ist nur a nackerte Kugel – Malou (1980) – Lola* (1981, OST: Milan) – Tag der Idioten (1981) – Heute spielen wir den Boß (1981) – Die Sehnsucht der Veronika Voss* (1982, OST: Jupiter) – Querelle: ein Pakt mit dem Teufel*, (D/F 1982; OST: RCA) – Die flambierte Frau (1982) – Der Bauer von Babylon (Dok. über Fassbinder, 1982) – Grenzenlos – Dorian Gray im Spiegel der Boulevardpresse (1983) – Glut (CH/D 1983) – Dies rigorose Leben (1983) – L'air de crime (CH 1983) – Die Schaukel (1983) – Tricheurs (Der Spieler, 1983) – Novembermond (1984) – Väter und Söhne (1985) – Tommaso Blue (1986) – Tatort: Die Macht des Schicksals (1986, TV) – Flambere Hjertjer (1986) – Die Venusfalle (1987) – Happy Birthday, Türke (1991) – Die wahre Geschichte von Männern und Frauen (1991) – Hors saison (Zwischensaison, CH/D/F 1992) – Vivo Santo (A 2000) – Die Königin (Dok., 2000) – Nachtreise – Vino Santo (2002, TV)
www.peerraben.de

Rabenalt, Peter

** 16.7.1937 Semlin (Zemun/Belgrad)*. Komponist in der DDR.
Filme: Kaule – Herren ihrer Betriebe (1967) – Die Nacht im Grenzwald – Mohr und und die 7 Raben von London – Das siebente Jahr (1968) – Weite Straßen, stille Liebe – Wie heiratet man einen König – Aus unserer Zeit (1969) – Folge einem Stern (1980) – Im Auftrag der Klasse – Ein Mann, der sterben muß – Männer ohne Bart (1971) – Sechse kommen durch die Welt (1972) – Looping (1975) – Er hat Vorschlage gemacht (1978) – Blauvogel – Seitensprung – Tambari (1979) – Dein unbekannter Bruder (1981) – Das Fahrrad (1981/82) – Olle Henry (1982/83) – Zille und ick (1982/83) – Die Gänse von Bützow (1984/85) – Laßt mich eine Taube sein (1989) – Ich war ein glücklicher Mensch – Versteckte Fallen (1990) – Miraculi (1991)

Rabin, Oscar

(Oscar Rabinowitz), * *16.4.1899 Riga, Lettland, † 20.6.1958 London-Putney.* Engl. Bandleader und Komponist; seine Söhne Bernard, Ivor und David sind alle Musiker.

Film: Society Doctor (USA 1935)

Rabin, Trevor

* *13.1.1954 Johannesburg, Südafrika.* Mitglied der Rockgruppe Yes als Gitarrist, Keyboarder, Sänger, Songschreiber und Produzent. Schrieb den Hit *Owner of a Lonely Heart*. Arbeitete dann als Komponist für den Produzenten Jerry Bruckheimer.

Filme: Armageddon – Enemy of the State – Jack Frost (1998) – Deep Blue Sea (1999) – Whispers: An Elephant's Tale – Gone in Sixty Seconds – Remember the Titans – The 6th Day (2000) – Texas Rangers – American Outlaws – Rock Star (2001) – Bad Company – The Banger Sisters – Multiverses Create »The One« – Jet Li is »The One« – About Face (2002) – Kangaroo Jack (2003)

Radic, Dusan

* *10.4.1929 Sambor (Wojwodina/Serbien).* Jugoslawischer Komponist, für den Film tätig in den 60er Jahren.

Filme: Naslie na truga – Square of Violence – Solunski atentatori – Ne diraj u sreen (1961) – The Long Ships (1964) – Ghengis Khan (Dschingis Kahn, 1965) – U raskoraku (1968) – Nizvodno od sunea (1969)

Radin, Oscar

* *19.10.1874 in ? (nicht USA) , † 13.2.1957 Hollywood.* Der Komponist (und Onkel von → Oskar Levant) war in den 30er Jahren für den US-Film tätig, auch als musikal. Leiter und Dirigent.

Filme: The Wet Parade (1932, Dir.) – Evelyn Prentice – The Band Plays On (1934) – Society Doctor – Shadow of Doubt (1935) – Mad Love (1935, Dir.)

Ragland, Robert O.

(Robert Oliver R.), * *3.7.1931 Chicago, Ill., USA.* Komponist und Songschreiber für den Film seit 1969, arbeitete mit den Regisseuren Williams Girdler, Ulli Lommel, William Sachs und Alexander Grattan zusammen.

Filme: The Babysitter (1969) – Weekend with the Babysitter (1970) – The Thing with Two Heads (1972) – Abby (1974) – Shark's Treasure – The Day of the Locust (Der Tag der Heuschrecke, 1975) – Return to Macon Country – Seven Alone (Sieben allein, 1975) – The Pony Express Rider – Demon – Mansion of the Doomed – Grizzly (1976) – Project Kill (1977, TV) – The Glove (1978) – Mountain Family Robinson – Only Once in a Lifetime – Jaguar Lives! (1979) – Deadly Games (1980) – High Ice (1980, TV) – Q – Brainwaves – Lovely But Deadly (1982) – Hysterical – 10 to Midnight (Ein Mann wie Dynamit, 1983) – A Time to Die (1983) – The Guardian (1983, TV) – Evils of the Night – Hot Chili (1985) – Moon in Scorpio – The Supernaturals (1986) – Deep Space – Assassination – Nightstick – Pretty Kill (1987) – Messenger of Death (1988) – The Fifth Monkey (1990) – No Place to Hide (1993) – The Fear (1995)

Rahman, Allah Rakha

(eigentl. A. S. Dileep Kumar), * *6.1.1966 Madras (heute Chennai), Indien.* Begann mit vier Jahren Klavier zu lernen, verließ früh die Schule und arbeitete als Pianist mit dem Tabla-Meister Zakir Hussain. Er erhielt ein Stipendium vom Trinity College der Oxford Universität. Ab 1987 arbeitete er als Komponist für Werbejingles, 1989 eröffnete er ein Tonstudio, welches sich bald zum führenden Indiens entwickelte. Dadurch kam er in Kontakt mit dem Filmregisseur Mani Rathman und schrieb die Musik zu dessen Film »Roja«. R. gilt heute als »Popmusikkönig« und der führende Filmkomponist seines Landes. Seinen Namen änderte er nach der Konversion zum Islam. 2001 schrieb R. für Andrew Lloyd Webber das Musical »Bombay Dreams«, welches im Juni 2002 im Londoner Apollo Victoria Theatre uraufgeführt wurde.

Lit.: Der Spiegel, 25/2002

Filme: Roja (1992) – Yodha (1992, Dir.) – Thiruda Thiruda (1993) – Kadhalan – The Gentleman (1994) – Rangeela – Bombay – Karuththamma (1995) – Indian/Bharateeyudu – Fire – Kadhal Desam – Indira (1996) – Minsaara Kanavu – Iruvar – Viswavidhaata – Sapney – Daud (1997) – Earth – Jeans – Dil se (1998) – Taal – Thakskah – Taj Mahal – Sangamam – Padaiyappa – Mudhalvan – Kadhalar Dinam

(1999) – Pukar – Dil Hi Dil Mein – Fiza – Tenali – Rhythm – One Two Ka Four – Kandukondain Kandukondain – Alai Payuthey (2000) – Zuneidaa – Lagaan: One Upon a Time in India (2000) – Nayak (2001) – Kannathil Muthamittal – Return of the Thief of Bagdad – Legend of Bhagat Singh (2002) – Water (2003)

Rainger, Ralph

(Ralph Reichenthal) * *7.10.1901 N.Y., USA, † 23.10.1942 b. Palm Springs, Calif. (Flugzeugabsturz).* Komponist der 30er Jahre, bes. in Zusammenarbeit mit Leo Robin, aber auch mit Howard Dietz, Sam Coslow, Dorothy Parker. Der ausgebildete Jurist studierte Musik am Damrosch Institut, arbeitete als Pianist, u.a. im Duo mit Edgar Fairchild in den Broadway-Musicals »Queen High« (1926) u. »Ziegfeld Follies of 1927« und leitete das Orchester in »Cross My Heart« (1928). Mit Adam Carroll in »The Little Show« (1929) mit dem Hit-Song *Moanin' Low*. 1932 tat er sich mit Leo Robin zusammen für Filmarbeit in Hollywood. Sie arbeiteten für Paramount 1932–38 (u.a. Bing Crosby-Filme) und für 20th Cent.Fox 1938–42. Klassische Songs: *Love in Bloom, June in January, I Wished on the Moon, Blue Hawaii, Easy Living, Thanks for the Memory, Faithful Forever, With Every Breath I Take.*

Songs/Filme:

1930 – When A Woman Loves a Man (Film: Be Yourself)

1932 – Please – Here Lies Love (Film: The Big Broadcast of 1932)

1933 – Give Me Liberty Or Give Me Love (Film: Torch Singer) – Thank Heaven for You (Film: International House) – Lonely Little Senorita (Film: Cradle Song) – Film: A Bedtime Story

1934 – Low Down Lullaby – I'm a Black Sheep Who is Blue (Film: Little Miss Marker) – Love in Bloom (Film: She Loves Me Not)

1935 – June in January – Here is My Heart – With Every Breath I Take (Film: Here is My Heart) – I Wished on the Moon – Miss Brown to You – Double Trouble (Film: Big Broadcast of 1936)

1936 – Here's Love in You Eyes – You Came to my Rescue – Vote for Mr. Rhythm – Night in Manhattan (Film: Big Broadcast of 1937) – Long Agon and Far Away – Where Is my Heart? (Film: Three Cheers for Love) – If I Should Lose You – Little Rose of the Rancho (Film: The Rancho) – Film: College Holiday

1937 – Blue Hawaii – Sweet is the World for You – In a Little Hula Heaven (Film: Waikiki Wedding) – Ebb Tide (Film: Ebb Tide) – Easy Living

1938 – Thanks for the Memory (Oscar; Film: Big Broadcast of 1938) – You Took the Words Right Out of My Heart – Mama, That Moon is Here Again (Film: Big Broadcast of 1938) – A Little Kiss at Twilight – What Goes on Here in My Heart (Film: Give Me a Sailor) – I Have Eyes – You're a Sweet Little Headache (Film: Paris Honeymoon)

1939 – Love with a Capital »You« (Film: $1000 a Touchdown)

1940 – Faithful Forever – Bluebirds in the Moonlight – All's Well – I Hear a Dream (Film-Cartoon: Gulliver's Travels)

1941 – You Started Something – Hurrah for Today – Loveliness and Love (Film: Moon Over Miami) – Filme: Rise'n'Shine – A Yank in the R.A.F. – Tall, Dark and Handsome – Cadet Girl

1942 – Here You Are – Oh, the Pity of it All – On the Gay White Way – Midnight at the Maquerade (Film: My Gal Sal) – I'm Still Crazy for You – I'll Be Marching to a Love Song – I Heard the Birdies Sing – Are You Kidding with Me? (Film: Footlight Serenade)

1943 – Beautiful Coney Island – Take it From There – Get the Money – Miss Lulu from Louisville (Film: Coney Island) – You're the Rainbow – Whistling in the Light (Film: Riding High)

Raksin, David

* *4.8.1912 Philadelphia, Pa., USA.* Berühmt wurde R. durch den Titelsong des Films »Laura« (1944), ein Millionenhit in der Version von Woody Herman (1945). Begonnen hatte R. während seines Studiums in Philadelphia als Solo-Klarinettist und Dirigent der Univ.-Band. In den 30er Jahren spielte er in Tanzorch. in N.Y. und war zwei Jahren beim Musikverlag Harms. 1936 erste Filmarbeit, er orchestrierte die Musik zum Chaplin-Film »Moderne Zeiten« (dirigiert von Alfred Newman). Er studierte nebenher bei Arnold Schönberg; bis 1943 war er bei seinen Filmen Ko-Komponist,

ehe er 1944 mit »Laura« (Regie Otto Preminger) den Durchbruch schaffte. In den 40er Jahren war er der Hauskomponist von O. Preminger. R. arbeitete dann bei vielen Filmen als Arrangeur und/oder Komponist. Berühmte Filme: »Forever Amber« (1947) und »Too Late Blues« (1962) mit einem jazzbeeinflusstem Soundtrack.

»David Raksin is another West Coast musician whose knowledge is encyclopedic«. (André Previn)

CD: Laura, RCA GD 81490 – Laura, Arista 07822110062 (A. Newman, cond) – Forever Amber, RCA 1490-2

Kompositionen: Nocturne – Montage – Toy Concerto – Paseo del Gallo – Morning Revisited

Filme: Dancing Pirate (Tanzende Piraten, 1936) – Marked Woman (Die gezeichnete Frau, 1936) – San Quentin (1936) – Wings Over Honolulu (1937) – Midnight Court – 52nd Street (1937) – Suez (1938) – Hollywood Cavalcade – Frontier Marshal – Stanley and Livingston (1939) – The Men in Her Life (Roman einer Tänzerin, 1941) – Ride on Vaquero (1941) – The Magnificent Dope (1942) – Whispering Ghosts (1942) – City Without Men (1942) – The Undying Monster (1943) – Tampico – Laura (1944) – Fallen Angel (1945) – Where Do We Go From Here? (1945) – Smoky (Smoky, König der Prärie, 1945) – Attack in the Pacific (Dok., 1945) – Don Juan Quilligan (1945) – Fallen Angel (1946; Song: *Slowly*) – The Shocking Miss Pilgrim – The Secret Life of Walter Mitty (Das Doppelleben des Herrn Mitty, 1947) – The Homestretch (Endspurt, 1947) – Forever Amber (Amber, die große Kurtisane, 1947) – Daisy Kenyon (1947) – Apartment For Peggy (Dachkammer für zwei, 1948) – Fury at Furnace Creek (Rache ohne Gnade, 1948) – Force of Evil (Die Macht des Bösen, 1949) – Right Cross – The Next Voice You Hear – Whirlpool (Die schwarze Lorelei, 1950) – The Reformer and the Redhead (1950) – A Lady Without Passport (1950) – Giddycap (Cartoon), 1950) – The Next Voice You Hear (1950) – The Magnificent Yankee (1950) – Kind Lady (1951) – Across The Wide Missouri (Colorado, 1951) – The Man with a Cloak (1951) – Sloppy Jalopy (Cartoon, 1952) – The Girl In White (Die Frau in Weiß, 1952) – Pat and Mike (1952) – Carrie (1952) – Madeline (Cartoon, 1952) – The Bad And The Beautiful (Stadt der Illusionen, 1953) – The Unicorn in the Garden (Cartoon, 1953) – Apache (Massai, 1954) – Suddenly (Der Attentäter, 1954) – The Big Combo (Geheimring 99, 1955) – Hilda Crane (Männer um Hilda Crane, 1956) – Bigger Than Life (Eine Handvoll Hoffnung, 1956) – Seven Wonders Of The World (Die sieben Weltwunder, 1956) – Jubal (Der Mann ohne Furcht, 1956) – The Vintage (1957) – Man On Fire (Die große Schuld, 1957) – Gunsight Ridge (Von allen Hunden gehetzt, 1957) – Until They Sail (Land ohne Männer, 1958) – Separate Tables (Getrennt von Tisch und Bett, 1958) – Twilight For The Gods (Hart am Wind, 1958) – Al Capone (1959) – Pay Or Die (Zahl oder stirb, 1960) – Night Tide – Too Late Blues (1962) – Two Weeks in Another Town (Zwei Wochen in einer anderen Stadt, 1962) – The Patsy (Die Heulboje, 1964) – Sylvia (1964) – Invitation To A Gunfighter (Treffpunkt für zwei Pistolen, 1964) – Love Has Many Faces (Heißer Strand Acapulco, 1965) – A Big Hand For The Little Lady (Höchster Einsatz in Laredo, 1966) – The Redemeer (1966) – Will Penny (Der Verwegene, 1969) – Glass House (Das Glashaus, 1970) – What's The Matter With Helen? (Was ist denn bloß mit Helen los?, 1971) – The Day After (Der Tag danach, 1973)

Ralf, Richard

(eigentl. Richard Ralf-Kreymann), * *30.9. 1891 Karlsruhe, † 22.6.1977 L. A., USA.*

Filme: Drei Kaiserjäger (A 1933) – Mutter und Kind (1933) – Das Gäßchen zum Paradies (1936)

Ralke, Don

(Donald Edward R.), * *13.7.1920 Battle Creek, Mich., USA, † 26.1.2000 Santa Rosa, Calif.* Pianist und Komponist, arbeitete von den 50er bis in die 70er Jahren für Film (mit den Sherman-Brüdern), TV (Serien »Happy Days« und »Laverne and Shirley«) und Schallplatte (u.a. für Connie Francis und die Sunrays). Er nahm auch LPs mit Unterhaltungsmusik auf.

Filme: -30- (1959, Songs) – C'mon, Let's Live a Little (1967) – Snoopy, Come Home (Cartoon, 1972)

Ramin, Sid

(Sidney Norton R.), * *22.1.1924 Boston, Mass., USA.* Studierte in Boston und an der Columbia Univ., arbeitete als Arrangeur fürs TV,

für den Broadway (u.a. »Wonderful One«, »Gypsy«, »West Side Story« (Grammy!), Schallplatte und Film. Schallplatten mit Easy Listening-Musik für RCA. Er arrangierte u.a. für Xavier Cugat, Al Nevins, Abbe Lane und die Ames Brothers.
Filme: Stiletto (1969) – Trials of O'Brien

Randi, Don

(eigentl. Donald Schwartz), * *25.2.1937 N.Y., USA.* Studierte Klavier am Konservatorium in L.A., trat als Jazzpianist mit Trio in Clubs auf und begleitete Vokalisten. 1966 hatte er einen Hit mit *Mexican Pearls*. R. ist ein brillianter »Supper-Club«-Pianist, der Schallplatten für World Pacific, Palomar, Reprise, Poppy und Sheffield aufnahm. Er arbeitete gelegentlich auch für den Film.
Filme: Fireball 500 (1966, als Schaupieler) – Bloody Mama (1969) – Up in the Cellar (1970) – J. W. Coop (Der Cowboy, 1971, + Louie Shelton) – Santee (1972) – Stacey (1973) – Prophecy: Countdown to the Millenium/Oracles and Revelations (Dok., 1998, als Schauspieler)

Rapée, Ernö

* *4.6.1891 Budapest, Ungarn, † 26.6.1945 N.Y., USA.* Dirigent und Komponist der 30er und 40er Jahre. Dirigierte an den Opernhäusern in Dresden, Magdeburg und Kattowitz, war 1912 auf Tournee in Lateinamerika, 1917 Dirigent am Rialto-Theater in N.Y., später in Philadelphia. Er leitete 1925–26 in Berlin das Orchester im Ufa-Palast. Ging dann in die USA, arbeitete für den Film und war ab 1932 bis zu seinem Tod Musical director an der Radio City Music Hall in N.Y. Er komponierte (mit Lew Pollack) die Standards *Charmaine, Diane* (1927) und *Angela Mia* (1928).
Filme: Sunrise (1927) – Street Angel – Seventh Heaven – Four Sons – Fazil – Red Dance (1928) – Whispering Winds – The River (1929) – Old English – Going Wild (1930) – Der Tanz geht weiter (D/USA 1930) – Sit Tight – Little Caesar (Der kleine Cäsar, 1930) – A Connecticut Yankee – Over the Hills (1931) – What Price Glory? – Chloe (1934) – The Dead March (1937) – Back Door in Heaven (1939)

Raposo, Joe

(Joseph G. Raposo), * *8.2.1937 Fall River, Mass., USA, † 5.2.1989 Bronxville, N.Y.*
Filme: Savages (1972) – The Posession of Joel Delanby (1972) – Raggedy Ann and Andy: A Musical Adventure (1973) – The Great Muppet Caper (UK 1981)

Rathaus, Karol

(Karl Leonard Bruno R., Ps. Leonard Bruno), * *16.9.1895 Tarnopol (Galizien, heute: Ternopol, Ukraine), † 21.11.1954 Flushing, N.Y.* Studierte in Wien und Berlin bei Franz Schreker, unterrichtete seit 1921 an der Berliner Musikhochschule Komposition und Theorie, emigrierte 1933 nach Paris, lebte von 1934–38 in London, ging dann nach N.Y., wo er als College-Professor arbeitete. Er schrieb Filmmusiken für dt., frz., engl. und US-Produktionen.
Filme: Der Mörder Dimitri Karamasoff (1931, + Kurt Schröder) – Die Koffer des Herrn O. F. (1931, + Kurt Schröder) – Hallo! Hallo! Hier spricht Berlin/Hallo Berlin?, ici Paris! (1932, + Kurt Schröder) – Die Abenteuer des Königs Pausole (1933) – Großstadtnacht (1933, + K. Schröder, M. Jaubert) – The Dictator (1935) – Loves of a Dictator (1935) – Broken Blossoms (1936) – Let Us Live (1939)

Rauch, Hans

* *28.5.1929 Tailfingen (Baden-Württemberg, seit 1975 zu Albstadt), † 3.10.1982 Trossingen (Krs. Tuttlingen).*
Filme: Die Glocke von Friedland (1957) – Wohin mich die Brettl tragen (1958)

Raue, Matthias

* *27.8.1952 Frankfurt/M.* Studierte an der Musikhochschule Frankfurt/M. 1972–29 und in Berlin bei Yang Yun 1980–82. Arbeitete als freischaffender Komponist, Schwerpunkt Film-, TV- und Bühnenmusik. Er vertonte Texte von Brecht, Kästner, Tucholsky u.a., schrieb eine Rockoper (»H«), die Oper »Caroline – Requiem auf eine deutsche Zeit«, auch Kammermusik und Orchesterwerke.

Filme: Jerusalem (1979, TV) – Seiltänzer (1980, TV) – Löwenzahn (1980, TV-Serie) – Ein Fall für Zwei (1981, TV-Serie) – Tränende Herzen (1981, TV) – Komm doch mit nach Monte Carlo (1981) – Flußfahrt mit Huhn (1981, + Martin Cyrus) – Schnitzeljagd (1982, TV) – Neues von Britta – Fritz Golowski (1984) – Küken für Kairo (1985) – Aquaplaning (1986, TV) – Jimmy Allehgretto – Die Brücke am schwarzen Fluß (1986, TV) – Der Sommer des Falken (1988) – Tam Tam oder Wohin die Reise geht (1989, TV) – Wunderjahre (1992) – Sterne des Südens (1992–95, TV) – Sechs Richtige (1992, TV) – Adelheid und ihre Mörder (1993, TV-Serie) – Karakum (1997) – Tanja (1997, TV-Serie) – Lost Ships (1998) – Offroad (2001, TV) – Tatort: Bienzle und die heinmliche Zeugin (2001, TV) – Tatort: Bienzle und der süße Tod (2002, TV, + Martin Cyprus)

Rautenberg, Kai

** 5.11.1939 Arnsberg (Nordrhein-Westfalen).* Pianist, Arrangeur und Komponist. Arbeitete im SFB-Orchester, für Schallplatte, TV und Film.

Filme: Die Zwillinge vom Immenhof (1973) – Mein Gott, Willi! (1980, TV) – Happy Weekend (1996)

Rava, Enrico

(tp, comp), ** 20.8.1943 Triest, Italien.* Als Trompeter Autodidakt, studierte später bei Carmine Caruso in N.Y. Spielte mit Gato Barbieri, zwischen 1965 und 1985 mehrfach in N.Y. mit Mal Waldron, Lee Konitz, Roswell Rudd u.a. In Italien mit eigenen Gruppen (Quartett, String Band), spielte mit dem Jazz Comp. Orch., Globy Unity Orch. Mit dem frz. Akkordeonisten Richard Galliano nahm er LPs mit Opern-Themen bzw. frz. und ital. Volksliedern auf. Bemerkenswert sind auch seine Interpretationen von Nino Rota-Themen aus Fellini-Filmen. Er trat im Film »O.R.G.« auf und schrieb die Musik für eine Reihe von ital. Filmen, so für Bernardo Bertolucci (u.a. »Oggetti smaretti«). *Film*: Ammazone il tempo (1979)

Ravan, Kambiz Roshan

Iranischer Komponist, schrieb in den 80er Jahren einige Filmmusiken.

Filme: Djadde haye sard (1986) – In the Rain (1986) – Grandfather (1986)

Rawsthorne, Alan

** 2.5.1905 Haslingden, Lancashire, England, † 24.7.1971 Cambridge.* Studierte Klavier, Cello und Komposition am Royal Manchester College of Music, arbeitete als Musiklehrer und Musiker; 1938 wurde seine erste Komposition uraufgeführt, ein Stück für zwei Violinen. Er etablierte sich dann als Komponist, schrieb Orchesterwerke u.a. Erste Filmarbeit 1937 für einen Kurzfilm, erster Spielfilm 1939.

Filme: The City (1939) – Burma Victory (1945) – The Captive Heart – School for Secrets – Saraband for Dead Lovers (1946) – The Dancing Fleece (1950) – Waters of Time (1951) – Pandora and the Flying Dutchman (Pandora und der Fliegende Holländer, 1951) – Ivory Hunter – Where No Vultures Fly (Schwarzes Elfenbein, 1951) – The Cruel Sea (1953) – West of Zansibar (1954) – The Drawings of Leonardo da Vinci (1954) – Lease of Life (1954) – The Man Who Never Was (Der Mann den es nie gab, 1956) – Floods of Fear (Flut der Furcht, 1958)

Raymond, Fred

(eigentl. Friedrich Raimund Vesely), ** 20. 4. 1900 Wien, † 10.1.1954 Überlingen/Bodensee.* R. begann früh Klavier zu spielen, machte aber zunächst eine Banklehre. Erster Erfolg als Komponist 1924 mit dem Lied *Ich hab' das Fräulein Helen baden seh'n.* Sehr populär wurde auch *In einer kleinen Konditorei.* Er schrieb mit dem Autorenteam Heinz Henschke und Günter Schwenn eine Reihe von erfolgreichen Operetten (»Lauf ins Glück«, 1935; »Ball der Nationen«, 1936; »Maske in Blau«, 1937 u.a.) und die Musik zu einigen Filmen.

Filme: Nur am Rhein (1930, + W.Schmidt-Boelke) – In einer kleinen Konditorei (1930, + Schmidt-Boelcke) – Zwei himmelblaue Augen (1932, + Felix Günther) – Das Glück wohnt nebenan (1939) – Maske in Blau (1943, + M.Jary) – Und die Musik spielt dazu (1943, + M.Jary; nach »Saison in Salzburg«)

Rebner, Arthur

** 30.7.1890 Lemberg (Galizien, heute: Lwow, Ukraine), † 8.12.1949 Los Angeles.*

Film: Acht Mädels im Boot (1932)

Redd, Freddie

* *29.5.1928 N.Y., USA.* Der Jazzpianist hatte ersten Job 1949 bei Johnny Mills, dann in N.Y. bei Cootie Williams, Oscar Pettiford, Joe Roland, Art Blakey u.a., leitete eigene Gruppe in N.Y., seit den 60er Jahren in San Francisco. Stilistisch wird er dem Hard-Bop zugerechnet. Er schrieb die Musik zum Theaterstück »The Connection« und trat auch darin auf (später verfilmt). – Schallplatten als Leader für Prestige, Metronome, Riverside (»San Francisco Suite«), Blue Note, Futura, Interplay, Uptown, Triloka.

Filme: The Connection (1961) – TV: Jazz à la Noche

Redford, J.A.C.

(Jonathan Alfred Clawson R.), * *14.7.1953 L.A., USA.* Musiker, Komponist und Songschreiber.

Filme: Stingray (1978) – The Long Summer of George Adams (1981, TV) – Honeyboy (1982, TV) – Happy Endings (1983, TV) – Helen Keller: The Miracle Continues (1984, TV) – The Trip to Bountiful – Cry From the Mountain (1985) – The Key to Rebecca – Going for the Gold (1985, TV) – Extremities (1986) – Easy Prey – Alex: The Life of a Child (1986, TV) – The Long Journey Home – Independence (1987, TV) – Save the Dog (1988, TV) – Oliver & Company (Cartoon, 1988) – Breaking Point – A Son's Promise – Web of Deceit (1990, TV) – Conmagher – Stop at Nothing – Locked Up a Mother's Rage (1991, TV) – Newsies (1992) – Kiss of a Killer – For Their Own Good (1993, TV) – And Then There Was One (1994, TV) – D2: The Mighty Ducks (1994) – Bye Bye love – A Kid in King Arthur's Court (1995) – D3: The Mighty Ducks (1996) – What The Deaf Man Heard (1997, TV) – St. Elsewhere (TV) – Mama Flora's Family

Lit.: Welcome All Wonders, A Composer's Journey, 1997; www.jacredford.com

Rediske, Johannes

(Johannes Paul Samuel R.), * *11.8.1926 Berlin, † 22.1.1975 ebd.* Der Gitarrist gehört zu den bedeutenden deutschen Jazzmusikern der Nachkriegszeit. Er leitete in den 50er Jahren ein legendäres Quintett, mit dem er lange im Berliner Lokal »Badewanne« auftrat. Unter seinen Kompositionen sind eine Reihe von Jazz-Originals und einige Filmmusiken.

Filme: Genosse Münchhausen (1961) – Der Mörder mit dem Seidenschal (1965) – Das Wunder der Liebe (1967)

Redland, Charles

(eigentl. Carl Gustav Mauritz Nilsson), * *7.7. 1911 Södertälje (b. Stockholm), † 18.8. 1994 Stockholm.* Schwedischer Komponist, im Film aktiv in den 40er bis 70er Jahren. Sohn des Kapellmeisters und Komponisten John Redland (1884–1958).

Filme: : Olycksfägeln Nr.13 – Tre skojiga Skojare (1942) – Det spökar, det spökar – En flicka för mej – Som fallen fran Syarna (1943) – Örnungar – En dotter född (1944) – Bröllopet pa solö (1946) – Marknadsafton – Robinson i Roslagen (1948) – Hin och Smälninngen – Läng-Lasse is delsbo (1949) – Foreign Intrigue (1950-55, Serie) – Det var en gäng en Sjöman (1951) – Adolf I toppform – Kalle Kars son fran Jularbo – Sburren direkt (1952) – Bror min och jag – Ursula: Flickan fran Finnskogarna (1953) – Tva sköner juveler – I rök och dans (1954) – Finnskogens folk (1955) – Lille Fridolf blir morfar – Sceningäng (1956) – Blondin in Fara – Far till sol och vär – Mästerdetektiven liver farligt – Möten I Skymningen – 91:an Karlsson slär knockout – Sjutton är (1957) – Bock I Örtagärd – Jazzgosen (1958) – Det svänger ps slottet – Fröken chic – Himmel och pannkaka – Lejon pa stan – Mannen utanAnsikte – Mälarpirater – 91:an Karsson muckar (1959) – Kärleken decimaler – Alla vi barn I Bullerbyn – Åsa-Nisse som polis (1960) – Bara roligt in Bullerbyn – Briggentre liljor – När seklet un vagt – Vi fixar allt – Åsa-Nisse bland grevar I baroner (1961) – Kort är Sommaren – Raggargäntet (1962) – Mordvapen till salu – Sten Stensson kommer tillbaka – Tre dar I buren (1963) – For att inte tala om alla dessa kvinnor – Tre dar pa luffen (1964) – At angöra en brygga – Pan in bygget – Salt gubbar och sextanter (1965) – Ön – Dessa fantastika smälningar mid sina finurliga Maskina (1966) – Underditt parasoll – Sarons Ros och gubbarna I knohult – Freddy klara biffen – Modiga mindre män (1968) – Anderssonskans kalle (1972) – Agaton Sax och byköpings gästabud (1976) – 91:an och generalernas fnatt (1977)

Reece, Dizzy

(Alonzo Son), * *5.1.1931 Kingston, Jamaika.*

Begann mit 14 Jahren Trompete zu spielen, lebte ab 1949 in Paris, 1954–49 in London, danach in New York. Der brilliante Jazzmusiker spielte u.a. mit Dizzy Gillespie, Don Byas, Dexter Gordon, Duke Jordan, 1985 in der Paris Reunion Band u.a. – Schallplatten für Tempo, Blue Note, New Jazz, Futura, Beehive, Interplay.

Film: Nowhere to Go (Gejagt, UK 1958)

Reeves, Alan

* *19.12.1944 Walton-on-Thames, England.*

Filme: Bethune: Hero to a Nation – Rainbow – To Walk With Lions – Ocean Oasis

Filmmusik von Niki Reiser

Reiser, Niki

(Niklaus), * *12.5.1958 Rheinach (Kanton Basel), Schweiz.* Studierte vier Jahre am Berklee College of Music in Boston, Mass., u.a. bei Ennio Morricone und Jerry Goldsmith. Spielt Sopransaxophon und Flöte, leitete die Klezmer-Band Kol Simcha. Erste Filmarbeit für Experimentalfilme. Nach Rückkehr in die Schweiz 1985 leitete er die Jazzgruppe People. 1986 begann seine Zusammenarbeit mit Dany Levy* mit dem Film »Du mich auch«.

Filme: Du mich auch* (1986) – Robbykallepaul* (1989) – Anna Anna (DDR 1992, + Oliver Truan, David Klein) – I Was on Mars* (1992) – Keiner liebt mich (1994) – Stille Nacht, ein Fest der Liebe (1995) – Liebling vergiß die Socken nicht (1996) – Im Namen der Unschuld (1997) – Das Trio (1998) – Meschugge* (1998) – Pünktchen und Anton (1999, OST: Ariola) – Jenseits der Stille (1996, OST: Virgin) – Kalt ist der Abendhauch (2000; *CD:* BMG) – Ein todsicheres Geschäft (Undertaker's Paradise, D/UK 2000; OST: Virgin) – Nirgendwo in Afrika (2001, Dt. Filmpreis!)

Reisfeld, Bert

(Berthold), * *12.12.1906 Wien, † 11.6.1991 Badenweiler (Baden-Württemberg).* Studierte in Wien gleichzeitig an der Musikakademie und der Technischen Hochschule. Arbeitete zunächst als »seriöser« Komponist (er vertonte u.a. Gedichte von Tagore, Eichendorff, Mörike und Klabund), wandte sich dann aber dem Schlager zu und schrieb 1931 seine ersten Tonfilmkompositionen. Er arbeitete mehrfach mit → Rolf Marbot zusammen. Bekannte Titel sind *Die alte Spieluhr* und *Sag mir Darling*. Er emigrierte dann nach Frankreich und später in die USA; in den 60er Jahren kehrte er nach Deutschland zurück.

Filme: Wellen der Leidenschaft (1930) – Strohwitwer (1931, + F.Günther) – So ein Windhund (1931) – Kyritz-Pyritz (1931, + A.Günther, A.Egan) – Reserve hat Ruh' (1931, + Rolf Marbot) – Zwei glückliche Tage (1932, + Erich Brock, Rolf Marbot, F.Goldschmidt) – Die grausame Freundin (1932, +

A.Guttmann, Rolf Marbot) – Kiki (1932, + C.Lewinnek, Rolf Marbot) – Unheimliche Geschichten (1932, + Rolf Marbot) – Jeunes filles à marièr (F 1936) – La cité de lumières (F 1938) – Broken Music – Flight to Nowhere (1946) – Concert Magic (1948) – Sealed Cargo (1951) – Man on a Tightrope (Der Mann auf dem Drahtseil, 1953) – An Affair to Remember (1957) – Circus World (Zirkus-Welt, 1963)

Reith, Dieter

(Ps. Nicky Rider, Rosh Dico), * *25.2.1938 Mainz.* Studium von Physik und Musikwissenschaft, war ab 1961 Pianist beim SWF-Tanzorchester (Rolf Hans Müller), 1971–1973 bei Kurt Edelhagen und ist seitdem freischaffend als Komponist, Arrangeur und Dirigent. Er arbeitete u.a. mit Peter Herbolzheimer (Rhythm Combination and Brass), Bill Ramsey, für Rundfunk-Orchester, schreibt Film- und TV-Musiken und dirigiert auch Orchester für TV-Shows.

Film: Abarten der körperlichen Liebe (1970, Dok.)

Reizenstein, Franz Theodor

* *7.7.1911 Nürnberg, † 15.10.1968 London, England.*

Filme u.a.: The Mummy (Die Mumie, UK 1959) – Circus of Horrors (Der rote Schatten, UK 1960) – The Mummy's Shroud (Der Fluch der Mumie, UK 1967)

Revel, Harry

* *21.12.1905 London, † 3.11.1958 N.Y.* Komponist der 30er u. 40er Jahre, bes. für Filmmusicals in Zusammenarbeit mit Mack Gordon, aber auch mit Paul Francis Webster, Mort Green, Arnold Horwitt. Als Pianist Autodidakt, studierte er an der Guild Hall of Music in London und komponierte für Shows in Paris, Kopenhagen, Wien, Berlin, Rom u. London. Erwarb sich dadurch eine gewisse Reputation, wagte 1929 den Schritt in die USA, wo er aber unbekannt war. Tat sich mit Mack Gordon zusammen, erste Arbeiten für den Broadway waren erfolglos.

1933–37 erfolgreiche Filmarbeit in Hollywood, bes. »College Rhythm«, »We're Not Dressing« (1934), »Two For Tonight« (1937), »Wake Up and Live« (1937). Das Team trennte sich 1937 und arbeitete mit anderen Partnern. Bekannte Songs: *Underneath the Harlem Moon, Did You Ever See a Dream Walking?, Goodnight My Love, There's a Lull in My Life, Afraid to Dream, I've Got a Date with a Dream.*

Filme (Songs):

1933 – Film: Broadway Through a Keyhole (Doin' the Uptown Lowdown, You're My Past) – It Was a Night in June – An Orchid to You – A Tree Was a Tree

1934 – Filme: Sitting Pretty (Did You Ever See a Dream Walkin', Many Moons Ago, Good Morning Glory) – We're Not Dressing (May I, Love Thy Neighbor, She Reminds Me Of You, Once in a Blue Moon) – Shoot the Works (With My Eyes Wide Open, I'm Dreaming) – She Loves Me Not (Straight from the Shoulder, I'm Hummin', I'm Whistling, I'm Singin') – The Gay Divorcee (Don't Let it Bother You, Let's Knock K-neez) – College Rhythm (Stay as Sweet as You Are, Take a Number from One to Ten; Let's Give Three Cheers for Love) – The Old Fashioned Way

1935 – Filme: Love in Bloom (Here Comes Cookie; Got Me Doin' Things; My Heart is an Open Book) – Paris in Spring (Titel-Song) – Two For Tonight (Without a World of Warning; Takes Two to Make a Bargain; From the Top of Your Head)

1936 – Filme: Collegiate (You Hit the Spot; I Feel Like a Feather in the Breeze) Poor Little Rich Girl (When I'm With You; But Definitely; You Gotta Eat Your Spinach, Baby; Oh, My Goodness) – Stowaway (Goodnight My Love; One Never Knows, Does One?) – A Star Fell Out of Heaven

1937 – Filme: Wake Up and Live (Never in a Million Years; Wake Up and Live; There's a Lull in My Life; It's Swell of You) – Thin Ice (I'm Olga from the Volga) – You Can't Have Everything (Titel-Song; Afraid to Dream; The Loveliness of You; Danger, Love at Work) – Head Over Heels in Love (Titel-Song, May I Have the Next Romance with You?; Looking Around Corners for You) – Ali Baba Goes to Town (I've Got My Heart Set on You; Swing is Here to Sway)

1938 – Filme: Sally, Irene And Mary (Sweet as a Song; Got My Mind on Music) – In Old Chicago (Titel-Song) – Rebecca of Sunnybrook Farm (An Old Straw Hat) – My Lucky Star (I've Got a Date with a Dream; Could You Pass in Love?; This Maybe the

Night; By a Wishing Well) – Thanks for Everything (Titel-Song) – Josette (Where in the World; In Any Language) – Love and Kisses (Sweet Someone; I Wanna Be in Winchell's Column; Be a Good Sport) – Love Finds Andy Hardy (Meet the Beat of My Heart; It Never Rains But It Pours) – Tailspin (Are You in the Mood for Mischief?)
1939 – Filme: Rose of Washington Square (I Never Knew Heaven Could Speak) – The Rain Came (Titel-Song)
1941 – Film: Four Jacks and a Jill (You Go Your Way)
1942 – Filme: The Mayor of Forty-Fourth Street – Call Out the Marines
1943 – Film: Hit the Ice (I'd Like to Set You to Music; I'm Like a Fish Out of Water; The Slap Polka)
1944 – Film: Minstrel Man (Remember Me to Carolina)
1945 – Show: Are You With It? (Are You With It?; Slightly Perfect; Poor Little Me; Here I Go Again; Just Beyond the Rainbow) – Film: The Dolly Sisters (Powder, Lipstick and Rouge)
1946 – Film: The Storck Club (If I Had a Dozen Hearts)
1947 – Film: It Happened of Fifth Avenue (You're Everywhere)

Revell, Graeme

** 23.10.1955 Auckland, Neuseeland.* Wie so viele der der jüngeren Filmkomponisten begann auch R. seine Karriere als Rockmusiker; er gründete in London die Band SPK, die beträchtlichen Einfluß hatte auf Popgruppen wie Nine Inch Nails und Tool.
Filme: Dead Calm (1989) – The Bride of Chuckay – Chinese Box (1991) – The Hand That Rocks the Cradle (Die Hand an der Wiege, 1992) – Body of Evidence (1993) – Hard Target (1993) – Idle Hands (OST: Arista) – Titan A.E. – Der Tod hinter der Maske (1995) – Double Take – The Crow – Phoenix (Blutige Stadt, 1997) – The Saint (Der Mann ohne Namen, 1997) – Lulu on the Bridge (Lulu, Das Geheimnis einer Liebe, 1998, + J.Lurie) – Red Planet (2000; Song v. Sting: *A Thousand Years*, OST: Universal) – Blow (2001) – Lara Croft: Tomb Raider (2001) – Human Nature (2001) – Collateral Damage (Zeit der Vergeltung, 2002) – TV: Dune – High Crimes – Below -Daredevil (2002)

Reverberi, Gianfranco

** 12.12.1934 Genua. Italien.* Komponist im ital. Film der 60er bis 80er Jahre. Sein Bruder Giampiero R. (* 19.7.1939 Genua) ist ebenfalls Filmkomponist.
Filme: Guerre secrete (Spione unter sich, 1966) – Preparati la Bara! (Django und die Bande der Gehenkten, 1967) – Le malizie di venere (1968) – Das Geheimnis der jungen Witwe (D/I 1968) – Viva America! (1969) – Le poliziotta della squadra del buon costume (1979) – Not Quite Paradise (1985)

Revueltas Sánchez, Silvestre

** 31.12.1899 Santiago Papasquiaro (Durango), Mexiko, † 5.10.1940 Mexico-City.* Mexikanischer Komponist, Dirigent und Violinist, studierte bei Rafael Tello. Nahm auf Seiten der Republikaner am spanischen Bürgerkrieg teil. Er gehört zu den bedeutenden modernen mex. Komponisten; seine Werke sind vielfach von der Folklore seiner Heimat geprägt. R. komponierte Ballette, Orchesterwerke (»Sensemayá«, »Ventanas«), Kammermusik und Filmmusiken.
Filme: Vamos con Pancho Villa (1936) – Ferrocarriles de Baja California (1938) – Los de abajo (1940) – Redes – La Noche de los Mayas

Reynders, John

(Peter Herman), * *9.9.1888 London-Hammersmith, England, † 6.1.1953 London.* Komponist und Dirigent, schrieb u.a. Filmmusik und spielte sie z. T. mit eigenem Orchester ein. Er dirigierte auch die Musik von Hubert Bath für den Hitchcock-Film »Blackmail«.
Filme: Atlantic (1929) – Hai Tang/Der Weg zur Schande (D/UK 1930, + Hans May) – Der Greifer (D/UK 1930, + Hans May) – The Dragon of Wales – In Search of Gold – The Seventh Day – Bassetbury Mano – Elephant City – Five Fighters – Happy Hampstead (1936) – Grey Seal (1937)

Ribero, Tito

(Amedeo Alberto R.), * *16.5.1913 Buenos Aires, † 18.7.1984 ebd.* Argentinischer Komponist, im Film tätig von den 50er bis in die 70er Jahre.
Filme: Caido en al inferno – El grito sagrada (1954)

– Dark River (1956) – Pimienta (1966) – Al diablo con este cura! (1967) – Un muchacho como ya (1968) – El dia que me quieras – Los debutantes en el amor – Viva la vida! – Los muchachos de antes no usaban gomina (1969) – Simplemente Maria – Aquellos años locos – Pimiento y pimenton (1970) – No hay que aflojarle a la vida (1975) – Te necesito tanot, amor (1976)

Ricci, Luigi

** 1898 Italien; † 4.11.1981 Rocca di Papa (Rom).*
Film: Premiere der Butterfly (1939, unter Verwendung v. Puccini-Melodien)

Richards, Johnny

(Juan Ricardo de Cascales), ** 2.11.1911 Querétaro, Mexiko, † 7.10.1968 N.Y., USA.* Komponist und Bandleader des Progressive Jazz. Lernte Violine, Banjo, Trompete und Saxophon, trat als Kind im Vaudeville auf. Ging 1931 mit der Teddy Joyce-Band nach England, schrieb dort 1932–33 Filmmusik für Gaumont. Ab 1934 in Hollywood als Assistent von → Victor Young, spielte auch Tenorsaxophon in dessen Studioband. Leitete 1940–45 eine Big Band, arbeitete dann als Arrangeur für Boyd Raeburn, Dizzy Gillespie, Charlie Barnet, Stan Kenton u.a. Leitete 1957–60 und 1965 Big Band in New York. Bedeutende Kompositionen: *Cuban Fire, The Rites of Diablo, Adventures in Time.* Er schrieb auch Filmmusiken, u.a. für eine Reihe von B-Western, und nahm Schallplatten auf für Musicraft, Bethlehem, Capitol, Coral und Roulette.
Lit.: J.Hartley/J.Wölfer, The Definitive Bio-Discography of J. R., Lake Geneva, WI 1999
Filme: Gold Fever (1952) – Kiss Her Goodbye (1959)

Richartz, Willy

(Wilhelm), ** 25.9.1900 Köln, † 8.8.1972 Bad Tölz.*
Filme: Ich für Dich, Du für mich (1934) – Krach um Jolanthe (1934, + Milde-Meißner; Lied v. W.R.: *Hein spielt abends so schön auf dem Schifferklavier*) – Oberwachtmeister Schwenke (1935) – Skandal um den Hahn (1938) – Die Pfingstorgel (1939) – Wenn Männer verreisen (1939) – Der dunkle Punkt (1940) – Tip auf Amalia (1940)

Stan Kenton und Johnny Richards

Riddle, Nelson

** 1.6.1921 Hackensack, N. J., USA, † 6.10. 1985 L.A.* Der bedeutendste Vokalarrangeur der 50er und 60er Jahre, dem u.a. Frank Sinatra einen guten Teil seines Comebacks nach 1953 verdankt, begann als Posaunist und Arrangeur 1941 bei Charlie Spivak, arbeitete dann für Jerry Wald, Tommy Dorsey und Les Elgart, nach Militärdienst 1946 für Bob Crosby, nochmals T. Dorsey und am Sender NBC. 1953 zu Capitol Records, arrangierte für Sinatra und eine Reihe weiterer Vokalisten, nachdem sich seine Zusammenarbeit mit diesem als äußerst fruchtbar erwiesen hatte. Ende der 50er Jahre begann R. für Film und TV zu arbeiten, in den 70er leitete er eine Band für die TV-Show von Julie Andrews. – R. hatte ein besonderes Talent, Backgrounds für Vokalisten zu schreiben und ihnen ein angemessenes Plateau zu schaffen; sein Sound ist eine Kombination aus Flöte, Bass-Posaune, gestopfter Trompete und Streichern. Er komponierte die *Cross Country-Suite* (»Grammy« 1958), aufgenommen mit Buddy DeFranco als Solist und einem Orch. unter seiner Leitung. Er arrangierte auch für Anna Maria Alberghetti, Shirley Bassey, Nat King Cole, Vic Damone, Billy Eckstine, Phil Harris, Betty Hutton, Georgia Carr, Eddie Fisher, Ella Mae Morse, Ella Fitzgerald, Rosemary Clooney, Judy Garland,

A.C.Jobim, Monica Lewis, Vic Lewis, Bob Manning, Louis Jordan, Andrews Sisters, Mel Tormé, Sue Raney, Tommy Sands, Steve Lawrence, Johnny Mathis, Keely Smith, Phil Silvers, Oscar Peterson, Margaret Whiting, Danny Williams u.a.

Lit.: Peter J. Levinson, September in the Rain, 2001. – Alan Wright, N.R., A Musical History, 1999. – ders., N.R.-Newsletter (A.Wright, 5 West End Court, Stoke Poges, Bucks, SL2 4NB, England)

CD: Joy of Living/Love is a Game of Poker, EMI CTMCD-117 – Hey, Let Yourself Go/C'mon, Get Happy, Cap. CD EMS 1498 – OST, Lolita, Rhino 72841-2

Filme: Blue Gardenia (Eine Frau will vergessen; Songs für Nat King Cole, 1953) – Small Town Girl (1953) – Scarlet Hour (Alle Spuren verwischt, 1955) – A Kiss Before Dying (Kuß vor dem Tode, 1955) – Flame of the Islands (Insel der Leidenschaft, 1955) – Guys And Dolls (Schwere Jungen, leichte Mädchen; Arr, 1956) – Johnny Concho (1956) – The Girl Most Likely (Kess und kokett, 1956) – High Society (Die oberen Zehntausend, Arr, OST: Capitol) – Lisbon (1956) – Pal Joey (1957; OST: Capitol) – A Hole In The Head (Eine Nummer zu groß, 1958) – Li'l Abner (1959) – Can Can (1960, OST: Capitol) – Ocean's Eleven (Frankie und seine Spießgesellen, 1960) – Lolita (1962, Arr. Gil Grau; OST: MGM) (1962) – Come Blow Your Horn (Wenn mein Schlafzimmer sprechen könnte, 1963) – Paris When It Sizzles (Zusammen in Paris, 1963) – Robin And The Seven Hoods (Sieben gegen Chicago, 1964, Songs: Cahn/Van Heusen; OST: Reprise) – What A Way To Go (Immer mit einem anderen, 1964; Songs: J.Styne) – Four For Texas (Vier für Texas, 1964) – Harlow (OST: Warner Bros.) – A Rage To Live (Nymphomania, 1965) – Marriage On The Rocks (3 x nach Mexiko, 1965) – The Wackiest Ship in the Navy (1965) – Batman – El Dorado (1966) – The Spy in the Green Hat (Der Mann im grünen Hut, 1966) – Camelot – How To Succeed In Show Business Without Really Trying (Wie man Erfolg hat ohne sich besonders anzustrengen, 1967; Songs: F. Loesser) – The Great Bank Robbery (Hochwürden dreht sein größtes Ding, 1969) – Paint Your Wagon (Westwärts zieht der Wind, 1969; OST: MCA) – On A Clear Day You Can See Forever (Einst kommt der Tag ..., 1970) – The Great Gatsby (Der große Gatsby, 1975; Oscar!) – Harper Valley PTA (1978) – Rough Cut (Der Löwe zeigt die Krallen, USA/UK 1979; nach Themen von Duke Ellington) – Guyana, el crimen del siglo (MEX/E 1979) – Help Wanted: Male (1982, TV)

TV-Serien: The Untouchables – Route 66 – Batman – El Dorado – Naked City (1960–63)

Riedel, Georg

** 8.1.1934 Karlsbad, ČSR (heute Karlovy Vary).* Der Jazzmusiker (b, Cello) studierte 1953–59 in Stockholm, spielte in Schweden u.a. mit Arne Domnerus, Lars Gullin, Harry Arnold u.a. Jazz-Größen der 60er Jahre und nahm mit diesen auch Schallplatten auf. Er arbeitete später als Lehrer und Komponist.

Filme: Prins hatt under jorden – Krigetts venvett (1963) – Bröllops besvär – 491 – Äktenskaps brottaren (1964) – Festivitetssalongen – Morinerva – Nattmara (1965) – Yngsjömordet – Adamsson I Sverige – Nattlek – Ormen (1966) – Bränt barn – Mördaren: en heltvanlig person – Roseanna – Stimulatia (1967) – Black on White (FIN 1967) – Fanny Hill – Vindingevals (1968) – Mej och dej (1969) – Nana: tag mej, älska mej (1970) – Pippi Langstrump pa de sju haven (Pippi geht von Bord, 1970, + Chr. Bruhn) – Pa rymen med Pippi Langstrump (Pippi im Tuka-Tuka-Land, 1970) – Pippi außer Rand und Band (D 1970. + Chr. Bruhn) – Emil in Lönneberga (1971) – Nya nyas av Emil i Lönneberga (1972) – Smutsiga fingra – Emil och Griseknoen (1973) – Jorden rund med Fanny Hill – Världens bästa Karlsson (1974) – Paradistorg (1977) – Mannen som blev miljonär (1980) – Tuppen (1981) – Mot härliga tider (1983) – Aller vi barn Bullerbyn – Min pappa är tarzan (1986) – Mer om oss barn I Bullerbyn (1987) – Vid vägen/Katinka (1988)

Riehm, Rolf

** 15.6.1937 Saarbrücken.* Studierte Schulmusik in Frankfurt/M., Komposition an der Musikhochschule Freiburg bei Wolfgang Fortner. Arbeitete als Oboist, war im Schuldienst und Dozent an der Rheinischen Musikschule in Köln und Stipendiat der Villa Massimo mit Aufenthalt in Rom. Seit 1974 ist er Professor für Komposition und Tonsatz an der Musikhochschule Frankfurt/M.. Er komponierte Kammermusik, Orchesterwerke (»Les chants de la revolution sont des chants de l'amour«)

und Stücke für das Sogenannte Linksradikale Blasorchester. Schallplatten für Trikont, Riskant, Japo/ECM u.a.

Filme: Septemberweizen (1980) – Bericht von einem verlassenen Planeten (1984) – Maschinenträume (1988)

Riesenfeld, Hugo

** 26.1.1879 Wien, Österreich, † 10.9.1939 Hollywood, USA.* Komponist im Film der 20er und 30er Jahre.

Filme: Humoresque (1920) – Reputation (1921) – The Covered Wagon (1923) – Bill (1923) – Beggar on Horseback (1925) – The Pony Express (1925) – Old Ironsides (1926) – Uncle Tom's Cabin (1926) – The Sorrows of Satan (1926) – Beau Geste (1926) – Les Miserables (1926) – The King of Kings (1926) – Old San Francisco (1927) – Sunrise (1927) – The Cavalier (1928) – The Awakening (1928) – The Battle of the Sexes (1928) – Two Lovers (1928) – Woman Disputed (1928) – Eternal Love (1929) – Evangeline (1929) – My Lady's Past (1929) – Alibi (1929) – The Iron Mask (1929) – The Rescue (1929) – Lucky Boy (1929) – Midstream – This is Heaven – Molly and Me – New Orleans – Lady of the Pavements – Two Men and a Maid (1929) – Abraham Lincoln – It Happened in New Orleans – Puttin' on the Ritz – Hell's Angels – The Lottery Brider – The Bad One (1930) Tabu. A Story of the South Seas (Dok., 1931) – White Zombie (1932) – The President Vanishes (1934) – The Wandering Jew (1935) – Little Men (1935) – The Devil on Horseback – Let's Sing Again – Follow Your Heart – Hearts on Bondage – The White Legion – The President's Mystery (1936) – Riders of the Whistling Skull – Make a Wish (1937) – Hawaii Calls – Tarzan's Revenge – Rose of the Rio Grande – Wide Open Spaces (1938) – Sunset Murder Case (1941) – Café Concordia (1943) – Alibi (1955)

Riethmüller, Heinrich

** 23.12.1921 Berlin.* Pianist und Komponist für Unterhaltungsmusik. Studierte ab 1940 Kirchenmusik an der Akademie für Kirchen- und Schulmusik in Berlin, war ab 1942 als Organist und Chorleiter tätig, spielte nach 1945 beim RBT-Orchester und war ab 1947 musikal. Leiter beim Kabarett »Ulenspiegel«. Seit 1950 war er musikal. Leiter bei Musiksynchronisationen fremdsprachiger Filme (auch als Texter und Regisseur), ab 1951 komponierte er auch Filmmusiken. Er spielte auch mit eigener Combo in Rundfunk und TV, so in der Ratesendung »Dalli, Dalli« von Hans Rosenthal.

Filme: Lachen ohne Ende (1951) – Der Fürst von Pappenheim – Man lebt nur einmal (1952) – So ein Affentheater (1953) – Heideschulmeister Uwe Karsten – Die sieben Kleider der Katrin (1954) – Der Pfarrer von Kirchfeld (1955) – Kirmes (1960) – Brille und Bombe: bei uns liegen sie richtig (1966)

Rillo, Richard

** 15.7.1892 Wien, † 1955.*

Film: Die Königin der Nacht, 1931, + E.Neubach, O.Stransky)

Rinder, Laurin

** 3.4.1943 L.A.* Begann als Rockmusiker, spielte mit David Benoit, El Coco u.a. und nahm eigene LPs für Pye auf.

Filme: Shogun (1980) – New Year's Evil (1980) – Firecracker (1981) – Hot Bubblegum (1981) – Enter the Ninja (1981) – Killing of America (Dok., 1982) – The Ballad of Gregorio Cortez (1983, TV) – Revenge of the Ninja (1983) – Bad Manners (1984) – Ninja III-The Domination (1984, + W. Michael Lewis) – Hot Child in the City (1987)

Riparetti, Tony

(Anthony), ** 4.2.1952 in ?.* Komponist und Musiker, arbeitete als Gitarrist und Sänger u.a. mit Dan Hill, D.B.Cooper, Marc Jordan und Sue Saad and the Next.

Filme: Radioactive Dreams – Say Yes (1987) – Pleasure Planet – Command (1988) – Alien from L.A. (1989) – Deceit (1990) – Kickboxer II: The Road Back (1990) – Bloodmatch – Dollman – Knights – Arcade – Dollman vs. Demonic Toys – Brain Smasher: A Love Story (1993) – Kickboxer IV: The Agressor – Tammy and the Teenage T.Rex – Spitfire – Heat Seeker (1994) – Nemesis III: Prey Harder – Nemesis IV: Angel Cry (1995) – Fast Money – Adrenalin: Feat the Rush – Blast – Omega Doom (1996) – Mean Guns – Postmortem-Serialkiller (1997) – Wind on Water (1998)

Rizzati, Walter

(auch Walter Ritz), * *28.10.1935 Melara (Rovigo), Italien.*

Filme: Quella villa accanto al cimitero (Das Haus an der Friedhofsmauer, 1981) – Impatto mortale (1984) – Thunder II (1985) – Alla ricera dell'impero sepolto (1987) – 1990: I guerrieri di Bronx (1983) – Alto rischio (1993) – The End of a Dynasty (1998)

Robbins, David

(Dave), * *14.8.1923 Greenburg, Indiana, USA.*

Filme: Saviour – Dead Man Walking – How to Kill Your Neighbor – The Prime Gig

Robbins, Richard Stephen

* *4.12.1940 South Weymouth, Mass., USA.*

Filme: The Europeans (Die Europäer, UK 1979) – Jane Austin in Manhattan (1980) – Quartet (1981) – Heart and Dust (1982) – The Bostonians (Damen aus Boston, UK 1984) – A Room with a View (Zimmer mit Aussicht, 1985) – My Little Girl (1986) – Maurice – Sommer unserer Träume (1987) – Bail Jumper – Slaves of New York (1989) – Mr. & Mrs. Bridge (1990) – The Ballad of the Sad Café (1991) – Howard's End (Wiedersehen in Howard's End, 1992) – The Remains of the Day (1993) – Jefferson in Paris (Jefferson in Paris, 1995) – The Proprietor – Surviving Picasso (1996) – Four Million Houseguests (1998) – A Soldier Never Cries (1998; OST: EMI) – Place Vendôme (Heiße Diamanten, F 1998) – The Century (TV-Dok., 6 Folgen; Produzent!) – Cotton Mary (1999) – The Golden Bowl –The Girl (2000) – The Mystic Masseur (2001)

Roberts, Allan

* *12.3.1905 Brooklyn, N.Y., USA, † 14.1.1966 Hollywood.* Songschreiber der 30er bis 50er Jahre, in den 40ern meist mit → Doris Fisher* (*Tampico*). Weitere Mitarbeiter: Al Kaufman, Irving Gordon, Al Goodhart, Kay Twomey, Jerry Livingston, Al Hoffman, Robert Allen.

Filme: Gilda (1945, Songs: *Put the Blame on Mame, Amado mio*) – Talk About a Lady* (1946)

Roberts, Gerald

* *20.8.1909 in ?, † 15.9.1979 Woodland Hills, Calif., USA.* US-Komponist, arbeitete in den 50er Jahren für den Film als musikalischer Leiter* und Komponist.

Filme: Hills of Oklahoma* – Federal Agent at Large* (1950) – The Lusty Men* (1952) – Gunfire at Indian Gap* (Arizona-Expreß, 1957) – Hell's Crossroad – Duel at Apache Wells – Taming Sutton's Gal – Spoilers of the Forest* – The Wayward Girl* – The Lawless Eighties – Panama Sal* (1957) – The Crooked Circle* – Young and Wild – The Notorious Mr. Monks* – Juvenile Jungle – The Man Who Died Twice (1958) – Westbound (1959, als Schauspieler)

Robertson, Eric N.

(Eric Nathan), * *6.4.1932 Edinburgh, Schottland.* Der Komponist arbeitet seit 1974 für den Film in Kanada.

Filme: A Quiet Day in Belfast (1974) – The Insurance Man from Ingersoll (1975, TV) – Plague (1978) – Spasms (Avanaida, Todesbiß der Satansviper, 1982) – If You Could See What I Hear (1982) – That's My Baby (1985) – Square Dance (1987) – Love and Hate: A Marriage in Hell Pt. 1 (1989, TV) – The Challengers (1989, TV) – Millenium (1989) – Getting Married in Buffalo Jump (1989, TV) – On Thin Ice: The Tai Babilonia Story (1990, TV) – Captains Courageous (199, TV) – Waiting for Michelangelo (1996)

Robertson, Harry

(eigentl. Harry Robinson), * *19.11.1932 Elgin, Morayshire, Schottland.* Engl. Komponist, spezialisiert auf Horror- und Vampir-Filme.

Filme: The Oblong Box (Im Todesgriff der roten Maske, 1969) – The Vampire Lovers (Die Gruft der Vampire, 1970) – Lust for a Vampire (Nur Vampire küssen blutig, 1971) – The Johnstone Monster – Fright (1971) – Twins of Evil – Countess Dracula (Comtesse des Grauens, 1972) – Demons of the Mind (1972) – The House in Nightmare Park (1983) – The Ghoul (Der Ghul, 1974) – Legend of the Werewolf (1975) – Hawk the Slayer (1980) – Prisoner of the Lost Universe (Gefangene des Universums, 1983)

Robertson, Robbie

(Jaime R. Robertson), * *5.7.1943 Toronto, Kanada.* Rockmusiker (g, keyb, voc) und Komponist. Gründete 1958 mit dem Rockabilly-Musiker Ronnie Hawkins die Gruppe The Hawks. Dieser trennte sich 1963 von ihnen,

die übrigen Musiker taten sich mit Bob Dylan zusammen und begleiteten ihn als The Band auf der legendären Welt-Tournee 1965–66. The Band löste sich 1976 auf, R. verfolgte dann eigene Projekte als Komponist, Songschreiber, Drehbuchautor, Produzent und Schauspieler.
Filme: Raging Bull (Wie ein wilder Stier, 1980) – The King of Comedy (1983) – The Color of Money (Die Farbe des Geldes, 1986) – Five Corners (1987, Songs) – Jimmy Hollywood (1994) – Any Given Sunday (1999)

Robinson, J. Peter

** 16.9.1945 Fulmer, England.*
Filme: Firestorm – First Strike – Thunderbolt – Vampire in Brooklyn – Cocktail (1988) – Encino Man – Wayne's World–The Movie (1992) – Rumble in the Bronx – Detroit Rock City

Robuschi, Guido

** 12.10.1926 Parma.* Ital. Komponist, arbeitete in den 60er Jahren mit Gianni Stellari für Historien- und Abenteuer-Filme.
Filme: Hölle am gelben Fluß (1959) – La furia dei barbari (Die Rache der Barbaren, 1960) – Caesar the Conquerer (1963)

Roder, Milan

** 5.12.1878 Osijek (Kroatien, dt. Esseg), † 23.1. 1956 L.A., USA.*
Filme: Silver Dollar (1932) – Supernatural (1933, + Karl Hajos, Howard Jackson) – Death Takes A Holiday (1934, + John Leipold, Bernhard Kaun) – The Scarlet Empress (1934, + John Leipold, W. Franke Harling) – The Last of the Pagans (1935) – The Lives of a Bengal Lancer – All the King's Horses – The Last Outpost (1935) – Too Many Parents (1936) – Easy Living – Exclusive (1937) – Souls at Sea (1937, + W. Franke Harling) – Bulldog Drummond in Africa (1938) – Never Say Die (1939)

Rodgers, Richard Charles

** 28.6.1902 N.Y., USA, † 30. 12.1979 Manhattan, N.Y.* Bedeutender Musicalkomponist der 20er bis 60er Jahre. Russischer Abstammung; seine Eltern änderten ihren Namen von Rogazinsky in R. Studium an der Columbia-Universität, traf dort den Texter Lorenz Hart und es begann eine fruchtbare Zusammenarbeit, die bis zu Harts Tod andauerte. Erster Erfolg mit »Any Old Place with You« (1919) aus der Broadway-Show »Lonely Romeo«, gefolgt von sieben Songs für die Show »Poor Little Ritz Girl«. Nach einigen Misserfolgen schrieben die beiden 1925 für »The Garrick Gaieties« und »Dearest Enemy« und etablierten sich damit als Broadway-Autoren. R. arbeitete auch für Filme, ab 1935 wieder für den Broadway; viele seiner Shows wurden erfolgreich verfilmt. Nach dem Tod von Hart arbeitete R. mit Oscar Hammerstein II zusammen, die erste Show »Oklahoma!« (1943, Pulitzer-Preis!) erreichte 2248 Aufführungen. Das Team hatte dann mehrere langlebige Shows in den 40er u. 50er Jahren, die aufwendig verfilmt wurden. 1952 schrieb R. eine Sinfonie als Background-Musik für den TV-Dokumentar-Film »Victory at Sea«, 1960 Musik für eine TV-Produktion über Winston Churchill. Nach dem Tod von Hammerstein 1960 arbeitete R. mit Stephen Sondheim (»Do I Hear a Waltz?«) u. Martin Charnin (»Two by Two«) zusammen, schrieb selbst die Texte für »No Strings«. Das Leben von Rodgers & Hart wurde 1948 auf Hollywood-Art verfilmt, in den Hauptrollen Tom Drake u. Mickey Rooney.

Soundtrack von Rodgers und Hammersteins »Carousel«

Lit.: R.R., Musical Stages, An Autobiography, N.Y. 1995 (1975). – W.G. Hyland, R.R., N.Y. 1998. – Deems Taylor, Some Enchanted Evenings, N.Y. 1953. – S.Marx & J.Clayton, Rodgers & Hart, N.Y. 1976. – Stanley Green, The Rodgers & Hammerstein Story, N.Y. 1963. – Samuel Marx/Jan Clayton, Rodgers & Hart: Bewitched, Bothered and Bewildered, N.Y. 1976. – Frederick Nolan, The Sound of Their Music: The Story of Rodgers & Hammerstein, N.Y. 1978. – R.R. Fact Book, N.Y. 1968 – David Ewen, With a Song in His Heart, N.Y. 1963. – Ethan Mordden, Rodgers & Hammerstein, N.Y. 1980 – Max Wilk, OK!, The Story of Oklahoma!, 1993

CD: OBC, Oklahoma!, MCA MCAD-10798 – OBC, Carousel, MCAD-10799 – OBC, The King & I, MCAD-10049 – Babes in Arms, New World 386-2 – New Broadway Cast, The King & I, Varèse 5763 – Victory at Sea, RCA 60963-2 – Slaughter on Tenth Avenue, Boston Pops. RCA 68550-2 – The Rodgers & Hammerstein 50 Anniversary Collection, MCA MCAD4-10766

Shows/Filme (Songs):

1919 – A Lonely Romeo (Any Old Place with You)
1920 – Poor Little Ritz Girl (You Can't Fool our Dreams; What Happened Nobody Knows)
1925 – Garrick Gaieties (Manhattan; Sentimental Me) – Dearest Enemy (Here in My Arms; Cheerio; Bye and Bye; Here's a Kiss)
1926 – The Girl Friend (The Blue Room) – Garrick Gaieties (Mountain Greenery; What's the Use of Talking?)

1927 – Peggy Ann (Where's that Rainbow?; A Tree in the Park; A Little Birdie Told Me So; Havana) – A Connecticut Yankee (Thou Swell; My Heart Stood Still; On a Desert Island with Thee) – Betsy (Sing; If I Were You)
1928 – Present Arms (You Took Advantage of Me; A Kiss for Cinderella) – She's My Baby (My Lucky Star; Try Again Tomorrow) – Chee-Chee (Singing a Love Song; Moon of My Delight; Dear Oh Dear)
1929 – Spring is Here (Yours Sincerely; With a Song in My Heart; Why Can't I?) – Heads Up (Why Do You Suppose?; A Ship Without a Sail; It Must Be Heaven)
1930 – Simple Simon (Ten Cents a Dance; Send For Me; Dancing on a Ceiling) – Leathernecking (Film) – Present Arms – Heads Up (Film) – Spring is Here (Film; With a Song in My Heart)
1931 – America's Sweetheart (I've Got Five Dollars; Well Be the Same; How About It) – Billy Rose's Crazy Quilt (Rest Room Rose) – The Hot Heiress (Film; Nobody Loves a Riveter; Like Ordinary People Do; You're the Cats)
1932 – Filme: Love Me Tonight (Isn't it Romantic?; Mimi; Lover; The Song of Paree) – The Phantom President (The Country Needs a Man; Give Her a Kiss; The Convention) – Dancing on the Ceiling
1933 – Filme: Hallelujah, I'm a Bum (You Are too Beautiful; I'll Do it Again; I've Gotta Back to New York) – Dancing Lady (That's the Rhythm of the Day)
1934 – Filme: Hollywood Party (Hollywood Party; Hello; Reincarnation) – Evergreen (Dancing on the Ceiling; If I Give in to You) – Nana (That's Love) – Manhattan Melodram (The Bad in Every Man, später betitelt: Blue Moon)
1935 – Film: Mississippi (Soon; It's Easy to Remember; Down by the River) – Show: Jumbo (My Romance; Little Girl Blue; The Most Beautiful Girl in the World; Over and Over Again; There's a Small Hotel) – Song: Blue Moon
1936 – On Your Toes (On your Toes; There's a Small Hotel; Quiet Nights; Glad to Be Unhappy; Slaughter on Tenth Avenue-Ballett) – Film: Dancing Pirate (Are You My Love?; When You're Dancing the Waltz)
1937 – Babes in Arms (Where or When; The Lady is a Tramp; My Funny Valentine; I Wish I Were in

Soundtrack von Rodgers und Hammersteins »Oklahoma«

Love Again; Johnny One Note; All at Once; 'Way Out West) – The Show Is On (I've Got Five Dollars; Rhythm) – I'd Rather Be Right (I'd Rather be Right; Have You Met Miss Jones)
1938 – I Married an Angel (I Married an Angel; Spring is Here; I'll Tell the Man in the Street; Did You Ever Get Stung?) – The Boys from Syracuse (This Can't be Love; Sing for Your Supper; Falling in Love with Love; He and She) – Film: Fools for Scandal (How Can You Forget?; There's a Boy in Harlem)
1939 – Too Many Girls (I Didn't Know What Time it Was; Love Never Went to College; I Like to Recognize the Tune; Spic and Spanish) – Filme: Babes in Arms – On Your Toes
1940 – Higher And Higher (From Another World; It Never Entered My Mind; Ev'ry Sunday Afternoon) – Filme: The Boys from Syracuse – Too Many Girls
1941 – Pal Joey (Bewitched; I Could Write a Book) Film: They Met In Argentina (Amarillo; Simpatica; You've Got the Best of Me)
1942 – By Jupiter (Ev'rything I've Got; Wait Till You See Her; Careless; Rhapsody) – Film: I Married an Angel
1943 – Film: Stage Door Canteen (The Girl I Love to Leave Behind) – Show: A Connecticut Yankee (Revival; neuer Song: To Keep My Love Alive) – Oklahoma! (Oklahoma; People Will Say We're in Love; The Surrey with the Fringe on Top; Oh, What a Beautiful Morning; Kansas City; Out of My Dreams; All or Nothin'; The Farmer and the Cowman)
1945 – Carousel (If I Loved You; June is Busting Out all Over; Soliloquy; What's the Use of Won'drin'; This Was a Real Nice Clambake; When the Children Are Asleep) – Film: State Fair (It Might As Well Be Spring; That's For Me; It's a Grand Night for Singing'; Our State Fair)
1947 – Allegro (So Far; A Fellow Needs a Girl; The Gentleman is a Dope)
1949 – South Pacific (Some Enchanted Evening; Bali Ha'i; Younger than Springtime; Honey Bun; A Wonderful Guy; I'm Gonna Wash That Man Right Outa My Hair; This Nearly Was Mine; Happy Talk; There's Nothin' Like a Dame; Bloody Mary is the Girl I Love)
1951 – The King And I (Getting To Know You; Shall We Dance?; We Kiss in a Shadow; I Have Dreamed; March of the Siamese Children; Hello, Young Lovers; Something Wonderful)
1953 – Me And Juliet (No Other Love; Marriage-Type Love; Keep It Gay; I'm Your Girl; We Derserve Each Other; It's Me) – Film: Main Street To Broadway (There's Music in You)
1955 – Pipe Dream (Everybody's Got a Home But Me; All at Once You Love Her; The Man I Used to Be; Sweet Thursday; Think; The Happiest House on the Block) – Film: Oklahoma!
1956 – Filme: Carousel – The King And I
1957 – Cinderella (Do I Love You Because You're Beautiful?; A Lonely Night; In My Own Little Corner; Ten Minutes Ago) – Film: Pal Joey
1958 – Flower Drum Song (Love, Look Away; I Enjoy Being a Girl; Sunday; Grant Avenue; You Are Beautiful; Like a God; Don't Marry Me) – Film: South Pacific
1959 – The Sound of Music (The Sound of Music; Climb Ev'ry Mountain; My Favorite Things; Maria, Edelweiss; Do-Re-Mi)
1961 – Film: Flower Drum Song
1962 – No Strings (No Strings; The Sweetest Sounds; Loads of Love; Nobody Told Me; Look No Further)
1965 – Do I Hear a Waltz? (Do I Hear a Waltz?; Someone Like You; Take the Moment; Moon on My Window) – Film: The Sound of Music
1970 – Two By Two (Two by Two; I Do Not Know a Day I Did Not Love You; Why Me?; Something, Somewhere; The Golden Ram; Something Doesn't Happen)
1978 – Rex
1979 – I Remember Mama

Roemheld, Heinz

(Eric, = Heinrich Erich R.), * *1.5.1901 Milwaukee, Wisc., USA, † 11.2.1985 Huntington Beach, Calif.* Der Sohn dt. Auswanderer studierte am Wisconsin College of Music und an Berliner Konservatorien bei R. M. Breithaupt, H.Kaun und E.Petri. Von 1922–26 arbeitete er bei div. dt. Filmgesellschaften, sein Assistent war zeitweise → Franz Wachsmann. 1927 ging er wieder in die USA, bei der Universal vertonte er die US-Fassung des dt. Stummfilms »Die weiße Hölle vom Piz Palü« und arbeitete mit D. Broekman an »Im Westen nichts Neues«. 1934 begann seine eigentliche film-kompositorische Arbeit mit »The Black Cat«, er arbeitete dann für Warner Bros. (Oscar für »Yankee Doodle Dandy«) und Columbia, wo er mehrere Western vertonte mit Randolph Scott in der Hauptrolle.

Filme: The Mummy (Die Mumie, 1932; + James Dietrich, Michel Brusselsmans) – The Invisible Man (Der Unsichtbare, 1933) – The Black Cat (Die schwarze Katze, 1934) – Imitation of Life (1934) – Private Worlds (1935) – Oil for the Lamps of China (1935) – Bullets or Ballots (Wem gehört die Stadt?, 1936) – Kid Galahead (1936) – Dracula's Daughter (Dracula's Töchter, 1936) – The Story of Louis Pasteur (1936, + B.Kaun) – The Great O'Malley (1936) – San Quentin (1936) – Stand In (Mr. Dodd saniert, 1937) – I Met My Love Again (1937) – Ever Since Eve (1937) – It's Love I'm After (Kavalier um Mitternacht, 1937) – Four's a Crowd (Liebe zu viert, 1938, + Ray Heindorf) – Comet Over Broadway (1938) – Broadway Musketeer (1938) – A Child is Born (1939) – On Your Toes (1939) – The Roaring Twenties (Die wilden Zwanziger, 1939) – You Can't Get Away with Murder (1939) – Invisible Stripes (Zwölf Monate Bewährungsfrist, 1939) – It All Came True (Ein Nachtklub für Sarah Jane, 1939) – Brother Orchid (Orchid der Gangsterbruder, 1940) – Four Mothers (1940) – Knockout (1940) – No Time for Comedy (1940) – The Strawberry Blonde (Die Schönste der Stadt, 1941) – Affectionately Yours (Der Herzensbrecher, 1941) – Bullets for O'Hara (Keine Blumen für O'Hara, 1940) – The Wagons Roll at Night (1941) – Yankee Doodle Dandy (1942, Arr.; Songs: George M. Cohan) – Gentleman Jim (Gentleman Jim, der freche Kavalier, 1942, + Sam Perry) – Always in My Heart (Im Schatten des Herzens, 1942) – The Desert Song (Liebeslied der Wüste, 1944; nach der Romberg-Operette) – Shine On Harvest Moon (1944) – Janie (1944) – Too Young To Know (1945) – O.S.S. (1945) – The Bachelor's Daughter (1946) – Mr. Ace (1946) – The Flame (1947) – Down to Earth (Göttin auf Erden, 1947) – Christmas Eve (1947) – The Lady from Shanghai (Die Lady von Shanghai, 1947) – It Had to Be You (1947, Dir. Stoloff) – The Fuller Brush Man (1948) – On Our Merry Way (1948) – The Girl from Manhattan (1948) – The Good Humor Man (1950) – The Fuller Brush Girl (Seine Frau hilft Geld verdienen, 1950) – Rogues of Sherwood Forest (Robin Hoods Vergeltung, 1950, + A.Morton, Dir. Stoloff) – Valentino (Valentino, Liebling der Frauen, 1950) – Chicago Calling (Fernruf aus Chicago, 1951) – Wildes Blut, 1952) – The Big Trees (Für eine Handvoll Geld, 1952) – Jake and the Beanstalk (1952) – The Moonlighter (1953) – There's Always Tomorrow (Es gibt immer ein Morgen, 1955) – The Square Jungle (Schläger von Chicago, 1955) – The Tall (Um Kopf und Kragen, 1956) – Shootout at Medicine Bend (Schußbereit, 1957) – Heaven Only Knows (Michael schafft Ordnung, 1957) – Decision at Sundown (Fahrkarte ins Jenseits, 1957) – Buchanan Rides Alone (Sein Colt war schneller, 1958) – Ride Lonesome (Auf eigene Faust, 1958) – Mlad: A Dog (Mein bester Freund, 1961)

Rogers, Eric G.

**25.9.1921 Halifax, Yorkshire, England, † 8.4. 1981 London.* Engl. Komponist, schrieb (neben → Bruce Montgomery) u.a. Musik für die zu jener Zeit sehr populäre »Carry on ...«-Serie, eine Blödel-Reihe, deren deutsche Titel mit »Ist ja irre ...« bzw. »Total verrückt ...« beginnen.

Filme: Carry on Cabby (Ist ja irre, diese müden Taxifahrer, 1963) – Carry on Cleo (Ist ja irre, Cäsar liebt Cleopatra, 1964) – Carry on Spying (Ist ja irre, Agent auf dem Pulverfaß, 1964) – Carry on Jack (Ist ja irre ...'ne abgetakelte Fregatte, 1964) – Carry on Cowboy (Ist ja irre, der dreiste Cowboy, 1965) – Carry on Doctor (Das total verrückte Krankenhaus, 1967) – Carry on Again, Doctor (Das total verrückte Irrenhaus, 1969) – Carry on Camping (Das total verrückte Campingparadies, 1969) – Carry on up the Jungle (Die total verrückte Königin der Amazonen, 1970) – Carry on Abroad (Ein total verrückter Urlaub, 1972)

Rogers, Milt

(eigentl. Milton Adelstein), * *28.1.1925 Brooklyn, N.Y., USA.* Der Pianist und Arrangeur trat Anfang der 50er Jahre in Clubs auf, war Klavier-Begleiter der Sängerin Gale Storm und wurde schließlich Assistent von Billy Vaughn beim Dot-Label, wo er als Arrangeur, Pianist und Produzent wesentlich zu dessen Erfolg beitrug. Er abeitete aber auch für andere Dot-Künstler.

Film: The Tiger Makes Out (1967)

Rogers, Shorty

(eigentl. Milton Michael Rajonski), * *14.4. 1924 Great Barrington, Mass., USA, † 7.11. 1994 Van Nuys, Calif.* Der renommierte Jazzmusiker (tp, flh) studierte am Konservatorium in L.A. und hatte erste Jobs in den Bands von Will Bradley und Red Norvo. Von 1944–51 war er mit Unterbrechungen in der Big Band von Woody Herman, 1951–53 bei Stan Kenton. Er arbeitete dann als Freelancer in L.A., gehörte als Musiker und Komponist/Arrangeur zu den führenden Vertretern des West Coast Jazz. Er war auch in A&R-Funktion bei RCA und Atlantic Records und nahm Schallplatten mit Combos (»Giants«) und Big Bands auf. Er schrieb auch Musik für Filme und TV.

Lit.: Coen Hoffman/Erik M.Bakker, S.R., A Discography, Amsterdam 2002

Filme: Hotsy Footsy (Kf., 1952) – Dementia (Score: G. Antheil, *Wig Alley* von S.R., 1954) – Man with the Golden Arm (Der Mann mit dem goldenen Arm, 1955; + Elmer Bernstein) – Dial Red O (1955) – The Big Combo (Geheimring 99, Arr., Score: David Raksin, 1955) – Four Boys and a Gun (Am Rande der Straße, 1956; + Albert Glasser) – Sappy Homiens (Kf., 1956) – Tarzan the Ape Man (Tarzan der Herr des Urwalds, 1959, OST: MGM) – Baby the Rain Must Fall (Die Lady und der Tramp, Arr., Score: E. Bernstein, 1964) – Taffy and the Jungle Hunter (1964) – Young Dillinger (Staatsfeind Nr.1, 1964) – The Tiger Makes Out (1967) – Breakout

Shorty Rogers

(1967, TV) – Gidget Grows Up (1969) – Fools (1970) – Like It Is (1970) – The Teacher (1974) – Dr. Minx (1975) – The Specialist (1975) – From Here to Eternity (1978, TV, + Walter Scharf) – The Return of Mod Squad (1979, TV) – Zoot Suit (1981) – The Looney Looney Looney Bugs Bunny Movie (Cartoon, 1981)

TV-Serien: Mr. Magoo (1960/62) – Mod Squad (1968–73) – Felony Squad (Episode »The Pat Hand of Death«) – The Interns (1971/72) – The New Temperatures Rising (1973) – The Partridge Family (1970/74) – Vegas (1978/80)

Lit.: Coen Hofmann/Gerard J. Hoogeveen, S. R., A Discography …

Röhrig, Wolfram

→ Droysen, Wolf

Roland, Marc

(eigentl. Adolf Beeneken), * *4.10.1894 Bremen, † 25.2. 1975 Tegernsee.* Studium am Konservatorium in Würzburg, arbeitete ab 1914 als Kapellmeister in verschiedenen Stadttheatern und begann früh zu komponieren, neben Orchestersuiten auch schon bald Musik für Stummfilme. Ab 1932 arbeitete er für den Tonfilm, sein erster Erfolg war das Lied *Unter dem Sternenzelt* aus dem Film »Ferien vom Ich«

Filme: Schön ist die Manöverzeit (1931) – Das Lied der Nationen (1931) – Gassenhauer (1931) – Lügen auf Rügen (1923) – Eine Nacht im Paradies (1923) – Ein süßes Geheimnis (1932, + Karl M.May, Grete Walter, Paul Hühn) – Die Tänzerin von Sanssouci (1932) – Kampf (1932) – Der Choral von Leuthen (1933) – Konjunkturritter (1934) – Ferien vom Ich (1934) – Ein Mädchen mit Prokura (1934) – Schützenkönig wird der Felix (1934) – Der stählerne Strahl (1934) – Nur nicht weinen, Susanne (1934, + Erwin Offeney) – Der Klosterjäger (1934) – Fridericus (1936) – Der Etappenhase (1937) – Musketier Meier III (1938) – Ferien vom Ich (1952)

Rollins, Sonny

(Theodore Walter), * *7.9.1930 N.Y., USA.* Der legendäre Jazzmusiker (ts) spielte Ende der

40er Jahre mit Größen wie Bud Powell, Thelonious Monk, Art Blakey, wurde 1955 Mitglied des Clifford Brown-Max Roach Quintetts und leitete ab 1957 eigene Gruppen. 1961 Quartett mit Jim Hall (g), später Don Cherry (cnt) und Billy Higgins (d). Er war mehrfach inaktiv und nutzte die Zeit zu Studien, u.a. in Indien. R. gehört zu den einflussreichsten Jazzmusikern der 2. Hälfte des 20. Jh., seine totale Improvisation gilt als Vorläufer des Free Jazz, an dessen Ausprägungen er aber nicht teilnahm. Zahlreiche Schallplatten, u.a. mit Miles Davis, Roach, Monk, Modern Jazz Quartet, Sonny Stitt, Abbey Lincoln, Dizzy Gillespie; als Leader ab 1951 für Prestige, Blue Note, Contemporary (»Way Out West«), Riverside (»Freedom Suite«), Verve, RCA (»The Bridge«), Impulse, Milestone, Planet Jazz, Jazz Door.

Lit.: F.Post/Chris Sheridan, Saxophone Colossus, A Bio-Discographie, 2000. – R.Palmer, S.R., The Cutting Edge, Hull (UK) 1998. – P.N.Wilson, S.R., Schaftlach 1991

Filme: Alfie (UK 1966; OST: Impulse) – Saxophone Colossus (Dok., Regie B.Mugge, 1986) – Working Girl (1988) – *als Musiker*: Texas Tenor: The Illinois Jacquet Story (1991) – A Great Day in Harlem (Dok., 1995)

Romans, Alain

** 13.1.1904 Tschenstochau (heute: Częstochowa, Polen), † 19.12.1988 Paris.*

Filme: Les vacances de Monsieur Hulot (Die Ferien des M. Hulot, 1953) – Mon oncle (Mein Onkel, 1956, + Frank Barcellai) – Y'en marre - Xe soir on tue (1959) – Un couple (1960) – La mémoire courte (1961)

Romanis, George Zachery

(eigentl. Roumanis), * *11.2.1929 Trenton, N. J., USA.* Lernte Kontrabass in Privatstunden, studierte Arrangement bei Sy Oliver und Dick Jacobs, spielte ab 1949 bei Charlie Spivak, Ralph Flanagan, war 1950–55 in der Air Force, arrangierte dort für Tanz- und Sinfonieorchester. Spielte dann Jazz mit Johnny Smith, Sal Salvador (LP »Colors in Sound«) und nahm eine eigene LP für Coral auf (»Colors in Jazz«). Er arbeitet seitdem als Komponist (Oper »Phaedra«) und Arrangeur.

Filme: Eight on the Lam (Acht gehen türmen, 1966) – Of Mice and Men – Crime Club (1973, TV)

Romano, Joe

(Joseph), * *14.4.1932 Rochester, N.Y., USA.* Begann als Jazzmusiker (as, ts) im Raum San Francisco, spielte mit Gus Mancuso 1957, dann einige Jahre bei Woody Herman, in den 60ern bei Chuck Mangione, Sam Noto, von 1968–74 immer wieder bei Buddy Rich, zwischendurch auch mit Louis Bellson und Les Brown. In den 70er Jahren in New York bei Chuck Israels und dem Thad Jones-Mel Lewis Orchestra. Arbeitet seitdem als freischaffender Musiker, Komponist und Sound Designer, im Film u.a. mit Jim Farmer.

Filme: Fear, Anxiety & Depression (1989) – Bottom Land (1992) – Strapped (1993, TV) – When the Party's Over (1993) – Love Is All There Is (1996) – Niagaravation (1996, + Jim Farmer)

Romberg, Sigmund

(eigentl. Szigmond Roszenberg), * *29.7.1887 Nagykanizsa/Großkanitz, Ungarn, † 9.11. 1951 N.Y., USA.* Operetten/Musical-Komponist der 20er bis 40er Jahre. Er schrieb eine Reihe von Broadway-Shows, die eher noch der Operette (im Stil von Victor Herbert) als dem Musical zuzuschreiben sind. Bekannte Songs: *Will You Remember?, Song of Love, Softly as in a Morning Sunrise, Wanting You, When I Grow Too Old to Dream, Close as Pages in a Book.* Seine musikal. Ausbildung hatte er in Ungarn; 1909 ging er in die USA, arbeitete als Pianist in Cafés und Clubs und leitete ein Orch. in Bustanobys Restaurant. Publizierte erste Kompositionen im Musikverlag der Shubert-Brüder, erste Show 1914 »The Whirl of the World«. Seine erfolgreichste Zeit waren die 20er Jahre, spätere Werke waren von unterschiedlicher Qualität, er arbeitete dann auch für den Film und als Dirigent im Rundfunk. Mitarbeiter waren die Texter Harold Atteridge, Rida Johnson Young, M.E. Rourke, Otto Harbach, Dorothy Donelly, Oscar Hammerstein II, Dorothy Fields, Gus Kahn, Leo Robin. Schrieb auch Filmmusik, z.B. »Maytime«

(1937). 1954 entstand der biographische Film »Deep in My Heart« mit José Ferrer in der Rolle von Romberg.

Lit.: Elliott Arnold, Deep in My Heart (Biogr.), 1953

LP: S.R. Orch., S.R. Conducts, RCA LPM-1862 – Romberg Conducts Romberg, JJA Rec. 19863 – *CD:* Great Hits, Flapper PAST 9761

Filme (Songs): The Desert Song (Das Lied der Wüste, 1929) – Children of Dreams (1931) – New Moon (1931) – The Night is Young (*The Night is Young; When I Grow Too Old to Dream,* 1935) – They Gave Him a Gun (A *Love Song of Long Ago,* 1937) – Maytime (1937) – Girl of the Golden West (Das Mädchen aus dem Goldenen Westen, *There's a Brand New Song in the Town; Shadows on the Moon; The Golden West; Senorita; Soldiers of Fortune; Wind in the Trees,* 1938) – New Moon (1940) – The Desert Song (Liebeslied der Wüste, Arr. H. Roemheld, 1944) – Up in Central Park (1948) – Faithfully Yours (Titelsong, 1951) – The Desert Song (El Khobar, Schrecken der Wüste, Arr. Ray Heindorf, 1953) – Deep in My Heart (Tief in meinem Herzen, 1954)

Rome, Harold Jacob

** 27.5.1908 Hartford, Conn., USA, † 26.10. 1993 N.Y.* Komponist, Songschreiber und Drehbuchautor der 40er bis 60er Jahre. Arbeitete vor allem für den Broadway, größte Erfolge: »Call Me Mister«, »Wish You Were Here«, »Destry Rides Again« und »I Can Get It For You Wholesale«. Studierte am Trinity College, der Yale Univ. und der Yale School of Architecture, da er zunächst Architekt werden wollte. Erster Musicalerfolg »Pins and Needles« (1937). In seinen Werken griff er z.T. aktuelle politische und gesellschaftliche Themen auf.

Filme: Babes on Broadway (1941, Song) – Thousands Cheers (1943, Songs) – Raiders of the Border (1944) – Anchors Aweigh (1945, Song: *My Heart Sings*) – Junior Prom (1946) – Call Me Mister (1951, Songs) – Wonderful Things (1958) – Fanny (Show 1954, Film 1961; Dir.: Stoloff, Sukman))

Ronell, Ann

(eigentl. Ann Rosenblatt), ** 25.12.1910 Omaha, Neb., USA, † 25.12.1993 N.Y.* Film- und Songkomponistin, bekannt vor allem durch die Standards *Willow Weep for Me, Rain on the Roof* (1932) und *Who's Afraid of the Big Bad Wolf?* (1933). Sie begann als Musiklehrerin, wurde Probenpianistin für Broadway-Shows, schrieb – protegiert von George Gershwin – Filmmusik (sie war die erste Frau, die ihre Musik auch dirigieren durfte) und 1942 die Musik für die kurzlebige Show »Count Me In«. Sie schrieb auch die (engl.) Libretti für die Oper »Marta« und für »The Gypsy Baron« (Der Zigeunerbaron). Sie war verheiratet mit dem Filmproduzenten Lester Cowan.

Filme: Champagne Waltz (1937) – Alghiers (1938) – Commandos Strike at Dawn (1942) – Tomorrow the World (1944) – The Story of G.I. Joe (Schlachtgewitter am Monte Cassino, 1945, + L.Applebaum, L.Forbes) – One Touch of Venus (1948, Bearb. v. Kurt Weill) – Love Happy (1949) – Main Street to Broadway (1953)

Rose, Bert

** 26.6.1908 Frankfurt/M., † 29.5.1986 Buenos Aires, Argentinien.*

Filme: Cantando illego el amor – Turbion (1938) – 24 horas en libertad (1939) – Elvira Fernandez vendedora de teinda (1942) – Candida, la mujer del ano – El espejo – El fabricante de estrellas – La guerra la gano yo – La hija del minsitro (1943) – Mi novia es un fantasma (1944) – Mosquito muerta – Soy un infeliz – Christina (1946) – El retrato (1947) – El otro yo de marcela – Una viuda casi alègre (1950)

Rose, Bob

(Robert), ** 3.7.1944 N.Y., USA.* Rock-/Fusion-Musiker (g), Songschreiber und Komponist. Arbeitete mit Roy Ayers, den Beach Boys, Michael Bloomfield, Darius Brubeck, Barbara Carroll u.a. Im Film seit 1986 tätig.

Filme: Nightforce (1986, auch Songs) – Tapeheads (1988, Schausp.)

Rose, David

** 15.6.1910 London, England, † 23.8.1990 Burbank, Calif., USA.* Dirigent, Komponist und Arrangeur von Easy Listening- und Filmmusik. Kam 1914 in die USA, wuchs in Chicago auf, studierte dort am Musical College. Arbeitete als Pianist mit lokalen Bands,

1927–29 bei Ted Fio Rito, 1930–37 am Rundfunk in Chicago, arbeitete als Arrangeur für Benny Goodman, Jack Hylton, danach in Hollywood. 1938–40 Musical director für Mutual Radio Network, für Radio Shows mit Tony Martin, in den späten 40er Jahren für den Komiker Red Skelton, von 1953–71 auch im TV. Er schrieb Musik für Filme und komponierte Standards wie *Holiday for Strings* und *The Stripper*. Er war verheiratet mit den Schauspielerinnen/Sängerinnen Martha Raye (1938–41) und Judy Garland (1941–43). R. gehört neben → Robert Farnon, → Percy Faith und → André Kostelanetz zu den großen Meistern der »Mood Music«. – Schallplatten mit Martha Raye, Judy Garland, Jane Powell, Howard Keel, Beryl Davis, Dick Stabile, André Previn u.a.; unter seinem Namen für RCA, Kapp, MGM, Masterseal u. Capitol.

CD: MGM Recordings, Taragon – The Stripper, Emporio EMPRCD-501

Filme: The Prince and the Pirate (1944) – Rich, Young And Pretty (1951) – Young Man with Ideas (1952) – Everything I Have Is Yours (1952) – The Clown (1953) – Bright Road (1953) – Operation Petticoat (Unternehmen Petticoat, 1959) – Please Don't Eat The Daisies (Meisterschaft im Seitensprung, 1960) – Quick Before it Melts (Rasch, bevor es schmilzt, 1964) – Never Too Late (1965) – Hombre (Man nannte ihn Hombre, 1966)

TV-Serien: Bonaza – High Chapparal – Little House on the Prairie

Kompositionen: Holiday For Strings – The Stripper – Our Waltz – Souvenir in Love – Holiday for Flute – Holiday for Trombone – Romantic Waltz – Stringopation – The Christmas Tree – Music for Moderns – Dance of the Spanish Onion – S-o-o-o-o-o in Love – One Love – Deserted City – 4:20 A.M. – Never Too Late – Waltz of the Bubbles

Rose, Earl Alexander

** 5.9.1946 N.Y., USA.*

Filme: Thin Ice (1981, TV) – Mad Dog Time (1996)

Rose, Fred

** 24.8.1897 Evansville, Ind., USA, † 1.12. 1954 Nashville, Tenn.* Der Komponist begann in den 20er Jahren als Pianist und Sänger in Nightclubs, spielte Klavierwalzen für QRS ein und auch Schallplatten. Gründete in Chicago das Duo The Tune Peddlers mit Sänger/Pfeifer Elmo Tanner und trat mit ihm im Rundfunk mit eigener »Fred Rose's Song Show« auf. Arbeitete kurz in Nashville, schrieb dann in Hollywood Songs für Gene Autrey. 1942 wieder in Nashville, tat sich dort mit Roy Acuff zusammen; sie gründeten Acuff-Rose Publishing, den ersten Musikverlag in Nashville und der erste, der sich der Countrymusik verschrieb. Er nahm Hank Williams unter Vertrag und schrieb Hits für diesen wie auch für Popsänger. Zu seinen großen Erfolgen zählen *Tennessee Waltz, You Belong to Me* und *Your Cheatin' Heart*. Sein Sohn Wesley Herman R. ist ebenfalls Komponist.

Filme (Songs/Score*): The Mystery of the Hooded Horseman* (1937) – Gold Mine in the Sky (1938) – In Old Monterey – South of the Border – Racketeers of the Range (1939) – Triple Justice (1940) – Ridin' on a Rainbow* (1941, auch Song: *Be Honest with Me*, Oscar-Nominierung!) – Dude Cowboy* – Along the Rio Grande* – Come On, Danger!* – Cyclone on Horseback* – Robbers of the Range* – Six Gun Gold – Riding the Wind – Sierra Sue – Thundering Hoofs (1941) – Pirates of the Prairie – Bandit Ranger (1942) – Sagebrush Law – Red River Robin Hood (1943) – Sing, Neighbor, Sing (1944) – Night Train to Memphis (1946) – State of Grace (1990)

Rose, Gene

Komponist und Songschreiber im Film der 30er und 40er Jahre, arbeitete meist als Arrangeur, nur wenige Filme hat er als Komponist betreut..

Filme: Dante's Inferno (1935) – The Crime of Dr. Forbes (1936) – Road Demon – Island in the Sky (1938) – Tom, Dick and Harry (1941) – Girl Rush (1944) – The Dolly Sisters (1945)

Rosen, Milton Sonnett

** 2.7.1906 Yonkers, N.Y., USA, † 28.12.1974.* Komponist und Songschreiber* , arbeitete von 1940 bis in die 70er Jahre vorwiegend für B-Filme als Komponist und musikal. Leiter (meist ungenannt), z. T. mit den Komponisten Everett Carter, Hans J. Salter, H.Mancini und Herman Stein.

Filme: Riders of Pasco Basin* – Ragtime Cowboy Joe* – Bad Man from Red Butte* – Pony Post* (1940) – Law of the Range – Six Lessons from Madame La Zonga* – The Masked Rider (1941) – Stagecoach Buckaroo* – Escape from Hong Kong* – Drums of the Congo* – Fighting Bill Fargo – Jukebox Jenny – Boss of Hangtown Mesa* (1942) – Get Going* – Cowboy in Manhattan (Dir.) – Good Morning Judge* – Old Chisholm Trail* (1943) – Enter Arsène Lupin (1944) – On Stage Everybody* – Pursuit to Algiers – Men in Her Diary – Sudan – Swing Out, Sister – Senorita from the West* – Shady Lady (1945) – The Lawless Breed – Dressed to Kill – Terror by Night – Gun Town* – Cuban Pete – The Time of Their Loves – Tangier – White Tie and Tails – Rustler's Roundup – Slightly Scandalous – The Spider Woman Strikes Back (1946) – Slave Girl (Die falsche Sklavin, 1948) – Pirates of Monterey – Thirteen Lead Soldiers – The Creeper – The Challenge (1948) – The Milkman (1950) – Son of Ali Baba – The Raiders – Francis Goes to West Point – Lost in Alaska (1952) – City Beneath the Sea (Um neun Uhr geht die Erde unter, 1953) – Tumbleweed – The Veils of Bagdad (1953) – Everything But the Truth (1956) – Outside the Law (Du oder ich, 1956) – Summer Love (1958) – King Kong vs. Godzilla (1962) – Death Race (1973, TV)

Rosen, Willi

(Wilhelm Julius Rosenbaum; Rosen seit 30.10.31), ** 18.6.1894 Magdeburg, † 28.10. 1944 Auschwitz (ermordet).*

Filme: Wenn du einmal dein Herz verschenkst (1929) – Die zärtlichen Verwandten (1930, + Felix Günther) – Zapfenstreich am Rhein (1930, + W.Sieber, W.Rollins, H.Waldau) – Moritz macht sein Glück (1931, + H.Lewin) – Holzapfel weiß alles (1932, + H.J.Salter) – Frau Lehmanns Töchter (1932, Lieder) – Es war einmal ein Musikus (1933, + Hans Sommer, W.Meisel, Fr.Schwarz) – Manolescu, der Fürst der Diebe (1933, + A.Strasser) – Kampf um Blond (1933, + F.Wenneis)

Rosenberg, Hilding Constantin

** 21.6.1892 Bosjökloster (Malmohus), † 19.5. 1985 Stockholm.* Schwedischer Komponist, für den Film tätig seit 1938.

Filme: Bergslagsfoljk (1938) – Hets (1944) – Kort ar sommaren (1962)

Rosenberger, Raimund

** 17.7.1917 München, † 30.10.1990 ebd.* Dt. Komponist, Arranger und Dirigent. Studierte in München an der Staatlichen Hochschule für Musik. War 1946–52 Theaterkapellmeister und arbeitete dann ab 1956 als Komponist, u.a. für den Berliner Filmproduzenten Arthur »Atze« Brauner (* 1918). Die meisten der ihm zugewiesenen Filme waren dürftig, Ausnahme: »Rosen für den Staatsanwalt«. Er arbeitete dann mehr fürs ZDF (Serie »Königlich Bayerisches Amtsgericht«), auch als Dirigent und TV-Show-Komponist. Ab 1973 war er Präsident des Deutschen Komponistenverbandes und ab 1982 Aufsichtsratsvorsitzender der GEMA. Er ist ein Vetter des Kapellmeisters/Komponisten Otto R.

CD: Karl May Film-Musik, Bear Family BCD 16413

Filme: Die fröhliche Wallfahrt (1956) – Der Pauker (1956) – Der Haustyrann (1958) – Alle Tage ist kein Sonntag (1959) – Rosen für den Staatsanwalt (1959) – Hubertusjagd – Frau Irene Besser – Mein Schulfreund – Wenn die Heide blüht (1960) – Blond muß man sein auf Capri (1961) – Das Testament des Dr. Mabuse – Frauenarzt Dr. Sibelius (1962) – Zwischen Shanghai und St.Pauli (D/I 1962) – Sein bester Freund (1962) – Der Fluch der gelben Schlange – Der Henker von London (1963) – Das siebte Opfer (1964) – Durchs wilde Kurdistan (D/E 1965) – Im Reiche des silbernen Löwen (D/E 1965) – Mädchen hinter Gittern (1965) – Charlys Onkel – Heintje: Ein Herz geht auf Reisen (1969) – Der Mann mit dem goldenen Pinsel – Heintje: Einmal wird die Sonne wieder scheinen (1969) – Heintje: Mein bester Freund (1970) – Sonne, Sylt und kesse Krabben (1971) – Auch ich war ein mittelmäßiger Schüler (1974) – Ich denk' mich tritt ein Pferd (1975)

Rosenfeld, Gerhard Klaus

** 10.2.1931 Königsberg (Ostpreußen), † 5.3. 2003 Bergholz-Rehbrücke (Potsdam).* Komponist in der DDR.

Filme: Das Leben des Jürgen von Golzow (1961/64) – Mord in Gateway (1962) – Das Geheimnis der 17 (1963) – Das Lied vom Trompeter – Die Suche nach dem wunderbaren Vögelchen – Das Kaninchen bin ich (1964) – Die andere Front – Asse – Baltik 66 – Ein

Tag in unserer sozialistischen Schule – Oben fährt der große Wagen – Alfons Zitterbacke (1966) – Das Mädchen auf dem Brett – Die Fahne von Kriwoj Rog (1967) – Dr. med. Sommer II (1969) – Mein lieber Robinson (1970) – Johannes Kepler (1973) – Asse, anno 74 – Aus meiner Kindheit – Alwin auf der Landstraße – Leben mit Uwe (1974) – Bankett für Achilles – Das blaue Licht – Die Überlebende (1975) – Unser stiller Mann (1976) – Einer muß die Leiche sein (1977) – Ein Schneemann für Afrika – Addio, piccolo mia – Achillesferse (1978) – Die lange Straße – Die Schmuggler von Rajgrod – Anmut sparet nicht noch Mühe (1979) – Unser kurzes Leben – Darf ich Petruschka zu dir sagen (1980) – Lebensläufe (1981) – Sonjas Rapport (1982) – Kaskade rückwärts (1984) – Pelle der Eroberer – Blonder Tango (1985) – Die Taube auf dem Dach (1990) – Die Geschichte vom Onkel Willi aus Golzow (1995) – Was geht euch mein Leben an?/Elke, ein Kind von Golzow (1996) – Da habt ihr mein Leben/Mariluise, Kind von Golzow (1997)

Rosenman, Leonard

* *7.9.1924 Brooklyn, N.Y., USA.* Bis zum 15. Lebenjahr zeigte R. keine Neigung zur Musik, er entdeckte sie, als ihm seine Tante ein Klavier kaufte. Auch dann war Musik für ihn ein Hobby, er wollte eigentlich Maler werden. So begann er nach seiner Militärzeit auch ein Kunststudium, wurde aber dann in Berkeley Schüler von Ernst Bloch und Arnold Schönberg und arbeitete anschließend als Pianist und Lehrer. Einer seiner Schüler war der Nachwuchsschauspieler James Dean, auf dessen Vorschlag er dann die Musik für zwei seiner Filme schreiben durfte (»East of Eden«, »Rebel Without a Cause«). Er studierte Komposition bei Rogers Sessions und Luigi Dallapiccola. Richtig bekannt wurde R. erst 1970 mit seinen Musiken für »A Man Called Horse« und »Beneath the Planet of the Apes«. Oscars erhielt er für »Barry Lyndon« (1975) und »Bound for Glory« (1976). In den 80er Jahren verlagerte sich seine Tätigkeit mehr auf das TV, er schrieb aber noch Musik für Filme wie »Star Trek IV«, »Cross Creek« und »The Jazz Singer«. Er komponierte auch verschiedene »klassische« Werke.

Weitere Filme: The Cobweb (Die Verlorenen, 1955) – East of Eden (Jenseits von Eden, 1955) – Rebel Without a Cause (... denn sie wissen nicht was sie tun, 1955) – Edge of the City (Ein Mann besiegt die Angst, 1956) – The Young Strangers (Das nackte Gesicht, 1957) – Bombers B-52 (Bomber B-52, 1957) – Lafayette Escadrille – The Hidden World (Dok., 1958) – Pork Chop Hill (Mit Blut geschrieben, 1959) – The Savage Eye (Das grausame Auge, 1959) – The Bramble Bush (Jeder zahlt für seine Schuld, (1959) – The Rise and Fall of Legs Diamond (J.D. der Killer, 1960) – The Crowded Sky (SOS für Flug T17, 1960) – The Plunderers (Die Plünderer, 1960) – The Outsider (1961) – Convicts 4 (1962) – Hell is For Heroes (Die ins Gras beißen, 1962) – Requiem for a Heavyweight (Die Faust ins Gesicht, 1964) – The Chapman Report (1962) – The Defenders (TV-Serie, 1961–65) – A Convenant with Death (1966) – Fantastic Voyage (Die phantastische Reise, 1966) – Countdown (Countdown: Start zum Mond, 1968) – Hellfighters (Die Unerschrockenen, 1969; Dir. J.Gershenson) – A Man Called Horse (Der Mann den sie Pferd nannten, 1970) – Beneath the Planet of the Apes (Rückkehr zum Planeten der Affen, 1970) – Skipper (1971) – Battle for the Planet of the Apes (Die Schlacht um den Planeten der Affen, 1973) – The Phantom of Hollywood (Das Phantom von Hollywood, 1974) – Barry Lyndon (1975) – Race with the Devil (Vier im rasenden Sarg, 1975) – Birch Interval (1976) – Bound for Glory (Dies Land ist mein Land, 1976; Songs: Woody Guthrie) – The Car (Der Teufel auf Rädern, 1976) – 9/30/55 (1977) – An Enemy of the People (Ein Feind des Volkes, 1977) – The Possessed (Die Besessenen, 1978) – Lord of the Rings (Der Herr der Ringe, Cartoon, 1978) – Prophecy (Die Prophezeihung, 1979) – Promises in the Dark (Wenn das Schicksal es will, 1979) – Hide in Plain Sight (Die Machtprobe/Spuren ins Nichts, 1980) – The Jazz Singer (1980) – Making Love (Liebe mit doppeltem Boden, 1981) – Criss Cross (Gewagtes Alibi, 1983) – Cross Creek (Wo meine Sehnsucht wohnt, 1983) – Miss Lonely Hearts (1983) – Heart of the Stag – The Return of Marcus Welby, M.D. (Chefarzt Dr.Welby, 1984) – Sylvia (1985) – Star Trek IV: The Voyage Home (Star Trek IV: Zurück in die Gegenwart, 1986) – Cycle in a Forest (Ruhe vor dem Sturm, 1986) – RoboCop 2 (1990, OST: Varèse VSD-5271) – Ambition (Ein

Mann läuft Amok, 1991) – Mrs. Munck (Die Rache der Mrs. Munck, 1995)

Rosenthal, Laurence

** 4. 11. 1926 Detroit, Michigan, USA.* R. begann mit drei Jahren Klavier zu lernen und trat schon in seiner High School-Zeit als Solist mit dem Detroit Symphony Orchestra auf. Er studierte an der Eastman School of Rochester bei Howard Hanson und Bernard Rogers sowie in Paris bei Nadia Boulanger. Seine Karriere als Komponist begann bei der US-Luftwaffe in einer Filmeinheit. Er arbeitete dann als Theaterkomponist und fürs TV. 1962 schrieb er die Musik für Arthur Penns Filmversion von »The Miracle Worker«, die Geschichte der taubstummen und blinden Helen Keller, wo seine Musik als »Sprache« fungierte und heute als Klassiker gilt. Er schrieb auch Musiken für mehrteilige TV-Filme wie »Peter der Große«, »Anastasia« und »Mussolini«.

Filme: Yellowneck (1955) – Naked in the Sun (Nackend in der Sonne, 1957) – A Raisin in the Sun (Ein Fleck in der Sonne, 1961) – Dark Odyssey – The Miracle Worker (Licht im Dunkel, 1962) – Becket (UK 1964) – Hotel Paradiso (I/USA 1966) – The Comedians (Die Stunde der Komödianten, USA/F 1967) – Three (1969) – A Gunfight (Duell in Mexiko, 1971) – Man of La Mancha (Der Mann von La Mancha, Arr., 1972) – The Log of the Black Pearl (Die Fahrt der Black Pearl, 1974) – Rooster Cogburn (Mit Dynamit und frommen Sprüchen, 1975) – The Wild Party (Wilde Party, 1975) – The Return of a Man Called Horse (Der Mann den sie Pferd nannten, Teil 2, 1976) – Meetings with Remarkable Men (Gurdjieff: Begegnung mit bemerkenswerten Menschen, UK 1977) – The Island of Dr. Moreau (Die Insel des Dr. Moreau, 1977) – Who'll Stop the Rain/Dog Soldiers (Dreckige Hunde, 1977) – Brass Target (Verstecktes Ziel, 1978) – Meteor (1979) – Billy the Kid (1979) – Revenge of the Stepford Wives (Terror in New York, 1980) – Clash of the Titans (Kampf der Titanen, UK 1981) – Heart Like a Wheel (... und wenn der letzte Reifen platzt, 1983) – Easy Money (Monty, der Millionenerbe, 1983) – Blackout (Bestie in Schwarz, 1984) – Mussolini: The Untold Story (TV, 1985) – Peter the Great (Peter der Große, TV, 1986) – Anastasia (1987, TV) – Blackout (1988) – In the Line of Duty; The FBI Murders (1988) – Brotherhood of the Rose (Geheimbund der Rose, 1988) – My Father, My Son (Vietnam: Tod auf Raten, 1988) – Street of Dreams (Straße der Träume, 1988) – To Heal a Nation (Die Vergessenen, 1988) – The Kissing Place (Billys Tod, 1992) – The Man Who Captured Eichmann – Member of the Wedding – Young Indiana Jones Chronicles (TV) – Catherine the Great (Katharina die Große, 1994, TV)

Ross, William James

** 6.12.1937 Dallas, Tx., USA.* R. arbeitete für zahlreiche Filme als Arrangeur, u.a. »Die Hard 2«, »Forrest Gump«, »The Flintstones«, »The Odd Couple II«, außerdem für TV-Serien wie »MacGyver«, »Tiny Toon Adventures« und »Golden Fiddles«.

Filme: One Good Cop (1991) – Look Who's Talking Now (1993) – Thumbelina (1994) – Cops and Robbersons – The Little Rascals (1994) – The Amazing Panda Adventure (1995) – Black Sheep – Tin Cup (1996) – The Evening Star – My Fellow Americans (1996) – A Smile Like Yours (1997) – T-Rex: Back to the Cretacous (1998) – Escape from Dino Island (198) – My Dog Skip (2000) – Life with Judy Garland: Me and My Shadows (2001, TV) – Her Majesty (2001) – Tuck Everlasting (2002)

Rosselini, Renzo

** 2.2.1908 Rom, Italien, † 13.5.1983 Monte Carlo.* Der Bruder des Regisseurs Roberto R. (1906–1977) studierte an der römischen Musikakademie und arbeitete dann als Orchesterleiter. Er komponierte in dieser Zeit u.a. eine »Suite in drei Tempi«, »La danza di Dassine« und »Terra di Lombardia«. 1933–34 war er Leiter am Instituto Musicale in Venedig, 1940 Lehrer und stellvertretender Direktor am Conservatorio G. Rossini in Pesaro. Ab 1942 wirkte er an der römischen Musikakademie und war auch als Musikkritiker tätig. Ab Mitte der 30er Jahre arbeitete er auch als Filmkomponist, er vertonte etliche Filme seines Bruders, arbeitet aber auch für Vittori De Sica u.a. In den 50er Jahren arbeitete er aber auch für viele Massenproduktionen wie die unsäglichen ital. Historienschinken. 1961 wandte er sich vom Film ab und komponierte konzertante Musik: mehrere Sinfonien, Kammermusik und Bühnenwerke. 1971 wurde er in Monte Carlo Präsident des monegassischen Nationalorchesters.

Filme: L'antenateo (1936) – I fratelli Castiglioni – Il signor Max (1937) – Tarakanova (Rivalin der Zarin, I/F 1937) – Sotto voce del sud – Piccoli manfraghi (1938) – Forsi e tu L'amore (1939) – Orrizonte dipinto (1940) – La nave bianca (Das weiße Schiff, 1941) – Teresa Venerdi (Verliebte Unschuld, 1941) – Giarabub (Die Letzten con Giarabub, 1941) – Una pilota ritorna (1942) – Il tre aquilotti – Il bambini ci guardano (1942) – Non sono superstizioso, ma ... (1943) – Paisa (1946) – L'altra (1947) – I fratelli Karamazov (1947) – Assunta spina (Die Gezeichnete, 1947) – Roma citta aperta (Rom offene Stadt, I 1945) – Germania Anno Zero (Deutschland Stunde Null, I/F 1947) – L'amore (1948) – Una lettera all' Allba (Sklavin des Lasters, 1948) – The Miracle (1948) – La macchina ammazza cattivi (Die Maschine, die die Bösen tötet, 1948) – Stromboli, terro di dio (Stromboli, 1949) – Francesco, giullare di dio (Franziskus, der Gauner Gottes, 1950) – Schatten über Neapel (D/I 1950) – Senza badiera (1950) – Le vendetta di Aquile Nera (Die Rache des schwarzen Adlers, 1951) – Europa 51 (1951) – Il boia di lilla (Anna und der Henker, 1950) – Wir tanzen auf dem Regenbogen (D/I 1952) – Spartaco (Spartakus, der Rebell von Rom, 1953) – Noi peccatori (Vergib' mir, Madonna, 1962) – Viaggio in Italia (Liebe ist stärker, 1953) – Orage (Du mußt mich vergessen, F/I 1953) – Theodora, imperatrice di Bisanzio (Theodora, Kaiserin von Byzanz, 1953) – Donne proibite (Die Verrufenen, 1953) – Angst (D/I 1954) – Schiave delpeccato (Dirnentragödie, 1954) – La cortigiana de Babilonie (Die Kurtisane von Babylon, 1954) – Orientexpreß (I/F/D 1954) – Il segno di venere (Im Zeichen der Venus, 1954) – Adrienne Lecouvreur (1955) – Difendo il mio amore (Ihr schlechter Ruf, 1956) – Monte Carlo Story (USA 1956) – La ragazza del palio (Keine Schonzeit für Blondinen, 1956) – Il corsaro della mezza une (Der Korsar vom roten Halbmond, 1957) – Il magistrato (Menschen die im Schatten stehen, 1959) – Il Generale delle Rovere (Der falsche General, I/F 1959) – Le legioni de Cleopatra (Die Legionen des Cäsaren (I/F/E 1960) – Era notte a Roma (Es war Nacht in Rome, I/F 1960) – I tartari (Die Tartaren, 1960) – Viva l'Italia (1960) – Vanina vanini (Der furchtlose Rebell, I/F 1961) – La donna del lago (1965)

Rostaing, Hubert

** 17.9.1918 Lyon, Frankreich, † 10.6.1990 Paris.* Wuchs in Algier auf und studierte am dortigen Konservatorium. Kam 1939 nach Paris und löste 1940 Stéphane Grappelli im Quintette du Hot Club de France ab und wurde hier zum führenden Swing-Klarinettisten seines Landes. Nach dem Krieg spielte er mit eigenen Gruppen; in den späten 40er Jahren begann er für den Film zu arbeiten, so mehrfach als Arrangeur für → Phillipe Sarde.

Filme: Croisière pour l'inconnue (1947) – A poings fermes (Kf. 1949) – Histoire du bicyclette (Kf. 1953) – Candide, ou l'optimisme au XXème siècle (Candide oder Der Optimismus im 20. Jahrhundert, 1960) – Touchez pas aux blondes (Blonder Charm und schräge Schatten, 1960) – Le pain du ciel (Dok., 1962) – Les saintes nitouches (Das Mädchen mit dem frommen Blick, F/I 1962, + A.Hodeir) – La bonne soup (Das leichte Geld der Liebe, 1963, Arr., Score: Raymond Senechal) – Château en Suede/Il castello in Svezia (Das Schloß in Schweden, F/I 1963; Arr., Score: R. Senechal) – Patate (Monsier geht fremd, F/I 1964) – Je vous salue, Marie (Maria und Joseph, F/I 1965) – Le locataire (Der Mieter; als Interpret, Score: Ph. Sarde, 1967) – L'amour mène les hommes (1967) – Les seins de glace (Eiskalt wie das Schweigen, F/I 1974, Arr., Score: Ph. Sarde) – L'adolescence (G/F 1976, Arr., Score : Ph. Sarde) – César et Rosalie (F(I/G 1972, Arr.; Score: Ph. Sarde) – L'horloger de St. Paul (Der Uhrmacher von St.Paul, Dir., Score: Ph. Sarde) – La valise (Der Koffer in der Sonne, Arr., 1973) – Le train (Der Zug, 1973, Arr.) – Le grand bouffe (Das große Fressen, 1973) – Vincent, Francois, Paul ... et les autres (F/I 1974, Arr., Score: Ph. Sarde) – Le juge et l'assassin (1975; Dir., Score: Ph. Sarde) – 7 morts sur ordonnance (F/E/G 1975, Arr., Score: Ph. Sarde) – Juge Fayard dit le sheriff (1976, Dir., Score: Ph. Sarde) – L'ultima donna Mado (1976, Dir., Score: Ph.Sarde) – La première fois (1976, Arr., Score: René Urtreger) – Marie-Poupée (1976, Dir.; Score : Ph. Sarde) – Des enfants gates (1977, Dir.; Score: Ph. Sarde) – Mort d'un pourir (1977, Arr., Score: Ph. Sarde) – La vie devant soi/Madame Rosa (Arr., Score: Ph. Sarde) – Une histoire simple (F/G 1978, Dir., Score: Ph. Sarde) – Le sucre (1978, + Ph. Sarde) – Au bout du bout du bank (1978, Arr., Score: G.Moustaki) – Moments de la vie d'une femme (F/Israel 1979) – Un assassin qui passe (1981, Dir., Score: Jean-Pierre Mas)

Rota, Nino

** 3.12.1911 Mailand, Italien, † 11.4.1979 Rom.* Ein »Wunderkind«, hatte er mit 15 Jahren schon eine Oper und ein Oratorium komponiert. Er studierte am Curtis Institute in Philadelphia und am Liceo Musicale in Bari, dessen Direktor er dann von 1950–78 war. 1933 begann er Musik für ital. Filme zu schreiben; 1950 begann seine Zusammenarbeit mit Federico Fellini, die 30 Jahre dauern sollte und Klassiker wie »La Strada« (1954), »La Dolce Vita« (1960) und »8½« (1963) hervorbrachte. 1972 schrieb er die Musik für »Der Pate«, einen Oscar erhielt er für dessen Teil II (1974). R. schrieb auch vier Sinfonien, acht Opern, Ballett-Musiken und Orchesterwerke. Seine Musik wurde posthum noch in Filmen eingesetzt, u.a. in »Hold Up« (1984) und »Der Pate III« (1990).

CD: N.R., Film Music, EMI – Chansons pour Fellini, Milan

Weitere Filme: Treno Popolare (1933) – Giorna di nozze (1942) – Il birichino di papa (1943) – La frecchia nel fianco (1943) – Zaza (1943) – Le miserie des signor Travet (1945) – Roma, citta libera (1946) – Vivre in pace (In Frieden leben, 1946) – Amanti senza amore (1947) – Senza pietà (Ohne Gnade, 1947) – The Glass Mountain (Echo der Liebe, UK 1948) – Obsession (Der Wahnsinn des Dr. Clive, UK 1948) – I pirati di Capri (Piraten von Capri, 1948) – Proibitare rubare (Razzia in Neapel, 1948) – E Primavera (1948) – Fuga in Francia (Flucht nach Frankreich, 1948) – Vita da cani (1949) – Donne e briganti (1950) – Peppina et Violetta (Peppina und Violetta, F/I 1950, UK-Version: Never Take No For an Answer) – Anna (1952) – Something Money Can't Buy (UK 1952) – Venetian Bird (UK 1952) – Ragazza di marito (Mädchen zum Heiraten, 1952) – La regina di Saba (Die Königin von Saba, 1952) – Il Vitelloni (Die Müßiggänger, I/F 1953) – Scampolo (1953) – Anni facili (1953) – La grande speranza (Die große Hoffnung, 1953) – L'ennemie public No. 1 (Staatsfeind Nr. 1, I/F 1953) – Via Padova 46 (1954) – Mambo (USA/I 1954, + F.Lavagnino) – La Strada (Das Lied der Straße, 1954) – Amici per la pelle (Freunde fürs Leben, 1955) – Il Bidone (Fellinis Gauner, I/F 1955) – La bella di Roma (1955) – War and Peace (Krieg und Frieden, 1956) – Le notte di Cabiria (Die Nächte der Cabiria, 1956) – Le notti bianche (Weiße Nächte, 1957) – Il medico e lo stregone (Arzt und Hexenmeister, 1957) – Citta di notte (Ein Mädchen aus Rom, 1857) – La diga sulpacifico (Heiße Küste, 1957) – Heimweh, Stacheldraht und gute Kameraden (D/I 1957) – La loi c'est la loi (Gesetz ist Gesetz, F/I 1957) – Fortunella (1957) – Plein soleil (Nur die Sonne war Zeuge, 1959) – Purple Moon – Rocco i suoi fratelli (Rocco und seine Brüder, 1960) – La dolce vita (Das süße Leben, I/F 1960) – The Best of Enemies (USA/I 1961) – Boccaccio '70 – The Reluctant Saint (Ein sonderbarer Heiliger, 1962) – 8 ½ (1963) – Il Gattopardo (Der Leopard, 1963) – Giulietta degli spiriti (Julia und die Geister, D/I 1965) – The Taming of the Shrew (Der Widerspenstigen Zähmung, USA/I 1967) – Histoires extraordinaires (Außergewöhnliche Geschichten, 1967) – Giuliette e Romeo (Romeo und Julia, UK/I 1968) – Waterloo (I/UdSSR 1969) – Fellinis Satyricon (1969) – Waterloo (I/UdSSR 1969) – I Clowns (Die Clowns, 1970) – The Godfather (Der Pate, 1972) – Fellinis Roma (1972) – Amarcord (1973) – The Abdication (Christina, zwischen Thron und Liebe, UK 1973) – The Godfather Pt. 2 (Der Pate 2, 1974) – Il Casanova do Fellini (Fellinis Casanova, 1976) – Death on the Nile (Tod auf dem Nil, UK 1978) – The Hurricane (Hurricane, USA 1979) – Prova d'orchestra (Die Orchesterprobe, 1979)

Roters, Ernst

(Hermann Friedrich), ** 6.6.1892 Oldenburg, † 25.8.1961 Berlin.*

Filme: Die Kreutzersonate (1937) – Der Weg zu Isabell (1939) – Die Mörder sind unter uns (1946) – Die Kuckucksuhr (DDR 1949) – Die Sonnenbrucks (DDR 1951) – Das verurteilte Dorf (DDR 1951) Stärker als die Nacht (DDR 1954) – Die Millionen der Yvette (DDR 1956) – Klotz am Bein (DDR 1958)

Roubaix, François de

** 3.4.1939 Neuilly-sur-Seine/Hauts-de-Seine, Frankreich, † 22.11.1975 Santa Cruz de Tenerife (Teneriffa, Kanarische Inseln, Spanien).* Frz. Komponist der 60er und 70er Jahre, ar-

beitete u.a. für die Regisseure José Giovanni, Robert Enrico, Jean-Pierre Melville und Hubert Cornfield.
Filme: Les grandes gueules (1965) – Les aventuriers (1967) – La blonde de Pekin (1967) – Le Samourai (Der eiskalte Engel, 1967) – Manie de la persécution/Diaboliquement votre (Mit teuflischen Grüßen, F/I/D 1967) – Tante Zita (D 1968) – Adieu l'amie (Bei Bullen singen Freunde nicht (F/I 1968) – La rapace (1968) – L'Etalon – Jeff – Une infinie tendresse (1969) – Les amis – Dernier domicile connu – Les novices (1970) – L'homme Orchestre (Alles hört auf mein Kommando, F/I 1969) – Ou est passé Tom? – Un aller simple – Les rouges aux lèvres (Blut an den Lippen, D/B/F 1970) – Un peu beaucoup, passionnement – Boulevard du Rhum – Le ciel est bleu (1971) – Chut ! – La Scoumoune (Der Mann aus Marseille, F/I 1972) – Comment ca va je m'en fous – Le vieux fusil (1975) – Les grandes moyens (1976)

Rowland, Bruce

** 9.5.1942 Melbourne, Australien.*
Filme: The Man from Snowy River (Snowy River, 1982) – Now and Forever (1982) – Phar Lap (1983) – All the Rivers Run (1984, TV) – Rebel (1985) – Anzacs: The War Down Under (1985, TV) – Cool Change (1986) – Backstage (1986) – Bigfoot (1987, TV) – The Christmas Visitor (1987, TV) – Les Patterson Saves the World (1987) – Running From the Guns (1988) – Return to Snowy River (1988) – Danger Down Under (1988) – Cheetah (1989) – All the Rivers Run (1989) – Gunsmoke: The Last Apache (1990, TV) – Weekend with Kate (1990) – Fast Getaway (1991) – Tracks of Glory (1992) – Gross Misconduct (1993) – André (1994) – Lightning Jack (1994) – North Star (1996) – Zeus and Roxanne (1997) – TV: Journey to the Centre of the Earth

Rozsa, Miklos

** 18.4.1907 Budapest, Ungarn, † 28.7.1995 L.A., USA.* Ein Wunderkind, konnte R. eher Noten als Buchstaben lesen. Er studierte in Leipzig bei Hermann Grabner, arbeitete als dessen Assistent und beim Musikverlag Breitkopf & Härtel. Er schrieb einige Kompositionen, die ihm Lob, aber kaum Geld einbrachten. 1932 nach Paris, 1936 nach London; sein *Ballet Hungaria* veranlasste dort Jacques Feyder, ihn die Musik zu »Knight Without Armour« schreiben zu lassen. Ab 1940 in Hollywood, erster Film dort »Der Dieb von Bagdad«. 1943 erhielt er einen Vertrag von Paramount, der dem Studio Musik von einer bisher nie gekannten Qualität lieferte. 1947 ging R. zu Universal, 1949 zu MGM. Von 1945 bis 1965 lehrte er an der University of Southern California Technik und Theorie der Filmmusik. Zu R.s Meisterwerken gehören die Musiken zu »Double Indemnity« (Oscar!), »Lost Weekend« (Billy Wilder), »Spellbound« (Hitchcock; Oscar!), »Quo Vadis«, »Ben Hur« (Oscar!), »King of Kings«, »El Cid«. R.s Musik ist so unverwechselbar, dass auch der ungeübte Hörer sie meist leicht erkennt. In den 60er Jahren brachte ihm die Neigung der Produzenten, mehr und mehr Popmusik in die Filme aufzunehmen, Probleme; zwischen 1963 und 1976 schrieb er keine Filmmusik. Dann arbeitete er noch für Filme in England und Frankreich (»Providence«), nach 1981 schrieb er nur noch Kammermusik.
Lit.: M. R., Double Life, London 1992 (1982). – Christopher Palmer, A Sketch of His Life and Work, 1975. – ders., The Composer in Hollywood, London 1990
CD: Classic Rozsa, DRG CDSBL 13191 – Spellbound, RCA GD 80911 – The Film Music, Flapper PAST CD 7093 – OST Ben Hur/A Tale of Two Cities, Rhino
Filme: The Squeaker (1937) – Thunder in the City (1937) – Knight Without Armour (Tatjana/Ritter ohne Rüstung, UK 1937) – The Divorce of Lady X (Besuch zur Nacht, UK 1938) – The Drum (1938, + John Greenwood) – The Spy in Black – The Four Feathers (Vier Federn, UK 1939) – Ten Days in Paris (1939) – The Thief of Bagdad (Der Dieb von Bagdad, UK 1940) – The Green Cockatoo – On the Night of the Fire (UK 1940) – Lady Hamilton/That Hamilton Woman (Lord Nelsons letzte Liebe, UK 1941) – Lydia (Ein Frauenherz vergibt nie, UK 1941) – Sundown (Waffenschmuggler von Kenya, 1941) – New Wine (1941) – The Jungle Book (Das Dschungelbuch, 1942) – Jacaré (1942) – So Proudly We Hail (Mutige Frauen, 1943) – Sahara – Five Graves To Cairo (Fünf Gräber bis Kairo, 1943) – Sahara – The Woman of the Town (1943) – Double Indemnity (Frau ohne Gewissen, 1944) – The Hour Before the Dawn (1944) – The Man in Half Moon Street (1944)

– Dark Waters (1944) – Blood On The Sun (Spionage in Fernost, 1945) – Lost Weekend (Das verlorene Wochenende, 1945) – Spellbound (Ich kämpfe um dich, 1945) – Lady On A Train – A Song to Remember (Polonaise, Arr., 1945) – Because Of Him – The Killers (Rächer der Unterwelt/Tod eines Killers, 1946) – The Strange Love of Martha Ivers (1946) – The Red House – The Macomber Affair (Affäre Macomber, 1947) – Brute Force (Zelle R 17, 1947) – Time Out of Mind – Song of Sheherazade (Lied des Orients, Arr., 1947) – The Other Love, 1947) – Desert Fury (1947) – The Naked City (Stadt ohne Maske, 1947, + F.Skinner) – A Woman's Vengeance (Qualen der Liebe, 1948) – Kiss The Blood Off My Hands (Bis zur letzten Stunde, 1948) – Criss Cross (Gewagtes Alibi, 1948) – A Double Life (Doppeltes Leben, 1948) – The Secret Beyond The Door (Das Geheimnis hinter der Tür, 1948) – Command Decision (1949) – The Red Danube (Schicksal in Wien, 1949) – Adam's Rib (Ehekrieg, 1949) – The Bribe (Geheimaktion Carlotta; Songs: *La Perica, Fiesta*, 1949) – Madame Bovary (Madame Bovary und ihre Liebhaber, 1949) – East Side West Side (Verlorenes Spiel, 1949) – The Asphalt Jungle (Asphalt-Dschungel, 1950) – Crisis (Hexenkessel, 1950) – The Miniver Story (Ihr Geheimnis, 1950) – Quo Vadis (1951) – The Light Touch (Begegnung in Tunis, 1951) – Ivanhoe (Ivanhoe, der schwarze Ritter, 1952) – Because of Him (1952) – Plymouth Adventure (Schiff ohne Heimat, 1952) – The Story of Three Loves (War es die große Liebe?, 1953) – Julius Caesar (1953) – All The Brothers Were Valiant (Die schwarze Perle, 1953) – Knights Of The Roundtable (Die Ritter der Tafelrunde, 1953) – Young Bess (Die Thronfolgerin, 1953) – Green Fire (Grünes Feuer, 1954) – Valley of the Kings (Tal der Könige, 1954) – Men of the Fighting Lady (Verwegene Landung, 1954) – Seagulls Over Sorrento/Crest of the Wave (UK 1954) – Diane (Diane, Kurtisane von Frankreich, 1955) – Moonfleet (Das Schloß im Schatten, 1955; Flamenco-Musik v. Vincente Gomez) – Bhowani Junction (Knotenpunkt Bhowani, 1955) – The King's Thief (Des Königs Dieb, 1955) – Lust For Life (Vincent van Gogh: Ein Leben in Leidenschaft, 1956) – Tribute to A Bad Man (Jeremy Rodack: mein Wille ist Gesetz, 1956) – Something of Value (Flammen über Afrika, 1957) – The Seventh Sin (Hong Kong war ihr Schicksal, 1957) – Time for Action/Tip on a Dead Jockey (Luftfracht Opium, UK 1957) – A Time To Love And A Time To Die (Zeit zu leben und Zeit zu sterben, 1958) – The World, The Flesh And The Devil (Die Welt, das Fleisch und der Teufel, 1958) – Ben Hur (1959) – King of Kings (König der Könige, 1961) – El Cid (1961) – Sodom And Gomorrah (Sodom und Gomorrah/Titanus, 1962, OST: RCA) – The V.I.P.s (Hotel International, 1963) – The Power (Die sechs Verdächtigen/Der Weg zur Macht, 1968) – The Green Berets (Die grünen Teufel, 1968) – The Private Life of Sherlock Holmes (Das Privatleben des Sherlock Holmes, 1970) – The Golden Voyage of Sinbad (Sindbads gefährliche Abenteuer, 1973) – The Private Files of J.Edgar Hoover (Ich bin der Boß, die Geheimakten des J. Edgar Hoover, 1976) – Providence (CH/F 1977) – Fedora (USA/F/D 1978) – The Last Embrace (Tödliche Umarmung, 1979) – Time After Time (Flucht in die Zukunft, 1979) – Eye of the Needle (Die Nadel, 1981) – Dead Men Don't Wear Plaid (Tote tragen keine Karos, 1982)

Musik: Miklos Rozsa,
(deutsches Filmplakat zu »Lady Hamilton«

Rubini, Michel

* *3.12.1942 L.A., USA.* Popmusiker (p, org), Arrangeur und Komponist, arbeitete u.a. mit Cher, Chad & Jeremy und dem Duo Dun & Rubini, für den Film tätig seit 1979.

Filme: Racquet (Aufschlag ins Glück, 1979) – The Hunger (Begierde, 1983, Dir., Score: Howard Blake, OST: Varèse) – What Waits Below (1983) – The New Kids (1985) – Band of the Hand – Manhunter – Abducted (1986) – Hands of a Stranger (1987, TV) – Moving Target (1988, TV) – Unholy Matrimony (1988, TV) – Too Good to Be True (1988, TV) – Crossing the Mob (1988, TV) – The Haunting of Sarah Hardy (1989, TV) – Silhouette (1991, TV) – A Stranger in the Family (1991, TV) – The Fear Inside (1992, TV) – Nemesis (1993) – Indecent Behaviour 2 (1994)

Rubinstein, Arthur B.

* *31.3.1938 N.Y.* US-Komponist, arbeitet seit den frühen 70er Jahren für den Film, u.a. für die Regisseure John Badham, Matt Cimber, Burt Kennedy und Peter Hunt.

Filme: The Widowing of Mrs. Holroyd (1974, TV) – Fear on Trial – The Seagull (1975, TV) – The Prince of Central Park (1977) – The Great Bank Hoax (1977) – Portrait of a Stripper (1979) – Aunt Mary (1979) – Portrait of a Rebel: The Remarkable Mrs. Sanger (1980, TV) – Rivkin: Bounty Hunter (1981, TV) – Harper Valley PTA (1981, TV-Serie) – Sherlock Holmes – Incident at Crestridge (1981, TV) – The War of the Wizards – Whose Life is it Anyway? (1981) – On the Right Track (1981) – Fake Out (1982) – Skeezer (1982, TV) – Not Just Another Affair (Auf einmal ist es Liebe, 1982) – Skeezer (1982, TV) – Blue Thunder (Das fliegende Auge, 1983) – Deal of the Century (1983) – War Games (Kriegsspiele, 1983) – Scarecow and Mrs. Kind (1983, TV-Serie) – Death of the Century (1983) – It Came Upon the Midnight Clear (1984, TV) – The Cartier Affair (1984) – Sins of the Past – The Parade (1984, TV) – Lost in America (1985) – Murder in Space (1985, TV) – The Best of Times – Hyper Sapien: People from Another Star (1986) – Doing Life/Truth or Die (1986, TV) – Roses Are for the Rich (1987) – Stakeout (Die Nacht hat viele Augen, 1987) – The Betty Ford Story (1987) – Nightmare at Bitter Creek – Indiscreet (1988, TV) – Once Upon a Time in Texas (1988) – Dynamite & Gold (1988, TV) – Inherit the Wind (1988) – Internal Affairs (1988) – Defense Play (1988) – Die glorreichen Neun (1988) – The Man in the Brown Suit (1988) – Guts and Glory: The Rise and Fall of Oliver North, Pt. 1 (1989, TV) – Unconquered (1989, TV) – Baywatch: Panic at Malibu (1989, TV) – The Simpsons (1989, TV-Serie) – Gideon Oliver: Sleep Well, Professor Gideon (1989, TV) – Murder Times Seven (1990, TV) – Murder in Black and White (1990, TV) – Fatal Friendship (1991) – Crazy From the Heart (1991) – The Hard Way (1991) – Line of Fire: The Morris Dees Story (1991, TV) – Barbara Stanwyck: Fire and Desire (1991, TV) – Gary Cooper: American Life, American Classic (1991, TV) – When No One Would Listen (1991, TV) – Danelle Steel's Secrets (1992, TV) – Another Steakout/Stakeout 2 (Die Abservierer, 1993) – Hart to Hart Returns (1993) – Caught in the Act (1993, TV) – Nick of Time (Gegen die Zeit, 1995) – Eastwood on Eastwood (1997, TV) – The Ruby Ring (1997, TV) – The Princess Stallion (1997, TV) – Floating Away (1998) – The Last Debate (2000, TV) – Shooting War (2000, TV)

Rubinstein, John Arthur

* *8.12.1946 Beverly Hills, Calif., USA.* Der Sohn des legendären Pianisten Artur R. ist ein fähiger Filmkomponist, obwohl er als Schauspieler an weit mehr Filmen beteiligt war und dadurch auch bekannter ist. So spielte er u.a. in Mike Nichols' TV-Serie »Family« (1976–80) und verkörperte den Filmmogul Irving Thalberg im TV-Film »The Silent Lovers« (1980).

Film-Musiken: Paddy (1970) – Jeremiah Johnson (1972) – The Candidate (Bill McKay, der Kandidat (1972) – Kid Blue (1973) – All Together Now (1975, TV) – The Killer Inside Me (1976) – Stalk the Wild Child (1976, TV) – The New Maverick (1978, TV) – Champions: A Love Story (1979) – To Race the Wind (1976, TV) – Johnny Belinda (1982, TV) – Choices of the Heart (1983, TV) – Secrets of a Mother and a Daughter (1983, TV) – The Dollmaker (1984, TV) – City Killer (1984, TV) – A Conspiracy of Love (1987) – China Beach (1988, TV)

Rubinstein, Luis

(Luis Rubinstein Kaplan), * *8.7.1908 San Cristobal/Buenos Aires, Argentinien, † 10.8.1954 Buenos Aires.*

Filme: Puerto nuevo (1936) – El astro de tango (1940) – Si yo fuera rica (1940) – De Mexico llegó el amor (1940)

Ruby, Harry

(eigentl. Rubinstein), * *27.1.1895 N.Y., USA, † 23.2.1974 L.A., Calif.* Komponist der 20er bis 40er Jahre, meist in Zusammenarbeit mit → Bert Kalmar. Sie schrieben Bühnen- und Filmsongs, zu Standards wurden *Who's Sorry Now, Thinking of You, I Wanna Be Loved By You, Three Little Words, Give Me the Simple Life.* Broadway-Shows: »Helen of Troy« (1923), »The Ramblers« (1926), »Five O'Clock Girl« (1927), »Good Boy«, »Animal Crackers« (1928), »The High Kickers« (1941). Er begann wie viele Komponisten seiner Generation im Vaudeville, arbeitete auch für einen Musikverlag. Tat sich mit Kalmar zusammen, es begann eine fruchtbare Filmarbeit. 1928 schrieben sie die Musik für »Animal Crackers« und freundeten sich dabei mit den Marx Brothers an; Groucho benutzte ihr *Hooray for Captain Spaulding* als Thema für seine Radio- und TV-Shows. Nach Kalmars Tod (1947) schrieb R. nur noch wenig. Mitarbeiter waren noch Rube Bloom, Edgar Leslie, George Jessel, Herbert Stothart, Fred Ahlert. 1950 enstand die Film-Biographie »Three Little Words«, in den Hauptrollen Fred Astaire und Red Skelton.

Filme (Songs): The Five O'Clock Girl (1928) – The Great Divide (1929, Songs) – Top Speed – Check and Double Check (1931, Three Little Words, Ring Dem Bells) – The Cuckoos (I Love You So Much, Dancing the Devil Away, Wherever You Are) – Animal Crackers (neuer Song: Why I am so Romantic?, 1930) – Horse Feathers (Everyone Says »I Love You«) – The Kid from Spain (1932, Look What You've Done, In the Moonlight) – Duck Soup (1933) – Hips Hips Hooray (Keep On Doin' What You're Doin') – Tired of it All (1934) – Kentucky Kernels (One Little Kiss) – Thanks a Million (What a Beautiful Night, 1935) – Story of Vernon and Irene Castle (1939, Only When You're in My Arms) – Ain't cha Comin' Out? (1939) – Wake Up and Dream (Give Me the Simple Life, I Wish I Could Tell You) – Do You Love Me? (1946, Titel-Song) – Carnival in Costa Rica (1948, Mi Vida, Another Night Like This) – The Egg & I (1948) – Pinky (Blue, With or Without You) – Maybe it's Because (1949) – The Strip (1950, A Kiss to Build a Dream On) – The Real McCoys (1957, TV-Serie) – Household Saints (1993, Who's Sorry New)

Rucker, Steve

* *27.6.1949 L.A., USA.* Musiker (keyb, d), Komponist, Songschreiber und Produzent, arbeitete u.a. für die Bee Gees.

Filme: And God Created Women (1987) – 976-Evil (1988) – Little Nemo, Adventures in Slumberland (1992) (alle mit Tom Chase) – TV: Dangerous Curves – Captain Simian and the Space Monkees – Entertainment Tonight – Detention – Dexter's Laboratory – The Real Adventures of Johnny Quest

Rudolf, Bert

(Herbert), * *25.4.1905 Scifersdorf (Mähren, heute Zator/ Krnov, Tschechien), † 6.11.1992 Linz, Österreich.* Arbeitete als Konzertpianist und Komponist, war Theaterkapellmeister in Troppau, Brünn und Prag, nach 1933 Professor an der Lehrerbildungsanstalt Wien, seit 1950 freischaffend. Er komponierte Musik für Kultur- und Spielfilme und die Oper »Ali Baba«.

Filme: Das Tor zum Frieden (1951) – Der Bauernrebell (1952) – Die große Schuld – Bis fünf nach zwölf (1953) – Die Herrin vom Sölderhof (1955)

Rüggeberg, Michael

* *27.12.1941 Bad Aibling.* Studierte Komposition, Dirigieren und Oboe an der Hochschule für Musik in München, spielte Oboe in Münchner Orchestern. Arbeitete von 1968–80 an den Münchner Kammerspielen als musikalischer Leiter. Er ist seit 1980 freischaffender Komponist und schreibt Bühnenmusiken für div. Theater und Musik für TV und Film. Er betreibt in Salzburg ein eigenes Studio.

Filme: Change (1974) – MitGift (1976) – Der Westen leuchtet (1982, OST: Celine) – Zeichen und Wunder – Schwarz-Rot-Gold: Unser Land (1982, TV) – Der Atem (1989) – Die Frau ohne Körper (1984, OST: Monopol) – Regina auf den Stufen (1990, TV) – Der Salzbaron (1994, TV) – Sau sticht (1995, TV) – Knallhart daneben (1995, TV) – Unser Opa ist der Beste (1995, TV) – Dr. Schwarz und Dr. Martin (1994–96, TV, Sound Department)

Rugolo, Pete

(Pietro), * *25.12.1915 San Piero, Sizilien.* Der als Arrangeur des Progressive Jazz bekannte R. kam mit fünf Jahren in die USA, studierte am San Francisco State College und bei Darius Milhaud, spielte 1938 in S.F. in der Band von Howard Frederics, anschl. bei Jimmie Grier und 1940 bei Johnny Richards. 1944 schrieb er sein erstes Arrangement für Stan Kenton und wurde in den folgenden fünf Jahren dessen wichtigster Arrangeur. Ab 1949 als A&R-Mann für Capitol Records in N.Y., produzierte u.a. Miles Davis (die später so genannten »Birth of the Cool«-Sessions), June Christy, Mel Tormé und Nat King Cole. Ab 1952 als Freelance-Arrangeur- und -Komponist in Hollywood, 1954 eigene Big Band, ab 1957 Musical director von Mercury Records, ab 1961 wieder als Film- u. TV-Komponist. Arr. auch für Charlie Barnet, June Hutton, Vic Lewis, Vido Musso, Ralph Marterie, Billy May, Terry Gibbs, Harry Belafonte, Margaret Whiting; begleitete mit Studiobands u.a. June Christy, Nat King Cole, Four Freshmen, Donna Fuller, Mel Tormé, Ernestine Anderson, The Modernaires, Patti Page u. Billy Eckstine.

Filme: The Strip (Tödliches Pflaster Sunset Strip, 1950, Arr.) – Skirts Ahoi! (Mädels Ahoi!, 1952, Arr.) – Everything I Have is Yours (1952, + David Rose) – Easy to Love (Du bist so leicht zu lieben, 1953, + G.Stoll, L.Hayton) – Latin Lovers (Serenade in Rio, 1953, Arr.) – A World of Beauty (Kurzfilm, 1955) – Jack the Ripper (Eine Stadt sucht einen Mörder, UK 1958) – Where the Boys Are (Beach Parties, 1960) – Worse Than Murder (1960) – The Sweet Ride (Die wilden Jahre, 1967) – The Outsider (1967) – The Challengers (Herausforderung zum Grand Prix, 1968) – Only One Day Left Before Tomorrow/How to Steal an Airplane (1968) – Sound of Anger (1968) – The Lonely Profession/The Sacarona Syndrome (1969) – The Whole World is Watching (1969) – Set This Town on Fire/The Profane Comedy (1969) – The Young Country (1970) – Who Killed the Mysterious Mr. Foster/Sam Hill: Who Killed Mr. Foster (1970) – Do You Take This Stranger?/A Knock at the Wrong Door/Strangers and Lovers (1970) – The Death of Me Yet (1971) – The Letters (1972) – Letters from Three Lovers (1973) – The Story of Pretty Boy Floyd/Pretty Boy Floyd (1974) – Death Cruise (1974) – Foxtrot/The Other Side of Paradise (Mexiko/CH 1975) – The Last Hours Before Morning (1975) – The San Pedro Bums (1977) – The Jordan Chance (1978) – The Home Front (1980) – Glory Alley – Where The Boys Are – M.A.S.H. – Chu Chu and the Philly Flash

TV-Serien: Checkmate (1959–62) – The Thin Man (1957–59) – Richard Diamond (1959–60) – Thriller – Run For Your Life (1965–68, + Benny Golson) – Stunde der Entscheidung – The Bold One – Felony Squad – Family – Boris Karloff Presents »Thriller« (1960–62) – Dr. Kildare (1961–65) – The Fugitive (Auf der Flucht, 1963–67) – Lost in Space (1965–68) – Hawaii Five-O (1968–80) – Alias Smith and Jones (1970–72) – Cool Million (1972–73) – The Rookies (1972–76, + Allyn Ferguson) – Archer (1975, + J.Goldsmith, Harry Sukman) – Police Women (1974–78) – The Blue Night (1975–76)

Ruiz, Federico

* *5.11.1961 Mex.-City.*

Filme: Abajo el telon (1955) – The Last Rebel (1961) – Las Truchas (1978, Schausp.) – Manon (1986) – La oveija negra (1987) – Chillos de fuego (1989) – Aire libre (1997)

Rundgren, Todd

* *22.6.1948 Upper Darby, Pa., USA.* Der Gitarrist machte sich einen Namen 1972 mit seinem Album »Something/Anything«, doch statt eine konventionelle Karriere als Rockmusiker anzustreben, war er mehr interessiert daran, als Mann im Hintergrund zu arbeiten. Er trat zwar noch mit seiner Gruppe Utopia auf, begann sich aber mehr für Elektronik und Progressive Rock zu interessieren. Er produzierte für Gruppen wie Badfinger, Grand Funk Railroad, New York Dolls und XTC. Von ihm stammt das erste Musikvideo, das Computergrafik mit Live action verbindet, »Time Heals«. 1989 veröffentlichte er das Album »Nearly Human«, einige Titel daraus verwendete er für seine Musik für Joe Ortons Off-Broadway-Stück »Up Against It«, ursprüng-

lich die Vorlage für den nie gedrehten dritten Beatles-Film. R. schrieb auch Musik für einige Filme und TV-Filme; 1986 entstand ein Dok.-Film: »Todd Rundgren: Ever Popular Tortured Artist Effect«.
Filme: Cold Feet (1983) – Key Exchange (1985) – Crime Story (1986, TV) – Dumb & Dumber (1994) – TV: Pee Wee's Playhouse – Private Eye – TV 101

Runswick, Darryl Bernard
* *12.10.1946 Leicester, Leicestershire, England.* Musiker (b) und Komponist.
Filme: Golden Sands – No Surrender (1985)

Rushen, Patrice Louise
* *30.9.1954 L.A., USA.* Studierte an der Univ. of Southern California, arbeitete als Jazzpianistin mit Leslie Drayton, Melba Liston, Abbey Lincoln, Gerald Wilson, The Sylvers u.a. Sie wandte sich später der Popmusik zu, schreibt Musik für TV-Shows und Filme, arbeitet auch als Produzentin und Komponistin. Schallplatten mit John McLaughlin, Wayne Shorter, Sonny Rollins, Terri Lynn Carrington, Jean-Luc Ponty, Stanley Turrentine, Gene Dunlap, Joe Williams.
Filme: Hollywood Shuffle (1987) – Without You I'm Nothing (1990) – A. Philip Randolph: For Jbs and Freedom (1996, TV) – America's Dream (1996) – The Steve Harvey Show (1996, TV-Serie) – Ruby Bridges (1998, TV) – Cora Unashamed (200, TV) – Fire & Ice (2001, TV) – The Killing Yard (2001, TV) – Just a Dream (2001) – Our America – Baby of the Family (200)
TV: Women of Brewster Place – Jack's Place – Black Omnibus – Robert Townsend Comedy Hour – Sandra Bernard After Dark

Russ-Bovelino, Wolfgang
* *26.9.1905 Wien, † 15.8.1985 ebd.*
Filme: Die Frau und der Tod (1937) – Arlbergexpreß (1948) – The Mysterious Poacher – Das vierte Gebot (1950) – Ich hab' mich so an dich gewöhnt (1952) – Du bist die Richtige (1954) – Winterkühle Hochzeitsreise

Russo, David E.
Filme: Spaced Invaders (1990) – Shaking the Tree (1990) – Playroom (1990) – Angus (1995) – Sparkler (1997) – Soulmates (Die Herzbuben, 1997) – Kiss My Act (2001, TV) – Don't Say a Word (2001, zusätzl. Musik) – The Chamber (2002, TV) – Celebrity Boxing (2002, TV) – Gilda Radner: It's Always Something (2002, TV) – Evil Alien Conquerors (2002)

Russo, Gus
* 30.8.1949 in ?, USA.
Filme: Basket Cage (1982) – Brain Damage (1988)

Russo, William
(William Joseph, Jr., »Bill«), * *25.6.1928 Chicago, Ill., USA, † 11.1.2003 ebd.* Studium bei Lennie Tristano, lernte Posaune. Spielte in den Bands von Billie Rogers, Orrin Tucker und Clyde McCoy, leitete 1948 experimentelle Band in Chicago. Ab 1950 in der Big Band von Stan Kenton als Posaunist und Arrangeur/Komponist (*Bill's Blues*). Ging 1955 zu Studienzwecken nach Europa, arbeitete 1962–65 in London mit dem von ihm gegründeten London Jazz Orchestra. 1965 wurde er Direktor des Center for New Music am Columbia College in Chicago. Er arrangierte u.a. für Lee Konitz, Cannonball Adderley, Ted Heath, Kurt Edelhagen und komponierte sinfonische Musik (Sinfonie »Titan«) und »Third Stream«-Werke (»Three Pieces for Blues Band and Symphony Orchestra«). – Schallplatten für Dee Gee, Atlantic, Roulette, FM, EMI-Col., GM.
Filme: WOW/Women of the World (1975) – Second Chance Sea (Kurzfilm, 1976) – Everybody Ride the Carousel (1976, TV)

Rust, Friedrich Wilhelm
* *21.9.1902 Gera, † 7.9.1972 Hamburg.*
Filme: Der Polizeibericht meldet (1934) – Freut Euch des Lebens (1934, + W.Schütze) – Lockvogel (1934, + W.Schütze) – Die Werft zum grauen Hecht (1935) – Inkognito – Schloß Vogelöd (1936)

Rustichelli, Carlo
* *24.12.1916 Carpi/Modena, Italien.* Studierte Klavier an der Accademia Filarmonica in Bologna und später in Rom. Arbeitete dann für die Bühne als Orchesterleiter in Parma, Modena, Reggio und Pescara. Begann dann aber für

den Film zu arbeiten, zunächst für das neorealistische Kino, dann aber für Unterhaltungsfilme, darunter zahlreiche Monumental- und Historienepen, aber auch Komödien, Sozialdramen, Italo-Western, Krimis und Kriegsfilme. Herausragend sind allenfalls einzelne Filme von Bernardo Bertolucci, Pier Paolo Pasolini, Carlo Lizzani und Paolo Heusch.

Filme u.a.: Gioventu perduta (1948) – Cuori senza frontiere (1949) – Persiane chiuse (1950) – Revenge of the Pirates (1951) – Atto di accusa (1951) – Cammino delle speranza (Der Weg der Hoffnung, I 1951) – Cita si defende (Jagd ohne Gnade, 1951) – Il brigante de tacca dellupo (1952) – Gelosia (1953) – Ci trovaiamo in Galleria (1953) – The Counterfeiters (1953) – Black 13 (1954) – Il tesore di Rommel (1955) – Il ferroviere (1956) – Guardia, guardia scelta, brigadiere E. Maresciallo (1956) – Le danger vient de l'esacpe (F 1957) – La mina (1958) – Un uomo facile (1959) – Un maledetto imbroglio (1959) – Annibale (Hannibal, I 1959) – Kapo (1960) – Il ladro de Bagdad (Der Dieb von Bagdad, 1960) – Robin Hood e i pirati (1960) – Accattore (I 1961) – Teseo contro il Minotauro (Theseus, Held von Theben, I 1961) – Nefertiti, regina del Nilo (1961) – Tiro al Piccione (1961) – Gordon, il pirati Nero (1961) – Queen of the Pirates (1961) – Divorzio all' italiana (Scheidung auf italienisch, I 1961) – Kadmos, Tyrann von Theben (I/F 1961) – Il trionfo di Macise (1961) – Rosmunda e Alboino (1961) – Antinea, l'amante della citta sepolita (1961) – Femmine de lusso (1961) – La tigre dei sette mari (1962) – Lo spaaccino di Siena (1962) – Agostino (1962) – La commare secca (1962) – Mamma roma (1962) – The Secret Mark of D' Artagnan (1962) – Il commissario (1962) – Giorno per giorno dieperatamente (1962) – Quattro giornate di Napoli (Die vier Tage von Neapel, I 1962) – Ercole contra moloch (Der Moloch, 1963) – I compagni (1963) – My Son, the Hero (1963) – El Cordoba (I 1963) – Il padre di famiglia (1963) – Desert Raiders (1963) – L'isola di Arturo (1963) – La frusta e il corpo (1964) – Sei donne per l'assassino (1964) – La ragazza di bube (1964) – Sandokan fights Back (1964) – La valle dell'eco tonante (1964) – I lunghio capelli della morte (1964) – Il vangelo secondo Matteo (1964) – Sedotte a abbandonata (1964) – Il figlio di Cleopatra (Der Sohn von Cäsar und Cleopatra, I/Ägyten, 1964) – L'armata Brancaleone (Branca Leone, 1965) – The Cavern (1965) – The Lion of St. Mark (1965) – Signore i Signori (Aber, aber, meine Herren, I/F 1965) – Io, Iop, Io…egli altri (1965) – Delitto quasi perfetto (1966) – Ognuno per se (Das Gold von Sam Cooper, I/D 1966) – The Mystery of Thug Island (1966) – Operazione paura (1966) – I quattro dell' Ave Maria (1967) – Made in Italy (1967) – Il treno per Durango (1967) – Un minuto per pregare, un instante per morire (1967) – Meglio vedova (1967) – Dead or Alive (I/USA 1967) – The Secret War of Harry Frigg (USA 1967) – I bastardi (1968) – Stuntman (1968) – Fellinis Satyricon (1969) – Certo, certissimo, anzi … probatile (1969) – La collina degli stivali (1969) – Serafino (1969) – 12 Plus 1 (1970) – Rosolino paterno soldato (1970) – Certain, very certain, a Mattor of Facts … Probable (1970) – Brancaleone alle crociate (Branca Leone auf Kreuzzug ins Heilige Land, 1970) – Una spada per Brando (Robin Hood und die Dämonen des Satans, (1970) – Detenuto in attesa di guidizio (1971) – La betia (1971) – In nome del popolo italiano (1970) – Nino Tirabuscio (1971) – Le castagne sone buono (1971) – Avanti! (Avanti, Avanti!, USA/I 1972) – Call of the Wild (UK/D/E/I/F 1972) – Alfredo, Alfredo (1972) – Call of the Wild (1972) – Mordi e Fuggi (1973) – Vogliamo I colonelli (1973) – Delitto d'amore (1974) – Metralla »Stein« (1974) – Il ritorno di Zanna bianca (Die Teufelssschlucht der wilden Wölfe, 1974) – Amici miel (1974) – And Then There Were None (1975) – Une femme à sa fenêtre (1976) – Aces High (1976) – Le Gang (1977) – Le beaujolais niveau est arrivé (1978) – L'homme pressé (Der Antiquitätenjäger, I/F 1977) – Amici, miei, atto 2 (1982) – Claretta and Ben (1983) – Ator l'invicibile 2 (1984) – La neve nel bicciere (1984) – Amici miei, atto III (1985) – La donna delle meraviglie (1985) – The Throne of Fire (1985) – Per sempre (1989)

Rustichelli, Paolo

* *13.12.1953 Rom, Italien.* Sohn von → Carlo R., für den Film seit 1982 tätig.

Filme: Testa o croce (1982) – Razza violenta (1983) – Le neve nel bicchiere (1984) – La donna delle meraviglie (1985) – Amici miei atto III (1985) – Black Tunnel (1986) – La croce dalle 7 pietre (1986) – Il mostro di Firenze (1986) – Gilda (1986) – Double Exposure (1993) – Cash Express – El Salvador

Rüth, Ludwig

(Ps. Lewis Ruth), * *30.1.1889 Landau/Pfalz, † 2.4.1941 Durban/Südafrika (nach anderen Quellen: 1947)*. R. war ab 1912 als klassischer Flötist und Dirigent in Deutschland und Skandinavien tätig. 1925 gründete er in Berlin ein Tanzorchester, in dem er Saxophon spielte, mit dem er als Lewis Ruth Band 1928 bei der Uraufführung der »Dreigroschenoper« (und in der Filmversion) spielte. Zwischen 1928 und 1937 nahm er rd. 400 Titel für Electrola auf, er spielte auch fürs Theater und den Film (»Die drei von der Tankstelle«). 1937 ging er aber nach Südafrika und sein Orchester wurde von Hans Carste übernommen. Er spielte unter anderem in Windhoek (heute Namibia) in Kaffeehäusern und soll angeblich beim Baden ertrunken sein.

Filme: In Sachen Timpe (1934, + Hans Carste) – Meine Frau, die Schützenkönigin (1934, + Gerhard Winkler) – Roman einer Nacht (1934, + Hans Carste)

S

Sachse, Hans

(Wilhelm Johannes), * *3. 8. 1891 Bautzen (Sachsen), † 1. 7. 1960 München.*
Film: Er weiß, was er will (1935, + Franz Adam)

Safan, Craig

* *17.12.1948 L. A., USA.*
Filme: Acapulco Kid (1972) – The California Reich (Dok., 1972) – The Great Smokey Roadblock (1976) – The Great Texas Dynamite Case (1976) – The Bad News Bears in Breaking Training (1977) – Good Guys Wear Black (1977) – Corvette Summer (1979) – The Survival of Dana (1979) – Roller Boogie (1979) – Fade to Black (1980) – Wolfen (1981) – TAG: The Assassination Game 1982) – Die Laughing (1980) – Angel (1983) – Nightmares (1983, TV) – The Imposter (1984, TV) – The Last Starfighter (1984) – Remo Williams: The Adventure Begins (1985) – Mirrors (1985) – Warning Sign (1985) – The Legend of Billie Jean (1983) – Help Wanted: Kids (1986, TV) – A.Hitchcock Presents: Bang, You're Dead (1985, TV) – Courage (1986) – Samaritan: The Mitch Snyder Story (1986) – I-Man (1986, TV) – Lady Beware (1987) – Timestalkers (1987) – The Stranger (1987) – Shootdown (1988) – A Nightmare on Elm Street 4: The Dream Master (1988) – Almost Grown (1988, TV) – Stand and Deliver (1988) – Supercarrier (1988), TV) – Capone (1989, TV) – Enid is Sleeping (1990) – Son of the Morning Star (1991, TV) – Long Road Home (1991, TV) – Mission of the Shark (1991) – General Custers letzte Schlacht (1991, TV) – Terror on Track 9 (1992, TV) – Live Wire (1992, TV) – Breaking the Silence (1992, TV) – Money for Nothing (1993) – Without Warning (1994) – Without Consent (1994, TV) – Where Are My Children (1994, TV) – Major Payne (1995) – Mr. Wrong (1996, OST: Hollywood) – Seduced by Madness (Verführung zum Mord, 1996) – Slappy and the Stinkers (1998) – A Season for Miracles (1999, TV) – Delivering Milo (2001) – Twas the Night (2001, TV) – Santa Monica Boulevard (2001)

Sainton, Philippe Prosper

* *10.11.1891 Arques-la-Bataille/Dieppe, Frankreich, † 2.8.1967 Petersfield, Hampshire.* Der Opernkomponist nur für eine Filmmusik verantwortlich, den Klassiker »Moby Dick« (1956).

Saint-Saens, Charles Camille

* *9.10.1935 Paris, † 16.12.1921 Algier.* Frz. Komponist, Organist und Pianist. Begann mit drei Jahren zu komponieren und beschäftigte sich später mit Latein, Mathematik, Astronomie und Archäologie. Ab 1948 Ausbildung am Pariser Konservatorium als Schüler von Fr. Benoist (Orgel) und Fr. Halévy (Komposition). 1853 Organist an St. Merry, 1857–77 an St. Madeleine, in dieser Zeit erste Erfolge als Komponist. Sein Werk zeichnet sich durch große Vielseitigkeit aus. Sein Schaffen knüpft an die Tradition der Wiener Klassik an; es umfasst zahlreiche Instrumentalwerke, Klavierkonzerte, Komp. für Orgel, Kammermusik, symphonische Dichtungen, Vokal-Werke und Opern (»La princesse jeune«, »Samson et Delilah«, »Etienne Marcel«, »Henry VIII«, »Proserpine«, »Ascanio«, »Phryné« u.a.). Er veröffentlichte auch musiktheoretische Schriften und Gedichte. Von ihm stammt aber auch die erste Musik zu einem Spielfilm: »L'assassinat du Duc de Guise« (1908). Der Regisseur Michel Delville verwendete Musik von ihm in seinem Film »Das wilde Schaf« (F 1973); ebenso R. W. Fassbinder in »Effie Briest« (1974).

Sakamoto, Ryuichi

* *17.1.1952 Nakano/Tokyo.* Der japanische Popmusiker studierte an der Nationalen Universität für Schöne Künste und Musik in Tokio, war 1978 Gründungsmitglied der Electro-Pop-Band Yellow Magic Orchestra, ehe er sich dem Film zuwandte. Sein Debut als Komponist und Schauspieler gab er in dem Film »Merry Christmas Mr. Lawrence« (1982).
Lit.: Mark Russell/James Young, Filmkünste: Film-

musik, Hamburg 2001

Filme: Furyo/Merry Christmas Mr. Lawrence (1982) – Koneko monogatary (1986) – Laserman (1986) – The Last Emperor (Der letzte Kaiser, 1987, Oscar!; auch Schauspieler, + David Byrne, OST: Virgin) – Die Geschichte der Dienerin (1987) – The Adventures of Milo and Otis (1989) – The Handmaid's Tale (1990) – The Sheltering Sky (Der Himmel über der Wüste, 1990) – R. Sakamoto: Beauty (1991, Schauspieler) – Topaazu (1991) – Tacones Lejanos (High Heels, 1991) – Wuthering Heights (Stürmische Höhen, 1992) – Wild Palms (1993, TV) – Little Buddha (1994) – Wings of Honneamise: Royal Space Force, 1995, Cartoon) – Love is the Devil: Study for a Portrait of Francis Bacon (1998) – New Rose Hotel (1998) – Snake Eyes (1998, OST: Hollywood) – Poppoya tesudo-en (1999) – Gohatto (Taboo, 2000)

Sala, Oskar

** 18.7.1910 Berlin, † 25.2. 2002 Berlin.* Der Schüler von Paul Hindemith entwickelte zusammen mit Friedrich Trautwein in den 30er Jahren ein für die Musikgeschichte bedeutsames Instrument zur Erzeugung elektronischer Klänge: das Trautonium; 1936 entsteht eins für den Rundfunk, 1939 für den Konzertsaal. Eine geplante Produktion durch die Fa. Telefunken wird zunächst durch den Krieg verhindert. Mit dem Trautonium und verbesserten Nachbauten schuf S. den Sound für rd. 300 Spiel- und Industriefilme, darunter der Hitchcock-Klassiker »Die Vögel«. Er schuf auch Sounds für die Filme »Die Brücke« und »Das Mädchen Rosemarie«. 2000 hat S. sein Archiv dem Deutschen Museum in München überlassen, welches durch die Gründung der Oskar-Sala-Stiftung die Möglichkeiten des Instruments lebendig erhalten und weiter erforschen will.

Lit.: Peter Badge, O. S., Pionier der elektronischen Musik, Göttingen 2000

Filme: Schneeweißchen und Rosenrot (1955) – Forschung und Leben (1956, Dok.) – Stahl, Thema mit Variationen (1960, Dok.) – The Birds (Die Vögel, 1962) – Der Fächer (1962) – A fleurd beau – Der Würger von Schloß Blackmoor (1963) – Die Todesstrahlen des Dr. Mabuse (1964) – Make Love, Not War: Die Lebensgeschichte unserer Zeit (1967) – Eine Reise zum Mond (1975) – Gestern war Heute noch Morgen (1991) – Das letzte U-Boot (1993) – Unterwegs nach Katmandu (1970/71) – Tatort: Tödliches Verlangen (TV, 2000, + Julian Boyd)

Salinger, Conrad

** 30.8.1902 Cornish, Maine, USA, † 16.6.1962 Bel Air, Calif. (Freitod).*

Filme: Till the Clouds Roll By (1946) – On the Town (1949, Arr.) – Show Boat (1951, Arr.) – The Unknown Man (1951) – Carbine Williams (Stärker als Ketten, 1952) – Washington Story (1952) – The Prisoner of Zenda (Der Gefangene von Zenda, 1952) – Dream Wife (Du und keine andere, 1953) – The Last Time I Saw Paris (Damals in Paris, 1954) – Tennessee Champ (1954) – The Scarlet Coat (Der scharlachrote Rock, 1955) – Gaby (1956) – Lonely Hearts (1958)

Salmhofer, Franz

** 22.1.1900 Wien, † 22.9.1975 Salzburg.* Österr. Komponist und Dirigent. Studierte in Wien Klavier, Klarinette und Komposition, u.a. bei Franz Schreker und Musikwissenschaft bei G. Adler. 1920–29 war er Dirigent am Burgtheater, schrieb hier die Musik zu zahlreichen Theaterstücken. 1945–55 Direktor der Staatsoper, 1955–63 der Volksoper. S. hinterließ ein reichhaltiges Werk neoromantischer Prägung, darunter Instrumental- und Vokalwerke, Ballette und Opern (»Dame im Traum«, 1935; »Ivan Tarassenko«, 1938; »Das Werbekleid«, 1945; »Dreiklang«, 1970).

Filme: Letzte Liebe (1935) – Das Siegel Gottes – Das andere Leben (1949) – Der Wallnerbub (1950) – Maria Stuart (1959)

Salter, Hans J.

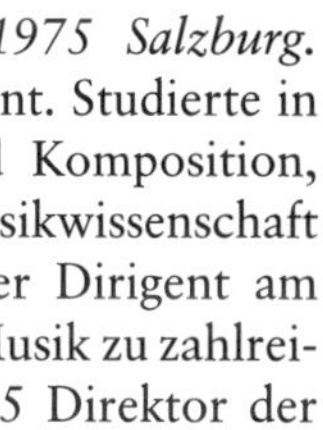

(Hans Julius), ** 14.1.1896 Wien, Österreich, † 23.7.1994 San Fernando Valley, Calif., USA.* Studierte in Wien, u.a. bei Alban Berg, war musikal. Leiter der Volksoper und der Berliner Staatsoper. Begann 1929 für die UFA zu arbeiten, wurde 1930 Leiter der Musikabteilung. Nach der Machtübernahme der Nazis ging er wieder nach Wien, 1937 dann aber nach Hollywood zu Universal, wo er zunächst dem Musikchef → Charles Previn assistierte. Anfang 1938 schrieb er eine Sequenz für »The Rage of Paris«, die Folge war ein Vertrag und eine lange Zugehörigkeit zur Universal. S. arbeitete in den folgenden drei Jahrzehnten an rd. 200 Filmen als Komponist oder Arrangeur, u.a. für eine Reihe von Horror- und Dracula-Filmen, in den 50er Jahren auch Western. Er wurde sechsmal für einen Oscar nominiert.

CD: Film-Musiken, Marco Polo

Filme: Die blonde Nachtigall (1930, mit Willi Kollo und Willy Schmidt-Gentner) – Der Mann der den Mord beging/Nächte am Bosporus (1931 – Der Wahre Jakob (1931, + Arthur Guttmann) – Gloria (D/F 1931) – Der Herr Bürovorsteher (1931, + Walter Kollo) – Mein Freund der Millionär/Der Hut des Präsidenten (1932) – Holzapfel weiß alles (1932, + Willi Rosen) – Teilnehmer antwortet nicht (1932, + O.Stransky) – Goldblondes Mädchen, ich schenke dir mein Herz (1932, + Bruno Granichstaedten) – Madame wünscht keine Kinder (1933, + B.Kaper, W.Jurmann) – Karneval der Liebe (1934, mit A. Guttmann) – The Young Fugitive (1938) – Miracle of Main Street (1938) – Call a Messenger – The Great Commandement – Tower of London (Der Henker von London, 1939) – Big Guy (1939) – Black Friday (Schwarzer Freitag, 1940) – The Invisible Man Returns (Der Unsichtbare kehrt zurück, 1940) – Framed – Zanzibar – Ski Patrol – Alias the Deacon – Love, Honor and Oh! Baby! – I Can't Give You Anything But Love, Baby – Private Affairs – Black Diamonds – You're Not to Tough – South to Karanga – The Leather Pushers – Enemy Agent – First Love – Seven Sinners (Das Haus der sieben Sünder, 1940) – Spring Parade – Man Made Monsters – The Mummy's Hand – Diamond Frontier – Slightly Tempted – Law and Order – I'm Nobody's Sweetheart – The Devil's Pipeline – Sandy Gets Her Man – Meet the Wildcate – Margie – Trail of the Vigilantes – Give us Wings (1940) – The Wolf Man (Der Wolfsmensch, 1941) – Man Made Monster – Horror Island – The Black Cat – It Started with Eve (Die ewige Eva, 1941) – Hold That Ghost (Vorsicht: Gespenster, 1941) – Lucky Devils – San Francisco Dock – Meet the Chump – Dark Streets of Cairo – Mr. Dynamite – Double Date – The Man Who Lost Himself – Model Wife – Mutiny in the Attic – Men of Timberland – Tight Shoes – Hit the Road – Bachelor Daddy – Hello Sucker – Raiders of the Desert – A Dangerous Game – Badlands of Dakota – Mob Town – Burma Convoy – Flying Cadets – Arizona Cyclone – Sealed Lips – Road Agent – Where Did You Get That Girl? (1941) – Pittsburgh (1942) – The Ghost of Frankenstein – The Spoilers (Die Freibeuterin, 1942) – Sin Town (1942) – Invisible Agent – That Mad Doctor of Market Street – Mystery of Marie Roget – The Mummy's Tomb – Night Monster – North to Klondike – Treat 'em Rough – Bombay Clipper – Stagecoach Buckaroo – Frisco Lil – The Strange Case of Dr. RX – Fighting Bill Fargo – You're Telling Me – Tough As They Come – The Silver Bullet – Top Sergeat – There's One Born Every Minute – Danger in the Pacific – Drums of the Congo – Timber – Boss of Hangtown Mesa – Halfway to Shanghai – Deep in the Heart of Texas – Destination Unknown – Little Joe, the Wrangler – Madame Spy – The Old Chisholm Trail – The Great Impersonation – Sherlock Holmes and the Secret Weapon – Sin Town – Who Done it? – The Amazing Mrs. Holiday (1942) – Frankenstein Meets the Wolf Man (1943) – Son of Dracula (1943) – His Butler's Sister (Die Stubenfee, 1943) – Gung Ho! (Unternahmen Donnerschlag, 1943, + F.Skinner) – The Mad Ghoul – Sherlock Holmes Faces Death (Sherlock Holmes sieht dem Tod ins Gesicht, 1943) – Eyes of the Underworld (1943) – Mug Town – Keep 'em Slugging – Cheyenne Roundup – Tenting Tonight on the Old Camp Ground – Cowboy in Manhattan – Captive Wild Women – Raiders of San Joaquim – Get Going – Frontier Badman – Arizona Trail – Hi 'Ya Sailor – Never a Dull Moment – The Amazing Mrs. Holiday – The Strange Case of Adolf Hitler – Calling Dr. Death (1943) – The Lone Star Trail – Phantom Lady (Zeuge gesucht, 1944) – House of Frankenstein – The Mummy's Ghost – The Spider Women – The Invisible Man's Revenge (Der Unsichtbare nimmt Rache, 1944) – Patrick the Great – Christmas Holiday (1944) – Hi, Good Looking – Pardon My Rhythm – Boss of Boomtown – Twilight in the Prairie – Allergic to Love – The Merry Monahans – Can't Help Singing (Das Lied des goldenen Westens, 1944) – The Scarlet Claw – The House of Fear (Das Haus des Schreckens, 1944) – San Diego I Love You (1944) – The Pearl of Death – Jungle Women (1944) – Scarlet Street (Straße der Versuchung, 1945) – This Love of Ours (Die Liebe unseres Lebens, 1945) – Marshall of Gunsmoke – Hat Check Honey – The Strange Case of Uncle Harry (Onkel Harrys seltsame Affäre, 1945) – House of Dracula – See My Lawyer – I'll Tell the World – The Frozen Ghost – Easy to Look At – River Gang – Patrick the Great – That's the Spirit – That Night With You – The Women in Green – Pursuit to Algiers (1945) – Magnificent Doll (Die wunderbare Puppe, 1946) – House of Horrors – Her Adventurous Night – The Dark Horse – Little Miss Big – So Goes My Love – Love Come Back – Dressed to Kill – Terror by Night (Juwelenraub, 1946) – The Brute Man (1946, Song: *Once Upon a Dream*) – The Web (Das Netz, 1947) – Love from a Stranger – Michigan Kid – That's My Man – Gallant Man (1947) – The Sign of the Ram (1948) – Man-Eater of Kumaon (Der Menschenfresser von Kumaon, 1948) – An Innocent Affair – Don't Trust Your Husband (Der Pantoffelheld, 1948) – The Reckless Moment (Schweigegeld für Liebesbriefe, 1949) – Cover Up (1949) – Please Believe Me – The Killer That Stalked New York – Borderline – Frightened City (1950) – Frenchie (Die Revolverlady, 1951) – Tomahawk (Aufstand der Sioux, 1951) – Thunder on the Hill (Schwester Maria Bonaventura, 1951) – You Never Can Tell – The Golden Horde (Dschingis Khan: Die goldene Horde, 1951) – The Strange Door (Hinter den Mauern des Grauenes, 1951) – Apache Drums (Trommeln des Todes, 1951) – Abbott and Costello Meet the Invisible Man (Abbot und Costello auf Sherlock Holmes' Spuren, 1951) – The Prince Who Was a Thief (Die Diebe von Marschan, 1951) – Bend of the River (Meuterei am Schlangenfluß, 1952) – Against All Flags (Gegen alle Flaggen, 1952) – Duel at Silver Creek (Schüsse in New Mexiko, 1952) – Flesh and Fury (Sein großer Kampf, 1952) – Finders Keepers (1952) – The Battle at Apache Pass (Die Schlacht am Apachenpaß, 1952) – Untamed Frontier (Der Tag der Vergeltung, 1952) – The Black Castle (Das schwarze Schloß, 1952) – The Duel at Silver Creek (Schüsse in New Mexico, 1952) – Abbott and Costello Meet Dr. Jeckyll and Mr. Hyde (1953) – The 5000 Fingers of Dr. T (Die 5000 Finger des Dr. T, 1953) – Black Horse Canyon (Der blaue Mustang, 1954) – Four Guns to the Border (Die Nacht der Rache, 1954) – The Human Jungle (Immer jagte er Blondinen, 1954) – Yankee Pasha (In den Kerkern von Marokko, 1954) – The Western Story – Kiss of Fire (El Tigre, 1954) – Johnny Dark (Männer, Mädchen und Motoren, 1954) – The Black Shield of Falworth (Der eiserne Ritter von Falworth, 1954) – The Creature From the Black Lagoon (Das Ungeheuer vom Amazonas, 1954) – The Far Country (Das weite Land, 1954) – Sign of the Pagan (Attila der Hunnenkönig, + F. Skinner, 1954) – Naked Alibi – Bengal Brigade (Gewehre für Bengali, 1954) – The Far Horizons (Am fernen Horizont, 1955) – Man Without a Star (Mit stahlharter Faust, 1955) – Wichita (1955) – This Island Earth (Metaluna IV antwortet nicht, 1955) – Abbott and Costello Meet the Mummy (Abbott und Costello als Mumienräuber, 1955) – Captain Lightfoot (Wenn die Ketten brechen, 1955) – The Mole People (1956) – Autumn Leaves (Herbststürme, 1956) – Walk the Proud Land (1956) – The Creature Walks Among Us (Das Ungeheuer ist unter uns, 1955) – Navy Wife – Hold Back the Night (Teufelskommando, 1955) – Red Sundown (Auf der Spur des Todes, 1956) – Lady Godiva (Die nackte Geisel, 1956) – Walk the Proud Land (Ritt in den Tod, 1956) – The Raw Edge (Die Meute lauert überall, 1956) – The Rawhide Years (Vom Teufel verführt, 1956) – The Incredible Shrinking Man (Die unglaubliche Geschichte des Mr. C., 1957) – The Man in the Shadow – The Oklahomaman (Dakota, 1957) – The Brave Man (Die unsichtbare Front, 1957) – Joe Dakota (Ein Toter kommt zurück, 1957) – The Land Unknown (Flug zur Hölle, 1957) – The Midnight Story (1957) – The Tall Stranger (Der große Fremde, 1957) – Raw Wind in Eden (Sturm über Eden, 1958) – Summer Love – Day of the Bad Man (Die letzte Kugel, 1958) – The Female Animal (1958) – The Man in the Net (Das tödliche Netz, 1959) – Gunfight at Dodge City (Drauf und dran, 1959) – The Wild and the Innocent (Morgen bist du dran, 1959) – Come September (Happy End im September, 1961; Song: *Come September* v. Bobby Darin) – If a Man Answers (Gefrühstückt wird zu Hause, 1962) – Hitler (1962) – Follow That Dream (Ein Sommer in Florida, 1962) – Showdown (Der eiserne Kragen, 1963) – Bedtime Story (Zwei erfolgreiche Verführer, 1964) – Beau Geste (Drei Fremdenlegionäre, 1966) – Gunpoint (Der Colt ist das Gesetz, 1966) – Incident at Phantom Hill (Western-Patrouille, 1966) – Return of the Gunfighter (Heiße Colts in harten Fäusten, 1967)

Salzedo, Leonard Lopes

** 24.9.1921 London, England, † 6.5.2000 Leighton Buzzard, Buckinghamshire.*

Filme: The Unholy Four (1954) – Arace for Life (1955) – The Glass Tomb /1955) – Blonde Wait (1956) – Shadow of Fear (1956) – The Curse of Frankenstein (Frankensteins Fluch, 1957) – The Steel Bayonet (1957) – Sea Wife (UK 1957, + Ken Jones) – The Revenge of Frankenstein (Frankensteins Rache, 1959)

Sandauer, Heinz

** 9.1.1911 Wien, Österreich, † 5.8.1979 ebd.*

Filme: Das Frauenparadies (1936, + R.Stolz) – Der Mann von dem man spricht (1937, Lied: *So ein Regenwurm hat's gut*) – Millionenerbschaft (1937) – Geld fällt vom Himmel (1938) – Liebe streng verboten (1939) – Anton der letzte (1939) – Zwei glückliche Menschen (1943) – Reisebekanntschaft (1943)

Sandloff, Peter

(Peter Fedja Boris S., Ps. Peter Laurin*), ** 3.7.1924 New York City.* Komponist und Kapellmeister.

Filme: Im Banne der Madonna (1951) – Viele kamen vorbei (1955) – Geliebte Corinna (1956) – Ruf der Götter (1957) – Er ging an meiner Seite – Nackt wie Gott sie schuf – Polikuschka (1958) – Der Rächer (1960) – Eheinstitut Aurora – Ich kann nicht länger schweigen – Die unsichtbaren Krallen des Dr. Mabuse – Das Leben beginnt um acht – Spuren der Vergangenheit (1961) – Die Dreigroschenoper – Das Feuerschiff – Sein bester Freund (1962) – Durchbruch Lok 234* (1963) – Ein Frauenarzt klagt an (1964)

Sandoval, Arturo

** 6.11.1949 Artemisa, Havanna, Kuba.* Studierte klassische Trompete und strebte eine entsprechende Karriere an; er spielte mit dem kuban. Orch. für moderne Musik und war Gastsolist diverser Sinfonieorchester. Er wurde dann Gründungsmitglied der Jazzgruppe Irakere, spielte mit ihr bis 1981 und trat dann mit eigenen Jazzcombos auf. 1990 verließ er Kuba und ließ sich in den USA nieder. Hier spielte der brilliante Virtuose mit seinem Vorbild Dizzy Gillespie und auch mit den Bands von Billy Cobham, Woody Herman, Herbie Hancock, Stan Getz u.a.; er leitete jetzt meist eigene Gruppen. Schallplatten für Egren, GRP, Ronnie Scott's Jazz House, N2K u.a. Er ist auf etlichen Filmsoundtracks zu hören, für einige Filme schrieb er auch die Musik.

Lit.: Billboard, 17.11.2001

Filme: Arturo Sandoval: El Senor Cornetin (Dok., 1990) – The Mambo Kings (1991) – GUANO (Cartoon, F 1993) – The Perez Family (1994) – Mr. Wrong (1997) – Eight Heads in a Duffle Bag (1998) – Knockout (1998) – Mi vida loca – Row Your Boat (1999) – Random Hearts (1999) – For Love Or Country: The Arturo Sandoval Story (2000; Titelrolle: Andy Garcia; OST: Atlantic) – The Bold and the Beautiful (2001, TV)

Sanucci, Frank

US-Komponist, arbeitete in den 30er und 40er Jahren als Komponist, Songschreiber oder musikal. Leiter an zahlreichen Filmen, meist B-Filme des Western- und Action-Genres. Er arbeitete zusammen mit den Songschreibern Lew Porter und Johnny Lange.

Filme: Headin' for the Rio Grande (1936) – Riders of the Rockies – Tex Rides with the Boy Scouts –

Arturo Sandoval

Trouble in Texas – Hittin' the Trail – The Mystery of the Hooded Horsemen – Arizona Days (1937) – Starlight Over Texas – Where the Buffalo Roam – The Black Bandit – Utah Trail – Rollin' Plains (1938) – Mystery Plane – Riders of the Frontier – Down by Wyoming Trail – The Phantom Stage – Roll, Wagons, Roll – Song of the Buckaroo – The Man From Texas – Sundown on the Prairie – Mesquito Buckaroo – Rollin' Westward (1939) – Westbound Stage – Arizona Frontier – Cowboy from Sundown – Take Me Back to Oklahoma – West of Pinto Basin – Trailing Double Trouble – Rhythm of the Rio Gande – Rollin' Home to Texas – Rainbow Over the Range – The Golden Trail (1940) – Fugitive Valley – The Trail of the Silver Spurs – Dynamite Canyon – Riot Squad – The Pioneers – Wrangler's Roost – Dassle of the West – Tonto Basin Outlaws – Tumbledown Ranch in Arizona – Riding the Sunset Trail (1941) – Rock River Renegades – Phantom Killer – One Thrilling Night – King of the Stallions – The Living Ghost – Trail Riders – Thunder River Feud – Western Mail – Texas to Bataan (1942) – Black Market Rustlers – Blazing Guns – The Law Rides Again – Wild Horse Stampede (1943) – Death Valley Rangers – Trigger Law – Sonora Stagecoach – Westward Bound – Arizona Whirlwind – Outlaw Trail (1944) – Fighting Bill Carson – Border Badmen – Frontier Feud – Flame of the West (1945) – Border Bandits – West of the Alamo – Northwest Trail – Song of the Sierras (1946) – Six Gun Serenade – Rainbow Over the Rockies – White Stallion (1947) – Deadline (1948) – Ready to Ride (1950)

Sarde, Philippe

** 21.6.1945 Neuilly-sur-Seine, Frankreich.* Studium am Pariser Konservatorium, begann Ende der 60er Jahre Filmmusik zu komponieren und wurde bald zu einem der profiliertesten und meistbeschäftigten Komponisten dieses Genres in Frankreich. Der Regisseur Claude Sautet soll zu ihm gesagt haben, er mache Filme damit er einen Soundtrack bekomme. S. arbeitete aber auch mit anderen großen Regisseuren zusammen: Annaud, Costa-Gavras, Tavernier, Lautner, Boisset, Téchiné, Polanski, Bresson u.a. Seine große Produktivität lässt ihn zu Wiederholungen neigen, doch kann er Sentimentalitäten wie sein Kollege F. Lai weitgehend vermeiden. Sein Bruder Alain S. (* 1952) ist Filmproduzent.

CD: Flic ou Voyou/Le Guignolo, EmArcy 159899-2 – Tess/Le Locataire, EmArcy 159898-2 – Le Cinema de Claude Sautet, EmArcy 013061-1

Filme u.a.: Les choses de la vie (Die Dinge des Lebens, F/I 1970) – Le chat (Die Katze, 1971) – Max et les ferailles (Das Mädchen und der Kommissar, 1970; Arr. Jean-Michel Defaye) – Liza (Allein mit Giorgio, 1971) – La veuve Couderc (Der Sträfling und die Witwe, 1971) – La cagna – Cèsar et Rosalie (Cesar und Rosalie, F/I/D 1972) – La droit d'aimer (Das Recht zu lieben, 1972) – La grande bouffe (Das große Fressen, 1973) – Charlie et les deux menettes (Charlie und seine zwei Hübschen, 1973) – Horloger de Saint Paul (Der Uhrmacher von St. Paul) – Lancelot du lac – La cage (Der Ehekäfig, 1974) – Pas de problème (Wo bitte geht's zum nächsten Friedhof?, 1974) – Les seins de glaces (F/I 1974) – Souvenirs d'en France (Erinnerungen aus Frankreich, 1975) – 7 morts sur ordonnance (F/E/G, 1975) – Vincent, François, Paul et les autres (Vincent, François, Paul und die anderen, F/I 1975; Arr. H. Rostaing) – Flic ou voyou? (Der Windhund, 1976) – L'ultima donna/La dernière femme (I/F 1976) – Mado (1976) – Le locataire (Der Mieter, 1976) – Le juge et l'Assassin (Der Richter und der Mörder, 1976) – Marie-Poupeé (1976) – Juge Fayard dit le sheriff (1976) – Barocco (Mord um Macht, 1976) – Les enfants gates – Un taxi mauve – Violette et François (1977) – Le crabe tambour (1977) – Le diable probablement (Der Teufel möglicherweise, 1977) – Mort d'un pourir (Der Fall Sernano, 1977; Tenorsax-Soli von Stan Getz!) – Le sucre (1978, + H. Rostaing) – Une histoire simple (Eine einfache Geschichte, F/D 1978) – Les sœurs Brontë (Die Schwestern Brontë, 1978) – L'adolescente (Mädchenjahre, D/F 1978) – Affentraum (F/I 1978) – Le passe-montagne (Der Waldläufer, F 1978) – Tess (UK/F 1979) – La femme flic (Die Polizistin, 1978) – Le guignolo (Der Puppenspieler, F/I 1979) – Un mauvais fils (Ein ungeratener Sohn, 1979) – La flambeuse (1980) – La choix des armes (Wahl der Waffen, 1980) – Chère inconnu (1980) – Beau-père (Ausgerechnet ihr Stiefvater, 1981) – Ghost Story (Zurück bleibt die Angst, USA 1981) – Storie de ordinaria follia (Ganz normal verrückt, I/F 1981) – Abus de confiance (1981) – Le choc (Der Schock, 1981) – Une étrange affaire (Eine merkwürdige Karriere, 1981) – Hotel des amériques (Begegnung in Biarritz, 1981) – Coup de torchon (Der Saustall, 1981) – La guerre du feu (Am Anfang war das Feuer, 1981) – L'etoile du nord (1982) – Lovesick (Der liebeskranke Psychater, USA 1983) – J'ai épousé une ombre – Garçon! (1983) – Fort Saganne – La garçe (Das Flittchen, 1984) – Un Dimanche à la campagne (1984) – Hors-la-loi – Rendez-vous – Joshua Then and Now (Eine Liebe in Montrèal, KAN 1985) – Harem (1985) – Pirates (Piraten, F 1985/86) – I Love You – Le lieu du crime – The Manhattan Project – L'état de grace (Die Liebe der Florence Vannier, 1986) – Everytime We Say Goodbye (Liebe ist ein Spiel auf Zeit (ISR 1986) – La Puritaine (1986) – Les innocents (Die Unschuldigen, 1987) – Quelques jours avec moi (1988) – L'ours – Reunion – Lost Angels – The Music Box (1989) – Eve of Destruction – La Baule-Les Pins – Lord of the Flies (Der Herr der Fliegen) – Faux et usage de fau – Le petit criminel (1990) – La tribu – Pour Sacha (Im Schatten der Golanhöhen, 1990) – J'embrasse pas (Ich küsse nicht, 1991) – La voix (1991) – Room Service (1991) – Max et Jèremie (Max und Jeremy, 1992) – Ma saison préféré (Meine liebste Jahreszeit, 1992) – Le jeune Werther (1992) – La petite apocalypse (Die kleine Apokalypse F/I/PL 1993) – Nelly & Monsieur Arnaud (F/I/D 1994) – Geheimnisse (Uncovered, UK/E 1994) – Dis-mois oui (Sag' ja, 1994) – Le fil préféré (Der Lieblingssohn, 1994) – Les voleurs (Diebe der Nacht, 1996) – Ponette (1994–96) – » K » (Das Zeichen des Bösen, 1996) – Le bossu (F/ID 1997) – Alice et Martin (Alice und Martin, F/E 1998) – Duell der Degen (D/F/I 1997) – Kiemas (Der Hof, Litauen/F 1999) – Princesses (2000) – Mademoiselle (F 2001)

Sargent, Malcolm

(Sir Harold Malcolm Watts), * *29.4.1895 Ashford, Kent, England, † 2.10.1967 London.* Bedeutender engl. Dirigent. Studierte Orgel in London, arbeitete als Organist und trat 1921 erstmals mit einer eigenen Komposition als Dirigent auf. Leitete 1926–28 das Llandudno-Orchestra, dirigierte 1927–30 bei S. Diaghilew das Ballet Russe, ab 1928 die Royal Choral Society. 1950–57 Chefdirigent des BBC Symphony Orchestra. Lehrte an der Royal Academy of Music, unternahm Konzertreisen in alle Welt. Er schrieb (mit M.Cooper) »The Outline of Music« (London 1962).

Filme: Edward My Son (1949) – The Story of Gilbert & Sullivan (1953)

Sasse, Karl-Ernst

* *5.12.1923 Bremen.* Studierte Musik am Konservatorium in Sondershausen und war von 1946–48 Kapellmeister am dortigen Landestheater. Von 1948–59 war er Oberkapellmeister am Landestheater Meiningen, von 1951–56 städtischer Musikdirekor in Wernigerode/Harz. 1958 Dirigent des Staatlichen Sinfonieorchesters Halle/Saale, 1959 Chefdirigent des DEFA-Sinfonieorchesters, 1964 Chefdirigent der Hallischen Philharmonie. Ab 1967 arbeitete er als freischaffender Komponist in Potsdam-Babelsberg. 1980 erhielt er den Fontane-Preis für Kunst und Literatur. Sein Werk umfasst zahlreiche Bühnenmusiken und Filmmusiken. Er schrieb auch neue Musiken für Stummfilme.

Neue Stummfilmmusiken für: Das Kabinett des Dr. Caligari (1919) – Die Puppe (1919) – Der Golem, wie er auf die Welt kam (1920, OST: Capriccio) – Der müde Tod (1921)

Filme u.a.: Tiefe Furchen (1965) – Nichts als Sünde (1965) – Lots Weib (1965) – Hamida (1966) –

Soundtrack, mit einer neuen Musik von Karl-Ernst Sasse zum Stummfilmklassiker »Der Golem«

Kaule (1966) – Der Revolver des Corporals (1967) – Mord am Montag (1968) – Brennende Zelte in den schwarzen Bergen/Spur des Falken (1968, + Wolfgang Meyer) – Hauptmann Florian von der Mühle (1968) – Verdacht auf einen Toten (1969) – Seine Hoheit, Genosse Prinz (1969) – Unterwegs zu Lenin (UdSSR/DDR 1970) – Junge Frau von 1914 (1970) – Signale: Ein Weltraumabenteuer (DDR/PL, 1970) – Laut und leise ist die Liebe (1972) – Der Schlüssel (1972, + Czeslaw Niemen) – Januskopf (1972) – Lützower (1972) – Der nackte Mann auf dem Sportplatz (1973) – Ulzana (1974) – Kit und Co (1974) – Das Licht auf dem Galgen (1975) – Konzert für Bratpfanne und Orchester (1975, + Rainer Hornig) – Im Staub der Sterne (1976) – Die Tigerin (+ Michael Basden, Loek Dikker) – Sabine Wulff (1978) – Die Stunde der Töchter (1979) – Lachtauben weinen nicht (1979) – Wie wär's mit uns beiden (1980) – Die Verlobte (1980) – Mein Vater Alfons (1981) – Der lange Ritt zur Schule (1982) – Das Luftschiff (1982, + Friedr. Goldmann) – Der Mann mit dem Ring im Ohr (1983) – Der Scout (1983) – Moritz in der Litfassäule (1983) – Isabel auf der Treppe (1984) – Der Haifischfütterer (1985) – Verflixtes Mißgeschick (1989) – Karla (1990) – Stein (1991, + Brahms, Purcell) – Der Hut (1991)
CD: Kosmos-Soundtracks of Eastern Germany's Adventures in Space, ASM

Satie, Eric

(Alfred Erik Leslie S.), * *17.5.1866 Honfleur, Dept. Calvados, Normandie, Frankreich, † 1.7. 1925 Paris.* Bedeutender frz. Komponist des späten 19. und frühen 20. Jh., geistiger Mittelpunkt und Aushängeschild der Komponistengruppen »Nouveau Jeunes« (1918), »Groupe des Six« (1920) und »Ecole d'Arceuil« (1923). S. wandte sich von Anfang an gegen verfestigte Standards der Kompositionslehre, seine radikalen Experimente lösten mehrfach Skandale aus. Bedeutende Werke: »Sarabandes« (1887), »Gymnopédies« (1888), »Parade« (1916), »Musique d'ameublement« (1917–23), »5 Nocturnes« (1919). S. hatte großen Einfluss auf die Komponisten seiner Zeit; auch John Cage hat seinen Ansatz noch propagiert.
Filme: Entr'acte symphonique (1924; Regie: René Clair) – Cinéma – Le feu follet (Das Irrlicht, F/I 1963) – The Immortal Story (F 1968) – Rachel, Rachel (1968) – Badlands (1973) – Sextool (1975) – Picassos Aventir (1978) – Kvindesind (1985) – Die Schwärmer (1986) – Dancing in the Dark (1986) – Besser und besser (1996)

Sato, Masahiko

(p, comp), * *6.10.1941 Tokyo, Japan.* Studium an der Keiko Univ., spielte mit den Jazzgruppen von George Kawaguchi, Jiro Inigaki u.a. und leitete eigenes Trio. 1966–68 Studium am Berklee College of Music, spielte in Boston mit Charlie Mariano, Clark Terry u.a. Zurück in Japan, spielte er mit eigenen Gruppen, nahm dort Schallplatten auf mit Charles Mingus und Helen Merrill, in der BRD mit Attila Zoller und Karl Berger. Er komponierte zahlreiche Film- und TV-Musiken und arrangierte für Vokalisten wie Kimiko Kasai und Nancy Wilson. Schallplatten für Enja, Teichiku, Sony, NEC-Avenue.
Filme: Onna no keisatsu – Zoko onna no keisatsu (1969) – Tsukisoibito no uta (1998, TV)
CD: M. S./Shinichi Kato, Duet, Nagel-Heyer 2017

Sato, Masaru

* *29.5.1928 Tokyo, Japan, † 5.12.1999 Tokyo.* Der japanische Komponist begann nach Abschluss der Musikschule 1952 seine Karriere mit »Godzilla«- (jap. »Gojira«) Filmen, ab 1957 arbeitete er mit dem Regisseur Akira Kurosawa zusammen, darunter Klassiker wie »Rotbart«, »Yoyimbo« und »Sanjuro«. Insgesamt schrieb er die Musik für 308 Filme.
Filme u.a.: Gijira no gyakushu/Gigantis (1955) – Ikimono no kiroku /Record of a Living Being, 1955) – Shin heike monogatari (1955) – Donzoko/The Lower Depths (1957) – Kumonosu-Jo (Das Schloß im Spinnwebwald, 1957) – Donzoko (1957) – Gojira no gyrakushu (Godzilla kehrt zurück, 1957) – Half-Human (1958) – Kakushi toride no San-Akunin (Die verborgene Festung, 1958) – Bijo to ekitainigen/The H-Man (1959) – Warui yatsu hodo yoku nemuru/The Bad Sleep Well (1958) – Yojimbo (1961) – Tengoku to jingoku/High and Low (1962) – Sanjuro (1962) – Sengoku yaro (Warring Clans, 1963) – Daitozuko/The Lost World of Sinbad (1963) – Samurai from Nowhere (1963) – Samurai Assassin (1965) – Akahige (Rotbart, 1965) – Fort

Graveyard (1966) – The Emperor and a General (1967) – Gojira, Ebita, Mosura, Nakai no dai ketto/Godzilla vs. the Sea Monster (1968) – The Mad Atlantic (1967) – Nippon no ichiban nagai hi/The Emperor and the General (1967) – River of Forever (1967) – Daibosatsu togo/The Sword of Doom (1967) – Gojira no musuku (Frankensteins Monster jagen Godzillas Sohn, 1967) – Kiru (Kill, 1968) – Chicko-sho/Portrait of Chieko (1968) – Red Lion – Samurai Banners (1969) – Furin Kazan/Under the Banner of the Samurai (1969) – Moment of Terror (1969) – Goyokin (1969) – Buraikan (1970) – Live Your Own Way (1970) – Tenchu (1970) – The Magoichi Saga (1970) – Shinsengumi/Band of Assassins (1970) – Kazoku (1971) – Okinawa kessen (Die Schlacht von Okinawa, 1971) – Shunsho iwai/The Wolves (1972) – Sapporo Winter Olympics (Dok., 1972) – Kokyo (Abschied von der See, 1972) – Nippon chinbotsu (Der Untergang Japans, 1973) – Gojira tai mekagojira (King Kong gegen Godzilla, 1974) – Senso to ningen (1974) – Tsuma to onna no aida (1976) – Siawasi no kiroi hankachi (1978) – The Glacier Fox (Dok., 1979) – Ah! Nomugi toge (1979) – Harakunaru yama no yobige (1980) – Toward the Terra (1980, Cartoon) – Kodomo no koro sensso ga atta (1983) – Sensei (1983) – Yoshiwara enjo (1987) – Itazu (1987) – Dun Huang/The Silk Road (1988) – Senso to seishin (1991) – Oshima no hi (Der letzte Tag, 1999) – Ame agaru (1999)

Sauguet, Henri

(eigentl. Henri-Pierre Poupard), * *18.5.1901 Bordeaux, Frankreich, † 21.6.1989 Paris.*
Filme: Farrabique (1947) – Entre onze heure et minuit (Zwischen elf und Mitternacht, 1948) – Manege frei (D/F 1949, + Grock)

Saunders, Merl

* *14.2.1934 San Matteo, Calif.* Pop- und Jazzorganist/Pianist, Schulfreund des Sängers Johnny Mathis. Begann 1960 seine Musikerlaufbahn, spielte u.a. mit Jerry Garcia und The Grateful Dead, in den 70er Jahren live oder im Studio mit Harry Belafonte, F.Sinatra, B.B.King, Paul Butterfield u.a. Als Jazzmusiker nahm er LPs für Fantasy und sein eigenes Label Sumertone auf. Er arbeitete als Komponist, Arrangeur und Musiker für den Film, er ist als Pianist u.a. zu hören auf dem Soundtrack des Cartoons »Fitz the Cat«.
Filme: Black Girl (1972) – The End of the Road (1998, Dok., 2000. + Jerry Garcia)

Sauter, Eddie

(Edward Ernest S.), * *2.12.1914 Brooklyn, N.Y., † 21.4.1981 Nyack, N.Y.* Nach dem Studium an der Juilliard School spielte S. ab 1932 Trompete in den Bands von Archie Bleyer, Charlie Barnet und Red Norvo, bei letzterem aber schon hauptsächlich als Arrangeur. 1939–41 bei Benny Goodman, arbeitete dann für Artie Shaw, Tommy Dorsey, Lionel Hampton, Woody Herman, Paul Baron, Mildred Bailey und Ray McKinley. 1952 gründete er mit Bill Finegan das Sauter-Finegan-Orchestra, welches sich durch ungewöhnliche Klangfarben und Rhythmen auszeichnete. 1957–58 leitete er das Südwestfunk-Tanzorchester in Baden Baden als Nachfolger von Kurt Edelhagen, war danach wieder in N.Y. für Film, TV u. Broadway tätig. Er orchestrierte z.B. R.Rodgers' »The Valiant Years« und dessen Musical »Two by Two«. Arbeitete auch für → André Kostelanetz, Tony Scott u.a. Für Stan Getz schrieb er die legendäre »Focus«-LP und spielte mit Getz auch den Soundtrack zum Film »Mickey One« ein (MGM).
CD: S.-F.-Orch., Directions in Music, Bluebird ND 86468
Filme: Mickey One (1965; OST: Verve 531232-2) – Night Galley (TV 1970/72, + Gil Melle) – »1776« (1972, Arr., Score: Ray Heindorf) – Beggarman, Thief (1979)

Savina, Carlo

* *2.8.1919 Turin, Italien.* Ital. Komponist, arbeitete in den 60er bis 80er Jahren für den Film, u.a. für bedeutende Regisseure wie Blasetti, Fellini, Coppola, Damiani, De Sica und Zeffirelli.
Filme: Europa di Notte – Il moralista (1959) – Erode il grande – It Started in Naples – Head of a Tyrant (1960) – La spada del Cid – Eva (1962, Dir.) – Una vita dificile (1962) – Maciste contro lo sceicco (Maciste im Kampf mit dem Piratenkönig, I 1962) – Terror in the Crypt – Urusu, il gladiatore ribelle (1963) – La cieca di Sorrento (Auf Zorros Spuren,

1963) – D'Artagnan contro i tre moschettieri (D'Artagnan und die drei Musketiere, 1963) – Liola – La morta vestita di dollar – Il deserto rosso (1964, Dir., Score: G. Fusco, Vittoro Gelmetti) – Le spie uccidono a Beirut (Bob Fleming hetzt Professor G. (I/F 1966) – A 007 sfida al killers (Bob Fleming: Mission Casablanca, 1965) – L'uomo che ride/L'homme qui rit (Der Mann mit der goldenen Klinge, I/F 1965) – Johnny Oro – The Man Who Laughs – Joe l'implacible – A Very Handy Man (1966) – The Taming of the Shrew (Der widerspenstigen Zähmung, 1967, Dir.; Score: Nino Rota) – The Tall Women (1967) – Nude ... sui muore – Anche nel west c'ere una volta Dio (1968, TV) – Simon Bolivar – E dio disse a Caino – Hochzeitsreise (D/I 1969) – Vivi per la tua morte – Il giardino dei Finzi-Contini (Die Gärten der Finzi-Contini, 1970) – A Nun at the Crossroads (1970) – L'occhio del ragno (Das Auge der Spinne, 1971) – Los Amantes del diablo (1971) – The Godfather (Der Pate, 1972, Dir.; Score: Nino Rota) – Fellini's Roma (1972, Dir.; Score: Nino Rota) – Lisa e il diavolo (1972) – Film d'amore e d'anarchia (1973) – Amarcord (1973, Dir., Score: Nino Rota) – Trinita e sartana figli d... (1974) – La casa dell'exorcismo (1975) – Ragazza di Borgata (1976) – Comin at Ya! (1981) – I cacciatori del Cobra d'Otto (1982) – Il futuro e donna (1984) – Pizza connection (1985) – L'orchestre rouge (1988) – Feu sur le candidat (1990)

Savio, Dan

Ps. für → Morricone, Ennio

Sawtell, Paul

** 3.2.1906 Glive, Polen, † 1.8.1970 L.A.* S. arbeitete zunächst als Violoncellist, ehe er sich der Filmmusik zuwandte, z.T. gemeinsam mit → Bert A. Shefter* .

Filme: Tarzan's Desert Mystery (Tarzan, Bezwinger der Wüste, 1938) – Bullet Code (1940, + Dave Dreyer) – Prairie Law (1940, + Dave Dreyer) – Tarzan Triumphs (Tarzan und die Nazis, 1942) – Valley of the Sun (1942) – Sherlock Holmes Faces Death (Sherlock Holmes sieht dem Tod ins Gesicht, 1943) – Secret Command (1944) – The Pearl of Death (1944) – The Game of Death (1944) – SNAFU (1945) – Tarzan and the Leopard Woman (Tarzan und das Leopardenweib, 1946) – Sherlock Holmes: Dressed to Kill (Sherlock Holmes jagt den Teufel, 1946) – Born to Kill (1947) – Desparate (1947) – Dick Tracy Meets Gruesome (1947) – Tarzan and the Huntress (Tarzan wird gejagt, 1947) – T-Men (1947) – Code of the West (mit Roy Webb, 1947) – Black Magic (Graf Cagliostro, 1949) – The Clay Pidgeon (Ein Mann greift zur Waffe, 1949) – Tarzan and the Slave Girl (Tarzan und das Sklavenmädchen, 1950) – Outrage (Carrasco der Schänder, 1950; Dir.: Bakaleinikoff) – The Whip Hand (1951) – Warpath (Am Marterpfahl der Sioux, 1951) – Best of the Badman (Der Rächer, 1951) – Tarzan's Savage Fury (Tarzan, der Verteidiger des Dschungels, 1952) – Sky Full of Moon (1952) – The Savage (Der weiße Sohn der Sioux, 1952) – Tarzan and the She-Devil (Tarzan bricht die Ketten, 1953) – Arrowhead (1953) – The Diamond Queen (Der blaue Stein des Maharadscha, 1953) – Flight to Tanger (Flug nach Tanger, 1953) – Down Three Dark Streets (Drei dunkle Straßen, 1954) – Tarzan's Hidden Jungle (Tarzan und der schwarze Dämon, 1955) – Texas Lady (Des Teufels rechte Hand, 1955) – Tall Man Riding (Teufel im Sattel, 1955) – The Animal World (Die Tierwelt ruft, 1956) – Five Steps to Danger* (Die Abwehr greift ein, 1956) – Stop Over Toyko (Geheimring Nippon, 1957) – The Black Scorpion (1958) – The Fly* (Die Fliege, 1958) – The Hunters (Kampfflieger, 1958) – A Dog of Flanders* (1959, + Bert Shefter) – The Shaggy Dog (Der unheimliche Zotti, 1959) – Vice Raid (Razzia auf Callgirls, 1959, + Bert Shefter) – The Big Circus* (1959) – The Big Show* (1961) – Voyage to the Bottom of the Sea* (1961) – Five Weeks in a Balloon (Fünf Wochen im Ballon, 1962) – Guns of Wyoming* (Revolverhelden von Wyoming, 1962) – Cattle King (1963)

Schaefer, Hal

(Harold Herman), ** 22.7.1925 N.Y., USA.* Studierte bei Mario Castelnuovo-Tedesco, hatte ersten Job als Pianist bei Lee Castle, spielte dann in den Bands von Ina Ray Hutton, Benny Carter, Harry James und Boyd Raeburn, begleitete 1944–45 die Vokalisten Peggy Lee und Billy Eckstine, auch die Sängerin/Schauspielerin Gloria De Haven. Er arbeitete dann einige Jahre in den Filmstudios von Hollywood als Pianist und Gesangslehrer, u.a. für Marylin Monroe; er ist der Pianist bei ihrer Aufnahme von *River of No Return* (aus dem gleichn.

Film). Ging 1955 nach N.Y., leitete ein Jazz-Trio und arbeitete ab 1957 für United Artists. Arr. für Broadway-Shows: »Foxy», »A Funny Thing Happened on the Way to the Forum«. Er komponierte auch Kammermusik und arbeitete mit seiner Frau, der Sängerin Lee Schaefer, zusammen. Ab 1975 in Kalifornien als Freelancer tätig, u.a. auch als Filmkomponist.
Filme: With a Song in My Heart (1953, Piano, Musik A.Newman) – I'll Get By – The Money Trap (Die Goldfalle, 1962) – Fail Safe (nur Trailer, 1963; der Film selbst enthält keine Musik!) – The Amsterdam Kid (Der Tiger aus Taipeh, Hongkong 1977)

Schalle, Hannes Michael

** 19.3.1963 Warmbad/Villach, Kärnten, Österreich.*
Filme: Hannah – The Hapsburgs – Heidi – Subway

Schanze, Arthur

** 5.3.1910 Kassel, † 20.12.1956 Tutzing, Bayern.* Vater des Schlagersängers und TV-Moderators Michael Schanze. Komponist und Bandleader.
Film: Wildwest in Oberbayern (1951)

Scharf, Walter

** 1.8.1910 N.Y., USA, † 2003.* Studierte in New York und mit Hilfe von Stipendien an europ. Musikhochschulen. Arbeitete dann als Pianist, u.a. in der Band des Sängers Rudy Vallee. Dieser nahm ihn mit nach Hollywood, wo er zunächst von Warner Bros. einen einjährigen Vertrag als Komponist erhielt. Er arbeitete dann für die Billigproduktionen von Republic, später auch für größere Firmen. In den 50er Jahren arbeitete er für die Filmkomödien von Jerry Lewis.
Lit.: Composed and Conducted by W.S., The History of Film Scoring
Filme: Mercy Island (1941) – Rhythm Hits the Ice (1942) – Chatterbox (1943) – The Flying Tigers (1943) – War of the Wildcats (1943) – Someone to Remember (1943) – Sleepy Lagoon (1943) – Change of Heart/Hit Parade of 1943 (1943) – In Old Oklahoma (Die Hölle von Oklahoma, 1943) – Hands Across the Border (1943) – Nobody's Darling (1943) – Thumbs Up (1943) – Johnny Doughboy (1943) – The Lady and the Monster (1944) – Lake Placid Serenade (1944) – The Cowboy and the Senorita (1944) – The Man from Frisco (1944) – Storm Over Lisbon (1944) – Atlantic City (1944) – The Fighting Seabees (1944) – Brazil (1944) – The Cheaters (1945) – Dakota (Liebe in der Wildnis, 1945) – Love, Honor and Goodbye (1945) – Mexicana (1945) – Dakota (1945) – The Woman Who Came Back (1945) – Earl Carroll's Vanities (1945, + Walter Kent, Kim Gannon) – I've Always Loved You (1946) – Murder in the Music Hall (1946) – The Saxon Charm (1948) – Mexican Hayride (1948) – Are You With It? (1948) – City Across the River (Die Brut des Satans, 1949) – Yes Sir, That's My Baby (1949) – Abandoned (1949) – Red Canyon (Die rote Schlucht, 1949) – Take One False Step (1949) – Curtain Call at Caktus Creek (1949) – Deported (Abgeschoben, 1950) – Sierra (1950) – South Sea Sinner (1950) – Spy Hunt (1950) – Two Tickets to Broadway (Drei Frauen erobern New York, 1951) – Hans Christian Andersen (1952, Songs: F.Loesser) – The French Line (Lockende Venus, 1953) – Three Ring Circus (Im Zirkus der drei Manegen, 1954) – Living It Up (Der sympathische Hochstapler, 1954) – You're Never too Young (Jerry total verrückt, 1955) – Artists and Models (1955) – Time Table (Auf den Schienen zur Hölle, 1955) – Hollywood or Bust (Alles um Anita, 1956) – Three for Jamie Dawn (1956) – The Birds and the Bees (Die falsche Eva, 1956, + Harry Warren) – Bundle of Joy (1956) – Three Violent People (Rivalen ohne Gnade, 1956) – Timetable (1956) – The Sad Sack (Der Regimentstrottel, 1957) – Loving You (1957) – The Joker is Wild (Schicksalsmelodie, 1957) – Rock-a-bye Baby (1958) – King Creole (Mein Leben ist Rhytmus, 1958) – The Geisha Boy (Geisha Boy, 1958) – Don't Give Up the Ship (Keiner verläßt das Schiff, 1959) – The Bellboy (Hallo, Page!, 1960) – Cinderfella (Aschenblödel, 1960) – Pocketful of Miracles (Die unteren Zehntausend, 1961) – The Ladie's Man (Ich bin noch zu haben, 1961) – The Errand Boy (Der Bürotrottel, 1961) – It's Only Money (Geld spielt keine Rolle, 1962) – The Nutty Professor (Der verrückte Professor, 1963) – Harold Lloyd's World of Comedy (1962) – Harold Lloyd's Funny Side of Life (1963) – My Six Loves (1963) – Honeymoon Hotel (Hotel für Liebespaare, 1964) – Where Love Has Gone (Wohin die Liebe führt, 1964) – Sylvia (1964) – Guns of Diablo (1964, TV) – Tickle Me (Cowboy Melodie, 1965) – Funny Girl

(Arr., 1968) – If It's Tuesday, This Must Be Belgium (So reisen und so lieben wir, 1969) – The Cheyenne Social Club (Geschossen wird ab Mitternacht, 1970) – Willy Wonka and the Chocolate Factory (1971) – Let's Scare Jessica to Death (1971) – Quelqu'un derriere la porte (1971) – Journey Back to Oz (Cartoon, 1971) – Ben (1972) – Walking Tall (Der Große aus dem Dunkeln, 1973) – Walking Tall (Pt.2, 1975) – Final Chapter: Walking Tall (1977, TV) – A Real American Hero (1978, TV) – From Here to Eternity (1978, TV) – The Triangle Factory Fire Scandal (1979, TV) – The Scarlett O'Hara War (1979, TV) – The Long Days of Summer (1980, TV) – Midnight Offerings (1981, TV) – This is Elvis (Das ist Elvis, Dok., 1981) – Suton (Dämmerung, 1983) – Twilight Time (1983)

Scharfenberger, Werner

** 25.9.1925 Regensburg, † 5.7.2001 Lugano, Schweiz.* Dt. Komponist, Arrangeur, Pianist und Dirigent. Begann 1949 als Pianist bei Max Greger, arbeitete dann als Komponist von Filmmusiken und Schlagern (*Seemann, deine Heimat ist das Meer,* 1960, *Da sprach der alte Häuptling,* 1961, *Heißer Sand,* 1962) und nahm Schallplatten mit Tanzmusik auf.

Filme: Blaue Jungs (1957) – Mein Schatz ist aus Tirol (1958) – Paradies der Matrosen (1959) – Conny und Peter machen Musik (1960)

Scheib, Philip A.

** 14.4.1894 N.Y., USA, † April 1969 New Rochelle, N.Y.* Der Komponist schrieb ab 1930 die Musik für 775 (!) Filme, darunter zahlreiche Kurzfilme, Kinderfilme u.a..

Schertzinger, Victor L.

** 8.4.1890 Mahanoy City, Pa., USA, † 26.10. 1941 Hollywood.* Filmkomponist und -dirigent der 30er u. 40er Jahre, auch Autor u. Regisseur. Bekannte Songs: *Marcheta, Tangerine, Dream Lover, I Remember You, Kiss the Boys Goodbye.* Ein Wunderkind auf der Violine, spielte S. mit acht Jahren mit dem Victor Herbert-Orch., studierte später in Brüssel und spielte u. dirigierte Orchester in L.A. u. am Broadway. Ende der 20er Jahre ging er nach Hollywood, schrieb dort die Musik zu »Civilisation«, einem der ersten Stummfilme mit einer Originalmusik. S. arbeitete mit den Textern Clifford Grey, Gus Kahn, Frank Loesser, Johnny Burke u. Johnny Mercer zusammen. Er führte Regie bei den Filmen »The Road to Singapore«, »The Road to Zanzibar« (beide mit Bing Crosby u. Bob Hope), »Rhythm on the River« und »The Birth of the Blues«.

Filme (Songs): The Love Parade (1929, Dream Lover; My Love Parade; March of the Granadiers; Using it Now, Let's Be Common, Oo La La) – Manhattan Cocktail (1929, Another Kiss, Gotta Be Good) – Heads Up (1930, If I Knew You Better) – Friends and Lovers (1931, + M.Steiner) – Beloved (1933, Titelsong) – My Woman (1933, auch Songs) – One Night of Love (1934, Titelsong) – Love Me Forever (1935, Titelsong) – Follow Your Heart (1936, Titelsong; Magnolias in the Moonlight) – The Music Goes 'Round (1936, Life Begins When You're in Love) – Something to Sing About (1937, Titelsong; Right or Wrong; Loving You; Out of the Blue; Any Old Love) – Road to Singapore (1940, The Moon and the Willow Tree; Captain Custard) – Rhythm on the River (1940, I Don't Want to Cry Anymore) – Kiss the Boys Goodbye (1941, Titelsong; Sand in My Shoes; I'll Never Let a Day Pass By) – Glamour Boy (1941, The Magic of Magnolias) – The Fleet's In (1942, auch Regie; Titelsong; Tangerine; I Remember You; Not Mine; Arthur Murray Taught Me Dancing in a Hurry; If You Build a Better Mousetrap)

Scheu, Just Otto

** 22.2.1903 Mainz, † 8.8.1956 Bad Mergentheim.*

Film: Die Mühle im Schwarzwald (1935, + Toni Thoms)

Schickele, Peter

** 17.7.1935 Ames, Iowa, USA.* Der klassische Komponist wurde populär durch seine satirischen Kompositionen, die er unter dem Pseudonym P.D.Q. Bach schrieb. Inspiriert wurde er dazu durch Schallplatten von Spike Jones und der »Kaffee Kantate«, einem der wenigen humorigen Werke von Johann Sebastian Bach. S. machte daraus seine »Sanka Cantata« und nannte als Autor einen P.D.Q.Bach. 1959 begann er mit einigen Freunden klassische Musik humorigen Charakters in N.Y. und Aspen,

Colorado, aufzuführen, woraus ein jährliches Ereignis wurde. Das Konzert von 1965 wurde von Vanguard als LP veröffentlicht u.d. T. »Music of P.D.Q.Bach (1807–1742)« (!). Der Erfolg führte zu einer Reihe weiterer LPs für Vanguard (später Telarc); S. schrieb sogar eine fiktive »Biographie«, »The Definite Biographie of P.D.Q.Bach«. Er komponierte auch »seriöse« Werke und Filmmusiken.
Lit.: P.D.Q.Bach, Die endgültige Biographie, Mainz 1998
Filme: Funnyman (1967) – Silent Running (Lautlos im Weltraum, 1972)

Schifrin, Lalo

(Claudio Boris), * *21.6.1932 Buenos Aires, Argentinien.* Der Vater war Konzertmeister des Phil. Orch. in Buenos Aires. L. studierte Soziologie und Jura in seiner Heimatstadt, Musik in Paris bei einem Schüler von Ravel. 1956 traf er den Jazzmusiker Dizzy Gillespie, der ihn in die USA einlud. 1957 begann er Musik für Filme zu schreiben, ging 1958 nach N.Y., arrangierte für Xavier Cugat, Count Basie, Antonio Diaz Mena und Eddie Warner und war von 1960–63 Pianist im Dizzy Gillespie-Quintett. Schrieb für diesen die Suiten *Gillespieana* und *The New Continent*. Ab 1964 arbeitete er für Quincy Jones, dann vor allem aber in Hollywood als Filmkomponist. Er schrieb auch eine Oper, *The Trial of Louis XVI* sowie A *Rhapsody for Bix*. 1998 gründete er sein eigenes Label Aleph Records. – Schallplatten mit Gillespie, Candido, Luiz Bonfa, Eddie Harris, Jimmy Smith, Quincy Jones, Eric Dolphy, Astor Piazzolla, Sarah Vaughan, Stan Getz, Al Hirt, Cal Tjader; als Leader für Roulette, Tico, Audio Fidelity, MGM, Verve, Colpix, Pathé, Dot, Paramount, RCA, CTI, Palo Alto, East West.
CD: Jazz Meets The Symphony, Atlantic 782506-2 – OST, Cold Hand Luke, Tsunami 0130 – Schifrin/DeSade, Verve 537251-2 – Mission Impossible, Then & Now, zyx 20409-2 – Mission Impossible ... And More, Verve 535495-2
Filme: El Jefe (ARG 1957) – Les Félins – Rhino (Safari zur Hölle, 1963) – Cincinnati Kid – Blindfold (New York Express, 1965) – Murderer's Row (Die Mörder stehen Schlange, 1965) – The Venetian Affair (1967) – Cool Hand Luke (Der Unbeugsame, 1967) – The Fox (USA/KAN 1967; OST: WEA) – The Brotherhood (Auftrag Mord, 1967) – Who's Minding the Mint (1967) – The President's Analyst (... jagt Dr.Sheefer, 1967) – Bullitt (1968; OST: WEA) – Sol Madrid (1968) – Hell in the Pacific (Die Hölle sind wir, 1968) – Eye of the Cat (Grüne Augen in der Nacht, 1968) – Coogan's Bluff (Coogans größter Bluff, 1968) – Ché! – Um Tod und Leben (1969) – The Aquarians (Gefahr aus der Tiefe, 1970) – THX 1138 (1970) – Dirty Harry (1971) – The Professionals (Die gefürchteten Vier, 1971) – Pretty Maids all in a Row (Sex-Lehrer Report, 1971) – The Beguiled (1971) – Sinola (1972) – The Liquidator (L der Lautlose, 1972) – Joe Kidd (Sinola, 1972) – The Wrath of God (Zum Teufel mit Hosianna, 1972) – UMC Operation Heartbeat (1973) – Sting II (Zwei ausgekochte Gauner, 1973) – Hang in Your Pocket (1973) – The Black Clock – See How They Run – Charlie Varrick (1973) – Hit (1973) – Magnum Force – Enter the Dragon (Der Mann mit der Todeskralle, USA/Hong Kong 1973; OST: WEA) – Golden Needles (Der Bulle von Hongkong, 1974) – Thc Four Musketeers (Die vier Musketiere, 1975) – Sky Riders (Auf der Fährte des Adlers, 1976) – Voyage of the Damned (1976) – St. Ives (1976) – The Day of the Animals (Pank in der Sierra Nova, 1976) – The Eagle Has Landed (Der Adler ist gelandet, 1977) – Rollercoaster (Achterbahn, 1977) – Telefon (1977) – The Cat from Outer Space (Die Katze aus dem Weltraum, 1978) – Return from Witch Mountain – The Big Brawl (Die große Keilerei, 1978) – The Manitou (1978) – The Concorde: Airport '79 (1979) – Anno Domini – Day Of The Animals – Amityville Horror (1979) – Escape to Athena (Flucht nach Athen, 1979) – The Competition (Das große Finale, 1980) – Serial (1980) – When Time Ran Out (Der Tag an dem die Welt unterging, 1980) – Brubaker (1980) – Caveman (Caveman–Der aus der Höhle kam, 1981; *The Caveman Song*) – Once a Thief (Millionenraub in San Francisco, 1981) – Buddy Buddy (1981) – Joy House (1981) – Class of 1984 (Die Klasse von 1984, 1982) – The Osterman Weekend – Sudden Impact (Dirty Harry kommt zurück, 1983) – Tank (1984) – The Mean Season (Das mörderische Paradies, 1985) – The Ladies Club (1986) – Beverly Hills Madam (1986) – The Dead Pool (Das Todesspiel, 1987)

– The Fourth Protocol (Das vierte Protokoll, 1987) – Berlin Blues – Little Sweetheart (1988) – Return from the River Kwai (Zurück zum River Kwai, 1989) – Naked Tango (1990) – FX2: The Deadly Art of Illusion (FX2: Die tödliche Illusion, 1991) – The Beverly Hillbillies (Die Beverly Hillbillies sind los, 1993) – Money Talks (ARG/E 1996) – Rush Hour (1997) – Rush Hour 2 (2000)
TV-Shows/Serien: Chrysler Theatre – Big Valley – Blue Light – Mannix – Mission Impossible – The Man from U.N.C.L.E. – The Young Lawyer (1970–71, + B.Golson) – The Cat – Medical Center

Schilling, Andreas

* *18.11.1957 Köln.* Studierte Kontrabass und Komposition in Washington, D.C., spielte dort beim Out of Control Ensemble for Improvised Opera. Seit 1977 Bassist, Arrangeur und Komponist beim Markus Reinhardt Ensemble Köln. 1980–86 Musik- und Kunststudium an der Musikhochschule Köln und der Univ. Düsseldorf. Gründete 1986 Fleisch (Ensemble für Neue Musik und anderes) zusammen mit Dietmar Bonnen. Kompositionen für CD-Produktionen, Bühnenmusiken und Sendungen des WDR. Auftritte im Auftrag des Goethe-Instituts in osteuropäischen Ländern. Von 1989–99 Arbeit im Schuldienst als Musik- und Kunstlehrer. Seit 1990 Kompositionen für zahlreiche TV- und Bühnenproduktionen, Vorspannmusiken (u.a. »Schimanski«, »Die Fußbroichs«)
Filme: Maries Lied: Ich war, ich weiß nicht wo (1994) – Maro Drom (1998, TV) – Hin und weg (1999, TV) – Männer aus zweiter Hand (2000, TV) – Herzrasen (2001, TV) – Oswalt Kolle: Ein Leben für die Liebe (2001, TV) – Edelweißpraten (2002)

Schindler, Hans

* *9.5.1889 Berlin, † 7.10.1974 ebd.* Der Pianist und Komponist begann seine Laufbahn als Kapellmeister am Düsseldorfer Schauspielhaus, wo seine Musik zu Büchners »Leone und Lena« uraufgeführt wurde. Nach dem 1. Weltkrieg arbeitete er als Kapellmeister am Friedrich Wilhelmstädtischen Theater und am Nelson-Theater. 1924–25 leitete er das Begleitorchester der Haller Revuen, in dieser Zeit erste Schallplatten als »Jazzorchester der Haller Revue«. In den 30er Jahren arbeitete er als Freelancer und begleitete seine Frau, die Sängerin Beate Roos-Reuter (1899–1994). Am 1.9.1932 dirigierte er das Orch. bei der Uraufführung der Oscar Straus-Operette »Meine Frau die weiß was sie will«, am 23.11.1932 leitete S. das Orch. des Theaters am Kurfürstendamm bei der Uraufführung der E.Künneke-Operette »Glückliche Reise«. 1933 erhielt er von den Nazis Berufsverbot, welches nur während des Krieges etwas gelockert wurde. Nach 1945 arbeitete er zunächst wieder als Begleiter seiner Frau, widmete sich dann aber verstärkt dem Komponieren, er schrieb u.a. die Märchenoper »Hannes fällt vom Dach«, das Singspiel »Die drei Robinsons« und die Operette »Der Schleier fällt«.
Film: Meine Frau die Hochstaplerin (1931, + Willi Kollo)

Schirmann, Peter

* *31.7.1935 Berlin.* Komponist für Bühne, Funk, Film und TV.
Filme: Oswalt Kolle: Dein Kind, das unbekannte Wesen (1970) – Hurra, wir sind mal wieder Junggesellen (1970) – Rosy und der Herr aus Bonn/Bleib sauber, Liebling – Fluchtweg St. Pauli: Großalaram für die Davidswache (1971) – Grün ist die Heide (1972) – Unsere Tante ist die letzte – Ich dachte, ich wäre tot (1973) – MS Franziska (TV-Serie, 1976/77) – Die Barrikade (1982) – Treffpunkt Leipzig (1985) - *Neuvertonung von Stummfilmen*: Das Cabinet des Dr. Caligari (1919) – Nosferatu (1922) – Der letzte Mann (1924)

Schleip, Dieter

* *6.2.1962 Aachen.* Gitarrist und Keyboarder, musikal. Autodidakt. 1985 Mitbegründer des Aachener Filmhauses, lebt seit 1987 in München.
Filme: Gagarin (1986) – Der Condor (1988) – Der Pampelmusenmensch (1989) – Schwindelnde Höhen (2001, TV) – Der Felsen (2001) – Der Anwalt und sein Gast (2002, TV)

Schmalstich, Clemens

(Carl Otto), * *8.10.1880 Posen/Poznań, † 15.7.*

1960 Berlin. Studierte in Bonn und Berlin, u.a. bei Engelbert Humperdinck. Arbeitete dann als Konzertbegleiter und Musiklehrer, wurde 1906 Theaterkapellmeister am neuen Schauspielhaus in Berlin und von 1910 bis 1920 an der Königlichen Oper. Von 1920–31 war er musikalischer Leiter der Electrola-Schallplatten-Gesellschaft. 1933 übernahm er eine Professur in Berlin. Er komponierte eine Oper, eine Operette, Sinfonien, Orchesterwerke, Bühnenmusiken und Lieder, ab 1930 auch Filmmusiken. Nach 1945 war er Dirigent des Siemens-Orchesters und schrieb für ca. 50 Kulturfilme die Musik.

Filme: Liebe im Ring (1930, + A. Guttmann, Will Meisel) – Abel mit der Mundharmonika (1933) – Lachende Erben (1933) – Musik im Blut (1934) – Zu Straßburg auf der Schanz (1934) – Regine (1935) – Liebesleute (1935) – Eine Frau ohne Bedeutung (1936) – Martha (1936, nach der Oper von Flotow) – Die unmögliche Frau (1936) – Ein Volksfeind (1937) – Schneider Wibbel (1939) – Irrtum des Herzens (1939) – Ein glücklicher Mensch (1943)

Schmidseder, Ludwig

(Ps. Louis Fabro), ** 24.8.1904 Passau, † 21.6.1971 München.* Studierte am Münchener Konservatorium, ging nach Rio de Janeiro, war Kapellmeister an Bord eines Dampfers der Lloyd Brasileiro, arbeitete ab 1930 in Berlin als Barpianist und dann als Komponist. 1955 ließ er sich in München nieder. Er schrieb Operetten (»Walzerkönig«, »Frauen im Metropol«) und Lieder (*Ich trink' den Wein nicht gern allein*), auch Filmmusik und trat als Film- und TV-Komiker auf. Er schrieb auch eine Autobiographie und Kochbücher.

Lit.: ... Und das ist mir passiert, 1959

Filme: Der Traum vom Rhein (1933, + Willi Ostermann) – Heideschulmeister Uwe Karsten (1933, + H.-O.Borgmann) – Hilde Petersen postlagernd (1936, + Rudolf Perak) – Ich hab' mich so an dich gewöhnt – Die kluge Schwiegermutter (1939) – Der ungetreue Eckehart (1940) – Beates Flitterwochen (1940) – Links der Isar, rechts der Spree (1940) – Herzensfreud-Herzensleid (1940) – Der kleine Grenzverkehr (1943) – Alles aus Liebe (1943) – Warum lügst du, Elisabeth? (1944) – Ein fröhliches Haus (1944) – Freitag der 13. (1944)

Schmidt, Irmin

** 29.5.1937 Berlin.* Studierte 1957–59 Klavier und Waldhorn am Konservatorium in Dortmund, 1959–65 an der Folkwangschule in Essen Komposition und Dirigieren. Gab seit 1962 Konzerte als Pianist und Dirigent. 1965/66 Dozent für Musical/Chanson an der Schauspielschule Bochum, 1966–68 Korrepetitor und Kapellmeister am Stadttheater. Gründete 1968 mit Holger Czukay, Jaki Liebezeit und → Michael Karoli die Rockband Can, produzierte mit ihr 12 LPs und den Single-Hit *Spoon* (aus dem Durbridge TV-Krimi »Das Messer«). Die Gruppe spielte auf etlichen seiner Filmsoundtracks. Er schrieb auch viele TV-Musiken (»Rote Erde«, »Kein schöner Land«). S. lebt seit 1981 in der Provence.

Filme: Kuckucksei im Gangsternest (1969) – Mädchen mit Gewalt – Deadlock – Ein großer graublauer Vogel (1970) – Alice in den Städten (1974) – Messer im Kopf (1978) – Im Herzen des Hurricans – Als Diesel geboren (1979) – Endstation Freiheit (1980) – Der Mann auf der Mauer – Ruhe sanft, Bruno (1982)

LP: Irmin Schmidt Filmmusik, spoon 001, 013, 018/19

Schmidt-Boelcke, Werner

(eigentl. Werner Albert Anton Paul Schmidt), ** 28.7.1903 Warnemünde, † 5.11.1985 Gauting b. München.* Eltern Konzert-Pianisten. Erster Unterricht an der Akademischen Musikschule seiner Mutter, erster Auftritt mit 14 Jahren als Schmidt-Boelcke (seine Mutter hatte nach dem Tod des Vaters einen Herrn Boelcke geheiratet). Studium am Stern'schen Konservatorium, erster Job 1923 als Stummfilm-Kapellmeister in Berlin und München. 1928 wurde er Chefdirigent der Emelka (der späteren Bavaria), dirigierte auch am Rundfunk und bei Schallplattenaufnahmen. 1934 wurde er Operettendirigent am Berliner Metropol-Theater. Erste Filmarbeit 1929 für »Dich hab' ich geliebt«. Bis Kriegende schrieb er die Musik für 24 Spielfilme sowie für etliche Dokumentarfilme. Ab 1947 war er Dirigent des Bayerischen

Rundfunkorchesters, arbeitete auch als Gastdirigent und nach 1968 für das ZDF, u.a. an der Rekonstruktion alter Filmmusiken.
Filme: Abwege (1928) – Der Ladenprinz (1928) – Marter der Liebe (1928) – Zwei rote Rosen (1928) – Marquis D'Eon, der Spion der Pompadour (1928) – Mary Lou – Liebe im Kuhstall (1928) – Der lebende Leichnam (D/UdSSR 1928) – Schiff in Not SOS (1938) – Aufruhr im Jungesellenparadies (1929) – Kolonne X – Spuren im Schnee – Kehre zurück, alles vergeben! – Katharina Knie – Dich hab' ich geliebt (1929) – In einer kleinen Konditorei (1930, + F.Raymond) – Sei gegrüßt, du mein schönes Sorrent (1930, + Rudolf Waldmann) – Die Csikosbaroness (1930, + W.Jurmann) – O alte Burschenherrlichkeit (1930, + Rolf Marbot) – Nur am Rhein (1930, + F.Raymond) – Pension Schöller (1930, + F. Hollaender, Jim Cowler) – Leutnant warst du einst bei den Husaren (1930, + R.Stolz, Willy Krausz) – Sei gegrüßt du mein schönes Sorrent/Der Mann für eine Nacht (1930) – Liebe und Champagner (1930) – Im Geheimdienst (1931) – York (1931) – Kavaliere am Kurfürstendamm (1932) – Theodor Körner (1932) – Zwei gute Kameraden (1933, + Rolf Marbert) – Das Meer ruft (1933, + Karl Knauer) – Johannisnacht (1933) – Wenn am Sonntagabend die Dorfmusik spielt (1933, + M.Fryberg) – Du bist entzückend, Rosemarie (1934, + Walter Sieber, Eberhard Storch) – Mein Herz ruft nach dir (1934) – Eine Frau die weiß was sie will (1934, nach Oscar Straus) – Ich liebe alle Frauen (1935, + Robert Stolz, Paul Hühn) – Der Mann im Sattel (1945, unvoll.) – Der Erbförster (1945) – Peter Voß, der Millionendieb (1946, + Fr.Schröder) – Gefährliche Jagd (Dok., 1949)

Schmidt-Gentner, Willy

* *6.4.1894 Neustadt am Rennsteig (Thüringen), † 12.2.1964 Wien*. Arbeitete nach dem 1. Weltkrieg als Steuerbeamter, hatte in dieser Zeit auch mit Kinobesitzern zu tun. Von einem erhielt er eine Anstellung als Kapellmeister, was ihm nicht schwerfiel, da er Violine und Komposition studiert hatte. Schon in den 20er Jahren schrieb er Musik für Filme. 1933 ließ er sich in Wien nieder und arbeitete für österr. Filme; von 1938 bis 1945 war er Hauskomponist der Wien-Film, arbeitete hier u.a. mit Willi Forst und Gustav Ucicky zusammen. Auch nach dem Krieg war er noch bis 1955 für den Film tätig.
Stummfilme: Nathan der Weise (1923) – Zwischen Abend und Morgen – Die Macht der Finsternis – Lebende Buddhas (1923) – Auf Befehl der Pompadour – Komödianten – Neuland – Die Stimme des Herzens (1924) – Die Frau von 40 Jahren – Die rote Maus – Die vertauschte Braut – Wenn du eine Tante hast (1925) – An der schönen blauen Donau – Die drei Mannequins – Staatsanwalt Jorda – In Treue stark – Der schwarze Pierrot – Der Student von Prag – Der Veilchenfresser – Derby – Die lachende Grille – Die Unehelichen (1926) – Sunrise (Sonnenaufgang, USA 1926) – Der Anwalt des Herzens – Einer gegen alle – Fürst oder Clown – Der Geisterzug – Die Hose – Im Luxuszug – Die indiskrete Frau – Das tanzende Wien – Die leichte Kavallerie – Mata Hari – Pique Dame – Die weiße Spinne – Die Weber – Alraune (1927) – Casanovas Erbe – Frauenarzt Dr. Schäfer – Geheimnisse des Orients – Ihr dunkler Punkt – Quartier Latin – Hurrah! Ich lebe (1928) – Die Frau im Mond – Napoleon auf St. Helena – Die wunderbare Lüge der Nina Petrowna (1928/29) – Die weiße Hölle vom Piz Palü – Manolescu – Adieu Mascotte – Die Jugendgeliebte – Der weiße Teufel (1929)
Filme: Aschermittwoch – Die blonde Nachtigall – Ein Walzer im Schlafcoupé (1930, + Willy Krauss) – Liebling der Götter (1930, + Karl M. May) – Das Flötenkonzert von Sanssouci (1930) – Cyankali (1930) – Wenn du einmal dein Herz verschenkst (1930 + Willi Rosen) – Die Heiligen 3 Brunnen (1930, + Paul Dessau) – Der weiße Teufel (1930, + Marc Roland) – Die Jugendgeliebte (1930) – Die blaue Nachtigall (1930, + Willi Kollo, Otto Stransky) – Hokuspokus (1930, + R. Stolz) – Dolly macht Karriere (1930, + R.Nelson, A.Strasser) – Rosenmontag (1930) – Liebling der Götter (1930, + Karl M. May) – Schneider Wibbel (1931) – Ihre Majestät die Liebe (1931, + W.Jurmann) – Aschermittwoch (1931) – Und das ist die Hauptsache (1931, + W.Jurmann) – Jeder fragt nach Erika (1931, + Grete Walter, Michael Eisemann, Paul Hühn) – Marschall Vorwärts (1932) – Zwei in einem Auto (1932, + E.Granichstaedten) – Die kalte Mamsell (1933) – Das häßliche Mädchen (1933, + Otto S. Fenes) – Leise flehen meine Lieder (1933, + Franz Schubert) – Tausend für eine Nacht (1933, + O.Stransky) – Eine Stadt steht kopf (1933, + M.Spoliansky) –

Ihre Durchlaucht, die Verkäuferin (1933, + R.Benatzky) – Maskerade (1934) – G'schichten aus dem Wienerwald (1934) – Hohe Schule (1934) – Blutsbrüder (1935) – Lockspitzel Asew (1935, D/A 1935, + Gert van Stetten) – Die Pompadour (1935, auch Regie) – Ein Teufelskerl (1935) – Episode (1935, + Robert Katscher) – Nur ein Komödiant (1935) – Die Leuchter des Kaisers (1936) – Rendezvous in Wien (1936) – Im Sonnenschein/Opernring (1936, + Denes von Buday) – Blumen aus Nizza (1936, + D. v. Buday) – Der Weg des Herzens (1937, auch Regie) – Zwei in einem Auto/Eine Reise ins Glück (1937, + Bruno Granichstaedten) – Peter im Schnee (1937) – Der Weg des Herzens (1937, auch Regie) – Seine Tochter ist der Peter (1937) – Premiere (1937, + Denes v. Buday, Peter Fenyes) – Liebling der Matrosen (1938) – Konzert in Tirol (1938) – Hotel Sacher (1939) – Episode (1939) – Aufruhr in Damaskus (1939) – Prinzessin Sissy (1939) – Mutterliebe (1939) – Krambambuli (1940) – Ein Leben lang (1940) – Der liebe Augustin (1940) – Der Postmeister (1940) – Operette (Lied: *Ich bin ja so verliebt*, 1940; Bearb. von J.Strauss, F.v.Suppé, Millöcker) – Dreimal Hochzeit (1941) – Heimkehr (1941) – Brüderlein Fein (1941, + Alex Steinbrecher (1941) – Wiener Blut (1941, nach J.Strauss) – Späte Liebe (1943) – Lache Bajazzo (1943, nach Leoncavallo) – Wien 1910 (1943) – Am Ende der Welt (1943) – Schrammeln (1944) – Der gebieterische Ruf (1944) – Ein Blick zurück (1944) – Das Herz muß schweigen (1944) – Wiener Madeln (1945, + Musik von C.M.Zierer, J.Strauss und J.Ph.Sousa, UA der Forstfilm-Fassung: 1950; Score der Sovexport-Fassung von A.Strasser) – Wie ein Dieb in der Nacht (1945, UA 1950) – The Angel with the Trumpet (Der Engel mit der Trompete, UK 1949) – Der Herzendieb (1950) – Wiener Walzer (A 1951) – Wenn am Sonntagabend die Dorfmusik spielt (1953) – Der Weg in die Vergangenheit, 1954) – Carnival Story/Rummelplatz der Liebe (D/USA 1954) – Kronprinz Rudolfs letzte Liebe (1955)

Schmidt-Hambrock, Jochen

* *21.2.1955 Wuppertal.* Studierte Kontrabass und Komposition an der Musikhoschule in Köln, spielte mit Klaus Doldingers Gruppe Passport und arbeitet seit 1990 für Film und TV.

Filme: Tatort: Tödliche Vergangenheit (191, TV) – Wolffs Revier (1992, TV-Serie) – Der Leihmann – Inoocent Obsession (1994) – Die indische Ärztin (1994, TV-Serie) – Staatsaffäre (1995) – Die Drei (1996, TV-Serie) – Jenseits der Stille (1996, zusätzl. Musik) – Laß die Toten ruhen (1996, TV) – Lea Katz, die Kriminalpsychologin: Das wilde Kind (1997, TV) – Ein todsicheres Ding (1997, TV) – Lea Katz: Einer von uns (1997, TV) – Gelegenheit macht Liebe (1997, TV) – Mein Kind muß leben – Tod auf Amrum – Tatort: Der Heckenschüze – Schwarzes Blut – Rollenspiel – Die Rache der Carola Waas – Mein großer Freund – Gefährliche Hochzeit (1998, TV) – Pünktchen und Anton (1999, zusätzl. Musik) – Ein Starkes Team: Tödliche Rache / Ein Bankraub (1999, TV) – Im Fadenkreuz: Bis daß der Tod euch scheidet – Für die Liebe ist es nie zu spät – Die Frau, die einen Mörder liebte (200, TV) – Mounted by the Gods (2000) – Der Briefbomber (2000, TV) – Solange wir leben – Nicht ohne dich (2001, TV)

Schmitz, Bernhard

* *18.12.1946 Köln.* Studierte Malerei an der Hochschule für Bildende Kunst in Hamburg. Als Musiker Autodidakt (Gitarre, Komposition). Ab 1980 Experimente mit elektronischer Musik, gründete die avantgardistische Gruppe Sabotage, schrieb Hörspielmusiken und drehte eigene Kurzfilme. 1983 Aufbau des Tonstudios »Hydra Produktion« in Köln. Er schreibt vorwiegend Musik für Dokumentar- und Kurzfilme; Spielfilm »Ziemlich weit weg« (1983).

Schneider, Enjott

(Norbert Jürgen), * *22.5.1950 Weil am Rhein.* Studierte 1969–77 an der Musikhochschule und an der Universität Freiberg i. Br. 1974–79 Lehraufträge für Musikwissenschaft und Musiktheorie. Er lehrt seit 1979 an der Hochschule für Musik in München, seit 1982 ist er auch Gastdozent an der Hochschule für Fernsehen und Film in München. Veröffentlichte Bücher über Beethoven, Schumann, Popmusik und Neue Musik. Komponierte zahlreiche Werke im Stilbereich von artifiziell-ler Neuer Musik, elektronischer Musik und Popmusik, auch Orgelwerke, Kammermusik, Orchesterwerke, Bühnenmusiken und Film-

und TV-Musiken. Er schrieb ein »Handbuch Filmmusik« (München 1986). Im März 2002 wurde seine Oper »Das Salome-Prinzip« (nach Oscar Wilde) uraufgeführt.

Filme: 2001 (1983, TV) – Verbotene Hilfe (1984) – Lettow-Vorbeck – Die Wasserherren – Fastnacht (1984) – Kinder aus Stein – Wir sind Utopia (1985) – Filmmusik: Klänge zwischen Auge und Ohr (Film v. M.Verhoeven und Enjott Schneider, 1986) – Der rote Vogel (1984) – Gegen die Regel (1987) – Cop und Co. (1987, TV) – Gin für die Götter – Abgründe (1988) – Herbstmilch (1989, OST: Milan) – Berchtesgadener Land (1989) – Adultera – Rama Dama – Zwielicht (1990) – Schlafes Bruder (1996, + Hubert von Goisern) – Die drei Mädels von der Tankstelle (1997) – Die Sekretärin des Weihnachtsmannes (D/F 1999) – Wer liebt, dem wachsen Flügel – Das Tal der Schatten – Der Schnapper (1999, TV) – Die blauen und die grauen Tage – Scheidung auf Rädern – Jahrestage – Weißblaue Geschichten (2000, TV) – Vater wider Willen (2001, TV-Serie) – Stalingrad (TV-Dok., 2002) – Stalingrad (TV-Dok., 2003) – Schwabenkinder (2003)

Schneider, Helge

* *30.8.1955 Mülheim/Ruhr.* Nach mehreren Versuchen in div. Berufen gründete der musikal. Autodidakt (er spielt mehrere Instrumente) 1973 eine Jazzgruppe, seit 1977 tritt er als Musiker und Entertainer bzw. Komiker auf.

Filme: Ulisses – Hurryca – Johnny Flash – Wer bezahlte für Hitler? – Hymen II

Schneider, Hermann-Josef

* *7.4.1862 Tepl (Böhmen, heute: Teplá, Tschechien), † 10.2.1940 Saaz/Böhmen (heute atec).*

Film: Der Schlafwagenkontrolleur (1935, Lied v. Will Meisel: *Die kleinen Mädchen vom Ballett*)

Schnittke, Alfred Garrijewitsch

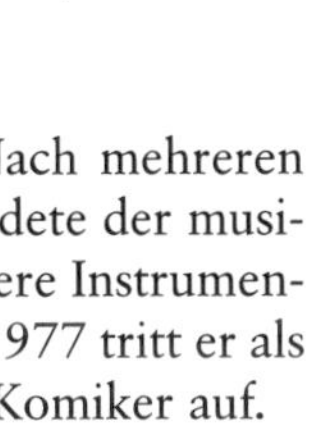

* *24.11.1934 Engels a. d. Wolga (Bezirk Saratow), † 3.8. 1998 Hamburg.* Russ. Komponist dt. Abstammung. Erste Musikausbildung in Wien, wo sein Vater als Übersetzer arbeitete. Studierte 1949–58 in Moskau Klavier und Komposition, war bis 1972 am Tschaikowsky-Konservatorium als Lehrer und war dann freischaffender Komponist. 1980 Gastprofessor an der Wiener Musikhochschule, erhielt 1990 die dt. Staatsbürgerschaft und war ab 1993 in Hamburg Professor an der Musikhochschule. In seinem umfangreichen Werk erprobte S. verschiedene Techniken (Dodekaphonie, serielle Musik) und fand im Zuge der allgemeinen Öffnung der Neuen Musik zur Tradition zu einem von ihm als »Polystilistik« bezeichneten Verfahren der postmodernen Konfrontation diverser Stile. Er schrieb Instrumentalwerke für Klavier, Violine und Orch., 8 Sinfonien, Chorwerke, Bühnenwerke wie die Opern »Leben mit einem Idioten«, »Gesualdo«, »Historia von D. Johann Faustus«, Ballette und in seiner sowjetischen Zeit über 60 Filmmusiken.

Filme u.a.: Wahl des Ziels (UdSSR/DDR 1975) – Aufstieg (1976) – Die letzten Tage von St. Petersburg – Die Vergangenheit und die Gedanken – Der Meister und Margarita – Woyzek (D 1995, TV).

CD: Music for the Movies, cpo

Schoen, Vic

(Victor), * *26.3.1916 Brooklyn, N.Y., USA, † 5.1.2000 Corona del Mar, Calif.* Arrangeur u. Komponist der 30er bis 60er Jahre, bekannt vor allem als musikalischer Leiter der Andrews Sisters ab 1937. Arbeitete Anfang der 30er Jahre als Arrangeur für Tanzorchester, leitete in den 40er Jahren Studiobands für Bing Crosby, Ella Fitzgerald, Danny Kaye, Patti Page u.a. und war in den 50er Jahren musikalischer Leiter von TV-Shows (»The Big Record« u.a.). Er komponierte u.a. eine »Stereophonic Suite for Two Bands«, aufgenommen mit Les Brown. Schallplatten mit Easy Listening Music für Decca, RCA, Mainstream, Liberty.

Filme: Argentine Nights (1940) – How's About It? (1943) – Swingtime Johnny (1944) – The Court Jester (Der Hofnarr, 1956; Songs v. S. Cahn u. Sylvia Fine)

Schoener, Eberhard

* *13.5.1936 Stuttgart.* Ausbildung ab 1954 an der Musikakademie Detmold, an der Nordwestdeutschen Musikakademie und an der Academica Chigana in Siena. Er war kurz ers-

ter Geiger an der Bayerischen Staatsoper, gründete 1963 das Münchner Jugendorchester und war bis 1968 Oberleiter der Bayerischen Opernbühnen. 1969 richtete er bei der Bavaria ein elektronisches Studio ein. Der Komponist ist bekannt für seine audio-visuellen Collagen und Verbindungen von Klassik mit Rock und Musik östlicher Kulturen. 1970 Gestaltung des Musikpavillons der EXPO in Osaka. Filmdokumentationen über chinesische und indische Kultur.

Er komponierte elektronische Musik, die Kammeroper »La Zingara« (1973), Ballettmusik (»Newa«), Bühnenmusiken, TV- und Filmmusiken. Zahlreiche Schallplatten für Electrola, Ariola, DGG.

Filme: Trotta (1973) – Benjamin (1973) – Traumstadt (1974) – Ansichten eines Clowns (1975) – John Glückstadt (1975) – Bali Agung (1976, TV) – Fluchtversuch (1976) – Slavers: Die Sklavenjäger (1977) – Die Bibel hat doch recht (1977) – Rheingold (1978) – Der Lebemann – Lena Rais (1980) – Bali (1984) – The Killing Fields (1985) – Wenn ich mich fürchte – Der wilde Clown (1986) – Die zwei Gesichter des Januar (1986) – *TV-Serien:* Der Alte – Derrick – Tatort u.a.

CD: The Sound of Derrick, Ariola 342980

Schönbaumsfeld, Franz

** 12.7.1881 Wien, † 12.5.1949 ebd.*

Film: Zimmermädchen ... dreimal klingeln (1934)

Scholz, Bernd

** 28.11.1911 Neustadt (Oberschlesien, Krs. Oppeln; heute: Prudnik, Opole), † 22.9.1969 Schliersee (Bayern).*

Film: Fahrt ins Leben (1940)

Schostakowitsch, Dmitri Dmitrijewitsch

** 25.9.1906 St. Petersburg, Russland, † 9.8. 1975 Moskau.* Der sowjetische Komponist studierte auf Empfehlung von A.Glasunov am Petrograder Konservatorium, der internationale Erfolg seiner Abschlussarbeit, die 1. Sinfonie, ermutigte ihn zu einer Komponistenlaufbahn. 1926 Lehrauftrag am Leningrader Technikum, 1937 Professor am Leningrader Konservatorium, 1943 zeitweilig am Moskauer Konservatorium. S. engagierte sich für die Ideale der Oktoberrevolution (2., 3., 11. u. 12. Sinfonie), aber auch für die avantgardistischen Strömungen in der Musik (Oper »Die Nase«, nach Gogol). Aber Ende der 20er Jahre setzte eine Reglementierung in der sowj. Kulturpolitik ein, unter der er stark zu leiden hatte, bes. nach einem Artikel in der Prawda vom 28.1.36 über seine Oper »Lady Macbeth aus Mzensk«. Er passte sich vordergründig an diesen »Sozialistischen Realismus« an (5. Sinf.) und konnte dadurch seine berufl. und physische Existenz erhalten. Zeitweise wurde er zum Vorzeigekomponisten des Stalin-Regimes. Weltweit anerkannt wurde seine 7. Sinfonie (1942), intepretiert als Symbol für den Durchhaltewillen des

Rechts: Soundtrack mit Filmmusiken von E. Schoener

Unten: Eberhard Schoener

russ. Volkes im Kampf gegen Hitler. Trotzdem blieb sein Werk umstritten. In der Stalin-Ära wurde mehrere Kompositionen, darunter beide Opern, nicht mehr aufgeführt; 1948 wurde er erneut gerügt und verlor seine Lehrämter. Sein Ruhm nahm dennoch stetig zu, er wurde zu einer einflussreichen Figur des int. Kulturlebens, erfuhr zahlreiche Ehrungen und erhielt wichtige Preise. Erst nach dem Tod Stalins (1953) konnte er relativ uneingeschränkt arbeiten, wenn ihn auch seine 13. Sinfonie (1962) nochmals in Konflikt mit den staatlichen Normen brachte. Seine posthum und im Westen erschienenen Memoiren waren zunächst heftig umstritten, von vielen wurden sie gar als Fälschung bezeichnet. Eine 2000 veröffentlichte ungekürzte und sachlich redigierte Neuausgabe wird heute allerdings in einem neuen Licht betrachtet und erhellt seine Abhängigkeit von einem totalitären Regime. Das umfangreiche Werk von S. umfasst neben Instrumentalwerken, Streichquartetten, Oratorien auch etliche Film-Musiken. Sein Sohn Maxim ist Dirigent.
Lit.: F.Streller, D.S., Leipzig 1982. – Krysztof Meyer, D.S., 1995. – Solomon Wolkow (Hg), Die Memoiren des D.S., Berlin 2000 (1979)
CD: Film- & Ballett-Suiten, Melodija 74321669812
Filme: Das neue Babylon (1929) – Allein (1930/31) – Goldene Berge (1931) – Der Gegenplan (1933) – Das Märchen vom Popen und seinem Knecht Balda (Cartoon, 1934) – Liebe und Haß (1934) – Maxims Jugend (1934/35) – Freundinnen (1934/35) – Maxims Rückkehr (1935/36) – Die Wyborger Seite – Freunde – Der große Bürger – Der Mann mit dem Gewehr (1938) – Der große Bürger, Teil 2 (1939) – Das dumme Mäuschen (Cartoon, 1939) – Die Abenteuer der Korsinkina (1940) – Soja (1944) – Einfache Leute (1945) – Die junge Garde (2 Teile, 1947/48) – Pirogow (1947) – Mitschurin (1948) – Begegnung an der Elbe (1948) – Der Fall von Berlin (1949) – Belinski (1950) – Das unvergessliche Jahr 1919 (1951) – Lied der Ströme (1954) – Die Stechfliege (1955) – Die erste Staffel (1956) – Kovanschina (1959) – Fünf Tage, fünf Nächte (DDR/UdSSR 1960) – Die Verdammten von Altona (I/F 1962) – Hamlet (1963/64) – Ein Jahr wie ein Leben (1965) – Sofia Perowskaja (1967) – Katerina Ismailova (1967) – König Lear (1970) – Toutes peines confondues (Sweetheart, F 1992) – Hélas pour ainsi (F/CH 1993, + A.Honegger) – Nous sommes tous encores ici (F/CH 1997)

Schrager, Rudolph

(»Rudy«), * *28.8.1906 Czernowitz, Österreich-Ungarn (heute: Ukraine), † 24.8.1983 Santa Monica, Calif., USA.*
Filme: My Man Godfrey – Stanley and Livingston (1939) – Private Snuffy Smith (1942, Dir.) – Career Girl (1944) – Dixie Jamboree (1944, Arr.) – Take it Big (1944, Dir.) – People Are Funny – Tokyo Rose – Deadline for Murder – Swamp Fire (1946) – Monsieur Verdoux, 1947, Arr.) – The Guilty – Fear in the Night – Gunfighters (1947, + Carbonara) – High Tide – Roses Are Red (1947) – Sleep, My Love – The Dangerous Years – Perilous Waters – Coroner Creek – Strike it Rich (1948) – The Green Promise – The Great Dan Patch (1949) – The Sundowners (Zweikampf bei Sonnenuntergang, 1950) – The Eagle and the Hawk – The Iroquois and the Hawk (1950) – High Lonesome (Der Tiger von Texas, 1950, + Carbonara) – Wanted: Dead or Alive (1959, TV-Serie) – The Last Voyage (Höllenfahrt, 1960)

Schreiber, Hans

* *26.11.1912 Aarhus, Jütland, Dänemark, † 31.5.1969.*
Filme: Hidden Tears (USA 1957) – Dum-Bom (1953) – Ljuset fan Lund (1955) – Flottans Överman (1958) – Bara en kypare (1969) – Kurra gömma (1963)

Schreiter, Heinz Willy

* *9.8.1915 Leipzig.* Studierte Klarinette und Komposition, war 1933–37 Klarinettist am Landestheater Neustrelitz. Setzte 1951–54 seine Kompositionsstudien an der Musikhochschule Berlin bei Blacher fort. Er komponierte Unterhaltungsmusik, Filmmusiken (u.a. für Walt Disney) und das Ballett »Der Neffe der Marquesa«.
Filme: The Magnificent Rebel (1960) – Born to Sing (1961) – Emil und die Detektive (1963) – Die Ballerina (1964) – Sperrbezirk (1966)

Schröder, Friedrich

(Hermann Dietrich), * *6.8. 1910 Näfels (Glarus/Schweiz), † 25.9.1972 Berlin.* Schweizer

Film- und Operetten-Komponist. Kam schon als Kind nach Deutschland, ging in Stuttgart zur Schule und studierte in Münster/Westf. und Berlin. 1934 wurde er Kapellmeister am Metropol-Theater in Berlin. Arbeitete als Arrangeur (u.a. für die Studioband Goldene Sieben), komponierte Operetten (»Hochzeitsnacht im Paradies«, 1942, verfilmt 1950 und 1962, »Nächte in Schanghai«, 1947, »Isabella«, 1952, »Das Bad auf der Tenne«, 1955, »Die Jungfrau von Paris«, 1969, »Chanel Nr. 5«), außerdem Schlager und Filmmusik.

CD: Ich tanze mit dir in den Himmel hinein, Alhambra A 8943 – Man müßte Klavier spielen können, TMK 7748

Filme: Großstadtnacht (1933, + K.Rathaus, M.Jaubert) – Weiße Sklaven (1936, + Peter Kreuder) – Gasparone (1937) – Sieben Ohrfeigen (1937, Lied: *Ich tanze mit dir in den Himmel hinein*) – Kleiner Mann ganz groß (1938) – Fortsetzung folgt (1938) – Eine Nacht im Mai (1938) – Mann für Mann (1939) – Ihr Privatsekretär (1940) – Der Kleinstadtpoet – Golowin geht durch die Stadt (1940) – Alles Schwindel (1940) – Oh diese Männer (1941, + W.Eisbrenner) – Immer nur Du (1941, Lied: *Man müßte Klavier spielen können)* – Ein Windstoß (1942) – Weiße Wäsche (1942) – Meine Freundin Josefine (1942, + Leo Leux, Paul Hühn) – Die große Nummer (1943) – Akrobat schö-ö-n (1943, + Paul Hühn) – Die Nacht der 12 (1945, UA 1949) – Peter Voß, der Millionendieb (1946, + Schmidt-Boelcke) – Nächte am Nil (1949) – Maharadscha wider Willen (1950) – Professor Nachtfalter (1950) – Hilfe, ich bin unsichtbar (1951) – Die Schuld des Dr. Homma (1951) – Lockende Sterne (1952) – Briefträger Müller – Charlys Tante – Die Privatsekretärin (1953) – Meine Schwester und ich (1954) – Des Teufels General (1954) – Das Bad auf der Tenne (1955) – Das Donkosakenlied (1956) – Das Sonntagskind (1956) – Italienreise, Liebe inbegriffen (1957) – Ihr schönster Tag (1961) – Hochzeitsnacht im Paradies (A 1962) – Frühstück im Doppelbett (1963)

Schröder, Kurt

** 6.9.1888 Hagenow/Mecklenburg, † 5.1.1962 Frankfurt/M.* Studierte Musikwissenschaft in Berlin und Rostock. Theaterkapellmeister in Chemnitz und Königsberg, war dann Generalmusikdirektor und Opermusikdirektor des Theaters der Stadt Münster. Erste Filmarbeit 1930, bis 1933 meist mit → Karol Rathaus. 1933–34 in England, arbeitete mit dem Produzenten Alexander Korda, schrieb dort Musik für 18 Filme, kehrte dann nach Deutschland zurück. 1946 wurde er musikalischer Leiter des Hessischen Rundfunks.

Filme: Der Hampelmann (1930, + R. Stolz) – Der Mörder Dmitri Karamasoff (1930) – Wer nimmt die Liebe ernst? (1931, + Arcany, Wilhelm Groß) – Die Koffer des Herrn O. F. (1931, + K. Rathaus) – Niemandsland (1931, + Hanns Eisler, Günther Weisenborn) – Wedding Rehearsal (UK 1932) – Hallo! Hallo! Hier spricht Berlin (1932, + K. Rathaus) – Stambul – Großstadtnacht (D/F 1932, + frz. Version: Mirages de Paris) – Die Dame vom Maxim (F 1932, u. UK-Version: The Girl from Maxim's) – The Private Life of Henry VIII (Das Privatleben Heinrichs VIII, UK 1933) – Schwarze Rosen (1935) – Eskapade – Schlußakkord – Onkel Bräsig (1936) – Fanny Elßler (1937) – Dreiklang – Scheidungsreise (1938) – Die Geliebte (1939) – Zwielicht (1940) – Der Sündenbock (1940) – Mädchen im Vorzimmer (1940) – Der laufende Berg – Die See ruft (1941) – Wunder des Klanges (Dok., 1943) – Der Posaunist (1944)

Schröpfer, Wilfried

** 5.4.1925 Schönebeck/Elbe (Sachsen-Anhalt).* *Filme:* Der Findling (1976) – Inki (1973) – Schattenreiter (1974) – *Neuvertonung von Stummfilmen:* Intolerance (1916) – Broken Blossoms (1919) – Isn't it Wonderful (1924) – Asphalt (1928) – Die Maske des Fu-Machchu (1932)

Schtschedrin, Rodion Konstantinowitsch

** 16.12.1932 Moskau.* Russ. Komponist. Der Sohn eines Musikers und Musikwissenschaftlers studierte 1945–50 an der Moskauer Chorschule und dann bis 1955 am Moskauer Konservatorium. 1955–59 war er Aspirant und 1964–69 Kompositionslehrer am Moskauer Konservatorium und arbeitete dann als freischaffender Komponist. In seinen Werken verbindet er Folklore und traditionelle Ausdrucksmittel mit modernen Kompositionstechniken wie der Aleatorik und der seriellen

Musik. Er schrieb u.a. Lieder, Streichquartette, Werke für Klavier, Ballettmusiken (»Das bucklige Pferdchen«), Sinfonien und die Oper »Nicht nur Liebe«.
Filme: Vysota (1957) – Kommunist (1958) – A jesli eto ljubov? (1961) – Skaska o konke-gorbunke (1962) – Anna Karenina (1967) – Sjushet dli a nebolschogo rasska – Tschaikowski (1969) – Anna Karenina (1974) – Vory v sakone (1987) – Prosti, narod pravoslavnij (1993) – The Car Man (2001, TV)

Schudson, Hod David
(Howard M. Schudson), * *29.10.1942 Milwaukee, Wisc., USA, † 17.11.1980 L.A. (Verkehrsunfall).*
Filme: The Clonus Horror (1978) – The Attic (1979) – The Girl, the Gold Watch & Everything (1980, TV)

Schulé, Bernard Emanuel
* *22.7.1909 Zürich, † 1.11.1996 Genf.* Schweizer Komponist und Organist.
Filme: Das Geheimnis vom Bergsee/Das Mädchen mit der Peitsche (1951) – s' Waisekind vo Engelberg (1955) – Heidemarie (1956) – La peur du silence (1958) – Nicolas mon ami – Ferien nach Maß (1961) – Geheimnis des Lebens: Werden, Wachsen, Weitergeben (1966, Dok.)

Schulenburg, Hermann

* *3.3.1896 Berlin, † 24.9.1959 ebd.*
Film: Ein gewisser Herr Gran (1933, + H.-O. Borgmann)

Schulte-Hemming, Robert
* *10.4.1957 Dorsten (Krs. Recklinghausen).* Dt. Komponist, arbeitet für TV- Filme und –Serien, meist mit → Jens Langbein* .
TV-Filme: Männer vom K3: Jugendliebe (1992, TV) – Freunde fürs Leben* (1992) – Der rote Vogel – Polizeiruf 110: Samstags, wenn Krieg ist* (1994) – Ein unvergessliches Wochenende in Salzburg (1993) – Ein unvergessliches Wochenende in Sevilla – ... in Südfrankreich – ... an der Nordsee (1994) – Das Phanton: Die Jagd nach Dagobert (1994) – Ein unvergessliches Wochenende in Kanada (1995) – Risiko Null: Der Tod steht auf dem Speiseplan* (1995) – Freundschaft mit Herz/Girl Friends* (1996) – Die Männer vom K3: Kurz nach Mitternacht (1996) – Alphateam: Die Lebensretter im OP* – Koma: Lebendig begraben* – Trickser* – Lisa Falk: Eine Frau für alle Fälle – Wiedesehen in Palma – Mein Freund der Bulle – Das Glück wohnt hinterm Deich* (1997) – Ein Engel gibt nicht auf* (1998, TV) – Eine Liebe auf Mallorca – Zwei Männer am Herd* – No Sex* – Meine beste Feindin* – Die hohe Kunst des Seitensprungs* (1999) – Hotel Elfie* – Solange es Männer gibt* – Scharf aufs Leben* – Eine Liebe auf Mallorca 3 – Ehemänner und andere Lügner* – Die Biester (2000) – SOKO Leipzig* (2001) – Zweikampf (2001, TV) – Die fabelhaften Schwestern* – Die Männer vom K3: Freier Fall*

Schultheis, Bernd
* *4.6.1964 Bochum.* Studierte an der Ruhr-Universität, schreibt elektro-akustische Musik für Bühnen, Film und TV. 1997 schrieb er eine neue Musik für den Stummfilm »Les deux timides« (F 1928), 2000 folgte eine neue Musik für eine rekonstruierte Fassung des Fritz Lang-Klassikers »Metropolis« (1927). Auch für »Faust« (25).

Schultze, Kristian Wladimir
* *21.1.1945 Frankfurt/Oder.* Der Sohn von → Norbert Schultze studierte 1960–63 am Sternschen Konservatorium in Berlin, 1964–65 an der Musikhochschule und am Musikwissenschaftlichen Institut der FU Berlin, 1965–66 an den Musikakademien in Wien und Graz. Arbeitete ab 1961 als Jazzpianist, komponierte Film-, TV- und Bühnenmusiken in München. Spezialisierte sich auf elektronische Klänge. 1973–76 Keyboarder von Klaus Doldingers Gruppe Passport. Studiomusiker. 1980 Gründung der Fa. Musikstudio Kristian Schultze GmbH. Arbeitete hier für Udo Lindenberg, Georgio Moroder, Jack White u.a. Er komponierte Musik für TV, Film, Werbung, auch sinfonische Elektronik von großer stilistischer Breite.
Filme: Zur Sache Schätzchen (1968) – Detektive (1969) – Nicht fummeln, Liebling (1970) – Hau drauf, Kleiner (1974) – Wehe wenn Schwarzenbeck kommt (1978) – Mit mir nicht, du Knallkopp (1982) – Annas Mutter (1984) – André schafft sie alle

(1985) – Aetherrausch (1987) – Nancy & Frank (2001, + Jack White)

Schultze, Norbert

(Norbert Arnold Wilhelm Richard S.; Ps. Frank Norbert, Peter Kornfeld, Henri Iversen), * *26.1.1911 Braunschweig, † 15.10.2002 Bad Tölz.* S. war in den 20er Jahren Mitglied des Studentenkabaretts »Die vier Nachtrichter« (Ps. Frank Norbert), ab 1933 Kapellmeister in Darmstadt u. München. Er komponierte die Opern »Schwarzer Peter« (1936) und »Das kalte Herz« (1943), die TV-Oper »Peter der Dritte« (1964), auch Musicals (»Käpt'n Bay-Bay«, 1950; »Das tapfere Schneiderlein«,1980; »Scheewittchen«, 1981) und Film-Musiken. Ein internationaler Hit wurde sein Lied *Lili Marleen* (1938, Text Hans Leip), bekannt ist auch noch *Nimm mich mit, Kapitän.* Während der NS-Zeit schrieb er im Auftrag des Propagandaministers Goebbels Lieder wie *Führer befiehl, wir folgen dir* und *Bomben auf Engelland,* letzteres trug ihm den Spitznamen »Bomben-Schultze« ein. Dementsprechend gehört zu seinen Filmarbeiten auch die Musik für den NS-Durchhaltefilm »Kolberg« und nach dem Krieg Filme wie »U 47«. In seiner Autobiographie gibt er solche »kleinen Fehler« zu, nimmt aber im übrigen die Haltung eines Erfolgsmenschen ein, der nur an den eigenen Vorteil denkt. Er ist der Vater von → Kristian Schultze.

Lit.: Mit dir, Lili Marleen, Zürich/Mainz 1995

TV-Dokumentation: Den Teufel am Hintern geküßt, v. A.Bondy u. M.Knapp, 1993

CD: Ensemble Drops, ... Unter der Laterne, Grimm/Naxos MDG 6220734-2

Filme: Schneeweißchen und Rosenrot (1938) – Tischlein deck dich (1938) – Romancero marroqui (Der Stern von Tetuan (Dok., E/D 1939) – Schneewittchen und die sieben Zwerge (1939) – Renate im Quartett (1939) – Gold in New Frisco (1939) – Feuertaufe (Dok., 1939) – Jungens wollen zur See (Dok., 1939) – Eine Frau nach Maß (1940) – Ich klage an (1940) – Aus erster Ehe (1940) – Bismarck (1940) – Kampfgeschwader Lützow (1941) – Der Fall Rainer (1942) – Symphonie eines Lebens (1943) – Asse zur See (Dok., 1943) – Eine kleine Sommermelodie (1944) – Die Affäre Roedern (1944) – Kolberg (1945) – Das Leben geht weiter (1945, unvoll.) – Die Nacht der 12 (1944, UA 1949) – Es kommt der Tag (1950) – Käpt'n Bay-Bay (1952) – Zwerg Nase (1952) – Das tanzende Herz (1953) – Geliebtes Leben (1953) – Unternehmen Edelweiß – Rittmeister Wronski (1954) – Der Froschkönig (1954) – Das Sandmännchen – Mamitschka – Der fröhliche Wanderer – Die Mädels vom Immenhof (1955) – ... wie einst Lili Marleen – Max und Moritz – Was die Schwalbe sang (1956) – U 47 – Aufruhr im Schlaraffenland – Das Mädchen Rosemarie (1957) – Ist Mama nicht fabelhaft? (1957) – Kapitänleutnant Prien (1958) – Liebe, Luft und lauter Lügen (1959) – Soldatensender Calais – Stefanie in Rio (1960) – Moral 63 (1963) – Rosemaries Tochter (1976)

Schulz, Siegfried

* *13.10.1886 Berlin, † 1.1.1951 ebd.?*

Filme: Der schwarze Walfisch (1934, + Walter Kollo) – Endstation (1935, + V.Corzilius) – Wer wagt, gewinnt (1935) – Ball im Metropol (1937, + Walter Kollo) – Hahn im Korb (1937)

Schulz, Walter

* *30.3.1907 Porto Alègre (Rio Grande do Sul), Brasilien, † 19.9.1957 Rio de Janeiro.*

Filme: No me didas adios (1950) – Mundo extraño (Die Göttin vom Rio Beni/Fremde Welt, 1950) – Strange World (1952) – Conchita und der Ingenieur (D/Brasil., 1954, + Anatole Pietric)

Schumann, Conny

(Bruno Adolf), * *6.10.1910 Berlin, † 14.12. 1961 Holzkirchen (Bayern).* Studium an der Hochschule für Musik in Berlin, schrieb Musik für zahlreiche Kultur- und Dokumentarfilme, Bearbeitung von ausländischen Musikfilmen.

Filme: Sie sind nicht mehr (149) – Kreuzweg der Freiheit (1951) – Der Jäger vom Roteck (1955) – Heidemelodie (1956) – Und so was will erwachsen sein – Die Winzerin von Langenlois (1957) – *Nach-/Neuvertonungen*: The Charlie Chaplin Festival (1916/17) – Lachen verboten – The Kid (1920) – The Chimp/Pack Up Your Troubles (1932) – Swiss Miss (1938)

Schumann, Walter

** 8.10.1913 N.Y., USA, † 21.8.1958 Minneapolis, Minn.* US-Komponist und Dirigent, arbeitete Ende der 30er Jahre für Eddie Cantor, ging nach dem Krieg zu Universal, arbeitete dort u.a. für Abbott & Costello-Filme. Ab 1949 arbeitete er für den Produzenten und Schauspieler Jack Webb, er komponierte das berühmte *Dragnet*-Thema aus dem gleichnamigen Film bzw. der TV-Serie (auch verwendet in der dt. »Stahlnetz«-TV-Reihe).

Filme: Buck Private Comes Home (Abbot & Costello: Zwei trübe Tassen, vom Militär entlassen, 1947) – The Wistful Widow of Wagon Gap (1947) – I'll Be Yours (1947) – River Lady – The Noose Hangs High (1948) – Dragnet (1954) – The Night of the Hunter (Die Nacht des Jägers, 1955)

Schurmann, Gérard

** 19.1.1928 Kerfosono Niederländisch-Ost-Indien.* Arbeitet seit 1948 für den Film in England und den USA, u.a. mit Muir Mathieson.

Filme: But Not in Vain (1948) – The Third Key (1956) – Decision Against Time (1957) – The Camp on Blood Island (1958) – The Desparate Man (1959) – Horror of the Black Museum (Das schwarze Museum, 1959) – The Headless Ghost (1959) – Cone of Silence (1960) – Konga (1961) – Payroll (1962) – The Ceremony (Frühstück in der Todeszelle, 1963) – Dr. Syn, alias the Scarecrow (Dr. Syn, das Narbengesicht, 1964) – The Bedford Incident (1965) – The Lost Continent – Attack on the Iron Coast (Sturm auf die eiserne Küste, 1968) – The Gambler (1997)

Schütz, Hans-Georg

** 2.3.1912 Stettin, † 5.6.1976 Hemmoor (-Basbeck), Krs. Cuxhaven.* Dt. Bandleader und Komponist. Etablierte sich Ende der 30er Jahre als Komponist »volkstümlicher« Lieder, gründete ein Tanzorchester, mit dem er von 1940–43 zahlreiche Schallplatten unterschiedlicher Stilrichtungen für die Deutsche Grammophon einspielte. Während des Krieges spielte er am Soldatensender Belgrad. Nach 1945 leitete er ein Orchester bis in die 60er Jahre in Berlin. Er schrieb auch einige Filmmusiken. Zu seinen Liedern gehören *Jeden Tag, da lieb' ich dich ein bißchen mehr,* aber auch Propaganda-Titel wie *Der Glaube an Adolf Hitler soll sieghaft uns tragen* (1936).

Filme: Tee zu Zweien (1939) – Männerwirtschaft (1941) – Die Erbin vom Rosenhof (1942)

Schütze, Walter

** 27.1.1898 Berlin, † 11.6.1963 ebd.*

Filme: Liebe muß verstanden sein (1934, Willi Kollo) – Freut Euch des Lebens (1934, + Fr.W.Rust) – Lockvogel (1934, + Fr.W.Rust) – Der grüne Domino (1935) – Wir fahren nach Amerika (1939)

Schwab, Siegfried

** 5.8.1940 Ludwigshafen/Rh.* Der international renommierte Gitarrist studierte von 1958–64 an der Musikhochschule Mannheim. Ging 1965 zum RIAS-Berlin als Gitarrist, gleichzeitig Jurastudium an der FU Berlin. Arbeitete als Studio-Musiker, ist auf zahlreichen Schallplatten unterschiedlicher Stilistik vertreten. Unzählige Konzerte im In- und Ausland. Komponiert vorwiegend Kammermusik

Musik: Walter Schumann. Deutsches Filmplakat »Dragnet«; die Thema-Musik gehört zu den klassischen Filmmelodien

(»Aquarelle«, »Impulse«, »Prometheus«, »Todsünden« u.a.). Zahlreiche Schallplatten.
Filme: Konny und ihre Freunde (1972) – Das Fräulein von Scuderie (1973) – Tatort: Das Mädchen am Klavier (1977, TV) – Klein Zaches (19881) – Dagmar (1982) – Bankgeheimnisse (1984) – Anna (1987, TV-Serie) – Anna der Film – Laura und Luis (1989)

Schwabach, Kurt

(auch Karl, eigentl. Kurt Schneider), * *26.2.1898 Berlin, † 26.10.1966 Hamburg.*
Filme: Der keusche Joseph (1930, + Fritz Freed, A.Profes) – Der Storch streikt (1931, Lieder) – Pension Schoeller (1932, Lieder) – Die Unschuld vom Lande (1933, + Otto Urack, W.Engel-Berger, Lieder: *Drei süße Worte, Die Sprache der Liebe*) – Das tanzende Herz (1955) – Die Nacht vor der Premiere (1959, Lieder)

Schwaen, Kurt

* *21.6.1909 Kattowitz (heute: Katowice, Polen).* Komponist in der DDR. Autor von Bühnenmusiken Brecht'scher Ästhetik, schrieb wenige, aber bedeutsame Scores, in denen er Eislers Forderung einer dramaturgischen emanzipierten Filmmusik zu verwirklichen sucht.
Filme: Sie nannten ihn Amigo (1958) – Der verlorene Ball (1959) – Das Leben beginnt (1959) – Die Achatmurmel (1960) – Der Fall Gleiwitz (1961) – Christine und die Störche (1961) – Fetzners Flucht (1962) – Vom König Midas (1963)

Schwartz, Arthur

* *25.11.1900 N.Y., USA, † 3.9.1984 Kintersville, Pa.* Broadway-/Filmkomponist der 30er und 40er Jahre. Studierte an der N.Y. Univ. und der Columbia Univ. Arbeitete als Lehrer für Englisch und als Jurist, ab 1929 als Komponist trotz mangelhafter musikalischer Ausbildung. Schrieb Musik für den Rundfunk, Filme (später TV) und Musicals. Er produzierte die Filme »Cover Girl« und »Night and Day«. Mitarbeiter war vor allem Howard Dietz, aber auch Dorothy Fields, Frank Loesser, Johnny Mercer, Edward Heyman, Ira Gershwin, Leo Robin, Oscar Hammerstein II, Al Stillman. 1976 nahm er eine LP mit eigenen Songs auf.
Filme: Follow the Leader (1930) – That Girl from Paris (1937, Song *Love and Learn*) – Navy Blues – All Through the Night (1941) – Cairo – Crossroads (1942) – Thank you Lucky Stars (1943, *Goodnight Neighbor*) – Princess O'Rourke (1943) – The Time the Place and the Girl (1946) – Dancing in the Dark (1950) – Excuse My Dust (1951) – Dangerous When Wet (1953) – The Band Wagon (1953) – Torch Song (1953) – You're Never Too Young (1955; Arr. J.Mandel) – I Could Go on Singing (1963)
Bekannte Songs: I Guess I'll Have to Change My Plan – Something to Remember You By – Alone Together – Dancing in the Dark – You and the Night and the Music – By Myself

Schwartz, Jean

* *4.11.1878 Budapest, Ungarn, † 30.11.1956* Sherman Oaks, Calif., USA.
Filme: Un enfant dans la foule (F 1975) – La gueule du loup (F 1982) – Radio Days (Song)

Schwartz, Lew Alexandrowitsch

* *18.5.1898 Taschkent (Usbekistan), † 24.2.1962 Moskau.* Sowjetischer Komponist der 30er bis 50er Jahre. Er ist der Vater des ebenfalls für den Film tätigen Isaak Ossipowitsch Schwartz. Wahrscheinlich ist er verwandt mit Leonid Schwartz, der ebenfalls für den Film arbeitete.
Filme u.a.: Detstvo Gorkogo (Maxim Gorkis Kindheit, 1938) – Bolotnye soldaty (1938) – V ljudjakh (1939) – Moi universitety (Meine Universitäten, 1940) – Kak zakalyalas (1942) – Raduga (1944) – Nepokorennye (1946) – Anna na sheye (1954)

Schwarz, Friedrich

* *8.6.1894 Berlin, † 23.7.1933 Paris*
Film: Es war einmal ein Musikus (1933, + H.Sommer, W.Meisel, W.Rosen)

Schwarz, Jean

** 20.5.1939 Lille (Dep. Nord), Frankreich.*
Filme: Comment ça va? (1976) – Pour Clemence (1988) – Le Dossier 51 (1978) – Des 'terroristes' a la retaite (Dok., 1983) – Détectives (1985)

Schwarz, Rudolf

** 9.12.1904 Wien, † 25.10.1942 im Internierungslager in Karaganda (Kasachstan).*
Film: Unsichtbare Gegner (1933)

Schwarzwald, Milton

** 16.12.1891 Detroit, Mich., USA, † 2.3.1950 Hollywood.* S. arbeitete ab 1934 als Komponist, Songschreiber, musikal. Leiter und Produzent, meist für B-Filme des Western- und Action-Genres.
Filme als Komponist: The Vigilantes Return (1947, Songs) – The Story of Molly X – Arctic Manhunt – Women in Hiding – Abbott & Costello Meet the Killer, Boris Karloff – Illegal Entry – Johnny Stool Pidgeon (1949) – Three Came Home – Outside the Wall – Ma and Pa Kettle Go to Town – I Was a Shoplifter – The Kid from Texas (1950)

Schwenn, Günther

(eigentl. Adolf Hermann Günter Franzke), ** 18.3.1903 Berlin, † 4.1.1991 Montreux.* Dt. Liedtexter. Studierte in Berlin und Freiburg. Arbeitete als Schriftsteller, Dramaturg und Kabarett-Leiter. Schrieb Libretti und Liedtexte für Operetten (»Maske in Blau«, »Frau im Spiegel«) und Musicals (»Fanny Hill«, Musik Paul Kuhn), zahlreiche (Film-) Schlager (*Für eine Nacht voller Seligkeit, Egon, Schnaps das war sein letztes Wort, Die Wege der Liebe*), u.a. für → Friedrich Schröder (*Träume kann man nicht verbieten, Komm mit mir nach Tahiti*).

Schyman, Garry

* 24.12.1953. US-Komponist, für den Film tätig seit 1986.
Filme: Assassin (1986, TV) – Never Too Young To Die (1986) – Penitentiary 3 (1987) – Hit List (1988) – Judgement (1989) – The Last Hour – The Horseplayer (1991) – The Secret of the Lost Creek (1992, TV) – Revenge of the Nerds III: The Next Generation (1992, TV) – Trade Winds (1993, TV-Serie) – Revenge of the Nerds IV: Nerds in Love (1994, TV) – Deadly Invasion: The Killer be Nightmare (1994) – Robin Cook's Terminal – Robin Cook's Mortal Fear – Robin Cook's Virus (1995, TV) – Tornado (1996) – Lost in Africa (Verschollen in Afrika, 1994) – Day of Reckoning (1994, TV) – Land's End (1995, TV-Serie) – Terminal (1996) – Tornado! (1996, TV) – Nightscream (1997, TV) – Race for the Poles – Spooky House (2000)

Sclavis, Louis

** 2.2.1953 Lyon, Frankreich.* Der Jazzmusiker (cl, sop) studierte am Konservatorium in Lyon und begleitete dann die Sängerinnen Colette Magny und Claire. 1976 gründete er mit anderen die Association de la recherche d'un folklore imaginaire (A.R.F.I.), spielte mit Bernard Lubat, Michel Portal und Henri Texier und Chris McGregor. Er leitete seit 1985 eigene Gruppen, arbeitete aber auch mit dem Orchestre National de Jazz, für welches er auch komponiert. S. arbeitet auch fürs Theater und schrieb 2000 eine neue Musik für den Stummfilm »Dans la nuit« (Im Dunkel der Nacht, 1929; OST: ECM 1805). – Schallplatten für IDA, Silex, FMP, Nato, ECM.
Filme: Alisée (1991) – Répétition (1993) – Grands comme le monde (1999) – Kadosh (1999, + Charlie Haden, Michel Portal) – Histoires de vies brisées: les »double peine« de Lyon (2001) – Le voyage á la mer – Une moment de bonheur (2001) – Vivre me tue (2002)

Scott, Bobby

(Robert W.), ** 29.1.1937 Mt. Pleasant, N.Y., † 05.11.1990 N.Y.* Cabaret- u. Jazzpianist. Studium an der La Follette Music School in N.Y. Spielte mit fünfzehn Jahren bei Louis Prima, ging 1954 zu Tony Scott, 1955 zu Gene Krupa, trat dann als Cabaret-Künstler als Solist oder mit Trio auf. Arbeitete in den 60er Jahren mit Dick Haymes und bei Mercury Records mit → Quincy Jones und → Michel Legrand zusammen, hatte als Komponist einen Hit mit *A Taste Of Honey* und schrieb Komp.* /Arr. für Les und Larry Elgart, Bobby Darin, Hal McKusick, Arthur Prysock u. für Filme. Er ist zu hören im Film »Colour People« mit Tania

Vega u. John Lee Hooker und schrieb auch Musik für das Theaterstück »Dinny and the Witches«.

CD: From Eden to Canaan, Sony 9207157 – For Sentimental Reasons, Musicmasters

Filme: Slaves (1969) – Jenny – Joe (1970) – Color People (als Interpret, Score: Quincy Jones, 1986)

Scott, John

(Patrick John Michael O'Hara Scott), * *1.11.1930 Bristol, England.* Engl. Pop- und Jazz-Musiker der 60er Jahre, später ein respektierter Filmkomponist. Er spielte in den 50er Jahren Saxophon im Orch. von Ted Heath, arrangierte für Ambrose und leitete Mitte der 60er Jahren eine Jazzcombo, das Johnny Scott Quintet, galt in dieser Zeit als Englands führender Jazzflötist. Er arbeitete auch mit → John Barry zusammen, spielte bei dessen Musiken zu »Beat Girl« und »The Whisperers« sowie bei einigen James Bond-Filmsoundtracks. Er nahm Schallplatten auf mit Tom Jones, Matt Monroe, Shirley Bassey, Vic Lewis, Mike Sammes Singers, den Hollies u.a. Erste Film-Musik 1965 »A Study in Terror«. Er arbeitet auch fürs TV und gründete eine eigene Plattenfirma JOS um seine Filmmusiken zu vermarkten.

Weitere Filme: A Study in Terror (Sherlock Holmes' größter Fall, 1965) – Doctor in Clover (1966) – Berserk (1967) – The Violent Enemy (UK 1968) – Amsterdam Affair (1968) – Crooks and Coronets (Gauner, Kronen und Juwelen, UK 1969) – Twinky (1969) – Trog (1970) – Jerusalem File (Das zweite Kommando, USA/Israel 1971) – Doom Watch (1972) – Girl Stroke Boy (1971) – England Made Me (1972) – Anthony and Cleopatra (Antonius und Cleopatra, 1973) – Craze (Dämon des Grauens, 1973) – Billy Two Hats (Begrabt die Wölfe in der Schlucht, 1973) – S. P. Y. S. (1974) – That Lucky Touch (Bleib' mir ja vom Leib, 1975) – Hennessy (1975) – The People That Time Forgot (Caprona 2. Teil, 1977) – The Final Countdown (Der letzte Countdown, 1980; OST: Casablanca) – Inseminoid (Der Same des Bösen, 1980) – Greystoke: The Legend of Tarzan – The Shooting Party (1984) – King Kong Lives – The Whistle Blower (1986) – Harem (1986, TV) – Man On Fire (1987) – The Decivers – Shoot to Kill/Deadly Pursuit (Mörderischer Vorsprung, 1988) – Winter People (1989) – Black Rainbow (Schwarzer Regenbogen, 1990) – The Swiss Family Robinson (Verschollen-Allein auf der Pirateninsel, 1998)

Scott, Morton W.

* *17.1.1912 L.A., USA, † 15.4.1992 Santa Barbara, Calif.* M. arbeitete in den 30er und 40er Jahren für den Film als Komponist und/oder musikal. Leiter, meist für B-Filme, oft Western mit »singenden Cowboys« wie Roy Rogers, Bob Nolan und den Sons of the Pioneers.

Filme: Sunset Serenade (1942) – Idaho – Texas Legionaires – Swing Your Partner (1943) – The Yellow Rose of Texas – Jamboree – Goodnight Sweetheart – My Buddy Strangers in the Night – Song of Nevada – The Lights of Old Santa Fe – San Fernando Valley – Secrets of Scotland Yard (1944) – Sing, Neighbor, Sing – Hitchhike to Happiness – Don't Fence Me In – Along the Navajo Trail – Flame of the Barbary Coast – The Man from Oklahoma – Bells of Rosarita (1945) – My Pal Trigger – One Exciting Week Affairs of Geraldine – Helldorado – G.I. War Brides (1946) – Bells of San Angelo – Home in Oklahoma – On the Old Spanish Trail (1947) – King of the Gamblers – Eyes of Texas – Under the California Stars – Marshal of Amarillo (1948) – Susanna Pass (1949)

Scott, Nathan

(George), * *11.5.1915 Minneapolis, Minn., USA.* Komponist, Vater des Jazzmusikers und (Film-)Komponisten → Tom Scott.

Filme: Angel in Exile (1948) – Wake of the Red Witch (Im Bann der roten Hexe, 1948) – Angel on the Amazon (1948) – Hoodlum Empire (Mördersyndikat San Francisco, 1956) – TV: Dragnet – My Three Sons

Scott, Raymond

(eigentl. Harold Warnow), * *10.9.1909 Brooklyn, N.Y., USA, † 8.2.1994 North Hills, Calif.* Der Pianist und Komponist wurde ab 1937 bekannt mit seinem »Quintette« (richtig ein Sextett), mit dem er seine witzigen Kompositionen wie *In An Eighteenth Century Drawing Room* und *Dinner Music for a Pack of Hungry Cannibals* spielte. Diese Musik war durchkomponiert und -arrangiert, so dass sie nur begrenzt als Swing zu bezeichnen ist. S. hatte schon 1934 für die Show »Blackbirds of 1934« *Christmas Night in Harlem* geschrieben. Trat mit dem Quintett in den Filmen »Nothing Scared«, »Ali Baba Goes To Town« (1937), »Happy Landing«, »Love And Kisses«, »Sally, Irene and Mary« (1938) auf und schrieb Musik für Filme. Ab 1939 leitete S. eine Big Band, von 1942–45 für die Rundfunkgesellschaft CBS. Ende der 40er Jahre trat er in der Herb Shriner-TV-Show auf und leitete die Band der Lucky Strike-Hit Parade nach dem Tod seines Bruders Mark Warnow 1959. Heiratete 1953 seine Sängerin Dorothy Collins und trat mit ihr auf. Seine Musik wurde von → Carl Stalling in Warner Brothers-Cartoons eingesetzt. In den 50er Jahren war er Musical Director bei Everest Records, hatte eigenes Label Audivox, arbeitete auch für Motown, begann sich dann mit Elektronik zu beschäftigen und gründete eine Firma für elektronische Musikinstrumente.

Lit.: C.Garrod, R.S. & His Orch., Zephyrhills 1988

CD: The R. S. Project, Stash 543 – Quintet, Columbia – BarNone/BMG – The Beau Hunks Sextette, Tribute to R.S., Koch 7909

Filme: Lute Songs (1946) – The Trouble with Harry (1955, Song: *Flagging the Train to Tuscaloosa*) – Never Love a Stranger (Der Gangsterkönig von New York, 1958) – Looney Tunes (Warner Bros. Cartoons)

Scott, Tom

(Thomas Wright), * *19.5.1948 Hollywood, Calif., USA.* Der Sohn des Filmkomponisten → Nathan Scott spielte noch als Teenager Tenorsaxophon bei Jazz-Größen wie Don Ellis, Oliver Nelson u.a. Trat als Jazzmusiker auf und war einer der ersten und erfolgreichsten der Jazz/Fusion-Bewegung. Auch als Studiomusiker tätig, zahlreiche Schallplatten mit Jazz- und Popmusikern. Er arbeitet heute vorwiegend als Komponist für Film u. TV in L.A. Schallplatten für GRP und Epic.

Filme: Conquest of the Planet of the Apes (Eroberung vom Planet der Affen, 1972) – The Culpepper Cattle Co. (Das Greenhorn, 1972, + J.Goldsmith) – Uptown Saturday Night (1974) – Stir Crazy (Zwei wahnsinnig starke Typen, 1980) – Hanky Panky (1982) – Going Berserk (1983) – Hard to Hold – Blame it on the Night (1984) – Fast Forward (1985) – The Sure Thing (Volltreffer, 1985) – Just One of the Guys (1985) – Family Ties Vacation (1985, TV) – Badge of the Assassin (1985, TV) – Soul Man (1986) – Not Quite Human (1987, TV) – Run Till You Fall – The Absent-Minded Professor (1988, TV) – Mothers, Daughters and Lovers (1989, TV) – Final Notice (1989, TV) – Shannon's Deal (990, TV-Serie) – Percy & Thunder (1993, TV) – Deconstructing Sarah (1994, TV) – An Unexpected Family – The 51st Annual Primetime Emmy Awards (1999, TV)

TV: Starsky & Hutch – The Streets of San Francisco – Baretta (1975, + Dave Grusin) – Cannon – The Emmy Awards – Twenty-One

Scotto, Vincent Baptiste

* *22.4.1874 Marseille, Frankreich, † 15.11. 1952 Paris.* Frz. Komponist. Lernte früh Gitarre und schrieb schon als Kind Chansons. Er hatte ab 1906 Erfolge mit Titeln wie *La peti-*

Tom Scott

te Tonkinoise, Les ponts de Paris, Mon Paris und schrieb 1930 für Josephine Baker *J'ai deux amours*. Er arbeitete auch für Maurice Chevalier, die Mistinguett und Edith Piaf. Zum Standard wurde *Vieni Vieni*, ein Hit für Tino Rossi. Neben seinen rd. 4000 Chansons schrieb er auch Revue-Operetten (»Suzy«, 1912; »Au pays de soleil«, 1933; »La danseuse aux etoiles«, 1950) und rd. 50 Filmmusiken.

Lit.: Souvenir de Paris, Paris 1947 (Autobiogr.)

Filme u.a.: Die Abenteurerin von Tunis/Treffpunkt Afrika/Abenteuer in Tunis (D 1931) – Joffroi (1934) – Pepé le Moko (F 1937) – Algiers (1938, + Mohammed Igorbouchen; US-Version von »Pepé Le Moko«) – La femme du Boulanger (Die Frau des Bäckers, 1938) – Le fille de puisatier (1940) – Domino (1943) – L'ingénue libertine (1950)

Searle, Humphrey

* *26.8.1915 Oxford, England, † 12.5.1982 London*. Engl. Komponist, für den Film tätig in den 50er und 60er Jahren, bes. für Komödien und Abenteuerfilme.

Filme: Beyond Mombasa (Jenseits Mombasa, 1956) – The Baby and the Battleship (Das Baby auf dem Schlachtschiff, 1956) – The Action of the Tiger (Operation Tiger, 1957) – The Abomibale Snowman of the Himalaya (Yeti, der Schneemensch, 1957) – A Novel Affair (1957) – Law and Disorder (1958) – Left, Right and Center (Wahlk(r)ampf, 1959) – The Haunting (Bis das Blut gefriert, 1963)

Sebesky, Don

(Donald), * *10.12.1937 Perth Amboy, N.J., USA*. Studierte Posaune bei Warren Covington, spielte drei Jahre in dessen Tommy Dorsey-«Ghost«-Band, dann bei Maynard Ferguson und Stan Kenton als Posaunist und Arrangeur. Studierte Komposition an der Manhattan School of Music und arbeitete dann für das Verve-Label unter Creed Taylor, arrangierte u.a. für Carmen McRae, Astrud Gilberto, Charlie Mariano, Dean Martin, Kai Winding, Buddy Rich, Roberta Flack, Peggy Lee, Paul Desmond, Doc Severinsen, Sonny Stitt, Chet Baker. Er schrieb auch Filmmusik und komponierte »Third Stream«-Werke wie »The Rape of El Morrow« und »Three Works for Jazz Soloists and Symphony Orchestra«. 1975 veröffentlichte er ein Buch, »The Contemporary Arranger«. – Schallplatten für Verve, CTI, Gryphon, GNP, Doctor Jazz.

Filme: The People Next Door (1970, TV) – F.Scott Fitzgerald and the Last of the Belles (1974, TV) – How to Pick Up Girls (1978, TV) – Hollow Image (1979, TV) – The Rosary Murders (Der Mörder mit dem Rosenkranz, 1987)

Segall, Bernardo

* *4.8.1911 Campinas (São Paulo), Brasilien, † 26.11.1993.*

Filme: Congolaise (1950) – The Great St. Louis Bank Robbery (1959) – The Luck of Ginger Coffey (1964) – Hallucination (1967) – Custer of the West (1968) – Loving (1970) – Night Slaves (1970, TV) – The Jesus Trip (1971) – Moon of the Wolf (1972, TV) – The Girl Most Likely To...(1973, TV) – Homebodies (1974) – To Fly (1976) – Turnover Smith (1980, TV)

Segura, Gregorio Garcia

(richtig: Garcia Segura, Gregorio), * *13.2. 1929 Cartagena, Murcia*. Spanischer Komponist, für den Film tätig seit 1959.

Filme: Carmen de la Ronda (Carmen: Das Mädchen aus Granada (1959) – Il figlio de Capitano Blood (1962) – The Devil Made a Woman (1962) – Der Rächer mit dem Degen (F/I/E 1963) – The Fickle Finger of Fate (1967) – The Tall Woman (1967) – The Druma of Tabu (1967) – Madigan's Millions (1968) – Varietés (1971) – La coquito (1978) – Y al tercer año resucito (1980) – Black Venus (1989) – Las cosas del querer (1989) – Pelotazo nacional (1993)

Seiber, Mátyás György

* *4.5.1905 Budapest, † 25.9.1960 Krüger National Park, Südafrika*. Ungarischer Komponist und Violoncellist. Studierte 1919–25 bei Z. Kodály, unternahm dann Reisen, auf denen er in Berührung mit dem Jazz kam. Gründete 1928 mit Bernhard Sekles (1872–1934) die erste Jazzklasse in Europa an der Musikhochschule Frankfurt/M.. 1933 ging er ins Exil, zunächst nach Budapest und in die Sowjetunion, 1935 nach England. Ab 1942 unterrichtete er am Morley College und wurde nach dem Krieg einer der beliebtesten Kompositionslehrer

Englands. International bekannt wurde seine Kantate »Ulysses« (nach James Joye). Er komponierte Streichquartette, zwei »Jazzolettes« für Bläser, Klavier und Schlagzeug, Orchesterwerke, das Ballett »The Invitation« u.a.
Filme: Paper People Land (1938) – Coupon Hearers – Abu Zeid and the Dungeon – Abu Zeid and the Poisoned Well – Abu Zeid's Harvest (1943) – Abu Zeid Builds a Dam – Good King Wenceslas – Six Little Jungle Boys (1944) – The Big Top – Old Wives' Tales – Job For the Future (1945) – Magic Canvas (Cartoon, 1946) – The Diamond (Diamanten, UK 1954; + Ilona Kabos) – A Town Like Alice (Marsch durch die Hölle, UK 1956) – Chase a Crooked Shadow (Flüsternde Schatten, UK 1957) – Robbery Under Arms (Die Farm der Verfluchten, UK 1957)

Seiter, Herbert

* *22.5.1921 Wien-Floridsdorf, † 17.2.1996 Wien.* Österr. Pianist und Komponist von Schlagern und Filmmusiken.
Filme: Das große Wunschkonzert (1961) – Wie Sand am Meer (1972)

Sekacz, Ilona

* *6.4.1948 Blackpool, Lancashire, England.* Engl. Komponistin, im Film aktiv seit 1983.
Filme: Farmers Arms (1983) – Northanger Abbey (1987, TV) – Intimate Contact (1987, TV) – Dutch Girls (1987) – Fighting for Gemma (1993) – A Pin for the Butterfly (1994) – Antonia (1995) – Under the Skin – Mrs. Dalloway (1997) – Solomon and Gaenor (1999)

Seltzer, Dov

* *26.1.1932 Iaşi, Rumänien (dt. Jassy).* Israelischer Komponist, arbeitete in den 60er bis 80er Jahren für Filme der Produzenten M. und Y. Golan.
Filme: The Simchon Family (1964) – Trunk to Cairo (1966) – My Margo – Not Mine to Love (1969) – Eagles Attack at Dawn (1970) – Highway Queen (1971) – Escape to the Sun – I Love You Rosa (1972) – Kazablan (1973) – Moses (1975, TV) – Kuni Lemel in Tel Aviv – Operation Thunderbolt (1977) – Savage Weekend (1983) – Edut Me' Oness – The Assisi Underground – The Ambassador (1984) – Hame' Ahev (1986) – Hanna's War – Bouiba – Makom Le'yad Hayam (1988) – Mack the Knife (1989, Dir.) – The Mummy Lives (1993)

Sendrey, Albert Richard

* *26.12.1922 (oder 1911?) Chicago, Ill., USA.* Komponist und Drehbuchautor, arbeitete für den Film in den 40er und 50er Jahren, u.a. mit den Komponisten Earl K. Brent, Edward Heyman, Nacio Herb Brown und George Stoll und dem Regisseur Stanley Donen. Er ist der Sohn des aus Ungarn stammenden Dirigenten und Komponisten Alfred S. (Aladar Szendrei, 29.2.1884 Budapest-3.3.1976 L.A.).
Filme: The Kissing Bandit (Ein Bandit zum Küssen, 1948, auch Drehbuch) – Hills of Home (Lassies Heimat, 1948) – Father's Little Dividend (Ein Geschenk des Himmels, 1951) – Royal Wedding (Königliche Hochzeit, 1951) – Kansas Pacific (1953) – The Opposite Sex (Das schwache Geschlecht, 1956) – Moonwolf (1966)

Sénia, Jean-Marie

* *23.7.1947 Alsazia, Algerien.* S. gehört zu den bedeutenden zeitgenössischen frz. Film- und Theaterkomponisten. Er studierte am Konservatorium in Strasbourg, erhielt schon dort Preise für seine Kompositionen und wurde schließlich Professor an der Ecole du Théatre National de Strasbourg. Er komponiert für Theater, Filme, TV und schrieb Chansons für Yves Montand, Jean-Roger Cussimon, Rufus, Moustaki und Hanna Schygulla; letztere begleitete er auch bei ihren Auftritten am Klavier.
TV: Céline et Julie vont en bateau (Céline und Julie fahren Boot, 1974, TV) – Jona qui aura 25 en l'an 2000 (Jonas, der im Jahr 2000 25 Jahre alt sein wird (CH/F 1976) – La guerre des police (19799 – Tendres cousines (1980) – L'homme fragile (1981) – La jument vapeur (1982) – Legitime violence (1982) – L'homme au chapeau de soi (Der Mann mit dem goldenen Hut, 1983; Dok. über den frz. Komiker Max Linder, 1883–1925) – Les mot por de dire (1983) – Baiser rouge (Rote Küsse, 1985) – Etats d'ame (1986) – Sapho (1986) – Un amour a Paris (1987) – Noce en Galilée (1987) – La brute (1987) – Mon ami le traître (1989) – Duo (1990, TV) – La fracture du myorcarde (1990) – Le blé en herbes (1990, TV) – La femme fardée (1990) – Cantique des

Pierres (1991) – Une journee chez ma mère (1992) – L'honneur de la tribu (1993) – Elles n'oublieent jamais (1994) – Une éte à la goulette (1995, Chansons) – Le journal d'un séducteur (1995) – Montana Blues (1996, Songs) – C'est pour la bonne cause (1997, Songs) – Le onzième (1998) – L'examen de minut (1998) – La ciudad de los prodigios (1999) – Marie Curie – Le cabaret de la Grande Guerre et les Année fractures – L'ami Maupassant – Amour fou – Fuegos – Condorcel – Hoggman's Hunger – La Dictée – Une page d'amour – Les enfants dans les arbres – Le lendemains qui chantent – Die späte Wahrheit (2000)
Filme: Salsa – Adela (2000) – Mémoires en fuite - Anibal (200, TV) – Cavalcade (2001, TV) – L'engrenage (2001) – Des nouvelles des enfants (2001, TV) – Les filles, personne s'en méfie (2002) – Un 8 juillet à Séville (2002, TV)

Serra, Eric

** 9.9.1959 Paris, Frankreich.*
Filme: Le dernier combat (1983) – Subway (1985) – Kamikaze (1986) – Le Grand Bleu (Das große Blau, 1988, OST: Virgin) – Nikita (1990, OST: Virgin) – Atlantis (Dok., 1991) – Leon (1994) – Golden Eye; OST: Virgin) – The Fifth Element (Das fünfte Element, 1997; OST: Virgin) – Jeanne d'Arc/The Messenger: The Story of Joan of Arc (1999) – Rollerball (2002; OST: Virgin)

Serra, Luis María

** 18.4.1942 Lanus (Buenos Aires).* Argentinischer Komponist, für den Film seit 1973 tätig.
Filme: Juan Moreira (1973) – La gran aventura – La Mary (1974) – Una mujer (1975) – Mis dias con Veronica – Momentos – Los miedos (1980) – Mas alla de la aventura (1981) – Señora de nadie (1982) – Los enemigos – Se acabo el curro – La republica perdida (Dok., 1983) – El poder de la censura (1983) – Los dias de junio (Days of June, 1985) – Camuila – Atrapadas (1984) – Los Chicos de la guerra – El juguete rabioso – Contar hasta diez – Los insommes – Miss Mary (1986) – La republica perdida II (Dok., 1986) – Sofia (1987) – The Day You Love Me (1989) – Fútbol Argentino (1990) – El amante de las leliculas mudas (1994) – Fuga de cerevros – Sus ojos se cerraron (1998) – La cara del angel (1999)

Seymour, Patrick

** 11.12.1958 Reading, Berkshire, England.*
Filme: De Johnsons (1992) – Chantailly Lace (1993, TV) – No Worries (1993) – Parallel Lives – On Hope (1994, TV) – Night Eyes 4 (1995) – De Flat – Scorned (1996) – Critical Choices – End of Summer (1996, TV) – Northern Lights (1997, TV) – Inspirations (1997) – Tricks (1997, TV) – Me & Isaac Newton (1999) – The Simian Line (2000) – Feast of All Saints (2001, TV-Serie)

Shaiman, Marc

** 22.10.1959 Newark, N.J., USA.* Begann als Vokalarrangeur für Cabaret-Acts in N.Y., u.a. die Gruppe The Harlettes, die damals Bette Midler begleitete. Ging mit 18 Jahren mit Midler auf Tournee, arbeitete für die »Saturday Night Live«-Show. Lernte dadurch Billy Crystal kennen, der ihm mit dem Regisseur Rob Reiner bekannt machte. Schrieb dann die Musik für (den Kultfilm) »When Harry Met Sally«. Er arbeitete für den Pianisten und Sänger Harry Connick als Arrangeur, verlegte den Schwerpunkt aber dann auf den Film, nachdem Billy Crystals »City Slickers« ein Erfolg wurde.
Filme: When Harry Met Sally (Harry und Sally, 1989) – Scenes from a Mall (Ein ganz normaler Hochzeitstag, 1990) – Misery (1990) – City Slickers – The Addams Family (1991) – Sister Act (1992; OST: Hollywood) – A Few Good Man (1992) – Sleepless in Seattle (Schlaflos in Seattle, 1993) – Hearts and Souls (1993) – Sprachlos (1994) – Bogus – Mother (1996) – The First Wives Club – Ghost of Mississippi (1996) – Sister Act II – In and Out (Rosa wie die Liebe, 1997) – George of the Jungle (George, der aus dem Dschungel kam, 1997; OST: Disney) – One Night at McCool's – What's the Worst Thing That Could Happen – The Kid – South Park: Bigger, Longer and Uncut – The Story of Us (1999) – The Kid (2000) – Bett (2000, TV-Serie) – How Harry Met Sally (2000) – Conversations with John Turteltaub (2000) – Get Over It (2001, Songs) – One Night at McCool's (2001) – 61* (2001, TV) – Marci X (2003, Songs)

Shaindlin, Jack

* *14.4.1909 Krim, Rußland., USA, † Sept. 1978.* Bandleader, Komponist, Arrangeur und musikal. Leiter im Film der 40er bis 60er Jahre.

Filme als Komponist: Why Korea (1951, Dok.) – This Is Your Army (1954, Dok.) – Days of Thrills and Laughter (1961) – Mickey One (1965)

LP: Silent Movie Music, Coral 57024

Shank, Bud

(Clifford Everett Jr.), * *27.1926 Dayton, Ohio, USA.* Der Jazzmusiker lernte mit zehn Jahren Klarinette, mit 14 Saxophon, ging 1947 an die US-Westküste, spielte Altsaxophon bei Charlie Barnet und 1950–51 bei Stan Kenton. Er war Mitglied der Lighthouse All Stars, spielte mit eigenem Quartett, arbeitete aber vor allem als Studiomusiker, spielte alle Saxophone und Flöte. Er ist als solcher auf etlichen Filmsoundtracks zu hören, so in Filmmusiken von Michel Legrand, H.Mancini und Shorty Rogers. Schrieb selbst einige Filmmusiken und wurde 1974 Gründungsmitglied von Laurindo Almeidas Gruppe L.A. 4. 1980 verließ er den Studiobetrieb und ließ sich in Seattle nieder. S. ist neben Art Pepper der bedeutendste Altsaxophonist des West Coast Jazz und einer der großen Jazzflötisten. Zahlreiche Schallplatten für Pacific Jazz/World Pacific, Concord u.a.

Filme: Slippery When Wet (1959) – Barefoot Adventure (1961) – War Hunt (1961) – Some Call it Loving (1973, + Dick Hazard)

Shankar, Ravi

* *7.4.1920 Varanasi, Uttar Pradesh, Indien.* Bedeutender Vertreter der indischen Musik, Sitar-Spieler, dessen Instrument durch ihn in der westlichen Welt bekannt wurde. Studierte ab 1938 bei Ustad Allaudin Khan von Mahair, begann ab 1946 als Musiker aufzutreten. Seine USA-Tournee 1957 weckte das Interesse an indischer Musik, er nahm später Schallplatten mit Yehudi Menuhin und Paul Horn auf, er beeinflusste kurzzeitig die Rockmusik (George Harrison studierte bei ihm), 1967 trat er beim Monterey Pop Festival auf, 1969 beim Woodstock Festival. Er nahm Schallplatten auf für die Label der Beatles (Apple, Dark Horse) und war mit Harrison und L.Subramaniam 1974 auf USA-Tournee. Seine beste Filmarbeit ist die Musik zu Satyajit Rays Triologie »Panther Panchali/Aparajito/The World of Apu«.

Filme: Dharti ke lai (1946) – Pather Panchali (Apus Weg ins Leben: 1. Auf der Straße, 1955) – Aparajito (Apus Weg ins Leben: 2. Der Unbesiegbare, 1956) – Kabuliwala (1957) – En Djungelsaga (S 1957) – Parash Pathar (1968) – Apu Sansar (Apus Weg ins Leben: 3. Apus Welt, 1959) – Tarzan Goes to India (1962) – Go-Daan (1964) – Chappaqua – Charly (USA 1968) – Wonderwall: The Movie (1969) – Transmigration Machre (1973) – Ghandi (1982, + George Fenton) – Genesis (1986)

Shapiro, Theodore

US-Filme: Six Ways to Sunday (1997) – Safe Man – Restaurant (1998) – On the Ropes (1999, Dok.) – Girlfight – State and Main (2000) – Not Another Teen Movie (2001) – Heist (Der letzte Coup, 2001) – Wet Hot American Summer – Love in the Time of Money (2002) – Bugs (2002) – A View from the Top (2003)

Sharpe, Avery George

* *23.8.1954 Valdosta, Ga., USA.* Studierte Ökonomie an der Universität von Massachusetts und Musik bei Archie Shepp. Spielte ab 1979 Kontrabass mit Shepp, Art Blakey, Cab Calloway, McCoy Tyner, Freddie Hubbard, George Benson, ab 1990 mit eigenen Gruppen. Er arbeitete auch als Lehrer, komponiert Filmmusik und produziert TV-Sendungen. Schallplatten mit Shepp, Yusef Lateef, Tyner, Frank Morgan, John Blake, Marc Puricelli, Jeri Brown, Steve Grossman.

Filme: An Unremarkable Life (1989) – Lydia

Sharples, Robert

(eigentl. Robert Frederick Standish), * *2.7. 1913 Bury, Lancashire, England, † 8.9.1987 London.*

Filme: Missiles From Hell (1958) – The Prize of Arms (1962)

Sharples, Winston S.

* *1.3.1909 Fall River, Mass., USA, † 3.4.1978 Savannah, Ga.*

Filme: Casino to Korea (Dok, 1950) – Pretty in Pink (1968)

Shearing, George Albert

* *13.8.1919 London, England.* Der blinde Pianist, berühmt durch seinen Block-Akkord-Stil, arbeitete auch als Arrangeur (u.a. für die Sängerin Nancy Wilson) und Komponist; zum Standard wurde sein Song *Lullaby of Birdland*. Er schrieb die Musik zum Film »80 Steps to Jonah« (1969) und trat auch in einigen Filmen auf, so in der berühmten Dokumentation über das Newport Jazz Festival »Jazz on a Summer's Day« (1959).

Shearmur, Ed

(Edward, auch Schearmur), * *1966 London, England.* Begann als Kind im Chor der Westminster-Abtei zu singen, lernte Klavier und arbeitete später als Popmusiker mit u.a. Bryan Adams, Liona Boyd, Eric Clapton, Echo & the Bunnymen u.a.; für den Film ab 1990.

Filme: Let Him Have It (1991, zusätzl. Musik) – The Cement Garden (Der Zementgarten, 1993) – Demon Knight – The Leading Man (1996) – The Hunchback (1997, TV) – Heart Surgeon (1997, TV) – Remember Me? (1997) – The Wings of the Dove (1997) – Girl's Night – Crossmaheart – The Governess – Shot Through the Heart – Martha, Meet Frank, Daniel and Laurence – Species II (1998) – Jakob the Liar (Jakob der Lügner, 1999) – Cruel Intentions – Blue Streak (1999) – Miss Congeniality – Charlie's Angels (Dre Engel für Charlie, 2000) – Things You Can Tell Just by Looking At Her – The Brightness You Keep – Whatever it Takes (2000) – K-PAX (2001, OST: Decca) – The Count of Monte Christo (2001, OST: RCA) – The Sweetest Thing – Reign of Fire (2002) – Charlie's Angels 2 (2003)

Ed Shearmur schrieb die Musik zu einer der zahlreichen Verfilmungen von »Der Graf von Monte Christo«

Shefter, Bert A.

(Bert Abram), * *15.5.1904 Poltava, Russland, 29.6.1999 West Hollywood, Calif.* Kam als Kind in die USA, arbeitete als Pianist, leitete in den 30er Jahren ein Tanzorchester, ehe er sich der Filmarbeit zuwandte.

Filme (mit Paul Sawtell):* The Fly* (Die Fliege, 1958) – A Dog of Flanders* (1959) – Five Guns of Tombstone* (1960) – Voyage to the Bottom of the Sea* (1961) – Jack the Giant Killer (Der Herrscher von Cornwall, 1961, + Paul Sawtell) – Guns of Wyoming* (Revolverhelden von Wyoming, 1962)

Sherman, Richard M.

(Richard Morton, * *12.6.1928 N.Y.*) und Robert B. (Robert Bernard, * *19.12.1925 N.Y*). Die Söhne des Komponisten Al Sherman (7.9.1897–15.9.1973) studierten am Bard College und machten sich einen Namen als Songschreiber/Texter-Team. Sie schrieben zahlreiche Songs für Filme der Disney-Studios, u.a. für »Mary Poppins« (Oscar für den Song *Chim Chim Cher-ee*). In den 70er Jahren machten sie sich selbständig und schrieben Musik/Texte und z.T. Drehbücher für Kinder- und Jugendfilme.

Filme: Summer Magic (1953, Songs; Score: Buddy Baker) – Nightmare (nur Richard, 1956) – The Absent-Minded Professor – The Parent Trap (1961) – Moon Pilot – Bon Voyage (1962) – Miracle of the White Stallions – Summer Magic (1963) – The Sword in the Stone (Merlin & Mim, 1963; Songs; Score: G.Bruns) – Mary Poppins (OST: Disney) – Those Calloways (1964) – Darn That Car (1965) – Monkeys Go Home – The Jungle Book – The Adventures of Bullwhip Griffin – The Happiest Millionaire (1967) – The One and Only Genuine Original Family Band – Chitty Chitty Bang Bang (1968, OST: Ryko) – The Aristocats – Bedknobs and

Broomsticks (Die tollkühne Hexe in ihrem fliegenden Bett, 1971) – Snoopy Come Home (1972) – Charlotte's Web (Zuckermanns Farm, 1973) – Tom Sawyer (1973) – Huckleberry Finn (1974) – The Slipper and the Rose (Cinderellas silberner Schuh, UK 1976) – The Tigger Movie (2000, Song mit Kenny Loggins: *Your Heart Will Lead You Home*)

Sherwin, Manning

* *4.1.1902 Philadelphia, Pa., USA, † 26.6.1974 L.A.* Arbeitete als Komponist am Broadway, ging dann nach Hollywood, wo er in den 30er Jahren für Paramount arbeitete. 1945 zog er nach England und arbeitete dort für Film und Bühne.

Filme in USA: Stolen Holiday – Blossoms on Broadway – Swing, Teacher, Swing – Vogues of 1938 (1938, Songs). *Filme in England*: A Girl Must Live – He Found a Star – Hi, Gang – King Arthur Was a Gentleman – Miss London, Limited – Bees in Paradise – I'll Be Your Sweetheart (1945, Songs)

Shilkret, Nat

(Naftule Schildkraut), * *25.12.1895 N.Y., USA, † 18.2.1982 Long Island, N.Y.* S. begann als klassischer Klarinettist, spielte bei den N.Y. Sinfonikern, dem Orch. der Metropolitan Oper und bei John Phillip Sousa. Von 1925 bis 1935 war er Director für »Light music« bei RCA Victor und nahm bis 1932 mit Studiobands Hunderte von Titeln mit Tanz- u. Unterhaltungsmusik auf. 1935 ging er nach Hollywood und arbeitete als Dirigent, Arrangeur, mus. Leiter und Komponist für den Film. Von seinen Songs sind bes. *Lonesome Road* und *Jeanine, I Dream of Lilac Time* zu Standards geworden. Sein Bruder Jack (13.10.1896–16.6.1964) war ebenfalls Komponist.

Filme: Mary of Scotland – Winterset (1936) – Swing Time (1936, Songs: Kern/Fields) – That Girl from Paris (1936, Dir.; + E.Heyman) – The Toast of New York (1937) – Shall We Dance (1937, Dir., Songs: G.& I.Gershwin) – Air Raid Wardens (1943) – Nothing But Trouble (1946) – The Hoodlum Saint (1946)

Shire, David Lee

* *3.7.1937 Buffalo, N.Y., USA.* Studium an der Yale Univ. Der vielseitige Musiker studierte in Yale bis 1959, arbeitete als Songschreiber auch, als er in der Nationalgarde (1960–66) diente. Er schrieb dann für die Bühne, erhielt ab 1970 Aufträge aus Hollywood, zunächst vom TV. Für den Song *It Goes Like It Goes* (Film: »Norma Rae«) erhielt er einen Oscar. Seine Musik reflektiert eine bemerkenswerte Kenntnis musikalischer Stile, vom atonalen Big Band Jazz (»Stoppt die Todesfahrt der U-Bahn 123«) bis zur großorchestralen sinfonischen Musik (»Oz – eine fantastische Welt«). Er ist verheiratet mit der Schauspielerin Talia Shire.

Filme: One More Train to Rob (Heißes Geld aus Malador, 1971) – Drive He Said – The Skin Game (Zwei Galgenvögel, 1971) – Summertree (1971) – To Find a Man (1972) – Showdown (Die Geier warten schon, 1972) – Steelyard Blues – The Fortune (Mitgiftjäger, Arr., 1973) – Two People (1973) – The Conversation (Der Dialog, 1974) – The Taking of Pelham 1-2-3 (Stoppt die Todesfahrt der U-Bahn 123, 1974) – The Hindenburg (Die Hindenburg, 1975) – Class of '44 (1975) – Farewell, My Lovely (Fahr' zur Hölle, Liebling, 1975) – All the President's Men (Die Unbestechlichen, 1976) – The Big Bus (Die haarsträubende Reise in einem verrückten Bus, 1976) – Raid on Entebbe (Die keine Gnade kennen, 1976) – Saturday Night Fever (1977, Arr.) – The Promise (1978) – Harry and Walter go to New York (Und morgen wird ein Ding gedreht, 1978; Songs v. A.& M.Bergman) – Straight Time (Stunde der Bewährung, 1978) – Old Boyfriends – Norma Rae – The Earthling (Am Ende des Tales, AUS 1979) – Fast Break (1979) – Paternity (Ich brauche einen Erben, 1981) – The Night the Lights Went Out in Georgia (Amanda lässt die Puppen tanzen, 1980) – Only When I Laugh (Mrs. Hines und ihre Tochter, 1981) – The World According to Garp (Garp wie er die Welt sah, 1982) – Max Dugan Returns (Max Dougans Moneten, 1983) – 2010 (2010, das Jahr in dem wir Kontakt aufnehmen, 1984) – Oh God! You Devil (Oh Gott, du Teufel, 1984) – Return to Oz (Oz: eine fantastische Welt, 1985) – Short Circuit (Nr. 5 lebt, 1985) – 'Night, Mother ('Nacht, Mutter, 1986) – Backfire (1987) – Monkey Shines (Der Affe im Menschen, 1987) – Vice versa (Ich bin da, 1988) – Bed and Breakfast (Agenten leben einsam, 1991) – Nightmare in the Daylight (Albtraum

ohne Erwachen, 1992) – High Lonesome (In der Hitze des Südens, 1994) – One Night Stand (Eine heiße Affäre, 1994) – Rear Window (Das Fenster zum Hof, 1999)
TV: Promise – Streets of Laredo – The Heidi Chronicles – Serving in Silence – The Kennedys of Massachusetts – Sarah, Plain and Tall Winter's End

Shore, Howard Leslie

** 18.10.1946 Toronto, Ontario, Kanada.* Studierte 1965–57 an der Berklee School of Music und war dann in div. Bereichen musikalisch tätig; er spielte Saxophon in Bars und war Mitglied der Rockgruppe Lighthouse ehe er den Regisseur David Cronenberg kennenlernte, ihm nach L.A. folgte und einige von dessen frühen Horrorfilmen vertonte. Sein Werk ist seitdem häufig mit absonderlichen Stoffen verbunden. Ab 1975 war er musikal. Leiter der TV-Sendung »Saturday Night Live«, bevor er sich 1980 ganz dem Komponieren widmete. Seine Musik ist von → Bernard Herrmann beeinflusst, aber auch von Puccini und vom Jazz (Ornette Coleman in »Naked Lunch«).
CD: The Fly, Varèse VCD 47272 – M Butterfly, VCD 4535 – Naked Lunch, Milan 262732 – Cop Land, Milan 531282 – The Game, Decca 458556-2 – The Silence of the Lambs, MCA 10194 – eXistenZ, RCA 634782 – Dogma, Maverick 47597-2

Filme: I Miss Your Hugs and Kisses (1978) – The Brood (Die Brut, 1979) – Scanners (KAN 1979) – Videodrome (1983) – Places in the Heart (1984) – Nothing Lasts Forever (Alles ist vergänglich, 1984) – After Hours (Die Zeit nach Mitternacht, 1985) – Fire with Fire – The Fly (Die Fliege, 1986) – Belizaire the Cajun (1986) – Nadine (1987) – Heaven (Alles über Himmel und Hölle, Dok., 1987) – Twins – Chromosome 3 – Big – Dead Ringers (Die Unzertrennlichen, 1987) – Moving (Rückwärts ins Chaos, 1988) – She-Devil (Die Teufelin, 1989) – Signs of Life (1987, TV) – An Innocent Man (Von Bullen aufs Kreuz gelegt, 1989) – The Local Stigmatic (1989) – Postcards from the Edge (1990) – The Lemon Sisters – Quick Change (1990) – The Silence of the Lambs (Das Schweigen der Lämmer, 1991; OST; MCA) – Naked Lunch (Nackter Rausch, 1991) – A Kiss Before Dying (Der Kuß vor dem Tode, 1991) – A Prelude to a Kiss (Body Switch/Verhexte Küsse, 1991) – Single With Female (1992) – Sliver – Guilty as Sin – M. Butterfly – Philadelphia – Mrs. Doubtfire (1993) – Zeit der Unschuld (1993) – The Games – That Thing You Do – Ed Wood – Nobody's Fool – The Client (1994) – Crash – White Man's Burden (White Man's Burden, 1994) – Before and After (Davor und danach: Nichts ist wie es war, 1994/95) – Moonlight and Valentino – Seven (1995) – Ransom – That Thing You Do! – The Stalker – Looking for Richard (Dok.) – The Truth About Cats and Dog (Lügen haben kurze Beine, 1996) – Striptease – Crash (1996) – The Game – Copland (1997, OST:

Soundtracks mit Musik von Howard Shore

Milan) – Gloria – Analyse This (Reine Nervensache, 1997) – Fight Club – eXistenZ (KAN/USA 1998) – Dogma (1999) – Esther Kahn (F/UK 1999) – High Fidelity (2000) – The Cell (2000) – The Score (2001; OST: Varèse) – Lord of the Rings: The Fellowship of the Ring (Der Herr der Ringe: Die Gefährten, NZ/USA 2001) – Lord of the Rings: The Two Towers (NZ/USA 2001) – Lord of the Rings: The Return of the King (NZ/USA 2001; Oscar!) – Panic Room (2001; OST: Varèse) – Spieder (2002) – Gangs of New York (2002, Song: Brooklyn Heights)

Shragge, Lawrence

** 29.4.1954 Montréal, Kanada.*
Filme: Firebird 2015 A.D. (1981) – One Night Only (1985) – Palais Royale (1988) – Good Night, Michelangelo (1989) – Beautiful Dreamers (1991) – Miracle on 1-880 (1992) – The Rapture (1993, TV) – Redwood Curtain (1995, TV) – Intimate Relations (1996) – Night of the Twisters (1996, TV) – The Assistant (1997) – The Wrong Guy (1998) – You Know My Name (1990) – A House Divided (2000) – The Audrey Hepburn Story (2000, TV) – Heaven (2001, TV)

Shuken, Leo

** 8.12.1906 L.A., USA, † 24.7.1976 Santa Monica, Calif.*
Filme: Stagecoach (1939, Oscar!) – The Flying Deuces (1939) – Our Wife (1941) – Sullivan's Travels (1941) – New York Town (1941) – Meet the Stewarts (1942) – Henry Aldrich, Editor (1942) – Harvest Melody (1943) – The Good Fellows (1943) – The Miracle of Morgan's Creek (1944) – The Fabulous Dorseys (1947) – Gun Crazy (1949, Dir.) – Those Redheads from Seattle (1953) – The Crimson Kimono (1959, Dir.) – The Unsinkable Molly Brown (1964) – The Magnificent Seven (1960, Arr. mit Jack Hayes, Score: E. Bernstein) – Lost Horizon (1973, Arr.)

Shuman, Mort

(Mortimer), ** 12.11.1936 N.Y., USA.* Der Songschreiber tat sich als Musikstudent 1958 mit dem Bluessänger und Saxoponisten Doc Pomus (eigentl. Jerome Felder) zusammen; in den nächsten sieben Jahren schrieben sie rd. 500 Songs, u.a. *Teenager in Love, Kiss Me Quick, Save the Last Dance for Me.* Ab 1963 arbeitete S. mit wechselnden Partnern. Er zog nach Paris, arbeitete dort für Johnny Hallyday und übersetzte Chansons von Jacques Brel ins Englische. Er nahm auch Schallplatten als Sänger auf, die aber keine große Resonanz fanden.
Film: Romance of a Horse Thief (USA/YU 1971)

Sidelnikow, Nikolai Nikolajewitsch

** 5.6.1930 Twer (Kalinin), † 21.6.1992 Moskau.*
Filme: Shinel (1959) – Tri tolsjaka (1966) – Dschamila (1969) – V lazorevoj stepi (1970) – Krasha (1970) – Ishchu moju sudbu (1984) – Chikharka (1977) – Nos (1977, TV) – Vischnivvij omut (1982) – Tschelovek, kotory zakryl gorod (1982) – Variant Zombi (1985) – Vikup (1986) – Prosti nas, sad ... (1988, TV) – Pojesdka v Visbaden (Reise nach Wiesbaden, 1989) – Futbolist (1990)

Sieber, Horst Hanns

** 26.2.1898 Lichtenstein (Sachsen), † 22.3. 1952 Berlin.* Organist, Kapellmeister und Komponist für Film- und Unterhaltungsmusik.
Filme: Bunter Alltag im Zoo (1939) – Sieg im Westen (1940) – Himmelsstürmer (1941) – Hände hoch (1942) – Atlantic-Wall (1944) – Wir bummeln durch die Welt (1949) – Die Jungen vom Kranichsee – Der Kahn der fröhlichen Leute – Lehrer Heider – Die letzte Heuer (1950) – Der Untertan – Die Meere rufen – Modell Bianca (1951) – Anna Susanna (1952)

Sieber, Walter

(Erwin Hermann), ** 11.7.1904 Berlin, † 25.1. 1969 ebd.*
Filme: Zapfenstreich am Rhein (1930, + Will Rollins, Harry Waldau, Willy Rosen) – Du bist entzückend, Rosemarie (1934, + Schmidt-Boelcke, E.Storch) – Meiseken/Gelegenheit macht Diebe (1937)

Siebert, Wilhelm Dieter

** 22.10.1931 Berlin.* Studierte am Konservatorium und an der Musikhochschule in Berlin, später in Freiburg i.Br. bei Wolfgang Fortner. Mitbegründer der Gruppe »Neue Musik Berlin«. In seine Kompositionen bezieht er elektronische Musik und Jazz ein. Er komponierte u.a. ein »James Bond Oratorium« für Sänger, Schlagwerk, Tonbänder, Dia- und Film-

projektion (1968), »Meeting Points« für Rockband und Sinfonieorchester, die Oper »Der Untergang der Titanic« (1979), die Operette »Schlemihl« (1980) u.a.
Filme: Der lange Jammer (1973) – Vera Romeyke ist nicht tragbar – Krawatten für Olympia (1976) – Der Mann im Pyjama – Freak Orlando – Das Haus im Park (1981) – Der Schnüffler (1985) – Johanna d'Arc of Mongolia (1989) – Pol (1989)

Siebholz, Gerhard

** 4.4.1932 Eberswalde (Brandenburg), † 13.2. 2003 Berlin.* Komponist in der DDR.
Filme: Der Frühling braucht Zeit (1965) – Er ging allein (1966) – Hochzeitsnacht im Regen (1967) – DEFA 70 (1967) – Tod im Preis inbegriffen (1968) – Nicht schunmmeln Liebling (1972) – Maxe Baumann aus Berlin (1986/87)

Siegel, Ralph Maria

(eigentl. Rudolf Maria S.), ** 8.6.1911 München, † 2.8. 1972 ebd.* Dt. Komponist, Sänger, Produzent, Musikverleger, auch Theaterdirektor und Regisseur, Sohn des Dirigenten und Komponisten Rudolf S. und Vater des Schlagerkomponisten Ralph S. S. war der erfolgreichste Schlagermacher der 30er bis 50er Jahre (oft mit → Gerhard Winkler). Er gründete die R. M. Siegel Musikverlage und schrieb zahlreiche Bühnenwerke, u.a. »Liebeszauber« (1936), »Charleys Tante« (1959), Filmmusiken und ca. 2500 Lieder, darunter Hits wie *O mia bella Napoli, Capri-Fischer* und das *Chianti-Lied. Film*: Hilde und die 4 PS (1936)

Siliotto, Carlo

** 10.1.1950 Rom, Italien.* Studierte Gitarre und Violine am Konservatorium in Rom, gründete die Gruppe Canzoniere del Lazio für die er Songs schrieb und trad. ital. Lieder bearbeitete. Als Musiker nahm er Schallplatten auf mit Antonello Venditti. Seit 1984 arbeitet er für den Film, u.a. mit den Regisseuren Carlo Carlei, Maurizio Nichetti, Carlo Lizzani (Italien), Clive Donner (UK, D), Robert Markowitz, Roger Young, Joseph Sargent (USA) und Carlos Saura (Spanien).
Filme: Chi mi aiuta ...? (1983) – Rossi di sera – Dark Bar (1988) – Colletti bianchi (1988, TV) – Diceria dell'untore – Arrivederce Roma (1990) – Dalla notte all'alba (1991, TV) – La ballata di Ren-Ham (1991) – Gli anni d'oro (1991, TV) – Terror Stalks the Class Reunion (1992, TV) – In viaggio verso est – La corsa dell'innocente (1992) – In fuga per la vita (1992, TV) – Delitti imperfetti – Villa Maltraversi (1993, TV) – Cherchez la femme (1993) – Fluke (1995) – Palla di neve (1995) – Confession secrète (1995, TV) – Luna e l'altra (1996) – David (Die Bibel: David, 1997, TV) – Consigli per gli acquisti (1997) – Brancaccio (1997, TV) – Nicholas's Gift – Lui e lei – Primo cittadino (1998, TV) – Esther (Die Bibel: Esther, 1999, TV) – Uninvited (1999) – Tu que harias por amor? (1999) – Lourdes (1999, TV) – Lui e lei II (1999, TV) – Maestrale (2000) – Vola sciusciù (Der Held aus Apulien, 2000, TV) – San Paolo (2000, TV) – Honolulu Baby (2000, auch Gitarre) – Texas 46 (2001) – La sindone: 24 hore, 14 ostaggi (2001, TV) – Julius Casear (D/I/USA 2002, TV)

Silva, Mario

(Ps. Murray Smith), ** 22.9.1899 Italien, † 12.6. 1980 L.A., USA.* US-Komponist ital. Abstammung, musikal. Leiter und Drehbuchautor im US-Film der 40er Jahre.
Filme: Springtime in the Rockies (1942, + H.Warren, Dir. A.Newman) – Ever Since Venus (1944) – Talk About a Lady (1946, Dir.) – The Gentleman Misbehaves (1946, Dir.) – Stepchild (1947, Dir. I.Friedman) – Song of Love (Klara Schumanns große Liebe, 1947, Drehbuch; Dir. B.Kaper, auch Musik v. Schumann, Brahms, Liszt)

Silvers, Louis

** 6.9.1889 N.Y., USA, † 26.3.1954 Hollywood.* S. war in den 30er und 40er Jahren Musikchef der 20th Century Fox-Studios, unter ihm arbeitete u.a. → David Buttolph. Zum Standard wurde sein Song *April Showers*.
Filme: Way Down East (1920) – The Jazz Singer (1927) – Disreali (1929) – Captain January (1936) – Dimples (1936; Songs v. McHugh/Koehler) – The Prisoner of Shark Island (1936) – Private Numbers (1936) – Under Two Flags (1936) – Stowaway (1936, Dir., Songs: Gordon/Revel) – Professional Soldier (1936) – Lady in Love (1936) – Love and

Hisses (1937) – Café Metropole (1937) – Thin Ice (1937, Dir.; Songs: Lew Pollack, Sidney Mitchell) – Seventh Heaven (1937) – Heidi (1937) – Wake Up and Live (1937; Songs: Gordon/Revel) – In Old Chicago (1938) – I Give a Million (1938) – Suez (1938, Dir.) – Tail Spin (1938) – Kentucky (1938) – Happy Landing (1938) – Four Men and a Prayer (1938) – Swanee River (1939, Arr., Dir.) – Hollywood Cavalcade (1939) – Suzannah of the Mountains (1939) – The Story of Alexander Graham Bell (Liebe und Leben des Telefonbauers A.Bell, 1939) – Rose of Washington Square (1939) – The Powers Girls (1942) – Crime Doctor (1943–49, 8 Folgen)

Silverstein, Shel

(Shelby), ** 23.11.1932 Chicago, Ill., USA, † 10.5.1999 Key West, FL.* Vielseitig talentiert, begann S. als Karikaturist, er wurde bekannt, als seine Cartoons ab 1957 im »Playboy« erschienen. Er machte sich dann aber auch einen Namen als Lyriker, Sänger und Komponist. Er nahm LPs auf für Elektra (»Hairy Jazz«) und Cadet. Seine LP »Inside Folk« nahm die damals grassierende Folkmusic-Welle aufs Korn.

Filme: Ned Kelly (Kelly, der Bandit, 1970) – Who is Harry Kellerman and Why Is He Saying Those Terrible Things About Me? (Wer ist Harry Kellerman?, 1971) – Payday (1972, Songs) – Thieves (1977) – Coal Miner's Daughter (Nashville Lady, 1980, Songs) – Hearts of Fire (1987, Songs) – Things Change (1988, Songs) – Postcards from the Edge (1990)

Silvestri, Alan Anthony

** 26.3.1950 N.Y., USA.* Studium am Berklee College of Music in Boston. Erhielt schon mit 21 Jahren seinen ersten Kompositionsauftrag, arbeitete zunächst für Low-Budget-Filme. Nach dem Erfolg des Films »Auf der Jagd nach dem grünen Diamanten« war er dann sehr gefragt, obwohl er nicht zu den originellsten Schreibern seiner Zunft gehört. Er arbeitet seit 1985 mit den Regisseur Robert Zemeckis zusammen. 2002 erhielt S. den Henry Mancini Award der → ASCAP.

Filme: The Doberman Gang (1971) – Las Vegas Lady (1975) – The Amazing Dobermans (1976) – The Fifth Floor (1980) – Romancing the Stone (Auf der Jagd nach dem grünen Diamanten, 1984) – Par ou t'es rentré, on t'as pas vu sortir (Jerry, der Privatdeketktiv, F/TUN 1984) – Back to the Future (Zurück in die Zukunft, 1985) – Fandango – Cat's Eye (Katzenauge, 1985) – Summer Rental (Ein total verrückter Urlaub, 1985) – Delta Force (1985) – American Anthem – Flight of the Navigator/Take it Easy (Der Flug des Navigators, 1985) – The Clan of the Cave Bear (Ayla und der Clan des Bären, 1985) – No Mercy (Gnadenlos, 1986) – Critical Condition – Predator – Overboard (Ein Goldfisch fällt ins Wasser, 1987) – Outrageous Fortune (Nichts als Ärger mit dem Typ, 1986) – Future (1987) – Who Framed Roger Rabbitt (Spiel mit Roger Rabbitt, 1988) – My Stepmother is an Alien (Meine Stiefmutter ist ein Alien, 1988) – She's Out of Control (Hände weg von meiner Tochter, 1988) – The Abyss (Abyss, OST: Varèse) – Back to the Future II (Zurück in die Zukunft II, 1989) – Back to the Future Teile II u. III (Zurück in die Zukunft, II u. III, 1989; OST: Varèse) – Young Guns II (Flammender Ruhm, 1989) – Predator 2 (1990) – Downtown – Soapdish (Lieblingsfeinde: Eine Seifenoper, 1990) – Dutch – Ricochet – Shattered (Tod im Spiegel, 1990) – Father of the Bride (Vater der Braut, 1991; OST: Varèse) – Stop! Or My Mom Will Shoot (1991) – Mouse Hunt (OST: Varèse) – The

Musik: Alan Silvestri, Soundtrack mit der Musik von »Tod im Spiegel«

Quiet and the Dead (OST: Varèse) – Ferngully – The Last Rainforest – Death Becomes Her (Der Tod steht ihr gut, 1992) – Judgement Night (Zum Töten verurteilt, 1992) – The Bodygard (1992) – Super Mario Bros. (1993) – Fools Rush In (Wiedersehen in Miami, + A. Sandoval, 1995) – Father of the Bride 2 (Vater der Braut 2, 1994) – Sgt. Bilko (Immer Ärger mit Sergeant Bilko, 1996) – Tödliche Weihnachten (1996) – Contact – Forrest Gump (1993; OST: Sony) – The Quick and the Dead (Schneller als der Tod, 1993/94) – Richie (1995) – Eraser (1995) – The Long Kiss Goodnight (1996) – Fools Rush In (Herz über Kopf, 1996) – The Odd Couple II (Immer noch ein seltsames Paar, 1997) – Practical Magic (Zauberhafte Schwestern, 1998) – Stuart Little (1998) – Siegfried & Roy: The Magic Box (Dok., 1999) – What Lies Beneath (Schatten der Wahrheit, 2000) – Reindeer Games (Wild Christmas, 2000) – Cast Away (Verschollen, 2000) – What Women Want (Was Frauen wollen, 2000) – The Mexican (2000) – The Mummy Returns (Die Mumie kehrt zurück, 2000) – Serendipity (Weil es dich gibt, 2001) – Lilo & Stitch (2002, Cartoon) – Showtime – Stuart Little – Maid in Manhattan (2002) – Identity – The Pirates of the Caribbean (2003) – Van Helsing – The Polar Express (2004)

Simon, Ernst

** 9.10.1924 Stuttgart, † 10.9. 1975 ebd.* Der Komponist »gehobener Unterhaltungsmusik« arbeitete u.a. für das Orch. Erwin Lehn und schrieb einige Filmmusiken.

Filme: Verbrechen nach Schulschluß – ... und noch frech dazu (1959) – Mit 17 weint man nicht – Die junge Sünderin (1960) – Zu jung für die Liebe (1961)

Simon, Hans-Arno

** 19.9.1919 Breslau (heute: Wrocław, Polen), † 23.7.1989 Eggersriet (Kanton St. Gallen), Schweiz.* Pianist und Komponist von Schlagern, Instrumentalstücken und Sinfonien. Er hatte in den 50er Jahren seine eigene TV-Show, spielte zahlreiche Schallplatten mit Unterhaltungsmusik ein; zum Gassenhauer wurde sein Lied *Anneliese*. Sein Sohn Bernd Simon begann als Pop-Interpret (Ps. Simon Butterfly) und ist heute Komponist/Produzent; seine Töchter Bettina und Pat S. sind Sängerinnen.

Film: Frau im besten Mannesalter (1958)

Simon, Marty

** 18.3.1950 Montreal, Kanada.* Rockmusiker (p, synth, d) und Komponist. Arbeitete mit Brian Eno, Mylon LeFèvre, Wilson Pickett, April Wine u.a. Seit 1988 ist er auch für Film und TV tätig.

Filme: The Squamish Five – And Then You Die (1988, TV) – Eddie and the Cruisers II: Eddie Lives (1989) – Backstab (1990) – George's Island – Scanners II: The New Order (1991) – Deadly Surveillance (1991, TV) – Quiet Killer (1992, TV) – Buried on Sunday (1992) – Scanners III: The Takeover (1992) – A Cry in the Night (1992, TV) – Sirens (1993, TV-Serie) – Relative Fear – Paint Cans (1994) – Life with Billy (1994, TV) – The Wrong Woman (1995) – Marked Man (1995) – Lexx (1997, TV-Serie) – Ultimate Weapon (1997) – Stranger in the House (1997) – Going to Kanas City (1998) – No Alibi (1999) – Blind Terror (2001)

Simonetti, Claudio

** 19.2.1952 São Paulo, Brasilien.* Ital. Musiker (p, synth) und Komponist, Sohn von Enrico S., im Film tätig seit 1960, u.a. mit den Regisseuren John Old, Enzo G. Castellari, Michele Soavi.

Filme: Macumba Love (1960, + Enrico Simonetti) – Tenebre (1982) – I nuovi barbari (1983) – Conquest (1983) – Phenomena (1984) – Dario Argento's World of Horror (Dok., 1985) – Demoni – Inferno in diretta (1985) – Morirai in diretta – Morirai a mezzanotte – Hands of Steel (1986) – Opera (1987) – Welcome to Spring Back – Ragno gelido (1988)

Simonetti, Enrico

** 29.1.1924 Alassio, Italien, † 28.5.1978 Rom.* Komponist im Film der 60er und 70er Jahre, Vater von Claudio S.

Filme: Macumba (1960, + Claudio Simonetti) – Amanti (18968) – Karen, the Lovemaker (1970) – Grazie Nonna (1974)

Sirl, Otto

(oft falsch Firl), * *17.3.1876 Neu-Ulm, † 5.1. 1960 Füssen.*

Film: Stürme über dem Montblanc (1930, + P. Dessau, E.Meisel; Lied: *Zwoa Brettl*)

Sirnker, Georg

→ Srnka

Skellern, Peter

* *14.3.1947 Bury, Lancaster, England.* Engl. Entertainer (p, voc). Spielte Posaune im Schulorchester und Orgel in der Kirche. Studierte an der Guildhall School of Music und tat sich anschl. mit Harlan Country zusammen: das Resultat war eine Country-Pop-LP 1971. Er trat dann als Solist auf, hatte einen Hit mit *You're a Lady* und Erfolg mit einer LP mit Fred Astaire-Songs. Er schrieb sechs autobiogr. TV-Programme für die BBC und eine Reihe von Musicals (»Happy Ending«). 1984 tat er sich mit Julian Lloyd Webber, Mary Hopkin und Bill Lovelady (g) zur Gruppe Oasis zusammen in dem Versuch einer Fusion von klassischer und Popmusik. Der Versuch schlug fehl, die LPs verkauften sich schlecht. 1985 trat er im Duo mit Richard Stilgoe auf in »Stilgoe und Skellern Stompin' at the Savoy« und »Who Plays Wins«. 1985 trat er mit einem Album mit Songs der Ink Spots und F. Astaires hervor.

Film: East of Elephant Rock (1976)

Skiles, Marlin H.

* *17.12.1906 Harrisburg, Pa., USA, † 2.5. 1981.* US-Komponist der 30er bis 60er Jahre, arbeitete für zahlreiche B-Filme, oft mit → Morris Stoloff und den Regisseuren William Beaudine und Edward Bernds.

Filme: Gallant Lady (1933) – Great Guy (1936) – 23 ½ Hours of Leave (1937) – Change of Heart (1943) – Strange Affair – Meet Miss Bobby Socks – Kansas City Kitty – The Man from Frisco – The Impatient Years (1944) – She Wouldn't Say Yes – A Thousand and One Nights – Tonight and Every Night – Over 21 (1945) – The Walls Came Tumbling Down – Gilda – Gallant Journey (1946) – Dead Reckoning (1947, Dir. M.Stoloff) – Relentless (Blut und Gold, 1948) – Mickey (1948) – Callaway Went Thataway – The Lion Hunters – Cavalry Scout – Flight to Mars (1951) – Wild Stallion – Hiawatha – Battle Zone – Wagons West – Flat Top – Rodeo – The Rose Bowl Story – Army Bound – Aladdin and His Lamp Fort Osage (1952) – Lose in London – Jalopy – White Lightning – Safari Drums (Bomba, Rache des Dschungels, 1953) – Son of Belle Starr – Roar of the Crowd – Kansas Pacific Fighter Attack – Private Eyes (1953) – The Bowery Boys Meets the Monsters – Arrow in the Dust – Challenging the Wild – Paris Playboys – Jungle Gents – Pride of the Blue Grass – Return from the Sea (1954) – Lord of the Jungle – Sudden Dangers – Dial Red 'O' – Bowery to Bagdad – High Society – An Annapolis Story – Jail Busters (1955) – Killer Leopard (Bomba, der Erbe Tarzans, 1955) – Calling Homicide – Canyon River – Hot Shots – Spy Chasers – Dig That Uranium – The Young Guns Crashing Las Vegas (1956) – My Gun is Quick – Spook Chasers – Footsteps in the Night – The Dismebodies – Hold That Hypnotist – Up in Smoke – Chain of Evidence – Looking for Danger (1957) – Queen of Outer Space – Joy Ride – In the Money – Quantriff's Raiders – The Beast of Budapest (1958) – Fort Massacre (Die letzten der 2. Schwadron, 1958) – Man from God's Country – Cole Younger, Gunfighter (Die Draufgänger von San Fernando, 1958) – Battle Flame – King of the Wild Stallions (1959) – The Hypnotic Eye (1969) – The Deadly Companions (Gefährten des Todes, 1961) – Gunfight at Comanche Creek (1963) – The Strangler (Der Würger von Boston, 1963) – Space Monster – Indian Paint – The Shepherd of the Hills (1964) – The Violent Ones (1967) – Dayton's Devils (1968) – The Resurrection of Zachary Wheeler (1971)

Skinner, Frank Chester

* *31.12.1897 Meredosia, Ill., USA, † 8.10. 1968 Hollywood.* Filmarrangeur und -komponist der 30er bis 60er Jahre, Bruder des Komponisten Albert »Wilbur« Skinner (25.4.1906–8.3.1982). Studierte am Chicago Music College, arbeitete als Pianist im Vaudeville und auf Flussdampfern. 1925 beim Orch. von Ace Brigode, arrangierte dessen Hit *Yes, Sir, That's My Baby*. Arbeitete dann für Musikverlage, ging 1935 nach Hollywood, arbeitete bei Universal als Arrangeur und Komponist und wirkte an rd. 200 Filmen mit, oft in enger Zusammenarbeit mit → Hans J. Salter. Er schrieb u.a. sehr

effektvolle Musiken für einige Edelschnulzen des Regisseurs Douglas Sirk.
CD: Filmmusiken, Marco Polo
Filme (als Arrangeur/Komponist): The Great Ziegfeld (Der große Ziegfeld, 1936, Arr.) – Outlaws Express (1938) – Mad About Music – Swing, Sister, Swing (1938) – Three Smart Girls Grow Up – Son of Frankenstein (Frankensteins Sohn, 1938) – The Sun Never Sets (1938) – First Love (1939) – Destry Rides Again (Der große Bluff, 1939; Dir. Ch. Previn; Songs: Hollaender/Loesser) – It's a Date – The House of Seven Gables – The Bank Dick (Der Bankdedektiv, 1940) – When the Daltons Ride (Die Bande der Fünf, 1940) – Seven Sinners (Das Haus der sieben Sünden, 1940) – The Lady from Cheyenne – Never Give a Sucker an Even Break (Gib keinem Trottel eine Chance, 1941) – Back Street (1941) – The Flame of New Orleans (Die Abenteuerin, 1941; Dir. u. Songs: Charles Previn) – Eagle Squadron – Arabian Nights – Saboteur (1942) – Between Us Girls (1942) – Sherlock Holmes and the Secret Weapon (1942) – Who Done It? (1942) – Sherlock Holmes and the Voice of the Terror (1943) – Sherlock Holmes in Washington (Sherlock Holmes' gefährlichster Auftrag, 1943) – Gung Ho! (Unternehmen Donnerschlag, 1943, + H.J.Salter) – White Savage (1943) – Hers to Hold (1943, Dir. Ch.Previn) – Destiny (1944) – The Suspect (1945) – Frontier Gal (Die Herberge zum Roten Pferd, 1945) – Canyon Passage (Feuer am Horizont, 1946) – Black Angel (1946) – The Runaround (1946) – The Egg and I (1947) – The Exile (Der Verbannte, 1947) – Black Bart (Die schwarze Maske, 1948) – Family Honeymoon (Fünf auf Hochzeitsreise, 1948) – For the Love of Mary (1948) – Tap Roots (Tal der Leidenschaften, 1948) – Abbott & Costello Meet Frankenstein (A&C treffen Frankenstein, 1948) – Kathy O (1948) – Hazard (1948) – Free for All (1949) – Francis (Francis, ein Esel-Herr General, 1949; auch TV-Serie 1951–56) – Bagdad (1949, + Jack Brooks) – Tulsa (1949) – Woman in Hiding (Dein Leben in meiner Hand, 1949) – Louisa – Harvey (Mein Freund Harvey, 1950) – The Sleeping City (1950) – Francis Goes to the Races – Bright Victory (Sieg über das Dunkel, 1951) – Mark of the Renegade (Das Zeichen des Verräters, 1951) – The Raging Tide (1951) – Bedtime for Bonzo (1951) – Weekend with Father (1951) – Katie Did It (1951) – Because of You (1952) – The World in His Arms (Sturmfahrt nach Alaska, 1952) – Sally and St. Anne (1952) – Desert Legion (Der Legionär der Sahara, 1953) – Back to God's Country (Allen Gefahren zum Trotz, 1953) – Wings of the Hawk (Der letzte Rebell, 1953) – Thunder Bay (Die Todesbucht von Louisiana, 1953) – Magnificent Obsession (Die wunderbare Macht, 1954) – Chief Crazy Horse (Der Speer der Rache, 1954) – Sign of the Pagan (Attila der Hunnenkönig, 1954, + Paul Sawtell) – All That Heaven Allows (Was der Himmel erlaubt, 1955) – Fox Fire (1955) – The Shrike (In all diesen Nächten, 1955) – Written in the Wind (In den Wind geschrieben, 1956) – Away All Boats (Klar Schiff zum Gefecht, 1956) – Tammy and the Bachelor (Tammy, 1957) – Battle Hymn (Der Engel mit den blutigen Flügeln, 1957) – The Tarnished Angels (Duell in den Wolken, 1957) – The Tattered Dress (Kreuzverhör, 1957) – Man of a Thousand Faces (Der Mann mit den 1000 Gesichtern, 1957) – The Perfect Furlaugh (Urlaubsschein nach Paris, 1958) – This Happy Feeling (Männer über Vierzig, 1958) – Imitation of Life (Solange es Menschen gibt, 1959) – Midnight Lace (Mitternachtsspitzen, 1960) – Back Street (Endstation Paris, 1961) – The Ugly American (Der häßliche Amerikaner, 1962) – Tammy and the Doctor (1963) – Captain Newman, M.D. (Captain Newman, 1965) – Shenandoah (Der Mann vom großen Fluß, 1965) – Madame X (1966) – The Appaloosa (Südwest nach Sonora, 1966) – The Ride to Hangman's Tree (Ritt zum Galgenbaum, 1966)

Sköld, Sven Josua

** 20.7.1899 auf der Insel Lidingö, Schweden, † 23.10.1956 Stockholm.* Schwedischer Komponist, für den Film tätig in den 40er und 50er Jahren.
Filme: Barnen fraan frostmofjaellet (1945) – Flickan fran Fjelibyn (1949) – Hon dansade en sommar (Sie tanzte nur einen Sommer, 1951) – Kaerlekens broed (1953) – Ingen mans kvinna (Die Liebenden vom Gullbrandstal, 1953)

Slaney, Ivor Ernest

** 1921 Birmingham, England.* Der Komponist arbeitete für engl. und US-Filme von den 50er bis in die 80er Jahre, u.a. mit dem Regisseur Terence Fisher.
Filme: Blood Orange – Spaceways – Flanagan Boy (1953) – Terror Street – Paid to Kill (1954) – The

Scarlet Spear (Der rote Speer, 1954) – Heat Wave (In der Hitze des Zorns, 1954) – Blackout – The Unholy Four (1954) – No Smoking (1955) – Zanzabuku (1956, Dok.) – The Poacher's Daughter (1958) – A King's Story (1965) – Strange Case of the End of Civilisation As Know It (1978) – Terror (1979) – Death Ship (1980) – Alien Prey (1983)

Slatinay, Sándor (Alexander) von

** 25.12.1899 Budapest, Ungarn, † 9.10.1980 München.* Komponist und Regisseur.
Film: Sonnenstrahl (A 1933, + F.Farkas, A.René Sti)

Slavenski, Josip

(Ps. für Josef Stolcer), ** 11.5.1896 Cakovec (Serbien), † 30.11.1955 Belgrad.*
Filme: Das Lied der schwarzen Berge (1933, + Oskar Woll) – Die Korallenprinzessin (1937) – Prve svetlaski (1949)

Slavin, Martin

** 26.2.1922 London, England, † 25.5.1988 ebd.* Der engl. Musiker (vib), Komponist und Songschreiber war aktiv in der Londoner Jazzszene, spielte u.a. mit Cleo Laine und begann Ende der 50er Jahre auch für den Film zu arbeiten, hier auch als musikal. Leiter. Sein Bruder Aaron war ebenfalls Komponist.
Filme: Danger By My Side (1957) – Rag Doll (1958) – Information Received (1962) – Sherlock Holmes und das Halsband des Todes (D/F/I 1962) – The Painted Smile – Young, Willing and Eager (1962) – Murder Can Be Deadly – Shadow of Fear (1963) – The Boy Cried Murder (1966) – The Wild Affair (1968) – Once Upon a Girl (1976)

Small, Michael

** 30.5.1939 N.Y., USA.* Studierte zunächst Englisch in Harvard, dann Komposition. Begann seine Karriere als Filmkomponist bei New Yorker Underground- und Avantgardefilmern. Der Erfolg von »Klute« etablierte ihn in Hollywood. Er schrieb eine Reihe anspruchsvoller Musiken, u.a. für den Regisseur Alan J. Pakula.
Filme: The Story of Mankind (1967) – Out of It – Jenny (1969) – Puzzle of a Downfall Child (1970) – The Revolutionary (1970) – The Sporting Club (1970) – Klute (1971) – Dealing (Heißer Stoff für Boston, 1971) – Child's Play (1972) – Love and Passion and the Whole Damn Thing (Liebe und Schmerz und das ganze verdammte Zeug, 1972) – Night Moves (Die heiße Spur, 1974) – The Parallax View (Zeuge einer Verschwörung, 1974) – The Stepford Wives (Die Frauen von Stepford, 1975) – Audrey Rose (Das Mädchen aus dem Jenseits, 1975) – Marathon Man (Der Marathon Mann, 1976) – The Drowning Pool (Unter Wasser stirbt man nicht, 1976) – Pumping Iron (Dok., 1976) – Girlfriends (1978) – Comes a Horseman (Die Farm in Montana, 1978) – The Driver (1978) – Going in Style (Die Rentner-Gang, 1979) – Those Lips, Those Eyes (Deine Lippen, deine Augen, 1979) – The Postman Always Rings Twice (Wenn der Postmann zweimal klingelt, 1981) – Rollover (Das Rollover-Komplott, 1981) – Continental Divide (Zwei wie Katz und Maus, 1981) – The Star Chamber (Ein Richter sieht rot, 1983) – Firstborn (Moving in, 1984) – Dream Lover (1985) – Brighton Beach Memoirs (1986) – Black Widow (Die Spinne, 1987) – Orphans – Jaws- the Revenge (Die Abrechnung, 1987) – 1969 (Die Generation von 1969, 1988) – See You in the Morning (1988) – Mountains of the Moon (Land der schwarzen Sonne, 1990) – Mobsters (Die wahren Bosse, ein teuflisches Imperium, 1990) – Wagons East (1993) – Into My Heart (Dok., 1997) – Consenting Results – Poodle Springs (1998) – The Endurance: Shackleton's Legendary Antartic Expedition (Verschollen im Packeis: Das Antarktisabenteuer des Sir Ernest Shackleton, USA/UK/DS 1999) – A Nero Wolfe Mystery (2001, TV)

Smatek, Milos

(Ps. Mil Amatek), ** 12.8.1895 Rovné (b. Strakonitz/Rovna u Strakonice, Südböhmen), ČSR, † 3.9.1974 Prag.*
Film: Rote Rose, Blaue Adria (D/ČSR 1938, + Karl Hasler)

Smeaton, Bruce James

** 5.3.1938 Brighton (Melbourne), Victoria, Australien.* Der Komponist war aktiv im Film der 70er und 80er Jahre. Er arbeitete für Filme von Peter Weir, Fred Schepisi, John Duigan, Brian Kavanaugh u.a.
Filme: The Cars That Ate Paris (Die Autos, die Paris auffraßen,1974) – The Great McCarthy – Picnic at Hanging Rock (Picknick am Valentinstag,

1985) – The Tespassers – Elia Fraser – The Devil's Playground (1976) – Summerfield (1977) – The Chant of Jimmie Blacksmith (Die Ballade von Jimmy Blacksmith,1978) – Circle of Iron (1978) – Maybe This Time (1980) – Grendel, Grendel, Grendel (Cartoon, 1981) – The Last of the Knucklemen (1981) – Squizzy Taylor – Monkey Grip – Barbarossa (1982) – The Winds of Jarrah (1983) – Iceman – Double Deal – Street Herp (1984) – Eleni – The Naked Country – Plenty (1985) – Departure (1986) – Roxanne – ...Almost (1987) – A Cry in the Dark (1988) – Act of Betrayal (1988, TV) – The Missing (1999)

Smith, Paul J.

(Paul Joseph), * *30.10.1906 Calumet, Mich., USA, † 25.1.1985 Glendale, Calif.*

Filme: Snow White and the Seven Dwarfs (Schneewittchen und die sieben Zwerge, 1938, mit Frank Churchill u. Leigh Harline) – Pinochio (1940, mit Leigh Harline) – Saludos Amigos (1943, mit Edward Plumb) – Victory Through Air Power (1943, + E.J.Plumb, Oliver Wallace) – The Three Caballeros (1944, mit E.Plumb) – So Dear to My Heart (1948) – Cinderella (1950, mit Oliver Wallace) – 20000 Leagues Under the Sea (20000 Meilen unter dem Meer, 1954) – The Great Locomotive Chase (1956) – Perri (1957) – The Shaggy Dog (Der unheimliche Zotti, 1959) – Pollyanna (Alle lieben Pollyanna, 1960) – Bon Voyage (1962) – The Three Loves of Thomasius (1963)

Snell, David L.

* *10.9.1897 Milwaukee, Wisc., USA, † 27.3. 1967 Glendale, Calif.*

Filme: Love Finds Andy Hardy (1938) – Young Dr. Kildare (Dr. Kildare: Sein erster Fall, 1938) – Third Finger Left Hand (1940) – Twenty Mule Team (1940) – Shadow of the Thin Man (Der Schatten des Dünnen Mannes, 1941) – The Vanishing Virginian (1941) – Ringside Maisie (1941) – Tarzan's Secret Treasure (Tarzans geheimer Schatz, 1941) – The Wild Man of Borneo (1941) – The War Against Mrs. Hadley (1942) – Grand Central Murder (1942) – Keep Glove Kitten (Der Gentleman Killer, 1942) – Killer McCoy (1942) – The Youngest Profession (1943) – The Thin Man Goes Home (Der dünne Mann kehrt heim, 1944) – See Here Private Hargrove (1944) – A Barbary Coast Gent (1944) – Keep You Powder Day (1945) – Bad Bascomb (1946) – Merton of the Movies (Hoppla, hier kommt Merton, 1947) – Southern Yankee (1948)

Snow, Mark

* *26.8.1946 Brooklyn, N.Y., USA.* Studierte (mit Fred Kamen) an der N.Y. Art and Music School und der Juilliard School. Sie gründeten das New York Rock'n'Roll Ensemble, waren damit fünf Jahre auf Tournee und erhielten einen Plattenvertrag von Atlantic Records. 1974 zog Snow nach L.A.und begann für das TV zu arbeiten, zunächst für die »Starsky and Hutch«-Serie. Einen Namen machte er sich dann für die »X-Files« und »Millenium«-Serien.

Filme: The Boy in the Plastic Bubble (1976, TV) – Skateboard (1977) – Overboard (1978, TV) – Big Bob Johnson and His Fantastic Speed Circus (1987, TV) – The Return of the Mod Squad (1989, TV) – Something Short of Paradise (1979) – Angel City (1980, TV) – Casino (1980, TV) – High Risk (Vier gegen Tod und Teufel, 1981) – Cagney & Lacey (1981, TV) – Games Mother Never Taught You (1982, TV) – Paper Dolls (1982) – Packin' It In (1983, TV) – Malibu (1983, TV) – The Winter of Our Discontent (1983, TV) – Secrets of a Married Man – A Good Sport – I Married a Centerfold – California Girl – Something About Amelia (1984, TV) – I Dream of Jeannie: 15 Years Later – Beverly Hills Cowgirl Blues – International Airport – The Lady from Yesterday – Challenge of a Lifetime – Not My Kid (1985, TV) – The Girl Who Spoiled Freedom (1986, TV) – Jake Speed (1986) – One Police Plaza (1986, TV) – Murder By the Book – Blood and Orchids – Acceptable Risks (1986, TV) – The Father Clements Story – Pale – Murder Ordained – Cracked Up – Alone in the Neon Jungle (1988) – Warm Hearts, Cold Feet (1987) – Kids Like These – Still Crazy Like a Fox Roman Holiday (1987, TV) – Aaron's Way – Ladykillers (1988, TV) – The In Crowd – Ernest Saves Christmas (1988) – Scandal in a Small Town (1988, TV) – Everybody's Baby: The Rescue of Jessica McClare – Stuck Wit Each Other – Settle the Score – Thise She Left Behind Dead Reckoning (1989, TV) – The Lost Capone – Disaster at Silo 7 – In the Line of Duty: A Cop for the Killing – Mi-

racle Landing – Crash: The Mystery of Flight 1501 (Feuer an Bord von Flug 1501, 1990, TV) – Child in the Night (1990, TV) – White Hot: The Mysterious Murder of Thelma Todd – Wife, Mother, Murderer – In the Line of Duty: Manhunt in the Dakotas – Aftermath: A Test of Love – The Pape of Dr. Willis – The Gambler Returns: The Luck of the Draw – Living a Lie (1991, TV) – Dolly Dearest (1992) – An American Story – In the Line of Duty: Street War – A Taste for Killing – Deliver Them From Evil: The Taking of Alta View – A Woman Scorned: The Betty Broderick Story – Danger of Love – Highway Heartbreaker – After the Glory: An American Story (1992, TV) – Telling Secrets – In the Line of Duty: Ambush in Waco – Battling for Baby (1993, TV) – Caroline at Midnight – Disappearance of Nora (1993) – Dangerous Relations (1993, TV) – Scattered Dreams: The Kathy Messenger Story (1993) – The Substitute Wife – Murder Between Friends (1994, TV) – Playmaker (1994) – Heart of a Child (1994, TV) – Oldest Living Confederate Widow Talks All (1994) – Witness to the Executions – A Place for Annie (1994, TV) – Texas Justice (1995, TV) – Project: Alf (1996, TV) – Disturbing Behaviour – X-Files (1998) – Crazy in Alabama (1999) – Harsh Realm (1999, TV) – Dirty Pictures (2000) – Bull (2000, TV) – Pasadena (2001, TV) – Wolf Lake (2001, TV) – The Twilight Zones – Haunted (2002, TV-Serie)
TV-Serien: Millenium – Lone Gunman – Bull – Smallville (2001)

Snow, Tom

(Thomas), * *25.10.1947 Princeton, N.J., USA.*
Filme: Two of a kind (1983, Song: Living in Desparate Times) – Footlose (1984, mit Miles Goodman; Song: *Let's Hear It for the Boy*) – An Indescent Proposal – About Last Night (1986, Songs: *Natural Love, So Far So Good*) – Chances Are (1989) – Beverley Hills, 90210 (1990, TV-Serie) – The Washing Machine Man (1991, TV) – The Goofy Movie (1995, Songs) – Scoby-Doo on Zombie Island (1998)

Sobel, Curt

US-Musiker und Komponist, für den Film tätig seit 1984, nachdem er ab 1980 schon als Music editor und als Arrangeur, u.a. für Danny Elfman, gearbeitet hatte.
Filme: The Flamingo Kid (1984) – Cross My Heart – La Bamba (1987) – Bright Lights, Big City – Alien Nation (1988) – Catch fire (1989) – Defeseless (1990) – The Young Indiana Jones Chronicles, Episode »Transyalvania, January 1918«, 1992, TV) – Back Track (1991, TV) – Cast a Deadly Spell (1991, TV) – Treacherous Crossing (1992, TV) – Nurses on the Line: The Crash of Flight 7 (1993, TV) – Betrayal of Trust (1994, TV) – A Cool, Dry Place (1998) – Kings – Body Count (1998) – Ritual (2000)

Solal, Martial

(p, comp), * *23.6.1927 Algier, Algerien.* Frz. Jazzpianist. Erste Studien in seiner Heimatstadt, ging nach dem 2. Weltkrieg nach Paris und spielte dort Jazz im Club St. Germain., begleitete US-amerikan. Solisten wie J.J.Johnson, Don Byas u.a. 1959 Trio mit Daniel Humair (d) und Guy Pedersen bzw. Gilbert Rovère (b), komponierte Filmmusik (u.a. für den Godard-Klassiker »Außer Atem«) und leitete zeitweise auch eine Big Band. S. gilt als der brillanteste europäische Jazzpianist, der Einflüsse von Art Tatum und Bill Evans mit gallischem Witz zu kombinieren versteht. Zahlreiche Schallplatten.
Filme: Deux hommes dans Manhattan (Zwei Männer in Manhattan, 1958, + Christian Chevallier) – Le testament d'Orphée (Das Testamant des Orpheus, 1959) – A bout de souffle (Außer Atem, 1959) – Match contre la mort (F/I 1959) – L'affaire d'une nuit (Die Affaire einer Nacht, 1960) – Svenska flickor i Paris (Die Verlockung, S 1960) – Si le vent te fait peur (1960) – Les aventures d'un photographe (Kurzfilm 1960) – A toute heure en toute saison (Kurzfilm 1961) – Léon Morin, prêtre (Eva und der Priester, 1961) – Les ennemis (Feinde, 1961) – Etoiles nucléaires (Kf. 1961) – Les temps d'une nuit (Kurzfilm 1963, + Maxim Saury, Guy Lafitte) – Echappement libre (Der Boß hat sich was ausgedacht, F/I/E 1964) – Les deux uraniums (Kurzfilm 1965) – Le neutron et la fission (Kf. 1965) – La balade d'Emile (Cartoon, 1966) – Les bougnats (Kurzfilm, 1966) – Tant qu'il aura de l'angloise (Kf. 1966) – Orphéon (Kf. 1966) – Le réacteur nucléaire (Kf. 1966) – Timber (DK, Kf. 1967) – Véridiqument votre (Kf. 1968) – Voyage vers la lumière (Kf., 1969)

Solano, Juan

(auch Maestro Solano bzw. Solano). Spanischer Komponist und Songschreiber, arbeitete in den 50er bis 70er Jahren für span. und mexikanische Filme, z.T. auch als Arrangeur, musikal. Leiter und Songtexter.

Filme: Cabaret (1953, Songs) – Bienvenido Mr. Marshall (1953) – Noches andaluzas (1953, Songs) – Sucediò en Sevilla (1955, Songs) – Historias de la radio (1955, Songs) – Suspiros de Triana (1955) – La chica del barrio – Curra veleta – Veraneo en España (1956) – Malgueña (1956, Songs) – Tremolina (1957) – El último cuplé (1957) – El gran espectáculo (1957, Song) – La Tirana (1958) – Parque de Madrid (1959 – Diego corrientes (1959, Songs) – Le emigrante – Adios, Ninón (1960) – Feria en Sevilla (1962) – El balcón de la luna (1962, Songs) – Occidente y sabotaje (1962) – Los guerrilleros (1963) – Nobleza baturra (1965) – Lo que cuesta vivir (1967, Songs) – El padre Coplillas (1968, Songs) – La madrastra (E/MEX 1974)

Soler, Gabilondo

(auch Gabilondo Soler »Cri-Cri«, El Grillito Cantor). Mexikanischer Komponist im Film der 40er bis 80er Jahre.

Filme: Aventuras de Cucuruchito y Pinochio (1943, Songs) – El Niño perdido (1947, Song) – Menores de edad (1951, Songs) – Historia de un amor (1955, Song) – La mujer que no tuvo infancia (1957, Song) – Los tres vivales (1957, Song) – El Violetero (1960, Song: *Las cinco vocales*) – El pecado de una madre (1960, Songs) – Cri Cri el grillito cantor (1963, Songs) – Ensayo de una noche bodas (Song: *Los cochinitos*) – El tonto que hacia milagros (1980, Songs)

Musik: Hans Sommer, (Filmplakat »Der Mustergatte«)

Soles, J. Steven

US-Musiker (g, p) und Komponist. Begann als Sideman mit Bob Dylan und der Alpha Band (T-Bone Burnett), nahm Schallplatten auf mit der Alpha Band, Jackson Browne, T-Bone Burnett, Kim Carnes u.a., spielte zwei (erfolglose) LPs für CCM ein und begann 1989 für den Film zu arbeiten.

Filme: Silent Night, Deadly Night 3: Better Watch Out (1989) – Tommy Boy (1995) – Georgia (1995) – Destiny Turns on the Radio (1995) – Don't Look Back (Der Killer im Nacken, 1996)

Sommer, Hans

(eigentl. Kurt Schmidt), * *22.5.1904 Berlin, † 22.10.2000 Pacific Palisades, Calif., USA.*

Filme: Es war einmal ein Musikus (1933, + Will Meisel, W.Rosen, Fr.Schwarz) – Glück im Schloß (1933) – Die Katz' im Sack (1935) – Der Kurier des Zaren (1936) – Kinderarzt Dr. Engel (1936) – Der Mann, der Sherlock Holmes war – Der Mustergatte (1937) – Die kleine und die große Liebe (1938) – *Ab 1938 in den USA*: Sergeant Berry (1938) – His Sister's Secret (1946) – Gas House Kids Go West (1947) – First Legion (Beichte eines Arztes, 1951)

Sommerlatte, Ulrich

* *21.10.1914 Berlin, † 11.11. 2002 ebd.* Studierte 1933–41 Klavier und Komposition an der Hochschule für Musik in Berlin, war 1936 Kapellmeister beim Niedersächsischen Sinfonieorchester Hannover und Leiter der Hannoverschen Madrigal-Vereinigung. Seit 1949 als

freier Komponist für Funk, Film, TV und Schallplatte tätig.
Filme: Schule für Eheglück (1954) – Rot ist die Liebe (1956) – Rübezahl, der Herr der Berge – Vater unser bestes Stück (1957) – Die Sklavenkarawane (1958) – Der Löwe von Babylon (1959) – Laß mich am Sonntag nicht allein (1959) –
CD: Wilder Westen-Heißer Osten, Karl-May-Filmmusik, Bear Family BCD 16413

Sondheim, Stephen Joshua

* *22.3.1930 N.Y., USA.* Erfolgreicher Komponist und Texter von Broadway-Musicals (Oscar-, Tony-, Grammy- und Pulitzer-Preisträger). Etliche seiner Arbeiten wurden für den Film adaptiert.
Filme: West Side Story (Texte, 1961) – Gypsy (Texte) – A Funny Thing Happened on the Way to the Forum (Toll trieben es die alten Römer, 1966) – The Last of Sheila (Sheila, 1973) – Stavisky (1974) – A Little Night Music (1977) – Airplane! (Die unglaubliche Reise in einem verrückten Flugzeug, 1980, Song) – Reds (1981, Thema-Musik) – Terms of Endarment (Zeit der Zärtlichkeit, Song, 1983) – Dick Tracy (Songs, 1990) – Postcards From the Edge (1993, Song)

Sparks, Randy

* *29.7.1933 Leavenworth, Kansas, USA.* Musiker (g, voc), Komponist, Songschreiber und Produzent.
Filme: College Confidential (1960, Songs) – The Wheeler Dearlers (1963, Songs) – Advance to the Rear (Helden ohne Hosen, 1964; Dir. H.Montenegro) – The Singing Nun (1965, Songs) – Hang Your Hat On the Wind (1969, Songs) – How Do You Love Thee? – Angel Unchained (1970) – Gift of the Eagle (Dok., 1975)

Spear, David

* *23.11.1952 Newarth, N.J., USA.*
Filme: Fear No Evil (1980) – The Creature Wasn't Nice (1981) – The Exterminator 2 – The Ratings Game (1984) – Rainbow War (Dok., 1986) – No Retreat, No Surrender 2 (1989) – Mortuary Academy (1991)

Spence, Sam

(Samuel L.), * *29.3.1927 San Francisco, Calif., USA.* Studierte Musik in den USA und Paris, ließ sich in den 50er Jahren in München nieder und gründete ein Studioorchester, mit dem er u.a. TV-Musiken lieferte für Filme wie »Wie ein Blitz« (nach Francis Durbridge), »Schatzsucher unserer Tage« und »Bitte recht freundlich«. Der Bundesfilmpreisträger war einer der ersten Spezialisten auf dem Moog-Syntheziser. Er schrieb viele Filme fürs US-TV, in Deutschland für TV-Filme und -Serien (»Erben gesucht«, »Pusteblume«, »Als Köln römisch war«).
Film: Car-Napping (D 1980)

Spencer, Frank

(Frank Woolley Sim Spencer), * *1911 Edinburgh, Schottland.* Komponist, Arrangeur und Dirigent. Arbeitete als Dirigent u.a. in Bombay und New Delhi und war 1950–59 Musikchef von Hammer Films.
Filme: Dick Barton Strikes Back (1949) – Someone at the Door (1950) – The Dark Light – Cloudburst – To Have and to Hold (1951) – Whispering Smith vs. Scotland Yard – Scotch on the Rocks (1952) – Rent-A-Girl (1965)

Spencer, Herbert

* *7.4.1906 Santiago, Chile, † 18.9.1992 Culver City, Calif.* Der Filmkomponist und Arrangeur studierte an der Univ. von Pennsylvania, leitete dort die College-Band. Spielte in den 20er Jahren Saxophon in Tanzorchestern, u.a. bei Meyer Davis und den Dorsey Brothers. 1935 bot ihm → Alfred Newman einen Job bei 20th Century Fox an, wo er → Earle Hagen traf und mit ihm später das Spencer-Hagen Orchestra gründete, eine Studioband, die sich der Mood- und Easy-Listening-Musik widmete.
Filme: Alexander's Ragtime Band (1938, Arr.) – The Bishop's Wife (Jede Frau braucht einen Engel, Arr.; Score: H. Friedhofer, 1947) – Mother Wore Tights (Arr, 1947) – Island in the Sky (Heiße Erde, Arr, Score: E. Newman, J. Baseri) – Gentlemen Prefer Blondes (Blondinen bevorzugt, Arr. + E.Hagen, M.: Jule Styne, Texte Leo Robin, 1953) – Gentlemen Marry Brunettes (So liebt man in Paris, Arr, Score: R.Farnon, 1955) – The Girl Rush (1955, + E.Ha-

gen) – Spring Reunion (1956, + E.Hagen) – The Pleasure of His Company (In angenehmer Gesellschaft, Arr, 1961) – The Pleasure Seekers (Drei Mädchen in Madrid, Arr; Score: L.Newman, A.Courage, 1965) – Bandolero! (Arr., Score: J.Goldsmith, 1968) – Close Encounters of the Third Kind (1977, Arr., Score: John Williams) – Dracula (1979, Arr.)

Spielman, Fred

(eigentl. Fritz Spielmann), * *20.11.1906 Wien, Österreich, † 21.3.1997 N.Y., USA.* Studierte ab seinem 12. Lebensjahr an der Musikakademie in Wien und arbeitete später als Komponist für Film und Kabarett; berühmt wurde sein Lied *Schinkenfleckerln* in der Interpretation von Hermann Leopoldi. 1937 hatte er Erfolg mit der Operette »Pam Pam«, doch 1938 musste er vor den Nazis fliehen, ging in die USA und arbeitete in den 40er und 50er Jahren in den Filmstudios in Hollywood als Songschreiber und in den 60ern für Broadway- und Off-Broadway-Theater, z.B. »The Stingiest Man in Town«. Man nannte ihn den »Cole Porter from Vienna« oder den »Boogie Woogie Johann Strauss«. Von seinen über 900 Songs sind zu nennen *Paper Roses, Sheperd Serenade, The Story of Life, One Finger Melody, The Longest Walk, It Only Hurts For a Little While, Spring Comes Back to Vienna, I'm Gonna Steel You Away, Schöne Frau du gehst an mir vorbei.*

Spoerri, Bruno

* *16.8.1935 Basel.* Schweizer Musiker und Komponist.

Filme: Fluchtgefahr (1974) – Tauwetter (1977) – El gamin (1978) – Hirnbrennen (1982) – Teddybär (1983) – Der schöne Augenblick (1985) – Erzählung für Sandra – Der Schuh des Patriarchen (1988) – Schmetterlingschatten (1991)

Spoliansky, Mischa

(Ps. Arno Billing), * *28.12.1898 Bialystok, Russland, † 28.6.1985 London.* Komponist und Song-Schreiber, einer der – neben Rudolf Nelson und → Friedrich Hollaender – meist beschäftigten im Berlin der 20er Jahre. 1920 war er musikalischer Leiter des Kabaretts »Schall & Rauch«, arbeitete nach der Schließung 1923 für andere Kabaretts, kaum eines kam ohne seine Songs aus, etliche Revuen verdankten ihren Erfolg seiner Musik. Mit Marcellus Schiffer (1982–1932) schrieb er die Revue »Es liegt in der Luft« (1928); unter den Darstellern war Marlene Dietrich. Er arbeitete auch für den Film in Berlin und London. Er ging 1933 ins Exil nach London, kehrte aber nach dem Krieg nach Deutschland zurück, wo 1957 sein Musical »Katharina Knie« (nach Zuckmayer) mit Hans Albers in München aufgeführt wurde. Bei den Berliner Festwochen 1977/78 gab er mit Blandine Ebinger und Margo Lion umjubelte Konzerte mit Chansons aus den 20er Jahren. Zum Standard wurde sein Song *The Hour of Parting* (1931, engl. Text Gus Kahn), für den Sänger Jan Kiepura schrieb er *Heute Nacht oder nie.*

CD: My Song for You (ein musik. Portrait), Edel 0014593TLR – Es liegt in der Luft, Duophon

Filme: Wie werde ich reich und glücklich (1930) – Zwei Krawatten (1930, nach dem Stück v. Georg Kaiser) – Nie wieder Liebe (1931, + Hans-Otto Borgmann) – Der Schlemihl (1931) – Das Lied einer Nacht (1932, + Schmidt-Gentner) – Einmal möcht' ich keine Sorgen haben (1932, + Willy Ostermann) – Muß man sich gleich scheiden lassen? (1933, + A.Strasser) – Eine Stadt steht kopf (1933, + Schmidt-Gentner) – The Fox Hunt (Cartoon, 1933) – Tell Me Tonight (1933) – The Private Life of Don Juan (Das Privatleben des Don Juan, 1934) – Lucky Number (1935) – The Ghost Goes West (Ein Gespenst auf Reisen, 1935) – Sanders of the River (Bosambo, UK 1935, Songs für Paul Robeson) – Car of Dreams (1935) – The Man Who Could Work Miracles (Der Mann der die Welt verändern wollte, 1936) – Forget Me Not (1936, mit Benjamino Gigli) – King Solomon's Mines (1937) – Paradise for Two (1936) – Over the Moon (1937) – Jeannie (1941) – Beach of Promise (1941) – Talk About Jacqueline – Secret Mission (1942) – Don't Take it to Heart – The Man from Morocco (Der Mann aus Marokko, 1944) – Mr. Emmanuel (1944) – Fiddler's Three (1944) – Song of the People (1945) – Wanted for Murder (Das dämonische Ich, UK 1946) – Meet Me at Dawn (Das letzte Duell, 1946) – Idol of Paris – This Was a Woman (1947) – Temptation

Harbour (1947) – That Dangerous Age (Frauen im gefährlichen Alter, 1949) – Adam and Evelyn (Adam und Evelyn, 1949) – The Happiest Day of Your Life (1950) – Happy Go Lovely (Glücklich und verliebt, 1950) – Treasure Hunt (1952) – Trouble in the Store (Ich und der Herr Direktor, 1953) – Turn the Key Softly (Frauen auf Abwegen, 1953) – Melba (Wiedersehn in Monte Carlo, 1954) – Duel in the Jungle (Duell im Dschungel, 1954) – Saint Joan (Die heilige Johanna, 1964) – The Whole Truth (Besuch um Mitternacht, UK 1958) – Northwest Frontier (Brennendes Indien, 1959) – The Battle of the Villa Fiorita (Der Kampf mit der Villa Fiorita, UK 1964) – The Best House in London (Ein liebenswertes Freudenhaus, 1968) – Hitler: The Last Ten Days (Hitler: die letzten zehn Tage, UK/I 1972)

Sporer, Fred

(Alfred), * *5.12.1910 Wien, † 4.4.1986 Kittsee (Burgenland).* Österr. Komponist.
Filme: Der Wolf und die 7 Geißlein (1957) – Frau Holle – Das Märchen von Goldmarie und Pechmarie (1961)

Springer, Philip

* *12.5.1926 New York City, USA.*
Filme: Summer Holiday (1963) – Kill a Dragon (1967) – Impasse – I Sailed to Tahiti with a All Girl Crew – More Dead Than Alive (1969) – Tell Me That You Love Me, Junie Moon (1980) – Wicked, Wicked (1973)

Srnka, Jiří

* *19.8.1907 Písek, ČSR, † 31.1.1982 Prag.* Tschechoslowakischer Komponist. Für seine Arbeit an deutsch/tschechischen Koproduktionen wurde sein Name eingedeutscht in Georg Sirnker.
Filme: Liebe, Leidenschaft und Leid – Der zweite Schuß (D 1943) – Romeo, Julia a Tma (Romeo, Julia und die Finsternis, 1959) – Zlate kapradi (1963) – Kladivo na narodejnice (Hexenjagd, 1969)

Stabile, Dick

(Richard), * *29.5.1909 Newark, N.J., USA, † 25.9.1980 New Orleans.* Der Bandleader und virtuose Altsaxophonist spielte 1928–36 bei Ben Berlin und gründete dann ein eigenes Tanzorchester. 1949 spielte er damit im »Ciro's« in Hollywood und begleitete u.a. das Sänger/Komiker-Duo Dean Martin und Jerry Lewis; die Zusammenarbeit dauerte bis Ende der 50er Jahre, auch im Film und TV. In den 70er Jahren leitete er eine Band im Fairmont-Hotel in New Orleans. – Schallplatten mit seiner Band für Decca, Bluebird, Vocalion, Capitol, Tops, Bethlehem/King, Dot.
Film: Hook, Line and Sinker (Jerry, der Herzpatient, 1968)

Stahl, Willy

* *22.6.1896 N.Y.C., USA, † 11.4.1963 ebd.*
Filme: The Navy Way – Timber Queen (1944)

Stalla, Oskar

* *9.7.1879 Königsberg, † 6.12.1953 Wien.* Österr. Kapellmeister, Dirigent und Komponist, dessen Spektrum von der U- bis zur E-Musik reichte.
Film: Unsterbliche Melodien (1935)

Stalling, Carl W.

* *10.11.1891 Lexington, Mo., USA, † 29.11. 1972 L.A..* Der visionäre Komponist begann als Pianist in Stummfilmkinos, leitete 1920 ein Kinoorchester in Kansas City, wo ihm Walt Disney über den Weg lief, der ihn einlud, Musik zu einigen Mickey Mouse-Filmen zu schreiben. Seine Musik brachte eine neue Dimension in die Disney-Cartoons, er lieh der Maus in einigen Filmen auch seine Stimme. 1930 verließ er Disney und arbeitete für Ub Iwerks an der »Flip the Frog«-Serie; 1926 ging er dann zu Warner Brothers, wo er 20 Jahre im Team des Produzenten Leon Schlesinger arbeitete (dabei die Zeichner Chuck Jones und Tex Avery und der Stimmvirtuose Mel Blanc). Die »Merry Melodies«- und »Silly Symphonies«-Filme mit Daffy Duck, Porky Pig und Bugs Bunny brachten eine »anarchische« Qualität in den Zeichentrickfilm, die bis heute unübertroffen ist. Stallings Musik wurde inspiriert durch die Kompositionen von → Raymond Scott, die, obwohl nicht für den Film gedacht, sich dafür als ideal erwiesen. Er verwendete einige Scott-Kompositionen in seinen Filmen, so *Powerhouse* und *Dinner Music for a Pack of Hungry Cannibals.*

Filme (Cartoons): Galloping Gaucho – Crazy Plane – The Barn Dance (1928) – Steamboat Willie (1928) – The Plow Boy – The Karnival Kid – Mickey's Follies – Hell's Bells – Mickey's Choo-choo – Jungle Rhythm – The Opry House – The Merry Dwarfs – The Jazz Fool – Wild Waves – Springtime – When the Cat's Away – The Haunted House – The Barnyard Battle – El terrible toreador – The Skeleton Dance (1929) – The Wizard of Oz (1933) – She Was an Acrobat's Daughter (1937) – Injun Trouble – The Night Watch Man (1938) – Porky in Wackyland (1938) – Dog Gone Modern – Snow Man's Land – Daffy Duck and the Dinosaur – The Curious Puppy – Robin Hood Makes Good – Sniffles and the Bookworm – Little Brother Rat – Presto-Changeo – Little Hour Hunter – Naughty But Mice – The Good Egg – Old Glory (1939 – Sniffle Takes a Trip – You Ought to Be in Pictures – Good Night Elmer – Confederate Honey (1940) – Mighty Hunters (1940) – Tom Thumb in Trouble – Bedtime for Sniffles (Cartoon, 1940) – Stage Fright – Elmer's Candid Camera – The Egg Collector (1940) – Hiawatha's Rabbitt – The Cagey Canary – The Henpecked Duck – Sniffles Bells the Cat – Show Time for Comedy – Tortoise Beats Hare – All This and Rabbitt Stew – Porky's Prize Pony – The Heckling Hare – Toy Trouble – Elmer's Pet Rabbitt – A Coy Decoy – Inki and the Lion – Porky's Ant – Rhapsody in Rivets – Farm Frosties – Goofy Groceries – Saddle Silly – Meet John Doughby – Wabbit Twouble – Joe Glow the Firefly – Porky's Midnight Matinee – The Brave Little Bat (1941) – The Squakin' Hawk – A Tale of Two Kitties – The Bird Came C.O.D. – Bugs Bunny Gets the Boid – Hold the Lion Please – Wabbit Who Came in Supper – My Favorite Duck – The Dover Boys – Dog Tired – Horton Hatches the Egg – The Wacky Wabbitt – The Draft Horse – The Hare-Brained Hypnotist – Case of the Missing Hare – The Hep Cat – Eatin' on the Cuff – Fox Pop – Fresh Hare – Porky's Café – Conrad the Sailor (1942) – A Corny Concerto – The Aristo-Cat – Falling Hare – Flop Goes the Weasel – Fin N' Catty – Coal Black and de Sebben Dwarfs – An Itch Time – To Duck or Not to Duck – Tortoise Wins by a Hare – Super Rabbitt – The Unbearable Bear – Puss N' Booty (1943) – Bugs Bunny and the Three Bears – Buckaroo Bugs – From

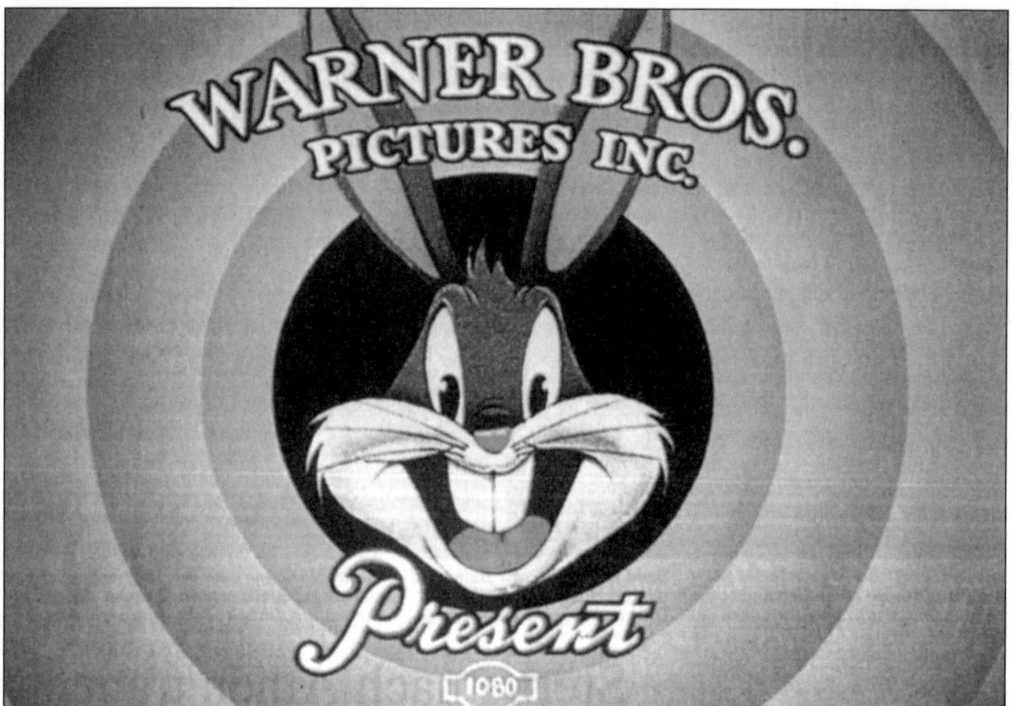

Carl Stalling schrieb die Musik für die legendären »Bugs Bunny«-Cartoons

Hand to Mouse – Hare Force – The Weakley Reporter – What's Cookin' Doc? – Angel Puss Tom Turk and Daffy – The Old Grey Hare – Stage Door Cartoon – Russian Rhapsody – Hare Ribbin' – Little Red Riding Rabbitt – Lost and Foundling (1944) – The Unruly Hare – Wagon Wheels – Hare Conditioned – A Gruesome Twosome – Hare Trigger – Hare Tonic – Odor-Able Kitty – Trap Happy Porky – Herr Meets Hare – Fresh Airedale – Draftee Daffy – The Bashful Buzzard – The Horn Blows at Midnight (1945) – Hair-Raising Hare – Hare Remover – The Great Piggy Bank Robery – Baby Bottleneck – Quentin Quail – Acrobatty Bunny – Hush My Mouse – Racketter Rabbitt – The Big Snooze – Baseball Bugs – Walky Talky Hawky – Fair and Wormer – The Eager Beaver – Bacall to Arms – Book Revue – Kitty Kornered – Roughly Squeaking – Rhapsody Rabbitt (1946) – Scent-imental over You – House Hunting Mice – A Hare Grows in Manhattan – Inki at the Circus – Rabbitt Transit – A Pest in the House – Tweetie Pie – Easter Yeggs – Little Orphan Annie – Slick Hare (1947) – Rabbitt Punch – My Bunny Lies Over the Sea – Buccanneer Bunny – Searedy Cat – Hardevil Hare – Gorilla My Dreams – Hare Splitter – You Were Never Duckier – Hot Cross Bunny – What's Brewin', Bruin'? – Bugs Bunny Rides Again – Daffy Duck – A Feather in His Hare – Daffy Dilly – Rabbitt Hood (1948) – The Awful Orphan – Mississippi Hare – Rebel Rabbitt – Mouse Wreckers – Long-Haired Hare – Often an Orphan – For Scent-imental Reasons – Frigid Hare – Each and Furry-Ous – Dough for the Do-Do – High Diving Hare – Hare Do – Knights Must Fall – Bear Feat – The Bee-Deviled Bruin – The Windblown Hare – Which is Witch? – Bowery Bugs (1949) – Mutiny on the Bunny – Rabbitt of Seville – The Hypno-Chondri-Cat – Hurdy Hurdy Hare – What's Up Doc? – The Scarlet Pumpernickel – Two's a Crowd – 8 Ball Bunny – Busy Hare – Caveman Ink! – Big House Bunny – Homeless Hare – Hillbilly Hare – Dog Gone South – The Ducksters (1950) – The Top Bunny – Chowd Hound – Drip-Along Daffy – Cheese Chasers – Rabbitt Fire – A Hound for Trouble – Hare We Go – Rabbitt Every Monday – Scent-imental Romeo – Ballot Box Bunny – Bunny Hugged – Putty Tat Trouble – A Bear for Punishment 1951) – Feed the Kitty – Mouse Warming – Bee, Beep – Hare Lift – Little Beau Pepe – Foxy by Proxy – Going! Going! Gosh! – The Hasty Hare – Terrier Stricken – Rabbitt Seasoning – Water, Water Every Hare – 14 Carrot Rabbitt – Oily Hare – Rabbit's Kin – Operation: Rabbitt (1952) – Bully for Bugs – Punck Trunk – Robot Rabbitt – Zipping Along – Much Ado About Nutting – Unswept Hare – Southern Fried Rabbitt – Wild Over You – Don't Give Up the Sheep – Duck! Rabbitt! Duck! – Duck Amuck – Kiss Me Cat – Hare Trimmed – Forward March Hare (1953) – Devil May Hare – Stop! Look! And Hasten! – Bewitched Bunny – The Cat's Bah – Sheep Ahoy – No Parking Hare – No Barking – Feline Frame-Up – Claws for Alarm – Lumber Jack-Rabbitt – From A to Z-Z-Z-Z- – Captain Hareblower (1954) – Guided Muscle – Beanstalk Bunny – Jumpin' Jupiter – This is a Life? – Hyde and Hare (1955) – Half Eare Hare – Barbary Coast Bunny – Wideo Wabbit – Stupor Duck (1956) – Bugsy and Mugsy – Piker's Peak – Ali Baby Bunny (1957) – To Itch His Own (1958) – The Bugs Bunny/Road Runner Movie (1979) – The Looney Looney Looney Bugs Bunny Movie (1981) – Uncensored Cartoons (1982) – Daffy Duck: Quackbusters (1988)

Stauch, Richard

(Karl Eduard Oskar Richard S.), * *15.11.1901 Berlin, † 14.12.1968 ebd.*

Filme: Stern von Valencia (1933, + H.-O. Borgmann) – Wir parken, wo es uns gefällt (1934) – Das Hermännchen (1936, + Gustav Kneip) – Eine Nacht mit Hindernissen (1937) – Aschenputtel (1955) – Rumpelstilzchen (1965) – The Goose Girl – Puss-in-Boots (1967)

Steffan, Ernst

(Ps. Ernst Helm), * *20.1.1890 Wien, † 26.9. 1976 Berlin.*

Film: Die Firma leidet (1931) – Der Raub der Sabinnerinnen (1953)

Steimel, Adolf

* *12.10.1907 Berlin, † 12.8. 1962 ebd.* Dt. Bandleader, Pianist und Komponist der 30er und 40er Jahre. Gründete 1939 für Odeon das Organum Tanzorchester als Studioband und nahm damit bis 1944 zahlreiche Schallplatten auf. 1947 entstanden noch Aufnahmen für Telefunken. Er arbeitete auch für das Deut-

sche Tanz- und Unterhaltungsorchester, schrieb Filmmusiken und Schlager *(Junger Mann aus gutem Hause, Die Männer sind schon die Liebe wert).*
Filme: Wir machen Musik (1942, + Peter Igelhoff) – Zwei in einer großen Stadt (1942, Dir., + Willi Kollo) – Herr Sanders lebt gefährlich (1944) – Meine Herren Söhne (1945) – Geld im Haus/Der Millionär (1945, UA 1947) – Verlobte Leute (1945, UA 1950, + Gottfried Madjera) – Kein Engel ist so rein (1950)

Stein, Herman

(Herman Andrew Gulliver Stein), * *19.8.1915 Philadelphia, Pa., USA, † 27.10.1985.* Ein Wunderkind, begann Stein mit drei Jahren Klavier zu lernen und trat mit sechs erstmals öffentlich auf. Mit 15 arbeitete er als Arrangeur für lokale Tanzorchester, in den 40er Jahren für Bands wie Fred Waring, Tony Pastor und Bob Crosby. Nach 1945 zog er nach L. A., studierte bei M. Castelnuovo-Tedesco und schrieb Musik für Industriefilme. Dadurch wurde Universal auf ihn aufmerksam; 1950 wurde er als Arrangeur und Komponist angeheuert. Er arbeitete für zahlreiche Filme, darunter für die Komiker Abbott & Costello, für B-Western und Science Fiction-Filme; seine Musiken für leztere haben inzwischen Kultstatus. Ende der 50er Jahre begann er auch fürs TV zu arbeiten, u.a. die Serien »Wagon Train«, »Daniel Boone« und »Voyage to the Bottom of the Sea«. Er komponierte daneben Kammermusik. Sein letzter Film war der William Castle-Thriller »Let's Kill Uncle«.
Filme: The Lawless Breed – Son of Ali Baba – Francis Goes West Point – Horizons West – The Duel at Silver Creek – Meet Me at the Fair – Back at the Front – Has Anybody Seen My Gal? – Here Come the Nelsons – Just Across the Street (1953) – City Beneath the Sea – Girls in the Night – The Redhead from Wyoming (Feuerkopf von Wyoming, 1953) – Gunsmoke – The Glass Web – East of Sumatra – The Lone Hand – Francis Covers the Big Town – The Golden Blade – The Great Sioux Uprising – Abbott & Costello Go to Mars – The Veils of Bagdad (1953) – It Came from Outer Space (Gefahr aus dem Weltall, 1953, mit Henry Mancini u. Irving Gertz) – Tumbleweed – War Arrow – All I Desire – Take Me to Town – Abbott & Costello Meet Dr. Jekyll and Mr. Hyde (1953) – Fireman Save My Child – Tanganyika – Ma and Pa Kettle at Home – Drums Across the River – Creature from Black Lagoon (Der Schrecken vom Amazonas, 1954) – Four Guns to the Border – Johnny Dark – The Yellow Mountain – Sign of the Pagan (Attila, der Hunnenkönig, 1954) – Rails into Laramie – So This is Paris – Playgirl – Black Horse Canyon – The Black Shield of Falworth (Der eiserne Ritter von Falworth, 1954) – Saskatchewan – Ride Clear of Diablo – Bengal Brigade – Destry – Naked Alibi Border River (1955) – Revenge of the Creature (Die Rache des Ungeheuers, 1955) – The Far Country (Das weite Land, 1955) – Tarantula – This Island Earth (Metaluna IV antwortet nicht, 1955) – Female on the Neach – Man Without a Star (Mit stahlharter Faust, 1955) – Captain Lightfoot – Abbott & Costello Meet the Keystone Cops – The Spoilers (Die Freibeuterin, 1955) – Ma and Pa Kettle in Waikiki – Kiss of Fire – Six Brides to Cross – The Private War of Major Benson – The Purple Mask (Die purpurrote Maske, 1955) – There's Always Tomorrow – Showdown at Abilane (Schüsse peitschen durch die Nacht, 1955) – A Day of Fury – Backlash (Das Geheimnis der 5 Gräber, 1956; Dir. J.Gershenson) – Walk the Proud Land – The Creature Walk Among Us (Das Ungeheuer ist unter uns, 1956) – The Mole People – Toy Tiger – The Unguarded Moment (In den Fängen des Teufels, 1956) – The Great Man – Everything But the Truth – Francis in the Haunted House – I've Lived Before – Four Girls in Town The Night Runner – The Kettles in the Ozarks (1956) – Quantez – Man in the Shadow – Istanbul – Joe Dakota – Slim Carter – Mister Cory (1957) – The Incredible Shrinking Man (Die unglaubliche Geschichte des Mr. C., 1957, mit Gertz u. Salter) – Money, Women amd Guns – The Saga of the Fast Guns – The Saga of Hemp Brown (Bis zur letzten Patrone, 1959) – The Lady Takes a Flyer (Immer Ärger mit den Frauen, 1959) – No Name on the Bullet (Auf der Kugel stand kein Name, 1958) – The Intruder (Weißer Terror, 1961) – Kong Kong vs. Godzilla (1962) – Taggart (1964) – Let's Kill Uncle (1966)

Stein, Ronald

* *12.4.1930 St. Louis, Mo., USA, † 15.8.1988 L.A.* Studierte an der Univ. von Washington,

ging dann in die Filmbranche, wo er den Regisseur Roger Corman traf und zwischen 1955 und 1967 die Musik für dessen B-Film-Produktionen schrieb. Später arbeitete er für größere Projekte, u.a. den Debütfilm von Peter Bogdanovitch, »Targets«, und für F. F. Coppola. Nach 1970 arbeitete er meist als Produzent, in den 80er Jahren lehrte er an der Universität von Colorado in Denver.

Filme: Apache Woman (1955) – The Phantom from 10.000 Leagues – It Conquered the World (1956) – The Oklahoma Woman (Einer schoß schneller, 1956) – The She-Creature – The Day the World Ended (Die letzten Sieben, 1956) – The Gunslinger – Girls in Prison (1956) – Attack of the Crab Monsters – Naked Paradise – Not of This Earth – Invasion of the Saucer Men – Flesh and the Spur – Reform School Girl – Dragstrip Girl – The Undead – Runaway Daughters – Sorority Girl (1957) – Hot Rod Gang – Attack of the 50 Foot Woman (1958) – The Bonnie Parker Story – The Devil's Partner – She-Gods of Shark Reef – The Littlest Hobo – Suicide Battalion – Jet Attack (1958) – Tank Commando – Paratroops Command – The Ghost of Dragstrip Hollow – The Legend of Tom Dooley – Diary of a High School Bride (1959) – Raymie – Atlas – The Threat – Too Soon to Love – The Last Woman on Earth – Dinosaurus! (1960) – The Premature Burial – The Bashful Elephant – Stakeout – The Underwater City (1962) – Dementia 13 (USA/Irland 1963) – The Young and the Brave – The Haunted Palace (Die Folterkammer des Hexenjägers, 1963) – Of Love and Desire – Dime with a Halo – The Terror (1963) – War is Hell – Spider Baby (1964) – Voyage to the Prehistoric Planet – Requiem for a Gunfighter – The Bounty Killer – Rat Fink/My Souls Run Naked/Wild and Willing/The Swing Fink (1965) – Blood Bath (1996) – A Man Called Dagger (1967) – Psych-Out – The Rain People (Liebe niemals einen Fremden, 1969) – Getting Straight (1970)

Steinbrecher, Alexander

** 16.6.1910 Brünn (Mähren, heute: Brno, Tschechien), † 18.4.1982 Wien.*

Film: Brüderlein fein (1942, + Schmidt-Gentner)

Steiner, Fred

(Frederick), ** 24.2.1923 N.Y., USA.* Der Sohn des Geigers und Komponisten George St. (nicht verwandt mit Max Steiner) lernte als Kind Klavier und Cello und studierte am Oberlin-Konservatorium in Ohio als Schüler von Norman Lockwood. Seinen ersten Job hatte er als Arrangeur bei → Van Cleave in dessen Rundfunk-Orchester und war zwei Jahre später für die Musik der Radio-Serie »This is Your FBI« zuständig. Bis 1956 arbeitete er dann fürs TV, u.a. die Serien »Playhouse 90«, »Gunsmoke«, »Perry Mason«. Seine erste Filmarbeit erhielt er durch Vermittlung von Bernard Herrmann, »Run for the Sun«. 1958 ging er als Manager einer Plattenfirma nach Mexico-City, schrieb »nebenbei« Kammermusiken und Bläserquintette. Ab 1960 war er wieder in L.A. und arbeitete wieder fürs TV. 1979 promovierte er in New York mit einer Arbeit über das Werk Alfred Newmans, mit dem er bei »The Greatest Story Ever Told« und »Airport« zusammengearbeitet hatte. Steiner ist auch im Beirat der Composers and Lyricists Guild of America.

Filme: Run for the Sun (Der Sonne entgegen, 1956) – The Man from Del Rio (Der Mann von Del Rio, 1956) – Time Limit (Wenn Männer zerbrechen, 1957) – The Colossus of New York (Der Koloß von New York, 1958) – Robinson Crusoe on Mars (Notlandung im Weltraum, 1964) – The St. Valentine's Day Massacre (Chicago-Massaker, 1967) – First to Fight (Shanghai-Jack,1967) – Hec Ramsey (1962, TV) – Heatwave (1974, TV) – The Sea Gypsies (Seevagabunden auf großer Fahrt, 1978) – The Color People (Die Farbe Lila, 1985, + Quincy Jones)

TV: Have Gun, Will Travel – The Twilight Zone – The Untouchables – Rawhide – Star Trek u.a.

Steiner, Max

(Maximilian Raoul Walter), ** 10.5.1888 Wien, † 28.12. 1971 Hollywood.* Der Filmkomponist war ein »Wunderkind«; er dirigierte schon mit vierzehn Jahren Operetten in Wien. (Sein Großvater war Besitzer des berühmten Theaters an der Wien und befreundet mit Johann Strauss und Jacques Offenbach.) Mit 15 Jahren schrieb er die Operette »Das schöne Griechenmädchen«. 1909 ging er nach England und dirigierte Theaterorchester, 1914 in die USA, wo er am Broadway als Dirigent und Bearbeiter von Musicals arbeitete. Ab 1929 wirkte er durch Vermittlung von Harry Tierney in Hollywood, zunächst für RKO, dann ab 1936 für Warner Brothers und wurde für die nächsten 30 Jahre zum führenden Filmkomponisten (»Casablanca«, »A Star Is Born«, »The Big Sleep«). Einige seiner Filmthemen wurden zu Schlagern, so *Tara's Theme* (aus »Vom Winde verweht«), *It Can't Be Wrong* (»Now, Voyager«), *As Long As I Live* (»Saratoga Trunk«), A *Star Is Born* (»A Star Is Born«). Seine Musik zu »King Kong« gilt als Meilenstein in der Geschichte der Filmmusik, einen Oscar erhielt er jedoch 1935 für »The Informer«.

Lit.: Chr. Palmer, The Composer in Hollywood, London 1990

CD: M. S. Conducts Gone With the Wind, RCA 9676-2 – Charge of the Light Brigade/Death of a Scoundrel u.a., »X« LXCD 3 – Gone with the Wind, Polydor 817116-2/Sony AK-45438 – King Kong, Southern Cross SCRCD-901 – Now, Voyager, RCA GD 80136 – Treasure of Sierra Madre (Suite), MP – M. S. Film Music Collection, Silva

Filme: Rio Rita (1929) – Dixiana (1930) – Half-Shot At Sunrise – Beau Ideal – Check And Double Check – Cimarron (1930) – Kept Husband – Young Donovan's Kid – Transgression – The Public Defender – Trevling Husbands – The Runaround – Fanny Foley Herself – Consolation Marriage – Secret Service – Cracked Nuts – The Gay Diplomat – Are These Our Children? (1931) – Friends and Lovers (1931, + V.Schertzinger) – Men of Chance (1932) – Girl of Rio – Ladies of the Jury – A Bill of Divorcement (1932, + W.Franke Harling) – Young Bride – Symphony of Six Millions – State's Attorney – The Lost Squadron – The Animal Kingdom – What Price Hollywood? – Westward Passage – Is My Face Red? – Roar of the Dragon – The Most Dangerous Game (Graf Zaroff: Genie des Bösen, 1932) – Thirteen Women – The Phantom of Crestwood – Little Orphan Annie – Renegades of the West – Secrets of the French Police – The Sport Parade – Rockybye – Penguin Pool Murder – The Monkey's Paw – The Half Naked Truth – The Conquerors (1932) – Bird of Paradise (Die Insel der zornigen Götter, 1932) – King Kong (King Kong und die weiße Frau, 1933) – No Other Woman – The Cheyenne Kid – Lucky Devils – The Great Jasper – Topaze – Our Betters – Sweepings – Little Women – Christopher Strong (1933) – Diplomaniacs – Professional Sweetheart – Melody Cruise – Morning Glory – Ann Vickers – Flying Down To Rio – The Silver Cord – Son of the Border – Emergency Call – Flying Devils – Bed of Roses – Double Harness – Headline Shooter – No Marriage Ties – Blind Adventure – One Man's Journey – Rafter Romance – Midhipman Jack – Ace of Aces – Chance at Heaven – The Right to Romance – Aggle Appleby – If I Were Free – The Son of King Kong (1933) – Man of Two Worlds – The Meanest Gal in Town – Long Lost Father – Two Alone – Keep 'em Rolling – Spitfire – Success at Any Price – This Man is Mine – The Lost Patrol – Sing and Like it – The Crime Doctor – Strictly Dynamite – Murder on the Blackboard – Let's Try Again – We're Rich Again –

Deutsches Filmplakat »Arsenic and Old Lace«, Musik Max Steiner

His Greatest Gamble – Hat, Coat and Glove – Bachelor Bait – Their Big Moment – The Gay Divorcee (Tanz mit mir, 1934) – Kentucky Kernels – Stingaree – Of Human Bondage – Down To Their Last Yacht – Down to Their Last Yacht – The Richest Girl in the World – The Life of Vergie Winters – Gridiron Flash – Wednesday's Child – The Little Minister – The World Moves On – Anne of Green Gables (1934) – The Fountain (1934) – Finishing School (1934) – Dangerous Corner (1934) – Alice Adams (1935, + Roy Webb) – Top Hat – The Three Musketeers (Die drei Musketiere, 1935) – Enchanted April – Roberta – Laddie – Star of Midnight – The Informer (Der Verräter, 1935) – Becky Sharp – She – Top Hat (Ich tanze mich in dein Herz hinein, 1935) – I Dream too Much – Break of Hearts (1935) – Romance In Manhattan (1935) – The Charge Of The Light Brigade (Die Attacke der leichten Brigade, 1936) – Follow the Fleet (Marine gegen Liebeskummer, 1936) – Two in Revolt – M'liss – Little Lord Fountleroy – The Garden Of Allah (Der Garten Allahs, 1936) – God's Country and the Women (1936) – Slim (1937) – Kid Galahead – That Certain Women – First Lady – The Life of Emile Zola (Das Leben des Emile Zola, 1937) – Lost Horizon – The Green Light – A Star Is Born – Submarine D-I – Tovarich (1937) – Gold is Where You Find It – Jezebel (Die boshafte Lady, 1938) – Dawn Patrol (Start in der Dämmerung, 1938) – Crime School (1938) – The Amazing Dr. Clitterhouse (Das Doppelleben des Dr. Clitterhouse, 1938) – Angel with Dirty Faces (Chicago, 1938) – White Banners (1938) – Four Daughters (Vater dirigiert, 1938) – The Sisters (Drei Schwestern aus Montana, 1938) – The Adventures of Tom Sawyer (1938) – Dust Be My Destiny (Der Weg aus dem Nichts, 1939) – The Oklahoma Kid (Oklahoma Kid, 1939) – Dark Victory (Opfer der großen Liebe, 1939) – Dodge City (Herr des Wilden Westens, 1939) – Gone With The Wind (Vom Winde verweht, 1939) – Four Wives – The Old Maid – Intermezzo – We Are Not Alone – Confessions of a Nazi Spy (Ich war ein Spion der Nazis, 1939) – Daughters Courageous – The Old Maid – They Made Me a Criminal (Zum Verbrechen verurteilt, 1939, Dir. Forbstein) – The Letter (Das Geheimnis von Malampur, 1940) – Dr. Ehrlich's Magic Bullet – A Dispatch from Reuter's – Each Dawn I Die (Todesangst bei jeder Dämmerung, 1939) – Virginia City (Goldschmuggel nach Virginia, 1940) – City for Conquest (Im Taumel der Weltstadt, 1940 – Santa Fe Trail (Land der Gottlosen, 1940) – All This and Heaven Too (Hölle, wo ist dein Sieg, 1940) – The Bride Came C.O.D. (Die Braut kam per Nachnahme, 1941) – Sergeant York (Arr. H.Friedhofer, Dir. L.Forbstein) – The Great Lie (1941) – One Foot in Heaven – Dive Bomber (1941) – They Died with Their Boots On (Sein letztes Kommando, 1942) – In This Your Life – Desperate Journey (Sabotageauftrag Berlin, 1942) – Captain of the Clouds (1942) – The Gay Sisters (Die Gaylords, 1942) – Arsenic and Old Lace (Arsen und Spitzenhäubchen, 1942) – Now, Voyager – Casablanca – Mission to Moscow (Botschafter in Moskau, 1943) – This is the Army – Watch On The Rhine (Die Wacht am Rhein, 1943; Arr. Friedhofer, Dir. Forbstein) – The Adventures Of Mark Twain (Die Abenteuer des Mark Twain, 1944) – Saratoga Trunk (1943) – Since You Went Away (Als du Abschied nahmst, 1944) – Passage to Marseille – The Conspirators (Der Ring der Verschworenen, 1944) – Rhapsody In Blue (Arr., 1945) – Mildred Pierce (Solange das Herz schlägt, 1945)

Max Steiner schrieb den Score für den Klassiker »Casablanca« (deutsches Filmplakat«)

– Rougly Speaking – The Corn Is Green (Das grüne Korn, 1945) – Tomorrow Is Forever (Morgen ist die Ewigkeit, 1945; Dir. L.Forbes) – Night And Day (1946, Arr.) – A Stolen Life (Die größe Lüge, 1946) – One More Tomorrow – Cloak & Dagger (Im Geheimdienst/Tödliches Spiel, 1946) – The Big Sleep (Tote schlafen fest, 1946) – The Man I Love (Besuch in Kalifornien, 1947) – Persued (Verfolgt, 1947) – The Beast with Five Fingers (Die Bestie mit den fünf Fingern, 1947) – Love and Learn – Cheyenne (Wyoming Express, 1947, Dir. Forbstein, Songs: M.K.Jerome/T.Koehler) – The Unfaithful (Der Ehebruch, 1947) – The Voice of the Turtle (1947) – Life With Father (Unser Leben mit Vater, 1947) – My Wild Irish Rose (1947) – Deep Valley (Das tiefe Tal, 1947) – Johnny Belinda (Schweigende Lippen, 1947, Dir. Forbstein) – The Treasure Of Sierra Madre (Der Schatz der Sierra Madre, 1948; Dir. Forbstein) – The Decision of Christoph Blake (1948) – Silver River (Der Herr der Silberminen, 1948) – My Girl Tisa – Winter Meeting – The Women in White – Key Largo (Gangster in Key Largo/Hafen des Lasters, 1948) – Johnny Belinda (Schweigende Lippen, 1948) – The Fighter Squadron (1948) – A Kiss in the Dark (1948) – Adventures of Don Juan (Die Liebesabenteuer des Don Juan, 1949; Arr. Murray Cutter) – South of St.Louis (Konterbande, 1949) – Without Honor – White Heat (Sprung in den Tod, 1949) – Mrs. Mike – The Lady Takes a Sailor (1949) – Beyond The Forest – Flamingo Road (Straße der Erfolgreichen, 1949) – The Fountainhead (Ein Mann wie Sprengstoff, 1949) – The Flame And The Arrow (Der Rebell, 1950) – Caged (Das Frauengefängnis, 1950) – The Flame and the Flesh (Flammende Sinne, 1950) – The Glass Menagerie (Die Glasmenagerie, 1950) – Dallas (Todfeindschaft, 1950) – Sugarfoot (Ein Fremder kam nach Arizona, 1950) – Operation Pacific (Operation Seeadler, 1951) – Distant Drums (Die Teufelsbrigade, 1951) – Close to My Heart (1951) – On Moonlight Bay – I Was a Communist for the F.B.I. (Ich war FBI-Mann M.C., 1951) – Raton Pass (Überfall am Raton-Pass, 1951) – Lightning Strikes Twice – Jim Thorpe: All American – Force of Arms (Keinen Groschen für die Ewigkeit, 1951) – The Jazz Singer – Room for One More (Vater werden ist nicht schwer, 1952) – The Lion And The Horse (Der König der Wildnis, 1952) – Maru Maru – The Miracle of Our Lady of Fatima (Die Heilige von Fatima, 1952) – Springfield Rifle (Gegenspionage, 1952) – So This Is Love (1953) – Trouble Along the Way – This Is Cinerama – So Big – The Desert Song (Liebeslied der Wüste, Arr., 1953) – By the Light of the Silvery Moon (1953) – Trouble Along the Way (1953) – The Charge at Feather River (Der brennende Pfeil, 1953) – The Caine Mutiny (Die Caine war ihr Schicksal, 1954) – King Richard and the Crusaders (Der Talisman, 1954) – Battle Cry (Urlaub bis zum Wecken, 1954) – The Boy from Oklahoma (Der Sheriff ohne Colt, 1954) – The Violent Men (Rauhe Gesellen, 1954) – The Last Command (Die Barrikaden von San Antone, 1955) – The McConnell Story (Wolkenstürmer, 1955) – Illegal (Schakale der Unterwelt, 1955) – Come Next Spring (1955) – Hell on Frisco Bay (Die blutige Straße, 1956) – The Searchers (Der schwarze Falke, 1956) – Bandido – Helen of Troy (Die schöne Helena/Der Untergang von Troja, USA/I 1956) – Death of a Scoundrel (König der Hochstapler, 1956) – Bandido (1956) – Marjorie Morningstar (Die Liebe der Marjorie Morningstar, 1957) – All Mine To Give (Befiehl du deine Wege, 1957) – China Gate (China-Legionär, 1957) – Band of Angels (Weint um die Verdammten, 1957) – Escape in Japan (Verschollen in Japan, 1957) – Fort Dobbs (Im Höllentempo nach Fort Dobbs, 1958) – Darby's Rangers (Von Panzern überrollt, 1958) – The Hanging Tree (Der Galgenbaum, 1959) – John Paul Jones (Beherrscher der Meere, 1959) – A Summer Place (Die Sommerinsel, 1959) – The F.B.I. Story (Geheimagent des F.B.I., 1959) – Cash McCall (Eine Frau für zwei Millionen, 1960) – Ice Palace (Titanen, 1960) – The Dark At The Top Of The Stairs (Das Dunkel am Ende der Treppe, 1960) – The Sins of Rachel Cade (Jenseits der Ruwenzori, 1961) – Parrish (Sein Name war Parrish, 1961; OST: Warner Bros.) – Susan Slade (Nur eine einzige Nacht, 1961) – Rome Adventure (Abenteuer in Rom, 1962) – A Majority of One (1962) – Spencer's Mountain (Sommer der Erwartung, 1963) – Youngblood Hawke (Ein Mann kommt nach New York, 1964) – A Distant Trumpet (Die blaue Eskadron, 1964) – FBI Code 98 (1964) – Those Calloways (1964) – Two on a Guillotine (Das Testament des Magiers, 1965) – Band of Angels (Weint um die Verdammten, 1967) – Zorro the Gay Blade (1981)

Steingrube, Hans

** 5.5.1910 in ?, † 18.9.1962 in ?.* Schweizer Komponist.

Filme: I ha en Schatz gha (1940) – Machtrausch (1941) – Der Glückshoger (1942)

Steininger, Franz K. W.

** 12.6.1906 Wien, Österreich, † 28.12.1974 ebd.* Der Sohn des Direktors des Theaters an der Wien Emil Steininger lebte ab 1935 in den USA, wo er u.a. mit den Regisseuren Sidney Pollack und Taylor Hackford zusammenarbeitete, bei den meisten Filme allerdings als musikal. Leiter.

Filme: Knickerbocker Holiday (1944, Songs) – Hit and Run (1957) – Born to be Loved (1959) – Stagecoach to Dancer's Rock (1962) – Paradise Alley (1962) – Sergeants 3 (1962, Songs; Score: Billy May) – Tell Me in the Sunlight (1967, Songs)

Stept, Sam H.

(Samuel), ** 18.9.1897 Odessa, Ukraine/Russland, † 1.12.1964 L.A., USA.* Kam 1900 in die USA, wuchs in Pittsburgh auf, arbeitete als Pianist für einen Musikverlag und begleitete im Vaudeville Mae West, Ann Chandler u.a. Leitete Tanzorchester in Cleveland. Als Songschreiber arbeitete er u.a. mit den Textern Bud Green, Charles Tobias, Herb Magidson, Lew Brown, Sidney Mitchell zusammen. Er schrieb auch Musik für Broadway-Shows (»Yokel Boy«, 1939) und Filme. Bekannte Songs: *That's My Weakness Now, Don't Sit Under the Apple Tree, I'll Always be in Love with You.*

Filme: Syncopation – Nothing But the Truth (1929, Song: *Do Something*) – Lucky in Love – Mother's Boy (1929) – Show Girl in Hollywood (1930) – Playing Around (1930) – Baby Takes a Bow (1934, Songs) – Hop-Along Cassidy – The Eagle's Brood – Bar 20 Rides Again (1935) – This is the Life (1935, Songs) – Dancing Feet – The Leathernecks Have Landed (1936) – Red River Valley – Laughing Irish Eyes (1936, Song: *All My Life*) – House of a Thousand Candles (1936, Songs) – Down to the Sea (1936) – Phantom Rider (1936, Song: *Hidden Valley*) – Oh, Susannah – Sitting on the Moon – Ghost-Town Gold – The Big Show – Dodge City Trail – Happy-Go-Lucky (1936) – Hit the Saddle (1927, Songs) – Navy Spy – Git Along, Little Dogies – Round-Up Time in Texas (1937) – The Hit Parade (1938, *Sweet Heartache*) – The Outer Gate – Sea Racketeers – Public Cowboy No. 1 – Springtime in the Rockies (1937) – Night Spot – Having Wonderful Time (1938) – Three Texas Steers – Sued for Libel – That's Right-You're Wrong (1939, *The Answer is Love*) – Yokel Boy (1942, Songs) – When Johnny Comes Marching Home (1942, *This Is Worth Fighting For*) – Johnny Doughboy (1942, Songs) – Private Buckaroo (1942, *Don't Sit Under the Apple Tree*) – Stars on Parade (1944, *When They Ask About You*) – Holiday in Mexico (1946, *Walter Winchell Rhumba*) – The Woman They Almost Lynched (1953) – The Right Approach (1961)

Stetten, Gerd von

(eigentl. Hellmuth Fischötter), ** 21.12.1906 Ravensburg, † 1950.*

Filme: Alles um eine Frau – Lockspitzel Asew (1935, + Schmidt-Gentner) + Kurzfilme

Stevens, Cat

(eigentl. Stephen Demetrios Georgiou), ** 21.7.1947 London-Hammersmith, England.* Der Musiker und Songschreiber wurde 1996 von dem Produzenten Mike Hurst entdeckt und von Tony Hall für das Deram Label verpflichtet, wo er dann Hits hatte wie *Matthew And Son, Bad Night* und *I'm Gonna Get Me a Gun*. Daneben schrieb er Songs für andere Interpreten wir P.P.Arnold und die Tremeloes. Zu Klassikern wurden die LPs »Tea for the Tillerman« und »Teaser And the Firecat«. Er konnte acht »Goldene« LPs einsammeln, ehe er sich nach seiner Konversion zum Islam von der Musik zurückzog, Yusuf Islam nannte und vor allem der Verbreitung seines neuen Glaubens widmete.

Filme: Deep End (D/USA 1970, + The Can) – Harold & Maude (1971)

Stevens, Leith

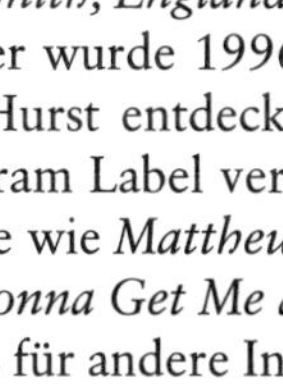

** 13.9.1909 Mt. Moriah, Miss., USA, † 23.7.1970 Hollywood.* Bandleader und Filmkomponist. Wuchs in Kansas City auf, studierte am Horner Institute of Music und an der Juilliard School. Arbeitete als Pianist an der Chicagoer Oper. In den 30er Jahren am Rundfunk in N.Y., 1936–40 Leiter der Big Band der »Sa-

turday Night Swing Session«. Erste Filmarbeit in den frühen 40er Jahren. 1943–45 in Australien beim Rundfunk. 1945 Leiter der Risé Stevens-Show. Ab 1952 als Filmkomponist tätig, war S. einer der ersten, die den Jazz in ihre Arbeit einbezogen, bemerkenswert z.B. in »The Wild One« und »Private Hell 36« (mit Shorty Rogers). – Schallplatten für Vocalion, Columbia, Decca/Coral, Colpix u. Mercury, begleitete auch Doris Day, Erroll Garner u.a.
CD: OST, War of the Worlds/When Worlds Collide, TCI 0612 – Theme Music from the James Dean Story, Pacific Jazz 077779525226 – Jazz Themes from The Wild One, Bear Family BCD 16393
Filme: Syncopation (1942) – Night Song (1947) – All My Sons (All' meine Söhne, 1948) – Destination Moon (Endstation Mond, 1950) – When Worlds Collide (Der jüngste Tag, 1951) – Beware My Lovely – Eight Iron Men (1952) – The Atomic City (Stadt der tausend Gefahren, 1952) – War Of The Worlds (Krieg der Welten, 1953) – The Hitchhiker (1953) – The Wild One (1953; OST: Decca/Bear Family) – The Bigamist (Der Mann mit zwei Frauen, 1954) – The Bob Mathias Story – Knock on Wood (1954) – Crashout (1955) – The Treasure of Pancho Villa (Heißer Atem, 1955) – Great Day in the Morning (Skrupellos, 1955) – Private Hell 36 – The Glass Wall (Die gläserne Mauer, 1956) – World Without End (Planet des Grauens, 1956) – Julie (Mord in den Wolken, 1957, *Midnight Concerto* v. Leonard Pennario) – The Scarlet Hour (Alle Spuren verwischt, 1956) – The Garment Jungle (Ums nackte Leben, 1958) – The James Dean Story (Die James Dean Story, 1958) – Ride Out for Revenge (Blinder Haß, 1958) – Bullwhip (Das Teufelsweib von Montana, 1958) – The Gun Runners (Ein Strich durch die Rechnung, 1958) – The Five Pennies (Die Red Nichols Story, 1959; Songs: Sylvia Fine; Titelrolle: Danny Kaye, Trompetensoli: Red Nichols) – But Not For Me (Bei mir nicht, 1959) – A Summer Place (Die Sommerinsel, 1959) – The Gene Krupa Story (Jazz-Ekstase, 1959) – Hell To Eternity (Aus der Hölle zur Ewigkeit, 1960) – Mantrap (Menschenfalle, 1961) – On the Double (1961) – The Interns – It Happened at the World's Fair (1962) – A New Kind Of Love (Eine neue Art von Liebe, 1963, + Erroll Garner) – The Night of the Grizzly (Die Todes-Ranch, 1966) – Chuka (1967)

Stevens, Morton

(»Morty«), * *30.1.1929 Newark, N.J., USA, † 11.11.1991 Encino, Calif.* Arrangeur, Komponist und Studiobandleader. Arbeitete in den 50er Jahren u.a. für Sammy Davis, Jr., wandte sich dann aber dem Film zu, arbeitete hauptsächlich fürs TV.
Filme: Wild and Wonderful (Monsieur Cognac, 1964) – The Spy with My Face (Der Spion mit meinem Gesicht, 1965) – Alice in Wonderland (1985, Songs: Steve Allen)

Stewart, Dave

(David A.), * *9.9.1952 Sunderland, Tyne & Wear, England.* S. begann als Rockmusiker (p, g, voc) in den frühen 70er Jahre, er gründete die Band Longdancer, arbeitete als Songschreiber mit Peet Coombes und tat sich mit Coombes und Annie Lennox zur Gruppe The Tourists zusammen. Daraus wurde dann die Gruppe Eurythmics, die ein internationaler Erfolg wurde.
Filme: Rolling Home (Dok., 1975) – 1984 (1984) – Rooftops (1989) – De Kassiere – Flatliners (1990) – Rabbitt Ears (1991) – No Worries (1993) – The Ref (1994) – Showgirls – Hackers (1995) – Beautiful Girls (1996) – Crimetime (Das Auge des Verbrechens, UK/USA/D 1996; Songs: Marianne Faithfull) – Grace of My Heart – Cooking Fortune (1999) – Honest (1999)

Stewart, Mark Hinton

Filme: Tube Tales (1999, TV) – The Truth Came - Dog Eat Dog (2001)

Steyer, Christian

* *6.12.1946 Falkenstein (Krs. Auerbach, Vogtland).* Begann seine Karriere als Schauspieler, erster Film »Es ist eine alte Geschichte« (DDR 1972), erster Film als Komponist 1984.
Filme: Taubenjule (DDR 1984) – Jana und Jan – Kinderspiele (1992) – Das Leben ist eine Baustelle (1997) – Zugvögel ... Einmal nach Inari (D/FIN 1998)

Sti, A. René

* *1900 ?Frankreich, † 29.10.1951.*
Film: Sonnenstrahl (1933, + F.Farkas, S. v. Szlatinay)

Stiebitz, Kurt

** 12.6.1891 Spandau (b. Berlin), † 8.6.1964 Braunschweig.*
Film: Aufforderung zum Tanz (1934, + F.Grothe, nach C.M.v.Weber)

Still, William Grant

** 11.5.1895 Woodville, Mo., USA, † 3.12.1978 L.A.* Der afro-amerikanische Komponist studierte an den Univ. von Wilberforce, am Oberlin-Konservatorium und in Paris bei E. Varèse. Arbeitete als Arrangeur für Plattenfirmen, Broadway-Shows, schrieb 1931 seine erste Sinfonie und war der erste Afro-Amerikaner, der ein namhaftes Orchester leitete, das Hollywood Bowl Sinfonieorchester. Er arbeitete für den Film, als Arrangeur für die Deep River Boys, Paul Whiteman und Artie Shaw. S. komponierte zahlreiche konzertante Werke, u.a. Kammermusiken, fünf Sinfonien und gilt als einer der großen amerikanischen Komponisten des 20. Jahrhunderts.
Filme: Lady of Secrets – Theodora Goes Wild – Pennies from Heaven (1936)

Sting

(eigentl. Gordon Matthew Sumner), ** 2.10. 1951 Wallsend.* Engl. Pop-Sänger, Bassist und Songschreiber. Gründete 1977 mit dem Drummer Stewart Copeland die Gruppe The Police. Seinen Spitznamen verdankt er seiner Vorliebe für schwarz-gelb gestreifte Pullover (Sting = engl. Stachel bzw. Biene). S. wurde in wenigen Jahren zu einem Pop-Idol, in seinen Balladen setzt er sich mit politischen und gesellschaftlichen Problemen auseinander. Er arbeitete mit Musikern wie Branford Marsalis, Mark Knopfler, Gil Evans, Eric Clapton u.a. zusammen und ist auch als Schauspieler aktiv, so in den Filmen »Quadrophenia« (1979) und »Stormy Monday« (1988).
Filme: Brimstone and Treacle (UK 1982) – The Emperor's New Groove (2000, Songs, + David Hartley; Score: John Debrey)
www.sting.com

St. Loup, Flora

** 30.4.1952 Lyon, Frankreich.*
Filme: Malambo (1984) – Durch Dick und Dünn (1986) – Der gläserne Himmel (1987) – Nie im Leben (1990) – Die Flucht (1992) – In Heaven (1998)

Stock-Arrangement

(engl. stock = Vorrat) ist ein gedrucktes Arrangement, in Musikläden zu kaufen und damit von jedem Orchester zu spielen. Solche S. waren in den 20er Jahren die Regel, ehe man dazu überging, individuelle Arrangements schreiben zu lassen, beginnend in den Bands von Art Hickman, Fletcher Henderson, Paul Whiteman und Duke Ellington. Zahlreiche spätere Filmkomponisten wie Van Alexander, Arthur Lange und Frank Skinner haben so ihre Karrieren begonnen.

Stockdale, Gary

US-Musiker (b, synth, voc) und Komponist, arbeitet seit 1987 für den Film, u.a. mit dem Komponisten Kevin Klinger und den Regisseuren Andy Sidaris und Katt Shen Ruben. Er nahm Schallplatten auf mit Harry Connick, Akira Jimbo, Lucia Hwong u.a.
Filme: Hard Ticket to Hawaii – Arizona Heat (1987) – Dance of the Damned – Necromancer (1988) – Demonstone – Savage Beach – Picasso Trigger – Stripped to Kill 2: Live Girls (1989) – Armicon (Retter aus dem All, 1996) – Nothing Sacred (1997)

Stoll, Georgie

** 7.5.1905 Minneapolis, Minn., USA, † 18.1. 1985 Monterey, Calif.* Bandleader/Dirigent für Rundfunk, Schallplatte und Film. 1945–35 leitete er die Radioshow von Bing Crosby, 1936 war er Assistent von Nat Shilkret in der Camel Caravan-Show und 1937–38 bei »Jack Oakie's College«. Ging 1939 zu MGM als Dirigent, arbeitete meist an Filmmusicals und leitete Studiobands für Schallplattenaufnahmen von MGM-Künstlern, so Bing Crosby, Judy Garland, Howard Keel, Kathryn Grayson, auch Larry Adler u.a. S. war in erster Linie Filmdirigent und musikal. Leiter; viele der ihm zugeschriebenen Musiken stammen von nicht genannten Vertragskomponisten wie Lennie Hayton, André Previn oder Pete Rugolo.
Kompositionen: Lonely Night – Vive l'Amour – Love On A Greyhound Bus – Neapolitan Pickens* – Pineapple Pickens* – Tarantella* – Mazurka*

(* Film »For The First Time«)
Filme (als Arr/Cond oder mus. Leiter): Go West Young Man (1936) – Broadway Melody of 1938 (1937) – Babes In Arms (1939) – Strike Up The Band – Go West (1940) – Ziegfeld Girl – Life Begins For Andy Hardy – The Big Store (Die Marx Brothers im Kaufhaus, 1941) – Road Show (1941) – For Me And My Girl (1942, + R. Edens) – Panama Hattie (1942) – Ship Ahoy! (1942, Dir.) – Girl Crazy (1943) – Presenting Lily Mars (Bühne frei für Lily Mars, 1943, + W.Jurmann u.a.) – Dubarry Was a Lady (1943, Songs: Cole Porter) – Cabin in the Sky (1943, Songs v. Arlen/Harburg, V.Duke) – Two Girls and a Sailor (Mein Schatz ist ein Matrose, 1944) – Meet Me In St. Louis (1944) – The Boogie Man Will Get You (1944) – Anchors Aweigh (Oscar!, Songs von Styne/Cahn) – Thrill of A Romance (Flitterwochen zu Dritt, 1945, Dir.) – Her Highness and the Bellboy (1945) – No Leave, No Love (1946) – The Kissing Bandit (Ein Bandit zum Küssen, 1947) – A Date with Judy (Wirbel um Judy, 1948) – Three Daring Daughters (1948, Dir.) – Neptun's Daughter (Neptuns Tochter) – In the Good Old Summertime (1948) – Duchess of Idaho (Venus verliebt sich, 1950) – Watch the Birdie (Brustbild bitte!, 1950) – The Toast of New Orleans (Der Fischer von Louisiana, 1950) – Father's Little Dividend – The Strip (Tödliches Pflaster Sunset Strip, 1951; Arr. Leo Arnaud, Pete Rugolo; Song: *A Kiss to Build a Dream on* v. Kalmar/Ruby) – Glory Alley (1952) – I Love Melvin – Dangerous When Wet – Latin Lovers (1953) – The Student Prince (1954; *LP:* RCA LPM-1837) – Hit The Deck – Love Me Or Leave Me (1955) – Meet Me In Las Vegas – 10000 Bedrooms (1956, Songs: N.Brodszky, S.Cahn) – Arrivederci Roma (Song: *Calypso Italiano,* 1957) – Seven Thrills of Rome (USA/I 1957) – For The First Time (1959; *LP:* RCA LPM-2338) – Where the Boys Are (Dazu gehören Zwei, 1960) – Jumbo (1962; *LP:* Columbia OS 2260) – The Courtship of Eddie's Father (Vater ist nicht verheiratet, 1962) – A Ticklish Affair/Moon Walk (Eine kitzlige Sache, 1963; Arr. Marty Paich) – Viva Las Vegas (1964, Dir.) – Looking For Love (Ich wär' so gern verliebt, 1964) – Girl Happy (Kurven-Lilly, 1965) – Made in Paris (Paris ist voller Liebe, 1966)

Stoloff, Morris W.

** 1.8.1898 Philadelphia, Pa., USA, † 16.4.1980 Woodland Hills, Calif.* Der Komponist und Dirigent studierte Violine bei Leopold Auer, tourte als Solist und war ab 1918 Mitglied der L.A. Philharmoniker. 1938–36 war er Konzertmeister bei (der Film-Firma) Paramount, ab 1936 Musical director bei Columbia Pictures, seit den 60er Jahren arbeitete er als Freelancer; er dirigierte u.a. das Reprise Repertory Theatre, vier LPs mit klassischen Broadway-Musicals (mit u.a. Frank Sinatra, Dean Martin, Sammy Davis, Jr.).

LP: Love Sequence, Decca DL 8407 – OST, Picnic, Decca DL 8320 – OST, Fanny, Warner Bros. WS 1416 – This is Kim (Novak), Decca DL 8574 – F.Sinatra & Co., Reprise
Filme (als Komponist und/oder mus. Leiter): She Knows All the Answers (1935) – Craig's Wife (1936) – Camille (1936) – Big Brown Eyes (Dir., 1936; Score: Gerald Carbonara) – Theodore Goes Wild (1936) – The Awful Truth (1937) – Lost Horizon (Der verlorene Horizont, 1937) – You Can't Take It With You (Der Lebenskünstler, 1938) – Blind Alley (1939) – The Amazing Mr. William (1939) – Good Girls Go to Paris (1939) – His Girl Friday (Sein Mädchen für besondere Fälle, 1940; Score: Sydney Cutner) – Before I Hang (1940) – They Dare Not Love (1941) – Caine (1941) – You'll Never Get Rich (1941, Songs: Cole Porter) – They All Kissed the Bride (1942) – My Sister Eileen (1942) – Cover Girl* (Es tanzt die Göttin, 1944) – The Boogie Man Will Get You (1944) – A Song To Remember – Tonight And Every Night (1945, + M.Skiles) – The Jolson Story* – Gilda (1946) – The Guilt of Janes Ames (1947) – Harriet Craig – Rogues of Sherwood Forest (Robin Hoods Vergeltung, 1950) – A Woman of Distinction (Die Männerfeindin, 1950) – 5000 Fingers of Dr. T – All Ashore (1952) – From Here To Eternity (1953) – Picnic – The Long Gray Line – Tight Spot (In die Enge getrieben, 1955) – Three For The Show (1955) – The Eddy Duchin Story (1956) – You Can't Run Away From It (1956, Dir., Score: G.Duning) – Pal Joey (1957) – Song Without Ed* – Fanny (1960) – Lawrence of Arabia (1963) – None but the Brave (1965) – The Naked Runner (1967)

Stolz, Robert

(Robert Elisabeth Stolz), ** 25.8.1880 Graz,*

† *27.6.1975 Berlin.* Österr. Operettenkomponist, Schüler von R. Fuchs und E. Humperdinck. War ab 1905 Kapellmeister am Theater an der Wien. Obwohl kein Jude und von den Nazis hofiert, emigrierte er 1938 über Paris in die USA. 1946 kehrte er nach Wien zurück. St. war der populärste und erfolgreichste Vertreter einer Unterhaltungsmusik, die ihre Wurzeln im 19. Jh. hat und schon zu seiner Zeit veraltet – aber noch sehr populär – war. Er komponierte über 60 Operetten, mehr als 100 Filmmusiken und rd. 2000 Lieder (*Im Prater blühn wieder die Bäume, Die ganze Welt ist himmelblau, Servus Du, Wien wird bei Nacht erst schön)*, deren Spektrum von gefühlsduselig bis keck-spritzig reicht.

Lit.: R. u. Einzi Stolz, Servus Du, München 1980. – Die ganze Welt ist himmelblau, Berg.-Gladbach 1986. – Stephan Pflicht, R. S. Werkverzeichnis, München 1981. – Klaus Eidam, R.S., Biographie eines Phänomens, Berlin 1989

Operetten u.a.: Das Glücksmädel – Wenn die kleinen Veilchen blühn – Der verlorene Walzer – Frühling im Prater – Wiener Café – Der Favorit – Tanz ins Glück – Peppina – Venus in Seide – Ein Mädel hat sich verlaufen – Frühjahrsparade – Rainbow Square (Musical) / Kitty und die Weltkonferenz – Joie de Vivre (musikal. Lustspiele)

Filme: Der Millionenonkel (1913) – Die Bauernprinzessin (1928) – Der Mitternachtswalzer (1929) – Zwei Herzen im Dreivierteltakt (1930) – Das Lied ist aus (1930; Lied *Adieu mein kleiner Gardeoffizier*) – Zwei Welten (1930, + Viktor Hollaender, Otto Stransky, A. M. Werau) – Der Hampelmann (1930, + Kurt Schröder) – Heute Nacht eventuell (1930) – Leutnant warst du bei den Husaren (1930, + W.Krausz, W.Schmidt-Boelcke) – Das Kabinett des Dr. Larifari (1930, + F. Wachsmann, Max Hansen) – Ein Tango für dich (1930) – Der Herr auf Bestellung (1930) – Die Marquise von Pompadour (1931, E.Künneke, R.Nelson, A.Strasser) – Liebeskommando (1931) – In Wien hab' ich ein Mädel geliebt (1931, + F.Raymond, Jack Drooning, Hannsheinrich Dransmann) – Die lustigen Weiber von Wien (1931, + Peter Kreuder) – Der Raub der Mona Lisa (1931) – Ein Lied, ein Kuß, ein Mädel (1932) – Ich will nicht wissen wer du bist (1932) – Der Prinz von Arkadien (1932, + Rudolf Perak) – Ein Mann mit Herz (1932) – Hochzeit am Wolfgangsee (1933, + Rudolf Perak) – Was Frauen träumen (1933) – Die Nacht der großen Liebe (1933) – Abenteuer im Südexpreß (1934, + R.Perak) – Mein Herz ruft nach dir (1934, + W.Schmidt-Boelcke) – Der Herr ohne Wohnung (1934) – Frühjahrsparade (1935) – Der Himmel auf Erden (1935) – Knox und die lustigen Musikanten (1935) – Ich liebe alle Frauen (1935, + Schmidt-Boelcke, Paul Hühn) – Herbstmanöver (1936, + Paul Hühn) – Konfetti (1936) – Ungeküßt soll man nicht schlafen geh'n (1936) – Das Frauenparadies (1936, + Heinz Sandauer) – Die Austernlilli (1937) – Husaren heraus! (1937, + Paul Hühn) – It Happened Tomorrow (1944) – Zauber der Bohème (1937, nach Puccini) – Die unentschuldigte Stunde (1937, + Paul Hühn) – Ich möcht' so gern mit dir allein sein (1938) – Musik für dich (1937) – Die verschwundene Frau (A 1937, + Paul Hühn) Liebe im Dreivierteltakt (1937) – Spring Parade (1940, Dir. Ch.Previn) – It Happened Tomorrow (Es geschah morgen, USA 1943) – Anni (1948) – Kleine Melodie aus Wien (1948) – Ein bezaubernder Schwindler (1949) – Mein Freund Leopold (1949) – Tanz ins Glück (1951) – Die Deutschmeister (1955) – Traumrevue (1959) – Olimpia (Prinzessin Olympia, I 1959) – Verliebt in Österreich (Dok., 1967) – Fallada-letztes Kapitel (DDR 1987, *Frag' nicht warum*, + Sibelius, *Valse triste*)

Stolzenwald, Franz

* *17.9.1899 Rixdorf (b. Berlin),* † *29.8.1869 Berlin.*

Filme: Der Springer von Pontresina (1934, + Lied von W. Meisel: *Wir wollen Freunde sein fürs ganze Leben*) – Was bin ich ohne dich (1934; Lieder von Meisel: Titellied u. *Sonne, Mond und Sterne*) – Zigeunerblut/Ungarmädel (1934, Lied *Zigeunerblut* v. Will Meisel)

Stone, Alex

(Alstone), * *?,* † *3.7.1982.* Engl. Komponist und Songschreiber.

Film: Schleppzug M 17 (D 1933, + W.Meisel, R.Dochan) – Silence d'or (F 1947, Song: *Place Pigalle*)

Stone, Christopher

(Ps. Thomas Bourassa), * *4.10.1940 Manchester, N.H., USA,* † *29.10.1995 L.A.* Der Schauspieler hatte seinen Durchbruch 1970 mit dem Film »The Grasshopper«, wo er den Rocksänger Jay Rigney spielte. Er war dann in Film und TV tätig, u.a. in den TV-Serien »Spencer's Pilots«, »Harper Valley PTA« und »Dallas« (1984/85). Er schrieb die Musik für den Film »Covergirl« (1983).

Stone, Christopher L.

** 26.1.1952 in ?, USA.*

Filme: Never Put it in Writing (1964) – The Secret of My Success (1965) – Gone with the West (1974) – The Treasure of Jamaica Reef (1974) – Evil in the Deep (1976) – Choices (1981) – Sword of Heaven (1983) – Covergirl – Money to Burn (1983) – Nadia (1984, TV) – Los Angeles Streetfighter (1985) – Terrorvision (1986, TV) – The Naked Cage (1986) – Ninja Turf (1986) – Prison (1988) – Phantasm 2 (1988) – Survival Quest (1989) – Felix the Cat (Cartoon, 1989) – Tale Spin (1990, TV-Serie) – Brute Force (6 Dok.-Filme 1991) – The Real West (1992, TV-Serie) – Walker, Texas Ranger (1993, TV-Serie) – Ticks (1993) – Civil War Journal (4 Dok.-Filme, 1993) – Phantasm III: Lord of the Dead (1994) – Treasure Island: The Adventure Begins (1994, TV) – American Revolution (5 Dok.-Filme, 1996) – American Revolution Vol.1 (1994, Dok.) – Galaxis – Fist of the North Star (1995) – Special Effects (1996, Dok.) – The Stupids (1996) – The Munster's Scary Little Christmas (1996, TV) – Phantasm IV: Oblivion (1988) – Civil War Combat:America's Bloodiest Battles (1999, TV) – Titanic (1999, Song: *My Heart Will Go on*) – The President's Man (2000, TV) – Skeletons in the Closet (2000) – Civil War Combat: The Blody Lane at Antiteam (2000, TV) – TV: Honey, I Shrunk the Kids

Stone, Gregory

** 20.7.1900 Odessa, Russland, † ?.* Arbeitete ab 1936 für den Film in Hollywood, meist für B-Filme des Abenteuer-Genres.

Filme: Hollywood Boulevard – The Big Broadcast of 1937 – The Jungle Princess – Easy to Take (1936) – John Meade's Women – Souls at Sea – Internes Can't Take Money – Daughter of Shanghai – Let's Make a Million – Her Husband Lies (1937) – Her Jungle Love – In Old Mexico – Adventure in the Sahara – Scandal Street – Ride a Crooked Mile – Girls' School (1938) – North of Shanghai – Smashing the Spy Ring – The Renegade Trail – Behind Prison Gates – Blondie Brings Up Baby – A Woman is the Judge – The Man They Could Not Hang (1939) – Scandal Sheet – Convicted Woman – The Man with Nine Lives – Men Without Souls – Island of Doomed Men – Girls of the Road – Before I Hang (1940) – Doomed Caravan – Border Vigilantes – The Big Boss – Two in a Taxi – Secrets of the Lone Wolf – The Phantom Submarine – The Devil Commands – Confessions of a Boston Blakie (1941) – Boston Blackie Goes Hollywood – Pardon My Gun (1942) – Riders of the Northwest Mounted – Border Patrol – Colt Comrades – Bar 20 – The Racket Man – Heavenly Music – Flying Frontier – The Boy from Stalingrad – After Midnight with Boston Blackie (1943) – Lumberjack (1944) – Adventures of Rusty – I Love a Mystery (1945) – Carnegie Hall (1947, Songs) – Streets of Ghost Town – Traveling Saleswoman – Jungle Jim in Pygmy Island (1950) – The Magic Carpet (1951) – Saginaw Trail (1953) – Jivaro (1954)

Stone, Lew

(Lewis, Ps. für Louis Steinberg), ** 28.6.1898 London-Stepney, England, † 13.2.1969 London.* Der populäre engl. Bandleader war als musikal. Leiter und Komponist an einem Film beteiligt: »Under Your Hat« (1939).

Stone, Richard

** 27.11.1953 Philadelphia, Pa., USA, † 9.3. 2001 West Hills, Calif.* Studierte Cello und Musiktheorie an der Indiana University und am Curtis Institute. Arbeitete als »music editor« an mehreren Filmen von George Delerue (»Platoon«), erster eigener Film »Summer Heat«. Beeinflusst durch Cartoons mit Musik von → Carl Stalling, schrieb er Musiken für über 100 Zeichentrickfilme wie auch für die von Steven Spielberg produzierten »Tiny Toon Adventures«.

Filme: Summer Heat – North Stone (1987) – Elvis and Me (1988, TV) – Hiroshima Maiden (1988, TV) – Never on Tuesday (1988) – Longarm (1988, TV) – Pumpkinhead (1988) – No Holds Barred – Vietnam, Texas – Sundown, the Vampire in Retreat (1990)

Storch, Eberhard

* *12.7.1905 Beeskow (Krs. Frankfurt/O.), † 19.3.1978 Berlin.*
Film: Du bist entzückend, Rosmarie! (1934, + W. Sieber, Schmidt Boelcke)

Storey, Michael Andrew

* *26.10.1936 Wakefield, Yorkshire, England.*
Filme: Another Country – Every Picture Tells a Story (1984) – Hidden City – Coming Up Roses (1987) – Waiting for the Light (1990) – Spike of Love (1995) – Flood: A River's Rampage (1997) – Black Light (1998) – Summer of the Monkey (1998)

Stothart, Herbert Pope

* *11.9.1885 Milwaukee, Wisc., USA, † 1.2. 1949 L.A.* Bühnen- und Filmkomponist der 20er bis 40er Jahre. Studierte am Milwaukee Teachers College und in Europa. Begann 1920 für den Broadway zu arbeiten, u.a. »Tickle Me«, »Wildflower« (1923), »Rose-Marie« (1924), »Song of the Flame« (1926), »Golden Dawn« (1927), »Good Boy« (1928). Mitte der 30er Jahre nach Hollywood zu MGM als Komponist, Arrangeur, Dirigent und musikalischer Leiter, beteiligt an etlichen bedeutenden Filmen dieser Periode. Er komponierte *Rose Marie, Song of the Flame, I Wanna be Loved by You, Sweetheart Darlin'* u.a. Er arbeitete mit den Textern Oscar Hammerstein II, Otto Harbach, Clifford Grey, Emmerich Kalman, Bert Kalmar, Chet Forest und den Komponisten Vincent Youmans, Sigmund Romberg, George Gershwin, Harry Ruby, Rudolf Friml und George Posford zusammen.
Filme: Rose Marie (1928) – Dynamite (1929) – Devil May Care (+ Ballett-Musik von D.Tiomkin, 1929) – The Floradora Girls – Golden Dawn – In Gay Madrid – The Rogue Song – Song of the Flame (1930) – Cuban Love Song – Rasputin and the Empress (1931) – The Barbarian – The White Sister (1933) – The Merry Widow – Riptide – David Copperfield – Treasure Island – Viva Villa! (1934) – The Barrets of Wimpole Street – Chained (1934) – Mutiny on the Bounty (Meuterei auf der Bounty, 1935) – A Night at the Opera (Die Marx Bros. in der Oper, 1935) – China Seas – Naughty Marietta – Ah, Wilderness – A Tale of Two Cities (Zwei Städte) – Anna Karenina (1935) – David Copperfield – Here Comes the Band (1935) – San Francisco (Dir., Titelsong v. Jurmann/Kaper) – Romeo and Juliet (Romeo und Julia) – The Gorgeous Hurry – Wife Versus Secretary (1936, + Edward Ward) – After the Thin Man (1937, Nach dem Dünnen Mann, + Edward Ward) – The Devil is a Sissy (Drei kleine Gangster) – Rose Marie (1936) – The Good Earth (Die gute Erde, 1937) – Rosalie (1937, Songs: Cole Porter) – Conquest (Maria Waleska, 1937) – Maytime – Marie Antoinette – Girl of the Golden West – Sweethearts (Dir.) – Idiot's Delight (1938) – Broadway Serenade – Balaleika (1939) – Pride and Prejudice (Stolz und Vorurteil) – Waterloo Bridge – Northwest Passage – Bittersweet – Edison the Man (Der große Edison, 1940) – Ziegfeld Girl – Come Love With Me – They Met in Bombay (Fluchtweg unbekannt) – Smiling Through (1941) – Blossoms in the Dust (Blüten im Staub, 1941) – Mrs. Miniver – Random Harvest – Rio Rita (1942) – Thousands Cheers – A Guy Named Joe – Tennessee Johnson – The Human Comedy (Und das Leben geht weiter) – Madam Curie (1943) – Kismet – The White Cliffs of Dover – Dragon Seed – Thirty Seconds over Tokyo (30 Sekunden über Tokyo, 1944) – The Picture of Dorian Grey (Das Bildnis des Dorian Grey) – The Valley of Decision (Die Entscheidung) – They Were Expendable (Schnellboote vor Bataan, 1945) – Undercurrent (Die unbekannte Geliebte) – The Green Years – The Yearling (Die Wildnis ruft) – Clementine – The Sea of Grass (Endlos ist die Prärie, 1946) – Desire Me – The Unfinished Dance – High Barbaree (1947) – The Three Musketeers (Die drei Musketiere, 1948) – Big Jack (1949) – Rose Marie (Remake 1954)

Stott, Wally

→ Morley, Angela

Strange, Billy

(William E.), * *29.9.1930 Long Beach, Calif, USA.*
Filme: The Cool Ones (1967, Songs) – Moving With Nancy (1967) – Live a Little, Love a Little (1968) – The Trouble with Girls (1969) – De Sade (Das ausschweifende Leben des Marquis de Sade, D/USA 1969) – Charro! (1969) – Dirty Dingus Magee (1969, zusätzl. Musik) – Bunny O'Hare (Bunny und

Bill, 1971) – Coal Miner's Daughter (1980, als Schauspieler)

Stransky, Otto

** 15.5.1889 Brünn (Brno, ČSR), † 32.11.1932 Berlin.* Arbeitete nach Ausbildung zunächst als Korrepetitor, dann als Kapellmeister an Theatern in Wien und Leipzig und ab 1921 in Berlin als Kabarett-Kapellmeister. Er schrieb Schlager (*Ich fahr' mit meiner Klara in die Sahara*) und Operetten, ab 1930 für den Film. Er starb bei einem Autounfall.

Filme: Die Csikosbaroness (1930, Lied: *Was ist einem Reiter lieb und wert?*) – Zwei Welten (D/UK 1930, + R. Stolz, V. Hollaender, A. M. Weran) – Opernredoute (1931, *Die Musik und der Tanz und die Nacht*) – Die Nacht ohne Pause/Der keusche Lebemann (1931) – Kasernenzauber (1931 – Der Liebesarzt (1931) – Die Königin einer Nacht (1931, + Ernst Neubach, Richard Rillo) – Ich geh aus und du bleibst da (1931, + Theo Mackeben) – Die oder keine (1931, Lied: *Wenn man sein Herz verliert* u.a.) – Opernredoute/Frauen in Gefahr (1931) – Sein Scheidungsgrund (1931, + Hans-Otto Borgmann) – Der Hochtourist (1931, + H.-O. Borgmann) – Eine Nacht im Grandhotel (1931) – Fräulein, falsch verbunden (1932) – Der Feldherrenhügel (1932) – Spione im Savoy-Hotel (1932, + Oscar Joost) – Das Testament des Cornelius Gulden (1932, + Alfred Strasser) – Tausend für eine Nacht (1933, + Schmidt-Gentner) – Marion, das gehört sich nicht (1933)

Strasser, Alfred

** 28.5.1895 Wien, † 9.3.1967 Berlin.*

Filme: Nur du (1930, + Jean Gilbert, Willi Kollo, R. Nelson) – Dolly macht Karriere (1930, + R. Nelson, Schmidt-Gentner) – Strafsache von Geldern (1932, + Joe Hajos) – Das Testament des Cornelius Gulden (1932, + O.Stransky) – Das Geheimnis von Johann Orth (1932, Musik nach Motiven von Johann Strauss, Joseph Lanner u. Carl Millöcker) – Muß man sich gleich scheiden lassen? (1933, + M.Spoliansky) – Die Blume von Hawaii (1933, + Paul Abraham) – Moral und Liebe (1933) – Wiener Madeln (1945, mit Musik von C.M.Zierer, J.Strauss, J.Ph.Sousa, UA 1950; Score der Forstfilm-Fassung v. Schmidt-Gentner)

Strasser, Hugo Hermann

(Ps. Kurt Staab, Hugo Molldorf), ** 7.4.1922 München.* Studium an der Akademie der Tonkunst in München ab 1937. Hatte nach dem Krieg Jobs als Klarinettist/Altsaxophonist in amerik. Clubs mit u.a. Max Greger und Freddie Brocksieper. Gründete 1954 ein Tanzorchester, spielte viel bei Tanzturnieren; etliche seiner Schallplatten wurden als »Tanzplatte des Jahres« ausgezeichnet. 1949 trat er als Musiker im Film »Hallo Fräulein« auf.

Filme: Zwei Matrosen auf der Alm (1957) – Hinein (1958) – Gefährliche Reise (1961) – Der Teufel von Kapstadt (1962) – Das Mädel aus dem Böhmerwald (1964)

Straus, Erwin

** 5.4.1910 Wien, † 28.12.1966 München.* Sohn von → Oscar Straus.

Film: Die nackte Wahrheit (1932)

Straus, Oscar Nathan

(eigentl. Strauss), ** 6.3.1870 Wien, † 11.1. 1954 Bad Ischl.* Österr. Operetten- und Filmkomponist, Schüler von Max Bruch. Schrieb Musik für Filme in Europa und den USA sowie für Broadway-Shows. Kapellmeister beim Kabarett »Überbrettl« in Berlin, war ab 1927 in Wien tätig und ging 1938 über Paris nach N.Y. und Hollywood; Rückkehr 1948. Bes. bekannt wurden seine Operette »Ein Walzertraum«, die Musik zum Max Ophüls-Film »Der Reigen« und die Songs *My Hero* (aus »The Chocolate Soldier«), *Ninon* (aus der mus. Komödie »Eine Frau, die weiß was sie will«) und *While Hearts Are Singing* (1931). Sein Sohn Erwin (1910–1966) war ebenfalls Komponist

Weitere Songs: We Will Always Be Sweethearts – Love's Roundelay – Sweetest Maid of All – Make a Wish

Filme: Married in Hollywood (1930) – The Smiling Lieutenant (1931) – One Hour With You (1932) – Die Herren vom Maxim (1933, + F.Grothe; Lieder von O.S.: *Was hat mich heute in Stimmung gebracht?, Oft erlebt man eine Stunde*) – Eine Frau, die weiß was sie will (1934, nach seiner Operette, Bearb. Schmidt-Boelcke) – Land without Music (Das singende Land, 1936) – Make A Wish (1937; Score: H.Riesenfeld) – The Chocolate Soldier (1941,

Songs) – Der Reigen (1950) – Der letzte Walzer (1953) – Madame de ... (1953, + G. van Parys) – Einmal keine Sorgen haben (1953; Texte von Robert Gilbert)
Operetten u.a.: Die lustigen Nibelungen – Ein Walzertraum (1907) – Der tapfere Soldat (1908) – Liebeszauber (1916) – Der letzte Walzer (1920) – Die Perlen der Kleopatra (1923) – Die Musik kommt – Ihr erster Walzer (1948) – Bozena (1952)
Broadway-Musicals: The Waltz Dream (1908) – The Chocolate Soldier (1909) – My Little Friend (1913) – The Lady's Glove (1917) – The Last Waltz (1921) – Naughty Riquette (1926) – A Wonderful Night (1929) – The Three Waltzes (1938)

Strauss, Richard Georg
** 11.6.1864 München, † 8.9.1949 Garmisch (-Partenkirchen).* Bedeutender Komponist (»Also sprach Zarathustra«) der ersten Hälfte des 20. Jhdts. Seine Oper »Ariane« wurde 1931 verfilmt.
Film: Ariane (1931, + Leo Wit)

Stravinsky, Igor Fjodorowitsch
** 5.6.1882 Oranienbaum (heute: Lomonossow b. St. Petersburg, Russland), † 6.4.1971 N. Y., USA.* Der berühmte russische Komponist (»Le sacre du printemps«, »Feuervogel«, »Petruschka«, »Oedipus Rex«) hat nur zu einem Film die Musik beigesteuert: zur Filmversion des Jean Genet-Stückes »Der Balkon« (»The Balcony«, 1964). Sein Sohn Soulima St. ist Pianist und Komponist.

Strecker, Heinrich
(Josef), ** 24.2.1892 Wien, † 29.6.1981 ebd.*
Filme: Spiel an Bord (1936, + M.Jary) – Narren im Schnee (1938) – Meime Tochter lebt in Wien (1940)

Stricker, Tony
(Anton), ** 4.4.1930 Wien.* Österr. Musiker, Arrangeur, Komponist und Texter, arbeitete für Rundfunk, Film und TV.
Filme: Immer die verflixten Weiber – Gejodelt wird zu Hause (1970) – Gejodelt wird im Unterhöschen (1974) – Geschichten aus dem Wienerwald (1978) – Der Leutnant und sein Richter – Der Waldbauernbub – Ringstraßenpalais

Stringer, Robert W.
** 11.8.1911 Omaka Neb., USA, † 1.7.1996 Saint Augustine, FL.* US-Komponist und Regisseur. Arbeitete seit den 30er Jahren für den Film; wie damals üblich wird sein Name bei einigen Filmen im Vorspann nicht genannt* .
Filme: City Streets* (1938) – The Wizard of Oz (1939, zusätzl. Musik) – Out of the Depths (1945) – Jungle Jim* (1948) – Jigsaw/Gun Moll – Chinatown at Midnight* (1949) – So Young, So Bad (1950) – St. Benny the Dip (1951) – Apache Ambush* (1955) – The Daredevil (1971, Regie) – The Wizard of Oz in Concert: Dreams Come True (1995, TV)

Strittmatter, Fred
(Ps. Fred Tornow, Ludwig Königsdorfer), ** 19.7.1923 Basel, Schweiz, † 12.9.1985 Bad Tölz.*
Filme: Oh, du lieber Fridolin (1952) – Ein Sarg aus Hong Kong (1964) – Beichte einer Liebestollen (1970) – Graf Porno bläst zum Zapfenstreich (1970) – Gestatten, Vögelein im Dienst – Obszönitäten – Pornografie illegal – Gefährlicher Sex frühreifer Mädchen (1971) – Höllisch heiße Mädchen (1 u. 2, 1972) – Secrets (1973) – What and Why (1973) – Beim Jodeln juckt die Lederhose (1974) – La femme flic (Die Polizistin, F 1980)

Ströer, Hans Peter
26.6.1956 München. Spielte Bass mit der Jazz-Rockgruppe von Volker Kriegel, auch mit Sting und The Police. Mit seinem Bruder Ernst (* 1963) produzierte er eigene LPs, arbeitete als Studiomusiker mit Falco, Gilbert Bécaud, Mireille Mathieu, Rondo Veneziano u.a. Er komponiert Bühnenmusiken, Film- und TV-Musiken.
Filme: Tausend Augen – Treffpunkt im Unendlichen (1984) – Besuch bei Joan – Die Geldverleiherin – Reichshauptsatdt privat – Schöne Aussichten (1985) – In meinem Herzen, Schatz (1989) – Die Manns (2001, TV)

Stromberg, William T.
** 23.5.1964 Oceanside, Calif., USA.*
Filme: State of Fear (1988, TV) – Oder of the Eagle (1989) – Future Zome – Deadly Dancer (1990) – Killing Streets – Edge of Honor (1991) – Silent

Victim (1993, TV) – Raw Justice – Minotaur (1994) – Trinity and Beyond – Mutant Species (1995) – Nukes in Space – Atomic Journeys (1999) – Other Voices (2000) – Cinerama Advanture (2001) – Lost (2002) – Oddball Hall – Primeval (2003)

Strouse, Charles Louis

** 7.6.1928 N.Y., USA.* Studierte an der Eastman School of Music in Rochester und bei Nadia Boulanger und Aaron Copland. Er schrieb zahlreiche Songs für Revuen und Broadway-Shows, die sich oft mit amerikan. Zeitproblemen befassen. Texte schrieb oft Lee Adams.

Musicals: Bye, Bye Birdie (1960) – All American (1962) – Golden Boy (1964) – It's a Bird, it's a Plane, it's Superman (1966) – Applause (1970) – Six (1971) – I and Albert (1972) – Annie (1977) – A Broadway Musical (1978)

Filme: There was a Crooked Man (UK 1960, + Kenneth V. Jones) – Bye Bye Birdie (1963) – Bonnie and Clyde (1967) – The Night They Raided Minsky's (Die Nacht als Minsky aufflog, 1968) – There Was a Crooked Man (Dynamit und krumme Touren, 1971) – Annie (1982, + Ralph Burns)

Stuart, Marty

(John Martin), ** 30.9.1958 Philadelphia, Pa., USA.*

Filme: Daddy And Them – All the Pretty Horses – Waking Up in Reno – Hi-Lo Country – Fire Down Below (1999) – All the Pretty Horses (2000, + Kirstin Wilkinson, Larry Paxton; OST: Sony)

Stueber, Carl Wilhelm August

** 18.6.1893 Trier, † 4.8.1984 München.*

Filme: Schneewittchen und die 7 Zwerge (1955) – Die Heinzelmännchen – Tischlein deck' dich (1956)

Styne, Jule

(eigentl. Julius Kerwin Stein), ** 31.12.1905 London, England, † 20.7.1994 N.Y., USA.* Bedeutender Musicalkomponist und Songschreiber der 40er und 50er Jahre. Stammt aus ukrainisch-jüdischer Familie, die 1912 nach Chicago emigrierte. S. war ein Wunderkind auf dem Klavier, arbeitete Mitte der 20er Jahre als Gesangslehrer in N.Y. und spielte in der Band von Arnold Johnson. Bei diesem schrieb er 1926 seinen ersten Hit: *Sunday*. In den 30er Jahren arbeitet S. als Songwriter und schrieb (Cowboy-) Songs für Gene Autrey und Roy Rogers. In den 40er Jahren tat er sich mit → Sammy Cahn zusammen. Gemeinsam schrieben sie zahlreiche Songs für Hollywood-Filme (anfangs für Republic-Pictures) und Frank Sinatra. In den 50er Jahren verlagerte sich seine Tätigkeit aber ganz auf den Broadway. Zu seinen Meisterwerken gehören »High Button Shoes« (1947), »Gentlemen Prefer Blondes« (mit Leo Robin, 1949), »Bells Are Ringing« (1956), »Gypsy« (mit Stephen Sondheim, 1958), »Funny Girl« (mit Bob Merrill, 1964) und »Darling Of The Day«, 1968). Für Sinatra war S. einer der letzten großen Songschreiber des 20. Jahrhunderts, als solcher gehört er in eine Reihe mit Namen wie Irving Berlin, George Gershwin und Jerome Kern.

Lit.: Theodore Taylor, Jule – The Story of Composer Jule Styne, N.Y 1979

CD: Gypsy, Col. CK-32607 – Gentlemen Prefer Blondes, Stet DCXP-15005 – Funny Girl, Col. CK-03220 – De-Re-Mi, RCA 61994-2 – Darling Of The Day, RCA – The Overtures of Jule Styne (Nat. SO/Jack Everley), TER CDVIR-8318 u. 8319

Songs: I Don't Want To Walk Without You – I've Heard That Song Before – I'll Walk Alone – Saturday Night Is The Loneliest Night of The Week – It's Been a Long Long Time – Let It Snow, Let It Snow, Let It Snow – Five Minutes More – I Fall In Love Too Easily – Time After Time – Three Coins In A Fountain – I Still Get Jealous – Diamonds Are A Girl's Best Friend – The Party's Over – Just In Time – Small World – Everything's Coming Up Roses – Let Me Entertain You – Make Someone Happy – People – Don't Rain On My Parade – Guess I'll Hang My Tears Out To Dry

Filme: Hit Parade of 1941 (1940) – Sis Hopkins (1941) – Sweater Girl – Sleepy Time Gal (1942) – Hit Parade of 1943 – Youth On Parade (1943) – Follow The Boys – Step Lively – Carolina Blues – Knickerbocker Holiday (1944) – Tonight And Every Night – Anchors Aweigh (Urlaub in Hollywood,

1945) – Sweetheart of Sigma Chi – Kid From Brooklyn – Tars And Spars – Earl Carroll's Sketch Book – The Stork Club (1946) – It Happened In Brooklyn – Ladies' Man (1947) – Two Guys From Texas – Romance On The High Seas (Zaubernacht in Rio, 1948) – It's A Great Feelin' (1949) – Meet Me After the Show – Two Tickets To Broadway (Drei Frauen erobern New York, 1951) – Gentlemen Prefer Blondes (Blondinen bevorzugt, 1953) – Livin' It Up (Der sympathische Hochstapler, 1854) – Three Coins In The Fountain (Drei Münzen im Brunnen, 1954) – Bells Are Ringing (Anruf genügt, komme ins Haus, 1960) – Gypsy (1962) – All The Way Home (Ein Schmetterling flog auf, 1963) – What A Way To Go! (Immer mit einem anderen, 1964) – Funny Girl (1968)

Styner, Jerry

US-Komponist und Songschreiber, arbeitete zusammen mit den Komponisten Les Baxter, Michael Curb, Guy Hemric, auch Schallplattenproduzent und Arrangeur, u.a. für Dick Dale, Roger Williams und Ian Whitcomb.
Filme: Bikini Beach (1964, Songs) – How to Stuff a Wild Bikini (1965, Songs) – Dr. Goldfoot and the Bikini Machine (1965, Songs) – Fireball 500 – Spie vengono das semifreddo – The Ghost in the Invisible Bikini (1966, Songs) – Devil's Angels – Thunder Alley (1967, Song: *When You Get What You Want*) – Ski Fever (Liebespiel im Schnee, 1967) – The Savage Seven (1968) – Golden Breed (Dok., 1968) – Killers Three – Five the Hard Way (1968) – The Cycle Savages – Tick, Tick, Tick – The Magic Garden of Stanley Sweetheart (1970) – The Genesis Children – Wild in the Sky – Corky (1972) – The Zebra Killer, 1974, Song: *You My Lady*) – Mitchell (1975) – Death Riders (1976) – Jennifer (1978) – Wildly Available (1997)

Subramaniam, L.

(Lakshiminaray Subramaniam), * *23.7.1974 Madras, Indien.* Der Violinsolist ist ein Pionier der Fusion indischer Musik mit Jazz, Rock und europäischer Klassischer Musik. Der Sohn eines Violinisten war 1974 auf USA- und Europa-Tournee mit → Ravi Shankar und George Harrison, spielte ein elektrisch verstärktes Instrument. Ließ sich in L.A. nieder und studierte und lehrte am Calif. Institute of the Arts. Leitete eine Band mit Larry Coryell, George Duke und → Tom Scott und nahm Schallplatten auf für Fantasy u.a. Labels, darunter LPs mit Stéphane Grappelli, John Handy, Ali Akbar Khan und Ryuichi Sakamoto. Er komponierte u.a. ein Violinkonzert und einige Filmmusiken.
Filme: Salaam Bombay! (1988) – Mississippi Masala (1991) – Baraka (Dok., 1993)

Sukman, Harry

* *2.12.1912 Chicago, Ill., USA, † 2.12.1984 Palm Springs, Calif.*
Filme: Gog (1954) – The Phenix City Story (Eine Stadt geht durch die Hölle, 1955) – A Bullet for Joey (Akte XP 15, 1955) – The Singing Nun (1956, Dir., Songs: Sœur Sourire) – Forty Guns (Vierzig Gewehre, 1957) – The Crimson Kimono (1959) – The Hangman (Der Henker, 1959) – Underworld USA (Alles auf eine Karte, 1960) – A Thunder of Drums (Massaker im Morgengrauen, 1961) – Welcome to Hard Times (Die Mordbrenner von Arkansas, 1967)

Sumera, Lepo

* *8.5.1950 Tallin (Estland),† 2.6.2000 ebd.*
Filme: Naerata ometi (1985) – Vaatleja (1988) – Talko dlya sumashesdstiki (1990)

Sumen, Mauri

* *1965.* Finnischer Komponist und Schauspieler, arbeitet seit 1989 für den Film.
Filme: Leningrad Cowbys Go America (1989, als Schauspieler) – Zombie ja Kummitusjuna (1993) – Tuhlaajapoika (1993) – Leningrad Cowboys Meet Moses (1994) – Pida huivista kiinni, Tatjana (1994) – Isa meidan (Draußen lauert der Tod, 1994) – Seasick (1996) – Highway Society (1999) – Maa (Dok., 2000)

Sustrate, Nils

* *1.9.1931 Hamburg, † 17.5.1999 ebd.* Studierte an der Musikhochschule Hamburg, Mitbegründer eines literarischen Kabaretts. Tätigkeit im Schuldienst und als freischaffender Theaterkomponist. Er war Professor für angewandte und populäre Musik an der Musikhochschule Hamburg. Komponierte Bühnen- und Hörspielmusiken, Lieder und Chanson, Stücke für Orchester und für Chor etc., über

100 Musiken für TV- und Kinofilme, Werbefilme etc.
Filme u.a.: Ich werde dich töten (1970) – Tatort: Blechschaden (1971, TV) – Tatort: Strandgut (1972, TV) – Tatort: Nachfrost (1974, TV) – Die Konsequenz (1976) – Tatort: Reifezeugnis (1977, TV) – Tatort: So ein Tag (1982, TV) – Großstadtrevier (1986, TV-Serie)

Svensson, Gunnar

* *3.2.1920 Boden (Norrbottens län), † 18.8. 1995 ?Stockholm.* Schwedischer Komponist im Film der 70er und 80er Jahre.
Filme: Mannen som slutade rocka (1972) – Picassos äventyr (1978) – Tuppen – Sopor (1981) – R&B (1984)

Swados, Elizabeth

* *5.2.1951 Buffalo, N.Y., USA.* Musikerin (g) und Komponistin, seit 1979 auch für den Film tätig.
Filme: Through Madness (1989, Schausp.) – Too Far to Go (1979, TV) – OHMS (1990, TV) – Rappacini's Daughter (1980, TV) – Four Friends (1981) – Year in the Life (1986) – The Cosmic Eye (1986, Cartoon) – Seize the Day (1986, TV) – Family Sins (1987, TV) – Baby Animals Just Want to Have Fun (Dok., 1987) – Under Heat (1994)

Swingle, Ward Lamar

* *21.9.1927 Mobile, Ala., USA.* S. war 1943–44 Saxophonist und Sänger im Orchester von Ted Fiorito, er arrangierte auch und war (mit seinen Brüdern Eb u. Ossie) Mitglied einer von seiner Schwester Kay geleiteten Gesangsgruppe (Kay Swingle & Her Brothers bzw. Solidaires). Nach Wehrdienst studierte er am Cincinnati-Konservatorium und bei Walter Gieseking in Saarbrücken. Er ließ sich in Paris nieder und wurde in den 50er Jahren die treibende Kraft hinter der dortigen Vokalgruppen-Szene (Blue Stars, Double Six of Paris). Er gründete 1962 die »Swingle Singers«, bestehend aus acht Mitgliedern begleitet von Bass und Schlagzeug. Ihr wortloser Gesang und eine Mischung aus Barockmusik und Swing wurden sehr erfolgreich, bes. die bekannteste LP »Jazz Sebastin Bach« (Philips). W. gründete auch eine zweite – kleinere – Gruppe (Swingle II), mit der er moderne Komponisten wie L. Berio interpretierte. 1984 zog er sich als Sänger zurück, arbeitet aber noch als Arrangeur, schreibt Filmmusik und leitet einen Musikverlag.
Filme: Dragées aux poivre/Confetti al pepe (Bonbons mit Pfeffer, I/F 1963) – Peau de Banane/Buccia di Banana (Heißes Pflaster, I/F 1963) – Operazione San Pietro – Galia – Aimez-vous les femmes? (Jungfrau reich garniert, F/I 1964) – Faites vos jeux, mesdames/Feu a volonté (Ab heute wieder Niederschläge, F/E 1964)

Sylvain, Jules

(eigentl. Stig Axel Hansson), * *11.7.1900 b. Möja, Schweden, † 1.11.1968 Italien.*
Filme: Charlotte Löwenskjöld – För hennes skull (1930) – Mach mir die Welt zum Paradies (S/D 1930) – Brokida blad – Dantes mysterer – En natt - Markurells i Wadköping – Skepp ahoj – Trötts Teodor (19319 – Hans livs match (1932) – Em melodie om varen – En natt pa Smygeholm – En stille flirt – Farmors revolution – Giftasvuxna döttrar – Kära släkten – Kärlek och dynamit – Vad veta väl männen (1933) – Atlant äventyret – Ebberöds bank – Eva gar ombord – Fasters millioner – Sangen till henne (1934) – Brännigar – Kärlek efter noter – Munk bro greven – Under falsk flagg – Äktenkapsleken (1935) – Bröllops resan – Han, hon och Pengarna – Rendezvous im Paradies – 65, 66 och jag – Släkten är värst – Ävenyret (1936) – O, en sä'n natt – Pappas pojke – Sara lär sig volkfett (1937) – Goda vänner och trogna grannars (1938) – Emilie Höggquist – Gläd dig i din ungom – Gubben kommer – Kadettkameratar – Landstormens lilla lotta – Midnattsolens son – Ombyte för nöjer – Rena rama sanningen – Valfängare (1939) – Gentlemen att hyra – Juniatten – Kyss henne – Man och Kvinna – Stal (1940) – General von Döbeln – Lägor i dunklet – Rid i natt – Det är min musik – Jacobs Stege – Lyckan kommer – Löjtnans Hjärtan – Morgondagens melodie – Rompiggar – Sexlingar (1942) – Täg 56 – Anna Lans – Brödenas kvinna – Hans majestäts rival – I dag gifter sig min man – Imörkaste smaland – Jag dräpte – Kungsgatan – Pa liv och död – Stora skrällan – Vi mötte stormen – Örlögsmän (1943) – Kärleks livet offer – Nyorning pa sjögarda – Och lalla dessa kvinnor – Räckna de lyckliga stunderna Blott – Skogen är var arvedel (1944) – I som här inträden – Rattene musketörer – Maria pa Kvarngärden – Sussie –

Svarta rosor – Eviga länkar – Försök inte me mej – Harald Handfaste – Kristin Kommenderar – Peggy par vft – Röttag (1946) – Krigsman erinran – Mästerdetektiven Bloomquist – nda Ögon – Sjätte budget (1947) – Loffe pa luffen (1948) – Puck heter jag (1951) – Klackarna i taket – 69:ran, Sergeanten och jag – Snurren direkt (1952) – Brudar och bollar snurren i Neapel – Dans pa Rosor – Taxi 13 – Östermans testamente (1954) – Den underbara lögnen – Friarannosen – Karusellen i fjällen (1955) – ett kungligt äventyr – Liftet bo (1956) – Fär jag läna din fru (1959) – När seklet var ungt (1961) – Åsa-Nisse pa mallorca (1962)

Sylviano, René

(eigentl. Sylvère Caffot), * *10.12.1903 Mantes-la-Jolie, Yvelines, Frankreich, † 16.10.1993 Paris.* Frz. Komponist, im Film aktiv von den 30ern bis in die 60er Jahre.

Filme: Le chasseur de Chez Maxim's (1932) – L'ordonnance (1933) – Premier rendez-vous (1941) – Le terreur des dames (Der Damenschreck, 1956) – Frustrations (1967)

Syrewicz, Stanislas

* *22.8.1946 Azov (Asow), Russland.* Poln. Komponist, arbeitet seit 1985 in England für den Film.

Filme: The Holcroft Covenant – L'amour braque (1985) – The Fantasist – Biggles (1986) – The Lair of the White Worm (1988) – Stalin (UK/USA 1992, TV) – Papierowe malżeństwo (UK/PL 1992) – A Woman a Year (1994) – True Blue (1996) – Shooting Fish (1997) – The Clandestine Marriage (1998) – Showgirl Stories (1998, Dok.) – Strictly Sinatra/Cocozza's Way (2000)

T

Tagliaferro, Ernesto

** 18.11.1889 Neapel, Italien, † 6.3.1937 Torre del Greco/Neapel.*

Film: Die singende Stadt (1930 + Paul Abraham, Philip Braham)

Taj Mahal

(Henry Saint Clair Fredericks), ** 17.5.1940 N.Y.* Der Sohn eines Jazzarrangeurs hatte erste Jobs als Gitarrist im Raum Boston, ehe er 1965 an die US-Westküste ging und dort mit → Ry Cooder Gründungsmitglied der Folk-Rockgruppe Rising Sons wurde. Sein erstes Soloalbum 1968 wies ihn als expressiven Vertreter des elektrischen Country Blues aus, spätere LPs zeigen Einflüsse von Jazz und Rock.

Filme: Sounder (Das Jahr ohne Vater, 1972) – Sounder II (1976)

Takemitsu, Toru

** 8.10.1930 Tokio, Japan, † 6.2.1996 Tokio, Japan.* Der jap. Komponist studierte privat bei Yasuji Kiyose in Tokyo, war aber weitgehend Autodidakt. Seine Kompositionen zeichnen sich durch große klangliche Sensitivität aus; stilistisch reichen sie von der Wiener Schule (Berg, Schönberg) bis zur Avantgarde. Häufig verwendete er traditionelle japanische Instrumente. 1964 hielt er mit John Cage Vorträge am East-West Center in Hawaii. Er beteiligte sich auch an Festivals Neuer Musik. Während der Weltaustellung in Osaka 1979 leitete er das Space Theatre. Neben zahlreichen Orchesterwerken schrieb T. etliche Filmmusiken, als beste gilt seine Musik zu »Suna no onna«.

Filme: Chadwick (Dok., 1958) – Juvenile Passions (1958) – Furuyo o shonen (1961) – Karamiaia (The Inheritance, 1961) – Koto (1961) – Namida o shishi no tategami (1962) – L'amour a vingt ans (1962) – A Fullfilled Life (1962) – Harakiri (1963) – The Enemy, the Sea (1963) – Kawaita hana (1963) – Kanojo to kare (1963) – Taihely o hitori-bochi (1963) – Ratai (1964) – Pressure of Guilt (1964) – Kwaidan (1964) – Suna na onna (Die Frau in den Dünen, 1964) – Sarutobi (1965) – Utsekushisa to kanishimi to (1965) – Tanin no kao (1966) – Shokei no shima (1966) – Yotsuya kaidan (1966) – Midaregumo (1967) – Jiouchi (1967) – Akanegumo (1967) – Once a Rainy Day (1968) – Hatsukoi Jigokuhen (1968) – Nihon no seihsun (1969) – Tokyo senso sengo hiwa (1970) – Inn of Evil (1970) – Dodes'Ka'Den (1970) – Summer Soldiers (1972) – Natsu no imoto (1973) – Silence (1973) – Seikgenki (1973) – Kaseki no Mori (The Petrified Forest, 1973) – Himiko (1974) – Sakura no mori no mankai no shita (1975) – Ai no borei (1978) – Hanare gozo onin (1978) – Der Louvre (Dok., 1979) – Moeru aki (1981) – Himitsuri (1985) – Ran (1985) – A. K. (Akira Kurosawa, Dok., 1985) – Tokyo saiban (Dok., 1985) – Shokutaku no tai te (1985) – Yari no gonza (1986) – Arashi ga oka (1989) – Kuroi ame (Black Rain, 1989) – Rikuyu (1990) – The Inland Sea (Dok., 1991) – Rising Sun (1993) – Music for the Movies: Toru Takemitsu (Dok., 1994) – 100 Years of Japanese Cinema (1995) – Sharaku (1996)

Talbot, Irving

* 27.1.1896 St. Louis, Mo., USA, † 1975.

Filme: New Orleans (1929) – Secrets of the Wasteland (1941) – Riders of the Timberline (1941) – Undercover Man (1942) – Riders of the Deadline (1943) – Hoppy Swerves a Writ (1943) – Border Patrol (1943) – Mystery Man (1944) – National Barn Dance (1944) – Henry Aldrich's Little Secret (1944) – Where There's Life (1947) – The Turning Point (Am Wendepunkt, 1952) – Hell's Island (Dem Teufel auf der Spur, 1955) – In Search for Bride Murphy (1956) – The Leather Saint (1956) – Short Cut to Hell (1957) – The Trap (Die Falle von Tulsa, 1958) – The Pidgeon That Took Rome (1962, Dir.) – Donovan's Reef (1963, Dir.)

Tangerine Dream

Deutsche Popgruppe, gegr. 1968 von → Edgar

Froese (g) mit Volker Hombach (fl,vln), Kurt Herkenber (b), Lanse Hapshash (d). Sie widmete sich früh der elektronischen Musik und machte 1980 Furore mit ihrer Musik zu Michael Manns Film »Thief«.

Weitere Filme: Sorcerer (1977) – Violent Streets (Der Einzelgänger, 1980) – Thief (1981) – Wavelength (1983) – Risky Business (Lockere Geschäfte, USA 1983) – Firestarter (Der Feuerteufel, 1984) – Flashpoint (1984) – Legend (1986) – Near Dark (1987) – Three o'clock High (1987) – Shy People (1987)

Tansman, Alexandre

(Aleksander Tansmann/Tanzmann), * *12.6. 1897 Łódź, Polen, † 15.11.1986 Paris.* Frz. Komponist poln.-jüd. Herkunft.

Filme: Poil de carotte/Red Head (1931) – La châtelaine du Liban (1934) – Flash and Fantasy (1943) – Since You Went Away (1944) – Destiny (1944) – Paris Underground (1945) – Inside Job – Sister Kenny (1946) – Cave of Outlaws (1951) – Red Ball Express (1952)

Tariverdijew, Mikael Leonowitsch

* *15.8.1931 Tbilissi (Tiflis, Georgien), † 25.7. 1996 ebd.* Sowjetischer Komponist, arbeitete seit den frühen 60er Jahren für den Film, schrieb über 80 Filmmusiken.

Filme u.a.: Chelovek idiot za solntsem (1961) – Dobro pozhalovat, ili postoronnim vchod vosprESchen (1964) – Semnadtsat mgnovenij vesny (1973, TV) – Ironoya sudby ili s legkim parom (1975, TV) – Staromodnaja komedika (1979) – Adam heiratet Eva (1981, TV, als Schauspieler) – Osen, chertanovo (1988, Schauspieler)

Tarp, Svend Erik

* *6.8.1908 Thisted (Jütland), † 22.10.1994 Kopenhagen.*

Filme: Guld og grønne skove (1958) – Faith, Hope and Witchcraft (1960)

Tatro, Duane Lysle

* *18.5.1927 Van Nuys, Calif., USA.* Studierte ab 1948 in Paris bei A. Honegger, D. Milhaud und 1951–55 bei Russ Garcia, spielte Tenorsax in Tanzorchestern und Jazzgruppen, 1948–50 in Europa. T. galt in den 50er Jahren als bemerkenswerter Komponist, der Jazz mit atonaler Musik verband. Er widmete sich später der Film- und TV-Musik.

Filme: The FBI (1965, TV-Serie) – Mission: Impossible (1966, TV-Serie) – The Invaders (1967, TV-Serie) – Hawaii Five-O (1968, TV-Serie) – The House on Greenapple Road (1970, TV) – Cannon (1971, TV-Serie) – Paper Man (1971, TV) – The Streets of San Francisco (1972, TV-Serie) – M* A* S* H* (1972–80, TV-Serie, + B.Golson) – Barnaby Jones (1973, TV-Serie) – Manhunter (1974, TV) – FBI-Story: The FBI Versus Alvin Karpis, Public Enemy Number One (1974, TV) – The Manhunter (1974, TV-Serie) – Bert D'Angelo/Superstar (1976, TCV-Serie) – The Love Boat (1977, TV-Serie) – Keefer (1978, TV) – Dynasty (Denver Clan, 1981, TV-Serie) – Deadly Deception (1987, TV)

Taube, Evert

(Axel Evert T.), * *12.8.1890 Göteborg, Schweden, † 31.1.1976 Stockholm.* Schwedischer Komponist, Vater des Schauspielers und Komponisten Sven-Bertil T. (* 24.11.1934).

Filme: Svarta rosor (1932) – Våran pojke (1936) – Pensionat Paradiset (1937) – Rospiggar (1942) – Maj på Malö (1947) – Sjöslavår (1949) – Änglar, finns dom? (1961) – Äppelkriget (Der Apfelkrieg, 1972)

Tavera, Michael

US-Musiker (p, synth) und Komponist, im Film seit 1988 tätig.

Filme: Lucky Stuff (1988) – Sightings (1992, TV-Serie) – Frozen Assets (1992) – Sonic the Hedgehog (1993, TV-Serie) – Bitter Harvest (1993) – The Land Before Time II: The Great Valley Adventure (1994) – The Land Before Time III: The Time of the Great Giving (1995) – Mr. Payback: An Interactive Movie (1995) – Land Before Time IV (1995) – No One Would Tell (1996, TV) – Casper (1996, TV-Serie) – Dying to Belong (1997, TV) – Honey, We Shrunk Ourselves (1997) – Two Came Back (1997, TV) – Rocketman – Mr. Magoo (1997, Arr.) – Land Before Time V: The Mysterious Island (1997) – Hyperion Bay (1998, TV) – Forever Love (1998, TV) – Girl (1998, auch synth) – Falcone (Im Fadenkreuz der Mafia, USA/I 1998) – Land Before Time VI: The Secret of Saurus Rock (1998) – Culture (1998) – Silent Predators (1999) – Excellent Cadavers (1999) – Drowning Mona (2000) – The House of Mouse (2001, TV-Serie) – Time Squad (2001, TV-Serie) – Land Before Time VIII: The Big Freeze (2001)

Theodorakis, Mikis

(eigentl. Mikes Georgiu/Michaelis Georgios), * *29.7.1925 Insel Chios, Griechenland.* Griech. Komponist, Schüler von O. Messiaen und R. Leibowitz in Paris. T. komponiert politisch engagierte Musik, die sich an griech. Volksmusik orientiert, u.a. Orchesterwerke, Ballette, Kammermusik, Oratorien (»Canto General«, nach Pablo Neruda, 1973) und Filmmusiken. Internationale Anerkennung fand er mit seiner Musik zu den Filmen »Elektra« (1962), »Alexis Sorbas« (1964) und »Z« (1969). M. war immer politisch links engagiert. Schon 1943 war er wegen Widerstands gegen die deutsch-ital. Besetzung seines Landes inhaftiert, weiter 1947–49 und 1967–70. 1970–74 lebte er in Paris, kehrte aber nach dem Zusammenbruch des Obristenregimes nach Griechenland zurück. 2001 erhielt er den Erich-Wolfgang-Korngold-Preis für sein Lebenswerk.

Lit.: Mein Leben für die Freiheit, 1971 (dt. 1972). – George Giannaris, M. T., 1973. – Die Wege des Erzeugers, Frankfurt/M. 1989

CD: Mikis, Peregrina 50111 – Alexis Sorbas, Intuition 31632 – Symphony No.7, Intuition 31312 – M.T. & Maria Farantouri, Peregrina 50131 – Requiem, Soundwings 1093087-2 – Mauthausen Trilogy, Pläne 88840

Filme: Eva (1953) – The Barefoot Battalion (1954) – Night Ambush – I'll Met By Moonlight (UK 1956) – Luna de miel/Honeymoon (Strahlender Himmel, strahlendes Glück, E/UK 1959) – Mikhali (1960) – The Shadow of the Cat (Schatten einer Katze, UK 1961) – Les amants de Teruel (F 1961) – Elektra (1962) – Phaedra – Le couteau dans la plaie (Die dritte Dimension, F/I 1962, + J.Loussier) – Zorba the Greek (Alexis Sorbas, USA/G 1964) – Une balle au cœur (F 1965) – The Day the Fish Came Out (Der Tag an dem die Fische kamen, UK/G 1967) – The Greeks (Kurzf., 1967) – Falak (Wände, H 1967) – Z (F 1969) – The Trojan Women (Die Troerinnen, 1971) – Sutjeska (Die fünfte Offensive, JUG 1972) – Etat de siège (Der unsichtbare Aufstand, F 1973) – Serpico (USA 1973) – Partisani/Hell River (Der letzte Haufen der 7. Divison, Y/USA 1974) – Die Zeit ist für Lieder und gegen Panzer (Dok., D/G 1974) – Der Geheimnisträger (D 1975) – Actas de Marusia (Mex 1976) – La danse avec l'aveugle (KAN 1977) – Iphigenie (1977) – Easy Road (1979) – The Man with the Red Carnation (Der Mann mit der Nelke, 1980) – Les clowns de dieux (F 1987) – Sis (1989) – Beware of Greeks Bearing Guns (AUS/G 1999)

Thielemans, Jean »Toots«

(Jean-Baptiste), * *29.4.1922 Brüssel.* Der einzige Mundharmonikavirtuose des Jazz und der populären Musik lernte unter dem Einfluss von Django Reinhardt noch Gitarre, spielte ab 1945 in US-Klubs, ging 1961 in die USA, begleitete Dinah Washington und war 1953–59 bei George Shearing. Spielte dann mit eigenen Gruppen und als Freelancer; er ist auf zahlreichen Schallplatten von Jazz- und Popgrößen vertreten. Daneben ist er auf etlichen Filmsoundtracks als Musiker zu hören, u.a. »Walk Don't Run«, »The Pawnbroker«, »Getaway« und »Sugarland Express«. Er schrieb auch einige Filmmusiken.

Filme: Dunderklumpen (Cartoon, 1974) – Johnny Larsen (1979) – Yasha (1985) – Der kleine Staatsanwalt (1987) – De kleine blonde dood (1994)

Thieme, Hermann Ernst Maria

* *18. 1. 1924 Dresden, † 1. 10. 1991 Männedorf / Zürich, Schweiz.* Studierte an der Musikhochschule Weimar, war 1946–50 Theaterkomponist am Volkstheater und an den Kammerspielen München, studierte daneben an der Musikhochschule München. Theaterkomponist in Flensburg, Bonn, Mainz, München. Ab 1957 Gastdirigent vieler Bühnen, arbeitete als Komponist für Rundfunk, TV (über 700 Prod.) und Film, schrieb auch Musicals (»Candide«, »Stern ohne Liebe«), ein Klavierkonzert, Kinderlieder u.a.

Filme: Zweierlei Maß (1963, TV) – Adrian der Tulpendieb (1965) – Paarungen (1967) – George (1973)

Thiriet, Maurice
(Maurice Charles Th.), * *2.5.1906 Meulan (Seine-et-Oise), Frankreich, † 28.9.1972 Pys (Seine-Maritime).* Absolvent des Pariser Konservatoriums, komponierte zahlreiche Werke, darunter etliche Filmmusiken seit den frühen 30er Jahren, u.a. mit Joseph Kosma die Musik für den Klassiker »Les enfants du paradis«.
Filme: Il ètait une fois (1933) – Adrienne Lecouvreur (1938) – Les visiteurs du soir (Die Nacht mit dem Teufel, 1942) – Les enfants du paradis (Kinder des Olymp, 1943–1945; + J. Kosma) – L'idiot (Der Idiot, 1946) – L'homme au chapeau rond (Der ewige Gatte, 1946) – Une si jolie petite plage (1949) – Fanfan la tulipe (Fanfan der Husar, 1952) – Thérèse Raquin (1953) – L'air de Paris (Die Luft von Paris, 1954) – Crime et chatiment (Schuld und Sühne, 1956) – Il suffit d'aimer (Bernadette von Lourdes, 1961)

Thomas, Peter
(Peter Klaus Martin Th.), * *1.12.1926 Breslau.* Wuchs in Berlin auf, arbeitete nach Musikstudium am Mohrschen Konservatorium (1949–54) und bei F. Husadel für das RIAS-Tanzorchester, wurde von → Werner Eisbrenner gefördert und begann 1957 Filmmusik zu schreiben. Die Zahl seiner Film- und TV-Arbeiten hat inzwischen die 500 überschritten, dazu gehören 15 »Edgar-Wallace«- und neun »Jerry-Cotton«-Filme, die Titelmusiken zu TV-Sendungen (»Monitor«, »Der große Preis«), Musik zu TV-Serien wie die legendäre »Raumpatrouille« und Musik für Kinderhörspiele. Er schrieb Musik für Blasorchester, komponierte Songs für seine Entdeckungen Donna Summer und Esther und Abi Ofarim, auch für Daisy Door, Uschi Glas und Senta Berger und nahm Schallplatten mit seinem »Sound-Orchester« auf. T. war einer der ersten, die einen Vocoder benutzten und entwickelte einen Synthesizer, das »Tho-Wi-Phon«. Seine Filmmusiken der 60er Jahre, einer Zeit, als deutsche Unterhaltungsmusik nicht durch Originalität auffiel, gelten heute als beinahe revolutionär, was man von den dazugehörigen Filmen nicht sagen kann. Er schrieb auch Orchesterwerke (»Neue Bilder einer Ausstellung«) und Musicals: »Wodka für die Königin« (1968, für Zarah Leander), »Boeing Boeing« (1970), »Lady Diana – Ein Lächeln verzaubert die Welt« (2001). Er ist verheiratet mit der Schriftstellerin Cordula Ritter (Ps. Gil Francopoulos).
CD: Raumpatrouille, Bungalow/Rough Trade 61509 – Warp Back to Earth, Bungalow – Kriminalfilm-Musik, Prudence – Onkel Toms Hütte, Bear Family 16238 – Der letzte Mohikaner, BCD 16585 – Filmmusik, Polydor 845872-2 – Futuremuzik – Tach, Herr Doktor, BMG 74321709382
Lit.: Filmmusik von P. T., Hamburg o.J.
Filme: Eine Liebesgeschichte (1954) – Jack Jones in Germany (1957) – Nicht mit Gewalt (1958) – Und immer ruft das Herz – Lockvogel der Nacht (1959) – Der Frosch mit der Maske (1959) – Ingeborg (1960) – Flucht nach Berlin (1961) – Die seltsame Gräfin – Ich bin auch nur eine Frau – Die Tür mit den sieben Schlössern (1962) – Das Rätsel der roten Orchidee (1962) – Die weiße Spinne (1963) – Die endlose Nacht (1963) – Der Zinker (1963) – Das indische Tuch (1963) – Es war mir ein Vergnügen – Zimmer 13 (1963) – Das Wirtshaus von Dartmoor – Verspätung in Marienborn – Die Gruft mit dem Rätselschloß – Der Hexer – Das Verrätertor – Ein Albi zerbricht – Brot und Spiele – Stop Train 349 – Begegnung in Salzburg (1964) – Onkel Toms Hütte (1965) – Schüsse aus dem Geigenkasten – Neues vom Hexer – Mordnacht in Manhattan – Der unheimliche Mönch – Um Null Uhr schnappt die Falle zu – Hoa Hoa Tahiti – Der letzte Mohikaner (1965) – Die vollkommene Ehe – Winnetou und sein Freund Old Firehand (D/YU 1966) – Der Bucklige von Soho (1966) – Playgirl – Die Welt ohne Scham (1966) – The Trygon Factor – Der Kongreß amüsiert sich – Les girafles de St. Tropez – Die Rechnung: eiskalt serviert – Das Geheimnis der weißen Nonne (1966) – Die Schlangengrube und das Pendel – Im Banne des Unheimlichen – Der Hund von Blackwood Castle – Der Mörderclub von Brooklyn – Segeln, Schönheit und Gefahr (1967) – Dynamit in grüner Seide – Der Gorilla von Soho (1968) – Der Tod im roten Jaguar (D/I 1968) – Der Diamantenprinz – Du: Zwischenzeichen der Sexualität (1968) – Der Mann mit dem Glasauge – Todesschüsse am Broadway – Erinnerungen an die Zukunft – Die Herren mit der weißen Weste – Zum Teufel mit der Penne (1969) – Die vollkommene Ehe 2 – Happening in Weiß (1969) – Draculas lüsterne Vampire – Nach Stockholm der Liebe wegen – Erinnerungen an die

Zukunft – Hilfe mich liebt eine Jungfrau (1970) – Oh Happy Day – Liebling sei nicht albern – Das Weibchen (1970) – Die Tote aus der Themse – Unser Willi ist der Beste – Engel die ihre Flügel verbrennen – Beichte einer Liebestollen – Erotik im Beruf (1971) – Der Stoff aus dem die Träume sind – Frogs (1972) – Skilaufen mit Tony Sailer (Dok., 1972) – Die Todesfaust des Cheng Li – Versuchung im Sommerwind – Maria d'Oro und Bello Blue – Unterm Röckchen stößt das Stöckchen (1973) – Fix und Foxi Sinfonie – Drei Männer im Schnee (1974) – Die Brücke von Zupanja (1975) – Botschaft der Götter (1976) – Max und Moritz (1977) – Steiner II: Das eiserne Kreuz (1978) – Tach, Herr Doktor – Basket Case (1982) – Rebellen (1986) – Gummi-Bär (1987) – Original Diner Guys (1999)
TV-Filme/-Serien: Ein Mann für alle Fälle – Melissa (1965/66) – Raumpatrouille (1968) – Babeck (1969) – Am grünen Strand der Spree – Dr. Murkes gesammeltes Schweigen – Sergeant Barry – Café Wernicke – Derrick – Der Alte – Der Kommissar – Mein Freund Winnetou – Das Schmunzelkonzert (1981)

Thomass, Eugen

* *24.12.1929 München.* Studierte an der Musikhochschule in München. Komponierte dann für Bühne, TV und Film, auch die Oper »Kasi und Cress« (1968–72), die 1982 den Musicalpreis der Stadt Hagen/NRW gewann und Instrumentalwerke (*Ostinato*-Suite für Orchester (1972). Er schrieb Musiken für über 100 Filme (ca. 30 für den Regisseur Rainer Erler) und mehr als 300 TV-Produktionen.
Filme u.a.: Fast ein Held (1967) – Die Abenteuer des braven Kommandanten Küppers/Fast ein Held (D/YUG 1967) – Professor Columbus (1968) – Scarabea (1969) – Nocturne (1971) – Heiß und kalt (1972) – Die Eltern (1972) – Perabim (1973) – Lobster (1975) – Sternsteinhof (1976) – Operation Ganymed (1978) – Fleisch (1979, TV) – Plutonium (1979, TV) – Die Buddenbrooks (1979, TV-Film in 11 Teilen) – Ein Stück Himmel (1981, OST: Ariola) – Tatort: Blütenträume (1985, TV) – Zucker (1989)
TV: Das blaue Palais – Polizeiinspektion – Die seltsamen Methoden des Franz Josef Wanninger – Die Humboldtschule – Diese Drombuschs – Mein Gott Herr Pfarrer – Tatort

Thoms, Toni

(Thomas Thoms), * *14.1.1881 München, † 11.11.1940 ebd.* Erster Job als Cellist an der Hofkapelle in München, sang dann aber als Opernbuffo in Freiburg, Zürich, Augsburg und München. Wandte sich dann dem Komponieren zu und schrieb Operetten, u.a. »Die Frau von Korosin« und »Der Dorf-Caruso«. 1932 begann er für den Film zu arbeiten, seine 17 Filme waren fast nur Lustspiele.
Filme: Der Schützenkönig (1932) – Die blonde Christel – Ein Kuß in der Sommernacht – Der Meisterdetektiv – Der Schuß am Nebelhorn – SA-Mann Brand (1933) – Die Frauen vom Tannhof – Grenzfeuer (1934) – Der Kampf mit dem Drachen – Es waren zwei Junggesellen (1935) – Die Drei um Christine – Die Jugendsünde (1936) – Das sündige Dorf (1940) – Der scheinheilige Florian (1941)

Thomson, Virgil Garnett

* *25.11.1896 Kansas City, Mo., USA, † 30.9. 1989 N.Y.* Bedeutender amerikan. Komponist des 20. Jd. Studierte an der Harvard Univ. und bei Nadia Boulanger in Paris, wo er 1925–32 lebte. Fand dort Anschluss an maßgebliche Künstlerkreise, war mit Picasso und Jean Cocteau befreundet und wurde beeinflusst von Eric Satie und der Groupe des Six. Gertrude Stein schrieb für ihn die Texte zu seinen Opern »Four Saints in Three Acts« (1934) und »The Mother of Us All«. Er komponierte auch Kammermusik, Vokalwerke, Ballette u. Filmmusik.
Lit.: The State of Music, 1939. – The Musical Scene, 1945. – The Art of Judging Music, 1948. – Music Right and Left, 1951. – V. Th., 1966. – American Music since 1910, 1971. – Music with Words, 1989
Filme: The Plow That Broke the Plains (1936) – The River (Der Strom, 1937) – Lousiana Story (Louisiana Legende, 1948) – Journey in America (1964) – The Goddess (Die Göttin, 1958)

Thorne, Ken

(Kenneth), * *26.1.1924 East Dereham, Norfolk, England.*
Filme: It's Trad, Dad! (1961) – Dead Man's Evidence (1962) – Master Spy (1964) – Help! (1965, Dir.) – A Funny Thing Happened on the Way to the Forum (Toll trieben es die alten Römer, 1966, Oscar!) – How I Won the War (Wie ich den Krieg ge-

wann, 1969) – Inspector Clouseau – Head – The Touchables (1968) – Sinful Davey (1969, Dir.) – The Magic Christian (1969, Dir.) – The Bed Sitting Room (Danach, 1969) – Murphy's War (1971) – Welcome to the Club (1971) – Hannie Caulder (In einem Sattel mit dem Tod, 1971) – Juggernaut (48 Stunden bis zur Ewigkeit, 1974) – Royal Flash – Assault on Agathon (1975) – The Ritz (1986) – Power Play – Wolf Lake (1978) – The Outsider – Arabian Adventure (1979) – Superman II (Arr., 1981) – The Hunchback of Notre Dame (1982, TV) – The House Where Evil Dwells (1982) – White Water Rebels (1983, TV) – Superman III (Arr., 1983) – Lassiter – Finders Keepers (1984) – The Evil That Men Do – The Protector (1985) – Lost in London (1985, TV) – My Wicked, Wicked Ways...The Legend of Errol Flynn (1985, TV) – The Return of Sherlock Holmes (1987, TV) – If It's Tuesday, It Still Must Be Belgium (1987, TV) – The Trouble With Spies (1987) – Personals (1990, TV) – Bejewelled (1991, TV) – Lethal Exposure (1993, TV) – Diana: Her True Story (1993, TV) – Return to Lonesome Dove (1993, TV) – Sunset Grill – Age of Treason (1993) – A Season of Hope (1995, TV) – Liz: The Elizabeth Taylor Story (1995, TV) – Escape Clause (1996, TV) – The Apocalypse Watch (1997, TV) – Mary, Mother of Jesus (1999, TV) – In the Beginning (2000, TV) – Santa, Ir. (2002)

Tijardovich, Ivo

** 18.11.1895 Split (Kroatien), † 19.3.1976 Zagreb.*
Film: Die Korallenprinzessin (D/YUG, 1937)

Tilsley, Reg

(Reginald?), ** 1926 London, † 4.10.191987 Worthington (West Sussex), England.*
Filme: What's Good for the Goose (1969) – Horror House (1970)

Tiomkin, Dmitri

** 10.5.1899 in einem Dorf in der Ukraine, aufgewachsen in St. Petersburg, † 11.11.1979 London, England.* Bedeutender Filmkomponist der 30er bis 60er Jahre. Er studierte ab dem 13. Lebensjahr in St. Petersburg am Konservatorium, u.a. bei Alexander Glasunow, später auch in Berlin. Arbeitete als Konzertpianist, trat in Berlin auf und in Paris im Duo mit Michael Kariton. 1925 Tournee in die USA. 1928 Europapremiere von Gershwins »Concerto in F«. Heiratete die Ballett-Tänzerin Albertina Rasch, ging mit ihr 1930 nach Hollywood, wo sie eine Filmrolle hatte. Begann 1931 Filmmusik zu schreiben, erste wichtige Arbeit war die Musik zu »Lost Horizon« (1937). Die Musik zu seinen rd. 150 Filmen wusste er geschickt zu vermarkten; er war lange Jahre der bestbezahlte Komponist in Hollywood.

Lit.: Please Don't Hate Me, N.Y. 1959. – Chr. Palmer, D. T., A Portrait, London 1984
CD: Friendly Persuasion, Movie Sound MSCD 402 – Lost Horizon, RCA GD 81669 – Giant, Capitol C21Y 92056 – High Noon, RCA 26626582 – OST, The Old Man & The Sea, Columbia – Giants, Tsunami 0106 – Land of the Pharaohs, Tsunami 0608 – The Unforgiven, Tsunami 00108 – Wild is the Wind, Tsunami 0110
Filme: Devil-May-Care (Ballettmusik, 1929) – The Rogue Song – Lord Byron of Broadway (Ballettmusiken, 1930) – Resurrection (Der starke Willen, 1931) – Alice in Wonderland (Alice im Wunderland, 1933) – Broadway to Hollywood (Ballettsequenzen, 1933) – Mad Love (1935) – Naughty Marietta (Ballettsequenz, 1935) – I Live My Life 1935) – The Casino Murder Case (1935) – The Road Back (1937) – Lost Horizon (Der verlorene Horizont, 1937) – The Great Waltz (Der große Walzer, 1938) – You Can't Take It With You (Der Lebenskünstler, 1938) – Spawn of the North (Raubfischer in Alaska, 1938) – Mr. Smith Goes to Washington (Mr. Smith geht nach Washington, 1939) – Only Angels Have Wings (SOS-Feuer an Bord, 1939) – Lucky Partners (Glückspilze, 1940) – The Westerner (In die Falle gelockt, 1940) – Meet John Doe (Hier ist John Doe, 1941) – Forced Landing – Scatterground Meets Broadway – Flying Blind – The Corsican Brothers (Blutrache, 1941) – Twin Beds – A Gentleman After Dark (1942) – The Moon and Sixpence (Der Besessene von Tahiti, 1943) – Unknown Guest (Der unbekannte Gast, 1943) – Shadow of a Doubt (Im Schatten des Zweifels, 1943) – The Imposter (1944) – Why We Fight (1943–44, Dok. über den 2.Welt-

krieg) – The Bridge of St. Luis Rey (Die Brücke von St.Louis Rey, 1944) – Ladies Courageous – When Strangers Marry – Forever Yours – The Battle of St. Pietro (Dok., 1944) – Dillinger (Jagd auf Dillinger, 1945) – Chinas Little Devils – Pardon My Past (1945) – Angel on My Shoulder – Black Beauty (1946) – The Dark Mirror (Der schwarze Spiegel, 1946) – Whistle Stop – It's a Wonderful Life (Ist das Leben nicht schön?, 1946) – Angel on My Shoulder (1946) – Duel in the Sun (Duell in der Sonne, 1947) – The Long Night (Die lange Nacht, 1947) – Tarzan and the Mermaids (Tarzan in Gefahr, 1948) – The Dude Goes West (Abenteuer im Wilden Westen, 1948) – Red River (Panik am Roten Fluß, 1948) – So This is New York (Das also ist New York, 1948) – Portrait of Jennie (Jenny, 1949) – DOA (Opfer der Unterwelt, 1949) – Canadian Pacific (Canada-Pacific, 1949) – Red Light (Rotes Licht, 1949) – Champion (Zwischen Frauen und Seilen, 1949) – Home of the Brave (1949) – Dakota Lil (Geheimagent in Wildwest, 1950) – Guilty Bystander – Champagne for Caesar – The Men (Männer, 1950) – Cyrano de Bergerac (Der letzte Musketier, 1950) – Mr. Universe – The Happy Time (Mein Sohn entdeckt die Liebe, 1951) – Strangers On A Train (Verschwörung im Nordexpreß, 1951) – Bugles in the Afternoon (Die schwarzen Reiter von Arizona, 1951) – The Thing (Das Ding aus einer anderen Welt, 1951) – Peking Express (Peking-Expreß, 1951) – The Well (Stadt in Aufruhr, 1951) – Drums in Deep South (Trommeln im tiefen Süden, 1951) – Bugles in the Afternoon (Die schwarzen Ritter von Dakota, 1951) – Mutiny (Meuterei auf dem Piratenschiff, 1952) – My Six Convicts – Lady in the Iron Mask (Die Frau mit der eisernen Maske, 1952) – High Noon (Zwölf Uhr mittags, 1952; Titelsong gesungen v. Tex Ritter) – The Four Poster (Das Himmelbett, 1952) – The Big Sky (Das Geheimnis der Indianerin, 1952) – The Steel Trap (Die Stahlfalle, 1952) – Angel Face (Engelsgesicht, 1952) – Jeopardy (Sekunden der Angst, 1953) – Return to Paradise (Rückkehr ins Paradies, 1953) – Blowing Wild (Wilde Glut, 1953) – I Confess (Ich gestehe, 1953) – Cease Fire! (Die letzte Patrouille, 1953) – Take the High Ground (Sprung auf, marsch marsch!, 1953) – The High and the Mighty (Es wird immer wieder Tag, 1954) – A Bullet is Waiting (Eine Kugel wartet, 1954) – Adventures of Hajji Baba (Die Tochter des Kalifen, 1954) – The Command (Die siebente Nacht, 1954) – Dial M for Murder (Bei Anruf Mord, 1954) – Land of the Pharaohs (Land der Pharaonen, 1955) – Strange Lady in Town (Aus dem Leben einer Ärztin, 1955) – The Court Martial of Billy Mitchell (Zum Schweigen verdammt, 1955) – His Majesty O'Keefe (Weißer Herrscher über Tonga; Song: *Emerald Isle*, 1955) – Giant (Giganten, 1956) – Friendly Persuasion (Lockende Versuchung, 1956) – Tension at Table Rock (Blut an meinen Händen, 1956) – Wild is the Wind (Wild ist der Wind, 1957) – Search for Paradise (Auf der Suche nach dem Paradies, 1957) – Gun Fight at the O.K. Corral (Zwei rechnen ab, 1957) – Night Passage (Die Uhr ist abgelaufen, 1957) – Search for Paradise (Auf der Suche nach dem Paradies, 1957) – The Young Land (Land ohne Gesetz, 1957) – The Old Man and the Sea (Der alte Mann und das Meer, 1958) – Rio Bravo (1959) – Last Train from Gun Hill (Der letzte Zug von Gun Hill, 1959) – The Alamo (Alamo, 1960) – The Sundowners (Der endlose Horizont, 1960) – The Unforgiven (Denen man nicht vergibt, 1960) – The Guns of Navarone (Die Kanonen von Navarone, 1961) – Stadt ohne Mitleid/Town Without Pity (1961) – 55 Days at Peking (55 Tage in Peking, USA/E 1963) – The Fall of the Roman Empire (Der Untergang des Römischen Reiches, 1964) – Circus World (Zirkus-Welt, 1964) – 36 Hours (36 Stunden, 1965) – The War Wagon (Die Gewaltigen, 1967) – Great Catherine (Katherina die Große, 1968) – Mackenna's Gold (nur Prod., 1968) – Tschaikowski (Prod., Dir., Arr., 1970)

Tipton, George Aliceson

** 23.1.1932 Huntington Park, Calif., USA.*

Filme: Skidoo (1968) – Home for the Holidays (1972, TV) – No Place to Run (1972, TV) – Badlands (1973) – Remember When (1973, TV) – The Affair (1973, TV) – Hit Lady (1974, TV) – Phantom of the Paradise (1974) – The Stranger Who Looks Like Me (1974, TV) – The Gun and the Pulpit (1974, TV) – Griffin and Phoenix: A Love Story (1976, TV) – I Want to Keep My Baby (1976, TV) – Red Alert (1977, TV) – Mulligan's Stew (1977, TV – Secrets (1977, TV) – Three on a Date (1978, TV) – With This Ring (1978, TV) – Seizure: The Story of Kathy Morris (1980, TV) – Trouble in High Timber Country (1980, TV) – Nights at O'Rears (1981) – Side by Side: The True Story of the Os-mond Family (1982, TV) – The Demon Murder Case (1983)

Tiso, Wagner

(Wagner Tiso Veiga), * *12.12.1945 Três Pontas, Brasilien.* Als Musiker (p) und Komponist ein Vertreter der brasilianischen populären Musik, arbeitet für Film und TV und nahm Schallplatten für EMI-Odeon, Ariola und Barclay auf.

Filme: Inocência (1983) – Jango (1984) – Chico Rei (1985) – Tanga (1987) – Ele, o Boto (1987) – O grande mentecapto (1989) – Meu Marido (1991, TV-Serie) – Encontros imperfeitos (1993) – O guarani (1996) – A ostra e o vento (1997) – Tiradentes (1998) – O toque de oboé (1999)

Tobias, Charles

* *15.8.1898 N.Y.C, USA, † 6.7.1970.* Songtexter und Komponist der 30er bis 50er Jahre. Arbeitete meist mit scinen Brüdern Harry (11.9.1895–15.12.1994) und Henry (* 23.4. 1905) zusammen, aber auch mit Peter de Rose, Joe Burke, Murray Mencher, Sam H. Stept, Cliff Friend, Nat Simon, Sammy Fain. Er schrieb Texte für die Musicals »Hellzapoppin'« (1938) und »Yokel Boy« (1939). Sein Sohn Fred (* 25.3.1928) hat sich als Autor einen Namen gemacht.

Songs u.a.: Get Out and Get Under the Moon – Flowers for Madame – Don't Sit Under the Apple Tree – The Old Lamplighter – Those Hazy Lazy Crazy Days of Summer

Filme: Dancing on the Moon (1935, Cartoon, + Murray Mencher) – Life Begins on College (1937) – Private Buckaroo (1942) – Shine On Harvest Moon (1944) – Saratoga Trunk (1945) – Tomorrow is Forever (1946) – Love and Learn (1947) – Daughter of Rosie O'Grady (1950) – On Moonlight Bay (1951) – About Face (1952)

Toch, Ernst

* *7.12.1887 Wien, † 1.10.1964 L.A.* US-Komponist und Pianist österr. Herkunft. Studierte 1906–09 Medizin und Philosophie in Wien und Heidelberg, 1909–12 Klavier in Frankfurt/M. 1913 wurde er Lehrer für Klavier und Komposition an der Musikhochschule Mannheim. Ab 1929 lebte er in Berlin und ging 1933 über Paris und London in die USA. Seine Musik wurde in Deutschland häufig gespielt, von den Nazis dann aber als »entartet« gebrandmarkt. Er lehrte ab 1934 an der New School of Social Research in N.Y. und ließ sich 1936 in L.A. nieder, wo er an der Univ. of Southern California lehrte. Als Komponist begann T. in der Nachfolge von Brahms, wandte sich später der Atonalität zu, kehrte aber nach 1948 zur Tonalität zurück. Er komponierte zahlreiche Werke für Klavier, Streichquartette, sieben Sinfonien, Kantaten, Opern (»Die Prinzessin auf der Erbse«, »The Last Tale«), Film- und Bühnenmusiken.

Lit.: The Shaping Forces in Music (N.Y. 1948/1977). – M.Hood (ed.), Placed as a Link in This Chain ... (L.A. 1971)

Filme: The Cat and the Canary (Erbschaft um Mitternacht, 1939) – The Ghost Breakers (1940) – Dr. Cyclops (1940, + Gerard Carbonera, Albert Hay Malotte) – Ladies in Retirement (Das Geheimnis der drei Schwestern, 1941) – First Comes Courage (1943) – Address Unknown (1944) – Catherine the Great

Todscharow, Martin

Filme: T.E.A.M. Berlin: Unternehmen Feuertaufe (1998, TV) – Spuk aus der Gruft (1998, TV) – T.E.A.M. Berlin: Der Kreuzeug (1999, TV) – Tatort: Schlaf, Kindchen, schlaf, 2001, TV) – Die Unberührbare (2000) – Zoom: It's Always About Getting Closer (2000) – Hikack Stories (2000) – Tattoo (2002) – Polizeiruf 110: Braut in schwarz (2002, TV) – Tatort: Stiller Tod (2002)

Tommaso, Giovanni

(p, comp), * *20.1.1941 Lucca, Italien.* Jazzmusiker und Komponist. Arbeitet mit eigenen Gruppen, begleitete Vokalisten wie Mina, Lucio Dalla, Riccardo Cocciante, ist seit 1986 Leiter der Umbria Jazz Clinics. CDs für Red. Er komponiert auch Musik für TV und Film, und schrieb einige neue Musiken für Stummfilme von Chaplin, Keaton, Lloyd und John Ford.

Tomney, Ed

* *15.8.1953 in ?, USA.* Rockmusiker (g) und Komponist, zu hören auf LPs von Luka Bloom,

Jonathan Borofsky, arbeitet seit 1991 auch für den Film.
Filme: Night of the Warrior (1991) – Liquid Dreams – Ultraviolet – Guncrazy (1992) – Dracula Ring – When the Bough Breaks (1993) – In the Heat of Passion II: Unfaithful (1994) – Carnosaur 2 – Safe – Where Evil Lies – Caged Heat (1995) – Persons Unknown (1996) – Starquest II – Spin the Bottle (1997) – Getting Off/Remembering Sex (1998) – Running Still (1998) – Sweet Underground (1999) – Garmento (2002)

Totzauer, Hans

* *26.3.1909 Wien, † 27.6.1987 Kleinzell.* Österr. Komponist, Bruder des Kapellmeisters und Komponisten Franz T.
Filme: Wilhelm Tell (1956) – Der schönste Tag meines Lebens (1957) – Don Carlos (1960)

Tours, Frank Edward

* *1.9.1877 London, England, † 2.2.1963 Santa Monica, Calif., USA.* Sohn des Komponisten Berthold T. und Enkel des Organisten Barthélemy T. Letzterer war ein gebürtiger Holländer aus Rotterdam. Berthold lebte ab 1861 in London; Frank T. ging 1904 in die USA.
Filme: The Emperor Jones (1933) – Crime Without Passion (1934, + O.Levant) – Gambling (1934) – Fight for Your Lady – She's Got Everything (1937) – Everybody's Doing It – Mother Carey's Chicken – Tarnished Angel – The Duke of West Point (1938) – Boy Slaves – King of the Turf – Beauty for the Asking – Almost a Gentleman – Conspiracy (1939 – Beyond Tomorrow – Men Against the Sky – The Villain Still Pursued Her (1940)

Towns, Colin

* *1946 London, England.* Jazz- und Popmusiker (p), Bandleader und Komponist. Leitet in London sein Colin Towns Mask Orchestra und arbeitet für Film und TV.
Filme: Full Circle (1977) – Slayground (1984) – Shadey – Knights and Emeralds (1985) – Rawhead Rex – Born of Fire – Bellman and True (1987) – Fear (1988) – Fellow Traveler (1989, TV) – Vampire's Kiss (Ein beißendes Vergnügen, 1987) – Wolves of Willoughby Chase – Getting it Right (1989) – Daughter of Darkness (1990, TV) – Hands of a Murderer (1990, TV) – The Blackheath Poisonings (1992, TV) – Stark (1993, TV) – Captives (1994) – The Puppet Masters (Bedrohung aus dem All, 1994) – The Wind in the Willows (Cartoon, 1996) – Space Truckers (1997) – Wingless Bird (1998, TV) – Guest House Paradiso (1999) – Complicity – Essex Boys – Maybe Baby (2000)

Toye, Geoffrey Edward

* *17.2.1899 Winchester, Hampshire, † 11.6. 1942 London.* Engl. Komponist. Studierte am Royal College of Music, arbeitete dann als musikal. Leiter und Dirigent an div. Theatern. Nach dem 1. Weltkrieg wurde er Direktor der Royal Phil. Society, 1932 von Covent Garden, arbeitete hier zeitweise mit Sir Thomas Beecham zusammen. Er arbeitete auch für das Royal Opera House und die D'Orly Carte Opera Company, spezialisierte sich auf das Werk von Gilbert & Sullivan, er war die treibende Kraft bei der Verfilmung von »The Mikado« (1939).
Filme: Coronation – Rembrandt – Men Are Not Gods

Trantow, Herbert

(Herbert Karl Otto), * *19.9.1893 Dresden, † 8.1.1993 Berlin.* Vater der Schauspielerin Cordula T.
Filme: Der Mann, dem man den Namen stahl (1945, UA 1996!) – Die seltsamen Methoden des Herrn Fridolin B. (DDR 1948) – Das Mädchen Christina (1948) – Semmelweiß, Retter der Mütter (DDR 1949) – Das kalte Herz (1950)

Trommer, Jack

(Jacob), * *29.10.1905 Zürich, Schweiz, † 25.8.1990 Russo (Kanton Tessin).* Der Bruder des Autors und Regisseurs Hans T. war Pianist im Orchester von Teddy Stauffer 1937–41, spielte dann auch mit Eddie Brunner u.a. und arbeitete als Komponist.
Filme: S'Magritli und d'Soldate: Ernstes unnd Heiteres aus der Grenzbesetzung (1940) – Romeo und Julia auf dem Dorfe (1941) – Der Handkuß: Ein Märchen aus der Schweiz (1979) – Al cato dal cuculo (1942)

Troost, Ernest V.

Bis 1996 war T. ein relativ unbekannter Film-

und vor allem TV-Komponist, ehe er einen Emmy für »The Canterville Ghost« bekam. Im folgenden Jahr erhielt für »Calm at Sunset« eine Emmy-Nomierung.

Filme: Doctor deSoto (1984) – Sweet Revenge (1987) – Tiger Warsaw (1987) – Munchies (1987) – Dead Heat – Andy Colby's Incredible Adventure (1988) – Mom (1989) – Andy and the Airwave Rangers (1989) – Tremors (1990) – Follow the River (1995, TV) – The Canterville Ghost (Das Gespenst von Canterville, 1996, TV) – Calm at Sunset (1997) – Miracle in the Woods – Carriers – Saint Maybe (1998, TV) – Officer Buckle and Gloria (1998) – God's New Plan (1999, TV) – One Man's Hero (1999) – Leo the Late Bloomer (1999, TV) – A Lesson Before Dying (1999, TV) – Beyond the Prairie: The True Story of Laura Ingalls Wilder (2000, TV) – Beat (2000) – The Runaway (2000, TV) – See You in My Dreams (2000, TV) – Amy & Isabelle (2000, TV) – The Seventh Stream (2001, TV) – Beyond the Prairie Pt. 2: The True Story of Laura Ingalls Wilder (2001, TV) – Scoundrel's Wife (2002)

Cartoons: Rikki-Tikki Tavi – Owen – Harry, the Dirty Dog – Wilfred Gordon McDonald Partridge – Officer Buckle and Gloria – Giving Thanks: a Native American Good Morning – The Island of the Skog – Chicken Little – Miss Nelson is Back – Chrysanthemum

Trotter, John Scott

* *14.6.1908 Charlotte, S.C., USA, † 29.10. 1975 Hollywood.* Der Bandleader und Arrangeur wurde vor allem bekannt als musikalischer Leiter von Bing Crosby in den 30er und 40er Jahren. Er studierte an der Universität von North Carolina und spielte Klavier in der College-Band unter Hal Kemp, in dessen Band er dann bis 1936 blieb und deren Stil prägte. Arbeitete dann für das Tanzorchester von Nye Mayhew und ab 1937 für Crosby. 1936 wurde er A&R-Chef bei ARC (Columbia, Brunswick etc). Er arrangierte später für Al Jolson, Mary Martin, Ella Fitzgerald, Judy Garland, José Iturbi u.a., schrieb Filmmusik und war 1954–60 musikal. Leiter der George Gobel TV-Show.

Filme: Pennies from Heaven (1936) – Rhythm on the River (1940) – Abie's Irish Rose (1946) – A Boy Named Charlie Brown (Cartoon, 1968)

Troup, Bobby

(Robert William), * *18.10.1918 Harrisburg, Pa., USA, † 7.2.1999 Sherman Oaks, Calif.* Sänger, Pianist und Songschreiber. War 1941 als Songschreiber beim Bandleader Tommy Dorsey, arbeitete später als Cabaret-Pianist und Songschreiber, zu Standards wurden *Route 66* und *Daddy*. Etliche seiner Songs wurden für Filme geschrieben. T. war seit 1957 verheiratet mit der Sängerin Julie London (1926–2000) die er auch bei Auftritten begleitete. Er schrieb auch Musik für TV-Shows (»Acapulco«). Beide hatten auch Film- und TV-Rollen.

Songs für die Filme: Harlow – Will Success Spoil Rock Hunter? – The Girl Can't Help It – Man of the West – The Great Man – Voice in the Mirror – Rock Pretty Baby

Trovajoli, Armando

* *2.9.1917 Rom.* Der ital. Filmkomponist begann als Jazzpianist und nahm ab 1950 Schallplatten auf für Parlophone und RCA. Er studierte an der Accademia Santa Cecilia in Rom, hatte Klavierstunden bei Libero Barni und Kompositionsstunden bei A. Lavagnino. 1952 begann er für den Film zu arbeiten, er ist zu Hause in allen Genres, arbeitete für Filme von Sophia Loren und mit den Regisseuren Dino Riso und Ettore Scola. Er komponierte u.a. das Musical »Aggiungi una porta alla tavola« (engl. Bearbeitung von Leslie Bricusse als »Beyond the Rainbow«). T. spielt auch Piano auf den Soundtracks einiger seiner Filme.

Filme: La tratte delle bianche (Mädchenhandel, 1952) – Le infideli (Die Untreue, 1952) – Due notti con Cleopatra (Zwei Nächte mit Cleopatra, 1953) – Questo e la vita (So geht's im Leben, 1953) – La donna del fiume (Die Frau vom Fluß, 1954, + A.Lavagnino) – Il cocco di mamma (1957) – Poveri millionari (Arme Millionäre, 1958) – Le notti die Teddy Boys (Die Nächte sind voller Gefahren, 1959) – Tempi duri i vampiri – Il vedova (1959) – Un militare in mezzo (Kasernengeflüster, 1959) – Chiamate 22-22-tenente Sherida (Wettlauf mit dem Henker, 1960) – La ciociara (Und dennoch leben sie, 1960) – I piaceri del sabato notte (Call Girls, 1960) – Anonima cocottes (Rosemarie G.m.b.H, 1960) – Seddok (Seddok, der Würger mit der Teufelskralle, 1960) – Il mantenuto (Die Nächste, bitte!, 1960) –

Ercole al centro della terre (Vampire gegen Herkules, 1961) – Il giganti di Metropolis (Der Untergang von Metropolis, 1961) – Boccaccio 70 (1961) – Ulisse contre Ercole (Herkules, der Sohn der Götter, 1961) – Totó, Peppino e la dolce vita (Toto, Peppino und das süße Leben, 1961) – Gli attendi (Unser Bursche, der Herr Professor, 1961) – Dieci italiani per un tedesco (Zehn Italiener für einen Deutschen, 1961) – Maciste l'uomo piu forte del mondo (Maciste und die Königin der Nacht, (1961) – Il mio amico Benito (Mein Freund Benito, 1962) – Solo contra Roma (Einer gegen Rom, 1962) – I mostri (1962) – Il giovedi (1963) – Il fornaretto di Venezia (In Ketten zum Schafott, 1963) – Ieri, oggi, domani (Gestern, heute, morgen, I/F 1963) – Altra infedeltà (Ehen zu dritt, 1963) – La visita (Der Heiratskandidat, 1963) – Matrimonio all'italiana (Hochzeit auf italienisch, 1964) – La ragazza in prestito (das ausgeliehene Mädchen, 1964) – Casanova 70 (1964) – Le bambole (Die Puppen, 1964) – Italiano brava gente (I/UdSSR 1964) – Seite uomino d'oro (Die sieben goldenen Männer, 1965) – I complessi (Einmal zu wenig, einmal zu viel, 1965) – Adulterio all'italiana (Seitensprung auf italienisch, 1965) – L'arcidiavolo (1966) – Le fate (Die Gespielinnen, 1966) – Operazione San Gennaro (Unser Boß ist eine Dame, I(F/D 1966) – Il grande colpo die setti uomini d'oro (Das Superding der goldenen Männer, 1966) – Maigret à Pigalle (Maigret und der Würger von Montmartre, I/F 1966) – Mr. Dynamit: Morgen küsst euch der Tod (D/R/I 1967) – Operazione San Pietro (Die Abenteuer des Kardinal Braun /(D/I/F 1967) – Le dolci inganni (Ladies, Ladies, 1967) – Come, quando, perche? (Wo, wann, mit wem?, 1968) – Vedo nudo (1968) – Faustina (1968) – L'urlo die giganti (Panzerschlacht an der Marne, I/E 1968) – The Devil in Love (USA 1968) – Dove vai tutta nuda? (Warum läufst du immer nackt herum?, 1969) – Nell'anno del signore (1970) – Homo Eroticus (1970) – La moglie del prete (Die Frau des Priesters, 1970) – Il prete sposato (Priester, du sollst nicht ohne Liebe leben, 1970) – Dramma della gelosia (Eifersucht auf italienisch, 1970) – La Tosca (1972) – La »mala« ordina (Der Mafia Boß – sie töten wie Schakale, I/D 1973) – Paolo il caldo (Paolo der Heiße, 1973) – Sesso matto (Niemand ist vollkommen, 1973) – Profume di donne (Der Duft der Frauen, 1974) – Telefoni bianci (1975) – Ab heute sind wir reich und ehrlich (A/D/I 1977) – Brutti, sporchi e cavatti (Die Schmutzigen, die Hässlichen und die Gemeinen, 1975) – La stanza del vescovo (Das rote Zimmer, 1976) – Una giornate particolare (Ein besonderer Tag, 1976) – Le vita e bella (Das Leben ist schön, I/UdSSR 1979) – Dr. Jekyll e gentile signore (Dr. Jekylls unheimlicher Horrortrip, 1979) – La terrazza (Die Terrasse, I/F 1980) – Passione d'amore (1980) – La nuit de Varennes (Flucht nach Varennes, F/I 1981) – Grand Hotel Exzelsior (Wer hat dem Affen den Zucker geklaut?, 1982) – Il conte Tacchia (Ein Graf, der alles kann, 1982) – Plus beau que moi, tu meurs (F 1982) – Frankenstein 2000 (1984) – Maccheroni (1985) – Una spina nel cuore (1985) – La famiglia (Die Familie, 1986) – Arizona (Miss Arizona, I/H 1987) – Splendor (Splendor, 1988) – Che ora è? (Wie spät ist es?, 1988) – Il viaggio de capitan Fracassa (Die Reise des Kapitän Fracassa, 1988) – Cattiva (Hoffnungslose Liebe, 1990) – Centro storico (1991) – Mario, Maria e Mario (1992) – Gangsters (1992) – Cinecittà ...Cinecittà (1992) – Berlino 39 (1993) – Le cena (1997) – Concorrenza steale (2000)

Truman, Tim

** La Mesa, Calif., USA*

US-Komponist und Songschreiber, arbeitet seit 1989 für Film und TV, meist Thriller und Komödien, u.a. mit den Regisseuren Jordan Alan und Steven E. Anderson.

Filme: Double Your Pleasure – L.A. Takedown (1989, TV) – Kid (1990) – Dead Silence – Deadly Game (1991, TV) – On the Companion of Darkness (1992, TV) – South Central – Mike (1992) – In the Company of Darkness (1993, TV) – Knight Rider 2010 (1994, TV) – Models Inc. (1994, TV-Serie) – Sketch Artists II: Hands That See (1995, TV) – The Marshall (1995, TV-Serie) – Central Park West (1995, TV-Serie) – The Price of Love (1995, TV) – Kiss and Tell – Marshall Law (1996, TV) – Good Luck (1997, Songs) – Pacific Palisades (1997, TV-Serie) – Stargate SG-1 (1997, TV-Serie) – Retroactive (1997) – Executive Power (1997) – Boogie Boy (1997) – Charmed (1998, TV) – Angel's Dance (1990) – 10th Kingdom: The Making of An Eopic (2000)

Trunz, Helmut

** 26.10.1938 Hamburg.* Sohn eines Geigenbauers und einer Lehrerin, lernte Violine und Gitarre, arbeitete als Fotograf und Kamera-

mann. Er schreibt meist Musik für TV-Serien, u.a. »Derrick«, »Der Alte«, »Der Mann ohne Schatten« u.a.
Filme: Wie sag' ich's meinem Kinde (1970) – Russige Zeiten (1993, TV)
CD: Derrick and other Famous Detective Stories, Milan 50666-2

Tschaikowsky, Peter Iljitsch

** 25.4. (7.5.) 1840 Wotkinsk/Ural (Gouvernement Wjatka), † 25.10. (6.11.) 1895 St. Petersburg.* Bedeutender russischer Komponist des 19. Jh., populär durch Werke wie die »Nußknackersuite«, das Ballett »Schwanensee« und die Oper »Eugen Onegin«. Seine Musik wurde in zahlreichen Filmen eingesetzt, seine Werke teils verfilmt.
Filme (Auswahl): Der Nußknacker (Cartoon, 1931) – The Scarlet Empress (1934) – Fantasia (Cartoon, 1940) – Song of Russia (1943) – Vosdushny isvoschik (1943) – Song of My Heart (1947) – Unfaithfully Yours (1948) – Sommarlek (S 1950) – Rhapsody (1954) – Romeo und Julia (1964) – The Sleeping Beauty (1964) – Woman in Love (1969) – Nutcracker Fantasy (Cartoon, 1979) – The Huberman Festival (Dok., 1984) – Johannes' Hemmelighed (1985) – Da Capo (1985) – The Nutcracker: The Motion Picture (1986) – Eugen Onegin (1987) – Venus in Furs (1994) – The Imax Nutcracker (1997)

Helmut Trunz schrieb die Musik für etliche »Derrick«-Folgen (CD-Cover)

Tunick, Jonathan

** 19.4.1938 N.Y.C., USA,* T. machte sich als Broadway-Arrangeur einen Namen, er orchestrierte u.a. die Musicals »A Chorus Line«, »A Little Night Music« und »Company«, schrieb aber auch eine Reihe von Filmmusiken.
Filme: The Twelve Chairs (1970) – A Little Night Music (1978) – Flying High (1978, TV) – Rendezvous Hotel (1979, TV) – Swan Song (1980, TV) – Endless Love (Endlose Liebe, 1981) – Fort Apache, the Bronx (Die Bronx, 1980) – Blinded by the Light (1982, TV) – I am the Cheese (1983) – Concealed Enemies (1984) – Brotherly Love (1985, TV) – The B.R.A.T. Patrol (1986, TV) – You Ruined My Life (1987, TV) – The Last Good Time (1994) – The Fantasticks (1995) – The Birdcage (1996) – The Last Good Time

Twardy, Werner

(Ps. Daddy Monrou, T. W. Ardy), ** 28.12.1926 Oberhausen, † 16.1.1977 Kleineichen* (b. Köln). Dt. Bandleader und Komponist. Studierte an der Folkwangschule in Essen und arbeitete dann als Pianist, Arrangeur und Komponist, u.a. für Sigi Stenford, Joe Wick und Kurt Edelhagen. 1953–60 beim Kleinen Tanz- und Unterhaltungsorchester des WDR. Arbeitete ab 1960 freiberuflich, komponierte u.a. für Schlagersänger wie Roy Black und Chris Roberts.
Filme: Hallo, ich liebe Zwillinge – Unser Doktor ist der Beste (1969) – Unsere Pauker gehen in die Luft – Wer zuletzt lacht, lacht am besten – Wenn die tollen Tanten kommen – Wenn du bei mir bist (1970) – Hochwürden drückt ein Auge zu – Kinderarzt Dr. Fröhlich – Wenn mein Schätzchen auf die Pauke haut (1971) – Meine Tochter, deine Tochter (1972)

Tyng, Christopher

US-Komponist, arbeitet seit 1992 für Film und TV.
Filme: Delta Heat (1992) – Unveiled – Across the Moon (1994) – Slave of Dreams (1995, TV) – Take Out the Beast (1995, TV) – The Little Death (1995, TV) – High Incident (1996, TV-Serie) – Kazaan (Der Geist aus der Flasche, 1996) – The Associate – Far Harbour – The Criminal Mind – The Shadow Warriors – Crosscut (1996) – Desert's Edge (1997, TV) – Spreckman's Boat – Cadillac Ranch (1996) – Bring

Me the Head of Mavis Davis (1997) – Bad As I Wanna Be: The Dennis Rodman Story (1998, TV) – The Bumblebee Flies Away (1999) – Futurama (TV-Cartoon, 1999) – Olive, the Other Reindeer (1999, TV) – Bumble Bee Flies Away (2000) – Strip Mail (2000, TV) – The Michael Richards Show (2000, TV-Serie) – Seven Girlfriends (2000) – The Job (2001, TV) – The Diamond of Jeru (2001, TV) – Wednesday 9:30 (8:30 Central) (2002, TV-Serie)

Tyrell, Steve

* *Texas, USA.* Der Sänger, Komponist und Produzent hatte erste Jobs in Rhythm & Blues-Bands, ging mit 18 Jahren nach N.Y. und fand eine Stellung bei Scepter Records in A&R-Position. Dort produzierte er u.a. Dionne Warwick und B. J. Thomas, begann Songs zu schreiben und hatte Hits mit *How Do You Talk to an Angel* für die Heights und *Hold on* für Jamie Walters. Er arbeitete dann für den Film, nahm eigene Schallplatten auf und prod./arr. u.a. für die Gruppe Blood, Sweat & Tears, Andy Griffith, Chuck Jackson und Randall Bramlett.

Filme: Matlock (1986, TV-Serie) – Pinocchio and the Emperor of the Night (Carton, 1987, Songs) – The Night Stalker – Summer Heat (1987) – Million Dollar Mystery (1987, Songs) – Midnight Crossing (1987) – Mystic Pizza (1988) – Baby Boom (1988, TV-Serie) – The Famous Teddy Z (1988, TV-Serie) – Pound Puppies & the Legend of Big Paw (Cartoon, 1988) – Getting it Right (1989, zusätzl. Musik) – A Brand New Life (1989, TV-Serie) – Second Sight (1989, zusätzl. Musik) – Elvis (1990, TV) – Diving In (1990) – Captive (1991, TV) – The Reason for Living: The Jill Ireland Story (1991, TV) – Pink Lightning (1991, TV) – Man of the People (1991, TV-Serie) – Love and Curses ... and All That Jazz (1991, TV) – Captive (1991, TV) – The New WKRP in Cincinnati (1991, TV-Serie) – Father of the Bride (1991, als Schauspieler, singt *The Way You Look Tonight*) – Pamily Prayers (1992) – Rainbow Warrior (1993) – T-Bone 'n Weasel (1992, TV) – California Dreams (1992, TV) – Out of Sync (1995) – Once Upon a Time ... When We Were Colored (1996) – 20 Dates (1998, Songs: *Love Conquers All, I Love it At the Top, Roll It, Trouble Waiting, Mornin' Blues*) – And the Beat Goes On: The Sonny and Cher Story (199, TV) – Movie Stars (1999, TV-Serie) – Come On, Get Happy: The Partridge Family Story (1999, TV) – Dudley D-Right (1999) – Blast from the Past (1999, Dir.) – These Old Broads (2001, TV)

U

Uher, Bruno

* *12.4.1912 Wien, Österreich, † 31.10.1976 ebd.* Sohn des Musikers und Kapellmeisters Willy Uher. Trat mit erfolgreichen Operettenbearbeitungen hervor und komponierte dann vor allem Schlager, Wiener Lieder (*Ich hab' mir für Grinzing an Dienstmann engagiert*) und Filmmusik.

Filme: Stürmisch die Nacht (1931, + Ch.Gaudriot, Hans Arnold, de la Cerda) – Hannerl und ihrer Liebhaber (1936) – Wiener G'schichten (1940) – Jetzt schlägt's dreizehn – Großstadtnacht (1950) – Der fidele Bauer – Verklungenes Wien (1951) – Die Försterchristel (1952) – Ich und meine Frau – Der letzte Walzer (1953) – Wo die Lerche singt – Liebe die den Kopf verliert (1956) – Skandal in Ischl (1957) – Menschen, Meter und Sekunden (1958) – Saison in Grinzing (1959)

Uhl, Alfred

* *5.6.1909 Wien, Österreich, † 8.6.1992 ebd.* Studierte 1927 bis 1932 an der Musikakademie in Wien, lebte und arbeitete dann als Freelancer in Zürich, Paris, Berlin, Amsterdam und Istanbul. Ab 1945 war er Professor für Komposition an der Akademie für Musik und Darstellende Kunst in Wien.

Filme: Das gestohlene Jahr (1950) – Frühlingsstimmen (1951) – Wenn eine Wienerin Walzer tanzt (1951) – Wien, du Stadt meiner Träume (18957) – Der Verschwender (1952) – Kora und die 7 Sünden (1958)

Uhlir, Jaroslav

* *14.9.1945 Prag, ČSR.*

Filme: At iji duchove! (1979) – Kam doskace ranni ptace (1986)

Ulbrich, Siegfried

* *22.2.1922 Dresden, † 30.10. 1991 Bad Wildungen.* Hatte Violin-, Klavier- und Saxophonunterricht, arbeitete ab 1946 als Arrangeur/Komponist beim RBT-Orchester und als Assistent von Robert Stolz, Michael Jary und Franz Grothe. Er komponierte Konzertstücke, die Operette »Die rote Isabell«, Film- und TV-Musiken, ein Musical (»Laß das, Hagen«, 1967) und Schlager (*Ich mach' Musik, Wir tanzen wieder Polka*).

Filme: Ein Mann muß nicht immer schön sein (1956) – Der Weg zum Ruhm (1988) – Risibisi (1988) – Blue Time (1988) – Stay With Me (1988) – TV: Bluthochzeit (Garcia Lorca)

Ulfig, Walter

* *13.7.1901 Breslau, † 1979 Berlin (?).*

Filme: Grün ist die Heide (1932, + Grete Walter, Karl Blume) – Gehetzte Menschen (1932, + F.Feher) – Höllentempo (1933) – Der Herr Senator – Die beiden Seehunde – Eine Siebzehnjährige (1934, + R.Küssel) – Herr Kobin geht auf Abenteuer (1934, + L.v.Guaita) – Pappi (1934) – Der Herr Senator (1934) – Alle Tage ist kein Sonntag (1935, + C.Clewing) – Mädchenräuber (1936)

Umali, Restie

(Restituto U.), * *10.7.1916 Paco (Manila, Philippinen), † 30.8.1997 Manila.*

Filme: Cry Freedom (1961) – No Man is an Island (1962) – No Way Out (1963) – I fratelli di Cobra Woman (1972) – The Hot Box (1972) – Batingaw (1974) – Intrusion Cambodia (1981)

Umiliani, Piero

* *17.7.1926 Florenz, Italien, † 14.2.2001.* Komponist und Jazzmusiker (p, vib). Studierte ab 1952 Komposition und Harmonielehre, leitete Jazzgruppen und nahm zahlreiche Schallplatten für RCA, Cetra, Omicrom, Horo u.a. auf, darunter auch LPs mit Chet Baker und Helen Merrill. Seit 1956 schrieb er auch Musiken für ital. und frz. Filme. Er hatte 1969

einen Hit mit dem Song *Mah-na, mah-na* aus dem Film »Schweden, Hölle oder Paradies?«.
Filme: I soliti ignoti (1956) – Audace colpo die soliti ignoti (1959) – Un uomo facile – Labbra rose (1950) – L'amore diddicile (1962) – I nuovi angeli – A cavallo della tigre – Smog (1962) – Bianco rossi giallo rosa (1962; OST: Camden) – Paradiso del' uomo (1963) – I piaceri proibiti (1963, OST: Camden) – Extraconiugale – Les plus belles escroqueries du monde (1964) – Segretissimo – White, Red, Yellow and Pink (1966) – War Italian Style – Come rubare la corona d'inghilterra (Argoman, der phantastische Supermann, 1967) – Orgasmo (1968) – Cinque bambole per la luna d'agosto (1969, Songs) – Svezia inferno e paradiso (Schweden, Hölle oder Paradies?, 1969, Dok.) – Blonde Köder für den Mörder (D/I 1969) – Le vendetta e un piatto che si serve freddo (1971) – Django! (1972) – La schiava (1973) – Le pupa del gangster – L'insegnante (Die Bumsköpfe, 1975) – Eva Nera (1976) – Pane, burro e marmellata (Abendessen mit anschließendem Frühstück, 1967) – La cameriera seduce i villeggianti – Odio le bionde (1981)

Urack, Otto

** 13.5.1884 Berlin, † 11.11.1963 ebd.*
Filme: Annemarie, die Braut der Kompanie (1932) – Der verliebte Blasekopf (1932) – Die Unschuld vom Lande (1933, + W.Engel-Berger, K.Schwabach) – KI greift ein (1933)

Urban, Max

** 5.7.1894 in ?, Deutschland, † März 1981 in ?, USA.* Komponist und Songschreiber, arbeitete in den 30er Jahren als Kapellmeister in Deutschland (Cuxhaven u.a.), ehe er nach Mexiko auswanderte und dort für den Film komponierte. Er lebte zuletzt in Reno/Nevada. Nicht zu verwechseln mit dem gleichnamgen Regisseur und Kameramann (7.7.1894–17.7.1959).
Filme in Mexiko: Sobre las olas – El espectador impertinente (1932) – La llorona – Juarez y Maximiliano – La noche del pecado – Sagrario – Profanaçion – El hero de nacozari – El tigre de Yautepec – Tiburon – Aguilas de America – El vuelo de la muerte – La mujer del puerte – La sangre manda (1933) – Chuco el roto – Oro y Plata – La fantasma del convneto – Quien Mato a Eva – Corazon bandolero – Cruz diablo – Viva Mexico – Mujeres sin alma – Dos monjes – Doña Malinche – Tribu – La isla maldita – El primo Basilio (1934) – Suenos de amor – Madre querida – Los muertos hablan – Los des heredados – Mas alla de la muerte – Celos (1935) – Mater nostra – Madres del mundo – Mariguana – El calvario de una esposa – Maldita se an las mujeres – Suprema ley – Cielito lindo – Mujares de hoy – Honares a tu padres – El impostor – El rosal bendito – Esos hombres – Nostradamus (1936) – La Illaga – Ave sin rumbo – Las cuatro milpas – El bastardo – La madrina del diablo – Adios Nicanor – Alma jarocha – La obligaçion de asesinar – La mujer de nadie – La paloma – La hondarez es un estorbo – Don Juan Tenorio – Mujer Mexicana – Abnegaçion – La Zandunga (1937) – Padre de ma de cuatro – Nobleza ranchera – La valentina – La casa del ogro – A lo macho – El beso mortal – Rosa de Xochimilco – Alma nortena – El Hotel de los Chiflados – Cabaloco con suteme – Noches de gloria – Papacito lindo (1938) – Lo locura de Don Juan – El hipnozitador – En tiempos de Don Porfirio – Madre a la fuerza (1939) – En tiempos de Don Porfirio (1940) – Tres hermanoes (1943) – La pequeña madrecita – Los misterios del Hampa (1944) – La sclva de fuego – El hijo de nadie (1945) – Pasiones tormenosas (1946, auch Songs) – El reino de los gangsters (1947) – El sindicato del crimen (1953)

Urbaniak, Michał

(vln, ts, sop), ** 22.1.1943 Warschau, Polen.* Studierte an der Warschauer Musikakademie, kam zum Jazz durch Rundfunksendungen der Voice of America. Spielte Tenorsaxophon mit A.Trzaskowski, K.Komeda, arbeitete aber auch als klassischer Violinist. Leitete eigene Gruppen mit seiner Frau, der Sängerin Urszula Dudziak in Skandinavien und Polen. Anfang der 70er Jahre gingen beide nach New York, arbeitete dort mit Larry Coryell, Archie Shepp, Billy Cobham, Oliver Nelson u.a. Schallplatten mit Miles Davis, Paul Bley, Coryell, Komeda u.a., als Leader für Steeplechase, Polskie Nagrania, Storyville, Milan.
Filme: Call Me (USA 1988) – On the Road – Astonished (USA 1989) – Pożegnanie jesieni (PL 1990) – Szuler (PL 1992) – Dług (PL 2000)

Urbont, Jacques

** 12.3.1930 Baltimore, Md., USA.*

Filme: Toys Are Not for Children (1972) – High Rise – The Case of the Full Moon Murders (1973) – Fireworks Woman (1975) – Video Vixens (1984)

Urtreger, René

(R. Urtreger-Emilhenco), ** 16.7.1934 Paris.* Frz. Jazzpianist und Komponist. Wuchs in Südfrankreich und Nordafrika auf, gab sein Debüt 1953 bei Pierre Michelot in Paris, spielte dann mit eigenen Gruppen, aber auch mit → Barney Wilen, Guy Lafitte und den Double Six. Er begleitete auch US-Jazzmusiker wie Lester Young und → Miles Davis; mit letzterem spielte er den Soundtrack des Films »Fahrstuhl zum Schafott« ein. Seit den 60er Jahren verstärkt als Komponist tätig.

Filme: Janine (1961) – Le poulet (1962) – Les baisers (1963) – La première fois (1976, Arr. H.Rostaing) – L'homme qui n'était pas là (1987)

Usher, Gary Lee

** 14.12.1938 Los Angeles, USA, † 25.5.1999 ebd.*

Filme: Bikini Beach (1964, Songs) – Muscle Beach Party (1964, Schauspieler) – Ski Party – The Girls on the Beach (1965) – One Crazy Summer (1986) – Police Academy 4: Citizens on Patrol (1987)

V

Valéro, Jean-Louis

* *5.1.1952, Marokko, Casa Blanca.* Französischer Musiker und Komponist, im Film seit 1983.

Filme: Pauline à la plage – Un jeu brutal (1983) – Los motivos de Berta (1985, als Musiker) – Le rayon vert (1986) – Quatre aventures de Reinette et Mirabelle – L'ami de mon ami (1987) – Mado, poste restante – Erreur de jeunesse (1989) – Conte de printemps (1990) – Berlin-Cinema (1999)

Valle, Marcos

(eigentl. Marcos Kostenbader Vale), * *14.9. 1943 Rio de Janeiro, Brasilien.* Der Pianist und Komponist war einer der Schöpfer der Bossa Nova; seine *Summer Samba* schaffte es ins Guinness Buch der Rekorde, als drei Versionen gleichzeitig in den US-Top 40 waren. Auch *Crickets sing for Maria* war ein Welthit. In den 70er Jahren schrieb V. Songs für Marvin Gaye und ging auf Tournee mit der Band Chicago. In den 80er Jahren wandte er sich dem Film zu. Er ist der Bruder des Komponisten Paulo Sergio Kostenbader V. (* 6.8.1940 Rio de Janeiro).

Film: Lua de mal amendoim (1971)

Van Cleave, Nathan

(Nathan Lang), * *8.5.1910 Bayfield, Wisc., USA, † 2.7.1970 Hollywood, Calif.* Van Cleave leitete in den 40er Jahren ein Rundfunkorchester in L.A., ist vor allem als Filmkomponist und -arrangeur bekannt, er schrieb beeindruckende Streicherarrangements für etliche Filmmusicals (»Easter Parade«, 1948), hat aber auch eine Reihe von eigenständigen Filmmusiken geschrieben.

Filme: The Sainted Sisters (1948) – Mr. Music (1950) – Fancy Pants (Herz in der Hose, 1950) – The Goldbergs (1950) – Quebec (1951) – Dear Brat (1951) – Rhubarb (1951) – Off Limits (1953) – Conquest of Space (Die Eroberung des Weltalls, 1955) – Lucy Gallant (Ich will, daß du mich liebst, 1955) – The Lonely Man (Der Einsame, 1957) – The Colossus of New York (Der Koloß von New York, 1967) – The Devils Hairpain (Die Teufelskurve, 1957) – The Space Children (1958) – That Kind of Woman (1959) – Blueprint for Robbery (1960) – Robinson Crusoe on Mars (Notlandung im Weltraum, 1964) – Project X (1968)

Vangelis

(Evangelos Odysseus Papathanassiou), * *29.3. 1943 Valos, Griechenland.* Ein Wunderkind, hatte V. mit sechs Jahren seinen ersten Auftritt als Pianist. In den 60er Jahren gründete er die Popgruppe Formynx, später Aphrodite's Child mit Demis Roussos. Die Gruppe ging Ende der 60er Jahre nach Paris und hatte hier den Hit *Rain and Tears*. 1972 löste sich die Gruppe auf, V. widmete sich der elektronischen Musik, komponierte »klassische« Musik und schrieb Musik für Dokumentarfilme von Frederic Rossif. Aus seinem Londoner Studio kamen die Alben »Heaven and Hell« und »Albedo 0.39«. 1972 Rückkehr nach Griechenland, Zusammenarbeit mit Irene Papas bei trad. griechischen und byzantinischen Liedern, tat sich dann mit Jon Anderson zusammen zu Jon And Vangelis. In den 80er Jahren widmete er sich wieder der Filmmusik; ein Hit wurde das Thema aus dem Film »Die Stunde des Siegers«. Er veröffentlichte auch auf dem Arista-Label Alben mit improvisierter Musik.

Lit.: Mark Griffin, Vangelis, London 1994

Filme: Salut Jerusalem (F 1972) – Amore (F 1973) – No oyes ladrar los perros? (1975) – Chariots of Fire (Die Stunde des Siegers, UK 1981; Oscar!) – Antarctica (1981) – Missing (Vermißt, USA 1981) – Blade Runner (USA 1982) – Pablo Picasso (1982) – The Year of Living Dangerously (Ein Jahr in der Hölle, 1982) – Wonders of Life (1983) – The Bounty (Die Bounty, 1984) – Savage et Beau (1984) – Nosferatu a Venezia (Nosferatu in Venedig, F 1987) – Russicum ... I giorni dei diavlo (Die Tages des Teufels, I 1987) – Something to Watch Over Me (nur Songs, 1987) – Le diner des bustes (Kurzfilm, F 1988) – Francesco (I/D 1988) – Russicum (1989) –

Bitter Moon (UK/F 1991) – Starwatcher (1992) – 1492: Conquest of Paradise (1492: Die Eroberung des Paradieses, 1992) – Kavafis (1995)

Van Heusen, Jimmy

(eigentl. Edward Chester Babcock), * *26.1. 1913 Syracuse, N.Y., USA, † 6.2.1990 Rancho Mirago, Calif.* Musical-/Filmkomponist der 30er bis 60er Jahre. Erste Jobs als »Songplugger« in New Yorker Musikverlagen (und besaß ab 1939 selbst einen). Bekannt wurde er durch Songs für einen Reihe von Bing Crosby-Filmen, arbeitete auch für den Broadway, u.a. »Swingin' the Dream«, »Nellie Bly«, »Carnival in Flanders«, »Skyscraper«, »Walking Happy«. Sein Texter war zunächst Eddie DeLange, in den 40er Jahren dann → Johnny Burke und schließlich → Sammy Cahn. Bekannte Songs: *Darn that Dream, Imagination, Swingin' on a Star, But Beautiful, The Tender Trap, All the Way, High Hopes, Call Me Irresponsible, My Kind of Town.*

LP: James Van Heusen Plays James Van Heusen, United Artists 6494

Filme/Shows (Songs):

1940 – Film: Love Thy Neighbor (Do You Know Why?; Isn't That Just Like Love; Dearest, Darest I?) – Songs: All This and Heaven Too – Imagination – Looking for Yesterday – Polka Dots and Moonbeams – Shake Down the Stars

1941 – Film: The Road to Zanzibar (It's Always You; You Lucky People You; Birds of a Feather; You're Dangerous; The Road to Zanzibar)

1942 – Filme: My Favorite Spy (Got the Moon in My Pocket; Just Plain Lonesome) – Playmates (Humpty Dumpty Heart, Thank You Lucky Stars and Stripes; Que Chica) – The Road to Morocco (Moonlight Becomes You; Constantly; Ain't Got a Dime to My Name; Aladdin's Daughter)

1943 – Film: Dixie (If You Please; Sunday, Monday or Always; She's from Missouri)

1944 – Filme: Going My Way (Swingin' an a Star; The Day After Forever) – And the Angels Sing (It Could Happen to You; For the First Hundred Years; How Does You Garden Grow?) – Belle of the Yukon (Sleigh Ride in July; Like Someone in Love) – Lady in the Dark (Suddenly it's Spring)

1945 – Filme: Duffy's Tavern (The Hard Way) – The Bells of St. Mary's (Aren't You Glad You're You) – The Great John L. (A Friend of Yours) – Song: Nancy

1946 – Show: Nellie Bly – Filme: The Road to Utopia (Welcome to My Dream; Personality; It's Anybodys Spring; Good Time Charlie; Put it There, Pal; Would You?) – Cross My Heart (That Little Dream Got Nowhere; Love is the Darnest Thing) – London Town (UK)

1947 – Filme: Welcome Stranger (My Heart is a Hobo; Country Style; As Long As I'm Dreaming; Smack in the Middle of Maine) – The Road to Rio (But Beautiful; You Don't Have to Know the Language; Apalachiola, Fla; For What?) – Variety Girl (Harmony)

1949 – Filme: A Connecticut Yankee in King Arthur's Court (Dir. V.Young; Songs: Busy Doing Nothing; Once and for Always; If You Stub You Toe on the Moon; When is Sometime?) – Top O' the Morning (You're in Love with Someone)

1950 – Filme: Mister Music (High on the List; Life is so Peculiar) – Riding High (Sunshine Cake; Sure Thing; The Horse Told Me)

1952 – Film: The Road to Bali (Chicago Style; Moonflowers; Hoot Mon)

1953 – Show: Carnival in Flanders (Here's That Rainy Day; Ring the Bell u.a.) – Film: Little Boy Lost (The Magic Window; Cela M'est Egal)

1955 – Filme: The Tender Trap – Not As a Stranger – The Man with the Golden Arm – Songs: The Impatient Years – Love and Marriage

1957 – Film: The Joker is Wild (All the Way)

1958 – Filme: Some Came Running (To Love and Be Loved) – Paris Holiday (Nothing in Common) – Indiscreet (Indiscreet)

1959 – Filme: Say One For Me (Say One For Me; You Can't Love 'Em All) – A Hole in the Head (High Hopes; All My Tomorrow)

1960 – Filme: High Time (The Second Time Around) – The World of Suzy Wong (Titelsong) – Ocean's Eleven (Ain't That a Kick in the Head) – Let's Make Love (Incurable Romantic)

1961 – Titelsong zum Film: A Pocketful of Miracles

1962 – Film: The Boys' Night Out (Titelsong; Cathy)

1963 – Film: Come Blow Your Horn (Titelsong) – Papa's Delicate Condition (Call Me Irresponsible) – Under the Yum Yum Tree (Titelsong)

1964 – Filme: Robin and the Seven Hoods (My Kind of Town; Style; All For One and One For All; Mr.Booze u.a.) – Where Love Has Gone (Titelsong)
1965 – Show: Skyscraper (Everybody Has the Right to be Wrong; I'll Only Miss Her When I Think Of Her)
1966 – Show: Walking Happy (Walking Happy; It Might As Well Be You; What Makes it Happen)
1967 – Film: Thoroughly Modern Millie (Titelsong)
1968 – Film: Star!
1969 – Film: The Great Bank Robbery
1974 – Film: Journey Back to Oz

Van Parys, Georges

(Georges Eugène Emile van Parys), * *7.6.1902 Paris, Frankreich, † 28.1.1971 ebd.* Der vielseitige frz. Komponist studierte zunächst Jura in Paris und arbeitete ab 1924 als Komponist; 1930 schrieb er die Musik für den ersten frz. Tonfilm »Sous les toits de Paris«. Er schrieb über 200 Filmmusiken, aber auch Chansons, Operetten und Theater-Musiken. In den 50er Jahren wurde er zeitweilig zum populärsten Filmkomponisten durch elegante und scheinbar leichte Musiken für Filme wie »Goldhelm«, »Fanfan der Husar«, »Die Schönen der Nacht«. Er war Präsident der frz. Urheberrechtsgesellschaft SACEM und Ritter der Ehrenlegion.

Lit.: Les jours comme ils viennent, 1969 (Autobiographie)

Filme: La femme et le pantin (1928) – La route est belle (1929) – Sous les toits de Paris (Unter den Dächern von Paris, 1929/30) – L'age d'or (Das goldene Zeitalter, 1930) – Le million – Un soir de Raffle (1931) – Mitternachtsliebe (D 1931, + Jean Delannoy, Philippe Parès) – Cette vielle canaille (Die seltsame Alte, 1933) – Mademoiselle Josette (1933) – Jeunesse (1934) – Les beux jours (1934) – L'or dans la rue (1934) – Quelle drôle de gosse (Liebe macht blind, 1935) – Un mauvais garçon (1936) – Prends la route (1936) – Abus de confiance (Vertrauensbruch, 1937) – Café de Paris (1938) – L'entraîneuse (Herzdame, 1938) – Bolero (1941) – Caprices (1941) – Premier bal (Der erste Ball, 1941) – L'homme de Londres (1943) – Le couple ideal (1945) – L'invité de l'onzième heure (1945) – Le silence est d'or (Schweigen ist Gold, 1947) – La vie en rose (Turlots Tagebuch, 1947) – Histoire de chanter (1947) – Par la fenêtre (1947) – L'ombre (1948) – Une femme par jour (Junger Mann mit sieben Frauen, 1948) – Monseigneur – Lady Paname (1949) – Jean de la lune (1949) – Un certain monsieur (1949) – Caroline Chèrie (Am Anfang war nur Liebe, 1950) – Le passe-muraille (Der sensationelle Einbrecher, 1950) – Grande mélies – L'amour, madame – Trois femmes – Deux Sous de violettes (1951) – Les belles de nuit (Die Schönen der Nacht, 1952) – Une caprice de Caroline Chérie (Mein Leben für die Liebe, 1952) – Fanfan la tulipe (Fanfan der Husar, 1952; + M.Thiriet) – Casque d'or (Goldhelm, 1952) – Adorables créatures (Liebenswerte Frauen, 1952) – Madame de ... (F/I 1953, + Oscar Straus) – Secrets d'alcôve (Dürfen Frauen so sein?, 1953) – Dortoir des grandes (Im Schlafsaal der großen Mädchen, 1953) – Rue de L'Estrapade (1953) – Les revoltes de Lomanach (Bluthochzeit, F/I 1953) – Avant le deluge (Vor der Sintflut, 1954) – Le grand jeu (Die letzte Etappe, 1954) – Mam'zelle Nitouche (Mamselle Nitouche, 1954) – L'affaire Maurizius (Der Fall Maurizius, 1954) – Madame du Barry (1954) – Papa, Maman, la bonne et moi (1954) – La belle Otéro (Eine Frau erobert die Welt, 1954) – Les fils du Caroline Chérie (Dunkelroter Venusstern, 1954) – Le mouton à cinq pattes (Der Hammel mit den fünf Füßen, 1954) – Les impures (Weiße Sklavinnen für Tanger, 1954) – Les diaboliques (Die Teuflischen, 1955) – Nana – French Can Can (F/I 1955) – Sophie et le crime (Das Mädchen vom 3. Stock, 1955) – Paris canaille (Oh la la, Chérie, 1955) – Les grandes manœvres (Große Manöver, 1955) – Les carnets de Major Thompson (Das Tagebuch des Mister Thompson, 1955) – Mitsou (Mitsou und die Männer, 1956) – L'homme à l'imperméable (Der Mann im Regenmantel, 1956) – Les truands (Gaunerkavaliere, 1956) – Club des femmes (Für Männer verboten, 1956) – Le gorilla vous salue bien (Der Gorilla läßt schön grüßen, 1957) – Tour, prends garde (Des Königs bester Mann, 1957) – La loi c'est la loi (Gesetz ist Gesetz, 1957) – Montparnasse 19 (1957) – The Happy Road (Straße des Glücks, USA/F, 1957) – Les Miserables (Die Elenden, F/DDR/I 1958) – Maxime (Die Affären von Madame M., 1958) – Guinguette (Die Schenke der Verlockung, 1958) – La fave est laché (Das Raubtier rechnet ab, 1958) – Rue des prairies (Wiesenstr. Nr.

10, 1958) – Les affreux (Die Gerechten oder Die Ballade von der weißen Weste, 1958) – Nathalie agent secret (Nathalie spielt Geheimagentin, 1959) – Tendre et violente Elisabeth (Zärtliche und wilde Elisabeth, 1960) – Mt. Topaz (UK 1960) – The Millionairess (Die Millionärin, UK 1960) – Tout l'or du monde (Alles Gold dieser Welt, 1960) – Les magiciennes (Tödliche Begegnung, 1960) – Les petits matins (Wir bitten zu Bett, 1961) – Le capitaine Fracasse (Fracass, der freche Kavalier, 1961) – Mandrin (Mandrin, der tolle Kavalier, 1962) – Le masque de fer (Die eiserne Maske, 1962) – Arsène Lupin contre Arsène Lupin (Auch Stehlen will gelernt sein, 1962) – Voyage à Biarritz (1962) – Coup de Bambou (1963) – Monsieur (D/F/I 1964) – Les fêtes galantes (Die Festung fällt, die Liebe lebt, 1965) – Faut pas prendre les enfants du Bon Dieu pour des canards sauvages (Ich laß' mich nicht für dumm verkaufen, 1968) – Elle bois pas ... ella drague pas ... mai elle cause (1969)

Van Peebles, Melvin

(eigentl. Melvin Peebles), * *21.8.1932 Chicago, Ill., USA.* Der Sohn eines afro-amerikan. Schneiders studierte u.a. am West Virginia College, verbrachte drei Jahre in der US Air Force und strebte eine Karriere als Maler an und drehte einige Kurzfilme. Er verbrachte einige Zeit in Mexiko, Holland und Paris, hier schrieb er fünf Romane. Ein Stipendium ermöglichte es ihm, aus seinem Roman »La permission« einen Film zu machen: »The Story of a Three-Day Pass« (1978). Dieser Film war seine Eintrittskarte für Hollywood, wo man nicht wusste, dass man einen Afroamerikaner verpflichtet hatte, man hielt ihn für einen frz. »auteur«. Trotzdem konnte er bei der Columbia Filme drehen; er arbeitete auch als Drehbuchautor, Komponist, Produzent und Schauspieler. In den 70er Jahren wandte er sich dem Broadway zu, er schrieb das Musical »Ain't Supposed to Die a Natural Death«. Seitdem arbeitete er auch fürs TV als Schauspieler und Produzent. Sein letzter US-Film bisher ist »Identity Crisis« von 1990.

Filme als Komponist: The Story of a Three-Day Pass (1968) – The Watermelon Man (1970) – Sweet Sweetback's Baadassss Song (1971) – Don't Play Us Cheap (1973) – Erotic Tales (1994) – Le conte du ventre plein (F 2000)

Van Rooyen, Laurens

(eigentl. van Rooijen), * *25.3. 1935 Utrecht, Niederlande.* Der Komponist ist wohl nicht verwandt mit dem Komp. und Bandleader Jerry Van R. (Gerard G. J. van Rooijen, * 31.12. 1928 Den Haag) und dessen Bruder, dem Jazztrompeter Ack v. R. (* 1.1.1930).

Filme: Rembrandt fecit 1669 (1977) – Eeen vrouw als Eva – Mysteries (1979) – Lieve jongens (1980) – Enn vlucht regenwulpen (1982) – Brandende liefde (1983)

Varèse Sarabande Records

1978 gegründet, hat sich in erster Linie als Soundtrack-Label einen Namen gemacht, bes. seit 1993 Bruce Kimmel dieses Produktsegment übernahm. Neben Original-Filmsoundtracks und Neueinspielungen klassischer Filmmusiken gehört dazu auch ein exzellenter Katalog von »Original-Cast«-Alben, welcher die Broadway- und Off-Broadway-Produktionen dokumentiert.

Vars, Henry

(eigentl. Henrik Warszawski), * *29.12.1902 Warschau, Polen, † 1.9.1977 Brentwood, Calif.* Poln. Komponist, der in den 50er und 60er Jahren für den US-Film arbeitete, meist für Western und Action-Filme, aber auch Kinderfilme, der Regisseure Andrew V. McLaglen, Maury Dexter und Burt Kennedy.

Filme: Seven Men from Now – Man in the Vault (1956) – Town on Trial – Gun the Man – The Unearthly (1957) – China Doll (1958) – Escort West (1959) – Freckles (1960) – Battle at Bloody Beach – The Two Little Bears (1961) – Flipper (1963) – House of the Damned (1963) – Flipper's New Adventure (1864) – Fool's Parade (1971)

Vaszy, Viktor

* *25.7.1903 Budapest, Ungarn, † 12.3.1979 Szeged.*

Film: Die Frau am Scheidewege (1938)

Vaughan, Clifford

** 23.9.1898 Bridgeton, N.J., USA, † 23.11. 1987 Arcadia, Calif.*

Filme: The Raven (1935) – White Bondage (1937)

Vaughn Williams, Ralph

** 12.10.1872 Down Ampney, Gloucestershire, England, † 26.8.1958 London.* Der bedeutende engl. Komponist hatte seine Ausbildung an der Royal Academy of Music und am Trinity College, dann als Schüler von Max Bruch in Berlin und in Paris bei Maurice Ravel. Lehrte ab 1920 am Royal College of Music in London. Er komponierte zahlreiche Instrumentalwerke wie Sinfonien (»Sinfonia antarctica«, »The Lark Ascending«), Vokalwerke, Bühnenwerke (Opern: »Hugh the Dover«, »Sir John in Love«; Ballett: »Old King Cole«). Schon in den 70ern begann er auch für den Film zu arbeiten, sein Interesse daran äußerte sich auch in Zeitschriften-Beiträgen.

Lit.: The Making of Music, London 1955

Filme: The Invaders (1941) – 49th Parallel (1941) – Coastal Command (1942) – The People's Land (Dok., 1943) – Flemish Farm (1943) – Stricken Peninsula (1945) – The Love of Joanna Godden (1947) – Scott of the Antartic (Scotts letzte Fahrt, 1948) – Bitter Spring (1950)

Veale, John

** 15.6.1922 Shortlands, Kent, England.* Arbeitete in den 50er und 60er Jahre in den USA.

Filme: The Purple Plain – Escape by Night (1954) – Postmark for Dangers (1956) – The Spanish Gardener – No Road Back – High Tide at Noon (1957) – Invisible Creature (1960)

Vecsey, Ferenc

(auch Franz von V.), ** 23.3.1893 Budapest, † 6.4.1935 Rom.*

Film: Das Hofkonzert (1936, + E.Nick)

Veloso, Gaetano

(C. Emmanuel Vianna Telles Veloso), ** 7.8. 1943 Santo Amaro da Purificação (Bahia).* Brasil. Sänger, Musiker und Komponist, zusammen mit Gilberto Gil der bekannteste Vertreter des neuen brasilianischen Liedes, rief zusammen mit diesem die Tropicalismo-Bewegung ins Leben. Ab 1969 trat er als Interpret eigener Lieder auf, 1966 erste LP »Domingo«. 1969 musste er aus polit. Gründen seine Heimat verlassen; 1971 kehrte er zurück und setzte seine Aktivitäten fort. Er nahm zahlreiche LPs (für Philips) auf und schrieb auch Filmmusiken.

Filme: Viagem ai fim do mundo – Brasil Anno 2000 (1968) – Copacabana me angana (1969) – A dama do locato (1978) – India, a filha do sol (1982) – Cinema falado (1986, Dir., Prod., Drehbuch u. Regie) – Dede mamata (1989) – Wild Orchid (1990, Songs) – Os sermones (1990, Schauspieler) – O quatrilho (1995) – Tieta do agreste (1996) – O manadarim (1996, Schauspieler) – Orfeo (1999)

Ventura, Ray

(Raymond Jean V.), ** 16.4.1908 Châteaudun (Eure-et-Loire), Frankreich, † 29.3.1979 Palma de Mallorca.* Bandleader der 20er bis 40er Jahre. Gründete Ende der 20er Jahren seine Collegians und etablierte sich bald als eines der führenden Tanzorchester seines Landes. Unter seinen Musikern war → Paul Misraki. Ab Mitte der 30er Jahre trat V. mit und ohne Band in Filmen auf (»Tourbillon de Paris«, 1939). Ende der 40er Jahre löste er das Orch. auf und wurde Filmproduzent, spielte aber noch Schallplatten ein. Er produzierte u.a. »En cas de malheur« (»Mit den Waffen einer Frau«), »Femmes de Paris« (1953) und »Sait-on jamais?« (»No Sun in Venice«, 1957, Musik v. John Lewis/Modern Jazz Quartet) und führte Regie bei zwei kurzen Tanzfilmen (»Mémoire d'un héros«, »Méphisto-Valse«, 1951). Er trat auch als Schauspieler oder Bandleader in einigen weiteren Filmen auf.

Verdun, Henry

(eigentl. Maurice Castelain), ** 9.8.1895 Rubaix, Frankreich, † 25.6.1977 Paris.*

Film: Die Frau, die Nachtigall (D/F 1931)

Vickers, Mike

(Michael), ** 18.4.1941 Southampton. Engl.* Musiker (in den 60er Jahren Mitglied der Manfred Mann Band) und Komponist, arbeitete für engl. und US-Filme von den 50er bis in die 80er Jahre, gelegentlich auch als Schauspieler.

Filme: The Sandwich Man – Press for Time (1966) – My Lover, My Son (Inzest, 1969, + N.Paramor) – Tibetana (1970) – Please Sir (1971) – Dracula A.D. 1972 (Dracula jagt Minimädchen, 1972) – The Sex Thief (1973) – At the Earth's Core (1976) – Warlords of Atlantis (1978)

Vig, Tommy

(Tamás), * *14.7.1928 Budapest, Ungarn.* Der Schlagzeuger und Vibraphonist studierte am Konservatorium in Budapest und nach 1956 an der Juilliard School in N.Y. Er machte sich einen Namen in der Band von Don Ellis, spielte auch mit anderen Jazzmusikern wie Bill Evans, Duke Jordan und Stan Kenton (*Four Pieces for Neophonic Orchestra*), komponierte »Third Stream«-Titel (*Music for Tschopp Exhibit, Concerto for Vibraharp*) und ließ sich schließlich in L.A. als Studiomusiker und Film- und TV-Komponist nieder.

Filme: Nightmare Circus (1973) – Forced Entry (1973) – Texas Lightning – Sweet Sixteen (1981) – Ruckus (1982) – They Call Me Bruce? (1982) – The Kid with the Broken Halo (1982, TV)

Villa-Lobos, Heitor

(Héctor), * *5.3.1887 Rio de Janeiro, † 11.11. 1959 ebd.* Der bedeutende brasilianische Komponist organisierte ab 1915 in Rio Konzerte mit eigenen Werken, hielt sich in den 20er Jahren mehrfach in Paris auf, wo seine Werke großes Aufsehen erregten. Widmete sich nach 1930 in Brasilien der musikal. Jugend- und Volksbildung, gründete 1942 das Conservatório Nacional de Canto Orféonico. Besuchte 1944 erstmals die USA, hielt sich seitdem dort, in Brasilien und Frankreich auf. Er schrieb zahlreiche Instrumentalwerke, darunter die berühmten »Bachianas brasileiras«, auch Sinfonien, Vokalwerke, Ballette und Opern.

Filme: Green Mansions (1959) – Joao (NL 1972)

Vitarelli, Joseph

US-Komponist, Arrangeur und Pianist/Keyboarder im Pop und Jazz, arbeitete u.a. mit Anita Baker, Wayne Shorter und Larry McNally. Erste Filmmusik 1989.

Filme: The Big Man on Campus – How I Got into College (1989) – Equal Justice (1990, TV) – Bakersfield P.D. (1993, TV) – The Last Seduction (1994) – Under Suspicion (1994, TV-Serie) – Nothing But the Truth (1995, TV) – The Invaders (1995, TV-Serie) – Flirty Dancing (1995) – Commandments – The Substance of Fire (1996) – The Big Easy (1996, TV-Serie) – Evil Has a Face (1996, TV) – Bella Mafia I u. II (1997, TV) – She's So Lovely – First Time Felon – Kissing a Fool (1998) – The Pentagon Wears (1998, TV) – Safety Patrol (1998, TV) – Ryan Caulfield: Year One (1999, TV) 0150 – Excellent Cadavers (1999) – Laughter On the 23rd Floor (2001, TV) – TheSports Pages (2001, TV) – Nobody's Baby (2001) – Boycott – The Beast (2001, TV) – Partners of the Heart (2002)

Vitier, José Maria

* *24.1.1954 Havanna, Kuba.* Der Komponist schrieb Musik fürs Theater, auch Ballettmusiken, Kammermusik etc. sowie die Musik zu mehr als 50 Filmen und 20 TV-Serien.

Filme: Polvo Rojo (1982) – Corazon siobre la tierra (1986) – Un señor muy viejo con alas enormes (1988) – Rio Negro (1990) – Mascaro, el cazador americano (1993) – Fresa y chocolate (Erdbeer und Schokolade, 1994) – Salon Mexiko (1994) – Elefante y la bicicleta (1995) – Las cosas que deja en la Habana (Havanna, Stadt unserer Träume, 1997) – Cuerto de la Habana/Habana Secreta (1999; OST: Milan) – Lista de espera (Kubanisch Reisen, 2000) – Un paraíso bajo las estrellas (2000)

Vizziello, Carlos

Span. Komponist, arbeitet seit 1975 für den Film, u.a. mit den Regisseuren Eugenio Martin und Manuel Summers.

Filme: Yo la vi primero (1975) – Yo soy mujer (1976) – La recera puerta (1976) – Mi primer decado – Dios bendiga cada rincón de esta casa (1977) – Pero no vas a cambiar nunca Margarita? (1978) – Sentados al borde del la mañana con los pies (1979) – Sobrenatural (1981) – Todo er mundo e guenno (1982) – Sahara (1983) – Me hace falta en bigote (1986)

Vlad, Alessio

* *15.5.1955 Rom.* Ital. Komponist und Songschreiber, schreibt seit 1992 Musik für ital., engl. und frz. Filme. Sohn von Roman.

Filme: Kalkstein (1992) – Storia di una capinera (1993) – L'articolo 2 (1994) – Jane Eyre (UK 1996)

– Va dove ti porta il cuore (1996, Songs) – Besieged (1998) – Tea with Mussolini (1999) – Liberate i pesci (2000)

Vlad, Roman

* *29.12.1919 Cernauti, Rumänien, (dt. Czernowitz, heute: Tschernovzy, Ukraine).*
Filme: Destino d'amore (1943) – Eugenia Grandet (1946) – Il paradiso perduto (1948) – Les derniers jours de Pompeji (1948) – Bianchi pascoli – Au-dela des grilles (1948) – La sposa non puo attendere – Domenica d'agosto/Sunday in August (1949) – La beauté du diable (1950) – Incantesimo tragico – Three Steps North (1951) – Pictura – Leonardo da Vinci (1952) – Ho scelto l'amore (1953) – Monsieur Ripis – Romeo and Juliet (1954) – Picasso (Dok., 1955) – Pepote (1956) – Dreams in a Drawer (1958) – Paradis terrestre (Dok., 1958) – Une vie – Nella citta l'inferno – La legge – Herrin der Welt (D/F/I 1959, 2 Teile) – Geheimaktion Schwarze Kapelle – Caltiki: il mostro immortale (1959) – La ragazza in vetrina (1961) – L'orribile segreto del dottor Hitchcock – Ursus (1962) – Hipnosis (1962) – Son of the Red Corsari – Lo spectro (1963) – Controsesso (1964) – Hynosis (Nur tote Zeugen schweigen, 1966) – La vita di Leonardo da Vinci (1972, TV) – Il vicolo Archimede (1979) – Il giovane Toscanini (1988)

Voelkner, Peter

* *15.3.1907 Berlin, † 6.7.1974 ebd.* Studium an der Hochschule für Musik Berlin, ab 1937 Abteilungsleiter am Reichsrundfunk, nach 1945 freier Komponist. Schrieb Musiken für zahlreiche Kulturfilme (»Sommer, Sonne, Schmetterlinge«, »Protest der Kleinsten«) und einige Spielfilme.
Filme: Lied der Wildbahn – Der Griff nach dem Atom – Es war ein Mensch (1950) – Benehmen ist Glücksache (1955, + Peter Igelhoff)

W

Wachsmann, Franz

→ Waxman

Wagener, Hans-Günter

(auch H.G.Wagener, Hans-G. Wagener, Ps. Richard Keybord), * *5.3.1951 Dortmund.* Komponist für Film, Werbung u.a., auch Schlager, u.a. *Leaving Up to You, Addio Paese, Der Wind verweht die Zeit, Einen Sommer lang.*

Filme: Widerspenstige Viktoria (1992, TV) – Einer zahlt immer (1992, TV, + Uwe Buschkötter) – Bella Block: Die Kommissarin (1993, TV) – Geschichten aus dem Leben (1993, TV-Serie) – Großmutters Courage (1994, TV) – Lutz & Hardy (1994, TV-Serie) – Bella Block: Liebestod (1995, TV) – Zwei Brüder: In eigener Sache (1996, TV) – Bella Block: Geldgier (1997, TV) – Das verbotene Zimmer (1998, TV) – Rivalinnen der Liebe (1999, TV) – Die Wüstenrose (199, TV) – Das Herz des Priesters (1999, TV) – Dir zu Liebe (1999, TV) – Fast ein Gentleman (2000, TV) – Barbara Wood: Traumzeit (2000, TV) – Vor Sonnenuntergang (2000, TV) – Du oder keine (20001, TV) – Sperling und das Krokodil im Müll (2001, TV) – Zugvögel der Liebe (2001, TV) – 1000 Meilen für die Liebe (2001, TV) – Anwalt des Herzens (2001, TV) – Der Jahrhundertkrieg (2002, TV-Dok.-Serie) – Ich lass mich scheiden (2002, TV-Serie) – Der Verehrer (2002, TV) – Das Haus der Schwestern (2002, TV)

Wagner, Klaus

Filme: Das Blinde Ohr der Oper (1990) – Hinter verschlossenen Türen (1991) – Das kleine Glück (1993) – Ex (1995, TV) – Faust (1995, TV-Serie) – Der Ausbruch (1996, TV) – Tatort: Muttertag (1997, TV) – Tatort: Geschwister (1998, TV) – Der Elefant in meinem Bett (1999, TV) – Das Alibi – Rote Glut (2000, TV) – Liebe und Verrat (2002, TV)

Wagner, Oscar

* *19.1.1901 Wien, Österreich, † 8.9.1972 ebd.*

Filme: Sieben Jahre Pech (1940, + Karl Föderl) – Sieben Jahre Glück (1942) – Das Lied der Nachtigall (1943) – Der unendliche Weg (1943) – Schuß um Mitternacht – Ich brauche dich (1944) – Wo ist Herr Belling? (1945, unvoll.) – Bravo, kleiner Thomas (1945) – Das Gesetz der Liebe (1945) – Ein Herz schlägt für dich/Das Geheimnis vom Hallwangerhof/Reis am Weg (1945, UA 1949) – Schleichendes Gift (1946) – Wer küsst wen? (1947) – Seine einzige Liebe (1947) – Kunstschätze des Klosterstifts Neuburg (Dok., 1947) – Der Leberfleck (1948) – Die Glücksmühle (1949) – Ein Herz schlägt für dich – Doktor Rosin – Das Gesetz der Liebe – Schuß um Mitternacht (1949) – Wiener Herzen (1954) – Der Hengst Maestoso Austria (1956) – Komödiant aus Wien

Wagner, Reinhardt

* *26.4.1956 Paris.* Französischer Komponist, für den Film tätig seit 1983.

Filme: La crime (1983) – Maman – Roselyne et les lions – Marquis (1989) – Verso sera (1990) – Mima (1991) – Coyote (1992) – Asphalt Tango (1997) – Cinq minutes de détente – La dilettante (1999) – Fifi Martingale – Mortel transfer (2001)

Wagner, Roger

(Roger Françoise/Francis W.), * *16.1.1914 Le Puy (Auvergne, Dept. Haut-Loire), Frankreich, † 17.9.1992 Dijon (Burgund).* Der Komponist machte sich vor allem als Chorleiter (»Roger Wagner Chorale») einen Namen.

Filme: We're No Angels (Wir sind keine Engel, USA 1955, + F. Hollaender, Songs) – Gallant Hours (Der Admiral, USA 1959) – Paint Your Wagon (Westwärts zieht der Wind, Dir., USA 1969)

Waits, Tom

(eigentl. Thomas Allen Waisosky), * *7.12.1949 Pomona, Calif., USA.* Der Sänger, Gitarrist, Komponist und Schauspieler hatte seinen Durchbruch mit der LP »Closing Time« (1973) und trat 1978 erstmals als Schauspieler auf. In den 80er Jahren hatte er einige Nebenrollen in Filmen, meist von Francis Ford Coppola. Für eine Reihe von Filmen schrieb er Songs. 1988 entstand ein quasi-dokumentarischer Konzertfilm über ihn. 2001 schrieb er mit Bengt Clausen und Bengt Risenfors eine Bühnenmusik für Büchners »Woyzek«.

Lit.: Jay S. Jacob, Wild Years, The Music and Myth of Tom Waits, Toronto 2000

Filme (als Komponist /Song-Schreiber):* One the Nickel (1979) – Bad Timing (Black Out Anatomie einer Leidenschaft, 1980) – Divine Madness (1980) – Dem Tüchtigen gehört die Welt* (D 1981) – Wolfen (1981) – One from the Heart (Einer mit Herz, USA 1983; + Crystal Gayle) – Prénom: Carmen (Vorname Carmen, F 1983) – Streetwise (1985) – Down by Law* (1986, + Songs) – Candy Mountain* – Ironwed* (1987) – Wochin?* (1987) – Big Time* (auch Drehbuch, Songs, 1988) – An Urban Fairy Tale* (1989, + Songs) – In una notte di chiaro di luna* (I 1989) – Sea of Love (1989) – Bandini* (1989) – Night on Earth* (1992; OST: Island)

Wakeman, Rick

*(Richard Christopher), * 18.5.1949 Perivale, Middlesex, England.* Der Keyboarder der Rockgruppen Yes und Strawbs produzierte in den 70er Jahren eine Reihe von ambitionierten Konzeptalben wie »The Six Wives of Henry VIII« und »Journey to the Centre of the Earth«. Ein Alkoholproblem verhinderte weitere Projekte dieser Art. 1981 arbeitete er mit Kevin Peeks von der Gruppe Sky am Album »Awakening« und schrieb mit Tim Rice eine Musical-Version von Orwells »1984«. Er schrieb einige Filmmusiken und war in den 80er Jahren auf Tour mit einer wiederbelebten Yes-Gruppe.

Filme: Lisztomania (1975) – White Rock (1977) – The Burning (Brennende Rache, USA 1981) – G'Ole (1983) – Crimes of Passion (China Blue bei Tag und Nacht, USA 1984) – Creepshow 2

Waldau, Harry

(eigentl. Valentin Pinner), * *7.2.1876 Liegnitz (Schlesien), † März 1943 Auschwitz (ermordet)*

Film: Zapfenstreich am Rhein (1930, + W. Rosen, W. Sieber, W. Rollins)

Walden, Chris

(Ps. für Christian Waldemar Schulz), * *10.10. 1966 Hamburg.* Stammt aus musikalischer Familie, lernte früh Klavier und Trompete. Wurde Jazzmusiker, Mitglied des Bundesjugendjazzorchesters (Peter Herbolzheimer), studierte an der Musikhochschule in Köln, arbeitete als Studiomusiker und Arrangeur für Rundfunkorchester. Erste Filmmusiken 1992. 1993–95 Gastdirigent der RIAS-Big Band. Ging mit 29 Jahren nach Hollywood, arbeitete für TV-Filme bei ABC und CBS und etablierte sich als Filmkomponist. Er arbeitet auch als Arrangeur für Schallplattenfirmen und gründete 1999 eine Big Band.

Filme: Lilien in der Bank – Alles nur ein Spiel (1992) – Ein Mann für jede Tonart (1993) – Sommerliebe (1993, TV) – Engel ohne Flügel (1993, TV) – Weihnachten mit Willy Wuff (1994, TV) – Weihnachten mit Willy Wuff II (1995, TV) – Habt euch bitte wieder lieb! (1995, TV) – Alle lieben Willy Wuff (1995, TV) – Dr. Stefan Frank, der Arzt den die Frauen lieben (1995, TV-Serie) – Muchas gracias, Willy Wuff (1996, TV) – The Vows of Deception (1996, TV) – Die unerwünschte Zeugin (1996, TV) – Murder in Mind (1997, TV) – Weihnachten mit Willy Wuff III (1997, TV) – Callboy (1997, TV) – Twiggy: Liebe auf Diät (1998, TV) – Der Kinderhasser – Menschenjagd (1998, TV) – Das verflixte Babyjahr: Nie wieder Sex? (1999, TV) – Dreamboy macht Frauen glücklich – The Lady in Question (1999, TV) – Herz über Bord (1999, TV) – Nicht heulen, Husky (2000, TV) – Zum Glück verrückt – Hochzeit zu viert (2001, TV) – King of the Ants (2002) – Area 23 (2002, TV) – The Last Cowboy (2003, TV)

Walden, Narada Michael

* *23.4.1952 Kalamazoo, Mich., USA.* Als Musiker (d, p), Komponist, Songschreiber und Produzent ist W. seit drei Jahrzehnten eine wichtige Figur in Pop, Rock und Jazz. Er ist auf zahlreichen Schallplatten zu hören, produzierte und/oder schrieb etliche Nr. 1-Hits für Whitney Houston, Mariah Carey (*Visions of Love*), Aretha Franklin u.a. und spielte mit John McLaughlin (als Nachfolger von Billy Cobham) u.a., nahm Schallplatten auf mit Patti Austi, Jeff Beck, Regina Belle, Oleta Adams u.a. und spielte eigene LPs für Atlantic ein. Er

erhielt 1987 einen Grammy für die Produktion des Soundtracks von »The Bodyguard«.
Filme: Just One of the Guys (1985, Songs) – Cross My Heart (1987, Songs) – Bright Lights, Big City (1988, Songs) – Now and Again (1999, TV)
CD: The Best of N. M. W., Rhino

Walden, Stanley Eugene

* *2.12.1932 Brooklyn, N.Y., USA.* Studierte Klarinette und Komposition. Schrieb das Musical »Oh! Calcutta« (1969). W. war in München der Hauskomponist von George Tabori an den Kammerspielen. Arbeitete als Dozent, Sänger, Pianist, Dirigent und Klarinettist, komponierte Ballettmusiken (»Breakthrough«, 1960), Orchesterwerke (»Ouverture for Brass Octet«, 1958), »Symphony for Chamber Orchestra (after Auschwitz«, 1983), Bühnenmusiken, Singspiele, Songs und einige Filmmusiken.
Filme: Indian Circle (Dok., 1970) – Oh! Calcutta (1972) – Desparado City (D 1980) – Frohes Fest (D 1980) – All By Myself (Dok., 1982)

Walden, W. G.

(»Snuffy«),* *1951 Louisina, USA.* US-Komponist, für Film und TV tätig seit 1988. Als Musiker arbeitete er mit Chaka Khan, Eric Burdon und Donna Summer.
Filme: Winnie (1988, TV) – Roe vs. Wade (1989, TV) – The Outsiders – Working Girl – Burning Bridges – Guess Who's Coming for Christmas (1990, TV) – Shoot First: A Cop's Vengeance – The Chase (1991, TV) – Leaving Normal (1992) – Wildecard – The Good Flight (1992, TV) – A Place to Be Loved (1993, TV) – Rise and Walk: The Dennis Byrd Story (1994, TV) – Tom – Ellen (1994, TV) My So-Called Life (1994, TV) – Sweet Justice (1994, TV) – The Monroes (1995, TV) – A Homage (1995) – Homecoming (1996, TV) – A Friend's Betrayal (1996, TV) – Relativity – Ink (1996, TV) – 413 Hope St. – Maggie Winters – Sports Nights – Cupid (1998, TV) – Providence (1999, TV) – One and Again (1999, TV-Serie) – The West Wing (1999, TV-Serie) – Roswell – Angel (1999, TV-Serien) – Norm (1999, TV) – The Street (2000, TV-Serie) – Three Sisters (2001, TV-Serie) – First Years (2001, TV-Serie) – George Lopez (2002, TV-Serie)

Waldmann, Ludolf

* *30.6.1840 Hamburg, † 7.2.1919 Berlin.*
Film: Sei gegrüßt du mein schönes Sorrent (1930, Titelsong)

Waldron, Mal

(Malcolm Earl) (p, comp), * *16.8.1926 N.Y., USA, † 2.12.2002 Brüssel.* Der Jazzmusiker studierte Klavier und Alt-Sax am Queen's College, spielte ab 1949 mit Rhythm & Blues-Bands, George »Nick« Nicholas, Ike Quebec u.a. 1954–57 bei Charles Mingus, 1957–59 Begleiter der großen Billie Holiday. Leitete dann eigene Gruppe, spielte mit Abbey Lincoln und Max Roach. Er schrieb die Musik für Theaterstücke von Leroi Jones: »The Slave« und The Dutchman«. Ging 1965 nach Europa, lebte in der BRD oder Italien, tourte mit eigener Gruppe durch Europa, schrieb Film- und Ballettmusiken. Zahlreiche Schallplatten, u.a. mit Mingus, John Coltrane, B. Holiday, Art Famer, Eric Dolphy, Ron Carter, Steve Lacy u.a., unter seinem Namen für Prestige, Bethlehem, Karim, Impulse, MPS, ECM, Catalyst, Futura, Black Lion, Enja, Horo, America, Alpha, Timeless, IDA, Evidence.
Lit.: A. Mathiesen, M. W., A Black Artist, Kopenhagen 1990
Filme: The Cool World (1963) – Troi chambres à Manhattan (Drei Zimmer in Manhattan, F 1964) – Sweet Love Bitter (1965) – Salà-malle ok (F 1965, Kurzfilm) – George qui (F 1972)

Walker, Bill

(William J.), * *27.11.1896 Pittsburgh, Pa., USA, † 17.1.1992 Woodland Hills, Calif.* Der Sohn eines freigelassenen Sklaven begann als Schauspieler in einer Zeit, als Afroamerikaner im Film kaum mehr als Nebenrollen spielen durften. Er konnte sich aber eine komfortable Nische erkämpfen, schrieb auch einige Filmmusiken und war aktiv in der Bürgerrechtsbewegung.
Filme als Komponist: Kimberley Jim (1965) – Going Home (1971) – Little Laura and Big John (1973) – Bog (1984, Dir.)

Walker, Shirley

** 10.4.1945 Napa, Calif., USA.* W. begann ihre professionelle Karriere als Pianistin beim San Francisco Symphony Orchestra, hatte ihre erste Begegnung mit dem Film als Synthesizerspielerin bei »Apocalypse Now« von F.F.Coppola. Sie arbeitete in den 80er Jahren für andere Komponisten als Arrangeurin, so Danny Elfman, Hans Zimmer, Trevor Jones, Carter Burwell, u.a. an den Filmen »Apocalypse Now«, »The Black Stallion« und »Batman«, für die sie auch schon einige Szenen komponierten durfte. Sie schrieb dann die Musik für einige B-Filme; ihr erster eigener »großer« Film war »Memoirs of an Invisible Man«.

Filme: Escape from L.A.(1966, + John Carpenter) – The Black Stallion (Der schwarze Hengst, 1979, + Carmine Coppola) – The End of August (Erwachen, 1981) – Touched (1982) – Violated – The Dungeonmaster – Ghoulies (1985) – Quicksilver (1986) – Paint it Black – Flight 180 – Batman (1989) – The Flash (1990, TV) – Nightbreed – Days of Thunder – Pacific Heights – Strike it Rich (1990) – Chicago Joe and the Showgirl (1990, + Hans Zimmer) – White Fang – Born to Ride (1991) – Majority Rule (1992, TV) – Memoirs of an Invisible Man (1992) – Batman: Mask of the Phantasm (Cartoon, 1993) – It Came From Outer Space 2 (1996) – Turbulence (1997) – The Others (2000, TV) – Final Destination (2000) – The Perfect Souffle: Testing Final Destination (2000) – Pam Coronado: Intuitive Investigator (2000) – Ritual (2001) – Disappearance (2002, TV) – Final Destination 2 – Willard (203)

TV-Serien: Space: Above and Beyond – Batman – Superman – Spawn – Asteroid

Wallace, Bennie Lee Jr.

** 18.11.1946 Chattanooga, Tenn., USA.* Der Jazzmusiker (ts, cl) spielte in seiner Jugend in Rhythm & Blues-Bands, studierte dann Klarinette an der Univ. von Tennessee. 1977 ging er nach New York, spielte mit Monty Alexander u.a., gründete ein eigenes Trio und war aktiv in der Loft-Szene. W. ist ein origineller Stilist, der sich zu einem ebenso originellen Komponisten gewandelt hat. Schallplatten für Enja, Audioquest, Blue Note.

Filme: Blaze (1989) – White Men Can't Jump (1992) – Redux Riding Hood (Cartoon) – Betty Boop – TV: The Hoop Life

Wallace, Oliver George

** 6.8.1887 London, England, † 16.9.1963 Hollywood, USA.* W. machte sich einen Namen mit einigen abendfüllenden Walt Disney-Cartoons, schrieb aber auch die Musik für zahlreiche Kurzfilme bzw. Cartoons.

Filme: Dumbo (Dumbo, der fliegende Elefant, 1941; mit Frank Churchill) – Cinderella (mit Paul J.Smith, 1950) – Alice in Wonderland (Alice im Wunderland, 1951) – Peter Pan (1953) – Lady and the Tramp (Susi und Strolch, 1955) – Old Yeller (Sein Freund Jello, 1957) – Darby O'Gill and the Little People (1959) – Niki, Wild Dog of the North (1961) – Big Red (Mein Freund Red, 1962) – Legend of Lobo (1962)

Wallin, Bengt-Arne

** 13.7.1926 Linköping, Schweden.* Der Jazzmusiker lernte Trompete als Autodidakt und spielte ab 1949 bei Malte Johnson, Seymour Österwall, Arne Domnerus und ab 1956 in der Radio-Big Band von → Harry Arnold. Er galt in dieser Zeit als einer der besten Trompeter seines Landes. Nach Auflösung des Orchesters arbeitete er als Freelancer und Komponist/Arrangeur und leitete eigene Bands. Schallplatten mit Arnold, Domnerus, Thore Erling, Benny Golson, Lars Gullin, Quincy Jones u.a. 1997 leitete er das Jazz Baltica Ensemble.

CD: The Birth & Rebirth of Swedish Folk Jazz, Act 9254-2

Filme: Käre John (S 1964) – Svenska bilder (1964) – Svarta palmkronor – ...Som havets nakan vind (1968) – Ann och Eve: de erotiska (1969) – Rattorna vinter (1988) – Harifran till kom (1994)

Walsh, Robert J.

** 4.12.1947 Chicago, Ill., USA.*

Filme: Revenge of the Shogun Woman (1977) – Blue Frontier (1981, TV-Serie) – Bugs Bunny: All-American Hero (1981, TV) – The Looney Looney Looney Bugs Bunny Movie (Cartoon, 1981) – Pink Panther at the Olympinks (1981) – Spider Man (1981,

TV-Serie) – Nomad Riders (1981) – Blood Song (1982) – Bugs Bunny's 3rd Movie: 1001 Rabbit Tales (Cartoon, 1982) – Revenge of the Ninja – The Young Warriors – Night Beast (1983) – Daffy Duck's Movie: Fantastic Island (Cartoon, 1983) – G.I. Joe (1983, TV-Serie) – Heartbreaker – Revenge of the Ninja (1983) – Dungeons and Dragons (1983, TV-Serie) – The Young Warriors – Nightbeast (1983) – Fraggle Rock (1983, TV-Serie) – Muppet Babies (1984, TV) – Transformers (1984, TV-Serie) – Jem (1985, TV-Serie) – Robotix (1985, TV) – Potato Head Kids – Big Foot (1985, TV-Serien) – Odd Jobs (1985) – Transformers: The Movie (1986) – Defenders of the Earth (1986, TV-Serie) – Solarman (1986, TV) – My Little Pony: The Movie (Cartoon, 1986) – Inhumanoids: The Movie (1986) – Blondie and Dagwood (1986, TV) – G.I. Joe: The Movie (1987) – Clinton and Nadine (1988) – Digging Up Business (1989) – Pryde of the X Men (1989, TV) – Computer Visions (Cartoon, 1991) – Infinity (1991) – Illusions (1992, TV) – Bitsey Bears (1992, TV) – My Little Pony Tales (1992, TV-Serie) – Dead On (1993) – Number One Fan (1995) – Last of the Caravans (1995, TV) – G.I. Joe Extreme (1995, TV-Serie) – The Adventures of T-Rex (1995, TV-Serie) – Orbit – Fever Lake (1996) – Number One Fan (1997) – Secrets of the Cryptkeeper's Haunted House (1997,TV-Serie) – Darwin Conspiracy (1999, TV) – Millenium Man (1999, TV) – Anaconda: Giant Snake of the Amazon (1999, TV) – A Year to Remember (1999, TV-Serie) – New Adventures of Rin Tin Tin (1999, TV) – Miracle Cures (2000, TV) – The Seventh Portal – The Drifters – The Accuser (2000, TV-Serien) – Nola (2002)

Walsworth, Ivor

(Clifton Ivor), * *31.12.1909 London, † 1978 ebd. (?).* Studierte an der Royal Academy of Music bei William Alwyn, erste Kompositionen wurden bei Promenaden-Konzerten von Henry Wood uraufgeführt. Seine *Rhapsodic Dances* galten in den 30er Jahren als Beispiel für moderne engl. Musik. In den 40er Jahren arbeitete er auch für den Film.

Filme: Papworth Village Settlement (Dok., 1945) – American Hospitals – Unity of Strengths – Star and the Sand

Walter, Grete

Die Identität dieser Komponistin ist bisher nicht geklärt; es wird spekuliert, dass es sich hier um eine Tochter des Dirigenten Bruno Walter (1876–1962) handelt.

Filme: Jeder fragt nach Erika (1931, + M.Eisemann, Paul Hühn, Schmidt-Gentner) – Die verliebte Firma (1932, + E.Granichstaedten, Ernst Hauke) – Das erste Recht des Kindes (1932, + F.Wachsmann) – Ein süßes Geheimnis (1932, + Karl M.May, Marc Roland) – Grün ist die Heide (1932, + Karl Blume, W.Ulfig)

Walton, Sir William Turner

* *29.3.1902 Oldham, Lancashire, England, † 8.3.1982 Insel Ischia, Italien.* Bedeutender engl. Komponist des 20. Jh. Er schrieb Orchesterwerke (*Portsmouth Point, Siesta*), Sinfonien, Opern, Oratorien u.a. sowie ab 1935 eine Reihe von Filmmusiken, die als die bedeutendsten engl. Beiträge zu diesem Genre gelten.

Lit.: Stephen Lloyd, W. W.: Muse of Fire, London 2001

Filme: Escape Me Never (Verlaß mich niemals wieder, 1935) – Dreamy Lips (1936) – As You Like It (1936) – A Stolen Life (Träumende Augen, 1939) – Major Barbara – The Foreman Went to France – Next of Kin – The Forest Rangers – Went the Day Well? (1942) – First of the Few (1942) – Henry V (Heinrich V., 1945) – Hamlet (1948) – Richard III (1956) – Battle of Britain (Luftschlacht um England, 1969; + Ron Goodwin) – Three Sisters (1970)

CD: Filmmusik, Chandos

Wandmacher, Michael

(Ps. Khursor), * *29.10.1967 Minneapolis, Minn., USA.*

Filme: Longxiong husi (Armor of God, 1986) – Shuang long hui (Brother vs. Brother/Twin Dragons, 1992) – Chao ji ji hua (1993) – Jui kuen II (The Legend of the Drunken Master, 1994, neuer Score: 2000) – 26 Summer Street – Street Gun (1996) – With Ot Without You – Modern Vampires (1998) – Freestyle: The Victories of Dan Gable (1999) – Farewell, My Love (1999) – The Sixth Day (2000, Songs) – On the Borderline (2000) – Te we mi cheng/Accidental Spy (2001) – Ambush – Max Keeble's Big Move (2001)

Wang Fu-ling

** ?, † 28.1.1989 Hong Kong.* Der chinesische Komponist war seit 1963 für den Film tätig.
Filme: Madame White Snake (1963) – The Last Woman of Shang (1964) – The Shepherd Girl (1965) – The Mermaid (1966) – Dubei dao (1967) – Cui ming fu (Summons of Death, 1967) – Hsia Yu-Yen (The Girl with the Thunderbolt Kick, 1968) – Tang shan da xiong (The Big Boss, 1971) – Jing wu men (Chinese Connection, 1972) – Legend of the Seven Golden Vampires (1973) – Yang chi (Karate, Küsse, blonde Katzen, 1974) – Sorrow of the Gentry – Cohabitation (1975) – The Snake Prince (1976)

Wannberg, Ken

(Kenneth), ** 28.6.1930 Inglewood, Calif., USA.* Komponist und Schauspieler, für den Film aktiv seit 1971, arbeitet für US-amerik. und kanadische Filme.
Filme: The Tender Warrior – The Peacekillers (1971) – Welcome Home, Soldier Boy (1972) – The Great American Beauty Girl (1973, TV) – Lepke – The Four Deuces (1975) – Bittersweet Love (1987) – The Late Show (1977) – The Silent Partner (1978) – The Changeling – Tribute (1980) – Mother Lode – The Amateur (1982) – Of Unknown Origin (1983) – Miles to Go (1984, TV) – Draw (1984, TV) – The Philadelphia Experiment – Blame it on Rio (1984) – Red River (1988, TV) – Vanishing Act (1988, TV) – Joe Versus the Volcano (1990) – Fatal Memories (1992, TV)

Warbeck, Stephen

Begann als Rockmusiker mit den Pogues, spielte Piano, Akkordeon und Mandoline. Arbeitete als Songschreiber, Filmarrangeur und -produzent, ehe er auch für den Film zu komponieren begann. Schallplatten mit den Pogues, Prague Philharmonic (»Shakespeare at the Movies«, Arr.)
Filme: Prime Suspect (1990, TV, auch TV-Serie 1992–93) – Femme fatale (1993) – The Changeling (1994, TV) – The Mother (1994, TV) – O Mary This London (1994) – Sister My Sister (1994) – Skallagrigg (1994) – Bambino mio (1994, TV) – Nervous Energy (1994) – Prime Suspect 4: Inner Circles (1994, TV) – Brothers in Trouble (1996) – Prime Suspect 5 (1996, TV) – Truth or Dare (1996, TV) – Element of Doubt (1996) – Different for Girls (1996) – Mrs. Brown (1997) – My Son the Fanatic (1997) – The Student Prince (1997, TV) – Shakespeare in Love (1998, OST: Sony) – Bramwell IV (1998, TV-Serie) – Fanny and Elvis (1999) – A Christmas Carol (1999, TV) – Mystery Man – Two Boys – Heart (1999) – Billy Elliot – Quills (Quills: Macht der Besessenheit, 2000) – Dancer/Billy Elliott (2000) – Proof of Life (Lebenszeichen; OST: Varèse) – Captain Corelli's Mandolin (Corellis Mandoline, 2001) – Gabriel and Me – Very Annie-Mary – Gabriel & Me – Birthday Girl (2001) – Charlotte Gray (Die Liebe der Charlotte Gray, 2001) – The Hours (2002) – Secret Passage (2002) – Mystics (2002)

Ward, Edward

** 2.4.1896 St. Louis, Mo., USA, † 26.9.1971 Hollywood, Calif.* Komponist und Songschreiber (*Who Takes Care of the Caretaker's Daughter?).*
Filme: Great Expectations (Geheimnisvolle Erbschaft, 1934) – Saratoga (1937; Songs: Walter Donaldson) – Double Wedding (1937) – The Shopworn Angel (1938) – Boy's Town (1938) – The Crowd Roars (1938) – Dance Girl, Dance (1940) – Cheers for Miss Bishop (1941) – Phantom of the Opera (Das Phantom der Oper, 1943) – The Climax (1944) –

Soundtrack »Quills«, Musik: Stephen Warbeck

The Gypsy Wildcat – Cobra Woman (Die Schlangenpriesterin, 1944) – Ali Baba and the 40 Thieves (Ali Baba und die 40 Räuber, 1944) – Copacabana (1947) – The Babe Ruth Story (1948).

Warren, Harry

(eigentl. Salvatore Guaragna), * *24.12.1893 Brooklyn, N.Y., USA, † 22.12.1981 L.A.* Bedeutender Songschreiber der 20er bis 50er Jahre, schrieb zahlreiche Standards und Filmsongs der klassischen Ära. Lernte Klavier und Akkordeon, war mit 15 Trommler in Karneval-Bands. Nach dem 1. Weltkrieg Pianist in Clubs und Musikverlagen. Erster Hit 1922 *Rose of the Rio Grande*, konnte sich aber erst Ende der 20er Jahre als Komponist etablieren, gehörte dann aber (mit dem Texter → Al Dubin) zu den Top-Songschreibern der 30er und 40er Jahre. Mitarbeiter nach 1938: Johnny Mercer, Mack Gordon, Arthur Freed, Ralph Blane, Ira Gershwin, in den 20er Jahren arbeitete er auch mit Bud Green, Mort Dixon, Gus Kahn, Billy Rose, Joe Young und Egar Leslie.

Lit.: Tony Thomas, H.W. And the Hollywood Musical, Secaucus, N.J. 1975

CD: The Songs of H.W., MCA MCLD19232 – OBC, 42nd Street, RCA BD 83891 – The Music of H.W., Flapper PAST 9795

Filme (Songs):

1932 – Film: The Crooner (Three's a Crowd)

1933 – Filme: Roman Scandals (No More Love; Keep Young And Beautiful; Rome Wasn't Built in a Day) – 42nd Street (42nd Street; Shuffle Off to Buffalo; You're Getting to Be a Habit With Me; It Must Be June) – Gold Diggers of 1933 (Gold Diggers Song (We're in the Money); I've Got to Sing a Torch Song; Shadow Waltz, Pettin' in the Park) – Footlight Parade (Shanghai Lil; Honeymoon Hotel) – My Temptation

1934 – Filme: Wonder Bar (Come to the Wonder Bar; Why Do I Dream Those Dreams; Goin' to Heaven on a Mule; Don't Say Goodnight; Tango Del Rio) – Moulin Rouge (Boulevard of Broken Dreams; Coffee in the Morning; Song of Surrender) – Twenty Million Sweethearts (I'll String Along with You; Fair and Warmer; Is My Baby Out For No Good?) – Dames (Dames; I Only Have Eyes For You)

1935 – Filme: Go Into Your Dance (She's a Latin From Manhattan; The Little Things You Used to Do) – Gold Diggers of 1935 (Lullaby of Broadway; The Words Are in My Heart; I'm Going Shopping with you) – Broadway Gondolier (Lulu's Back in Town; The Rose in Her Hair; Outside of You) – Shipmates (Don't Give up the Ship; I'd Love to Take Orders From You) – Page Miss Glory (Page Miss Glory) – Sweet Music (Sweet Music) – Stars Over Broadway (Where Am I?; You Let Me Down; Broadway Cinderella)

1936 – Filme: Colleen (You Gotta Know How to Dance; I Don't Have to Dream Again) – Hearts Divided (Two Hearts Divided; My Kingdown for a Kiss) – Sing Me A Love Song (Summer Night; The Little House That Love Built; That's the Least You Can Do for a Lady) – Cain And Mabel (I'll Sing You a Thousand Love Songs) – Cartoon: Miss Glory

1937 – Filme: Melody For Two (September in the Rain) – Gold Diggers of 1937 (With Pleny of Money and You; All's Fair in Love and War) – The Singing Marine (I Know Now; 'Cause My Baby Says it's So; The Lady Who Couldn't be Kissed) – Mr. Dood Takes the Air (Am I In Love?; Remember Me) – Marked Woman (My Silver Dollar Man) – How Could You

1938 – Filme: Gold Diggers in Paris (A Stranger in Paree; I Wanna Go Back to Bali; The Latin Quarter) – Garden of the Moon (Love Is Where You Find it; The Girl Friend of the Whirling Dervish; Confidentially) – Going Places (Jeepers Creepers; Say it with a Kiss) – Jezebel (Something Tells Me; You Must Have Been a Beautiful Baby)

1939 – Filme: Honolulu (This Night; The Leader Don't Like Music) – Naughty But Nice (In a Moment of Weakness; Hooray for Spinach; Corn Pickin')

1940 – Filme: Young People (Fifth Avenue; I Wouldn't Take a Million; The Mason-Dixon-Line) – Down Argentina Way (Two Dreams Met) – Tin Pan Alley (You Say the Sweetest Things, Baby)

1941 – Filme: That Night in Rio (They Met in Rio; Boa Noite; Chica Chica Boom Chic; I Like You Very Much) – Weekend in Havana (Tropical Magic; The Man with the Lollipop Song; The Nango; Romance and Rumba) – The Great American Broadcast (Where Are You; I Take to You; It's All in a Lifetime) – Sun Valley Serenade (Chattanooga Choo Choo Choo; I Know Why; The Kiss Polka; It Happened in Sun Valley)

1942 – Filme: Springtime in the Rockies (I Had the Craziest Dream; Pan-American Jubilee) – Orchestra Wives (At Last; Serenade in Blue; I've Got a Gal in Kalamazoo; People Like You and Me) – Iceland (There'll Never Be Another You; Let's Bring New Glory to Old Glory)
1943 – Filme: Sweet Rosie O'Grady (My Heart Tells Me; The Wishing Waltz; Going to the Country Fair) – The Gang's All Here (No Love, No Nothing; Paducah; Minnie's in the Money; The Lady in the Tutti Frutti Hat; Sleepy Moon; Silent Senorita) – Hello, Frisco, Hello (You'll Never Know; I Gotta Have You)
1945 – Filme: Diamond Horseshoe (I Wish I Knew; The More I See You; In Acapulco; Moody; Play Me An Old Fashioned Melody) – Yolanda And the Thief (Yolanda; Coffee Time; Angel; Will You Marry Me?; This Heart of Mine)
1946 – Filme: Ziegfeld Follies (This Heart of Mine; There's Beauty Everywhere) – The Harvey Girls (On the Atcheson, Topeka & Santa Fe; Wait and See; The Wild Wild West; It's a Great Big World; Swing Your Partner)
1947 – Film: Mother Wore Tights (Tra-la-la-la)
1948 – Film: Summer Holiday (The Stanley Steamer; Afraid to Fall in Love u.a.)
1949 – Filme: My Dream Is Yours (Someone Like You; Love Finds a Way) – The Barkleys of Broadway (My One and Only Highland Fling; You'd be Hard to Replace; Manhattan Downbeat)
1950 – Filme: Summer Stock (You Wonderful You; Friendly Star; Dig-dig-dig for Your Dinner; Blue Jean Polka) – Pagan Love Song
1951 – Film: Texas Carnival (Young Folks Should Get Married; Whoa; Emma; Texte von Dorothy Fields)
1952 – Filme: Belle of New York (Baby Doll; I Want to be a Dancing Man; Naughty But Nice; Bachelor Dinner Song; Seeing's Believing; Texte: Johnny Mercer) – Just for You (A Flight of Fancy; I'm Checking My Heart; Zing a Little Zong; Live Oak Tree; The Maiden of Guadelupe; Texte: Leo Robin)
1953 – Film: The Caddy (That's Amore; You're the Right One)
1955 – Film: Marty (Titelsong)
1957 – Film: An Affair to Remember (Titelsong)
1958 – Film: Separate Tables (Titelsong)
1959 – Film: These Thousand Hills (Titelsong)
1962 – Film: Satan Never Sleeps (Titelsong)
1964 – Film: Fate is the Hunter (No Love, No Nothing)
1967 – Film: Rosie (Titelsong)

Waxman, Franz

(eigentl. Wachsmann), ** 24.12.1906 Königshütte (Oberschlesien, heute Chorzów, Polen), † 24.2.1967 Hollywood.* Der bedeutende Filmkomponist studierte in Berlin und Dresden, ehe er 1934 vor den Nazis in die USA floh. Zuvor hatte er in Berlin bei den Weintraub Syncopators gespielt, die Musik von → F. Hollaender für »Der blaue Engel« (1930) orchestriert und seine erste Originalmusik für Fritz Langs Molnar-Adaption »Liliom« (1933) geschrieben. Sein erster US-Film war »Frankensteins Braut« (1935), er wurde daraufhin Musikchef von Universal Pictures. Er war danach bei MGM und von 1942–48 bei Warner Brothers. Anschließend arbeitete er als Freelance-Komponist. W. machte sich auch als Komponist und Dirigent klassischer Musik einen Namen; 1947 gründete er das Los Angeles Music Festival und war dann 20 Jahre lang dessen treibende Kraft.

Lit.: Chr. Palmer, The Composer in Hollywood, London 1990

CD: Sunset Boulevard, Classic Film Scores, RCA GD80708 – Orch.-Suites, RCA 09026626572 – The Film Music of Franz Waxman, RCA 2283-2 – OST, The Story of Ruth, Tsunami TCI 0614 – Filmmusik, Naxos 8225032

Filme: Das Kabinett des Dr. Larifari (1930, + R.Stolz, Max Hansen) – Der Mann der seinen Mörder sucht (1931, + F.Hollaender) – Das Lied vom Leben (1931, + F. Hollaender, H. Adam) – Der blaue Engel (1932, Arr.) – Das Mädel vom Montparnasse (1932) – Paprika (1932) – Scampolo, ein Kind der Straße (1932, + Arthur Guttmann) – Das erste Recht des Kindes (1932, + Grete Walter) – Liliom (1933) – Ich und die Kaiserin (1933, + F.Hollaender) – Gruß und Kuß (1933, + H.Wolfes; Lieder u.a.: *Gruß und Kuß, Veronika*) – Mauvaise graine (F 1933) – Bride of Frankenstein (Frankensteins Braut, 1935) – The Great Impersonation (1935) – Diamond Jim (Diamanten-Jim, 1935) – The Affair of Susan – His Night Out – Three Kids and a Queen –

Remember Last Night? – East of Java – Magnificent Obsession (1935) – The Invisible Ray (Tödliche Strahlen, 1936) – Next Time We Love – Don't Get Personal – Love Before Breakfast – Sutter's Gold – Trouble for Two – Love in the Run – Fury (Blinde Wut, 1936) – The Devil Doll (1936) – His Brother's Wife (1936) – Magnificent Obsession (Die wunderbare Macht, 1937) – The Emperor's Candlesticks (1937) – Captains Courageous (Manuel, 1937) – A Day at the Races (Ein Tag beim Rennen, 1937) – The Bride Wore Red (1937, Song: *Who Wants Love?*) – Man Proof (1937) – Arsène Lupin Returns (1938) – Dramatic School (1938) – Three Comrades (1938) – The Young in Heart (1938) – Honolulu (1938) – A Christmas Carol (1938) – Too Hot Too Handle (Zu heiß zum Anfassen, 1939) – Test Pilot (Der Testpilot, 1938) – Port of Seven Seas – The Shining Hour – The Young in Heart – On Borrowed Time – Lady of the Tropics – The Adventures of Huckleberry Finn – At the Circus (Die Marx Brothers im Zirkus, 1939; Songs von Arlen/Harburg: *Lydia/Two Blind Loves*) – Rebecca (1940) – The Bad Man (1940) – Strange Cargo – Sporting Blood – Boom Town (Der Draufgänger, 1940) – Flight Command (1940) – Florian (1940) – Escape (1940) – The Philadelphia Story (Die Nacht vor der Hochzeit, 1940) – I Love You Again (1940) – The Bad Man – Suspicion (Verdacht, 1941) – Honky Tonk (Ein toller Bursche, 1941) – Unfinished Business – Kathleen – Design for Scandal (1941) – Dr. Jekyll & Mr. Hyde (Arzt und Dämon, 1941) – The Feminine Touch (Engel des Alltags, 1941) – Woman of the Year (Die Frau von der man spricht, 1942) – Seven Sweethearts – Journey of Margaret – Reunion in France – Her Cardboard Lover (1942) – Tortilla Flat (1942) – Air Force (1943) – Old Acquaintance (In Freundschaft verbunden, 1943) – Edge of Darkness (Aufstand in Trollness/Hollywood und die Nazis, 1943) Mr. Skeffington – Destination Toyko (1943) – The Very Thought of You (1944) – In Our Time (1944) – Objective Burma (Der Held von Burma, 1945) – The Affairs of Susan (Susanne!, 1945) – Confidential Agent (1945) – Pride of the Marines – The Horn Blows at Midnight (Der Engel mit der Trompete, 1945) – God is My Co-Pilot – To Have and Have Not (Haben und Nichthaben, 1945, Dir.: Forbstein) – Hotel Berlin – Pride of the Marines – Confidential Agent (1945 – Humoresque – Her Kind of Man (1946) – Nora Prentiss (1947) – Possessed (Hemmungslose Liebe, 1947; Arr. Leonid Raab, Dir. Forbstein) – Dark Passage (Die schwarze Natter, 1947) – The Unsuspected (Der Unverdächtige, 1947) – The Two Mrs. Carrolls (Die zwei Mrs. Carrolls, 1947) – Cry Wolf – That Hagen Girl (1947) – The Paradine Case (Der Fall Paradin, 1948) – Sorry, Wrong Number (Du lebst noch 105 Minuten, 1948) – No Minor Vices (1948) – Task Force (Sturm über dem Pazifik, 1949) – Whiplash – Rope of Sand (Blutige Diamanten, 1949) – Alias Nick Beal (1949) – Night unto Night – Sunset Boulevard* (Boulevard der Dämmerung, 1950) – Night and the City (Die Ratte von Soho, 1950) – Dark City (Stadt im Dunkel, 1950) – The Furies (Die Farm der Besessenen, 1950) – Johnny Holiday (Gestrandete Jugend, 1950) – He Ran All The Way (Steckbrief 7–73, 1951) – A Place in the Sun* (Ein Platz an der Sonne, 1951) – Only the Valiant (Bis zum letzten Atemzug, 1951) – Anne of the Indies (Die Piratenkönigin, 1951) – Red Mountain (Die Hölle der roten Berge, 1951) – The Blue Veil (Das Herz einer Mutter, 1951) – Decision Before Dawn (Entscheidung vor Morgengrauen, 1951) – Phone Call from a Stranger (Ein Fremder ruft an, 1952) – Come Back Little Sheba (Kehr zurück, kleine Sheba, 1952) – My Cousin Rachel (Meine Cousine Rachel, 1952) – Lure of the Wilderness (Lockruf der Wildnis, 1952) – Man on a Tightrope (Der Mann auf dem Drahtseil, 1953) Stalag 17 – I, the Jury – A Lion in the Streets – Bo-

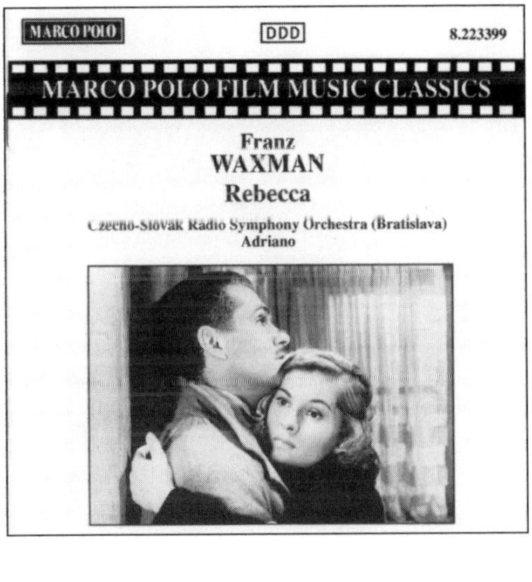

CD mit einer Neueinspielung der Musik für »Rebecca« von Franz Waxman

tany Bay (Das Schiff der Verurteilten, 1953) – Demetrius And the Gladiators (Die Gladiatoren, 1954) – Elephant Walk (Elefantenpfad, 1954) – Rear Window (Das Fenster zum Hof, 1954) – The Silver Chalice (Der silberne Kelch, 1954) – Prince Valiant (Prinz Eisenherz, 1954) – Untamed (Die Unbezähmbare, 1954) – Mister Roberts (Keine Zeit für Heldentum, 1955) – The Virgin Queen (Die jungfräuliche Königin, 1955) – The Indian Fighter (Zwischen zwei Feuern, 1955) – Miracle in the Rain – Crime in the Streets (Entfesselte Jugend, 1956) – Back from Eternity (Zurück aus der Ewigkeit, 1956) – Love in the Afternoon (Ariane: Liebe am Nachmittag, 1957) – Peyton Place (Glut unter der Asche, 1957) – Sayonara – The Spirit of St. Louis (Lindbergh: Mein Flug über den Ozean, 1957) – Run Silent, Run Deep (29-Tödliche Tiefen, 1958) – Home Before Dark (Bevor die Nacht anbricht, 1959) – The Nun's Story (Geschichte einer Nonne, 1959) – Career (Viele sind berufen, 1959) – Count Your Blessings (Französische Betten, 1959) – Beloved Infidel (Die Krone des Lebens, 1959) – Sunrise at Campobello – The Story of Ruth (Das Buch Ruth, 1960) – Cimarron (1960) – Return to Peyton Place (Rückkehr nach Payton Place, 1960) – King of the Roaring Twenties (1961) – Adventures of a Young Man (Hemingways Abenteuer eines jungen Mannes, 1962) – My Geisha (Meine Geisha, 1962) – Taras Bulba (1962) – Lost Command (Sie fürchten weder Tod noch Teufel, 1966)

Webb, Jimmy

(James Layne W.), * *15.8.1946 Elk City, Okla., USA.* Webb gehört zu den populären Songschreibern der 60er Jahre (*MacArthur Park, Up Up and Away*), hat aber auch die Musik für einige Filme geschrieben.

Filme: Tell Them Willie Boy is Here (Blutige Spur, 1969) – Doc (1971) – The Naked Ape (1973) – Voices (1979) – The Last Unicorn (Das letzte Einhorn, Cartoon, 1982; OST: Virgin) – The Hanoi Hilton (1987) – Suspending Disbelief (1993) – The Clean And Narrow (2000)

Webb, Roger

* *7.4.1935 Bristol, England.* Komponist für den engl. Film der 70er und 80er Jahre.

Filme: Bartleby (1969) – One Brief Summer (1970) – The Horrors of Burke and Hare (1971) – The Au Pair Girls (1973) – What's Up Nurse! (1977) – The Godsend (1979) – Death of of a Centerfold: The Dorothy Stratten Story (1981, TV) – Boy in Blue (1986) – He's my Girl (1987)

Webb, Roy

(Leroy Denslow W.), * *3.10.1888 N.Y., USA, † 10.12.1982 Santa Monica.* Obwohl W. zur Generation von → Max Steiner und → D. Tiomkin gehört, ist er der wohl am wenigsten bekannte unter den großen Filmkomponisten der klassischen Ära. Er studierte an der Columbia Univ. und hatte seinen ersten Job am Broadway: er dirigierte das Musical »Happy Stones«. 1914 gehörte er mit Victor Herbert und John Phillip Sousa zu den Gründungsmitgliedern der → ASCAP. Seine Filmkarriere begann, als ihn Victor Baravell, der Musikchef von RKO, zur Mitarbeit an »Rio Rita« einlud. 1928 begann W. (ebenso wie auch Steiner) bei RKO zu arbeiten und blieb dabei bis zur Auflösung der Firma 1955. Er arbeitete als Komponist und Arrangeur an über 300 Filmen. Als besonders talentiert erwies er sich für ein Genre, welches als »Film noir« in die Geschichte einging: den Gangsterfilm, den Thriller und Horrorfilm. Zu seinen Meisterwerken gehören z. B. »Farewell My Lovely«, »Sorry, Wrong Number«, »The Spiral Staircase« (Die Wendeltreppe), einige Hitchcock-Filme und eine Reihe von Val Lewton-Filmen wie »I Walked with a Zombie«, »Cat People« und »The Leopard Man«. Nach 1955 arbeitete W. als Freelancer, ehe er sich 1961 zur Ruhe setzte.

Lit.: Chr. Palmer, The Composer in Hollywood, London 1990

CD: Filmmusik (Val Lewton-Filme), MP

Filme: Alice Adams (1935, + Max Steiner) – Becky Sharp (1935) – In Person (Songs v. Oscar Levant/Dorothy Fields, 1935) – The Last Days of Pompeji (Der Untergang von Pompeji, 1935) – Sylvia Scarlett (1935) – A Woman Rebels (Ein aufsässiges Mädchen, 1935) – The Last of the Mohicans (Der letzte Mohikaner, 1936) – The Ex-Mrs. Bradford (Die schwarze Spinne, 1936) – Singing in the Air – The Plough and the Stars (Der Pflug und die Sterne, 1936) – Quality Street (In stillen Gäßchen, 1937) – Stage Door (Rivalinnen, 1937) – The Affairs of Annabell (1938) – Bringing Up Baby (Leoparden küßt man nicht, 1938) – Vivacious Lady – I'm From the City (1938) – Room Service – The Mad Miss Manton – The Bride Walks Out (1938) – Having Wonderful Time (1938) – Love Affair (Ruhelose Liebe, 1939) – The Great Man Votes – In Name Only – Bachelor's Mother – Five Came Back (1939) – The Marines Fly High – Kitty Foyle – Abe Lincoln in Illinois (1940) – Curtain Call (1940) – Let's Make Music – Tom, Dick & Harry – A Girl, a Guy and a Gob (1941) – Father Takes a Wife (1941) – Cat People (Katzenmenschen, 1942) – Joan of Paris (1942) – I Married a Witch (Meine Frau die Hexe, 1942) – The Big Street (1942) – Bombardier – I Walked with a Zombie (Ich folgte einem Zombie, 1943) – The Ghost Ship (1943) – Flight for Freedom (1943) – The Fallen Sparrow (1943, + C.Bakaleinikoff) – The Leopard Man – The 7th Victim – Hitler's Children (1943) – Behind the Rising Sun (1943) – Farewell, My Lovely (Fahr zur Hölle, Liebling, 1944) – The Master Race – Experiment Perilous (1944) – The Fighting Seabees (1944, + W. Scharf) – China Sky (1944) – Tall in the Saddle (1944, Dir. Bakaleinikoff) – Murder, My Sweet (Mord, mein Liebling, 1944) – The Curse of the Cat People (Der Fluch der Katzenmenschen, 1945) – The Master Race – The Seventh Cross (Das siebte Kreuz, 1945) – Betrayal from the East (1945) – The Body Snatcher (Der Leichendieb, 1945) – Cornered (1945) – The Enchanted Cottage (Mit den Augen der Liebe, 1945) – Dick Tracy (1945) – Back to Bataan (Stahlgewitter, 1945) – China Sky (Am Himmel von China, 1945) – Bad Man's Territory – Bedlam (1946) – The Spiral Staircase (Die Wendeltreppe, 1946) – Magic Town (Die Modellstadt, 1946) – The Locket – Notorious (Berüchtigt, 1946) – Crossfire (Im Kreuzfeuer, 1946) – Sinbad the Sailor (Sindbad der Seefahrer, 1947; Dir. C.Bakaleinikoff) – Out of the Past (Goldenes Gift, 1947) – Code of the West (mit Paul Sawtell, 1947) – Cass Timberlane (Fesseln der Liebe, 1947) – Rachel and the Stranger (Ehe ohne Liebe, 1948) – Blood on the Moon (Nacht in der Prairie, 1948) – I Remember Mama (Das Geheimnis einer Mutter, 1948) – Sorry, Wrong Number (Du lebst noch 105 Minuten, 1948) – Mighty Joe Young (Panik um King Kong, 1948) – Fighting Father Dunne (1948) – Easy Living (1949) – The Window (Das unheimliche Fenster, 1949) – Holiday Affair (1949) – Secret Fury (Die schwarze Lawine, 1949) – Sons of the Musketeers (Die Söhne der drei Musketiere, 1950) – The White Tower (Die Hölle am weißen Turm, 1950) – When Dangers Lives (1950) – Gambling House (Endstation Mord, 1959) – Branded (Das Brandmal, 1950) – Flying Leathernecks (Stählerne Schwingen, 1951) – Jagdgeschwader Wildkatze (1950) – Fixed Bayonets (Der letzte Angriff, 1951) – At Sword's Point (1951) – Hard, Fast and Beautiful (1951) – Clash by Night (Vor dem neuen Tag, 1952) – The Lusty Men (Arena der Cowboys/Der Draufgänger, 1952) – The Raid (Unter zwei Flaggen, 1953) – Affair with a Stranger (1953) – This Is Cinerama (1953) – Second Chance (Mörder ohne Maske, 1953) – Underwater (Die goldene Galeere, 1954) – Dangerous Mission (Blut im Schnee, 1954) – Marty – Blood Alley (Der gelbe Strom, 1955) – The Americano (1955) – The Sea Chase (Der Seefuchs, 1955) – Bengazi (1955) – Our Miss Brooks (1955) – The First Texan (Der Held von Texas, 1956) – The Girl He Left Behind (Playboy ... marsch marsch, 1956) – Top Secret Affair (Charmant und süß, 1956) – Shoot-out at Midicine Bend, 1956) – Teacher's Pet (Reporter der Liebe, 1958) – Easy Come Easy Go (Seemann ahoi!, 1966)

Weber, Eberhard

* *22.1.1940 Stuttgart.* Renommierter Jazzmusiker (b, Cello). Ausbildung zum Fotograf,

Eberhard Weber

arbeitete in Werbefilmgesellschaft. Als Musiker ab 1964 mit → Wolfgang Dauner, später mit Dave Pike, Jan Garbarek u.a. 1981 eigene Gruppe Colors, auch Mitglied des United Jazz- und Rock Ensembles. W. gehört zu den führenden Jazzbassisten und -cellisten. Er komponiert neben Jazzstücken auch Musik für TV-Filme und -Serien (»Kommissar Zufall«) sowie für einige Spielfilme. Zahlreiche Schallplatten.

Filme: Land der Blinden (1985, TV) – Unendlich tief unten (1988, TV) – Aus einem deutschen Leben (1977) – San Franciso Zephir (1978) – Der rote Strumpf (1980) – Der Fall Maurizius (1980, TV) – Der Tod in der Waschstraße (1982, TV) – Wenn alle Brünnlein fließen (1983, TV) – Der Angriff (1983) – Gesichter des Schattens (1984, TV) – Die doppelte Welt (1984, TV) – Gelegenheit macht Diebe (1984, TV) – Kellermannns Prozeß (1984, TV) – Reise ohne Auftrag (1987, TV) – Tatort: Einzelhaft (1988, TV)

Webster, Paul Francis

* 20.12.1907 N.Y., USA, † 18.3.1984 Beverly Hills, Calif. Songtexter; prominent in den 50er und 60er Jahren durch Titelmelodien und Songs für Filme. Studierte an der Cornell Univ. und der New York Univ. Hatte diverse Job, u.a. als Tanzlehrer, schrieb erste Songs Ende der 20er Jahre. Mitte der 30er Jahre ging er nach Hollywood, erster Film »Rainbow on the River« (1936). Er schrieb Texte für die Komponisten Lew Pollack, Duke Ellington, Louis Alter, Hoagy Carmichael, Walter Jurmann, Sammy Fain, Max Steiner, Alfred Newman, Franz Waxman.

Film-Titel-Songs: Quo Vadis (1951) – Love is a Many Splendored Thing (1955) – The Raintree Country – Boy on a Dolphin – April Love (1957) – Rio Bravo – Imitation of Life (1959) – The Alamo (1960) – The Guns of Navarone – Love Theme from *El Cid* (1961) – Tender is the Night (1962) – The Seventh Dawn (1964) – The Shadow of Your Smile (Film *The Sandpiper*, 1965) – Who's Afraid of Virginia Woolf? (1966)

Wecker, Konstantin Amadeus

* *1.6.1947 München.* Studierte an der Musikhochschule und Universität München, arbeitete dann als Pianist, Sänger und Arrangeur. Er tat sich vor allem als Liedermacher und im Bereich der Kleinkunst hervor. 1984 eröffnete er das »Kaffee Giesing«, ein Kleinkunstcafé mit kombiniertem Tonstudio.

Er schreibt vor allem Lieder, 2001 ein Kindermusical nach dem »Dschungelbuch« von Kipling. W. geriet wegen Drogenmissbrauchs in die Schlagzeilen, hat diese Sucht aber inzwischen überwunden. Etliche Schallplatten.

Filme: Liebe in drei Dimensionen (1973) – Das zweite Erwachen der Christa Klages (1977) – Schwestern oder die Balance des Glücks (1981) – Die weiße Rose (1982) – Peppermint-Frieden (1983) – Der Havarist (1984) – Atemnot (1984) – Martha Dubronski (1985) – Der Experte (1987) – Das Sonntagskind (1989) – Go, Trabi, Go (1991) – Schtonk! (1992) – Dr. Schwarz und Dr. Martin (TV)

Wefelmeyer, Bernd

* *14.3.1940 Berlin.* Komponist in der DDR.

Filme: Die Pferdekur (1969) – Die Chansonreise (1971) – Bunnebake (1974) – Eine vollkommen erlogene Geschichte (1977) – Ich: dann eine Weile nichts (1978) – Karl Marx: Die jungen Jahre (1980) – Der Leutnant York von Wartenburg (1981) – Der Mann von der Cap Arkona – Wiesenpieper (1982) – Einer geht vor die Hunde – Zeit der Einsamkeit (1983) – Unternehmen Geigenkasten (1984) – Hasenherz – Die erste Reihe: Bilder vom Berliner Widerstand (1987) – Selbstversuch (12989) – Der kleine Herr Friedemann – Die Sprungdeckeluhr (1990) – Der letzte Winter (1991) – Ein besonderes Paar – Selbstversuch nach Christa Wolf (1994) – Der Mond scheint auch für Untermieter (1995/96)

Wege, Kurt

* *11.7.1911 Frankfurt/M., † 5.4.1964 Hamburg.* Komponist, Arrangeur und Bandleader. Lernte Klavier und Saxophon im Selbststudium, spielte in den 30er Jahren in Orchestern wie Bernard Etté, Efim Schachtmeister und landete nach 1945 beim NWDR in Hamburg, wo er das Tanzorchester leitete. Nach 1948 verzichtete er auf die Leitung des Orchesters, wurde Orchestermitglied, arrangierte und leitete auch ein kleines Ensemble.

Film: Kann ein Mann so treu sein (1956)

Wegener, Siegfried

(Siegfried Karl Hermann W.), * *7.12.1916 Ringenwalde (Krs. Templin, Mecklenburg-Vorpommern), † 11.6.1997 Spanien.* Bandleader, Komponist und Arrangeur. Studierte 1936–39 am Konservatorium in Dortmund Klavier, Trompete, Komposition und Dirigieren, leitete nach dem Krieg ein eigenes Orchester und arbeitete 1948–50 beim Sender Nürnberg als Komponist. Bis 1955 dann in Berlin als freier Komponist tätig, von 1955–57 war er Hauptabteilungsleiter Tanzmusik von RIAS Berlin. Ab 1961 als freischaffender Komponist tätig, arbeitete für Funk, TV, Film und Schallplatte. Er komponierte ca. 2000 Werke der U-Musik sowie Film- und TV-Musiken.

Film: Brennender Sand (1959)

Wehding, Hans-Hendrick

* *3.5.1915 Dresden, † 8.10.1975 ebd.* Studierte 1935–37 an der Orchester-Schule der sächsischen Staatskapelle. Er war dann Mitarbeiter am Sender Dresden und Dirigent versch. Rundfunkorchester, 1946–43 Dirigent am Opernhaus Karlsbad, 1943–35 an der Volksoper Dresden. 1947–53 war er musikalischer Oberleiter am Landessender Dresden und Dirigent des Dresdner Rundfunkorchesters und 1953–55 musikal. Leiter des Deutschen Fernsehfunks der DDR. Als Komponist erlebte W. schon mit 17 Jahren die Uraufführung seiner sinfonischen Dichtung »Münchhausen«; sein umfangreiches Schaffen umfasst alle musikal. Genres. Er schrieb zahlreiche Orchesterwerke, Opern, Operetten, Ballette, Musik für Dok.- und Spielfilme und Schauspielmusiken sowie Lieder. Er trat auch als Schriftsteller mit Gedichten und Novellen hervor.

Opern: Die Fackel (1942) – Rafaela (1943) – Tandaradei (1947) – *Operetten*: Abends im Café (1938) – Gräfin Cosel (1956) – Ab morgen sind wir reich (1968) – *Ballettpantomime:* Der Goldene Pavillion *Filme*: Corinna Schmidt (1951) – Kein Hüsung (1953) – Sommerliebe (1954) – 52 Wochen sind ein Jahr (1955) – Das Traumschiff – Treffpunkt Aimée (1956) – Vergesst mir meine Traudel nicht (1957) – Reifender Sommer – Bevor der Blitz einschlägt – Ware für Katalonien (1959) – Alwyn der Letzte – Die Liebe und der Co-Pilot (1960) – Der Arzt von Bothenow (1961) – Die Nacht an der Autobahn (1962) – Theater um Othello (1963) – Effie Briest (1970) – Die lieben Mitmenschen (1972)

Wehmeier, Rolf G.

* *8.10.1951 Witten (NRW).* Komponist für TV-Filme, Industriefilme, Werbung, Hörfunk etc. Schrieb auch Musik für die Stummfilme »Greed« und »City Girl« sowie Komp. und Arrangements für symphonische Blasorchester.

Filme: Eine Wahnsinnsidee (1990, TV) – Neptun und Isolde (1992, TV) – Lilli Lottofee (1992, TV-Serie) – Happy Holiday (1993, TV-Serie) – Die Spielerin – Der kleine Dachschaden (1989, TV)

Wehle, Peter

* *9.5.1914 Wien, Österreich, † 18.5.1986 ebd.* Studierte in Wien Musik und Jura, war ab 1944 Mitglied des Kabaretts »Die kleinen Vier« (mit Gunther Philipp, Fred Kraus, Hilde Berndt). Arbeitete ab 1955 als freischaffender Komponist, schrieb Chansons, Wienerlieder, Schlager, Filmmusiken und auch Musiken für Revuen und Lustspiele.

Filme: Das Kuckucksei (1948) – In München steht ein Hofbräuhaus (1951) – Das Liebesleben des schönen Franz (1956) – Und wer küßt mich? (1956)

Weill, Kurt

(Kurt Julian W.), * *2.3.1900 Dessau, † 3.4.1950 N.Y., USA.* Dt. Komponist von Bühnenmusik und Musicals. War 1919–29 Operndirigent in Lüdenscheid, studierte in Berlin, komponierte Ballettmusiken und dirigierte. Bühnenmusiken u.a.: »Die Zaubernacht«, »Der Protagonist«, »Royal Palace«, »Happy End«. 1928 Erfolg mit der »Dreigroschenoper« (Bert Brecht/Elisabeth Hauptmann), heiratete den Star der Show Lotte Lenya. 1930 folgte »Aufstieg und Fall der Stadt Mahagonny«, 1933 die Oper »The Lake of Silver«. 1933 ging er in die Emigration, zunächst nach Frankreich, schrieb dort u.a. »Marie Galante«. 1935 in die USA; sein erstes Musical »Johnny Johnson« (1936) hatte mäßigen Erfolg, »Knickerbocker Holiday« (mit dem *September Song*) von 1938 kam besser an. Eine posthume Aufführung der »Dreigoschenoper« 1954 mit Lotte Lenya führte zu neuer Popularität, die *Moritat* wurde als *Mack the Knife* ein Welterfolg durch Interpretationen von Louis Armstrong, Ella Fitzgerald und Bobby Darin.

Lit.: K.W., Musik u. musikal. Theater, Ges. Schriften, Mainz 2000. – Die frühen Werke, Ed. Text und Kritik, 1998. – Jürgen Schebera, K.W., Reinbek 2000. – D. Farneth / E. Juchem/ D. Stein, K.W., Ein Leben in Bildern und Dokumenten, Berlin 2000. – R. Sanders, The Day Grown Short, The Life and Music of K.W., N.Y. 1980 (dt. München 1980). – F. Hirsch, How Can You Tell an American?, K.W. on Stage from Berlin to Broadway, N.Y. 2000. – L.Symonette/K.H.Kowalke (Hg), Sprich leise wenn du Liebe sprichst. Der Briefwechsel K. W.-L. Lenya, Köln 1998

Shows/Musicals: Dreigroschenoper (1928) – Johnny Johnson (1936) – Knickerbocker Holiday (1938) – Lady in the Dark (1941) – One Touch of Venus (1943) – The Firebrand of Florence (1944) – Street Scene (1947) – Love Life (1948) – Lost on the Stars (1949)

Filme (mit bekannten *Songs*): Die Dreigroschenoper (1931; *Moritat/Mack the Knife*) – Goldwyn Follies (1941; *Spring Again, I'm Not Complainin'*) – Knickerbocker Holiday – Lady in the Dark (1944) – Firebrand of Florence (1945; *Sing Me Not a Ballad, You're Far Too Near, A Rhyme for Angels*) – Where Do You Go From Here (1945; *All at Once, If Love Remains, Song of the Rhineland, Columbus Morale*) – One Touch of Venus (Venus macht Seitensprünge, 1948) – Down in the Valley (1950, TV) – Lady in the Dark (1954, TV) – Die Dreigroschenoper (D/F 1962) – Mahagonny (1974, TV) – Baal (1982, TV) – Down in the Valley (1983, TV) – La forêt noire (F 1986, TV) – Dreigroschenoper (1995, TV) – Aufstieg und Fall der Stadt Mahagonny (1998, TV) – K. W. (Dok., 2001, Regie: Sven Düfer)

Weinberg, M.

(Mossej/Moysey Samuilowitsch Wainberg), * *8.12.1919 Warschau, Polen, † 26.2.1996 Moskau, Russland.*

Film: Letjat schurawli (1957)

Weiner, Peter

* *9.2.1937 München.* Der Komponist schrieb die Musik für eine Reihe von Softpornos wie die Filme der »Liebesgrüße aus der Lederhose«-Serie.

Filme: Sensation Alpen (1966) – Lille mand, pos pa – Tanja: Die Nackte von der Teufelsinsel – Da lacht Tirol – Tränen trocknet der Wind (1967) – Wenn Täubchen Federn lassen – Blonde Engel sind nicht billig – Ski extrem (1968) – Lady Godiva Rides – Die Vergnügungsspalte (1969) – Pornokratie (1970) – Tre per uccidere (I 1971) – Lass jucken, Kumpel 2: Das Bullenkloster (1973) – Liebesgrüße aus der Lederhose – Die Stoßburg – Ein Käfer auf Extratour (1973) – Liebesgrüße aus der Lederhose 2 (1974) – Laß jucken Kumpel 3 (1974) – Champagner aus dem Knobelbecher (1975) – Liebesgrüße aus der Lederhose 3 (1976) – Gaudi in der Lederhose (1977) – Liebesgrüße aus der Lederhose 4 und 5 (1978)

Weiss, Friedrich

→ Fenes, Otto P.

Weissenbach, Johannes

* *10.10.1921 München, † 6.11.1956 ebd.*

Filme: Der letzte Schuß (1951) – Moselfahrt aus Liebeskummer (1953) – Es geschah am 20. Juli (1955)

Weiß, Stefan Rudolf

(oder Weiss), * *17.8.1899 Wien, † 13.8.1984 Zürich.*

Filme: Geld auf der Straße (1930, + Frank Fox) – Die Blumenfrau von Lindenau (1931, + Arthur M. Weran) – Wiener Zauberklänge (1931) – Wenn die Liebe Mode macht (1932, + H.-O.Borgmann, Paul Mann) – Heut' kommt's drauf an (1933, + H.Wolfes, B.Kaper, W.Jurmann, Paul Mann)

Welch, Ed

(Edward), * *22.10.1947 Oxford.* Engl. Komponist, für den engl. und frz. Film tätig in den 70er und 80er Jahren.

Filme: Elle court, elle court la banlieu (F 1973) – Confessions of a Pop Performer (1975) – Stand Up Virgin Soldiers – Confessions of a Driving Instructor (1977) – The Thirty-Nine Steps – Rosie Dixon, Night Nurse (1978) – The Shillingbury Blowers

(1980) – Dangerous Davies: The Last Detective (1981) – Funny Money (1982) – Out of the Darkness (1985, TV)

Welch, Ken

(Kenneth Howard W.), * *4.2.1926 Kansas City, Mo., USA.* Arrangeur und Komponist; arbeitete u.a. für die Carpenters, Barry Manilow, Pointer Sisters, Barbra Streisand u.a.

Film: Movers and Shakers (1985)

Welch, Mitzie

(geb. Marilyn Cottle), * *25.7.1935 Canonsburg, Pa., USA.* Arbeitete zusammen mit Ken Welch für den Film »Movers and Shakers« (1985).

Welin, Karl-Erik

(Karl Erik Vilhelm W.), * *31.5.1934 Genarp (Malmö), Schweden, † 30.5.1992 Bunjola (Mallorca), Spanien.*

Filme: Kungsleden (1964) – Träfracken (1966) – Lejonet och jungfrun (1985, als Schausp.) – Bang! (1977)

Wenneis, Fritz

(Friedrich Wilhelm), * *30.9.1889 Mannheim, † 4.7.1969 Garmisch-Partenkirchen.* Studium an der Akademie für Tonkunst in München, arbeitete dann als Theaterkapellmeister, in den 20er Jahren bei der UFA und bei der Tobis. Von 1930 bis 1933 war er Dozent an der Hochschule für Musik in Berlin. Ab 1931 arbeitete er als (Film-)Komponist, in den 30er Jahren u.a. für eine Reihe von Abenteuerfilmen von Harry Piel. Nach 1939 fand er nur noch wenig Beschäftigung beim Film, nach 1945 arbeitete er vor allem für Dokumentarfilme.

Filme: Der Bergführer von Zakopane (1931) – Schatten der Unterwelt (1931) – Bobby geht los/Skandal in der Arena (1931) – Das Schiff ohne Hafen (1932) – Jonny stiehlt Europa (1932) – Der Geheimagent/Ein Mann fällt vom Himmel (1932) – Rasputin/Der Dämon der Frauen (1932, + Wladimir Metzl) – Schwarzwaldmädel (1933, nach Leon Jessel) – Kampf um blond/Mädchen, die spurlos verschwinden (1933) – Sprung in den Abrund (1933, + Fritz Rosen) – Ein Unsichtbarer geht durch die Stadt (1933) – Die Welt ohne Maske (1934) – Das verlorene Tal (1934) – Der Herr der Welt (1934) – Die Spork'schen Jäger (1934) – Grüß' mir die Lore noch einmal (1934, + Hermann Fürchtenicht) – Warum lügt Fräulein Käthe? (1935) – Der rote Reiter (1935) – Artisten (1935) – Eine Seefahrt die ist lustig (1935) – Königstiger (1935) – Der Vogelhändler (1935, nach der Operette von Carl Zeller) – Familie Schimek (1935) – Der Dschungel ruft (1936) – Befehl ist Befehl (1936) – Mit versiegelter Order (1937, + W.Engel-Berger) – Sein bester Freund (1937) – Fracht von Baltimore (1938) – Menschen, Tiere, Sensationen (1938) – Stärker als die Liebe (1938) – Der arme Millionär (1939) – Parkstraße 13 (1939) – Das Recht auf Liebe (1939) – Verwandte sind auch Menschen – Die letzte Runde (1940) – Heimaterde (1941) – Panik/Gesprengte Ketten (1943, UA 1953!, + W. Bochmann) – Der kleine Muck (1943) – Kleiner Wagen, große Liebe (1948/49) – Der Tiger Akbar (1951) – Eine Frau von heute (1953/54) – Die verschwundene Stadt: Dresden (Dok., 1954) – Der Rhein: Herzstrom Europas (Dok., 1956) u.a. Dok.-Filme

Wenzel, Hans Jürgen

* *3.3.1939 Weißwasser (Oberlausitz).* Komponist in der DDR.

Filme: Zeit der Störche (1971) – Das zweite Leben des Friedrich Wilhelm Georg Platow (1973) – Unterwegs nach Atlantis (1976) – Einfach Blumen aufs Dach (1979) – Romeo und Julia auf dem Dorfe (1984) – Der Traum vom Elch (1985) – Kindheit (1986)

Weran, Arthur M.

(eigentl. Arthur Marcell Werau), * *12.12.1887 Wien, † 1.11.1931 ebd.*

Filme: Zwei Welten (D/UK 1930, + O. Stransky, R. Stolz, V. Hollaender) – Die Blumenfrau von Lindenau (1931, + Stephan Weiß)

Werzlau, Joachim

* *5.8.1913 Leipzig, † 23.10.2001 Berlin.* Komponist in der DDR. Kam als erster Nachwuchsautor der DEFA über Hörspielmusiken zum Film. Seine Musik zeigt Einflüsse der sowjeti-

schen Sinfonik, aber auch der Neoromantik.
Filme: Saure Wochen, frohe Feste (1950) – Störenfriede (1952) – Jacke wie Hose – Das geheimnisvolle Wrack (1953) – Der Teufel vom Mühlenberg (1954) – Genesung (1955) – Robert Mayer, der Arzt aus Heilbronn (1955) – Das tapfere Schneiderlein (1956) – Tinko (1956) – Genesung (1956) – Lissy (1957) – Zwei Mütter (1957) – Polonia-Express (1957) – Sonnensucher (1957) – Tilman Riemenschneider (1958) – Eine alte Liebe (1958) – Fünf Patronenhülsen (1960) – Ein ungewöhnlicher Tag (1959) – Königskinder (1962) – Nackt unter Wölfen (1962) – Karbid und Sauerampfer (1963) – Jakob der Lügner (1975)

Westheimer, Peter

** 1948 Australien.*
Filme: Baba-It (1987) – Kadaicha (1988) – Out of the Body (1989) – Volere volare (1991)

Wettach, Adrian, Ps. für → Grock

Whelan, Bill

(William), ** 22.5.1950 Limerick, Irland.*
Filme: Dancing at Lughnasa – Riverdance – Some Mother's Son

Whitaker, David

(David Sinclair W.), ** 6.1.1930 Knebworth (Hertfordshire), England, † 1980.*
Filme: Don't Raise the Bridge, Lower the River (Der Spinner, 1967) – The Desperados (Die Todesreiter, UK 1968) – Hammerhead (1968) – Fairfield Parlor, Eye Witness (1970) – Dr. Jekyll and Sister Hyde (Dr. Jekyll und Sister Hyde, UK 1971) – Dominique (UK 1978)

White, Daniel J.

(Ps. Daniel Gerome, Daniel Villers), ** 22.5. 1912 Malakoff, † 24.5.1997 Paris, Frankreich.* Span. Komponist und Schauspieler, schrieb Musik für spanische, französische, deutsche und US-Filme, darunter zahlreiche Horror-, Action- und Westernstreifen.
Filme: Adémaï au poteau-frontière (1949) – Descendez, on vous demande (1951) – Au diable la vertu – Légère et court vêtue (1953) – Minuit, Champs-Elysées – Soirs de paris (1954) – Tout chante autour de moi – Une fille épatante (1955) – The Wedding in Monaco (Dok., 1956) – Les indiscrêtes – Pépées au service secret (1956) – Je plaide non coupable (1956) – La rivière des 3 jonques (1956) – Patrouille de choc – L'aventurière des Champs-Elysées – Paris clandestin (1957) – Heures chaudes (1959) – Fuga desesperada (1960) – Mundo sigue – Misión Lisboa (1965) – Pop Game (1967) – La ciudad sin hombres – The Blood of Fu Manchu (Der Todeskuss des Dr. Fu Manchu, 1968) – Cinè Girl (1969) – Bésame monstruo (Das Schloß der Gehenkten, 1969) – Cuadrilátero (1970) – Dracula contra Frankenstein (1970) – Tendre et perverse Emanuelle – Tango de la perversion – Ratas no duermen de noche – Filles du Golden Saloon – Les avaleuses (1973) – La sadico de Notre-Dame – Kiss Me Killer (1974) – Frauengefängnis (D 1975) – La coocolona (1975) – Ela Fräulein SS – Une cage dorée (1976) – Helga, la louve de Spilberg (1977) – Convoi de filles – Cocktail spécial (1978) – La comtesse noire (Entfesselte Begierde, 1978) – Robinson und seine wilden Sklavinnen (D 1978) – Le lac des mortes vivants (1982) – Revenge in the House of Usher – Les petites sauvages – Cecilia (1982) – Falo Crest – Esclavas del crimen (1987) – Dark Mission (1988) – Don Quixote de Orson Welles (1992) – Ciudad Baja (1994) – The Killer Barbies (1996) – Vampire Blues (1999, + J.Franco)

Whiting, Richard A.

(R. Armstrong), ** 12.11.1891 Peoria, Ill., USA, † 10.2.1938 Beverley Hills, Calif.* Bedeutender Songkomponist für Bühne und Film der 20er und 30er Jahre. Ausbildung an der Harvard Military School in L.A., als Pianist und Komponist weitgehend Autodidakt. Arbeitete in Musikverlagen. Schrieb die Musik für die Broadway-Shows »George White's Scandals of 1919«, »Toot Sweet« (1919) und »Take Me Along« (1932). In den 30er Jahren vor allem für den Film tätig. Texter waren Raymond B.Egan, Gus Kahn, Leo Robin, Allan Jackson, Haven Gillespie, Buddy DeSylva, George Marion, Johnny Mercer. Seine Tochter Margaret W. wurde als Sängerin berühmt, seine zweite Tochter Barbara wurde Schauspielerin und Sängerin.
Filme (Songs): Close Harmony (1929) – The Dance of Life (1929) – Innocents of Paris (1929, Louise) – Sweetie (1929) – Dangerous Nan McGrew (1930)

– Monte Carlo (1930, Beyond the Blue Horizon) – Let's Go Native (1930) – Pointed Heels (1930) – Paramount on Parade (1930) – Playboy of Paris (1930, My Ideal) – Safely in Numbers (1930) – Ich heirate meinen Mann (D/USA 1931, + Ch.Borel-Clerc) – Adorable, My Weakness (1933) – Bottoms Up (1934, Waiting at the Gate for Katie) – Bright Eyes (1934, On the Good Ship Lollipop) – 265 Nights in Hollywood (1934) – Transatlantic Merry-Go-Round (1934, Rock and Roll) – The Crusaders (1935) – Big Broadcast of 1935 (1935, Why Dream?, Miss Brown to You) – Coronado (1935) – Rhythm on the Range (1936) – Sing Baby Sing (1936, Peter Piper) – Ready, Willing and Able (1937, Too Marvelous For Words) – Varsity Show (1937, Old King Cole, On With the Dance) – Hollywood Hotel (1938, Hooray for Hollywood, Silhouetted in the Moonlight, Can't Teach My Old Heart New Tricks, I'm Like A Fish Out of Water) – Cowboy from Brooklyn (1938, I've Got a Heart Full of Music)

Whyte, Ian

** 13.8.1902 Dumfarmline, Schottland, † 27.3. 1960 Glasgow.*
Film: Bonnie Prince Charlie (1948)

Widelitz, Stacy

Filme: The Doves (1972) – Return to Horror High (1987) – Dirty Dancing (1987) – Stranded (1987) – Phantom of the Mail: Eric's Revenge (1989) – Megaville (1991) – Prayer of the Rollerboys (1991) – Errie, Indiana (1991, TV-Serie) – Entführung nach Schulschluß (1992) – Badge of Betrayal (1996, TV) – Abduction of Innocence (1996, TV) – A Child's Wish (1997, TV) – Into the Arms of Danger (1997, TV) – The Accident: A Moment of Truth Movie (1997, TV) – I Know What You Did! (1998, TV) – One Hot Summer Night (1998, TV) – Crimes of Passion: Nobody Lives Forever (1998, TV) – Pocahontas II: Journey to a New World (1998) – Race Againt Fear (1998, TV) – CHIPs '99 (1998, TV)

Wiemann, H. W.

(Heinrich Wilhelm), ** 12.4.1909 Berlin, † 8.8. 1989 Mölln.*
Filme: Rotation (1948) – Die Buntkarierten (1949)

Wiener, Hugo

** 16.2.1904 Wien, Österreich, † 14.3.1993 ebd.* Komponist, Kapellmeister, Chanson- und Kabarettautor, Schriftsteller. War Korrepetitor am Raimund-Theater und Kapellmeister am Opernhaus in Brünn und an Wiener Operettenbühnen. Arbeitete als Pianist an den Kleinkunstbühnen »Die Hölle« und »Femina«, entdeckte hier seine Begabung als Textautor. Schrieb 1928–38 über 60 Revuen. 1950–65 war er zusammen mit Karl Farkas Autor der »Simpl«-Produktionen. Ab 1928 schrieb er auch Libretti für Operetten von Jara Benes und Robert Stolz, bearbeitete später auch Operetten für das Raimund-Theater und die Bregenzer Festspiele. Er komponierte auch Musik für Film und TV. Von seinen Chansons wurden bes. bekannt *Der Novak lässt mich nicht verkommen, Ich kann den Nowotny nicht leiden* und *Ich muß einmal aus dem Milieu heraus.*

Wiener, Jean

** 19.3.1896 Paris, Frankreich, † 8.6.1982 ebd.* Frz. Komponist. Arbeitete als Pianist für Stummfilme und im Duo mit dem belgischen Pianisten Clement Doucet (Schallplatten ab 1925 für EMI-Columbia), komponierte Musik für das Theater und die Music Hall, ehe er 1933 seine erste Filmmusik schrieb (»L'homme à l'hispano«). Er arbeitete für Regisseure wie Renoir, Duvivier, Becker, Daquin und Bresson, Epstein, L'Herbier, komponierte Chansons wie das Thema *Le Grisby* (dt. *Dreh dich nicht um nach fremden Schatten*, engl. Titel *The Touch)* aus dem Film »Touchez pas au Grisby«, *When in Paris Shadows Fall* und ein *Franco-American Concerto*. Seine Tochter Elisabeth W. (* 1946) hat sich als Filmschauspie lerin einen Namen gemacht.
Filme: L'âne de Buridan (1932) – Une vie perdue (1933) – Knock, ou le triomphe de la médecin (Dr. Knock, 1933) – L'homme à l'hispano (1933) – Le voyage imprévu – Le paquebot tenacity – Les affaires publiques – Maria Chapdelaine (Das träumen-

de Herz, 1934) – Le clown Bux (1935) – Le crime de M. Lange (Das Verbrechen des Herrn Lange, 1936) – L'homme du jour (1936) – La Bandera (Die Liebesgasse von Marokko, 1936) – Rose (1936) – Le bas fonds (Nachtasyl, 1936) – Nuits de feu (Eifersucht, 1936) – De man zonder hart (1937) – Derrière la façade (Geheimnis im Hinterhaus, 1937) – Le dernier tournant (1939) – Untel père et fils (1940) – Les passagers de La Grande Ours (1941) – Madame et le mort (1942) – Les voyagers de la Toussaint (1942) – L'épouventail (Cartoon, 1943) – Le père Goriot (1944) – Le capitan (Abenteuer am Königshof, 1945) – Panique (Panik, 1945) – L'impasse (1945) – Macadam (Zur roten Laterne, 1946) – Pour une nuit d'amour (Für eine Liebesnacht, 1946) – Il suffit d'une fois (1946) – Les frères Bouquinquant (1947) – Le parfum de la dame en noir (1949) – Le point du jour (Vor Tagesanbruch, 1949) – Rendez-vous de juillet (Jugend von heute, 1949, + Mezz Mezzrow) – L'escadron blanc, 1949) – Plus de vacances pour le Bon Dieu (Keine Ferien für den lieben Gott, 1949) – Ein Lächeln im Sturm (1950) – Sous le ciel de Paris (Unter dem Himmel von Paris, 1951) – Les poussières (1950) – Maitre après dieu (1951) – Premier roman (1951) – Je suis un mouchard (Unter Gangstern, 1952) – Touchez pas au Grisby (Wenn es Nacht wird in Paris, 1953) – Le comte de Monte Christo (Der Graf von Monte Christo, 1954) – Les Poussières (1954) – Futures vendettes (Reif auf jungen Blüten, 1955) – La garçonne (Die Liebe gehört mir, 1956) – Voici le temps des assassins (Der Engel der ein Teufel war, 1956) – Pot-Bouille (Immer wenn das Licht ausgeht, 1957) – Ni vu, ni connue – La vedova elettrica (1957) – Sois belle et tais-toi (Sei schön und halt den Mund, 1958) – Le septième ciel (1959) – La femme et le pantin (Ein Weib wie der Satan, 1959) – Notre Dame, Cathédrale de Paris (1959) – Pantalaskas (1960) – La création du monde (1962) – Au hazard Baltasar (Zum Beispiel Baltasar, F/S 1965) – Le tigre se parfume à la dynamite (Der Tiger parfümiert sich mit Dynamit, F/E/I 1965) – Merlusse (1965, TV) – Rèvolution d'octobre (Oktoberrevolution (Dok., 1966) – Mouchette (1967) – Benjamin (Aus dem Tagebuch einer männlichen Jungfrau, 1968) – Une femme douce (Die Sanfte, 1969) – La faute d'Abbé Mouret (Die Sünde des Abbè Mouret, 1970) – Le petit théatre de Jean Renoir (1971, TV) – La cavale (1971) – Femini, feminin (1972) – Duelle (Unsterbliche Duelle, 1976) – Lettres d'amour en Somalie (Dok., 1981) – Le crime d'amour (1982)

Wienrich, Ralf

Filme: Das Leben danach: Himmlische Aussichten (1995) – Rochade (1997) – Liebe deinen Nächsten! (1998) – Zita: Geschichten über Todsünden (1998) – Love & Rage (Liebe und Leidenschaft, D/IRL 1999) – Schnee in der Neujahrsnacht (D 1999) – Mein Bruder der Idiot (1999, TV) – Sex oder Liebe – Hat er Arbeit? (2000, TV) – Goebbels und Geduldig (2001) – Coronado (2003)

Wilbrandt, Jürgen

** 10.6.1922 Rostock.* Komponist in der DDR.
Filme: Ninotschka sucht den Frühling (1973) – Die Regentrude (1976) – Der blaue Helm (1979, TV) – Polizeiruf 110: Die Spur des 13. Apostels (1983, TV) – Antrag auf Adoption (1983, TV) – Zwei Leere Stühle (1984) – Polizeiruf 110: Traum des Vergessens (1985) – Polizeiruf 110: Der zersprungene Spiegel (1985, TV) – Rapunzel, oder Der Zauber der Tränen (1988) – Ein brauchbarer Mann (1989)

Wilden, Gert

(eigentl. Gerhart Alfred Wychodil), ** 15.3. 1923 Mährisch-Trübau (heute: Moravská Třebová, Tschechien).* Filmkomponist und Unterhaltungsmusiker. Studierte an der Musikhochschule in Prag, war Leiter des Bayerischen Rundfunkorchesters, hat sich aber vor allem als Film- u. TV-Komponist einen Namen gemacht. Zu seinen Arbeiten gehören zahlreiche Titelthemen und Musiken für TV-Serien und Spielfilme, u.a. für die berüchtigten »Schulmädchenreports« u.a. Schmuddelstreifen der 70er Jahre, deren Musik weitaus besser ist als die Filme selbst. Er arrangierte/dirigierte Schallplattenaufnahmen von Hildegard Knef, Roy Etzel, Heidi Brühl, Helmut Fischer u.a. und gründete die Viel-Harmoniker, ein den Comedian Harmonists nachempfundenes Vokalensemble. 1996 war er mit einem Orchester auf Tournee. Sein Sohn Gert W. jr. (* 22.8.1954) ist ebenfalls Komponist.

CD: Deutsche Filmkomponisten Vol. 2, Bear Family BCD 16482 – I Told You Not to Cry, EFA 04380
Filme: Almenrausch und Edelweiß – Gruß und Kuß vom Tegernsee (1957) – Der Sündenbock von Spatzenhausen (1958) – Bei der blonden Kathrein (1959) – O Sole Mio (1960) – Orientalische Nächte (1960) – Schlagerparade (1960 – Das Rätsel der grünen Spinne (1960) – Adieu, Lebewohl, Goodbye (1961) – Davon träumen alle Mädchen – Auf Wiedersehen – Café Oriental – Das Geheimnis der schwarzen Koffer (1961) – Der schwarze Panther von Ratana (D/I 1962) – Verrückt und zugenäht (1962) – Wenn die Musik spielt am Wörthersee – Heißer Hafen Hongkong (1962) – ... denn die Musik und die Liebe in Tirol (1963) – Wie schön du bist (1963) – The Days of the Birchboy (Die Tages des Birkenjungen, 1963) – Lederstrumpf: Der Wildtöter – Frühstück mit dem Tod (D/A 1964) – Die schwarzen Adler von Santa Fe (D/F/I 1964) – Holiday in St. Tropez (1964) – Verdammt zur Sünde (1964) – Die Festung (1964) – Sprit für Spatzen – Hotel der toten Gäste (D/E 1965) – Der Fluch des schwarzen Rubin (D/F/I 1965) – Ich, Dr. Fu Man Chu (D/UK 1965) – Tausend Takte Übermut (1965) – Komm mit zur blauen Adria (1965) – Der Todeskuss des Dr. Fu Man Chu – Die Rache des Dr. Fu Man Chu – Die Folterkammer des Dr. Fu Man Chu – Die 13 Sklavinnen des Dr. Fu Man Chu (1966) – Madame und ihre Nichte (1969) – Die jungen Tiger von Hong Kong (1969) – Die Jungfrauen von Bumshausen (1969) – Schülerreport (1971) – Was Männer nicht für möglich halten (1971) – Schulmädchenreports 1 bis 13 (1971–78) – Die jungen Ausreißerinnen – Die dressierte Frau (1972) – Mädchen, die nach München kommen (1972)

Filmplakat: »Das Geheimnis des Schwarzen Koffers«, Musik: Gert Wilden

Wilder, Alec

(Alexander LaFayette Chew W.), * *16.2.1907 Rochester, N.Y., USA, † 24.12.1980 Gainesville, FL.* Der Komponist studierte an der Eastman School of Music. In den 40er Jahren wurde er bekannt durch unorthodoxe Kompositionen, einer Fusion von Jazz und Klassik, die er z. T. mit einem Holzbläser-Oktett einspielte. Zu Standards wurden seine Songs *I'll Be Around, Soft As Spring, It's So Peaceful in the Country* und *While We're Young.* Er schrieb ein Standardwerk über den »American Popular Song«.
Lit.: American Popular Song, N.Y. 1982. – Desmond Stone, A. W. in Spite of Himself, A Life of the Composer, 1996
Filme: Make Mine Music – All the Cats Join In (1946) – Albert Schweitzer (1957) – Pinocchio (1957, TV) – Hänsel and Gretel (1958, TV) – The Sand Castle (1961) – Open the Door and See All the People (1964)

Wilen, Barney

(Bernard Jean), * *4.3.1937 Nizza, Frankreich, † 25.5.1996 Paris.* Einer der begabtesten frz. Jazzmusiker (ts) der 50er Jahre wuchs in den USA auf, ging mit 15 Jahren nach Paris, spielte dort mit durchreisenden Musikern wie John Lewis, Art Blakey und → Miles Davis. Mit letzterem nahm er an den Soundtracks zu »Gefährliche Liebschaften« und »Fahrstuhl zum Schafott« teil. Er schrieb selbst einige Filmmusiken. Mitte der 60er Jahre begann er sich für den Free-Jazz zu interesssieren, arbeitete mit Don

Cherry, aber auch mit indischen Musikern. Schallplatten auch mit Bud Powell, Flavio Ambrosetti, Irène Schweizer; als Leader für Swing, Philips, Guilde du Jazz, RCA, Fontana, MPS, IDA, Sunnyside, Timeless.

Filme: Un temoin dans la ville* (Der Mörder kam um Mitternacht, F/I 1959) – A propos d'un meurtre (Kf., 1966) – Si j'avais quaire dromadaires (Dok., F/D 1966) – A l'intention de Mademoiselle Issaufor a Bilma (F 1979)

CD: Jazz a Paris* , Mercury 548318-2

Wilhelm, Rolf Alexander

** 23.6.1927 München.* Erhielt früh Klavierunterricht, studierte schon mit 13 Jahren an der Musikhochschule Wien, dann 1946–48 in München. Arbeitete ab 1946 für den Rundfunk (Hörspiele, Schulfunk etc.), schrieb ab 1948 Bühnenmusiken für die Kammerspiele in München, Schauspielhaus Zürich, Burgtheater Wien. Ab 1954 Filmmusiken, ab 1955 auch TV-Musiken. Er komponierte auch Werke der »gehobenen Unterhaltungsmusik«, u.a. »Concerto für Tuba and Wind Instruments«, »Dr. Faustus« (Filmmusik-Suite). Er bearbeitete und ergänzte auch die unvollendete Tondichtung »Die Donau« von Richard Strauss und die Ballettmusik »Coppelia« von Leo Delibes.

CD: Deutsche Film-Komponisten Vol. 4, Bear Family BCD 16484

Filme: 08/15 (1954) – 08/15 Teil 2: Im Kriege (1955) – 08/15 Teil 3: In der Heimat (1955) – Phantom des großen Zeltes (Circus Capelli, 1954) – Weil du arm bist mußt du früher sterben (1956) – Die grünen Teufel von Monte Cassino (1958) – Die feuerrrote Baroness (1958) – Und ewig singen die Wälder (A 1959) – Heimat, deine Lieder (1959) – Der Schleier fiel – Schick' deine Frau nicht nach Italien – Die zornigen jungen Männer (1960) – Scotland Yard jagt Dr. Mabuse – Das Erbe von Björndal (1960) – Via Mala (1961) – Ruf der Wildgänse (A 1961) – Es muß nicht immer Kaviar sein (D/F 1961) – Julia du bist zauberhaft (A/F 1961) – Der Zigeunerbaron (A/F 1962) – Barras heute (1962) – Das schwarz-weißrote Himmelbett (1962) – Venusberg (1963) – Kennwort Reiher (1963) – Die schwedische Jungfrau (1964) – Ferien vom Ich (1963) – Lausbubengeschichten (1964) – Tonio Kröger (1964) – Scotland Yard jagt Dr. Mabuse – Wälsungenblut (1965) – An der Donau wenn der Wein blüht (D/A 1965) – Tante Frieda – Die Nibelungen (2 Teile, 1966) – Grieche sucht Griechin (1966) – Onkel Filser (1966) – Die Heiden von Kummerow und ihre lustigen Streiche (1967) – Wenn Ludwig ins Manöver zieht (1967) – Kurzer Prozeß (1967) – Die Lümmel von der ersten Bank, Teile 1, 3, 4, 5, 6, 7 (1967–72) – Hurra, die Schule brennt – Pepe der Paukerschreck (1969) – Ludwig auf Freiersfüßen (1970) – Wir hau'n die Pauker in die Pfannne (1970) – Das Glöcklein unterm Himmelbett (1970) – Der scharfe Heinrich (1970) – Morgen fällt die Schule aus (1971) – Betragen ungenügend (1972) – Das fliegende Klassenzimmer (1973) – Als Mutter streikte (1973) – Abälard: Die Entmannung (1975, + H.W.Henze) – Das Schlangenei (The Serpent's Egg, D/USA 1976) – Unordung und frühes Leid (1977) – Die Jugendstreiche des Knaben Karl (1977) – Die wunderbaren Jahre (1980) – Aus dem Leben der Marionetten (D 1980) – Doktor Faustus (1982) – Ödipussi – Sukkubus (1987) – Rosamunde (1990) – Pappa ante portas (1991)

Wilkins, Ernie

(Ernest Brooks), ** 20.7.1922 St. Louis, Mo., USA, † 6.6.1999 Kopenhagen, Dänemark.* Der Saxophonist, Arrangeur, Komponist und Bandleader studierte an der Wilberforce Univ. und hatte erste Jobs in den 40er Jahren bei Gerald Wilson, George Hudson u.a. Big Bands. Ging 1951 zu Count Basie, arbeitete ab 1955 als Freelancer für die Dorsey-Brüder, Harry James, Dizzy Gillespie u.a. und leitete Studiobands für Buddy Rich, Sarah Vaughn, Oscar Peterson u.a. War wegen Drogenproblemen zeitweise inaktiv, arbeitete ab 1969 für Clark Terrys Big Band und das Mainstream-Label. Ab 1975 in Europa, arbeitete für Rundfunk-Bands und leitete in Kopenhagen seine Almost Big Band. – Schallplatten für RCA, Savoy, Everest, Storyville, Matrix, Steeplechase.

Film: Stand Up and Be Counted (Jede Stimme zählt, 1971)

Wilkins, Rick

** 1.2.1937 Hamilton, Ontario, Kanada.* Der Jazzmusiker (ts) und Komponist studierte in Toronto bei Phil Nimmons, spielte dann in der

Big Band von Rob McConnell (»Boss Brass«) und arbeitete fürs TV in Toronto und L.A. Er nahm Schallplatten auf mit McConnell, Phil Woods, Frank Wess, Peter Appleyard u.a. und arrangierte für McConnell, Frank Capp/Nat Pierce u.a.
Film: The Changeling (Changeling, KAN 1979)

Wilkinson, Arthur H.

* *1919 Ealing, England, † 1968*. Engl. Komponist im Film der 40er Jahre, arbeitete auch fürs Theater und Musical Shows (u.a. für die letzte von Ivor Novello), dann auch für Rundfunk und TV-Jingles.
Filme: Trouble in the Air – The Weaker Sex (1948) – Once Upon a Dream – It's Not Cricket – The Perfect Woman (1949) – Traveller's Joy (1951)

Wilkinson, Marc

* *27.7.1929 Neuilly-sur-Seine, Frankreich*. Engl. Komponist, arbeitete von den 60er bis in die 90er Jahre für engl. und US-Filme.
Filme: If ... (1968) – The Royal Hunt of the Sun (1969) – The Three Sisters (1970) – Family Life (1971, TV) – Eagles in a Cage (1971) – The Blood on Satan's Claw (1971) – Darwin Adventure (1972) – The Triple Echo (1973) – Starlost: The Return (1973, TV) – The Hireling (Eine Botschaft für Lady Franklin, UK 1973) – The Mango Tree (1977) – The Quartermass Conclusion (1979, TV) – Eagle's Wings (1979) – The Fiendish Plot of Dr. Fu Manchu (Das boshafte Spiel des Dr. Fu Man Chu, USA 1980) – Looks and Smiles (1981) – Enigma (1982) – Kim (1984, TV) – The Big Bang Theory (1995)

Williams, Charles

(eigentl. Isaac Coserbreit), * *8.5.1893 London, England, † 7.9.1978 Findon Valley (Worthing), West Sussex*. Studierte an der Royal Academy of Music, wurde bekannt als Dirigent des Queen's Hall Light Orchestra und später bei der BBC. Er arbeitete seit den Stummfilmtagen für den Film als Komponist, musikal. Leiter oder Dirigent.
Filme: Thurdays Child – Warn That Man – Medal for the General – The Young Mr. Pitt – My Wife's Family – Women Aren't Angles – Candles at Nine – Twilight Hour – It Happened One Sunday – Tower of Terror – This Britain (Serie, 1945) – The Night Has Eyes – Quiet Weekend – *Als Dirigent*: English Without Tears (Score: N.Brodzsky) – The Silver Fleet (Score: Allan Gray) – The Way to the Stars (Score: N.Brodszky)

Williams, John Towner

* *8.2.1932 Floral Park, Long Island, N.Y., USA*. Filmkomponist und Dirigent. Sein Vater J. W., Sr. spielte Schlagzeug bei Raymond Scott. Begann als Jazzpianist und nahm als solcher LPs auf für Kapp, RCA, Bethlehem. Arbeitete als Begleiter für die Sänger Vic Damone und Howard Keel und in den Hollywood-Studios als Pianist und/oder Arrangeur für Georgia Carr, Jerry Fielding, Mel Tormé, Frankie Laine, Carmen McRae, Dave Pell, André Previn, Henry Mancini (*Peter Gunn*), Maxwell Davis, Pete Candoli, Russ Garcia, Ted Nash, Stanley Wilson u.a. Etablierte sich als Filmkomponist, schrieb die Musik für inzwischen rd. 100 Filme und 1996 die Olympia-Hymne *Summon the Heroes*. Von 1980–96 war er Leiter des Boston Pops Orchestra. (Nicht zu verwechseln mit dem Jazzpianisten J.W., * 28.1.1929, oder dem klassischen Gitarristen J.W.).

Soundtrack zum ersten »Harry Potter«-Film, Musik: John Williams

CD: The Greatest Music of J.W., Milan 873044 – Boston Pops, Summon the Heroes, Sony 62592 – Very Best, Philips 432802-2 – OST, Star Wars, RCA 2668772 bis 26687742 – OST, E.T., MCA MCD 01878 – OST, Fran And Away, MCA MCD 10628 – OST, Jurassic Park, MCA MCD 10859 – Filmworks, MCA MCD 32877 – The Orig. Motion Picture Soundtracks, RCA 68746 – J.W./Itzak Perlan, Cinema Serenade, Sony 63005 – Traummelodien des Kinos, Sony COLSK 63030 – The Ultimate Star Wars Edition, Sony
Filme: Daddy-'O' – I Passed for White (1959) – Because They're Young (1960) – Bachelor Flat (1962) – Diamond Head (Der König von Hawaii, 1963) – The Killers (1964) – John Goldfarb Please Come Home (Eine zuviel im Harem, 1965) – None But the Brave (1965) – How to Steal a Million (Wie klaut man eine Million, 1966) – The Rare Breed (Rancho River, 1966) – Penelope (1966) – A Guide for the Married Man (Leitfaden für Seitensprünge, 1967) – Valley of the Dolls – Fitzwilly (Die Lady und ihre Gauner, 1967) – Sergeant Ryker (Hängt den Verräter, 1968) – Heidi (1968, TV; Song: *A Place of My Own* v. Williams u. Rod McKuen) – Daddy's Gone A-Hunting (Der Mann mit dem Katzenkäfig, 1969) – Goodbye Mr. Chips (Dir., 1969) – Fiddler on the Roof (Arr.) – Jane Eyre (1971, TV) – Poseidon Adventure (Die Höllenfahrt der Poseidon, 1972) – The Cowboys – Images (Spiegelbilder, 1972) – Pete 'n' Tillie (Peter und Tillie, 1972) – The Long Goodbye (Der Tod kennt keine Wiederkehr, 1972, Titelsong gespielt von Dave Grusin) – The Man Who Loved Cat Dancing (Der Mann der die Katzen tanzen ließ, 1973) – Cinderella Liberty (Der Zapfenstreich, 1973) – The Paper Chase (Zeit der Prüfungen, 1973) – Earthquake (Erdbeben, 1974) – The Towering Inferno (Flammendes Inferno, 1974) – The Sugarland Express – Conrack (Abschied von einer Insel, 1974) – Jaws (Der weiße Hai) – The Eiger Sanction (Im Auftrag des Drachen, 1975) – Midway – Family Plot (Familiengrab, 1976) – The Missouri Breaks (Duell am Missouri, 1976) – Black Sunday (Schwarzer Sonntag, 1976) – Star Wars – Close Encounter of the Third Kind (1977) – The Fury (Teufelskreis Alpha, 1978) – Jaws 2 (Der weiße Hai 2) – Superman – The Stud (Die Stute, 1978) – »1941« – Dracula (1979) – The Empire Strikes Back – Superman 2 (1979) – Raiders of the Lost Ark (Jäger des verlorenen Schatzes) – Heartbeeps (1981) – E. T. – Yes, Giorgio (1982) – Return of the Jedi – Beyond the Limit – The Big Chill – Jaws 3 (Der weiße Hai 3) – Monsignor – Amistad – Superman 3 (1983) – Indiana Jones and the Temple of Doom (Indiana Jones und der Tempel des Todes) – Best Defense – The River (1984) – Terror in the Aisles – Top Secret! – Emma's War – Spacecamp (1985) – Ferris Bueller's Day Off (1986) – Empire of the Sun (Das Reich der Sonne; OST: WEA) – The Witches of Eastwick – Jaws: The Revenge – Superman 4 – The Quest for Peace (1987) – The Accidental Tourist (1988) – Born on the Fourth of July – Always – Indiana Jones and the Last Crusade (Indiana Jones und der letzte Kreuzzug, 1989) – Presumed Innocent – Home Alone – Stanley and Iris (1990) – JKF – Hook (1991) – Home Alone 2: Lost in New York – Far and Away (1992) – Jurassic Park (1993) – Schindler's List (Schindlers Liste, 1994) – Nixon (Nixon–Der Untergang eines Präsidenten, 1995) – Rosewood – Sleepers (1996) – The Lost World (Die vergessene Welt, 1997) – Seven Years in Tibet (Sieben Jahre in Tibet, 1998) – Saving Private Ryan (1998) – Star Wars: The Phantom Menace (1999) – Angela's Ashes – The Patriot (Der Patriot, 2000) – Jurassic Park III (2001, OST: Decca) – A. I (2001) – Harry Potter and the Sorcerer's Stone (Harry Potter und der Stein der Weisen, 2001, OST: WEA) – Star Wars: Episode II: Attack of the Clones (2002) – Minority Report (2002) – Harry Potter and the Chamber of Secrets (2002) – Catch Me If You Can (2002) – Harry Potter and the Prisoner of Azkaban (2004) – Star Wars: Episode III (2005)

Williams, Keith

** ca. 1915, USA.* Filmkomponist, -arrangeur und Bandleader. Begann Mitte der 30er Jahre in der Filmbranche zu arbeiten, er orchestrierte und dirigierte u.a. die Musik zum Chaplin-Film »Limelight« und für Walter Lantz-Cartoons. Nach dem Krieg (an dem er als Pilot teilnahm) studierte er am Occidental College (leitete 1947 die »Best College Band in the Land«) und spielte in den Bands von Boyd Raeburn u. Earle Spencer. Er schrieb u.a. die Musik zur TV-Serie »Range Rider« (mit Gene Autrey). Ab 1955 leitete er für einige Jahre eine Big Band, die 1957 beim Disc Jockey Poll als »meistversprechend« eingestuft wurde.

Williams, Patrick Moody

* *23.4.1939 Bonne Terre, Mo., USA.* Komponist und Bandleader. Studium an der Duke Univ. (leitete dort Big Band) und an der Columbia Univ. Arbeitete als Studiomusiker, von 1961–67 in N.Y. als Komponist und Arrangeur (u.a für Steve Lawrence, Eydie Gormé, Chris Connor, Vince Gill, Monica Mancini, die »Duet«-CDs von F.Sinatra), ab 1968 in L.A. Er schreibt jetzt vor allem Musik für Film und TV, komponierte aber auch eine *Rhapsody for Concert Band and Jazz Ensemble* und *An American Concerto for Jazz Quintet & Orchestra.* Seit 1970 lehrt er an den Universitäten von Utah und Colorado. 2002 wurde er »artistic director« des 1997 gegr. Henry Mancini Institute als Nachfolger von Jack Elliott.

Filme: How Sweeet it is! (Der türkisfarbene Bikini, 1968, TV) – A Nice Girl Like me (1969) – Don't Drink the Water (1969, TV) – Incident in San Francisco (1970, TV) – Macho Callahan (1970) – Ordeal (Die Feuerprobe, 1970) – San Francisco International (Flugalarm in San Francisco, 1970, TV) – Travis Logan, D.A. (1970, TV) – Lock, Stock and Barrel (1970, TV) – Pigeons (1970) – Terror in the Sky (Panik in den Wolken, 1970, TV) – Evel Knievel (1971) – The Failing of Raymond (1971, TV) – Hardcase (1971, TV) – Short Walk to Daylight (1972, TV) – The Streets of San Francisco (Die Straßen von San Francisco, 1972, TV-Serie) – Moonchild (1972) – Sssss (1973) – The Magician (1973, TV-Serie) – Mrs. Sundance (1973, TV) – Hex (1973) – The Harrad Summer (1974) – Murder or Mercy (1974, TV) – Stowaway to the Moon (Abenteuer im Weltraum, 1974, TV) – Framed (1975) – Crossfire (1975, TV) – The Lives of Jenny Dolan (1975, TV) – Most Wanted (1976, TV) – Stonestreet: Who Killed the Centerfold Moder? (1977, TV) – The Man with the Power (1977, TV) – The Seniors (1978) – Casey's Shadow (Champion, 1978) – The Chep Detektive (Der Schmalspurschnüffler, 1978) – The One and Only (1978) – Cuba (Explosion in Kuba, 1979) – Breaking Away (1979) – Hot Stuff (1979) – Butch and Sundance: The Early Years (Butch und Sundance: Die frühen Jahre, 1979) – Used Cars (1980) – How to Beat the High Cost of Living – Don't Go in the House – Wholly Moses! – Hero at Large (1980) – Charlie Chan and the Curse of the Dragon Queen (1981) – The Princess and the Cabbie (1981) – The Miracle of Kathy Miller (1981) – Some Kind of Hero (Ein besonderer Held (1982) – The Best Little Whorehouse in Texas (Das schönste Freudenhaus in Texas, 1982) – Tomorrow's Child (1982) – The Toy (Der Spielgefährte, 1982) – The Buddy System (1983) – The Fighting Chance (1983, TV) – Two of a Kind (Zwei vom gleichen Schlag, 1983) – Marvin and Tige (1983) – Best Defense (1984) – Swing Shift (1984) – All of Me (Solo für 2, 1984) – Seduced (1985, TV) – The Slugger's Wife (1985, TV) – Violets Are Blue (1986) – Just Between Friends (1986, TV) – Oceans of Fire (1986, TV) – Spot Marks the X (1986, TV) – Kojak: The Price of Justice (1987, TV) – Laguna Heat (1987, TV) – Maybe Baby (1988, TV) – Double Standard (1988, TV) – Fresh Horses (1988) – Columbo: Murder, Smoke and Shadows (1989, TV) – Night Walk (1989, TV) – Worth Winning (1989) – Columbo: Murder, a Self Portrait (1989, TV) – Decoration Day (1990) – The Whereabouts of Jenny (1990, TV) – In the Spirit (1990) – Good Night Sweet Life: A Murder in Boston (1990, TV) – Cry-Baby (1990) – Love and Lies (1990, TV) – In Broad Daylight (1991, TV) – Keeping Secrets (1991, TV) – Daughters of Privilege (1991, TV) – Legacy of Lies (1992, TV) – Grave Secrets: The Legacy of Hilltop Drive (1992,

Patrick Moody Williams

TV) – Danielle Steels 'Jewels' (1992) – Big Girls Don't Cry...They Get Even (1992) – Back to the Streets of San Francisco (1992) – The Cutting Edge (1992) – Columbo: No Time to Die (1992, TV) – Blind Spot (1993, TV) – Taking the Heat (1993) – Zelda (1993) – Murder in the Heartland (1993) – Accidental Meeting (1993, TV) – Geronimo (Letztes Kommando, 1993, TV) – Because Mommy Works (1994, TV) – Getting Gotti (1994) – Take Me Home Again (1994, TV) – Her Hidden Truth (1996, TV) – The Glass Harp (1995) – Kingfish: A Story of Huey P.Long (1995, TV) – Tom Clany's OP Center (1995, TV) – Deadline for Murder: from the Files of Edna Buchanan (1995, TV) – The West Side Waltz (1995, TV) – Siege at Ruby Ridge (1996) – Journey (1996, Dok.) – That Old Feeling (Noch einmal mit Gefühl, 1997) – Julian Po (1997) – Kiss the Sky (1998) – A Cooler Climate (Eiszeit, ein Ehekrieg mit Folgen, 1998) – Shake, Rattle and Roll (1999, TV) – The Thin Blue Line (2000) – Jesus (2000, TV) – The Three Stooges (2000, TV) – Marilyn Monroe (2001, TV)

Williams, Paul Hamilton

* *19.9.1940 Bennington, Neb., USA.* Das musikalische Wunderkind hatte diverse Jobs, ehe es zum Film kam – als Schauspieler. Als seine beste Filmrolle gilt die in »The Loved One«. Er arbeitete als Schauspieler bis in die 70er Jahre, machte sich aber in dieser Zeit schon einen Namen als Songschreiber, u.a. für die Carpenters (*We've Only Just Begun*), Helen Reddy und Dionne Warwick (*That's What Friends Are For*) und Filmkomponist. 1976 erhielt er mit Barbra Streisand einen »Oscar« für den Song *Evergreen* (Film »A Star Is Born«). Er spielte noch in den ersten beiden »Smokey and the Bandits«-Filmen, in »The Wild Wild West Returns« und lieh seine Stimme dem Pinguin in der TV-Version von »Batman«.

Filme: Cinderella Liberty (1973, Songs) – Phantom of the Paradise (1974) – Lifeguard (1975, TV) – A Star is Born (Ein neuer Stern am Himmel, 1976) – The Boy in the Plastic Bubble (1976, TV) – Griffin and Phoenix: A Love Story (1976, TV) – Emmet Otter's Jug-Band Christmas (1977, Songs) – Cinderella (Die tolle Geschichte der C., 1976) – Bugsy Malone (UK 1976, auch Songs) – The End (Nobody is Perfect, 1978) – The Muppet Movie (1979, + Kenny Ascher) – Wild Wild West Revisited (1979, TV) – Ishtar (1987, Songs) – Severence (1988) – Loose Cannons (1990, Songs) – A Muppet Christmas Carol (1992, Songs)

Williamson, Malcolm

(M. Benjamin Graham Christopher W.), * *21.11.1931 Mosmon Bay (Sydney), Australien.* Der Komponist arbeitete in den 70er Jahren für den engl. Film.

Filme: The Brides of Dracula (1960) – The Horror of Frankenstein (1970) – The Devil's Undead – Crescendo (1972) – Watership Down (Cartoon, 1978, + A. Morley)

Williamson, Lambert

(William Lambert W.), * *28.4.1907 Cleethorpes, (Lincolnshire).* Engl. Komponist, arbeitete als Komponist oder musikal. Leiter für Filme in England und den USA, u.a. mit → George Auric und den Regisseuren John Huston und Terence Young.

Filme: The End of the River (1947) – Cross Channel – Good Time Girl – One Night With You (1948) – Don't Ever Leave Me – Cardboard Cavalier – Woman Hater (1949) – They Were Not Divided (1950) – Green Grows the Rushes (1951) – Cosh Boy (1953) – Romeo and Juliet – The Green Bussha – Forbidden Cargo (1954) – Cash on Delivery – Track the Man Down (1956 – The Spaniard's Curse – The Wole Truth (1958) – The Dog and the Diamonds (1962) – A Countess from Hong Kong (Die Gräfin von Hong Kong, 1967, Dir., Regie Charlie Caplin) – The Adding Machine (1969)

Willner, Hal

(Harold), * *1957 Philadelphia, Pa., USA.* Der New Yorker Musikproduzent hat ein weitgespanntes Interesse, es reicht von Film- und Theatermusik über den Jazz (Mitarbeiter der Knitting Facory) bis Rock und Klassik. Er produzierte eine originelle LP mit Walt Disney-Filmthemen mit Musikern wie Sun Ra, Los Lobos, Tom Waits, Bill Frisell u.a. (»Stay Awake«, A&M). Als Musikproduzent war er u.a. verantwortlich für Robert Altmans »Jazz '34«, »Kansas City« (1996) und »Short Cuts« (1993).

Filme: The Junky's Christmas (1993) – Finding

Forester – Kansas City – The Million Dollar Hotel (2000) – TV: Saturday Night Live

Willson, Meredith

(eigentl. Robert Meredith Reiniger), * *18.5. 1902 Mason City, Iowa, USA, † 15.6.1984 Santa Monica, Calif.* Der vielseitige Musiker und Komponist studierte am Damrosch Institute of Musical Art in N.Y. (der späteren Juilliard School) und war mit 19 Jahren 1. Flötist der Band von John Phillip Sousa und mit 24 bei den N.Y. Philharmonikern unter Toscanini. 1929 wurde er musikalischer Leiter des Senders KFCR der Gesellschaft ABC, danach bei der NBC. In den 30er Jahren war er Bandleader beim Rundfunk. Sein erstes Musical schrieb er auf Vorschlag von Frank Loesser, »The Music Man«, es beruht auf seinen Jugenderinnerungen. W. schrieb die Story, Musik und Songtexte, 1962 verfilmt. Weitere Musicals waren »The Unsinkable Molly Brown« (1960, Film 1964) u. »Here's Love«(1963). – Schallplatten für Decca u. Capitol.

Lit.: M.W., And There I Stood with My Piccolo. – But He Doesn't Know the Territory

Filme: The Great Dictator (Der große Diktator, 1940, Dir.) – The Little Foxes (Die kleinen Füchse, 1941) – I Wanna Hold Your Hand (1978)

CD: The Unsinkable Molly Brown, Rhino

Wilson, Nancy

(Nancy Lamoureux W.), * *16.3.1954 San Francisco, Calif., USA.* Komponistin, Songschreiberin und Schauspielerin. Sie war Gitarristin und mit ihrer Schwester Ann Gründungsmitglied der Hardrockgruppe Heart. Sie hatten einen Hit mit *These Dreams*; N. sang *The Battle of Evermore* auf dem Soundtrack von »Singles« mit den Lovemongers, einer Band, die sie mit ihrer Schwester sowie Sue Ennis und Frank Cox gegründet hatte. Als Schauspielerin trat sie in den Filmen »Fast Times at Ridgemont High« (1982), »The Big Score« (1983), »The Wild Life« (1984) und »Busted up« (1986) auf. Nicht zu verwechseln mit der Sängerin N. W. (* 20.2.1937).

Filme: Say Anything (1989, + Richard Gibbs, Anne Dudley) – Jerry Maguire (1996, Songs) – Almost Famous (2000) – Vanilla Sky (2000, Song: *I Fall Apart*) – Star Licks Master Session: Nancy Wilson (Dok., 2000)

Wilson, Stanley

* *25.11.1915 N.Y., USA, † 17.7.1970 Aspen, Colo., USA.* Obwohl ein äußerst produktiver Komponist, zählte man W. nie zu den Großen seines Fachs. Er arbeitete selten für die großen Studios, und wenn, dann für B-Filme. W. begann als Trompeter in Dixieland-Bands, ging 1945 nach Hollywood, zunächst zu MGM, ein Jahr später zu Republic Pictures, dem größten der B-Studios. Hier arbeitete er in den nächsten acht Jahren meist für Western und Abenteuerfilme. Er ging dann zur TV-Abteilung von Universal, wo sich seine Jazz-Vergangenheit auszahlte: er wurde musikal. Leiter der Serie »M-Squad« (Lee Marvin in der Hauptrolle) und arbeitete hier mit Größen wie Benny Carter und Count Basie, aber auch mit dem damals noch unbekannten John Williams. Er komponierte mit → Esquivel die Themamusik der MCA-Universal TV-Reihen und schrieb die Themamusiken für Serien wie »It Takes a Thief«, »The Bold Ones«, »Alfred Hitchcock Presents« und »The Name of the Game«. W. arbeitete auch an Filmen wie »Death of a Gunfighter« und »Colossus« und nahm Schallplatten mit einigen seiner Filmthemen auf. W. gehört sicher zu den unterbewerteten Namen aus Hollywoods klassischer Ära.

Filme: Sundown in Santa Fe – Renegades on Sonora (1948) – Outcast of the Trail – Post Office Investigator – Navajo Trail Riders – Law of the Golden West – Rose of the Yukon – Prince of the Plains – Ranger of Cherokee Strip – South of Tio – Bells of Coronado – Pioneer Marshal – Bandit King of Texas – Down Dakota Way – The Golden Stallions – The Hideout – Frontier Investigator – Flame of Youth – Death Valley Gunfighter – Duke of Chicago – The Arizona Cowboy – Streets of San Francisco – The Wyoming Bandit – Susanna Pass (1949) – Vigilante Hideout – Destination Big House – Belle of Old Mexico – Salt Lake Riders – Under Mexicali Stars – Harbour of Missing Men – Gunmen of Abilane – Lonely Hearts Bandits (1950) – Federal Agent at Large – Frisco Tornado – Hills of Oklahoma – The Showman – Rustlers on Horseback – Tarnished – Redwood Forest Trail – The Missourians – Night

Riders of Montana – Unmasked – Twilight in the Sierra – Prisoners in Petticoat – The Vanishing Weterner – Trial Without Journey – Havana Rose (1950) – Thunder in God's City – Desert of Lost Men – Street Bandits – Secrets of Monte Carlo – Rough Riders of Durango – Silver City Bonanza – Missing Women – Well Fargo Gunmaster – Million Dollar Pursuit – Insurance Investigator – Utah Wagon Train (1951) – Zombies of the Stratosphere – Desperados Outpost – Black Hill Ambush – Tropical Heatwave – Old Oklahoma Plains – Pals of the Golden West – Gobs and Gals – Border Saddlemates – Woman in the Dark – Wild Gorse Ambush – Leadville Gunslinger – The Fabulous Senorita – South Pacific Trail (1952) – El Paso Stampede – Iron Mountain Trail – The Woman They Almost Lynched – The Lady Wants Mink (1953) – Untamed Heiress (1954) – Outside the Law (Du oder ich, 1956) – The Halliday Brand (Von Rache getrieben, 1956) – Ghost of Zorro (Zorro im Wilden Westen, 1959) – The Killers (1964) – Dark Intruder (1965) – Stranger on the Run (1967, TV) – Sergeant Ryker (1968, TV) – Jigsaw (1968, TV) – Death of a Gunfighter (Frank Patch, deine Stunden sind gezählt, 1968) – Tell Them Willie Boy is Here (1969) – Husbands (1970) – Alamo Rey (1985) – Galaxies Are Colliding (1992) – Down Periscope (1996)

Windt, Herbert

** 15.9.1884 Senftenberg/Niederlausitz, † 22. 11.1965 Deisenhofen b. München.* Studierte ab 1911 Musik, nahm am 1. Weltkrieg teil und wurde schwer verwundet. Studierte 1919 weiter bei Franz Schreker. Komponierte die Oper »Andromache« (UA 1922) sowie für Bühne und Rundfunk. 1933 schrieb er seine erste Filmmusik, es wurden dann rd. 70, darunter einige Nazi-Propagandafilme wie »Hitlerjunge Quex«, »Sieg im Westen« und »Stukas«. Besonders in den letzteren gelang ihm eine pseudo-wagnerische Musik, die ihn als Epigonen Wagners (und Richard Strauss') ausweist.

Filme: Morgenrot (1933) – Hitlerjunge Quex (1933) – Flüchtlinge (1933, Dok., + Ernst Erich Buder) – Rivalen der Luft (1933, + Franz Friedl) – Du sollst nicht begehren (1933) – Morgenrot (1933) – Die vier Musketiere (1934) – Die Reiter von Deutsch-Ostafrika (1934) – Hermine und die sieben Aufrechten (1935, + A. Hörler) – Mein Leben für Maria Isabell (1935) – Triumph des Willens (1935) – Fährmann Maria (1936) – Standschütze Bruggler (1936) – Starke Herzen (1937) – Das Geheimnis um Betty Bonn (1937) – Das schöne Fräulein Schragg (1937) – Unternehmen Michael (1937) – Olympia Filme 1 u. 2: Fest der Völker (Fest der Schönheit (1938, + W. Gronostay) – Nordlicht (1938) – Am seidenen Faden (1938) – Frau Sixta (1938) – Pour le Mérite (1938) – Roman eines Arztes (1939) – Waldrausch (1939) – Johannisfeuer (1939) – Friedrich Schiller (1940) – Feldzug in Polen (1940) – Angelika (1940) – Sieg im Westen (1940) – Über alles in der Welt (1941) – Stukas (1941) – Wetterleuchten um Barbara (1941) – Kadetten (1941) – G.P.U. – Die Entlassung (1942) – Paracelsus (1943) – Besatzung Dora (1943) – Die Degenhardts (1944) – Solistin Anna Alt (1945) – Menschen unter Haien (Dok., 1942, UA 1949, Regie Hans Hass) – Der Kampf der Tertia (1953) – Leuchtfeuer (DDR/S 1954) – Heldentum (1955) – Rose Berndt (1956) – Herz ohne Gnade (1958)

Winkler, Gerhard

(Ps. Ben Bern, G. Hermann), ** 12.9.1906 Rixdorf b. Berlin, † 25.9.1977 Wiggensbach b. Kempten.* Schrieb schon mit zwölf Jahren seine erste Komposition und studierte später in Berlin Komposition, Violine und Gesang. Erster Erfolg 1936 mit dem *Neapolitanischen Ständchen*, er schrieb dann musikalische Komödien (»Herzkönig«, 1946) und Operetten (»Premiere in Mailand«, 1950; »Die ideale Geliebte«, 1957; »Der Fürst von Monterosso«, 1960). Er schrieb auch Filmmusiken, Orchesterstücke (*Scampolo*) und eine Reihe von erfolgreichen Schlagern, u.a. *O mia bella Napoli, Caprifischer*, das *Chiantilied, Schütt' die Sorgen in ein Gläschen Wein* mit Texten von Ralph Maria Siegel.

Filme: Meine Frau, die Schützenkönigin (1934, + Ludwig Rüth; Lieder von G.W.: *Dirndl, gib acht ..., Die Liebe müßte wie ein Märchen sein*) – Der Schrecken vom Heidekrug (1934) – Monika/Eine Mutter kämpft um ihr Kind (1938) – Herzkönig (1947) – Beate (1948)

Winnig, Walter Albert

** 22.5.1885 Berlin, † 11.11. 1974 ebd.* Komponist und Kapellmeister.
Filme: Violanta – Der geheimnisvolle Spiegel (1927) – Zuflucht (1928) – Sündig und süß (1929) – Die Schlacht von Bademünde (1931) – Abessinien von Heute: Blickpunkt der Welt (135) – Safari (1938) – Helden von Spanien (1939)

Wiseman, Debbie

(Deborah/Debrah), **10.5.1963 London, England.*
*Filme/TV-Serien** : A Week in Politics – Your Mother Wouldn't Like it* Video View* (1987) – The Upper Hand* – Kappatoo* (1990) – The Essential History of Europa (Dok., 1992, Episode: Germany) – The Dying of the Light (1992, TV) – Health and Efficiency* (1993) – The Cuban Missile Crisis 1962 (1993) – Tom & Viv (1994) – Sloggers* (1994) – Is it Legal* (1995) – Haunted (1995) – The House That Mary Bought (1995, TV) – The Churchills* (1995) – Female Perversions (Phantasien einer Frau, 1996) – Married for Life* (1996) – The Office (1996, TV) – Matt's Million (1996, TV) – Loved by You* (1997) – The Missing Postman (1997, TV) – Wilde (Oscar Wilde, 1997) – Auntie: The Inside of the BBC* (1997) – Dear Nobody (1997, TV) – Lemurs (1998, TV) – Deep in My Heart (1999, TV) – All Along the Watchtower (1999) – Resurrection (1999, TV) – Tom's Midnight Garden (1999) – Warriors (1999, TV) – The Flint Street Nativity (1999, TV) – Lighthouse (1999) – Doomwatch: Winter Angel (1999, TV) – The Guilty – Island of the Mapmaker's Wife (2000) – In Defence (2000, TV) – Rebel Heart* (2000) – My Uncle Silas* (2000) – Brotherly Love* (2000) – Judge John Deed* (2000) – Randall's Falt (2001) – Othello (2001, TV) – Endgame in Ireland (2001, TV) – Stig of the Dump (2002, TV) – Simon: An English Legionnaire (2000) – Harold Shipman: Doctor Death (2002, TV) – Before You Go (2002) – Shipman – The Project (2002)

Wittstadt, Hans-Arthur

** 18.4.1923 Hannover, † 2.10.1988 Berlin.* Ingenieur- und Musikstudium in Hannover, arbeitete ab 1945 als Musiker, Arrangeur und Lektor bei Musikverlagen, ab 1956 freischaffender Komponist. Er schrieb vor allem Schlager; 1961 wurde *Pepe* mit einer Goldenen Schallplatte ausgezeichnet.
Filme u.a.: Taxi zum Klo (1980) – Kleiner Mann, was nun? (1981) – Der 36er – Unsere Leichen leben noch (1981)
LP: Soundtracks, Celine 0012

Wittwer, Stephan

** 1.3.1953 Zürich, Schweiz.*
Filme: Habsucht, oder Hamburg, Madrid (1980/81) – Schlagschatten (1982, TV) – Der rechte Weg (1983) – Motten im Licht (1986) – Chaos am Gotthard (1987, TV) – Aus allem raus und mittendrin (1988) – Tatort: Howards Fall (1990,TV) – Perfect Life (1991) – Geteilte Nacht (1992) – Jeteur d'objects (1993) – Gasser und Gasser (1994) – Erhöhte Waldbrandgefahr (1996) – Blind Date (1998)

Woessner, Fred

(Fredrick T. W.), ** 23.7.1935 Teaneck, N. J., USA.*
Filme: The Curb Your Appetite Diet – In My Forest Cathedral – Pale Horse Pale Rider – Sky Bandits

Wohlgemut, Gerhard

** 16.3.1920 Frankfurt/M., † 26.10.2001.* Komponist in der DDR.
Filme: Der kleine Kuno – Die Entscheidung des Dr. Arendt (1959) – Mord an Rathenau (1961) – Rotkäppchen (1962) – Rüpel (1963) – Das Tal der sieben Monde – Die Ohrfeige – Turlis Abenteuer (1966) – Die Abenteuer des Werner Holt (1967) – Die Toten bleiben jung (1968) – Die große Reise der Agathe Schweigert (1972) – Mann gegen Mann (1975)

Wolcott, Charles

** 29.9.1906 Flint, Mich., USA, † 26.1.1987 Haifa, Israel.* US-Komponist der 40er und 50er Jahre, arbeitete für Walt Disney Productions und mit den Komponisten Paul J. Smith und Edward Plumb.
Filme: Saludos Amigos (1942, Cartoon) – The Three Caballeros (1945, Cartoon) – Make Mine Music (1946, Cartoon, Dir.) – Song of the South (1946) – Fun and Fancy Free (Cartoon, 1947, Dir.) – The Ad-

ventures of Ichabod and Mr. Toad (1949, Cartoon, Dir.) – It's a Big Country (1951) – Sky Full of Moon (1952) – Dream Wife (1953) – The Blackboard Jungle (Die Saat der Gewalt, 1955) – Gaby (1956) – Never so Few (1959) – Key Witness (Wölfe vor Los Angeles, 1960) – Home From the Hill (Erbe des Bluts, 1960)

Wolfes, Helmut

* *22.4.1901 Hannover, † Sept. 1971 Cleveland Heights, Ohio, USA.* Möglicherweise verwandt mit dem ebenfalls aus Hannover stammenden Komponisten Felix Wolfes.

Filme: Zigeuner der Nacht (1932, Dir., + Paul Abraham) – Glück über Nacht (1932, + Paul Abraham) – Heut' kommt's drauf an (1933, + Kaper, Jurmann, Paul Mann, Stephan Weiß) – Polizeiakte 909 (1934) – Gruß und Kuß Veronika (1934)

Wolff, Frank

* *28.8.1945 Battenberg/Eder.* Studierte in Frankfurt/M. Musik, Soziologie und Philosophie. War aktiv in der Studentenbewegung der 60er/70er Jahre. Arbeitet als Cellist, Autor und Komponist.

Filme: Etwas tut weh (1979) – Der fliegende Robert (1983) – Bluternte (1984)

Wolff, Michael Blieden

* *31.7.1952 Victorville, Calif., USA.* Wuchs in New Orleans und Memphis auf, studierte an der UCLA und der Manhattan School of Music. Arbeitete als Pianist mit den Jazzgruppen von Cal Tjader, Airto Moreira, Sonny Rollins, Jean-Luc Ponty, Cannonball Adderley, Joe Farrell u.a., war dann fünf Jahre Pianist und musical director der Sängerin Nancy Wilson und gründete als musikal. Leiter der TV-Show des Komikers Arsenio Hall die Gruppe The Posse. Arbeitet als Freelancer, schreibt Musik für TV und Film und tritt mit eigenem Trio auf. Schallplatten mit Adderley, Dave Samuels, Wilson; als Leader für das JIMCO-Label.

Filme: Who's the Man (1993) – Sark Angel (1996) – The Tic Code (1997, auch Co-Prod., u. Schausp., + Alex Foster; OST: Razor & Tie) – Made-Up (2002)

Woll, Oskar

* *13.7.1898 Kreuznach (heute Bad K.), † ?.*

Filme: Das Lied der schwarzen Berge (1933, + Josip Slavenski)

Wonder, Stevie

(Steveland Judkins/Morris), * *13.5.1950 Saginaw, Mich., USA.* Der blind geborene W. lernte Piano ab 7. Lebensjahr, später auch Schlagzeug und Harmonika. 1965 zog seine Familie nach Detroit, wo er in einem Kirchenchor sang, aber über den Rundfunk auch mit dem Rhythm & Blues bekannt wurde. 1961 wurde er von Ronnie White entdeckt und der Fa. Motown empfohlen. Der Eigentümer Barry Gordy gab ihm den Namen »Little Stevie Wonder« (ab 1964 dann Stevie Wonder) und vermarktete ihn als Kinderstar als neuen Ray Charles. 1963 hatte W. einen Hit mit *Fingertips,* aber erst 1965 kam seine Karriere in Schwung mit dem Hit *Uptight (Everything's Alright)*, den er mit Henry Cosby und Sylvia Moy geschrieben hatte. Er machte den Synthesizer in der schwarzen Musik populär und sprach das Rassenproblem in seinen Songtexten an. Mit Alben wie »Talking Book«, »Innervisions«, »Songs the Key of Life« festigte er seine Ruf als einer der bedeutenden Songschreiber der zeitgenössischen populären Musik. In den 90er Jahren arbeitete er mit Paul McCartney, Gary Byrd, Michael Jackson, den Eurythmics und Dionne Warwick zusammen.

Lit.: Jim Haskins, The Story of Stevie Wonder, 1976. – Beth. P. Wilson, Stevie Wonder, 1978. – Rick Taylor, Stevie Wonder, 1985.

Filme: The Secret Life of Plants (1978) – The Woman in Red (1984; Song: *I Just Called to Say I Love You*)

Wooldridge, John

(John de Lacey W.), * *1911 Barnstaple, Devon, England, † 27.10.1958 Watford, England.* Seine Begeisterung für die Musik war ebenso groß wie die für die Fliegerei; er wurde Pilot in der Royal Air Force, während des 2. Weltkrieges flog er Luftangriffe. Nach einer Verwundung schied er aus der Armee aus und wandte sich ernsthaft der Musik zu. Er komponierte Orchesterwerke (*The Constellation*, A *Solemn*

Prelude, The Saga of the Ships, Song of the Summer Hills), ab 1947 auch Filmmusiken.
Filme: Fame is the Spur (1947) – The Guinea Pig (1948) – Edward, My Son (1949) – Conspirator (Der Verschwörer, UK 1949) – The Woman in Question – Torment – Paper Gallows (1950) – Blackmailed (Verbrechen ohne Schuld, 1951) – Angels One Five (1952) – Appointment in London (1953) – The Last Man to Hang (1956) – Family Doctor (1957) – Count Five and Die (Der Ring der Gejagten, UK 1957) – RX for Murder (1958)

Wrengler, Marcel
** 20.4.1946 Esch (sur-Alzette), Luxemburg.*
Film: Schako Klak (1990)

Wright, Geoffrey
(John Bradford W.), ** 25.5.1912 Kingston-Upon-Thames (London-Bradford), England.*
Filme: Stripes with Wings (1941) – Behind the Mask (1938)

Wright, Robert
(R. Craig W.), ** 25.9.1914 Daytona Beach, FL., USA.* US-Komponist und Songschreiber, arbeitete in den 30er und 40er Jahren im Film zusammen mit den Komponisten Morris Stoloff, Edward Ward und Herbert Stothart, bei seinen Songs mit George (Chet) Forrest.
*Filmmusiken bzw. Songs** : After the Thin Man* (1936) – The Good Old Soak* (1937) – Three Comrades* – The Girl Downstairs – Vacation for Love – Men of Steel (1938) – The Women* – Balalaika* – These Glamour Girls* (1939) – Dance, Girl, Dance – South of Pago Pago* – Music in My Heart (1940) – Congo Swing* (1941) – Dudes Are Pretty People – Flying with Music (1942)

Wrubel, Allie
** 15.1.1905 Middletown, Conn., USA, † 13.12.1973 Twentynine Palms, Calif.* Komponist und Songschreiber der 30er und 40er Jahre. Studierte an den Wesleyan und Columbia Univ., spielte Saxophon in Tanzorchestern, u.a. bei Paul Whiteman, war mit eigener Band auf England-Tournee. 1934 begann er für Warner Bros. zu arbeiten, später in den Disney-Studios für Cartoons.
Filme: Housewife (1934) – Flirtation Walk (1934) – I Live for Love (1935) – Bright Lights (1935) – Broadway Hostess (1935) – We're in the Money (1935) – The Toast of New York (1937) – The Life of the Party (1937) – Radio City Revels (1938) – Sing Your Way Home (1945) – Song of the South (1946) – Mike Mine Music (Cartoon, 1946) – Melody Time (Cartoon, 1948) – Tulsa (1949) – Never Say Anything Small (1959)

Wulff, Stefan
Film: Dream, Dream, Dream (2000, + F.Wulff, H.Dagefür)

Wunderlich, Hans-Joachim

** 6.12.1918 Kassel, † 14.5.1998 Ottersweier (Krs. Offenburg).* Studierte 1936–41 an der Berliner Musikhochschule, war dann Kapellmeister am Staatstheater Kassel und 1952–66 Chefdirigent des Berliner Orchesters und des Senders Reykjavik. Ab 1971 Musikdirektor des Sinfonie- und Kurorchesters Baden-Baden. Er komponierte Orchesterwerke, Lieder, Bühnen- und Filmmusiken.
Filme: Der Struwwelpeter (1954) – Dornröschen – Ina, Peter und die Rasselbande (1955)

Wunsch, Franz Ferry
** 27.9.1901 Wien, † 3.7.1963 ebd.*
Film: Herzensfreud, Herzensleid (1940, + L. Schmidseder, J. Hub)

Wurmann, Alex
** 5.10.1966*
Filme: L.A. Goddess (1992) – The Crew – Getting In (1994) – Dominion – French Exit (1995) – The Grave (1996) – Imminent Danger (Flußfahrt ins Verderben, 1998, TV) – No Vacancy (1999) – Sleep Easy, Hutch Rimes – Play it to the Bone (2000)

Wüsthoff, Klaus

** 1.7.1922 Berlin.* Studierte an der Hochschule für Musik in Berlin, wurde 1956 Abteilungsleiter beim Sender RIAS, arbeitete ab 1958 freischaffend und war 1967–68 Hauskomponist am Schloßparktheater in Berlin. Er kom-

ponierte Unterhaltungsmusik, Film- und TV-Musik.
Film: Jazz und Jux in Heidelberg (1963)

Wyman, Bill

(eigentl. William George Perks), * *24.10.1936 London-Plumstead, England.* Der Bassist der Rolling Stones war immer der große Individualist der Band. Er verfolgt gern Soloprojekte, die ihn mit Musikern wie Van Morrison, Nicky Hopkins, Al Kooper u.a. zusammenbrachten. Er komponiert auch und ging 2001 mit einer Band auf Tournee, die sich dem Rhythm & Blues verschrieben hatte. 1990 veröffentlichte er seine Autobiographie.
Lit.: B. W. und Ray Coleman, Stone Alone, 1990
Film: Green Ice (Das Condor-Komplott, UK 1981)

XYZ

Xarchakos, Stavros

* *14.3.1939 Athen.* Griechischer Komponist, arbeitet für Filme in Griechenland, Deutschland und den USA.

Filme: T kokkina fanaria (1964) – The Rape (1965) – O zestos minas Augoustos (1966) – Lebenszeichen (D 1968) – Rembetiko (1983) – High Season (1987) – Mirupafshim (1997)

Xhol Caravan (Soul Caravan)

Deutsche Soul-Gruppe der 60er Jahre, besetzt mit Orgel, Saxophon und zwei afroamerikanischen Sängern. Sie trat mit Aretha Franklin auf und nahm an Jazzfestivals teil. Schallplatten für Hansa und Ohr.

Filme: Wir zwei (1970) – Das Unheil (1972)

Yamada, Kosaku

* *9.6.1886 Tokio, Japan, † 9.12.1965 ebd.*

Filme: Die Tochter des Samurai (F/Japan 1937) – Das heilige Ziel (D/Japan 1942)

Yamashita, Tsutomu

(Ps. Stomu Yamashta), * *10.3.1947 Kyoto, Japan.* Wurde als Perkussionist von dem Dirigenten Seiji Ozawa für das Japan National SO entdeckt, tat sich dann hervor als Musiker, der unterschiedliche Stile mischt, vom modernen Jazz über Pop bis zum New Age. Er war damit in den 70er Jahren in Europa und den USA erfolgreich. Nach einer Schaffenskrise (die er in einem buddhistischen Tempel überwand) trat er in den 90er Jahren wieder mit neuen Aufnahmen hervor.

Filme: One by One (1974) – The Man Who Fell to Earth (Der Mann der vom Himmel fiel, 1976) Tempest (1982) – Kûkai (1984)

Yamashita, Yosuke

* *26.2.1942 Tokyo, Japan.* Komponist und einer der führenden Jazzpianisten seines Landes.

Filme: Kouya no dacchi waifu (1967) – Ecstasy of the Angels (1972) – Kidonappu Buruusu/Kidnapping Blues (1982) – Weekend Shuffle (1982) – Dixieland Daimyo (Jazz Daimo, 1987) – The Girl of Silence (1995) – Kanzo Sensei (Dr. Akagi, 1998)

Yamashta, Stomu

→ Yamashita, Tsutomu

Yanni

(Yannis), * *14.11.1954 Kalamata, Griechenland.* Der Komponist und Keyboardspieler studierte ab 1972 Psychologie an der Universität von Minnesota. Er ließ sich dann aber in L.A. als Musiker und Komponist nieder. Seine Musik, die er mit eigener Band und Sinfonieorchestern aufführt, ist eine komplexe und manchmal bombastische Mischung aus Klassik, Pop und Weltmusik, die allgemein unter New Age rubriziert wird. Schallplatten für Private Music (»Dare to Dream«, »In My Time«).

Filme: Nitti (1988, TV) – Steal the Sky (1988, TV) – Heart of Midnight (1988) – I Love You Perfect (1989, TV) – Children of the Bride (1990, TV) – When You Remember Me – She'll Take Romance – (1990, TV) – A Taste of Freedom (1991, TV) – Live at the Acropolis (1994)

Yared, Gabriel

* *7.10.1949 Beirut, Libanon.* Der Autodidakt begann als Popmusiker und Arrangeur für Interpreten wie Michel Jonasz und Françoise Hardy. Sein erster Film war 1974 Samy Pavels »Miss O'Gynie et les Hommes Fleurs«. Richtig in Gang kam seine Filmkarriere, als ihn Jean-Luc Godard für seinen Film »Sauve qui peut (la vie)« holte. Seitdem hat sich Y. als äußerst produktiver Komponist erwiesen, der

seine Inspirationen in Klassik, Folk, Rock und Jazz sucht. Er arbeitete für Regisseure wie Jean-Jacques Annaud, Robert Altman, Jean-Jacques Beinix, Costa-Gavras, Axel Corti, Yusef Chahine u.a. 1996 erhielt er einen »Oscar« für »The English Patient«. Y. schrieb auch Ballettmusiken u.a.

Filme: Miss O'Gynie et les Hommes Fleurs (1974) – Sauve qui peut (la vie) (Rette sich wer kann (das Leben), F/CH 1979) – Melvil (1981) – Petites guerres (1982) – Invitation au voyage (Nina, 1982) – Interdits aux moins de 13 ans (Nicht jugendfrei, F/D 1983) – Lucie sur Seine (1983) – La jave des ombres (1983) – La lune dans le caniveau (Der Mond in der Gosse, 1983) – Hanna K. (F/ISR/I 1983) – Sarah (1983) – Tire a vue (1984) – La scarlatine (1984) – Dream One (1984) – La diagonale du fou (Duell ohne Gnade, 1984) – Scout toujours (1985) – Adieu, Bonaparte (1985) – Flagrant désir (Unheimliches Verlangen, 1985) – Lebenswut (Désordre, 1985) – Zone rouge (Death Zone/Zone des Todes, 1986) – Last Song (CH/F 1986) – Beyond Therapy (Therapie zwecklos, 1986) – Le testament d'un poète juif assassinè (Das Testamant eines ermordeten jüdischen Dichters, 1986) – Le téléphone sonne toujours deux fois (1986) – Beyond Therapy (1986) – Scout toujours ... (1986) – Gandahar (Cartoon, 1987) – L'homme voité (1987) – Agent Trouble (1987) – Camille Claudel (1987) – Les saisons du plaisir (1988) – Clean and Sober (1988) – Light Years (Cartoon, 1988) – Romero (1989) – Une nuit à l'assemblée nationale (1989) – Tennessee Nights (1989) – La putain du rois (Die Hure des Königs, 1989) – Vincent and Theo (1990, F/I/UK/NL TV) – Tatie Danielle (1990) – Les 1001 nuits (Mit 100 PS ins Abenteuer, 1990) – IP5: L'île aux pachydermes (Insel der Dickhäuter, 1992) – Im ersten Kreis der Hölle (KAN 1992) – La fill de l'air – L'amant/The Lover (Der Liebhaber, F/E 1992; OST: Varèse) – L'instinct de l'ange (1992) – Map of the Human Heart (1993) – Les marmottes (1993) – Des feux mal éteints (1993) – Profil bas (1994) – Wings of Courage (USA 1994) – Noir comme le souvenir (1995) – Herkules & Sherlock Holmes (1996) – Arthur Rimbaud (1996) – Tonka – Betty Blue (OST: Virgin) – The English Patient (Der englische Patient, UK/USA/I 1997; OST: Polydor) – Wings of the Dove (Die Flügel der Taube, 1997) – City of Angels (Stadt der Engel, 1998) – Premier de cordée (Ruf der Berge, F/I/CH 1999) – Message in a Bottle (USA, Der Beginn einer großen Liebe, 1999; OST: East-West) – The Talented Mr. Ripley (Der talentierte Mr. Ripley, 1999) – Autumn in New York (Es begann im September, 2000) – The Next Bad Thing (2000) – Lisa (2001) – L'idole – Possession – The One and Only (2002) – Cold Mountain (2003) – Two Brothers (2004)

Yatove, Jean

(Jean Jatowski), * *7.5.1903 Fodettes, Frankreich, † 28.6.1978 ?Paris*. Frz. Komponist, für den Film tätig in den 50er und 60er Jahren, darunter der Jacques Tati-Klassiker »Tatis Schützenfest«.

Filme: Jour de fête (Tatis Schützenfest, 1949) – Manina, la fille sans voile (1952) – Bonjour Paris (Cartoon, 1953) – Callaghan remet ça (Callaghan ist wieder da, 1960) – Le monocle noir (Das schwarze Monokel, 1961) – Night Affair (1961) – Le 7ième juré (1962) – The Girl Can't Stop (1966)

Yellen, Jack

(Jacob Selig Y.), * *6.7.1892 Razcki, Polen, † 17.4.1991 Springville, N.Y., USA*. Songtexter der 20er und 30er Jahre. Seine Familie emigrierte 1897 in die USA. Studierte an der Univ. of Michigan, arbeitete danach als Journalist. Ab 1914 als Songschreiber tätig (erster veröffentlichter Song *Lonesome Moon*), schrieb Texte und/oder Libretti für die Shows »What's in a Name« (1920), Rain or Shine« (1928), »John Murray Anderson's Almanac« (1929), »You Said It« (1931), »George White's Scandals of 1936« und »... 1939«, »Ziegfeld Follies of 1943« u.a. Bekannte Songs: *Alabama Jubilee, Are You From Dixie?, Cheatin' On Me, A Young Man's Fancy, Happy Days Are Here Again, Ain't She Sweet, Sing,Baby,Sing, Something I Dreamed Last Night*. Er arbeitete meist mit dem Komponisten Milton Ager zusammen, aber auch mit Lew Pollack, Harold Arlen, Ray Henderson und Sammy Fain. Y. schrieb auch Filmdrehbücher, u.a. zu »Pigskin Parade«, »Sing, Baby, Sing«, »Wake Up and Live«, »George White's Scandals«, »Submarine Patrol«.

Yello

→ Meier, Dieter

Yepes, Narciso

** 14.11.1927 Lorca (Murcia), † 3.5.1997 Cabo Roig.* Der spanische Gitarrist studierte zunächst Klavier in Valencia, trat erstmals 1947 als Sologitarrist in Madrid auf und ist seitdem ein gefragter Interpret klassischer Gitarrenmusik. Er spielt seit 1964 ein 10-saitiges Instrument, mit dem er auch Kompositionen für Laute bzw. Vihuela aufführen kann. Zu seinem Repertoire gehören viele von ihm wiederentdeckte Kompositionen des 17. und 18. Jahrhunderts.

Film: Jeux interdits (Verbotene Spiele, F 1952)

Young, Christopher

** 28.4.1957 Red Bank, N.J., USA.* Studierte Klavier, Klarinette und Komposition an der Manhattan School of Music, der North Texas State University und der Univ. of California (UCLA). 1980 begann er für den Film zu arbeiten, zunächst für Miramax und den Regisseur John Dahl, darunter viele Thriller und Horrorfilme. In den 90er Jahren eröffnete er sein eigenes Studio, er unterrichtet auch an der University of California (UCLA).

Filme: Highpoint (1980) – The Dorm that Dripped Blood (1982) – The Power – Wheels of Fire – Oasis – A Savage Hunger (1984) – Barbarian Queen (1985) – Avenging Angel (Angel kommt zurück, 1985) – Def-Con 4 (1985) – Torment (1985) – Wizards of the Lost Kingdom (1985) – Nightmare on Elm Street Pt. 2 (1985; OST: Varèse) – Trick or Treat (1986) – Getting Even (1986) – Invaders from Mars (1986) – Hellraiser (1987) – Hellbound: Hellraiser II (1987) – American Harvest (1987, TV) – The Telephone (1987) – Flowers in the Attic (1987) – Haunted Summer (1988) – Bat-21 (1988, OST: Varèse) – Venus Peter (1989) – Barbarian Queen 2: The Empress Strikes Back (1989) – Vietnam War Story: The Last Days (TV-Dok., 1989) – The Fly II (Die Fliege II, 1989; OST: Varèse) – Hider in the House (1990) – Last Flight Out: A True Story (1990, TV) – Max and Helen (1990, TV) – Bright Angel (1990) – The Dark Half (1991) – The Five Heartbeats (1991) – Masses – Black Dragon – The Vagrant – Rapid Fire – Jennifer Eight (1992) – Sliver (1993) – Judical Consent (1994, OST: Intrada) – Dream Lover (1994) – Tales from the Hood (1995) – Watch That Man – Copycat (1995) – Murder in the First (1995) – Virtuosity (1995) – Species (1995) – Set it Off (1996) – Unforgettable (1996) – Head Above Water (1996) – Norma Jean & Marilyn (1996) – Murder at 1600 (1997) – Hush (1998) – Urban Legend (1998) – Judas Kiss (1998) – Hard Rain (1998, OST: Milan) – Rounders (1998, OST: Varèse) – In Too Deep (1999) – The Big Kahuna (1999) – Entrapment (Verlockende Falle; 1999; OST: BMG) – Hurricane (2000) – The Wonder Boys (2000) – Bless the Child (2000) – The Gift (2000) – Scenes of the Crime (2001) – The Glass House (2001) – Sweet November (2001) – Bandits (Banditen, 2001) – Shipping New (2001) – The Country Bears (2002) – The Core (2003)

Young, Neil

(Percival), ** 12.11.1945 Toronto, Kanada.* Der vielseitige Sänger, Gitarrist und Komponist wurde einem größeren Kreis bekannt, als er sich in Kalifornien mit Stephen Stills und Richy Farey zur Gruppe Buffalo Springfield zusammentat. Seine nächste Gruppe hieß Crazy Horse, dann wurde er auch Mitglied von Crosby, Stills, Nash And Young. Diesen kommerziellen Höhepunkt seiner Karriere beendete er mit dem autobiographischen Film »Journey Through the Past«; seine Aktivitäten danach gelten als weniger gelungen. In den 80er Jah-

Soundtrack mit der Musik zum Film »Schiffsmeldungen« Musik: Christopher Young

ren versuchte er sich mit unterschiedlichen Stilen wieder ins Gespräch zu bringen: er versuchte es mit Rockabilly, R&B, Blues, Hard Rock und Countrymusik. Aber erst 1995 konnte er seine Fans wieder mit einem Album mit der Gruppe Pearl Jam überzeugen (»Mirror Ball«). Bekannte Songs: *The Loner, The Last Track to Tulsa, Cinnamon Girl, Running Dry, Southern Man, Last Dance, Crime in the City.*

Lit.: Carole Dufrechou, N.Y. (1978) – Johnny Rogan, N.Y., The Definite Story of His Musical Career (1982) – Young, Scott, Neil and Me (1986) – David Downing, The Man & His Music (1994)

Film: Journey Through the Past – Dead Man (1995) – Year of the Horse (Dok., 1997, + Crazy Horse; Regie Jim Jarmusch)

Young, Victor

** 8.8.1900 Chicago, Ill., USA, † 11.11.1956 Palm Springs, Calif.* Bandleader und (Film-) Komponist. Studierte ab 1910 am Warschauer Konservatorium und hatte 1917 sein Debüt als Soloviolinist an der Warschauer Philharmonie. 1917 von den Russen interniert, konnte fliehen und nach Warschau zurückkehren, wo er von den Deutschen verhaftet wurde, noch war ja der 1. Weltkrieg im Gang. 1920 wieder in den USA, arbeitete als Konzert-Geiger, war Konzertmeister in Theaterorchestern in L.A. und Chicago. Spielte bei Ted Fio Rito, 1928–30 am Rundfunk in Chicago, 1931 in N.Y. mit eigener Radioshow. Schallplatten mit Studiobands. 1935–38 Bandleader der Shows von Al Jolson, Smith Ballew, 1940 Don Ameche. Mit Band in den Filmen »Vogues of 1928« und »A Night at Earl Carroll's« (1940). Ließ sich 1935 an der Westküste nieder und begann für Paramount als Komponist, Dirigent und musikalischer Leiter zu arbeiten, war in diesen Funktionen an ca. 350 Filmen beteiligt. In den 40er Jahren brachte er es auf acht Filme pro Jahr. Sein Assistent bis 1940 war → Johnny Richards. Er komponierte eine Reihe von Standards, beginnend mit *Sweet Sue* bis *Around the World.* – Schallplatten für Brunswick und Decca, begleitete u.a. Cliff Edwards, Bing Crosby, Frances Langford, Connie Boswell, Deanna Durbin, Eddie Cantor, Marlene Dietrich, Helen Forrest, Dick Powell, Rafael Mendez, Dick Haymes, Al Jolson, Evely Knight, Lee Wiley, Peggy Lee. »Overall, Victor Young was my hero. I've gone down his path.« (Henry Mancini)

LP: Cinema Rhapsodies, Decca DL 8051 – Hollywood Rhapsodies, Decca DL 8060 – Musical Sketchbook, Decca DL 8140 – April in Paris, Decca DL 8243 – Imagination, Decca DL 8278 – OST, The Brave One, Decca DL 8344 – OST, Omar Khayam, Decca DL 8449 – OST, Around the World in 80 Days, Decca DL 79046 – Autumn Roses, Coral 20036 – Glen Gray, Solo Spotlight, Capitol – Camarata, Music of V. Y., Everest – *CD:* OST, The Quiet Man/Samson & Delilah, Varése VSD-5497

Filme: The Tall Men (1935) – Champagne Waltz (1936) – Maid of Salem (Im Kreuzverhör, 1936) – Swing High, Swing Low (Mal oben, mal unten, 1936) – Anything Goes (1936, + Cole Porter) – Klondike Annie – Big Broadcast 0f 1937 (1936) – Ebb Tide (Die Insel der verlorenen Schiffe, 1937) – Waikiki Wedding – Wells Fargo (Frisco-Expreß, 1937) – Vogues of 1938 – Artists and Models (Künstlerball, 1937) – Make Way for Tomorrow (1937) – Breaking the Ice – Army Girl – Peck's Bad Boy with the Circus – Flirting with Fate (1938) – Way Down South – Man of Conquest (Rache für Alamom 1938) – Fisherman's Wharf – The Light That Failed – Heritage of the Desert – Golden Boy – Range War (Teufelsreiter von Texas, 1939) – Our Neighbors, the Carters – The Night of Nights – The Llano Kid – Gulliver's Travels (Gullivers Reisen, 1939) – Raffles – Arizona – The Dark Command (Schwarzes Kommando, 1940) – The Road to Singapore – A Night at Earl Carroll's – Northwest Mounted Police (Die scharlachroten Reiter, 1940) – Arise My Love – Buck Benny Rides Again – The Light That Failed – Dark Command – The Way of All Flesh – Three Faces West – Untamed (Die Unbezähmbaren, 1940) – I Want a Divorce – Moon Over Burma (1940) – Three Men from Texas (Drei Männer aus Texas, 1940) – The Mad Doctor (1940) – The Great Man's Lady (1941) – Virginia – The Outlaw – Reaching for the Sun – Hold Back the Dawn (Das goldene Tor, 1941) – Caught in the Draft – I Wanted Wings – Aloma of the South Seas (Aloma, die Tochter der Südsee, 1941) – Skylark (1941) – Flying Tigers (1942) – Reap the Wild Wind (Piraten im karibischen Meer,

1942) – The Road to Morocco (Der Weg nach Marokko, 1942) – Beyond the Blue Horizon (Mabok, der Schrecken des Dschungels, 1942) – The Forest Rangers – The Palm Beach Story (Atemlos nach Florida, 1942) – The Glass Key (Der gläserne Schlüssel, 1942) – The Remarkable Andrew – Take a Letter, Darling (Liebling, zum Diktat, 1942) – Mrs. Wiggs of the Cabbage Park – Flying Tigers (Unternehmen Tigersprung, 1942) – Young and Willing – The Crystal Ball – Silver Queen (1942) – And the Angels Sing (1943; Songs v. Burke/Van Heusen) – The Outlaw – For Whom the Bell Tolls (Wem die Stunde schlägt, 1943) – China – True to Life – Buckskin Frontier – Hostages – No Time for Love (1943) – Frenchmens Creek (Der Pirat und die Dame, 1944) – The Story of Dr. Wassell – The Uninvited (Der unheimliche Gast, 1944) – The Great Moment – Ministry of Fear (Ministerium der Angst) – Practically Yours – And Now Tomorrow (1944) – Kitty (Eine Lady mit Vergangenheit, 1944) – You Came Along – The Great John L. – Masquerade in Mexico – Bring On the Girls – A Medal for Benny – Hold That Blonde! (1945) – Two Years Before the Mast (In Ketten um Kap Horn, 1946) – The Searching Wind – Love Letters (Liebesbriefe, 1945) – California – To Each His Own (Mutterherz, 1946) – Calcutta (Kalkutta, 1946) – The Blue Dahlia (Die blaue Dahlie, 1946) – Our Hearts Were Growing Up (1946) – Golden Earrings – Unconquered (Die Unbesiegten, 1947) – The Dream Girl – Suddenly It's Spring – The Trouble with Women – I Walk Alone (14 Jahre Sing Sing, 1947) – Imperfect Lady (1947) – State of the Union (Der beste Mann, 1948) – The Emperor Waltz (Ich küsse ihre Hand, Madam, 1948; Songs von Burke/Van Heusen) – The Paleface (Sein Engel mit den zwei Pistolen, 1948) – The Night Has A Thousand Eyes (Die Nacht hat tausend Augen, 1948) – The Big Clock (Spiel mit dem Tode, 1948) – So Evil My Love – Beyond Glory – Miss Tatlock's Millions (1948) – The Accused (Frau in Notwehr, 1948) – Sands of Iwo Jima (Du warst unser Kamerad, 1949) – Samson and Delilah (Samson und Delilah, 1949) – A Connecticut Yankee in King Arthur's Court – Gun Crazy (Gefährliche Leidenschaft, 1949) – Streets of Laredo (Die Todesreiter von Laredo, 1949) – Song of Surrender – Bitter Victory – Thelma Jordan – Chicago Deadline (Die Todesfalle von Chicago, 1949) – Deadly is the Female – My Foolish Heart (Angst vor der Schande, 1949) – Our Very Own – Appointment with Danger (1949) – The File on Thelma Jordan (Strafsache Thelma Jordan, 1949) – Bright Leaf (Zwischen zwei Frauen, 1950) – Rio Grande (OST: Varèse) – The Fireball – Paid in Full (1950) – September Affair (Liebesrausch auf Capri, 1951) – The Lemon Drop Kid – My Favorite Spy (Spione, Liebe und die Feuerwehr, 1951) – Belle Le Grand – Payment on Demand (Die Ehrgeizige, 1951) – Bullfighter and the Lady – Honeychile – A Millionaire for Christy – The Wild Blue Yonder (1951) – The Quiet Man (Der Sieger, 1952) – The Greatest Show on Earth (Die größte Schau der Welt, 1952) – Scaramouche (Scaramouche, der galante Marquis, 1952) – Something to Live for – One Minute to Zero (Korea, 1952) – The Star – Thunderbirds (Feuertaufe Invasion, 1952) – Blackbird the Pirate (Kampf um den Piratenschatz, 1952) – Anything Can Happen – The Story of Will Rogers (1952) – Shane (Mein großer Freund Shane, 1953) – Little Boy Lost (Einmal wird die Sonne wieder scheinen, 1953) – Fair Wind to Java (Der Rebell von Java, 1953) – The Sun Shines Bright (Wenn die Son-

Deutsches Filmplakat
»In 80 Tagen um die Welt«, Musik: Victor Young

ne lacht, 1953) – A Perilous Journey – Flight Nurse (Unternehmen Pantherspung, 1953) – Forever Female (Die pikanten Jahre einer Frau, 1953) – Jubilee Trail (1953) – Three Coins in the Fountain (Drei Münzen im Brunnen, 1954) – About Mrs. Leslie – Johnny Guitar (Wenn Frauen hassen, 1954) – Jubilee Trail (Kalifornische Sinfonie, 1954) – Trouble in the Glen – Drum Beat (Der einsame Adler vom Lost River; Song: *Drum Beat*) – Timberjack (Der Rächer vom Silbersee, 1954) – The Country Girl (Das Mädchen vom Lande, Songs v. H.Arlen/I.Gershwin, 1954) – The Conqueror (Der Eroberer, 1955) – Strategic Air Command (In geheimer Kommandosache, 1955) – Son of Sinbad – A Man Alone (Ein Mann allein, 1955) – The Left Hand of God (Die linke Hand Gottes, 1955) – The Tall Men (Drei Rivalen, 1955) – Anything Goes (1956, Songs Cole Porter) – Around the World in 80 Days (In 80 Tagen um die Welt, 1956; Oscar!) – The Proud and the Profane (Auch Helden können weinen, 1956) – The Maverick Queen (Der Teufel von Colorado, 1956) – The Vagabond King (König der Vagabunden, 1956) – The Brave One (Roter Staub, 1956) – Written in the Wind (1956) – *posthum*: The Buster Keaton Story (Der Mann der niemals lachte, 1957) – Run of the Arrow (Hölle der tausend Martern, 1957) – Omar Khayam (Sturm über Persien, 1957) – China Gate (1957, + Max Steiner)

Zacharias, Helmut

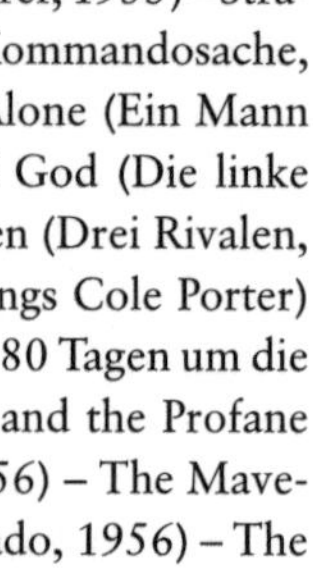

(Helmut Hans Carl Z.), * *27.1. 1920 Berlin, † 28.2.2002 Brissago (Tessin), Schweiz.* Der durch seinen »verzauberten« Geigensound populär gewordene Z. studierte Violine in Berlin bei G. Havemann, hatte ein erstes Engagement im Berliner Kammerorchester (H. v. Benda) und spielte Tanzmusik bei Heinz Munsonius und Lubo D'Orio und nahm Schallplatten mit einer Swing-Combo nach dem Vorbild von Django Reinhardt auf. Nach dem Krieg hatte er Jobs in US-Army-Clubs, war ab 1948 beim Sender NWDR in Hamburg und leitete eigene Gruppen. Nach 1952 wandte er sich ganz der Unterhaltungsmusik zu, schrieb Filmmusik und wurde zu einem der populärsten Musiker der 50er und 60er Jahre. Er hatte eigene TV-Shows, 1964 beim SWF und 1968–73 beim ZDF und komponierte mehr als 450 Titel. Sein größter Hit war *Wenn der weiße Flieder wieder blüht.* Er trat als Musiker in einigen Filmen auf, so »Heimweh nach dir« (1952), »Das singende Hotel« (1953), »Unter Palmen am blauen Meer« und »Die Nacht vor der Premiere« (1959). Z. litt seit 1996 an der Alzheimer-Krankheit. Er ist der Sohn des Komponisten Karl (Charlie) Z. und Vater des Komponisten → Stephan Z.

Filme: Hallo, Fräulein (1949) – Oberwachtmeister Borck (1955) – Unter Palmen am blauen Meer (1957) – Scheidungsgrund: Liebe (1960)

Zacharias, Stephan

(Ps. Paul Sempty), * *20.10.1956 Hamburg.* Der Sohn von → Helmut Z. arbeitet als Komponist von Popsongs, schreibt Musik für Film und TV, auch für die Werbung und schrieb das Musical-Kabarett »Mann-oh-Mann«.

Filme: Geschichten aus dem Leben (1993, TV-Serie) – Anekdote aus dem letzten preußischen Krieg (1995) – Der Rosenmörder (1997, TV) – Frau Rettich, die Czerni und ich (1998) – Polizeiruf 110: Mörderkind (1998, TV) – Ich habe nein gesagt (1999, TV) – Der große Bagarozy (1999, TV) – Vera Brühne (2001, TV) – Wer liebt hat recht (2002)

Zador, Eugene (Janö)

(Ps. Edward Kane), * *5.11.1894 in Bátaszék, Ungarn, † 3.4. 1977 L.A.* Z. war für den Film hauptsächlich als Arrangeur tätig; er schrieb nur für die u.g. Filme auch die Musik.

Filme: The Mortal Storm – Escape – Florian – More About Nostradamus (1940) – Out of Darkness (1941)

Zahler, Gordon

* *10.2.1926 in ?, Calif., USA, † 22.12.1975 L.A.* Wahrscheinlich der Sohn von Lee Z.

Filme: Plan 9 from Outer Space (1959) – The Phantom Planet (1961) – Faust (1963) – Mutiny in Outer Space (1964) – The Human Duplicators (1965) – Woman of the Prehistoric Planet – The Night Crawlers – The New Three Stooges – 27 Men (1966) – The Fantastic Voyage (1968) – The Hard Boys (1979) – The Bengal Tiger (1972) – Happy as the Grass Was Green (1973) – Return to Campus (1975)

Zahler, Lee

** 14.8.1883 N.Y., USA, † 21.2.1947 Hollywood.* Z. arbeitete ab 1930 als Komponist und musikal. Leiter für RKO, Columbia, PRC u.a., er schrieb meist Musik für B-Filme und Serien sowie für Kurzfilme.

Filme: King of the Kingo (1929) – Lightning Warrior – The Galloping Ghost – Vanishing Legion – Chinatown After Dark – A Private Scandal (1931) – Tangled Destinies – The Midnight Warning – The Monster Walks – The Savage Girl – The Hurricane Express – The Last of the Mohicans (Cartoon, 1932) – The Silver Lining (1932) – The Three Musketeers – Fighting with Kit Carson – Wolf Dog – The Whispering Shadow – The Big Bluff – Laughing at Life (1933) – Symphony of Living – Public Opinion – The Fire Trap – Motive for Revenge – The Unknown Ranger – Just My Luck (1935) – Shadows of the Orient – North of Nome – Slander House (1936) – The Lash of the Penitentes (1937) – Stagecoach Days – Pioneer Trail (1938) – The Law Comes to Texas – Hidden Power (1939) – Outside the 3-Mile Limit – Passport to Alcatraz – Ellery Queen, The Master Detective – The Great Plane Robbery (1940) – Ellery Queen's Penthouse Mystery – The Great Swindle – Ellery Queen and the Perfect Crime – Ellery Queen and the Murder Ring (1941) – A Close Call for Ellery Queen – The Yanks Are Coming – Enemy Agent Meets Ellery Queen – Miss V From Moscow – Captain Midnight (Serie) – Perils of the Royal Mounted (Serie, 1942) – Man of Courage – No Place for a Lady – The Ghost and the Guest – A Gentle Gangster – Crime Doctor – Tiger Fangs – The Underdog – The Crime Doctor's Strange Case (1943) – The Batman – The Phantom (Serien, 1943) – Gunsmoke Mesa – Men on her Hand – Shake Hands with Murder – The Pinto Bandit – Waterfront – Brand of the Devil – Seven Doors to Death – Delinquent Daughters – Gangsters of the Frontier – Shadow of Suspicion – I Accuse My Parents – The Great Mike – Masked for Murder – Rogues Garrely – Black Arrow (Serie, 1944) – Boss of Rawhide – Hollywood and Vine – Enemy of the Law – The Lady Confesses – Three in the Saddle – Jeep-Herders – Frontier Fugitives – Arson Squad – Prairie Rustlers – Navajo Kid (1945) – The Monster and the Ape – Jungle Raiders (Serien, 1945) – Detour to Danger – Six Gun Men – Freddie Steps Out – Lightning Raiders – Ambush Trail – Gentlemen with Guns – Thunder Town – Prairie Badmen – Terrors on Horseback – Overland Riders (1946) – Son of the Guardmen – Hop Harrigan (Serien, 1946) – Jack Armstrong (Serie, 1947) – Queen of the Amazons (1947)

Zamecnik, John S.

(John Stepan Z.), ** 14.5.1872 Cleveland, Ohio, USA, † 13.6.1953 L.A.* Studierte fünf Jahre in Prag bei Antonín Dvořák, arbeitete dann in den USA als Violinist und Konzertmeister mit Victor Herbert im Pittsburgh SO. Wurde dann Musikchef im Hippodrome Theater in Cleveland, welches zuerst als Vaudeville-Theater und dann als Kino genutzt wurde. Schrieb ab 1926 unter 14 Pseudonymen Filmmusiken, bei etlichen wird sein Name nicht genannt.

Filme: Old Ironsides (1926) – Wings (1927) – Abie's Irish Rose – The Wedding March (1928) – Betrayal – Redskin (1929) – Strictly Dishonorable (1931) – Impatient Maiden – My Pal, the King – Chandu the Magician (1932) – The Face in the Sky – Zoo in Budapest – The Man Who Dared – Shanghai Madness – Deluge – Paddy the Next Best Thing – Cavalcade – The Power and the Glory – The Worst Woman in Paris? – Dangerously Yours (1933) – Baby Take a Bow – Dos más uno dos – Midnight (1934) – Charlie Chan in Egypt – The Fighting Marines – Our Little Girl (1935) – The Riders of the Whistling Skull – S.O.S. Coast Guard (1937) – The Terror of Tiny Town (1938) – Porky and Teabiscuit (1939) – Buckaroo Bugs (1944) – Draftee Daffy (1945)

Zamfir, Georghe

** 6.4.1941 Găeşti b. Bukarest.* Rumänischer Panflöten-Virtuose. Studierte am Konservatorium in Bukarest, wurde entdeckt von dem Schweizer Schallplattenproduzenten Marcel Cellier, der Anfang der 70er Jahre die ersten LPs mit traditionellen (Volk-)Liedern mit ihm aufnahm. Z. wurde schnell populär in Frankreich (wo er lebt), dann auch in England und Deutschland, wo er mit James Last eine LP einspielte (Hit: *Einsamer Hirte*).

Filme: Die denkwürdige Wallfahrt des Kaisers Kan ga Mussa von Mali nach Mekka (A 1977) – Der Spiegel des großen Magus (DDR 1980, + Christian Steyer)

Zandonai, Riccardo

** 28.5.1883 Sacco/Rovereto, Italien, † 5.6. 1944 Pesaro.*

Filme: Der singende Tor (1939, + F. Casavola, E. de Curtis, F. Grothe) – Traummusik (1940, + P. Kreuder, F. Fux)

Zavod, Allan

** 20.9.1947 Melbourne, Australien.*

Filme: A Taste of Money (1983) – The Big Hurt (1985) – Death of a Soldier (1986) – The Right Hand Man – The Marsupials: The Howling III – The Time Guardian (1987) – Communion – A Sting in the Tail – Sebastian and the Sparrow (1989) – Martians Go Home – Full Fathom Five – Fatal Sky (1990) – Garbo (1992) – Shotgun Wedding (1993) – Secrets (1993, TV-Serie) – Art Deco Detective (1994) – State Coroner – Bush Patrol (1997, TV-Serien) – Justice (1998) – Dead End (1990)

Zaza, Paul

(Paul James Z.), ** 1952.* Kanad. Komponist, arbeitet seit 1978 für kanadische und US-Filme.

Filme: Three Card Monte (1978) – Title Shot – Murder by Decree (Mord an der Themse, 1979) – Stone Cold Dead – Prom Night – Hog Wild – The Kidnapping of the President (1980) – Gas – My Bloody Valentine – Porky's (1981) – Being Different (Dok., 1981) – American Nightmare (1981) – Melanie – Curtains – A Christmas Story (1984) – Isaac Littlefeathers (1984) – Birds of Prey – Breaking All the Rules – Turk 1821 (1985) – High Stakes – The Vincicator/Frankenstein '88 (Micro-Chip Man, 1986) – Bullies – From the Hip (1986) – Blindside – Meatballs III – The Haunting of Hamilton High (1987) – Ford: The Man and the Machine (Dok., 1987) – Hello Mary Lou: Prom Night 2 – Higher Education (1987) – The Brain – Soft Touch 2 – Prom Night 3: The Last Kiss (1989) – Loose Cannons – Popcorn (1990) – Prom Night 4: Deliver Us from Evil – White Light (1991) – Liar's Edge – To Catch a Killer (1992, TV) – Blown Away – (1992) – Cold Sweat – Flesh Gordon 2: Flesh Gordon Meets the Cosmic – Arthur Miller's The American Clock (1993) – It Runs in the Family – No Contest (1994) – Fudge-A-Mania (1995, TV) – Stolen Moments: Secrets from the Rose Garden (1995, TV) – Red Blooded 2 – Iron Eagle IV (1996) – A Brooklyn State of Mind (1997) – Baby Geniuses – Grizzly Falls (1999) – I'll Remember April (2000) – The Fourth Angel – Now & Forever (2001) – Fancy Dancing (2002)

Zeisl, Erich

(Eric), ** 18.5.1905 Wien, Österreich, † 18.2. 1959 L.A., USA.* Österr. Komponist und Arrangeur, arbeitete in den USA für den Film; sein Name wird allerdings nicht immer genannt.

Filme: Journey for Margaret – Reunion in France (1942) – Bataan – Above Suspicion – Lassie Come Home – Song of Russia – Slightly Dangerous – Hitler's Madman – The Cross of Lorraine (1943) – The Invisible Man's Revenge (1944) – Without Love – They Were Expendable (1945) – The Postman Always Rings Twice (Im Netz der Leidenschaften, 1946, + G.Bassman) – The Cat Creeps (1946) – Abbott and Costello Meet the Invisible Man (1951) – Abbott and Costello Meet Dr. Jekyll and Mr. Hyde (1953) – The Looters – The Purple Mask – At Gunpoint (1955) – The Rawhide Years (1956) – Money, Women and Guns (1958)

Zeissner, Hans

** 23.3.1911 Wien, Österreich, † 25.5.1978 ebd.*

Filme: Lachendes Wien (1957) – Oh, du mein Österreich (1959) – Vor Jungfrauen wird gewarnt (1961)

Zeitlin, Denny

(Dennis Jay), ** 10.4.1938 Chicago, Ill., USA.* R. hatte als Kind Klavierunterricht und später auch Unterricht bei dem Jazzmusiker George Russell, studierte jedoch nie Musik sondern Medizin und Psychiatrie, er ist auch in diesem Beruf tätig. Nach Veröffentlichung seiner ersten LP (»Cathexis«, Columbia) galt er manchem als lyrisches Gegenstück zu dem Free Jazz-Musiker Cecil Taylor (oder als abstraker Bill Evans). Er spielte zeitweise mit Oscar Pettiford und Charlie Haden und bezog ab 1968 auch Elektronik und Fusion-Elemente in seine Musik ein. Schallplatten für Columbia, Double Helix, ECM, Windham Hill.

Film: Invasion of the Body Snatchers (Die Körperfresser kommen, 1977)

Zeller, Wolfgang

(Friedrich), * *12.9.1893 Biesenrode/Harz, † 11.1.1967 Berlin.* Studierte Violine bei Felix Berber in München, spielte nach 1918 im Orchester der Berliner Volksbühne, als Dirigent und Hauskomponist 1921–29. Ab 1929 schrieb er Musik für Spielfilme, aber auch Kultur- und Dokumentarfilme. Z. gehört zu den markanten Filmkomponisten des Dritten Reichs. Er hatte als avantgardistischer Komponist begonnen, wandelte sich in der Nazi-Ära zu einem Fließbandproduzenten pathetischer Klänge, bes. deutlich in Propagandafilmen wie »Jud Süß«. Er verwendete eine unüberhörbare Thematik; die Musik war für ihn Ergänzung des Bildes. Bis 1945 schrieb er die Musik für 41 Spielfilme, nach 1947 waren es nochmals ca. 30; er hatte erneut die politische Richtung gewechselt und zunächst für die DEFA in der Sowjetischen Besatzungszone gearbeitet, nach 1948 dann für westdeutsche Firmen.

Filme: Die Abenteuer des Prinzen Ahmed (Scherenschnittfilm v. Lotte Reiniger, 1924/25) – Luther (1927) – Melodie der Welt (1929, nachvertont) – Das Land ohne Frauen (1929) – Prix de beauté (Miss Europa, F 1929/30) – Menschen im Busch (Dok., 1930) – Himatschal, Thron der Götter (Dok., 1930) – Im Auto durch zwei Welten (Dok., 1930) – Feind im Blut (D/CH 1931) – Am heiligen Wasser (1932) – Unmögliche Liebe (1932) – Die Herrin von Atlantis (1932) – Vampyr/Die seltsame Geschichte des Allan Gray (D/F 1932) – Ikarus (Dok., 1932) – Die Insel der Dämonen (Dok., 1932) – Deutschland zwischen Gestern und Heute (Dok., 1931–33) – Das alte Recht (1933) – Schwarzer Jäger Johanna (1934) – Der alte und der junge König (1935) – Der Mann mit der Pranke (1935) – Der Gefangene des Königs (1935) – Ewiger Wald (Dok., 1935) – Stuttgart, Großstadt zwischen Wald und Reben (Dok., 1935) – Die Kopfjäger von Borneo (Dok., D/NL 1936) – Ritt in die Freiheit (1936) – Der Herrscher (1937) – Der zerbrochene Krug (1937) – Pan (1937) – Mannesmann (Dok., 1937) – Fahrendes Volk (D/F 1938) – Wajan (1938) – Du und Ich (1938) – Schatten über St. Pauli (1938) – Ziel in den Wolken (1938) – Spiel im Sonnenwind (1939) – Der Gouverneur (1939) – Der Polizeifunk meldet (1939) – Die unheimlichen Wünsche (1939) – Die fremde Frau (1939) – Robert Koch, der Bekämpfer des Todes (1939) – Seitensprünge (1940) – Unser kleiner Junge (1941) – Die Kellnerin Anna (1941) – Jud Süß (1941) – Menschen im Sturm (1941) – Andreas Schlüter (1942) – Wenn die Sonne wieder scheint (1943) – Immensee (1943) – Meine vier Jungens (1944) – Der verzauberte Tag (1944) – Der Puppenspieler (1945, unvoll.) – Zwischen Nacht und Morgen (1944) – Die Jahre vergehen (1945) – Marriage in the Shadows (1948) – Das kleine Hofkonzert (1945, UA 1949) – Ein toller Tag (1945, UA 1949) – Ehe im Schatten 1947) – Grube Morgenrot (1947) – Morituri (1947/48) – Die Brücke (1948) – Die letzte Nacht (1948) – Mordprozeß Dr. Jordan (1949) – Schicksal aus zweiter Hand – Schatten der Nacht – Palace Scandal (1949) – Die Lüge – Unsterbliche Geliebte (1950) – Zwei Menschen (1952) – Das Leben beginnt mit 17 – Ännchen von Tharau (1954) – Meine sechzehn Söhne (1955) – Ein Herz kehrt heim (1956) – Kein Platz für wilde Tiere (Dok., 1956) – Die Landärztin (1956) – Serengeti darf nicht sterben (Dok., 1959)

Ziegler, Robert

* *26.2.1895 Harderwijk (Gelderland, NL), † ?.*

Film: Das unsterbliche Lied (1934)

Zillig, Winfried

(W. Petrus Ignatius), * *1.4. 1905 Würzburg, † 18.12.1963 Hamburg.* Dt. Komponist und Dirigent. Studierte am Konservatorium in Würzburg und ab 1925 bei Arnold Schönberg in Wien bzw. Berlin. 1927 wurde er Assistent von Erich Kleiber an der Staatsoper. Er hatte bis 1943 Engagements als Solorepetitor und Kapellmeister in Oldenburg, Düsseldorf, Essen und Posen. Nach dem Krieg arbeitete Z. als Kapellmeister in Düsseldorf, beim Hessischen Rundfunk in Frankfurt/M. und 1959 wurde er Leiter der Musikabteilung beim NDR in Hamburg. Z. komponierte Instrumentalwerke, Vokalwerke und Opern (»Rosse«, »Das Opfer«, »Die Windsbraut«, »Troilus und Cressida«, TV-Oper »Bauernpassion«, Funk-Opern »Die Verlobung in St. Domingo«, »Das Verlöbnis«).

Filme: Der Schimmelreiter (1933) – Schwarzer Jäger Johanna (1934) – Anschlag aus Schweda (1935) – Violanta (1942) – Der Ochsenkrieg (1943) – Die unheimliche Wandlung des Alex Roscher (1943) – Sommernächte (1944) – Jonas (1957, Dt. Filmpreis!)

Zimmer, Hans Florian

* *12.9.1957 Frankfurt/M.* Ein Superstar unter den zeitgen. Filmkomponisten, schrieb Z. die Musik für bald 100 Filme. Einen Oscar erhielt er für »König der Löwen«. Er wuchs in Deutschland, der Schweiz und England auf, begann seine Karriere als Rockmusiker in England in den 70er Jahren, als er mit den Buggles für »Video Killed the Radio Star« zusammenarbeitete. Er arbeitete als Synthesizer-Programmierer für die Werbung und kam hier mit dem Komponisten → Stanley Myers zusammen, der ihn zu seinem Assistenten machte. Sein erster eigener Film war »World Apart« (1988), sein Durchbruch kam dann im gleichen Jahr mit »Rain Man«. Er erhielt mehrere Oscar-Nominierungen und gewann Golden Globes für »The Lion King« und »Gladiator«. Zimmers Markenzeichen sind Elektronik-Effekte, kombiniert mit sinfonischen Sounds, sowie komplexe Perkussions-Arrangements, die seine noch immer bestehende Affinität zur Popmusik verraten. Im kalifornischen Santa Monica gründete er die Firma Media Ventures, in der auch Nachwuchstalente ihre Chance haben, z.B. Henning Lohner, Lisa Gerrard und Klaus Badelt.

Filmmusik von Hans Zimmer (CD-Cover)

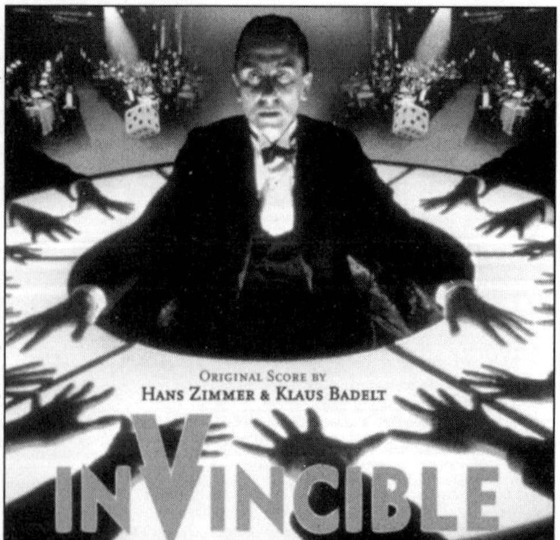

Filme: Moonlighting (1982, + Stanley Myers) – Eureka (1983) – Blind Date (1984) – Success is the Best Revenge (1984, + Stanley Myers) – Histoire d'O (1985) – The Lightship (Das Feuerschiff, 1985) – My Beautiful Laundrette (Mein wunderbarer Waschsalon, 1984, + St. Myers) – Dreamchild (1985) – Insignificance (1985) – Separate Vacations (1988) – Castaway (1986) – The Zero Boys (1986) – The Wind (1987) – You Talking to Me? (1987) – Nature of the Beast (1987) – Double Exposure (1987) – A World Apart (Zwei Welten, 1988) – Rain Man (1988) – Wiezien Rio/Prisoner of Rio (1988, TV) – Terminal Exposure (1988) – Taffin (1988) – Brennendes Geheimnis (Burning Secret, D/UK 1988) – Spies, Inc. (1988) – Paperhouse (1988) – The Fruit Machine (1988) – Diamond Skulls (1989) – Black Rain (1989) – Twister (1989) – Driving Miss Daisy (Miss Daisy und ihr Chauffeur, 1989) – Paperhouse (1989) – First Born (1989, TV-Serie) – Bird on a Wire (1990) – Green Card (1990, Scheinehe mit Hindernissen; OST: Varèse) – Fremde Schatten – Pacific Heights (1990) – Chicago Joe and the Showgirl (Chicago Joe und das Show Girl, 1990, + Shirley Walker) – Days of Thunder (1990) – Dark Obsession (1990) – Fools of Fortune (1990) – To the Moon, Alice (1990) – Nightmare at Noon (1990) – Backdraft (1991, OST: Milan) – Thelma & Louise (1991) – Regarding Henry (1991) – Where Sleeping Dogs Lie (1991) – The Neverending Story: The Next Chapter (Die unendliche Gesschichte 2, 1991) – Regarding Henri (1991) – Radio Flyer (1992) – K2 (1992, OST: Varèse 5354) – A League of Their Own (1992) – Sniper (1992) – Toys (1992) – Millenium (1992, TV-Serie) – Space Rangers (1993, TV-Serie) – Lifepod (1993, TV) – True Romance (1993) – Codename Nina – Point of No Return/The Assassin (1993) – Calender Girl (1993) – Younger and Younger (1993) – Cool Runnings (1993) – The House of the Spirits (Das Geisterhaus, 1993; OST: Virgin) – Drop Zone (1994) – Africa: The Serengeti (Dok., 1994) – I'll Do Anything (1994) – The Lion King (König der Löwen, Cartoon, 1994) – Renaissance Man (1995) – The Power of Love/Something to Talk About (1995) – Crimson Tide ((In tiefster Gefahr, 1995) – Nine Months (1995) – The Cherry Orchid (1995) – The Whole

Wide World (1996) – The Preacher's Wife – White Squall (1996) – The Phantom (1996) – Two Death (1996) – Broken Arrow (Operation Broken Arrow, 1996) – Beyond Rangoon (Im Herzen des Sturms, 1996) – Muppet Treasure Island (1996) – The Fan (1996) – The Rock (1996, + Nick Glennie-Smith) – The Peacemaker (Projekt Peacemaker, 1997) – Godzilla (1997) – Smilla's Sense of Snow (Fräulein Smillas Gespür für Schnee, DK/D/S 1997, + H.Gregson-Williams) – As Good as it Gets (1997) – The Thin Red Line (Der schmale Grat, 1998) – The Prince of Egypt (Der Prinz von Ägytpen, 1998) – Das Dritte Reich in Farbe (1998, TV-Dok.) – The Last Days (Dok., 1999) – Chill Factor (1999) – El Candidato (1999, TV-Serie) – The Road to El Dorado (Cartoon, 2000, + Der Weg nach El Dorado, + John Powell, Songs: Elton John) – Mission Impossible II (2000) – An Everlasting Piece (2000) – King of the Jungle (König des Dschungels, 2000) – Hannibal (2000: OST: Decca) – Gladiator (2000, + Lisa Gerrard, Golden Globe!; OST: Decca) – Pearl Harbour (2001, Song von Diane Warren: *There You'll Be*) – What About Joan (2001, TV) – Spy Kids (2001, + D. Elfman, H. Gregson-Williams, Gavin Greenaway, Heitor Pereira, Los Lobos) – The Pledge (Das Versprechen, 2001, + Klaus Badelt, OST: Milan) – Unbesiegbar (Invincible, D 2001, + Klaus Badelt; OST: Milan) – Riding in Cars with Boys (2001) – Black Hawk Down (2001, + Lisa Gerrad, OST: Decca) – Spirit: Stallion of the Cimarron (Spirit, der wilde Mustang, Cartoon, 2001; Songs v. Bryan Adams) – Riding in Cars with Boys (2001, + Heitor Pereira) – The Ring (2002) – Matchstick Men (2003)
CD: New Music in Films, Milan CD 530 – The Wings of a Film, Decca
http://www.mediaventures.com/htmls/

Zinsstag, Dolf

(Ps. Claude Yvoire), * *19.2.1913 Basel, † 16.7. 1997.* Schweizer Komponist, Vater des Komponisten Gerard Z.
Filme: Wenn der Kuckuck ruft – Romeo und Julia auf dem Dorfe (1941) – Barry: Der Held von St. Bernhard (1949) – Mein General-Motors-Abenteuer (1964)

Zoller, Attila Cornelius

* *13.6.1927 Visegrád (Donau), Ungarn, † 25.1. 1998 Townsend, N.Y., USA.* Lernte Violine, Trompete und Gitarre. Lebte 1948–54 in Wien, spielte dort und dann in der BRD mit Jazzmusikern wie Vera Auer, Jutta Hipp, den Mangelsdorff-Brüdern u.a. und machte sich einen Namen als hochtalentierter Gitarrist. Ging 1959 in die USA, studierte bei Jim Hall und spielte mit Chico Hamilton, Stan Getz und Herbie Mann. Er leitete dann meist eigene Gruppen und ab 1981 eine eigene Jazzschule in Vermont.
Filme: Das Brot der frühen Jahre (1962, Filmband in Gold mit J.-E. Berendt!) – Katz und Maus (1966, OST: MPS)

Zourabichvili, Nicolas

(N. De Pelken Z.), * *1938 Paris.* Frz. Komponist russ. Herkunft, Vertreter der zeitgen. modernen Musik.
Filme: Voleurs (1994) – Les favoris de la lune (Günstlinge des Mondes, 1985) – Et la lumière fut (1989) – La chasse aux papillons (Jagd auf Schmetterlinge, D/F/I 1992) – Brigands, chapitre VII (1996, Songs) – Adieu, plancher des vaches (1999)

Zwart, Jacques

* *10.11.1945 in ?.*
Filme: Abwärts (D 1984) – Orchideen des Wahnsinns (1984/85) – War Zone/Todeszone/ Operation Dead End (D 1986) – Deadline (UK/ISR/D 1987, + Hans Jansen, Jim Parker) – The Mystic Pizza (Pizza, Pizza, ein Stück vom Himmel (1987) – Helsinki Napoli All Night Long (I/D/CH/FIN 1987) – Kiebich und Butz (1987) – Doppelgänger (1988) – Laurin (1989) – La Main (F 1990, TV)

ANHANG

VERSANDGESCHÄFTE U.A. NÜTZLICHE ADRESSEN:

Bear Family Records
Postfach 1154
27727 Hambergen
Tel. 04748-8216-0
www.bear-family.de

Jazz is Beck
Marienplatz 2
80331 München
Tel. 089-23691966
www.onlybeck.de
(Mit guter Soundtrack-Auswahl)

JPC Schallplatten
Postfach 1329
49111 Georgsmarienhütte
Tel. 0180-5251717
www.jpc.de

Norbert Rücker
Postfach 14
61382 Schmitten
Tel. 06802-688

LITERATUR:

Theodor W. Adorno/Hanns Eisler, Komposition für den Film, 1947

Frank Altmann, Tonkünstler-Lexikon, 1936 ff.

H.-M. Bock/M.Töteberg (Hg), Das Ufa-Buch, Frankfurt/M. 1992

George Burt, The Art of Film Music, 1994

Ermanno Comuzio, Colonna sonora, 1992

Stewart R. Cradds, Soundtracks, An International Dictionary of Composers for Film, 1998

Mark Evans, Soundtrack: The Music of the Movies, 1990

Filmmuseum Berlin/Dt. Kinematek (Hg), Filmkomponisten in der Emigration, Berlin 2001

F.-B. Habel, Das große Lexikon der DEFA-Spielfilme, Berlin 2000

Halliwell's Film And Video Guide, N.Y. 1986

Manfred Hobsch, Liebe, Tanz und 1000 Schlagerfilme, Berlin 2000

Piet Hein Honig/Hans-Georg Rodek, Die 100001 Show Biz Enzyklopädie, 1992

Fred Karlin, Listening to Movies, Schirmer, New York 1994

ders., On the Track, 1990

Ephraim Katz, The Film Encyclopedia, New York 1994

Komponisten der Gegenwart im dt. Komponistenverband, 1985 ff.

Colin Larkin (Hg.), The Guinness Encyclopedia of Popular Music, London 1992

Lexikon des internationalen Films, Hamburg 1987 ff.

Charles Limbacher, Keeping Score: Film-Music, 1991

David Meeker, Jazz in the Movies, 1995

Christopher Palmer, The Composer in Hollywood, 1990

Riemann Musiklexikon

Mark Russell/James Young, Filmkünste: Filmmusik, Hamburg 2001

Regina Schlagnitweit/Gottfried Schlemmer (Hg.), Film und Musik, Wien 2001

H. Seeger, Personenlexikon der Musik, Dresden 1980

Norbert J. (Enjott) Schneider, Handbuch Filmmusik, München 1990

Wolfgang und Arnim Suppan, Blasmusik-Lexikon, 1994

Wolfgang Thiel, Filmmusik in Geschichte und Gegenwart, Berlin (DDR) 1981

Tony Thomas, Filmmusik, München 1991

Ulrich, Allan, The Art of Film Music: A Tribute to California's Film Composers, 1976

Konrad Vogelsang, Filmmusik im Dritten Reich, Pfaffenweiler 1993

Karlheinz und Helga Wendtland, Geliebter Kintopp, Sämtliche deutschen Spielfilme 1929–45, Berlin 1991

Kay Weniger, Das große Personenlexikon des Films, Berlin 2001

Jürgen Wölfer, Das große Lexikon der Unterhaltungsmusik, Berlin 1999

Jürgen Wölfer, Lexikon des Jazz, St. Andrä-Wördern 1999

IMPRESSUM

Jürgen Wölfer & Roland Löper
DAS GROSSE LEXIKON DER FILMKOMPONISTEN
Die Magier der cineastischen Akustik –
von Ennio Morricone bis Hans Zimmer

ISBN 3-89602-296-2

Katalog
Wir senden Ihnen gern unseren Katalog
Schwarzkopf & Schwarzkopf Verlag GmbH,
Kastanienallee 32,
10435 Berlin.
Service-Telefon: 030 – 44 33 63 00
Service-Fax: 030 – 44 33 63 044

Internet
www.schwarzkopf-schwarzkopf.de

E-Mail
info@schwarzkopf-schwarzkopf.de

ABKÜRZUNGEN:

A&R	Artists & Repertoire
Abk.	Abkürzung
Ala.	Alabama
Ark.	Arkansas
Arr.	Arrangeur/Arrangement
as	Altsaxophon
b	Kontrabaß
bar	Baritonsaxophon
Biogr.	Biographie
Bros.	Brothers (Brüder)
Calif.	California
CD	Compact Disc
cl	Klarinette
Colo.	Colorado
comp.	Composer/ Komponist/ Komposition
Conn.	Connecticut
d	Drums (Schlagzeug)
Dir.	musikl. Leiter (Director)
di.	diverse
Dok.	Dokumentarfilm
dt.	deutsch
ed.	Herausgeber (editor)
Ens.	Ensemble
engl.	Englisch
etc.	etcetera (usw.)
f, ff.	folgende (Seiten/Jahre)
fl	Flöte
FL	Florida
frz.	französisch
g	Gitarre
Ga.	Georgia
geb.	geboren
gegr.	gegründet
Hg.	Herausgeber
Ill.	Illinois
Ind.	Indiana
Kf.	Kurzfilm
K.C.	Kansas City
keyb.	Keyboards
Ks.	Kansas
Ky.	Kentucky
L.A.	Los Angeles (Calif.)
La.	Louisiana
Lit.	Literatur(hinweis)
LP	Langspielplatte
Mass.	Massachusetts
MD	Maryland
Mich.	Michigan
Minn.	Minnesota
Miss.	Mississippi
Mo.	Missouri
N.C.	North Carolina
N.Dak.	North Dakota
N.J.	New Jersey
Nebr.	Nebraska
N.Mex.	New Mexico
N.O.	New Orleans
N.Y.	New York (City)
Okla.	Oklahoma
Orch.	Orchester
Org	Orgel
orig.	original
OST	Original Soundtrack
Pa.	Pennsylvania
p	Piano
Ps.	Pseudonym
R&B	Rhythm & Blues
R.I.	Rhode Island
sax	Saxophon
S.C.	South Carolina
Sinf.	Sinfonie
SO	Sinfonieorchester
sop	Sopransaxophon
span.	Spanisch
synth.	Synthesizer
tb	Posaune (trombone)
ts	Tenorsaxophon
UA	Uraufführung
U.K.	United Kingdom
Univ.	Universität
Va.	Virginia
vib	Vibraphon
voc	vocal (Gesang)
Vt.	Vermont
Wash.	Washington
Wisc.	Wisconsin
W.Va.	West Viginia

ZEICHEN

*	geboren,
†	gestorben,
→	siehe (Querverweis)